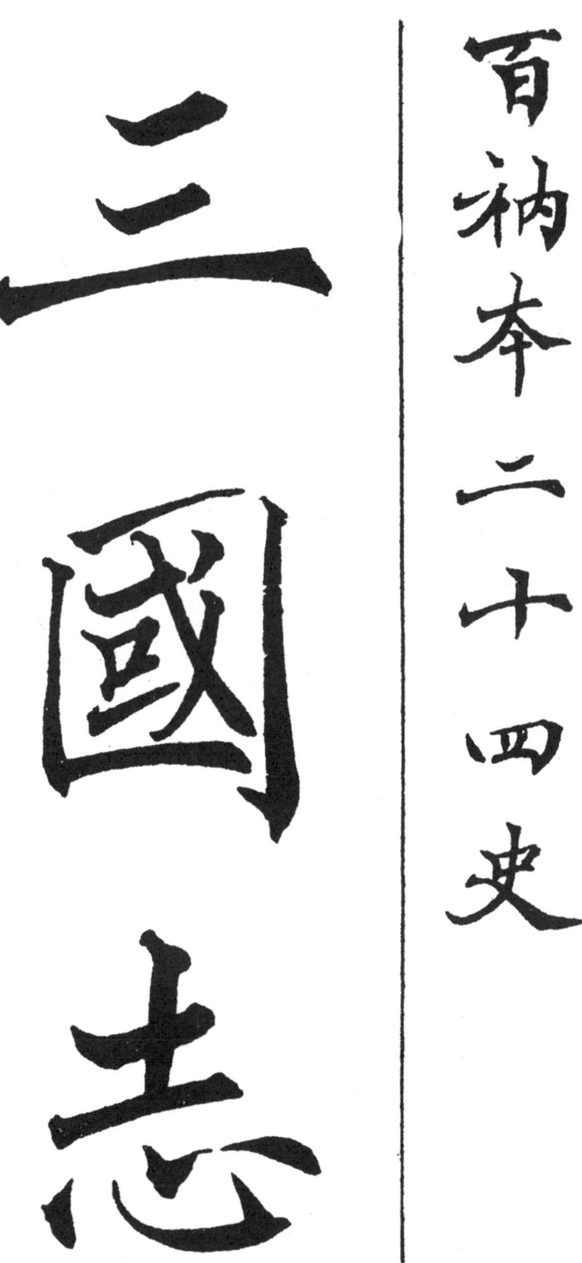

百衲本二十四史

三國志

上海涵芬樓景印中華
學藝社借照日本帝室
圖書寮藏宋紹興刊本
原闕魏志三卷以涵芬
樓藏宋紹興刊本配補

《百衲本二十四史》新版刊印序

《百衲本二十四史》是近百年來校考最精良、版本最珍貴、蒐羅最廣泛的二十四史，先父王雲五先生於一九七六年〈重印補校百衲本二十四史序〉中已有論證。

一八九七年商務印書館在上海創立，創館元老張元濟先生於一九〇二年正式主持商務印書館編譯所，將商務帶入「出版好書、匡輔教育」的出版之路。一九二一年(民國十年)王雲五先生經胡適先生推薦，接替主持商務印書館編譯所，並於一九三〇年兼任總經理，與張元濟先生共同為商務印書館的百年大業作出貢獻。

張元濟先生入館後，積極蒐購民間珍貴藏書，一方面用來印製、廣泛發行，另一方面也為成立「涵芬樓」藏書室(後來開放為「東方圖書館」)預作準備。當年他並積極向各公私立圖書館商借影印各種版本的二十四史，逐一比較補正缺漏，然後在一九三〇年開始付印，至一九三七年全部出齊。校印工程之艱鉅與可貴，從他所撰寫的《校史隨筆》可以了解。

商務涵芬樓所珍藏的二十四史及各種珍貴版本，可惜在一九三二年日本發動淞滬戰爭時，被日軍炸毀，化為灰燼。《百衲本二十四史》的傳印，就顯得格外有意義。

王雲五先生於一九六四年在臺重新主持臺灣商務印書館，與當時總編輯楊樹人教授，依據臺北故宮博物院和中央圖書館珍藏的宋元版本，修補校正《百衲本二十四史》，並於一九七六年重版印行。

《百衲本二十四史》初印至今，已經八十年，雖經在臺補正重版，舊書均已售完，而各界索購者絡繹不絕，不得已先以隨需印刷供應，但仍然供不應求。

為了適應讀者的需要，本公司由副董事長施嘉明先生、總編輯方鵬程先生和舊書重印小組一起規劃，決定放大字體，以十八開精裝本重印《百衲本二十四史》，每種均加印目錄頁次，讓讀者方便查考，也讓我們與《百衲本二十四史》共同邁向百年大慶。值此付印前夕，特為之序。

臺灣商務印書館董事長王學哲謹序

二〇一〇年三月二十五日

三國志六十五卷

晉陳壽撰，宋裴松之注。

壽事蹟具《晉書》本傳。松之事蹟，具《宋書》本傳。凡魏志三十卷、蜀志十五卷、吳志二十卷。

其書以魏為正統，至習鑿齒作《漢晉春秋》，始立異議。自朱子以來，無不是鑿齒而非壽。然以理而論，壽之謬萬萬無辭。以勢而論，則鑿齒帝漢順而易，壽欲帝漢逆而難。蓋鑿齒時晉已南渡，其事有類乎蜀。為偏安者爭正統，此孚於當代之論者也。壽則身為晉武之臣，而晉武承魏之統，偽魏是偽晉矣，其能行於當代哉。此猶宋太祖篡立近於魏，而北漢南唐蹟近於蜀。故北宋諸儒，皆有所避，而不偽魏。高宗以後，偏安江左，近於蜀，而中原魏地全入於金。故南宋諸儒，乃紛紛起而帝蜀。此皆當論其世，未可以一格繩也。

惟其誤沿《史記》周秦本紀之例，不託始於魏文，而託始曹操，實不及魏書敘紀之得體，是則誠可已不已耳。宋元嘉中，裴松之受詔為注，所注雜引諸書，亦時下己意。綜其大致，約有六端，一曰引諸家之論以辨是非，一曰參諸書之說以核譌異，一曰傳所有之事詳其委曲，一曰傳所無之事補其闕佚，一曰傳所有之人詳其生平，一曰傳所無之人附以同類。其中往往嗜奇愛博，頗傷蕪雜。

如〈袁紹傳〉中之胡母班，本因為董卓使紹而見，乃注曰班嘗見太山府君及河伯，事在《搜神記》，語多不載，斯已贅矣。〈鍾繇傳〉中，乃引陸氏《異林》一條，載繇與鬼婦狎昵事。〈蔣濟傳〉中，引《列異傳》一條，載濟子死為泰山伍伯，迎孫阿為泰山令事。此類鑿空語怪，凡十餘處，悉與本事無關，而深於史法有礙，殊為瑕纇。

又其初意，似亦欲如應劭之注《漢書》，考究訓詁，引證故實。故於魏志武帝紀沮授字，則注沮音菹。獷平字，則引續《漢書》郡國志注，獷平縣名，屬漁陽。甬道字，則引《漢書》高祖二年與楚戰，築甬道。贅旒字，則引《公羊傳》。先正字，則引文侯之命。釋位字，則引《左傳》。致屆字，則引《詩》。綏爰字，率俾字，昬作字，則皆引《書》。糾虔天刑字，則引《國語》。至蜀志郤正傳釋誨一篇，句句引古事為注，至連數簡。又如〈彭羕傳〉之革不訓老，〈華佗傳〉之旉本似專，〈秦宓傳〉之棘革異文，少帝紀之叟更異字，亦閒有所辨證，其他傳文句，則不盡然。然如蜀志〈廖立傳〉首，忽注其姓曰補救切。魏志〈涼茂傳〉中，忽引《博物記》注一繈字之類，亦閒有之。蓋欲為之而未竟，又惜所已成，不欲刪棄，故或詳或略，或有或無，亦頗為例不純。

然網羅繁富，凡六朝舊籍今所不傳者，尚一一見其厓略。又多首尾完具，不似酈道元《水經注》，李善《文選注》，皆剪裁割裂之文。故考證之家，取材不竭，轉相引據者，反多於陳壽本書焉。（本文引自景印《文淵閣四庫全書》總目史部卷四十五，頁二之一六）

重印補校百衲本二十四史序

百衲本者何？彙集諸種善本，有闕卷闕頁，復多方蒐求，以事配補，有如僧衣之補綴多處者也。

我國正史彙刻之存於今者，有汲古閣之十七史，有南北監之二十一史。清高宗初立，成明史，命武英殿開雕，至四年竣工；繼之者二十一史。其後又詔增劉昫唐書，與歐宋新唐書並行，越七年遂成武英殿二十三史。及四庫開館，諸臣復據永樂大典及太平御覽，冊府元龜等書，裒輯薛居正舊五代史，得旨刊布，以四十九年奏進；於是二十四史之名以立。

武英殿本以監本為依據。清高宗製序，雖有監本殘闕，併勅校讎之言，始意未嘗不思成一善本也。惟在事諸臣，既未能廣蒐善本，復不知慎加校勘，佚者未補，譌者未正，甚或彌縫缺乏，以譌亂真，誠可惜也。

本館前輩張菊生先生，以多年之時力，廣集佳槧，審慎校讎，自民十九年開始景印，迄二十六年甫竟全功。雖中經一二八之劫，抱書而走，亂定掇拾需時，然景印之初，海宇清寧，亦緣校讎精審，多費時日。嘗聞菊老葺印初稿，悉經手勘，朱墨爛然，盈闌溢幅，點畫纖細，鉤勒不遺，與同人共成校勘記，多至百數十冊，文字繁冗，尚待董理。爰取原稿若干條，集為校史隨筆，而付梓焉。

就隨筆所記，殿本訛闕殊多。分史言之，則史記正義多遺漏，漢書正文注文均有錯簡，三國志卷第淆亂，宋書誤註為正文，南齊書地名脫誤，北齊書增補字句均據北史，而仍與北史有異同。魏書考證有誤，舊唐書有闕文，訂正錯簡亦有小誤，唐書有衍文，舊五代史遜於嘉業堂劉氏刊本，元史有衍文及闕文，且多錯簡，重出之傳，亦未刪盡。綜此諸失，殿本二十四史不如衲史遠矣，況善本精美，古香古色，尤非殿本所能望其項背。

茲將百衲本二十四史據以景印之版本列述於後：

史　　記　宋慶元黃善夫刊本。

漢　　書　北宋景祐刊本，瞿氏鐵琴銅劍樓藏。

後 漢 書　宋紹興刊本，原闕五卷半，以北平國立圖書館元覆宋本配補。

三 國 志　宋紹熙刊本，日本帝室圖書寮藏，原闕魏志三卷，以涵芬樓藏宋紹興刊本配補。

晉　　書　宋本，海寧蔣氏衍芬草堂藏，原闕載記三十卷，以江蘇省立圖書館藏宋本配補。

宋　書　宋蜀大字本，北平國立圖書館吳興劉氏嘉業堂藏，闕卷以涵芬樓藏元明遞修本配補。
南齊書　宋蜀大字本，江安傅氏雙鑑樓藏。
梁　書　宋蜀大字本，北平國立圖書館及日本靜嘉堂文庫藏，闕卷以涵芬樓藏元明遞修本配補。
陳　書　宋蜀大字本，北平國立圖書館及日本靜嘉堂文庫藏。
魏　書　宋蜀大字本，北平國立圖書館江安傅氏雙鑑樓吳興劉氏嘉業堂及涵芬樓藏。
北齊書　宋蜀大字本，北平國立圖書館藏，闕卷以涵芬樓藏元明遞修本配補。
周　書　宋蜀大字本，吳縣潘氏范硯樓及自藏，闕卷以涵芬樓藏元明遞修本配補。
隋　書　元大德刊本，闕卷以北平國立圖書館江蘇省立圖書館藏本配補。
南　史　元大德刊本，北平國立圖書館及自藏。
北　史　元大德刊本，北平國立圖書館及自藏。
舊唐書　宋紹興刊本，常熟鐵琴銅劍樓藏，闕卷以明聞人銓覆宋本配補。
新唐書　北宋嘉祐刊本，日本岩崎氏靜嘉堂文庫藏，闕卷以北平國立圖書館江安傅氏雙鑑樓藏宋本配補。
舊五代史　原輯永樂大典有注本，吳興劉氏嘉業堂刻。
五代史記　宋慶元刊本，江安傅氏雙鑑樓藏。
宋　史　元至正刊本，北平國立圖書館藏，闕卷以明成化刊本配補。
遼　史　元至正刊本。
金　史　元至正刊本，北平國立圖書館藏，闕卷以涵芬樓藏元覆本配補。
元　史　明洪武刊本，北平國立圖書館及自藏。
明　史　清乾隆武英殿原刊本，附王頌蔚編集考證攟逸。

上開版本之搜求補綴，在彼時實已盡最大之能事。惟今者善本時有發見，前此認為業已失傳者，漸集於一隅，尤以中央圖書館及故宮博物院在抗戰期內，故家遺族，前此秘藏不宣，因播遷而割愛者不在少數；盡量收購，寄存盟邦，以策安全。近年悉數運回，使臺灣成為善本之總匯。百衲本後漢書原據本館前涵芬樓所藏宋紹興本影印，益以北平圖書館及日本靜嘉堂文庫殘本之配備，當時堪稱人間瑰寶；且志在存真，對其中未盡完善之處一仍其舊。然故宮博物院近藏宋福唐郡庠覆景祐監刊元代修補本及中央圖書館所藏錢大昕手跋北宋刊本與宋慶元間建安劉元起刊本，各有其長處。本館總編輯楊樹人教授特據以覆校百衲本原刊，計修正原影本因配補殘本而致首尾不貫者五處，其中重複者四處，共圈刪衍文三十六字，補足脫漏一處，缺文二字，原板存留墨丁四十六處，補正五十二字。另有顯屬雕刻錯誤者若干字，亦酌為改正。於是宋刊原面目，大致可復舊觀矣。又前漢書原景本闕漏目錄全份，亦據故宮博物院珍藏宋福唐郡庠覆景祐監刊元代修補本補印十有四頁，以成全璧。校書如掃落葉，愈掃愈落，礙難悉數掃清，然多費一番心力，對於鑽研史籍者，定可多一番裨益。區區之意，當為讀者所樂聞，亦可稍慰本館前輩張菊老在天之靈，喜其繼起有人也。

本館衲史原以三十二開本連史紙印製，訂為八百二十冊，流行雖廣，以中經多難，存者無多，臺省尤感缺乏，各國亦多訪購，爰應各方之需求，改訂為十六開大本，縮印二頁為一面，字體較縮本四部叢刊初編為大，用上等印書紙精印精裝，訂為四十一鉅冊，以便檢閱，經重版數次。茲為謀普及，再縮印為二十四開本五十八冊，字體仍甚清晰，而售價不及原印十六開本之半，莘莘學子，多有購置之力，誠不負普及之名矣。付印有日，謹述概要。

中華民國六十五年雙十節王雲五識

股東會全體股東獻禮

本公司董事長王岫廬（雲五）先生，學界巨擘，社會棟樑，歷任艱巨，功在國家。一生繫中國文化出版之命脈，惠澤士林。本公司三度罹國難而得復興。咸賴　先生之大力。每次復興，莫不聲光煥發，蔚為奇蹟。民國五十二年冬，　先生退出政壇。次年秋重主本公司，謀慮擘劃，晨夕辛勞，不取分文之酬，而甘之如飴；蓋純出於愛護本公司與宏揚文化之心願。無　先生之犧牲精神與卓越領導，不能有今日之商務書館，已為識者之定評。今歲欣逢　先生八秩華誕，社會同慶。股東會同人本崇功報德之念，群思有以祝賀。　先生謙辭至再至三，當以恭敬不如從命，爰於五十六年股東會議席上全體決議，利用重印之百衲本二十四史，作為　華誕獻禮。要不過體認　先生造福文化界之功績，聊表嵩祝悃誠於萬一耳。

臺灣商務印書館股份有限公司
股東會全體股東　謹啟

中華民國五十六年四月十五日

吳書

上三國志注表

臣松之言臣聞智周則萬理自賓鑒遠則物無遺照雖盡性窮微深不可識至於緒餘所寄則必接乎麤迹是以體備之量猶曰好察邇言畜德之厚在於多識往行伏惟

陛下道該淵極神超妙物暉光日新郁哉彌盛雖一貫墳典怡心玄賾猶復降懷近誠慱觀興廢將以總括前蹤貽誨來世臣前奉詔使采三國異同以注陳壽國志壽書銓叙可觀事多審正誠游覽之苑囿近世之嘉史然失在於略時有所脫漏臣奉旨尋詳務在周悉上搜舊聞傍摭遺逸按三國雖歷年不遠而事關漢晉首尾所涉出入百載注記紛錯每多舛互其壽所不載事宜存録者則罔不畢取以補其闕或同說一事而辭有乖雜或出事本異疑不能判並皆抄內以備異聞若乃紕繆顯然言不附理則隨違矯正以懲其妄其時事當否及壽之小失頗以愚意有所論辨自就撰集已垂期月寫校始訖謹封上呈竊惟績事以衆色成文蜜蠭以兼采為味故能使絢素有章甘踰本質臣寔頑乏顧慙二物雖自罄勵分絕藻績既謝淮南食時之敏又微狂簡斐然之作淹留無成祇穢翰墨不足以上酬

聖旨少塞愆責愧懼之深若墜淵谷謹拜表以聞隨用流汗臣松之誠惶誠恐頓首頓首死罪謹言

元嘉六年七月二十四日中書侍郎西鄉侯臣裴松之上

三國志目録上

晉平陽侯相陳　壽　撰

魏書

卷第一
武帝 操

卷第二
文帝 丕

卷第三
明帝 叡

卷第四三少帝
齊王 芳　高貴鄉公 髦
陳留王 奐

卷第五后妃
武宣卞皇后　文昭甄皇后
文德郭皇后　明悼毛皇后
明帝郭皇后

卷第六
董卓 李傕 郭汜　袁紹 子譚 尚
袁術　劉表

卷第七

呂布　張邈 陳登
臧洪 陳容

卷第八
公孫瓚　陶謙
張楊　公孫度 子康 康弟恭
康子淵　張燕
張繡　張魯

卷第九
夏侯惇 韓浩 史渙　夏侯淵
曹仁 弟純　曹洪
曹休 子肇　曹真 子爽 羲 訓 何晏
鄧颺 丁謐 畢軌 李勝 桓範　夏侯尚 子玄

卷第十
荀彧 子惲 孫甝 霬　荀攸
賈詡

卷第十一
袁渙　張範
涼茂　國淵
田疇　王脩
邴原　管寧 胡昭 王烈 張臶 焦先

卷第二十一
王粲 徐幹 陳琳 阮瑀 應瑒 劉楨 邯鄲淳 繁欽 路粹 丁儀 丁之
楊脩 荀緯 應璩 阮籍 嵇康 桓威 吴質 衛覬 潘勗 王象
劉廙 劉劭 繆襲 仲長統 蘇林 韋誕
夏侯惠 孫該 杜摯 傅嘏

卷第二十二
桓階 陳羣 子
陳矯 徐宣
衛臻 盧毓

卷第二十三
和洽 常林
楊俊 杜襲
趙儼 裴潛 子秀

卷第二十四
韓曁 崔林
高柔 孫禮
王觀

卷第二十五
辛毗 楊阜
高堂隆 棧潛

卷第二十六
滿寵 田豫
牽招 郭淮

卷第二十七
徐邈 胡質 子威
王昶 王基

卷第二十八
王淩 令狐愚 毌丘儉
諸葛誕 唐咨 鄧艾 泰
鍾會 王弼

卷第二十九
華佗 吴普 樊 杜夔
朱建平 周宣
管輅

卷第三十
烏丸 鮮卑
東夷 夫餘 高句麗 東沃沮 挹婁 濊 馬韓 辰韓 弁韓 僂韓

武帝紀第一　　魏書　　國志一

太祖武皇帝沛國譙人也姓曹諱操字孟德漢相國參之後太祖一名吉利小字阿瞞　王沈魏書曰其先出於黃帝當高陽世陸終之子曰安是爲曹姓周武王克殷存先世之後封曹俠於邾春秋之世與於盟會逮至戰國爲楚所滅子孫分流或家于沛漢高祖之起曹參以功封平陽侯世襲爵土絕而復紹至今適嗣國於容城桓帝世曹騰爲中常侍大長秋封費亭侯司馬彪續漢書曰騰父節字元偉素以仁厚稱鄰人有亡豕者與節豕相類詣門認之節不與爭後所亡豕自還其家豕主人大慚送所認豕幷辭謝節節笑而受之由是鄉黨貴歎焉長子伯興次子仲興次子叔興騰字季興少除黃門從官永寧元年鄧太后詔黃門令選中黃門從官年少溫謹者配皇太子書騰應其選太子特親愛騰飲食賞賜與衆有異順帝卽位爲小黃門遷至中常侍大長秋在省闥三十餘年歷事四帝未嘗有過好進達賢能終無所毀傷其所稱薦若陳留虞放邊韶南陽延固張溫弘農張奐潁川堂谿典等皆致位公卿而不伐其善蜀郡太守因計吏修敬於騰益州刺史种暠於函谷關搜得其牋上太守幷奏騰內臣外交所不當爲請免官治罪帝曰牋自外來騰書不出非其罪也乃寢暠奏騰不以介意常稱歎暠以爲暠得事上之節暠後爲司徒語人曰今日爲公乃曹常侍恩也騰之行事皆此類也桓帝卽位以騰先帝舊臣忠孝彰著封費亭侯加位特進太和三年追尊騰曰高皇帝養子嵩嗣官至太尉莫能審其生出本末續漢書曰嵩字巨高質性敦愼所在忠孝爲司隸校尉靈帝擢拜大司農大鴻臚代崔烈爲太尉黃初元年追尊嵩曰太皇帝　吳人作曹瞞傳及郭頒世語並云嵩夏侯氏之子夏侯惇之叔父太祖於惇爲從父兄弟嵩生太祖太祖少機警有權數而任俠放蕩不治行業故世人未之奇也曹瞞傳云太祖少好飛鷹走狗游蕩無度其叔父數言之於嵩太祖患之後逢叔父於路乃陽敗面喎口叔父怪而問其故太祖曰卒中惡風叔父以告嵩嵩驚愕呼太祖太祖口貌如故嵩問曰叔父言汝中風已差乎太祖曰初不中風但失愛於叔父故見罔耳嵩乃疑焉自後叔父所有告嵩終不復信太祖於是益得肆意矣唯梁國橋玄南陽何顒異焉玄謂太祖曰天下將亂非命世之才不能濟也能安之者其在君乎魏書曰太尉橋玄世名知人覩太祖而異之曰吾見天下名士多矣未有若君者也君善自持吾老矣願以妻子爲託由是聲名益重　續漢書曰玄字公祖嚴明有才略長於人物　張璠漢紀曰玄歷位中外以剛斷稱謙儉下士不以王爵私親光和中爲太尉以久病策罷拜太中大夫卒家貧乏產業柩無所殯當世以此稱爲名臣　世語曰玄謂太祖曰君未有名可交許子將太祖乃造子將子將納焉由是知名　孫盛異同雜語云太祖嘗私入中常侍張讓室讓覺之乃舞手戟於庭踰垣而出才武絕人莫之能害博覽群書特好兵法抄集諸家兵法名曰接要又注孫武十三篇皆傳於世嘗問許子將我何如人子將不荅固問之子將曰子治世之能臣亂世之姦雄太祖大笑年二十舉孝廉爲郎除洛陽北部尉遷頓丘令曹瞞傳曰太祖初入尉廨繕治四門造五色棒縣門左右各十餘枚有犯禁者不避豪彊皆棒殺之後數月靈帝愛幸小黃門蹇碩叔父夜行卽殺之京師斂迹莫敢犯者近習寵臣咸疾之然不能傷於是共稱薦之故遷爲頓丘令徵拜議郎魏書曰太祖從妹夫濦彊侯宋奇被誅從坐免官後以能明古學復徵拜議郎先是大將軍竇武太傅陳蕃謀誅閹官反爲所害太祖上書陳武等正直而見陷害姦邪盈朝善人壅塞其言甚切靈帝不能用是後詔書勑三府舉奏州縣政理無效民爲作謠言者免罷之三公傾邪皆希世見用貨賂並行彊者爲怨不見舉奏弱者守道多被陷毀太祖疾之是歲以災異博問得失因此復上書切諫說三公所舉奏專回避貴戚之意奏上天子感寤以示三府責讓之諸以謠言徵者皆拜議郎是後政教日亂豪猾益熾多所摧毀太祖知不可匡正遂不復獻言光和末黃巾起拜騎都尉討潁川賊遷爲濟南相國有十餘縣長吏多阿附貴戚贓汙狼藉於是奏免其八禁斷

淫祀姦宄逃竄郡界肅然魏書曰長吏受取貪饕依倚貴勢歷前相不見舉聞太祖至咸皆舉免小大震怖姦宄遁逃竄入他郡政教大行一郡清平初城陽景王劉章以有功於漢故其國爲立祠青州諸郡轉相倣效濟南尤盛至六百餘祠賈人或假二千石輿服導從作倡樂奢侈日甚民坐貧窮歷世長吏無敢禁絕者太祖到皆毀壞祠屋止絕官吏民不得祠祀及至秉政遂除姦邪鬼神之事世之淫祀由此遂絕久之徵還爲東郡太守不就稱疾歸鄉里魏書曰於是權臣專朝貴戚橫恣太祖不能違道取容數數干忤恐爲家禍遂乞留宿衛拜議郎常託疾病輒告歸鄉里築室城外春夏習讀書傳秋冬弋獵以自娛樂頃之冀州刺史王芬南陽許攸沛國周旌等連結豪傑謀廢靈帝立合肥侯以告太祖太祖拒之芬等遂敗司馬彪九州春秋曰於是陳蕃子逸與術士平原襄楷會於芬坐楷曰天文不利宦者黃門常侍貴族滅矣逸喜芬曰若然者芬願驅除於是與攸等結謀靈帝欲北巡河間舊宅芬等謀因此作難上書言黑山賊攻劫郡縣求得起兵會北方有赤氣東西竟天太史上言當有陰謀不宜北行帝乃止敕芬罷兵俄而徵之芬懼自殺魏書載太祖拒芬辭曰夫廢立之事天下之至不祥也古人有權成敗計輕重而行之者伊尹霍光是也伊尹懷至忠之誠據宰臣之勢處官司之上故進退廢置計從事立及至霍光受託國之任藉宗臣之位內因太后秉政之重外有羣卿同欲之勢昌邑即位日淺未有貴寵朝乏讜臣議出密近故計行如轉圜事成如摧朽今諸君徒見曩者之易未覩當今之難諸君自度結衆連黨何若七國合肥之貴孰若吳楚而造作非常欲望必克不亦危乎金城邊章韓遂殺刺史郡守以叛衆十餘萬天下騷動徵太祖爲典軍校尉會靈帝崩太子即位太后臨朝大將軍何進與袁紹謀誅宦官太后不聽進乃召董卓欲以脅太后魏書曰太祖聞而笑之曰閹豎之官古今宜有但世主不當假之權寵使至於

此既治其罪當誅元惡一獄吏足矣何必紛紛召外將乎欲盡誅之事必宣露吾見其敗也卓未至而進見殺卓到廢帝爲弘農王而立獻帝京都大亂卓表太祖爲驍騎校尉欲與計事太祖乃變易姓名間行東歸魏書曰太祖以卓終必覆敗遂不就拜逃歸鄉里從數騎過故人成皋呂伯奢伯奢不在其子與賓客共劫太祖取馬及物太祖手刃擊殺數人世語曰太祖過伯奢伯奢出行五子皆在備賓主禮太祖自以背卓命疑其圖己手劍夜殺八人而去孫盛雜記曰太祖聞其食器聲以爲圖己遂夜殺之既而悽愴曰寧我負人毋人負我遂行出關過中牟爲亭長所疑執詣縣邑中或竊識之爲請得解世語曰中牟疑是亡人見拘於縣時掾亦已被卓書唯功曹心知是太祖以世方亂不宜拘天下雄儁因白令釋之卓遂殺太后及弘農王太祖至陳留散家財合義兵將以誅卓冬十二月始起兵於己吾世語曰陳留孝廉衛茲以家財資太祖使起兵衆有五千人是歲中平六年也

初平元年春正月後將軍袁術冀州牧韓馥英雄記曰馥字文節潁川人爲御史中丞董卓舉爲冀州牧于時冀州民人殷盛兵糧優足袁紹之在勃海馥恐其興兵遣數部從事守之不得動搖東郡太守橋瑁詐作京師三公移書與州郡陳卓罪惡云見逼迫無以自救企望義兵解國患難馥得移請諸從事問曰今當助袁氏邪助董卓邪治中從事劉子惠曰今興兵爲國何謂袁董馥自知言短而有慙色子惠復言兵者凶事不可爲首今宜往視他州有發動者然後和之冀州於他州不爲弱也他人功未有在冀州之右者也馥然之馥乃作書與紹道卓之惡聽其舉兵豫州刺史孔伷英雄記曰伷字公緒陳留人張璠漢紀載鄭泰說卓云孔公緒能清談高論噓枯吹生兖州刺史劉岱岱劉繇之兄事見吳志河內太守王匡英雄記曰匡字公節泰山

人輕財好施以任俠聞辟大將軍何進府進符使匡於徐州發彊弩五百西詣京師會進敗匡還鄉里起家拜
河內太守 謝承後漢書曰匡少與蔡邕善其年爲卓軍所敗走還泰山收集勁勇得數千人欲與張邈合匡
先殺執金吾胡母班班親屬不勝憤怒與太祖并勢共殺匡 勃海太守袁紹陳留
太守張邈東郡太守橋瑁英雄記曰瑁字元偉玄族子先爲兗州刺史甚有威
惠 山陽太守袁遺遺字伯業紹從兄爲長安令河間張超嘗薦遺於太尉朱儁稱遺有
冠世之懿幹時之量其忠允亮直固天所縱若乃包羅載籍管綜百氏登高能賦覩物知名求之今日踰爲靡
儔事在超集 英雄記曰紹後用遺爲揚州刺史爲袁術所敗太祖稱長大而能勤學者惟吾與袁伯業耳語
在文帝典論 濟北相鮑信信事見子勛傳 同時俱起兵衆各數萬
推紹爲盟主太祖行奮武將軍二月卓聞兵起乃
徙天子都長安卓留屯洛陽遂焚宮室是時紹屯

河內邈岱瑁遺屯酸棗術屯南陽伷屯潁川馥在
鄴卓兵彊紹等莫敢先進太祖曰舉義兵以誅暴
亂大衆已合諸君何疑向使董卓聞山東兵起倚
王室之重據二周之險東向以臨天下雖以無道
行之猶足爲患今焚燒宮室劫遷天子海內震動
不知所歸此天亡之時也一戰而天下定矣不可
失也遂引兵西將據成皋邈遣將衛茲分兵隨太
祖到滎陽汴水遇卓將徐榮與戰不利士卒死傷
甚多太祖爲流矢所中所乘馬被創從弟洪以馬
與太祖得夜遁去榮見太祖所將兵少力戰盡日

謂酸棗未易攻也亦引兵還太祖到酸棗諸軍兵
十餘萬日置酒高會不圖進取太祖責讓之因爲
謀曰諸君聽吾計使勃海引河內之衆臨孟津酸
棗諸將守成皋據敖倉塞轘轅太谷全制其險使
袁將軍率南陽之軍軍丹析入武關以震三輔皆
高壘深壁勿與戰益爲疑兵示天下形勢以順誅
逆可立定也今兵以義動持疑而不進失天下之
望竊爲諸君恥之邈等不能用太祖兵少乃與夏
侯惇等詣揚州募兵刺史陳溫丹楊太守周昕與
兵四千餘人還到龍亢士卒多叛魏書曰兵謀叛夜燒太祖帳太

祖手劒殺數十人餘皆披靡乃得出營其不叛者五百餘 至銍建平復收兵得
千餘人進屯河內劉岱與橋瑁相惡岱殺瑁以王
肱領東郡太守袁紹與韓馥謀立幽州牧劉虞爲
帝太祖拒之魏書載太祖荅紹曰董卓之罪暴於四海吾等合大衆興義兵而遠近莫不響
應此以義動故也今幼主微弱制於姦臣未有昌邑亡國之釁而一旦改易天下其孰安之諸君北面我自西
向 紹又嘗得一玉印於太祖坐中舉向其肘太祖
由是笑而惡焉魏書曰太祖大笑曰吾不聽汝也紹復使人說太祖曰今袁公勢盛兵彊
二子已長天下羣英孰踰於此太祖不應由是益不直紹圖誅滅之
二年春紹馥遂立虞爲帝虞終不敢當夏四月卓
還長安秋七月袁紹脅韓馥取冀州黑山賊于毒

白繞眭固等眭申隨反十餘萬衆略魏郡東郡王肱不
能禦太祖引兵入東郡擊白繞於濮陽破之袁紹
因表太祖爲東郡太守治東武陽
三年春太祖軍頓丘毒等攻東武陽太祖乃引兵
西入山攻毒等本屯魏書曰諸將皆以爲當還自救太祖曰孫臏救趙而攻魏耿弇
欲走西安攻臨菑使賊聞我西而還武陽自解也不還我能敗其本屯虜不能拔武陽必矣遂乃行毒聞
之棄武陽還太祖要擊眭固又擊匈奴於夫羅於
內黃皆大破之魏書曰於夫羅者南單于子也中平中發匈奴兵於夫羅率以助漢會本
國反殺南單于於夫羅遂將其衆留中國因天下撓亂與西河白波賊合破太原河內抄略諸郡爲寇夏
四月司徒王允與呂布共殺卓卓將李傕郭汜等

殺允攻布布敗東出武關傕等擅朝政青州黃巾
衆百萬入兗州殺任城相鄭遂轉入東平劉岱欲
擊之鮑信諫曰今賊衆百萬百姓皆震恐士卒無
鬬志不可敵也觀賊衆羣輩相隨軍無輜重唯以
鈔略爲資今不若畜士衆之力先爲固守彼欲戰
不得攻又不能其勢必離散後選精銳據其要害
擊之可破也岱不從遂與戰果爲所殺世語曰岱既死陳宮
謂太祖曰州今無主而王命斷絕宮請說州中明府尋往牧之資之以收天下此霸王之業也宮說別駕治中
曰今天下分裂而州無主曹東郡命世之才也若迎以牧州必寧生民鮑信等亦謂之然信乃與州
吏萬潛等至東郡迎太祖領兗州牧遂進兵擊黃
巾於壽張東信力戰鬬死僅而破之魏書曰太祖將步騎千餘人行
視戰地卒抵賊營戰不利死者數百人引還賊尋前進黃巾爲賊久數乘勝兵皆精悍太祖舊兵少新兵不習
練擧軍皆懼太祖被甲嬰冑親巡將士明勸賞罰衆乃復奮承間討擊賊稍折退賊乃移書太祖曰昔在濟南
毀壞神壇其道乃與中黃太一同似若知道今更迷惑漢行已盡黃家當立天之大運非君才力所能存也太
祖見檄書呵之罪數開示降路遂設奇伏晝夜會戰戰輒禽獲賊乃退走購求信喪不得衆
乃刻木如信形狀祭而哭焉追黃巾至濟北乞降
冬受降卒三十餘萬男女百餘萬口收其精銳者
號爲青州兵袁術與紹有隙術求援於公孫瓚瓚
使劉備屯高唐單經屯平原陶謙屯發干以逼紹
太祖與紹會擊皆破之

四年春軍鄄城荊州牧劉表斷術糧道術引軍入
陳留屯封丘黑山餘賊及於夫羅等佐之術使將
劉詳屯匡亭太祖擊詳術救之與戰大破之術退
保封丘遂圍之未合術走襄邑追到太壽決渠水
灌城走寧陵又追之走九江夏太祖還軍定陶下
邳闕宣聚衆數千人自稱天子徐州牧陶謙與共
擧兵取泰山華費略任城秋太祖征陶謙下十餘
城謙守城不敢出是歲孫策受袁術使渡江數年
閒遂有江東
興平元年春太祖自徐州還初太祖父嵩去官後

還譙董卓之亂避難琅邪爲陶謙所害故太祖志在復讎東伐世語曰嵩在泰山華縣太祖令泰山太守應劭送家詣兗州劭兵未至陶謙密遣數千騎掩捕嵩家以爲劭迎不設備謙兵至殺太祖弟德於門中嵩懼穿後垣先出其妾妾肥不時得出嵩逃于廁與妾俱被害闔門皆死劭懼棄官赴袁紹後太祖定冀州劭時已死韋曜吳書曰太祖迎嵩輜重百餘兩陶謙遣都尉張闓將騎二百衛送闓於泰山華費間殺嵩取財物因奔淮南太祖歸咎於陶謙故伐之夏使荀彧程昱守鄄城復征陶謙拔五城遂略地至東海還過郯謙將曹豹與劉備屯郯東要太祖太祖擊破之遂攻拔襄賁所過多所殘戮孫盛曰夫伐罪弔民古之令軌罪謙之由而殘其屬部過矣會張邈與陳宮叛迎呂布郡縣皆應荀彧程昱保鄄城范東阿二縣固守太祖

乃引軍還布到攻鄄城不能下西屯濮陽太祖曰布一旦得一州不能據東平斷亢父泰山之道乘險要我而乃屯濮陽吾知其無能爲也遂進軍攻之布出兵戰先以騎犯青州兵青州兵奔太祖陳亂馳突火出墜馬燒左手掌司馬樓異扶太祖上馬遂引去袁暐獻帝春秋曰太祖圍濮陽濮陽大姓田氏爲反間太祖得入城燒其東門示無反意及戰軍敗布騎得太祖而不知是問曰曹操何在太祖曰乘黃馬走者是也布騎乃釋太祖而追黃馬者門火猶盛太祖突火而出未至營止諸將未與太祖相見皆怖太祖乃自力勞軍令軍中促爲攻具進復攻之與布相守百餘日蝗蟲起百姓大餓布糧食亦盡各引去秋九月太祖還鄄城布到乘氏爲其縣人李進所破東屯山陽於是紹使人說太祖欲連和太祖新失兗州軍食盡將許之程昱止太祖太祖從之冬十月太祖至東阿是歲穀一斛五十餘萬錢人相食乃罷吏兵新募者陶謙死劉備代之

二年春襲定陶濟陰太守吳資保南城未拔會呂布至又擊破之夏布將薛蘭李封屯鉅野太祖攻之布救蘭蘭敗布走遂斬蘭等布復從東緡與陳宮將萬餘人來戰時太祖兵少設伏縱奇兵擊大破之魏書曰於是兵皆出取麥在者不能千人屯營不固太祖乃令婦人守陴悉兵拒之屯西有大隄其

南樹木幽深布疑有伏乃相謂曰曹操多譎勿入伏中引軍屯南十餘里明日復來太祖隱兵隄裏出半兵隄外布益進乃令輕兵挑戰既合伏兵乃悉乘隄步騎並進大破之獲其鼓車追至其營而還布夜走太祖復攻拔定陶分兵平諸縣布東奔劉備張邈從布使其弟超將家屬保雍丘秋八月圍雍丘冬十月天子拜太祖兗州牧十二月雍丘潰超自殺夷邈三族邈詣袁術請救爲其衆所殺兗州平遂東略陳地是歲長安亂天子東遷敗于曹陽渡河幸安邑

建安元年春正月太祖軍臨武平袁術所置陳相袁嗣降太祖將迎天子諸將或疑荀彧程昱勸之

乃遣曹洪將兵西迎衞將軍董承與袁術將萇奴拒險洪不得進汝南潁川黃巾何儀劉辟黃邵何曼等衆各數萬初應袁術又附孫堅二月太祖進軍討破之斬辟邵等儀及其衆皆降天子拜太祖建德將軍夏六月遷鎮東將軍封費亭侯秋七月楊奉韓暹以天子還洛陽獻帝春秋曰天子初至洛陽幸城西故中常侍趙忠宅使張楊繕治宮室名殿曰楊安殿八月帝乃遷居奉別屯梁太祖遂至洛陽衞京都暹遁走天子假太祖節鉞錄尚書事獻帝紀曰又領司隸校尉洛陽殘破董昭等勸太祖都許九月車駕出轘轅而東以太祖爲大將軍封武平侯自天子西遷朝廷日亂至是宗廟社稷制度始立張璠漢紀曰初天子敗於曹陽欲浮河東下侍中太史令王立曰自去春太白犯鎮星於牛斗過天津熒惑又逆行守北河不可犯也由是天子遂不北渡河將自軹關東出立又謂宗正劉艾曰前太白守天關與熒惑會金火交會革命之象也漢祚終矣晉魏必有興者立後數言於帝曰天命有去就五行不常盛代火者土也承漢者魏也能安天下者曹姓也唯委任曹氏而已公聞之使人語立曰知公忠於朝廷然天道深遠幸勿多言天子之東也奉自梁欲要之不及冬十月公征奉奉南奔袁術遂攻其梁屯拔之於是以袁紹爲太尉紹恥班在公下不肯受公乃固辭以大將軍讓紹天子拜公司空行車騎將軍是歲用棗祗韓浩等議始興屯田魏書曰自遭荒亂率乏糧穀諸軍並起無終歲之計饑則寇略飽則棄餘瓦解流離無敵自破

者不可勝數袁紹之在河北軍人仰食桑椹袁術在江淮取給蒲蠃民人相食州里蕭條公曰夫定國之術在於彊兵足食秦人以急農兼天下孝武以屯田定西域此先代之良式也是歲乃募民屯田許下得穀百萬斛於是州郡例置田官所在積穀征伐四方無運糧之勞遂兼滅羣賊克平天下呂布襲劉備取下邳備來奔程昱說公曰觀劉備有雄才而甚得衆心終不爲人下不如早圖之公曰方今收英雄時也殺一人而失天下之心不可張濟自關中走南陽濟死從子繡領其衆

二年春正月公到宛張繡降既而悔之復反公與戰軍敗爲流矢所中長子昂弟子安民遇害魏書曰公所乘馬名絕影爲流矢所中傷頰及足并中公右臂世語曰昂不能騎進馬於公公故免而昂遇害公乃引兵還舞陰繡將騎來鈔公擊破之繡奔穰與劉表合公謂諸將曰吾降張繡等失不便取其質以至于此吾知所以敗諸卿觀之自今已後不復敗矣遂還許世語曰舊制三公領兵入見皆交戟叉頸而前初公將討張繡入覲天子時始復此制公自此不復朝見袁術欲稱帝於淮南使人告呂布布收其使上其書術怒攻布爲布所破秋九月術侵陳公東征之術聞公自來棄軍走留其將橋蕤李豐梁綱樂就公到擊破蕤等皆斬之術走渡淮公還許公之自舞陰還也南陽章陵諸縣復叛爲繡公遣曹洪擊之不利還屯葉數爲繡表所侵冬十一

月公自南征至宛魏書曰臨淯水祠亡將士歔欷流涕衆皆感慟表將鄧濟據湖陽攻拔之生禽濟湖陽降攻舞陰下之

三年春正月公還許初置軍師祭酒三月公圍張繡於穰夏五月劉表遣兵救繡以絕軍後獻帝春秋曰袁紹叛卒詣公云田豐使紹早襲許若挾天子以令諸侯四海可指麾而定公乃解繡圍公將引還繡兵來公軍不得進連營稍前公與荀彧書曰賊來追吾雖日行數里吾策之到安衆破繡必矣到安衆繡與表兵合守險公軍前後受敵公乃夜鑿險爲地道悉過輜重設奇兵會明賊謂公爲遁也悉軍來追乃縱奇兵步騎夾攻大破之秋七月公還

許荀彧問公前以策賊必破何也公曰虜遏吾歸師而與吾死地戰吾是以知勝矣呂布復爲袁術使高順攻劉備公遣夏侯惇救之不利備爲順所敗九月公東征布冬十月屠彭城獲其相侯諧進至下邳布自將騎逆擊大破之獲其驍將成廉追至城下布恐欲降陳宮等沮其計求救於術勸布出戰戰又敗乃還固守攻之不下時公連戰士卒罷欲還用荀攸郭嘉計遂決泗沂水以灌城月餘布將宋憲魏續等執陳宮舉城降生禽布宮皆殺之太山臧霸孫觀吳敦尹禮昌豨各聚衆布之破劉備也霸等悉從布布敗獲霸等公厚納待遂割青徐二州附于海以委焉分琅邪東海北海爲城陽利城昌慮郡初公爲兗州以東平畢諶爲別駕張邈之叛也邈劫諶母弟妻子公謝遣之曰卿老母在彼可去諶頓首無二心公嘉之爲之流涕既出遂亡歸及布破諶生得衆爲諶懼公曰夫人孝於其親者豈不亦忠於君乎吾所求也以爲魯相魏書曰袁紹宿與故太尉楊彪大長秋梁紹少府孔融有隙欲使公以他過誅之公曰當今天下土崩瓦解雄豪並起輔相君長人懷怏怏各有自爲之心此上下相疑之秋也雖以無嫌待之猶懼未信如有所除則誰不自危且夫起布衣在塵垢之間爲庸人之所陵陷可勝怨乎高祖赦雍齒之讎而羣情以安如何忘之紹以爲公外託公義內實離異深懷怨望臣松之以爲楊彪亦曾爲魏武所困幾至於死孔融竟不免於誅滅豈所謂先行其言而後從之哉非知之難其在行之信矣

四年春二月公還至昌邑張楊將楊醜殺楊眭固又殺醜以其衆屬袁紹屯射犬夏四月進軍臨河使史渙曹仁渡河擊之固使楊故長史薛洪河內太守繆尚留守自將兵北迎紹求救與渙仁相遇犬城交戰大破之斬固公遂濟河圍射犬洪尚率衆降封爲列侯還軍敖倉以魏种爲河內太守屬以河北事初公舉种孝廉兗州叛公曰唯魏种且不棄孤也及聞种走公怒曰种不南走越北走胡

不豐沒也既下射犬生禽种公曰唯其才也釋其縛而用之是時袁紹既并公孫瓚兼四州之地衆十餘萬將進軍攻許諸將以為不可敵公曰吾知紹之為人志大而智小色厲而膽薄忌克而少威兵多而分畫不明將驕而政令不一土地雖廣糧食雖豐適足以為吾奉也秋八月公進軍黎陽使臧霸等入青州破齊北海東安留于禁屯河上九月公還許分兵守官渡冬十一月張繡率衆降封列侯十二月公軍官渡袁術自敗於陳稱困袁譚自青州遣迎之術欲從下邳北過公遣劉備朱靈要之會術病死程昱郭嘉聞公遣備言於公曰劉備不可縱公悔追之不及備之未東也陰與董承等謀反至下邳遂殺徐州刺史車冑舉兵屯沛遣劉岱王忠擊之不克（獻帝春秋曰備謂岱等曰使汝百人來其無如我何曹公自來未可知耳 魏武故事曰岱字公山沛國人以司空長史從征伐有功封列侯 魏略曰王忠扶風人少為亭長三輔亂忠飢乏噉人隨輩南向武關值婁子伯為荊州遣迎北方客人忠不欲去因率等仵逆擊之奪其兵聚衆千餘人以歸公拜忠中郎將從征討五官將知忠嘗噉人因從駕出行令俳取冢間髑髏繫著忠馬鞍以為歡笑）廬江太守劉勳率衆降封為列侯

五年春正月董承等謀泄皆伏誅公將自東征備諸將皆曰與公爭天下者袁紹也今紹方來而棄之東紹乘人後若何公曰夫劉備人傑也今不擊必為後患（孫盛魏氏春秋云答諸將曰劉備人傑也將生憂寡人 臣松之以為史之記言既多潤色故前載所述有非實者矣後之作者又生意改之於失實也不亦彌遠乎凡孫盛製書多用左氏以易舊文如此者非一嗟乎後之學者將何取信哉且魏武方以天下勵志而用夫差分死之言尤非其類）袁紹雖有大志而見事遲必不動也郭嘉亦勸公遂東擊備破之生禽其將夏侯博備走奔紹獲其妻子備將關羽屯下邳復進攻之羽降昌豨叛為備又攻破之公還官渡紹卒不出二月紹遣郭圖淳于瓊顏良攻東郡太守劉延於白馬紹引兵至黎陽將渡河夏四月公北救延荀攸說公曰今兵少不敵分其勢乃可公到延津若將渡兵向其後者紹必西應之然後輕兵襲白馬掩其不備顏良可禽也公從之紹聞兵渡即分兵西應之公乃引軍兼行趣白馬未至十餘里良大驚來逆戰使張遼關羽前登擊破斬良遂解白馬圍徙其民循河而西紹於是渡河追公軍至延津南公勒兵駐營南阪下使登壘望之曰可五六百騎有頃復白騎稍多步兵不可勝數公曰勿復白乃令騎解鞍放馬是時白馬輜重就道諸將以為敵騎多不如還保營荀攸曰此所以餌敵如何去之紹騎將文醜與劉

備將五六千騎前後至諸將復白可上馬公曰未也有頃騎至稍多或分趣輜重公曰可矣乃皆上馬時騎不滿六百遂縱兵擊大破之斬醜良醜良皆紹名將也再戰悉禽紹軍大震公還軍官渡紹進保陽武關羽亡歸劉備八月紹連營稍前依沙堆為屯東西數十里公亦分營與相當合戰不利

習鑿齒漢晉春秋曰許攸說紹曰公無與操相攻也急分諸軍持之而徑從他道迎天子則事立濟矣紹不從曰吾要當先圍取之攸怒

時公兵不滿萬傷者十二三

臣松之以為魏武初起兵已有衆五千自後百戰百勝敗者十二三而已矣但一破黃巾受降卒三十餘萬餘所吞并不可悉紀雖征戰損傷未應如此之少也夫結營相守異於摧鋒決戰本紀云紹衆十餘萬屯營東西數十里魏太祖雖機變無方略不出出安有以數千之兵而得逾時相抗者哉以理而言竊謂不然紹為屯數十里公能分營與相當此兵不得甚少一也紹若有十倍之衆理應當悉力圍守使出入斷絕而公使徐晃等擊其運車公又自出擊淳于瓊等揚旌往還曾無抵閡明紹力不能制是不得甚少二也諸書皆云公坑紹衆八萬或云七萬夫八萬人奔散非八千人所能縛而紹之大衆皆拱手就戮何緣力能制之是不得甚少三也將記述者欲以少見奇非其實錄也案鍾繇傳云公與紹相持繇為司隸送馬二千餘匹以給軍本紀及世語並云公時有騎六百餘匹繇馬為安在哉

紹復進臨官渡起土山地道公亦於內作之以相應紹射營中矢如雨下行者皆蒙楯衆大懼時公糧少與荀彧書議欲還許彧以為紹悉衆聚官渡欲與公決勝敗公以至弱當至彊若不能制必為所乘是天下之大機也且紹布衣之雄耳

能聚人而不能用夫以公之神武明哲而輔以大順何向而不濟公從之孫策聞公與紹相持乃謀襲許未發為刺客所殺汝南降賊劉辟等叛應紹略許下紹使劉備助辟公使曹仁擊破之備走遂破辟屯袁紹運穀車數千乘至公用荀攸計遣徐晃史渙邀擊大破之盡燒其車公與紹相拒連月雖比戰斬將然衆少糧盡士卒疲乏公謂運者曰却十五日為汝破紹不復勞汝矣冬十月紹遣車運穀使淳于瓊等五人將兵萬餘人送之宿紹營北四十里紹謀臣許攸貪財紹不能足來奔因說公擊瓊等左右疑之荀攸賈詡勸公公乃留曹洪守自將步騎五千人夜往會明至瓊等望見公兵少出陣門外公急擊之瓊退保營遂攻之紹遣騎救瓊左右或言賊騎稍近請分兵拒之公怒曰賊在背後乃白士卒皆殊死戰大破瓊等皆斬之

曹瞞傳曰公聞攸來跣出迎之撫掌笑曰子卿遠來吾事濟矣既入坐謂公曰袁氏軍盛何以待之今有幾糧乎公曰尚可支一歲攸曰無是更言之又曰可支半歲攸曰足下不欲破袁氏邪何言之不實也公曰向言戲之耳其實可一月為之柰何攸曰公孤軍獨守外無救援而糧穀已盡此危急之日也今袁氏輜重有萬餘乘在故市烏巢屯軍無嚴備今以輕兵襲之不意而至燔其積聚不過三日袁氏自敗也公大喜乃選精銳步騎皆用袁軍旗幟銜枚縛馬口夜從間道出人抱束薪所歷道有問者語之曰袁公恐曹操鈔略後軍遣兵以益備聞

耆信以爲然皆自若既至圍屯大放火營中驚亂大破之盡燔其糧穀寶貨斬督將眭元進騎督韓莒子呂威璜趙叡等首割得將軍淳于仲簡鼻未死殺士卒千餘人皆取鼻牛馬割脣舌以示紹軍將士皆恟懼時有夜得仲簡將以詣麾下公謂曰何爲如是仲簡曰勝負自天何用爲問乎公意欲不殺許攸曰明旦鑒於鏡此益不忘人乃殺之紹初聞公之擊瓊謂長子譚曰就彼攻瓊等吾攻拔其營彼固無所歸矣乃使張郃高覽攻曹洪郃等聞瓊破遂來降紹衆大潰紹及譚棄軍走渡河追之不及盡收其輜重圖書珍寶虜其衆獻帝起居注曰公上言大將軍鄴侯袁紹前與冀州牧韓馥立故大司馬劉虞刻作金璽遣故任長畢瑜詣虞爲說命錄之數又紹與臣書云可都鄄城當有所立擅鑄金銀印孝廉計吏皆往詣紹從弟濟陰太守敘與紹書云今海内喪敗天意實在我家神應有徵當在尊兄南兄臣下欲使即位南兄言以年則北兄長以位則北兄重

便欲送璽會曹操斷道紹宗族累世受國重恩而凶逆無道乃至於此輒勒兵馬與戰官渡乘聖朝之威得斬紹大將淳于瓊等八人首遂大破潰紹與子譚輕身迸走凡斬首七萬餘級輜重財物巨億公收紹書中得許下及軍中人書皆焚之魏氏春秋曰公云當紹之彊孤猶不能自保而況衆人乎冀州諸郡多舉城邑降者初桓帝時有黃星見於楚宋之分遼東殷馗馗古逵字見三蒼善天文言後五十歲當有眞人起於梁沛之閒其鋒不可當至是凡五十年而公破紹天下莫敵矣

六年夏四月揚兵河上擊紹倉亭軍破之紹歸復收散卒攻定諸叛郡縣九月公還許紹之未破也使劉備略汝南汝南賊共都等應之遣蔡揚擊都不利爲都所破公南征備備聞公自行走奔劉表都等皆散

七年春正月公軍譙令曰吾起義兵爲天下除暴亂舊土人民死喪略盡國中終日行不見所識使吾悽愴傷懷其舉義兵已來將士絕無後者求其親戚以後之授土田官給耕牛置學師以教之爲存者立廟使祀其先人魂而有靈吾百年之後何恨哉遂至浚儀治睢陽渠遣使以太牢祀橋玄襃賞令載公祀文曰故太尉橋公誕敷明德汎愛博容國念明訓士思令謨靈幽體翳邈哉晞矣吾以幼年逮升堂室特以頑鄙之姿爲大君子所納增榮益觀皆由獎助猶仲尼稱不如顏淵李生之厚歎賈復士死知己懷此

無忘又承從容約誓之言徂逝之後路有經由不以斗酒隻雞過相沃酹車過三步腹痛勿怪雖臨時戲笑之言非至親之篤好胡肯爲此辭乎匪謂靈忿能詒己疾懷舊惟顧念之懷愴奉命東征屯次鄉里北望貴土乃心陵墓裁致薄奠公其尚饗進軍官渡紹自軍破後發病歐血夏五月死小子尚代譚自號車騎將軍屯黎陽秋九月公征之連戰譚尚數敗退固守

八年春三月攻其郭乃出戰擊大破之譚尚夜遁夏四月進軍鄴五月還許留賈信屯黎陽己酉令曰司馬法將軍死綏魏書云綏却也有前一尺無却一寸故趙括之母乞不坐括是古之將者軍破於外而家受罪於內也自命將征行但賞功而不罰罪非國典也其令

諸將出征，敗軍者抵罪，失利者免官爵。」魏書載庚申令曰：「議者或以軍吏雖有功能，德行不足堪任郡國之選。所謂『可與適道，未可與權』。管仲曰：『使賢者食於能則上尊，鬬士食於功則卒輕於死，二者設於國則天下治。』未聞無能之人，不鬬之士，並受祿賞，而可以立功興國者也。故明君不官無功之臣，不賞不戰之士；治平尚德行，有事賞功能。論者之言，一似管窺虎歟！」秋七月，令曰：「喪亂已來，十有五年，後生者不見仁義禮讓之風，吾甚傷之。其令郡國各修文學，縣滿五百戶置校官，選其鄉之俊造而教學之，庶幾先王之道不廢，而有以益於天下。」八月，公征劉表，軍西平。公之去鄴而南也，譚、尚爭冀州，譚為尚所敗，走保平原。尚攻之急，譚遣辛毗乞降請救。諸將皆疑，荀攸勸公許之，魏書曰：公云：「我攻呂布，表不為寇，官渡之役，不救袁紹，此自守之賊也，宜為後圖。譚、尚狡猾，當乘其亂。縱譚挾詐，不終束手，使我破尚，偏收其地，利自多矣。」乃許之。公乃引軍還。冬十月，到黎陽，為子整與譚結婚。臣松之案：紹死至此，過周五月耳。譚雖出後其伯，不為紹服三年，而於再朞之內以行吉禮，悖矣。魏武或以權宜與之約言；今云結婚，未必便以此年成禮。尚聞公北，乃釋平原還鄴。東平呂曠、呂詳叛尚，屯陽平，率其眾降，封為列侯。魏書曰：譚之圍解，陰以將軍印綬假曠。曠受印送之，公曰：「我固知譚之有小計也。欲使我攻尚，得以其閒略民聚眾，尚之破，可得自強以乘我弊也。尚破我盛，何弊之乘乎？」九年春正月，濟河，遏淇水入白溝以通糧道。二月，尚復攻譚，留蘇由、審配守鄴，公進軍到洹水。由降。既至，攻鄴，為土山、地道。武安長尹楷屯毛城，通上

黨糧道。夏四月，留曹洪攻鄴，公自將擊楷，破之而還。尚將沮鵠守邯鄲，沮音菹，河朔閒今猶有此姓。鵠，沮授子也。又擊拔之。易陽令韓範、涉長梁岐舉縣降，賜爵關內侯。五月，毀土山、地道，作圍壍，決漳水灌城；城中餓死者過半。秋七月，尚還救鄴，諸將皆以為「此歸師，人自為戰，不如避之」。公曰：「尚從大道來，當避之；若循西山來者，此成禽耳。」尚果循西山來，臨滏水為營。曹瞞傳曰：遣候者數部前後參之，皆曰「定從西道，已在邯鄲」，公大喜，會諸將曰：「孤已得冀州，諸君知之乎？」皆曰：「不知。」公曰：「諸君方見不久也。」夜遣兵犯圍，公逆擊破走之，遂圍其營。未合，尚懼，故豫州刺史陰夔及陳琳乞降，公不許，為圍益急。尚夜遁，保祁山，追擊之。其將馬延、張顗等臨陳降，眾大潰，尚走中山。盡獲其輜重，得尚印綬節鉞，使尚降人示其家，城中崩沮。八月，審配兄子榮夜開所守城東門內兵。配逆戰，敗，生禽配，斬之，鄴定。公臨祀紹墓，哭之流涕；慰勞紹妻，還其家人寶物，賜雜繒絮，廩食之。孫盛云：昔者先王之為誅賞也，將以懲惡勸善，永彰鑒戒。紹因世艱危，遂懷逆謀，上議神器，下干國紀。薦社汙宅，古之制也，而乃盡哀於逆臣之冢，加恩於饕餮之室，為政之道，於斯躓矣。夫匿怨友人，前哲所恥，稅驂舊館，義無虛涕，苟道乖好絕，何哭之有！昔漢高失之於項氏，魏武遵謬於此舉，豈非百慮之一失也。初，紹與公共起兵，紹問公曰：「若事不輯，則方面何所可據？」公曰：「足下意以為何如？」

紹曰吾南據河北阻燕代兼戎狄之衆南向以爭天下庶可以濟乎公曰吾任天下之智力以道御之無所不可〔傅子曰太祖又云湯武之王豈同土哉若以險固為資則不能應機而變化也〕

九月令曰河北罹袁氏之難其令無出今年租賦重豪彊兼并之法百姓喜悅〔魏書載公令曰有國有家者不患寡而患不均不患貧而患不安袁氏之治也使豪彊擅恣親戚兼并下民貧弱代出租賦衒鬻家財不足應命審配宗族至乃藏匿罪人為逋逃主欲望百姓親附甲兵彊盛豈可得邪其收田租畝四升戶出絹二匹緜二斤而已他不得擅興發郡國守相明檢察之無令彊民有所隱藏而弱民兼賦也〕天子以公領冀州牧公讓還兗州公之圍鄴也譚略取甘陵安平勃海河閒尚敗還中山譚攻之尚奔故安遂并其衆公遺譚書責以負約與之絕婚女還然後進軍譚懼拔平原走保南皮十二月公入平原略定諸縣

十年春正月攻譚破之斬譚誅其妻子冀州平〔魏書曰公攻譚旦及日中不決公乃自執桴鼓士卒咸奮應時破陷〕下令曰其與袁氏同惡者與之更始令民不得復私讎禁厚葬皆一之於法是月袁熙大將焦觸張南等叛攻熙尚熙尚奔三郡烏丸觸等舉其縣降封為列侯初討譚時民亡椎冰〔臣松之以為討譚時川渠水凍使民椎冰以通船民憚役而亡〕令不得降頃之亡民有詣門首者公謂曰聽汝則違令殺汝則誅首歸深自藏無為吏所獲民垂泣而去後竟捕得夏四月黑山賊張燕率其衆十餘萬降封為列侯故安趙犢霍奴等殺幽州刺史涿郡太守三郡烏丸攻鮮于輔於獷平〔續漢書郡國志曰獷平縣名屬漁陽郡〕秋八月公征之斬犢等乃渡潞河救獷平烏丸奔走出塞九月令曰阿黨比周先聖所疾也聞冀州俗父子異部更相毀譽昔直不疑無兄世人謂之盜嫂第五伯魚三娶孤女謂之撾婦翁王鳳擅權谷永比之申伯王商忠議張匡謂之左道此皆以白為黑欺天罔君者也吾欲整齊風俗四者不除吾以為羞冬十月公還鄴初袁紹以甥高幹領并州牧公之拔鄴幹降遂以為刺史幹聞公討烏丸乃以州叛執上黨太守舉兵守壺關口遣樂進李典擊之幹還守壺關城

十一年春正月公征幹幹聞之乃留其別將守城走入匈奴求救於單于單于不受公圍壺關三月拔之幹遂走荊州上洛都尉王琰捕斬之秋八月公東征海賊管承至淳于遣樂進李典擊破之承走入海島割東海之襄賁郯戚以益琅邪省昌慮郡〔魏書載十月乙亥令曰夫治世御衆建立輔弼誡在面從詩稱聽用我謀庶無大悔斯實君臣懇懇之求也吾充重任每懼失中頻年已來不聞嘉謀豈吾開延不勤之咎邪自今已後諸掾屬治中別駕常以月旦各

書其失吾將覽焉三郡烏丸承天下亂破幽州略有漢民合十餘萬戶袁紹皆立其酋豪為單于以家人子為已女妻焉遼西單于蹋頓尤彊為紹所厚故尚兄弟歸之數入塞為害公將征之鑿渠自呼沲入泒水泒音孤名平虜渠又從泃河口泃音句鑿入潞河名泉州渠以通海

十二年春二月公自淳于還鄴丁酉令曰吾起義兵誅暴亂於今十九年所征必克豈吾功哉乃賢士大夫之力也天下雖未悉定吾當要與賢士大夫共定之而專饗其勞吾何以安焉其促定功行封於是大封功臣二十餘人皆為列侯其餘各以次受封及復死事之孤輕重各有差魏書載公令曰昔趙奢竇嬰之為將也受賜千金一朝散之故能濟成大功永世流聲吾讀其文未嘗不慕其為人也與諸將士大夫共從戎事幸賴賢人不愛其謀羣士不遺其力是以夷險平亂而吾得竊大賞戶邑三萬追思竇嬰散金之義今分所受租與諸將掾屬及故戍於陳蔡者庶以疇答眾勞不擅大惠也宜差死事之孤以租穀及之若年殷用足租奉畢入將大與眾人悉共饗之將北征三郡烏丸諸將皆曰袁尚亡虜耳夷狄貪而無親豈能為尚用今深入征之劉備必說劉表以襲許萬一為變事不可悔惟郭嘉策表必不能任備勸公行夏五月至無終秋七月大水傍海道不通田疇請為鄉導公從之引軍出盧龍塞塞外道絕不通乃塹山堙谷五百餘里經白檀歷平剛涉鮮卑庭東指柳城未至二百里虜乃知之尚熙與蹋頓遼西單于樓班右北平單于能臣抵之等將數萬騎逆軍八月登白狼山卒與虜遇眾甚盛公車重在後被甲者少左右皆懼公登高望虜陳不整乃縱兵擊之使張遼為先鋒虜眾大崩斬蹋頓及名王已下胡漢降者二十餘萬口遼東單于速僕丸及遼西北平諸豪棄其種人與尚熙奔遼東眾尚有數千騎初遼東太守公孫康恃遠不服及公破烏丸或說公遂征之尚兄弟可禽也公曰吾方使康斬送尚熙首不煩兵矣九月公引兵自柳城還曹瞞傳曰時寒且旱二百里無復水軍又乏食殺馬數千匹以為糧鑿地入三十餘丈乃得水既還科問前諫者眾莫知其故人人皆懼公皆厚賞之曰孤前行乘危以徼倖雖得之天所佐也顧不可以為常諸君之諫萬安之計是以相賞後勿難言之康即斬尚熙及速僕丸等傳其首諸將或問公還而康斬送尚熙何也公曰彼素畏尚等吾急之則并力緩之則自相圖其勢然也十一月至易水代郡烏丸行單于普富盧上郡烏丸行單于那樓將其名王來賀

十三年春正月公還鄴作玄武池以肄舟師肄以四反三蒼曰肄習也漢罷三公官置丞相御史大夫夏六月以

公爲丞相獻帝起居注曰使太常徐璆即授印綬御史大夫不領中丞置長史一人　先賢行狀曰璆字孟平廣陵人少履清爽立朝正色歷任城汝南東海三郡所在化行被徵當還爲袁術所劫術僭號欲授以上公之位璆終不爲屈術死後璆得術璽致之漢朝拜衞尉太常公爲丞相以位讓璆焉秋七月公南征劉表八月表卒其子琮代屯襄陽劉備屯樊九月公到新野琮遂降備走夏口公進軍江陵下令荊州吏民與之更始乃論荊州服從之功侯者十五人以劉表大將文聘爲江夏太守使統本兵引用荊州名士韓嵩鄧義等衞恒四體書勢序曰上谷王次仲善隸書始爲楷法至靈帝好書世多能者而師宜官爲最甚矜其能每書輒削焚其札梁鵠乃益爲版而飲之酒候其醉而竊其札鵠卒以攻書至選部尚書於是公欲爲洛陽令鵠以爲北部尉鵠後依劉表及荊州平公募求鵠鵠懼自縛詣門署軍假司馬使在祕書以勤書自効公嘗縣著帳中及以釘壁玩之謂勝宜官鵠字孟皇安定人魏宮殿題署皆鵠書也　皇甫謐逸士傳曰汝南王儁字子文少爲范滂許章所識與南陽岑晊善公之爲布衣特愛儁儁亦稱公有治世之具及袁紹與弟術喪母歸葬汝南儁與公會之會者三萬人公於外密語儁曰天下將亂爲亂魁者必此二人也欲濟天下爲百姓請命不先誅此二子亂今作矣儁曰如卿之言濟天下者舍卿復誰相對而笑儁爲人外靜而內明不應州郡三府之命公車徵不到避地居武陵歸儁者一百餘家帝之都許復徵爲尚書又不就劉表見紹彊陰與紹通儁謂表曰曹公天下之雄也必能興霸道繼桓文之功者也今乃釋近而就遠如有一朝之急遙望漠北之救不亦難乎表不從儁年六十四以壽終于武陵公聞而哀傷及平荊州自臨江迎喪改葬于江陵表爲先賢也益州牧劉璋始受徵役遣兵給軍十二月孫權爲備攻合肥公自江陵征備至巴丘遣張憙救合肥權聞憙至乃走公至赤壁與備戰不利於是大疫吏士多死者乃引軍還備遂有荊州江南諸郡山陽公載記曰公船艦爲備所燒引軍從華容道步歸遇泥濘道不通天又大風悉使羸兵負草塡之騎乃得過羸兵爲人馬所蹈藉陷泥中死者甚衆軍旣得出公大喜諸將問之公曰劉備吾儔也但得計少晚向使早放火吾徒無類矣備尋亦放火而無所及　孫盛異同評曰案吳志劉備先破公軍然後權攻合肥而此記云權先攻合肥後有赤壁之事二者不同吳志爲是

十四年春三月軍至譙作輕舟治水軍秋七月自渦入淮出肥水軍合肥辛未令曰自頃已來軍數征行或遇疫氣吏士死亡不歸家室怨曠百姓流離而仁者豈樂之哉不得已也其令死者家無基業不能自存者縣官勿絕廩長吏存卹撫循以稱吾意置揚州郡縣長吏開芍陂屯田十二月軍還譙十五年春下令曰自古受命及中興之君曷嘗不得賢人君子與之共治天下者乎及其得賢也曾不出閭巷豈幸相遇哉上之人不求之耳今天下尚未定此特求賢之急時也孟公綽爲趙魏老則優不可以爲滕薛大夫若必廉士而後可用則齊桓其何以霸世今天下得無有被褐懷玉而釣於渭濱者乎又得無盜嫂受金而未遇無知者乎二三子其佐我明揚仄陋唯才是舉吾得而用之冬作銅爵臺魏武故事載公十二月己亥令曰孤始舉孝廉年少自以本非巖穴知名之士恐爲

海内人之所見凡愚欲爲一郡守好作政教以建立名譽使世士明知之故在濟南始除殘去穢平心選舉違迕諸常侍以爲彊豪所忿恐致家禍故以病還去官之後年紀尚少顧視同歲中年有五十未名爲老内自圖之從此卻去二十年待天下清乃與同歲中始舉者等耳故以四時歸鄉里於譙東五十里築精舍欲秋夏讀書冬春射獵求底下之地欲以泥水自蔽絶賓客往來之望然不能得如意後徵爲都尉遷典軍校尉意遂更欲爲國家討賊立功欲望封侯作征西將軍然後題墓道言漢故征西將軍曹侯之墓此其志也而遭值董卓之難興舉義兵是時合兵能多得耳然常自損不欲多之所以然者兵多意盛與彊敵爭儻更爲禍始故汴水之戰數千後還到揚州更募亦復不過三千人此其本志有限也後領兗州破降黄巾三十萬衆又袁術僭號於九江下皆稱臣名門曰建號門衣被皆爲天子之制兩婦預爭爲皇后志計已定人有勸術使遂即帝位露布天下荅言曹公尚在未可也後孤討禽其四將獲其人衆遂使術窮亡解沮發病而死及至袁紹據河北兵勢彊盛孤自度勢實不敵之但計投死爲國以義滅身足垂於後幸而破紹梟其二子又劉表自以爲宗室包

藏姦心乍前乍卻以觀世事據有當州孤復定之遂平天下身爲宰相人臣之貴已極意望已過矣今孤言此若爲自大欲人言盡故無諱耳設使國家無有孤不知當幾人稱帝幾人稱王或者人見孤彊盛又性不信天命之事恐私心相評言有不遜之志妄相忖度每用耿耿齊桓晉文所以垂稱至今日者以其兵勢廣大猶能奉事周室也論語云三分天下有其二以服事殷周之德可謂至德矣夫能以大事小也昔樂毅走趙趙王欲與之圖燕樂毅伏而垂泣對曰臣事昭王猶事大王臣若獲戾放在他國沒世然後已不忍謀趙之徒隸況燕後嗣乎胡亥之殺蒙恬也恬曰自吾先人及至子孫積信於秦三世矣今臣將兵三十餘萬其勢足以背叛然自知必死而守義者不敢辱先人之教以忘先王也孤每讀此二人書未嘗不愴然流涕也孤祖父以至孤身皆當親重之任可謂見信者矣以及子桓兄弟過於三世矣孤非徒對諸君說此也常以語妻妾皆令深知此意孤謂之言顧我萬年之後汝曹皆當出嫁欲令傳道我心使他人皆知之孤此言皆肝鬲之要也所以勤勤懇懇敘心腹者見周公有金縢之書以自明恐人不信之故然欲孤便爾委捐所典兵衆以還執事歸就武平

侯國實不可也何者誠恐已離兵爲人所禍也既爲子孫計又已敗則國家傾危是以不得慕虛名而處實禍此所不得爲也前朝恩封三子爲侯固辭不受今更欲受之非欲復以爲榮欲以爲外援爲萬安計孤聞介推之避晉封申胥之逃楚賞未嘗不捨書而歎有以自省也奉國威靈仗鉞征伐推弱以克彊處小而禽大意之所圖動無違事心之所慮何向不濟遂蕩平天下不辱主命可謂天助漢室非人力也然封兼四縣食戶三萬何德堪之江湖未靜不可讓位至於邑土可得而辭今上還陽夏柘苦三縣戶二萬但食武平萬戶且以分損謗議少減孤之責也

十六年春正月魏書曰庚辰天子報減戶五千分所讓三縣萬五千封三子植爲平原侯據爲范陽侯豹爲饒陽侯食邑各五千戶天子命公世子丕爲五官中郎將置官屬爲丞相副太原商曜等以大陵叛遣夏侯淵徐晃圍破之張魯據漢中三月遣鍾繇討之

公使淵等出河東與繇會是時關中諸將疑繇欲自襲馬超遂與韓遂楊秋李堪成宜等叛遣曹仁討之超等屯潼關公勑諸將關西兵精悍堅壁勿與戰秋七月公西征魏書曰議者多言關西兵彊習長矛非精選前鋒則不可以當也公謂諸將曰戰在我非在賊也賊雖習長矛將使不得以刺諸君但觀之耳與超等夾關而軍公急持之而潛遣徐晃朱靈等夜渡蒲阪津據河西爲營公自潼關北渡未濟超赴船急戰校尉丁斐因放牛馬以餌賊賊亂取牛馬公乃得渡曹瞞傳曰公將過河前隊適渡超等奄至公猶坐胡牀不起張郃等見事急共引公入船河水急比渡流四五里超等騎追射之矢下如雨諸將見軍敗不知公所在皆惶懼至見乃悲喜或流涕公大笑曰今日幾爲小賊所困

乎循河為甬道而南賊退拒渭口公乃多設疑兵
潛以舟載兵入渭為浮橋夜分兵結營於渭南賊
夜攻營伏兵擊破之超等屯渭南遣信求割河以
西請和公不許九月進軍渡渭曹瞞傳曰時公軍每渡渭輒為超騎
所衝突營不得立地又多沙不可築壘婁子伯說公曰今天寒可起沙為城以水灌之可一夜而成公從之乃
多作縑囊以運水夜渡兵作城比明城立由是公軍盡得渡渭或疑于時九月水未應凍臣松之案魏書公
軍八月至潼關閏月北渡河則其年閏八月也至此容可大寒邪超等數挑戰又不
許固請割地求送任子公用賈詡計偽許之韓遂
請與公相見公與遂父同歲孝廉又與遂同時儕
輩於是交馬語移時不及軍事但說京都舊故拊

手歡笑既罷超等問遂公何言遂曰無所言也超
等疑之魏書曰公後日復與遂等會語諸將曰公與虜交語不宜輕脫可為木行馬以為防遏公然之
賊將見公悉於馬上拜秦胡觀者前後重沓公笑謂賊曰爾欲觀曹公邪亦猶人也非有四目兩口但多智耳
胡前後大觀又列鐵騎五千為十重陳精光曜日賊益震懼他日公又與遂書多
所點竄如遂改定者超等愈疑遂公乃與克日會
戰先以輕兵挑之戰良久乃縱虎騎夾擊大破之
斬成宜李堪等遂超等走涼州楊秋奔安定關中
平諸將或問公曰初賊守潼關渭北道缺不從河
東擊馮翊而反守潼關引日而後北渡何也公曰
賊守潼關若吾入河東賊必引守諸津則西河未

可渡吾故盛兵向潼關賊悉眾南守西河之備虛
故二將得擅取西河然後引軍北渡賊不能與吾
爭西河者以有二將之軍也連車樹柵為甬道而
南臣松之案漢高祖二年與楚戰滎陽京索之間築甬道屬河以取敖倉粟應劭曰恐敵鈔輜重故築垣牆
如街巷也今魏武不築垣牆但連車樹柵以扞兩面既為不可勝且以示弱渡渭為
堅壘虜至不出所以驕之也故賊不為營壘而求割地
吾順言許之所以從其意使自安而不為備因畜士
卒之力一旦擊之所謂疾雷不及掩耳兵之變化
固非一道也始賊每一部到公輒有喜色賊破之
後諸將問其故公荅曰關中長遠若賊各依險阻

征之不一二年不可定也今皆來集其眾雖多莫
相歸服軍無適主一舉可滅為功差易吾是以喜
冬十月軍自長安北征楊秋圍安定秋降復其爵
位使留撫其民人魏略曰楊秋黃初中遷討寇將軍位特進封臨涇侯以壽終十
二月自安定還留夏侯淵屯長安
十七年春正月公還鄴天子命公贊拜不名入朝
不趨劍履上殿如蕭何故事馬超餘眾梁興等屯
藍田使夏侯淵擊平之割河內之蕩陰朝歌林慮
東郡之衛國頓丘東武陽發干鉅鹿之廮陶曲周
南和廣平之任城趙之襄國邯鄲易陽以益魏郡

冬十月公征孫權

十八年春正月進軍濡須口攻破權江西營獲權都督公孫陽乃引軍還詔書并十四州復爲九州

夏四月至鄴五月丙申天子使御史大夫郗慮持節策命公爲魏公續漢書曰慮字鴻豫山陽高平人少受業於鄭玄建安初爲侍中虞溥江表傳曰獻帝嘗特見慮及少府孔融問融曰鴻豫何所優長融曰可與適道未可與權慮舉笏曰融昔宰北海政散民流其權安在也遂與融互相長短以至不睦公以書和解之慮從光祿勳遷爲大夫曰朕以不德少遭愍凶越在西土遷于唐衛當此之時若綴旒然公羊傳曰君若贅旒然贅猶綴也何休云旒旂旒也以旒譬者言爲下所執持東西也宗廟乏祀社稷無位羣凶覬覦分裂諸夏率土之民朕無獲焉即我高祖之命將墜于地朕用夙興假寐震悼于厥心曰惟祖惟父股肱先正文侯之命曰亦惟先正鄭玄云先正先臣謂公卿大夫也其孰能恤朕躬乃誘天衷誕育丞相保乂我皇家弘濟于艱難朕實賴之今將授君典禮其敬聽朕命昔者董卓初興國難羣后釋位以謀王室左氏傳曰諸侯釋位以間王政服虔曰言諸侯釋其私政而佐王室君則攝進首啓戎行此君之忠于本朝也後及黃巾反易天常侵我三州延及平民君又翦之以寧東夏此又君之功也韓暹楊奉專用威命君則致討克黜其難遂遷許都造我京畿設官兆祀不失舊

物天地鬼神於是獲乂此又君之功也袁術僭逆肆於淮南懾憚君靈用丕顯謀蘄陽之役橋蕤授首稜威南邁術以隕潰此又君之功也迴戈東征呂布就戮乘轅將返張楊殂斃眭固伏罪張繡稽服此又君之功也袁紹逆亂天常謀危社稷憑恃其衆稱兵內侮當此之時王師寡弱天下寒心莫有固志君執大節精貫白日奮其武怒運其神策致屆官渡大殲醜類詩曰致天之屆于牧之野鄭玄云屆極也鴻範曰鯀則殛死俾我國家拯於危墜此又君之功也濟師洪河拓定四州袁譚高幹咸梟其首海盜奔迸黑山順軌此又君之功也烏丸三種崇亂二世袁尚因之逼據塞北束馬縣車一征而滅此又君之功也劉表背誕不供貢職王師首路威風先逝百城八郡交臂屈膝此又君之功也馬超成宜同惡相濟濱據河潼求逞所欲殄之渭南獻馘萬計遂定邊境撫和戎狄此又君之功也鮮卑丁零重譯而至單于白屋請吏率職此又君之功也君有定天下之功重之以明德班敘海內宣美風俗旁施勤教恤慎刑獄吏無苛政民無懷慝敦崇帝族表繼絕世舊德前功罔不咸秩雖伊尹格于皇天周公光于四

海方之蕺如也朕聞先王並建明德胙之以土分
之以民崇其寵章備其禮物所以藩衛王室左右
厥世也其在周成管蔡不靜懲難念功乃使邵康
公賜齊太公履東至于海西至于河南至于穆陵
北至于無棣五侯九伯實得征之世祚太師以表
東海爰及襄王亦有楚人不供王職又命晉文登
爲侯伯錫以二輅虎賁鈇鉞秬鬯弓矢大啓南陽
世作盟主故周室之不壞繄二國是賴今君稱丕
顯德明保朕躬奉荅天命導揚弘烈綏爰九域莫
不率俾盤庚曰綏爰有衆鄭玄曰爰於也安隱於其衆也君奭曰海隅出日罔不率俾率循也俾

使也四海之隅日出所照無不循度而可使也功高于伊周而賞卑於齊晉
朕甚恧焉朕以眇眇之身託于兆民之上永思厥
艱若涉淵水非君攸濟朕無任焉今以冀州之河
東河內魏郡趙國中山常山鉅鹿安平甘陵平原
凡十郡封君爲魏公錫君玄土苴以白茅爰契爾
龜用建冢社昔在周室畢公毛公入爲卿佐周邵
師保出爲二伯外內之任君實宜之其以丞相領
冀州牧如故又加君九錫其敬聽朕命以君經緯
禮律爲民軌儀使安職業無或遷志是用錫君大
輅戎輅各一玄牡二駟四君勸分務本穡人昏作盤庚

曰墮農自安不昏作勞鄭玄云昏勉也粟帛滯積大業惟興是用錫君
袞冕之服赤舄副焉君敦尚謙讓俾民興行少長
有禮上下咸和是用錫君軒縣之樂六佾之舞君
翼宣風化爰發四方遠人革面華夏充實是用錫
君朱戶以居君研其明哲思帝所難官才任賢羣
善必舉是用錫君納陛以登君秉國之鈞正色處
中纖毫之惡靡不抑退是用錫君虎賁之士三百
人君糾虔天刑章厥有罪糾虔天刑語出國語韋昭注曰糾察也虔敬也
刑法也犯關干紀莫不誅殛是用錫君鈇鉞各一君
龍驤虎視旁眺八維掩討逆節折衝四海是用錫

君彤弓一彤矢百玈弓十玈矢千君以溫恭爲基
孝友爲德明允篤誠感于朕思是用錫君秬鬯一
卣珪瓚副焉魏國置丞相已下羣卿百寮皆如漢
初諸侯王之制往欽哉敬服朕命簡恤爾衆時亮
庶功用終爾顯德對揚我高祖之休命後漢尚書左丞潘勗
之辭也勗字元茂陳留中牟人魏書載公令曰夫受九錫廣開土宇周公其人也漢之異姓八王者與高祖俱
起布衣剏定王業其功至大吾何可比之前後三讓於是中軍師王淩謝亭侯荀攸前軍師東武亭侯鍾繇左
軍師涼茂右軍師毛玠平虜將軍華鄉侯劉勳建武將軍清苑亭侯劉若伏波將軍高安侯夏侯惇揚武將軍
都亭侯王忠奮威將軍樂鄉侯劉展建忠將軍昌鄉亭侯鮮于輔奮武將軍安國亭侯程昱太中大夫都鄉侯
賈詡軍師祭酒千秋亭侯董昭都亭侯薛洪南鄉亭侯董蒙關內侯王粲傅巽祭酒王選袁渙王朗張承任藩

杜襲中護軍國明亭侯曹洪中領軍萬歲亭侯韓浩行驍騎將軍安平亭侯曹仁領護軍將軍王圖長史萬潛謝奐袁霸等勸進曰自古三代胙臣以土受命中興封秩輔佐皆所以褒功賞德為國藩衛也往者天下崩亂羣凶豪起顛越跋扈之險不可忍言明公奮身出命以徇其難誅二袁篡盜之逆滅黃巾賊亂之類殄夷首逆芟撥荒穢沐浴霜露二十餘年書契已來未有若此功者昔周公承文武之迹受已成之業高拱墨筆揖羣后商奄之勤不過二年呂望因三分有二之形據八百諸侯之勢暫把旄鉞一時指麾然皆大啓土宇跨州兼國周公八子並為侯伯白牡騂剛郊祀天地典策備物擬則王室榮章寵盛如此之弘也逮至漢興佐命之臣張耳吳芮其功至薄亦連城開地南面稱孤此皆明君達主行之於上賢臣聖宰受之於下三代令典漢帝明制今比勞則周呂逞計功則張吳微論制則齊魯重言地則長沙多然則魏國之封九錫之榮況於舊賞猶懷玉而被褐也且列侯諸將幸攀龍驥得竊微勞佩紫懷黃蓋以百數亦將因此傳之萬世而明公獨辭賞於上將使其下懷不自安上違聖朝歡心下失冠帶至望忘輔弼之大業信匹夫之細行攸等所大懼也於是公勅外為章但受魏郡攸等復曰伏見魏國初封聖朝發慮稽謀羣寮然後策命而明公久違上指不即大禮今既虔奉詔命副順衆望又欲辭多當少讓九受一是猶漢朝之賞不行而攸等之請未許也昔齊魯之封奄有東海疆域井賦四百萬家基隆業廣易以立功故能成翼戴之勳立一匡之績今魏國雖有十郡之名猶減於曲阜計其戶數不能參半以藩衛王室立垣樹屏猶未足也且聖上覽亡秦無輔之禍懲曩日震蕩之艱託建忠賢廢墜是為願明公恭承帝命無或拒違公乃受命

魏略載公上書謝曰臣蒙先帝厚恩致位郎署受性疲殆意望畢足非敢希望高位庶幾顯達會董卓作亂義當死難故敢奮身出命摧鋒率衆遂值千載之運奉役目下當二袁炎沸侵侮之際陛下與臣寒心同憂顧瞻京師進受猛敵常恐君臣俱陷虎口誠不自意能全首領賴祖宗靈祐醜類夷滅得使微臣竊名其間陛下加恩授以上相封爵寵祿豐大弘厚生平之願實不望也口與心計幸且待罪保持列侯遺付子孫自託聖世永無憂責不意陛下乃發盛意開國備錫以貺愚臣地比齊魯禮同藩王非臣無功所宜膺據歸情上聞不蒙聽許嚴詔切至誠使臣心俯仰偪迫伏自惟省列在大臣命制王室身非己有豈敢自私遂其愚意亦將黜退令就初服今奉疆土備數藩翰非敢遠期慮有後世至於父子相誓終身灰軀盡命報塞厚恩天威在顏悚懼受詔

秋七月始建魏社稷宗廟天子娉公三女為貴人少者待年於國

獻帝起居注曰使使持節行太常大司農安陽亭侯王邑齎璧帛玄纁絹五萬匹之鄴納娉介者五人皆以議郎行大夫事副介一人

九月作金虎臺鑿渠引漳水入白溝以通河冬十月分魏郡為東西部置都尉十一月初置尚書侍中六卿

魏氏春秋曰以荀攸為尚書令涼茂為僕射毛玠崔琰常林徐奕何夔為尚書王粲杜襲衛覬和洽為侍中

馬超在漢陽復因羌胡為害氐王千萬叛應超屯興國使夏侯淵討之

十九年春正月始耕藉田南安趙衢漢陽尹奉等討超梟其妻子超奔漢中韓遂徙金城入氐王千萬部率羌胡萬餘騎與夏侯淵戰擊大破之遂走西平淵與諸將攻興國屠之省安東永陽郡安定太守毋丘興將之官公戒之曰羌胡欲與中國通自當遣人來慎勿遣人往善人難得必將教羌胡妄有所請求因欲以自利不從便為失異俗意從之則無益事興至遣校尉范陵至羌中陵果教羌使自請為屬國都尉公曰吾預知當爾非聖也但更事多耳

獻帝起居注曰使行太常事大司農安陽侯王邑與宗正劉艾皆持節介者五人齎束帛駟馬及給事黃門侍郎掖庭丞中常侍二人迎二貴人于魏公國二月癸亥又於魏公宗廟授二貴人印

殿甲子詣魏公宮延秋門迎貴人升車魏遣郎中令少府博士御府乘黃廄令丞相掾屬侍送貴人癸酉二貴人至消倉中遣侍中丹將冗從虎賁前後騎驛往迎之乙亥二貴人入宮御史大夫中二千石將大夫議郎會殿中魏國二卿及侍中中郎二人與漢公卿並升殿宴三月天子使魏公位在
諸侯王上改授金璽赤紱遠游冠獻帝起居注曰使左中郎將楊宣亭侯裴茂持節印授之秋七月公征孫權九州春秋曰參軍傅幹諫曰治天下之大具有二文與武也用武則先威用文則先德威德足以相濟而後王道備矣往者天下大亂上下失序明公用武攘之十平其九今未承王命者吳與蜀也吳有長江之險蜀有崇山之阻難以威服易以德懷愚以為可且按甲寢兵息軍養士分土定封論功行賞若此則內外之心固有功者勸而天下知制矣然後漸興學校以導其善性而長其義節公神武震於四海若修文以濟之則普天之下無思不服矣今舉十萬之眾頓之長江之濱若賊負固深藏則士馬不得逞其能奇變無所用其權則大威有屈而敵心未能服矣唯明公思虞舜舞干戚之義全威養德以道制勝公不從軍遂無功幹字彥材北地人終於丞相倉曹屬有子曰玄初隴西
宋建自稱河首平漢王聚眾枹罕改元置百官三
十餘年遣夏侯淵自興國討之冬十月屠枹罕斬
建涼州平公自合肥還十一月漢皇后伏氏坐昔
與父故屯騎校尉完書云帝以董承被誅怨恨公
辭甚醜惡發聞后廢黜死兄弟皆伏法曹瞞傳曰公遣華歆勒兵入宮收后后閉戶匿壁中歆壞戶發壁牽后出帝時與御史大夫郗慮坐后被髮徒跣過執帝手曰不能復相活邪帝曰我亦不自知命在何時也帝謂慮曰郗公天下寧有是乎遂將后殺之完及宗族死者數百人
十二月公至孟津天子命公置旄頭宮殿設鍾虡
乙未令曰夫有行之士未必能進取進取之士未

必能有行也陳平豈篤行蘇秦豈守信邪而陳平
定漢業蘇秦濟弱燕由此言之士有偏短庸可廢
乎有司明思此義則士無遺滯官無廢業矣又曰
夫刑百姓之命也而軍中典獄者或非其人而任
以三軍死生之事吾甚懼之其選明達法理者使
持典刑於是置理曹掾屬
二十年春正月天子立公中女為皇后省雲中定
襄五原朔方郡郡置一縣領其民合以為新興郡
三月公西征張魯至陳倉將自武都入氐氐人塞
道先遣張郃朱靈等攻破之夏四月公自陳倉以
出散關至河池氐王竇茂眾萬餘人恃險不服五
月公攻屠之西平金城諸將麴演蔣石等共斬送
韓遂首典略曰遂字文約始與同郡邊章俱著名西州章為督軍從事遂奉計詣京師何進宿聞其名特與相見遂說進使誅諸閹人進不從乃求歸會涼州宋揚北宮玉等反舉章遂為主章尋病卒遂為揚等所劫不得已遂阻兵為亂積三十二年至是乃死年七十餘矣劉艾靈帝紀曰章一名元秋七月
公至陽平張魯使弟衛與將楊昂等據陽平關橫
山築城十餘里攻之不能拔乃引軍還賊見大軍
退其守備解散公乃密遣解僄高祚等乘險夜襲
大破之斬其將楊任進攻衛衛等夜遁魯潰奔巴
中公軍入南鄭盡得魯府庫珍寶魏書曰軍自武都山行千里升

阜險阻軍人勞苦公於是大饗莫不忘其勞巴漢皆降復漢寧郡爲漢中分漢中之安陽西城爲西城郡置太守分錫上庸郡置都尉八月孫權圍合肥張遼李典擊破之九月巴七姓夷王朴胡賨邑侯杜濩舉巴夷賨民來附孫盛曰朴音浮濩音戶於是分巴郡以胡爲巴東太守濩爲巴西太守皆封列侯天子命公承制封拜諸侯守相孔衍漢魏春秋曰天子以公典任于外臨事之賞或宜速疾乃命公得承制封拜諸侯守相詔曰夫軍之大事在茲賞罰勸善懲惡宜不旋時故司馬法曰賞不逾日者欲民速覩爲善之利也昔在中興鄧禹入關承制拜軍祭酒李文爲河東太守歎又承制拜高峻爲通路將軍察其本傳皆非先請明臨事刻印也斯則世祖神明權達損益蓋所用速示威懷而著鴻勳也其春秋之義大夫出疆有專命之事苟所以利社稷安國家而已况君秉任二伯師尹九有實征夷夏軍行藩甸之外失得在於斯須之間停賞俟詔以滯世務固非朕之所圖也自今已後臨事所甄當加寵號者其便刻印章假授咸使忠義得相獎勵勿有疑焉冬十月始置名號侯至五大夫與舊列侯關內侯凡六等以賞軍功魏書曰置名號侯爵十八級關中侯爵十七級皆金印紫綬又置關內外侯十六級銅印龜紐墨綬五大夫十五級銅印環紐亦墨綬皆不食租與舊列侯關內侯凡六等臣松之以爲今之虛封蓋自此始十一月魯自巴中將其餘衆降封魯及五子皆爲列侯劉備襲劉璋取益州遂據巴中遣張郃擊之十二月公自南鄭還留夏侯淵屯漢中是行也侍中王粲作五言詩以美其事曰從軍有苦樂但問所從誰所從神且武安得久勞師相公征關右赫怒振天威一舉滅獯虜再舉服羌夷西收邊地賊忽若俯拾遺陳賞越山嶽酒肉踰川坻軍中多饒飫人馬皆溢肥徒行兼乘還空出有餘資拓土三千里往反速如飛歌舞入鄴城所願獲無違

二十一年春二月公還鄴魏書曰辛未有司以太牢告至策勳于廟甲午始春祠令曰議者以爲祠廟上殿當解履吾受錫命帶劍不解履上殿今有事于廟而解履是尊先公而替王命敬父祖而簡君主故吾不敢解履也又臨祭就洗以手擬水而不盥夫盥以潔爲敬未聞擬向不盥之禮且祭神如神在故吾親受水而盥也又降神禮訖下階就幕而立須奏樂畢竟似若不愆烈祖遲祭不速訖也故吾坐俟樂闋送神乃起也受胙納神以授侍中此爲敬恭不終實也古者親執祭事故吾親納于神終抱而歸也仲尼曰雖違衆吾從下誠哉斯言也三月壬寅公親耕籍田魏書曰有司奏四時講武於農隙漢承秦制三時不講唯十月都試車馬幸長水南門會五營士爲八陣進退名曰乘之今金革未偃士民素習自今已後可無四時講武但以立秋擇吉日大朝車騎號曰治兵上合禮名下承漢制奏可夏五月天子進公爵爲魏王獻帝傳載詔曰自古帝王雖號稱相變爵等不同至乎褒崇元勳建立功德光啓氏姓延于子孫庶姓之與親豈有殊焉昔我聖祖受命創業肇基造我區夏鑒古今之制通爵等之差盡封山川以立藩屏使異姓親戚並列土地據國而王所以保乂天命安固萬嗣歷世承平臣主無事世祖中興而時有難易是以曠年數百無異姓諸侯王之位朕以不德繼序弘業遭率土分崩羣兇縱毒自西徂東辛苦卑約當此之際唯恐溺入于難以羞先帝之聖德賴皇天之靈俾君秉義奮身震迅神武捍朕於艱難獲保宗廟華夏遺民含氣之倫莫不蒙焉君勤過稷禹忠侔伊周而掩之以謙讓守之以彌恭是以往者初開魏國錫君土宇懼君之違命慮君之固辭故且懷志屈意封君爲上公欲以欽順高義須俟勳績韓遂宋建南結巴蜀羣逆合從圖危社稷君復命將龍驤虎奮梟其元首屠其窟栖暨至西征陽平之役親擐甲冑深入險阻芟夷蝥賊殄其兇醜盪定西陲懸旌萬里聲教遠振寧我區宇蓋唐虞之盛三后樹功文武之興旦奭作輔二祖成業英豪佐命夫以聖哲之君事爲已任猶錫土班瑞以報功臣豈有如朕寡德杖君以濟而賞典不豐將何以荅神祇慰萬方哉今進君爵爲魏王使使持節行御史大夫宗正劉艾奉策

璽玄土之社苴以白茅金虎符第一至第五竹使符第一至十君其正王位以丞相領冀州牧如故其上魏公璽綬符策敬服朕命簡恤爾衆克綏庶績以揚我祖宗之休命魏王上書三辭詔三報不許又手詔曰大聖以功德爲高美以忠和爲典訓故創業垂名使百世可希行道制義使力行可效是以勳烈無窮休光茂著稷契載元首之聰明周邵因文武之智用雖經營庶官仰歎俯思其對豈有若君者哉朕惟古人之功美之如彼思君忠勳之績茂之如此是以每將鏤符析瑞陳禮命冊寤寐慨然自忘守文之不德焉今君重違朕命固辭懇切非所以稱朕心而訓後世也其抑志撙節勿復固辭四體書勢序曰梁鵠以公爲北部尉曹瞞傳曰爲尚書右丞司馬建公所舉及公爲王召建公到鄴與歡飲謂建公曰孤今日可復作尉否建公曰昔舉大王時適可作尉耳王大笑建公名防司馬宣王之父臣松之案司馬彪序傳建公不爲右丞疑此不然而王隱晉書云趙王篡位欲尊祖爲帝博士馬平議稱京兆府君昔舉魏武帝爲北部尉賊不犯界如此則爲有徵

代郡烏丸行單于普富盧與其侯王來朝天子命王女爲公主食湯沐邑秋七月匈奴南單于呼廚泉將其名王來朝待以客禮遂留魏使右賢王去卑監其國八月以大理鍾繇爲相國魏書曰始置奉常宗正官冬十月治兵魏書曰王親執金鼓以令進退遂征孫權十一月至譙

二十二年春正月王軍居巢二月進軍屯江西郝谿權在濡須口築城拒守遂逼攻之權退走三月王引軍還留夏侯惇曹仁張遼等屯居巢夏四月天子命王設天子旌旗出入稱警蹕五月作泮宮六月以軍師華歆爲御史大夫魏書曰初置衛尉官秋八月令曰昔伊摯傅說出於賤人管仲桓公賊也皆用之以興蕭何曹參縣吏也韓信陳平負汙辱之名有見笑之恥卒能成就

王業著聲千載吳起貪將殺妻自信散金求官母死不歸然在魏秦人不敢東向在楚則三晉不敢南謀今天下得無有至德之人放在民間及果勇不顧臨敵力戰若文俗之吏高才異質或堪爲將守負汙辱之名見笑之行或不仁不孝而有治國用兵之術其各舉所知勿有所遺冬十月天子命王冕十有二旒乘金根車駕六馬設五時副車以五官中郎將丕爲魏太子劉備遣張飛馬超吳蘭等屯下辯遣曹洪拒之

二十三年春正月漢太醫令吉本與少府耿紀司直韋晃等反攻許燒丞相長史王必營魏武故事載令曰領長史王必是吾披荊棘時吏也忠能勤事心如鐵石國之良吏也蹉跌久未辟之捨騏驥而弗乘焉遑遑而更求哉故教辟之已署所宜便以領長史統事如故必與潁川典農中郎將嚴匡討斬之三輔決錄注曰時有京兆金禕字德禕自以世爲漢臣自日磾討莽何羅忠誠顯著名節累葉覩漢祚將移謂可季興乃喟然發憤遂與耿紀韋晃吉本本子邈邈弟穆等結謀紀字季行少有美名爲丞相掾王甚敬異之遷侍中守少府邈字文然穆字思然以禕慷慨有日磾之風又與王必善因以閒之若殺必欲挾天子以攻魏南援劉備時關羽彊盛而王在鄴留必典兵督許中事文然等率雜人及家僮千餘人夜燒門攻必禕遣人爲內應射必中肩必不知攻者爲誰以素與禕善走投禕夜喚德禕禕家不知是必謂爲文然等錯應曰王長史已死乎卿曹事立矣必乃更他路奔一曰必欲投禕其帳下督謂必曰今日事竟知誰門而投入乎扶必奔南城會天明必猶在文然等衆散故敗後十餘日必竟以創死獻帝春秋曰收紀晃等將斬之紀呼魏王名曰恨吾不自生意竟爲羣兒所誤耳晃頓首搏頰以至於死山陽公載記曰王聞王必死盛怒召漢百官詣鄴令救火者左不救火者右衆人以爲救火者必無罪皆附左王以爲不救火者非助亂救火乃實賊也皆殺之曹洪破吳蘭斬其將任夔等三

月張飛馬超走漢中陰平氐强端斬吳蘭傳其首
夏四月代郡上谷烏丸無臣氐等叛遣鄢陵侯彰
討破之魏書載王令曰去冬天降疫癘民有凋傷軍興于外墾田損少吾甚憂之其令吏民男女女年七十已上無夫子若年十二已下無父母兄弟及目無所見手不能作足不能行而無妻子父兄產業者廩食終身幼者至十二止貧窮不能自贍者隨口給貸老耄須待養者年九十已上復不事家一人六月令
曰古之葬者必居瘠薄之地其規西門豹祠西原
上為壽陵因高為基不封不樹周禮冢人掌公墓
之地凡諸侯居左右以前卿大夫居後漢制亦謂
之陪陵其公卿大臣列將有功者宜陪壽陵其廣
為兆域使足相容秋七月治兵遂西征劉備九月

至長安冬十月宛守將侯音等反執南陽太守劫
略吏民保宛初曹仁討關羽屯樊城是月使仁圍宛
二十四年春正月仁屠宛斬音曹瞞傳曰是時南陽間苦繇役音於是執太守東里衰與吏民共反與關羽連和南陽功曹宗子卿往說音曰足下順民心舉大事遠近莫不望風然執郡將逆而無益何不遣之吾與子共勠力比曹公軍來關羽兵亦至矣音從之即釋遣太守子卿因夜踰城亡出遂與太守收餘民圍音會曹仁軍至共滅之夏侯淵與劉備戰於陽平為
備所殺三月王自長安出斜谷軍遮要以臨漢中
遂至陽平備因險拒守九州春秋曰時王欲還出令曰雞肋官屬不知所謂主簿楊脩便自嚴裝人驚問脩何以知之脩曰夫雞肋棄之如可惜食之無所得以比漢中知王欲還也夏五
月引軍還長安秋七月以夫人卞氏為王后遣于

禁助曹仁擊關羽八月漢水溢灌禁軍軍沒羽獲
禁遂圍仁使徐晃救之九月相國鍾繇坐西曹掾
魏諷反免世語曰諷字子京沛人有惑衆才傾動鄴都鍾繇由是辟焉大軍未反諷潛結徒黨又與長樂衛尉陳禕謀襲鄴未及期禕懼告之太子誅諷坐死者數十人王昶家誡曰濟陰魏諷而此云沛人未詳
冬十月軍還洛陽曹瞞傳曰王更脩治北部尉廨令過於舊孫權遣使上書
以討關羽自效王自洛陽南征羽未至晃攻羽破之
羽走仁圍解王軍摩陂魏略曰孫權上書稱臣稱說天命王以權書示外曰是兒欲踞吾著爐火上邪侍中陳羣尚書桓階奏曰漢自安帝已來政去公室國統數絕至於今者唯有名號尺土一民皆非漢有期運久已盡歷數久已終非適今日也是以桓靈之間諸明圖緯者皆言漢行氣盡黃家當興殿下應期十分天下而有其九以服事漢羣生注望遐邇怨歎是故孫權在遠稱臣此天人之應異氣齊聲臣

愚以為虞夏不以謙辭殷周不吝誅放畏天知命無所與讓也魏氏春秋曰夏侯惇謂王曰天下咸知漢祚已盡異代方起自古已來能除民害為百姓所歸者即民主也今殿下即戎三十餘年功德著於黎庶為天下所依歸應天順民復何疑哉王曰施於有政是亦為政若天命在吾吾為周文王矣曹瞞傳及世語並云桓階勸王正位夏侯惇以為宜先滅蜀蜀亡則吳服二方既定然後遵舜禹之軌王從之及至王薨惇追恨前言發病卒孫盛評曰夏侯惇恥為漢官求受魏印桓階方惇有義直之節考其傳記世語為妄矣
二十五年春正月至洛陽權擊斬羽傳其首庚
子王崩于洛陽年六十六世語曰太祖自漢中至洛陽起建始殿伐濯龍祠而樹血出曹瞞傳曰王使工蘇越徙美梨掘之根傷盡出血越白狀王躬自視而惡之以為不祥還遂寢疾
遺令曰天下尚未安定未得遵古也葬畢皆除服
其將兵屯戍者皆不得離屯部有司各率乃職斂

以時服無藏金玉珍寶諡曰武王二月丁卯葬高
陵魏書曰太祖自統御海內芟夷羣醜其行軍用師大較依孫吳之法而因事設奇譎敵制勝變化如神自
作兵書十餘萬言諸將征伐皆以新書從事臨事又手為節度從令者克捷違教者負敗與虜對陣意思安閑
如不欲戰然及至決機乘勝氣勢盈溢故每戰必克軍無幸勝知人善察難眩以偽拔于禁樂進於行陣之間
取張遼徐晃於亡虜之內皆佐命立功列為名將其餘拔出細微登為牧守者不可勝數是以剏造大業文武
並施御軍三十餘年手不捨書晝則講武策夜則思經傳登高必賦及造新詩被之管絃皆成樂章才力絕人
手射飛鳥躬禽猛獸嘗於南皮一日射雉獲六十三頭及造作宮室繕治器械無不為之法則皆盡其意雅性
節儉不好華麗後宮衣不錦繡侍御履不二采帷帳屏風壞則補納茵蓐取溫無有緣飾攻城拔邑得靡麗之
物則悉以賜有功勳勞宜賞不吝千金無功望施分豪不與四方獻御與羣下共之常以送終之制襲稱之數
繁而無益俗又過之故預自制終亡衣服四篋而已傅子曰太祖愍嫁娶之奢僭公女適人皆以皁帳從婢

不過十人張華博物志曰漢世安平崔瑗瑗子寔弘農張芝芝弟昶並善草書而太祖亞之桓譚蔡邕善音樂
馮翊山子道王九真郭凱等善圍棊太祖皆與埒能又好養性法亦解方藥招引方術之士廬江左慈譙郡華
佗甘陵甘始陽城郗儉無不畢至又習啖野葛至一尺亦得少多飲鴆酒　傅子曰漢末王公多委王服以幅
巾為雅是以袁紹崔豹之徒雖為將帥皆著縑巾魏太祖以天下凶荒資財乏匱擬古皮弁裁縑帛以為帢合
于簡易隨時之義以色別其貴賤于今施行可謂軍容非國容也　曹瞞傳曰太祖為人佻易無威重好音樂
倡優在側常以日達夕被服輕綃身自佩小鞶囊以盛手巾細物時或冠帢帽以見賓客每與人談論戲弄言
誦盡無所隱及歡悅大笑至以頭沒杯案中肴膳皆沾汙巾幘其輕易如此然持法峻刻諸將有計畫勝出己
者隨以法誅之及故人舊怨亦皆無餘其所刑殺輒對之垂涕嗟痛之終無所活初袁忠為沛相嘗欲以法治
太祖沛國桓邵亦輕之及在兗州陳留邊讓言議頗侵太祖太祖殺讓族其家忠邵俱避難交州太祖遣使就
太守士燮盡族之桓邵得出首拜謝於庭中太祖謂曰跪可解死邪遂殺之嘗出軍行經麥中令士卒無敗麥
犯者死騎士皆下馬持麥以相付於是太祖馬騰入麥中勑主簿議罪主簿對以春秋之義罰不加於尊太祖
曰制法而自犯之何以帥下然孤為軍帥不可自殺請自刑因援劍割髮以置地又有幸姬常從晝寢枕之臥
告之曰須臾覺我姬見太祖臥安未即寤及自覺棒殺之常討賊廩穀不足私謂主者曰如何主者曰可以小
斛以足之太祖曰善後軍中言太祖欺眾太祖謂主者曰特當借君死以厭眾不然事不解乃斬之取首題徇
曰行小斛盜官穀斬之軍門其酷虐變詐皆此之類也
評曰漢末天下大亂雄豪並起而袁紹虎眎四州
彊盛莫敵太祖運籌演謀鞭撻宇內擥申商之法
術該韓白之奇策官方授材各因其器矯情任筭
不念舊惡終能總御皇機克成洪業者惟其明略
最優也抑可謂非常之人超世之傑矣

武帝紀第一　魏書　國志一

文皇帝諱丕字子桓武帝太子也中平四年冬生于譙 魏書曰帝生時有雲氣青色而圜如車蓋當其上終日望氣者以爲至貴之證非人臣之氣年八歲能屬文有逸才遂博貫古今經傳諸子百家之書善騎射好擊劍舉茂才不行獻帝起居注曰建安十五年爲司徒趙溫所辟太祖表溫辟臣子弟選舉故不以實使侍中守光祿勳郗慮持節奉策免溫官 建安十六年爲五官中郎將副丞相二十二年立爲魏太子 魏略曰太祖不時立太子太子自疑是時有高元呂者善相人乃呼問之對曰其貴乃不可言問壽幾何元呂曰其壽至四十當有小苦過是無憂也後無幾而立爲皇太子至年四十而薨 太祖崩嗣位爲丞相魏王 袁宏漢紀載漢帝詔曰魏太子丕昔皇天授乃顯考以翼我皇家遂攘除羣凶拓定九州弘功茂績光于宇宙朕用垂拱負扆二十有餘載天不憖遺一老永保余一人早世潛神哀悼傷切丕奕世宣明宜秉文武紹熙前緒今使使持節御史大夫華歆奉策詔授丕丞相印綬魏王璽紱領冀州牧方今外有遺虜遐夷未賓旗鼓猶在邊境干戈不得韜刃斯乃播揚洪烈立功垂名之秋也豈得脩諒闇之禮究曾閔之志哉其敬服朕命抑弭憂懷旁祗厥緒時亮庶功以稱朕意於戲可不勉與 尊王后曰王太后改建安二十五年爲延康元年元年二月 魏書載庚戌令曰關津所以通商旅池苑所以御災荒也設禁重稅非所以便民其除池籞之禁輕關津之稅皆復什一辛亥賜諸侯王將相已下大將粟萬斛帛千匹金銀各有差等遣使者循行郡國有爲理掊克暴虐者舉其罪 壬戌以太中大夫賈詡爲太尉御史大夫華歆爲相國大理王朗爲御史大夫置散騎常侍侍郎各四人其宦人爲官者不得過諸署令爲金策著令藏之石室初漢熹平五年黃龍見譙光祿大夫橋玄問太史令單颺此何祥也颺曰其國後當

有王者興不及五十年亦當復見天事恒象此其應也內黃殷登默而記之至四十五年登尚在三月黃龍見譙登聞之曰單颺之言其驗茲乎 魏書曰王召見登謂之曰昔成風聞楚丘之繇而敬事季友鄧晨信少公之言而自納光武登以篤老服膺占術記識天道豈有是乎賜登穀二百斛遣歸家 己卯以前將軍夏侯惇爲大將軍濊貊扶餘單于焉耆于闐王皆各遣使奉獻 魏書曰丙戌令史官奏修重黎羲和之職欽若昊天歷象日月星辰以奉天時臣松之案魏書有是言而不聞其職也 丁亥令曰故尚書僕射毛玠奉常王脩涼茂郎中令袁渙少府謝奐萬潛中尉徐奕國淵等皆忠直在朝履蹈仁義並早即世而子孫陵遲惻然愍之其皆拜子男爲郎中 夏四月丁巳饒安縣言白雉見 魏書曰賜饒安田租勃海郡百戶牛酒大酺三日太常以太牢祠宗廟 庚午大將軍夏侯惇薨 魏書曰王素服幸鄴東城門發哀孫盛曰在禮天子哭同姓於宗廟門之外哭於城門失其所也 五月戊寅天子命王追尊皇祖太尉曰太王夫人丁氏曰太王后封王子叡爲武德侯 魏略曰以侍中鄭稱爲武德侯傅令曰龍淵太阿出昆吾之金和氏之璧由井里之田礱之以砥礪錯之以他山故能致連城之價爲命世之寶學亦人之砥礪也稱篤學大儒勉以經學輔侯宜旦夕入侍曜明其志 是月馮翊山賊鄭甘王照率衆降皆封列侯 魏書曰初鄭甘王照及盧水胡率其屬來降王得降書以示朝曰前欲有令吾討鮮卑者吾不從而降又有欲使吾及今秋討盧水胡者吾不聽今又降昔魏武侯一謀而當有自得之色見譏李悝吾今說此非自是也徒以爲坐而降之其功大於動兵革也 酒泉黃華張掖張進等各執太守以叛金城太守蘇則討進斬之華降 華後爲兗州刺史見王淩傳 六月辛亥治兵于東郊 魏書曰公卿相儀王御華蓋視金鼓

之節庚午遂南征魏略曰王將出征度支中郎將新平霍性上疏諫曰臣聞文王與紂之事是時天下
括囊無咎凡百君子莫肯用訊今大王體則乾坤廣開四聰
使賢愚各建所規伏惟先王功無與比而今能言之類不稱
爲德故聖人曰得百姓之歡心兵書曰戰危事也是以六國
力戰彊秦承弊幽王不爭周適用興愚謂大王且當委重本
朝而守其雌抗威虎臥功業可成而今剏基便復起兵兵者
凶器必有凶年憂則思亂亂出不意臣謂此危危於累卵昔
夏啓隱神三年易有不遠而復論有不憚改誠願大王揆古
察今深謀遠慮與三事大夫算其長短臣沐浴先王之遇又
初改政復受重任雖知言觸龍鱗阿諛近福竊感所誦危而
不持奏通帝怒遣刺姦就考竟殺之既而悔之追原不及
秋七月庚辰令曰軒轅有明臺之議放勛有衢室
之問皆所以廣詢于下也管子曰黃帝立明臺之議者上觀於兵也堯有衢室之問
者下聽於民也舜有告善之旌而主不蔽也禹立建鼓於朝
而備訴訟也湯有總街之廷以觀民非也武王有靈臺之囿
而賢者進也此古聖帝明王所以有而勿失得而勿忘也百官有司其務以職盡規
諫將率陳軍法朝士明制度牧守申政事搢紳考
六藝吾將兼覽焉孫權遣使奉獻蜀將孟達率
衆降武都氐王楊僕率種人內附居漢陽郡魏略載王自手
筆令曰吾前遣使宣國威靈而達即來吾惟春秋褒儀父即
封拜達使還領新城太守近復有扶老攜幼首向王化者吾
聞夙沙之民自縛其君以歸神農豳國之衆襁負其子而入
豐鎬斯豈驅略迫脅之所致哉乃風化動其情而仁義感其
衷歡心內發使之然也以此而推西南將萬里無外權備將與誰守死乎甲午軍次于譙大饗
六軍及譙父老百姓于邑東魏書曰設伎樂百戲令曰先王皆樂其所生禮不忘
其本譙霸王之邦眞人本出其復譙租稅二年三老吏民上
壽日夕而罷丙申親祠譙陵　孫盛曰昔者先王之以孝治
天下也內節天性外施四海存盡其敬亡極其哀思慕諒闇
寄政冢宰故曰三年之喪自天子達于庶人夫然故在三之
義惇臣子之恩篤雍熙之化隆經國之道固聖人之所以通
天地厚人倫顯至教敦風俗斯萬世不易之典百王服膺之

制也是故喪禮素冠鄶人著庶見之譏宰予降朞仲尼發不
仁之歎子積忘戚君子以爲樂禍魯侯易服春秋知其不終
豈不以墜至痛之誠心喪哀樂之大節者哉故雖三季之末
七雄之弊猶未有廢縗斬於旬朔之間釋麻杖於反哭之日
者也逮于漢文變易古制人道之紀一旦而廢縗素奪於至
尊四海散其遏密義感闕於羣后大化墜於君親雖心存貶
約慮在經綸至於樹德垂聲崇化變俗固以道薄於當年風
頹於百代矣且武王載主而牧野不陣晉襄墨縗而三帥爲
俘應務濟功服其焉害魏王既追漢制替其大禮處莫重之
哀而設饗宴之樂居貽厥之始而墮王化之基及至受禪顯
納二女忘其至恤以誣先聖之典天心喪矣將
何以終是以知王齡之不遐卜世之期促也八月石邑縣
言鳳皇集冬十一月癸卯令曰諸將征伐士卒死亡
者或未收斂吾甚哀之其告郡國給槥櫝殯斂
送致其家官爲設祭槥音衛漢書高祖八月令曰士卒從軍死爲槥應劭曰槥小棺也今謂
之櫝應璩百一詩曰槥車在道路征夫不得休陸機大墓賦曰觀細木而悶遲覩洪櫝而念槥丙午行至曲
蠡漢帝以衆望在魏乃召羣公卿士袁宏漢紀載漢帝詔曰朕
在位三十有二載遭天下蕩覆幸賴祖宗之靈危而復存然
仰瞻天文俯察民心炎精之數既終行運在乎曹氏是以前
王既樹神武之績今王又光曜明德以應其期是曆數昭明
信可知矣夫大道之行天下爲公選賢與能故唐堯不私於
厥子而名播於無窮朕羨而慕焉今其追踵堯典禪位于魏王告祠高廟使兼御史大
夫張音持節奉璽綬禪位冊曰咨爾魏王昔者帝
堯禪位于虞舜舜亦以命禹天命不于常惟歸有
德漢道陵遲世失其序降及朕躬大亂茲昏羣凶
肆逆宇內顛覆賴武王神武拯茲難于四方惟清
區夏以保綏我宗廟豈予一人獲乂俾九服實
受其賜今王欽承前緒光于乃德恢文武之

大業昭爾考之弘烈皇靈降瑞人神告徵誕惟亮采師錫朕命僉曰爾度克協于虞舜用率我唐典敬遜爾位於戲天之歷數在爾躬允執其中天祿永終君其祗順大禮饗茲萬國以肅承天命

獻帝傳載禪代衆事曰左中郎將李伏表魏王曰昔先王初建魏國在境外者聞之未審皆以爲拜王武都李庶姜合羇旅漢中謂臣曰必爲魏公未便王也定天下者魏公子桓神之所命當合符讖以應天人之位臣以合辭語鎮南將軍張魯魯亦問合知書所出合曰孔子玉版也天子歷數雖百世可知是後月餘有亡人來寫得冊文卒如合辭合長於內學關右知名魯雖有懷國之心沈溺異道變化不果㝡合之言後密與臣議策質國人不協或欲西通魯即懟曰寧爲魏公奴不爲劉備上客也言發惻痛誠有由然合先迎王師往歲病亡於鄴自臣在朝每爲所親宣說此意時未有宜弗敢顯言殿下即位初年禎祥衆瑞日月而至有命自天昭然著見然聖德洞達符表豫明實乾坤挺慶萬國作孚臣每慶賀欲言合驗事

君盡禮人以爲謟況臣名行穢賤入朝日淺言爲罪尤自抑而已今洪澤被四表靈恩格天地海內翕習殊方歸服兆應並集以揚休命始終允臧臣不勝喜舞謹具表通王令曰以示外薄德之人何能致此未敢當也斯誠先王至德通于神明固非人力也 魏王侍中劉廙辛毗劉曄尚書令桓階尚書陳矯陳羣給事黃門侍郎王毖董遇等言臣伏讀左中郎將李伏上事考圖緯之言以效神明之應稽之古代未有不然者也故堯稱歷數在躬璿璣以明天道周武未戰而赤烏銜書漢祖未兆而神母告符孝宣仄微字成木葉光武布衣名已勒讖是天之所命以著聖哲非有言語之聲芬芳之臭可得而知也徒縣象以示人微物以效意耳自漢德之衰漸染數世桓靈之末皇極不建暨于大亂二十餘年天之不泯誕生明聖以濟其難是以符讖先著以彰至德殿下踐阼未朞而靈象變于上羣瑞應于下四方不羈之民歸心向義唯懼在後雖典籍所傳未若今之盛也臣妾遠近莫不鳧藻王令曰犂牛之駁似虎莠之幼似禾事有似是而非者今日是矣覩斯言事良重吾不德於是尚書僕射宣告官寮使咸聞知 辛亥太史丞許芝條魏代漢見讖緯於魏王曰易傳曰聖人受命而王黃龍以戊己日見七月四日戊寅黃龍見此帝王受命之符瑞最著明者也又曰初六履霜陰始凝也又有積蟲大穴天子之宮厥咎然今蝗蟲見應之也又曰聖人以德親比天下仁恩洽普厥應麒麟以戊己日至厥應聖人受命又曰聖人清淨行中正賢人福至民從命厥應麒麟來春秋漢含孳曰漢以魏魏以徵春秋玉版讖曰代赤者魏公子春秋佐助期曰漢以許昌失天下故白馬令李雲上事曰許昌氣見於當塗高當塗高者當昌於許當塗高者魏也象魏者兩觀闕是也當道而高大者魏魏當代漢今魏基昌於許漢徵絕於許乃今效見如李雲之言許昌相應也佐助期又曰漢以蒙孫亡說者以蒙孫漢二十四帝童蒙愚昏以弱亡或以雜文爲蒙其孫當失天下以爲漢帝非正嗣少時爲董侯名不正蒙亂之荒惑其子孫以弱亡孝經中黃讖曰日載東絕火光不橫一聖聰明四百之外易姓而王天下歸功致太平居八甲共禮樂正萬民嘉樂家和雜此魏王之姓諱著見圖讖易運期讖曰言居東西有午兩日並光日居下其爲主反爲輔五八四十黃氣受眞人出言午許字兩日昌字漢當以許亡魏當以許昌今際會之期在許是其大效也易運期又曰鬼在山禾女連王天下臣聞帝王者五行之精易姓之符代興之會以七百二十年爲一軌有德者過之至於八百無德者不及至四百載是以周家八百六十七年夏家四百數十年漢行夏正迄今四百二十六歲又高祖受命數雖起乙未然其

兆徵始於獲麟獲麟以來七百餘年天之歷數將以盡終帝王之興不常一姓太微中黃帝坐常明而赤帝坐常不見以爲黃家興而赤家衰凶亡之漸自是以來四十餘年又熒惑失色不明十有餘年建安十年彗星先除紫微二十三年復掃太微新天子氣見東南以來二十三年白虹貫日月蝕熒惑比年己亥壬子丙午日蝕皆水滅火之象也殿下即位初踐阼德配天地行合神明恩澤盈溢廣被四表格于上下是以黃龍數見鳳皇仍翔麒麟皆臻白虎效仁前後獻見於郊甸甘露醴泉奇獸神物衆瑞並出斯皆帝王受命易姓之符也昔黃帝受命風后受河圖舜禹有天下鳳皇翔洛出書湯之王白鳥爲符文王爲西伯赤鳥銜丹書武王伐殷白魚升舟高祖始起白蛇爲徵巨跡瑞應皆爲聖人興觀漢前後之大災今茲之符瑞察圖讖之期運揆河洛之所甄未若今大魏之最美也夫得歲星者道始興昔武王伐殷歲在鶉火有周之分野也高祖入秦五星聚東井有漢之分野也今茲歲星在大梁有魏之分野也而天之瑞應並集來臻四方歸附襁負而至兆民欣戴咸樂嘉慶春秋大傳曰周公何以不之魯蓋以爲雖有繼體守文之君不害聖人受命而王周公反政尸子以爲孔子非之以爲周公不聖不爲兆民也京房作易傳曰凡爲王者惡者去之弱者奪之易姓改代天命應常

人謀鬼謀百姓與能伏惟殿下體堯舜之盛明膺七百之禪
代當湯武之期運值天命之移受河洛所表圖讖所載昭然
明白天下學士所共見也臣職在史官考符察徵圖讖效見
際會之期謹以上聞王令曰昔周文三分天下有其二以服
事殷仲尼歎其至德公旦履天子之籍聽天下之斷終然復
子明辟書美其人吾雖德不及二聖敢忘高山景行之義哉
若夫唐堯舜禹之蹟皆以聖質茂德處之故能上和靈祇下
寧萬姓流稱今日今吾德至薄也人至鄙也遭遇際會幸承
先王餘業恩未被四海澤未及天下雖傾倉竭府以振魏國
百姓猶寒者未盡煖饑者未盡飽夙夜憂懼弗敢遑寧庶欲
保全髮齒長守今日以沒于地以全魏國下見先王以塞負
荷之責望狹志局守此而已雖屢蒙祥瑞當之戰惶五色無
主若芝之言豈所聞乎心慄手悼書不成字辭不宣心吾間
作詩曰喪亂悠悠過紀白骨從橫萬里哀哀下民靡恃吾將佐
時整理復子明辟致仕庶欲守此辭以自終卒不虛言也宜
宣示遠近使昭赤心於是侍中辛毗劉曄散騎常侍傅巽衛
臻尚書令桓階尚書陳矯陳羣給事中博士騎都尉蘇林董
巴等奏曰伏見太史丞許芝上魏國受命之符令書懇切允
執謙讓雖舜禹湯文義無以過然古先哲王所以受天命而
不辭者誠急遵皇天之意副兆民之　弗得已也且易曰觀

乎天文以察時變觀乎人文以化成天下又曰天垂象見吉
凶聖人則之河出圖洛出書聖人效之以為天文因人而變
至於河洛之書著於洪範則殷周效而用之矣斯言誠帝王
之明符天道之大要也是以由德應錄者代興於前失道數
盡者迭廢於後傳譏萇弘欲支天之所壞而說蔡墨雷乘乾
之說明神器之存亡非人力所能建也今漢室衰替帝綱墮
墜天子之詔歇滅無聞皇天將捨舊而命新百姓既去漢而
為魏昭然著明是可知也先王撥亂平世將建洪基至於殿
下以至德當歷數之運即位以來天應人事粲然大備神靈
圖籍兼仍往古休徵嘉兆跨越前代是芝所取中黃運期姓
緯之讖斯文乃著於前世與漢並見由是言之天命久矣非
殿下所得而拒之也神明之意候望禋享兆民顒顒咸注嘉
願惟殿下覽圖籍之明文急天下之公義輒宜令外內布告
州郡使知符命著明而殿下謙虛之意令日下四方以明孤
款心是也至於覽餘辭豈余所謂哉寧所堪哉諸卿相論未
若吾自料之審也夫虛談謬稱鄙薄所弗當也且聞比來東
征經郡縣歷屯田百姓面有饑色衣或短褐不完罪皆在孤
是以上慙眾瑞下愧士民由斯言之德尚未堪偏王何言帝
者也宜止息此議無重吾不德使逝之後不愧後之君子
癸丑宣告羣寮督軍御史中丞司馬懿侍御史鄭渾羊祕鮑

勳武周等言令如左伏讀太史丞許芝上符命事臣等聞有
唐世衰天命在虞虞氏世衰天命在夏然則天地之靈歷數
之運去就之符惟德所在故孔子曰鳳鳥不至河不出圖吾
已矣夫今漢室衰自安和沖質以來國統屢絕桓靈荒淫祿
去公室此乃天命去就非一朝一夕其所由來久矣殿下踐阼
至德廣被格于上下天人感應符瑞並臻考之舊史未有若
今日之盛夫大人者先天而天弗違後天而奉天時天時已
至而猶謙讓者舜禹所不為也故生民蒙救濟之惠羣類受
育長之施今八方顒顒大小注望皇天乃眷神人同謀十分
而九以委質義過周文所謂過恭也臣妾上下伏所不安令
曰世之所不足者道義也所有餘者苟妄也常人之性賤所
不足貴所有餘故曰不患無位患所以立孤雖寡德庶自免
於常人之貴夫石可破而不可奪堅丹可磨而不可奪赤丹
石微物尚保斯質況吾託士人之末列曾受教於君子哉且
於陵子仲以仁為富栢成子高以義為貴鮑焦感子貢之言
棄其蔬而槁死薪者譏季札失辭皆委重而弗視吾獨何人
昔周武大聖也使叔旦盟膠鬲於四內使公召約微子於共
頭故伯夷叔齊相與笑之曰昔神農氏之有天下不以人之
壞自成不以人之卑自高以為周之伐殷以暴也吾德非周
武而義慙夷齊庶欲遠苟妄之失道立丹石之不奪邁於陵

之所富蹈栢成之所貴執鮑焦之貞至遵薪者之清節故曰
三軍可奪帥匹夫不可奪志吾之斯志豈可奪哉　乙卯冊
詔魏王禪代天下曰惟延康元年十月乙卯皇帝曰咨爾魏
王夫命運否泰依德升降三代卜年著于春秋是以天命不
于常帝王不一姓由來尚矣漢道陵遲為日已久安順已降
世失其序沖質短祚三世無嗣皇綱肇虧帝典頹沮暨于朕
躬天降之災遭無妄厄運之會值炎精幽昧之期變興輦轂
禍由閹宦董卓乘釁惡甚澆豷劫遷省御太僕宮廟遂使九
州幅裂彊敵虎爭華夏鼎沸蝮蛇塞路當斯之時尺土非復
漢有一夫豈復朕民幸賴武王德膺符運奮揚神武芟夷兇暴
清定區夏保乂皇家今王纘承前緒至德光昭御衡不迷布
德優遠聲教被四海仁風扇鬼區是以四方效珍人神響應天
之歷數實在爾躬昔虞舜有大功二十而放勛禪以天下大
禹有疏導之績而重華禪以帝位漢承堯運有傳聖之義加
顧靈祇紹天明命釐降二女以嬪于魏使使持節行御史大
夫事太常音奉皇帝璽綬王其永君萬國敬御天威允執其
中天祿永終敬之哉於是尚書令桓階等奏曰漢氏以天子
位禪之陛下陛下以聖明之德歷數之序承漢之禪允當天
心夫天命弗可得辭兆民之望弗可得違臣請會列侯諸將
羣臣陪隸發璽書順天命具禮儀列奏令曰當議孤終不當

承之意而已猶撝遜方有令尚書令等又奏曰昔堯舜禪於文祖至漢氏以師征受命畏天之威不敢怠遑便即位行在所之地今當受禪代之命宜會百寮羣司六軍之士皆在行位使咸覩天命營中促狹可於平敞之處設壇場奉荅休命臣輒與侍中常侍會議禮儀太史官擇吉日訖復奏令曰吾殊不敢當之外亦何豫事也侍中劉廙常侍衞臻等奏議曰漢氏遵唐堯公天下之議陛下以聖德膺歷數之運天人同忻靡不得所宜順靈符速踐皇阼問太史丞許芝今月十七日己未宜成可受禪命輒治壇場之處所當施行別奏令曰屬出見外便設壇場斯何謂乎今當辭讓不受詔也但於帳前發璽書威儀如常且天寒罷作壇士使歸既發璽書王令曰當奉還璽綬為讓章吾豈奉此詔承此貺邪昔堯讓天下於許由子州支甫舜亦讓於善卷石戶之農北人無擇或退而耕潁之陽或辭以幽憂之疾或遠入山林莫知其處或攜子入海終身不反或以為辱自投深淵且顏燭懼太樸之不完守知足之明分王子搜樂丹穴之潛處被熏而不出柳下惠不以三公之貴易其介曾參不以晉楚之富易其仁斯九士者咸高節而尚義輕富而賤貴故書名千載于今稱焉求仁得仁仁豈在遠孤獨何為不如哉義有蹈東海而逝不奉漢朝之詔也亟為上章還璽綬宣之天下使咸聞焉己未宣

告羣寮下魏又下天下　輔國將軍清苑侯劉若等百二十人上書曰伏讀令書深執克讓聖意懇惻至誠外昭臣等有所不安何者石戶北人匹夫狂狷行不合義事不經見者是以史遷謂之不然誠非聖明所當希慕且有虞不逆放勛之禪夏禹亦無辭位之語故傳曰舜陟帝位若固有之斯誠聖人知天命不可逆歷數弗可辭也伏惟陛下應乾符運至德發聞升昭于天是三靈降瑞人神以和休徵雜沓萬國響應雖欲勿用將焉避之而固執謙虛違天逆衆慕匹夫之微分背上聖之所蹈違經讖之明文信百氏之穿鑿非所以奉荅天命光慰衆望也臣等昧死以請輒整頓壇場至吉日受命如前奏分別寫令宣下王令曰昔柏成子高辭夏禹而匿野顏闔辭魯幣而遠跡夫以王者之重諸侯之貴而二子忽之何則其節高也故列士徇榮名義夫高貞介雖蔬食瓢飲樂在其中是以仲尼師王駘而子產嘉申徒今諸卿皆孤股肱腹心足以明孤而今咸若斯則諸卿遊於形骸之內而孤求為形骸之外其不相知未足多怪亟為上章還璽綬勿復紛紛也　輔國將軍等一百二十人又奏曰臣聞符命不虛見衆心弗可違故孔子曰周公其為不聖乎以天下讓是天地日月輕去萬物也是以舜嚮天下不拜而受命今火德氣盡炎上數終帝遷明德祚隆大魏符瑞昭皙受命既固光天之下神人同應雖有虞儀鳳成周躍魚方今之事未足以喻而陛下違天命以飾小行逆人心以守私志上忤皇穹眷命之旨中忘聖人達節之數下孤人臣翹首之望非所以揚聖道之高衢乘無窮之懿勳也臣等聞事君有獻可替否之道奉上有逆鱗固爭之義臣等敢以死請令曰太古聖王之治也至德合乾坤惠澤均造化禮敬優乎昆蟲仁恩洽乎草木日月所照戴天履地含氣有生之類靡不被服清風沐浴玄德是以金革不起苛慝不作風雨應節禎祥觸類而見今百姓寒者未煖飢者未飽鰥者未室寡者未嫁權備尚存未可舞以干戚方將整以齊斧戎役未息於外士民未安於內耳未聞康哉之歌目未覩擊壤之戲嬰兒未可託於高巢餘糧未可以宿於田畝人事未備至如此也夜未曜景星治未通真人河未出龍馬山未出象車蓂莢未植階途萐莆未生庖廚王母未獻白環渠搜未見珍裘靈瑞未效又如彼也昔東戶季子容成大庭軒轅赫胥之君咸得以此就功勒名今諸卿獨不可少假孤精心竭慮以和天人以格至理使彼衆事備羣瑞效然後安乃議此乎何遽相愧相迫之如是也速為讓章上還璽綬無重吾不德也　侍中劉廙等奏曰伏惟陛下以大聖之純懿當天命之歷數觀天象則符瑞著明考圖緯則文義煥炳察人事則四海齊心稽前代則異世同歸而固

拒禪命未踐尊位聖意懇惻臣等敢不奉詔輒具章遣使者奉令曰泰伯三以天下讓人無得而稱焉仲尼歎其至德孤獨何人　庚申魏王上書曰皇帝陛下奉被今月乙卯璽書伏聽冊命五內驚震精爽散越不知所處臣前上還相位退守藩國聖恩聽許臣雖無古人量德度身自定之志保己存性實其私願不寤陛下猥損過謬之命發不世之詔以加無德之臣且聞堯禪重華舉其克諧之德舜授文命采其齊聖之美猶下咨四嶽上觀璿機今臣德非虞夏行非二君而承歷數之諮應選授之命內自揆撫無德以稱且許由匹夫猶拒帝位善卷布衣而逆虞詔臣雖鄙蔽敢忘守節以當大命不勝至願謹拜章陳情使行相國永壽少府糞土臣毛宗奏并上璽綬　辛酉給事中博士蘇林董巴上表曰天有十二次以為分野王公之國各有所屬周在鶉火魏在大梁歲星行歷十二次國天子受命諸侯以封周文王始受命歲在鶉火至武王伐紂十三年歲星復在鶉火故春秋傳曰武王伐紂歲在鶉火歲之所在即我有周之分野也昔光和七年歲在大梁武王始受命為時將討黃巾是歲改年為中平元年建安元年歲復在大梁始拜大將軍十三年復在大梁始拜丞相今二十五年歲復在大梁陛下受命此魏得歲與周文王受命相應今年青龍在庚子詩推度災曰庚者更也子者

讖也聖命天下治又曰王者布德於子治成於丑此言今年天更命聖人制治天下布德於民也魏以改制天下與時協矣顓頊受命歲在豕韋衛居其地亦在豕韋故春秋傳曰衛顓頊之墟也今十月斗之建則顓頊受命之分也始魏以十月受禪此同符始祖受命之驗也魏之氏族出自顓頊與舜同祖見于春秋世家舜以土德承堯之火今魏亦以土德承漢之火於行運會於堯舜授受之次臣聞天之去就固有常分聖人當之昭然不疑故堯捐骨肉而禪有虞終無恡色舜發壠畝而君天下若固有之其相受授間不替漏天下已傳矣所以急天命天下不可一日無君也今漢期運已終妖異絕之已審陛下受天之命符瑞告徵丁寧詳悉反覆備至雖言語相喻無以代此今既發詔書璽綬未御固執謙讓上逆天命下違民望臣謹按古之典籍參以圖緯魏之行運及天道所在即尊之驗在於今年此月昭晰分明唯陛下遷思易慮以時即位顯告天帝而告天下然後改正朔易服色正大號天下幸甚令曰凡斯皆宜聖德故曰苟非其人道不虛行天瑞雖彰須德而光吾德薄之人胡足以當之今讓冀見聽許外內咸使聞知　壬戌冊詔曰皇帝問魏王言遣宗奉庚申書到所稱引聞之朕惟漢家世踰二十年過四百運周數終行祚已訖天心已移兆民望絕天之所廢有自來矣今大命有所底止神器當歸聖德違天不順逆眾不祥王其體有虞之盛德應歷數之嘉會是以禎祥吉符圖讖表錄神人同應受命咸宜朕畏上帝致位于王天不可違眾不可拒且重華不逆堯命大禹不辭舜位若夫由卷匹夫不載聖籍固非皇材帝器所當稱慕今使音奉皇帝璽綬王其陟帝位無逆朕命以祗奉天心焉於是尚書令桓階等奏曰今漢使音奉璽書到臣等以為天命不可稽神器不可瀆周武中流有白魚之應不待師期而大號已建舜受大麓桑蔭未移而已陟帝位皆所以祗承天命若此之速也故無固讓之義不以守節為貴必道信於神靈符合於天地而已易曰其受命如響無有遠近幽深遂知來物非天下之至賾其孰能與於此今陛下應期運之數為皇天所子而復稽滯於辭讓低回於大號非所以則天地之道副萬國之望臣等敢以死請輒勑有司脩治壇場擇吉日受禪命發璽綬令曰冀三讓而不見聽何汲汲於斯乎　甲子魏王上書曰奉今月戊戌璽書重被聖命伏聽冊告肝膽戰悸不知所措天下神器禪代重事故堯將禪舜納于大麓舜之命禹玄圭告功烈風不迷九州收平詢事考言然後乃命而猶執謙讓于德不嗣況臣頑固質非二聖乃應天統受終明詔敢守微節歸志箕山不勝大願謹拜表陳情使并奉上璽綬　侍中劉廙等奏曰臣等聞聖帝不

違時明主不逆人故易稱通天下之志斷天下之疑伏惟陛下體有虞之上聖承土德之行運當亢陽明夷之會應漢氏祚終之數合契皇極同符兩儀是以聖瑞表徵天下同應歷運去就深切著明論之天命無所與讓比之時宜無所與爭故受命之期時清日晏曜靈施光休氣雲蒸是乃天道悅懌民心欣戴而仍見閉拒於禮何居且羣生不可以一日無主神器不可以斯須無統故臣有違君以成業下有矯上以立事臣等敢不重以死請王令曰天下重器王者正統以聖德當之猶有懼心吾何人哉且公卿未至乏主斯豈小事且宜以待固讓之後乃當更議其可耳　丁卯冊詔魏王曰天訖漢祚辰象著明朕祗天命致位于王仍陳歷數於詔冊喻符運於翰墨神器不可以辭拒皇位不可以謙讓稽於天命至于再三且四海不可一日曠主萬機不可以斯須無統故建大業者不拘小節知天命者不繫細物是以舜受大業之命而無遜讓之辭聖人達節不亦遠乎今使音奉皇帝璽綬王其欽承以荅天下嚮應之望焉相國華歆太尉賈詡御史大夫王朗及九卿上言曰臣等被召到伏見太史丞許芝左中郎將李伏所上圖讖符命侍中劉廙等宣叙眾心人靈同謀又漢朝知陛下聖化通于神明聖德參于虞夏因瑞應之備至聽歷數之所在遂獻璽綬固讓尊號能言之倫莫不抃舞河圖洛書天命瑞應人事協于天時民言協于天序而陛下性秉勞謙體尚克讓明詔懇切未肯聽許臣妾小人莫不伊邑臣等聞自古及今有天下者不常在乎一姓考以德勢則盛衰在乎彊弱論以終始則廢興在乎期運唐虞歷數不在厥子而在舜禹舜禹雖懷克讓之意迫羣后執玉帛而朝之兆民懷欣戴而歸之率土揚歌謳而詠之故其守節之拘不可得而常處達節之權不可得而久避是以或遜位而不恡或受禪而不辭不恡者未必厭皇寵不辭者未必渴帝祚各迫天命而不得以已既禪之後則唐氏之子為賓于有虞虞氏之冑為客于夏代然則禪代之義非獨受之者實應天福授之者亦與有餘慶焉漢自章和之後世多變故稍以陵遲洎乎孝靈不恒其心虐賢害仁聚斂無度政在嬖豎視民如讎遂令上天震怒百姓從風如歸當時則四海鼎沸既沒則禍發宮庭寵勢並竭帝室遂卑若在帝舜之末節猶擇聖代而授之荊人抱玉璞猶思良工而刊之況漢國既往莫之能匡推器移君委之聖哲固其宜也漢朝委質既願禪禮之速定也天祚率土必將有主主率土者非陛下其孰能任之所謂論德無與為比考功無推讓矣天命不可久稽民望不可久違臣等慺慺不勝大願伏請陛下割撝謙之志脩受禪之禮副人神之意慰外內之願令曰以德則孤不足以時則戎虜未

滅若以羣賢之靈得保首領終君魏國於孤足矣若孤者胡足以辱四海至乎天瑞人事皆先王聖德遺慶孤何有焉是以未敢聞命　已巳魏王上書曰臣聞舜有賓于四門之勳乃受禪于陶唐禹有存國七百之功乃承禄於有虞臣以蒙蔽德非二聖猥當天統不敢聞命敢屢抗疏略陳私願庶章通紫庭得全微節情達宸極永守本志而音重復銜命申制詔臣實戰惕不發璽書而音迫於嚴詔不敢復命願陛下馳傳騁騎召音還臺不勝至誠謹使宗奉書相國歆太尉詡御史大夫朗及九卿奏曰臣等伏讀詔書於悒益甚臣等聞易稱聖人奉天時論語云君子畏天命天命有去就然後帝者有禪代是以唐之禪虞命在爾躬虞之順唐謂之受終堯知天命去已故不得不禪舜舜知歷數在躬故不敢不受不得不禪奉天時也不敢不受畏天命也漢朝雖承季末陵遲之餘猶務奉天命以則堯之道是以願禪帝位而歸二女而陛下正於大魏受命之初抑虞夏之達節尚延陵之讓退而所枉者大所直者小所詳者輕所略者重中人凡士猶爲陛下陋之沒者有靈則重華必忿憤於蒼梧之神墓大禹必鬱悒於會稽之山陰武王必不悅於商陵之玄宮矣是以臣等敢以死請且漢政在閹官禄去帝室七世矣遂集矢石于其宮殿而二京爲之丘墟當是之時四海蕩覆天下分崩武王親衣甲而冠冑沐雨而櫛風爲民請命則活萬國爲世撥亂則致升平鳩民而立長築宮而置吏元元無過罔於前業而始有造於華夏陛下即位光昭文德以翊武功勤恤民隱視之如傷懼者寧之勞者息之寒者以暖饑者以充遠人以恩復寇敵以恩降邁恩種德光被四表稽古篤睦茂于放勛網漏吞舟弘乎周文是以布政未朞人神並和皇天則降甘露而臻四靈后土則挺芝草而吐醴泉虎豹鹿兔皆素其色雉鳩燕雀亦白其羽連理之木同心之瓜五采之魚珍祥瑞物雜沓於其間者無不畢備古人有言微禹吾其魚乎微大魏則臣等之白骨交橫于曠野矣伏省羣臣外內前後章奏所以陳敘陛下之符命者莫不條河洛之圖書據天地之瑞應因漢朝之數誠宜萬方之景附可謂信矣省矣三王無以及五帝無以加民命之懸於魏政三十有餘年矣此乃千世時至之會萬載一遇之秋達節廣度宜昭於斯際拘牽小節不施於此時久稽天命罪在臣等輒營壇場具禮儀擇吉日昭告昊天上帝秩羣神之禮須禋祭畢會羣寮於朝堂議年號正朔服色當施行上復令曰昔者大舜飯糗茹草將終身焉斯則孤之前志也及至承堯禪被珍裘妻二女若固有之斯則順天命也羣公卿士誠以天命不可拒民望不可違孤亦曷以辭焉　庚午冊詔魏王曰昔堯以配天之德秉六合之

重猶覩歷運之數移於有虞委讓帝位忽如遺跡今天既訖我漢命乃眷北顧帝皇之業實有大魏朕守空名以竊古義顧視前事猶有慙德而王遜讓至于三四朕用懼焉夫不辭萬乘之位者知命達節之數也虞夏之君處之不疑故勳烈垂于萬載美名傳於無窮今遣守尚書令侍中顗喻王其速陟帝位以順天人之心副朕之大願於是尚書令桓階等奏曰今漢氏之命已至而陛下前後固辭臣等伏以爲上帝之臨聖德期運之隆大魏斯豈數載傳稱周之有天下非甲子之朝殷之去帝位非牧野之日也故詩序商湯追本玄王之至述姬周上錄后稷之生是以受命既固厥德不回漢氏衰廢行次已絕三辰垂其徵史官著其驗耆老記先古之占百姓協謌謠之聲陛下應天受禪當速即壇場柴燎上帝誠不宜久停神器拒億兆之願臣輒下太史令擇元辰今月二十九日可登壇受命請詔三公羣卿具條禮儀別奏令曰可

乃爲壇於繁陽庚午王升壇即阼百官陪位事訖降壇視燎成禮而反改延康爲黃初大赦

獻帝傳曰辛未魏王登壇受禪公卿列侯諸將匈奴單于四夷朝者數萬人陪位燎祭天地五嶽四瀆曰皇帝臣丕敢用玄牡昭告于皇皇后帝漢歷世二十有四踐年四百二十有六四海困窮王綱不立五緯錯行靈祥並見推術數者慮之古道咸以爲天之歷數運終茲世凡諸嘉祥民神之意比昭有漢數終之極魏家受命之符漢主以神器宜授於臣憲章有虞致位于丕丕震畏天命雖休勿休羣公庶尹六事之人外及將士洎于蠻夷君長僉曰天命不可以辭拒神器不可以久曠羣臣不可以無主萬機不可以無統丕祗承皇象敢不欽承卜之守龜兆有大橫筮之三易兆有革兆謹擇元日與羣寮登壇受帝璽綬告類于爾大神唯爾有神尚饗永吉兆民之望祚于有魏世享遂制詔三公上古之始有君也必崇恩化以美風俗然百姓順教而刑辟厝焉今朕承帝王之緒其以延康元年爲黃初元年議改正朔易服色殊徽號同律度量承土行大赦天下自殊死以下諸不當得赦皆赦除之　魏氏春秋曰帝升壇禮畢顧謂羣臣曰舜禹之事吾知之矣　干寶搜神記曰宋大夫邢史子臣明於天道周敬王之三十七年景公問曰天道其何祥對曰後五十年五月丁亥臣將死死後五年五月丁卯吳將亡亡後五年君將終終後四百年邾王天下俄而皆如其言所云邾王天下者謂魏之興也邾曹姓魏亦曹姓皆邾之後其年數則錯未知邢史失其數邪將年代久遠注記者傳而有謬也

黃初元年十

一月癸酉以河內之山陽邑萬戶奉漢帝爲山陽公
行漢正朔以天子之禮郊祭上書不稱臣京都有
事于太廟致胙封公之四子爲列侯追尊皇祖太
王曰太皇帝考武王曰武皇帝尊王太后曰皇太
后賜男子爵人一級爲父後及孝悌力田人二級
以漢諸侯王爲崇德侯列侯爲關中侯以潁陰之
繁陽亭爲繁昌縣封爵增位各有差改相國爲司
徒御史大夫爲司空奉常爲太常郎中令爲光祿
勳大理爲廷尉大農爲大司農郡國縣邑多所改
易更授匈奴南單于呼廚泉魏璽綬賜青蓋車乘
輿寶劍玉玦十二月初營洛陽宮戊午幸洛陽臣松
之案諸書記是時帝居北宮以建始殿朝羣臣門曰承明陳
思王植詩曰謁帝承明廬是也至明帝時始於漢南宮崇德
殿處起太極昭陽諸殿魏書曰以夏數爲得天故即用夏
正而服色尚黃魏略曰詔以漢火行也火忌水故洛去水
而加隹魏於行次爲土土水之牡也水得土
而乃流土得水而柔故除隹加水變雒爲洛是歲長水校
尉戴陵諫不宜數行弋獵帝大怒陵減死罪一等
二年春正月郊祀天地明堂甲戌校獵至原陵遣
使者以太牢祠漢世祖乙亥朝日于東郊臣松之以爲禮
天子以春分朝日秋分夕月尋此年正月郊祀有月無日乙
亥朝日則有日無月蓋文之脫也案明帝朝日夕月皆如禮
文故知此紀爲誤者也初令郡國口滿十萬者歲察孝廉一人
其有秀異無拘戶口辛巳分三公戶邑封子弟各

一人爲列侯壬午復潁川郡一年田租魏書載詔曰潁川先帝所
由起兵征伐也官渡之役四方瓦解遠近顧望而此郡守義
丁壯荷戈老弱負糧昔漢祖以秦中爲國本光武恃河內爲
王基今朕復於此登壇受禪天以此郡翼成大魏改許縣爲許昌縣以魏郡東
部爲陽平郡西部爲廣平郡魏略曰改長安譙許昌鄴洛陽爲五都立石表西界
宜陽北循太行東北界陽平南循魯陽東界郯爲
中都之地令天下聽內徙復五年後又增其復詔曰昔仲
尼資大聖之才懷帝王之器當衰周之末無受命
之運在魯衛之朝教化乎洙泗之上悽悽焉遑遑
焉欲屈己以存道貶身以救世于時王公終莫能
用之乃退考五代之禮脩素王之事因魯史而制
春秋就太師而正雅頌俾千載之後莫不宗其文
以述作仰其聖以成謀咨可謂命世之大聖億載
之師表者也遭天下大亂百祀墮壞舊居之廟毀
而不脩褒成之後絕而莫繼闕里不聞講頌之聲
四時不覩蒸嘗之位斯豈所謂崇禮報功盛德百
世必祀者哉其以議郎孔羡爲宗聖侯邑百戶奉
孔子祀令魯郡脩起舊廟置百戶吏卒以守衛之
又於其外廣爲室屋以居學者春三月加遼東太
守公孫恭爲車騎將軍初復五銖錢夏四月以車
騎將軍曹仁爲大將軍五月鄭甘復叛遣曹仁討
斬之六月庚子初祀五嶽四瀆咸秩羣祀魏書甲辰以京

師宗廟未成帝親祠武皇帝于建始殿躬執饋奠如家人之禮丁卯夫人甄氏卒戊辰
晦日有食之有司奏免太尉詔曰災異之作以譴
元首而歸過股肱豈禹湯罪己之義乎其令百官
各虔厥職後有天地之眚勿復劾三公秋八月孫
權遣使奉章幷遣于禁等還丁巳使太常邢貞持
節拜權爲大將軍封吳王加九錫冬十月授楊彪
光祿大夫魏書曰己亥公卿朝朔旦幷引故漢太尉楊彪待以客禮詔曰夫先王制几杖之賜所以賓禮
黃耇褒崇元老也昔孔光卓茂皆以淑德高年受玆嘉錫公故漢宰臣乃祖已來世著名節年過七十行不踰矩可謂老
成人矣所宜寵異以章舊德其賜公延年杖及馮几謁請之日便使杖入又可使著鹿皮冠彪辭讓不聽竟著布單衣皮
弁以見　續漢書曰彪見漢祚將終自以累世爲三公恥爲魏臣遂稱足攣不復行積十餘年帝即王位欲以爲太尉令

近臣宣言彪辭曰嘗以漢朝爲三公值世衰亂不能立尺寸之益若復爲魏臣於國之選亦不爲榮也帝不奪其意黃初
四年詔拜光祿大夫秩中二千石朝見位次三公如孔光故事彪上章固讓帝不聽又爲門施行馬致吏卒以優崇之年
八十四以六年薨子脩事見陳思王傳以穀貴罷五銖錢魏書曰十一月辛未鎮西將軍曹眞命
衆將及州郡兵討破叛胡治元多盧水封賞等斬首五萬餘級獲生口十萬羊一百一十一萬口牛八萬河西遂平帝初聞
胡決水灌顯美謂左右諸將曰昔隗囂灌略陽而光武因其疲弊進兵滅之今胡決水灌顯美其事正相似破胡事今至
不久旬日破胡告檄到上大笑曰吾策之於帷幕之內諸將奮擊於萬里之外其相應若合符契前後戰克獲虜未有如
此也己卯以大將軍曹仁爲大司馬十二月行東巡是
歲築陵雲臺
三年春正月丙寅朔日有蝕之庚午行幸許昌宮
詔曰今之計考古之貢士也十室之邑必有忠信

若限年然後取士是呂尙周晉不顯於前世也其
令郡國所選勿拘老幼儒通經術吏達文法到皆
試用有司糾故不以實者魏書曰癸亥孫權上書說劉備支黨四萬人馬二三千匹
出秭歸請往埽撲以克捷爲效帝報曰昔隗囂之斃禍發栒邑子陽之禽變起扞關將軍其亢厲威武勉蹈奇功以稱吾
意二月鄯善龜茲于闐王各遣使奉獻詔曰西戎
即叙氐羌來王詩書美之頃者西域外夷並款塞
內附應劭漢書注曰款叩也皆叩塞門來服從其遣使者撫勞之是後西域
遂通置戊己校尉三月乙丑立齊公叡爲平原王
帝弟鄢陵公彰等十一人皆爲王初制封王之庶
子爲鄉公嗣王之庶子爲亭侯公之庶子爲亭伯

甲戌立皇子霖爲河東王甲午行幸襄邑夏四月
戊申立鄄城侯植爲鄄城王癸亥行還許昌宮五
月以荆揚江表八郡爲荆州孫權領牧故也荆州
江北諸郡爲郢州閏月孫權破劉備於夷陵初
帝聞備兵東下與權交戰樹柵連營七百餘里謂
羣臣曰備不曉兵豈有七百里營可以拒敵者乎
苞原隰險阻而爲軍者爲敵所禽此兵忌也孫權
上事今至矣後七日破備書到秋七月冀州大蝗
民饑使尙書杜畿持節開倉廩以振之八月蜀大
將黃權率衆降魏書曰權及領南郡太守史郃等三百一十八人詣荆州刺史奉上所假印綬棨

戲擅麾牙門鼓車權等詣行在所帝置酒設樂引見於承光殿權部等人人前自陳帝爲論說軍旅成敗去就之分諸將無不喜悅賜權金帛車馬衣裘帷帳妻妾下及偏裨皆有差拜權爲侍中鎭南將軍封列侯即日召使驂乘及封史部等四十二人皆爲列侯爲將軍郎將百餘人九月甲午詔曰夫婦人與政亂之
本也自今以後羣臣不得奏事太后后族之家不
得當輔政之任又不得橫受茅土之爵以此詔傳
後世若有背違天下共誅之孫盛曰夫經國營治必憑俊喆之輔賢達令德必居參亂之任故雖周室之盛有婦人與焉然則坤道承天南面罔二三從之禮謂之至順至於號令自天子出奏事專行非古義也昔在申呂實臣有周苟以天下爲心惟德是杖則親疏之授至公一也何至后族而必斥遠之哉二漢之季世王道陵遲故令外戚憑寵職爲亂階於此自時昏道喪運祚將移縱無王呂之難豈乏田趙之禍乎而後世觀其若此深懷酸毒之戒也至於魏文遂發一概之詔可謂有識之爽言非帝者之宏議庚子立皇后郭氏賜

天下男子爵人二級鰥寡篤癃及貧不能自存者
賜穀冬十月甲子表首陽山東爲壽陵作終制曰
禮國君即位爲椑存不忘亡也椑音扶歷反臣松之按禮天子諸侯之棺各有重數棺之親身者曰椑昔堯葬穀林通樹之禹葬會稽農不
易畝呂氏春秋堯葬於穀林通樹之舜葬於紀市廛不變其肆禹葬會稽不變人徒故葬於山林
則合乎山林封樹之制非上古也吾無取焉壽陵
因山爲體無爲封樹無立寢殿造園邑通神道夫
葬也者藏也欲人之不得見也骨無痛痒之知冢
非棲神之宅禮不墓祭欲存亡之不黷也爲棺槨
足以朽骨衣衾足以朽肉而已故吾營此丘墟不

食之地欲使易代之後不知其處無施葦炭無藏
金銀銅鐵一以瓦器合古塗車芻靈之義棺但漆
際會三過飯含無以珠玉無施珠襦玉匣諸愚俗
所爲也季孫以璵璠斂孔子歷級而救之譬之暴
骸中原宋公厚葬君子謂華元樂莒不臣以爲棄
君於惡漢文帝之不發霸陵無求也光武之掘原
陵封樹也霸陵之完功在釋之原陵之掘罪在明
帝是釋之忠以利君明帝愛以害親也忠臣孝子
宜思仲尼丘明釋之之言鑒華元樂莒明帝之戒
存於所以安君定親使魂靈萬載無危斯則賢聖

之忠孝矣自古及今未有不亡之國亦無不掘之
墓也喪亂以來漢氏諸陵無不發掘至乃燒取玉
匣金縷骸骨并盡是焚如之刑也豈不重痛哉禍
由乎厚葬封樹桑霍爲我戒不亦明乎其皇后及
貴人以下不隨王之國者有終没皆葬澗西前又
以表其處矣蓋舜葬蒼梧二妃不從延陵葬子遠
在嬴博魂而有靈無不之也一澗之間不足爲遠若
違今詔妄有所變改造施吾爲戮尸地下戮而重
戮死而重死臣子爲蔑死君父不忠不孝使死者
有知將不福汝其以此詔藏之宗廟副在尚書秘

書三府是月孫權復叛復郢州為荆州帝自許昌南征諸軍兵並進權臨江拒守十一月辛丑行幸宛庚申晦日有食之是歲穿靈芝池

四年春正月詔曰喪亂以來兵革未戢天下之人互相殘殺今海內初定敢有私復讎者皆族之築南巡臺于宛三月丙申行自宛還洛陽宮癸卯月犯心中央大星魏書載丙午詔曰孫權殘害民物朕以寇不可長故分命猛將三道並征今征東諸軍與權黨呂範等水戰則斬首四萬獲船萬艘大司馬據守濡須其所禽獲亦以萬數中軍征南攻圍江陵左將軍張郃等舳艫直渡擊其南渚賊赴水溺死者數千又為地道攻城城中外雀鼠不得出入此几上肉耳而賊中癘氣疾病夾江塗地恐相染污昔周武伐殷旋師孟津漢祖征隗囂還軍高平皆知天時而度賊情也且成湯解三面之網天下歸仁今開江陵之圍以緩成死之禽且休力役罷省繇戍畜養士民咸使安息丁未大司馬曹仁薨是月大疫夏五月有鵜鶘鳥集靈芝池詔曰此詩人所謂污澤也曹詩刺恭公遠君子而近小人今豈有賢智之士處于下位乎否則斯鳥何為而至其博舉天下儁德茂才獨行君子以荅曹人之刺魏書曰辛酉有司奏造二廟立太皇帝廟大長秋特進侯與高祖合祭親盡以次毀特立武皇帝廟四時享祀為魏太祖萬載不毀也六月甲戌任城王彰薨于京都甲申太尉賈詡薨太白晝見是月大雨伊洛溢流殺人民壞廬宅魏書曰七月乙未大軍當出使太常以特牛一告祠于郊臣松之按魏郊祀奏中尚書盧毓議祀厲殃事云具犧牲祭器如前後師出告郊之禮如此則魏氏出師皆告郊也秋八月丁卯以廷尉鍾繇為太尉魏書曰有司奏改漢氏宗廟安世樂曰正世樂嘉至樂曰迎靈樂武德樂曰武頌樂昭容樂曰昭業樂雲翹舞曰鳳翔舞育命舞曰靈應舞武德舞曰武頌舞文昭舞曰大昭舞五行舞曰大武舞辛未校獵于滎陽遂東巡論征孫權功諸將已下進爵增戶各有差九月甲辰行幸許昌宮魏書曰十二月丙寅賜山陽公夫人湯沐邑公女曼為長樂郡公主食邑各五百戶是冬甘露降芳林園臣松之按芳林園即今華林園齊王芳即位改為華林

五年春正月初令謀反大逆乃得相告其餘皆勿聽治敢妄相告以其罪罪之三月行自許昌還洛陽宮夏四月立太學制五經課試之法置春秋穀梁博士五月有司以公卿朝朔望日因奏疑事聽斷大政論辨得失秋七月行東巡幸許昌宮八月為水軍親御龍舟循蔡潁浮淮幸壽春揚州界將吏士民犯五歲刑已下皆原除之九月遂至廣陵赦青徐二州改易諸將守冬十月乙卯太白晝見行還許昌宮魏書載癸酉詔曰近之不綏何遠之懷今事多而民少上下相弊以文法百姓無所措其手足昔泰山之哭者以為苛政甚於猛虎吾備儒者之風服聖人之遺教豈可以目翫其辭行違其誡者哉廣議輕刑以惠百姓十一月庚寅以冀州饑遣使者開倉廩振之戊申晦日有食之十二月詔曰先王制禮所以昭孝事祖大則郊社其次宗廟三辰五行名山大川非此族也不在祀典叔世衰亂崇信巫史至乃宮殿

之內戶牖之間無不厭焉甚矣其惑也自今其敢設非祀之祭巫祝之言皆以執左道論著于令典是歲穿天淵池

六年春二月遣使者循行許昌以東盡沛郡問民所疾苦貧者振貸之魏略載詔曰昔軒轅建四面之號周武稱予有亂臣十人斯蓋先聖所以體國君民亮成天工多賢爲貴也今內有公卿以鎮京師外設牧伯以監四方至於元戎出征則軍中宜有柱石之賢帥輜重所在又宜有鎮守之重臣然後車駕可以周行天下無內外之慮吾今當征賊欲守之積年其以尚書令潁鄉侯陳羣爲鎮軍大將軍尚書僕射西鄉侯司馬懿爲撫軍大將軍若吾臨江授諸將方略則撫軍當留許昌督後諸軍錄後臺文書事鎮軍隨車駕當董督衆軍錄行尚書事皆假節鼓吹給中軍兵騎六百人吾欲去江數里築宮室往來其中見賊可擊之形便出奇兵擊之若或未可則當舒六軍以遊獵饗賜軍士三月行幸召陵通討虜渠乙巳還許昌宮幷州刺史梁習討鮮卑軻比能大破之辛未帝爲舟師東征五月戊申幸譙壬戌熒惑入太微六月利成郡兵蔡方等以郡反殺太守徐質遣屯騎校尉任福步兵校尉段昭與青州刺史討平之其見脅略及亡命者皆赦其罪秋七月立皇子鑒爲東武陽王八月帝遂以舟師自譙循渦入淮從陸道幸徐九月築東巡臺冬十月行幸廣陵故城臨江觀兵戎卒十餘萬旌旗數百里魏書載帝於馬上爲詩曰觀兵臨江水水流何湯湯戈矛成山林玄甲曜日光猛將懷暴怒膽氣正從橫誰云江水廣一葦可以航不戰屈敵虜戢兵稱賢良古公宅岐邑實始翦殷商孟獻營虎牢鄭人懼稽顙充國務耕殖先零自破亡興農淮泗間築室都徐方量宜運權略六軍咸悅康豈如東山詩悠悠多憂傷是歲大寒水道冰舟不得入江乃引還十一月東武陽王鑒薨十二月行自譙過梁遣使以太牢祀故漢太尉橋玄

七年春正月將幸許昌許昌城南門無故自崩帝心惡之遂不入壬子行還洛陽宮三月築九華臺夏五月丙辰帝疾篤召中軍大將軍曹眞鎮軍大將軍陳羣征東大將軍曹休撫軍大將軍司馬宣王並受遺詔輔嗣主遣後宮淑媛昭儀已下歸其家丁巳帝崩于嘉福殿時年四十魏書曰殯於崇華前殿六月戊寅葬首陽陵自殯及葬皆以終制從事魏氏春秋曰明帝將送葬曹眞陳羣王朗等以暑熱固諫乃止孫盛曰夫窀穸之事孝子之極痛也人倫之道於斯莫重故天子七月而葬同軌畢至夫以義感之情猶盡臨隧之哀況乎天性發中敦禮者重之哉魏氏之德仍世不基矣昔華元厚葬君子以爲棄君於惡羣等之諫棄孰甚焉鄄城侯植爲誄曰惟黃初七年五月七日大行皇帝崩嗚呼哀哉于時天震地駭崩山隕霜陽精薄景五緯錯行百姓呼嗟萬國悲悼若喪考妣恩過慕唐擗踊郊野仰想穹蒼僉曰何辜早世殞喪嗚呼哀哉悲夫大行忽焉光滅永棄萬國雲往雨絕承問荒忽惛懵哽咽袖鋒抽刃歎自僵斃追慕三良甘心同穴感惟南風惟以鬱滯終於偕沒指景自誓考諸先記尋之哲言生若浮寄惟德可論朝聞夕逝孔志所存皇雖一沒天祿永延何以述德表之素旃何以詠功宣之管絃乃作誄曰皓皓太素兩儀始分中和產物肇有人倫爰暨三皇寔秉道眞降逮五帝繼以懿純三代製作踵武立勳季嗣不維綱漏于秦崩樂滅學儒坑禮焚二世而殲漢氏乃因弗求古訓嬴政是遵王綱帝典闇昧無聞末光幽昧道究運遷乾坤迴歷簡聖授賢乃眷大行屬以黎元龍飛啓祚合契上玄五行定紀改號革年明明赫赫受命于天仁風偃物德以禮宣祥惟聖質嶷在幼妍庶幾六典學不過庭潛心無罔亢志青冥才秀藻朗如玉之瑩

聽察無儔，瞻覩未形，其剛如金，其貞如瓊，如冰之絜，如砥之平，爵公無私，戮違無輕，心鏡萬機，攬照下情，思良股肱，嘉昔伊呂，搜揚側陋，舉湯代禹，拔才巖穴，取士蓬戶，唯德是榮，弗拘禰祖，宅土之表，道義是圖，弗營厥險，六合是虞，齊契共遵，下以純民，恢折規矩，克紹前人，科條品制，褒貶以因，乘殷之輅，行夏之辰，金根黃屋，翠葆龍鱗，紼冕崇麗，衡統惟新，尊肅禮容，矚之若神，方牧妙舉，欽於恤民，虎將荷節，鎮彼四鄰，朱旗所勦，九壤被震，疇克不若，孰敢不臣，縣旌海表，萬里無塵，虜備凶徹，鳥殪江岷，權若涸魚，乾腊矯鱗，肅慎納貢，越裳效珍，條支絕域，侍子內賓，德儕先皇，功侔太古，上靈降瑞，黃初叔祜，河龍洛龜，陵波游下，平鈞應繩，神鸞翔舞，數莢階除，系風扇暑，皓獸素禽，飛走郊野，神鍾寶鼎，形自舊土，雲英甘露，瀸塗被宇，靈芝冒沼，朱華陰渚，回回凱風，祁祁甘雨，稼穡豐登，我稷我黍，家佩惠君，戶蒙慈父，圖致大和，洽德全義，將登介山，先皇作儷，鐫石紀勳，兼錄衆瑞，方隆封禪，歸功天地，賓禮百靈，勳命視規，望祭四嶽，燎封奉柴，肅于南郊，宗祀上帝，三牲既供，夏禘秋嘗，元侯佐祭，獻璧奉璋，鸞輿幽藹，龍旂太常，爰迄太廟，鍾鼓鍠鍠，頌德詠功，八佾鏘鏘，皇祖既饗，烈考來享，神具醉止，降茲福祥，天地震蕩，大行康之，三辰暗昧，大行光之，皇紘絕維，大行綱之，神器莫統，大行當之，禮樂廢弛，

大行張之，仁義陸沈，大行揚之，潛龍隱鳳，大行翔之，疏狄遐康，大行匡之，在位七載，元功仍舉，將永太和，絕迹三五，冝作物師，長爲神主，壽終金石，等筭東父，如何奄忽，摧身后土，俾我焭焭，靡瞻靡顧，嗟嗟皇穹，胡寧忍務，嗚呼哀哉，明監吉凶，體遠存亡，深垂典制，申之嗣皇，聖上虔奉，是順是將，乃剏玄宇，基爲首陽，擬迹穀林，追堯慕唐，合山同陵，不樹不墳，塗車芻靈，珠玉靡藏，百神警侍，來賓幽堂，耕禽田獸，望魂之翔，於是俟大隧之致功兮，練元辰之淑禎，潛華體於梓宮兮，馮正殿以居靈，顧望嗣之號兆兮，存臨者之悲聲，悼晏駕之旣脩兮，感容車之速征，浮飛魂於輕霄兮，就黃墟以滅形，背三光之昭晰兮，歸玄宅之冥冥，嗟一往之不反兮，痛闕闈之長扃，咨遠臣之眇眇兮，成凶諱以怛驚，心孤絕而靡告兮，紛流涕而交頸，思恩榮以橫奔兮，閡闕塞之嶢崢，顧衰絰以輕舉兮，迫關防之我嬰，欲高飛而遙憩兮，憚天網之遠經，遙投骨於山足兮，報恩養於下庭，慨拊心而自悼兮，懼施重而命輕，嗟微軀之是效兮，甘九死而忘生，幾司命之役籍兮，先黃髮而隕零，天蓋高而察卑兮，冀神明之我聽，獨鬱伊而莫愬兮，追顧景而憐形，奏斯文以寫思兮，結翰墨以敷誠，嗚呼哀哉。

初帝好文學，以著述爲務，自所勒成垂百篇。又使諸儒撰集經傳，隨類相從，凡千餘篇，號曰皇覽。魏書曰：帝初在東宮，疫癘大起，時人彫傷，帝深感歎，與素所敬者大理王朗書曰：生有七尺之形，死爲一棺之土，唯立德揚名，可以不朽，其次莫如著篇籍。疫癘數起，士人彫落，余獨何人，能全其壽？故論撰所著典論、詩賦，蓋百餘篇，集諸儒於肅城門內，講論大義，侃侃無倦。常嘉漢文帝之爲君，寬仁玄默，務欲以德化民，有賢聖之風。時文學諸儒，或以爲孝文雖賢，其於聰明，通達國體，不如賈誼。帝由是著太宗論曰：昔有苗不賓，重華舞以干戚，尉佗稱帝，孝文撫以恩德，吳王不朝，錫之几杖以撫其意，而天下賴安；乃弘三章之教，愷悌之化，欲使曩時累息之民，得闊步高談，無危懼之心。若賈誼之才敏，籌畫國政，特賢臣之器，管晏之姿，豈若孝文大人之量哉？三年之中，以孫權不服，復班太宗論於天下，明示不願征伐也。他日又從容言曰：顧我亦有所不取於漢文帝者三：殺薄昭；幸鄧通；慎夫人衣不曳地，集上書囊爲帳帷。以爲漢文儉而無法，舅后之家，但當養育以恩而不當假借以權，既觸罪法，又不得不害矣。其欲秉持中道，以爲帝王儀表者如此。胡沖吳歷曰：帝以素書所著典論及詩賦餉孫權，又以紙寫一通與張昭。

評曰：文帝天資文藻，下筆成章，博聞彊識，才藝兼該；典論帝自敘曰：初平之元，董卓殺主鴆后，蕩覆王室。是時四海旣困中平之政，兼惡卓之凶逆，家家思亂，人人自危。山東牧守，咸以春秋之義，衞人討州吁于濮，言人人皆得討賊。於是大興義兵，名豪大俠，富室彊族，飄揚雲會，萬里相赴；兗、豫之師戰於滎陽，河內之甲軍於孟津。卓遂遷大駕，西都長安。而山東大者連郡國，中者嬰城邑，小者聚阡陌，以還相吞滅。會黃巾盛於海岱，山寇暴於并冀，乘勝轉攻，席卷而南，鄉邑望煙而奔，城郭覩塵而潰，百姓死亡，暴骨如莽。時余年五歲，上以世方擾亂，教余學射，六歲而知射，又教余騎馬，八歲而能騎射矣。以時之多故，每征，余常從。建安初，上南征荊州，至宛，張繡降。旬日而反，亡兄孝廉子脩、從兄安民遇害。時余年十歲，乘馬得脫。夫文武之道，各隨時而用，生於中平之季，長於戎旅之間，是以少好弓馬，于今不衰；逐禽輒十里，馳射常百步，日多體健，心每不厭。建安十年，始定冀州，濊、貊貢良弓，燕、代獻名馬。時歲之暮春，句芒司節，和風扇物，弓燥手柔，草淺獸肥，與族兄子丹獵於鄴西，終日手獲麞鹿九，雉兔三十。後軍南征次曲蠡，尚書令荀彧奉使犒軍，見余談論之末，彧言：「聞君善左右射，此實難能。」余言：「執事未覩

夫項發口縱俯馬蹄而仰月支也或喜笑曰乃爾余曰埒有常徑的有常所雖每發輒中非至妙也若馳平原赴豐草要狡獸截輕禽使弓不虛彎所中必洞斯則妙矣時軍祭酒張京在坐顧彧拊手曰善余又學擊劍閱師多矣四方之法各異唯京師為善桓靈之間有虎賁王越善斯術稱於京師河南史阿言昔與越遊具得其法余從阿學之精熟嘗與平虜將軍劉勳奮威將軍鄧展等共飲宿聞展善有手臂曉五兵又稱其能空手入白刃余與論劍良久謂言將軍法非也余顧嘗好之又得善術因求與余對時酒酣耳熱方食芋蔗便以為杖下殿數交三中其臂左右大笑展意不平求更為之余言吾法急屬難相中面故齊臂耳展言願復一交余知其欲突以取交中也因偽深進展果尋前余卻腳鄛正截其顙坐中驚視余還坐笑曰昔陽慶使淳于意去其故方更授以秘術今余亦願鄧將軍捐棄故伎更受要道也一坐盡歡夫事不可自謂己長余少曉持複自謂無對俗名雙戟為坐鐵室鑲楯為蔽木戶後從陳國袁敏學以單攻複每為若神對家不知所出先日若逢敏於狹路直決耳余於他戲弄之事少所喜唯彈棊略盡其巧少為之賦昔京師先工有馬合鄉侯東方安世張公子常恨不得與彼數子者對上雅好詩書文籍雖在軍旅手不釋卷每每定省從容常言人少好學則

思專長則善忘長大而能勤學者唯吾與袁伯業耳余是以少誦詩論及長而備歷五經四部史漢諸子百家之言靡不畢覽博物志曰帝善彈棊能用手巾角時有一書生又能低頭以所冠著葛巾角撇棊若加之曠大之度勵以公平之誠邁志存道克廣德心則古之賢主何遠之有哉

文帝紀卷第二　魏書　國志二

明皇帝諱叡字元仲文帝太子也生而太祖愛之常令在左右魏書曰帝生數歲而有岐嶷之姿武皇帝異之曰我基於爾三世矣每朝宴會同與侍中近臣並列帷幄好學多識特留意於法理年十五封武德侯黃初二年爲齊公三年爲平原王以其母誅故未建爲嗣魏略曰文帝以郭后無子詔使子養帝帝以母不以道終意甚不平後不獲已乃敬事郭后旦夕因長御問起居郭后亦自以無子遂加慈愛文帝始以帝不悅有意欲以他姬子京兆王爲嗣故久不拜太子魏末傳曰帝常從文帝獵見子母鹿文帝射殺鹿母使帝射鹿子帝不從曰陛下已殺其母臣不忍復殺其子因涕泣文帝即放弓箭以此深奇之而樹立之意定七年夏五月帝病篤乃立爲皇太子丁巳即皇帝位大赦尊皇太后曰太皇太后

皇后曰皇太后諸臣封爵各有差世語曰帝與朝士素不接即位之後羣下想聞風采居數日獨見侍中劉曄語盡日衆人側聽曄既出問何如曄曰秦始皇漢孝武之儔才具微不及耳癸未追謚母甄夫人曰文昭皇后壬辰立皇弟蕤爲陽平王八月孫權攻江夏郡太守文聘堅守朝議欲發兵救之帝曰權習水戰所以敢下船陸攻者幾掩不備也今已與聘相持夫攻守勢倍終不敢久也先時遣治書侍御史荀禹慰勞邊方禹到於江夏發所經縣兵及所從步騎千人乘山舉火權退走辛巳立皇子冏爲清河王吳將諸葛瑾張霸等寇襄陽撫軍大將軍司馬宣王討破之

斬霸征東大將軍曹休又破其別將於尋陽論功行賞各有差冬十月清河王冏薨十二月以太尉鍾繇爲太傅征東大將軍曹休爲大司馬中軍大將軍曹眞爲大將軍司徒華歆爲太尉司空王朗爲司徒鎭軍大將軍陳羣爲司空撫軍大將軍司馬宣王爲驃騎大將軍

太和元年春正月郊祀武皇帝以配天宗祀文皇帝於明堂以配上帝分江夏南部置江夏南部都尉西平麴英反殺臨羌令西都長遣將軍郝昭鹿磐討斬之二月辛未帝耕于籍田辛巳立文昭皇

后寢廟於鄴丁亥朝日于東郊夏四月乙亥行五銖錢甲申初營宗廟秋八月夕月于西郊冬十一月丙寅治兵于東郊焉耆王遣子入侍十一月立皇后毛氏賜天下男子爵人二級鰥寡孤獨不能自存者賜穀十二月封后父毛嘉爲列侯新城太守孟達反詔驃騎將軍司馬宣王討之三輔決錄曰伯郎涼州人名不令休其注曰伯郎姓孟名他扶風人靈帝時中常侍張讓專朝政讓監奴典護家事他仕不遂乃盡以家財賂監奴與共結親積年家業爲之破盡衆奴皆慚問他所欲他曰欲得卿曹拜耳奴被恩久皆許諾時賓客求見讓者門車常數百乘或累日不得通他最後到衆奴伺其至皆迎車而拜徑將他車獨入衆人悉驚謂他與讓善爭以珍物遺他他得之盡以賂讓讓大喜他又以蒲桃酒一斛遺讓即拜涼州刺史他生達少入蜀其

與蜀事迹在劉封傳魏略曰達以延康元年率部曲四千餘家歸魏文帝時初即王位既宿知有達聞其來甚悅令貴臣有識察者往觀之還曰將帥之才也或曰卿相之器也王益欽達與達書曰近日有命未足達言何者昔伊摯背商而歸周百里去虞而入秦樂毅感鵄夷以蟬蛻王遵識逆順以去就皆審發興之符效知成敗之必然故丹青畫其形容良史載其功勳聞卿姿度純茂器量優絕當騁能明時收名傳記今者翻然濯鱗清流甚相嘉樂虛心西望依依若舊下筆屬辭歡心從之昔虞卿入趙再見取相陳平就漢一觀參乘孤今於卿情過於往故致所御馬物以昭忠愛又曰今者海內清定萬里一統三垂無風塵之警中夏無狗吠之虞以是弛罔闊禁與世無疑保官空虛初無資任卿來相就當明孤意慎勿令家人繽紛道路以親駿跡也若卿欲來相見且當先安部曲有所保固然後徐徐輕騎來東達既至譙進見閑雅才辯過人衆莫不屬目又王近出乘小輦執達手撫其背戲之曰卿得無為劉備刺客邪遂與同載又加拜散騎常侍領新城太守委以西南之任時衆臣或以為待之太猥又不宜委以方任王聞之曰吾保其無他亦譬以蒿箭射蒿中耳達既為文帝所寵又與桓階夏侯尚親善及文帝崩時桓尚皆卒達自以羇旅久在疆埸心不自安諸葛亮聞之陰欲誘達數書招之達與相報荅魏興太守申儀與達有隙密表達與蜀潛通帝未之信也司馬宣王遣參軍梁幾察之又勸其入朝達驚懼遂反干寶晉紀曰達初入新城登白馬塞歎曰劉封申耽據金城千里而失之乎

二年春正月宣王攻破新城斬達傳其首魏略曰宣王誘達將李輔及達甥鄧賢賢等開門內軍達被圍旬有六日而敗焚其首于洛陽四達之衢分新城之上庸武陵巫縣為上庸郡錫縣為錫郡蜀大將諸葛亮寇邊天水南安安定三郡吏民叛應亮魏書曰是時朝臣未知計所出帝曰亮阻山為固今者自來既合兵書致人之術且亮貪三郡知進而不知退今因此時破亮必也乃部勒兵馬步騎五萬拒亮遣大將軍曹真都督關右並進兵右將軍張郃擊亮於街亭大破之亮敗走三郡平丁未行幸長安魏略載帝露布天下并班告益州曰劉備背恩自竄巴蜀諸葛亮棄父母之國阿殘賊之黨神人被毒惡積身滅亮外慕立孤之名而內貪專擅之實劉升之兄弟守空城而已亮又侮易益土虐用其民是以利狼宕渠高定青羌莫不瓦解為亮仇敵而亮反裘負薪裏盡毛殫刖趾適屨刻肌傷骨反更稱說自以為能行兵於井底游步於牛蹄自朕即位三邊無事猶哀憐天下數遭兵革且欲養四海之耆老長後生之孤幼先移風於禮樂次講武於農隙置亮畫外未以為虞而亮懷李熊愚勇之智不思荊邯度德之戒驅略吏民盜利祁山王師方振膽破氣奪馬謖高祥望旗奔敗虎臣逐北蹈尸涉血亮也小子震驚朕師猛銳踊躍咸思長驅朕惟率土莫非王臣師之所處荊棘生焉不欲使十室之邑忠信貞良與夫淫昏之黨同受塗炭故先開示以昭國誠勉思變化無滯亂邦巴蜀將吏士民諸為亮所劫迫公卿已下皆聽束手

夏四月丁酉還洛陽宮魏略曰是時譌言云帝已崩從駕羣臣迎立雍丘王植京師自卞太后羣公盡懼及帝還皆私察顏色卞太后悲喜欲推始言者帝曰天下皆言將何所推赦繫囚非殊死以下乙巳論討亮功封爵增邑各有差五月大旱六月詔曰尊儒貴學王教之本也自頃儒官或非其人將何以宣明聖道其高選博士才任侍中常侍者申勑郡國貢士以經學為先秋九月曹休率諸軍至皖與吳將陸議戰於石亭敗績乙酉立皇子穆為繁陽王庚子大司馬曹休薨冬十月詔公卿近臣舉良將各一人十一月司徒王朗薨十二月諸葛亮圍陳倉曹真遣將軍費曜等拒之魏略曰先是使將軍郝昭築陳倉城會亮至圍昭不能拔昭字伯道太原人為人雄壯少入軍為部曲督數有戰功為雜號將軍遂鎮守河西十餘年民夷畏服亮圍陳倉使昭鄉人靳詳於城外遙說之昭於樓

上應詳曰魏家科法卿所綵也我之爲人卿所知也我受國恩多而門戶重卿無可言者但有必死耳卿還謝諸葛便可攻也詳以問語告亮亮又使詳重說昭言人兵不敵無爲空自破滅昭謂詳曰前言已定矣我識卿耳箭不識也詳乃去亮自以有衆數萬而昭兵纔千餘人又度東救未能便到乃進兵攻昭起雲梯衝車以臨城昭於是以火箭逆射其雲梯梯然梯上人皆燒死昭又以繩連石磨壓其衝車衝車折亮乃更爲井闌百尺以付城中以土丸塡壍欲直攀城昭又於內築重牆亮足爲城突欲踴出於城裏昭又於城內穿地橫截之晝夜相攻拒二十餘日亮無計救至引退詔嘉昭善守賜爵列侯及還帝引見慰勞之顧謂中書令孫資曰卿鄉里乃有爾曹快人爲將灼如此朕復何憂乎仍欲大用之會病亡遺令戒其子凱曰吾爲將知將不可爲也吾數發冢取其木以爲攻戰具又知厚葬無益於死者也汝必斂以時服且人生有處所耳死復何在邪今去本墓遠東西南北在汝而已遼東太守公孫恭兄子淵劫奪恭位遂以淵領遼東太守

三年夏四月元城王禮薨六月癸卯繁陽王穆薨戊申追尊高祖大長秋曰高皇帝夫人吳氏曰高皇后秋七月詔曰禮王后無嗣擇建支子以繼太宗則當纂正統而奉公義何得復顧私親哉漢宣繼昭帝後加悼考以皇號哀帝以外藩援立而董宏等稱引亡秦或誤時朝既尊恭皇立廟京都又寵藩妾使比長信敘昭穆於前殿並四位於東宮僭差無度人神弗祐而非罪師丹忠正之諫用致丁傅焚如之禍自是之後相踵行之昔魯文逆祀罪由夏父宋國非度譏在華元其令公卿有司深以前世行事爲戒後嗣萬一有由諸侯入奉大統則當明爲人後之義敢爲佞邪導諛時君妄建非正之號以干正統謂考爲皇稱妣爲后則股肱大臣誅之無赦其書之金策藏之宗廟著于令典冬十月改平望觀曰聽訟觀帝常言獄者天下之性命也每斷大獄常幸觀臨聽之初洛陽宗廟未成神主在鄴廟十一月廟始成使太常韓暨持節迎高皇帝太皇帝武帝文帝神主于鄴十二月己丑至奉安神主于廟臣松之按黃初四年有司奏立二廟太皇帝大長秋與文帝之高祖共一廟特立武帝廟百世不毀今此無高祖神主蓋以親盡毀也此則魏初唯立親廟祀四室而已至景初元

年始定七廟之制孫盛曰事亡猶存禮如神在迎遷神主正斯宜矣癸卯大月氏王波調遣使奉獻以調爲親魏大月氏王

四年春二月壬午詔曰世之質文隨教而變兵亂以來經學廢絕後生進趣不由典謨豈訓導未洽將進用者不以德顯乎其郎吏學通一經才任牧民博士課試擢其高第者亟用其浮華不務道本者皆罷退之戊子詔太傅三公以文帝典論刻石立于廟門之外癸巳以大將軍曹眞爲大司馬驃騎將軍司馬宣王爲大將軍遼東太守公孫淵爲車騎將軍夏四月太傅鍾繇薨六月戊子太皇太

后崩丙申省上庸郡秋七月武宣卞后祔葬于高陵詔大司馬曹眞大將軍司馬宣王伐蜀八月辛巳行東巡遣使者以特牛祠中嶽魏書曰行過繁昌使執金吾臧霸行太尉事以特牛祠受禪壇　臣松之按漢紀章帝元和三年詔高邑縣祠即位壇五成陌北臘祠門戶此雖前代已行故事然爲壇以祀天而壇非神也今無事於上帝而致祀於虛壇求之義典未詳所據乙未幸許昌宮九月大雨伊洛河漢水溢詔眞等班師冬十月乙卯行還洛陽宮庚申令罪非殊死聽贖各有差十一月太白犯歲星十二月辛未改葬文昭甄后于朝陽陵丙寅詔公卿舉賢良

五年春正月帝耕于藉田三月大司馬曹眞薨諸葛亮寇天水詔大將軍司馬宣王拒之自去冬十月至此月不雨辛巳大雩夏四月鮮卑附義王軻比能率其種人及丁零大人兒禪詣幽州貢名馬復置護匈奴中郎將秋七月丙子以亮退走封爵增位各有差魏書曰初亮出議者以爲亮軍無輜重糧必不繼不擊自破無爲勞兵或欲自芟上邽左右生麥以奪賊食帝皆不從前後遣兵增宣王軍又勑使護麥宣王與亮相持賴得此麥以爲軍糧乙酉皇子殷生大赦八月詔曰古者諸侯朝聘所以敦睦親親協和萬國也先帝著令不欲使諸王在京都者謂幼主在位母后攝政防微以漸關諸盛衰也朕惟不見諸王十有二載悠悠之懷能不興思其令諸王及宗室公侯各將適子一人朝後有少主母后在宮者自如先帝令申明著于令十一月乙酉月犯軒轅大星戊戌晦日有蝕之十二月甲辰月犯鎭星戊午太尉華歆薨

六年春二月詔曰古之帝王封建諸侯所以藩屏王室也詩不云乎懷德維寧宗子維城秦漢繼周或彊或弱俱失厥中大魏創業諸王開國隨時之宜未有定制非所以永爲後法也其改封諸侯王皆以郡爲國三月癸酉行東巡所過存問高年鰥寡孤獨賜穀帛乙亥月犯軒轅大星夏四月壬寅行幸許昌宮甲子初進新果于廟五月皇子殷薨追封謚安平哀王秋七月以衞尉董昭爲司徒九月行幸摩陂治許昌宮起景福承光殿冬十月殄夷將軍田豫帥衆討吳將周賀於成山殺賀十一月丙寅太白晝見有星孛于翼近太微上將星庚寅陳思王植薨十二月行還許昌宮

青龍元年春正月甲申青龍見郟之摩陂井中二月丁酉幸摩陂觀龍於是改年改摩陂爲龍陂賜男子爵人二級鰥寡孤獨無出今年租賦三月甲子詔公卿舉賢良篤行之士各一人夏五月壬申

詔祀故大將軍夏侯惇大司馬曹仁車騎將軍程昱於太祖廟庭魏書載詔曰昔先王之禮於功臣存則顯其爵祿沒則祭于大蒸故漢氏功臣祠於廟庭大魏元功之臣功勳優著終始休明者其皆依禮祀之於是以惇等配饗之戊寅北海王蕤薨閏月庚寅朔日有蝕之丁酉改封宗室女非諸王女皆爲邑主詔諸郡國山川不在祠典者勿祠六月洛陽宮鞠室災保塞鮮卑大人步度根與叛鮮卑大人軻比能私通并州刺史畢軌表輒出軍以外威比能內鎭步度根帝省表曰步度根以爲比能所誘有自疑心今軌出軍適使二部驚合爲一何所威鎭乎促勑軌以出軍者愼勿越

塞過句注也比詔書到軌以進軍屯陰館遣將軍蘇尚董弼追鮮卑比能遣子將千餘騎迎步度根部落與尚弼相遇戰於樓煩二將沒步度根部落皆叛出塞與比能合寇邊遣驍騎將軍秦朗將中軍討之虜乃走漠北秋九月安定保塞匈奴大人胡薄居姿職等叛司馬宣王遣將軍胡遵等追討破降之冬十月步度根部落大人戴胡阿狼泥等詣并州降朗引軍還魏氏春秋曰朗字元明新興人獻帝傳曰朗父名宜祿爲呂布使詣袁術術妻以漢宗室女其前妻杜氏留下邳布之被圍關羽屢請於太祖求以杜氏爲妻太祖疑其有色及城陷太祖見之乃自納之宜祿歸降以爲銍長及劉備走小沛張飛隨之過謂宜祿曰人取汝妻而爲之長

何豈若是邪隨我去乎宜祿從之數里悔欲還飛殺之朗隨母氏畜于公宮太祖甚愛之每坐席謂賓客曰豈有人愛假子如孤者乎魏略曰朗游遨諸侯間歷武文之世而無尤也及明帝即位授以內官爲驍騎將軍給事中每車駕出入朗常隨從時明帝喜發舉數有以輕微而致大辟者朗終不能有所諫止又未嘗進一善人帝亦以是親愛每顧問之多呼其小字阿蘇數加賞賜爲起大第於京城中四方雖知朗無能爲益猶以附近至尊多賂遺之富均公侯世語曰朗子秀勁厲能直言爲晉武帝博士魏略以朗與孔桂俱在佞倖篇桂字叔林天水人也建安初數爲將軍楊秋使詣太祖太祖表拜騎都尉桂性便辟曉博弈蹹鞠故太祖愛之每在左右出入隨從桂察太祖意喜樂之時因言次曲有所陳事多見從數得賞賜人多餽遺桂由此侯服王食太祖既愛桂五官將及諸侯亦皆親之其後桂見太祖久不立太子而有意於臨菑侯因更親附臨菑侯而簡於五官將將甚銜之及太祖薨文帝即王位未及致其罪黃初元年隨例轉拜駙馬都尉而桂私受西域貨賂許爲人事事發有詔收問遂殺之魚豢曰爲上者不虛授處下者不虛受然後外無伐檀之歎內無尸素

之刺雍熙之美著太平之律顯矣而佞倖之徒但姑息人主至乃無德而榮無功而祿如是焉得不使中正日朘傾邪滋多乎以武皇帝之慎賞明皇帝之持法而猶有若此等人而況下斯者乎十二月公孫淵斬送孫權所遣使張彌許晏首以淵爲大司馬樂浪公世語曰并州刺史畢軌送漢故度遼將軍范明友鮮卑奴年三百五十歲言語飲食如常人奴云霍顯光後小妻明友妻光前妻女博物志曰時京邑有一人失其姓名食噉兼十許人遂肥不能動其父曾作遠方長吏官徙送彼縣令故義傳供食之一二年中一鄉中輒爲之儉傅子曰時太原發冢破棺棺中有一生婦人將出與語生人也送之京師問其本事不知也視其冢上樹木可三十歲不知此婦人三十歲常生於地中邪將一朝欻生偶與發冢者會也

二年春二月乙未太白犯熒惑癸酉詔曰鞭作官刑所以糾慢怠也而頃多以無辜死其減鞭杖之

制著于令三月庚寅山陽公薨帝素服發哀遣使持節典護喪事己酉大赦夏四月大疫崇華殿災丙寅詔有司以太牢告祠文帝廟追謚山陽公爲漢孝獻皇帝葬以漢禮獻帝傳曰帝變服率群臣哭之使使持節行司徒太常和洽弔祭又使持節行大司空大司農崔林監護喪事詔曰蓋五帝之事尚矣仲尼盛稱堯舜巍巍蕩蕩之功者以爲禪代乃大聖之懿事也山陽公深識天祿永終之運禪位文皇帝以順天命先帝命公行漢正朔郊天祀祖以天子之禮言事不稱臣此舜事堯之義也昔放勛殂落四海如喪考妣遏密八音明喪葬之禮同於王者也今有司奏喪禮比諸侯王此豈古之遺制而先帝之至意哉今謚公漢孝獻皇帝使大尉具以一太牢告祠文帝廟曰叡聞夫禮也者反本不忘其初是以先代之君尊尊親親咸有尚焉今山陽公寢疾棄國有司建言喪紀之禮視諸侯王叡惟山陽公昔知天命永終於己深覩歷數允在聖躬傳祚禪位尊我民主斯

乃陶唐懿德之事也黃初受終命公于國行漢正朔郊天祀祖禮樂制度率乃漢舊斯亦舜禹明堂之義也上考遂初皇極攸建允熙克讓莫明于茲蓋子以繼志嗣訓爲孝臣以配命欽述爲忠故詩稱匪棘其猶聿追來孝書曰前人受命茲不忘大功叡敢不奉承徽典以昭皇考之神靈今追謚山陽公曰孝獻皇帝冊贈璽紱命司徒司空持節弔祭護喪光祿大鴻臚爲副將作大匠復土將軍營成陵墓及置百官群吏車旗服章喪葬禮儀一如漢氏故事喪葬所供群官之費皆仰大司農立其後嗣爲山陽公以通三統永爲魏賓於是贈冊曰嗚呼昔皇天降戾于漢俾逆臣董卓播厥凶虐焚滅京都劫遷大駕于時六合雲擾姦雄熛起帝自西京徂唯求定孫茲洛邑疇咨聖賢聿改乘轅又遷許昌武皇帝是依歲在玄枵皇師肇征迄于鶉尾十有八載群寇殲殄九域咸乂惟帝念功祚茲魏國大啓土宇爰及文皇帝齊聖廣淵仁聲旁流柔遠能邇殊俗向義乾精承祚坤靈吐曜稽極玉衡允膺歷數度于軌儀克厭帝心乃仰欽七政俯察五典弗采四嶽之謀不俟師錫之舉幽贊神明承天禪位祚建朕躬統承洪業蓋聞昔帝堯元愷既興凶族未流登舜百揆然後百揆時序內平外成授位明堂退終天祿故能冠德百王表功高嶽自往迄今彌歷七代歲暨三千而大運來復庸命底績纂我民主作建皇極念重光紹咸池繼韶夏超群后之遐蹤邈商周之懿德可謂高朗令終昭明洪烈之懿盛者矣非夫漢魏與天地合德與四時合信動和民神格于上下其孰能至於此乎朕惟孝獻享年不永欽若顧命考之典謨恭述皇考先靈遺意闡崇弘謚奉成聖美以章希世同符之隆以傳億載不朽之榮魂而有靈嘉茲弘休嗚呼哀哉八月壬申葬于山陽國陵曰禪陵置園邑葬之日帝制錫衰弁絰哭之慟適孫桂氏鄉侯康嗣立爲山陽公

是月諸葛亮出斜谷屯渭南司馬宣王率諸軍拒之詔宣王但堅壁拒守以挫其鋒使進不得志退無與戰久停則糧盡虜略無所獲則必走矣走而追之以逸待勞全勝之道也魏氏春秋曰亮既屢遣使交書又致巾幗婦人之飾以怒宣王宣王將出戰辛毗杖節奉詔勒宣王及軍吏已下乃止宣王見亮使唯問其寢食及其事

之煩簡不問戎事使對曰諸葛公夙興夜寐罰二十已上皆親覽焉所啖食不過數升宣王曰亮體斃矣其能久乎

五月太白晝見孫權入居巢湖口向合肥新城又遣將陸議孫韶各將萬餘人入淮沔六月征東將軍滿寵進軍拒之寵欲拔新城守致賊壽春帝不聽曰昔漢光武遣兵縣據略陽終以破隗囂先帝東置合肥南守襄陽西固祁山賊來輒破於三城之下者地有所必爭也縱權攻新城必不能拔勑諸將堅守吾將自往征之比至恐權走也秋七月壬寅帝親御龍舟東征權攻新城將軍張穎等拒守力戰帝軍未至數百里權遁走議韶等亦退

羣臣以爲大將軍方與諸葛亮相持未解車駕可
西幸長安帝曰權走亮膽破大將軍以制之吾無
憂矣遂進軍幸壽春録諸將功封賞各有差八月
已未大曜兵饗六軍遣使者持節犒勞合肥壽春
諸軍辛巳行還許昌宮司馬宣王與亮相持連圍
積日亮數挑戰宣王堅壘不應會亮卒其軍退還
冬十月乙丑月犯鎮星及軒轅戊寅月犯太白十
一月京都地震從東南來隱隱有聲搖動屋瓦十
二月詔有司刪定大辟減死罪
三年春正月戊子以大將軍司馬宣王爲太尉己

亥復置朔方郡京都大疫丁巳皇太后崩乙亥隕
石于壽光縣三月庚寅葬文德郭后營陵于首陽
陵澗西如終制顧愷之啓蒙注曰魏時人有開周王冢者得殉葬女子經數日而有氣數
月而能語年可二十送詣京師郭太后愛養之十餘年太后崩哀思哭泣一年餘而死是時大治
洛陽宮起昭陽太極殿築總章觀百姓失農時直
臣楊阜高堂隆等各數切諫雖不能聽常優容之
魏略曰是年起太極諸殿築總章觀高十餘丈建翔鳳於其上又於芳林園中起陂池楫櫂越歌又於列殿之
北立八坊諸才人以次序處其中貴人夫人以上轉南附焉其秩石擬百官之數帝常遊宴在內乃選女子知
書可付信者六人以爲女尚書使典省外奏事處當畫可自貴人以下至尚保及給掖庭灑掃習伎歌者各有
千數通引穀水過九龍前爲玉井綺欄蟾蜍含受神龍吐出使博士馬均作司南車水轉百戲歲首建巨獸魚

龍曼延弄馬倒騎備如漢西京之制築閶闔諸門闕外罘罳太子舍人張茂以吳蜀數動諸將出征而帝盛興
宮室留意於玩飾賜與無度帑藏空竭又録奪士女前已嫁爲吏民妻者還以配士既聽以生口自贖又簡選
其有姿首者內之掖庭乃上書諫曰臣伏見詔書諸士女嫁非士者一切録奪以配戰士斯誠權時之宜然非大
化之善者也臣請論之陛下天之子也百姓吏民亦陛下之子也禮賜君子小人不同日所以殊貴賤也吏屬
君子士爲小人今奪彼以與此亦無以異於奪兄之妻妻弟也於父母之恩偏矣又詔書聽得以生口年紀顏
色與妻相當者自代故富者則傾家盡產貧者舉假貸貴買生口以贖其妻縣官以配士爲名而實內之掖
庭其醜惡者乃出與士得婦者未必有懽心而失妻者必有憂色或窮或愁皆不得志夫君有天下而不得萬
姓之懽心者鮮不危殆且軍師在外數千萬人一日之費非徒千金舉天下之賦以奉此役猶將不給況復有
宮庭非員無録之女椒房母后之家賞賜橫興內外交引其費半軍昔漢武帝好神仙信方士掘地爲海封土
爲山賴是時天下爲一莫敢與爭者耳自衰亂以來四五十載馬不捨鞍士不釋甲每一交戰血流丹野創痍

號痛之聲于今未已猶彊寇在疆圖危魏室陛下不兢兢業業念崇節約思所以安天下者而乃奢靡是務中
尚方純作玩弄之物炫燿後園建承露之盤斯誠快耳目之觀然亦足以騁寇讎之心矣惜乎舍堯舜之節儉
而爲漢武之侈事臣竊爲陛下不取也願陛下沛然下詔萬機之事有無益而有損者悉除去之以所除無益
之費厚賜將士父母妻子之飢寒者問民所疾而除其所惡實倉廩繕甲兵恪恭以臨天下如是吳賊面縛蜀
虜輿櫬不待誅而自服太平之路可計日而待也陛下可無勞神思於海表軍師高枕戰士備員今羣公皆結
舌而臣所以不敢不獻瞽言者臣昔上要言散騎奏臣書以聽諫篇爲善詔曰是也擢臣爲太子舍人且臣作
書譏爲人臣不能諫諍今有可諫之事而臣不諫此爲作書虛妄而不能言也臣年五十常恐至死無以報國
是以投軀沒身冒昧以聞惟陛下裁察書通上顧左右曰張茂恃鄉里故也以事付散騎而已茂字彥林沛人
秋七月洛陽崇華殿災八月庚午立皇子芳爲齊
王詢爲秦王丁巳行還洛陽宮命有司復崇華改

名九龍殿冬十月己酉中山王袞薨壬申太白晝見十一月丁酉行幸許昌宮魏氏春秋曰是歲張掖郡刪丹縣金山玄川溢涌寶石負圖狀象靈龜廣一丈六尺長一丈七尺一寸圍五丈八寸立于川西有石馬七其一仙人騎之其一羈絆其五有形而不善成有玉匣關蓋於前上有玉字玉玦二璜一麒麟在東鳳鳥在南白虎在西犧牛在北馬自中布列四面色皆蒼白其南有五字曰上上三天王又曰述大金大討曹金但取之金立中大金馬一匹在中大告開壽此馬甲寅述水凡中字六金字十又有若八卦及列宿孛彗之象焉世語曰又有一雞象搜神記曰初漢元成之世先識之士有言曰魏年有和當有開石於西三千餘里繫五馬文曰大討曹及魏之初興也張掖之柳谷有開石焉始見於建安形成於黃初文備於太和周圍七尋中高一仞蒼質素章龍馬麟鹿鳳皇仙人之象粲然咸著此一事者魏晉代興之符也至晉泰始三年張掖太守焦勝上言以留郡本國圖校今石文文字多少不同謹具圖上按其文有五馬象其一有人平上幘執戟而乘之其一有若馬形而不成其字有金有中有大司馬有王有大吉有正有開壽其一成行曰金當取之漢晉春秋曰氐池縣大柳谷口夜激波涌溢其聲如雷曉而有蒼石立水中長一丈六尺高八尺白石畫之爲十三馬一牛一鳥八卦玉玦之象皆隆起其文曰大討曹適水中甲寅帝惡其討也使鑿去爲計以蒼石窒之宿昔而白石滿焉至晉初其文愈明馬象皆煥徹如玉焉四年春二月太白復晝見月犯太白又犯軒轅一星入太微而出夏四月置崇文觀徵善屬文者以充之五月乙卯司徒董昭薨丁巳肅慎氏獻楛矢六月壬申詔曰有虞氏畫象而民弗犯周人刑錯而不用朕從百王之末追望上世之風邈乎何相去之遠法令滋章犯者彌多刑罰愈衆而姦不可

止往者按大辟之條多所蠲除思濟生民之命此朕之至意也而郡國斃獄一歲之中尚過數百豈朕訓導不醇俾民輕罪將苛法猶存爲之陷穽乎有司其議獄緩死務從寬簡及乞恩者或辭未出而獄以報斷非所以究理盡情也其令廷尉及天下獄官諸有死罪具獄以定非謀反及手殺人亟語其親治有乞恩者使與奏當文書俱上朕將思所以全之其布告天下使明朕意秋七月高句驪王宮斬送孫權使胡衞等首詣幽州甲寅太白犯軒轅大星冬十月己卯行還洛陽宮甲申有星孛于大辰乙酉又孛于東方十一月己亥彗星見犯宦者天紀星十二月癸巳司空陳羣薨乙未行幸許昌宮

景初元年春正月壬辰山茌縣言黃龍見茌音仕狸反於是有司奏以爲魏得地統宜以建丑之月爲正三月定歷改年爲孟夏四月魏書曰初文皇帝即位以受禪于漢因循漢正朔弗改帝在東宮著論以爲五帝三王雖同氣共祖禮不相襲正朔自宜改變以明受命之運及即位優游者久之史官復著言宜改乃詔三公特進九卿中郎將大夫博士議郎千石六百石博議議者或不同帝據古典甲子詔曰夫太極運三辰五星於上元氣轉三統五行於下登降周旋終則又始故仲尼作春秋於三微之月每月稱王以明三正迭相爲首今推三統之次魏得地統當以建丑之月爲正月考之羣藝厥義章矣其

改青龍五年三月爲景初元年四月服色尚黃犧牲用白戎事乘黑首白馬建大赤之旂朝會建大白之旗臣松之按魏爲土行故服色尚黃行殷之時以建丑爲正故犧牲旂旗一用殷禮禮記云夏后氏尚黑故戎事乘驪牲用玄殷人尚白戎事乘翰牲用白周人尚赤戎事乘騵牲用騂鄭玄云夏后氏以建寅爲正物生色黑殷以建丑爲正物牙色白周以建子爲正物萌色赤翰白色馬也易曰白馬翰如周禮巾車職建大赤以朝大白以卽戎此則周以正色之旗以朝以先代之旗卽戎今魏用殷禮變周之制故建大白以朝大赤卽戎改大和曆曰景初歷其春夏秋冬孟仲季月雖與正歲不同至於郊祀迎氣礿祠蒸嘗巡狩蒐田分至啓閉班宣時令中氣早晚敬授民事皆以正歲斗建爲歷數之序五月巳巳行還洛陽宮己丑大赦六月戊申京都地震己亥以尚書令陳矯爲司徒尚書左僕射衛臻爲司空丁未分魏興之魏陽錫郡之安富上庸爲上庸郡省錫郡以錫縣屬魏興郡有司奏武皇帝撥亂反正爲魏太祖樂用武始之舞文皇帝應天受命爲魏高祖用咸熙之舞帝制作興治爲魏烈祖樂用章武之舞三祖之廟萬世不毁其餘四廟親盡迭毁如周后稷文武廟祧之制孫盛曰夫謚以表行廟以存容皆於旣沒然後著焉所以原始要終以示百世也未有當年而逆制祖宗未終而豫自尊顯昔華樂以厚斂致譏周人以豫凶違禮魏之羣司於是乎失正秋七月丁卯司徒陳矯薨孫權遣將朱然等二萬人圍江夏郡荊州刺史

胡質等擊之然退走初權遣使浮海與高句驪通欲襲遼東遣幽州刺史毋丘儉率諸軍及鮮卑烏丸屯遼東南界璽書徵公孫淵淵發兵反儉進軍討之會連雨十日遼水大漲詔儉引軍還右北平烏丸單于寇婁敦遼西烏丸都督王護留等居遼東率部衆隨儉內附己卯詔遼東將吏士民爲淵所脅略不得降者一切赦之辛卯太白晝見淵自儉還遂自立爲燕王置百官稱紹漢元年詔青兗幽冀四州大作海船九月冀兗徐豫四州民遇水遣侍御史循行沒溺死亡及失財產者在所開倉振救之庚辰皇后毛氏卒冬十月丁未月犯熒惑癸丑葬悼毛后于愍陵乙卯營洛陽南委粟山爲圜丘魏書載詔曰蓋帝王受命莫不恭承天地以章神明尊祀世統以昭功德故先代之典旣著則禘郊祖宗之制備也昔漢氏之初承秦滅學之後采摭殘缺以備郊祀自甘泉后土雍宮五時神祇兆位多不見經是以制度無常一彼一此四百餘年廢無禘祀古代之所更立者遂有闕焉曹氏系世出自有虞氏今祀圜丘以始祖帝舜配號圜丘曰皇皇帝天方丘所祭曰皇皇后地以舜妃伊氏配天郊所祭曰皇天之神以太祖武皇帝配地郊所祭曰皇地之祇以武宣后配宗祀皇考高祖文皇帝於明堂以配上帝至晉泰始二年并圜丘方丘二至之祀於南北郊十二月壬子冬至始祀丁巳分襄陽臨沮宜城旍陽邔邔音其己反四縣置襄陽南部都尉己未有司奏文昭皇后立廟京都分襄陽郡之鄀葉

縣屬義陽郡魏略曰是歲徙長安諸鐘簴駱駝銅人承露盤盤折銅人重不可致留于霸城大發銅鑄作銅人二號曰翁仲列坐於司馬門外又鑄黃龍鳳皇各一龍高四丈鳳高三丈餘置內殿前起土山於芳林園西北陬使公卿羣僚皆負土成山樹松竹雜木善草於其上捕山禽雜獸置其中漢晉春秋曰帝徙盤盤折聲聞數十里金狄或泣因留於霸城魏略載司徒軍議掾河東董尋上書諫曰臣聞古之直士盡言於國不避死亡故周昌比高祖於桀紂劉輔譬趙后於人婢天生忠直雖白刃沸湯往而不顧者誠為時主愛惜天下也建安以來野戰死亡或門殫戶盡雖有存者遺孤老弱若今宮室狹小當廣大之猶宜隨時不妨農務況乃作無益之物黃龍鳳皇九龍承露盤土山淵池此皆聖明之所不興也其功參倍於殿舍三公九卿侍中尚書天下至德皆知非道而不敢言者以陛下春秋方剛心畏雷霆今陛下既尊羣臣顯以冠冕被以文繡載以華輿所以異於小人而使穿方舉土面目垢黑沾體塗足衣冠了鳥毀國之光以崇無益甚非謂也孔子曰君使臣以禮臣事君以忠無忠無禮國何以立故有君不君臣不臣上下不通心懷鬱結使陰陽不和

災害屢降凶惡之徒因間而起誰當為陛下盡言是者乎又誰當干萬乘以死為戲乎臣知言出必死而臣自比於牛之一毛生既無益死亦何損秉筆流涕心與世辭臣有八子臣死之後累陛下矣將奏沐浴既通帝曰董尋不畏死邪主者奏收尋有詔勿問後為貝丘令清省得民心

二年春正月詔太尉司馬宣王帥衆討遼東干寶晉紀曰帝問宣王度淵將何計以待君宣王對曰淵棄城預走上計也據遼水拒大軍其次也坐守襄平此為成禽耳帝曰然則三者何出對曰唯明智審量彼我乃預有所割棄此既非淵所及又謂今往縣遠不能持久必先拒遼水後守也帝曰往還幾日對曰往百日攻百日還百日以六十日為休息如此一年足矣魏名臣奏載散騎常侍何曾表曰臣聞先王制法必於全慎故建官授任則置假輔陳師命將則立監貳宣命遣使則設介副臨敵交刃則參御右蓋以盡謀思之功防安危之變也是以在險當難則權足相濟隕缺不預則手足相代其為固防至深至遠及至漢氏亦循舊章韓信伐趙張耳為貳馬援討越劉隆副軍前世之迹著在篇志今懿奉辭誅罪步騎數萬道路迴阻四千餘里雖假天威有征無戰寇或潛遁消散日月命無常期人非金石遠慮詳備誠宜有副今北邊諸將及懿所督皆為僚屬名位不殊素無定分卒有變急不相鎮攝存不忘亡聖達所戒宜選大臣名將威重宿著者盛其禮秩遣詣懿軍進同謀略退為副佐雖有萬一不虞之災軍主有儲則無患矣毌丘儉志記云時以儉為宣王副也二月癸卯以太中大夫韓暨為司徒癸丑月犯心距星又犯心中央大星夏四月庚子司徒韓暨薨壬寅分沛國蕭相竹邑符離蘄銍龍亢山桑洨虹洨音胡交反虹音絳十縣為汝陰郡宋縣陳郡苦縣皆屬譙郡以沛杼秋公丘彭城豐國廣戚并五縣為沛王國庚戌大赦五月乙亥月犯心拒星又犯中央大星魏書載戊子詔曰昔漢高祖創業光武中興謀除殘暴功昭四

海而墳陵崩頹童兒牧豎踐蹈其上非大魏尊崇所承代之意也其表高祖光武陵四面百步不得使民耕牧樵採六月省漁陽郡之狐奴縣復致安樂縣秋八月燒當羌王芒中注詣等叛涼州刺史率諸郡攻討斬注詣首癸丑有彗星見張宿漢晉春秋曰史官言於帝曰此周之分野也洛邑惡之於是大脩禳禱之術以厭焉魏書曰九月蜀陰平太守廖惇反攻守善羌侯宕蕈營雍州刺史郭淮遣廣魏太守王贇南安太守游奕將兵討惇淮上書贇奕等分兵夾山東西圍落賊表破在旦夕帝曰兵勢惡離促詔淮敕奕諸別營非要處者還令據便地詔敕未到奕軍為惇所破贇為流矢所中死丙寅司馬宣王圍公孫淵於襄平大破之傳淵首于京都海東諸郡平冬十一月錄討淵功太尉宣王以下增邑封爵各有差初帝議遣宣王討淵發卒

四萬人議臣皆以為四萬兵多役費難供帝曰四千里征伐雖云用奇亦當任力不當稍計役費遂以四萬人行及宣王至遼東霖雨不得時攻羣臣或以為淵未可卒破宜詔宣王還帝曰司馬懿臨危制變禽淵可計日待也卒皆如所策壬午以司空衛臻為司徒司隸校尉崔林為司空閏月月犯心中央大星十二月乙丑帝寢疾不豫辛巳立皇后賜天下男子爵人二級鰥寡孤獨穀以燕王宇為大將軍甲申免以武衛將軍曹爽代之漢晉春秋曰帝以燕王宇為大將軍使與領軍將軍夏侯獻武衛將軍曹爽屯騎校尉曹肇驍騎將軍秦朗等對輔政中書監

劉放令孫資久專權寵為朗等素所不善懼有後害陰圖間之而宇常在帝側故未得有言甲申帝氣微宇下殿呼曹肇有所議未還而帝少間惟曹爽獨在放知之呼資與謀資曰不可動也放曰俱入鼎鑊何不可之有乃突前見帝垂泣曰陛下氣微若有不諱將以天下付誰帝曰卿不聞用燕王耶放曰陛下忘先帝詔勑藩王不得輔政且陛下方病而曹肇秦朗等便與才人侍疾者言戲燕王擁兵南面不聽臣等入此即豎刁趙高也今皇太子幼弱未能統政外有彊暴之寇內有勞怨之民陛下不遠慮存亡而近係恩舊委祖考之業付二三凡士寢疾數日外內擁隔社稷危殆而已不知此臣等所以痛心也帝得放言大怒曰誰可任者放資乃舉爽代宇又白宜詔司馬宣王使相參帝從之放資出曹肇入泣涕固諫帝使肇勑停肇出戶放資趨而往復說止帝帝又從其言放曰宜為手詔帝曰我困篤不能放即上牀執帝手強作之遂齎出大言曰有詔免燕王宇等官不得停省中於是宇肇獻朗相與泣而歸第初青龍三年中壽春農民妻自言為天神所下命為登女當營衛帝室蠲邪納

福飲人以水及以洗創或多愈者於是立館後宮下詔稱揚甚見優寵及帝疾飲水無驗於是殺焉三年春正月丁亥太尉宣王還至河內帝驛馬召到引入卧內執其手謂曰吾疾甚以後事屬君君其與爽輔少子吾得見君無所恨宣王頓首流涕魏略曰帝既從劉放計召司馬宣王自力為詔既封顧呼宮中常所給使者曰辟邪來汝持我此詔授太尉也辟邪馳去先是燕王為帝畫計以為關中事重宜便道遣宣王從河內西還事以施行宣王得前詔斯須復得後手筆疑京師有變乃馳到入見帝勞問訖乃召齊秦二王以示宣王別指齊王謂宣王曰此是也君諦視之勿誤也又教齊王令前抱宣王頸魏氏春秋曰時太子芳年八歲秦王九歲在于御側帝執宣王手目太子曰死乃復可忍朕忍死待君君其與爽輔此宣王曰陛下不見先帝屬臣以陛下乎即日帝崩于

嘉福殿魏書曰殯于九龍前殿時年三十六臣松之按魏武以建安九年八月定鄴文帝始納甄后明帝應以十年生計至此年正月整三十四年耳時改正朔以故年十二月為今年正月可彊名三十五年也不得三十六也癸丑葬高平陵魏書曰帝容止可觀望之儼然自在東宮不交朝臣不問政事唯潛思書籍而已即位之後褒禮大臣料簡功能眞偽不得相貿務絕浮華譖毀之端行師動衆論決大事謀臣將相咸服帝之大略性特彊識雖左右小臣官簿性行名跡所履及其父兄子弟一經耳目終不遺忘含垢藏疾容受直言聽受吏民士庶上書一月之中至數十百封雖文辭鄙陋猶覽省究竟意無厭倦孫盛曰聞之長老魏明帝天姿秀出立髮垂地口吃少言而沈毅好斷初諸公受遺輔導帝皆以方任處之政自己出而優禮大臣開容善直雖犯顏極諫無所摧戮其君人之量如此之偉也然不思建德垂風不固維城之基至使大權偏據社稷無衞悲夫

評曰明帝沈毅斷識任心而行蓋有君人之至槩

焉于時百姓彫獘四海分崩不先聿脩顯祖闡拓洪基而遽追秦皇漢武宮館是營格之遠猷其殆疾乎

明帝紀卷第三　魏書　國志三

三少帝紀第四　魏書　國志四

齊王紀

齊王諱芳字蘭卿明帝無子養王及秦王詢宮省事祕莫有知其所由來者魏氏春秋曰或云任城王楷子青龍三年立爲齊王景初三年正月丁亥朔帝甚病乃立爲皇太子是日卽皇帝位大赦尊皇后曰皇太后大將軍曹爽太尉司馬宣王輔政詔曰朕以眇身繼承洪業煢煢在疚靡所控告大將軍太尉奉受末命夾輔朕躬司徒司空冢宰元輔總率百僚以寧社稷其與羣卿大夫勉勗乃心稱朕意焉諸所興作宮室之役皆以遺詔罷之官奴婢六十已上免爲良人二月西域重譯獻火浣布詔大將軍太尉臨試以示百寮異物志曰斯調國有火州在南海中其上有野火春夏自生秋冬自死有木生於其中而不消也枝皮更活秋冬火死則皆枯瘁其俗常冬采其皮以爲布色小青黑若塵垢洿之便投火中則更鮮明也　傅子曰漢桓帝時大將軍梁冀以火浣布爲單衣常大會賓客冀陽爭酒失杯而汙之僞怒解衣曰燒之布得火煒曄赫然如燒凡布垢盡火滅粲然絜白若用灰水焉　搜神記曰崑崙之墟有炎火之山山上有鳥獸草木皆生於炎火之中故有火浣布非此山草木之皮枲則其鳥獸之毛也漢世西域舊獻此布中間久絕至魏初時人疑其無有文帝以爲火性酷烈無含生之氣著之典論明其不然之事絕智者之聽及明帝立詔三公曰先帝昔著典論不朽之格言其刊石于廟門之外及太學與石經並以永示來世至是西域使至而獻火浣布焉於是刊滅此論而天下笑之臣松之昔從征西至洛陽歷觀舊物見典論石在太學者尚

存而廟門外無之問諸長老云晉初受禪卽用魏廟移此石於太學非兩處立也竊謂此言爲不然　又東方朔神異經曰南荒之外有火山長三十里廣五十里其中皆生不盡之木晝夜火燒得暴風不猛猛雨不滅火中有鼠重百斤毛長二尺餘細如絲可以作布常居火中色洞赤時時出外而色白以水逐而沃之卽死績其毛織以爲布丁丑詔曰太尉體道正直盡忠三世南擒孟達西破蜀虜東滅公孫淵功蓋海內昔周成建保傅之官近漢顯宗崇寵鄧禹所以優隆儁乂必有尊也其以太尉爲太傅持節統兵都督諸軍事如故三月以征東將軍滿寵爲太尉夏六月以遼東東沓縣吏民渡海居齊郡界以故縱城爲新沓縣以居徙民秋七月上始親臨朝聽公卿奏事八月大赦冬十月以鎮南將軍黃權爲車騎將軍十二月詔曰烈祖明皇帝以正月棄背天下臣子永惟忌日之哀其復用夏正雖違先帝通三統之義斯亦禮制所由變改也又夏正於數爲得天正其以建寅之月爲正始元年正月以建丑月爲後十二月正始元年春二月乙丑加侍中中書監劉放侍中中書令孫資爲左右光祿大夫丙戌以遼東汶北豐縣民流徙渡海規齊郡之西安臨菑昌國縣界爲新汶南豐縣以居流民自去冬十二月至此月不雨丙寅詔

令獄官亟平冤枉理出輕微羣公卿士讜言嘉謀各悉乃心夏四月車騎將軍黃權薨秋七月詔曰易稱損上益下節以制度不傷財不害民方今百姓不足而御府多作金銀雜物將奚以爲今出黃金銀物百五十種千八百餘斤銷冶以供軍用八月車駕廵省洛陽界秋稼賜高年力田各有差

二年春二月帝初通論語使太常以太牢祭孔子於辟雍以顏淵配夏五月吴將朱然等圍襄陽之樊城太傅司馬宣王率衆拒之（干寶晉紀曰吴將全琮寇芍陂朱然孫倫五萬人圍樊城諸葛瑾步騭寇柤中琮已破走而樊圍急宣王曰柤中民夷十萬隔在水南流離無主樊城被攻歷月不解此危事也請自討之議者咸言賊遠圍樊城不可拔挫於堅城之下有自破之勢宜長策以御之宣王曰軍志有之將能而御之此爲縻軍不能而任之此爲覆軍今疆埸騷動民心疑惑是社稷之大憂也六月督諸軍南征車駕送津陽城門外宣王以南方暑溼不宜持久使輕騎挑之然不敢動於是乃令諸軍休息洗沐簡精銳募先登申號令示必攻之勢然等聞之乃夜遁追至三州口大殺獲）六月辛丑退己卯以征東將軍王淩爲車騎將軍冬十二月南安郡地震

三年春正月東平王徽薨三月太尉滿寵薨秋七月甲申南安郡地震乙酉以領軍將軍蔣濟爲太尉冬十二月魏郡地震

四年春正月帝加元服賜羣臣各有差夏四月乙卯立皇后甄氏大赦五月朔日有蝕之既秋七月詔祀故大司馬曹眞曹休征南大將軍夏侯尚太常桓階司空陳羣太傅鍾繇車騎將軍張郃左將軍徐晃前將軍張遼右將軍樂進太尉華歆司徒王朗驃騎將軍曹洪征西將軍夏侯淵後將軍朱靈文聘執金吾臧霸破虜將軍李典立義將軍龐德武猛校尉典韋於太祖廟庭冬十二月倭國女王俾彌呼遣使奉獻

五年春二月詔大將軍曹爽率衆征蜀夏四月朔日有蝕之五月癸巳講尚書經通使太常以太牢祠孔子於辟雍以顏淵配賜太傅大將軍及侍講者各有差丙午大將軍曹爽引軍還秋八月秦王詢薨九月鮮卑內附置遼東屬國立昌黎縣以居之冬十一月癸卯詔祀故尚書令荀攸於太祖廟庭（臣松之以爲故魏氏配饗不及荀彧蓋以其末年異議又位非魏臣故也至於升程昱而遺郭嘉先鍾繇而後荀攸則未詳厥趣也徐佗謀逆而許褚心動忠誠之至遠同於日磾且潼關之危非褚不濟褚之功烈有過典韋今祀韋而不及褚又所未達也）己酉復秦國爲京兆郡十二月司空崔林薨

六年春二月丁卯南安郡地震丙子以驃騎將

軍進儼爲司空夏六月儼薨八月丁卯以太常
高柔爲司空癸巳以左光祿大夫劉放爲驃騎
將軍右光祿大夫孫資爲衛將軍冬十一月祫
祭太祖廟始祀前所論佐命臣二十一人十二
月辛亥詔故司徒王朗所作易傳令學者得以
課試乙亥詔曰明日大會羣臣其令太傅乘輿
上殿
七年春二月幽州刺史毋丘儉討高句驪夏五
月討濊貊皆破之韓那奚等數十國各率種落
降秋八月戊申詔曰屬到市觀見所斥賣官奴

婢年皆七十或癃疾殘病所謂天民之窮者也
且官以其力竭而復鬻之進退無謂其悉遣爲
良民若有不能自存者郡縣振給之臣松之案帝初即位有詔官奴婢六十以上免爲良人既有此詔則宜遂爲永制七八年閒而復貨年七十奴婢及癃疾殘病並非可售之物而鬻之於市此皆事之難解　己酉詔曰吾乃當以十九日親祠
而昨出已見治道得雨當復更治徒棄功夫每
念百姓力少役多夙夜存心道路但當期於通
利聞乃撾捶老小務崇脩飾疲困流離以至哀
歎吾豈安乘此而行致馨德於宗廟邪自今已
後明申勑之冬十二月講禮記通使太常以太

牢祀孔子於辟雍以顏淵配習鑿齒漢晉春秋曰是年吳將朱然入柤中斬獲數千柤中民吏萬餘家渡沔司馬宣王謂曹爽曰若便令還必復致寇宜權留之爽曰今不脩守沔南留民沔北非長策也宣王曰不然凡物置之安地則安危地則危故兵書曰成敗形也安危勢也形勢御衆之要不可不審設令賊二萬人斷沔水三萬人與沔南諸軍相持萬人陸鈔柤中君將何以救之爽不聽卒令還然後襲殺之袁淮言於爽曰吳楚之民脆弱寡能英才大賢不出其土比技量力不足與中國相抗然自上世以來常爲中國患者蓋以江漢爲池舟楫爲用利則陸鈔不利則入水攻之道遠中國之長技無所用之也孫權自十數年以來大畋江北繕治甲兵精其守禦數出盜竊敢遠其水陸次平土此中國所願聞也夫用兵者貴以飽待飢以逸擊勞師不欲久行不欲遠守少則固力專則彊當今宜捐淮漢已南退却避之若賊能入居中央來侵邊境則隨其所短中國之長技得用矣若不敢來則邊境得安無鈔盜之憂矣使我國富兵彊政脩民一陵其國不足爲遠矣今襄陽孤在漢南賊循漢而上則斷而不通一戰而勝則不攻而自服故置之無益於國亡之不足爲辱自江夏已東淮南諸郡三后已來其所亡幾何以近賊疆界易鈔掠之故哉若徙之淮北遠絕其間則民人安樂何鳴吠之驚乎遂不徙

八年春二月朔日有蝕之夏五月分河東之汾
北十縣爲平陽郡秋七月尚書何晏奏曰善爲
國者必先治其身治其身者慎其所習所習正
則其身正其身正則不令而行所習不正則其身不正
其身不正則雖令不從是故爲人君者所與游必
擇正人所觀覽必察正象放鄭聲而弗聽遠佞
人而弗近然後邪心不生而正道可弘也季末
闇主不知損益斥遠君子引近小人忠良疏遠
便辟褻狎亂生近暱譬之社鼠考其昏明所積

以然故聖賢諄諄以為至慮舜戒禹曰鄰哉鄰哉言慎所近也周公戒成王曰其朋其朋言慎所與也詩云一人有慶兆民賴之可自今以後御幸式乾殿及游豫後園皆大臣侍從因從容戲宴兼省文書詢謀政事講論經義為萬世法

冬十二月散騎常侍諫議大夫孔晏又奏曰禮天子之宮有斲礱之制無朱丹之飾宜循禮復古今天下已平君臣之分明陛下但當不懈于位平公正之心審賞罰以使之可絕後園習騎乘馬出必御輦乘車天下之福臣子之願也晏又咸因闕以進規諫

九年春二月衛將軍中書令孫資癸巳驃騎將軍中書監劉放三月甲午司徒衛臻各遜位以侯就第位特進四月以司空高柔為司徒光祿大夫徐邈為司空固辭不受秋九月以車騎將軍王淩為司空冬十月大風發屋折樹

嘉平元年春正月甲午車駕謁高平陵孫盛魏世籍曰高平陵在洛水南大石山去洛城九十里太傅司馬宣王奏免大將軍曹爽爽弟中領軍羲武衛將軍訓散騎常侍彥官以侯就第戊戌有司奏收黃門張當付廷尉考實

其辭爽與謀不軌又尚書丁謐鄧颺何晏司隸校尉畢軌荊州刺史李勝大司農桓範皆與爽通姦謀夷三族語在爽傳丙午大赦丁未以太傅司馬宣王為丞相固讓乃止孔衍漢魏春秋曰詔使太常王肅冊命太傅為丞相增邑萬戶羣臣奏事不得稱名如漢霍光故事太傅上書辭讓曰臣親受顧命憂深責重憑賴天威摧弊姦凶贖罪為幸功不足論又三公之官聖王所制著之典禮至於丞相始自秦政漢氏因之無復變改今三公之官皆備橫復寵臣違越先典革聖明之經襲秦漢之路雖在異人臣所宜正況當臣身而不固爭四方議者將謂臣何書十餘上詔乃許之復加九錫之禮太傅又言太祖有大功大德漢氏崇重故加九錫此乃歷代異事非後代之君臣所得議也又辭不受

夏四月乙丑改年丙子太尉蔣濟薨冬十二月辛卯以司空王淩為太尉庚子以司隸校尉孫禮為司空

二年夏五月以征西將軍郭淮為車騎將軍冬十月以特進孫資為驃騎將軍十一月司空孫禮薨十二月甲辰東海王霖薨乙未征南將軍王昶渡江掩攻吳破之

三年春正月荊州刺史王基新城太守陳泰攻吳破之降者數千口二月致南郡之夷陵縣以居降附三月以尚書令司馬孚為司空四月甲申以征南將軍王昶為征南大將軍壬辰大赦丙午聞太尉王淩謀廢帝立楚王彪太傅司馬

宣王東征凌五月甲寅凌自殺六月彪賜死秋七月壬戌皇后甄氏崩辛未以司空司馬孚爲太尉戊寅太傅司馬宣王薨以衛將軍司馬景王爲撫軍大將軍錄尚書事乙未葬懷甄后于太清陵庚子驃騎將軍孫資薨十一月有司奏諸功臣應饗食於太祖廟者更以官爲次太傅司馬宣王功高爵尊最在上十二月以光祿勳鄭沖爲司空

四年春正月癸卯以撫軍大將軍司馬景王爲大將軍二月立皇后張氏大赦夏五月魚二見于武庫屋上漢晉春秋曰初孫權築東興隄以遏巢湖後征淮南壞不復脩是歲諸葛恪帥軍更於隄左右結山挾築兩城使全端留略守之引軍而還諸葛誕言於司馬景王曰致人而不至於人者此之謂也今因其內侵使文舒逼江陵仲恭向武昌以羈吳之上流然後簡精卒攻兩城比救至可大獲也景王從之冬十一月詔征南大將軍王昶征東將軍胡遵鎮南將軍毌丘儉等征吳十二月吳大將軍諸葛恪拒戰大破衆軍於東關不利而還漢晉春秋曰毌丘儉王昶聞東軍敗各燒屯走朝議欲貶黜諸將景王曰我不聽公休以至於此此我過也諸將何罪悉原之時司馬文王爲監軍統諸軍唯削文王爵而已是歲雍州刺史陳泰求勑并州并力討胡景王從之未集而鴈門新興二郡以爲將遠役遂驚反景王又謝朝士曰此我過也非玄伯之責於是魏人愧悅人思其報習鑿齒曰司馬大將軍引二敗以爲己過過消而業隆可謂智矣夫民忘其敗而下思其報雖欲不康其可得邪若乃諱敗推過歸咎萬物常執其功而隱其喪上下離心賢愚解體

是楚再敗而晉再克也謬之甚矣君人者苟統斯理而以御國則朝無秕政身靡留愆行失而名揚兵挫而戰勝雖百敗可也況於再乎

五年夏四月大赦五月吳太傅諸葛恪圍合肥新城詔太尉司馬孚拒之漢晉春秋曰是時姜維亦出圍狄道司馬景王問虞松曰今東西有事二方皆急而諸將意沮若之何松曰昔周亞夫堅壁昌邑而吳楚自敗事有似弱而彊或似彊而弱不可不察也今恪悉其銳衆足以肆暴而坐守新城欲以致一戰耳若攻城不拔請戰不得師老衆疲勢將自走諸將之不徑進乃公之利也姜維有重兵而縣軍應恪投食我麥非深根之寇也且謂我并力於東西方必虛是以徑進今若使關中諸軍倍道急赴出其不意殆將走矣景王曰善乃使郭淮陳泰悉關中之衆解狄道之圍勑毌丘儉等案兵自守以新城委吳姜維聞淮進兵軍食少乃退屯隴西界秋七月恪退還是時張特守新城魏略曰特字子產涿郡人先時領牙門給事鎮東諸葛誕誕不以爲能也欲遣還護軍會毌丘儉代誕遂使特屯守合肥新城及諸葛恪圍城特與將軍樂方等三軍衆合有三千人吏兵疾病及戰死者過半而恪起土山急攻城將陷不可護特乃謂吳人曰今我無心復戰也然魏法被攻過百日而救不至者雖降家不坐也自受敵以來已九十餘日矣此城中本有四千餘人而戰死者已過半城雖陷尚有半人不欲降我當還爲相語之條名別善惡明日早送名且持我印綬去以爲信乃投其印綬以與之吳人聽其辭而不取印綬不攻頃之特還乃夜徹諸屋材柵補其缺爲二重明日謂吳人曰我但有鬬死耳吳人大怒進攻之不能拔遂引去朝廷嘉之加雜號將軍封列侯又遷安豐太守八月詔曰故中郎西平郭脩砥節厲行秉心不回乃者蜀將姜維寇鈔脩郡爲所執略往歲僞大將軍費禕驅率羣衆陰圖闚闟道經漢壽請會衆賓脩於廣坐之中手刃擊禕勇過聶政功逾介子可謂殺身成仁釋生取義者矣夫追加褒寵所以表揚

忠義祚及後胤所以獎勸將來其追封脩爲長樂鄉侯食邑千戶謚曰威侯子襲爵加拜奉車都尉賜銀千鉼絹千匹以光寵存亡永垂來世焉魏氏春秋曰脩字孝先素有業行著名西州姜維劫之脩不爲屈劉禪以爲左將軍脩欲刺禪而不得親近每因慶賀且拜且前爲禪左右所遏事輒不克故殺禕焉 臣松之以爲古之舍生取義者必有理存焉或感恩懷德投命無悔或利害有機奮發以應會詔所稱聶政介子是也事非斯類則陷乎妄作矣魏之與蜀雖爲敵國非有趙襄滅智之仇燕丹危亡之急且劉禪凡下之主費禕中才之相二人存亡固無關於興喪郭脩在魏西州之男子耳始獲於蜀既不能抗節不辱於魏又無食祿之責不爲時主所使而無故規規然糜身於非所義無所加功無所立可謂折柳樊圃其狂也且此之謂也自帝即位至于是歲郡國縣道多所置省俄或還復不可勝紀

六年春二月己丑鎮東將軍毌丘儉上言昔諸葛恪圍合肥新城城中遣士劉整出圍傳消息爲賊所得考問所傳語整曰諸葛公欲活汝汝可具服整罵曰死狗此何言也我當必死爲魏國鬼不苟求活逐汝去也欲殺我者便速殺之終無他辭又遣士鄭像出城傳消息或以語恪恪遣馬騎尋圍跡索得像還四五人的頭面縛將繞城表勑語像使大呼言大軍已還洛不如早降像不從其言更大呼城中曰大軍近在圍外壯士努力賊以刀築其口使不得言像遂大

呼令城中聞知整像爲兵能守義執節子弟宜有差異詔曰夫顯爵所以褒元功重賞所以寵烈士整像召募通使越蹈重圍冒突白刃輕身守信不幸見獲抗節彌厲揚六軍之大勢安城守之懼心臨難不顧畢志傳命昔解揚執楚有隕無貳齊路中大夫以死成命方之整像所不能加今追賜整像爵關中侯各除士名使子襲爵如部曲將死事科庚戌中書令李豐與皇后父光祿大夫張緝等謀廢易大臣以太常夏侯玄爲大將軍事覺諸所連及者皆伏誅辛亥大赦三

月廢皇后張氏夏四月立皇后王氏大赦五月封后父奉車都尉王夔爲廣明鄉侯光祿大夫位特進妻田氏爲宣陽鄉君秋九月大將軍司馬景王將謀廢帝以聞皇太后世語及魏氏春秋並云此秋姜維寇隴右時安東將軍司馬文王鎮許昌徵還擊維至京師帝於平樂觀以臨軍過中領軍許允與左右小臣謀因文王辭殺之勒其衆以退大將軍已書詔於前文王入帝方食栗優人雲午等唱曰青頭雞青頭雞青頭雞者鴨也帝懼不敢發文王引兵入城景王因是謀廢帝 臣松之案夏侯玄傳及魏略許允此年春與李豐事相連豐既誅即出允爲鎮北將軍未發以放散官物收付廷尉徙樂浪追殺之允此秋不得故爲領軍而建此謀甲戌太后令曰皇帝芳春秋已長不親萬機耽淫內寵沈漫女德日延倡優縱其醜謔迎六宮家人留止內房

毀人倫之叙亂男女之節恭孝日虧悖傲滋甚不
可以承天緒奉宗廟使兼太尉高柔奉策用一
元大武告于宗廟遣芳歸藩于齊以避皇位 魏書
曰是日景王承皇太后令詔公卿中朝大臣會議羣臣失色
景王流涕曰皇太后令如是諸君其若王室何咸曰昔伊尹
放太甲以寧殷霍光廢昌邑以安漢夫權定社稷以濟四海
二代行之於古明公當之於今今日之事亦唯公命景王曰
諸君所以望師者重師安所避之於是乃與羣臣共爲奏永
寧宮曰守尚書令太尉長社侯臣孚大將軍武陽侯臣師司
徒萬歲亭侯臣柔司空文陽亭侯臣沖行征西安東將軍新
城侯臣昭光祿大夫關內侯臣邕太常臣晏衞尉昌邑侯臣
偉太僕臣嶷廷尉定陵侯臣繁大鴻臚臣芝大司農臣祥少
府臣褒永寧衞尉臣禎永寧太僕臣閎大長秋臣模司隸校
尉潁昌侯臣曾河南尹蘭陵侯臣肅城門校尉臣慮中護軍
永安亭侯臣望武衞將軍安壽亭侯臣演中堅將軍平原侯
臣德中壘將軍昌武亭侯臣廙屯騎校尉關內侯臣陔步兵
校尉臨晉侯臣建射聲校尉安陽鄉侯臣溫越騎校尉睢陽

侯臣初長水校尉關內侯臣超侍中臣小同臣顗臣酆博平
侯臣表侍中中書監安陽亭侯臣誕散騎常侍臣瓌臣儀關
內侯臣芝尚書僕射光祿大夫高樂亭侯臣毓尚書關內侯
臣觀臣嘏長合鄉侯臣亮臣贊臣騫中書令臣康御史中丞
臣鈐博士臣範臣峻等稽首言臣等聞天子者所以濟育羣
生永安萬國三祖勳烈光被六合皇帝即位纂繼洪業春秋
已長未親萬機耽淫內寵沈漫女色廢捐講學棄辱儒士日
延小優郭懷袁信等於建始芙蓉殿前裸袒遊戲使與保林
女尚等爲亂親將後宮瞻觀又於廣望觀上使懷信等於觀
下作遼東妖婦嬉褻過度道路行人掩目帝於觀上以爲讌
笑於陵雲臺曲中施帷見九親婦女帝臨宣曲觀呼懷信使
入帷共飲酒懷信等更行酒婦女皆醉戲侮無別保林李華
劉勳等與懷信等戲清商令令狐景呵華勳曰諸女上左右
人各有官職何以得爾華勳數讒毀景帝常喜以彈彈人以
此恚景彈景不避首目景語帝曰先帝持門戶急今陛下日將
妃后遊戲無度至乃共觀倡優裸袒爲亂不可令皇太后聞
景不愛死爲陛下計耳帝言我作天子不得自在邪太后何
與我事使人燒鐵灼景身體皆爛甄后崩後帝欲立王貴人爲
皇后太后更欲外求帝恚語景等魏家前後立皇后皆從所愛耳
太后必違我意知我當往不也後卒待張皇后疏薄太后遭合陽

君喪帝日在後園倡優音樂自若不數往定省清商丞龐熙
諫帝皇太后至孝今遭重憂水漿不入口陛下當數往寬慰
不可但在此作樂帝言我自爾誰能柰我何皇太后還北宮
殺張美人及禺婉帝恚望語景等太后横殺我所寵愛此無
復母子恩數往至故處啼哭私使暴室厚殯棺不令太后知
也每見九親婦女有美色或留以付清商帝至後園竹間戲
或與從官攜手共行熙曰從官不宜與至尊相提挈帝怒復
以彈彈熙日游後園每有外文書入帝不省左右曰出帝亦
不索視太后令帝常在式乾殿上講學不欲使行來帝徑去
太后來問輒詐令黃門荅言在耳景熙等畏恐不敢復止更
共諂媚帝肆行昏淫敗人倫之叙亂男女之節恭孝彌頹凶
德浸盛臣等憂懼傾覆天下危墜社稷雖殺身斃命不足以
塞責今帝不可以承天緒臣請依漢霍光故事收帝璽綬帝
本以齊王踐阼宜歸藩于齊使司徒臣柔持節與有司以太
牢告祀宗廟臣謹
昧死以聞奏可
是日遷居別宮年二十三使者
持節送衞營齊王宮於河內重門制度皆如藩
國之禮 魏略曰景王將廢帝遣郭芝入白太后太后與帝
對坐芝謂帝曰大將軍欲廢陛下立彭城王據帝

乃起去太后不悅芝曰太后有子不能教今大將軍意以成
又勒兵于外以備非常但當順旨將復何言太后曰我欲見
大將軍口有所說芝曰何可見邪但當速取璽綬太后意折
乃遣傍侍御取璽綬著坐側芝出報景王景王甚歡又遣使
者授齊王印綬當出就西宮帝受命遂載王車與太后別垂
涕始從太極殿南出羣臣送者數十人太尉司馬孚悲不自
勝餘多流涕王出後景王又使使者請璽綬太后曰彭城王
我之季叔也今來立我當何之且明皇帝當絕嗣乎吾以爲
高貴鄉公者文皇帝之長孫明皇帝之弟子於禮小宗有後
大宗之義其詳議之景王乃更召群臣以皇太后令示之乃
定迎高貴鄉公是時太常已發二日待璽綬於溫事定又
請璽綬太后令曰我見高貴鄉公小時識之明日我自欲以
璽綬手授之也 丁丑令曰東海王霖高祖文皇帝之子霖
之諸子與國至親高貴鄉公髦有大成之量其
以爲明皇帝嗣 魏書曰景王復與羣臣共奏永寧宮曰
禮大宗無嗣則擇支子之賢者爲人後者爲之子也東海定
王子高貴鄉公文皇帝之孫宜承正統以嗣烈祖明皇帝後

牽牲有類萬邦幸甚臣請徵公詣洛陽宮奏可使中護軍望兼太常河南尹肅持節與少府褒尚書亮侍中表等奉法駕迎公于元城魏世譜曰晉受禪封齊王為邵陵縣公年四十三泰始十年薨謚曰厲公

高貴鄉公紀

高貴鄉公諱髦字彥士文帝孫東海定王霖子也正始五年封郯縣高貴鄉公少好學夙成齊王廢公卿議迎立公十月己丑公至于玄武館羣臣奏請舍前殿公以先帝舊處避止西廂羣臣又請以法駕迎公公不聽庚寅公入于洛陽羣臣迎拜西掖門南公下輿將答拜儐者請曰儀不拜公曰吾人臣也遂答拜至止車門下輿左右曰舊乘輿入公曰吾被皇太后徵未知所為遂步至太極東堂見于太后其日即皇帝位於太極前殿百寮陪位者欣欣焉魏氏春秋曰公神明爽儁德音宣朗罷朝景王私曰上何如主也鍾會對曰才同陳思武類太祖景王曰若如卿言社稷之福也詔曰昔三祖神武聖德應天受祚齊王嗣位肆行非度顛覆厥德皇太后深惟社稷之重延納宰輔之謀用替厥位集大命于余一人以眇眇之身託于王公之上夙祇畏懼不能嗣守祖宗之大訓恢中興之弘業戰戰兢兢如臨于谷今羣公卿士股肱之輔四方征鎮宣力之佐皆積德累功

忠勤帝室庶憑先祖先父有德之臣左右小子用保乂皇家俾朕蒙闇垂拱而治蓋聞人君之道德厚侔天地潤澤施四海先之以慈愛示之以好惡然後教化行於上兆民聽於下朕雖不德昧於大道思與宇內共臻茲路書不云乎安民則惠黎民懷之大赦改元減乘輿服御後宮用度及罷尚方御府百工技巧靡麗無益之物正元元年冬十月壬辰遣侍中持節分適四方觀風俗勞士民察冤枉失職者癸巳假大將軍司馬景王黃鉞入朝不趨奏事不名劍履上殿戊戌黃龍見于鄴井中甲辰命有司論廢立定策之功封爵增邑進位班賜各有差

二年春正月乙丑鎮東將軍毌丘儉揚州刺史文欽反戊戌大將軍司馬景王征之癸未車騎將軍郭淮薨閏月己亥破欽於樂嘉欽遁走遂奔吳甲辰安風淮津都尉斬儉傳首京都世語曰大將軍奉天子征儉至項儉既破天子先還臣松之按諸書都無此事至諸葛誕反司馬文王始挾太后及帝與俱行耳故發詔引漢二祖及明帝親征以為前比知明帝已後始有此行也　案張璠虞溥郭頒皆晉之令史璠頒出為官長溥鄱陽內史璠撰後漢紀雖似未成辭藻可觀溥著江表傳亦粗有條貫惟頒撰魏晉世語蹇乏全無宮商最為鄙劣以時有異事故頗行於世干寶孫盛等多采其言以為晉書其中虛錯如此者往往而有之壬子復特赦

淮南士民諸為儉欽所詿誤者以鎮南將軍諸
葛誕為鎮東大將軍司馬景王薨于許昌二月
丁巳以衛將軍司馬文王為大將軍錄尚書事
甲子吳大將孫峻等衆號十萬至壽春諸葛誕
拒擊破之斬吳左將軍留贊獻捷于京都三月
立皇后卞氏大赦夏四月甲寅封后父卞隆為
列侯甲戌以征南大將軍王昶為驃騎將軍秋
七月以征東大將軍胡遵為衛將軍鎮東大將
軍諸葛誕為征東大將軍八月辛亥蜀大將軍
姜維寇狄道雍州刺史王經與戰洮西經大敗

還保狄道城辛未以長水校尉鄧艾行安西將
軍與征西將軍陳泰并力拒維戊辰復遣太尉
司馬孚為後繼九月庚子講尚書業終賜執經
親授者司空鄭冲侍中鄭小同等各有差甲辰
姜維退還冬十月詔曰朕以寡德不能式遏寇
虐乃令蜀賊陸梁邊陲洮西之戰至取負敗將
士死亡計以千數或沒命戰場冤魂不反或牽
掣虜手流離異域吾深痛愍為之悼心其令所
在郡典農及安撫夷二護軍各部大吏慰卹其
門戶無差賦役一年其力戰死事者皆如舊科

勿有所漏十一月甲午以隴右四郡及金城連
年受敵或亡叛投賊其親戚留在本土者不安
皆特赦之癸丑詔曰往者洮西之戰將吏士民
或臨陳戰亡或沉溺洮水骸骨不收棄於原野
吾常痛之其告征西安西將軍各令部人於戰
處及水次鉤求屍喪收斂藏埋以慰存亡
甘露元年春正月辛丑青龍見軹縣井中乙巳
沛王林薨魏氏春秋曰二月丙辰帝宴羣臣於太極東堂
與侍中荀顗尚書崔贊袁亮鍾毓給事中中書
令虞松等並講述禮典遂言帝王優劣之差帝慕夏少康因
問顗等曰有夏既衰后相殆滅少康收集夏衆復禹之績高
祖拔起隴畝驅帥豪儁芟夷秦項包舉寓內斯二主可謂殊
才異略命世大賢者也考其功德誰宜為先顗等對曰夫天

下重器王者天授聖德應期然後能受命創業至於階緣前
緒興復舊績造之與因難易不同少康功德雖美猶為中興
之君與世祖同流可也至如高祖臣等以為優帝曰自古帝
王功德言行互有高下未必創業者皆優紹繼者咸劣也湯
武高祖雖俱受命賢聖之分所覺縣殊少康殷宗中興之美
夏啓周成守文之盛論德校實方諸漢祖吾見其優未聞其
劣顧所遇之時殊故所名之功異耳少康生於滅亡之後降
為諸侯之隸崎嶇逃難僅以身免能布其德而兆其謀卒滅
過戈克復禹績祀夏配天不失舊物非至德弘仁豈濟斯勳
漢祖因土崩之勢杖一時之權專任智力以成功業行事動
靜多違聖檢為人子則數危其親為人君則囚繫賢相為人
父則不能衛子身沒之後社稷幾傾若與少康易時而處或
未能復大禹之績也推此言之宜高夏康而下漢祖矣諸御
具論詳之翌日丁巳講業既畢顗亮等議曰三代建國列土
而治當其衰弊無土崩之勢可懷以德難屈以力逮至戰國
彊弱相兼去道德而任智力故秦之弊可以力爭少康布德
仁者之英也高祖任力智者之儁也仁智不同二帝殊矣詩
書述殷中宗高宗皆列大雅少康功美過於二宗其為大雅
明矣少康為優宜如詔旨贊毓松等議曰少康雖積德累仁
然上承大禹遺澤餘慶內有虞仍之援外有靡艾之助寒浞

詭慝不德于民澆猾無親外內棄之以此有國蓋有所因至於漢祖起自布衣率烏合之眾以成帝者之業論德則少康優課功則高祖多語資則少康易校時則高祖難帝曰諸卿論少康因資高祖創造誠有之矣然未知三代之世任德濟勳如彼之難秦項之際任力成功如此之易且太上立德其次立功漢祖功高未若少康盛德之茂也且夫仁者必有勇誅暴必用武少康武烈之威豈必降於高祖哉但夏書淪亡舊文殘缺故勳美闕而罔載唯有伍員粗述大略其言復禹之績不失舊物祖述聖業舊章不行自非大雅兼才孰能與於此向令墳典具存行事詳備亦豈有異同之論哉於是羣臣咸悅服中書令松進曰少康之事去世久遠其文昧如是以自古及今議論之士莫有言者德美隱而不宣陛下既垂心遠鑒考詳古昔又發德音贊明少康之美使顯於千載之上宜錄以成篇永垂于後帝曰吾學不博所聞淺狹懼於所論未獲其宜縱有可采億則屢中又不足貴無乃致笑後賢彰吾闇昧乎於是侍郎鍾會退論次焉

夏四月庚戌賜大將軍司馬文王袞冕之服赤舄副焉丙辰帝幸太學問諸儒曰聖人幽贊神明仰觀

俯察始作八卦後聖重之為六十四立爻以極數凡斯大義罔有不備而夏有連山殷有歸藏周曰周易易之書其故何也易博士淳于俊對曰包羲因燧皇之圖而制八卦神農演之為六十四黃帝堯舜通其變三代隨時質文各繇其事故易者變易也名曰連山似山內氣連天地也歸藏者萬事莫不歸藏於其中也帝又曰若使包羲因燧皇而作易孔子何以不云燧人氏沒包羲氏作乎俊不能答帝又問曰孔子作彖象鄭玄作注雖聖賢不同其所釋經義一也今

彖象不與經文相連而注連之何也俊對曰鄭玄合彖象於經者欲使學者尋省易了也帝曰若鄭玄合之於學誠便則孔子曷為不合以了學者乎俊對曰孔子恐其與文王相亂是以不合此聖人以不合為謙帝曰若聖人以不合為謙則鄭玄何獨不謙邪俊對曰古義弘深聖問奧遠非臣所能詳盡帝又問曰繫辭云黃帝堯舜垂衣裳而天下治此包羲神農之世為無衣裳但聖人化天下何殊異爾邪俊對曰三皇之時人寡而禽獸眾故取其羽皮而天下用足及

至黃帝人眾而禽獸寡是以作為衣裳以濟時變也帝又問乾為天而復為金為玉為老馬與細物並邪俊對曰聖人取象或遠或近近取諸物遠則天地講易畢復命講尚書帝問曰鄭玄云稽古同天言堯同於天也王肅云堯順考古道而行之二義不同何者為是博士庾峻對曰先儒所執各有乖異臣不足以定之然洪範稱三人占從二人之言賈馬及肅皆以為順考古道以洪範言之肅義為長帝曰仲尼言唯天為大唯堯則之堯之大美在乎則天順考古道非

其至也今發篇開義以明聖德而舍其大更稱其細豈作者之意邪峻對曰臣奉遵師説未喻大義至於折中裁之聖思次及四嶽舉鯀帝又問曰夫大人者與天地合其德與日月合其明思無不周明無不照今王肅云堯意不能明鯀是以試用如此聖人之明有所未盡邪峻對曰雖聖人之弘猶有所未盡故禹曰知人則哲惟帝難之然卒能改授聖賢緝熙庶績亦所以成聖也帝曰夫有始有卒其唯聖人若不能始何以爲聖其言惟帝難之然卒能改授蓋謂知人

聖人所難非不盡之言也經云知人則哲能官人若堯疑鯀試之九年官人失敘何得謂之聖哲峻對曰臣竊觀經傳聖人行事不能無失是以堯失之四凶周公失之二叔仲尼失之宰予帝曰堯之任鯀九載無成汨陳五行民用昏墊至於仲尼失之宰予言行之間輕重不同也至於周公管蔡之事亦尚書所載皆博士所當通也峻對曰此皆先賢所疑非臣寡見所能究論次及有鯀在下曰虞舜帝問曰當堯之時洪水爲害四凶在朝宜速登賢聖濟斯民之時也舜

年在既立聖德光明而久不進用何也峻對曰堯咨嗟求賢欲遜已位嶽曰否德忝帝位堯復使嶽揚舉仄陋然後薦舜薦舜之本實由於堯此蓋聖人欲盡衆心也帝曰堯既聞舜而不登用又時忠臣亦不進達乃使嶽揚仄陋而後薦舉非急於用聖恤民之謂也峻對曰非臣愚見所能逮及於是復命講禮記帝問曰太上立德其次務施報爲治何由而教化各異皆脩何政而能致於立德施而不報乎博士馬照對曰太上立德謂三皇五帝之世以德化民其次報施

謂三王之世以禮爲治也帝曰二者致化薄厚不同將主有優劣邪時使之然乎照對曰誠由時有樸文故化有薄厚也帝集載帝自敘始生禎祥曰昔帝王之生或有禎祥蓋所以彰顯神異也惟予小子支胤末流謬爲靈祇之所相祐也豈敢自比於前喆聊記録以示後世焉其辭曰惟正始三年九月辛未朔二十五日乙未直成予生于時也天氣清明日月暉光爰有黃氣烟熅於堂照曜室宅其色煌煌相而論之曰未者爲土魏之行也厥日直成應嘉名也烟熅之氣神之精也無災無害蒙神靈也齊王不弔顛覆厥度羣公受予紹繼皇祚以眇眇之身質性頑固未能涉道而遵大路臨深淵履冰涕泗憂懼古人有云懼則不亡伊予小子曷敢怠荒庶不忝辱永奉烝嘗　傅暢晉諸公贊曰帝常與中護軍司馬望侍中王沈散騎常侍裴秀黃門侍郎鍾會等講宴於東堂并屬文論名秀爲儒林丈人沈爲文籍先生望亦各有名號帝性急請召欲速秀等在內職到得及時以望在外特給追鋒車虎賁卒五人每有集會望輒奔馳而至　五月鄴及上谷並言甘露

降夏六月丙午改元為甘露乙丑青龍見元城縣界井中秋七月己卯衛將軍胡遵薨癸未安西將軍鄧艾大破蜀大將姜維於上邽詔曰兵未極武醜虜摧破斬首獲生動以萬計自頃戰克無如此者今遣使者犒賜將士大會臨饗飲宴終日稱朕意焉八月庚午命大將軍司馬文王加號大都督奏事不名假黃鉞癸酉以太尉司馬孚為太傅九月以司徒高柔為太尉冬十月以司空鄭沖為司徒尚書左僕射盧毓為司空二年春二月青龍見溫縣井中三月司空盧毓薨夏四月癸卯詔曰玄菟郡高顯縣吏民反叛長鄭熙為賊所殺民王簡負擔熙喪晨夜星行遠致本州忠節可嘉其特拜簡為忠義都尉以旌殊行甲子以征東大將軍諸葛誕為司空五月辛未帝幸辟雍會命羣臣賦詩侍中和逌尚書陳騫等作詩稽留有司奏免官詔曰吾以暗昧愛好文雅廣延詩賦以知得失而乃爾紛紜良用反仄其原逌等主者宜勑自今以後羣臣皆當玩習古義脩明經典稱朕意焉乙亥諸葛誕不就徵發兵反殺揚州刺史樂綝丙子赦淮

南將吏士民為誕所詿誤者丁丑詔曰諸葛誕造為凶亂盪覆揚州昔黥布逆叛漢祖親戎隗囂違戾光武西伐及烈祖明皇帝躬征吳蜀皆所以奮揚赫斯震耀威武也今宜皇太后與朕暫共臨戎速定醜虜時寧東夏己卯詔曰諸葛誕造搆逆亂迫脅忠義平寇將軍臨渭亭侯龐會騎督偏將軍路蕃各將左右斬門突出忠壯勇烈所宜加異其進會爵鄉侯蕃封亭侯六月乙巳詔吳使持節都督夏口諸軍事鎮軍將軍沙羨侯孫壹賊之枝屬位為上將畏天知命深鑒禍福翻然舉眾遠歸大國雖微子去殷樂毅遁燕無以加之其以壹為侍中車騎將軍假節交州牧吳侯開府辟召儀同三司依古侯伯八命之禮袞冕赤舄事從豐厚（臣松之以為壹畏逼歸命事無可嘉格以古義欲蓋而名彰者也當時之宜未得遠遵式典固應量才受賞足以疇其來情而已至乃光錫八命禮同台鼎不亦過乎於招攜致遠又無取焉何者若使彼之將守與時無嫌終不悅於殊寵坐生叛心以叛而愧辱孰甚焉如其憂危將及非奔不免則必逃死苟存無希榮利矣然則高位厚祿何為者哉魏初有孟達黃權在晉有孫秀孫楷達權爵賞比壹為輕秀楷禮秩優異尤甚及至吳平而降黜數等不承權輿豈不緣在始失中乎）甲子詔曰今車駕駐項大將軍恭行天罰前臨淮浦昔相國大司馬征討皆與尚書俱行今宜如舊乃令散騎常

侍裴秀給事黃門侍郎鍾會咸與大將軍俱行

秋八月詔曰昔燕剌王謀反韓誼等諫而死漢朝顯登其子諸葛誕創造凶亂主簿宣隆部曲督秦絜秉節守義臨事固爭為誕所殺所謂無比干之親而受其戮者其以隆絜子為騎都尉加以贈賜光示遠近以殊忠義九月大赦冬十二月吳大將全端全懌等率衆降

三年春二月大將軍司馬文王陷壽春城斬諸葛誕三月詔曰古者克敵收其屍以為京觀所以懲昏逆而章武功也漢孝武元鼎中改桐鄉

為聞喜新鄉為獲嘉以著南越之亡大將軍親總六戎營據丘頭內夷羣凶外殄寇虜功濟兆民聲振四海克敵之地宜有令名其改丘頭為武丘明以武平亂後世不忘亦京觀二邑之義也夏五月命大將軍司馬文王為相國封晉公食邑八郡加之九錫文王前後九讓乃止六月丙子詔曰昔南陽郡山賊擾攘欲劫質故太守東里衮功曹應余獨身捍衮遂免於難余顛沛隕斃殺身濟君其下司徒署余孫倫吏使蒙伏節之報楚國先賢傳曰余字子正天姿方毅志尚仁義建安二十三年為郡功曹是時吳蜀不賓疆埸多虞

宛將侯音扇動山民保城以叛余與太守東里衮當擾攘之際幷竄得出音即遣騎追逐去城十里相及賊便射衮飛矢交流余前以身當箭被七創因謂追賊曰侯音狂狡造為凶逆大軍尋至誅夷在近謂卿曹本是善人素無惡心當思反善何為受其指揮我以身代君已被重創若身死君全隕沒無恨因仰天號哭泣涕血淚俱下賊見其義烈釋衮不害賊去之後余亦命絕征南將軍曹仁討平音表余行狀幷脩祭醊太祖聞之嗟嘆良久下荊州復表門閭賜穀千斛衮後為于禁司馬見魏略游說傳辛卯大論淮南之功封爵行賞各有差秋八月甲戌以驃騎將軍王昶為司空丙寅詔曰夫養老興教三代所以樹風化垂不朽也必有三老五更以崇至敬乞言納誨著在惇史然後六合承流下觀而化宜妙簡德行以充其選關內侯王祥履仁秉義雅志淳固關內侯鄭

小同溫恭孝友帥禮不忒其以祥為三老小同為五更車駕親率羣司躬行古禮焉漢晉春秋曰帝乞言於祥祥對曰昔者明王禮樂既備加之以忠誠忠誠之發形于言行夫大人者行動乎天地天且弗違況於人乎祥事別見呂虔傳小同鄭玄孫也玄別傳曰玄有子為孔融吏舉孝廉融之被圍往赴為賊所害有遺腹子以丁卯日生而玄以丁卯歲生故名曰小同　魏名臣奏載太尉華歆表曰臣聞勵俗宣化莫先於表善班祿敘爵莫美於顯能是以楚人思子文之治復命其胤漢室嘉江公之德用顯其世伏見故漢大司農北海鄭玄當時之學名冠華夏為世儒宗文皇帝旌錄先賢拜玄適孫小同以為郎中長假在家小同年踰三十少有令質學綜六經行著鄉邑海岱之人莫不嘉其自然美其器量迹其所履有質直不渝之性然而恪恭靜默色養其親不治可見之美不競人間之名斯誠清時所宜式敘前後明詔所斟酌而求也臣老病委頓無益視聽謹具以聞　魏氏春秋曰小同詣司馬文王文王有密疏未之屛也如廁還謂之曰卿見吾疏乎對曰否文王猶疑而鴆之卒　鄭玄注文王世子曰三老五更各一人皆年老更事致仕者也注樂記曰

皆老人更知三德五事者也　蔡邕明堂論云更應作叟叟長老之稱字與更相似書者遂誤以爲更嫂字女傍叟今亦以爲更以此驗知應爲叟也　臣松之以爲邕謂更爲叟誠爲有似而諸儒莫之從未知孰是是歲青龍黃龍仍見頓丘冠軍陽夏縣界井中

四年春正月黃龍二見寧陵縣界井中漢晉春秋曰是時龍仍見咸以爲吉祥帝曰龍者君德也上不在天下不在田而數屈於井非嘉兆也仍作潛龍之詩以自諷司馬文王見而惡之夏六月司空王昶薨秋七月陳留王峻薨冬十月丙寅分新城郡復置上庸郡十一月癸卯車騎將軍孫壹爲婢所殺

五年春正月朔日有蝕之夏四月詔有司率遵前命復進大將軍司馬文王位爲相國封晉公

加九錫五月己丑高貴鄉公卒年二十漢晉春秋曰帝見威權日去不勝其忿乃召侍中王沈尚書王經散騎常侍王業謂曰司馬昭之心路人所知也吾不能坐受廢辱今日當與卿自出討之王經曰昔魯昭公不忍季氏敗走失國爲天下笑今權在其門爲日久矣朝廷四方皆爲之致死不顧逆順之理非一日也且宿衛空闕兵甲寡弱陛下何所資用而一旦如此無乃欲除疾而更深之邪禍殆不測宜見重詳帝乃出懷中版令投地曰行之決矣正使死何所懼況不必死邪於是入白太后沈業奔走告文王文王爲之備帝遂帥僮僕數百鼓譟而出文王弟屯騎校尉伷入遇帝於東止車門左右呵之伷衆奔走中護軍賈充又逆帝戰於南闕下帝自用劍衆欲退太子舍人成濟問充曰事急矣當云何充曰畜養汝等正謂今日今日之事無所問也濟即前刺帝刃出於背文王聞大驚自投於地曰天下其謂我何太傅孚奔往枕帝股而哭哀甚曰殺陛下者臣之罪也　臣松之以爲習鑿齒書雖最後出然述此事差有次第故先載習語以其餘所言微異者次其後　世語曰王沈王業馳告文王尚書王經以正直不出因沈業申意　晉諸公贊曰沈業將出呼王經經不從曰吾子行矣　干寶晉紀曰成濟問賈充曰事急矣若之何充曰公畜養汝等爲今日之事也夫何疑濟曰然乃抽戈犯蹕　魏氏春秋曰戊子夜帝自將冗從僕射李昭黃門從官焦伯等下陵雲臺鎧仗授兵欲因際會自出討文王會雨有司奏却日遂見王經等出黃素詔於懷曰是可忍也孰不可忍也今日便當決行此事入白太后遂拔劍升輦帥殿中宿衛蒼頭官僮擊戰鼓出雲龍門賈充自外而入帝師潰散猶稱天子手劍奮擊衆莫敢逼充帥厲將士騎督成倅弟成濟以矛進帝崩于師時暴雨雷霆晦冥　魏末傳曰賈充呼帳下督成濟謂曰司馬家事若敗汝等豈復有種乎何不出擊倅兄弟二人乃帥帳下人出顧曰當殺邪執邪充曰殺之兵交帝曰放仗大將軍士皆放仗濟兄弟因前刺帝帝倒車下

皇太后令曰吾以不德遭家不造昔援立東海王子髦以爲明帝嗣見其好書疏文章冀可成濟而情性暴戾日月滋甚吾數呵責遂更忿恚造作醜逆不道之言以誣謗吾遂隔絕兩宮其所言道不可忍聽非

天地所覆載吾即密有令語大將軍不可以奉宗廟恐顛覆社稷死無面目以見先帝大將軍以其尚幼謂當改心爲善殷勤執據而此兒忿戾所行益甚舉弩遙射吾宮祝當令中吾項箭親墮吾前吾語大將軍不可不廢之前後數十此兒具聞自知罪重便圖爲弒逆賂遺吾左右人令因吾服藥密行酖毒重相設計事已覺露直欲因際會舉兵入西宮殺吾出取大將軍呼侍中王沈散騎常侍王業世語曰業武陵人後爲晉中護軍　尚書王經出懷中黃素詔示之言今日便當施行吾

之危殆過於累卵吾老寡豈復多惜餘命邪但傷先帝遺意不遂社稷顛覆爲痛耳賴宗廟之靈沈業即馳語大將軍得先嚴警而此兒便將左右出雲龍門雷戰鼓躬自拔刃與左右雜衛共入兵陣間爲前鋒所害此兒既行悖逆不道而又自陷大禍重令吾悼心不可言昔漢昌邑王以罪廢爲庶人此兒亦宜以民禮葬之當令內外咸知此兒所行又尚書王經凶逆無狀其收經及家屬皆詣廷尉庚寅太傅孚大將軍文王太尉柔司徒沖稽首言伏見中令故高貴鄉公悖逆不道自陷大禍依漢昌邑王罪廢故事以民禮葬臣等備位不能匡救禍亂式遏姦逆奉令震悚肝心悼慄春秋之義王者無外而書襄王出居于鄭不能事母故絕之於位也今高貴鄉公肆行不軌幾危社稷自取傾覆人神所絕葬以民禮誠當舊典然臣等伏惟殿下仁慈過隆雖存大義猶垂哀矜臣等之心實有不忍以爲可加恩以王禮葬之太后從之漢晉春秋曰丁卯葬高貴鄉公于洛陽西北三十里瀍澗之濱下車數乘不設旌旐百姓相聚而觀之曰是前日所殺天子也或掩面而泣悲不自勝 臣松之以爲若但下車數乘不設旌旐何以爲王禮葬乎斯蓋惡之過言所謂不如是之甚者使使持

節行中護軍中壘將軍司馬炎北迎常道鄉公璜嗣明帝後辛卯羣公奏太后曰殿下聖德光隆寧濟六合而猶稱令與藩國同請自今殿下令書皆稱詔制如先代故事癸卯大將軍固讓相國晉公九錫之寵太后詔曰夫有功不隱周易大義成人之美古賢所尚今聽所執出表示外以章公之謙光焉戊申大將軍文王上言高貴鄉公率將從駕人兵拔刃鳴金鼓向臣所止懼兵刃相接即勑將士不得有所傷害違令以軍法從事騎督成倅弟太子舍人濟橫入兵陣傷公遂至隕命輒收濟行軍法臣聞人臣之節有死無二事上之義不敢逃難前者變故卒至禍同發機誠欲委身守死唯命所裁然惟本謀乃欲上危皇太后傾覆宗廟臣忝當大任義在安國懼雖身死罪責彌重欲遵伊周之權以安社稷之難即駱驛申勑不得迫近輦輿而濟遽入陣間以致大變哀怛痛恨五內摧裂不知何地可以隕墜科律大逆無道父母妻子同產皆斬濟凶戾悖逆干國亂紀罪不容誅輒勑侍御史收濟家屬付廷尉結正其罪魏氏春秋曰成濟兄弟不即伏罪袒

而升壓醜言悖慢自下射之乃殪太后詔曰夫五刑之罪莫大於不孝夫人有子不孝尚告治之此兒豈復成人主邪吾婦人不達大義以謂濟不得便爲大逆也然大將軍志意懇切發言惻愴故聽如所奏當班下遠近使知本末也世語曰初青龍中石苞鬻鐵於長安得見司馬宣王宣王知焉後擢爲尚書郎歷青州刺史鎮東將軍甘露中入朝當還辭高貴鄉公留中盡日文王遣人要令過文王問苞何淹留也苞曰非常人也明日發至滎陽數日而難作六月癸丑詔曰古者人君之爲名字難犯而易諱今常道鄉公諱字甚難避其朝臣博議改易列奏

陳留王

陳留王諱奐字景明武帝孫燕王宇子也甘露三年封安次縣常道鄉公高貴鄉公卒公卿議迎立公六月甲寅入于洛陽見皇太后是日即皇帝位於太極前殿大赦改年賜民爵及穀帛各有差

景元元年夏六月丙辰進大將軍司馬文王位爲相國封晉公增封二郡并前滿十加九錫之禮一如前奏諸羣從子弟其未有侯者皆封亭侯賜錢千萬帛萬匹文王固讓乃止己未故漢獻帝夫人節薨帝臨于華林園使使持節追謚

夫人爲獻穆皇后及葬車服制度皆如漢氏故事癸亥以尚書右僕射王觀爲司空冬十月觀薨十一月燕王上表賀冬至稱臣詔曰古之王者或有所不臣王將宜依此義表不稱臣乎又當爲報夫後大宗者降其私親況所繼者重邪若便同之臣妾亦情所未安其皆依禮典勳當務盡其宜有司奏以爲禮莫崇於尊祖制莫大於正典陛下稽德期運撫臨萬國紹太宗之重隆三祖之基伏惟燕王體尊戚屬正位藩服躬秉虔肅率蹈恭德以先萬國其於正典闡濟大順所不得制聖朝誠宜崇以非常之制奉以不臣之禮臣等平議以爲燕王章表可聽如舊式中詔所施或存好問準之義類則宴覿之族也可少順聖敬加崇儀稱示不敢斥宜曰皇帝敬問大王侍御至於制書國之正典朝廷所以辨章公制宜昭軌儀於天下者也宜循法故曰制詔燕王凡詔命制書奏事上書諸稱燕王者可皆上平其非宗廟助祭之事皆不得稱王名奏事上書文書及吏民皆不得觸王諱以彰殊禮加于羣后上遵王典尊祖之制俯順聖敬烝烝

之心二者不徒禮實宜之可普告施行十二月甲申黃龍見華陰縣井中甲午以司隸校尉王祥爲司空

二年夏五月朔日有蝕之秋七月樂浪外夷韓濊貊各率其屬來朝貢八月戊寅趙王幹薨甲寅復命大將軍進爵晉公加位相國備禮崇錫一如前詔又固辭乃止

三年春二月青龍見於軹縣井中夏四月遼東郡言肅愼國遣使重譯入貢獻其國弓三十張長三尺五寸楛矢長一尺八寸石砮三百枚皮

骨鐵雜鎧二十領貂皮四百枚冬十月蜀大將姜維寇洮陽鎮西將軍鄧艾拒之破維於侯和維遁走是歲詔祀故軍祭酒郭嘉於太祖廟庭

四年春二月復命大將軍進位爵賜一如前詔又固辭乃止夏五月詔曰蜀蕞爾小國土狹民寡而姜維虐用其衆曾無廢志往歲破敗之後猶復耕種沓中刻剝衆羌勞役無已民不堪命夫兼弱攻昧武之善經致人而不至於人兵家之上略蜀所恃賴唯維而已因其遠離巢窟用力爲易今使征西將軍鄧艾督帥諸軍趣甘松沓

中以羅取維雍州刺史諸葛緒督諸軍趣武都高樓首尾蹴討若禽維便當東西並進掃滅巴蜀也又命鎮西將軍鍾會由駱谷伐蜀秋九月太尉高柔薨冬十月甲寅復命大將軍進位爵賜一如前詔癸卯立皇后卞氏十一月大赦自鄧艾鍾會率衆伐蜀所至輒克是月蜀主劉禪詣艾降巴蜀皆平十二月庚戌以司徒鄭沖爲太保壬子分益州爲梁州癸丑特赦益州士民復除租賦之半

五年乙卯以征西將軍鄧艾爲太尉鎮西將軍

鍾會爲司徒皇太后崩

咸熙元年春正月壬辰檻車徵鄧艾甲子行幸長安壬申使使者以璧幣祀華山是月鍾會反於蜀爲衆所討鄧艾亦見殺二月辛卯特赦諸在益土者庚申葬明元郭后三月丁丑以司空王祥爲太尉征北將軍何曾爲司徒尚書左僕射荀顗爲司空己卯進晉公爵爲王封十郡并前二十（漢晉春秋曰晉公既進爵爲王太尉王祥司徒何曾司空荀顗並詣王顗曰相王尊重何侯與一朝之臣皆已盡敬今日便當相率而拜無所疑也祥曰相國位勢誠爲尊貴然要是魏之宰相吾等魏之三公公王相去一階而已班列大同安有天子三公可輒拜人者損魏朝之望虧晉王之德君子愛人以禮吾不爲也及入顗遂拜而祥獨）

長揖王謂祥曰今日鑒後知君見顧之重丁亥封劉禪爲安樂公夏五月庚申相國晉王奏復五等爵甲戌改年癸未追命舞陽宣文侯爲晉宣王舞陽忠武侯爲晉景王六月鎮西將軍衛瓘上雍州兵於成都縣獲璧玉印各一印文似成信字依周成王歸禾之義宣示百官藏于相國府孫盛曰昔公孫述自以起成都號曰成二玉之文殆述所作也初自平蜀之後吳寇屯逼永安遣荊豫諸軍掎角赴救七月賊皆遁退八月庚寅命中撫軍司馬炎副貳相國事以同魯公拜後之義癸巳詔曰前逆臣鍾會構造反亂聚集征行將士劫以兵威始吐姦謀發言桀逆逼脅衆人皆使下議倉卒之際莫不驚懾相國左司馬夏侯和騎士曹屬朱撫時使在成都中領軍司馬賈輔郎中羊琇各參會軍事和琇撫皆抗節不撓拒會凶言臨危不顧詞指正烈輔語散將王起說會姦逆凶暴欲盡殺將士又云相國已率三十萬衆西行討會欲以稱張形勢感激衆心起出以輔言宣語諸軍遂使將士益懷奮勵宜加顯寵以彰忠義其進和輔爵爲鄉侯琇撫爵關內侯起宣傳輔言告令將士所宜賞異其以起爲部

曲將癸卯以衛將軍司馬望爲驃騎將軍九月戊午以中撫軍司馬炎爲撫軍大將軍辛未詔曰吳賊政刑暴虐賦斂無極孫休遣使鄧句敕交阯太守鎖送其民發以爲兵吳將呂興因民心憤怒又承王師平定巴蜀即糾合豪傑誅除句等驅逐太守長吏撫和吏民以待國命九真日南郡聞興去逆即順亦齊心響應與興協同興移書日南州郡開示大計兵臨合浦告以禍福遣都尉唐譜等詣進乘縣因南中都督護軍霍弋上表自陳又交阯將吏各上表言興創造事業大小承命郡有山寇入連諸郡懼其計異各有攜貳權時之宜以興爲督交阯諸軍事上大將軍定安縣侯乞賜褒獎以慰邊荒乃心款誠形於辭旨昔儀父朝魯春秋所美竇融歸漢待以殊禮今國威遠震撫懷六合方包舉殊裔混一四表興首向王化舉衆稽服萬里馳義請吏帥職宜加寵遇崇其爵位既使興等懷忠感悅遠人聞之必皆競勸其以興爲使持節都督交州諸軍事南中大將軍封定安縣侯得以便宜從事先行後上策命未至興爲下人所殺冬

十月丁亥詔曰昔聖帝明王靜亂濟世保大定功文武殊塗勳烈同歸是故或舞干戚以訓不庭或陳師旅以威暴慢至於愛民全國康惠庶類必先脩文教示之軌儀不得已然後用兵此盛德之所同也往者季漢分崩九土顛覆劉備孫權乘間作禍三祖綏寧中夏日不暇給遂使遺寇僭逆歷世幸賴宗廟威靈宰輔忠武爰發四方拓定庸蜀役不浹時一征而克自頃江表衰弊政刑荒闇巴漢平定孤危無援交荊揚越靡然向風今交阯僞將呂興已帥三郡萬里歸命武陵邑侯相嚴等糾合五縣請爲臣妾豫章廬陵山民舉衆叛吳以助北將軍爲號又孫休病死主帥改易國內乖違人各有心僞將施績賊之名臣懷疑自猜深見忌惡衆叛親離莫有固志自古及今未有亡徵若此之甚若六軍震曜南臨江漢吳會之域必扶老攜幼以迎王師必然之理也然興動大衆猶有勞費宜告喻威德開示仁信使知順附和同之利相國參軍事徐紹水曹掾孫彧昔在壽春並見虜獲紹本僞南陵督才質開壯彧孫權支屬忠良見事其遣

紹南還以彧爲副宣揚國命告喻吳人諸所示語皆以事實若其覺悟不損征伐之計蓋廟勝長筭自古之道也其以紹兼散騎常侍加奉車都尉封都亭侯彧兼給事黃門侍郎賜爵關內侯紹等所賜妾及男女家人在此者悉聽自隨以明國恩不必使還以開廣大信丙午命撫軍大將軍新昌鄉侯炎爲晉世子是歲罷屯田官以均政役諸典農皆爲太守都尉皆爲令長勸募蜀人能內移者給廩二年復除二十歲安彌福祿縣各言嘉禾生

二年春二月甲辰朐䏰縣獲靈龜以獻歸之于相國府庚戌以虎賁張脩昔於成都馳馬至諸營言鍾會反逆以至沒身賜脩弟倚爵關內侯夏四月南深澤縣言甘露降吳遣使紀陟弘璆請和五月詔曰相國晉王誕敷神慮光被四海震燿武功則威蓋殊荒流風邁化則旁洽無外愍卹江表務存濟育戢武崇仁示以威德文告所加承風嚮慕遣使納獻以明委順方寶纖珍歡以效意而王謙讓之至一皆簿送非所以慰副初附從其款願也孫皓諸所獻致其皆還送歸

之于王以協古義王固辭乃止又命晉王冕十有二旒建天子旌旗出警入蹕乘金根車六馬備五時副車置旄頭雲罕樂舞八佾設鍾虡宮縣進王妃爲王后世子爲太子王子王女王孫爵命之號如舊儀癸未大赦秋八月辛卯相國晉王薨壬辰晉太子炎紹封襲位總攝百揆備物典冊一皆如前是月襄武縣言有大人見三丈餘迹長三尺二寸白髮著黃單衣黃巾柱杖呼民王始語云今當太平九月乙未大赦戊午司徒何曾爲晉丞相癸亥以驃騎將軍司馬望

爲司徒征東大將軍石苞爲驃騎將軍征南大將軍陳騫爲車騎將軍乙亥葬晉文王閏月庚辰康居大宛獻名馬歸于相國府以顯懷萬國致遠之勳十二月壬戌天祿永終歷數在晉詔羣公卿士具儀設壇于南郊使使者奉皇帝璽綬冊禪位于晉嗣王如漢魏故事甲子使使者奉策遂改次于金墉城而終館于鄴時年二十魏世譜曰封帝爲陳留王年五十八太安元年崩謚曰元皇帝

評曰古者以天下爲公唯賢是與後代世位立子以適若適嗣不繼則宜取旁親明德若漢之

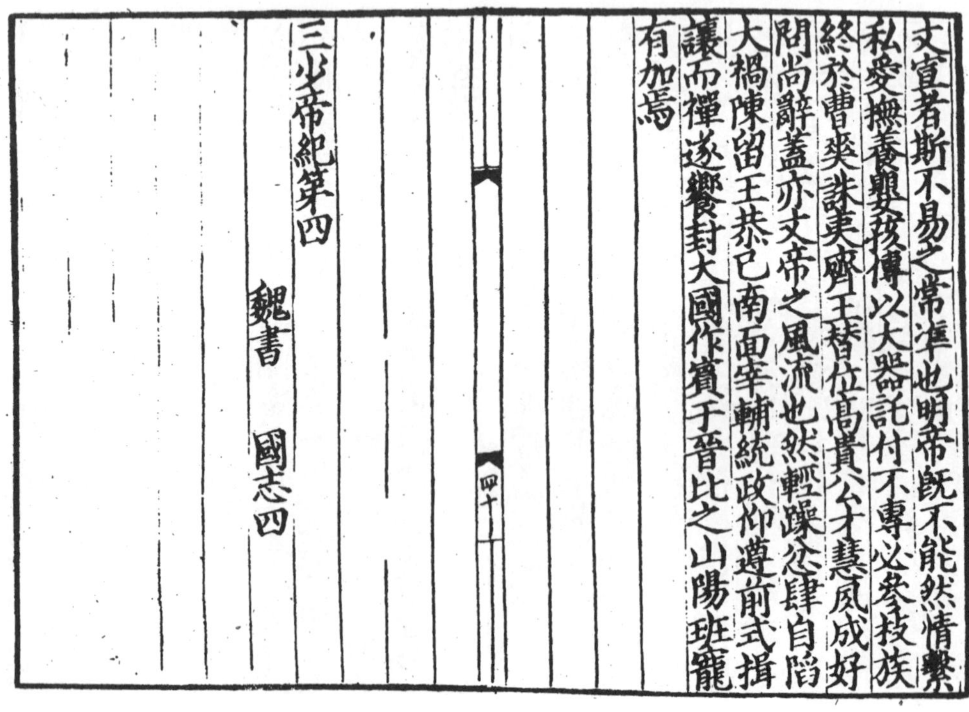

文宣者斯不易之常準也明帝既不能然情繫私愛撫養嬰孩傳以大器託付不專必參枝族終於曹爽誅夷齊王替位高貴公才慧夙成好問尚辭蓋亦文帝之風流也然輕躁忿肆自陷大禍陳留王恭己南面宰輔統政仰遵前式揖讓而禪遂饗封大國作賓于晉比之山陽班寵有加焉

三少帝紀第四

魏書　國志四

后妃傳卷第五　　魏書　　國志五

易稱男正位乎外女正位乎內男女正天地之大義也古先哲王莫不明后妃之制順天地之德故二妃嬪嬀虞道克隆任姒配姬周室用熙發興存亡恒此之由春秋說云天子十二女諸侯九女考之情理不易之典也而末世奢縱肆其侈欲至使男女怨曠感動和氣惟色是崇不本淑懿故風教陵遲而大綱毀泯豈不惜哉嗚呼有國有家者其可以永鑒矣漢制帝祖母曰太皇太后帝母曰皇太后帝妃曰皇后其餘內官十有四等魏因漢法母后之號皆如舊制自夫人以下世有增損太祖建國始命王后其下五等有夫人有昭儀有倢伃有容華有美人文帝增貴嬪淑媛脩容順成良人明帝增淑妃昭華脩儀除順成官太和中始復命夫人登其位於淑妃之上自夫人以下爵凡十二等貴嬪夫人位次皇后爵無所視淑妃位視相國爵比諸侯王淑媛位視御史大夫爵比縣公昭儀比縣侯昭華比鄉侯脩容比亭侯脩儀比關內侯倢伃視中二千石容華視真二千石美人視比二千石良人視千石

武宣卞皇后

武宣卞皇后琅邪開陽人文帝母也本倡家魏書曰后以漢延熹三年十二月己巳生齊郡白亭有黃氣滿室移日父敬侯怪之以問卜者王旦旦曰此吉祥也年二十太祖於譙納后為妾後隨太祖至洛及董卓為亂太祖微服東出避難袁術傳太祖凶問時太祖左右至洛者皆欲歸后止之曰曹君吉凶未可知今日還家明日若在何面目復相見也正使禍至共死何苦遂從后言太祖聞而善之建安初丁夫人廢遂以后為繼室諸子無母者太祖皆令后養之魏略曰太祖始有丁夫人又劉夫人生子脩及清河長公主劉早終丁養子脩子脩亡於穰丁常言將我兒殺之都不復念遂哭泣無節太祖忿之遣歸家欲其意折後太祖就見之夫人方織外人傳云公至夫人踞機如故太祖到撫其背曰顧我共載歸乎夫人不顧又不應太祖卻行立於戶外復云得無尚可邪遂不應太祖曰真訣矣遂與絕欲其家嫁之其家不敢初丁夫人既為嫡加有子脩丁視后母子不足后為繼室不念舊惡因太祖出行常四時使人饋遺又私迎之延以正坐而已下之迎來送去有如昔日丁謝曰廢放之人夫人何能常爾邪其後丁亡后請太祖殯葬許之乃葬許城南後太祖病困自慮不起歎曰我前後行意於心未曾有所負也假令死而有靈子脩若問我母所在我將何辭以荅魏書曰后性約儉不尚華麗無文繡珠玉器皆黑漆太祖常得名璫數具命后自選一具后取其中者太祖問其故對曰取其上者為貪取其下者為偽故取其中者文帝為太子左右長御賀后曰將軍拜太子天下莫不歡喜后當傾府藏賞賜后曰王自以丕年大故用為

嗣我但當以免無教導之過爲幸耳亦何爲當重賜遺乎長御還具以語太祖太祖悅曰怒不變容喜不失節故是最爲難二十四年拜爲王后策曰夫人卞氏撫養諸子有母儀之德今進位王后太子諸侯陪位羣卿上壽減國內死罪一等二十五年太祖崩文帝即王位尊后曰王太后及踐阼尊后曰皇太后稱永壽宮魏書曰后以國用不足減損御食諸金銀器物皆去之東阿王植太后少子最愛之後植犯法爲有司所奏文帝令太后弟子奉車都尉蘭持公卿議白太后太后曰不意此兒所作如是汝還語帝不可以我故壞國法及自見帝不以爲言　臣松之案文帝夢磨錢欲使文滅而更愈明以問周宣宣荅曰此陛下家事雖意欲爾而太后不聽則太后用意不得如此書所言也　魏書又曰太后每隨軍征行見高年白首輒住車呼問賜與絹帛對之涕泣曰恨父母不及我時也太后每見外親不假以顏色常言居處當務節儉不當望賞賜念自佚也外舍當怪吾遇之太薄吾自有常度故也吾事武帝四五十年行儉日久不能自變爲奢有犯科禁者吾且能加罪一等耳莫望錢米恩貸也帝爲太后弟秉起第第成太后幸第請諸家外親設下廚無異膳太后左右菜食粟飯無魚肉其儉如此　明帝即位尊太后曰太皇太后黃初中文帝欲追封太后父母尚書陳羣奏曰陛下以聖德應運受命創業革制當永爲後式案典籍之文無婦人分土命爵之制在禮典婦因夫爵秦違古法漢氏因之非先王之令典也帝曰此議是也其勿施行以作著詔下藏之臺閣永爲後式至太和四年春明帝乃追謚

太后祖父廣曰開陽恭侯父遠曰敬侯祖母周封陽都君及恭侯夫人皆贈印綬其年五月后崩七月合葬高陵初太后弟秉以功封都鄉侯黃初七年進封開陽侯邑千二百戶爲昭烈將軍魏略曰初卞后弟秉當建安時得爲別部司馬后常對太祖怨言太祖荅言但得與我作婦弟不爲多邪后又欲太祖給其錢帛太祖又曰但汝盜與不爲足邪故訖太祖世秉官不移財亦不益　秉薨子蘭嗣少有才學魏略曰蘭獻賦贊述太子德美太子報曰賦者言事類之所附也頌者美盛德之形容也故作者不虛其辭受者必當其實蘭此賦豈吾實哉昔吾丘壽王一陳寶鼎何武等徒以歌頌猶受金帛之賜蘭事雖不諒義足嘉也今賜牛一頭由是遂見親敬　爲奉車都尉游擊將軍加散騎常侍蘭薨子暉嗣魏略曰明帝時蘭見外有二難而帝留意於宮室常因侍從數切諫帝雖不能從猶納其誠款後蘭苦酒消渴時帝信巫女用水方使人持水賜蘭蘭不肯飲詔問其意蘭言治病自當以方藥何信於此帝爲變色而蘭終不服後渴稍甚以至於亡故時人見蘭好直言謂帝面折之而蘭自殺其實不然　又分秉爵封蘭弟琳爲列侯官至步兵校尉蘭子隆女爲高貴鄉公皇后隆以后父爲光祿大夫位特進封睢陽鄉侯妻王爲顯陽鄉君追封隆前妻劉爲順陽鄉君后親母故也琳女又爲陳留王皇后時琳已沒封琳妻劉爲廣陽鄉君

文昭甄皇后

文昭甄皇后中山無極人明帝母漢太保甄邯後也世吏二千石父逸上蔡令后三歲失父魏書

曰逸娶常山張氏生三男五女長男豫早終次儼舉孝廉大將軍掾曲梁長次堯舉孝廉長女姜次脫次道次榮次即后后以漢光和五年十二月丁酉生每寢寐家中髣髴見如有人持玉衣覆其上者常共怪之逸薨加號慕內外益奇之後相者劉良相后及諸子良指后曰此女貴乃不可言后自少至長不好戲弄年八歲外有立騎馬戲者家人諸姊皆上閣觀之后獨不行諸姊怪問之后答言此豈女人之所觀邪年九歲喜書視字輒識數用諸兄筆硯兄謂后言汝當習女工用書爲學當作女博士邪后答言聞古者賢女未有不學前世成敗以爲己誡不知書何由見之後天下兵亂加以饑饉百姓皆賣金銀珠玉寶物時后家大有儲穀頗以買之后年十餘歲白母曰今世亂而多買寶物匹夫無罪懷璧爲罪又左右皆饑乏不如以穀振給親族鄰里廣爲恩惠也舉家稱善即從后言魏略曰后年十四喪中兄儼悲哀過制事寡嫂謙敬事處其勞拊養儼子慈愛甚篤后母性嚴獨待諸婦有常后數諫母兄不幸早終嫂年少守節顧留一子以大義言之待之當如婦愛之宜如女母感后言流涕便令后與嫂共止寢息坐起常相隨恩愛益密建安中袁紹爲中子熙納之熙出爲幽州后留養姑及冀州平文帝納后於鄴有寵生明帝及東鄉公主魏略曰熙出在幽州后留侍姑及鄴城破紹妻及后共坐皇堂上文帝入紹舍見紹妻及后后怖以頭伏姑膝上紹妻兩手自搏文帝謂曰劉夫人云何如此令新婦舉頭姑乃捧后令仰文帝就視見其顏色非凡稱歎之太祖聞其意遂爲迎取　世語曰太祖下鄴文帝先入袁尚府有婦人被髮垢面垂涕立紹妻劉後文帝問之劉荅是熙妻顧擥髮髻以巾拭面姿貌絕倫既過劉謂后不憂死矣遂見納有寵　魏書曰后寵愈隆而彌自挹損後宮有寵者勸勉之其無寵者慰誨之每因閑宴常勸帝言昔黃帝子孫蕃育蓋由妾媵衆多乃獲斯祚耳所願廣求淑媛以豐繼嗣帝心嘉焉其後帝欲遣任氏后請於帝曰任既鄉黨名族德色妾等不及也如何遣之帝曰任性狷急不婉順前後忿吾非一是以遣之耳后流涕固請曰妾受敬遇之恩衆

人所知必謂任之出是妾之由上懼有見私之譏下受專寵之罪願重留意帝不聽遂出之十六年十月太祖征關中武宣皇后從留孟津帝居守鄴時武宣皇后體小不安后不得定省憂怖晝夜泣涕左右驟以差問告后猶不信曰夫人在家故疾每動輒歷時今疾便差何速也此欲慰我意耳憂愈甚後得武宣皇后還書說疾已平復后乃懽悅十七年正月大軍還鄴后朝武宣皇后望幄座悲喜感動左右武宣皇后見后如此亦泣且謂之曰新婦謂吾前病如昔時困邪吾時小小耳十餘日即差不當視我顏色乎嘆嗟曰此眞孝婦也二十一年太祖東征武宣皇后文帝及明帝東鄉公主皆從時后以病留鄴二十二年九月大軍還武宣皇后左右侍御見后顏色豐盈怪問之曰后與二子別久下流之情不可爲念而后顏色更盛何也后笑荅之曰諱等自隨夫人我當何憂后之賢明以禮自持如此延康元年正月文帝即王位六月南征后留鄴黃初元年十月帝踐阼踐阼之後山陽公奉二女以嬪于魏郭后李陰貴人並愛幸后愈失意有怨言帝大怒二年六月遣使賜死葬于鄴魏書曰有司奏建長秋宮帝璽書迎后詣行在所后上表曰妾聞先代之興所以饗國久長垂祚後嗣無不由后妃焉故必審選其人以興內教令踐阼之初誠宜登進賢淑統理六宮妾自省愚陋不任粢盛之事加以寢疾敢守微志璽書三至而后三讓言甚懇切時盛暑帝欲須秋涼乃更迎后會后疾遂篤夏六月丁卯崩于鄴帝哀痛咨嗟策贈皇后璽綬　臣松之以爲春秋之義內大惡諱小惡不書文帝之不立甄氏及加殺害事有明審魏史若以爲大惡邪則宜隱而不言若謂爲小惡邪則不應假爲之辭而崇飾虛文乃至於是異乎所聞於舊史推此而言其稱下甄諸后言行之善皆難以實論陳氏刪落良有以也明帝即位有司奏請追謚使司空王朗持節奉策以太牢告祠于陵又別立寢廟魏書載三公奏曰蓋孝敬之道篤乎其親乃四海所以承化天地所以明察是謂生則致其養歿則光其靈誦述以盡其美宣揚以顯其名者也今陛下以聖懿之德紹承洪業至孝烝烝通於神明遭罹殷憂每勞謙讓先帝遷神山陵大禮既備至於先后未有顯謚伏惟先后恭讓著於幽

徽至行顯於不言化流邦國德侔二南故能膺神靈嘉祥爲大魏世妃雖夙年登遐萬歲之後永播融烈后妃之功莫得而尚也案謚法聖聞周達曰昭德明有功曰昭昭者光明之至盛久而不昧者也宜上尊謚曰文昭皇后是月三公又奏曰自古周人始祖后稷又特立廟以祀姜嫄今文昭皇后之於萬葉聖德至化豈有量哉夫以皇家世祀之尊而克讓允恭固推盛位神靈遷化而無寢廟以承享禮非所以報顯德昭孝敬也稽之古制宜依周禮先妣別立寢廟並奏可之

太和元年三月以中山魏昌之安城鄉戶千追封逸謚曰敬侯適孫像襲爵四月初營宗廟掘地得玉璽方一寸九分其文曰天子羨思慈親明帝爲之改容以太牢告廟又嘗夢見后於是差次舅氏親疏高下敘用各有差賞賜累鉅萬以像爲虎賁中郎將是月后母薨帝制緦服臨

喪百僚陪位四年十一月以后舊陵庳下使像兼太尉持節詣鄴昭告后土十二月改葬朝陽陵像還遷散騎常侍青龍二年春追謚后兄儼曰安成鄉穆侯夏吳賊寇揚州以像爲伏波將軍持節監諸將東征還復爲射聲校尉三年薨追贈衛將軍改封魏昌縣謚曰貞侯子暢嗣又封暢弟溫㽔鑒皆爲列侯四年改逸儼本封皆曰魏昌侯謚因故封儼世婦劉爲東鄉君又追封逸世婦張爲安喜君景初元年夏有司議定七廟冬又奏曰蓋帝王之興既有受命之君又

有聖妃協于神靈然後克昌厥世以成王業焉昔高辛氏卜其四妃之子皆有天下而帝摯陶唐商周代興周人上推后稷以配皇天追述王初本之姜嫄特立宮廟世世享嘗周禮所謂奏夷則歌中呂舞大濩以享先妣者也詩人頌之曰厥初生民時維姜嫄言王化之本生民所由又曰閟宮有侐實實枚枚赫赫姜嫄其德不回詩禮所稱姬宗之盛其美如此大魏期運繼于有虞然崇弘帝道三世彌隆廟祧之數實與周同今武宣皇后文德皇后各配無窮之祚至於

文昭皇后膺天靈符誕育明聖功濟生民德盈宇宙開諸後嗣乃道化之所興也寢廟特祀亦姜嫄之閟宮也而未著不毀之制懼論功報德之義萬世或闕焉非所以昭孝示後世也文昭廟宜世世享祀奏樂與祖廟同永著不毀之典以播聖善之風於是與七廟議並勒金策藏之金匱帝思念舅氏不已暢尚幼景初末以暢爲射聲校尉加散騎常侍又特爲起大第車駕親自臨之又於其後園爲像母起觀廟名其里曰渭陽里以追思母氏也嘉平三年正月暢薨追

贈車騎將軍謚曰恭侯子紹嗣太和六年明帝
愛女淑薨追封謚淑爲平原懿公主爲之立廟
取后亡從孫黃與合葬追封黃列侯以夫人郭
氏從弟德爲之後承甄氏姓封德爲平原侯襲
公主爵孫盛曰於禮婦人既無封爵之典况於孩末而可建以大邑乎德自異族援繼非類匪功匪親而襲
母爵違情背典於此爲甚陳羣雖抗言揚阜引事比竝然皆不能極陳先王之禮明封建繼嗣之義忠至之辭猶有闕乎
詩云赫赫師尹民具爾瞻宰輔之職其可略哉晉諸公贊曰德字彥孫司馬景王輔政以女妻德妻早亡文王復以女
繼室卽京兆長公主景文二王欲自結於郭后是以頻繁爲婚德雖無才學而恭謹謙順甄溫字仲舒與郭建及德等皆
后族以事宜見寵咸熙初封郭建爲臨渭縣公德廣安縣公邑皆千八百戶溫本國侯進爲輔國大將軍加侍中領射聲
校尉德鎮軍大將軍泰始元年晉受禪加建德溫三人位特進德爲人貞素加以世祖姊夫是以遂貴當世德暮年官更
轉爲宗正遷侍中太康中大司馬齊王攸當之藩德與左衛將軍王濟共諫請時人嘉之世祖以此望德由此出德爲大
鴻臚加侍中光祿大夫尋疾薨贈中軍大將軍開府侍中如故謚恭公子喜嗣喜精粹有器美歷中書郎右衛將軍侍中
位至輔國大將軍加散騎常侍喜與國姻親而經趙王倫齊王冏事故能不豫際會良由其才短然亦以退靜免之青
龍中文封后從兄子毅及像弟三人皆爲列侯
毅數上疏陳時政官至越騎校尉嘉平中復封
暢子二人爲列侯后兄儼孫女爲齊王皇后后
父已沒封后母爲廣樂鄉君

文德郭皇后

文德郭皇后安平廣宗人也祖世長吏魏書曰父永官
至南郡太守謚敬侯母姓董氏卽堂陽君生三男二女長男浮高唐令次女昱次卽后后弟都弟成后以漢中平元年三

月乙卯生生而有異常后少而父永奇之曰此乃吾女中王
也遂以女王爲字早失二親喪亂流離沒在銅
鞮侯家太祖爲魏公時得入東宮后有智數時
時有所獻納文帝定爲嗣后有謀焉太子卽王
位后爲夫人及踐阼爲貴嬪甄后之死由后之
寵也黃初三年將登后位文帝欲立爲后中郎
棧潛上疏曰在昔帝王之治天下不唯外輔亦
有內助治亂所由盛衰從之故西陵配黃英娥
降嬀並以賢明流芳上世桀奔南巢禍階末喜
紂以炮烙怡悅妲己是以聖哲慎立元妃必取
先代世族之家擇其令淑以統六宮虔奉宗廟
陰教聿脩易曰家道正而天下定由內及外先
王之令典也春秋書宗人釁夏云無以妾爲夫
人之禮齊桓誓命于葵丘亦曰無以妾爲妻今
後宮嬖寵常亞乘輿若因愛登后使賤人暴貴
臣恐後世下陵上替開張非度亂自上起也文
帝不從遂立爲皇后魏書曰后上表謝曰妾無皇英釐降之節又非姜任思齊之倫誠
不足以假充女君之盛位處中饋之重任后自在東宮及卽尊位雖有異寵心愈恭肅供養永壽宮以孝聞是時柴貴人
亦有寵后教訓獎導之後宮諸貴人時有過失常彌覆之有譴讓輒爲帝言其本末帝或大有所怒至爲之頓首請罪是
以六宮無怨性儉約不好音樂常慕漢明德馬后之爲人后蚤喪兄弟以從兄表

繼永後拜奉車都尉后外親劉斐與他國爲婚后聞之勑曰諸親戚嫁娶自當與鄉里門户匹敵者不得因勢彊與他方人婚也后姊子孟武還鄉里求小妻后止之遂勑諸家曰今世婦女少當配將士不得因緣取以爲妾也宜各自慎無爲罰首魏書曰后常勑戒表武等曰漢氏椒房之家少能自全者皆由驕奢可不慎乎五年帝東征后留許昌永始臺時霖雨百餘日城樓多壞有司奏請移止后曰昔楚昭王出游貞姜留漸臺江水至使者迎而無符不去卒沒今帝在遠吾幸未有是患而便移止柰何羣臣莫敢復言六年帝東征吳至廣陵后留譙宮時表留宿衛欲遏水取魚后曰水當通運漕又少材木奴客不在目前當復私取官竹木作梁遏今奉車所不足者豈魚乎明帝即位尊后爲皇太后稱永安宮太和四年詔封表安陽亭侯又進爵鄉侯增邑并前五百户遷中壘將軍以表子詳爲騎都尉其年帝追諡太后父永爲安陽鄉敬侯母董爲都鄉君遷表昭德將軍加金紫位特進表第二子訓爲騎都尉及孟武母卒欲厚葬起祠堂太后止之曰自喪亂以來墳墓無不發掘皆由厚葬也首陽陵可以爲法青龍三年春后崩于許昌以終制營陵三月庚寅葬首陽陵西魏略曰明帝既嗣立追痛甄后之薨故太后以憂暴崩甄后臨沒以帝屬李夫人及太后崩夫人乃說甄后見譖之禍不獲大斂被髮覆面帝哀恨流涕命殯葬太后皆如甄后故事　漢晉春秋曰初甄后之誅由郭后之寵及殯令被髮覆面以糠塞口遂立郭后使養明帝帝知之心常懷忿數泣問甄后死狀郭后曰先帝自殺何以責問我且汝爲人子可追讎死父爲前母枉殺後母邪明帝怒遂逼殺之勑殯者使如甄后故事　魏書載哀策曰維青龍三年三月壬申皇太后梓宮啓殯將葬于首陽之西陵哀子皇帝叡親奉冊祖載遂親遣奠叩心擗踊號咷仰訴痛靈魂之遷幸悲容車之向路背三光以潛翳就黃壚而安厝嗚呼哀哉昔二女妃虞帝道以彰三母嬪周聖善彌光既多受祉享國延長哀哀慈妣興化閨房龍飛紫極作合聖皇不虞中年暴離災殃愍予小子煢煢摧傷魂雖永逝定省曷望嗚呼哀哉帝進表爵爲觀津侯增邑五百并前千户遷詳爲駙馬都尉四年追改封永爲觀津敬侯世婦董爲堂陽君追封諡后兄浮爲梁里亭戴侯都爲武城亭孝侯成爲新樂亭定侯皆使使者奉策祠以大牢表薨子詳嗣又分表爵封詳弟述爲列侯詳薨子釗嗣

明悼毛皇后

明悼毛皇后河内人也黃初中以選入東宮明帝時爲平原王進御有寵出入與同輿輦及即帝位以爲貴嬪太和元年立爲皇后后父嘉拜騎都尉后弟曾郎中初明帝爲王始納河内虞

氏爲妃帝即位虞氏不得立爲后太皇卞太后慰勉焉虞氏曰曹氏自好立賤未有能以義舉者也然后職内事君聽外政其道相由而成苟不能以善始未能令終者也殆必由此亡國喪祀矣虞氏遂絀還鄴宮進嘉爲奉車都尉曾騎都尉寵賜隆渥頃之封嘉博平鄉侯遷光祿大夫曾駙馬都尉嘉本典虞車工卒暴富貴明帝令朝臣會其家飲宴其容止舉動甚蚩騃語輒自謂侯身時人以爲笑孫盛曰古之王者必求令淑以對揚至德恢王化於關雎致淳風於麟趾及臻三季並亂茲緒義以情溺位由寵昏貴賤無章下陵上替興衰隆廢皆是物也魏自武王暨于烈祖三后之升起自幽賤本既卑矣何以長世詩云絺兮綌兮凄其以風其此之謂乎後又加嘉位特進曾遷散騎侍郎青龍三年嘉薨追贈光祿大夫改封安國侯增邑五百并前千戶謚曰節侯四年追封后母夏爲野王君帝之幸郭元后也后愛寵日弛景初元年帝游後園召才人以上曲宴極樂元后曰宜延皇后帝弗許乃禁左右使不得宣后知之明日帝見后后曰昨日游宴北園樂乎帝以左右泄之所殺十餘人賜后死然猶加謚葬愍陵遷曾散騎常侍後徙爲羽林虎賁中郎將原武典農

明元郭皇后

明元郭皇后西平人也世河右大族黃初中本郡反叛遂沒入宮明帝即位甚見愛幸拜爲夫人叔父立爲騎都尉從父芝爲虎賁中郎將帝疾困遂立爲皇后齊王即位尊后爲皇太后稱永寧宮追封謚太后父滿爲西都定侯以立子建紹其爵封太后母杜爲郃陽君芝遷散騎常侍長水校尉魏略曰諸郭之中芝最壯直先時自以他功封侯立宣德將軍皆封列侯建兄德出養甄氏德及建俱爲鎮護將軍皆封列侯並掌宿衛值三主幼弱宰輔統政與奪大事皆先咨啓於太后而後施行毌丘儉鍾會等作亂咸假其命而以爲辭焉景元四年十二月崩五年二月葬高平陵西晉諸公贊曰建字叔始有器局而強問泰始中殁薨子嘏嗣爲給事中

評曰魏后妃之家雖云富貴未有若衰漢乘非其據宰割朝政者也鑒往易軌於斯爲美追觀陳羣之議棧潛之論適足以爲百王之規典垂憲範乎後葉矣

后妃傳第五　魏書　國志五

董卓傳

董卓字仲穎隴西臨洮人也英雄記曰卓父君雅由微官為潁川綸氏尉有三子長子擢字孟高早卒次即卓卓弟旻字叔穎少好俠嘗遊羌中盡與諸豪帥相結後歸耕於野而豪帥有來從之者卓與俱還殺耕牛與相宴樂諸豪帥感其意歸相斂得雜畜千餘頭以贈卓吳書曰郡召卓為吏使監領盜賊胡嘗出鈔多虜民人涼州刺史成就辟卓為從事使領兵騎討捕大破之斬獲千計并州刺史段熲薦卓公府司徒袁隗辟為掾漢桓帝末以六郡良家子為羽林郎卓有才武旅力少比雙帶兩鞬左右馳射為軍司馬從中郎將張奐征并州有功拜郎中賜縑九千匹卓悉以分與吏士遷廣武令蜀郡北部都尉西域戊已校尉免徵拜并州刺史河東太守英雄記曰卓數討羌胡前後百餘戰遷中郎將討黃巾軍敗抵罪韓遂等起涼州復為中郎將西拒遂於望垣硤北為羌胡數萬人所圍糧食乏絕卓偽欲捕魚堰其還道當所渡水為池使水渟滿數十里默從堰下過其軍而決堰比羌胡聞知追逐水已深不得渡時六軍上隴西五軍敗績卓獨全眾而還屯住扶風拜前將軍封斄鄉侯徵為并州牧靈帝紀曰中平五年徵卓為少府勑以營吏士屬左將軍皇甫嵩詣行在所卓上言涼州擾亂鯨鯢未滅此臣奮發效命之秋吏士踊躍戀恩念報各遮臣車辭聲懇惻未得即路也輒且行前將軍事盡心慰恤效力行陣六年以卓為并州牧又勑以吏兵屬皇甫嵩卓復上言臣掌戎十年士卒大小相狎彌久戀臣畜養之恩樂為國家奮一旦之命乞將之州效力邊陲卓再違詔勑會為何進所召

靈帝崩少帝即位大將軍何進與司隸校尉袁紹謀誅諸閹官太后不從進乃召卓使將兵詣京師并密令上書曰中常侍張讓等竊幸乘寵濁亂海內昔趙鞅興晉陽之甲以逐君側之惡臣輒鳴鐘鼓如洛陽即討讓等欲以脅迫太后卓未至進敗續漢書曰進字遂高南陽人太后異母兄也進本屠家子父曰真真死後進以妹倚黃門得入掖庭有寵光和三年立為皇后進由是貴幸中平元年黃巾起拜進大將軍典略載卓表曰臣伏惟天下所以有逆不止者各由黃門常侍張讓等侮慢天常操擅王命父子兄弟並據州郡一書出門便獲千金京畿諸郡數百萬膏腴美田皆屬讓等至使怨氣上蒸妖賊蜂起臣前奉詔討於扶羅將士饑乏不肯渡河皆言欲詣京師先誅閹豎以除民害從臺閣求乞資直臣隨慰撫以至新安臣聞揚湯止沸不如滅火去薪潰癰雖痛勝於養肉及溺呼船悔之無及中常侍段珪等劫帝走小平津卓遂將其眾迎帝於北芒還宮張璠漢紀曰帝以八月庚午為諸黃門所劫步出穀門走至河上諸黃門既投河死時帝年十四陳留王年九歲兄弟獨夜步行欲還宮闇暝逐螢火而行數里得民家以露車載送辛未公卿以下與卓共迎帝於北芒阪下獻帝春秋曰先是童謠曰侯非侯王非王千乘萬騎走北芒卓時適至屯顯陽苑聞帝當還率眾迎帝典略曰帝望見卓兵涕泣羣公謂卓曰有詔卻兵卓曰公諸人為國大臣不能匡正王室至使國家播蕩何卻兵之有遂俱入城獻帝紀曰卓與帝語語不可了乃更與陳留王語問禍亂由起王答自初至終無所遺失卓大喜乃有廢立意英雄記曰河南中部掾閔貢扶帝及陳留王上至雒舍止帝獨乘一馬陳留王與貢共乘一馬從

維舍南行公卿百官奉迎於北芒阪下故太尉崔烈在前導卓將步騎數千來迎烈呵使避卓罵烈曰晝夜三百里來何云避我不能斷卿頭邪前見帝曰陛下令常侍小黃門作亂乃爾以取禍敗爲負不小邪又趨陳留王曰我董卓也從我抱來乃於太后抱中取王英雄記曰一本云王不就卓抱卓與王併馬而行也

時進弟車騎將軍苗爲進衆所殺英雄記曰苗太后之同母兄先嫁朱氏之子進部曲將吳匡素怨苗不與進同心又疑其與宦官通謀乃令軍中曰殺大將軍者車騎也遂引兵與卓弟旻共攻殺苗於朱爵闕下進苗部曲無所屬皆詣卓卓又使呂布殺執金吾丁原并其衆故京都兵權唯在卓九州春秋曰卓初入洛陽步騎不過三千自嫌兵少不爲遠近所服率四五日輒夜遣兵出四城門明日陳旌鼓而入宣言云西兵復入至洛中人不覺謂卓兵不可勝數先是進遣騎都尉太山鮑信所在募兵適至信謂紹曰卓擁彊兵有異志今不早圖將爲所制及其初至疲勞襲之可禽也紹畏卓不敢發信遂還鄉里於是以久不雨策免司空劉弘而卓代之俄遷太尉假節鉞虎賁遂廢帝爲弘農王尋又殺王及何太后立靈帝少子陳留王是爲獻帝獻帝紀曰卓謀廢帝會羣臣於朝堂議曰大者天地其次君臣所以爲治今皇帝闇弱不可以奉宗廟爲天下主欲以依伊尹霍光故事立陳留王何如尚書盧植曰案尚書太甲既立不明伊尹放之桐宮昌邑王立二十七日罪過千餘故霍光廢之今上富於春秋行未有失非前事之比也卓怒罷坐欲誅植侍中蔡邕勸之得免九月甲戌卓復大會羣臣曰太后逼迫永樂太后令以憂死逆婦姑之禮無孝順之節天子幼質軟弱不君昔伊尹放太甲霍光廢昌邑著在典籍僉以爲善今太后宜如太甲皇帝宜如昌邑陳留王仁孝宜即尊皇祚 獻帝起居注載策曰孝靈皇帝不究高宗眉壽之祚早棄臣子皇帝承紹海內側望而帝天姿輕佻威儀不恪在喪慢惰衰如故爲凶德既彰淫穢發

聞損辱神器忝汙宗廟皇太后教無母儀統政荒亂永樂太后暴崩衆論惑焉三綱之道天地之紀而乃有闕罪之大者陳留王協聖德偉茂規矩邈然豐下兌上有堯圖之表居喪哀戚言不及邪岐嶷之性有周成之懿休聲美稱天下所聞宜承洪業爲萬世統可以承宗廟廢皇帝爲弘農王皇太后還政尚書讀冊畢羣臣莫有言尚書丁宮曰天禍漢室喪亂弘多昔祭仲廢忽立突春秋大其權今大臣量宜爲社稷計誠合天人請稱萬歲卓以太后見廢故公卿以下不布服會葬素衣而已

卓遷相國封郿侯贊拜不名劍履上殿又封卓母爲池陽君置家令丞卓既率精兵來適值帝室大亂得專廢立據有武庫甲兵國家珍寶威震天下卓性殘忍不仁遂以嚴刑脅衆睚眦之隙必報人不自保魏書曰卓所願無極語賓客曰我相貴無上也 英雄記曰卓欲震威侍御史擾龍宗詣卓白事不解劍立撾殺之京師震動發何苗棺出其尸枝解節棄於道邊又收苗母舞陽君殺之棄尸於苑枳落中不復收斂嘗遣軍到陽城時適二月社民各在其社下悉就斷其男子頭駕其車牛載其婦女財物以所斷頭繫車轅軸連軫而還洛云攻賊大獲稱萬歲入開陽城門焚燒其頭以婦女與甲兵爲婢妾至於姦亂宮人公主其凶逆如此初卓信任尚書周毖城門校尉伍瓊等用其所舉韓馥劉岱孔伷張咨張邈等出宰州郡而馥等至官皆合兵將以討卓卓聞之以爲毖瓊等通情賣己皆斬之英雄記曰毖字仲遠武威人瓊字德瑜汝南人 謝承後漢書曰伍孚字德瑜少有大節爲郡門下書佐其本邑長有罪太守使孚出教敕曹下督郵收之孚不肯受敕伏地仰諫

曰君雖不君臣不可不臣明府柰何今乎受敕外收本邑
長乎乞更授他吏太守奇而聽之後大將軍何進辟爲東曹
屬稍遷侍中河南尹越騎校尉董卓作亂百寮震慄孚著小
鎧於朝服裏挾佩刀見卓欲伺便刺殺之語闕辭去卓送至
閤中孚因出刀刺之卓多力退卻不中卽收孚卓曰卿欲反
邪孚大言曰汝非吾君吾非汝臣何反之有汝亂國篡主罪
盈惡大今是吾死日故來誅姦賊耳恨不車裂汝於市朝以
謝天下遂殺孚 謝承記孚字及本郡則與瓚同而致死事
乃與孚異也不知孚爲瓚之別名爲別有伍孚也蓋未詳之 河內太守王匡遣泰山
兵屯河陽津將以圖卓卓遣疑兵若將於平陰
渡者潛遣銳衆從小平北渡繞擊其後大破之
津北死者略盡卓以山東豪傑並起恐懼不寧
初平元年二月乃徙天子都長安焚燒洛陽宮
室悉發掘陵墓取寶物 華嶠漢書曰卓欲遷都長安召公卿以下大議司徒楊彪
曰昔盤庚五遷殷民胥怨故作三篇以曉天下之民今海內
安樂無故移都恐百姓驚動麋沸蟻聚爲亂卓曰關中肥饒
故秦得并吞六國今徙西京設令關東豪彊敢有動者以我
彊兵蹙之可使詣滄海彪曰海內動之甚易安之甚難又長
安宮室壞敗不可卒復卓曰武帝時居杜陵南山下有成瓦
窯數千處引涼州材木東下以作宮室爲功不難卓意不得
便作色曰公欲沮我計邪邊章韓約有書來欲令朝廷必徙
都若大兵來下我不能復相救公便可與袁氏西行彪曰西
方自彪道徑也顧未知天下何如耳議罷卓敕司隸校尉宣
播以災異劾奏因策免彪 續漢書曰太尉黃琬司徒楊彪
司空荀爽俱詣卓卓言昔高祖都關中十一世後中興更都
洛陽從光武至今復十一世案石苞室讖宜復還都長安坐中
皆驚愕無敢應者彪曰遷都改制天下大事皆當因民之心
隨時之宜昔盤庚五遷殷民胥怨故作三篇以曉之往者王
莽篡逆變亂五常更始赤眉之時焚燒長安殘害百姓民人
流亡百無一在光武受命更都洛邑此其宜也今方建立聖
主光隆漢祚而無故捐宮廟棄園陵恐百姓驚愕不解此意
必麋沸蟻聚以致擾亂石苞室讖妖邪之書豈可信用卓作
色曰楊公欲沮國家計邪關東方亂所在賊起崤函險固國
之重防又隴右取材功夫不難杜陵南山下有孝武故陶處

作塼瓦一朝可辦宮室官府蓋何足言百姓小民何足與議
若有前卻我以大兵驅之豈得自在百寮皆恐怖失色琬謂
卓曰此大事楊公之語得無重思卓罷坐卽日令司隸奏彪
及琬皆免官大駕卽西卓部兵燒洛陽城外面百里又自將
兵燒南北宮及宗廟府庫民家城內埽地殄盡又收諸富室
以罪惡沒入其財物無辜而死者不可勝計 獻帝記曰卓
獲山東兵以豬膏塗布十餘匹用纏其身然後燒之先從足
起獲袁紹豫州從事李延煑殺之卓所愛胡恃寵放縱爲司
隸校尉趙謙所殺卓大怒曰我愛狗尚不欲令人呵之而況人乎乃召司隸都官撾殺之 卓至西京爲
太師號曰尚父乘青蓋金華車爪畫兩轓時人
號曰竿摩車 魏書曰言其逼天子也 獻帝記曰卓旣爲太師復欲稱尚父以問蔡邕邕曰昔武
王受命太公爲師輔佐周室以伐無道是以天下尊之稱爲
尚父今公之功德誠爲巍巍宜須關東悉定車駕東還然後
議之乃止京師地震卓又問邕邕對曰地動陰盛大臣踰制
之所致也公乘青蓋車遠近以爲非宜卓從之更乘金華皁
蓋車也 卓弟旻爲左將軍封鄠侯兄子璜爲侍中
中軍校尉典兵宗族內外並列朝廷 英雄記曰卓侍妾懷抱中
子皆封侯弄以金紫孫女名白時尚未笄封爲渭陽君於郿
城東起壇從廣二丈餘高五六尺使白乘軒金華青蓋車都
尉中郎將刺史二千石在郿者各令乘軒簪筆爲白導從之壇上使兄子璜爲使者授印綬 公卿見卓
謁拜車下卓不爲禮召呼三臺尚書以下自詣
卓府啓事 山陽公載記曰初卓爲前將軍皇甫嵩爲左將軍俱征韓遂各不相下後卓徵爲少府并
州牧兵當屬嵩卓大怒及爲太師嵩爲御史中丞拜於車下
卓問嵩義眞服未乎嵩曰安知明公乃至於是卓曰鴻鵠固
有遠志但燕雀自不知耳嵩曰昔與明公俱爲鴻鵠不意今
日變爲鳳皇耳卓笑曰卿早服今日可不拜也 張璠漢紀
曰卓抵其手謂皇甫嵩曰義眞怖未乎嵩對曰明公以德輔
朝廷大慶方至何怖之有若淫刑以逞將天下皆懼豈獨嵩
乎卓默然遂與嵩和解 築郿塢高與長安城埒積穀爲三十
年儲 英雄記曰郿去長安二百六十里 云事成雄據天下不成守

此足以畢老膂至郿行塢公卿已下祖道於橫門外橫音光卓豫施帳幔飲設誘降北地反者數百人於坐中先斷其舌或斬手足或鑿眼或鑊煮之未死偃轉杯案閒會者皆戰慄亡失匕箸而卓飲食自若太史望氣言當有大臣戮死者故太尉張溫時爲衞尉素不善卓卓心怨之因天有變欲以塞咎使人言溫與袁術交關遂笞殺之傅子曰靈帝時牓門賣官於是太尉段熲司徒崔烈太尉樊陵司空張溫之徒皆入錢上千萬下五百萬以買三公熲數征伐有大功烈有北州重名溫有傑才陵能偶時皆一時顯士猶以貨取位而況於劉嚻唐珍張顥之黨乎　風俗通曰司隸劉嚻以黨諸常侍致位公輔　續漢書曰唐珍中常侍唐衡弟張顥中常侍張奉弟法令苛酷

愛憎淫刑更相被誣冤死者千數百姓嗷嗷道路以目魏書曰卓使司隸校尉劉囂籍吏民有爲子不孝爲臣不忠爲吏不清爲弟不順有應此者皆身誅財物沒官於是愛憎互起民多冤死悉椎破銅人鍾虡及壞五銖錢更鑄爲小錢大五分無文章肉好無輪郭不磨鑢於是貨輕而物貴穀一斛至數十萬自是後錢貨不行三年四月司徒王允尚書僕射士孫瑞卓將呂布共謀誅卓是時天子有疾新愈大會未央殿布使同郡騎都尉李肅等將親兵十餘人僞著衞士服守掖門布懷詔書卓至肅等格卓卓驚呼布所在布曰有詔遂殺卓夷三族

主簿田景前趨卓尸布又殺之凡所殺三人餘莫敢動英雄記曰時有謠言曰千里草何青青十日卜猶不生又作董逃之歌又有道士書布爲呂字以示卓卓不知其爲呂布也卓當入會陳列步騎自營至宮朝服導引行其中馬躓不前卓心怪欲止布勸使行乃衷甲而入卓既死當時日月清淨微風不起旻璜等及宗族老弱悉在郿皆還爲其羣下所斫射卓母年九十走至塢門曰乞脫我死即斫首袁氏門生故吏改殯諸袁死於郿者斂聚董氏尸於其側而焚之暴卓尸於市卓素肥膏流浸地草爲之丹守尸吏暝以爲大炷致卓臍中以爲燈光明達旦如是積日後卓故部曲收所燒者灰幷以一棺棺之葬於郿卓塢中金有二三萬斤銀八九萬斤珠玉錦綺奇玩雜物皆山崇阜積不可知數長安士庶咸相慶賀諸阿附卓者皆下獄死謝承漢書曰蔡邕在王允坐聞卓死有歎惜之音允責邕曰卓國之大賊殺主殘臣天地所不祐人神所同疾君爲王臣世受漢恩國主危難曾不倒戈卓受天誅而更嗟痛乎便使收付廷尉邕謝允曰雖以不忠猶識大義古今安危耳所厭聞口所常玩豈當背國而向卓也狂瞽之詞謬出患入願

黥首爲刑以繼漢史公卿惜邕才咸共諫允允曰昔武帝不殺司馬遷使作謗書流於後世方今國祚中衰戎馬在郊不可令佞臣執筆在幼主左右後令吾徒並受謗議遂殺邕臣松之以爲蔡邕雖爲卓所親任情必不黨宜知卓之姦凶爲天下所毒聞其死亡理無歎惜縱復令然不應反言於王允之坐斯殆謝承之妄記也史遷紀傳博有奇功於世而云王允謂孝武應早殺遷此非識者之言但遷爲不隱孝武之失直書其事耳何謂之有乎王允之忠正可謂內省不疚者矣既無懼於謗且欲殺邕當論邕應死與不豈可慮其謗已而枉戮善人哉此皆誣罔不通之甚者　張璠漢紀曰初蔡邕以言事見徙名聞天下義動志士及還內寵惡之邕恐乃亡命海濱往來依太山羊氏積十年卓爲太尉辟爲掾以高第爲侍御史治書三日中遷至尚書後遷巴東太守卓上留拜侍中至長安爲左中郎將卓重其才厚遇之每有朝廷事常令邕具草及允將殺邕時名士多爲之言允悔欲止而邕已死初卓女壻中郎將牛輔典兵別屯陝分遣校尉李傕郭汜張濟略陳留潁川諸縣卓死呂布使李肅至陝欲以詔命

誅輔輔等逆與肅戰肅敗走弘農布誅肅魏書曰輔
恇怯失守不能自安常把辟兵符以鈇鑕致其旁欲以自彊見客先使相者相之知有反氣與不又筮知吉凶然後乃見
之中郎將董越來就輔輔使筮之得兌下離上筮者曰火勝金外謀内之卦也卽時殺越獻帝紀云筮人常爲越所鞭
故因此以報之其後輔營兵有夜叛出者營中驚輔以爲
皆叛乃取金寶獨與素所厚友胡赤兒等五六
人相隨踰城北渡河赤兒等利其金寶斬首送
長安比傕等還輔已敗衆無所依欲各散歸既
無赦書而聞長安中欲盡誅涼州人憂恐不知
所爲用賈詡策遂將其衆而西所在收兵比至長
安衆十餘萬九州春秋曰傕等在陝皆恐怖急擁兵自守胡文才楊整脩皆涼州大人而司徒王
允素所不善也及李傕之叛允乃呼文才整脩使東解釋之不假借以温顏謂曰關東鼠子欲何爲邪卿往呼之於是二
人往實召兵而還與卓故部曲樊稠李蒙王方等合圍長
安城十日城陷與布戰城中布敗走傕等放兵
略長安老少殺之悉盡死者狼籍誅殺卓者尸
王允於市張璠漢紀曰布兵敗住馬青瑣門外謂允曰公可以去允曰安國家吾之上願也若不獲則奉
身以死朝廷幼主恃我而已臨難苟免吾不爲也努力謝關東諸公以國家爲念傕汜入長安城屯南宮掖門殺太僕魯
馗大鴻臚周奐城門校尉崔烈越騎校尉王頎吏民死者不可勝數司徒王允挾天子上宣平城門避兵傕等於城門下
拜伏地叩頭帝謂傕等曰卿無作威福而乃放兵縱橫欲何爲乎傕等曰董卓忠於陛下而無故爲呂布所殺臣等爲卓
報讎弗敢爲逆也請事竟詣廷尉受罪允窮逼出見傕傕誅允及妻子宗族十餘人長安城中男女大小莫不流涕允字
子師太原祁人也少有大節郭泰見而奇之曰王生一日千里王佐之才也泰雖先達遂與定交三公並辟歷豫州刺史

魏志六　九

董卓

辟荀爽孔融爲從事遷河南尹尚書令及爲司徒其所以扶將王室甚得大臣之節自天子以下皆倚賴焉卓亦推信之
委以朝廷華嶠曰夫士以正立以謀濟以義成若王允之推董卓而分其權伺其間而弊其罪當此之時天下之難解
矣本之皆主於忠義也故推卓不爲失正分權不爲不義伺間不爲狙詐是以謀濟義成而歸於正也葬卓
於郿大風暴雨震卓墓水流入藏漂其棺槨傕
爲車騎將軍池陽侯領司隸校尉假節汜爲後
將軍美陽侯稠爲右將軍萬年侯傕汜稠擅朝
政英雄記曰傕北地人汜張掖人一名多濟爲驃騎將軍平陽侯屯弘
農是歲韓遂馬騰等降率衆詣長安以遂爲鎮
西將軍遣還涼州騰征西將軍屯郿侍中馬宇
與諫議大夫种邵左中郎將劉範等謀欲使騰
襲長安已爲内應以誅傕等騰引兵至長平觀
宇等謀泄出奔槐里稠擊騰騰敗走還涼州又
攻槐里宇等皆死時三輔民尚數十萬户傕等
放兵劫略攻剽城邑人民饑困二年間相啖食
略盡獻帝紀曰是時新遷都宮人多亡衣服帝欲發御府繒以與之李傕弗欲曰宮中有衣胡爲復作邪詔賣
廏馬百餘匹御府大司農出雜繒二萬匹與所賣廏馬直賜公卿以下及貧民不能自存者李傕曰我邸閣儲偫少乃悉
載置其營賈詡曰此上意不可拒傕不從之諸將爭權遂殺稠并其衆九州
春秋曰馬騰韓遂之敗樊稠追至陳倉遂語稠曰天地反覆未可知也本所爭者非私怨王家事耳與足下州里人今雖
小違要當大同欲相與善語以別邂逅萬一不如意後可復相見乎俱卻騎前接馬交臂相加共語良久而別傕兄子利
隨稠利還告傕韓樊交馬語不知所道意愛甚密傕以是疑稠與韓遂私和而有異意稠欲將兵東出關從傕索益兵因

魏志六　十

董卓

請稠會議便於坐殺稠汜與傕轉相疑戰鬬長安中典略曰傕數設
酒請汜或留汜止宿汜妻懼傕與汜婢妾而奪己愛思有以
離間之會傕送饋妻乃以豉爲藥汜將食妻曰食從外來儻
或有故遂摘藥示之曰一棲不二雄我固疑將軍之信李公
也他日傕復請汜大醉汜疑傕藥之絞糞汁飲之乃解於是
遂生嫌隙而治兵相攻傕質天子於營燒宮殿城門略官寺
盡收乘輿服御物置其家獻帝起居注曰初汜謀迎天子幸其營夜有亡告傕
者傕使兄子暹將數千兵圍宮以車三乘迎天子楊彪曰自
古帝王無在人臣家者舉事當合天下心諸君作此非是也
暹曰將軍計定矣於是天子一乘貴人伏氏一乘賈詡左靈
一乘其餘皆步從是日傕復移乘輿幸北塢使校尉監塢門
內外隔絕諸侍臣皆有饑色時盛暑熱人盡寒心帝求米五
斛牛骨五具以賜左右傕曰朝餔上飯何用米爲乃與腐牛
骨皆臭不可食帝大怒欲詰責之侍中楊琦上封事曰傕邊
鄙之人習於夷風今又自知所犯悖逆常有怏怏之色欲輔
車駕幸黃白城以紓其憤臣願陛下忍之未可顯其罪也帝
納之初傕屯黃白城故謀欲徙之傕以司徒趙溫不與己同

乃內溫塢中溫聞傕欲移乘輿與傕書曰公前託爲董公報
讎然實屠陷王城殺戮大臣天下不可家見而戶釋也今爭
睚眥之隙以成千鈞之讎民在塗炭各不聊生曾不改寤遂
成禍亂朝廷仍下明詔欲令和解詔命不行恩澤日損而復
欲輔乘輿於黃白城此誠老夫所不解也於易一過爲過再
爲涉三而弗改滅其頂凶不如早共和解引兵還屯上安萬
乘下全生民豈不幸甚傕大怒欲遣人害溫其從弟應溫故
掾也諫之數日乃止帝聞溫與傕書問侍中常洽曰傕弗知
臧否溫言太切可爲寒心對曰李應已解之矣帝乃悅之傕使公卿詣汜請和汜
皆執之華嶠漢書曰汜饗公卿議欲攻傕楊彪曰羣臣共鬬一人劫天子一人質公卿此可行乎汜怒欲手
刃之中郎將楊密及左右多諫汜乃歸之相攻擊連月死者萬數獻帝起居注曰
傕性喜鬼怪左道之術常有道人及女巫歌謳擊鼓下神祠
祭六丁符劾厭勝之具無所不爲又於朝廷省門外爲董卓
作神坐數以牛羊祠之訖過省閤問起居求入見傕帶三刀
手復與鞭合持一刃侍中侍郎見傕帶仗皆惶恐亦帶劍持
刃先入在帝側傕對帝或言明陛下或言明帝爲帝說郭汜
無狀帝亦隨其意答應之傕喜出言明陛下眞賢聖主意遂

自信自謂良得天子歡心也雖然猶不欲令近臣帶劍在帝
邊謂人言此曹子將欲圖我邪而皆持刀也侍中李禎傕州
里素與傕通語傕所以持刀者軍中不可不爾此國家故事
傕意乃解天子以謁者僕射皇甫酈涼州舊姓有專對之才
遣令和傕汜酈先詣汜汜受詔命詣傕傕不肯曰我有呂布
之功輔政四年三輔清靜天下所知也郭多盜馬虜耳何敢
乃欲與吾等邪必欲誅之君爲涼州人觀吾方略士衆足辦
多不又劫質公卿所爲如是而君苟欲利郭多李傕有膽
自知之酈答曰昔有窮后羿恃其善射不思患難以至於斃
近董公之彊明將軍目所見內有王公以爲內主外有董旻
承璜以爲鯁毒呂布受恩而反圖之斯須之間頭縣竿端此
有勇而無謀也今將軍身爲上將把鉞杖節子孫握權宗族
荷寵國家好爵而皆據之今郭多劫質公卿將軍脅至尊誰
爲輕重邪張濟與郭多楊定有謀又爲冠帶所附楊奉白波
帥耳猶知將軍所爲非是將軍雖拜寵之猶不肯盡力也傕
不納酈言而呵之令出酈出詣省門白傕不肯從詔辭語不
順侍中胡邈爲傕所幸呼傳詔者令飾其辭又謂酈曰李將
軍於卿不薄又皇甫公爲太尉李將軍力也酈答曰胡敬才
卿爲國家常伯輔弼之臣也語言如此寧可用邪邈曰念卿
失李將軍意恐不易耳我與卿何事者酈言我累世受恩身

又常在帷幄君辱臣死當坐國家爲李傕所殺則天命也天
子聞酈答語切恐傕聞之便敕遣酈酈裁出營門傕遣虎賁
王昌呼之昌知酈忠直縱令去還答傕言追之不及天子使
左中郎將李固持節拜傕爲大司馬在三公之右傕自以爲
得鬼神之力乃厚賜諸巫傕將楊奉與傕軍吏宋果等謀殺傕
事泄遂將兵叛傕傕衆叛稍衰弱張濟自陝和
解之天子乃得出至新豐霸陵閒獻帝起居注曰初天子出到宣
平門當度橋汜兵數百人遮橋問是天子邪車不得前傕兵數百人皆持大戟在乘輿車左右侍中劉艾大呼云是天子
也使侍中楊琦高舉車帷帝言諸兵汝不卻何敢迫近至尊邪汜等兵乃卻既度橋士衆咸呼萬歲郭汜復
欲脅天子還都郿天子奔奉營奉擊汜破之汜
走南山奉及將軍董承以天子還洛陽傕汜悔
遣天子復相與和追及天子於弘農之曹陽奉

急招河東故白波帥韓暹胡才李樂等合與傕
汜大戰奉兵敗傕等縱兵殺公卿百官略宮人
入弘農獻帝紀曰時尚書令士孫瑞爲亂兵所害三輔決錄注曰瑞字君榮扶風人世爲學門瑞少傳家業
博達無所不通仕歷顯位卓既誅遷大司爲三老每三公缺瑞常在選中太尉馬忠皇甫嵩司徒淳于嘉趙溫司空楊彪
張喜等爲公皆辭拜讓瑞天子都許追論瑞功封子萌澹津亭侯萌字文始亦有才學與王粲善臨當就國粲作詩以贈
萌萌有答在粲集中天子走陝北渡河失輜重步行唯皇后
貴人從至大陽止人家屋中獻帝紀曰初議者欲令天子浮河東下太尉楊
彪曰臣弘農人從此已東有三十六灘非萬乘所當從也劉艾曰臣前爲陝令知其危險有師猶有傾覆況今無師太尉
謀是也乃止及當北渡使李樂具船天子步行趣河岸岸高不得下董承等謀欲以馬羈相續以繫帝腰時中宮僕伏德
扶中宮一手持十匹絹乃取德絹連續爲輦行軍校尉尚弘多力令弘居前負帝乃得下登船其餘不得渡者甚衆復遣

魏志六　十三

船收諸不得渡者皆爭攀船船上人以刃櫟斷其指舟中之指可掬奉暹等遂以天子都
安邑御乘牛車太尉楊彪太僕韓融近臣從者
十餘人以暹爲征東才爲征西樂征北將軍並
與奉承持政遣融至弘農與傕汜等連和還所
略宮人公卿百官及乘輿車馬數乘是時蝗蟲
起歲旱無穀從官食棗菜魏書曰乘輿時居棘籬中門戶無關閉天子與羣臣
會兵士伏籬上觀互相鎮壓以爲笑諸將專權或擅笞殺尚書司隸校尉出入民兵抵擲之諸將或遣婢詣省閤或自齎
酒啖過天子飲侍中不通宣呼罵詈遂不能止又競表拜諸營壁民爲部曲求其禮遺醫師走卒皆爲校尉御史刻印不
供乃以錐畫示有文字或不時得也諸將不能相率上下亂糧食盡
奉暹承乃以天子還洛陽出箕關下軹道張楊

以食迎道路拜大司馬語在楊傳天子入洛陽
宮室燒盡街陌荒蕪百官披荊棘依丘牆閒州
郡各擁兵自爲莫有至者饑窮稍甚尚書郎以
下自出樵采或饑死牆壁閒太祖乃迎天子都
許暹奉不能奉王法各出奔寇徐揚閒爲劉備
所殺英雄記曰備誘奉與相見因於坐上執之暹失奉勢孤時欲走還并州爲杼秋屯帥張宣所邀殺董
承從太祖歲餘誅建安二年遣謁者僕射裴茂
率關西諸將誅傕夷三族典略曰傕頭至有詔高縣汜爲其將
五習所襲死於郿濟饑餓至南陽寇略爲穰人
所殺從子繡攝其衆才樂留河東才爲怨家所

魏志六　十四

殺樂病死遂騰自還涼州更相寇後騰入爲衛
尉子超領其部曲十六年超與關中諸將及遂
等反太祖征破之語在武紀遂奔金城爲其將
所殺超據漢陽騰坐夷三族趙衢等舉義兵討
超超走漢中從張魯後奔劉備死於蜀

袁紹傳

袁紹字本初汝南汝陽人也高祖父安爲漢司
徒自安以下四世居三公位由是勢傾天下華嶠漢書曰安字邵公好學有威重明帝時爲楚郡太守治楚王獄所申理者四百餘家皆蒙全濟安遂爲名臣章帝時至司
徒生蜀郡太守京京弟敞爲司空京子湯太尉湯四子長子平平弟成左中郎將並早卒成弟逢逢弟隗皆爲公　魏書曰

自書以下皆博愛容衆無所揀擇賓客入其門無賢愚皆得所欲為天下所歸紹即逢之庶子術異母兄也出後成為子英雄記曰成字文開壯健有部分貴戚權豪自大將軍梁冀以下皆與結好言無不從故京師為作諺曰事不諧問文開紹有姿皃威容能折節下士士多附之太祖少與交焉以大將軍掾為侍御史英雄記曰紹生而父死二公愛之幼使為郎弱冠除濮陽長有清名遭母喪服竟又追行父服凡在冢廬六年禮畢隱居洛陽不妄通賓客非海內知名不得相見又好游俠與張孟卓何伯求吳子卿許子遠伍德瑜等皆為奔走之友不應辟命中常侍趙忠謂諸黃門曰袁本初坐作聲價不應呼召而養死士不知此兒欲何所為乎紹叔父隗聞之責數紹曰汝且破我家紹於是乃起應大將軍之命　臣松之案魏書云紹逢之庶子出後伯父成如此記所言則似實成所生夫人追服所生禮無其文況於所後而可以行之二書未詳孰是稍遷中軍校尉至司隸靈帝崩太后兄大將軍何進與紹謀誅諸閹官續漢書曰紹使客張津說

進曰黃門常侍秉權日久又永樂太后與諸常侍專通財利將軍宜整頓天下為海內除患進以為然遂與紹結謀太后不從乃召董卓欲以脅太后常侍黃門聞之皆詣進謝唯所錯置時紹勸進便可於此決之至于再三而進不許令紹使洛陽方略武吏檢司諸宦者又令紹弟虎賁中郎將術選溫厚虎賁二百人當入禁中代持兵黃門陛守門戶中常侍段珪等矯太后命召進入議遂殺之宮中亂九州春秋曰初紹說進曰黃門常侍累世太盛威服海內前竇武欲誅之而反為所害但坐言語漏泄以五營士為兵故耳五營士生長京師服畏中人而竇氏反用其鋒遂果叛走歸黃門是以自取破滅今將軍以元舅之尊二府並領勁兵其部曲將吏皆英雄名士樂盡死力事在掌握天贊其時也今為天下誅除貪穢功勳顯著垂名後世雖周之申伯

何足道哉今大行在前殿將軍以詔書領兵衛守可勿入宮進納其言後更狐疑紹懼進之改變脅進曰今交構已成形勢已露將軍何為不早決之事留變生後機禍至進不從遂敗術將虎賁燒南宮嘉德殿青瑣門欲以迫出珪等珪等不出劫帝及帝弟陳留王走小平津紹既斬宦者所署司隸校尉許相遂勒兵捕諸閹人無少長皆殺之或有無鬚而誤死者至自發露形體而後得免宦者或有行善自守而猶見及其濫如此死者二千餘人急追珪等珪等悉赴河死帝得還宮董卓呼紹議欲廢帝立陳留王是時紹叔父隗為太傅紹偽許之曰此大事出當與太傅議卓曰劉

氏種不足復遺紹不應橫刀長揖而去獻帝春秋曰卓欲廢帝謂紹曰皇帝沖闇非萬乘之主陳留王猶勝今欲立之人有小智大或癡亦知復何如為當且爾卿不見靈帝乎念此令人憤毒紹曰漢家君天下四百許年恩澤深渥兆民戴之來久今帝雖幼沖未有不善宣聞天下公欲廢適立庶恐衆不從公議也卓謂紹曰豎子天下事豈不決我我今為之誰敢不從爾謂董卓刀為不利乎紹曰天下健者豈唯董公引佩刀橫揖而出　臣松之以為紹于時與卓未搆嫌隙故卓與之諮謀若但以言議不同便罵為豎子而有推刃之心及紹復荅屈彊為甚卓又安能容忍而不加害乎且如紹此言進非亮正退違詭遜而顯其競爽之旨以觸哮闞之鋒有志功業者理豈然哉此語妄之甚矣紹既出遂亡奔冀州侍中周毖城門校尉伍瓊議郎何顒等皆名士也卓信之而陰為紹乃說卓曰夫廢立大事非常人所及紹不達大體恐懼故出奔非有他志也今購之急

勢必為變袁氏樹恩四世門生故吏徧於天下
若收豪傑以聚徒衆英雄因之而起則山東非
公之有也不如赦之拜一郡守則紹喜於免罪
必無患矣卓以為然乃拜紹勃海太守封邟鄉
侯紹遂以勃海起兵將以誅卓語在武紀紹自
號車騎將軍主盟與冀州牧韓馥立幽州牧劉
虞為帝遣使奉章詣虞虞不敢受後馥軍安平
為公孫瓚所敗瓚遂引兵入冀州以討卓為名
內欲襲馥馥懷不自安英雄記曰逢紀說紹曰將軍舉大事而仰人資給不據一
州無以自全紹答云冀州兵彊吾士饑乏設不能辦無所容
立紀曰可與公孫瓚相聞導使來南擊取冀州公孫必至而

馥懼矣因使說利害為陳禍福馥必遜讓
於此之際可據其位紹從其言而瓚果來會卓西入關紹
還軍延津因馥惶遽使陳留高幹潁川荀諶等
說馥曰公孫瓚乘勝來向南而諸郡應之袁車
騎引軍東向此其意不可知竊為將軍危之馥曰
為之柰何諶曰公孫提燕代之卒其鋒不可當
袁氏一時之傑必不為將軍下夫冀州天下之
重資也若兩雄并力兵交於城下危亡可立而
待也夫袁氏將軍之舊且同盟也當今為將軍
計莫若舉冀州以讓袁氏袁氏得冀州則瓚不
能與之爭必厚德將軍冀州入於親交是將軍

有讓賢之名而身安於泰山也願將軍勿疑馥
素恇怯因然其計馥長史耿武別駕閔純治中
李歷諫馥曰冀州雖鄙帶甲百萬穀支十年袁
紹孤客窮軍仰我鼻息譬如嬰兒在股掌之上
絕其哺乳立可餓殺柰何乃欲以州與之馥曰
吾袁氏故吏且才不如本初度德而讓古人所
貴諸君獨何病焉從事趙浮程奐請以兵拒之
馥又不聽乃讓紹九州春秋曰馥遣都督從事趙浮程奐將彊弩萬張屯河陽浮等聞馥欲以冀
州與紹自孟津馳東下時紹尚在朝歌清水口浮等從後來
船數百艘衆萬餘人整兵鼓夜過紹營紹甚惡之浮等到謂
馥曰袁本初軍無斗糧各已離散雖有張楊於扶羅新附未
肯為用不足敵也小從事等請自以見兵拒之旬日之間必

土崩瓦解明將軍但當開閤高枕何憂何懼馥不從乃
避位出居趙忠故舍遣子齎冀州印綬於黎陽與紹紹遂
領冀州牧從事沮授沮音菹說紹曰將軍弱冠登
朝則播名海內值廢立之際則忠義奮發單騎
出奔則董卓懷怖濟河而北則勃海稽首振一
郡之卒撮冀州之衆威震河朔名重天下雖黃
巾猾亂黑山跋扈舉軍東向則青州可定還討
黑山則張燕可滅回衆北首則公孫必喪震脅
戎狄則匈奴必從橫大河之北合四州之地收
英雄之才擁百萬之衆迎大駕於西京復宗廟
於洛邑號令天下以討未復以此爭鋒誰能敵

之比及數年此功不難紹喜曰此吾心也即表授爲監軍奮威將軍獻帝傳曰沮授廣平人少有大志多權略仕州別駕舉茂才歷二縣令又爲韓馥別駕表拜騎都尉袁紹得冀州又辟焉　英雄記曰是時年號初平紹字本初自以爲年與字合必能克平禍亂卓遣執金吾胡母班將作大匠吳脩齎詔書喻紹紹使河內太守王匡殺之漢末名士錄曰班字季皮太山人少與山陽度尚東平張邈等八人並輕財赴義振濟人士世謂之八廚　謝承後漢書曰班王匡之妹夫董卓使班奉詔到河內解釋義兵匡受袁紹旨收班繫獄欲殺之以徇軍班與匡書云自古已來未有下土諸侯舉兵向京師者劉向傳曰擲鼠忌器器猶忌之況卓今處宮闕之內以天子爲藩屏幼主在宮如何可討僕與太傅馬公太僕趙岐少府陰脩俱受詔命關東諸郡雖實嫉卓猶以銜奉王命不敢玷辱而足下獨囚僕於獄欲以釁鼓此悖暴無道之甚者也僕與董卓有何親戚義豈同惡而足下張虎狼之口吐長蛇之毒恚卓遷怒何甚酷哉死人之所難然恥爲狂夫所害若亡者有靈當訴足下於皇天夫婚姻者禍福之機今日著矣曩爲一體今爲血讎亡人子二人則君之甥身沒之後愼勿令臨僕尸骸也匡得書抱班二子而泣班遂死於獄班嘗見太山府君及河伯事在搜神記語多不載

卓聞紹得關東乃悉誅紹宗族太傅隗等當是時豪俠多附紹皆思爲之報州郡蠭起莫不假其名馥懷懼從紹索去往依張邈英雄記曰紹以河內朱漢爲都官從事漢先時爲馥所不禮內懷怨恨且欲徼迎紹意擅發城郭兵圍守馥第拔刃登屋馥走上樓收得馥大兒槌折兩腳紹亦立收漢殺之馥猶憂怖故報紹索去後紹遣使詣邈有所計議與邈耳語馥在坐上謂見圖構無何起至溷自殺英雄記曰公孫瓚擊青州黃巾賊大破之還屯廣宗改易守令冀州長吏無不望風響應開門受之紹自往征瓚合戰於界橋南二十里瓚步兵三萬餘人爲方陳騎爲兩翼左右各五千餘匹白馬義從爲中堅亦分作兩校左射右射左旌旗鎧甲光照天地紹令麴義以

八百兵爲先登彊弩千張夾承之紹自以步兵數萬結陳於後義久在涼州曉習羌鬭兵皆驍銳瓚見其兵少便放騎欲陵蹈之義兵皆伏楯下不動未至數十步乃同時俱起揚塵大叫直前衝突彊弩雷發所中必倒臨陣斬瓚所署冀州刺史嚴綱甲首千餘級瓚軍敗績步騎奔走不復還營義追至界橋瓚殿兵還戰橋上義復破之遂到瓚營拔其牙門營中餘衆皆復散走紹在後未到橋十數里下馬發鞍見瓚已破不爲設備惟帳下彊弩數十張大戟士百餘人自隨瓚部迸騎二千餘匹卒至便圍紹數重弓矢雨下別駕從事田豐扶紹欲卻入空垣紹以兜鍪撲地曰大丈夫當前鬭死而入牆間豈可得活乎彊弩乃亂發多所殺傷瓚騎不知是紹亦稍引卻會麴義來迎乃散去瓚每與虜戰常乘白馬追不虛發數獲戎捷虜相告云當避白馬因虜所忌簡其白馬數千匹選騎射之士號爲白馬義從一曰胡夷健者常乘白馬瓚有健騎數千多乘白馬故以號焉紹既破瓚引兵南到薄洛津方與賓客諸將共會聞魏郡兵反與黑山賊于毒共覆鄴城遂殺太守栗成賊十餘部衆數萬人聚會鄴中坐上諸客有家在鄴者皆憂怖失色或起啼泣紹容貌不變自若也賊陶升者故內黃小吏也有善心獨將部衆踰西城入閉守州門不內他賊以車載紹家及諸衣冠在州內者身自扞衛送到斥丘乃還紹到遂屯斥丘以陶升爲建義中郎將乃引軍入朝歌鹿場山蒼巖谷討于毒圍攻五日破之斬毒及長安所署冀州牧壺壽遂尋山北行薄擊諸賊左髭丈八等皆斬之又擊劉石青牛角黃龍左校郭大賢李大目于氐根等皆屠其屯壁奔走得脫斬首數萬級紹復還屯鄴初平四年天子使太傅馬日磾太僕趙岐和解關東岐別詣河北紹出迎於百里上拜奉帝命岐住紹營移書告瓚瓚遣使具與紹書曰趙太僕以周召之德銜命來征宣揚朝恩示以和睦曠若開雲見日何喜如之昔賈復寇恂亦爭士卒欲相危害遇光武之寬親俱陛見同輿共出時人以爲榮自省邊鄙得與將軍共同此福此誠將軍之眷而瓚之幸也麴義後恃功而驕恣紹乃殺之

初天子之立非紹意及在河東紹遣潁川郭圖使焉圖還說紹迎天子都鄴紹不從獻帝傳云沮授說紹曰將軍累葉輔弼世濟忠義今朝廷播越宗廟毀壞觀諸州郡外託義兵內圖相滅未有存主恤民者且今州城粗定宜迎大駕安宮鄴都挾天子而令諸侯畜士馬以討不庭誰能禦之紹悅將從之郭圖淳于瓊曰漢室陵遲爲日久矣今欲興之不亦難乎且今英雄據有州郡衆動萬計所謂

秦失其鹿先得者王若迎天子以自近動輒表聞從之則權輕違之則拒命非計之善者也授曰今迎朝廷至義也又於
時宜大計也若不早圖必有先人者也夫權不失機功在速捷將軍其圖之紹弗能用案此書稱鄴圖之計則與本傳違
也會太祖迎天子都許收河南地關中皆附紹
悔欲令太祖徙天子都鄄城以自密近太祖拒
之天子以紹為太尉轉為大將軍封鄴侯獻帝春秋
曰紹恥班在太祖下怒曰曹操當死數矣我輒救存之今乃背恩挾天子以令我乎太祖聞而以大將軍讓於紹紹
讓侯不受頃之擊破瓚於易京并其眾典略曰自此紹
貢御希慢私使主簿耿苞密白曰赤德衰盡袁為黃胤宜順天意紹以苞密白事示軍府將吏議者咸以苞為妖妄宜誅紹
乃殺苞以自解　九州春秋曰紹延徵北海鄭玄而不禮趙融聞之曰賢人者君子之望也不禮賢是失君子之望也夫
有為之君不敢失萬民之歡心況於君子乎失君子之望難乎以有為也　英雄記載太祖作董卓歌辭云德行不虧缺
變故自難常鄭康成行酒伏地氣絕郭景圖命盡於圖桑如此之文則玄無病而卒餘書不見故載錄之出長
子譚為青州沮授諫紹必為禍始紹不聽曰孤
欲令諸兒各據一州也九州春秋載授諫辭曰世稱一兔走衢萬人逐之一人獲
之貪者悉止分定故也且年均以賢德均則卜古之制也願上惟先代成敗之戒下思逐兔分定之義紹曰孤欲令四兒
各據一州以觀其能授出曰禍其始此乎譚始至青州為都督未為刺史後太祖拜為刺史其土自河而西蓋不過平原
而已遂北排田楷東攻孔融曜兵海隅是時百姓無主欣戴之矣然信用羣小好受近言肆志奢淫不知稼穡之艱難華
彥孔順皆姦佞小人也信以為腹心王脩等備官而已然能接待賓客慕名敬士使婦弟領兵在內至令草竊市井而外
虜略田野別使兩將募兵下縣有賂者見免無者見取貧弱者多乃至於竄伏丘野之中放兵捕索如獵鳥獸邑有萬戶
者著籍不盈數百收賦納稅參分不入一招命賢士不就不趣赴軍期安居族黨亦不能罪也又以中子
熙為幽州甥高幹為并州眾數十萬以審配逢

紀統軍事田豐荀諶許攸為謀主顏良文醜為
將率簡精卒十萬騎萬匹將攻許世語曰紹步卒五萬騎八千孫
盛評曰案魏武謂崔琰曰昨案貴州戶籍可得三十萬眾由此推之但冀州勝兵已如此況兼幽并及青州乎紹之大舉
必悉師而起十萬近之矣　獻帝傳曰紹將南師沮授田豐諫曰師出歷年百姓疲弊倉庾無積賦役方殷此國之深憂
也宜先遣使獻捷天子務農逸民若不得通乃表曹氏隔我王路然後進屯黎陽漸營河南益作舟船繕治器械分遣精
騎鈔其邊鄙令彼不得安我取其逸三年之中事可坐定也審配郭圖曰兵書之法十圍五攻敵則能戰今以明公之神
武跨河朔之彊眾以伐曹氏譬若覆手今不時取後難圖也授曰蓋救亂誅暴謂之義兵恃眾憑彊謂之驕兵兵義無敵
驕者先滅曹氏迎天子安宮許都今舉師南向於義則違且廟勝之策不在彊弱曹氏法令既行士卒精練非公孫瓚坐
受圍者也今棄萬安之術而興無名之兵竊為公懼之圖等曰武王伐紂不曰不義況兵加曹氏而云無名且公師武臣
竭力將士憤怒人思自騁而不及時早定大業慮之失也夫天與弗取反受其咎此越之所以霸吳之所以亡也監軍之
計計在持牢而非見時知機之變也紹從之圖等因是譖授監統內外威震三軍若其浸盛何以制之夫臣與主不同者
昌主與臣同者亡此黃石之所忌也且御眾於外不宜知內紹疑焉乃分監軍為三都督使授及郭圖淳于瓊各典一軍
遂合而南先是太祖遣劉備詣徐州拒袁術術死備
殺刺史車胄引軍屯沛紹遣騎佐之太祖遣劉
岱王忠擊之不克建安五年太祖自東征備田
豐說紹襲太祖後紹辭以子疾不許豐舉杖擊
地曰夫遭難遇之機而以嬰兒之病失其會惜
哉太祖至擊破備備奔紹魏氏春秋載紹檄州郡文曰蓋聞明主圖危以制變
忠臣慮難以立權曩者彊秦弱主趙高執柄專制朝命威福由己終有望夷之禍汙辱至今及臻呂后祿產專政擅斷萬
機決事省禁下陵上替海內寒心於是絳侯朱虛興威奮怒誅夷逆亂尊立太宗故能道化興隆光明顯融此則大臣立

權之明表也司空曹操祖父中常侍騰與左悺徐璜並作妖孽饕餮放橫傷化虐民父嵩乞匄攜養因贓假位輿金輦璧輸貨權門竊盜鼎司傾覆重器操贅閹遺醜本無令德僄狡鋒俠好亂樂禍幕府昔統鷹揚埽夷凶逆續遇董卓侵官暴國於是提劍揮鼓發命東夏方收羅英雄棄瑕錄用故遂與操參咨策略謂其鷹犬之才爪牙可任至乃愚佻短慮輕進易退傷夷折衄數喪師徒幕府輒復分兵命銳修完補輯表行東郡太守兗州刺史被以虎文授以偏師獎蹙威柄冀獲秦師一克之報而操遂乘資跋扈肆行酷裂割剝元元殘賢害善故九江太守邊讓英才俊逸天下知名以直言正色論不阿諂身被梟懸之戮妻孥受灰滅之咎自是士林憤痛民怨彌重一夫奮臂舉州同聲故躬破於徐方地奪於呂布彷徨東裔蹈據無所幕府惟彊幹弱枝之義且不登叛人之黨故復援旌擐甲席卷赴征金鼓響震布衆破沮拯其死亡之患復其方伯之任是則幕府無德於兗土之民而有大造於操也後會鑾駕東反羣虜亂政時冀州方有北鄙之警匪遑離局故使從事中郎徐勛就發遣操使繕脩郊廟翼衛幼主而便放志專行脅遷省禁卑侮王宮敗法亂紀坐召三臺專制朝政爵賞由心刑戮在口所愛光五宗所惡滅三族羣談者蒙顯誅腹議者蒙隱戮道路以目百寮鉗口尚書記朝會公卿充員品而已故太尉楊彪歷典二司享國極位操因睚眥被以非罪榜楚并兼五毒俱至觸情放慝不顧憲章又議郎趙彥忠諫直言議有可納故聖朝含聽改容加錫操欲迷奪時權杜絕言路擅收立殺不俟報聞又梁孝王先帝母昆墳陵尊顯松柏桑梓猶宜恭肅而操率將校吏士親臨發掘破棺裸尸略取金寶至今聖朝流涕士民傷懷又署發丘中郎將摸金校尉所過隳突無骸不露身處三公之官而行桀虜之態殄國虐民毒流人鬼加其細政苛慘科防互設繒繳充蹊坑穽塞路舉手挂網羅動足蹈機陷是以兗豫有無聊之民帝都有吁嗟之怨歷觀古今書籍所載貪殘虐烈無道之臣於操為甚幕府方詰外姦未及整訓加意含覆冀可彌縫而操豺狼野心潛包禍謀乃欲撓折棟梁孤弱漢室除滅中正專為梟雄往歲伐鼓北征討公孫瓚彊寇桀逆拒圍一年操因其未破陰交書命欲託助王師以相掩襲故引兵造河方舟北濟會其行人發露瓚亦梟夷故使鋒芒挫縮厥圖不果屯據敖倉阻河為固乃欲以螗蜋之斧禦隆車之隧幕府奉漢威靈折衝宇宙長戟百萬胡騎千羣奮中黃育獲之士騁良弓勁弩之勢并州越太行青州涉濟漯大軍汎黃河以角其前荊州下宛葉而掎其後雷震虎步並集虜庭若舉炎火以焫飛蓬覆滄海而沃熛炭有何不消滅者哉當今

漢道陵遲綱弛紀絕操以精兵七百圍守宮闕外稱陪衛內以拘執懼其篡逆之禍因斯而作乃忠臣肝腦塗地之秋烈士立功之會也可不勗哉此陳琳之辭

紹進軍黎陽遣顏良攻劉延於白馬沮授又諫紹良性促狹雖驍勇不可獨任紹不聽太祖救延與良戰破斬良

獻帝傳曰紹臨發沮授會其宗族散資財以與之曰夫勢在則威無不加勢亡則不保一身哀哉其弟宗曰曹公士馬不敵君何懼焉授曰以曹兗州之明略又挾天子以為資我雖克公孫衆實疲弊而將驕主忲軍之破敗在此舉也揚雄有言六國蚩蚩為嬴弱姬今之謂也

紹渡河壁延津南使劉備文醜挑戰太祖擊破之斬醜再戰禽紹大將紹軍大震

獻帝傳曰紹將濟河沮授諫曰勝負變化不可不詳今宜留屯延津分兵官渡若其克獲還迎不晚設其有難衆弗可還紹弗從授臨濟歎曰上盈其志下務其功悠悠黃河吾其反乎遂以疾辭紹恨之乃省其所部兵屬郭圖

太祖還官渡沮授又曰北兵數衆而果勁不及南南穀虛少而貨財不及北南利在於急戰北利在於緩搏宜徐持久曠以日月紹不從連營稍前逼官渡合戰太祖軍不利復壁紹為高櫓起土山射營中營中皆蒙楯衆大懼太祖乃為發石車擊紹樓皆破紹衆號曰霹靂車

魏氏春秋曰以古有矢石又傳言旝動而鼓說曰旝發石也於是造發石車

紹為地道欲襲太祖營太祖輒於內為長塹以拒之又遣奇兵襲擊紹運車大破之盡焚其穀太祖與紹相持日久百姓疲乏多叛應紹軍食乏之會紹遣淳于瓊等將兵萬餘人北迎

袁紹

運車沮授說紹可遣將蔣奇別爲支軍於表以斷曹公之鈔紹復不從瓊宿烏巢去紹軍四十里太祖乃留曹洪守自將步騎五千候夜潛往攻瓊紹遣騎救之敗走破瓊等悉斬之太祖還未至營紹將高覽張郃等率其衆降紹衆大潰紹與譚單騎退渡河餘衆僞降盡坑之張璠漢記云殺紹卒凡八萬人沮授不及紹渡爲人所執詣太祖獻帝傳云授大呼曰授不降也爲軍所執耳太祖與之有舊逆謂授曰分野殊異遂用圮絕不圖今日乃相禽也授對曰冀州失策以取奔北授智力俱困宜其見禽耳太祖曰本初無謀不用君計今喪亂過紀國家未定當相與圖之授曰叔父母弟縣命袁氏若蒙公靈速死爲福太祖歎曰孤早相得天下不足慮太祖厚待之後謀還袁氏見

殺初紹之南也田豐說紹曰曹公善用兵變化無方衆雖少未可輕也不如以久持之將軍據山河之固擁四州之衆外結英雄內脩農戰然後簡其精銳分爲奇兵乘虛迭出以擾河南救右則擊其左救左則擊其右使敵疲於奔命民不得安業我未勞而彼已困不及二年可坐克也今釋廟勝之策而決成敗於一戰若不如志悔無及也紹不從豐懇諫紹怒甚以爲沮衆械繫之紹軍既敗或謂豐曰君必見重豐曰若軍有利吾必全今軍敗吾其死矣紹還謂左右曰

袁紹

吾不用田豐言果爲所笑遂殺之先賢行狀曰豐字元皓鉅鹿人或云勃海人豐天姿瓌傑權略多奇少喪親居喪盡哀日月雖過笑不至矧博覽多識名重州黨初辟太尉府舉茂才遷侍御史閹宦擅朝英賢被害豐乃棄官歸家袁紹起義卑辭厚幣以招致豐豐以王室多難志存匡救乃應紹命以爲別駕勸紹迎天子紹不納紹後用豐謀以平公孫瓚逢紀憚豐亮直數讒之於紹紹遂忌豐紹軍之敗也土崩奔北師徒略盡軍皆拊膺而泣曰向令田豐在此不至於是也紹謂逢紀曰冀州人聞吾軍敗皆當念吾唯田別駕前諫止吾與衆不同吾亦慚見之紀復曰豐聞將軍之退拊手大笑喜其言之中也紹於是有害豐之意初太祖聞豐不從戎喜曰紹必敗矣及紹奔遁復曰向使紹用其別駕計尚未可知也孫盛曰觀田豐沮授之謀雖良平何以過之故君貴審才臣尚量主君用忠良則霸王之業隆臣奉闇右則覆亡之禍至存亡榮辱常必由茲豐知紹將敗敗則己必死甘冒虎口以盡忠規烈士之於所事慮不存己夫諸侯之臣義有去就況豐與紹非純臣乎詩云逝將去汝適彼樂土言去亂邦就有道可也紹外寬雅有局度憂喜不形於色而內多忌害

皆此類也冀州城邑多叛紹復擊定之自軍敗後發病七年憂死紹愛少子尚貌美欲以爲後而未顯典論曰譚長而惠尚少而美紹妻劉氏愛尚數稱其才紹亦奇其皃欲以爲後未顯而紹死劉氏性酷妬紹死僵尸未殯寵妾五人劉盡殺之以爲死者有知當復見紹於地下乃髡頭墨面以毀其形尚又爲盡殺死者之家審配逢紀與辛評郭圖爭權配紀與尚比評圖與譚比衆以譚長欲立之配等恐譚立而評等爲己害緣紹素意乃奉尚代紹位譚至不得立自號車騎將軍由是譚尚有隙太祖北征譚尚譚軍黎陽尚少與譚兵而使逢紀從譚譚求益兵配等議不與譚怒殺紀英雄記曰紀字元圖初紹去董卓出奔與許攸

及紀俱詣冀州紹以紀聰達有計策甚親信之與共舉事後
審配任用與紀不睦或有讒配於紹紹問紀紀稱配天性烈
直古人之節不宜疑之紹曰君不惡之邪紀荅曰先日所爭
者私情今所陳者國事紹善之卒不廢配配由是更與紀為
親善太祖渡河攻譚譚告急於尚尚欲分兵益譚
恐譚遂奪其衆乃使審配守鄴尚自將兵助譚
與太祖相拒於黎陽自二月至九月大戰城下
譚尚敗退入城守太祖將圍之乃夜遁追至鄴
收其麥拔陰安引軍還許太祖南征荊州軍至
西平譚尚遂舉兵相攻譚敗奔平原尚攻之急
譚遣辛毗詣太祖請救太祖乃還救譚十月至
黎陽魏氏春秋載劉表遺譚書曰天篤降害禍難殷流尊
公殞四海悼心賢胤承統遐邇屬望咸欲展布旅
力以投盟主雖亡之日猶存之願也何寤青蠅飛於干旍無
極游於二壘使股肱分為二體背膂絕為異身昔三王五伯
下及戰國父子相殘蓋有之矣然或欲以成王業或欲以定
伯功或欲以顯宗主或欲以固冢嗣未有棄親即異抗其本
根而能崇業濟功垂祚後世者也若齊襄復九世之讎士匄
卒荀偃之事是故春秋美其義君子稱其信夫伯游之恨於
齊未若文公之忿曹宣子之承業未若仁君之繼統也且君
子之違難不適讎國豈可忘先君之怨棄至親之好為萬世
之戒遺同盟之恥哉冀州不弟之慠既已然矣仁君當降志
辱身以匡國為務雖見憎於夫人未若鄭莊之於姜氏兄弟
之嫌未若重華之於象傲也然莊公有大隧之樂象受有鼻
之封願棄捐前忿遠思舊義復為母子昆弟如初又遺尚書
曰知變起辛郭禍結同生追閼伯實沈之蹤忘常棣死喪之
義親尋干戈僵尸流血聞之哽咽雖存若亡昔軒轅有涿鹿
之戰周武有商奄之師皆所以翦除穢害而定王業非彊弱
之事爭喜怒之忿也故雖滅親不為尤誅兄不傷義今二君
初承洪業纂繼前軌進有國家傾危之慮退有先公遺恨之
負當唯義是務唯國是康何者金木水火以剛柔相濟然後
克得其和能為民用今青州天性峭急迷於曲直仁君度數
弘廣綽然有餘當以大包小以優容劣先除曹操以卒先公

之恨事定之後乃議曲直之計不亦善乎若留神遠圖克己
復禮當振旆長驅共獎王室若迷而不反違而無改則胡夷
將有誚讓之言況我同盟復能戮力為君之役哉此韓盧東
郭自困於前而遺田父之獲者也憤踴鶴望冀聞和同之聲
若其泰也則袁族其與漢升降乎如其否也則同盟永無望
矣譚尚盡不從漢晉春秋載審配獻書於譚曰春秋之義
國君死社稷忠臣死王命苟有圖危宗廟敗亂國家王綱典
律親疎一也是以周公垂泣而蔽管蔡之獄季友歔欷而行
鍼叔之鴆何則義重人輕事不得已也昔衛靈公廢蒯聵而
立輒蒯聵為不道入戚以篡衛師伐之春秋傳曰以石曼姑
之義為可以拒之是以蒯聵終獲叛逆之罪而曼姑永享忠
臣之名父子猶然豈況兄弟乎昔先公廢絀將軍以續賢兄
立我將軍以為適嗣上告祖靈下書譜牒先公謂將軍為
兄子將軍謂先公為叔父海內遠近誰不備聞且先公即
世之日我將軍斬衰居廬而將軍齋于堊室出入之分於
斯益明是時凶臣逢紀妄畫蛇足曲辭諂媚交亂懿親將
軍奮赫然之怒誅不旋時將軍亦奉命自加以淫刑自
是之後癰疽破潰骨肉無絲髮之嫌自疑之臣皆保生全
之福故悉遣强胡簡命名將料整器械選擇戰士殫府庫
之財竭食士之實其所以供奉將軍何求而不備君臣相
率共衛旌麾戰為鴈行賦為幣主雖傾倉覆庫翦剝民物上
下欣戴莫敢告勞何則推戀戀忠赤之情盡家家肝腦之計
脣齒輔車不相為賜謂為將軍心合意同混齊一體必當并
威偶勢禦寇寧家何圖凶險讒慝之人造飾無端誘導姦利
至令將軍翻然改圖忘孝友之仁聽豺狼之謀誣先公廢立
之言違近者在喪之位悖紀綱之理不顧逆順之節橫易冀
州之主欲當先公之繼遂放兵鈔撥屠城殺吏交尸盈原裸
民藏野或有髡剔髮膚割截支體冤魂痛於幽冥創痍號於
草棘又乃圖獲鄴城許賜秦胡財物婦女豫有分界或聞告
令吏士云孤雖有老母輒使身體完具而已聞此言者莫不
驚愕失氣悼心揮涕使太夫人憂哀憤懣於堂室我州君臣
士友假寐悲歎無所措其手足念欲靜師拱默以聽執事之
圖則懼違春秋死命之節貽太夫人不測之患隕先公高世
之業且三軍憤慨人懷私怒我將軍辭不獲已以及館陶之
役是時外為禦難內實乞罪既不見赦而屠各二三其心
臨陣叛戾我將軍進退無功首尾受敵引軍奔避不敢告辭
亦謂將軍當少垂親親之仁貺以緩追之惠而乃尋蹤躡軌
無所逃命困獸必鬭以干嚴行而將軍師旅土崩瓦解此非
人力乃天意也是後又望將軍改往修來克己復禮追還孔
懷如初之愛而縱情肆怒趣破家門企踵鶴立連結外讎撒

鋒放火播增毒螫烽煙相望涉血千里遺城厄民引領悲怨雖欲勿救惡得已哉故遂引軍東轅保正疆場雖近郊壘未侵境域然望旌麾能不永歎配等備先公家臣奉廢立之命而圖等干國亂家禮有常刑故奮弊州之賦以除將軍之疾若乃天啓于心早行其誅則我將軍匍匐悲號於將軍股掌之上配等亦袒躬布體以待斧鉞之刑若必不悛有以國斃圖頭不縣軍不旋踵願將軍詳度事宜錫以環玦典略曰譚得書悵然登城而泣既劫於郭圖亦以兵鋒累交遂戰不解尚聞太祖北釋平原還鄴其將呂曠呂翔叛尚歸太祖譚復陰刻將軍印假曠翔太祖知譚詐與結婚以安之乃引軍還尚使審配蘇由守鄴復攻譚平原太祖進軍將攻鄴到洹水去鄴五十里由欲為內應謀泄與配戰城中敗出奔太祖太祖遂進攻之為地道配亦於內作塹以當之配將馮禮開突門內太祖兵三百餘人配覺之從城上以大石擊突中柵門柵門閉入者皆沒太祖遂圍之為塹周四十里初令淺示若可越配望而笑之不出爭利太祖一夜掘之廣深二丈決漳水以灌之自五月至八月城中餓死者過半尚聞鄴急將兵萬餘人還救之依西山來東至陽平亭去鄴十七里臨滏水舉火以示城中城中亦舉火相應配出兵城北欲與尚對決圍太祖逆擊之敗還尚亦破走依曲漳為營太祖遂圍之未合尚懼遣陰夔陳琳乞降不

聽尚還走濫口進復圍之急其將馬延等臨陳降眾大潰尚奔中山盡收其輜重得尚印綬節鉞及衣物以示其家城中崩沮配兄子榮守東門夜開門內太祖兵與配戰城中生禽配配聲氣壯烈終無撓辭見者莫不歎息遂斬之先賢行狀曰配字正南魏郡人少忠烈慷慨有不可犯之節袁紹領冀州委以腹心之任以為治中別駕并總幕府初譚之去皆呼辛毗郭圖家得出而辛評家獨被收及配兄子開城門內兵時配在城東南角樓上望見太祖兵入忿辛郭壞敗冀州乃遣人馳詣鄴獄指殺仲治家是時辛毗在軍聞門開馳走詣獄欲解其兄家兄家已死是日生縛配將詣帳下辛毗等逆以馬鞭擊其頭罵之曰奴汝今日真死矣配顧曰狗輩正由汝曹破我冀州恨不得殺汝也且汝今日能殺生我邪有頃公引見謂配曰知誰開卿城門配曰不知也曰自卿子榮耳配曰小兒不足用乃至此公復謂曰曩日孤之行圍何弩之多也配曰恨其少耳公曰卿忠於袁氏父子亦自不得不爾也有意欲活之配既無撓辭而辛毗等號哭不已乃殺之初冀州人張子謙先降素與配不善笑謂配曰正南卿竟何如我配厲聲曰汝為降虜審配為忠臣雖死豈若汝生邪臨行刑叱持兵者令北向曰我君在北樂資山陽公載記及袁暐獻帝春秋並云太祖兵入城審配戰於門中既敗逃于井中於井獲之臣松之以為配一代之烈士袁氏之死臣豈當數窮之日方逃身於井此之難信誠為易了不知資暐之徒竟為何人未能識別然而輕弄翰墨妄生異端以行其書如此之類正足以誣罔視聽疑誤後生矣寔史籍之罪人達學之所不取者也高幹以并州降復以幹為刺史太祖之圍鄴也譚略取甘陵安平勃海河間攻尚於中山尚走故安從熙譚悉收其眾太祖將討之譚乃拔平原并南皮自屯龍湊十二月太祖軍其門譚不出夜遁奔南皮臨清河而屯十年正月

攻拔之斬譚及圖等熙尚為其將焦觸張南所攻奔遼西烏丸觸自號幽州刺史驅率諸郡太守令長背袁向曹陳兵數萬殺白馬盟令曰違命者斬衆莫敢語各以次歃至別駕韓珩曰吾受袁公父子厚恩今其破亡智不能救勇不能死於義闕矣若乃北面於曹氏所弗能為也一坐為珩失色觸曰夫興大事當立大義事之濟否不待一人可卒珩志以勵事君高幹叛執上黨太守舉兵守壺口關遣樂進李典擊之未拔十一年太祖征幹幹乃留其將夏昭鄧升守城自詣匈奴單于求救不得獨與數騎亡欲南奔荊州上洛都尉捕斬之典論曰上洛都尉王琰獲高幹以功封侯其妻哭於室以為琰富貴將更娶妾媵而奪己愛故也十二年太祖至遼西擊烏丸尚熙與烏丸逆軍戰敗走奔遼東公孫康誘斬之送其首典略曰尚為人有勇力欲奪取康衆與熙謀曰今到康必相見欲與兄手擊之有遼東猶可以自廣也康亦心計曰今不取熙尚無以為說於國家乃先置其精勇於廄中然後請熙尚熙尚入康伏兵出皆縛之坐於凍地尚寒求席熙曰頭顱方行萬里何席之為遂斬首譚字顯思熙字顯奕尚字顯甫　吳書曰尚有弟名買與尚俱走遼東曹瞞傳云買尚兄子未詳太祖高韓珩節屢辟不至卒於家先賢行狀曰珩字子佩代郡人清粹有雅量少喪父母奉養兄姊宗族稱孝悌焉

袁術傳

袁術字公路司空逢子紹之從弟也以俠氣聞舉孝廉除郎中歷職內外後為折衝校尉虎賁中郎將董卓之將廢帝以術為後將軍術亦畏卓之禍出奔南陽會長沙太守孫堅殺南陽太守張咨術得據其郡南陽戶口數百萬而術奢淫肆欲徵斂無度百姓苦之既與紹有隙又與劉表不平而北連公孫瓚紹與瓚不和而南連劉表其兄弟攜貳舍近交遠如此吳書曰時議者以靈帝失道使天下叛亂少帝幼弱為賊臣所立又不識母氏所出幽州牧劉虞宿有德望紹等欲立之以安當時使人報術術觀漢室衰陵陰懷異志故外託公義以拒紹紹復與術書曰前與韓文節共建永世之道欲海內見再興之主今西名有幼君無血脈之屬公卿以下皆媚事卓安可復信但當使兵往屯關要皆自蹙死於西東立聖君太平可冀如何有疑又室家見戮不念子胥可復北面乎違天不祥願詳思之術荅曰聖主聰叡有周成之質賊卓因危亂之際威服百寮此乃漢家小厄之會亂尚未厭復欲興之乃云今主無血脈之屬豈不誣乎先人以來奕世相承忠義為先太傅公仁慈惻隱雖知賊卓必為禍害以信徇義不忍去也門戶滅絕死亡流漫幸蒙遠近來相赴助不因此時上討國賊下刷家恥而圖於此非所聞也又曰室家見戮可復北面此卓所為豈國家哉君命天也天不可讎況非君命乎慺慺赤心志在滅卓不識其他引軍入陳留太祖與紹合擊大破術軍術以餘衆奔九江殺揚州刺史陳溫領其州臣松之案英雄記陳溫字元悌汝南人先為揚州刺史自病死袁紹遣袁遺領州敗散奔沛國為兵所殺袁術更用陳瑀為揚州瑀字公瑋下邳人瑀既領州而術敗於封丘南向壽春瑀拒術不納術退保陰陵更合軍攻瑀瑀懼走歸下邳如此則溫不為術所殺與本傳不同以張勳橋蕤等為大將軍李傕入長安欲結術

袁術

為授以術為左將軍封陽翟侯假節遣太傅馬
日磾因循行拜授術奪日磾節拘留不遣三輔決錄
注曰日磾字翁叔馬融之族子少傳融業以才學進與楊彪盧植蔡邕等典校中書歷位九卿遂登台輔　獻帝春秋曰
術從日磾借節觀之因奪不還備軍中千餘人使促辟之日磾謂術曰卿家先世諸公辟士云何而言促之謂公府掾可
劫得乎從術求去而術留之不遣既以失節屈辱憂恚而死　時沛相下邳陳珪故太
尉球弟子也術與珪俱公族子孫少共交游書
與珪曰昔秦失其政天下羣雄爭而取之兼智
勇者卒受其歸今世事紛擾復有瓦解之勢矣
誠英乂有為之時也與足下舊交豈肯左右之
乎若集大事子實為吾心膂珪中子應時在下

邳術並脅質應圖必致珪珪答書曰昔秦末世
肆暴恣情虐流天下毒被生民下不堪命故遂
土崩今雖季世未有亡秦苛暴之亂也曹將軍
神武應期興復典刑將撥平凶慝清定海內信
有徵矣以為足下當戮力同心匡翼漢室而陰
謀不軌以身試禍豈不痛哉若迷而知反尚可
以免吾備舊知故陳至情雖逆於耳肉骨之惠
也欲吾營私阿附有犯死不能也興平二年冬
天子敗於曹陽術會羣下謂曰今劉氏微弱海
內鼎沸吾家四世公輔百姓所歸欲應天順民

袁術

於諸君意如何眾莫敢對主簿閻象進曰昔周
自后稷至于文王積德累功參分天下有其二
猶服事殷明公雖奕世克昌未若有周之盛漢
室雖微未若殷紂之暴也術嘿然不悅用河內
張炯之符命遂僭號典略曰術以袁姓出陳陳舜之後以土承火得應運之次又見
讖文云代漢者當塗高也自以名字當之乃建號稱仲氏　以九江太守為淮南尹
置公卿祠南北郊荒侈滋甚後宮數百皆服綺
縠餘粱肉九州春秋曰司隸馮方女國色也避亂揚州術登城見而悅之遂納焉甚愛幸諸婦害其寵語
之曰將軍貴人有志節當時時涕泣憂愁必長見敬重馮氏以為然後見術輒垂涕術果以有心志益哀之諸婦人因共絞
殺懸之廁梁術誠以為不得志而死乃厚加殯斂　而士卒凍餒江淮間空盡

人民相食術前為呂布所破後為太祖所敗奔
其部曲雷薄陳蘭於灊山復為所拒憂懼不知
所出將歸帝號於紹欲至青州從袁譚發病道
死魏書曰術歸帝號於紹曰漢之失天下久矣天子提挈政在家門豪雄角逐分裂疆宇此與周之末年七國分勢無
異卒彊者兼之耳加袁氏受命當王符瑞炳然今君擁有四州民戶百萬以彊則無與比大論德則無與比高曹操欲扶衰
拯弱安能續絕命救已滅乎紹陰然之　吳書曰術既為雷薄等所拒留住三日士眾絕糧乃還至江亭去壽春八十里
問廚下尚有麥屑三十斛時盛暑欲得蜜漿又無蜜坐櫺牀上歎息良久乃大咤曰袁術至於此乎因頓伏牀下嘔血斗
餘遂死　妻子依術故吏廬江太守劉勳孫策破勳
復見收視術女入孫權宮子燿拜郎中燿女又
配於權子奮

劉表傳

劉表字景升山陽高平人也少知名號八俊張璠漢紀曰表與同郡人張隱薛郁王訪宣靖公褚恭劉祗田林爲八交或謂之八顧　漢末名士錄云表與汝南陳翔字仲麟范滂字孟博魯國孔昱字世元勃海苑康字仲真山陽檀敷字文友張儉字元節南陽岑晊字公孝爲八友　謝承漢書曰表受學於同郡王暢暢爲南陽太守行過乎儉表時年十七進諫曰奢不僭上儉不逼下蓋中庸之道是故蘧伯玉恥獨爲君子府君若不師孔聖之明訓而慕夷齊之末操無乃皎然自遺於世暢答曰以約失之者鮮矣且以矯俗也長八尺餘姿貌甚偉以大將軍掾爲北軍中候靈帝崩代王叡爲荊州刺史是時山東兵起表亦合兵軍襄陽司馬彪戰略曰劉表之初爲荊州也江南宗賊盛袁術屯魯陽盡有南陽之衆吳人蘇代領長沙太守貝羽爲華容長各阻兵作亂表初到單馬入宜城而延中廬人蒯良蒯越襄陽人蔡瑁與謀表曰宗賊甚盛而衆不附袁術因之禍今至矣吾欲徵兵恐不集其策安出良曰衆不附者仁不足也附而不治者義不足也苟仁義之道行百姓歸之如水之趣下何患所至之不從而問興兵與策乎表顧問越越曰治平者先仁義治亂者先權謀兵不在多在得人也袁術勇而無斷蘇代貝羽皆武人不足慮宗賊帥多貪暴爲下所患越有所素養者使示之以利必以衆來君誅其無道撫而用之一州之人有樂存之心聞君盛德必襁負而至矣兵集衆附南據江陵北守襄陽荊州八郡可傳檄而定術等雖至無能爲也表曰子柔之言雍季之論也異度之計臼犯之謀也遂使越遣人誘宗賊至者五十五人皆斬之襲取其衆或即授部曲唯江夏賊張虎陳生擁衆據襄陽表乃使越與龐季單騎往說降之江南遂悉平袁術之在南陽也與孫堅合從欲襲奪表州使堅攻表堅爲流矢所中死軍敗術遂不能勝表李傕郭汜入長安欲連表爲援乃以表爲鎮南將軍荊州牧封成武侯假節天子都許表雖遣使

貢獻然北與袁紹相結治中鄧羲諫表表不聽漢晉春秋曰表答義曰內不失貢職外不背盟主此天下之達義也治中獨何怪乎羲辭疾而退終表之世張濟引兵入荊州界攻穰城爲流矢所中死荊州官屬皆賀表曰濟以窮來主人無禮至於交鋒此非牧意牧受弔不受賀也使人納其衆衆聞之喜遂服從長沙太守張羨叛表英雄記曰張羨南陽人先作零陵桂陽長甚得江湘間心然性屈彊不順表薄其爲人不甚禮也羨由是懷恨遂叛表焉表圍之連年不下羨病死長沙復立其子懌表遂攻并懌南收零桂北據漢川地方數千里帶甲十餘萬英雄記曰州界羣寇既盡表乃開立學官博求儒士使綦毋闓宋忠等撰定五經章句謂之後定太祖與袁紹方相持於官渡紹遣人求助表許之而不至亦不佐太祖欲保江漢間觀天下變從事中郎韓嵩別駕劉先說表曰豪傑並爭兩雄相持天下之重在於將軍將軍若欲有爲起乘其弊可也若不然固將擇所從將軍擁十萬之衆安坐而觀望夫見賢而不能助請和而不得此兩怨必集於將軍將軍不得中立矣夫以曹公之明哲天下賢俊皆歸之其勢必舉袁紹然後稱兵以向江漢恐將軍不能禦也故爲將軍計者不若舉州以附曹公曹公必重德

將軍長享福祚垂之後嗣此萬全之策也表大
將蒯越亦勸表表狐疑乃遣嵩詣太祖以觀虛
實嵩還深陳太祖威德說表遣子入質表疑嵩
反為太祖說大怒欲殺嵩考殺隨嵩行者知嵩
無他意乃止傅子曰初表謂嵩曰今天下大亂未知所定曹公擁天子都許君為我觀其釁嵩對曰聖
達節次守節嵩守節者也夫事君為君君臣名定以死守之今策名委質唯將軍所命雖赴湯蹈火死無辭也以嵩觀之
曹公至明必濟天下將軍能上順天子下歸曹公必享百世之利楚國寶受其祐使嵩可也設計未定嵩使京師天子假
嵩一官則天子之臣而將軍之故吏耳在君為君則嵩守天子之命義不得復為將軍死也唯將軍重思無負嵩表遂使
之果如所言天子拜嵩侍中遷零陵太守還稱朝廷曹公之德也表以為懷貳大會寮屬數百人陳兵見嵩盛怒持節將
斬之數曰韓嵩敢懷貳邪衆皆恐欲令嵩謝嵩不動謂表曰將軍負嵩嵩不負將軍具陳前言表怒不已其妻蔡氏諫之

曰韓嵩楚國之望也且其言直誅之無辭表乃弗誅而囚之表雖外皃儒雅而心
多疑忌皆此類也劉備奔表表厚待之然不能
用漢晉春秋曰太祖之始征柳城劉備說表使襲許表不從及太祖還謂備曰不用君言故失此大會也備曰今
天下分裂日尋干戈事會之來豈有終極乎若能應之於後者則此未足為恨也建安十三年
太祖征表未至表病死初表及妻愛少子琮欲
以為後而蔡瑁張允為之支黨乃出長子琦為
江夏太守衆遂奉琮為嗣琦與琮遂為讎隙典論
曰表疾病琦還省疾琦性慈孝瑁允恐琦見表父子相感更有託後之意謂曰將軍命君撫臨江夏為國東藩其任至重
今釋衆而來必見譴怒傷親之歡心以增其疾非孝敬也遂遏于戶外使不得見琦流涕而去越嵩及東
曹掾傅巽等說琮歸太祖琮曰今與諸君據全

楚之地守先君之業以觀天下何為不可乎巽
對曰逆順有大體彊弱有定勢以人臣而拒人
主逆也以新造之楚而禦國家其勢弗當也以
劉備而敵曹公又弗當也三者皆短欲以抗王
兵之鋒必亡之道也將軍自料何與劉備琮曰
吾不若也巽曰誠以劉備不足禦曹公乎則雖
保楚地不足以自存也誠以劉備足禦曹公乎
則備不為將軍下也願將軍勿疑太祖軍到襄
陽琮舉州降備走奔夏口傅子曰巽字公悌瓌偉博達有知人鑒辟公府拜尚
書郎後客荊州以說劉琮之功賜爵關內侯文帝時為侍中太和中卒巽在荊州目龐統為半英雄證裴潛終以清行顯

統遂附劉備見待次於諸葛亮潛位至尚書令並有名德及在魏朝魏諷以才智聞巽謂之必反卒如其言巽弟子嘏別
有傳　漢晉春秋曰王威說劉琮曰曹操得將軍既降劉備已走必懈弛無備輕行單進若給威奇兵數千徼之於險操
可獲也獲操即威震四海坐而虎步中夏雖廣可傳檄而定非徒收一勝之功保守今日而已此難遇之機不可失也琮
不納　搜神記曰建安初荊州童謠曰八九年間始欲衰至十三年無孑遺言自中興以來荊州獨全及劉表為牧民又
豐樂至建安八年九年當始衰始衰者謂劉表妻死諸將並零落也十三年無孑遺者表當又死因以喪破也是時華容
有女子忽啼呼云荊州將有大喪言語過差縣以為妖言繫獄月餘忽於獄中哭曰劉荊州今日死華容去州數百里即
遣馬吏驗視而劉表果死縣乃出之續又歌吟曰不意李立為貴人後無幾太祖平荊州以涿郡李立字建賢為荊州刺
史太祖以琮為青州刺史封列侯魏武故事載令曰楚有江漢山
川之險後服先彊與秦爭衡荊州則其故地劉鎮南久用其民矣身沒之後諸子鼎峙雖終難全猶可引日青州刺史琮
心高志潔智深慮廣輕榮重義薄利厚德蔑萬里之業忽三軍之衆篤中正之體敦令名之譽上耀先君之遺塵下圖不

朽之餘祚鮑永之棄并州竇融之離五郡未足以喻也雖封列侯一州之位猶恨此寵未副其人而比有牋求還州監史雖尊秩祿未優今聽所執表琮爲諫議大夫參同軍事蒯越等侯者十五人越爲光祿勳傅子曰越蒯通之後也深中足智魁傑有雄姿大將軍何進聞其名辟爲東曹掾越勸進誅諸閹官進猶豫不決越知進必敗求出爲汝陽令佐劉表平定境內表得以彊大詔書拜章陵太守封樊亭侯荊州平太祖與荀彧書曰不喜得荊州喜得蒯異度耳建安十九年卒臨終與太祖書託以門戶太祖報書曰死者反生生者不愧孤少所舉行之多矣魂而有靈亦將聞孤此言也嵩大鴻臚先賢行狀曰嵩字德高義陽人少好學貧不改操知世將亂不應三公之命與同好數人隱居於酈西山中黃巾起嵩避難南方劉表逼以爲別駕轉從事中郎表郊祀天地嵩正諫不從漸見違忤奉使到許事在前注荊州平嵩疾病就在所拜授大鴻臚印綬義侍中義章陵人先尚書令其餘多至大官零陵先賢傳曰先字始宗博學彊記尤好黃老言明習漢家典故爲劉表別駕奉章詣許見太祖時賓客並會太祖問先劉牧如何郊天也先對曰劉牧託漢室肺腑處牧伯之位而遭王道未平羣凶塞路抱玉帛而無所聘頫脩章表而不獲達御是以郊天祀地昭告赤誠太祖曰羣凶爲誰先曰舉目皆是太祖曰今孤有熊羆之士步騎十萬奉辭伐罪誰敢不服先曰漢道陵遲羣生憔悴既無忠義之士翼戴天子綏寧海內使萬邦歸德而阻兵安忍曰莫己若即蚩尤智伯復見於今也太祖嘿然拜先武陵太守荊州平先始爲漢尚書後爲魏國尚書令先甥同郡周不疑字元直零陵先賢傳稱不疑幼有異才聰明敏達太祖欲以女妻之不疑不敢當太祖愛子倉舒夙有才智謂可與不疑爲儔及倉舒卒太祖心忌不疑欲除之文帝諫以爲不可太祖曰此人非汝所能駕御也乃遣刺客殺之摯虞文章志曰不疑死時年十七著文論四首世語曰表死後八十餘年至晉太康中表冢見發表及妻身形如生芬香聞數里

評曰董卓狼戾賊忍暴虐不仁自書契已來殆未之有也英雄記曰昔大人見臨洮而銅人鑄臨洮生卓而銅人毀世有卓而大亂作大亂作而卓身滅抑有以也袁術奢淫放肆榮不終己自取之也臣松之以爲桀

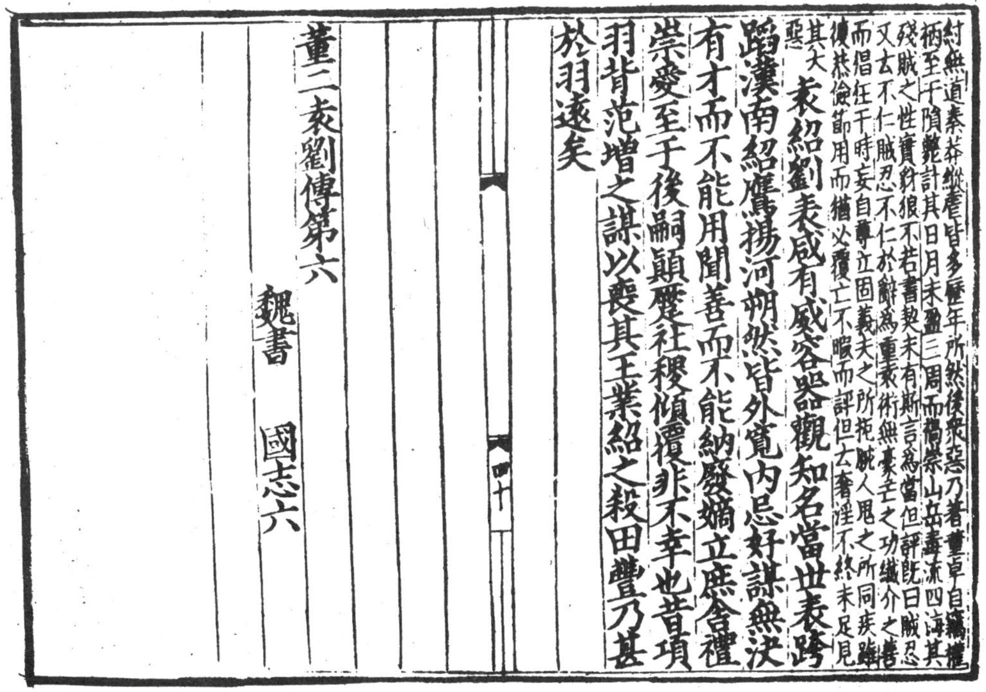

紂無道秦莽縱虐皆多歷年所然後衆惡乃著董卓自竊權柄至于隕斃計其日月未盈三周而禍崇山岳毒流四海其殘賊之性寔豺狼不若書契未有斯言爲當但評既曰賊忍又云不仁賊忍不仁於辭爲重袁術無毫芒之功纖介之善而猖狂于時妄自尊立固義夫之所扼腕人鬼之所同疾雖復恭儉節用而猶必覆亡不暇而評但云奢淫不終未足見其大惡袁紹劉表咸有威容器觀知名當世表跨蹈漢南紹鷹揚河朔然皆外寬內忌好謀無決有才而不能用聞善而不能納廢嫡立庶舍禮崇愛至于後嗣顛蹙社稷傾覆非不幸也昔項羽背范增之謀以喪其王業紹之殺田豐乃甚於羽遠矣

董二袁劉傳第六

魏書　國志六

呂布傳

呂布字奉先五原郡九原人也以驍武給并州刺史丁原為騎都尉屯河內以布為主簿大見親待靈帝崩原將兵詣洛陽英雄記曰原字建陽本出自寒家為人麤略有武勇善騎射為南縣吏受使不辭難有警急追寇虜輒在其前裁知書少有吏用與何進謀誅諸黃門拜執金吾進敗董卓入京都將為亂欲殺原并其兵眾卓以布見信於原誘布令殺原布斬原首詣卓卓以布為騎都尉甚愛信之誓為父子布便弓馬膂力過人號為飛將稍遷至中郎將封都亭侯卓自以遇人無禮恐人謀己行止常以布自衛然卓性剛而褊忿不思難嘗小失意拔手戟擲布布拳捷避之詩曰無拳無勇職為亂階注拳力也為卓顧謝卓意亦解由是陰怨卓卓常使布守中閤布與卓侍婢私通恐事發覺心不自安先是司徒王允以布州里壯健厚接納之後布詣允陳卓幾見殺狀時允與僕射士孫瑞密謀誅卓是以告布使為內應布曰奈如父子何允曰君自姓呂本非骨肉今憂死不暇何謂父子布遂許之手刃刺卓語在卓傳允以布為奮威

將軍假節儀比三司進封溫侯共秉朝政布自殺卓後畏惡涼州人涼州人皆怨由是李傕等遂相結還攻長安城英雄記曰郭汜在城北布開城門將兵就汜言且卻兵但身決勝負汜布乃獨共對戰布以矛刺中汜汜後騎遂前救汜汜布遂各兩罷布不能拒李傕等遂入長安卓死後六旬布亦敗臣松之案英雄記曰諸書布以四月二十三日殺卓六月一日敗走時又無閏不及六旬將數百騎出武關欲詣袁術布自以殺卓為術報讎欲以德之術惡其反覆拒而不受北詣袁紹紹與布擊張燕於常山燕精兵萬餘騎數千布有良馬曰赤兔曹瞞傳曰時人語曰人中有呂布馬中有赤兔常與其親近成廉魏越等陷鋒突陣遂破燕軍而求益兵眾將士鈔掠紹患忌之布覺其意從紹求去紹恐還為己害遣壯士夜掩殺布不獲事露布走河內英雄記曰布自以有功於袁氏輕傲紹下諸將以為擅相署置不足貴也布求還洛紹假布領司隸校尉外言當遣內欲殺布明日當發紹遣甲士三十人辭以送布布使止於帳側僞使人於帳中鼓箏紹兵臥布無何出帳去而兵不覺夜半兵起亂斫布牀被謂為已死明旦紹訊問知布尚在乃閉城門布遂引去與張楊合紹令眾追之皆畏布莫敢逼近者英雄記曰楊及部曲諸將皆受傕汜購募共圖布布聞之謂楊曰布卿州里也卿殺布於卿弱不如賣布可極得傕汜爵寵楊於是外許汜傕內實保護布汜傕患之更下大封詔書以布為潁川太守

張邈傳

張邈字孟卓東平壽張人也少以俠聞振窮救

急傾家無愛士多歸之太祖袁紹皆與邈友辟公府以高第拜騎都尉遷陳留太守董卓之亂太守與邈首舉義兵汴水之戰邈遣衛茲將兵隨太祖袁紹旣爲盟主有驕矜色邈正議責紹紹使太祖殺邈太祖不聽責紹曰孟卓親友也是非當容之今天下未定不宜自相危也邈知之益德太祖太祖之征陶謙勅家曰我若不還往依孟卓後還見邈垂泣相對其親如此呂布之捨袁紹從張楊也過邈臨別把手共誓紹聞之大恨邈畏太祖終爲紹擊己也心不自安興

平元年太祖復征謙邈弟超與太祖將陳宮從事中郎許汜王楷共謀叛太祖宮說邈曰今雄傑並起天下分崩君以千里之衆當四戰之地撫劒顧眄亦足以爲人豪而反制於人不以鄙乎今州軍東征其處空虛呂布壯士善戰無前若權迎之共收兗州觀天下形勢俟時事之變通此亦縱横之一時也邈從之太祖初使宮將兵留屯東郡遂以其衆東迎布爲兗州牧據濮陽郡縣皆應唯鄄城東阿范爲太祖守太祖引軍還與布戰於濮陽太祖軍不利相持百餘日

是時歲旱蟲蝗少穀百姓相食布東屯山陽二年閒太祖乃盡復收諸城擊破布於鉅野布東奔劉備英雄記曰布見備甚敬之謂備曰我與卿同邊地人也布見關東起兵欲誅董卓布殺卓東出關東諸將無安布者皆欲殺布耳請備於帳中坐婦牀上令婦向拜酌酒飲食名備爲弟備見布語言無常外然之而內不說邈從布留超將家屬屯雍丘太祖攻圍數月屠之斬超及其家邈詣袁術請救未至自爲其兵所殺獻帝春秋曰袁術議稱尊號邈謂術曰漢據火德絕而復揚德澤豐流誕生明公公居軸處中入則享于上席出則爲衆目之所屬華霍不能增其高淵泉不能同其量可謂巍巍蕩蕩無與爲貳何爲捨此而欲稱制恐福不盈眥禍將溢世莊周之稱郊祭犧牛養飼經年衣以文繡宰執鸞刀以入廟門當此之時求爲孤犢不可得也案本傳邈詣術未至而死而此云諫稱尊號未詳孰是備東擊術布襲取下邳備還歸

布布遣備屯小沛布自稱徐州刺史英雄記曰布初入徐州書與袁術術報書曰昔董卓作亂破壞王室禍害術門戶術舉兵關東未能屠裂卓將軍誅卓送其頭首爲術埽滅讎恥使術明目於當世死生不愧其功一也昔將金元休向兗州甫詣封部爲曹操逆所拒破流離迸走幾至滅亡將軍破兗州術復明目於遐邇其功二也術生年已來不聞天下有劉備備乃舉兵與術對戰術憑將軍威靈得以破備其功三也將軍有三大功在術術雖不敏奉以生死將軍連年攻戰軍糧苦少今送米二十萬斛迎逢道路非直此止當駱驛復致若兵器戰具佗所乏少大小唯命布得書大喜遂造下邳典略曰元休名尚京兆人也尚與同郡韋休甫第五文休俱著名號爲三休尚獻帝初爲兗州刺史東之郡而太祖已臨兗州尚南依袁術術僭號欲以尚爲太尉不敢顯言私使人諷之尚無屈意術亦不敢彊也建安初尚逃還爲術所害其後尚喪與太傅馬日磾喪俱至京師天子嘉尚忠烈爲之咨嗟詔百官弔祭拜子瑋郎中而日磾不與焉英雄記曰布水陸東下軍到下邳西四十里備中郎將丹楊許耽夜遣司馬章誑來詣布言張益德與下邳相曹豹共爭益德殺豹城中大亂不相信丹楊兵有千人屯西白城門內聞將軍來東大

小歸躍如復更生將軍兵向城西門卅揚軍便開門內將軍矣布遂夜進晨到城下天明卅揚兵悉開門內布兵布於門上坐步騎放火大破益德兵獲備妻子軍資及部曲將吏士家口建安元年六月夜半時布將河內郝萌反將兵入布所治下邳府詣廳事閤外同聲大呼攻閤閤堅不得入布不知反者為誰直牽婦科頭袒衣相將從溷上排壁出詣都督高順營直排順門入順問將軍有所隱不布言河內兒聲順言此郝萌也順即嚴兵入府弓弩並射萌眾萌眾亂走天明還故營萌將曹性反萌與對戰萌刺傷性性斫萌一臂順斫萌首牀輿性送詣布布問性言萌受袁術謀謀者悉誰性言陳宮同謀時宮在坐上面赤旁人悉覺之布以宮大將不問也性言萌常以此問性言呂將軍大將有神不可擊也不意萌狂惑不止布謂性曰卿健兒也善養視之創愈使安撫萌故營領其眾術遣將紀靈等步騎三萬攻備備求救於布布諸將謂布曰將軍常欲殺備今可假手於術布曰不然術若破備則北連太山諸將吾為在術圍中不得不救也

便嚴步兵千騎二百馳往赴備靈等聞布至皆斂兵不敢復攻布於沛西南一里安屯遣鈴下請靈等靈等亦請布共飲食布謂靈等曰玄德布弟也弟為諸君所困故來救之布性不喜合鬬但喜解鬬耳布令門候於營門中舉一隻戟布言諸君觀布射戟小支一發中者諸軍當解去不中可留決鬬布舉弓射戟正中小支諸將皆驚言將軍天威也明日復歡會然後各罷術欲結布為援乃為子索布女布許之術遣使韓胤以僭號議告布并求迎婦沛相陳珪恐術布

張邈

成婚則徐揚合從將為國難於是往說布曰曹公奉迎天子輔讚國政威靈命世將征四海將軍宜與協同策謀圖太山之安今與術結婚受天下不義之名必有累卵之危布亦怨術初不已受也女已在塗追還絕婚械送韓胤梟首許市珪欲使子登詣太祖布不肯遣會使者至拜布左將軍布大喜即聽登往并令奉章謝恩英雄記曰初天子在河東有手筆版書召布來迎布軍無畜積不能自致遣使上書朝廷以布為平東將軍封平陶侯使人於山陽界亡失文字太祖又手書厚加慰勞布說起迎天子當平定天下意并詔書購捕公孫瓚袁術韓暹楊奉等布大喜復遣使上書於天子曰臣本當迎大駕知曹操忠孝奉迎都許臣前與操交兵今操保傅陛下臣為外將欲以兵自隨恐有嫌

疑是以待罪徐州進退未敢自寧答太祖曰布獲罪之人分為誅首手命慰勞厚見褒獎重見購捕袁術等詔書布當以命為效太祖更遣奉車都尉王則為使者齎詔書又封平東將軍印綬來拜布太祖又手書與布曰山陽屯送將軍所失大封國家無好金孤自取家好金更相為作印國家無紫綬自取所帶紫綬以藉心將軍所使不良袁術稱天子將軍止之而使不通章朝廷信將軍使復重上以相明忠誠布乃遣登奉章謝恩并以一好綬答太祖登見太祖因陳布勇而無計輕於去就宜早圖之太祖曰布狼子野心誠難久養非卿莫能究其情也即增珪秩中二千石拜登廣陵太守臨別太祖執登手曰東方之事便以相付令登陰合部眾以為內應始布因登求徐州牧登還布怒拔戟斫机曰卿父勸吾協同曹公絕婚公路今吾所求

張邈

無一獲而卿父子並顯重為卿所賣耳卿為吾言其說云何登不為動容徐喻之曰登見曹公言待將軍譬如養虎當飽其肉不飽則將噬人公曰不如卿言也譬如養鷹饑則為用飽則揚去其言如此布意乃解術怒與韓暹楊奉等連勢遣大將張勳攻布布謂珪曰今致術軍卿之由也為之柰何珪曰暹奉與術卒合之軍耳策謀不素定不能相維持子登策之比之連雞勢不俱棲可解離也布用珪策遣人說暹奉使與己并力共擊術軍軍資所有悉許暹奉於是暹

奉從之勳大破敗九州春秋載布與暹奉書曰二將軍拔大駕來東有元功於國當書勳竹帛萬世不朽今袁術造逆當共誅討柰何與賊臣還共伐布布有殺董卓之功與二將軍俱為功臣可因今共擊破術建功於天下此時不可失也暹奉得書即迴計從布布進軍去勳等營百步暹奉兵同時並發斬十將首殺傷墮水死者不可勝數　英雄記曰布後又與暹奉二軍向壽春水陸並進所過虜略到鍾離大獲而還既渡淮北留書與術曰足下恃軍彊盛常言猛將武士欲相吞滅每抑止之耳布雖無勇虎步淮南一時之間足下鼠竄壽春無出頭者猛將武士為悉何在足下喜為大言以誣天下天下之人安可盡誣古者兵交使在其間造策者非布先唱也相去不遠可復相聞布渡畢術自將步騎五千揚兵淮上布騎皆於水北大咍笑之而還時有東海蕭建為琅邪相治莒保城自守不與布通布與建書曰天下舉兵本以誅董卓耳布殺卓來詣關東欲求兵西迎大駕光復洛京諸將自還相攻莫肯念國布五原人也去徐州五千餘里乃在天西北角今不來共爭天東南之地莒與下邳相去不遠宜當共通君如自遂以為郡郡作帝縣縣自王也昔樂毅攻齊呼吸下齊七十餘城唯莒即墨二城不下所以然者中有田單故也布雖非樂毅君亦非田單可取

張邈

布書與智者詳共議之建得書即遣主簿齎牋上禮貢良馬五匹建尋為臧霸所襲破得建資實布聞之自將步騎向莒高順諫曰將軍躬殺董卓威震夷狄端坐顧盼遠近自然畏伏不宜輕自出軍如或不捷損名非小布不從霸畏布抄暴果登城拒守布不能拔引還下邳霸後復與布和建安三年布復叛為術遣高順攻劉備於沛破之太祖遣夏侯惇救備為順所敗太祖自征布至其城下遺布書為陳禍福布欲降陳宮等自以負罪深沮其計獻帝春秋曰太祖軍至彭城陳宮謂布宜逆擊之以逸擊勞無不克也布曰不如待其來攻蹙著泗水中及太祖軍攻之急布於白門樓上謂軍士曰卿曹無相困我自首當明公陳宮曰逆賊曹操何等明公今日降之若卵投石豈可得全也布遣人求救於術術自將千餘騎出戰敗走還保城不敢出英雄記曰布遣許汜王楷告急於術術曰布不與我女理自當敗何為復來相聞邪汜楷曰明上今

不救布為自敗耳布破明上亦破也術時僭號故呼為明上術乃嚴兵為布作聲援布恐術為女不至故不遣兵救也以緜纏女身縛著馬上夜自送女出與術與太祖守兵相觸格射不得過復還城布欲令陳宮高順守城自將騎斷太祖糧道布妻謂曰將軍自出斷曹公糧道是也宮順素不和將軍一出宮順必不同心共城守也如有蹉跌將軍當於何自立乎願將軍諦計之無為宮等所誤也妾昔在長安已為將軍所棄賴得龐舒私藏妾身耳今不須顧妾也布得妻言愁悶不能自決魏氏春秋曰陳宮謂布曰曹公遠來勢不能久若將軍以步騎出屯為勢於外宮將餘眾閉守於內若向將軍宮引兵而攻其背若來攻城將軍為救於外不過旬日軍食必盡擊之可破布然之布妻曰昔曹氏待公臺如赤子猶舍而來今將軍厚公臺不過於曹公而欲委全城捐妻子孤軍遠出若一旦有變妾豈得為將軍妻哉布乃止術亦不能救布雖驍猛然無謀而多猜忌不能制御其黨但信諸將諸將各異意自疑故每戰多敗太祖塹圍之三月上下離心其將侯成宋憲魏

張邈

續縛陳宮將其衆降九州春秋曰初布騎將侯成遣客牧馬十五匹客悉驅馬去向沛城
欲歸劉備成自將騎逐之悉得馬還諸將合禮賀成成釀五六斛酒獵得十餘頭豬未飲食先持半豬五斗酒自入詣布
前跪言間蒙將軍恩逐得所失馬諸將來相賀自釀少酒獵得豬未敢飲食先奉上微意布大怒曰布禁酒卿釀酒諸將
共飲食作兄弟共謀殺布邪成大懼而去棄所釀酒還諸將禮由是自疑會太祖圍下邳成遂領衆降布與
其麾下登白門樓兵圍急乃下降遂生縛布布
曰縛太急小緩之太祖曰縛虎不得不急也布
請曰明公所患不過於布今已服矣天下不足
憂明公將步令布將騎則天下不足定也太祖
有疑色劉備進曰明公不見布之事丁建陽及
董太師乎太祖頷之布因指備曰是兒最叵信
者英雄記曰布謂太祖曰布待諸將厚也諸將臨急皆叛布耳太祖曰卿背妻愛諸將婦何以爲厚布默然獻
帝春秋曰布問太祖明公何瘦太祖曰君何以識孤布曰昔在洛會溫氏園太祖曰然孤忘之矣所以瘦恨不早相得故
也布曰齊桓舍射鉤使管仲相今使布竭股肱之力爲公前驅可乎布縛急謂劉備曰玄德卿爲坐客我爲執虜不能一
言以相寬乎太祖笑曰何不相語而訴明使君乎意欲活之命使寬縛主簿王必趨進曰布勍虜也其衆近在外不可寬
也太祖曰本欲相緩主簿復不聽如之何於是縊殺布布與宮順等皆梟
首送許然後葬之英雄記曰順爲人清白有威嚴不飲酒不受饋遺所將七百餘兵號爲千
人鎧甲鬭具皆精練齊整每所攻擊無不破者名爲陷陳營順每諫布言凡破家亡國非無忠臣明智者也但患不見用
耳將軍舉動不肯詳思輒喜言誤誤不可數也布知其忠然不能用布從郝萌反後更疏順以魏續有外內之親悉奪順
所將兵以與續及當攻戰故令順將續所領兵順亦終無恨意太祖之禽宮也問宮欲
活老母及女不宮對曰宮聞孝治天下者不絕人

之親仁施四海者不乏人之祀老母在公不在
宮也太祖召養其母終其身嫁其女魚氏典略曰陳宮字公臺
東郡人也剛直烈壯少與海內知名之士皆相連結及天下亂始隨太祖後自疑乃從呂布爲布畫策布每不從其計下
邳敗軍士執布及宮太祖皆見之與語平生故布有求活之言太祖謂宮曰公臺卿平常自爲智計有餘今竟何如宮顧
指布曰但坐此人不從宮言以至於此若其見從亦未必爲禽也太祖笑曰今日之事當云何宮曰爲臣不忠爲子不孝
死自分也太祖曰卿如是奈卿老母何宮曰宮聞將以孝治天下者不害人之親老母之存否在明公也太祖曰若卿妻
子何宮曰宮聞將施仁政於天下者不絕人之祀妻子之存否亦在明公也太祖未復言宮曰請出就戮以明軍法遂趨
出不可止太祖泣而送之宮不還顧宮死後太祖待其家皆厚於初陳登者字元龍在廣
陵有威名又掎角呂布有功加伏波將軍年三
十九卒後許汜與劉備並在荊州牧劉表坐表
與備共論天下人汜曰陳元龍湖海之士豪氣
不除備謂表曰許君論是非表曰欲言非此君
爲善士不宜虛言欲言是元龍名重天下備問
汜君言豪寧有事邪汜曰昔遭亂過下邳見元
龍元龍無客主之意久不相與語自上大牀臥
使客臥下牀備曰君有國士之名今天下大亂
帝主失所望君憂國忘家有救世之意而君求
田問舍言無可采是元龍所諱也何緣當與君
語如小人欲臥百尺樓上臥君於地何但上下
牀之閒邪表大笑備因言曰若元龍文武膽志

當求之於古耳造次難得比也先賢行狀曰登忠亮高爽沈深有大
略少有扶世濟民之志博覽載籍雅有文藝舊典文章莫不
貫綜年二十五舉孝廉除東陽長養耆育孤視民如傷是時
世荒民饑州牧陶謙表登為典農校尉乃巡土田之宜盡鑿
溉之利秔稻豐積奉使到許太祖以登為廣陵太守令陰合
衆以圖呂布登在廣陵明審賞罰威信宣布海賊薛州之羣
萬有餘戶束手歸命未及期年功化以就百姓畏而愛之登
曰此可用矣太祖到下邳登率郡兵為軍先驅時登諸弟在
下邳城中布乃質執登三弟欲求和同登執意不撓進圍日
急布刺姦張弘懼於後累夜將登三弟出就登布既伏誅登
以功加拜伏波將軍甚得江淮間歡心於是有吞滅江南之
志孫策遣軍攻登於匡琦城賊初到旌甲覆水羣下咸以今
賊衆十倍於郡兵恐不能抗可引軍避之與其空城水人居
陸不能久處必尋引去登厲聲曰吾受國命來鎮此土昔馬
文淵之在斯位能南平百越北滅羣狄吾既不能遏除凶慝
何逃寇之謂邪吾其出命以報國仗義以整亂天道與順克
之必矣乃閉門自守示弱不與戰將士銜聲寂若無人登乘
城望形勢知其可擊乃申令將士宿整兵器昧爽開南門引
軍指賊營步騎鈔其後賊周章方結陳不得還船登手執軍

鼓縱兵乘之賊遂大破皆棄船迸走登乘勝追奔斬虜以萬
數賊忿喪軍尋復大興兵向登登以兵不敵使功曹陳矯求
救於太祖登密去城十里治軍營處所令多取柴薪兩束一
聚相去十步從横成行令夜俱起火火然其聚城上稱慶若
大軍到賊望火驚潰登勒兵追奔斬首萬級遷登為東城太
守廣陵吏民佩其恩德共拔郡隨登老弱繦負而追之登曉
語令還曰太守在卿郡頻致吳寇幸而克濟諸卿何患無令
君乎孫權遂跨有江外太祖每臨大江而歎恨不早用陳元
龍計而令封豕養其爪牙文帝
追美登功拜登息肅為郎中

臧洪傳

臧洪字子源廣陵射陽人也父旻歷匈奴中郎
將中山太原太守所在有名謝承漢書曰旻有幹事才達於從政為漢良吏
初從徐州從事辟司徒府除盧奴令冀州舉尤異遷揚州刺
史丹楊太守是時邊方有警羌胡出寇三府舉能遷旻匈奴
中郎將討賊有功徵拜議郎還京師見太尉袁逵逵問其西
域諸國土地風俗人物種數旻具荅言西域本三十六國後

分為五十五稍散至百餘國其國大小道里近遠人數多少
風俗燥溼山川草木鳥獸異物名種不與中國同者悉口陳
其狀手畫地形逵奇其才歎息言雖班固作西
域傳何以加此旻轉拜長水校尉終太原太守洪體皃魁
梧有異於人舉孝廉為郎時選三署郎以補縣
長琅邪趙昱為莒長東萊劉繇下邑長東海王
朗菑丘長洪即丘長靈帝末棄官還家太守張
超請洪為功曹董卓殺帝圖危社稷洪說超曰
明府歷世受恩兄弟並據大郡今王室將危賊
臣未梟此誠天下義烈報恩効命之秋也今郡
境尚全吏民殷富若動枹鼓可得二萬人以此
誅除國賊為天下倡先義之大者也超然其言

與洪西至陳留見兄邈計事邈亦素有心會于
酸棗邈謂超曰聞弟為郡守政教威恩不由己
出動任臧洪洪者何人超曰洪才略智數優超
超甚愛之海內奇士也邈即引見洪與語大異
之致之於劉兗州公山孔豫州公緒皆與洪親
善乃設壇場方共盟誓諸州郡更相讓莫敢當
咸共推洪洪乃升壇操槃歃血而盟曰漢室不
幸皇綱失統賊臣董卓乘釁縱害禍加至尊虐
流百姓大懼淪喪社稷翦覆四海兗州刺史岱
豫州刺史伷陳留太守邈東郡太守瑁廣陵太

守超等糾合義兵並赴國難凡我同盟齊心戮力以致臣節殞首喪元必無二志有渝此盟俾墜其命無克遺育皇天后土祖宗明靈實皆鑒之洪辭氣慷慨涕泣橫下聞其言者雖卒伍厮養莫不激揚人思致節臣松之案于時此盟止有劉岱等五人而已魏氏春秋橫內劉表等數人皆非事實表保據江漢身未嘗出境何由得與洪同壇而盟乎頃之諸軍莫適先進而食盡衆散超遣洪詣大司馬劉虞謀值公孫瓚之難至河間遇幽冀二州交兵使命不達而袁紹見洪又奇重之與結分合好會青州剌史焦和卒紹使洪領青州以撫其衆九州春秋曰初平中焦和爲青州刺史是時英雄並起黃巾寇暴和務及同盟俱入京畿不暇爲民保鄣引軍踰河而西未久而袁曹二公與卓將戰於滎陽敗績黃巾遂廣屠裂城邑和不能禦然軍器尚利戰士尚衆而耳目偵邏不設恐動之言妄至望寇奔走未嘗接風塵交旗鼓也欲作陷冰丸沈河令賊不得渡禱祈羣神求用兵必利蓍筮常陳於前巫祝不去於側入見其清談干雲出則渾亂命不可知州遂蕭條悉爲丘墟也洪在州二年羣盜奔走紹歎其能徙爲東郡太守治東武陽太祖圍張超於雍丘超言唯恃臧洪當來救吾衆人以爲袁曹方睦而洪爲紹所表用必不敗好招禍遠來赴此超曰子源天下義士終不背本者但恐見禁制不相及逮耳洪聞之果徒跣號泣並勤所領兵又從紹請兵馬求欲救超而紹終不聽許超

遂族滅洪由是怨紹絕不與通紹興兵圍之歷年不下紹令洪邑人陳琳書與洪喻以禍福責以恩義洪荅曰隔闊相思發於寤寐幸相去步武之間耳而以趣舍異規不得相見其爲愴悢可爲心哉前日不遺比辱雅貺述叙禍福公私切至所以不即奉荅者既學薄才鈍不足塞詰亦以吾子攜負側室息肩主人家在東州僕爲仇敵以是事人雖披中情墮肝膽猶身疏有罪言甘見怪方首尾不救何能恤人且以子之才窮該典籍豈將闇於大道不達余趣哉然猶復云云者僕以是知足下之言信不由衷將以救禍也必欲筭計長短辯諮是非是非之論言滿天下陳之更不明不言無所損又言傷告絕之義非吾所忍行也是以捐棄紙筆一無所荅亦冀遙忖其心知其計定不復渝變也重獲來命援引古今紛紜六紙雖欲不言焉得已哉僕小人也本因行役寇竊大州恩深分厚寧樂今日自還接刃每登城勤兵望主人之旗鼓感故友之周旋撫弦搦矢不覺流涕之覆面也何者自以輔佐主人無以爲悔主人相接過絕等倫當

受任之初自謂究竟大事共尊王室豈悟天子不悅本州見侵郡將遘牖里之厄陳留克創兵之謀謀計棲遲喪忠孝之名杖策攜背虧交友之分揆此二者與其不得已喪忠孝之名與虧交友之道輕重殊塗親疏異畫故便收淚告絕若使主人少垂故人住者側席去者克己不汲汲於離友信刑戮以自輔則僕抗季札之志不爲今日之戰矣何以效之昔張景明親登壇喢血奉辭奔走卒使韓牧讓印主人得地然後但以拜章朝主賜爵獲傳之故旋時之間不蒙觀過之貸而受夷滅之禍臣松之案英雄記云袁紹使張景明郭公則高元才等說韓馥使讓冀州然馥之讓位景明亦有其功其餘之事未詳呂奉先討卓來奔請兵不獲告去何罪復見斫刺濱于死亡劉子璜奉使踰時辭不獲命畏威懷親以詐求歸可謂有志忠孝無損霸道者也然輒僵斃麾下不蒙虧除臣松之案公孫瓚表列紹罪過云紹與故虎牙將軍劉勳首共造兵勳仍有效而以小忿枉害於勳紹罪七也疑此是子璜也僕雖不敏又素不能原始見終覩微知著竊度主人之心豈謂三子宜死罰當刑中哉實且欲一統山東增兵討讎懼戰士狐疑無以沮勸故抑廢王命以崇承制慕義者蒙榮待放者被

戮此乃主人之利非游士之願也故僕鑒戒前人困窮死戰僕雖下愚亦嘗聞君子之言矣此實非吾心也乃主人招焉凡吾所以背棄國民用命此城者正以君子之違不適敵國故也是以獲罪主人見攻踰時而足下更引此義以爲吾規無乃辭同趨異非吾子所爲休戚者哉吾聞之也義不背親忠不違君故東宗本州以爲親援中扶郡將以安社稷一舉二得以徼忠孝何以爲非而足下欲使吾輕本破家均君主人主人之於我也年爲吾兄分爲篤友道乖告去以安君親可謂順矣若子之言則包胥宜致命於伍員不當號哭於秦庭矣苟區區於攘患不知言乖乎道理矣足下或者見城圍不解救兵未至感婚姻之義惟平生之好以屈節而苟生勝守義而傾覆也昔晏嬰不降志於白刃南史不曲筆以求生故身著圖象名垂後世況僕據金城之固驅士民之力散三年之畜以爲一年之資匡困補乏以悅天下何圖築室反耕哉但懼秋風揚塵伯珪馬首南向張揚飛燕膂力作難北鄙將告倒縣之急股肱奏乞歸之誠耳主

人當鑒我曹輩反旌退師治兵鄴垣何宜久辱盛怒暴威於吾城下哉足下譏吾恃黑山以為救獨不念黃巾之合從邪加飛燕之屬悉以受王命矣昔高祖取彭越於鉅野光武創基兆於綠林卒能龍飛中興以成帝業苟可輔主興化夫何嫌哉況僕親奉承璽書與之從事行矣孔璋足下徼利於境外臧洪授命於君親吾子託身於盟主臧洪策名於長安子謂余身死而名滅僕亦笑子生死而無聞焉悲哉本同而末離努力努力夫復何言紹見洪書知無降意增兵

急攻城中糧穀以盡外無彊救洪自度必不免呼吏士謂曰袁氏無道所圖不軌且不救洪郡將洪於大義不得不死念諸君無事空與此禍可先城未敗將妻子出將吏士民皆垂泣曰明府與袁氏本無怨隙今為本朝郡將之故自致殘困吏民何忍當舍明府去也初尚掘鼠煑筋角後無可復食者主簿啟內廚米三斗請中分稍以為饘粥洪歎曰獨食此何為使作薄粥衆分歠之殺其愛妾以食將士將士咸流涕無能仰視者男女七八千人相枕而死莫有離叛城

陷紹生執洪紹素親洪盛施帷幔大會諸將見洪謂曰臧洪何相負若此今日服未洪據地瞋目曰諸袁事漢四世五公可謂受恩今王室衰弱無扶翼之意欲因際會希冀非望多殺忠良以立姦威洪親見呼張陳留為兄則洪府君亦宜為弟同共戮力為國除害何為擁衆觀人屠滅惜洪力劣不能推刃為天下報仇何謂服乎紹本愛洪意欲令屈服原之見洪辭切知終不為己用乃殺之徐衆三國評曰洪敦天下名義救舊君之危其恩足以感人情義足以勵薄俗然袁亦知己親友致位州郡雖非君臣且實盟主既受其命義不應貳袁曹方睦夾輔皇室呂布反覆無義志在逆亂而

邈超擅立布為州牧其於王法乃一罪人也曹公討之袁氏弗救未為非理也洪本不當就袁請兵又不當還為怨讎為洪計者苟力所不足可奔他國以求赴救若謀力未展以待事機則宜徐更觀釁效死於超何必誓守窮城而無變通身死殄民功名不立良可哀也洪邑人陳容少為書生親慕洪隨洪為東郡丞城未敗洪遣出紹令在坐見洪當死起謂紹曰將軍舉大事欲為天下除暴而專先誅忠義豈合天意臧洪發舉為郡將奈何殺之紹慙左右使人牽出謂曰汝非臧洪儔空復爾為容顧曰夫仁義豈有常蹈之則君子背之則小人今日寧與臧洪同日而死不與將軍同日而生復見殺在紹坐者無不歎息竊相謂曰

如何一日殺二烈士先是洪遣司馬二人出求救於呂布比還城已陷皆赴敵死

評曰呂布有虓虎之勇而無英奇之略輕狡反覆唯利是視自古及今未有若此不夷滅也昔漢光武謬於龐萌近魏太祖亦蔽於張邈知人則哲唯帝難之信矣陳登臧洪並有雄氣壯節登降年夙隕功業未遂洪以兵弱敵彊烈志不立惜哉

十九

呂布張邈臧洪傳第七　魏書　國志七

二公孫陶四張傳第八　魏書　國志八

公孫瓚傳

公孫瓚字伯珪，遼西令支人也。令音郎定反，支音其兒反。爲郡門下書佐。有姿儀，大音聲，侯太守器之，以女妻焉，典略曰：瓚性辯慧，每白事不肯稍入，常總說數曹事，無有忘誤，太守奇其才。遣詣涿郡盧植讀經。後復爲郡吏。劉太守坐事徵詣廷尉，瓚爲御車，身執徒養。及劉徙日南，瓚具米肉，於北芒上祭先人，舉觴祝曰：「昔爲人子，今爲人臣，當詣日南。日南鄣氣，或恐不還，與先人辭於此。」再拜慷慨而起，時見者莫不歔欷。劉道得赦還。瓚以孝廉爲郎，除遼東屬國長史。嘗從數十騎出行塞，見鮮卑數百騎，瓚乃退入空亭中，約其從騎曰：「今不衝之，則死盡矣。」瓚乃自持矛，兩頭施刃，馳出刺胡，殺傷數十人，亦亡其從騎半，遂得免。鮮卑懲艾，後不敢復入塞。遷爲涿令。光和中，涼州賊起，發幽州突騎三千人，假瓚都督行事傳，使將之。軍到薊中，漁陽張純誘遼西烏丸丘力居等叛，劫略薊中，自號將軍，九州春秋曰：純自號彌天將軍、安定王。略吏民攻右北平、遼西屬國諸城，所至殘破。瓚將所領，追討純等有功，遷騎都尉。屬國烏丸貪至

王率種人詣瓚降。遷中郎將，封都亭侯。進屯屬國，與胡相攻擊五六年。丘力居等鈔略青、徐、幽、冀，四州被其害，瓚不能禦。朝議以宗正東海劉伯安既有德義，昔爲幽州刺史，恩信流著，戎狄附之，若使鎮撫，可不勞衆而定，乃以劉虞爲幽州牧。吳書曰：虞，東海恭王之後也。遭世衰亂，又與時主疏遠，仕縣爲戶曹吏。以能治身奉職，召爲郡吏，以孝廉爲郎，累遷至幽州刺史，轉甘陵相，甚得東土戎狄之心。後以疾歸家，常降身隱約，與邑黨州閭同樂共卹，等齊有無，不以名位自殊，鄉曲咸共宗之。時鄉曲有所訴訟，不以詣吏，自投虞平之；虞以情理爲之論判，皆大小敬從，不以爲恨。嘗有失牛者，骨體毛色，與虞牛相似，因以爲是虞牛，虞便推與之；後主自得本牛，乃還謝罪。會甘陵復亂，吏民思虞治行，復以爲甘陵相，甘陵大治。徵拜尚書令、光祿勳，以公族有禮，更爲宗正。英雄記曰：虞爲博平令，治正推平，高尚純樸，境內無盜賊，災害不生。時鄰縣接壤，蝗蟲爲害，至博平界，飛過不入。魏書曰：虞在幽州，清靜儉約，以禮義化民。靈帝時，南宮災，吏遷補州郡者，皆責助治宮錢，或一千萬，或二千萬，富者以私財辦，或發民錢以備之，貧而清慎者，無以充調，或至自殺。靈帝以虞清貧，特不使出錢。虞到，遣使至胡中，告以利害，責使送純首。丘力居等聞虞至，喜，各遣譯自歸。瓚害虞有功，乃陰使人徼殺胡使。胡知其情，閒行詣虞。虞上罷諸屯兵，但留瓚將步騎萬人屯右北平。純乃棄妻子，逃入鮮卑，爲其客王政所殺，送首詣虞。封政爲列侯。虞以功即拜太尉，封襄賁侯。英雄記曰：虞讓太尉，因薦衞尉趙謨、益州牧劉焉、豫州牧黃琬、南陽太守羊續，並任爲公。會董卓至洛陽，遷虞大司馬，瓚奮武將軍，封薊侯。關東義兵

起卓遂劫帝西還徵虞爲太傅道路隔塞信命
不得至袁紹韓馥議以爲少帝制於姦臣天下
無所歸心虞宗室知名民之望也遂推虞爲帝
遣使詣虞虞終不肯受紹等復勸虞領尚書事
承制封拜虞又不聽然猶與紹等連和九州春秋曰紹馥使
故樂浪太守甘陵張岐齎議詣虞使即尊號虞厲聲呵岐曰
卿敢出此言乎忠孝之道既不能濟孤受國恩天下擾亂未
能竭命以除國恥望諸州郡烈義之士勠力西面援迎幼主
而乃妄造逆謀欲塗汙忠臣邪　吳書曰馥以書與袁術云
帝非孝靈子欲依絳灌誅廢少主迎立代王故事稱虞功德
治行華夏少二當今公室枝屬皆莫能及又云昔光武去定
王五世以大司馬領河北耿弇馮異勸即尊號卒代更始今
劉公自恭王枝別其數亦五以大司馬領幽州牧此其與光
武同是時有四星會于箕尾馥稱讖云神人將在燕分又言
濟陰男子王定得玉印文曰虞爲天子又見兩日出於代郡
謂虞當代立紹又別書報術是時術陰有不臣之心不利國
家有長主外託公義以荅拒之紹亦使人私報虞虞以國有
正統非人臣所宜言固辭不許乃欲圖奔匈奴以自絕紹等
乃止虞於是奉脩職貢愈益恭肅諸外國羌胡有所貢獻道
路不通皆爲傳
送致之京師　虞子和爲侍中在長安天子思東
歸使和僞逃卓潛出武關詣虞令將兵來迎和
道經袁術爲說天子意術利虞爲援留和不遣
許兵至俱西令和爲書與虞虞得和書乃遣數
千騎詣和瓚知術有異志不欲遣兵止虞虞不
可瓚懼術聞而怨之亦遣其從弟越將千騎詣
術以自結而陰教術執和奪其兵由是虞瓚益
有隙和逃術來北復爲紹所留是時術遣孫堅

屯陽城拒卓紹使周昂奪其處術遣越與堅攻
昂不勝越爲流矢所中死瓚怒曰余弟死禍起
於紹遂出軍屯磐河將以報紹紹懼以所佩勃
海太守印綬授瓚從弟範遣之郡欲以結援範
遂以勃海兵助瓚破青徐黃巾兵益盛進軍界
橋典略載瓚表紹罪狀曰臣聞皇羲以來始有君臣上下之
事張化以導民刑罰以禁暴今行車騎將軍袁紹託其先
軌寇竊人爵既性暴亂厥行淫穢昔爲司隸校尉會值國家
喪禍之際太后承攝何氏輔政紹專爲邪媚不能舉直至令
丁原焚燒孟津招來董卓造爲亂根紹罪一也卓既入雒而
主見質紹不能權譎以濟君父而棄置節傳迸竄逃亡忝辱
爵命背上不忠紹罪二也紹爲勃海太守默選戎馬當攻董
卓不告父兄至使太傅門戶太僕母子一旦而斃不仁不孝
紹罪三也紹既興兵涉歷二年不恤國難廣自封殖乃多以
資糧專爲不急割剝富室收考責錢百姓吁嗟莫不痛怨紹
罪四也韓馥之迫竊其虛位矯命詔恩刻金印玉璽每下文
書皁囊施檢文曰詔書一封邟鄉侯印昔新室之亂
漸以即真今紹所施擬而方之紹罪五也紹令崔巨業候視
星日財貨賂遺與共飲食克期會合攻鈔郡縣此豈大臣所
當宜爲紹罪六也紹與故虎牙都尉劉勳首共造兵勳仍有
効又降服張楊而以小忿枉害於勳信用讒慝殺害有功紹
罪七也紹又上故上谷太守高焉故甘陵相姚貢橫責其錢
錢不備畢二人并命紹罪八也春秋之義子以母貴紹母親
爲婢使紹實微賤不可以爲人後以義不宜乃據豐隆之重
任忝污王爵損辱袁宗紹罪九也又長沙太守孫堅前領豫
州刺史驅走董卓掃除陵廟其功莫大紹令周昂盜居其位
斷絕堅糧令不得入使卓不被誅紹罪十也臣又每得後將
軍袁術書云紹非術類也紹之罪戾雖南山之竹不能載昔
姬周政弱王道陵遲天子遷都諸侯背叛於是齊桓立柯亭
之盟晉文爲踐土之會伐荊楚以致菁茅誅曹衛以彰無禮
臣雖闒茸名非先賢蒙被朝恩當此重任職在鈇鉞奉辭伐
罪輒與諸將州郡兵討紹等若事克捷罪人斯得庶續桓文
忠誠之効攻戰形狀前後續上遂舉兵與紹對戰紹不勝
以嚴綱爲冀州田楷爲青州單經爲兗州置諸

郡縣紹軍廣川令將麴義先登與瓚戰生禽綱瓚軍敗走勃海與範俱還薊於大城東南築小城與虞相近稍相恨望虞懼瓚為變遂舉兵襲瓚虞為瓚所敗出奔居庸瓚攻拔居庸生獲虞執虞還薊會卓死天子遣使者段訓增虞邑督六州瓚遷前將軍封易侯瓚誣虞欲稱尊號脅訓斬虞魏氏春秋曰初劉虞和輯戎狄瓚以胡夷難御當因不賓而討之今加財賞必益輕漢效一時之名非久長深慮故虞所賞賜瓚輒抄奪虞數請會稱疾不往至是戰敗虞欲討之告東曹掾右北平人魏攸攸曰今天下引領以公為歸謀臣爪牙不可無也瓚文武才力足恃雖有小惡固宜容忍乃止後一年攸病死虞又與官屬議密令衆襲瓚瓚部曲放散在外自懼敗掘東城門欲走虞兵無部伍不習戰又愛民屋勑令勿燒故瓚得放火因以精銳衝突虞衆大潰奔居庸城瓚攻及家屬以還殺害州府衣冠善士殆盡○典略曰瓚曝虞於市而祝曰若應為天子者天當降雨救之時盛暑竟日不雨遂殺虞　英雄記曰虞之見殺故常山相孫瑾掾張逸張瓚等忠義奮發相與就虞罵瓚極口然後同死瓚上訓為幽州刺史瓚遂驕矜記過忘善多所賊害英雄記曰瓚統內外衣冠子弟有材秀者必抑困使在窮苦之地或問其故答曰今取衣冠家子弟及善士富貴之皆自以為職當得之不謝人善也所寵遇驕恣者類多庸兒若故卜數師劉緯臺販繒李移子賈人樂何當等三人與之定兄弟之誓自號為伯謂三人者為仲叔季富皆巨億或取其女以配己子常稱古者曲周灌嬰之屬以譬也虞從事漁陽鮮于輔齊周騎都尉鮮于銀等率州兵欲報瓚以燕國閻柔素有恩信共推柔為烏丸司馬柔招誘烏丸鮮卑得胡漢數萬人與瓚所置漁陽太守鄒丹戰于潞北大破之

斬丹袁紹又遣麴義及虞子和將兵與輔合擊瓚瓚軍數敗乃走還易京固守英雄記曰先是有童謠曰燕南垂趙北際中央不合大如礪惟有此中可避世瓚以易當之乃築京固守瓚別將有為敵所圍義不救也其言曰救一人使後將恃救不力戰今不救此後將當念在自勉是以袁紹始北擊之時瓚南界上別營自度守則不能自固又知必不見救是以或自殺其將帥或為紹兵所破遂令紹軍徑至其門　臣松之以為童謠之言無不皆驗至如此記似若無證謠言之作蓋令瓚終始保易無事遠略而瓚因破黃巾之威意志張遠遂置三州刺史圖滅袁氏所以致敗也為圍塹十重於塹裏築京皆高五六丈為樓其上中塹為京特高十丈自居焉積穀三百萬斛英雄記曰瓚諸將家家各作高樓樓以千計瓚作鐵門居樓上屏去左右婢妾侍側汲上文書瓚曰昔謂天下事可指麾而定今日視之非我所決不如休兵力田畜穀兵法百樓不攻今吾樓櫓千重食盡此穀足知天下之事矣欲以此弊紹紹遣將攻之連年不能拔漢晉春秋曰袁紹與瓚書曰孤與足下既有前盟舊要申之以討亂之誓愛過夷叔分著冊書謂為流力同仇足踵齊晉故解印釋紱以北帶南分割膏腴以奉執事此非孤赤情之明驗邪豈寤足下棄烈士之高義尋禍亡之險蹤輟而改慮以好易怨盜遣士馬犯暴豫州始聞甲卒在南親臨戰陣懼於飛矢迸流在刃橫集以重足下之禍徒增孤子之咎釁也故為薦書懇惻與可改悔而足下超然自逸矜其威詐謂天罔可吞豪雄可滅果令貴弟殞於鋒刃之端斯言猶在於耳而足下曾不尋討禍源克心罪己苟欲逞其無疆之怒不顧逆順之津匿怨害民騁於余躬遂躍馬控弦處我疆土毒遍生民辜延白骨孤辭不獲已以登界橋之役是時足下兵氣霆震駿馬電發僕師徒肇合機械不嚴彊弱殊科衆寡異論假天之助小戰大克遂陵躡奔背因壘館穀此非天威棐諶福豐有禮之符表乎足下志猶未厭乃復糾合餘燼率我蛑賊以焚燒勃海孤又不獲寧用及龍河之師羸兵前誘大軍未濟而足下膽破衆散不鼓

而敗兵衆擾亂君臣並奔此又足下之爲非孤之咎也自此以後禍隙彌深孤之師旅不勝其忿遂至積尸爲京頭顱滿野愍彼無辜未嘗不慨然失涕也後比得足下書辭義娩約有改往脩來之言僕既欣於舊好克復且愍兆民之不寧每輒引師南駕以順簡書弗盈一時而北邊羽檄之文未嘗不至孤是用痛心疾首靡所錯情夫處三軍之帥當列將之任宜令怒如嚴霜喜如時雨臧否好惡坦然可觀而足下二三其德彊弱易謀急則曲躬緩則放逸行無定端言無質要爲壯士者固若此乎既乃殘殺老弱幽士憤怨衆叛親離孑然無黨又烏丸濊貊皆足下同州僕與之殊俗各奮迅激怒爭爲鋒銳又東西鮮卑舉踵來附此非孤德所能招乃足下驅而致之也夫當荒危之世處干戈之險內違同盟之誓外失戎狄之心兵興州壤禍發蕭牆將以定霸不亦難乎前以西山陸梁出兵平討會麴義餘殘畏誅逃命故遂住大軍分兵撲蕩此兵孤之前行乃界橋搴旗拔壘先登制敵者也始聞足下鐫金紆紫命以元帥謂當因茲奮發以報孟明之恥是故戰夫引領竦望旌旆怪遂含光匿影寂爾無聞卒臻屠滅相爲惜之夫有平天下之怒希長世之功權御師徒帶養戎馬叛者無討服者不收威懷並喪何以立名今舊京克復天罔云補罪人斯亡忠幹翼化華夏儼然望於穆之作將戢干

戈放散牛馬足下獨何守區區之士保軍內之廣甘惡名以速朽亡令德之久長壯而籌之非良策也宜釋憾除嫌敦我舊好若斯言之玷皇天是聞瓚不荅而增脩戎備謂關靖曰當今四方虎爭無有能坐吾城下相守經年者明矣袁本初其若我何

建安四年紹悉軍圍之瓚遣子求救於黑山賊復欲自將突騎直出傍西南山擁黑山之衆陸梁冀州橫斷紹後長史關靖說瓚曰今將軍將士皆已土崩瓦解其所以能相守持者顧戀其居處老小以將軍爲主耳將軍堅守曠日袁紹要當自退自退之後四方之衆必復可合也若將軍今舍之而去軍無鎮重易京之危可立待也將軍失本孤在草野何所成邪瓚遂止

不出（英雄記曰關靖字士起太原人本酷吏也諂而無大謀特爲瓚所信幸）救至欲內外擊紹遣人與子書克期兵至舉火爲應（典略曰瓚遣行人文則齎書告子續曰袁氏之攻似若神鬼鼓角鳴於地中梯衝舞吾樓上日窮月戚無所聊賴汝當碎首於張燕速致輕騎到者當起烽火於北吾當從內出不然吾亡之後天下雖廣汝欲求安足之地其可得乎 獻帝春秋曰瓚夢薊城崩知必敗乃遣閒使與續書紹候者得之使陳琳更其書曰蓋聞在昔衰周之世僵尸流血以爲不然豈意今日身當其衝其餘語與典略所載同）紹候者得其書如期舉火瓚以爲救兵至遂出欲戰紹設伏擊大破之復還守紹爲地道突壞其樓稍至中京（英雄記曰袁紹分部攻者掘地爲道穿穴其樓下稍稍施木柱之度足達半便燒所施之柱樓輒傾倒）瓚自知必敗盡殺其妻子乃自殺（漢晉春秋曰關靖曰吾聞君子陷人於危必同其難豈可獨生乎乃策馬赴紹軍而死紹悉送其首於許）鮮于

輔將其衆奉王命以輔爲建忠將軍督幽州六郡太祖與袁紹相拒於官渡閻柔遣使詣太祖受事遷護烏丸校尉而輔身詣太祖拜左渡遼將軍封亭侯遣還鎮撫本州（魏略曰輔從太祖於官渡袁紹破走太祖喜顧謂輔曰前歲本初送公孫瓚頭來孤自視忽然耳而今克之此既天意亦二三子之力）太祖破南皮柔將部曲及鮮卑獻名馬以奉軍從征三郡烏丸以功封關內侯（魏略曰太祖甚愛閻柔每謂之曰我視卿如子亦欲卿視我如父也柔由此自託於五官將如兄弟）輔亦率其衆從文帝踐阼拜輔虎牙將軍柔渡遼將軍皆進封縣侯位特進

陶謙傳

陶謙字恭祖丹楊人吳書曰謙父故餘姚長謙少孤始以不羈聞於縣中年十四猶綴帛爲幡乘竹馬而戲邑中兒僮皆隨之故蒼梧太守同縣甘公出遇之塗見其容貌異而呼之住車與語甚悅因許妻以女甘公夫人聞之怒曰妾聞陶家兒敖戲無度如何以女許之公曰彼有奇表長必大成遂妻之少好學爲諸生仕州郡舉茂才除盧令吳書曰謙性剛直有大節少察孝廉拜尚書郎除舒令郡守張磐同郡先輩與謙父友意殊親之而謙恥爲之屈與衆還城因以公事進見坐罷磐常私還入與謙飲宴或拒不爲留常以舞屬謙謙不爲起固彊之乃舞又不轉磐曰不當轉邪曰不可轉轉則勝人由是不樂卒以構隙謙在官清白無以糾舉祠靈星有贏錢五百欲以臧之謙委官而去遷幽州刺史徵拜議郎參車騎將軍張温軍事西討韓遂吳書曰會西羌寇邊皇甫嵩爲征西將軍表請武將召拜謙揚武都尉與嵩征羌大破之後邊章韓遂爲亂司空張温銜命征討又請謙爲參軍事接遇甚厚而謙輕其行事心懷不服及軍罷還百寮高會温屬謙行酒謙衆辱温温怒徙謙於邊或說温曰陶恭祖本以材略見重於公一朝以醉飲過失不蒙容貸遠棄不毛厚德不終四方人士安所歸望不如釋憾除恨克復初分於以遠聞德美温然其言乃追還謙謙至或人謂謙曰足下輕辱三公罪自己作今蒙釋宥德莫厚矣宜降志卑辭以謝之謙曰諾又謂温曰陶恭祖今深自罪責思在變革謝天子禮畢必詣公門公宜見之以慰其意時温於宮門見謙謙仰曰謙自謝朝廷豈爲公邪温曰恭祖癡病尚未除邪遂爲之置酒待之如初會徐州黃巾起以謙爲徐州刺史擊黃巾破走之董卓之亂州郡起兵天子都長安四方斷絕謙遣使閒行致貢獻遷安東將軍徐州牧封溧陽侯是時徐州百姓殷盛穀米豐贍流民多歸之而謙背道任情廣陵太守琅邪趙昱徐方名士也以忠直見疏謝承漢書曰昱年十三母嘗病經涉三月昱慘戚消瘠至目不交睫握粟出卜祈禱泣血鄉黨稱其孝就處士東莞綦毋君受

公羊傳兼該羣業至歷年潛志不闚園圃親疎希見其面時入定省父母須臾即還高絜廉正抱禮而立清英儼恪莫干其志旌善以興化殫邪以矯俗州郡請召常稱病不應國相檀謨陳遵比召不起或興盛怒終不迴意舉孝廉除莒長宣揚五教政爲國表會黃巾作亂陸梁五郡郡縣發兵以爲先辦徐州刺史巴祇表功第一當受遷賞昱深以爲恥委官還家徐州牧陶謙初辟別駕從事辭疾遜遁謙重令揚州從事會稽吳範宣旨昱守意不移欲威以刑罰然後乃起舉茂才遷廣陵太守賊笮融從臨淮見討迸入郡界昱將兵拒戰敗績見害曹宏等讒慝小人也謙親任之刑政失和良善多被其害由是漸亂下邳闕宣自稱天子謙初與合從寇鈔後遂殺宣并其衆初平四年太祖征謙攻拔十餘城至彭城大戰謙兵敗走死者萬數泗水爲之不流謙退守剡太祖以糧少引軍還吳書曰曹公父於泰山被殺歸咎於謙欲伐謙而畏其彊乃表令州郡一時罷兵詔曰今海內擾攘州郡起兵征夫勞瘁寇難未弭或將吏不良因緣討捕侵侮黎民離害者衆風聲流聞震蕩城邑丘牆懼於橫暴貞良化爲羣惡此何異乎抱薪救焚扇火止沸哉今四民流移託身他方攜白首於山野棄稚子於溝壑顧故鄉而哀歎向阡陌而流涕饑厄困苦亦已甚矣雖悔往者之迷謬思奉教於今日然兵連衆結鋒鏑布野恐一朝解散夕見係虜是以阻兵屯據欲止而不敢散也詔書到其各罷遣甲士還親農桑惟留常員吏以供官署慰示遠近咸使聞知謙被詔乃上書曰臣聞懷遠柔服非德不集克難平亂非兵不濟是以涿鹿阪泉三苗之野有五帝之師有扈鬼方商奄四國有王者之伐自古在昔未有不揚威以弭亂震武以止暴者也臣前初以黃巾亂治受策長驅匪遑啓處雖憲章勅戒奉宣威靈敬行天誅每伐輒克然妖寇類衆殊不畏死父兄殲殪子弟羣起治屯連兵至今爲患若承命解甲弱國自虛釋武備以資亂損官威以益寇今日兵罷明日難必至上忝朝廷寵授之本下令羣凶日月滋蔓非所以彊榦弱枝遏惡止亂之務也臣雖愚蔽忠恕不昭抱恩念報所不忍行輒勤部曲申令警備出芟彊寇惟力是視入宣德澤躬奉職事冀効微勞以贖罪負又曰華夏沸擾于今未弭包茅不入職貢多闕寤寐憂歎無

日敢寧誠思貢獻必至薦羞獲通然後鎖鋒解甲臣之願也臣前調穀百萬斛已在水次輒勑兵衛送曹公得謙上事知不罷兵乃進攻彭城多殺人民謙引兵擊之青州刺史田楷亦以兵救謙公引兵還　臣松之案此時天子在長安曹公尚未秉政罷兵之詔不得由曹氏出興平元年復東征略定琅邪東海諸縣謙恐欲走歸丹楊會張邈叛迎呂布太祖還擊布是歲謙病死吳書曰謙死時年六十三張昭等爲之哀辭曰猗歟使君君侯將軍膺秉懿德允武允文體足剛直守以溫仁令舒及盧遺愛于民牧幽暨徐甘棠是均憬憬夷貊賴侯以清蠢蠢妖寇匪侯不寧唯帝念績爵命以章旣牧且侯啓土溧陽遂升上將受號安東將平世難社稷是崇降年不永奄忽殂薨喪覆失恃民知困窮曾不旬日五郡潰崩哀我人斯將誰仰憑追思靡及仰叫皇穹嗚呼哀哉謙二子商應皆不仕

張楊傳

張楊字稚叔雲中人也以武勇給并州爲武猛從事靈帝末天下亂帝以所寵小黃門蹇碩爲西園上軍校尉軍京都欲以御四方徵天下豪傑以爲偏裨太祖及袁紹等皆爲校尉屬之靈帝紀曰以虎賁中郎將袁紹爲中軍校尉屯騎校尉鮑鴻爲下軍校尉議郎曹操爲典軍校尉趙融馮芳爲助軍校尉夏牟淳于瓊爲左右校尉并州刺史丁原遣楊將兵詣碩爲假司馬靈帝崩碩爲何進所殺楊復爲進所遣歸本州募兵得千餘人因留上黨擊山賊進敗董卓作亂楊遂以所將攻上黨太守於壺關不下略諸縣衆至數千人山東兵起欲誅卓袁紹至河內楊與紹合復與匈奴單于於夫羅屯漳水單

于欲叛紹楊不從單于執楊與俱去紹使將麴義追擊於鄴南破之單于執楊至黎陽攻破度遼將軍耿祉軍衆復振卓以楊爲建義將軍河內太守天子之在河東楊將兵挫安邑拜安國將軍封晉陽侯楊欲迎天子還洛諸將不聽楊還野王建安元年楊奉董承韓暹挾天子還舊京糧乏楊以糧迎道路遂至洛陽謂諸將曰天子當與天下共之幸有公卿大臣楊當捍外難何事京都遂還野王即拜爲大司馬英雄記曰楊性仁和無威刑下人謀反發覺對之涕泣輒原不問楊素與呂布善太祖之圍布楊欲救之不能乃出兵東市遙爲之勢其將楊醜殺楊以應太祖楊將眭固殺醜將其衆欲北合袁紹太祖遣史渙邀擊破之於犬城斬固盡收其衆也典略曰固字白兎旣殺楊醜軍屯射犬時有巫誡固曰將軍字兎而此邑名犬兎見犬其勢必驚宜急移去兎不從遂戰死

公孫度傳

公孫度字升濟本遼東襄平人也度父延避吏居玄菟任度爲郡吏時玄菟太守公孫琙子豹年十八歲早死度少時名豹又與琙子同年琙見而親愛之遣就師學爲取妻後舉有道除尚

書郎稍遷兾州刺史以謠言免同郡徐榮爲董卓中郎將薦度爲遼東太守度起玄菟小吏爲遼東郡所輕先時屬國公孫昭守襄平令召度子康爲伍長度到官收昭笞殺於襄平市郡中名豪大姓田韶等宿遇無恩皆以法誅所夷滅百餘家郡中震慄東伐高句驪西擊烏丸威行海外初平元年度知中國擾攘語所親吏柳毅陽儀等曰漢祚將絕當與諸卿圖王耳魏書曰度語毅儀讖書云孫登當爲天子太守姓公孫字升濟升即登也時襄平延里社生大石長丈餘下有三小石爲之足或謂度曰此漢宣帝

冠石之祥而里名與先君同社主土地明當有土地而三公爲輔也度益喜故河內太守李敏郡中知名惡度所爲恐爲所害乃將家屬入于海度大怒掘其父冢剖棺焚屍誅其宗族晉陽秋曰敏子追求敏出塞越二十餘年不娶州里徐邈責之曰不孝莫大於無後何可終身不娶乎乃娶妻生子胤而遣妻常如居喪之禮不勝憂數年而卒胤生不識父母及有識蔬食哀戚亦如三年之喪以祖父不知存亡設主奉之由是知名仕至司徒○臣松之案本傳云敏將家入海而復與子相失未詳其故分遼東郡爲遼西中遼郡置太守越海收東萊諸縣置營州刺史自立爲遼東侯平州牧追封父延爲建義侯立漢二祖廟承制設壇墠於襄平城南郊祀天地藉田

治兵乘鸞路九旒旄頭羽騎太祖表度爲武威將軍封永寧鄉侯度曰我王遼東何永寧也藏印綬武庫度死子康嗣位以永寧鄉侯封弟恭是歲建安九年也十二年太祖征三郡烏丸屠柳城袁尚等奔遼東康斬送尚首語在武紀封康襄平侯拜左將軍康死子晃淵等皆小衆立恭爲遼東太守文帝踐阼遣使即拜恭爲車騎將軍假節封平郭侯追贈康大司馬初恭病陰消爲閹人劣弱不能治國太和二年淵脅奪恭位明帝即位拜淵揚烈將軍遼東太守淵遣使

南通孫權往來賂遺吳書載淵表權曰臣伏惟遭天地反易遇無妄之運王路未夷傾側擾攘自先人以來歷事漢魏階緣際會爲國效節繼世享任得守藩表猶知符命未有攸歸每感厚恩頻辱顧使退念人臣交不越境是以固守所執拒違前使雖義無二信敢忘大恩陛下鎮撫長存小國前後裴校尉葛都尉等到奉被勑誡聖旨彌密重紈累素幽明備著所以申示之事言提其耳臣晝則謳吟宵則發夢終身誦之志不知足季末凶荒乾坤否塞兵革未戢人民蕩析仰此天命將有眷顧私從一隅永瞻雲日今魏家不能採錄忠善褒功臣之後乃令讒譌得行其志聽幽州刺史東萊太守誑誤之言猥興州兵圖害臣郡臣不負魏而魏絕之蓋聞人臣有去就之分田饒適齊樂毅走趙以不得事主故保有道之君陳平耿況亦覩時變卒歸於漢勒名帝籍伏惟陛下德不再出時不世遇是以慺慺懷慕自納望遠視險有如近易誠願神謨蚤定洪業奮六師之勢收河洛之地爲聖代宗天下幸甚魏略曰國家知淵兩端而思遼東吏民爲淵所誤故公文下遼東因赦之曰告遼東玄菟將校吏民逆賊孫權遭遇亂階因其先人劫略州郡遂成羣凶自擅江表含垢藏疾冀其可化故割地王權使南面稱孤位以上將禮以九命權親乂手北向稽顙假人臣之寵受人

臣之榮耒有如權者也狼子野心告令難移卒歸反覆背恩叛主滔天逆神乃敢僭號恃江湖之險阻王誅未加比年已來復遠遣船越渡大海多持貨物誑誘邊民邊民無知與之交關長吏以下莫肯禁止至使周賀浮舟百艘沈滯津岸貿遷有無旣不疑拒齎以名馬又使宿舒隨賀通好十室之邑猶有忠信陷君於惡春秋所書也今遼東玄菟奉事國朝紆青拖紫以千百爲數戴纓垂緌咸佩印綬曾無匡正納善之言龜玉毀於匱虎兕出於匣是誰之過歟國朝爲子大夫羞之昔狐突有言父敎子貳何以事君策名委質貳乃辟也今乃阿順邪謀脅從姦惡豈獨父兄之敎不詳子弟之舉習非而已哉若苗穢害田隨風烈火芝艾俱焚安能自別乎且又此事固然易見不及鑒古成敗書傳所載也江南海北有萬里之限遼東君臣無怵惕之患利則利所不利貴則義所不貴此爲厭安樂之居求危亡之禍賤忠貞之節重背叛之名蠻貊之長猶知愛禮以此事人亦難爲顏且又宿舒無罪擠使入吳奉不義之使始與家訣涕泣而行及至賀死之日覆衆成山舒雖脫死魂魄離身何所逼迫乃至於此今忠臣烈將咸忿遼東反覆攜貳皆欲乘桴浮海期於肆意朕爲天下父母加念天下新定旣不欲勞動干戈遠涉大川費役如彼又悼邊陲遺餘黎民迷誤如此故遣郎中衞慎邵琄等且先奉詔示意若股肱忠良能效節立信以輔時君反邪就正以建大功福莫大焉儻恐自嫌已爲惡逆所見染汙不敢倡言永懷伊戚其諸與賊使交通皆赦除之與之更始

權遣使張彌許晏等齎金玉珍寶立淵爲燕王淵亦恐權遠不可恃且貪貨物誘致其使悉斬送彌晏等首

魏略載淵表曰臣前遣校尉宿舒郎中令孫綜甘言厚禮以誘吳賊幸賴天道福助大魏使此賊虜暗然迷惑違戾羣下不從衆諫承信臣言遠遣船使多將士卒來致封拜臣之所執得如本志雖憂罪釁私懷幸甚賊衆本號萬人舒綜伺察可七八千人到沓津偽使者張彌許晏與中郎將萬泰校尉裴潛將吏兵四百餘人齎文書命服什物下到臣郡泰潛別齎致遺貨物欲因市馬軍將賀達虞咨領餘衆在船所臣本欲須涼節乃取彌等而彌等人兵衆多見臣不便承受吳命意有猜疑懼其死作變態妄生即進兵圍取斬彌晏泰潛等首級其吏從兵衆皆士伍小人給使東西不得自由面縛乞降不忍誅殺輒聽納受徙充邊城別遣將韓起等率將三軍馳行至沓使領長史柳遠設賓主禮誘請達咨三軍潛伏以待其下又驅羣馬貨物欲與交市達咨懷疑不下使諸市買者五六百人下欲交市起等金鼓始震鋒矢亂發斬首三百餘級被創赴水沒溺者可二百餘人其散走山谷來歸降及藏竄饑餓死者不在數中得銀印銅印兵器資貨不可勝數謹遣西曹掾公孫珩奉送賊權所假臣節印綬符策九錫什物及彌等偽節印綬首級又曰宿舒孫綜前到吳賊權問臣家内小大舒綜對臣有三息脩劉亡弟權敢姦巧便擅拜命謹封送印綬符策臣雖無昔人洗耳之風慙爲賊權汙損所加旣行天誅猶有餘忿又曰臣父康昔殺權使結爲讎隙今乃譎欺遣使誘致令權傾心虛國竭祿遠命上卿寵授極位震動南土備盡禮數又權待舒綜契闊委曲君臣上下畢歡竭情而令四使見殺梟示萬里士衆流離屠戮津渚慙恥遠布痛辱彌天權之怨疾將刻肌骨若天喪其業使至隕殞權將内傷憤激而死若期運未訖將播毒螫必恐長驅來爲寇害徐州諸屯及城陽諸郡與相接近如有船衆後年向海門得其消息乞速告臣使得備豫又曰臣門戶受恩實深實重自臣承攝即事以來連被榮寵殊特無量分當隕越竭力致死而臣狂愚意計迷闇不即禽賊以至見疑前章表所陳情趣事勢實但欲罷弊此賊使困自絕誠不敢背累世之恩附僭盜之虜也而後愛憎之人緣事加誣偽生節目卒令明聽疑於市虎移恩改愛興動威怒幾至沈沒長爲負忝幸賴慈恩猶垂三宥使得補過解除愆責如天威遠加不見假借早當麋碎辱先廢祀何緣自明建此微功臣旣喜於事捷得自申展悲於疇昔至此變故餘怖踊躍未敢便寧唯陛下旣崇春日生全之仁除忿塞隙抑彌纖介推令亮往察臣本心長令抱戴銜分三泉又曰臣被服光榮恩情未報而以罪釁自招譴怒分當即戮爲衆社戒所以越典詭常偽通於吳誠自念窮迫報效未立而爲天威督罰所加長恐奄忽不得自洗故敢自關替廢於一年遣使誘吳知其必來權之求郡積有年歲初無倡荅一言之應今權得使來必不疑至此一舉果如所規上卿大衆翕赫豐盛財貨賂遺傾國極位到見禽取流離死亡千有餘人滅絕不反此誠暴猾賊之鋒摧矜夸之巧昭示天下破損其業足以慙之矣臣之慺慺念效於國雖有非常之過亦有非常之功願陛下原其踰闕之愆采其豪毛之善使得國恩保全終始矣

明帝於是拜淵大司馬封樂浪公持節領郡如故

魏名臣奏載中領軍夏侯獻表曰公孫淵昔年敢違王命廢絕計貢者實挾兩端旣恃阻險又怙孫權故敢跋扈恣睢海外宿舒親見賊權軍衆府庫知其弱少不足恃是以決計斬賊之使又高句麗濊貊與淵爲仇並爲寇鈔今外失

吳援內有胡寇心知國家能從陸道勢不得不懷惶懼之心因斯之時宜遣使示以禍福奉車都尉鞠弘武皇帝時始奉使命開通道路文皇帝即位欲通使命遣弘將妻子還歸鄉里賜其車牛絹百匹弘以受恩歸死國朝無有還意乞留妻子身奉使命公孫康遂稱臣妾以弘奉使稱意賜爵關內侯弘性果烈乃心於國夙夜拳拳念自竭效冠族子孫少好學問博通書記多所關涉口論速捷辯而不俗附依典誥若出會聽加仕本郡常在人右彼方士人素所敬服若當遣使以為可使弘行弘乃自舊土習其國俗為說利害辯足以動其意明足以見其事才足以行之辭足以見信若其計從雖酈生之降齊王陸賈之說尉他亦無以遠過也欲進遠路不宜釋騏驥將已篤疾不宜廢扁鵲願察愚言也使者至淵設甲兵為軍陣出見使者又數對國中賓客出惡言吳書曰魏遣使者傅容聶夔拜淵為樂浪公淵計吏從洛陽還語淵曰使者左駿伯使皆擇勇力者非凡人也淵由是疑怖容夔至住學館中淵先以步騎圍之乃入受拜容夔大怖由是還洛言狀景初元年乃遣幽州刺史毌丘儉等齎璽書徵淵淵遂發兵逆於遼隧與儉等戰儉等不利而還淵遂自立為燕王置百官有司遣使者持節假鮮卑單于璽封拜邊民誘呼鮮卑侵擾北方魏書曰淵知此變非獨出儉遂為備遣使謝吳自稱燕王求為與國然猶令官屬上書自直於魏曰大司馬長史臣郭昕參軍臣柳浦等七百八十九人言奉被今年七月己卯詔書伏讀懇切精魄散越不知身命所當投措昕等伏自惟省螻蟻小醜器非時用遭值千載被受公孫淵祖考以來光明之德惠澤沾渥茲潤榮華無尺寸之功有負乘之累遂蒙褒獎登名天府並以駑蹇附龍託驥紆青拖紫飛騰雲梯感恩惟報死不擇地臣等聞明君在上聽政采言人臣在下得無隱情是以因緣訴讓冒犯愬寬郡在藩表密邇不羈平昔三州轉輸費調以供賞賜歲用累億虛耗中國然猶跋扈虔劉邊陲烽火相望羽檄相逮城門晝閉路無行人州郡兵戈奔散覆沒淵祖父度初來臨郡承受荒殘開日月之光建神武之略聚烏合之民埽地為業威震燿于殊俗德澤被于羣生遼土之不壞實度是賴孔子曰微管仲吾其被髮左衽向不遭度則郡早為丘墟而民

係於虜庭矣遺風餘愛永存不朽度既薨殂吏民感慕欣戴子康尊而奉之康踐統洪緒克壯徽猷文昭武烈邁德種仁乃心京輦翼翼虔恭佐國平亂效績紛紜功隆事大勳藏王府度康當值武皇帝休明之會合策明之計夾輔漢室降身委質卑己事魏匪懈小敵大畏而服焉乃慕託高風懷仰盛懿也武皇帝亦虛心接納待以不次功無巨細每不見忘又命之曰海北土地割以付君世世子孫實得有之皇天后土實聞德音臣庶小大豫在下風奉以周旋不敢失墜淵生有蘭石之姿少含愷悌之訓允文允武忠惠且直生民欽仰莫弗懷愛淵纂戎祖考君臨萬民為國以禮淑化流行獨見先覩羅結遐方勤王之義視險如夷世載忠亮不隕厥名孫權慕義不遠萬里連年遣使欲自結援雖見絕殺不念舊怨繼繼往來求成恩好淵執節彌固不為利回守志匪石確乎彌堅猶懼丹心未見保明乃卑辭厚幣誘致權使梟截獻馘以示無二吳雖在遠水道通利舉帆便至無所隔限淵不顧敵讎之深念存人臣之節絕彊吳之歡昭事魏之心靈祇明鑒普天咸聞陛下嘉美洪烈顧茲武功誕錫休命寵亞齊魯下及陪臣普受介福誠以天覆之恩當卒終始得竭股肱永保祿位不虞一旦橫被殘酷惟育養之厚念積累之效悲思不遂痛切見棄舉國號咷搯膺泣血夫三軍所伐蠻夷戎狄驕逸不虔於是致武不聞義國反受誅討蓋聖王之制五服之域有不供職則脩文德而又不至然後征伐淵小心翼翼恪恭于位勤事奉上可謂勉矣盡忠竭節還被患禍小弁之作離騷之興皆由此也就或佞邪盜言孔甘猶當清覽憎而知善讒巧似直惑亂聖聽尚望文告使知所由若信有罪當垂三宥若不改寤計功減降當在八議而潛軍伺襲大兵奄至舞戈長驅衝擊遼土犬馬惡死況於人類吏民昧死挫辱王師淵雖冤枉方臨危殆猶恃聖恩悵然重奔興必姦臣矯制妄肆威虐乃謂臣等曰漢安帝建光元年遼東屬國都尉龐奮受二月乙未詔書曰收幽州刺史馮煥玄菟太守姚光推案無乙未詔書遣侍御史幽州牧考奮臣矯制者今刺史或儻謬承矯制乎臣等議以為刺史興兵搖動天下知非矯制必是詔命淵乃俛仰歔欷自傷無罪深惟土地所以養人也竊慕古公杖策之岐乃欲投冠釋紱逝歸林麓臣等維持誓之以死也守府門不聽所執而七營虎士五部蠻夷各懷素飽不謀同心奮臂大呼排門遁出近郊農民釋其耨鎛伐薪制梃改案為櫓奔馳赴難軍旅行成雖蹈湯火死不顧生淵雖見孤棄怨而不怒比遣勅軍勿得干犯及手書告語懇惻至誠而吏士凶悍不可解散期於畢命投死無悔淵懼吏士不從教令乃躬馳騖自往化解僅乃止之一飯之惠匹夫所死

況淵累葉信結百姓恩著民心自先帝初興爰暨陛下榮淵累葉豐功懿德策名褒揚辯著廊廟勝衣舉履誦詠明文以為口實埋而掘之古人所恥小白重耳衰世諸侯猶慕著信以隆霸業詩美文王作孚萬邦論語稱仲尼去食存信信之為德固亦大矣今吳蜀共帝鼎足而居天下搖蕩無所統一臣等每為陛下懼此危心淵據金城之固仗和睦之民國殷兵強可以橫行策名委質守死善道忠至義盡為九州表方今二敵闚闘未知孰定是之不戒而淵是害茹柔吐剛非王者之道也臣等雖鄙誠竊恥之若無天乎臣一郡吉凶尚未可知若云有天亦何懼焉臣等聞仕於家者二世則主之三世則君之臣等生於荒裔之土出於圭竇之中無大援於魏世隸於公孫氏戴生與賜在於死力昔蒯通言直漢祖赦其誅鄭詹辭順晉文原其死臣等頑愚不達大節苟執一介披露肝膽言逆龍鱗罪當萬死惟陛下恢崇撫育亮其控告使蹤遠之臣永有保持

二年春遣太尉司馬宣王征淵六月軍至遼東漢晉春秋曰公孫淵自立稱紹漢元年聞魏人將討復稱臣於吳乞兵北伐以自救吳人欲戮其使羊衜曰不可是肆匹夫之怒而捐霸王之計也不如因而厚之遣奇兵潛往以要其成若魏伐淵不克而我軍遠赴是恩結遐夷義蓋萬里若兵連不解首尾離隔則我虜其傍郡驅略而歸亦足以致天之罰報雪曩事矣權曰善乃勒兵大出謂淵使曰請俟後問當從簡書必與弟同休戚共存亡雖隕于中原吾所甘心也又曰司馬懿所向無前深為弟憂也淵遣將軍卑衍楊祚等步騎數萬屯遼隧圍塹二十餘里宣王軍至令衍逆戰宣王遣將軍胡遵等擊破之宣王令軍穿圍引兵東南向而急東北即趨襄平衍等恐襄平無守夜走諸軍進至首山淵復遣衍等迎軍殊死戰復擊大破之遂進軍造城下為圍塹會霖雨三十餘日遼水暴長運船自遼口徑至城下雨霽起土山脩櫓為發石連弩射城中淵窘急糧盡人相食死者

甚多將軍楊祚等降八月丙寅夜大流星長數十丈從首山東北墜襄平城東南壬午淵衆潰與其子脩將數百騎突圍東南走大兵急擊之當流星所墜處斬淵父子城破斬相國以下首級以千數傳淵首洛陽遼東帶方樂浪玄菟悉平初淵家數有怪犬冠幘絳衣上屋炊有小兒蒸死甑中襄平北市生肉長圍各數尺有頭目口喙無手足而動搖占曰有形不成有體無聲其國滅亡始度以中平六年據遼東至淵三世凡五十年而滅魏略曰始淵兄晃為恭任子在洛聞淵劫奪恭位謂淵終不可保數自表聞欲令國家討淵帝以淵已秉權故因而撫之及淵叛遂以國法繫晃晃雖有前言冀不坐然內以骨肉知淵破則己從及淵首到晃自審必死與其子相對啼哭時上亦欲活之而有司以為不可遂殺之

張燕

張燕常山眞定人也本姓褚黃巾起燕合聚少年為羣盜在山澤間轉攻還眞定衆萬餘人博陵張牛角亦起衆自號將兵從事與燕合燕推牛角為帥俱攻癭陶牛角為飛矢所中被創且死令衆奉燕告曰必以燕為帥牛角死衆奉燕故改姓張燕剽捍捷速過人故軍中號曰飛燕其後人衆寖廣常山趙郡中山上黨河內諸山

谷皆相通其小帥孫輕王當等各以部衆從燕衆至百萬號曰黑山靈帝不能征河北諸郡被其害燕遣人至京都乞降拜燕平難中郎將（九州春秋曰張角之反也黑山白波黃龍左校牛角五鹿羝根苦蝤劉石平漢大洪司隸緣城羅市雷公浮雲飛燕白爵楊鳳于毒等各起兵大者二三萬小者不減數千靈帝不能討乃遣使拜楊鳳爲黑山校尉領諸山賊得舉孝廉計吏後遂彌漫不可復數 典略曰黑山黃巾諸帥本非冠蓋自相號字謂騎白馬者爲張白騎謂輕捷者爲張飛燕謂聲大者爲張雷公其饒鬚者則自稱于羝根其眼大者自稱李大目張璠漢紀云又有左校郭大賢左髭丈八三部也）是後董卓遷天子於長安天下兵數起燕遂以其衆與豪傑相結袁紹與公孫瓚爭冀州燕遣將杜長等助瓚與紹戰爲紹所敗人衆稍散太祖將定冀州燕遣使求佐王師拜平北將軍率衆詣鄴封安國亭侯邑五百戶燕薨子方嗣方薨子融嗣（陸機晉惠帝起居注曰門下通事令史張林飛燕之曾孫林與趙王倫爲亂未及周年位至尚書令衛將軍封郡公尋爲倫所殺）

張繡傳

張繡武威祖厲人驃騎將軍濟族子也邊章韓遂爲亂涼州金城麴勝襲殺祖厲長劉雋繡爲縣吏閒伺殺勝郡內義之遂招合少年爲邑中豪傑董卓敗濟與李傕等擊呂布爲卓報仇語在卓傳繡隨濟以軍功稍遷至建忠將軍封宣威侯濟屯弘農士卒饑餓南攻穰爲流矢所中死繡領其衆屯宛與劉表合太祖南征軍淯水繡等舉衆降太祖納濟妻繡恨之太祖聞其不悅密有殺繡之計計漏繡掩襲太祖太祖軍敗二子沒繡還保穰（傅子曰繡有所親胡車兒勇冠其軍太祖愛其健手以金與之繡聞而疑太祖欲因左右刺之遂反 吳書曰繡降用賈詡計乞徙軍就高道道由太祖屯中繡又曰車少而重乞得使兵各被甲太祖信繡皆聽之繡乃嚴兵入屯掩太祖太祖不備故敗）太祖比年攻之不克太祖拒袁紹於官渡繡從賈詡計復以衆降語在詡傳繡至太祖執其手與歡宴爲子均取繡女拜揚武將軍官渡之役繡力戰有功遷破羌將軍從破袁譚於南皮復增邑凡二千戶是時天下戶口減耗十裁一在諸將封未有滿千戶者而繡特多從征烏丸於柳城未至薨諡曰定侯（魏略曰五官將數因請會發怒曰君殺吾兄何忍持面視人邪繡心不自安乃自殺）子泉嗣坐與魏諷謀反誅國除

張魯傳

張魯字公祺沛國豐人也祖父陵客蜀學道鵠鳴山中造作道書以惑百姓從受道者出五斗米故世號米賊陵死子衡行其道衡死魯復行之益州牧劉焉以魯爲督義司馬與別部司馬

張脩將兵擊漢中太守蘇固，魯遂襲脩殺之，奪其衆。焉死，子璋代立，以魯不順，盡殺魯母家室。魯遂據漢中，以鬼道教民，自號師君。其來學道者，初皆名鬼卒。受本道已信，號祭酒。各領部衆，多者為治頭大祭酒。皆教以誠信不欺詐，有病自首其過，大都與黃巾相似。諸祭酒皆作義舍，如今之亭傳。又置義米肉，縣於義舍，行路者量腹取足；若過多，鬼道輒病之。犯法者，三原，然後乃行刑。不置長吏，皆以祭酒為治，民夷便樂之。雄據巴、漢垂三十年。

典略曰：熹平中，妖賊大起，三輔有駱曜。光和中，東方有張角，漢中有張脩。駱曜教民緬匿法，角為太平道，脩為五斗米道。太平道者，師持九節杖為符祝，教病人叩頭思過，因以符水飲之，得病或日淺而愈者，則云此人信道，其或不愈，則云不信道。脩法略與角同，加施靜室，使病者處其中思過。又使人為姦令祭酒，祭酒主以老子五千文，使都習，號為姦令。為鬼吏，主為病者請禱。請禱之法，書病人姓名，說服罪之意。作三通，其一上之天，著山上，其一埋之地，其一沉之水，謂之三官手書。使病者家出米五斗以為常，故號曰五斗米師。實無益於治病，但為淫妄，然小人昏愚，競共事之。後角被誅，脩亦亡。及魯在漢中，因其民信行脩業，遂增飾之。教使作義舍，以米肉置其中以止行人；又教使自隱，有小過者，當治道百步，則罪除；又依月令，春夏禁殺；又禁酒。流移寄在其地者，不敢不奉。臣松之謂張脩應是張衡，非典略之失，則傳寫之誤。

漢末，力不能征，遂就寵魯為鎮民中郎將，領漢寧太守，通貢獻而已。民有地中得五印者，羣下欲尊魯為漢寧王。魯功曹巴西閻圃諫魯曰：漢川之民，戶出十萬，財富土沃，四面險固，上匡天子，則為桓、文，次及竇融，不失富貴。今承制署置，勢足斬斷，不煩於王。願且不稱，勿為禍先。魯從之。韓遂、馬超之亂，關西民從子午谷奔之者數萬家。建安二十年，太祖乃自散關出武都征之，至陽平關。魯欲舉漢中降，其弟衛不肯，率衆數萬人拒關堅守。太祖攻破之，遂入蜀。

魏名臣奏載董昭表曰：武皇帝承涼州從事及武都降人之辭，說張魯易攻，陽平城下南北山相遠，不可守也，信以為然。及往臨履，不如所聞，乃歎曰：他人商度，少如人意。攻陽平山上諸屯，既不時拔，士卒傷夷者多。武皇帝意沮，便欲拔軍截山而還，遣故大將軍夏侯惇、將軍許褚呼山上兵還。會前軍未還，夜迷惑，誤入賊營，賊便退散。侍中辛毗、劉曄等在兵後，語惇、褚，言官兵已據得賊要屯，賊已散走。猶不信之。惇前自見，乃還白武皇帝，進兵定之，幸而克獲。此近事，吏士所知。又楊暨表曰：武皇帝始征張魯，以十萬之衆，身親臨履，指授方略，因就民麥以為軍糧。張衛之守，蓋不足言。地險守易，雖有精兵虎將，勢不能施。對兵三日，欲抽軍還，言作軍三十年，一朝持與人，如何。此計已定，天祚大魏，魯守自壞，因以定之。世語曰：魯遣五官掾降，弟衛橫山築陽平城以拒，王師不得進。魯走巴中。軍糧盡，太祖將還。西曹掾東郡郭諶曰：不可。魯已降，留使既未反，衛雖不同，偏攜可攻。縣軍深入，以進必克，退必不免。太祖疑之。夜有野麋數千突壞衛營，軍大驚。夜，高祚等誤與衛衆遇，祚等多鳴鼓角會衆。衛懼，以為大軍見掩，遂降。

魯聞陽平已陷，將稽顙。圃又曰：今以迫往，功必輕；不如依杜濩赴朴胡相拒，然後委質，功必多。於是乃奔南山入巴中。左右欲悉燒寶貨倉庫，魯曰：本欲歸命國家，而意未達。今之走，避銳鋒，非有惡意。寶貨倉庫，國家之有。遂封藏而去。太祖入南鄭，甚嘉

之又以魯本有善意遣人慰喻魯盡將家出太
祖逆拜魯鎮南將軍待以客禮封閬中侯邑萬
戶封魯五子及閻圃等皆為列侯臣松之以為張魯雖有善心要為敗
而後降今乃寵以萬戶五子皆封侯過矣　習鑿齒曰魯欲
稱王而閻圃諫止之今封圃為列侯夫賞罰者所以懲惡勸
善也苟其可以明軌訓於物無遠近幽深矣今閻圃諫魯勿
王而太祖追封之將來之人孰不思順塞其本源而末流自
止其此之謂與若乃不明於此而重燋爛之功豐爵厚賞止
於死戰之士則民利於有亂俗競於殺伐阻兵杖力干戈不
戢矣太祖之此封可謂知賞罰之本雖湯武居之無以加也
○魏略曰黃初中增圃爵邑在禮請中後十餘歲病死　晉書
云西戎司馬閻纘圃孫也為子彭祖取魯女魯薨謚之曰原侯
子富嗣魏略曰劉雄鳴者藍田人也少以采藥射獵為事
常居覆車山下每晨夜出行雲霧中以識道不迷
而時人因謂之能為雲霧郭李之亂人多就之建安中附屬
州郡州郡表薦為小將馬超等反不肯從超破之後詣太祖
太祖執其手謂之曰孤方入關夢得一神人即卿邪乃厚禮
之表拜為將軍遣令迎其部黨部黨不欲降遂劫以反諸亡
命皆往依之有眾數千人據武關道口太祖遣夏侯淵討破
之雄鳴南奔漢中漢中破窮無所之乃復歸降太祖捉其鬚
曰老賊真得汝矣復其官從勃海時又有程銀侯選李堪皆
河東人也興平之亂各有眾千餘家建安十六年並與馬超
合超破走堪臨陣死銀選南入漢
中漢中破詣太祖降皆復官爵

評曰公孫瓚保京坐待夷滅度殘暴而不節淵
仍業以載凶祇足覆其族也陶謙昏亂而憂死
張楊授首於臣下皆擁據州郡曾匹夫之不若
固無可論者也燕繡魯舍羣盜列功臣去危亡
保宗祀則於彼為愈焉

二公孫陶四張傳卷第八　魏書　國志八

夏侯惇傳

夏侯惇字元讓沛國譙人夏侯嬰之後也年十四就師學人有辱其師者惇殺之由是以烈氣聞太祖初起惇常為裨將從征伐太祖行奮武將軍以惇為司馬別屯白馬遷折衝校尉領東郡太守太祖征陶謙留惇守濮陽張邈叛迎呂布太祖家在鄄城惇輕軍往赴適與布會交戰布退還遂入濮陽襲得惇軍輜重遣將偽降共執持惇責以寶貨惇軍中震恐惇將韓浩乃勒兵屯惇營門召軍吏諸將皆案甲當部不得動諸營乃定遂詣惇所叱持質者曰汝等凶逆乃敢執劫大將軍復欲望生邪且吾受命討賊寧能以一將軍之故而縱汝乎因涕泣謂惇曰當奈國法何促召兵擊持質者持質者惶遽叩頭言我但欲乞資用去耳浩數責皆斬之惇既免太祖聞之謂浩曰卿此可為萬世法乃著令自今已後有持質者皆當并擊勿顧質由是劫質者遂絕孫盛曰案光武紀建武九年盜劫陰貴人母弟吏以不得拘質迫盜盜遂殺之也然則合擊者乃古制也自安順已降政教陵遲劫質不避王公而有司莫能遵奉國憲者浩始復斬之故魏武嘉焉太祖自

徐州還惇從征呂布為流矢所中傷左目魏略曰時夏侯淵與惇俱為將軍軍中號惇為盲夏侯惇惡之每照鏡恚怒輒撲鏡於地復領陳留濟陰太守加建武將軍封高安鄉侯時大旱蝗蟲起惇乃斷太壽水作陂身自負土率將士勸種稻民賴其利轉領河南尹太祖平河北為大將軍後拒鄴破遷伏波將軍領尹如故使得以便宜從事不拘科制建安十二年錄惇前後功增封邑千八百戶并前二千五百戶二十一年從征孫權還使惇都督二十六軍留居巢賜伎樂名倡令曰魏絳以和戎之功猶受金石之樂況將軍乎二十四年太祖軍擊破呂布軍於摩陂召惇常與同載特見親重出入臥內諸將莫得比也拜前將軍魏書曰時諸將皆受魏官號惇獨漢官乃上疏自陳不當不臣之禮太祖曰吾聞太上師臣其次友臣夫臣者貴德之人也區區之魏而臣足以屈君乎惇固請乃拜為前將軍督諸軍還壽春徙屯召陵文帝即王位拜惇大將軍數月薨惇雖在軍旅親迎師受業性清儉有餘財輒以分施不足資之於官不治產業謚曰忠侯子充嗣帝追思惇功欲使子孫畢侯分惇邑千戶賜惇七子二孫爵皆關內侯惇弟廉及子楙素自封列侯初太祖以女妻楙即清河公主也楙歷

位侍中尚書安西鎮東將軍假節魏略曰楙字子林惇中子也文
帝少與楙親及即位以爲安西將軍持節承夏侯淵爲都督關中楙性無武略而好治生至太和二年明帝西征人有白
楙者遂召還爲尚書楙在西時多畜伎妾公主由此與楙不和其後羣弟不遵禮度楙數切責弟懼見治乃共構楙以誹
謗令主奏之有詔收楙帝意欲殺之以問長水校尉京兆段默默以爲此必清河公主與楙不睦出於譖構冀不推實耳
且伏波與先帝有定天下之功宜加三思帝意解曰吾亦以爲然乃發詔推問爲公主作表者果其羣弟子臧子江所構
也充薨子廙嗣廙薨子劭嗣晉陽秋曰泰始二年高安鄉侯夏侯佐卒惇之孫也
嗣絕詔曰惇魏之元功勳書竹帛昔庭堅不祀猶或悼之況朕受禪於魏而可以忘其功臣哉宜擇惇近屬紹封之韓
浩者河内人及沛國史渙與浩俱以忠勇顯浩
至中護軍渙至中領軍皆掌禁兵封列侯魏書曰韓浩字
元嗣漢末起兵縣近山藪多寇浩聚徒衆爲縣藩衛太守王匡以爲從事將兵拒董卓於盟津時浩舅杜陽爲河陰令卓
執之使招浩浩不從袁術聞而壯之以爲騎都尉夏侯惇聞其名請與相見大奇之使領兵從征伐時大議損益浩以爲
當急田太祖善之遷護軍太祖欲討柳城領軍史渙以爲道遠深入非完計也欲與浩共諫浩曰今兵勢彊盛威加四海
戰勝攻取無不如志不以此時遂除天下之患將爲後憂且公神武舉無遺策吾與君爲中軍主不宜沮衆遂從破柳城
改其官爲中護軍置長史司馬從討張魯魯降議者以浩智略足以綏邊欲留使都督諸軍鎮漢中太祖曰吾安可以無
護軍乃與俱還其見親任如此及薨太祖愍惜之無子以養子榮嗣史渙字公劉少任俠有雄氣太祖初起以客從行中
軍校尉從征伐常監諸將見親信轉拜中領軍十四年薨子靜嗣

夏侯淵傳

夏侯淵字妙才惇族弟也太祖居家曾有縣官
事淵代引重罪太祖營救之得免魏略曰時兗豫大亂淵以饑乏棄其
幼子而活亡弟孤女太祖起兵以別部司馬騎都尉從遷陳

留潁川太守及與袁紹戰於官渡行督軍校尉
紹破使督兗豫徐州軍糧時軍食少淵傳饋相
繼軍以復振昌豨反遣于禁擊之未拔復遣淵
與禁并力遂擊豨降其十餘屯豨詣禁降淵還
拜典軍校尉魏書曰淵爲將赴急疾常出敵之不意故軍中爲之語曰典軍校尉夏侯淵三日五百六日一千
濟南樂安黃巾徐和司馬俱等攻城殺長
吏淵將泰山齊平原郡兵擊大破之斬和平諸
縣收其糧穀以給軍士十四年以淵爲行領軍
太祖征孫權還使淵督諸將擊廬江叛者雷緒
緒破又行征西護軍督徐晃擊太原賊攻下二
十餘屯斬賊帥商曜屠其城從征韓遂等戰於
渭南又督朱靈平隃麋汧氐與太祖會安定降
楊秋十七年太祖乃還鄴以淵行護軍將軍督
朱靈路招等屯長安擊破南山賊劉雄降其衆
圍遂超餘黨梁興於鄠拔之斬興封博昌亭侯
馬超圍涼州刺史韋康於冀淵救康未到康敗
去冀二百餘里超來逆戰軍不利汧氐反淵引
軍還十九年趙衢尹奉等謀討超姜叙起兵鹵
城以應之衢等譎說超使出擊叙於後盡殺超
妻子超奔漢中還圍祁山叙等急求救諸將議

者欲須太祖節度淵曰公在鄴反覆四千里比報叙等必敗非救急也遂行使張郃督步騎五千在前從陳倉狹道入淵自督糧在後郃至渭水上超將氐羌數千逆郃未戰超走郃進軍收超軍器械淵到諸縣皆已降韓遂在顯親淵欲襲取之遂走淵收遂軍糧追至略陽城去遂二十餘里諸將欲攻之或言當攻興國氐淵以爲遂兵精興國城固攻不可卒拔不如擊長離諸羌長離諸羌多在遂軍必歸救其家若羌獨守則孤救長離則官兵得與野戰可必虜也淵乃留督將守輜重輕兵步騎到長離攻燒羌屯斬獲甚衆諸羌在遂軍者各還種落遂果救長離與淵軍對陣諸將見遂衆惡之欲結營作塹乃與戰淵曰我轉鬭千里今復作營塹則士衆罷弊不可久賊雖衆易與耳乃鼓之大破遂軍得其旌麾還略陽進軍圍興國氐王千萬逃奔馬超餘衆降轉擊高平屠各皆散走收其糧穀牛馬乃假淵節初枹罕宋建因涼州亂自號河首平漢王太祖使淵帥諸將討建淵至圍枹罕月餘拔之斬建及所置丞相已下淵別遣張郃等

平河關渡河入小湟中河西諸羌盡降隴右平太祖下令曰宋建造爲亂逆三十餘年淵一舉滅之虎步關右所向無前仲尼有言吾與爾不如也二十一年增封三百戶并前八百戶還擊武都氐羌下辯收氐穀十餘萬斛太祖西征張魯淵等將涼州諸將侯王已下與太祖會休亭太祖每引見羌胡以淵畏之會魯降漢中平以淵行都護將軍督張郃徐晃等平巴郡太祖還鄴留淵守漢中即拜淵征西將軍二十三年劉備軍陽平關淵率諸將拒之相守連年二十四年正月備夜燒圍鹿角淵使張郃護東圍自將輕兵護南圍備挑郃戰郃軍不利淵分所將兵半助郃爲備所襲淵遂戰死謚曰愍侯初淵雖數戰勝太祖常戒曰爲將當有怯弱時不可但恃勇也將當以勇爲本行之以智計但知任勇一匹夫敵耳淵妻太祖內妹長子衡尚太祖弟海陽哀侯女恩寵特隆衡襲爵轉封安寧亭侯黃初中賜中子霸太和中賜霸四弟爵皆關內侯霸正始中爲討蜀護軍右將軍進封博昌亭侯素爲曹爽所厚聞爽誅自疑亡入蜀以淵舊

勳赦霸子，徙樂浪郡。魏略曰：霸字仲權。淵為蜀所害，故霸常切齒，欲有報蜀意。黃初中為偏將軍。子午之役，霸召為前鋒，進至興勢圍，安營在曲谷中。蜀人望知其是霸也，指下兵攻之。霸手戰鹿角間，賴救至，然後解。後為右將軍，屯隴西，其養士和戎，並得其歡心。至正始中，代夏侯儒為征蜀護軍，統屬征西。時征西將軍夏侯玄，於霸為從子，而玄於曹爽為外弟。及司馬宣王誅曹爽，遂召玄，玄來東。霸聞曹爽被誅而玄又徵，以為禍必轉相及，心既內恐；又霸先與雍州刺史郭淮不和，而淮代玄為征西，霸尤不安，故遂奔蜀。南趨陰平而失道，入窮谷中，糧盡，殺馬步行，足破，臥巖石下，使人求道，未知何之。蜀聞之，乃使人迎霸。初，建安五年，時霸從妹年十三四，在本郡，出行樵採，為張飛所得。飛知其良家女，遂以為妻，產息女，為劉禪皇后。故淵之初亡，飛妻請而葬之。及霸入蜀，禪與相見，釋之曰：「卿父自遇害於行間耳，非我先人之手刃也。」指其兒子以示之曰：「此夏侯氏之甥也。」厚加爵寵。

霸弟威，官至兗州刺史。世語曰：威字季權，任俠。貴歷荊、兗二州刺史。子駿，并州刺史。次莊，淮南太守。莊子湛，字孝若，以才博文章，至南陽相、散騎常侍。莊，晉景陽皇后姊夫也。由此一門侈盛於時。

威弟惠，樂安太守。文章敘錄曰：惠字稚權，幼以才學見稱，善屬奏議。歷散騎黃門侍郎，與鍾毓數有辯駮，事多見從。遷燕相、樂安太守。年三十七卒。

惠弟和，河南尹。世語曰：和字義權，清辯有才論。歷河南尹、太常。淵第三子稱，第五子榮。從孫湛為其序曰：稱字叔權。自孺子而好合聚童兒，為之渠帥，戲以為軍旅戰陳之事，有違者輒嚴以鞭捶，眾莫敢逆。淵陰奇之，使讀項羽傳及兵書，不肯，曰：「能則自為耳，安能學人？」年十六，淵與之田，見奔虎，稱驅馬逐之，禁之不可，一箭而倒。名聞太祖，太祖把其手喜曰：「我得汝矣！」與文帝為布衣之交，每讌會，氣陵一坐，辯士不能屈。世之高名者多從之游。年十八卒。弟榮，字幼權。幼聰惠，七歲能屬文，誦書日千言，經目輒識之。文帝聞而請焉。賓客百餘人，人一奏刺，悉書其鄉邑名氏，世所謂爵里刺也，客示之，一寓目，使之遍談，不謬一人。帝深奇之。漢中之敗，榮年十三，左右提之走，不肯，曰：「君親在難，焉所逃死！」乃奮劍而戰，遂沒陣。

衡薨，子績嗣，為虎賁中郎將。績薨，子褒嗣。

曹仁傳

曹仁字子孝，太祖從弟也。魏書曰：仁祖褒，潁川太守。父熾，侍中、長水校尉。少好弓馬弋獵。後豪傑並起，仁亦陰結少年，得千餘人，周旋淮、泗之間，遂從太祖為別部司馬，行厲鋒校尉。太祖之破袁術，仁所斬獲頗多。從征徐州，仁常督騎，為軍前鋒。別攻陶謙將呂由，破之，還與大軍合彭城，大破謙軍。從攻費、華、即墨、開陽，謙遣別將救諸縣，仁以騎擊破之。太祖征呂布，仁別攻句陽，拔之，生獲布將劉何。太祖平黃巾，迎天子都許，仁數有功，拜廣陽太守。太祖器其勇略，不使之郡，以議郎督騎。太祖征張繡，仁別徇旁縣，虜其男女三千餘人。太祖軍還，為繡所追，軍不利，士卒喪氣，仁率厲將士甚奮，太祖壯之，遂破繡。太祖與袁紹久相持於官渡，紹遣劉備徇濦彊諸縣，多舉眾應之。自許以南，吏民不安，太祖以為憂。仁曰：「南方以大軍方有目前急，其勢不能相救，劉備以彊兵臨之，其背叛故宜也。備新將紹兵，未能得其用，擊之可破也。」太祖善其言，遂使將騎擊備，破走之，仁盡復收諸叛縣而還。紹遣別將韓荀鈔斷西道，仁擊荀於雞洛山，大破之。由是紹不敢復分兵出。復與史

渙等鈔紹運車燒其糧穀河北既定從圍壺關
太祖令曰城拔皆坑之連月不下仁言於太祖
曰圍城必示之活門所以開其生路也今公告
之必死將人自爲守且城固而糧多攻之則士
卒傷守之則引日久今頓兵堅城之下以攻必
死之虜非良計也太祖從之城降於是錄仁前
後功封都亭侯從平荆州以仁行征南將軍留
屯江陵拒吳將周瑜瑜將數萬衆來攻前鋒數
千人始至仁登城望之乃募得三百人遣部曲
將牛金逆與挑戰賊多金衆少遂爲所圍長史
陳矯俱在城上望見金等垂没左右皆失色仁
意氣奮怒甚謂左右取馬來矯等共援持之謂
仁曰賊衆盛不可當也假使棄數百人何苦而
將軍以身赴之仁不應遂被甲上馬將其麾下
壯士數十騎出城去賊百餘步迫溝矯等以爲
仁當住溝上爲金形勢也仁徑渡溝直前衝入
賊圍金等乃得解餘衆未盡出仁復直還突之
拔出金兵亡其數人賊衆乃退矯等初見仁出
皆懼及見仁還乃歎曰將軍眞天人也三軍服
其勇太祖益壯之轉封安平亭侯太祖討馬超

以仁行安西將軍督諸將拒潼關破超渭南蘇
伯田銀反以仁行驍騎將軍都督七軍討銀等
破之復以仁行征南將軍假節屯樊鎮荆州侯
音以宛叛略傍縣衆數千人仁率諸軍攻破音
斬其首還屯樊即拜征南將軍關羽攻樊時漢
水暴溢于禁等七軍皆没禁降羽仁人馬數千
人守城城不没者數板羽乘船臨城圍數重外
内斷絶糧食欲盡救兵不至仁激厲將士示以
必死將士感之皆無二徐晃救至水亦稍減晃
從外擊羽仁得潰圍出羽退走仁少時不脩行
檢及長爲將嚴整奉法令常置科於左右案以
從事鄢陵侯彰北征烏丸文帝在東宮爲書戒
彰曰爲將奉法不當如征南邪及即王位拜仁
車騎將軍都督荆揚益州諸軍事進封陳侯增
邑二千并前三千五百户追賜仁父熾謚曰陳
穆侯置守冢十家後召還屯宛孫權遣將陳邵
據襄陽詔仁討之仁與徐晃攻破邵遂入襄陽
使將軍高遷等徙漢南附化民於漢北文帝遣
使即拜仁大將軍又詔仁移屯臨潁遷大司馬
復督諸軍據烏江還屯合肥黄初四年薨謚曰

忠侯魏書曰仁時年五十六傅子曰曹大司馬之勇賁育弗加也張遼其次焉子泰嗣官至鎮東將軍假節轉封甯陵侯泰薨子初嗣又分封泰弟楷範皆為列侯而牛金官至後將軍仁弟純英雄記曰純字子和年十四而喪父與同產兄仁別居承父業富於財僮僕人客以百數純綱紀督御不失其理鄉里咸以為能好學問敬愛學士學士多歸焉由是為遠近所稱年十八為黃門侍郎二十從太祖到襄邑募兵遂常從征戰初以議郎參司空軍事督虎豹騎從圍南皮袁譚出戰士卒多死太祖欲緩之純曰今千里蹈敵進不能克退必喪威且懸師深入難以持久彼勝而驕我敗而懼以懼敵驕必可克也太祖善其言遂急攻之譚敗純麾下騎斬譚首

及北征三郡純部騎獲單于蹋頓以前後功封高陵亭侯邑三百戶從征荊州追劉備於長坂獲其二女輜重收其散卒進降江陵從還譙建安十五年薨文帝即位追謚曰威侯魏書曰純所督虎豹騎皆天下驍銳或從百人將補之太祖難其帥純以選為督撫循甚得人心及卒有司白選代太祖曰純之比何可復得吾獨不中督邪遂不選子演嗣官至領軍將軍正元中進封平樂鄉侯演薨子亮嗣

曹洪傳

曹洪字子廉太祖從弟也魏書曰洪伯父鼎為尚書令任洪為蘄春長太祖起義兵討董卓至滎陽為卓將徐榮所敗太

祖失馬賊追甚急洪下以馬授太祖太祖辭讓洪曰天下可無洪不可無君遂步從到汴水水深不得渡洪循水得船與太祖俱濟還奔譙揚州刺史陳溫素與洪善洪將家兵千餘人就溫募兵得廬江上甲二千人東到丹楊復得數千人與太祖會龍亢太祖征徐州張邈舉兗州叛迎呂布時大饑荒洪將兵在前先據東平范聚糧穀以繼軍太祖討邈布於濮陽布破走遂據東阿轉擊濟陰山陽中牟陽武京密十餘縣皆拔之以前後功拜鷹揚校尉遷揚武中郎將天

子都許拜洪諫議大夫別征劉表破表別將於舞陽陰葉堵陽博望有功遷厲鋒將軍封國明亭侯累從征伐拜都護將軍文帝即位為衛將軍遷驃騎將軍進封野王侯益邑千戶并前二千一百戶位特進後徙封都陽侯始洪家富而性吝嗇文帝少時假求不稱常恨之遂以舍客犯法下獄當死羣臣並救莫能得卞太后謂郭后曰令曹洪今日死吾明日敕帝廢后矣於是泣涕屢請乃得免官削爵土魏略曰文帝收洪時曹真在左右請之曰今誅洪洪必以真為譖也帝曰我自治之卿何豫也會卞太后責怒帝言梁沛之間非子廉無有今日詔乃釋之猶尚沒入其

財產太后又以爲言後乃還之初太祖爲司空時以己率下每歲發調使本縣平貲于時譙令平洪貲財與公家等太祖曰我家貲那得如子廉耶文帝在東宮嘗從洪貸絹百匹洪不稱意及洪犯法自分必死既得原喜上書謝曰臣少不由道過在人倫長竊非任遂蒙含貸性無檢度知足之分而有豺狼無厭之質老惽倍貪觸突國網罪迫三千不在赦宥當就草誅棄諸市朝猶蒙天恩骨肉更生臣仰視天日愧負靈神俯惟愆闕慙愧怖悸不能雉經以自裁割謹塗顏闕門拜章陳情

洪先帝功臣時人多爲觖望明帝即位拜後將軍更封樂城侯邑千戶位特進復拜驃騎將軍太和六年薨諡曰恭侯子馥嗣侯初太祖分洪戶封子震列侯洪族父瑜脩慎篤敬官至衛將軍封列侯

曹休傳

曹休字文烈太祖族子也天下亂宗族各散去鄉里休年十餘歲喪父獨與一客擔喪假葬攜將老母渡江至吳魏書曰休祖父嘗爲吳郡太守休於太守舍見壁上祖父畫像下榻拜涕泣同坐者皆嘉歎焉以太祖舉義兵易姓名轉至荊州閒行北歸見太祖太祖謂左右曰此吾家千里駒也使與文帝同止見待如子常從征伐使領虎豹騎宿衛劉備遣將吳蘭屯下辯太祖遣曹洪征之以休爲騎都尉參洪軍事太祖謂休曰汝雖參軍其實帥也洪聞此令亦委事於休備遣張飛屯固山欲斷軍後衆議狐疑休曰賊實斷道

者當伏兵潛行今乃先張聲勢此其不能也宜及其未集促擊蘭蘭破則飛自走矣洪從之進兵擊蘭大破之飛果走太祖拔漢中諸軍還長安拜休中領軍文帝即王位爲領軍將軍錄前後功封東陽亭侯夏侯惇薨以休爲鎮南將軍假節都督諸軍事車駕臨送上乃下輿執手而別孫權遣將屯歷陽休到擊破之又別遣兵渡江燒賊蕪湖營數千家遷征東將軍領揚州刺史進封安陽鄉侯魏書曰休喪母至孝帝使侍中奪喪服使飲酒食肉休受詔而形體益憔悴乞歸譙葬母帝復遣越騎校尉薛喬奉詔節其憂哀使歸家治喪一宿便葬葬訖詣行在所帝見親自寬慰之其見愛重如此帝征孫權以休爲征東大將軍假黃鉞督張遼等及諸州郡二十餘軍擊權大將呂範等於洞浦破之拜揚州牧明帝即位進封長平侯吳將審悳屯皖休擊破之斬悳首吳將韓綜翟丹等前後率衆詣休降增邑四百并前二千五百戶遷大司馬都督揚州如故太和二年帝爲二道征吳遣司馬宣王從漢水下督休諸軍向尋陽賊將僞降休深入戰不利退還宿石亭軍夜驚士卒亂棄甲兵輜重甚多休上書謝罪帝遣屯騎校尉楊暨慰諭禮賜益隆休因此癰發背

虋諡曰壯矦子肇嗣（世語曰肇字長思）肇有當世才度爲散騎常侍屯騎校尉明帝寢疾方與燕王宇等屬以後事帝意尋變詔肇以矦歸第正始中虋追贈衛將軍子興嗣初文帝分休戶三百封肇弟纂爲列矦後爲殄吳將軍虋追贈前將軍（張隱文士傳曰肇孫攄字顏遠少厲志操博學有才藻仕晉辟公府歷洛陽令有能名大司馬齊王冏輔政攄與齊人左思俱爲記室督從中郎出爲襄陽太守征南司馬值天下亂攄討賊向吳戰敗死）

曹真傳

曹真字子丹太祖族子也太祖起兵真父邵募徒衆爲州郡所殺（魏略曰真本姓秦養曹氏或云其父伯南夙與太祖善興平末袁術部黨與太祖攻劫太祖出爲寇所追走入秦氏伯南開門受之寇問太祖所在荅云我是也遂害之由此太祖思其功故變其姓　魏書曰邵以忠篤有才智爲太祖所親信初平中太祖興義兵邵募徒衆從太祖周旋時豫州刺史黃琬欲害太祖太祖避之而邵獨遇害）太祖哀真少孤收養與諸子同使與文帝共止常獵爲虎所逐顧射虎應聲而倒太祖壯其鷙勇使將虎豹騎討靈丘賊拔之封靈壽亭矦以偏將軍將兵擊劉備別將於下辯破之拜中堅將軍從至長安領中領軍是時夏矦淵沒於陽平太祖憂之以真爲征蜀護軍督徐晃等破劉備別將高詳於陽平太祖自至漢中拔出諸軍使真至武都迎曹洪等還屯陳倉文

帝即王位以真爲鎮西將軍假節都督雍涼州諸軍事錄前後功進封東鄉矦張進等反於酒泉真遣費耀討破之斬進等黃初三年還京都以真爲上軍大將軍都督中外諸軍事假節鉞與夏矦尚等征孫權擊牛渚屯破之轉拜中軍大將軍加給事中七年文帝寢疾真與陳羣司馬宣王等受遺詔輔政明帝即位進封邵陵矦（臣松之案真父名邵封邵陵矦若非書誤則事不可論）遷大將軍諸葛亮圍祁山南安天水安定三郡反應亮帝遣真督諸軍軍郿遣張郃擊亮將馬謖大破之安定民楊條等略吏民保月支城真進軍圍之條謂其衆曰大將軍自來吾願早降耳遂自縛出三郡皆平真以亮懲於祁山後出必從陳倉乃使將軍郝昭王生守陳倉治其城明年春亮果圍陳倉已有備而不能克增邑并前二千九百戶四年朝洛陽遷大司馬賜劒履上殿入朝不趨真以蜀連出侵邊境宜遂伐之數道並入可大克也帝從其計真當發西討帝親臨送真以八月發長安從子午道南入司馬宣王泝漢水當會南鄭諸軍或從斜谷道或從武威入會大霖雨三十

餘日或棧道斷絕詔眞還軍眞少與宗人曹遵鄉人朱讚並事太祖遵讚早亡眞愍之乞分所食邑封遵讚子詔曰大司馬有叔向撫孤之仁篤晏平久要之分君子成人之美聽分眞邑賜遵讚子爵關內侯各百戶眞每征行與將士同勞苦軍賞不足輒以家財班賜士卒皆願爲用眞病還洛陽帝自幸其第省疾眞薨諡曰元侯子爽嗣帝追思眞功詔曰大司馬蹈履忠節佐命二祖內不恃親戚之寵外不驕白屋之士可謂能持盈守位勞謙其德者也其悉封眞五子

羲訓則彥皚皆爲列侯初文帝分眞邑二百戶封眞弟彬爲列侯

曹爽傳

爽字昭伯少以宗室謹重明帝在東宮甚親愛之及即位爲散騎侍郎累遷城門校尉加散騎常侍轉武衞將軍寵待有殊帝寢疾乃引爽入臥內拜大將軍假節鉞都督中外諸軍事錄尚書事與太尉司馬宣王並受遺詔輔少主明帝崩齊王即位加爽侍中改封武安侯邑萬二千戶賜劒履上殿入朝不趨贊拜不名丁謐畫策

使爽白天子發詔轉宣王爲大傅外以名號尊之內欲令尚書奏事先來由己得制其輕重也魏書曰爽使弟羲爲表曰臣亡父眞奉事三朝入備冢宰出爲上將先帝以臣肺腑遺緒獎飾拔擢典兵禁省進無忠恪積累之行退無羔羊自公之節先帝聖體不豫臣雖奔走侍疾嘗藥曾無精誠翼日之應猥與太尉懿俱受遺詔且懿懼靡所底告臣聞虞舜序賢以稷契爲先成湯褒功以伊呂爲首審選博舉優劣得所斯誠輔世長民之大經錄勳報功之令典自古以來未之或闕今臣虛闇位冠朝首顧惟越次中心愧惕敢竭愚情陳寫至實夫天下之達道者三謂德爵齒也懿本以高明中正處上司之位名足鎮衆義足率下一也包懷大略允文允武仍立征伐之勳遐邇歸功二也萬里旋旆親受遺詔翼亮皇家內外所向三也加之耆艾紀綱邦國體練朝政論德則過於吉甫樊仲課功則踰於方叔召虎凡此數者懿實兼之臣抱空名而處其右天下之人將謂臣以宗室見私知進而不知退陛下岐嶷克明克類如有以察臣之言臣以爲宜以懿爲大傅大司馬上昭陛下進賢之明中顯懿身文武之實下使愚臣免於謗誚於是帝使中書監

劉放令孫資爲詔曰昔吳漢佐光武有征定四方之功爲大司馬名稱于今太尉體履正直功蓋海內先帝本以前後欲更其位者輒不彌久是以遲遲不施行耳今大將軍薦太尉宜爲大司馬既合先帝本旨又放推讓進德尚勳乃欲明賢良辯等列順長少也雖旦奭之屬宗師呂望念在引領以處其下何以過哉朕甚嘉焉朕惟先帝固知君子樂天知命纖介細疑不足爲忌當顧柘人彭亡之文故用低佪有意未遂耳斯亦先帝敬重大臣恩愛深厚之至也昔成王建保傅之官近漢顯宗以鄧禹爲太傅皆所以優崇儁乂必有尊也其以太尉爲太傅爽弟羲爲中領軍訓武衞將軍彥散騎常侍侍講其餘諸弟皆以列侯侍從出入禁闥貴寵莫盛焉南陽何晏鄧颺李勝沛國丁謐東平畢軌咸有聲名進趣於時明帝以其浮華皆抑黜之及爽秉政乃復進敘任爲腹心颺等欲令爽立威名於天下勸

使伐蜀爽從其言宣王止之不能禁正始五年爽乃西至長安大發卒六七萬人從駱谷入是時關中及氐羌轉輸不能供牛馬騾驢多死民夷號泣道路入谷行數百里賊因山爲固兵不得進爽參軍楊偉爲爽陳形勢宜急還不然將敗（世語曰偉字世英馮翊人明帝治宮室偉諫曰今作宮室斬伐生民墓上松柏毀壞碑獸石柱辜及亡人傷孝子心不可以爲後世之法則）颺與偉爭於爽前偉曰颺勝將敗國家事可斬也爽不悅乃引軍還（漢晉春秋曰司馬宣王謂夏侯玄曰春秋責大德重昔武皇帝再入漢中幾至大敗君所知也今興平路勢至險蜀已先據若進不獲戰退見徼絕覆軍必矣將何以任其責玄懼言於爽引軍退費禕進兵據三嶺以截爽爽爭嶮苦戰僅乃得過所發牛馬運轉者死失略盡羌胡怨歎而關右悉虛耗矣）

初爽以宣王年德並高恒父事之不敢專行及晏等進用咸共推戴說爽以權重不宜委之於人乃以晏颺謐爲尚書晏典選舉軌司隸校尉勝河南尹諸事希復由宣王宣王遂稱疾避爽（初宣王以爽魏之肺腑每推先之爽以宣王名重亦引身卑下當時稱焉丁謐畢軌等既進用數言於爽曰宣王有大志而甚得民心不可以推誠委之由是爽恒猜防焉禮貌雖存而諸所興造皆不復由宣王宣王力不能爭且懼其禍故避之）晏等專政共分割洛陽野王典農部桑田數百頃及壞湯沐地以爲產業承勢竊取官物因緣求欲州郡有司望風莫敢忤旨晏等與廷尉盧毓素有不平因毓吏微過深文致毓

法使主者先收毓印綬然後奏聞其作威如此爽飲食車服擬於乘輿尚方珍玩充牣其家妻妾盈後庭又私取先帝才人七八人及將吏師工鼓吹良家子女三十三人皆以爲伎樂詐作詔書發才人五十七人送鄴臺使先帝倢伃教習爲技擅取太樂樂器武庫禁兵作窟室綺疏四周數與晏等會其中縱酒作樂羲深以爲大憂數諫止之又著書三篇陳驕淫盈溢之致禍敗辭旨甚切不敢斥爽託戒諸弟以示爽爽知其爲己發也甚不悅羲或時以諫喻不納涕泣

而起宣王密爲之備九年冬李勝出爲荊州刺史往詣宣王宣王稱疾困篤示以羸形勝不能覺謂之信然（魏末傳曰爽等令勝辭宣王并伺察焉宣王見勝勝自陳無他功勞橫蒙時恩當爲本州詣閤拜辭不悟加恩得蒙引見宣王令兩婢侍邊持衣衣落復上指口言渴求飲婢進粥宣王持杯飲粥粥皆流出沾胷勝愍然爲之涕泣謂宣王曰今主上尚幼天下恃賴明公然衆情謂明公方舊風疾發何意尊體乃爾宣王徐更寬言才令氣息相屬說年老沈疾死在旦夕君當屈并州并州近胡好善爲之恐不復相見如何勝曰當還忝本州非并州也宣王乃復陽爲昏謬曰君方到并州努力自愛錯亂其辭狀如荒語勝復曰當忝荊州非并州也宣王乃若微悟者謂勝曰懿年老意荒忽不解君言今還爲本州刺史盛德壯烈好建功勳今當與君別自顧氣力轉微後必不更會因欲自力設薄主人生死共別令師昭兄弟結君爲友不可相舍去副懿區區之心因流涕哽咽勝亦長歎荅曰輒當承教須待勅命勝辭出與爽等相見說太傅語言錯誤口不攝杯指南爲北又云吾當作并州吾荅言當還爲荊州非并州也徐徐與語

有識人時乃知當還爲荊州耳又欲設主人祖送不可舍去宜須待之更向爽等垂泣云太傅患不可復濟令人愴然
十年正月車駕朝高平陵爽兄弟皆從世語曰爽兄弟先是數俱出游桓範謂曰總萬機典禁兵不宜並出若有閉城門誰復內人者爽曰誰敢爾邪由此不復並行至是乃盡出也
宣王部勒兵馬先據武庫遂出屯洛水浮橋奏
爽曰臣昔從遼東還先帝詔陛下秦王及臣升
御牀把臣臂深以後事爲念臣言二祖亦屬臣
以後事爲念此自陛下所見無所憂苦萬一有
不如意臣當以死奉明詔黃門令董箕等才人
侍疾者皆所聞知今大將軍爽背棄顧命敗亂
國典內則僭擬外專威權破壞諸營盡據禁兵
羣官要職皆置所親殿中宿衛歷世舊人皆復
斥出欲置新人以樹私計根據槃互縱恣日甚
外既如此又以黃門張當爲都監專共交關看
察至尊候伺神器離間二宮傷害骨肉天下洶
洶人懷危懼陛下但爲寄坐豈得久安此非先
帝詔陛下及臣升御牀之本意也臣雖朽邁敢
忘往言昔趙高極意秦氏以滅呂霍早斷漢祚
永世此乃陛下之大鑒臣受命之時也太尉臣
濟尚書令臣孚等皆以爽爲有無君之心兄弟
不宜典兵宿衛奏永寧宮皇太后令勑臣如奏

施行臣輒勑主者及黃門令罷爽羲訓吏兵以
侯就第不得逗留以稽車駕敢有稽留便以軍
法從事臣輒力疾將兵屯洛水浮橋伺察非常
世語曰初宣王勒兵從闕下趣武庫當爽門人逼車住爽妻劉怖出至廳事謂帳下守督曰公在外今兵起如何督曰夫人勿憂乃上門樓引弩注箭欲發將孫謙在後牽止之曰天下事未可知如此者三宣王遂得過去爽得宣
王奏事不通迫窘不知所爲干寶晉紀曰爽留車駕宿伊水南伐木爲鹿角發屯甲兵數千人以爲衛　魏末傳曰宣王語弟孚陛下在外不可露宿促送帳幔太官食具詣行在所　大司農
沛國桓範聞兵起不應太后召矯詔開平昌門
拔取劒戟略將門候南奔爽宣王知曰範畫策
爽必不能用範計範說爽使車駕幸許昌招外
兵爽兄弟猶豫未決範重謂羲曰當今日卿門
戶求貧賤復可得乎且匹夫持質一人尚欲望
活今卿與天子相隨令於天下誰敢不應者羲
猶不能納侍中許允尚書陳泰說爽使早自歸
罪爽於是遣允泰詣宣王歸罪請死乃通宣王
奏事干寶晉書曰桓範出赴爽宣王謂蔣濟曰智囊往矣濟曰範則智矣駑馬戀棧豆爽必不能用也　世語曰宣王使許允陳泰解語爽蔣濟亦與書達宣王之旨又使爽所信殿中校尉尹大目謂爽唯免官而已以洛水爲誓爽信之罷兵　魏氏春秋曰爽既罷兵曰我不失作富家翁範哭曰曹子丹佳人生汝兄弟犢耳何圖今日坐汝等族滅矣遂
免爽兄弟以侯還第魏末傳曰爽兄弟歸家勑洛陽縣發民八百人使尉部圍爽第四角角作高樓令人在上望視爽兄弟舉動爽計窮愁悶持彈到後園中樓上人便唱言故大將軍東南行爽還廳事上與兄

第共議未知宣王意深淺作書與宣王曰賤子爽哀惶恐怖
無狀招禍分受屠滅前遣家人迎糧于今未反數日乏匱當
煩見餉以繼旦夕宣王得書大驚即答書曰初不知乏糧甚
懷踧踖令致米一百斛并肉脯鹽豉大豆尋送爽兄弟不達
變數即便喜
歡自謂不死初張當私以所擇才人張何等與爽
疑其有姦收當治罪當陳爽與晏等陰謀反逆
並先習兵須三月中欲發於是收晏等下獄會
公卿朝臣廷議以為春秋之義君親無將將而
必誅爽以支屬世蒙殊寵親受先帝握手遺詔
託以天下而包藏禍心蔑棄顧命乃與晏颺及
當等謀圖神器範黨同罪人皆為大逆不道於
是收爽羲訓晏颺謐軌勝範當等皆伏誅夷三
族魏略曰鄧颺字玄茂鄧禹後也少得士名於京師明帝時
為尚書郎除洛陽令坐事免拜中郎又入兼中書郎初颺
與李勝等為浮華友及在中書浮華事發被斥出遂不復用
正始初乃出為潁川太守轉大將軍長史遷侍中尚書颺為
人好貨前在內職許臧艾授以顯官艾以父妾與颺故京師
為之語曰以官易富鄧玄茂每所薦達多如此比故何晏選
舉不得人頗由颺之不公忠遂同其罪蓋由交友非其才
魏略曰丁謐字彥靖父斐字文侯初斐隨太祖太祖以斐鄉
里特饒愛之斐性好貨數請求犯法輒得原宥為典軍校尉
總攝內外每所陳說多見從之建安末從太祖征吳斐隨行
自以家牛羸困乃私易官牛為人所白被收送獄奪官其後
太祖問斐曰文侯印綬所在斐亦知見戲對曰以易餅耳太
祖笑顧謂左右曰東曹毛掾數白此家欲令我重治我非不
知此人不清良有以也我之有斐譬如人家有盜狗而善捕
鼠盜雖有小損而完我囊貯遂復斐官聽用如初後數歲病
亡謐少不肯交游但博觀書傳為人沈毅頗有才略太和中
常住鄴借人空屋居其中而諸王亦欲借之不知謐已得直
開門入謐望見王交腳卧而不起而呼其奴客曰此何等人
促呵使去王怒其無禮還具上言明帝收謐繫鄴獄以其功
臣子原出後帝聞其有父風召拜度支郎中曹爽宿與相親

時爽為武衛將軍數為帝說其可大用會帝崩爽輔政乃拔
謐為散騎常侍遂轉尚書謐為人外似疏略而內多忌其在
臺閣數有所彈駮臺中患之事不得行又其意輕貴多所忽
略雖與何晏鄧颺等同位而皆少之唯以勢屈於爽爽亦敬
之言無不從故于時謗書謂臺中有三狗二狗崖柴不可當
一狗憑默作疽囊三狗謂何鄧丁也默者爽小字也其意言
三狗皆欲嚙人而謐尤甚也奏使郭太后出居別宮及遣樂
安王使北詣鄴又遣文欽令還淮南皆謐之計司馬宣王由
是特深恨之　畢軌字昭先父字子禮建安中為典農校尉
軌以才能少有名聲明帝在東宮時軌在文學中黃初末出
為長史明帝即位入為黃門郎子尚公主居處殷富遷并州
刺史其在并州名為驕豪時雜虜數為暴害吏民軌輒出軍
擊鮮卑軻比能失利中護軍蔣濟表曰畢軌前失既往不咎
但恐是後難可以再凡人材有長短不可彊成軌文雅智意
自為美器今失并州換置他州若入居顯職不毀其德於國
事實善此安危之要唯聖恩察之至正始中入為中護軍轉
侍中尚書遷司隸校尉素與曹爽善每言於爽多見從之
李勝字公昭父休字子朗有智略張魯前為鎮北將軍休為
司馬家南鄭時漢中有甘露降子朗見張魯精兵數萬人有
四塞之固遂建言赤氣久衰黃家當興欲魯舉號魯不聽會
魯破太祖以其勸魯內附賜爵關內侯署散官騎從詣鄴至
黃初中仕歷上黨鉅鹿二郡太守後以年老還拜議郎勝少
游京師雅有才智與曹爽善明帝禁浮華而人白勝堂有四
窗八達各有主名用是被收以其所連引者多故得原禁錮
數歲帝崩曹爽輔政勝為洛陽令夏侯玄為征西將軍以勝
為長史玄亦宿與勝厚駱谷之役議從勝出由是司馬宣王
不悅於勝累遷滎陽太守河南尹勝前後所宰守未嘗不稱
職為尹歲餘廳事前屠蘇壞令人更治之小材一枚激墮正
檛受符吏石虎頭斷之後旬日遷為荊州刺史未及之官而
敗也　桓範字元則世為冠族建安末入丞相府延康中為
羽林左監以有文學與王象等典集皇覽明帝時為中領軍
尚書遷征虜將軍東中郎將使持節都督青徐諸軍事治下
邳與徐州刺史鄒岐爭屋引節欲斬岐為岐所奏不直坐免
還復為兗州刺史怏怏不得意又聞當轉為冀州牧是時冀
州統屬鎮北而鎮北將軍呂昭才實仕進本在範後範謂其
妻仲長曰我寧作諸卿向三公長跪耳不能為呂子展屈也
其妻曰君前在東坐欲擅斬徐州刺史眾人謂君難為作下
今復羞為呂屈是復難為作上也範忿其言觸實乃以刀環
撞其腹妻時懷孕遂墮胎死範亦竟稱疾不赴冀州正始中
拜大司農範前在臺閣號為曉事及為司農又以清省稱範

晉抄撮漢書中諸雜事自以意斟酌之名曰世要論蔣濟爲太尉嘗與範會社下羣卿列坐有數人範懷其所撰欲以示濟謂濟當虛心觀之範出其書以示左右左右傳之示濟濟不肯視範心恨之因論他事乃發怒謂濟曰我祖薄德公輩何似邪濟性雖彊毅亦知範剛毅睨而不應各罷範於沛郡仕次在曹眞後于時曹爽輔政以範鄉里老宿於九卿中特敬之然不甚親也及宣王起兵閉城門以範爲曉事乃指召之欲使領中領軍範欲應召而其子諫之以爲車駕在外不如南出範疑有頃兒又促之範欲去而司農丞吏皆止範範不從乃突出至平昌城門城門已閉門候司蕃故範舉吏也範呼之舉手中版以示之矯曰有詔召我卿促開門蕃欲求見詔書範呵之言卿非我故吏邪何以敢爾乃開之範出城顧謂蕃曰太傅圖逆卿從我去蕃徒行不能及遂避側範南見爽勸爽兄弟以天子詣許昌徵四方以自輔爽疑義又無言範自謂義曰事昭然卿用讀書何爲邪於今日卿等門戶倒矣俱不言範又謂義曰卿別營近在闕南洛陽典農治在城外呼召如意今詣許昌不過中宿許昌別庫足相被假所憂當在穀食而大司農印章在我身義兄弟默然不從甲夜至五鼓爽乃投刀於地謂諸從駕羣臣曰我度太傅意亦不過欲令我兄弟向己也我獨有以不合於遠近耳遂進謂帝

曰陛下作詔免臣官報皇太后令範知爽首免而已必坐唱義也上乃曰老子今茲坐卿兄弟族矣爽等既免帝還宮遂令範隨從到洛水浮橋北望見宣王下車叩頭而無言宣王呼範姓曰桓大夫何爲爾邪車駕入宮有詔範還復位範詣闕拜章謝待報會司蕃詣鴻臚自首具說範前臨出所道宣王乃忿然曰誣人以反於法何應主者曰科律反受其罪乃收範於闕下時人持範甚急範謂部官曰徐之我亦義士耳遂送廷尉　世語曰初爽夢二虎銜雷公雷公若二升椀放著庭中爽惡之以問占者靈臺丞馬訓曰憂兵訓退告其妻曰爽將以兵亡不出旬日　漢晉春秋曰安定皇甫謐以九年冬夢至洛陽自廟出見車騎甚衆以物呈廟云誅大將軍曹爽寤而以告其邑人邑人曰君欲作曹人之夢乎朝無公孫彊如何且爽兄弟典重兵又權尚書事誰敢謀之謐曰爽無叔振鐸之請苟失天機則離矣何恃於彊昔漢之閻顯倚母后之尊權國威命可謂至重矣閹人十九人一旦尸之況爽兄弟乎　世語曰初爽出司馬魯芝留在府聞有事將營騎斫津門出赴爽爽誅擢爲御史中丞及爽解印綬將出主簿楊綜止之曰公挾主握權捨此以至東市乎爽不從有司奏綜導爽反宣王曰各爲其主也宥之以爲尚書郎芝字世英扶風人也以後仕進至特進光祿大夫綜字初伯後爲安

東將軍司馬文王長史　臣松之案夏侯湛爲芝銘及干寶晉紀並云爽既誅宣王即擢芝爲幷州刺史以綜爲安東參軍與世語不同

嘉平中紹功臣世封眞族孫熙爲新昌亭侯邑三百戶以奉眞後 干寶晉紀曰蔣濟以曹眞之勳力不宜絕祀故以熙爲後濟又病其言之失信於爽發病卒

晏何進孫也母尹氏爲太祖夫人晏長於宮省又尚公主少以才秀知名好老莊言作道德論及諸文賦著述凡數十篇 晏字平叔　魏略曰太祖爲司空時納晏母幷收養晏其時秦宜祿兒阿蘇亦隨母在公家並見寵如公子蘇即朗也蘇性謹慎而晏無所顧憚服飾擬於太子故文帝特憎之每不呼其姓字常謂之爲假子晏尚主又好色故黃初時無所事任及明帝立頗爲冗官至正始初曲合於曹爽亦以才能故爽用爲散騎侍郎遷侍中尚書晏前以尚主得賜爵爲列侯又其母在內晏性自喜動靜粉白不去手行步顧影晏爲尚書主選舉其宿與之有舊者多被拔擢　魏末傳曰晏婦金鄉公主即晏

同母妹公主賢謂其母沛王太妃曰晏爲惡日甚將何保身母笑曰汝得無妬晏邪俄而晏死有一男年五六歲宣王遣人錄之晏母歸藏其子王宮中向使者搏頰乞白活之使者具以白宣王宣王亦聞晏婦有先見之言心常嘉之且爲沛王故特原不殺　魏氏春秋曰初夏侯玄何晏等名盛於時司馬景王亦預焉晏嘗曰唯深也故能通天下之志夏侯泰初是也唯幾也故能成天下之務司馬子元是也惟神也不疾而速不行而至吾聞其語未見其人蓋欲以神況諸己也初宣王使晏與治爽等獄晏窮治黨與冀以獲宥宣王曰凡有八族晏疏丁鄧等七姓宣王曰未也晏窮急乃曰豈謂晏乎宣王曰是也乃收晏　臣松之案魏末傳云晏取其同母妹爲妻此搢紳所不忍言雖楚王之妻嫂不是甚也已設令此言出於舊史猶將莫之或信況底下之書乎案諸王公傳沛王出自杜夫人所生晏母姓尹公主若與沛王同生焉得言與晏同母　皇甫謐列女傳曰爽從弟文叔妻譙郡夏侯文寧之女名令女文叔早死服闋自以年少無子恐家必嫁己乃斷髮以爲信其後家果欲嫁之令女聞即復以刀截兩耳居止常依爽及爽被誅曹氏盡死令女叔父上書與曹氏絕婚彊迎令女歸時文寧爲梁相憐其少執義又曹氏無遺類冀其意沮迺微使人諷之令女歎且泣曰吾亦惟之許之

是也家以爲信防之少懈令女於是竊入寢室以刀斷鼻蒙被而臥其母呼與語不應發被視之血流滿牀席舉家驚惶奔往視之莫不酸鼻或謂之曰人生世間如輕塵棲弱草耳何至辛苦迺爾且夫家夷滅已盡守此欲誰爲哉令女曰聞仁者不以盛衰改節義者不以存亡易心曹氏前盛之時尚欲保終況今衰亡何忍棄之禽獸之行吾豈爲乎司馬宣王聞而嘉之聽使乞子字養爲曹氏後名顯於世

夏侯尚傳

夏侯尚字伯仁淵從子也文帝與之親友（魏書曰尚有籌畫智略文帝器之與爲布衣之交）太祖定冀州尚爲軍司馬將騎從征伐後爲五官將文學魏國初建遷黃門侍郎代郡胡叛遣鄢陵侯彰征討之以尚參彰軍事定代地還太祖崩於洛陽尚持節奉梓宮還鄴幷錄前功封平陵亭侯拜散騎常侍遷中領軍文帝踐阼更封平陵鄉侯遷征南將軍領荊州刺史假節都督南方諸軍事尚奏劉備別軍在上庸山道險難彼不我虞若以奇兵潛行出其不意則獨克之勢也遂勒諸軍擊破上庸平三郡九縣遷征南大將軍孫權雖稱藩尚益脩攻討之備權後果有貳心黃初三年車駕幸宛使尚率諸軍與曹眞共圍江陵權將諸葛瑾與尚軍對江瑾渡入江中渚而分水軍於江中尚夜多持油船將步騎萬餘人於下流潛渡攻瑾諸

軍夾江燒其舟船水陸並攻破之城未拔會大疫詔勑尚引諸軍還益封六百戶幷前千九百戶假鉞進爲牧荊州殘荒外接蠻夷而與吳阻漢水爲境舊民多居江南尚自上庸通道西行七百餘里山民蠻夷多服從者五六年間降附數千家五年徙封昌陵鄉侯尚有愛妾嬖幸寵奪適室適室曹氏女也故文帝遣人絞殺之尚悲感發病恍惚既葬埋妾不勝思見復出視之文帝聞而恚之曰杜襲之輕薄尚良有以也然以舊臣恩寵不衰六年尚疾篤還京都帝數臨幸執手涕泣尚薨謚曰悼侯（魏書載詔曰尚自少侍從盡誠竭節雖云異姓其猶骨肉是以入爲腹心出當爪牙智略深敏謀謨過人不幸早殞命也柰何贈征南大將軍昌陵侯印綬）子玄嗣又分尚戶三百賜尚弟子奉爵關內侯玄字太初少知名弱冠爲散騎黃門侍郎嘗進見與皇后弟毛曾並坐玄恥之不悅形之於色明帝恨之左遷爲羽林監正始初曹爽輔政玄爽之姑子也累遷散騎常侍中護軍（世語曰玄世名知人爲中護軍拔用武官參戟牙門無非俊傑多牧州典郡立法垂教于今皆爲後式）太傅司馬宣王問以時事玄議以爲夫官才用人國之柄也故銓衡專於臺閣上之分也孝行存乎閭巷優劣任之

鄉人下之敘也夫欲清教審選在明其分敘不使相涉而已何者上過其分則恐所由之不本而干勢馳騖之路開下踰其敘則恐天爵之外通而機權之門多矣夫天爵下通是庶人議柄也機權多門是紛亂之原也自州郡中正品度官才之來有年載矣緬緬紛紛未聞整齊豈非分敘參錯各失其要之所由哉若令中正但考行倫輩倫輩當行均斯可官矣何者夫孝行著於家門豈不忠恪於在官乎仁恕稱於九族豈不達於為政乎義斷行於鄉黨豈不堪於事任乎三者之類取於中正雖不處其官名斯任官可知矣行有大小比有高下則所任之流亦焕然明別矣奚必使中正干銓衡之機於下而執機柄者有所委仗於上上下交侵以生紛錯哉且臺閣臨下考功校否衆職之屬各有官長旦夕相考莫究於此閭閻之議以意裁處而使匠宰失位衆人驅駭欲風俗清靜其可得乎天臺縣遠衆所絕意所得至者更在側近孰不脩飾以要所求所求有路則脩己家門者已不如自達於鄉黨矣自達鄉黨者已不如自求之於州

邦矣苟開之有路而患其飾真離本雖復嚴責中正督以刑罰猶無益也豈若使各帥其分官長則各以其屬能否獻之臺閣臺閣則據官長能否之第參以鄉閭德行之次擬其倫比勿使偏頗中正則唯考其行迹別其高下審定輩類勿使升降臺閣總之如其所簡或有參錯則其責負自在有司官長所第中正輩擬比隨次率而用之如其不稱責負在外然則內外相參得失有所互相形檢孰能相飾斯則人心定而事理得庶可以靜風俗而審官才矣又以為古之建官所以濟育羣生統理民物也故為之君長以司牧之司牧之主欲一而專一則官任定而上下安專則職業脩而事不煩夫事簡業脩上下相安而不治者未之有也先王建萬國雖其詳未可得而究然分疆畫界各守土境則非重累羈絆之體也下考殷周五等之敘徒有小大貴賤之差亦無君官臣民而有二統互相牽制者也夫官統不一則職業不脩職業不脩則事何得而簡事之不簡則民何得而靜民之不靜則邪惡並興而姦偽滋長矣先王達其如此故

專其職司而一其統業始自秦世不師聖道私
以御職姦以待下懼宰官之不脩立監牧以董
之畏督監之容曲設司察以糾之宰牧相累監
察相司人懷異心上下殊務漢承其緒莫能匡
改魏室之隆日不暇及五等之典雖難卒復可
粗立儀準以一治制今之長吏皆君吏民橫重
以郡守累以刺史若郡所攝唯在大較則與州
同無為再重宜省郡守但任刺史刺史職存則
監察不廢郡吏萬數還親農業以省煩費豐財
殖穀一也大縣之才皆堪郡守是非之訟每生
意異順從則安直己則爭夫和羹之美在於合
異上下之益在能相濟順從乃安此琴瑟一聲
也蕩而除之則官省事簡二也又幹郡之吏職
監諸縣營護黨親鄉邑舊故如有不副而因公
掣頓民之困弊咎生於此若皆并合則亂原自
塞三也今承衰弊民人彫落賢才鮮少任事者
寡郡縣良吏往往非一郡受縣成其剸在下而
吏之上選郡當先足此為親民之吏專得底下
吏者民命而常頑鄙今如并之吏多選清良者
造職大化宣流民物獲寧四也制使萬戶之縣

名之郡守五千以上名之都尉千戶以下令長
如故自長以上考課遷用轉以能升所牧亦增
此進才效功之敘也若經制一定則官才有次
治功齊明五也若省郡守縣皆徑達事不擁隔
官無留滯三代之風雖未可必簡一之化庶幾
可致便民省費在於此矣又以為文質之更用
猶四時之迭興也王者體天理物必因弊而濟
通之時彌質則文之以禮時泰侈則救之以質
今承百王之末秦漢餘流世俗彌文宜大改之
以易民望今科制自公列侯以下位從大將軍
以上皆得服綾錦羅綺紈素金銀飾鏤之物自
是以下雜綵之服通于賤人雖上下等級各示
有差然朝臣之制已得侔至尊矣玄黃之采已
得通於下矣欲使市不鬻華麗之色商不通難
得之貨工不作雕刻之物不可得也是故宜大
理其本準度古法文質之宜取其中則以為禮
度車輿服章皆從質樸禁除末俗華麗之事使
幹朝之家有位之室不復有錦綺之飾無兼采
之服纖巧之物自上以下至於樸素之差示有
等級而已勿使過一二之覺若夫功德之賜上

恩所特加皆表之有司然後服用之夫上之化下猶風之靡草樸素之教興於本朝則彌侈之心自消於下矣宣王報書曰審官擇人除重官改服制皆大善禮鄉閭本行朝廷考事大指如所示而中間一相承習卒不能改秦時無刺史但有郡守長吏漢家雖有刺史奉六條而已故刺史稱傳車其吏言從事居無常治吏不成臣其後轉更為官司耳昔賈誼亦患服制漢文雖身服弋綈猶不能使上下如意恐此三事當待賢能然後了耳玄又書曰漢文雖身衣弋綈而不革正法度內外有僭擬之服寵臣受無限之賜由是觀之似指立在身之名非篤齊治制之意也今公侯命世作宰追蹤上古將隆至治抑末正本若制定於上則化行於眾矣夫當宜改之時留殷勤之心令發之日下之應也猶響尋聲耳猶垂謙謙日待賢能此伊周不正殷姬之典也竊未喻焉頃之為征西將軍假節都督雍涼州諸軍事魏略曰玄既遷司馬景王代為護軍護軍總統諸將任主武官選舉前後當此官者不能止貨賂故蔣濟為護軍時有謠言欲求牙門當得千匹百人督五百匹宣王與濟善間以問濟濟無以解之因戲曰洛中市買一錢不足則不行遂相對歡笑玄代濟故不能止絕人事及景王之代玄整頓法令人莫犯者與曹爽

共興駱谷之役時人譏之爽誅徵玄為大鴻臚數年徙太常玄以爽抑絀內不得意中書令李豐雖宿為大將軍司馬景王所親待然私心在玄遂結皇后父光祿大夫張緝謀欲以玄輔政豐既內握權柄子尚公主又與緝俱馮翊人故緝信之豐陰令弟兗州刺史翼求入朝欲使將兵入并力起會翼求朝不聽嘉平六年二月當拜貴人豐等欲因御臨軒諸門有陛兵誅大將軍以玄代之以緝為驃騎將軍豐密語黃門監蘇鑠永寧署令樂敦冗從僕射劉賢等曰卿諸人居內多有不法大將軍嚴毅累以為言張當可以為誡鑠等皆許以從命魏書曰玄素貴以爽故廢黜居常怏怏不得意中書令李豐與玄及后父光祿大夫張緝陰謀為亂緝與豐同郡傾巧人也以東莞太守召為后家亦不得意故皆同謀初豐自以身處機密息韜又以列侯給事中尚齊長公主有內外之重心不自安密謂韜曰玄既為海內重人加以當大任年時方壯而永見廢又親曹爽外弟於大將軍有嫌吾得玄書深以為憂緝有才用棄兵馬大郡還坐家巷各不得志欲使汝以密計告之緝當病創卧豐遣韜省病韜屏人語緝曰韜尚公主父子在機近大將軍秉事常恐不見明信太常亦懷深憂君侯雖有后父之尊安危未可知皆與韜家同慮者也韜父欲與君侯謀之緝默然良久曰同舟之難吾焉所逃此大事不捷即禍及宗族韜於是往報豐密語黃門監蘇鑠等蘇鑠等答豐惟君侯計豐言曰今拜貴人諸營兵皆屯門陛下臨軒因此便共迫脅將羣寮人兵就誅大將軍卿等當共密白此意鑠等曰陛下儻不從人奈何豐等曰事有權宜臨時若不信聽便當劫將去耳那得不從鑠等許諾豐曰此族滅事卿等密之事成卿等皆當封侯常侍也豐復密以

告玄緝緝遣子邈與豐相結同謀起事世語曰豐遣子韜以謀報玄玄曰宜詳之耳而不以告也

大將軍微聞其謀請豐相見豐不知而往即殺之

世語曰大將軍聞豐謀舍人王羕請以命請豐豐若無備情屈勢迫必來若不來羕一人足以制之若知謀泄以衆挾輪長戟自衛徑入雲龍門挾天子登陵雲臺臺上有三千人仗鳴鼓會衆如此羕所不及也大將軍乃遣羕以車迎之豐見劫迫隨羕而至○魏氏春秋曰大將軍責豐豐知禍及遂正色曰卿父子懷姦將傾社稷惜吾力劣不能相禽滅耳大將軍怒使勇士以刀環築豐殺之　魏略曰豐字安國故衛尉李義子也黃初中以父任召隨軍始爲白衣時年十七八在鄴下名爲淸白識別人物海內翕然莫不注意後隨軍在許昌聲稱日隆其父不願其然遂令閉門勑使斷客初明帝在東宮豐在文學中及即尊位得吳降人問江東聞中國名士爲誰降人云聞有李安國者是時豐爲黃門郎明帝問左右安國所在左右以豐對帝曰豐名乃被於吳越邪後轉騎都尉給事中帝崩後爲永寧太僕以名過其實能用少也正始中遷侍中尚書僕射豐在臺省常多託疾時臺制疾滿百日當解祿豐疾未滿數十日輒暫起已復臥如是數歲初豐子韜以選尚公主豐雖外辭之內不甚憚也豐弟翼及偉仕數歲間並歷郡守豐嘗於人中顯誡二弟言當用榮位爲及司馬宣王久病偉爲二千石荒於酒亂新平扶風二郡而豐不召衆人以爲恃寵曹爽專政豐依違二公間無有適莫故于時有謗書曰曹爽之勢熱如湯太傅父子冷如漿李豐兄弟如游光其意以爲豐雖外示淸淨而內圖事有似於游光也及宣王奏誅爽住車闕下與豐相聞豐怖遽氣索足委地不能起至嘉平四年宣王終後中書令缺大將軍諮問朝臣誰可補者或指向豐豐雖知此非顯選而自以連婚國家思附至尊因伏不辭遂奏用之豐爲中書二歲帝比每獨召與語不知所說景王知其議已請豐豐不以實告乃殺之其事祕豐前後仕歷二朝不以家計爲意仰俸稟而已韜雖尚公主豐常約勑不得有所侵取時得賜錢帛輒以外施親族及得賜宮人多與子弟而豐皆以與諸外甥及死後有司籍其家家無餘積　魏氏春秋曰夜送豐尸付廷尉廷尉鍾毓不受曰非法官所治也以其狀告且勑之乃受帝怒將問豐死意太后懼呼帝入乃止遣使收翼　世語曰翼後妻散騎常侍荀廙姊謂翼曰中書事發可及書未至赴吳何爲坐取死亡左右可共同赴水火者誰翼思未荅妻曰君在大州不知可與同死生者去亦不免翼曰二兒小吾不去今但從坐身死二兒必免果如翼言翼子試楊駿外甥也晉惠帝初爲河南尹與駿俱死見晉書

事下有司收玄緝鑠敦賢等送廷尉

世語曰玄至廷尉不肯下辭廷尉鍾毓自臨治玄玄正色責毓曰吾當何辭卿爲令史責人也卿便爲吾作毓以其名士節高不可屈而獄當竟夜爲作辭令與事相附流涕以示玄玄視頷之而已毓弟會年少於玄玄不與交是日於毓坐狎玄玄不受　孫盛雜語曰玄在囹圄會因欲狎而友玄玄正色曰鍾君何相逼如此也

廷尉鍾毓奏豐等謀迫脅至尊擅誅冢宰大逆無道請論如法於是會公卿朝臣廷尉議咸以爲豐等各受殊寵典綜機密緝承外戚椒房之尊玄備世臣並居列位而包藏禍心構圖凶逆交關閹豎授以姦計畏憚天威不敢顯謀乃欲要君脅上肆其詐虐謀誅良輔擅相建立將以傾覆京室顚危社稷毓所正皆如科律報毓施行詔書齊長公主先帝遺愛匄其三子死命於是豐玄緝敦賢等皆夷三族

魏書曰豐子韜以尚主賜死獄中

其餘親屬徙樂浪郡玄格量弘濟臨斬東市顏色不變舉動自若時年四十六

魏略曰玄自從西還不交人事不畜華妍　魏氏春秋曰初夏侯霸將奔蜀呼玄欲與之俱玄曰吾豈苟存自客於寇虜乎遂還京師太傅薨許允謂玄曰無復憂矣玄歎曰士宗卿何不見事乎此人猶能以通家年少遇我子元子上不吾容也玄嘗著樂毅張良及本無肉刑論辭旨通遠咸傳於世玄之執也衞將軍司馬文王流涕請之大將軍曰卿忘會趙司空葬乎先是司空趙儼薨大將軍兄弟會葬賓客以百數玄時後至衆賓客咸越席而迎大將軍由是惡之○臣松之案曹爽以正始五年伐蜀時玄已爲關中都督至十年爽誅滅後方還洛耳案少帝紀司空趙儼以六年亡玄則無由得會儼葬若云玄入朝紀傳又無其事斯近妄不實

正元中紹功臣世封尚從孫本爲昌陵亭侯邑三百戶以奉尚後初中領軍高陽許允與豐玄親善先是有詐作尺一詔書以玄爲大將軍允爲太尉共錄尚書事有何人天未明乘馬以詔版付允門吏曰有詔因便馳走允即投書燒之不以開呈司馬景王後豐等事覺從允爲鎮北將軍假節督河北諸軍事未發以放散官物收付廷尉徙樂浪道死魏略曰允字士宗世冠族父據仕歷典農校尉郡守允少與同郡崔贊俱發名於冀州召入軍明帝時爲尚書選曹郎與陳國袁侃對同坐職事皆收送獄詔旨嚴切當有死者正直者爲重允謂侃曰卿功臣之子法應八議不憂死也侃知其指乃爲受重允刑竟復吏出爲郡守稍遷爲侍中尚書中領軍允聞李豐等被收欲往見大將軍已出門回遑不定中道還取袴豐等已收訖大將軍聞允前遽出之曰我自收豐等不知士大夫何爲忩忩乎是時朝臣遽者多耳而衆人咸以爲意在允也會鎮北將軍劉靜卒朝廷以允代靜已受節傳出止外舍大將軍與允書曰鎮北雖少事而都典一方念足下震華鼓建朱節歷本州此所謂著繡晝行也允心甚悅與臺中相聞欲易其鼓吹旌旗其兄子素頗聞衆人說允前見嫌意戒允但當趣耳用是爲邪允曰卿俗士不解我以榮國耳故求之帝以允當出乃詔會群臣群臣皆集帝特引允以自近允前爲侍中顧當與帝別涕泣歔欷會訖罷出詔促允令去會有司奏允前擅以廚錢穀乞諸俳及其官屬故遂收送廷尉考問竟故減死徙邊允以嘉平六年秋徙妻子不得自隨行道未到以其年冬死　魏氏春秋曰允爲吏部郎選郡守明帝疑其所用非次召入將加罪允妻阮氏跣出謂曰明主可以理奪難以情求允頷之而入帝怒詰之允對曰某郡太守雖限滿文書先至年限在後日限在前帝前取事視之乃釋遣出望其衣敗曰清吏也賜之允之出爲鎮北也喜謂其妻曰吾知免矣妻曰禍見於此何免之有允善相印將拜以印不善使更刻之如此者三允曰印雖始成而已被辱問送印者果懷之而墜於廁相印書曰相印法本出陳長文長文以

語韋仲將印工楊利從仲將受法以語許士宗利以法術占吉凶十可中八九仲將問長文從誰得法長文曰本出漢世有相印相笏經又有鷹經牛經馬經印工宗養以法語程申伯是故有一十三家相法傳於世允妻阮氏賢明而醜允始見愕然交禮畢無復入意妻遣婢覘之云有客姓桓妻曰是必桓範將勸使入也既而範果勸之允入須臾便起妻捉裾留之允顧謂婦曰婦有四德卿有其幾婦曰新婦所乏唯容士有百行君有其幾許曰皆備婦曰士有百行以德爲首君好色不好德何謂皆備允有慙色知其非凡遂雅相親重生二子奇猛少有令問允後爲景王所誅門生走入告其婦婦正在機神色不變曰早知爾耳門生欲藏其子婦曰無預諸兒事後移居墓所景王遣鍾會看之若才藝德能及父當收兒以語母母答汝等雖佳才具不多率胸懷與會語便自無憂不須極哀會止便止又可多少問朝事兒從之會反命具以狀對卒免其禍皆母之教也雖會之識鑒而輸賢婦之智也果無後嗣追封子孫而已　世語曰允二子奇字子泰猛字子豹並有治理才學晉元康中奇爲司隸校尉猛幽州刺史　傅暢晉諸公讚曰猛禮樂儒雅當時最優奇子遐字思祖以清尚稱位至侍中猛子式字儀祖有才幹至濮陽內史平原太守清河王經亦與允俱稱冀州名士甘露中爲尚書坐高貴鄉公事誅始經爲郡守經母謂經曰汝田家子今仕至二千石物太過不祥可以止矣經不能從歷二州刺史司隸校尉終以致敗世語曰經字彥偉初爲江夏太守大將軍曹爽附絹二十匹令交市於吳經不發書棄官歸母問歸狀經以實對母以經典兵馬而擅去對送吏杖經五十爽聞不復罪經爲司隸校尉辟河內向雄爲都官從事王業之出不申經竟以及難經刑於東市雄哭之感動一市刑及經母雍州故吏皇甫晏以家財收葬焉　漢晉春秋曰經被收辭母母顏色不變笑而應曰人誰不死往所以不止汝者恐不得其所也以此并命何恨之有哉　晉武帝太始元年詔曰故尚書王經雖身陷法辟然守志可嘉門戶堙沒意常愍之其賜經孫郎中允友人同郡崔贊亦嘗以處世太盛戒允云荀綽冀州記曰贊子洪字良伯清恪有匪躬之志爲晉吏部尚書大司農

評曰夏侯曹氏世爲婚姻故惇淵仁洪休尚眞等並以親舊肺腑貴重於時左右勳業咸有效勞爽德薄位尊沈溺盈溢此固大易所著道家所忌也玄以規格局度世稱其名然與曹爽中外繾綣榮位如斯曾未聞匡弼其非援致良才舉兹以論焉能免之乎

諸夏侯曹傳卷第九

魏書　國志九

荀彧傳

荀彧字文若潁川潁陰人也祖父淑字季和朗
陵令當漢順桓之間知名當世有子八人號曰
八龍彧父緄濟南相叔父爽司空續漢書曰淑有
高才王暢李膺
皆以為師為朗陵侯相號稱神君　張璠漢紀曰淑博學有
高行與李固李膺同志友善拔李昭於小吏友黃叔度於幼童
以賢良方正徵對策譏切梁氏出補朗陵侯相卒官八子儉
緄靖燾汪爽肅旉爽字慈明幼好學年十二通春秋論
語耽思經典不應徵命積十數年董卓秉政復徵爽爽欲遁
去吏持之急詔下郡即拜平原相行至宛陵又追拜光祿勳
視事三日策拜司空爽起自布衣九十五日而至三公淑舊
居西豪里縣令苑康曰昔高陽氏有才子八人署其里為高
陽里靖字叔慈亦有至德名幾亞爽隱居終身　皇甫謐逸
士傳或問許子將靖與爽孰賢子將曰二人皆玉也慈明外
朗叔慈內潤

彧年少時南陽何顒異之曰王佐才也
典略曰中常侍唐衡欲以女妻汝南傅公明公明不娶轉以
與彧父緄慕衡勢為彧娶之彧為論者所譏　臣松之案漢
紀云唐衡以桓帝延熹七年死計彧于時年始二歲則彧婚
之日衡之沒久矣慕勢之言為不然也臣松之又以為緄八
龍之一必非苟得者也將有逼而然何云慕勢哉昔鄭忽以
違齊致譏雋生以拒霍見美致譏在於失援見美嘉其慮遠
並無交至之害故得各全其志耳至於閹豎用事四海屏氣
左悺唐衡殺生在口故于時諺云左回天唐獨坐言威權莫
二也順之則六親以安忤違則大禍立至斯誠以存易亡蒙
恥期全之日昔蔣詡姻于王氏無損清高之操緄之此婚庸
何傷乎

永漢元年舉孝廉拜守宮令董卓之亂求
出補吏除亢父令遂棄官歸謂父老曰潁川四
戰之地也天下有變常為兵衝宜亟去之無久
留鄉人多懷土猶豫會冀州牧同郡韓馥遣騎

迎之莫有隨者彧獨將宗族至冀州而袁紹已
奪馥位待彧以上賓之禮彧弟諶及同郡辛評
郭圖皆為紹所任彧度紹終不能成大事時太
祖為奮武將軍在東郡初平二年彧去紹從太
祖太祖大悅曰吾之子房也以為司馬時年二
十九是時董卓威陵天下太祖以問彧彧曰卓
暴虐已甚必以亂終無能為也卓遣李傕等出
關東所過虜略至潁川陳留而還鄉人留者多
見殺略明年太祖領兗州牧後為鎮東將軍彧
常以司馬從興平元年太祖征陶謙任彧留事
會張邈陳宮以兗州反潛迎呂布布既至邈乃
使劉翊告彧曰呂將軍來助曹使君擊陶謙宜
亟供其軍食衆疑惑彧知邈為亂即勒兵設備
馳召東郡太守夏侯惇而兗州諸城皆應布矣
時太祖悉軍攻謙留守兵少而督將大吏多與
邈宮通謀惇至其夜誅謀叛者數十人衆乃定
豫州刺史郭貢帥衆數萬來至城下或言與呂
布同謀衆甚懼貢求見彧彧將往惇等曰君一
州鎮也往必危不可彧曰貢與邈等分非素結
也今來速計必未定及其未定說之縱不為用

荀彧

可使中立若先疑之彼將懲怒而成計貢見彧無
懼意謂鄄城未易攻遂引兵去又與程昱計使
說范東阿卒全三城以待太祖太祖自徐州還
擊布濮陽布東走二年夏太祖軍乘氏大饑人
相食陶謙死太祖欲遂取徐州還乃定布彧曰
昔高祖保關中光武據河內皆深根固本以制
天下進足以勝敵退足以堅守故雖有困敗而
終濟大業將軍本以兗州首事平山東之難百
姓無不歸心悅服且河濟天下之要地也今雖
殘壞猶易以自保是亦將軍之關中河內也不

可以不先定今以破李封薛蘭若分兵東擊陳
宮宮必不敢西顧以其閒勒兵收熟麥約食畜
穀一舉而布可破也破布然後南結揚州共討
袁術以臨淮泗若舍布而東多留兵則不足用
少留兵則民皆保城不得樵採布乘虛寇暴民
心益危唯鄄城范衛可全其餘非己之有是無
兗州也若徐州不定將軍當安所歸乎且陶謙
雖死徐州未易亡也彼懲往年之敗將懼而結
親相為表裏今東方皆以收麥必堅壁清野以
待將軍將軍攻之不拔略之無獲不出十日則

荀彧

十萬之衆未戰而自困耳臣松之以為于時徐州未平兗州又叛而云十萬之衆雖是抑抗之言要非寡弱之辭益知官渡之役不得云兵不滿萬也前討徐州威罰實
行曹瞞傳云自京師遭董卓之亂人民流移東出多依彭城間遇太祖至坑殺男女數萬口於泗水水為不流陶謙帥其衆軍武原太祖不得進引軍從泗南攻取慮睢陵夏丘諸縣皆屠之雞犬亦盡墟邑無復行人其子弟
念父兄之恥必人自為守無降心就能破之尚
不可有也夫事固有棄此取彼者以大易小可
也以安易危可也權一時之勢不患本之不固
可也今三者莫利願將軍熟慮之太祖乃止大
收麥復與布戰分兵平諸縣布敗走兗州遂平
建安元年太祖擊破黃巾漢獻帝自河東還洛

陽太祖議奉迎都許或以山東未平韓暹楊奉
新將天子到洛陽北連張楊未可卒制彧勸太
祖曰昔高祖東伐為義帝縞素而天下歸心自
天子播越將軍首唱義兵徒以山東擾亂未能
遠赴關右然猶分遣將帥蒙險通使雖禦難于
外乃心無不在王室是將軍匡天下之素志也
今車駕旋軫義士有存本之思百姓感舊而增
哀誠因此時奉主上以從民望大順也秉至公
以服雄傑大略也扶弘義以致英俊大德也天
下雖有逆節必不能為累明矣韓暹楊奉其敢

爲害君不時定四方生心後雖慮之無及太祖遂至洛陽奉迎天子都許天子拜太祖大將軍進彧爲漢侍中守尚書令常居中持重典略曰彧折節下士坐不累席其在臺閣不以私欲撓意彧有羣從一人才行實薄彧謂彧以君當事不可不以某爲議郎邪彧笑曰官者所以表才也若如來言衆人其謂我何邪其持心平正皆類此太祖雖征伐在外軍國事皆與彧籌焉典略曰彧爲人偉美又平原禰衡傳曰衡字正平建安初自荊州北游許都恃才傲逸臧否過差見不如己者不與語人皆以是憎之唯少府孔融高貴其才上書薦之曰淑質貞亮英才卓犖初涉藝文升堂覩奥目所一見輒誦於口耳所暫聞不忘於心性與道合思若有神弘羊心計安世默識以衡準之誠不足怪衡時年二十四是時許都雖新建尚饒人士衡嘗書一刺懷之字漫滅而無所適或問之曰何不從陳長文司馬伯達乎衡曰卿欲使我從屠沽兒輩也又問曰當今許中誰最可者衡曰大兒有孔文舉小兒有楊德祖又問曹公荀令君趙盪寇皆足蓋世乎衡稱曹公不甚多又見荀有儀容趙有腹尺因荅曰文若可借面弔喪稚長可使監廚請客其意以爲荀但有貌趙健啖肉也於是衆人皆切齒衡知衆不悅將南還荊州裝束臨發衆人爲祖道先設供帳於城南自共相誡曰衡數不遜今因其後到以不起報之及衡至衆人皆坐不起衡乃號咷大哭衆人問其故衡曰行屍柩之間能不悲乎衡南見劉表表甚禮之將軍黃祖屯夏口祖子射與衡善隨到夏口祖嘉其才每在坐席有異賓介使與衡談後衡驕蹇荅祖言徘優饒言祖以爲罵己也大怒顧伍伯捉頭出左右遂扶以去拉而殺之臣松之以本傳不稱彧容貌故載典略與衡傳以見之又潘勗爲彧碑文稱彧瓌姿奇表張衡文士傳曰孔融數薦衡於太祖欲與相見而衡疾惡之意常憤懣因狂疾不肯往而數有言論太祖聞其名圖欲辱之乃錄爲鼓吏後至八月朝大宴賓客並會時鼓吏擊鼓過皆當脫其故服易着新衣次衡衡擊爲漁陽參撾容態不常音節殊妙坐上賓客聽之莫不慷慨過不易衣吏呵之衡乃當太祖前以次脫衣裸身而立徐徐乃着褌帽畢復擊鼓參撾而顏色不怍太祖大笑告四坐曰本欲辱衡衡反辱孤至今有漁陽參撾自衡造也融深責數衡并宣太祖意欲令與太祖相見衡許之曰當爲卿往至十月朝融先見太祖說衡欲

求見至日晏衡著布單衣疏巾履坐太祖營門外以杖捶地數罵太祖太祖勅外廐急具精馬三匹并騎二人謂融曰禰衡豎子乃敢爾孤殺之無異於雀鼠顧此人素有虛名遠近所聞今日殺之人將謂孤不能容今送與劉表視卒當何如乃令騎以衡置馬上兩騎扶送至南陽傅子曰衡辯於言而尅於論見荊州牧劉表日所以自結於表者甚至表悅之以爲上賓衡稱表之美盈口而論表左右不廢繩墨於是左右因形而譖之曰衡稱將軍之仁西伯不過也唯以爲不能斷終不濟者必由此也是言實指表智短而非衡所言也表不詳察遂疏衡而逐之衡以交絕於劉表智窮於黃祖身死名滅爲天下笑者譖之者有形也太祖問彧誰能代卿爲我謀者彧言荀攸鍾繇先是彧言策謀士進戲志才志才卒又進郭嘉太祖以彧爲知人諸所進達皆稱職唯嚴象爲揚州韋康爲涼州後敗亡三輔決錄曰象字文則京兆人少聰博有膽智以督軍御史中丞詣揚州討袁術會術病卒因以爲揚州刺史建安五年爲孫策廬江太守李術所殺時年三十八象同郡趙岐作三輔決錄恐時人不盡其意故隱其書唯以示象康字元將亦京兆人孔融與康父端書曰前日元將來淵才亮茂雅度弘毅偉世之器也昨日仲將又來懿性貞實文敏篤誠保家之主也不意雙珠近出老蚌甚珍貴之端從涼州牧徵爲太僕康代爲涼州刺史時人榮之後爲馬超所圍堅守歷時救軍不至遂爲超所殺仲將名誕見劉邵傳自太祖之迎天子也袁紹內懷不服紹既并河朔天下畏其彊太祖方東憂呂布南拒張繡而繡敗太祖軍於宛紹益驕與太祖書其辭悖慢太祖大怒出入動靜變於常衆皆謂以失利於張繡故也鍾繇以問彧彧曰公之聰明必不追咎往事殆有他慮則見太祖問之太祖乃以紹書示彧曰今將討不義而力不敵何

彧曰古之成敗者誠有其才雖弱必彊苟非
其人雖彊易弱劉項之存亡足以觀矣今與公
爭天下者唯袁紹爾紹貌外寬而內忌任人而
疑其心公明達不拘唯才所宜此度勝也紹遲
重少決失在後機公能斷大事應變無方此謀
勝也紹御軍寬緩法令不立士卒雖衆其實難
用公法令既明賞罰必行士卒雖寡皆爭致死
此武勝也紹憑世資從容飾智以收名譽故士
之寡能好問者多歸之公以至仁待人推誠心
不爲虛美行已謹儉而與有功者無所悋惜故

天下忠正效實之士咸願爲用此德勝也夫以
四勝輔天子扶義征伐誰敢不從紹之彊其何
能爲太祖悅彧曰不先取呂布河北亦未易圖
也太祖曰然吾所惑者又恐紹侵擾關中亂羌
胡南誘蜀漢是我獨以兖豫抗天下六分之五
也爲將柰何彧曰關中將帥以十數莫能相一
唯韓遂馬超最彊彼見山東方爭必各擁衆自
保今若撫以恩德遣使連和相持雖不能久安
比公安定山東足以不動鍾繇可屬以西事則
公無憂矣三年太祖既破張繡東禽呂布定徐

州遂與袁紹相拒孔融謂彧曰紹地廣兵彊田
豐許攸智計之士也爲之謀審配逢紀盡忠之
臣也任其事顏良文醜勇冠三軍統其兵殆難
克乎彧曰紹兵雖多而法不整田豐剛而犯上
許攸貪而不治審配專而無謀逢紀果而自用
此二人留知後事若攸家犯其法必不能縱也
不縱攸必爲變顏良文醜一夫之勇耳可一戰
而禽也五年與紹連戰太祖保官渡紹圍之太
祖軍糧方盡書與彧議欲還許以引紹彧曰今
軍食雖少未若楚漢在滎陽成皋間也是時劉

項莫肯先退先退者勢屈也公以十分居一之
衆畫地而守之扼其喉而不得進已半年矣情
見勢竭必將有變此用奇之時不可失也太祖
乃住遂以奇兵襲紹別屯斬其將淳于瓊等紹
退走審配以許攸家不法收其妻子攸怒叛紹
顏良文醜臨陣授首田豐以諫見誅皆如彧所
策六年太祖就穀東平之安民糧少不足與河
北相支欲因紹新破以其閒擊討劉表彧曰今
紹敗其衆離心宜乘其困遂定之而背兖豫遠
師江漢若紹收其餘燼承虛以出人後則公事

去矣太祖復次于河上紹病死太祖渡河擊紹子譚尚而高幹郭援侵略河東關右震動鍾繇帥馬騰等擊破之語在繇傳八年太祖録彧前後功表封彧爲萬歲亭侯彧別傳載太祖表曰臣聞慮爲功首謀爲賞本野績不越廟堂戰多不踰國勳是故曲阜之錫不後營丘蕭何之土先於平陽珍策重計古今所尚侍中守尚書令彧積德累行少長無悔遭世紛擾懷忠念治臣自始舉義兵周游征伐與彧戮力同心左右王略發言授策無施不效彧之功業臣由以濟用披浮雲顯光日月陛下幸許彧左右機近忠恪祗順如履薄冰研精極銳以撫庶事天下之定彧之功也宜享高爵以彰元勳彧固辭無野戰之勞不通太祖表太祖與彧書曰與君共事已來立朝廷君之相爲匡弼君之相爲舉人君之相爲建計君之相爲密謀亦以多矣夫功未必皆野戰也願君勿讓彧乃受　九年太祖拔鄴領冀州牧彧說太祖宜復古置九州則冀州所制者廣大天下服矣太祖將從之彧言曰若是則冀州當得河東馮翊扶風西河幽并之地所奪者衆前日公破袁尚禽審配海内震駭必人人自恐不得保其土地守其兵衆也今使分屬冀州將皆動心且人多說關右諸將以閉關之計今聞此以爲必以次見奪一旦生變雖有善守者轉相脅爲非則袁尚得寬其死而袁譚懷貳劉表遂保江漢之閒天下未易圖也願公急引兵先定河北然後脩復舊京南臨荊州責貢之不入則天下咸知公意人人自安天下大

定乃議古制此社稷長久之利也太祖遂寢九州議是時荀攸常爲謀主彧兄衍以監軍校尉守鄴都督河北事太祖之征袁尚也高幹密遣兵謀襲鄴衍逆覺盡誅之以功封列侯荀氏家傳曰衍字休若彧第三兄彧第四兄諶字友若事見袁紹傳陳羣與孔融論汝潁人物羣曰荀文若公達休若友若仲豫當今並無對衍子紹位至太僕紹子融字伯雅與王弼鍾會俱知名爲洛陽令參大將軍軍事與弼會論易老義傳於世諶子閎字仲茂爲太子文學掾時有甲乙疑論閎與鍾繇王朗袁渙議各不同文帝與繇書曰袁王國士更爲脣齒荀閎勁悍往來銳師眞君侯之勍敵左右之深憂也終黃門侍郎閎從孫煇字景文太子中庶子亦知名與賈充共定音律又作易集解仲豫名悅朗陵長儉之少子彧從父兄也　張璠漢紀稱悅清虛沈靜善於著述建安初爲祕書監侍中被詔刪漢書作漢紀三十篇因事以明臧否致有典要其書大行於世　太祖以女妻彧長子惲後稱安陽公主彧及攸並貴重皆謙冲節儉祿賜散之宗族知舊家無餘財十二年復增彧邑千戶合二千戶彧別傳曰太祖又表曰昔袁紹侵入郊甸戰於官渡時兵少糧盡圖欲還許書與彧議彧不聽臣建宜住之便恢進討之規更起臣心易其愚慮遂摧大逆覆取其衆此彧覩勝敗之機略不世出也及紹破敗臣糧亦盡以爲河北未易圖也欲南討劉表彧復止臣陳其得失臣用反旆遂吞凶族克平四州向使臣退於官渡紹必鼓行而前有傾覆之形無克捷之勢後若南征委棄兗豫利既難要將失本據彧之二策以亡爲存以禍致福謀殊功異臣所不及也是以先帝貴指蹤之功薄搏獲之賞古人尚帷幄之規下攻拔之捷前所賞録未副彧巍巍之勳乞重平議疇其戶邑彧深辭讓太祖報之曰君之策謀非但所表二事前後謙冲欲慕魯連先生乎此聖人達節者所不貴也昔介子推有言竊人之財猶謂之盜況君密謀安衆光顯於孤者以百數乎以二事相還而復辭之何取謙亮之多邪太祖欲表彧爲三公彧使荀攸深讓至于十數太祖乃止　太祖將伐劉表問彧策安

出彧曰今華夏已平南土知困矣可顯出宛葉而閒行輕進以掩其不意太祖遂行會表病死太祖直趨宛葉如彧計表子琮以州逆降十七年董昭等謂太祖宜進爵國公九錫備物以彰殊勳密以諮彧彧以爲太祖本興義兵以匡朝寧國秉忠貞之誠守退讓之實君子愛人以德不宜如此太祖由是心不能平會征孫權表請彧勞軍于譙因輒留彧以侍中光祿大夫持節參丞相軍事太祖軍至濡須彧疾留壽春以憂薨時年五十謚曰敬侯明年太祖遂爲魏公矣

魏氏春秋曰太祖饋彧食發之乃空器也於是飲藥而卒咸熙二年贈彧太尉　彧別傳曰彧自爲尚書令常以書陳事臨薨皆焚毀之故奇策密謀不得盡聞也是時征役草創制度多所興復彧嘗言於太祖曰昔舜分命禹稷契皋陶以揆庶績教化征伐並時而用及高祖之初金革方殷猶舉民能善教訓者叔孫通習禮儀於戎旅之閒世祖有投戈講藝息馬論道之事君子無終食之閒違仁今公外定武功內興文學使干戈戢睦大道流行國難方弭六禮俱治此姬旦宰周之所以速平也旣立德立功而又兼立言誠仲尼述作之意顯制度於當時揚名於後世豈不盛哉若須武事畢而後制作以稽治化於事未敏宜集天下大才通儒考論六經刊定傳記存古今之學除其煩重以一聖真並隆禮學漸敦教化則王道兩濟彧從容與太祖論治道如此之類甚衆太祖常嘉納之彧德行周備非正道不用心名重天下莫不以爲儀表海內英儁咸宗焉司馬宣王常稱書傳遠事吾自耳目所從聞見逮百數十年閒賢才未有及荀令君者也前後所舉者命世大才邦邑則荀攸鍾繇陳羣海內則司馬宣王及引致當世知名郗慮華歆王朗荀悅杜襲辛毗趙儼之儔終爲卿相以十數人取士不以一揆戲志才郭嘉等有負俗之譏杜畿簡傲少文皆以智策舉之終各顯名荀攸後爲魏尚書令亦推賢進士太祖曰二荀令之論人久而益信吾沒世不忘鍾繇以爲顏子旣沒能備九德不貳其過唯荀彧然或問繇曰君雅重荀君比之顏子自以不及可得聞乎曰夫明君師臣其次友之以太祖之聰明每有大事常先諮之荀君是則古師友之義也吾等受命而行猶或不盡相去顧不遠邪

○獻帝春秋曰董承之誅伏后與父完書言司空殺董承帝方爲報怨完得書以示彧彧惡之久隱而不言完以示妻弟樊普普封以呈太祖太祖陰爲之備彧後恐事覺欲自發之因求使至鄴勸太祖以女配帝太祖曰今朝廷有伏后吾女何得以配上吾以微功見錄位爲宰相豈復賴女寵乎彧曰伏后無子性又凶邪往常與父書言辭醜惡可因此廢也太祖曰卿昔何不道之彧陽驚曰昔已嘗爲公言也太祖曰此豈小事而吾忘之彧又驚曰誠未語公邪昔公在官渡與袁紹相持恐增內顧之念故不言爾太祖曰官渡事後何以不言彧無對謝闕而已太祖以此恨彧而外含容之故世莫得知至董昭建立魏公之議彧意不同欲言之於太祖及齎璽書犒軍飲饗禮畢彧留請閒太祖知彧欲言封事揖而遣之彧遂不得言彧卒於壽春壽春亡者告孫權言太祖使彧殺伏后彧不從故自殺權以露布於蜀劉備聞之曰老賊不死禍亂未已　臣松之案獻帝春秋云彧欲發伏后事而求使至鄴而方誣太祖云昔已嘗言旣無徵驗託以官渡之虞俛仰之閒辭情頓屈雖在庸人猶不至此何以玷累賢哲哉凡諸云云皆出自鄙俚可謂以吾儕之言而厚誣君子者矣袁暐虛罔之類此最爲甚也

子惲嗣侯官至虎賁中郎將初文帝與平原侯植並有擬論文帝曲禮事彧及彧卒惲又與植善而與夏侯尚不穆文帝深恨惲惲早卒子甝霬音翼以外甥故猶寵待惲弟俁御史中丞俁弟詵大將軍從事中郎皆知名早卒

荀氏家傳曰惲字長倩俁字叔倩詵字曼倩俁子寓字景伯世語曰寓少與裴楷王戎杜默俱有名京邑仕晉位至尚書名見顯著子羽嗣位至尚書

詵弟顗咸熙中爲司空

晉陽秋曰顗字景倩幼爲姊夫陳羣所異博學洽聞意思愼密司馬宣王見顗奇之曰荀令君之子也近見袁偘亦曜卿之子也擢拜散騎侍郎累佐命晉室位至太尉封臨淮康公嘗難鍾會易無互體見稱於世顗

弟粲字奉倩何劭為粲傳曰粲字奉倩粲諸兄並以儒術論議而粲獨好言道常以為子貢稱夫子之言性與天道不可得聞然則六籍雖存固聖人之糠粃粲兄俁難曰易亦云聖人立象以盡意繫辭焉以盡言則微言胡為不可得而聞見哉粲荅曰蓋理之微者非物象之所舉也今稱立象以盡意此非通于意外者也繫辭焉以盡言此非言乎繫表者也斯則象外之意繫表之言固蘊而不出矣及當時能言者不能屈也又論父彧不如從兄攸彧立德高整軌儀以訓物而攸不治外形慎密自居而已粲以此言善攸諸兄怒而不能迴也太和初到京邑與傅嘏談嘏善名理而粲尚玄遠宗致雖同倉卒時或有格而不相得意裴徽通彼我之懷為二家騎驛頃之粲與嘏善夏侯玄亦親常謂嘏玄曰子等在世塗間功名必勝我但識劣我耳嘏難曰能盛功名者識也天下孰有本不足而末有餘者邪粲曰功名者志局之所獎也然則志局自一物耳固非識之所獨濟也我以能使子等為貴然未必齊子等所為也粲常以婦人者才智不足論自宜以色為主驃騎將軍曹洪女有美色粲於是娉焉容服帷帳甚麗專房歡宴歷年後婦病亡未殯傅嘏往喭粲粲不哭而神傷嘏問曰婦人才色並茂為難子之娶也遺才而好色此自易遇今何哀之甚粲曰佳人難再得顧逝者不能有傾國之色然未可謂之易遇痛悼不能已歲餘亦亡時年二十九粲簡貴不能與常人交接所交皆一時俊傑至葬夕赴者裁十餘人皆同時知名士也哭之感動路人

惲子甝嗣為散騎常侍進爵廣陽鄉侯年三十薨子頵嗣荀氏家傳曰頵字溫伯為羽林右監早卒頵子崧字景猷晉陽秋稱崧少有志操雅好文學孝義和愛在朝恪勤位至左右光祿大夫開府儀同三司崧子羨字令則清和有才尚公主少歷顯位年二十八為北中郎將徐兗二州刺史假節都督徐兗青三州諸軍事在任十年遇疾解職卒於家追贈驃騎將軍羨孫伯子今御史中丞也霬官至中領軍薨謚曰貞侯追贈驃騎將軍子愷嗣霬妻司馬景王文王之妹也二王皆與親善咸熙中開建五等霬以著勳前朝改封愷南頓子荀氏家傳曰愷晉武帝時為侍中干寶晉紀曰武帝使侍中荀顗和嶠俱至東宮觀察太子顗還稱太子德識進茂而嶠云聖質如初孫盛曰遣荀勗其餘語則同 臣松之案和嶠為侍中荀顗亡沒久矣荀勗位亞台司不與嶠同班無緣方稱侍中二書所云皆為非也考其時位愷寔當之愷位至征西大將軍愷兄憺少府弟惲護軍將軍追贈車騎大將軍

荀攸傳

荀攸字公達彧從子也祖父曇廣陵太守荀氏家傳曰曇字元智兄昱字伯脩張璠漢紀稱昱曇並傑俊有殊才昱與李膺王暢杜密等號為八俊位至沛相攸父彝州從事彝於彧為從祖兄弟攸少孤及曇卒故吏張權求守曇墓攸年十三疑之謂叔父衢曰此吏有非常之色殆將有姦衢寤乃推問果殺人亡命由是異之魏書曰攸年七八歲衢曾醉誤傷攸耳而攸出入遊戲常避護不欲令衢見衢後聞之乃驚其夙智如此荀氏家傳曰衢子祈字伯旗與族父愔俱著名祈與孔融論肉刑愔與孔融論聖人優劣並在融集祈位至濟陰太守愔後徵有道至丞相祭酒何

進秉政徵海內名士攸等二十餘人攸到拜黃門侍郎董卓之亂關東兵起卓徙都長安攸與議郎鄭泰何顒侍中种輯越騎校尉伍瓊等謀曰董卓無道甚於桀紂天下皆怨之雖資彊兵實一匹夫耳今直刺殺之以謝百姓然後據殽函輔王命以號令天下此桓文之舉也事垂就而覺收顒攸繫獄顒憂懼自殺張璠漢紀曰顒字伯求少與郭泰賈彪等遊學洛陽泰等與同風好顒顯名太學於是中朝名臣太傅陳蕃司隸李膺等皆深接之及黨事起顒亦名在其中乃變名姓亡匿汝南間所至皆交結其豪桀顒既奇太祖而知荀彧袁紹慕之與為奔走之友是時天下士大夫多遇黨難顒常歲再三私入洛陽從紹計議為諸窮窘之士解釋患禍而袁術亦豪俠與紹爭名顒未常造術術深恨之漢末名士

録曰術嘗於衆坐數顒三罪曰王德彌先覺儁老名德高亮
而伯求疏之是一罪也許子遠凶淫之人性行不純而伯求
親之是二罪也郭賈寒窶無他資業而伯求肥馬輕裘光曜
道路是三罪也陶丘洪曰王德彌大賢而短於濟時許子遠
雖不純而赴難不憚濡足伯求舉善則以德彌爲首濟難則
以子遠爲宗且伯求嘗爲虞偉高手刃復仇義名奮發其怨
家積財巨萬文馬百駟而欲使伯求羸牛疲馬頓伏道路此
爲披其胸而假仇敵之刃也術意猶不平後與南陽宗承會
於闕下術發怒曰何伯求凶德也吾當殺之承曰何生英俊
之士足下善遇之使延令名於天下術乃止後黨禁除解辟
司空府每三府掾屬會議顒策謀有餘議者皆自以爲不及
遷北軍中候董卓以爲長史後荀彧爲尚書令遣人迎叔父
司空爽喪幷置顒
尸而葬之於爽冢傍攸言語飲食自若會卓死得免
魏書云攸使人說
卓得免與此不同棄官歸復辟公府舉高第遷任城
相不行攸以蜀漢險固人民殷盛乃求爲蜀郡
太守道絕不得至駐荊州太祖迎天子都許遺

攸書曰方今天下大亂智士勞心之時也而顧
觀變蜀漢不已久乎於是徵攸爲汝南太守入
爲尚書太祖素聞攸名與語大悅謂荀彧鍾繇
曰公達非常人也吾得與之計事天下當何憂
哉以爲軍師建安三年從征張繡攸言於太祖
曰繡與劉表相恃爲彊然繡以遊軍仰食於表
表不能供也勢必離不如緩軍以待之可誘而
致也若急之其勢必相救太祖不從遂進軍之
穰與戰繡急表果救之軍不利太祖謂攸曰不
用君言至是乃設奇兵復戰大破之是歲太祖

自宛征呂布魏書曰議者云表繡在後而遠襲呂布其
危必也攸以爲表繡新破勢不敢動布驍
猛又恃袁術若從橫淮泗間豪傑必應之今乘其初叛衆心
未一往可破也太祖曰善比行布以敗劉備而臧霸等應之
至下邳布敗退固守攻之不拔連戰士卒疲太
祖欲還攸與郭嘉說曰呂布勇而無謀今三戰
皆北其銳氣衰矣三軍以將爲主主衰則軍無
奮意夫陳宮有智而遲今及布氣之未復宮謀
之未定進急攻之布可拔也乃引沂泗灌城城
潰生禽布後從救劉延於白馬攸畫策斬顏良
語在武紀太祖拔白馬還遣輜重循河而西袁
紹渡河追卒與太祖遇諸將皆恐說太祖還保

營攸曰此所以禽敵柰何去之太祖目攸而笑
遂以輜重餌賊賊競奔之陳亂乃縱步騎擊大
破之斬其騎將文醜太祖遂與紹相拒於官渡
軍食方盡攸言於太祖曰紹運車旦暮至其將
韓荀銳而輕敵擊可破也臣松之案諸書韓荀或作
韓猛或云韓若未詳孰是
太祖曰誰可使攸曰徐晃可乃遣晃及史渙邀
擊破走之燒其輜重會許攸來降言紹遣淳于
瓊等將萬餘兵迎運糧將驕卒惰可要擊也衆
皆疑唯攸與賈詡勸太祖太祖乃留攸及曹洪
守太祖自將攻破之盡斬瓊等紹將張郃高覽

燒攻櫓降紹遂棄軍走郃之來洪疑不敢受攸謂洪曰郃計不用怒而來君何疑乃受之七年從討袁譚尚於黎陽明年太祖方征劉表譚尚爭冀州譚遣辛毗乞降請救太祖將許之以問羣下羣下多以爲表彊宜先平之譚尚不足憂也攸曰天下方有事而劉表坐保江漢之閒其無四方志可知矣袁氏據四州之地帶甲十萬紹以寬厚得衆借使二子和睦以守其成業則天下之難未息也今兄弟遘惡其勢不兩全若有所并則力專力專則難圖也及其亂而取之天下定矣此時不可失也太祖曰善乃許譚和親遂還擊破尚其後譚叛從斬譚於南皮冀州平太祖表封攸曰軍師荀攸自初佐臣無征不從前後克敵皆攸之謀也於是封陵樹亭侯十二年下令大論功行封太祖曰忠正密謀撫寧內外文若是也公達其次也增邑四百并前七百戶魏書曰太祖自柳城還過攸舍稱述攸前後謀謨勞勳曰今天下事略已定矣孤願與賢士大夫共饗其勞昔高祖使張子房自擇邑三萬戶今孤亦欲君自擇所封焉轉爲中軍師魏國初建爲尚書令攸深密有智防自從太祖征伐常謀謨帷幄時人及子弟莫知其所言魏書曰攸姑子辛韜曾問

攸說太祖取冀州時事攸曰佐治爲袁譚乞降王師自往平之吾何知焉自是韜及內外莫敢復問軍國事也太祖每稱曰公達外愚內智外怯內勇外弱內彊不伐善無施勞智可及愚不可及雖顏子甯武不能過也文帝在東宮太祖謂曰荀公達人之師表也汝當盡禮敬之攸曾病世子問病獨拜牀下其見尊異如此攸與鍾繇善繇言我每有所行反覆思惟自謂無以易以咨公達輒復過人意公達前後凡畫奇策十二唯繇知之繇撰集未就會薨故世不得盡聞也臣松之案攸亡後十六年鍾繇乃卒撰攸奇策亦有何難而年造八十猶云未就遂使攸從征機策之謀不傳於世惜哉攸從征孫權道薨魏書曰時建安十九年攸年五十八計其年大彧六歲　魏書載太祖令曰孤與荀公達周遊二十餘年無毫毛可非者又曰荀公達真賢人也所謂溫良恭儉讓以得之孔子稱晏平仲善與人交久而敬之公達即其人也　傅子曰或問近世大賢君子荅曰荀令君之仁荀軍師之智斯可謂近世大賢君子矣荀令君仁以立德明以舉賢行無諂黷謀能應機孟軻稱五百年而有王者興其閒必有命世者其荀令君乎太祖稱荀令君之進善不進不休荀軍師之去惡不去不止也太祖言則流涕長子緝有攸風早沒次子適嗣無子絕黃初中紹封攸孫彪爲陵樹亭侯邑三百戶後轉封丘陽亭侯正始中追諡攸曰敬侯

賈詡傳

賈詡字文和武威姑臧人也少時人莫知唯漢

陽闍忠興之謂詡有良平之奇九州春秋曰中平元年車騎將軍皇甫嵩旣破黃巾威震天下閻忠時罷信都令說嵩曰夫難得而易失者時也時至而不旋踵者機也故聖人常順時而動智者必因機以發今將軍遭難得之運蹈易解之機而踐運不撫臨機不發將何以享大名乎嵩曰何謂也忠曰天道無親百姓與能故有高人之功者不受庸主之賞今將軍授鉞於初春收功於末冬兵動若神謀不再計旬月之間神兵電掃攻堅易於折枯摧敵甚於湯雪七州席卷屠三十六萬方夷黃巾之師除邪害之患或封户刻石南向以報德威震本朝風馳海外是以群雄迴首百姓企踵雖湯武之舉未有高於將軍者身建高人之功北面以事庸主將何以圖安嵩曰心不忘忠何爲不安忠曰不然昔韓信不忍一飧之遇而棄三分之利拒蒯通之忠忽鼎跱之勢利劍已揣其喉乃嘆息而悔所以見烹於兒女也今主勢弱於劉項將軍權重於淮陰指麾可以振風雲叱咤足以興雷電赫然奮發因危抵頹崇恩以綏前附振武以臨後服徵冀方之士動七州之衆羽檄先馳於前大軍震響於後蹈踐漳河飲馬孟津舉天網以網羅京都誅閹官之罪除群怨之積忿解久危之倒懸如此則攻守無堅城不招以影從雖兒童可使奮空拳以致力女

子可使其褰裳以用命況厲智能之士因迅風之勢則大功不足合八方不足同也功業已就天下已順乃燎于上帝告以天命混齊六合南面以制移神器於已家推亡漢以定祚實神機之至決風發之良時也夫木朽不彫世衰難佐將軍雖欲委忠難佐之朝彫畫朽敗之木猶逆坂而走丸必不可也方今權宦群居同惡如市主上不自由詔命出左右如有至聰不察機事不先必嬰後悔亦無及矣嵩不從忠乃亡去○英雄記曰涼州賊王國等起兵共劫忠爲主統三十六部號車騎將軍忠感慨發病而死察孝廉爲郎疾病去官西還至汧道遇叛氐同行數十人皆爲所執詡曰我段公外孫也汝別埋我我家必厚贖之時太尉段熲昔久爲邊將威震西土故詡假以懼氐氐果不敢害與盟而送之其餘悉死詡實非段甥權以濟事咸此類也董卓之入洛陽詡以太尉掾爲

平津都尉遷討虜校尉卓壻中郎將牛輔屯陝詡在輔軍卓敗輔又死衆恐懼校尉李傕郭汜張濟等欲解散閒行歸鄉里詡曰聞長安中議欲盡誅涼州人而諸君棄衆單行即一亭長能束君矣不如率衆而西所在收兵以攻長安爲董公報仇幸而事濟奉國家以征天下若不濟走未後也衆以爲然傕乃西攻長安語在卓傳臣松之以爲傳稱仁人之言其利博哉然則不仁之言理必反是夫仁功難著而亂源易成是故有禍機一發而殃流百世者矣當是時元惡旣梟天地始開致使厲階重結大梗殷流邦國遘殄悴之哀黎民嬰周餘之酷豈不由賈詡片言乎詡之罪也一何大哉自古兆亂未有如此之甚後詡爲左馮翊傕等欲以功

侯之詡曰此救命之計何功之有固辭不受又以爲尚書僕射詡曰尚書僕射官之師長天下所望詡名不素重非所以服人也縱詡昧於榮利奈國朝何乃更拜詡尚書典選舉多所匡濟傕等親而憚之獻帝記曰郭汜樊稠與傕互相違戾欲鬭者數矣詡輒以道理責之頗受詡言○魏書曰詡典選舉多選舊名以爲令僕論者以此多詡會母喪去官拜光祿大夫傕汜等鬭長安中獻帝記曰傕等與詡議迎天子置其營中詡曰不可脅天子非義也傕不聽張繡謂詡曰此中不可久處君胡不去詡曰吾受國恩義不可背卿自行我不能也傕復請詡爲宣義將軍獻帝記曰傕時召羌胡數千人先以御物繒綵與之又許以宮人婦女欲令攻郭汜羌胡數來闚省門曰天子在中邪李將軍許我宮人美女今皆安在帝患之使詡爲之方計詡乃密呼羌胡大帥飲食之許以

封爵重質於是皆引去傕由此衰弱傕等和出天子祐護大臣詡有力焉獻帝記曰天子既東而李傕來追王師敗績司徒趙溫太常王偉衛尉周忠司隸榮邵皆爲傕所嫌欲殺之詡謂傕曰此皆天子大臣卿柰何害之傕乃止天子既出詡上還印綬是時將軍段煨屯華陰典略稱煨在華陰時脩農事不虜略天子東還煨迎道貢遺周急獻帝記曰後以煨爲大鴻臚光祿大夫建安十四年以壽終與詡同郡遂去傕託煨詡素知名爲煨軍所望煨內恐其見奪而外奉詡禮甚備詡愈不自安張繡在南陽詡陰結繡繡遣人迎詡詡將行或謂詡曰煨待君厚矣君安去之詡曰煨性多疑有忌詡意禮雖厚不可恃久將爲所圖我去必喜又望吾結大援於外必厚吾妻子繡無謀主亦願得詡則家與身必俱全矣詡遂往繡執子孫禮煨果善視其家詡說繡與劉表連和傅子曰詡南見劉表表以客禮待之詡曰表平世三公才也不見事變多疑無決無能爲也太祖比征之一朝引軍退繡自追之詡謂繡曰不可追也追必敗繡不從進兵交戰大敗而還詡謂繡曰促更追之更戰必勝繡謝曰不用公言以至於此今已敗柰何復追詡曰兵勢有變亟往必利繡信之遂收散卒赴追大戰果以勝還問詡曰繡以精兵追退軍而公曰必敗退以敗卒擊勝兵而公曰必尅悉如公言何其反而

賈詡

皆驗也詡曰此易知耳將軍雖善用兵非曹公敵也軍雖新退曹公必自斷後追兵雖精將既不敵彼士亦銳故知必敗曹公攻將軍無失策力未盡而退必國內有故已破將軍必輕軍速進縱留諸將斷後諸將雖勇亦非將軍敵故雖用敗兵而戰必勝也繡乃服是後太祖拒袁紹於官渡紹遣人招繡并與詡書結援繡欲許之詡顯於繡坐上謂紹使曰歸謝袁本初兄弟不能相容而能容天下國士乎繡驚懼曰何至於此竊謂詡曰若此當何歸詡曰不如從曹公繡曰袁彊曹弱又與曹爲讎從之如何詡曰此乃所以宜從也夫曹公奉天子以令天下其宜從一也紹彊盛我以少衆從之必不以我爲重曹公衆弱其得我必喜其宜從二也夫有霸王之志者固將釋私怨以明德於四海其宜從三也願將軍無疑繡從之率衆歸太祖太祖見之喜執詡手曰使我信重於天下者子也表詡爲執金吾封都亭侯遷冀州牧冀州未平留參司空軍事袁紹圍太祖於官渡太祖糧方盡問詡計焉出詡曰公明勝紹勇勝紹用人勝紹決機勝

魏志十 廿二

紹有此四勝而半年不定者但顧萬全故也必決其機須臾可定也太祖曰善乃并兵出圍擊紹三十餘里營破之紹軍大潰河北平太祖領冀州牧從詡爲太中大夫建安十三年太祖破荊州欲順江東下詡諫曰明公昔破袁氏今收漢南威名遠著軍勢既大若乘舊楚之饒以饗吏士撫安百姓使安土樂業則可不勞衆而江東稽服矣太祖不從軍遂無利【臣松之以爲詡之此謀未合當時之宜于時韓馬之徒尚狼顧關右魏武不得安坐郢都以威懷吳會亦已明矣彼荊州者孫劉之所必爭也荊人服劉主之雄姿憚孫權之武略爲日既久誠非曹氏諸將所能抗禦故曹仁守江陵敗不旋踵何撫安之得行稽服之可期將此既新平江漢威攝揚越資劉表水戰之具藉荊楚檝櫂之手實震蕩之良會廓定之大機不乘此取吳將安俟哉至於赤壁之敗蓋有運數實由疾疫大興以損淩厲之鋒凱風自南用成焚如之勢天實爲之豈人事哉然則魏武之東下非失筭也詡之此規爲無當矣魏武後克平張魯蜀中一日數十驚劉備雖斬之而不能止由不用劉曄之計以失席卷之會斤石既差悔無所及即亦此事之類也世咸謂劉計爲是即愈見賈言之非也】太祖後與韓遂馬超戰於渭南超等索割地以和并求任子詡以爲可僞許之又問詡計策詡曰離之而已太祖曰解一承用詡謀語在武紀卒破遂超詡本謀也是時文帝爲五官將而臨菑侯植才名方盛各有黨與有奪宗之議文帝使人問詡自固之術詡曰願將軍恢崇德度躬素士之業朝夕孜

孜不違子道如此而已文帝從之深自砥礪太祖又嘗屏除左右問詡詡嘿然不對太祖曰與卿言而不荅何也詡曰屬適有所思故不即對耳太祖曰何思詡曰思袁本初劉景升父子也太祖大笑於是太子遂定詡自以非太祖舊臣而策謀深長懼見猜嫌闔門自守退無私交男女嫁娶不結高門天下之論智計者歸之文帝即位以詡爲太尉【魏略曰文帝得詡之對太祖故即位首登上司荀勗別傳曰晉司徒闕武帝問其人於勗荅曰三公具瞻所歸不可用非其人昔魏文帝用賈詡爲三公孫權笑之】進爵魏壽鄉侯增邑三百并前八百戶又分邑二百封小子訪爲列侯以長子穆爲駙馬都尉帝問詡曰吾欲伐不從命以一天下吳蜀何先對曰攻取者先兵權建本者尚德化陛下應期受禪撫臨率土若綏之以文德而俟其變則平之不難矣吳蜀雖蕞爾小國依阻山水劉備有雄才諸葛亮善治國孫權識虛實陸議見兵勢據險守要汎舟江湖皆難卒謀也用兵之道先勝後戰量敵論將故舉無遺策臣竊料羣臣無備權對雖以天威臨之未見萬全之勢也昔舜舞干戚而有苗服臣以爲當今宜先文後武文帝不納後

興江陵之役士卒多死詡年七十七薨謚曰肅侯子穆嗣歷位郡守穆薨子模嗣世語曰模晉惠帝時爲散騎常侍護軍將軍模子偷偷弟龕龕從弟疋皆至大官並顯於晉也

評曰荀彧清秀通雅有王佐之風然機鑒先識未能充其志也世之論者多譏彧協規魏氏以傾漢祚君臣易位實彧之由雖晚節立異無救運移功既違義識亦疚焉陳氏此評蓋亦同乎世識臣松之以爲斯言之作誠未得其遠大者也彧豈不知魏武之志氣非衰漢之貞臣哉良以于時王道既微橫流已及雄豪虎視人懷異心不有撥亂之資仗順之略則漢室之亡忽諸黔首之類殄矣夫欲翼讚時英一匡屯運非斯人之與而誰與哉是故經綸急病若救身首用能動于嶮中至于大亨蒼生蒙舟航之接劉宗延二紀之祚豈非荀生之本圖仁恕之遠致乎及至霸業既隆翦漢迹著然後亡身殉節以申素情全大正於當年布誠心於百代可謂任重道遠志行義立謂之未充其殆誣歟荀攸賈詡庶乎算無遺策經達權變其良平之亞與臣松之以爲列傳之體以事類相從張子房青雲之士誠非陳平之倫然漢之謀臣良平而已若不共列則餘無所附故前史合之蓋其宜也魏氏如詡之儔其比幸多詡不編程郭之篇而與二荀並列失其類矣且攸詡之爲人其猶夜光之與蒸燭乎其照雖均質則異焉今荀賈之評共同一稱尤失區別之宜也

荀彧荀攸賈詡傳第十　魏書　國志十

袁張涼國田王邴管傳第十一

魏書　國志十一

袁渙傳

袁渙字曜卿陳郡扶樂人也父滂為漢司徒袁宏漢紀曰滂字公熙純素寡欲終不言人之短當權寵之盛或以同異致禍滂獨中立於朝故愛憎不及焉當時諸公子多越法度而渙清靜舉動必以禮郡命為功曹郡中姦吏皆自引去後辟公府舉高第遷侍御史除譙令不就劉備之為豫州舉渙茂才後避地江淮間為袁術所命術每有所咨訪渙常正議術不能抗然敬之不敢不禮也頃之呂布擊術於阜陵渙往從之遂復為布所拘留布初與劉備和親後離隙布欲使渙作書詈辱備渙不可再三彊之不許布大怒以兵脅渙曰為之則生不為則死渙顏色不變笑而應之曰渙聞唯德可以辱人不聞以罵使彼固君子邪且不恥將軍之言彼誠小人邪將復將軍之意則辱在此不在於彼且渙他日之事劉將軍猶今日之事將軍也如一日去此復罵將軍可乎布慚而止布誅乃得歸太祖袁氏世紀曰布之破也陳羣父子時亦在布之軍見太祖皆拜渙獨高揖不為禮太祖甚嚴憚之時太祖又給衆官車各數乘使取布軍中物唯其所欲衆人

皆重載唯渙取書數百卷資糧而已衆人聞之大慚渙謂所親曰脫我以行陳令軍發足以為行糧而已不以此為我有由是厲名也大悔根之太祖益以此重焉渙言曰夫兵者凶器也不得已而用之鼓之以道德征之以仁義兼撫其民而除其害夫然故可與之死而可與之生自大亂以來十數年矣民之欲安甚於倒縣然而暴亂未息者何也意者政失其道歟渙聞明君善於救世故世亂則齊之以義時偽則鎮之以樸世異事變治國不同不可不察也夫制度損益此古今之不必同者也若夫兼愛天下而反之於正雖以武平亂而濟之以德誠百王不易之道也公明哲超世古之所以得其民者公既勤之矣今之所以失其民者公既戒之矣海內賴公得免於危亡之禍然而民未知義其唯公所以訓之則天下幸甚太祖深納焉拜為沛南部都尉是時新募民開屯田民不樂多逃亡渙白太祖曰夫民安土重遷不可卒變易以順行難以逆動宜順其意樂之者乃取不欲者勿彊太祖從之百姓大悅遷為梁相渙每敕諸縣務存鰥寡高年表異孝子貞婦常談曰世治則禮詳世亂則禮簡全在斟酌之間耳方今雖擾攘難以

禮化然在吾所以爲之爲政崇教訓恕思而後行外溫柔而內能斷

魏書曰穀熟長呂岐善朱淵爰津遣使行學還召用之與相見出署淵師友祭酒津決疑祭酒淵等因各歸家不受署岐大怒將吏民收淵等皆杖殺之議者多非焉渙教勿劾主簿孫徽等以爲淵等罪不足死長吏無專殺之義孔子稱惟器與名不可以假人謂之師友而加大戮刑名相伐不可以訓渙教曰主簿以不請爲罪此則然矣謂淵等罪不足死則非也夫師友之名古今有之然有君之師友有士大夫之師友夫君置師友之官者所以敬其臣也有罪加於刑焉國之法也今不論其罪而謂之戮師友斯失之矣主簿取弟子戮師之名而加君誅臣之實非其類也夫聖哲之治觀時而動故不必循常將有權也閒者世亂民陵其上雖務尊君卑臣猶或未也而反長世之過不亦謬乎遂不劾

以病去官百姓思之後徵爲諫議大夫丞相軍祭酒前後得賜甚多皆散盡之家無所儲終不問產業乏則取之於人不爲皦察之行然時人服其清魏國初建爲郎中令行御史大夫事渙言於太祖曰今天下大難已除文武並用長久之道也以爲可大收篇籍明先聖之教以易民視聽使海內斐然向風則遠人不服可以文德來之太祖善其言時有傳劉備死者羣臣皆賀渙以嘗爲備舉吏獨不賀居官數年卒太祖爲之流涕賜穀二千斛一教以太倉穀千斛賜郎中令之家一教以垣下穀千斛與曜卿家外不解其意教曰以太倉穀者官法也以垣下穀者親舊也又帝聞渙昔拒呂布之

事問渙從弟敏渙勇怯何如敏對曰渙貌似和柔然其臨大節處危難雖賁育不過也渙子侃亦精粹閑素有父風歷位郡守尚書

袁氏世紀曰渙有四子侃寓奧準侃字公然論議清當柔而不犯善與人交在廢興之間人之所趣務者常謙退不爲也時人以是稱之歷位黃門選部郎號爲清平稍迁至尚書早卒寓字宣厚精辯有機理好道家之言少被病未官而卒奧字公榮行足以厲俗言約而理當終於光祿勳準字孝尼忠信公正不恥下問唯恐人之不勝己以世事多險故常恬退而不敢求進著書十餘萬言論治世之務爲易周官詩傳及論五經滯義聖人之微言以傳於世此準之自序也荀綽九州記稱準有儁才泰始中爲給事中袁氏子孫世有名位貴達至今

初渙從弟霸公恪有功幹魏初爲大司農及同郡何夔並知名於時而霸子亮夔子曾與侃復齊聲友善亮貞固有學行疾何晏鄧颺等著論以譏切之位至河南尹尚書

晉諸公贊曰亮子粲字儀祖文學博識累爲儒官至尚書

霸弟徽以儒素稱遭天下亂避難交州司徒辟不至

袁宏漢紀曰初天下將亂渙慨然歎曰漢室陵遲亂無日矣苟天下擾攘逃將安之若天未喪道民以義存唯彊而有禮可以庇身乎徽曰古人有言知機其神乎見機而作君子所以元吉也天理盛衰漢其亡矣夫有大功必有大事此又君子之所深識退藏於密者也且兵革既興外患必衆徽將遠迹山海以求免身及亂作各行其志

徽弟敏有武藝而好水功官至河隄謁者

張範傳

張範字公儀河內脩武人也祖父歆爲漢司徒父延爲太尉太傅袁隗欲以女妻範範辭不受

性恬靜樂道忽於榮利徵命無所就弟承字公
先亦知名以方正徵拜議郎遷伊闕都尉董卓
作亂承欲合徒衆與天下共誅卓承弟昭時爲
議郎適從長安來謂承曰今欲誅卓衆寡不敵
且起一朝之謀戰阡陌之民士不素撫兵不練
習難以成功卓阻兵而無義固不能久不若擇
所歸附待時而動然後可以如志承然之乃解
印綬閒行歸家與範避地揚州袁術備禮招請
範稱疾不往術不彊屈也遣承與相見術問曰
昔周室陵遲則有桓文之霸秦失其政漢接而

用之今孤以土地之廣士民之衆欲徼福齊桓
擬迹高祖何如承對曰在德不在彊夫能用德
以同天下之欲雖由匹夫之資而興霸王之功
不足爲難若苟僭擬干時而動衆之所棄誰能
興之術不悅是時太祖將征冀州術復問曰今
曹公欲以弊兵數千敵十萬之衆可謂不量力
矣子以爲何如承乃曰漢德雖衰天命未改今
曹公挾天子以令天下雖敵百萬之衆可也術
作色不懌承去之太祖平冀州遣使迎範範以
疾留彭城遣承詣太祖太祖表以爲諫議大夫

範子陵及承子戩爲山東賊所得範直詣賊請
二子賊以陵還範範謝曰諸君相還兒厚矣夫
人情雖愛其子然吾憐戩之小請以陵易之賊
義其言悉以還範太祖自荊州還範得見於陳
以爲議郎參丞相軍事甚見敬重太祖征伐常
令範及邴原留與世子居守太祖謂文帝舉動
必諮此二人世子執子孫禮救恤窮乏家無所
餘中外孤寡皆歸焉贈遺無所逆亦終不用及
去皆以還之建安十七年卒魏國初建承以
丞相參軍祭酒領趙郡太守政化大行太祖

將西征徵承參軍事至長安病卒魏書曰文帝即位以範子參爲郎中承孫邵晉中護軍與舅楊駿俱被誅事見晉書

涼茂傳

涼茂字伯方山陽昌邑人也少好學論議常據
經典以處是非太祖辟爲司空掾舉高第補侍
御史時泰山多盜賊以茂爲泰山太守旬月之
閒襁負而至者千餘家博物記曰襁織縷爲之廣八寸長尺二以約小兒於背上負之而行轉爲樂浪太守公孫度在遼東擅留茂不
遣之官然茂終不爲屈度謂茂及諸將曰聞曹
公遠征鄴無守備今吾欲以步卒三萬騎萬匹

涼茂

直指鄴誰能禦之諸將皆曰然（臣松之案此傳云公孫度聞曹公遠征鄴無守備則太祖定鄴後也案度傳度以建安九年卒太祖亦以此年定鄴自後遠征唯有北征柳城耳征柳城之年度已不復在矣）又顧謂茂曰於君意何如茂答曰此者海內大亂社稷將傾將軍擁十萬之衆安坐而觀成敗夫爲人臣者固若是邪曹公憂國家之危敗愍百姓之苦毒率義兵爲天下誅殘賊功高而德廣可謂無二矣以海內初定民始安集故未責將軍之罪耳而將軍乃欲稱兵西向則存亡之效不崇朝而決將軍其勉之諸將聞茂言皆震動良久度曰涼君言是也後徵還爲魏郡太守甘陵相所在有績文帝爲五官將茂以選爲長史遷左軍師魏國初建遷尚書僕射後爲中尉奉常文帝在東宮茂復爲太子太傅甚見敬禮卒官（英雄記曰茂名在八友中）

國淵傳

國淵字子尼樂安蓋人也師事鄭玄（玄別傳曰淵始未知名玄稱之曰國子尼美才也吾觀其人必爲國器　魏書曰淵篤學好古在遼東常講學於山巖士人多推慕之由此知名）後與邴原管寧等避亂遼東既還舊土太祖辟爲司空掾屬每於公朝論議常直言正色退無私焉太祖欲廣置屯田使淵典其事淵屢陳損

益相土處民計民置吏明功課之法五年中倉廩豐實百姓競勸樂業太祖征關中以淵爲居府長史統留事田銀蘇伯反河間銀等既破後有餘黨皆應伏法淵以爲非首惡請不行刑太祖從之賴淵得生者千餘人破賊文書舊以一爲十及淵上首級如其實數太祖問其故淵曰夫征討外寇多其斬獲之數者欲以大武功且示民聽也河間在封域之內銀等叛逆雖克捷有功淵竊恥之太祖大悅遷魏郡太守時有投書誹謗者太祖疾之欲必知其主淵請留其本書而不宣露其書多引二京賦淵勑功曹曰此郡既大今在都輦而少學問者其簡開解年少欲遣就師功曹差三人臨遣引見訓以所學未及二京賦博物之書也世人忽略少有其師可求能讀者從受之又密喻旨旬日得能讀者遂往受業吏因請使作箋比方其書與投書人同手收攝案問具得情理遷太僕居列卿位布衣蔬食祿賜散之舊故宗族以恭儉自守卒官（魏書曰太祖以其子泰爲郎）

田疇傳

田疇字子泰右北平無終人也好讀書擊劍初平元年義兵起董卓遷帝于長安幽州牧劉虞歎曰賊臣作亂朝廷播蕩四海俄然莫有固志身備宗室遺老不得自同於衆今欲奉使展效臣節安得不辱命之士乎衆議咸曰田疇雖年少多稱其奇疇時年二十二矣虞乃備禮請與相見大悅之遂署爲從事具其車騎將行疇曰今道路阻絕寇虜縱橫稱官奉使爲衆所指名願以私行期於得達而已虞從之疇乃歸自選其家客與年少之勇壯慕從者二十騎俱往虞自出祖而遣之（先賢行狀曰疇將行引虞密與議疇因說虞曰今帝主幼弱姦臣擅命表上須報懼失事機且公孫瓚阻兵安忍不早圖之必有後悔虞不聽）既取道疇乃更上西關出塞傍北山直趣朔方循間徑去遂至長安致命詔拜騎都尉疇以爲天子方蒙塵未安不可以荷佩榮寵固辭不受朝廷高其義三府並辟皆不就得報馳還未至虞已爲公孫瓚所害疇至謁祭虞墓陳發章表哭泣而去瓚聞之大怒購求獲疇謂曰汝何自哭劉虞墓而不送章報於我也疇荅曰漢室衰穨人懷異心唯劉公不失忠節章報所言於將軍未美恐非所樂聞故

不進也且將軍方舉大事以求所欲既滅無罪之君又讎守義之臣誠行此事則燕趙之士將皆蹈東海而死耳豈忍有從將軍者乎瓚壯其對釋不誅也拘之軍下禁其故人莫得與通或說瓚曰田疇義士君弗能禮而又囚之恐失衆心瓚乃縱遣疇疇得北歸率舉宗族他附從數百人埽地而盟曰君仇不報吾不可以立於世遂入徐無山中營深險平敞地而居躬耕以養父母百姓歸之數年間至五千餘家疇謂其父老曰諸君不以疇不肖遠來相就衆成都邑而莫相統一恐非久安之道願推擇其賢長者以爲之主皆曰善同僉推疇疇曰今來在此非苟安而已將圖大事復怨雪恥竊恐未得其志而輕薄之徒自相侵侮偷快一時無深計遠慮疇有愚計願與諸君共施之可乎皆曰可疇乃爲約束相殺傷犯盜諍訟之法法重者至死其次抵罪二十餘條又制爲婚姻嫁娶之禮興舉學校講授之業班行其衆衆皆便之至道不拾遺北邊翕然服其威信烏丸鮮卑並各遣譯使致貢遺疇悉撫納令不爲寇袁紹數遣使招命又

即授將軍印因安輯所統疇皆拒不當紹死其子尚又辟焉疇終不行疇常忿烏丸昔多賊殺其郡冠蓋有欲討之意而力未能建安十二年太祖北征烏丸未至先遣使辟疇又命田豫喻指疇戒其門下趣治嚴門人謂曰昔袁公慕君禮命五至君義不屈今曹公使一來而君若恐弗及者何也疇笑而應之曰此非君所識也遂隨使者到軍署司空戶曹掾引見諮議明日出令曰田子泰非吾所宜吏者即舉茂才拜為蓨令不之官隨軍次無終時方夏水雨而濱海洿下濘滯不通虜亦遮守蹊要軍不得進太祖患之以問疇疇曰此道秋夏每常有水淺不通車馬深不載舟船為難久矣舊北平郡治在平岡道出盧龍達于柳城自建武以來陷壞斷絶垂二百載而尚有微徑可從今虜將以大軍當由無終不得進而退懈弛無備若嘿回軍從盧龍口越白檀之險出空虛之地路近而便掩其不備蹋頓之首可不戰而禽也太祖曰善乃引軍還而署大木表於水側路傍曰方今暑夏道路不通且俟秋冬乃復進軍虜候騎見之誠以為

大軍去也太祖令疇將其衆為鄉導上徐無山出盧龍歷平岡登白狼堆去柳城二百餘里虜乃驚覺單于身自臨陣太祖與交戰遂大斬獲追奔逐北至柳城軍還入塞論功行封封疇亭侯邑五百戶先賢行狀載太祖表論疇功曰文雅優備忠武又著和於撫下慎於事上量時度理進退合義幽州始擾胡漢交萃蕩析離居靡所依懷疇率宗人避難於無終山北拒盧龍南守要害清靜隱約耕而後食人民化從咸共資奉及袁紹父子威力加於朔野遠結烏丸與為首尾前後召疇終不陷撓後臣奉命軍次易縣疇長驅自到陳討胡之勢猶廣武之建燕策薛公之度淮南又使部曲持臣露布出誘胡衆漢民或因亡來烏丸聞之震蕩王旅出塞塗由山中九百餘里疇帥兵五百啓導山谷遂滅烏丸蕩平塞表疇文武有效節義可嘉誠應寵賞以旌其美疇自以始為居難率衆遁逃志義不立反以為利非本意也固讓太祖知其至心許而不奪魏書載太祖令曰昔伯成棄國夏后不奪將欲使高尚之士優賢之主不止於一世也其聽疇所執遼東斬送袁尚首令三軍敢有哭之者斬疇以嘗為尚所辟乃往弔祭太祖亦不問臣松之以為田疇不應袁紹父子之命以其非正也故盡規魏祖建盧龍之策致使袁尚奔迸授首遼東皆疇之由也既已明其為賊胡為復弔祭其首乎若以嘗被辟命義在其中則不應為人設謀使其至此也疇此舉止良為進退無當與王脩哭袁譚貌同而心異也疇盡將其家屬及宗人三百餘家居鄴太祖賜疇車馬穀帛皆散之宗族知舊從征荊州還太祖追念疇功殊美恨前聽疇之讓曰是成一人之志而虧王法大制也於是乃復以前爵封疇先賢行狀載太祖令曰蓨令田

疇志節高尚遭值州里戎夏交亂引身深山研精味道百姓從之以成都邑袁賊之盛命召不屈慷慨守志以徼眞主及孤奉詔征定河北遂服幽都將定胡寇特加禮命疇即受署陳建攻胡蹊路所由率齊山民一時向化開塞導道供承使役路近而便令虜不意斬蹋頓於白狼遂長驅於柳城疇有力焉及軍入塞將圖其功表封亭侯食邑五百而疇懇惻前後辭賞出入三載歷年未賜此為成一人之高甚違王典失之多矣宜從表封無久留吾過疇上疏陳誠以死自誓太祖不聽欲引拜之至于數四終不受有司劾疇狷介違道苟立小節宜免官加刑太祖重其事依違者久之乃下世子及大臣博議世子以疇同於子文辭祿申胥逃賞宜勿奪以優其節尚書令荀彧司隸校尉鍾繇亦以為可聽魏書載世子議曰昔薳敖逃祿傳載其美所以激濁世勵貪夫賢於尸祿素飡之人也故可得而小不可得而毀至於田疇方斯近矣免官加刑於法為重魏略載教曰昔夷齊棄爵而譏武王可謂愚闇孔子猶以為求仁得仁疇之所守雖不合道但欲清高耳使天下悉如疇志即墨翟兼愛尚同之事而老聃使民結繩之道也外議欲為虜使令司隸決之　魏書載荀彧議以為君子之道或出或處期於為善而已故匹夫守志聖人各因而成之鍾繇以為原思辭粟仲尼不與子路拒牛謂之止善雖可以激清勵濁猶不足多也疇雖不合大義有益推讓之風宜如世子議臣松之案呂氏春秋魯國之法魯人有為臣妾於諸侯有能贖之者取其金於府子貢贖人而辭不受金孔子曰賜失之矣自今以來魯人不贖矣子路拯溺者其人拜之以牛子路受之孔子曰魯人必拯溺矣案此語不與繇所引者相應未詳為繇之事誤邪而事將別有所出太祖猶欲侯之疇素與夏侯惇善太祖語惇曰且往以情喻之自從君所言無告吾意也惇就疇宿如太祖所戒疇揣知其指不復發言惇臨去乃拊疇背曰田君主意殷勤

曾不能顧乎疇答曰是何言之過也疇負義逃竄之人耳蒙恩全活為幸多矣豈可賣盧龍之塞以易賞祿哉縱國私疇疇獨不愧於心乎將軍雅知疇者猶復如此若必不得已請願效死刎首於前言未卒涕泣橫流惇具答太祖太祖喟然知不可屈乃拜為議郎年四十六卒子又早死文帝踐阼高疇德義賜疇從孫續爵關內侯以奉其嗣

王脩傳

王脩字叔治北海營陵人也年七歲喪母母以社日亡來歲鄰里社脩感念母哀甚鄰里聞之為之罷社年二十游學南陽止張奉舍奉舉家得疾病無相視者脩親隱恤之病愈乃去初平中北海孔融召以為主簿守高密令高密孫氏素豪俠人客數犯法民有相劫者賊入孫氏吏不能執脩將吏民圍之孫氏拒守吏民畏憚不敢近脩令吏民敢有不攻者與同罪孫氏懼乃出賊由是豪彊懾服舉孝廉脩讓邴原融不聽融集有融答脩教曰原之賢也吾已知之矣昔高陽氏有才子八人堯不能用舜實舉之原可謂不患無位之士以遺後賢不亦可乎脩重辭融答曰掾清身絜己歷試諸難謀而鮮過惠訓不倦余嘉乃勳應乃懿德用升爾于王庭其可辭乎

時天下亂遂不行頃之郡中有反者脩聞融有難夜往奔融賊初發融謂左右曰能冒難來惟王脩耳言終而脩至復署功曹時膠東多賊寇復令脩守膠東令膠東人公沙盧宗彊自爲營塹不肯應發調脩獨將數騎徑入其門斬盧兄弟公沙氏驚愕莫敢動脩撫慰其餘由是寇少止融每有難脩雖休歸在家無不至融常賴脩以免袁譚在青州辟脩爲治中從事別駕劉獻數毀短脩後獻以事當死脩理之得免時人益以此多焉袁紹又辟脩除即墨令後復爲譚別

駕紹死譚尚有隙尚攻譚譚軍敗脩率吏民往救譚譚喜曰成吾軍者王別駕也譚之敗劉詢起兵漯陰諸城皆應譚歎息曰今舉州背叛豈孤之不德邪脩曰東萊太守管統雖在海表此人不反必來後十餘日統果棄其妻子來赴譚妻子爲賊所殺譚更以統爲樂安太守譚復欲攻尚脩諫曰兄弟還相攻擊是敗亡之道也譚不悅然知其忠節後又問脩計安出脩曰夫兄弟者左右手也譬人將鬬而斷其右手而曰我必勝若是者可乎夫棄兄弟而不親天下其誰

親之屬有讒人固將交鬬其間以求一朝之利願明使君塞耳勿聽也若斬佞臣數人復相親睦以禦四方可以橫行天下譚不聽遂與尚相攻擊請救於太祖太祖既破冀州譚又叛太祖遂引軍攻譚於南皮脩時運糧在樂安聞譚急將所領兵及諸從事數十人往赴譚至高密聞譚死下馬號哭曰無君焉歸遂詣太祖乞收葬譚屍太祖欲觀脩意默然不應脩復曰受袁氏厚恩若得收斂譚屍然後就戮無所恨太祖嘉其義聽之傅子曰太祖既誅袁譚梟其首令曰敢哭之者戮及妻子於是王叔治田子泰相謂曰生受辟

命亡而不哭非義也畏死忘義何以立世遂造其首而哭之哀動三軍軍正白行其戮太祖曰義士也赦之臣松之案田疇傳疇爲袁尚所辟不被譚命傅子合而言之有違事實以脩爲督軍糧還樂安譚之破諸城皆服唯管統以樂安不從命太祖命脩取統首脩以統亡國之忠臣因解其縛使詣太祖太祖悅而赦之袁氏政寬在職勢者多畜聚太祖破鄴籍沒審配等家財物貲以萬數及破南皮閱脩家穀不滿十斛有書數百卷太祖歎曰士不妄有名乃禮辟爲司空掾行司金中郎將遷魏郡太守爲治抑彊扶弱明賞罰百姓稱之魏略曰脩爲司金中郎將陳黃白異議因奏記曰脩聞枳棘之林無梁柱之質涓流之水無洪

波之勢是以在職七年忠讜不昭於時功業不見於事欣於所受俯慙不報未嘗不長夜起坐中飯釋餐何者力少任重不堪而懼也謹貢所議如左太祖甚然之乃與脩書曰君澡身浴德流聲本州忠能成績爲世美談名實相副過人甚遠孤以心知君至深至熟非徒耳目而已也察觀先賢之論多以鹽鐵之利足贍軍國之用昔孤初立司金之官念非屈君餘無可者故與君教曰昔遏父陶正民賴其器用及子嬀滿建侯于陳近桑弘羊位至三公此君元龜之兆先告者也是孤用君之本言也或恐衆人未曉此意自是以來在朝之士每得一顯選常舉君爲首及聞袁軍師衆賢之議以爲不宜越君然孤執心將有所底以軍師之職閑於司金至於建功重於軍師孤之精誠足以達君君之察孤足以不疑但恐傍人淺見以蠡測海爲蚍畫足將言前後百選輒不用之而使此君沈滯治官張甲李乙尚猶先之此主人意待之不優之效也孤懼有此空聲冒實淫鼃亂耳假有斯事亦庶鍾期不失聽也若其無也過備何害昔宣帝察少府蕭望之才任宰相故復出之令爲馮翊從正卿往似於左遷上使侍中宣意曰君守平原日淺故復試君三輔非有所間也孤揆先主中宗之意誠備此事既君崇勳業以副孤意公叔文子與臣俱升獨何人哉後無幾而遷魏郡太守

魏國既建爲大司農郎中令太祖議行肉刑脩以爲時未可行太祖採其議徙爲奉常其後嚴才反與其徒屬數十人攻掖門脩聞變召車馬未至便將官屬步至宮門太祖在銅爵臺望見之曰彼來者必王叔治也相國鍾繇謂脩舊京城有變九卿各居其府脩曰食其祿焉避其難居府雖舊非赴難之義頃之病卒官子忠官至東萊太守散騎常侍初脩識高柔於弱冠異王基於童幼終皆遠至世稱其知人

王隱晉書曰脩一子名儀字朱表高亮雅直司馬文王爲安東儀爲司馬東關之敗文王曰近日之事誰任其咎儀曰責在軍帥文王怒曰司馬欲委罪於孤邪遂殺之子襃字偉

元少立操尚非禮不動身長八尺四寸容貌絕異痛父不以命終絕世不仕立屋墓側以教授爲務旦夕常至墓前拜跪悲號斷絕墓前有一柏樹襃常所攀援涕泣所著樹色與凡樹不同讀詩至哀哀父母生我劬勞未嘗不反覆流涕位下沾衿家貧躬耕計口而田度身而蠶諸生有密爲襃刈麥者襃遂棄之自是莫敢復佐刈者襃門人爲本縣所役求襃爲屬襃曰卿學不足以庇身吾德薄不足以蔭卿屬之何益且吾不捉筆已四十年乃步擔乾飯兒負鹽豉門徒從者千餘人安丘令以爲見已整衣出迎之於門襃乃下道至土牛磬折而立云門生爲縣所役故來送別執手涕泣而去令即放遣諸生一縣以爲恥同縣管彥少有才力未知名襃獨以爲當自達常友愛之男女各始生共許爲婚彥果爲西夷校尉襃後更以女嫁人彥弟馥問襃襃曰吾薄志畢願山藪自匿姊妹皆遠吉凶斷絕以此自誓賢兄子葬父於帝都此則洛陽之人也豈吾欲婚之本指邪馥曰嫂齊人也當還臨菑襃曰安有葬父河南隨妻還齊用意如此何婚之有遂不婚邴春者根矩之後也少立志操寒苦自居負笈遊學身不停家鄉邑翕然以爲能係其先也襃以爲春性險狡慕名意多終必不成及後春果無學業流離遠外有識以此歸之襃常以爲人所行其當歸於善道不可以已所能而責人所不能也有致遺者皆不受及洛都傾覆寇賊蠭起襃宗親悉欲移江東襃戀墳壠賊大盛乃南達泰山郡襃思土不肯去賊害之 漢晉春秋曰襃與濟南劉兆字延世俱以不仕顯名襃以父爲文王所濫殺終身不應徵聘未嘗西向坐以示不臣於晉也 魏略純固傳以脂習王脩龐淯文聘成公英郭憲單固七人爲一傳其脩淯聘三人自各有傳成公英別見張既傳單固見王淩傳餘習憲二人列於脩傳後也 脂習字元升京兆人也中平中仕郡公府辟舉高第除太醫令天子西遷及東詣許昌習常隨從與少府孔融親善太祖爲司空威德日盛而融故以舊意書疏倨傲習常責融欲令改節融不從會融被誅當時許中百官先與融親善者莫敢收恤而習獨往撫而哭之曰文舉卿捨我死我當復與誰語者哀歎無已太祖聞之收習欲理之尋以其事直見原徙許東土橋下習後見太祖陳謝前愆太祖呼其字曰元升卿故慷慨因問其居處以新移徙賜穀百斛至黃初詔欲用之以其年老然嘉其敦舊有欒布之節賜拜中散大夫還家年八十餘卒 郭憲字幼簡西平人爲其郡右姓建安中爲郡功曹州辟不就以仁篤爲一郡所歸至十七年韓約失衆從羌中還依憲衆人多欲取約以徼功而憲皆責怒之言人窮來歸我云何欲危之遂擁護厚遇之其後約病死而田樂陽逵等就斬約

頭當送之遼等欲條疏憲名憲不肯在名中言我尚不忍生圖之豈忍取死人以要功乎遼等乃止時太祖方攻漢中在武都而遼等送約首到太祖宿聞憲名及視條疏怪不在中以問遼等遼具以情對太祖歎其志義乃并表列與遼等並賜爵關內侯由是名震隴右黃初元年病亡正始初國家追嘉其事復賜其子爵關內侯

邴原傳

邴原字根矩北海朱虛人也少與管寧俱以操尚稱州府辟命皆不就黃巾起原將家屬入海住鬱洲山中時孔融為北海相舉原有道原以黃巾方盛遂至遼東與同郡劉政俱有勇略雄氣遼東太守公孫度畏惡欲殺之盡收捕其家政得脫度告諸縣敢有藏政者與同罪政窘急往投原魏氏春秋曰政投原曰窮鳥入懷原曰安知此懷之可入邪原匿之月餘時東萊太史慈當歸原因以政付之既而謂度曰將軍前日欲殺劉政以其為己害今政已去君之害豈不除哉度曰然原曰君之畏政者以其有智也今政已免智將用矣尚奚拘政之家不若赦之無重怨度乃出之原又資送政家皆得歸故郡原在遼東一年中往歸原居者數百家游學之士教授之聲不絕後得歸太祖辟為司空掾原女早亡時太祖愛子倉舒亦沒太祖欲求合葬原辭曰合葬非禮也原之所以自容

於明公公之所以待原者以能守訓典而不易也若聽明公之命則是凡庸也明公焉以為哉太祖乃止徙署丞相徵事獻帝起居注曰建安十五年初置徵事二人原與平原王烈俱以選補崔琰為東曹掾記讓曰徵事邴原議郎張範皆秉德純懿志行忠方清靜足以厲俗貞固足以幹事所謂龍翰鳳翼國之重寶舉而用之不仁者遠代涼茂為五官將長史閉門自守非公事不出太祖征吳原從行卒原別傳曰原十一而喪父家貧早孤鄰有書舍原過其傍而泣師問曰童子何悲原曰孤者易傷貧者易感夫書者必皆具有父兄者一則羨其不孤二則羨其得學心中惻然而為涕零也師亦哀原之言而為之泣曰欲書可耳答曰無錢資師曰童子苟有志我徒相教不求資也於是遂就書一冬之間誦孝經論語自在童齓之中嶷然有異及長金玉其行欲遠遊學詣安丘孫崧崧辭曰君鄉里鄭君君知之乎原答曰然崧曰鄭君學覽古今博聞彊識鉤深致遠誠學者之師模也君乃舍之躡屣千里所謂以鄭為東家丘者也君似不知而曰然者何原曰先生之說誠可謂苦藥良鍼矣然猶未達僕之微趣也人各有志所規不同故乃有登山而採玉者有入海而採珠者豈可謂登山者不知海之深入海者不知山之高哉君謂僕以鄭為東家丘君以僕為西家愚夫邪崧辭謝焉又曰兗豫之士吾多所識未有若君者當以書相分原重其意難辭之持書而別原心以為求師啟學志高者通非若交游待分而成也書何為哉乃藏書於家而行原舊能飲酒自行之後八九年間酒不向口單步負笈苦身持力至陳留則師韓子助潁川則宗陳仲弓汝南則交范孟博涿郡則親盧子幹臨別師友以原不飲酒會米肉送原原曰本能飲酒但以荒思廢業故斷之耳今當遠別因見貺餞可一飲燕於是共坐飲酒終日不醉歸以書還孫崧解不致書之意後為郡所召署功曹主簿時魯國孔融在郡教選計當任公卿之才乃以鄭玄為計掾彭璆為計吏原為計佐融有所愛一人常盛嗟歎之後恚望欲殺之朝吏皆請時其人亦在坐叩頭流血而融意不解原獨不為

請融謂原曰衆皆請而君何獨不原對曰明府於某本不薄也常言歲終當舉之此所謂吾一子也如是朝吏受恩未有在某前者矣而今乃欲殺之明府愛之則引而方之於子憎之則推之欲危其身原愚不知明府以何愛之以何惡之融曰某生於微門吾成就其兄弟拔擢而用之某今孤負恩施夫善則進之惡則誅之固君道也往者應仲遠爲泰山太守舉一孝廉旬月之間而殺之夫君人者厚薄何常之有原對曰仲遠舉孝廉殺之其義焉在夫孝廉國之俊選也舉之若是則殺之非也若殺之是則舉之非也詩云彼己之子不遂其媾蓋譏之也語云愛之欲其生惡之欲其死既欲其生又欲其死是惑也仲遠之惑甚矣明府奚取焉融乃大笑曰吾但戲耳原又曰君子於其言出乎身加乎民言行君子之樞機也安有欲殺人而可以爲戲者哉融無以荅是時漢朝陵遲政以賄成原乃將家人入鬱洲山中郡舉有道融書喻原曰脩性保真清虛守高危邦不入久潛樂土王室多難西遷鎬京聖朝勞謙疇咨儁乂我徂求定策命懇惻國之將隕嫠不恤緯家之將亡緹縈跋涉彼匹婦也猶執此義實望根矩仁爲己任授手援溺振民於難乃或晏晏居息莫我肯顧謂之君子固如此乎根矩根矩可以來矣原遂到遼東遼東多虎原之邑落獨無虎患原嘗行而得遺錢拾以繫樹枝此錢

既不見取而繫錢者愈多問其故荅者謂之神樹原惡其由己而成淫祀乃辯之於是里中遂斂其錢以爲社供後原欲歸鄉里止於三山孔融書曰隨會在秦賈季在翟諮仰靡所歎息增懷頃知來至近在三山詩不云乎來歸自鎬我行永久今遣五官掾奉問榜人舟楫之勞禍福動靜告慰亂階未已阻兵之雄若棊弈爭梟原於是遂復反還積十餘年後乃遁還南行已數日而度甫覺度知原之不可復追也因曰邴君所謂雲中白鶴非鶉鷃之網所能羅矣又吾自遣之勿復求也遂免危難自反國土原於是講述禮樂吟詠詩書門徒數百服道數十時鄭玄博學洽聞注解典籍故儒雅之士集焉原亦自以高遠清白頤志澹泊口無擇言身無擇行故英偉之士向焉是時海內清議云青州有邴鄭之學魏太祖爲司空辟原署東閤祭酒太祖北伐三郡單于還住昌國燕士大夫酒酣太祖曰孤反鄴守諸君必將來迎今日明旦度皆至矣其不來者獨有邴祭酒耳言訖未久而原先至門下通謁太祖大驚喜攬履而起遠出迎原曰賢者誠難測度孤謂君將不能來而遠自屈誠副饑虛之心謁訖而出軍中士大夫詣原者數百人太祖怪而問之時荀文若在坐對曰獨可省問邴原耳太祖曰此君名重乃亦傾士大夫心文若曰此一世異人士之精藻公宜盡禮以待之太祖曰固孤之宿心也自

是之後見敬益重原雖在軍歷署常以病疾高枕里巷終不當事又希會見河內張範名公之子也其志行有與原符甚相親敬令曰邴原名高德大清規邈世魁然而峙不爲孤用聞張子頗欲學之吾恐造之者富隨之者貧也魏太子爲五官中郎將天下向慕賓客如雲而原獨守道持常自非公事不妄舉動太祖微使人從容問之原曰吾聞國危不事冢宰君老不奉世子此典制也於是乃轉五官長史令曰子弱不才懼其難正貪欲相屈以匡勵之雖云利賢能不恧恧太子燕會衆賓百數十人太子建議曰君父各有篤疾有藥一丸可救一人當救君邪父邪衆人紛紜或父或君時原在坐不與此論太子諮之於原原悖然對曰父也太子亦不復難之 是後大鴻臚鉅鹿張泰河南尹扶風龐迪以清賢稱 荀綽冀州記曰鉅鹿張貔字邵虎祖父泰字伯陽有名於魏父邈字叔遼遼東太守著名自然好學論在嵇康集爲人弘深有遠識恢恢然使求之者莫之能測也官歷二官元康初爲城陽太守未行而卒 永寧太僕東郡張閣以簡質聞杜恕著家戒稱閣曰張子臺視之似鄙樸人然

其心中不知天地間何者爲美何者爲好敦然似如與陰陽合德者作人如此自可不富貴然而患禍當何從而來世有高亮如子臺者皆多力慕體之不如也

管寧傳

管寧字幼安北海朱虛人也 傅子曰齊相管仲之後也昔田氏有齊而管氏去之或適魯或適楚漢興有管少卿爲燕令始家朱虛世有名節九世而生寧 年十六喪父中表愍其孤貧咸共贈賵悉辭不受稱財以送終長八尺美須眉與平原華歆同縣邴原相友俱游學於異國並敬善陳仲弓天下大亂聞公孫

度令行於海外遂與原及平原王烈等至于遼東度虛館以候之既往見度乃廬於山谷時避難者多居郡南而寧居北示無還志後漸來從之太祖爲司空辟寧度子康絕命不宣傅子曰寧往見度語唯經典不及世事還乃因山爲廬鑿坏爲室越海避難者皆來就之而居旬月而成邑遂講詩書陳俎豆飾威儀明禮讓非學者無見也由是度安其賢民化其德邴原性剛直清議以格物度已下心不安之寧謂原曰潛龍以不見成德言非其時皆招禍之道也密遣令西還度無子康代居郡外以將軍太守爲號而內實有王心卑己崇禮欲官寧以自鎮輔而終莫敢發言其敬憚如此　皇甫謐高士傳曰寧所居屯落會井汲者或男女雜錯或爭井鬬鬩寧患之乃多買器分置井傍汲以待之又不使知來者得而怪之聞知寧所爲乃各相責不復鬬訟鄰有牛暴寧田者寧爲牽牛著涼處自爲飲食過於牛主牛主得牛大慙若犯嚴刑是以左右無鬬訟之聲禮讓移於海表王烈者字彥考於時名聞在原寧之右辭公孫度長史商賈自穢太祖命爲丞相掾徵事未至卒於海表先賢行狀曰烈通識達道秉義不回以潁川陳太丘爲師二子爲友時潁川荀慈明賈偉節李元禮韓元長皆就陳君學見烈器業過人歎服所履亦與相親由是英名著於海內道成德立還歸舊廬遂遭父喪泣血三年遇歲饑饉路有餓殍烈乃分釜庾之儲以救邑里之命是以宗族稱孝鄉黨歸仁以典籍娛心育人爲務遂建學校敦崇庠序其誘人也皆不因其性氣誨之以道使之從善遠惡益者不自覺而大化隆行皆成寶器門人出入容止可觀時在市井行步有異人皆別之州閭成風咸競爲善時國中有盜牛者牛主得之盜者曰我邂逅迷惑從今已後將爲改過子既已赦宥幸無使王烈聞之人有以告烈者烈以布一端遺之或問此人既爲盜畏君聞之反與之布何也烈曰昔秦穆公人盜其駿馬食之乃賜之酒盜者不愛其死以救穆公之難今此盜人能悔其過懼吾聞之是知恥惡知恥惡則善心將生故與布勸爲善也間年之中行路老父擔重人代擔行數十里欲至家置而去問姓名不以告頃之老父復行失劍於路有人行而遇之欲置

而去懼後人得之劍主於是永失欲取而購募或恐差錯遂守之至暮劍主還見之前者代擔人也老父攀其袂問曰子前者代吾擔不得姓名今子復守吾劍于路未有若子之仁請子告吾姓名吾將以告王烈乃語之而去老父以告烈烈曰世有仁人吾未之見遂使人推之乃昔時盜牛人也烈歎曰韶樂九成虞賓以和人能有感乃至於斯也遂使國人表其閭而異之時人或訟曲直將質於烈或至塗而反或望廬而還皆相推以直不敢使烈聞之時國主皆親驂乘適烈私館疇諮政令察孝廉三府並辟皆不就會董卓作亂避地遼東躬秉農器編於四民布衣蔬食不改其樂東域之人奉之若君時衰世弊識真者少朋黨之人互相讒謗自避世在東國者多爲人所害烈居之歷年未嘗有患使遼東彊不凌弱衆不暴寡商賈之人市不二價太祖累徵召遼東爲解而不遣以建安二十三年寢疾年七十八而終中國少安客人皆還唯寧晏然若將終焉黃初四年詔公卿舉獨行君子司徒華歆薦寧文帝即位徵寧遂將家屬浮海還郡公孫恭送之南郊加贈服物自寧之東也度康恭前後所資遺皆受而藏諸已西渡盡封還之傅子曰是時康又已死嫡子不立而立弟恭恭懦弱而康孽子淵有儁才寧曰廢嫡立庶下有異心亂之所由起也乃將家屬乘海即受徵寧在遼東積三十七年乃歸其後淵果襲奪恭位叛國家而南連吳僭號稱王明帝使相國宣文侯征滅之遼東之死者以萬計如寧所籌寧之歸也海中遇暴風船皆沒唯寧乘船自若時夜風晦冥船人盡惑莫知所泊望見有火光輒趣之得島島無居人又無火燼行人咸異焉以爲神光之祐也皇甫謐曰積善之應也詔以寧爲太中大夫固辭不受傅子曰寧上書天子且以疾辭曰臣聞傳說發夢以感殷宗呂尚啓兆以動周文以通神之才悟於聖主用能匡佐帝業克成大勳臣之器朽實非其人雖貪清時釋體蟬蛻內省頑病日薄西山惟陛下聽野人山藪之願使一老者得盡微命書奏帝親覽焉明帝即位太尉華歆遜位讓寧傅子曰司空陳羣又薦寧曰臣聞王者顯善以消惡故湯舉伊尹不仁者遠伏見徵士北海管寧行爲世表學任人師清儉足以激

獨貞正足以矯時前雖徵命禮未優備昔司空荀爽家拜光祿先儒鄭玄即授司農若加備禮庶必可致至延西序坐而論道必能昭明古今有益大化遂下詔曰太中大夫管寧耽懷道德服膺六藝清虛足以侔古廉白可以當世曩遭王道衰缺浮海遁居大魏受命則襁負而至斯蓋應龍潛升之道聖賢用舍之義而黃初以來徵命屢下每輒辭疾拒違不至豈朝廷之政與生殊趣將安樂山林往而不能反乎夫以姬公之聖而耇德不降則鳴鳥弗聞尚書君奭曰耇造德不降我則鳴鳥不聞矧曰其有能格鄭玄曰耇老也造成也詩云小子有造老成德之人不降志與我並在位則鳴鳥之聲不得聞況乃曰有能德格於天者乎言必無也鳴鳥謂鳳也以秦穆之賢猶思詢乎黃髮況朕寡德曷能不願聞道于子大夫哉今以寧為光祿勳禮有大倫君臣之道不可廢也望必速至稱朕意焉又詔青州刺史曰寧抱道懷貞潛翳海隅比下徵書違命不至盤桓利居高尚其事雖有素履幽人之貞而失考父茲恭之義使朕虛心引領歷年其何謂邪徒欲懷安必肆其志不惟古人亦有翻然改節以隆斯民乎日逝月除時方已過澡身浴德將以曷為仲尼有言吾非斯人之徒與而誰與哉其命別駕從事郡丞掾奉詔以禮發遣寧詣行在所給安車

吏從官屬侍送道上廚食上道先奏寧稱草莽臣上疏曰臣海濱孤微罷農無伍祿運幸厚橫蒙陛下纂承洪緒德侔三皇化溢有唐久荷渥澤積祀一紀不能仰荅陛下恩養之福沈委篤痾寢疾彌留逋違臣隸顛倒之節夙宵戰怖無地自厝臣元年十一月被公車司馬令所下州郡八月甲申詔書徵臣更賜安車衣被茵蓐以禮發遣光寵並臻優命屢至怔營竦息悼心失圖思自陳聞申展愚情而明詔抑割不令稍脩章表是以鬱滯訖于今日誠謂乾覆恩有紀極不意靈潤彌以隆赫奉今年二月被州郡所下三年十二月辛酉詔書重賜安車衣服別駕從事與郡功曹以禮發遣又特被璽書以臣為光祿勳躬秉勞謙引喻周秦損上益下受詔之日精魄飛散靡所投死臣重自省揆德非園綺而蒙安車之榮功無竇融而蒙璽封之寵楶棁駑下荷棟梁之任垂沒之命獲九棘之位懼有朱博鼓妖之眚又年疾日侵有加無損不任扶輿進路以塞元責望慕閶闔徘徊闕庭謹拜章陳情乞蒙哀省抑恩聽放無令骸骨塡於衢路自黃初

至于青龍徵命相仍常以八月賜牛酒詔書問青州刺史程喜寧為守節高乎審老疾尪頓邪喜上言寧有族人管貢為州吏與寧鄰比臣常使經營消息貢說寧常著皁帽布襦袴布裙隨時單複出入閨庭能自任杖不須扶持四時祠祭輒自力彊改加衣服著絮巾故在遼東所有白布單衣親薦饌饋跪拜成禮寧少而喪母不識形象常特加觴泫然流涕又居宅離水七八十步夏時詣水中澡灑手足闚於園圃臣揆寧前後辭讓之意獨自以生長潛逸耆艾智衰是以栖遲每執謙退此寧志行所欲必全不為守高[高士傳曰管寧自越海及歸常坐一木榻積五十餘年未嘗箕股其榻上當膝處皆穿]正始二年太僕陶丘一永寧衛尉孟觀侍中孫邕中書侍郎王基薦寧曰臣聞龍鳳隱耀應德而臻明哲潛遁俟時而動是以鸑鷟鳴岐周道隆興四皓為佐漢帝用康伏見太中大夫管寧應二儀之中和總九德之純懿含章素質冰絜淵清玄虛澹泊與道逍遙娛心黃老游志六藝升堂入室究其閫奧韜古今於胸懷包道德之機要中平之際黃巾陸梁華夏傾蕩王綱弛頓遂避時

難乘桴越海羇旅遼東三十餘年在乾之姤匿景藏光嘉遁養浩韜韞儒墨潛化傍流暢於殊俗黃初四年高祖文皇帝疇咨羣公思求俊乂故司徒華歆舉寧應選公車特徵振翼遐裔翻然來翔行遇屯厄遭罹疾病即拜太中大夫烈祖明皇帝嘉美其德登為光祿勳寧疾彌留未能進道今寧舊疾已瘳行年八十志無衰倦環堵篳門偃息窮巷飯鬻餬口并日而食吟詠詩書不改其樂困而能通遭難必濟經危蹈險不易其節金聲玉色久而彌彰揆其終始殆天所祚當贊大魏輔亮雍熙袞職有闕羣下屬望昔高宗刻象營求賢哲周文啟龜以卜良佐況寧前朝所表名德已著而久栖遲未時引致非所以奉遵明訓繼成前志也陛下踐阼纂承洪緒聖敬日躋超越周成每發德音動諮師傅若繼二祖招賢故典賓禮儁邁以廣緝熙濟濟之化侔於前代寧清高恬泊擬跡前軌德行卓絕海內無偶歷觀前世玉帛所命申公枚乘周黨樊英之儔測其淵源覽其清濁未有厲俗獨行若寧者也誠宜束帛加璧備禮徵聘仍授几杖延

登東序敷陳實素坐而論道上正璇璣協和皇極下阜羣生彝倫攸敘必有可觀光益大化若寧固執匪石守志箕山追迹洪崖參蹤巢許斯亦聖朝同符唐虞優賢揚歷垂聲千載今文尚書曰優賢揚歷謂揚其所歷試左思魏都賦曰優賢著於揚歷也雖出處殊塗俯仰異體至於興治美俗其揆一也於是特具安車蒲輪束帛加璧聘焉會寧卒時年八十四拜子邈郎中後爲博士初寧妻先卒知故勸更娶寧曰每省曾子王駿之言意常嘉之豈自遭之而違本心哉傅子曰寧以衰亂之時世多妄變氏族者違聖人之制非禮命姓之意故著氏姓論以原本世系文多不載每所居姻親知舊鄰里有困窮者家儲雖不盈擔石必分以贍救之與人子言教以孝與人弟言訓以悌言及人臣誨以忠貌甚恭言甚順觀其行邈然若不可及即之熙熙然甚柔而溫因其事而導之於善是以漸之者無不化焉寧之亡天下知與不知聞之無不嗟歎醇德之所感若此不亦至乎時鉅鹿張臶字子明潁川胡昭字孔明亦養志不仕臶少游太學學兼內外後歸鄉里袁紹前後辟命不應移居上黨并州牧高幹表除樂平令不就徙遁常山門徒且數百人遷居任縣太祖爲丞相辟不詣太和中詔求隱學之士能消災復異者郡累上臶發遣老病不行廣平太守盧毓到官三日綱紀白承前致版謁臶毓教曰張先生所謂上不事

天子下不友諸侯者也豈此版謁所可光飾哉但遣主簿奉書致羊酒之禮青龍四年辛亥詔書張掖郡玄川溢涌激波奮蕩寶石負圖狀像靈龜宅于川西嶷然磐峙倉質素章麟鳳龍馬煥炳成形文字告命粲然著明太史令高堂隆上言古皇聖帝所未嘗蒙實有魏之禎命東序之世寶尚書顧命篇曰大玉夷玉天球河圖在東序注曰河圖圖出於河帝王聖者之所受事班天下任令于綽連齎以問臶臶密謂綽曰夫神以知來不追已往禎祥先見而後廢興從之漢已久亡魏已得之何所追興徵祥乎此石當今之變異而將來之禎瑞也正始元年戴鵀之鳥巢臶門陰臶告門人曰夫戴鵀陽鳥而巢門陰此凶祥也乃援琴歌詠作詩二篇旬日而卒時年一百五歲是歲廣平太守王肅至官教下縣曰前在京都聞張子明來至問之會其已亡致痛惜之此君篤學隱居不與時競以道樂身昔絳縣老人屈在泥塗趙孟升之諸侯用睦愍其耄勤好道而不蒙榮寵書到遣吏勞問其家顯題門戶務加殊異以慰既往以勸將來胡昭始避地冀州亦辭袁紹之命遁還鄉里太祖爲司

空丞相頻加禮辟昭往應命既至自陳一介野生無軍國之用歸誠求去太祖曰人各有志出處異趣勉卒雅尚義不相屈昭乃轉居陸渾山中躬耕樂道以經籍自娛閭里敬而愛之（高士傳曰初晉宣帝爲布衣時與昭有舊同郡周生等謀害帝昭聞而步陟險邀生於崤澠之間止生生不肯昭泣與結誠生感其義乃止昭因與斫棗樹共盟而別昭雖有陰德於帝口終不言人莫知之信行著於鄉黨建安十六年百姓聞馬超叛避兵入山者千餘家飢乏漸相劫略昭常遜辭以解之是以寇難消息衆咸宗焉故其所居部落中三百里無相侵暴者）建安二十三年陸渾長張固被書調丁夫當給漢中百姓惡憚遠役並懷擾擾民孫狼等因興兵殺縣主簿作爲叛亂縣邑殘破固率將十餘吏卒依昭住止招集遺民安復社稷狼等遂南附關羽羽授印給兵還爲寇賊到陸渾南長樂亭自相約誓言胡居士賢者也一不得犯其部落一川賴昭咸無怵惕天下安輯徙宅宜陽（高士傳曰幽州刺史杜恕嘗過昭所居草廬之中言事論理辭義謙敬恕甚重焉太尉蔣濟辟不就）正始中驃騎將軍趙儼尚書黃休郭彝散騎常侍荀顗鍾毓太僕庾嶷（案庾氏譜嶷字劭然潁川人子𢘽字玄默晉尚書陽翟子嶷弟遁字德先太中大夫遁胤嗣克昌爲世盛門侍中峻河南尹純皆遁之子豫州牧長史敳遁之孫太尉文康公亮司空冰皆遁之曾孫貴達至今）弘農太守何楨等（文士傳曰楨字元幹廬江人有文學器幹容貌甚偉歷幽州刺史廷尉入晉爲尚書光祿大夫楨子龕後將軍勗車騎將軍渾豫州刺史其餘多至大官自後累世昌阜司空文穆公充惲之孫也貴達至今）遞薦昭曰天真高絜老而彌篤玄虛靜素有夷皓之節宜蒙徵命以勵風俗（高士傳曰朝廷以戎車未息徵命之事且須後之昭以故不即徵後顗休復與庾嶷薦昭有詔訪於本州評議侍中韋誕駮曰禮賢徵士王政之所重也古者考行於鄉今顗等位皆常伯納言嶷爲卿佐足以取信附下罔上忠臣之所不行也昭宿德耆艾遺逸山林誠宜加異乃從誕議也）至嘉平二年公車特徵會卒年八十九拜子纂郎中初昭善史書與鍾繇邯鄲淳衛覬韋誕並有名尺牘之迹動見模楷焉（傳子曰胡徵君怡怡無不愛也雖僕隸必加禮焉外同乎俗內秉純絜心非其好王公不能屈年八十而不倦於書籍者吾於胡徵君見之矣）時有隱者焦先河東人也（魏略曰先字孝然中平末白波賊起時先年二十餘與同郡侯武陽相隨武陽年小有母先與相扶接避白波東客揚州取婦建安初來西還武陽詣大陽占戶先留陝界至十六年關中亂先失家屬獨竄於河渚間食草飲水無衣履時大陽長朱南望見之謂爲亡士欲遣船捕取武陽語縣此狂癡人耳遂注其籍給廩日五升後有疫病人多死者縣常使埋藏童兒豎子皆輕易之然其行不踐邪徑必循阡陌及其捃拾不取大穗饑不苟食寒不苟衣結草以爲裳科頭徒跣每出見婦人則隱翳須去乃出自作一瓜牛廬淨掃其中營木爲牀布草蓐其上至天寒時構火以自炙呻吟獨語饑則出爲人客作飽食而已不取其直又出於道中邂逅與人相遇輒下道藏匿或問其故常言草茅之人與狐兔同羣不肯妄語太和青龍中嘗持一杖南渡淺河水輒獨云未可也由是人頗疑其不狂至嘉平中太守賈穆初之官故過其廬先見穆再拜穆與語不應與食不食穆謂之曰國家使我來爲卿作君我食卿卿不肯食我與卿語卿不應我如是我不中爲卿作君當去耳先乃曰寧有是邪遂不復語其明年大發卒將伐吳有竊問先今討吳何如先不肯應而謬歌曰祝衄祝衄非魚非肉更相追逐本心爲當殺牂羊更殺其羖䍽邪郡人不知其謂會諸軍敗好事者乃推其意疑牂羊謂吳羖䍽謂魏於是後人僉謂之隱者也議郎河東董經特嘉異節與先非故人密往觀之經到乃奮其白鬚爲如與之有舊者謂曰阿先闊乎念共避白波時不先熟視而不言經素知其昔受武陽恩因復曰念武陽不邪先乃曰

已報之矣經又復挑欲與語遂不肯復應後歲餘病亡時年八十九矣　高士傳曰世莫知先所出或言生乎漢末自陝居大陽無父母兄弟妻子見漢室衰乃自絕不言及魏受禪常結草為廬於河之湄獨止其中冬夏恒不著衣臥不設席又無草蓐以身親土其體垢汙皆如泥漆五形盡露不行人間或數日一食欲食則為人賃作人以衣衣之乃使限功受直足得一食輒去人欲多與終不肯取亦有數日不食時行不由邪徑目不與女子逆視口未嘗言雖有驚急不與人語遺以食物皆不受河東太守杜恕嘗以衣服迎見而不與語司馬景王聞而使安定太守董經因事過視又不肯語經以為大賢其後野火燒其廬先因露寢遭冬雪大至先袒臥不移人以為死就視如故不以為病人莫能審其意度年可百歲餘乃卒或問皇甫謐曰焦先何人曰吾不足以知之也考之於表可略而言矣夫世之所常趣者榮味也形之所不可釋者衣裳也身之所不可離者室宅也口之所不能已者言語也心之不可絕者親戚也今焦先棄榮味釋衣服離室宅絕親戚閉口不言曠然以天地為棟宇闇然合至道之前出羣形之表入玄寂之幽一世之人不足以挂其意四海之廣不能以回其顧妙乎與夫三皇之先者同矣結繩已來未及其至也豈羣言之所能髣髴常心之所得測量哉彼行人所不能行堪人所不能堪犯寒暑不以傷其性居曠野不以恐其形遭驚急不以迫其慮離榮愛不以累其心捐視聽不以汙其耳目舍足於不損之地居身於獨立之處延年歷百壽越期頤雖上識不能尚也自羲皇已來一人而已矣　魏氏春秋曰故梁州刺史耿黼以先為仙人也北地傅玄謂之性同禽獸並為之傳而莫能測之　魏略又載扈累及寒貧者累字伯重京兆人也初平中山東人有青牛先生者字正方客三輔曉知星曆風角鳥情常食青葙芫華年似如五六十者人或親識之謂其已百餘歲矣初累年四十餘隨正方游學人謂之得其術有婦無子建安十六年三輔亂又隨正方南入漢中漢中壞正方入蜀累與相失隨徙民詣鄴遭疾疫喪其婦至黃初元年又徙詣洛陽遂不復娶婦獨居道側以甎甃為障施一廚牀食宿其中晝日潛思夜則仰視星宿吟詠內書人或問之閉口不肯言至嘉平中年八九十裁若四五十者縣官以其孤老給廩日五升五升不足頗行傭作以裨糧糧盡復出人與不取食不求美衣弊縕故後一二年病亡寒貧者本姓石字德林安定人也建安初客三輔是時長安有宿儒欒文博者門徒數千德林亦就學始精詩書後好內事於眾輩中最玄默至十六年關中亂南入漢中初不治產業不畜妻孥常讀老子五千文及諸內書晝夜吟詠到

二十五年漢中破隨眾還長安遂癡愚不復識人食不求味冬夏常衣弊布連結衣體如無所勝目如無所見獨居窮巷小屋無親里人與之衣食不肯取郡縣以其鰥窮給廩日五升食不足頗行乞乞不取多人問其姓字口不肯言故因號之曰寒貧也或素有與相知者往存恤之輒拜跪由是人謂其不癡車騎將軍郭淮以意氣呼之問其所欲亦不肯言淮因與脯糒及衣不取其衣取其脯一朐糒一升而止　臣松之案魏略云焦先及楊沛並作瓜牛廬止其中以為瓜當作蝸蝸牛螺蟲之有角者也俗或呼為黃犢先等作圜舍形如蝸牛廬莊子曰有國於蝸之左角者曰觸氏有國於右角者曰蠻氏時相與爭地而戰伏尸數萬逐北旬有五日而後反謂此物也

評曰袁渙邴原張範躬履清蹈進退以道　臣松之以為蹈猶履也躬履清蹈近非言乎　蓋是貢禹兩龔之匹涼茂國淵亦其次也張承名行亞範可謂能弟矣田疇抗節王脩忠貞足以矯俗管寧淵雅高尚確然不拔張臶胡昭闔門守靜不營當世故并錄焉

袁張涼國田王邴管傳卷第十一

崔毛徐何邢鮑司馬傳第十二

魏書　國志十二

崔琰傳

崔琰字季珪清河東武城人也少樸訥好擊劍尚武事年二十三鄉移為正始感激讀論語韓詩至年二十九乃結公孫方等就鄭玄受學學未朞徐州黃巾賊攻破北海玄與門人到不其山避難時穀糴縣乏玄罷謝諸生琰既受遣而寇盜充斥西道不通於是周旋青徐兖豫之郊東下壽春南望江湖自去家四年乃歸以琴書自娛大將軍袁紹聞而辟之時士卒橫暴掘發丘壟琰諫曰昔孫卿有言士不素教甲兵不利雖湯武不能以戰勝今道路暴骨民未見德宜勑郡縣掩骼埋胔示憯怛之愛追文王之仁紹以為騎都尉後紹治兵黎陽次于延津琰復諫曰天子在許民望助順不如守境述職以寧區宇紹不聽遂敗于官渡及紹卒二子交爭爭欲得琰琰稱疾固辭由是獲罪幽於囹圄賴陰夔陳琳營救得免太祖破袁氏領冀州牧辟琰為別駕從事謂琰曰昨案戶籍可得三十萬衆故

為大州也琰對曰今天下分崩九州幅裂二袁兄弟親尋干戈冀方蒸庶暴骨原野未聞王師仁聲先路存問風俗救其塗炭而校計甲兵唯此為先斯豈鄙州士女所望於明公哉太祖改容謝之于時賓客皆伏失色太祖征并州留琰傅文帝於鄴世子仍出田獵變易服乘志在驅逐琰書諫曰蓋聞盤于游田書之所戒魯隱觀漁春秋譏之此周孔之格言二經之明義殷鑒夏后詩稱不遠子卯不樂禮以為忌此又近者之得失不可不深察也袁族富彊公子寬放盤游滋侈義聲不聞哲人君子俄有色斯之志熊羆壯士墮於吞噬之用固所以擁徒百萬跨有河朔無所容足也今邦國殄瘁惠康未洽士女企踵所思者德況公親御戎馬上下勞慘世子宜遵大路慎以行正思經國之高略內鑒近戒外揚遠節深惟儲副以身為寶而猥襲虞旅之賤服忽馳騖而陵險志雉兔之小娛忘社稷之為重斯誠有識所以憪心也唯世子燔翳捐褶以塞衆望不令老臣獲罪於天世子報曰昨奉嘉命惠示雅數欲使燔翳捐褶翳已壞矣褶亦去焉後

有此比蒙復誨諸太祖爲丞相琰復爲東西曹掾屬徵事初授東曹時教曰君有伯夷之風史魚之直貪夫慕名而清壯士尚稱而厲斯可以率時者已故授東曹往踐厥職魏國初建拜尚書時未立太子臨菑侯植有才而愛太祖狐疑以函令密訪於外唯琰露板答曰蓋聞春秋之義立子以長加五官將仁孝聰明宜承正統琰以死守之植琰之兄女壻也太祖貴其公亮喟然歎息（世語曰植妻衣繡太祖登臺見之以違制命還家賜死）遷中尉琰聲姿高暢眉目疏朗鬚長四尺甚有威重朝士瞻望而太祖亦敬憚焉（先賢行狀曰琰清忠高亮雅識經遠推方直道正色於朝魏氏初載委授銓衡總齊清議十有餘年文武羣才多所明拔朝廷歸高天下稱平）琰嘗薦鉅鹿楊訓雖才好不足而清貞守道太祖即禮辟之後太祖爲魏王訓發表稱贊功伐褒述盛德時人或笑訓希世浮僞謂琰爲失所舉琰從訓取表草視之與訓書曰省表事佳耳時乎時乎會當有變時琰本意譏論者好譴呵而不尋情理也有白琰此書傲世怨謗者太祖怒曰諺言生女耳耳非佳語會當有變時意指不遜於是罰琰爲徒隸使人視之辭色不撓太祖

令曰琰雖見刑而通賓客門若市人對賓客虬鬚直視若有所瞋遂賜琰死（魏略曰人得琰書以裹幘籠行都道中時有與琰宿不平者遥見琰名著幘籠從而視之遂白之太祖以爲琰腹誹心謗乃收付獄髡刑輸徒前所白琰者又復白之云琰爲徒虬鬚直視心似不平時太祖亦以爲然遂欲殺之乃使清公大吏往經營琰敕吏曰三日期消息琰不悟後數日吏故白琰平安公忿然曰崔琰必欲使孤行刀鋸乎吏以是教告琰琰謝吏曰我殊不宜不知公意至此也遂自殺）始琰與司馬朗善晉宣王方壯琰謂朗曰子之弟聰哲明允剛斷英跱殆非子之所及也（臣松之案跱或作特竊謂英特爲是也）朗以爲不然而琰每秉此論琰從弟林少無名望雖姻族猶多輕之而琰常曰此所謂大器晚成者也終必遠至涿郡孫禮盧毓始入軍府琰又名之曰孫疏亮亢烈剛簡能斷盧清警明理百鍊不消皆公才也後林禮毓咸至鼎輔及琰友人公孫方宋階早卒琰撫其遺孤恩若己子其鑒識篤義類皆如此（魏略曰明帝時崔林嘗與司空陳羣共論冀州人士稱琰爲首羣以智不存身貶之林曰大丈夫爲有邂逅耳即如卿諸人良足貴乎）初太祖性忌有所不堪者魯國孔融（融字文舉續漢書曰融孔子二十世孫也高祖父尚鉅鹿太守父宙太山都尉融幼有異才時河南尹李膺有重名勑門下簡通賓客非當世英賢及通家子孫弗見也融年十餘歲欲觀其爲人遂造膺門語門者曰我李君通家子孫也膺見融問曰高明父祖嘗與僕周旋乎融曰然先君孔子與君先人李老君同德比義而相師友則融與君累世通家也衆坐奇之僉曰異童子也太中大夫陳煒後至同坐以告煒煒曰人小時了了者大亦未必奇也融答曰即如所言君之幼時豈實慧乎膺大笑顧謂曰高明長大必

為偉器山陽張儉以忠正為中常侍侯覽所忿疾覽為刊章下州郡捕儉儉與融兄褒有舊亡投褒遇褒出時融年十六儉以其少不告也融知儉長者有窘迫色謂曰吾獨不能為君主邪因留舍藏之後事泄相國以下密就掩捕儉得脫走登時收融及褒送獄融曰保納藏舍者融也融當坐之褒曰彼來求我罪我之由非弟之過我當坐之兄弟爭死郡縣疑不能決乃上讞詔書令褒坐焉融由是名震遠近與平原陶丘洪陳留邊讓並以俊秀為後進冠蓋融持論經理不及讓等而逸才宏博過之司徒大司馬辟舉高第累遷北軍中候虎賁中郎將北海相時年二十八承黃巾殘破之後脩復城邑崇學校設庠序舉賢才顯儒士以彭璆為方正邴原為有道王脩為孝廉告高密縣為鄭玄特立一鄉名為鄭公鄉又國人無後及四方游士有死亡者皆為棺木以殯葬之郡人甄子然孝行知名早卒融恨不及之乃令配食縣社其禮賢如此在郡六年劉備表融領青州刺史建安元年徵還為將作大匠遷少府每朝會訪對融輒為議主諸卿大夫寄名而已司馬彪九州春秋曰融在北海自以智能優贍溢才命世當時豪傑皆不能及亦自許大志且欲舉軍曜甲與羣賢要功自於海岱結殖根本不肯碌碌如平居郡守事方伯赴期會而已然其所任用好奇取異皆輕剽之才至於稽古之士謬為

恭敬禮之雖備不與論國政也高密鄭玄稱之鄭公執子孫禮及高談教令盈溢官曹辭氣溫雅可玩而誦論事考實難可悉行但能張磔網羅其自理甚疏租賦少稽一朝殺五部督郵姦民汙吏猾亂朝市亦不能治幽州精兵亂至徐州卒到城下舉國皆恐融直出說之令無異志遂與別校謀夜覆幽州幽州軍敗悉有其眾無幾時還復叛亡黃巾將至融大飲醇酒躬自上馬禦之涞水之上寇令上部與融相拒兩翼徑涉水直到所治城城潰融不得入轉至南縣左右稍叛連年傾覆事無所濟遂不能保鄣四境棄郡而去後從徐州以北海相自還領青州刺史治郡北陲欲附山東外接遼東得戎馬之利建樹根本孤立一隅不與共也于時曹袁公孫共相首尾戰士不滿數百穀不至萬斛王子法劉孔慈凶辯小才信為腹心左丞祖劉義遜清雋之士備在坐席而已言此民望不可失也丞祖勸融自託彊國融不聽而殺之義遜棄去遂為袁譚所攻自春至夏城小寇眾流矢雨集然融憑几安坐讀書論議自若城壞眾亡身奔山東室家為譚所虜張璠漢紀曰融在郡八年僅以身免帝初都許融以為宜略依舊制定王畿正司隸所部為千里之封乃引公卿上書言其義是時天下草創曹袁之權未分融所建明不識時務又天性氣爽頗推平生之意狎侮太祖太祖制酒禁而融書嘲之

曰天有酒旗之星地列酒泉之郡人有旨酒之德故堯不飲千鍾無以成其聖且桀紂以色亡國今令不禁婚姻也太祖外雖寬容而內不能平御史大夫郗慮知旨以法免融官歲餘拜太中大夫雖居家失勢而賓客日滿其門愛才樂酒常歎曰坐上客常滿罇中酒不空吾無憂矣虎賁士有貌似蔡邕者融每酒酣輒引與同坐曰雖無老成人尚有典刑其好士如此 續漢書曰太尉楊彪與袁術婚姻術僭號太祖與彪有隙因是執彪將殺焉融聞之不及朝服往見太祖曰楊公累世清德四葉重光周書父子兄弟罪不相及況以袁氏之罪乎易稱積善餘慶但欺人耳太祖曰國家之意也融曰假使成王欲殺召公則周公可得言不知邪今天下纓緌搢紳之士所以瞻仰明公者以明公聰明仁智輔相漢朝舉直措枉致之雍熙耳今橫殺無辜則海內觀聽誰不解體孔融魯國男子明日便當褰衣而去不復朝矣太祖意解遂理出彪 魏氏春秋曰袁紹之敗也融與太祖書曰武王伐紂以妲己賜周公太祖以融學博謂書傳所紀見後問之對曰以今度之想其當然耳十三年融對孫權使有訕謗之言坐棄市二子年八歲時方弈棊融被收端坐不起左右曰而父見執不起何也二子曰安有巢毀而卵不破者乎遂俱見殺融有高名清才世多哀之太祖懼遠近之議也乃令曰太中大夫孔

融既伏其罪矣然世人多採其虛名少於核實見融浮豔好作變異眩其誑詐不復察其亂俗也此州人說平原禰衡受傳融論以為父母與人無親譬若缻器寄盛其中又言若遭饑饉而父不肖寧贍活餘人融違天反道敗倫亂理雖肆市朝猶恨其晚更以此事列上宣示諸軍將校掾屬皆使聞見 世語曰融二子皆齠齔融見收顧謂二子曰何以不辭二子俱曰父尚如此復何所辭以為必俱死也 臣松之以為世語云融二子不辭知必俱死猶差可安如孫盛之言誠所未譬八歲小兒能玄了禍福聰明特達卓然既遠則其憂樂之情宜其有過成人安有見父收執而曾無變容弈棊不起若在暇豫者乎昔申生就命言不忘父不以己身將死而廢念父之情也父安猶尚若茲而況於顛沛哉盛以此為美談無乃賊夫人之子與蓋由好奇情多而不知言之傷理

南陽許攸

魏略曰攸字子遠少與袁紹及太祖善初平中隨紹在冀州嘗在坐席言議官渡之役諫紹勿與太祖相攻語在紹傳紹自以彊盛必欲極其兵勢攸知不可為謀乃亡詣太祖紹破走及後得冀州攸有功焉攸自恃勳勞時與太祖相戲每在席不自限齊至呼太祖小字曰某甲卿不得我不得冀州也太祖笑曰汝言是也然內嫌之其後從行出鄴東門顧謂左右曰此家非得我則不得出入此門

也人有白者遂見收之婁圭皆以恃舊不虔見誅魏略曰婁圭字子伯少與太祖有舊初平中在荊州北界合衆後詣太祖太祖以爲大將不使典兵常在坐席言議及河北平定隨在冀州其後太祖從諸子出游子伯時亦隨從子伯顧謂左右曰此家父子如今日爲樂也人有白者太祖以爲有腹誹意遂收治之吳書曰子伯少有猛志常歎息曰男兒居世會當得數萬兵千匹騎著後耳儕輩笑之後坐藏亡命被繫當死得踰獄出捕者追之急子伯乃變衣服如助捕者吏不能覺遂以得免會天下義兵起子伯亦合衆與劉表相依後歸曹公遂爲所待軍國大計常與焉劉表亡曹公向荊州表子琮降以節迎曹公諸將皆疑詐曹公以問子伯子伯曰天下擾攘各貪王命以自重今以節來是必至誠曹公曰大善遂進兵寵秩子伯家累千金曰婁子伯富樂於孤但勢不如孤耳從破馬超等子伯功爲多曹公常歎曰子伯之計孤不及也後與南郡習授同載見曹公出授曰父子如此何其快耳子伯曰居世間當自爲之而但觀他人乎授乃白之遂見誅　魚豢曰古人有言曰得鳥者羅之一目也然張一目之羅終不得鳥矣鳥能遠飛遠飛者六翮之力也然無衆毛之助則飛不遠矣以此推之大魏之作雖有功臣亦未必非茲輩胥附之由也而琰最爲世所痛惜至今冤之世語曰琰兄孫諒字士文以簡素稱仕晉爲尚書大鴻臚荀綽冀州記云諒即琰之孫也

毛玠傳

毛玠字孝先陳留平丘人也少爲縣吏以清公稱將避亂荊州未至聞劉表政令不明遂往魯陽太祖臨兗州辟爲治中從事玠語太祖曰今天下分崩國主遷移生民廢業饑饉流亡公家無經歲之儲百姓無安固之志難以持久今袁紹劉表雖士民衆彊皆無經遠之慮未有樹基建本者也夫兵義者勝守位以財宜奉天子以令

不臣脩耕植畜軍資如此則霸王之業可成也太祖敬納其言轉幕府功曹太祖爲司空丞相玠嘗爲東曹掾與崔琰並典選舉其所舉用皆清正之士雖於時有盛名而行不由本者終莫得進務以儉率人由是天下之士莫不以廉節自勵雖貴寵之臣輿服不敢過度太祖歎曰用人如此使天下人自治吾復何爲哉文帝爲五官將親自詣玠屬所親眷玠答曰老臣以能守職幸得免戾今所說人非遷次是以不敢奉命大軍還鄴議所并省玠請謁不行時人憚之咸欲省東曹乃共白曰舊西曹爲上東曹爲次宜省東曹太祖知其情令曰日出於東月盛於東凡人言方亦復先東何以省東曹遂省西曹初太祖平柳城班所獲器物特以素屏風素馮几賜玠曰君有古人之風故賜君古人之服玠居顯位常布衣蔬食撫育孤兄子甚篤賞賜以振施貧族家無所餘遷右軍師魏國初建爲尚書僕射復典選舉先賢行狀曰玠雅亮公正在官清恪其典選舉拔貞實斥華偽進遜行抑阿黨諸宰官治民功績不著而私財豐足者皆免黜停廢久不選用于時四海翕然莫不勵行至乃長吏還者垢面羸衣常乘柴車軍吏入府朝服徒行人擬壺飧之絜家象濯纓之操貴者無穢欲之累賤者絕姦貨之求吏絜於上俗移乎下民到

于今稱之時太子未定而臨菑侯植有寵玠密諫曰近者袁紹以嫡庶不分覆宗滅國廢立大事非所宜聞後羣僚會玠起更衣太祖目指曰此古所謂國之司直我之周昌也崔琰既死玠內不悅後有白玠者出見黥面反者其妻子沒為奴婢玠言曰使天不雨者蓋此也太祖大怒收玠付獄大理鍾繇詰玠曰自古聖帝明王罪及妻子書云左不共左右不共右予則孥戮女司寇之職男子入于罪隸女子入于舂槀漢律罪人妻子沒為奴婢黥面漢法所行黥墨之刑存於

古典今真奴婢祖先有罪雖歷百世猶有黥面供官一以寬良民之命二以宥并罪之辜此何以負於神明之意而當致旱案典謀急恒寒若舒恒燠若寬則亢陽所以為旱玠之吐言以為寬邪以為急也急當陰霖何以反旱成湯聖世野無生草周宣令主旱魃為虐亢旱以來積三十年歸咎黥面為相值不衛人伐邢師興而雨罪惡無徵何以應天玠譏謗之言流於下民不悅之聲上聞聖聽玠之吐言勢不獨語時見黥面凡為幾人黥面奴婢所識知邪何緣得見對之歎言時以語誰見答云何以何日月於何處所事已發露不得隱欺具以狀對玠曰臣聞蕭生縊死困於石顯賈子放外讒在絳灌白起賜劒於杜郵晁錯致誅於東市伍員絕命於吳都斯數子者或妬其前或害其後臣垂齠執簡累勤取官職在機近人事所竄屬臣以私無勢不絕語臣以冤無細不理人情淫利為法所禁法禁於利勢能害之青蠅橫生為臣作謗謗臣之人勢不在他昔王叔陳生爭正王廷宣子平理命舉其契是非有宜曲直有所春秋嘉焉是以

書之臣不言此無有時人說臣此言必有徵要乞蒙宣子之辨而求王叔之對若臣以曲聞即刑之日方之安駟之贈賜劒之來比之重賞之惠謹以狀對時桓階和洽進言救玠玠遂免黜卒于家孫盛曰魏武於是失政刑矣易稱明折庶獄傳有舉直措枉庶獄明則國無怨民枉直當則民無不服未有徵青蠅之浮聲信浸潤之譖訴可以允釐四海惟清緝熙者也昔者漢高獄蕭何出復相之玠之一責永見擯放二主度量豈不殊哉太祖賜棺器錢帛拜子機郎中

徐奕傳

徐奕字季才東莞人也避難江東孫策禮命之奕改姓名微服還本郡太祖為司空辟為掾屬

從西征馬超超破軍還時關中新服未甚安留奕爲丞相長史鎭撫西京西京稱其威信轉爲雍州刺史復還爲東曹屬丁儀等見寵於時並害之而奕終不爲動（魏書曰或謂奕曰夫以史魚之直孰與蘧伯玉之智丁儀方貴重宜思所以下之奕曰以公明聖儀豈得久行其僞乎且姦以事君者吾所能禦也子寧以他規我　傅子曰武皇帝至明也崔琰徐奕一時淸賢皆以忠信顯於魏朝丁儀間之徐奕失位而崔琰被誅）出爲魏郡太守太祖征孫權徙爲留府長史謂奕曰君之忠亮古人不過也然微太嚴昔西門豹佩韋以自緩夫能以柔弱制剛彊者望之於君也今使君統留事孤無復還顧之憂也魏國旣建爲尚書復典選舉遷尚書令太祖征漢中魏諷等謀反中尉楊俊左遷太祖歎曰諷所以敢生亂心以吾爪牙之臣無遏姦防謀者故也安得如諸葛豐者使代俊乎桓階曰徐奕其人也太祖乃以奕爲中尉手令曰昔楚有子玉文公爲之側席而坐汲黯在朝淮南爲之折謀詩稱邦之司直君之謂與在職數月疾篤乞退拜諫議大夫卒（魏書曰文帝每與朝臣會同未嘗不嗟歎思奕之爲人奕無子詔以其族子統爲郎以奉奕後）

何夔傳

何夔字叔龍陳郡陽夏人也曾祖父熙漢安帝

時官至車騎將軍（華嶠漢書曰熙字孟孫少有大志不拘小節身長八尺五寸體貌魁梧善爲容儀舉孝廉爲謁者贊拜殿中音動左右和帝偉之歷位司隸校尉大司農永初三年南單于與烏丸俱反以熙行車騎將軍征之累有功烏丸請降單于復稱臣如舊會熙暴疾卒）夔幼喪父與母兄居以孝友稱長八尺三寸容貌矜嚴（魏書曰漢末閹官用事夔從父衡爲尚書有直言由是在黨中諸父兄皆禁固夔歎曰天地閉賢人隱故不應宰司之命）避亂淮南後袁術至壽春辟之夔不應然遂爲術所留久之術與橋蕤俱攻圍蘄陽蘄陽爲太祖固守術以夔彼郡人欲脅令說蘄陽夔謂術謀臣李業曰昔柳下惠聞伐國之謀而有憂色曰吾聞伐國不問仁人斯言何爲至於我哉遂遁匿灊山術知夔終不爲己用乃止術從兄山陽太守遺母夔從姑也是以雖恨夔而不加害建安二年夔將還鄉里度術必急追乃間行得免明年到本郡頃之太祖辟爲司空掾屬時有傳袁術軍亂者太祖問夔曰君以爲信不夔對曰天之所助者順人之所助者信術無信順之實而望天人之助此不可以得志於天下夫失道之主親戚叛之而況於左右乎以夔觀之其亂必矣太祖曰爲國失賢則亡君不爲術所用亂不亦宜乎太祖性嚴掾屬公事往往加杖夔常畜毒藥誓

死無辱是以終不見及孫盛曰夫君使臣以禮臣事君以忠是以上下休嘉道光化洽公府掾屬古之造士也必擢時儁搜揚英逸得其人則論道之任隆非其才則覆餗之患至苟有疵釁刑黜可也加其捶扑之罰肅以小懲之戒豈導之以德齊之以禮之謂與然士之出處宜度德投趾可不之節必審於所蹈故高尚之徒抗心於青雲之表豈王侯之所能臣名器之所羈紲哉自非此族委身世塗否泰榮辱制之由時故箕子安於孥戮柳下夷於三黜蕭何周勃亦在縲紲夫豈不辱君命故也夔知時制而甘其寵挾藥要君以避微恥詩云唯此褊心何夔其有焉放之可也宥之非也出為城父令魏書曰自劉備叛後東南多變太祖以陳羣為酇令夔為城父令諸縣皆用名士以鎮撫之其後吏民稍定遷長廣太守郡濱山海黃巾未平豪傑多背叛袁譚就加以官位長廣縣人管承徒眾三千餘家為寇害議者欲舉兵攻之夔曰承等非生而樂亂也習於亂不能自還未被德教故不知反善今兵迫之急彼恐夷滅必并力戰攻之既未易拔雖勝必傷吏民不如徐喻以恩德使容自悔可不煩兵而定乃遣郡丞黃珍往為陳成敗承等皆請服夔遣吏成弘領校尉長廣縣丞等郊迎奉牛酒詣郡牟平賊從錢眾亦數千夔率郡兵與張遼共討定之東牟人王營眾三千餘家脅昌陽縣為亂夔遣吏王欽等授以計略使離散之旬月皆平定是時太祖始制新科下州郡又收租稅緜絹夔以郡初立近以師旅之後不可卒繩以法乃上言曰

自喪亂已來民人失所今雖小安然服教日淺所下新科皆以明罰勑法齊一大化也所領六縣疆域初定加以饑饉若一切齊以科禁恐或有不從教者有不從教者不得不誅則非觀民設教隨時之意也先王辨九服之賦以殊遠近制三典之刑以平治亂愚以為此郡宜依遠域新邦之典其民間小事使長吏臨時隨宜上不背正法下以順百姓之心比及三年民安其業然後齊之以法則無所不至矣太祖從其言徵還參丞相軍事海賊郭祖寇暴樂安濟南界州郡苦之太祖以夔前在長廣有威信拜樂安太守到官數月諸城悉平入為丞相東曹掾夔言於太祖曰自軍興以來制度草創用人未詳其本是以各引其類時忘道德夔聞以賢制爵則民慎德以庸制祿則民興功以為自今所用必先核之鄉閭使長幼順敘無相踰越顯忠直之賞明公實之報則賢不肖之分居然別矣又可脩保舉故不以實之令使有司別受其負在朝之臣時受教與曹並選者各任其責上以觀朝臣之節下以塞爭競之源以督羣下以率萬民

如是則天下幸甚太祖稱善魏國既建拜尚書僕射魏書曰時丁儀兄弟方進寵儀與夔不合尚書傅巽謂夔曰儀不相好已甚子友毛玠玠等儀已害之矣子宜少下之夔曰為不義適足害其身焉能害人且懷姦佞之心立於明朝其得久乎夔終不屈志儀後果以凶偽敗文帝為太子以涼茂為太傅夔為少傅特命二傅與尚書東曹並選太子諸侯官屬茂卒以夔代茂每月朔太傅入見太子太子正法服而禮焉他日無會儀夔遷太僕太子欲與辭宿戒供夔無往意乃與書請之夔以國有常制遂不往其履正如此然於節儉之世最為豪汰文帝踐阼封成陽亭侯邑三百戶疾病屢乞遜位詔報曰蓋禮賢親舊帝王之常務也以親則君有輔弼之勳焉以賢則君有醇固之茂焉夫有陰德者必有陽報今君疾雖未瘳神明聽之矣君其即安以順朕意薨諡曰靖侯子曾嗣咸熙中為司徒干寶晉紀曰曾字穎考正元中為司隸校尉時毋丘儉孫女適劉氏以孕繫廷尉女母荀為武衛將軍荀顗所表活既免辭詣廷尉乞為官婢以贖女命曾使主簿程咸為議議曰大魏承秦漢之弊未及革制所以追戮已出之女誠欲殄醜類之族也若已產育則成他家之母於防則不足懲姦亂之源於情則傷孝子之思男不御罪於他族而女獨嬰戮於二門非所以哀矜女弱均法制之大分也臣以為在室之女可從父母之刑既醮之婦使從夫家之戮朝廷從之乃定律令　晉諸公贊曰曾以高雅稱加性純孝位至太宰封朗陵縣公年八十餘薨諡曰元公子劭嗣劭字敬祖才識深博有經國體儀位亦至太宰諡康公子岐嗣劭庶兄遵字思祖有幹能少經清職終於太僕遵子綏字伯蔚亦以幹

事稱永嘉中為尚書為司馬越所殺傅子稱曾及荀顗曰以文王之道事其親者其潁昌何侯乎其荀侯乎古稱曾閔今曰荀何內盡其心以事其親外崇禮讓以接天下孝子百世之宗仁人天下之令也有能行仁孝之道者君子之儀表矣

邢顒傳

邢顒字子昂河間鄚人也舉孝廉司徒辟皆不就易姓字適右北平從田疇游積五年而太祖定冀州顒謂疇曰黃巾起來二十餘年海內鼎沸百姓流離今聞曹公法令嚴民厭亂矣亂極則平請以身先遂裝還鄉里田疇曰邢顒民之先覺也乃見太祖求為鄉導以克柳城太祖辟顒為冀州從事時人稱之曰德行堂堂邢子昂除廣宗長以故將喪棄官有司舉正太祖曰顒篤於舊君有一致之節勿問也更辟司空掾除行唐令勸民農桑風化大行入為丞相門下督遷左馮翊病去官是時太祖諸子高選官屬令曰侯家吏宜得淵深法度如邢顒輩遂以為平原侯植家丞顒防閑以禮無所屈撓由是不合庶子劉楨書諫植曰家丞邢顒北土之彥少秉高節玄靜澹泊言少理多真雅士也楨誠不足同貫斯人並列左右而楨禮遇殊特顒反疏簡私懼觀者將謂君侯習近不肖禮賢不足採庶

子之春華忘家丞之秋實為上招謗其罪不小以此反側後參丞相軍事轉東曹掾初太子未定而臨菑侯植有寵丁儀等並贊翼其美太祖問顒顒對曰以庶代宗先世之戒也願殿下深重察之太祖識其意後遂以為太子少傅遷太傅文帝踐阼為侍中尚書僕射賜爵關內侯出為司隸校尉徙太常黃初四年薨子友嗣晉諸公贊曰顒曾孫喬字曾伯有體量局幹美於當世歷清職元康中與劉輿俱為尚書吏部郎稍遷至司隸校尉

鮑勛傳

鮑勛字叔業泰山平陽人也漢司隸校尉鮑宣九世孫宣後嗣有從上黨徙泰山者遂家焉勛父信靈帝時為騎都尉大將軍何進遣東募兵後為濟北相協規太祖身以遇害語在董卓傳武帝紀魏書曰信父丹官至少府侍中世以儒雅顯少有大節寬厚愛人沈毅有謀大將軍何進辟拜騎都尉遣歸募兵得千餘人還到成皋而進已遇害信至京師董卓亦始到信知卓必為亂勸袁紹襲卓紹畏卓不敢發語在紹傳信乃引軍還鄉里收徒衆二萬騎七百輜重五千餘乘是歲太祖始起兵於己吾信與弟韜以兵應太祖太祖與袁紹表信行破虜將軍韜裨將軍時紹衆最盛豪傑多向之信獨謂太祖曰夫略不世出能總英雄以撥亂反正者君也苟非其人雖彊必斃君殆天之所啓遂深自結納太祖亦親異焉汴水之敗信被創韜在陣戰亡紹劫奪韓馥位遂據冀州信言於太祖曰姦臣乘釁蕩覆王室英雄奮節天下嚮應者義也今紹為盟主因權專利將自生亂是復有一卓也若抑之則力不能制祇以遘難又何能濟且可規大河之南以待其變太祖善之太祖領東郡太守表信為濟北相會黃巾大衆入州界劉岱欲與戰信止之岱不從遂敗語在武紀太祖以賊恃勝而驕欲設奇兵挑擊之於壽張先與信出行戰地後步軍未至而卒與賊遇遂接戰信殊死戰以救太祖太祖僅得潰圍出信遂沒時年四十一雖遭亂起兵家本修儒治身至儉而厚養將士居無餘財士以此歸之建安十七年太祖追錄信功表封勛兄邵新都亭侯魏書曰邵有父風太祖嘉之加拜騎都尉使持節邵薨子融嗣辟勛丞相掾魏書曰勛清白有高節知名於世二十二年立太子以勛為中庶子徙黃門侍郎出為魏郡西部都尉太子郭夫人弟為曲周縣吏斷盜官布法應棄市太祖時在譙太子留鄴數手書為之請罪勛不敢擅縱具列上勛前在東宮守正不撓太子固不能悅及重此事恚望滋甚會郡界休兵有失期者密勑中尉奏免勛官久之拜侍御史延康元年太祖崩太子即王位勛以駙馬都尉兼侍中文帝受禪勛每陳今之所急唯在軍農寬惠百姓臺榭苑囿宜以為後文帝將出游獵勛停車上疏曰臣聞五帝三王靡不明本立教以孝治天下陛下仁聖惻隱有同古烈臣冀當繼蹤前代令萬世可則也如何在諒闇之中脩馳騁之事乎臣冒死以聞唯陛下察焉帝手毀其表而競行獵中道頓息問侍臣曰獵之為樂何如八音也侍中劉曄對曰獵勝於樂勛抗

辭曰夫樂上通神明下和人理隆治致化萬邦咸乂故移風易俗莫善於樂況獵暴華蓋於原野傷生育之至理櫛風沐雨不以時隙哉昔魯隱觀漁於棠春秋譏之雖陛下以爲務愚臣所不願也因奏劉曄佞諛不忠阿順陛下過戲之言昔梁丘據取媚於遄臺曄之謂也請有司議罪以清皇朝帝怒作色罷還即出勛爲右中郎將黃初四年尚書令陳羣僕射司馬宣王並舉勛爲宮正宮正即御史中丞也帝不得已而用之百寮嚴憚罔不肅然六年秋帝欲征吳羣臣

大議勛面諫曰王師屢征而未有所克者蓋以吳蜀脣齒相依憑阻山水有難拔之勢故也往年龍舟飄蕩隔在南岸聖躬蹈危臣下破膽此時宗廟幾至傾覆爲百世之戒今又勞兵襲遠日費千金中國虛耗令黠虜玩威臣竊以爲不可帝益忿之左遷勛爲治書執法帝從壽春還屯陳留郡界太守孫邕見出過勛時營壘未成但立標埒邕邪行不從正道軍營令史劉曜欲推之勛以塹壘未成解止不舉大軍還洛陽曜有罪勛奏絀遣而曜密表勛私解邕事詔曰勛

指鹿作馬收付廷尉廷尉法議正刑五歲三官駮依律罰金二斤帝大怒曰勛無活分而汝等敢縱之收三官已下付刺姦當令十鼠同穴太尉鍾繇司徒華歆鎮軍大將軍陳羣侍中辛毗尚書衞臻守廷尉高柔等並表勛父信有功於太祖求請勛罪帝不許遂誅勛勛內行既脩廉而能施死之日家無餘財後二旬文帝亦崩莫不爲勛歎恨

司馬芝傳

司馬芝字子華河內溫人也少爲書生避亂荆

州於魯陽山遇賊同行者皆棄老弱走芝獨坐守老母賊至以刃臨芝芝叩頭曰母老唯在諸君賊曰此孝子也殺之不義遂得免害以鹿車推載母居南方十餘年躬耕守節太祖平荆州以芝爲菅長時天下草創多不奉法郡主簿劉節舊族豪俠賓客千餘家出爲盜賊入亂吏治頃之芝差節客王同等爲兵掾史據白節家前後未嘗給繇若至時藏匿必爲留負芝不聽與節書曰君爲大宗加股肱郡而賓客每不與役既衆庶怨望或流聲上聞今條同等爲兵幸時發

遣兵已集郡而節藏同等因令督郵以軍興詭責縣縣掾史窮困乞代同行芝乃馳檄濟南具陳節罪太守郝光素敬信芝即以節代同行青州號芝以郡主簿爲兵遷廣平令征虜將軍劉勳貴寵驕豪又芝故郡將賓客子弟在界數犯法勳與芝書不著姓名而多所屬託芝不報其書一皆如法後勳以不軌誅交關者皆獲罪而芝以見稱魏略曰勳字子臺琅邪人中平末爲沛國建平長與太祖有舊後爲廬江太守爲孫策所破自歸太祖封列侯遂從在散伍議中勳兄爲豫州刺史病亡兄子威又代從政勳自恃與太祖有宿日驕慢數犯法又誹謗爲李申成所白收治并免威官遷大理正有盜官練置都廁上者

吏疑女工收以付獄芝曰夫刑罪之失失在苛暴今贓物先得而後訊其辭若不勝掠或至誣服誣服之情不可以折獄且簡而易從大人之化也不失有罪庸世之治耳今宥所疑以隆易從之義不亦可乎太祖從其議歷甘陵沛陽平太守所在有績黃初中入爲河南尹抑彊扶弱私請不行會內官欲以事託芝不敢發言因芝妻伯父董昭昭猶憚芝不爲通芝爲教與羣下曰蓋君能設教不能使吏必不犯也吏能犯教而不能使君必不聞也夫設教而犯君之劣也

犯教而聞吏之禍也君劣於上吏禍於下此政事所以不理也可不各勉之哉於是下吏莫不自勵門下循行嘗疑門幹盜簪幹辭不符曹執爲獄芝教曰凡物有相似而難分者自非離婁鮮能不惑就其實然循行何忍重惜一簪輕傷同類乎其寢勿問明帝即位賜爵關內侯頃之特進曹洪乳母當與臨汾公主侍者共事無澗神臣松之案無澗山名在洛陽東北繫獄卞太后遣黃門詣府傳令芝不通輙勑洛陽獄考竟而上疏曰諸應死罪者皆當先表須報前制書禁絕淫祀以正風

俗今當等所犯妖刑辭語始定黃門吳達詣臣傳太皇太后令臣不敢通懼有救護速聞聖聽若不得已以垂宿留由事不早竟是臣之罪是以冒犯常科輙勑縣考竟擅行刑戮伏須誅罰帝手報曰省表明卿至心欲奉詔書以權行事是也此乃卿奉詔之意何謝之有後黃門復往愼勿通也芝居官十一年數議科條所不便者其在公卿間直道而行會諸王來朝與京都人交通坐免後爲大司農先是諸典農各部吏民末作治生以要利入芝奏曰王者之治崇本抑

末務農重穀王制無三年之儲國非其國也管
子區言以積穀爲急方今二虜未滅師旅不息
國家之事唯在穀帛武皇帝特開屯田之官專
以農桑爲業建安中天下倉廩充實百姓殷足
自黃初以來聽諸典農治生各爲部下之計誠
非國家大體所宜也夫王者以海内爲家故傳
曰百姓不足君誰與足富足之由在於不失天
時而盡地力今商旅所求雖有加倍之顯利然
於一統之計已有不貲之損不如墾田益一畒
之收也夫農民之事田自正月耕種芸鋤條桑

耕熯種麥穫刈築場十月乃畢治廩繫橋運輸
租賦除道理梁墐塗室屋以是終歲無日不爲
農事也今諸典農各言留者爲行者宗田計課
其力勢不得不爾不有所廢則當素有餘力臣
愚以爲不宜復以商事雜亂專以農桑爲務於
國計爲便明帝從之每上官有所召問常先見
掾史爲斷其意故教其所以答塞之狀皆如所
度芝性亮直不矜廉隅與賓客談論有不可意
便面折其短退無異言卒於官家無餘財自魏
迄今爲河南尹者莫及芝芝亡子岐嗣從河南

丞轉廷尉正遷陳留相梁郡有繫囚多所連及數
歲不決詔書徙獄於岐屬縣縣請豫治牢具岐
曰今囚有數十既巧詐難符且已倦楚毒其情
易見豈當復久處囹圄邪及囚至詰之皆莫敢匿
詐一朝決竟遂超爲廷尉是時大將軍爽專權
尚書何晏鄧颺等爲之輔翼南陽圭泰嘗以言
迕指考繫廷尉颺訊獄將致泰重刑岐數颺曰
夫樞機大臣王室之佐既不能輔化成德齊美
古人而乃肆其私忿枉論無辜使百姓危心非
此焉在颺於是慙怒而退岐終恐久獲罪以疾

去官居家未朞而卒年三十五子肇嗣（肇晉太康中爲冀州刺史尚書見百官志）
評曰徐弈何夔邢顒貴尚峻厲爲世名人毛玠
清公素履司馬芝忠亮不傾庶乎不吐剛茹柔
崔琰高格最優鮑勛秉正無虧而皆不免其身
惜哉大雅貴既明且哲虞書尚直而能溫自非
兼才疇克備諸

魏書　國志十二

崔毛徐何邢鮑司馬傳卷第十二

鍾繇傳 子名毓

鍾繇字元常潁川長社人也先賢行狀曰鍾皓字季明溫良篤慎博學詩律教授門生千有餘人為郡功曹時太丘長陳寔為西門亭長皓深獨歎異寔少皓十七歲常禮待與同分義會辟公府臨辭太守問誰可代君皓曰明府欲必得其人西門亭長可用寔曰鍾君似不察人為意不知何獨識我皓為司徒掾公出道路泥濘導從惡其相濺去公車絕遠公椎軾言司徒今日為獨行耳還府向閤鈴下不扶令攝掾屬公奮手不顧時舉府掾屬皆投劾出皓為西曹掾即開府門分布曉語已出者曰臣下不能得自直於君若司隸舉繩墨以公失宰相之禮又不勝任諸君終身何所任邪掾屬以故皆止都官果移西曹掾問空府去意皓召都官吏以見掾屬名示之乃止前後九辟三府遷南鄉林慮長不之官時郡中先輩為海內所歸者蒼梧太守定陵陳穉叔故黎陽令潁陰荀淑及皓少府李膺常宗此三人曰荀君清識難尚陳鍾至德可師膺之姑為皓兄之妻生子覲與膺年齊並有令名覲又好學慕古有退讓之行為童幼時膺祖太尉脩言覲似我家性國有道不廢國無道免於刑戮者也復以膺妹妻之覲辟州宰未嘗屈就膺謂覲曰孟軻以為人無好惡是非之心非人也弟於人何太無皂白邪覲常以膺之言白皓皓曰元禮祖父在位諸父並盛韓公之甥故得然耳國武子好昭人過以為怨本今豈其時保身全家汝道是也覲早亡膺雖荷功名位至卿佐而卒隕身世禍皓年六十九終於家皓二子迪敷並以黨錮不仕繇則迪之孫嘗與族父瑜俱至洛陽道遇相者曰此童有貴相然當厄於水努力慎之行未十里度橋馬驚墮水幾死瑜以相者言中益貴繇而供給資費使得專學舉孝廉謝承漢書曰南陽陰脩為潁川太守以旌賢擢俊為務舉五官掾張仲方正察功曹鍾繇主簿荀彧主記掾張禮賊曹掾杜祐孝廉荀攸計吏郭圖為吏以光國朝除尚書郎陽陵令以疾去辟三府為廷尉正黃門侍郎是時漢帝在西京李

傕郭汜等亂長安中與關東斷絕太祖領兗州牧始遣使上書世語曰太祖遣使從事王必致命天子傕汜等以為關東欲自立天子今曹操雖有使命非其至實議留太祖使拒絕其意繇說傕汜等曰方今英雄並起各矯命專制唯曹兗州乃心王室而逆其忠款非所以副將來之望也傕汜等用繇言厚加荅報由是太祖使命遂得通太祖既數聽荀彧之稱繇又聞其說傕汜益虛心後傕脅天子繇與尚書郎韓斌同策謀天子得出長安繇有力焉拜御史中丞遷侍中尚書僕射并錄前功封東武亭侯時關中諸將馬騰韓遂等各擁彊兵相與爭太祖方有事山東以關右為憂乃表繇以侍中守司隸校尉持節督關中諸軍委之以後事特使不拘科制繇至長安移書騰遂等為陳禍福騰遂各遣子入侍太祖在官渡與袁紹相持繇送馬二千餘匹給軍太祖與繇書曰得所送馬甚應其急關右平定朝廷無西顧之憂足下之勳也昔蕭何鎮守關中足食成軍亦適當爾其後匈奴單于作亂平陽繇帥諸軍圍之未拔而袁尚所置河東太守郭援到河東衆甚

盛諸將議欲釋之去繇曰袁氏方彊援之來關中陰與之通所以未悉叛者顧吾威名故耳若棄而去示之以弱所在之民誰非寇讎縱吾欲歸其得至乎此爲未戰先自敗也且援剛愎好勝必易吾軍若渡汾爲營及其未濟擊之可大克也張既説馬騰會擊援騰遣子超將精兵逆之援至果輕度汾衆止之不從濟水未半擊大破之司馬彪戰略曰袁尚遣高幹郭援將兵數萬人與匈奴單于寇河東遣使與馬騰韓遂等連和騰等陰許之傅幹説騰曰古人有言順道者昌逆德者亡曹公奉天子誅暴亂法明國治上下用命有義必賞無義必罰可謂順道矣袁氏背王命驅胡虜以陵中國寬而多忌仁而無斷兵雖彊實失天下心可謂逆德矣今將軍既事有道不盡其力陰懷兩端欲以坐

觀成敗吾恐成敗既定奉辭責罪將軍先爲誅首矣於是騰懼幹曰智者轉禍爲福今曹公與袁氏相持而高幹郭援獨制河東曹公雖有萬全之計不能禁河東之不危也將軍誠能引兵討援內外擊之其勢必舉是將軍一舉斷袁氏之臂解一方之急曹公必重德將軍將軍功名竹帛不能盡載也唯將軍審所擇騰曰敬從教於是遣子超將精兵萬餘人幷將遂等兵與繇會擊援等大破之斬援降單于語在既傳其後河東衛固作亂與張晟張琰及高幹等並爲寇繇又率諸將討破之魏略曰詔徵河東太守王邑邑以天下未定心不願徵而吏民亦戀邑郡掾衛固及中郎將范先等各詣繇求乞邑而詔已拜杜畿爲太守畿已入界繇不聽先等促邑交符邑佩印綬徑從河北詣許自歸繇時治在洛陽自以威禁失督司之法乃上書自劾曰臣前上言故鎮北將軍領河東太守安陽亭侯王邑巧辟治官犯突科條事當推劾檢實姦詐被詔書當如所糾以其歸罪故加寬赦又臣上言吏民大小各懷顧望謂邑當還拒太守杜畿今皆反悔共迎畿之官謹按文書臣以空虛被蒙拔擢入充近侍兼典機衡忝膺重任揔統偏方既無德政以惠民物

又無威刑以檢不恪至使邑違犯詔書郡掾衛固誑迫吏民訟訴之言交驛道路漸失其禮不虔王命今雖反悔亂聲流聞咎皆由繇威刑不攝臣又疾病前後歷年氣力日微尸素重祿曠廢職任罪明法正謹按侍中守司隸校尉東武亭侯鍾繇幸得蒙恩以斗筲之才仍見拔擢顯從近密銜命督使明知詔書深疾長吏政教寬弱檢下無刑久病淹滯衆職荒頓法令失張邑雖違科當必繩正法既舉文書操彈失禮至乃使邑遠詣闕廷隳忝使命挫傷爪牙而固誑迫吏民拒畿連月今雖反悔犯順失正海內兇赫罪一由繇威刑闇弱又繇久病不任所職非繇大臣當所宜爲繇輕慢憲度不畏詔令不與國同心爲臣不忠無所畏忌大爲不敬又不承用詔書奉詔不謹又聰明蔽塞爲下所欺弱不勝任數罪謹以劾臣請法車徵詣廷尉治繇罪大鴻臚削爵土臣久嬰篤疾涉夏盛劇命縣呼吸不任部官輒以文書付功曹從事馬適議免冠徒跣伏須罪誅詔不聽自天子西遷洛陽人民單盡繇徙關中民又招納亡叛以充之數年間民戶稍實太祖征關中得以爲資表繇爲前軍師魏國初

建爲大理遷相國文帝在東宮賜繇五熟釜爲之銘曰於赫有魏作漢藩輔厥相惟鍾實幹心膂靖恭夙夜匪遑安處百寮師師楷玆度矩魏略曰繇爲相國以五熟釜鼎範因太子鑄之釜成太子與繇書曰昔有黃三鼎周之九寶咸以一體使調一味豈若斯釜五味時芳蓋鼎之烹飪以饗上帝以養聖賢昭德祈福莫斯之美故非大人莫之能造故非斯器莫宜盛德今之嘉釜有逾兹美夫周之尸臣宋之考父衞之孔悝晉之魏顆彼四臣者並以功德勒名鐘鼎今執事寅亮大魏以隆聖化堂堂之德於斯爲盛誠太常之所宜銘彝器之所宜勒故作斯銘勒之釜口庶可讚揚洪美垂之不朽臣松之按漢書郊祀志宣時美陽得鼎京兆尹張敞上議曰按鼎有刻書曰王命尸臣官此栒邑尸主事之臣也栒音荀豳地賜尔旂鸞黼黻琱戈尸臣拜手稽首曰敢對揚天子丕顯休命此殆周之褒賜大臣子孫大臣子孫刻銘其先功藏之于宮廟也考父銘見左氏傳孔悝銘在禮記事顯故不載國語曰昔克潞之役秦來圖敗晉功魏顆以其身追秦師于輔氏親止杜回其勳銘于

景鍾至于今不遺類其子孫不可不與也太子所稱四銘者也　魏略曰後太祖征漢中太子在孟津聞繇有玉玦欲得之而難公密使臨菑侯轉因人說之繇即送之太子與繇書曰夫玉以比德君子見美詩人晉之垂棘魯之璵璠宋之結緑楚之和璞價越萬金貴重都城有稱疇昔流聲將來是以垂棘出晉虞虢雙禽和璧入秦相如抗節竊見玉書稱美玉白若截肪黑譬純漆赤擬雞冠黃侔蒸栗側聞斯語未覩厥狀雖德非君子義無詩人高山景行私所慕仰然四寶邈焉以遠秦漢未聞有良匹是以求之曠年未遇厥真私願不果饑渴未副近見南陽宗惠叔稱君侯昔有美玦聞之驚喜笑與抃俱當自白書恐傳言未審是以令舍弟子建因荀仲茂轉言鄙旨乃不忽遺厚見周稱鄴騎既到寶玦初至捧跪發匣爛然滿目猥以矇鄙之姿得觀希世之寶不煩一介之使不損連城之價既有秦昭章臺之觀而無藺生詭奪之誑嘉貺益腆敢不欽承繇報書曰昔忝近任并得賜玦尚方耆老頗識舊物名其符采必得處所以爲執事有珍此者是以鄙之用未奉貢幸而紆意實以恱懌在昔和氏殷勤忠篤而繇待命是懷愧恥

數年坐西曹掾魏諷謀反策罷就第　魏略曰孫權稱臣斬送關羽太子書報繇繇荅書曰臣同郡故司空荀爽言人當道情愛我者一何可愛憎我者一何可憎顧念孫權了更嫵媚太子又書曰得報知喜南方至於荀公之清談孫權之嫵媚執書嗢噱不能離手若權復黠當折以汝南許劭月旦之評權優游二國俯仰荀許亦已足矣

文帝即王位復爲大理及踐阼改爲廷尉進封崇高鄉侯遷太尉轉封平陽鄉侯時司徒華歆司空王朗並先世名臣文帝罷朝謂左右曰此三公者乃一代之偉人也後世殆難繼矣　陸氏異林曰繇嘗數月不朝會意性異常或問其故云常有好婦來美麗非凡問者曰必是鬼物可殺之婦人後往不即前止戶外繇問何以曰公有相殺意繇曰無此乃勤勤呼之乃入繇意恨有不忍之心然猶斫之傷髀婦人即出以新綿拭血竟路明日使人尋跡之至一大冢木中有好婦人形體如生人著白練衫丹繡裲襠傷左髀以裲襠中綿拭血叔父清河太守說如此清河陸雲也

明帝即位進封定陵侯增邑五百并前千八百戶遷太傅繇有膝疾拜起不便時華歆亦以高年疾病朝見皆使載輿車虎賁舁上殿就坐是後三公有疾遂以爲故事初太祖下令使平議死刑可宮割者繇以爲古之肉刑更歷聖人宜復施行以代死刑議者以爲非恱民之道遂寢及文帝臨饗群臣詔謂大理欲復肉刑此誠聖王之法公卿當善共議議未定會有軍事復寢太和中繇上疏曰大魏受命繼蹤虞夏孝文革法不合古道先帝聖德固天所縱墳典之業一以貫之是以繼世仍發明詔思復古刑爲一代

法連有軍事遂未施行陛下遠追二祖遺意惜斬趾可以禁惡恨入死之無辜使明習律令與群臣共議出本當右趾而入大辟者復行此刑書云皇帝清問下民鰥寡有辭于苗此言堯當除蚩尤有苗之刑先審問於下民之有辭者也若今蔽獄之時訊問三槐九棘群吏萬民使如孝景之令其當棄市欲斬右趾者許之其黥劓左趾宮刑者自如孝文易以髡笞能有姦者率年二十至四五十雖斬其足猶任生育今天下人少於孝文之世下計所全歲三千人張蒼除

肉刑所殺歲以萬計臣欲復肉刑歲生三千人子貢問能濟民可謂仁乎子曰何事於仁必也聖乎堯舜其猶病諸又曰仁遠乎哉我欲仁斯仁至矣若誠行之斯民永濟書奏詔曰太傅學優才高留心政事又於刑理深遠此大事公卿羣僚善共平議司徒王朗議以爲繇欲輕減大辟之條以增益刖刑之數此即起偃爲豎化屍爲人矣然臣之愚猶有未合微異之意夫五刑之屬著在科律自有減死一等之法不死即爲減施行已久不待遠假斧鑿於彼肉刑然後有罪次也前世仁者不忍肉刑之慘酷是以廢而不用不用已來歷年數百今復行之恐所減之文未彰於萬民之目而肉刑之問已宣於寇讎之耳非所以來遠人也今可按繇所欲輕之死罪使減死之髡刖嫌其輕者可倍其居作之歲數內有以生易死不訾之恩外無以刖易鈦駭耳之聲議者百餘人與朗同者多帝以吳蜀未平且寢袁宏曰夫民心樂全而不能常全蓋利用之物懸於外而嗜欲之情動於內也於是有進取貪競之行希求放肆之事進取不已不能充其嗜欲則苟且僥倖之所生也希求無饜無以愜其欲則姦僞忿怒之所興也先王知其如此而欲救其弊或先德化以陶其心其心不化然後加以刑辟書曰百姓不親五品不遜汝作司徒而敬敷五教

蠻夷猾夏寇賊姦宄汝作士五刑有服然則德刑之設參而用之者也三代相因其義詳焉周禮使墨者守門劓者守關宮者守內刖者守囿此肉刑之制可得而論者也荀卿亦云殺人者死傷人者刑百王之所同未有知其所由來者也夫殺人者死而相殺者不已是大辟可以懲未殺不能使天下無殺也傷人者刑而害物者不息是黥劓可以懼未刑不能使天下無刑也故將欲止之莫若先以德化夫罪過彰著然後入于刑辟是將殺人者不必死欲傷人者不必刑縱而弗化則陷於刑辟故刑之所制在於不可移之地禮教則不然明其善惡所以潛勸其情消之於未殺也示之恥辱所以內愧其心治之於未傷也故過纖而不至於著罪薄而不及於刑終入罪辟者非教化之所得也故雖殘一物之生刑一人之體是除天下之害夫何傷哉率斯道也風化可以漸淳刑罰可以漸少其理然也苟不能化其心而專任刑罰民失義方動羅刑網求世休和焉可得哉周之成康豈按三千之文而致刑錯之美乎蓋德化漸漬致斯有由也漢初懲酷刑之弊務寬厚之論公卿大夫相與恥言人過文帝登朝加以玄默張武受賂賜金以愧其心吳王不朝崇禮以訓其失是以吏民樂業風流篤厚斷獄四百幾致刑錯豈非德刑兼用已然之効哉世之欲言刑罰之用不先德教之益失之遠矣今大辟之罪與古同制免死已下不過五歲既釋鉗鎖復得齒于人倫是以民無恥惡數爲姦盜故刑徒多而亂不治也苟數之所去罰當其罪一離刀鋸沒身不齒鄰里且猶恥之而況乎鄉黨乎而況朝廷乎如此則風沙趨高之儔無蹤其惡矣古者察其言觀其行而善惡彰焉然則君子之去刑辟固已遠矣過誤不幸則八議之所宥也若夫卞和史遷之冤淫刑之所及也苟失其道或不免于大辟而況肉刑哉漢書斬右趾及殺人先自言告吏坐受賕守官物而即盜之皆棄市此班固所謂當生而令死者也今不忍刻截之慘而安斷絶之悲此最仁體之所先有國所宜改者也太和四年繇薨帝素服臨弔謚曰成侯魏書曰有司議謚以繇昔爲廷尉辨理刑獄決嫌明疑民無怨者由于張之在漢也詔曰太傅功高德茂位爲師保論行賜謚當先依此兼叙廷尉于張之德耳乃策謚曰成侯子毓嗣初文帝分毓戶邑封繇弟演及子劭孫豫列侯

毓字稚叔年十四爲散騎侍郎機捷談笑有父

風太和初蜀相諸葛亮圍祁山明帝欲西征毓上疏曰夫策貴廟勝功尚帷幄不下殿堂之上而決勝千里之外車駕宜鎮守中土以為四方威勢之援今大軍西征雖有百倍之威於關中之費所損非一且盛暑行師詩人所重實非至尊動軔之時也遷黃門侍郎時大興洛陽宮室車駕便幸許昌天下當朝正許昌許昌偪狹於城南以氈為殿備設魚龍曼延民罷勞役毓諫以為水旱不時帑藏空虛凡此之類可須豐年又上宜復關內開荒地使民肆力於農事遂施

行正始中為散騎侍郎大將軍曹爽盛夏興軍伐蜀蜀拒守軍不得進爽方欲增兵毓與書曰竊以為廟勝之策不臨矢石王者之兵有征無戰誠以干戚可以服有苗退舍足以納原寇不必縱吳漢於江關騁韓信於井陘也見可而進知難而退蓋自古之政惟公侯詳之爽無功而還後以失爽意徙侍中出為魏郡太守爽既誅入為御史中丞侍中廷尉聽君父已沒臣子得為理謗及士為侯其妻不復配嫁毓所創也正元中毋丘儉文欽反毓持節至楊豫州班行赦

令告喻士民還為尚書諸葛誕反大將軍司馬文王議自詣壽春討誕會吳大將孫壹率衆降或以為吳新有釁必不能復出軍東兵已多可須後問毓以為夫論事料敵當以己度人今誕舉淮南之地以與吳國孫壹所率口不至千兵不過三百吳之所失蓋為無幾若壽春之圍未解而吳國之內轉安未可必其不出也大將軍曰善遂將毓行（臣松之以為諸葛誕舉淮南以與吳孫壹率三百人以歸魏謂吳有釁本非有理之言毓之此議蓋何足稱耳）淮南既平為青州刺史加後將軍遷都督徐州諸軍事假節又轉都督荊州景元

四年薨追贈車騎將軍諡曰惠侯子駿嗣毓弟會自有傳

華歆傳

華歆字子魚平原高唐人也高唐為齊名都衣冠無不游行市里歆為吏休沐出府則歸家闔門議論持平終不毀傷人（魏略曰歆與北海邴原管寧俱游學三人相善時人號三人為一龍歆為龍頭原為龍腹寧為龍尾臣松之以為邴根矩之徽猷懿望不必有愧華公管幼安含德高蹈又恐弗當為尾魏略此言未可以定其先後也）同郡陶丘洪亦知名自以明見過歆時王芬與豪傑謀廢靈帝語在武紀（魏書稱芬有大名於天下）芬陰呼歆洪共定計洪欲行歆止之曰夫廢

立大事伊霍之所難芬性踈而不武此必無成
而禍將及族子其無往洪從歆言而止後芬果
敗洪乃服舉孝廉除郎中病去官靈帝崩何進
輔政徵河南鄭泰潁川荀攸及歆等歆到爲尚
書郎董卓遷天子長安歆求出爲下邽令病不
行遂從藍田至南陽華嶠譜敘曰歆少以高行顯名避西京之亂與同志鄭泰等六七人
間步出武關道遇一丈夫獨行願得俱皆哀欲許之歆獨曰不可今已在危險之中禍福患害義猶一也無故受人不知
其義既以受之若有進退可中棄乎衆不忍卒与俱行此丈夫中道墮井皆欲棄之歆曰已與俱矣棄之不義相率
共還出之而後別衆乃大義之時袁術在穰留歆歆說術使進軍討卓
術不能用歆欲棄去會天子使太傅馬日磾安集
關東日磾辟歆爲掾東至徐州詔即拜歆豫章太
守以爲政清靜不煩吏民感而愛之魏略曰揚州刺史劉繇死其衆願奉
歆爲主歆以爲因時擅命非人臣之宜衆守之連月卒謝遣之不從孫策略地江東歆知
策善用兵乃幅巾奉迎策以其長者待以上賓之
禮胡沖吳歷曰孫策擊豫章先遣虞翻說歆歆答曰久在江表常欲北歸孫會稽來吾便去也翻還報策策乃進軍歆
葛巾迎策策謂歆曰府君年德名望遠近所歸策年幼稚宜脩子弟之禮便向歆拜華嶠譜敘曰孫策略有揚州盛兵徇
豫章一郡大恐官屬請出郊迎教曰無然策稍進復白發兵又不聽及策至一府皆造閤請出避之乃笑曰今將自來何
遽避之有頃門下白曰孫將軍至請見乃前与歆共坐談議良久夜乃別去義士聞之皆長歎息而心自服也策遂親執
子孫之禮禮爲上賓是時四方賢士大夫避地江南者甚衆皆出其下人人望風每策大會坐上莫敢先發言歆時起更
衣則論議讙譁歆能劇飲至石餘不亂衆人微察常以其整衣冠爲異江南號之曰華獨坐虞溥江表傳曰孫策在椒丘

遣虞翻說歆翻既去歆請功曹劉壹入議壹勸歆住城遣檄迎軍歆曰吾雖劉刺史所置上用猶是剖符吏也今從卿計
恐死有餘責矣壹曰王景興既漢朝所用且爾時會稽人衆盛彊猶見原恕明府何慮於是夜逆作檄明旦出城遣吏齎
迎策策便進軍与歆相見待以上賓接以朋友之禮孫盛曰夫大雅之處世也必先審隱顯之期以定出處之分否則括囊
以保其身泰則行義以達其道歆既無夷皓韜邈之風又失王臣匪躬之操故撓心於邪儒之說交臂於陵肆之徒位奪
於一豎節墮於當時昔許蔡失位不得列於諸侯州公寔來魯人以爲賤耿方之於歆咎孰大焉後策死
太祖在官渡表天子徵歆孫權欲不遣歆謂權
曰將軍奉王命始交好曹公分義未固使僕得
爲將軍效心豈不有益乎今空留僕是爲養無
用之物非將軍之良計也權悅乃遣歆賓客舊
人送之者千餘人贈遺數百金歆皆無所拒密
各題識至臨去悉聚諸物謂諸賓客曰本無拒
諸君之心而所受遂多念單車遠行將以懷璧
爲罪願賓客爲之計衆乃各留所贈而服其德
歆至拜議郎參司空軍事入爲尚書轉侍中代
荀彧爲尚書令太祖征孫權表歆爲軍師魏國
既建爲御史大夫文帝即王位拜相國封安樂
鄉侯及踐阼改爲司徒魏書曰文帝受禪歆登壇相儀奉皇帝璽綬以成受命之禮華
嶠譜敘曰文帝受禪朝臣三公已下並受爵位歆以形色忤時徙爲司徒而不進爵魏文帝久不懌以問尚書令陳羣曰我應天
受禪百辟群后莫不人人悅喜形于聲色而相國及公獨有不怡者何也羣起離席長跪曰臣與相國曾臣漢朝心雖悅
喜義形其色亦懼陛下實應且憎帝大悅遂重異之歆素清貧祿賜以振施親

戚故人家無擔石之儲公卿嘗並賜沒入生口唯歆出而嫁之帝歎息孫盛曰盛聞慶賞威刑必宗於主權宜宥怨出自人君子路私饋仲尼毀其食器田氏盜施春秋著以爲譏斯褒貶之成言已然之顯義也孥戮之家國刑所肅受賜之室乾施所加若在哀矜理無偏宥歆居股肱之任同元首之重則當公言皇朝以彰天澤而默受嘉賜獨爲君子既犯作福之嫌又違必去之義可謂匹夫之仁蹈道則未也　魏書曰歆性周密舉動詳慎常以爲人臣陳事務以諷諫合道爲貴就有所言不敢顯露故其事多不見　華嶠譜敘曰歆淡於財欲前後寵賜諸公莫及然終不殖產業陳羣常歎曰若華公可謂通而不泰清而不介者矣　傅子曰敢問今之君子曰袁郎中積德行儉華太尉積德居順其智可及也其清不可及也事上以忠濟下以仁晏嬰行之何以加諸下詔曰司徒國之儁老所與和陰陽理庶事也今太官重膳而司徒蔬食甚無謂也特賜御衣及爲其妻子男女皆作衣服魏書曰又賜奴婢五十人

三府議舉孝廉本以德行不復限以試經歆以爲喪亂以來六籍墮廢當務存立以崇王道夫制法者所以經盛衰今聽孝廉不以經試恐學業遂從此而廢若有秀異可特徵用患於無其人何患不得哉帝從其言黃初中詔公卿舉獨行君子歆舉管寧帝以安車徵之明帝即位進封博平侯增邑五百戸并前千三百戸轉拜太尉列異傳曰歆爲諸生時嘗宿人門外主人婦夜產有頃兩吏詣門便辟易卻相謂曰公在此躊躇良久一吏曰籍當定奈何得住乃前向歆拜相將入出並行共語曰當與幾歲一人曰當三歲天明歆去後欲驗其事至三歲故往問兒消息果已死歆乃自知當爲公　臣松之按晉陽秋說魏舒少時寄宿事亦如之以爲理無二人俱有

此事將由傳者不同今寧信列異歆稱病乞退讓位於寧帝不許臨當大會乃遣散騎常侍繆襲奉詔喻指曰朕新莅庶事一日萬機懼聽斷之不明賴有德之臣左右朕躬而君屢以疾辭位夫量主擇君不居其朝委榮棄祿不究其位古人固有之矣顧以爲周公伊尹則不然絜身徇節常人爲之不望之於君君其力疾就會以惠予一人將立席机筵命百官總己以須君到朕然後御坐又詔襲須歆必起乃還歆不得已乃起太和中遣曹眞從子午道伐蜀車駕東幸許昌歆上疏曰兵亂以

來過踰二紀大魏承天受命陛下以聖德當成康之隆宜弘一代之治紹三王之迹雖有二賊負險延命苟聖化日躋遠人懷德將襁負而至夫兵不得已而用之故戢而時動臣誠願陛下先留心於治道以征伐爲後事且千里運糧非用兵之利越險深入無獨克之功如聞今年徵役頗失農桑之業爲國者以民爲基民以衣食爲本使中國無饑寒之患百姓無離土之心則天下幸甚二賊之釁可坐而待也臣備位宰相老病日篤犬馬之命將盡恐不復奉望鑾蓋不

敢不竭臣子之懷唯陛下裁察帝報曰君深慮國計朕甚嘉之賊憑恃山川二祖勞於前世猶不克平朕豈敢自多謂必滅之哉諸將以爲不一探取無由自弊是以觀兵以闚其釁若天時未至周武還師乃前事之鑒朕敬不忘所戒時秋大雨詔眞引軍還太和五年歆薨謚曰敬侯魏書云歆時年七十五子表嗣初文帝分歆戸邑封歆弟緝列矦表咸熙中爲尚書華嶠譜叙曰歆有三子表字偉容年二十餘爲散騎侍郎時同寮諸郎共平尚書事年少並兼厲鋒氣要君名譽尚書事至或有不便故遺漏不視及傳書者去即入深文論駮惟表不然事來有不便輒與尚書共論盡其意主者固執不得已然後共奏議司空陳泰等以此稱之仕晉歷太子少傅太常稱疾致仕拜光祿大夫性淸淡常慮天下退理司徒李胤司隷王密等常稱曰若此人者不可得而貴不可得而賤不可得而踈中子博歷三縣內史治有名跡少子周黄門侍郎常山太守博學有文思中年遇疾終于家表有三子長子廙字長駿晉諸公贊曰廙有文翰歷位尚書令太子少傅追贈光祿大夫開府嶠字叔駿有才學撰後漢書世稱爲良史爲祕書監尚書澹字玄駿最知名爲河南尹廙三子昆字敬倫淸粹有檢爲尚書會字敬叔世語稱會貴正恒字敬則以通理稱昆尚書會河南尹恒左光祿大夫開府澹子軼字彥夏有當世才志爲江州刺史

王朗傳 子名肅

王朗字景興東海郡人也以通經拜郎中除菑丘長師太尉楊賜賜薨棄官行服舉孝廉辟公府不應徐州刺史陶謙察朗茂才時漢帝在長安關東兵起朗爲謙治中與別駕趙昱等說謙

曰春秋之義求諸侯莫如勤王今天子越在西京宜遣使奉承王命謙乃遣昱奉章至長安天子嘉其意拜謙安東將軍以昱爲廣陵太守朗會稽太守朗家傳曰會稽舊祀秦始皇刻木爲像與夏禹同廟朗到官以爲無德之君不應見祀於是除之居郡四年惠愛在民孫策渡江略地朗功曹虞翻以爲力不能拒不如避之朗自以身爲漢吏宜保城邑遂舉兵與策戰敗績浮海至東冶策又追擊大破之朗乃詣策策以儒雅詰讓而不害獻帝春秋曰孫策率軍如閩越討朗朗泛舟浮海欲走交州爲兵所逼遂詣軍降策令使者詰朗曰問逆賊故會稽太守王朗朗受國恩當官云何不惟報德而阻兵安忍大軍征討幸免梟夷不自歸罪復聚黨衆屯住郡境遠勞王誅卒不悟順捕得云降庶以贖詠用全首領得爾與不具以狀對朗稱禽虜對使者曰朗以瑣才誤竊朝私受爵不讓以遘罪網前見征討畏死苟免因治人物寄命須臾又迫大兵惶怖北引從者疾患死亡略盡獨與老母共乘一欐流矢始交便棄欐就俘稽顙自首於征役之中朗惶惑不達自稱降虜緣前迷謬被詰慙懼朗愚淺駑怯畏威自驚又無良介不早自歸於破亡之中然後委命下隸身輕罪重死有餘辜申脰就戮足入絆叱咤聽聲東西惟命雖流移窮困朝不謀夕而收卹親舊分多割少行義甚著太祖表徵之朗自曲阿展轉江海積年乃至朗被徵未至孔融與朗書曰世路隔塞情問斷絶感懷增思前見章表知尋湯武罪己之迹自投東裔同鯀之罰覽省未周涕隕潸然主上寬仁貴德宥過曹公輔政思賢並立策書屢下殷勤款至知櫂舟浮海息駕廣陵不意黃能突出羽淵也談笑有期勉行自愛漢晉春秋曰孫策之始得朗也譴讓之使張昭私問朗朗誓不屈策忿而不敢害也留置曲阿建安三年太祖表徵朗策遣之太祖問曰孫策何以得至此邪朗曰策勇冠一世有儁才大志張子布民之望也北面而相之周公瑾江淮之傑攘臂而爲其將謀

而有成所規不細終爲天下大賊非徒狗盜而已拜諫議大夫參司空軍事朗家傳曰朗少與沛國名士劉陽交友陽爲莒令年未三十而卒故後世鮮聞初陽以漢室漸衰知太祖有雄才恐爲漢累意欲除之而事不會及太祖貴求其嗣子甚急其子惶窘走伏無所陽親舊雖多莫敢藏者朗乃納受積年及從會稽還又數開解太祖乃赦之陽門戶由是得全魏國初建以軍祭酒領魏郡太守遷少府奉常大理務在寬恕罪疑從輕鍾繇明察當法俱以治獄見稱魏略曰太祖請同會啁朗曰不能效君昔在會稽折秔米飯也朗仰而歎曰宜適難値太祖問云何朗曰如朗昔者未可折而折如明公今日可折而不折也太祖以孫權稱臣遣貢詣朗朗荅曰孫權前棱自詭躬討虜以補前愆後踈稱臣以明無二牙獻屈膝言爲告歡明珠南金遠珍必至情見乎辭效著乎功三江五湖爲沼于魏西吳東越化爲國民鄢郢既拔荊門自開席卷巴蜀形勢已成重休累慶雜沓相隨承旨之日撫掌擊節情之畜者辭不能宣文帝即王位遷御史大夫

封安陵亭侯上疏勸育民省刑曰兵起已來三十餘年四海蕩盪萬國殄瘁賴先王芟除寇賊扶育孤弱遂令華夏復有綱紀鳩集兆民于茲魏土使封鄙之內雞鳴狗吠達於四境蒸庶欣欣喜遇升平今遠方之寇未賓兵戎之役未息誠令復除足以懷遠人良宰足以宣德澤阡陌咸脩四民殷熾必復過於曩時而富於平日矣易稱敕法書著祥刑一人有慶兆民賴之慎法獄之謂也昔曹相國以獄市爲寄路溫舒疾治獄之吏夫治獄者得其情則無冤死之囚丁壯

者得盡地力則無饑饉之民窮老者得仰食倉廩則無餧餓之殍嫁娶以時則男女無怨曠之恨胎養必全則孕者無自傷之哀新生必復則孩者無不育之累壯而後役則幼者無離家之思二毛不戎則老者無頓伏之患醫藥以療其疾寬繇以樂其業威罰以抑其彊恩仁以濟其弱振貸以贍其乏十年之後既笄者必盈巷二十年之後勝兵者必滿野矣及文帝踐阼改爲司空進封樂平鄉侯魏名臣奏載朗節省奏曰詔問所宜損益必謂東京之事也若夫西京雲陽汾陰之大祭千有五百之羣祀通天之臺入阿房之宮齋必百日養犧五載牛則三千其重玉則七千其器文綺以飾

童儒童女以蹈舞綴釀酎必貫三時而後成樂人必三千四百而後備內宮美人數至近千學官博士七千餘人中廄則騄驥駙馬六萬餘匹外牧則扈養三萬而馬十之執金吾從騎六百走卒倍焉太常行陵赤車千乘太官賜官奴婢六千長安城內治民爲政者三千中二千石蔽罪斷刑者二十有五獄政充事猥威儀繁富隆於三代近過禮中夫所以極奢者大抵多受之於秦餘既違繭栗慤誠之本埽地簡易之指又失替質而損文避泰而從約之趣豈夫當今隆興盛明之時祖述堯舜之際割奢務儉之政除繁崇省之令詳刑慎罰之教所宜希慕哉及夫寢廟日一太牢之祀郡國並立宗廟之法丞相御史大夫官屬吏從之數若此之輩既已屢改於哀平之前不行光武之後矣謹按圖牒所改秦在天地及五帝六宗宗廟社稷既已因前代之兆域矣夫天地則埽地而祭其餘則皆壇而埒之矣明堂所以祀上帝靈臺所以觀天文辟雍所以脩禮樂太學所以集儒林高禖所以祈休祥又所以察時務揚教化稽古先民開誕慶祚舊時皆在國之陽並高棟夏屋足以肆饗射望雲物七郊雖尊祀尚質猶皆有門宇便坐足以避風雨可須軍罷年豐以漸脩治舊時虎賁羽林五營兵及衛士并合雖且萬人或商賈惰游子弟或農野謹鈍之人雖有乘制之處不講戎陣既不簡練又希更冠

雖名實不副難以備急有警而後募兵軍行而後運粮或乃兵既久屯而不務營佃不脩器械無有貯聚一隅馳羽檄則三面並荒擾此亦漢氏近世之失而不可式者也當今諸夏已安而巴蜀在畫外雖未得偃武而弢甲放馬而戰兵宜因年之大豐遂寄軍政於農事吏士小大並勤稼穡止則成井里於廣野動則成校隊於六軍省其暴繇贍其衣食易稱悅以使民民忘其勞悅以犯難民忘其死今之謂矣粮畜於食勇畜於勢雖坐曜烈威而衆未動畫外之蠻必復稽顙以求改往而效用矣若畏威效用不戰而定則賢於交兵而後威立接刃而後功成遠矣若姦凶不革遂迷不反猶欲以其所虐用之民待大魏投命報養之士然後徐以前歌後舞樂征之衆臨彼倒戟折矢樂服之羣伐腐摧枯未足以為喻也

時帝頗出游獵或昏夜還宮朗上疏曰夫帝王之居外則飾周衛內則重禁門將行則設兵而後出幄稱警而後踐墀張弧而後登輿清道而後奉引遮列而後轉轂靜室而後息駕皆所以顯至尊務戒慎垂法教也近日車駕出臨捕虎日昃而行及昏而反違警蹕之常法非萬乘之至慎也帝報曰覽表雖魏絳稱虞箴以諷晉悼相如陳猛獸以戒漢武未足以喻方今二寇未殄將帥遠征故時入原野以習戎備至於夜還之戒已詔有司施行王朗集載朗為大理時上主簿趙郡張登昔為本縣主簿值黑山賊圍郡登與縣長王儁帥吏兵七十二人直往赴救與賊交戰吏兵散走儁殆見害登手格二賊以全儁命又守長夏逸為督郵所枉登身受考掠理逸之罪義濟二君宜加顯異太祖以所急者多未遑擢叙至黃初初朗又與太尉鍾繇連名表聞兼稱登在職勤勞詔曰登忠義彰著在職功勤名位雖卑直亮宜顯饔膳近任當得此吏今以登為太官令初建安末孫權始遣使稱藩而與劉備交兵詔議當興

師與吳并取蜀不朗議曰天子之軍重於華岱誠宜坐曜天威不動若山假使權親與蜀賊相持搏戰曠日智均力敵兵不速决當須軍興以成其勢者然後宜選持重之將承寇賊之要相時而後動擇地而後行一舉可無餘事今權之師未動則助吳之軍無為先征且雨水方盛非行軍動衆之時帝納其計黃初中鵜鶘集靈芝池詔公卿舉獨行君子朗薦光祿大夫楊彪且稱疾讓位於彪帝乃為彪置吏卒位次三公詔曰朕求賢於君而未得君乃翻然稱疾非徒不得賢更開失賢之路增玉鉉之傾無乃居其室出其言不善見違於君子乎君其勿有後辭朗乃起孫權欲遣子登入侍不至是時車駕徙許昌大興屯田欲舉軍東征朗上疏曰昔南越守善嬰齊入侍遂為冢嗣還君其國康居驕黠情不副辭都護奏議以為宜遣侍子以黜無禮且吳濞之禍萌於子入隗囂之叛亦不顧子往者聞權有遣子之言而未至今六軍戒嚴臣恐輿人未暢聖旨當謂國家慍於登之逋留是以為之興師設師行而登乃至則為所動者至大所致

者至細猶未足以爲慶設其傲很殊無入志懼彼輿論之未暢者並懷伊邑臣愚以爲宜勅別征諸將各明奉禁令以愼守所部外曜烈威内廣耕稼使泊然若山澹然若淵勢不可動計不可測是時帝以成軍遂行權子不至車駕臨江而還魏書曰車駕既還詔三公曰三世爲將道家所忌窮兵黷武古有成戒況連年水旱士民損耗而功作倍於前勞役兼於昔進不滅賊退不和民夫屋漏在上知之在下然迷而知反失道不遠過而能改謂之不過今將休息棲備高山沈權九淵割除擯棄投之畫外車駕當以今月中旬到譙淮漢衆軍亦各還反不臘西歸矣明帝即位進封蘭陵侯增邑五百并前千二百戶使至鄴省文昭皇后陵見百姓或有不足是時方營脩

宮室朗上疏曰陛下即位已來恩詔屢布百姓萬民莫不欣欣臣頃奉使北行往反道路聞衆徭役其可得蠲除省減者甚多願陛下重留日昊之聽以計制寇昔大禹將欲拯天下之大患故乃先卑其宮室儉其衣食用能盡有九州弼成五服句踐欲廣其禦兒之疆禦兒吳界邊戍之地名馘夫差於姑蘇故亦約其身以及家儉其家以施國用能囊括五湖席卷三江取威中國定霸華夏漢之文景亦欲恢弘祖業增崇洪緒故能割意於百金之臺昭儉於弋綈之服内減太官而不

受貢獻外省徭賦而務農桑用能號稱升平幾致刑錯孝武之所以能奮其軍勢拓其外境誠因祖考蓄積素足故能遂成大功霍去病中才之將猶以匈奴未滅不治第宅明卹遠者略近事外者簡内自漢之初及其中興皆於金革略寢之後然後鳳闕猥閌德陽並起今當建始之前足用列朝會崇華之後足用序内官華林天淵足用展游宴若且先成閶闔之象魏使足用列遠人之朝貢者脩城池使足用絕踰越成國險其餘一切且須豐年一以勤耕農爲務習戎

備爲事則國無怨曠戶口滋息民充兵彊而寇戎不賓緝熙不作未之有也轉爲司徒時屢失皇子而後宮就館者少朗上疏曰昔周文十五而有武王遂享十子之祚以廣諸姬之胤武王既老而生成王成王是以鮮於兄弟此二王者各樹聖德無以相過比其子孫之祚則不相如蓋生育有早晚所產有衆寡也陛下既德祚兼彼二聖春秋高於姬文育武之時矣而子發未舉於椒蘭之奧房藩王未繁於掖庭之衆室以成王爲喻雖未爲晚取譬伯邑則不爲夙周禮

六宮內官百二十人而諸經常說咸以十二爲限至於秦漢之末或以千百爲數矣然雖彌猥而就時於吉館者或甚鮮明百斯男之本誠在於一意不但在於務廣也老臣悽悽願國家同祚於軒轅之五五而未及周文之二五用爲伊邑且少小常苦被褥泰溫泰溫則不能便柔膚弱體是以難可防護而易用感慨若常令少小之縕袍不至於甚厚則必咸保金石之性而比壽於南山矣帝報曰夫忠至者辭篤愛重者言深君既勞思慮又手筆將順三復德音欣然無

量朕繼嗣未立以爲君憂欽紉至言思聞良規朗著易春秋孝經周官傳奏議論記咸傳於世魏略曰朗本名嚴後改爲朗魏書曰朗高才博雅而性嚴整慷慨多威儀恭儉節約自婚姻中表禮贄無所受常譏世俗有好施之名而不卹窮賤故用財以周急爲先太和二年薨謚曰成侯子肅嗣初文帝分朗戶邑封一子列侯朗乞封兄子詳

肅字子雍年十八從宋忠讀太玄而更爲之解肅父朗與許靖書云肅生於會稽黃初中爲散騎黃門侍郎太和三年拜散騎常侍四年大司馬曹眞征蜀肅上疏曰前志有之千里饋糧士有饑色樵蘇後爨

師不宿飽此謂平塗之行軍者也又況於深入阻險鑿路而前則其爲勞必相百也又今加之以霖雨山坂峻滑衆逼而不展糧縣而難繼實行軍者之大忌也聞曹眞發已踰月而行裁半谷治道功夫戰士悉作是賊偏得以逸而待勞乃兵家之所憚也言之前代則武王伐紂出關而復還論之近事則武文征權臨江而不濟豈非所謂順天知時通於權變者哉兆民知聖上以水雨艱劇之故休而息之後日有釁乘而用之則所謂悅以犯難民忘其死者矣於是遂罷

又上疏宜遵舊禮爲大臣發哀薦果宗廟事皆施行又上疏陳政本曰除無事之位損不急之祿止浮食之費并從容之官使官必有職職任其事事必受祿祿代其耕乃往古之常式當今之所宜也官寡而祿厚則公家之費鮮進仕之志勸進仕之志勸各展才力莫相倚杖數奏以言明試以功能之與否簡在帝心是以唐虞之設官分職申命公卿各以其事然後惟龍爲納言猶今尚書也以出內帝命而已夏殷不可得而詳甘誓曰六事之人明六卿亦典事者也周

官則備矣五日視朝公卿大夫並進而司士辨其位焉其記曰坐而論道謂之王公作而行之謂之士大夫及漢之初依擬前代公卿皆親以事升朝故高祖躬追反走之周昌武帝造可奉奏之汲黯宣帝使公卿五日一朝成帝始置尚書五人自是陵遲朝禮遂闕可復五日視朝之儀使公卿尚書各以事進廢禮復興光宣聖緒誠所謂名美而實厚者也青龍中山陽公薨漢主也肅上疏曰昔唐禪虞虞禪夏皆終三年之喪然後踐天子之尊是以帝號無虧君禮猶存

今山陽公承順天命允答民望進禪大魏退處賓位公之奉魏不敢不盡節魏之待公優崇而不臣既至其薨櫬斂之制輿徒之飾皆同之於王者是故遠近歸仁以爲盛美且漢總帝皇之號號曰皇帝有別稱帝無別稱皇則皇是其差輕者也故當高祖之時土無二王其父見在而使稱皇明非二王之嫌也況今以贈終可使稱皇以配其謚明帝不從使稱皇乃追謚曰漢孝獻皇帝孫盛曰化合神者曰皇德合天者曰帝是故三皇創號五帝次之然則皇之爲稱妙於帝矣肅謂爲輕不亦謬乎　臣松之以爲上古謂皇皇后帝次言三五先皇後帝誠如盛言然漢氏諸帝雖尊父爲皇其實則貴而無位高

而無民比之於帝得不謂之輕乎魏因漢禮名號無改孝獻之崩豈得遠考古義肅之所云蓋就漢制而爲言耳謂之爲謬乃是譏漢非難肅也　後肅以常侍領秘書監兼崇文觀祭酒景初間宮室盛興民失農業期信不敦刑殺倉卒肅上疏曰大魏承百王之極生民無幾干戈未戢誠宜息民而惠之以安靜遐邇之時也夫務蓄積而息疲民在於省徭役而勤稼穡今宮室未就功業未訖運漕調發轉相供奉是以丁夫疲於力作農者離其南畝種穀者寡食穀者衆舊穀既沒新穀莫繼斯則有國之大患而非備豫之長策也今見作者三四萬人九龍可

以安聖體其內足以列六宮顯陽之殿又向將畢惟泰極已前功夫尚大方向盛寒疾疢或作誠願陛下發德音下明詔深愍役夫之疲勞厚矜兆民之不贍取常食廩之士非急要者之用選其丁壯擇留萬人使一朞而更之咸知息代有日則莫不悅以即事勞而不怨矣計一歲有三百六十萬夫亦不爲少當一歲成者聽且三年分遣其餘使皆即農無窮之計也倉有溢粟民有餘力以此興功何功不立以此行化何化不成夫信之於民國家大寶也仲尼曰自古皆有

死民非信不立夫區區之晉國微微之重耳欲用其民先示以信是故原雖將降顧信而歸用能一戰而霸于今見稱前車駕當幸洛陽發民爲營有司命以營成而罷既成又利其功力不以時遣有司徒營其目前之利不顧經國之體臣愚以爲自今已後儻復使民宜明其令使必如期若有事以次寧復更發無或失信凡陛下臨時之所行刑皆有罪之吏宜死之人也然衆庶不知謂爲倉卒故願陛下下之於吏而暴其罪鈞其死也無使汙于宮掖而爲遠近所疑且

人命至重難生易殺氣絕而不續者也是以聖賢重之孟軻稱殺一無辜以取天下仁者不爲也漢時有犯蹕驚乘輿馬者廷尉張釋之奏使罰金文帝怪其輕而釋之曰方其時上使誅之則已今下廷尉廷尉天下之平也一傾之天下用法皆爲輕重民安所措其手足臣以爲大失其義非忠臣所宜陳也廷尉者天子之吏也猶不可以失平而天子之身反可以惑謬乎斯重於爲已而輕於爲君不忠之甚也周公曰天子無戲言言則史書之工誦之士稱之言猶不戲而況

行之乎故釋之之言不可不察周公之戒不可不法也又陳諸鳥獸無用之物而有芻穀人徒之費皆可蠲除帝嘗問曰漢桓帝時白馬令李雲上書言帝者諦也是帝欲不諦當何得不死肅對曰但爲言失逆順之節原其本意皆欲盡心念存補國且帝者之威過於雷霆殺一匹夫無異螻蟻寬而宥之可以示容受切言廣德宇於天下故臣以爲殺之未必爲是也帝又問司馬遷以受刑之故內懷隱切著史記非貶孝武令人切齒對曰司馬遷記事不虛美不隱惡劉

向揚雄服其善敘事有良史之才謂之實錄漢武帝聞其述史記取孝景及己本紀覽之於是大怒削而投之於今此兩紀有錄無書後遭李陵事遂下遷蠶室此爲隱切在孝武而不在於史遷也正始元年出爲廣平太守公事徵還拜議郎頃之爲侍中遷太常時大將軍曹爽專權任用何晏鄧颺等肅與太尉蔣濟司農桓範論及時政肅正色曰此輩即弘恭石顯之屬復稱說邪爽聞之戒何晏等曰當共慎之公卿已比諸君前世惡人矣坐宗廟事免後爲光祿勳時

有二魚長尺集于武庫之屋有司以爲吉祥肅曰魚生於淵而亢於屋介鱗之物失其所也邊將其殆有棄甲之變乎其後果有東關之敗從爲河南尹嘉平六年持節兼太常奉法駕迎高貴鄉公于元城是歲白氣經天大將軍司馬景王問肅其故肅荅曰此蚩尤之旗也東南其有亂乎君若脩己以安百姓則天下樂安者歸德唱亂者先亡矣明年春鎮東將軍毋丘儉揚州刺史文欽反景王謂肅曰霍光感夏侯勝之言始重儒學之士良有以也安國寧主其術焉在

肅曰昔關羽率荊州之衆降于禁於漢濱遂有北向爭天下之志後孫權襲取其將士家屬羽士衆一旦瓦解今淮南將士父母妻子皆在內州但急往禦衛使不得前必有關羽土崩之勢矣景王從之遂破儉欽後遷中領軍加散騎常侍增邑三百并前二千二百戶甘露元年薨門生縗絰者以百數追贈衛將軍謚曰景侯子惲嗣惲薨無子國絕景元四年封肅子恂爲蘭陵侯咸熙中開建五等以肅著勳前朝改封恂爲承子 世語曰恂字良夫有通識在朝忠正歷河南尹侍中所居有稱乃心存公有匪躬之節嘗令袁毅餽以駿馬知其

貪財不受毅竟以贓貨而敗建立二學崇明五經皆恂所建卒時年四十餘贈車騎將軍肅女適司馬文王即文明皇后生晉武帝齊獻王攸 晉諸公贊曰恂兄弟八人其達者虔字恭祖以功幹見稱位至尚書弟愷字君夫少有才力而無行檢與衛尉石崇友善俱以豪侈競於世終於後將軍虔子康隆仕亦官達爲後世所重 初肅善賈馬之學而不好鄭氏采會同異爲尚書詩論語三禮左氏解及撰定父朗所作易傳皆列於學官其所論駁朝廷典制郊祀宗廟喪紀輕重凡百餘篇時樂安孫叔然 臣松之按叔然與晉武帝同名故稱其字 授學鄭玄之門人稱東州大儒徵爲秘書監不就肅集聖證論以譏短玄叔然駁而釋之及作周易春秋例毛詩禮記春秋三傳國語爾雅諸注又

著書十餘篇自魏初徵士燉煌周生烈 臣松之按此人姓周生名烈何晏論語集解有烈義例餘所著述見晉武帝中經簿 明帝時大司農弘農董遇等亦歷注經傳頗傳於世 魏略曰遇字季直性質訥而好學興平中關中擾亂與兄季中依將軍段煨采稆負販而常挾持經書投閑習讀其兄笑之而遇不改及建安初王綱小設郡舉孝廉稍遷黃門侍郎是時漢帝委政太祖遇旦夕侍講爲天子所愛信至二十二年許中百官矯制遇雖不與謀猶被錄詣鄴轉爲冗散常從太祖西征道由孟津過弘農王冢太祖疑欲謁顧問左右左右莫對遇乃越第進曰春秋之義國君即位未踰年而卒未成爲君弘農王即阼既淺又爲暴臣所制降在藩國不應謁太祖乃過黃初中出爲郡守明帝時入爲侍中大司農數年病亡初遇善治老子爲老子作訓注又善左氏傳更爲作朱墨別異人有從學者遇不肯教而云必當先讀百徧言讀書百徧而義自見從學者云苦渴無日遇言當以三餘或問三餘之意遇言冬者歲之餘夜者日之餘陰雨者時之餘也由是諸生少從遇學無傳其朱墨者 世語曰遇子綏位至秘書監亦有才學齊王冏功臣董艾即綏之子也 魏

略以董遇賈洪邯鄲淳薛夏隗禧蘇林樂詳等七人爲儒宗其序曰從初平之元至建安之末天下分崩人懷苟且綱紀既衰儒道尤甚至黃初元年之後新主乃復始掃除太學之灰炭補舊石碑之缺壞備博士之員錄依漢甲乙以考課申告州郡有欲學者皆遣詣太學太學始開有弟子數百人至太和青龍中中外多事人懷避就雖性非解學多求詣太學太學諸生有千數而諸博士率皆麤疏無以教弟子弟子本亦避役竟無能習學冬來春去歲歲如是又雖有精者而臺閣舉格太高加不念統其大義而問字指墨法點注之間百人同試度者未十是以志學之士遂復陵遲而末求浮虛者各競逐也正始中有詔議圜丘普延學士是時郎官及司徒領吏二萬餘人雖復分布見在京師者尚且萬人而應書與議者略無幾人又是時朝堂公卿以下四百餘人其能操筆者未有十人多皆相從飽食而退嗟夫學業沈隕乃至於此是以私心常區區貴乎數公者各處荒亂之際而能守志彌敦者也　賈洪字叔業京兆新豐人也好學有才而特精於春秋左傳建安初仕郡舉計掾應州辟時州中自參軍事以下百餘人唯洪與馮翊嚴苞交通材學最高洪歷守三縣令所在輒開除廄舍親授諸生後馬超反超劫洪將詣華陰使作露布洪不獲已爲作之司隸鍾繇在東識其文曰此賈洪作也及超破走太祖召洪署軍謀掾猶以其前爲超作露布文故不即敍晚乃出爲陰泉長延康中轉爲白馬王相善能談戲王彪亦推好文學常師宗之過於三卿數歲病亡亡時年五十餘時人爲之恨仕不至二千石而嚴苞亦歷守二縣黃初中以高才入爲祕書丞數奏文賦文帝異之出爲西平太守卒官　薛夏字宣聲天水人也博學有才天水舊有姜閻任趙四姓常推於郡中而夏爲單家不爲降屈四姓欲共治之夏乃遁逃東詣京師太祖宿聞其名甚禮遇之後四姓又使囚遙引夏關移潁川收捕係獄時太祖已在冀州聞夏爲本郡所質撫掌曰夏無罪也漢陽兒輩直欲殺之耳乃告潁川使理出之召署軍謀掾文帝又嘉其才黃初中爲祕書丞帝每與夏推論書傳未嘗不終日也每呼之不名而謂之薛君夏居甚貧帝又顧其衣薄解所御服袍賜之其後征東將軍曹休來朝時帝方與夏有所咨論而外啓休到帝引入坐帝顧夏言之於休曰此君祕書丞天水薛宣聲也宜共談其見遇如此尋欲用之會文帝崩至太和中嘗以公事移蘭臺蘭臺自以臺也而祕書署耳謂夏爲不得移也推使當有坐者夏報之曰蘭臺爲外臺祕書爲內閣臺閣一也何不相移之有蘭臺屈無以折自是之後遂以爲常後數歲病亡敕其子無還天水　隗禧字子牙京兆人也世單家少好學初平中三輔亂禧南客荊州不以荒擾擔負經書每以採稆餘日則誦習之太祖定荊州召署軍謀掾黃初中爲譙王郎中王宿聞其儒者常虛心從學禧亦敬恭以授王由是大得賜遺以病還拜郎中年八十餘以老處家就之學者甚多禧既明經又善星官常仰瞻天文歎息謂魚豢曰天下兵戈尚未息如之何豢又嘗從問左氏傳禧答曰欲知幽微莫若易人倫之紀莫若禮多識山川草木之名莫若詩左氏直相斫書耳不足精意也豢因從問詩禧說齊韓魯毛四家義不復執文有如諷誦又撰作諸經解數十萬言未及繕寫而得聾後數歲病亡也其邯鄲淳事在王粲傳蘇林事在劉劭高堂隆傳樂詳事在杜畿傳魚豢曰學之資於人也其猶藍之染於素乎故雖仲尼猶曰吾非生而知之者況凡品哉且世人所以不貴學者以見夫有誦詩三百而不能專對於四方故也余以爲是則下科耳不當顧中庸以上材質適等而加之以文乎今此數賢者略余之所識也檢其事能誠不多也但以守學不輟乃上爲帝王所嘉下爲國家名儒非由學乎由是觀之學其胡可以已哉

評曰鍾繇開達理幹華歆清純德素王朗文博富贍誠皆一時之俊偉也魏氏初祚肇登三司盛矣夫王肅亮直多聞能析薪哉劉寔以爲肅方於事上而好下佞己此一反也性嗜榮貴而不求苟合此二反也吝惜財物而治身不穢此三反也

鍾繇華歆王朗傳第十三

程昱傳

程昱字仲德東郡東阿人也長八尺三寸美鬚髯黃巾起縣丞王度反應之燒倉庫縣令踰城走吏民負老幼東奔渠丘山昱使人偵視度度等得空城不能守出城西五六里止屯昱謂縣中大姓薛房等曰今度等得城郭不能居其勢可知此不過欲虜掠財物非有堅甲利兵攻守之志也今何不相率還城而守之且城高厚多穀米今若還求令共堅守度必不能久攻可破也房等以為然吏民不肯從曰賊在西但有東耳昱謂房等愚民不可計事乃密遣數騎舉幡於東山上令房等望見大呼言賊已至便下山趣城吏民奔走隨之求得縣令遂共城守度等來攻城不能下欲去昱率吏民開城門急擊之度等破走東阿由此得全初平中兗州刺史劉岱辟昱昱不應是時岱與袁紹公孫瓚和親紹令妻子居岱所瓚亦遣從事范方將騎助岱後紹與瓚有隙瓚擊破紹軍乃遣使語岱令遣紹妻子使與紹絕別勑范方若岱不遣紹家將騎還

吾定紹將加兵於岱岱議連日不決別駕王彧白岱程昱有謀能斷大事岱乃見昱問計昱曰若棄紹近援而求瓚遠助此假人於越以救溺子之説也夫公孫瓚非袁紹之敵也今雖壞紹軍然終為紹所禽夫趣一朝之權而不慮遠計將軍終敗岱從之范方將其騎歸未至瓚大為紹所破岱表昱為騎都尉昱辭以疾劉岱為黃巾所殺太祖臨兗州辟昱昱將行其鄉人謂曰何前後之相背也昱笑而不應太祖與語説之以昱守壽張令太祖征徐州使昱與荀彧留守鄄城張邈等叛迎呂布郡縣響應唯鄄城范東阿不動布軍降者言陳宮欲自將兵取東阿又使氾嶷取范吏民皆恐彧謂昱曰今兗州反唯有此三城宮等以重兵臨之非有以深結其心三城必動君民之望也歸而説之殆可昱乃歸過范説其令靳允曰聞呂布執君母弟妻子孝子誠不可為心今天下大亂英雄並起必有命世能息天下之亂者此智者所詳擇也得主者昌失主者亡陳宮叛迎呂布而百城皆應似能有為然以君觀之布何如人哉夫布麤中少親

剛而無禮匹夫之雄耳宮等以勢假合不能相
君也兵雖衆終必無成曹使君智略不世出殆
天所授君必固范我守東阿則田單之功可立
也孰與違忠從惡而母子俱亡乎唯君詳慮之
允流涕曰不敢有貳心時氾嶷已在縣允乃見
嶷伏兵刺殺之歸勒兵守徐衆評曰允於曹公未成君臣母至親也於義應去昔王陵母爲項羽所拘母以高祖必得天下因自殺以固陵志明心無所係然後可得成事人盡死之節衞公子開方仕齊積年不歸管仲以爲不懷其親安能愛君不可以爲相是以求忠臣必於孝子之門允宜先救至親徐庶母爲曹公所得劉備乃遣庶歸欲爲天下者恕人子之情也曹公亦宜遣允昱又遣別騎絕倉亭津
陳宮至不得渡昱至東阿東阿令棗祗已率厲

吏民拒城堅守又兗州從事薛悌與昱協謀卒
完三城以待太祖太祖還執昱手曰微子之力
吾無所歸矣乃表昱爲東平相屯范魏書曰昱少時常夢上泰山兩手捧日昱私異之以語荀彧及兗州反賴昱得完三城於是彧以昱夢白太祖太祖曰卿當終爲吾腹心昱本名立太祖乃加其上日更名昱也太祖與呂布戰於濮陽數不利蝗
蟲起乃各引去於是袁紹使人說太祖連和欲
使太祖遣家居鄴太祖新失兗州軍食盡將許
之時昱使適還引見因言曰竊聞將軍欲遣家
與袁紹連和誠有之乎太祖曰然昱曰意者將
軍殆臨事而懼不然何慮之不深也夫袁紹據

燕趙之地有幷天下之心而智不能濟也將軍
自度能爲之下乎將軍以龍虎之威可爲韓彭
之事邪今兗州雖殘尚有三城能戰之士不下
萬人以將軍之神武與文若昱等收而用之霸
王之業可成也願將軍更慮之太祖乃止魏略載昱說太祖曰昔田橫齊之世族兄弟三人更王據千里之齊擁百萬之衆與諸侯並南面稱孤既而高祖得天下而橫顧爲降虜當此之時橫豈可爲心哉太祖曰然此誠丈夫之至辱也昱曰昱愚不識大旨以爲將軍之志不如田橫田橫齊一壯士耳猶羞爲高祖臣今聞將軍欲遣家往鄴將北面而事袁紹夫以將軍之聰明神武而反不羞爲袁紹之下竊爲將軍恥之其後語與本傳略同天子都許以昱爲尚書兗州未苦安
集復以昱爲東中郎將領濟陰太守都督兗州

事劉備失徐州來歸太祖昱說太祖殺備太祖
不聽語在武紀後又遣備至徐州要擊袁術昱
與郭嘉說太祖曰公前日不圖備昱等誠不及
也今借之以兵必有異心太祖悔追之不及會
術病死備至徐州遂殺車冑舉兵背太祖頃之
昱遷振威將軍袁紹在黎陽將南渡時昱有七
百兵守鄄城太祖聞之使人告昱欲益二千兵
昱不肯曰袁紹擁十萬衆自以所向無前今見
昱兵少必輕易不來攻若益昱兵過則不可不
攻攻之必克徒兩損其勢願公無疑太祖從之

紹聞昱兵少果不往太祖謂賈詡曰程昱之膽
過於賁育昱乃收山澤亡命得精兵數千人乃引軍
與太祖會黎陽討袁譚袁尚譚尚破走拜昱奮武
將軍封安國亭侯太祖征荊州劉備奔吳論者
以爲孫權必殺備昱料之曰孫權新在位未爲
海內所憚曹公無敵於天下初舉荊州威震江
表權雖有謀不能獨當也劉備有英名關羽張
飛皆萬人敵也權必資之以禦我難解勢分備
資以成又不可得而殺也權果多與備兵以禦
太祖是後中夏漸平太祖拊昱背曰兗州之敗

不用君言吾何以至此宗人奉牛酒大會昱曰
知足不辱吾可以退矣乃自表歸兵闔門不出
魏書曰太祖征馬超文帝留守使昱參軍事田銀蘇伯等反
河間遣將軍賈信討之賊有千餘人請降議者皆以爲宜如
舊法昱曰誅降者謂在擾攘之時天下雲起故圍而後降者
不赦以示威天下開其利路使不至於圍也今天下略定且
在邦域之中此必降之賊殺之無所威懼非前日誅降之意
臣以爲不可誅也縱誅之宜先啓聞衆議者曰軍事有專無
請昱不荅文帝起入特引見昱曰君有所不盡邪昱曰凡專
命者謂有臨時之急呼吸之間者耳今此賊制在賈信之手
無朝夕之變故老臣不願將軍行之也文帝曰君慮之善即
白太祖太祖果不誅太祖還聞之甚說謂昱曰君非徒明於
軍計又善處
人父子之間 昱性剛戾與人多迕人有告昱謀反
太祖賜待益厚魏國既建爲衛尉與中尉邢貞
爭威儀免文帝踐阼復爲衛尉進封安鄉侯增

邑三百戶并前八百戶分封少子延及孫曉列
侯方欲以爲公會薨帝爲流涕追贈車騎將軍
謚曰肅侯 魏書曰昱時年八十世語曰初太祖乏食昱略
其本縣供三日糧頗雜以人脯由是失朝望故
位不
至公 子武嗣武薨子克嗣克薨子良嗣曉嘉平中
爲黃門侍郎 世語曰曉字
季明有通識 時校事放橫曉上疏曰
周禮云設官分職以爲民極春秋傳曰天有十
日人有十等愚不得臨賢賤不得臨貴於是並
建聖哲樹之風聲明試以功九載考績各修厥
業思不出位故欒書欲拯晉侯其子不聽死人
橫於街路邴吉不問上不責非職之功下不務

分外之賞吏無兼統之勢民無二事之役斯誠
爲國要道治亂所由也遠覽典志近觀秦漢雖
官名改易職司不同至於崇上抑下顯明分例
其致一也初無校事之官干與庶政者也昔武
皇帝大業草創衆官未備而軍旅勤苦民心不
安乃有小罪不可不察故置校事取其一切耳
然檢御有方不至縱恣也此霸世之權宜非帝
王之正典其後漸蒙見任復爲疾病轉相因仍
莫正其本遂令上察宮廟下攝衆司官無局業
職無分限隨意任情唯心所適法造於筆端不

依科詔獄成於門下不顧覆訊其選官屬以謹
慎爲粗疏以謥詷爲賢能其治事以刻暴爲公
嚴以循理爲怯弱外則託天威以爲聲勢內則
聚羣姦以爲腹心大臣恥與分勢含忍而不言
小人畏其鋒芒鬱結而無告至使尹模公於目
下肆其姦慝罪惡之著行路皆知纖惡之過積
年不聞既非周禮設官之意又非春秋十等之
義也今外有公卿將校總統諸署內有侍中尚
書綜理萬機司隸校尉督察京輦御史中丞董
攝宮殿皆高選賢才以充其職申明科詔以督

其違若此諸賢猶不足任校事小吏益不可信
若此諸賢各思盡忠校事區區亦復無益若更
高選國士以爲校事則是中丞司隸重增一官
耳若如舊選尹模之姦今復發矣進退推筭無
所用之昔桑弘羊爲漢求利卜式以爲獨烹弘
羊天乃可雨若使政治得失必感天地臣恐水
旱之災未必非校事之由也曹恭公遠君子近
小人國風託以爲刺衛獻公舍大臣與小臣謀
定姜謂之有罪縱令校事有益於國以禮義言
之尚傷大臣之心況姦回暴露而復不罷是袞

闕不補迷而不返也於是遂罷校事官曉遷汝
南太守年四十餘薨曉別傳曰曉大著文章多亡失今之存者不能十分之一

郭嘉傳

郭嘉字奉孝潁川陽翟人也傅子曰嘉少有遠量漢末天下將亂自弱冠匿名迹密交結英儁不與俗接故時人多莫知惟識達者奇之年二十七辟司徒府初北見袁紹
謂紹謀臣辛評郭圖曰夫智者審於量主故百
舉百全而功名可立也袁公徒欲效周公之下
士而未知用人之機多端寡要好謀無決欲與
共濟天下大難定霸王之業難矣於是遂去之
先是時潁川戲志才籌畫士也太祖甚器之早

卒太祖與荀彧書曰自志才亡後莫可與計事
者汝潁固多奇士誰可以繼之彧薦嘉召見論
天下事太祖曰使孤成大業者必此人也嘉出
亦喜曰眞吾主也表爲司空軍祭酒傅子曰太祖謂嘉曰本初擁冀州之衆青并從之地廣兵彊而數爲不遜吾欲討之力不敵如何對曰劉項之不敵公所知也漢祖唯智勝項羽故羽雖彊終爲所禽嘉竊料之紹有十敗公有十勝雖兵彊無能爲也紹繁禮多儀公躰任自然此道勝一也紹以逆動公奉順以率天下此義勝二也漢末政失於寬紹以寬濟寬故不攝公糾之以猛而上下知制此治勝三也紹外寬內忌用人而疑之所任唯親戚子弟公外易簡而內機明用人無疑唯才所宜不間遠近此度勝四也紹多謀少決失在後事公策得輒行應變無窮此謀勝五也紹因累世之資高議揖讓以收名譽士之好言飾外者多歸之公以至心待人推誠而行不爲虛美以儉率下與有功者無所吝士之忠正遠見而有實者皆願爲用此德勝六也紹見人飢寒恤念之形於顏色其

所不見慮或不及也所謂婦人之仁耳公於目前小事時有所忽至於大事與四海接恩之所加皆過其望雖所不見慮之所周無不濟也此仁勝七也紹大臣爭權讒言惑亂公御下以道侵潤不行此明勝八也紹是非不可知公所是進之以禮所不是正之以法此文勝九也紹好爲虛勢不知兵要公以少克衆用兵如神軍人恃之敵人畏之此武勝十也太祖笑曰如卿所言孤何德以堪之也嘉又曰紹方北擊公孫瓚可因其遠征東取呂布不先取布若紹爲寇布爲之援此深害也太祖曰然

征呂布三戰破之布退固守時士卒疲倦太祖欲引軍還嘉說太祖急攻之遂禽布語在荀攸傳

傅子曰太祖欲引軍還嘉曰昔項籍七十餘戰未嘗敗北一朝失勢而身死國亡者恃勇無謀故也今布每戰輒破氣衰力盡內外失守布之威力不及項籍而困敗過之若乘勝攻之此成禽也太祖曰善 魏書曰劉備來奔以爲豫州牧或謂太祖曰備有英雄志今不早圖後必爲患太祖以問嘉嘉曰有是然公提劍起義兵爲百姓除暴推誠仗信以招俊桀猶懼其未也今備有英雄名以窮歸己而害之是以害賢爲名則智士將自疑回心擇主公誰與定天下夫除一人之患以沮四海之望安危之機不可不察太祖笑曰君得之矣 傅子曰初劉備來降太祖以客禮待之使爲豫州牧嘉言於太祖曰備有雄才而甚得衆心張飛關羽者皆萬人之敵也爲之死用嘉觀之備終不爲人下其謀未可測也古人有言一日縱敵數世之患宜早爲之所是時太祖奉天子以號令天下方招懷英雄以明大信未得從嘉謀會太祖使備要擊袁術嘉與程昱俱駕而諫太祖曰放備變作矣時備已去遂舉兵以叛太祖恨不用嘉之言 案魏書所云與傅子正反也

孫策轉鬬千里盡有江東聞太祖與袁紹相持於官渡將渡江北襲許衆聞皆懼嘉料之曰策新并江東所誅皆英豪雄桀能得人死力者也然策輕而無備雖有百萬之衆無異於獨行中原也若刺客伏起一人之敵耳以吾觀之必死於匹夫之手策臨江未濟果爲許貢客所殺

傅子曰太祖欲速征劉備議者懼軍出袁紹襲其後進不得戰而退失所據語在武紀太祖疑以問嘉嘉勸太祖曰紹性遲而多疑來必不速備新起衆心未附急擊之必敗此存亡之機不可失也太祖曰善遂東征備備敗奔紹紹果不出 臣松之案武紀決計征備量紹不出皆出自太祖此云用嘉計則爲不同又本傳稱嘉料孫策輕佻必死於匹夫之手誠爲明於見事然自非上智無以知其死在何年也今正以襲許年死此蓋事之偶合

從破袁紹紹死又從討譚尚於黎陽連戰數克諸將欲乘勝遂攻之嘉曰袁紹愛此二子莫適立也有郭圖逢紀爲之謀臣必交鬬其間還相離也急之則相持緩之而後爭心生不如南向荊州若征劉表者以待其變變成而後擊之可一舉定也太祖曰善乃南征軍至西平譚尚果爭冀州譚爲尚軍所敗走保平原遣辛毗乞降太祖還救之遂從定鄴又從攻譚於南皮冀州平封嘉洧陽亭侯

傅子曰河北既平太祖多辟召青冀幽幷知名之士漸臣使之以爲省事掾屬皆嘉之謀也

太祖將征袁尚及三郡烏丸諸下多懼劉表使劉備襲許以討太祖嘉曰公雖威震天下胡恃其遠必不設備因其無備卒然擊之可破滅也且袁紹有恩於民夷而尚兄弟生存今四州之民徒以威附德施未加舍而南征尚因烏丸之資招其死主之臣胡人一動民夷俱應以生蹋頓之心成覬覦之計恐青冀非己之有也表

坐談客耳自知才不足以御備重任之則恐不能制輕任之則備不為用雖虛國遠征公無憂矣太祖遂行至易嘉言曰兵貴神速今千里襲人輜重多難以趨利且彼聞之必為備不如留輜重輕兵兼道以出掩其不意太祖乃密出盧龍塞直指單于庭虜卒聞太祖至惶怖合戰大破之斬蹋頓及名王已下尚及兄熙走遼東嘉深通有算略達於事情太祖曰唯奉孝為能知孤意年三十八自柳城還疾篤太祖問疾者交錯及薨臨其喪哀甚謂荀攸等曰諸君年皆孤輩也唯奉孝最少天下事竟欲以後事屬之而中年夭折命也夫乃表曰軍祭酒郭嘉自從征伐十有一年每有大議臨敵制變臣策未決嘉輒成之平定天下謀功為高不幸短命事業未終追思嘉勳實不可忘可增邑八百戶并前千戶魏書載太祖表曰臣聞褒忠寵賢未必當身念功惟績恩隆後嗣是以楚宗孫叔顯封厥子岑彭既沒爵及支庶故軍祭酒郭嘉忠良淵淑體通性達每有大議發言盈庭執中處理動無遺策自在軍旅十有餘年行同騎乘坐共幄席東禽呂布西取眭固斬袁譚之首平朔土之衆踰越險塞盪定烏丸震威遼東以梟袁尚雖假天威易於指麾至於臨敵發揚誓命凶逆克殄勳實由嘉方將表顯短命早終上為朝廷悼惜良臣下自毒恨喪失奇佐宜追增嘉封并前千戶褒亡為存厚往勸來也謚曰貞侯子奕嗣魏書稱奕通達見理奕字伯益見王昶家誡後

太祖征荊州還於巴丘遇疾疫燒船歎曰郭奉孝在不使孤至此傅子曰太祖又云哀哉奉孝痛哉奉孝惜哉奉孝初陳羣非嘉不治行檢數廷訴嘉嘉意自若太祖愈益重之然以羣能持正亦悅焉傅子曰太祖與荀彧書追傷嘉曰郭奉孝年不滿四十相與周旋十一年阻險艱難皆共罹之又以其通達見世事無所凝滯欲以後事屬之何意卒爾失之悲痛傷心今表增其子滿千戶然何益亡者追念之感深且奉孝乃知孤者也天下人相知者少又以此痛惜柰何柰何又與彧書曰追惜奉孝不能去心其人見時事兵事過絕於人又人多畏病南方有疫常言吾往南方則不生還然与共論計云當先定荊此為不但見計之忠厚必欲立功分棄命定事人心乃爾何得使人忘之奕為太子文學早薨子深嗣深薨子獵嗣世語曰嘉孫敞字泰中有才識位散騎常侍

董昭傳

董昭字公仁濟陰定陶人也舉孝廉除廮陶長柏人令袁紹以為參軍事紹逆公孫瓚於界橋鉅鹿太守李邵及郡冠蓋以瓚兵彊皆欲屬瓚紹聞之使昭領鉅鹿問御以何術對曰一人之微不能消衆謀欲誘致其心唱與同議及得其情乃當權以制之耳計在臨時未可得言時郡右姓孫伉等數十人專為謀主驚動吏民昭至郡偽作紹檄告郡云得賊羅候安平張吉辭當攻鉅鹿賊故孝廉孫伉等為應檄到收行軍法惡止其身妻子勿坐昭案檄告令皆即斬之一

郡惶恐乃以次安慰遂皆平集事訖白紹紹稱善會魏郡太守栗攀為兵所害紹以昭領魏郡太守時郡界大亂賊以萬數遣使往來交易市買昭厚待之因用為間乘虛掩討輒大克破二日之中羽檄三至昭弟訪在張邈軍中邈與紹有隙紹受讒將致罪於昭昭欲詣漢獻帝至河內為張楊所留因楊上還印綬拜騎都尉時太祖領兗州遣使詣楊欲令假塗西至長安楊不聽昭說楊曰袁曹雖為一家勢不久羣曹今雖弱然實天下之英雄也當故結之況今有緣宜

通其上事并表薦之若事有成永為深分楊於是通太祖上事表薦太祖昭為太祖作書與長安諸將李傕郭汜等各隨輕重致殷勤楊亦遣使詣太祖太祖遺楊犬馬金帛遂與西方往來天子在安邑昭從河內往詔拜議郎建安元年太祖定黃巾于許遣使詣河東會天子還洛陽韓暹楊奉董承及楊各違戾不和昭以奉兵馬最彊而少黨援作太祖書與奉曰吾與將軍聞名慕義便推赤心今將軍拔萬乘之艱難反之舊都翼佐之功超世無疇何其休哉方今羣凶

猾夏四海未寧神器至重事在維輔必須眾賢以清王軌誠非一人所能獨建心腹四支實相恃賴一物不備則有闕焉將軍當為內主吾為外援今吾有糧將軍有兵有無相通足以相濟死生契闊相與共之奉得書喜悅語諸將軍曰兗州諸軍近在許耳有兵有糧國家所當依仰也遂共表太祖為鎮東將軍襲父爵費亭侯昭遷符節令太祖朝天子於洛陽引昭並坐問曰今孤來此當施何計昭曰將軍興義兵以誅暴亂入朝天子輔翼王室此五伯之功也此下諸

將人殊意異未必服從今留匡弼事勢不便惟有移駕幸許耳然朝廷播越新還舊京遠近跂望冀一朝獲安今復徙駕不厭眾心夫行非常之事乃有非常之功願將軍算其多者太祖曰此孤本志也楊奉近在梁耳聞其兵精得無為孤累乎昭曰奉少黨援將獨委質鎮東費亭之事皆奉所定又聞書命申束足以見信宜時遣使厚遺答謝以安其意說京都無糧欲車駕暫幸魯陽魯陽近許轉運稍易可無縣乏之憂奉為人勇而寡慮必不見疑比使往來足以定計

奉何能爲累太祖曰善即遣使詣奉從大駕至許奉由是失望與韓暹等到定陵鈔暴太祖不應密出往攻其梁營降誅即定奉暹失衆東降袁術三年昭遷河南尹時張楊爲其將楊醜所殺楊長史薛洪河内太守繆尚城守待紹救太祖令昭單身入城告喻洪尚等即日舉衆降以昭爲冀州牧太祖令劉備拒袁術昭曰備勇而志大關羽張飛爲之羽翼恐備之心未可得論也太祖曰吾已許之矣備到下邳殺徐州刺史車冑反太祖自征備徙昭爲徐州牧袁紹遣將顔

良攻東郡又徙昭爲魏郡太守從討良良死後進圍鄴城袁紹同族春卿爲魏郡太守在城中其父元長在揚州太祖遣人迎之昭書與春卿曰蓋聞孝者不背親以要利仁者不忘君以徇私志士不探亂以徼幸智者不詭道以自危足下大君昔避内難南游百越非疏骨肉樂彼吳會智者深識獨或宜然曹公愍其守志清恪離羣寡儔故特遣使江東或迎或送今將至矣就令足下處偏平之地依德義之主居有泰山之固身爲喬松之偶以義言之猶宜背彼向此舍

民趣父也且邾儀父始與隱公盟魯人嘉之而不書爵然則王所未命爵尊不成春秋之義也況足下今日之所託者乃危亂之國所受者乃矯誣之命乎苟不逞之與羣而厥父之不恤不可以言孝忘祖宗所居之本朝安非正之奸職難可以言忠忠孝並替難以言智又足下昔日爲曹公所禮辟夫戚族人而疏所生内所寓而外王室懷邪禄而叛知己遠福祚而近危亡棄明義而收大恥不亦可惜邪若能翻然易節奉帝養父委身曹公忠孝不墜榮名彰矣宜深留

計早決良圖鄴既定以昭爲諫議大夫後袁尚依烏丸蹋頓太祖將征之患軍糧難致鑿平虜泉州二渠入海通運昭所建也太祖表封千秋亭侯轉拜司空軍祭酒後昭建議宜脩古建封五等太祖曰建設五等者聖人也又非人臣所制吾何以堪之昭曰自古已來人臣匡世未有今日之功有今日之功未有久處人臣之勢者也今明公恥有慙德而未盡善樂保名節而無大責德美過於伊周此至德之所極也然太甲成王未必可遭今民難化甚於殷周處大臣之

勢使人以大事疑己誠不可不重慮也明公雖
邁威德明法術而不定其基爲萬世計猶未至
也定基之本在地與人宜稍建立以自藩衞明
公忠節頴露天威在顏耿弇牀下之言朱英無
妄之論不得過耳昭受恩非凡不敢不陳獻帝春秋曰昭與列侯諸將議以丞相宜進爵國公九錫備物以彰殊勳書與荀彧曰昔周旦呂望當姬氏之盛因二聖之業輔翼成王之幼功勳若彼猶受上爵錫土開宇末世田單驅彊齊之衆報弱燕之怨收城七十迎復襄王襄王加賞於單使東有掖邑之封西有菑上之虞前世錄功濃厚如此今曹公遭海內傾覆宗廟焚滅躬擐甲冑周旋征伐櫛風沐雨且三十年芟夷羣凶爲百姓除害使漢室復存劉氏奉祀方之曩者數公若太山之與丘垤豈同日而論乎今徒與列將功臣並侯一縣此豈天下所望哉後太祖遂受魏公魏王之號皆昭所創

及關羽圍曹仁於樊孫權遣使辭以遣兵西上
欲掩取羽江陵公安累重羽失二城必自奔走
樊軍之圍不救自解乞密不漏令羽有備太祖
詰羣臣羣臣咸言宜當密之昭曰軍事尚權期
於合宜宜應權以密而內露之羽聞權上若還
自護圍則速解便獲其利可使兩賊相對銜持
坐待其弊祕而不露使權得志非計之上又圍中
將吏不知有救計糧怖懼儻有他意爲難不小
露之爲便且羽爲人彊梁自恃二城守固必不
速退太祖曰善即勑救將徐晃以權書射著圍

裏及羽屯中圍裏聞之志氣百倍羽果猶豫權
軍至得其二城羽乃破敗文帝即王位拜昭將作
大匠及踐阼遷大鴻臚進封右鄉侯二年分邑
百戶賜昭弟訪爵關內侯徙昭爲侍中三年征
東大將軍曹休臨江在洞浦口自表願將銳卒
虎步江南因敵取資事必克捷若其無臣不須
爲念帝恐休便渡江驛馬詔止時昭侍側因曰
竊見陛下有憂色獨以休濟江故乎今者渡江
人情所難就休有此志勢不獨行當須諸將臧
霸等旣富且貴無復他望但欲終其天年保守

禄祚而已何肯乘危自投死地以求徼倖苟霸
等不進休意自沮臣恐陛下雖有勑渡之詔猶
必沈吟未便從命也是後無幾暴風吹賊船悉
詣休等營下斬首獲生賊遂迸散詔勑諸軍促
渡軍未時進賊救船遂至大駕幸宛征南大將
軍夏侯尚等攻江陵未拔時江水淺狹尚欲乘
船將步騎入渚中安屯作浮橋南北往來議者
多以爲城必可拔昭上疏曰武皇帝智勇過人
而用兵畏敵不敢輕之若此也夫兵好進惡退常
然之數平地無險猶尚艱難就當深入還道宜

利兵有進退不可如意今屯渚中至深也浮橋
而濟至危也一道而行至狹也三者兵家所忌
而今行之賊頻攻橋誤有漏失渚中精鋭非魏
之有將轉化爲吳矣臣私感之忘寢與食而議
者怡然不以爲憂豈不惑哉加江水向長一旦
暴增何以防禦就不破賊尚當自完柰何乘危
不以爲懼事將危也惟陛下察之帝悟昭言即
詔尚等促出賊兩頭並前官兵一道引去不時
得泄將軍石建高遷僅得自免軍出旬日江水暴
長帝曰君論此事何其審也正使張陳當之何以
復加五年徙封成都鄉侯拜太常其年徙光祿
大夫給事中從大駕東征七年還拜太僕明帝
即位進爵樂平侯邑千戶轉衛尉分邑百戶賜
一子爵關內侯太和四年行司徒事六年拜眞
昭上疏陳末流之弊曰凡有天下者莫不貴尚
敦樸忠信之士深疾虛僞不眞之人者以其毀
教亂治敗俗傷化也近魏諷則伏誅建安之末
曹偉則斬戮黃初之始伏惟前後聖詔深疾浮
僞欲以破散邪黨常用切齒而執法之吏皆畏
其權勢莫能糾擿毀壞風俗侵欲滋甚竊見當

今年少不復以學問爲本專更以交游爲業國
士不以孝悌清脩爲首乃以趨勢游利爲先合
黨連羣互相褒歎以毀訾爲罰戮用黨譽爲爵
賞附己者則歎之盈言不附者則爲作瑕釁至
乃相謂今世何憂不度邪但求人道不勤羅之
不博耳又何患其不知己矣但當吞之以藥而
柔調耳又聞或有使奴客名作在職家人冒之
出入往來禁奧交通書疏有所探問凡此諸事
皆法之所不取刑之所不赦雖諷偉之罪無以
加也帝於是發切詔斥免諸葛誕鄧颺等昭年
八十一薨謚曰定侯子冑嗣冑歷位郡守九卿

劉曄傳

劉曄字子揚淮南成悳人也悳音德漢光武子阜
陵王延後也父普母脩產渙及曄渙九歲曄七
歲而母病困臨終戒渙曄以普之侍人有諂害
之性身死之後懼必亂家汝長大能除之則吾
無恨矣曄年十三謂兄渙曰亡母之言可以行
矣渙曰那可爾曄即入室殺侍者徑出拜墓舍
內大驚白普普怒遣人追曄曄還拜謝曰亡母
顧命之言敢受不請擅行之罰普心異之遂不

責也汝南許劭名知人避地揚州稱曄有佐世之才揚士多輕俠狡桀有鄭寶張多許乾之屬各擁部曲寶最驍果才力過人一方所憚欲驅略百姓越赴江表以曄高族名人欲彊逼曄使唱導此謀曄時年二十餘心内憂之而未有緣會太祖遣使詣州有所案問曄往見爲論事勢要將與歸駐止數日寶果從數百人齎牛酒來候使曄令家僮將其衆坐中門外爲設酒飯與寶於内宴飲密勒健兒令因行觴而斫寶寶性不甘酒視候甚明觴者不敢發曄因自引取佩

刀斫殺寶斬其首以令其軍云曹公有令敢有動者與寶同罪衆皆驚怖走還營營有督將精兵數千懼其爲亂曄即乘寶馬將家僮數人詣寶營門呼其渠帥喻以禍福皆叩頭開門内曄曄撫慰安懷咸悉悅服推曄爲主曄覩漢室漸微已爲支屬不欲擁兵遂委其部曲與廬江太守劉勳勳怪其故曄曰寶無法制其衆素以鈔略爲利僕宿無資而整齊之必懷怨難久故相與耳時勳兵彊於江淮之間孫策惡之遣使卑辭厚幣以書說勳曰上繚宗民數欺下國忿之

有年矣擊之路不便願因大國伐之上繚甚實得之可以富國請出兵爲外援勳信之又得策珠寶葛越喜悅外内盡賀而曄獨否勳問其故對曰上繚雖小城堅池深攻難守易不可旬日而舉則兵疲於外而國内虛策乘虛而襲我則後不能獨守是將軍進屈於敵退無所歸若軍必出禍今至矣勳不從興兵伐上繚策果襲其後勳窮踧遂奔太祖太祖至壽春時廬江界有山賊陳策衆數萬人臨險而守先時遣偏將致誅莫能禽克太祖問羣下可伐與不咸云山峻

高而谿谷深隘守易攻難又無之不足爲損得之不足爲益曄曰策等小豎因亂赴險遂相依爲彊耳非有爵命威信相伏也往者偏將資輕而中國未夷故策敢據險以守今天下略定後伏先誅夫畏死趨賞愚智所同故廣武君爲韓信畫策謂其威名足以先聲後實而服鄰國也豈況明公之德東征西怨先開賞募大兵臨之令宣之日軍門啓而虜自潰矣太祖笑曰卿言近之遂遣猛將在前大軍在後至則克策如曄所度太祖還辟曄爲司空倉曹掾傅子曰太祖徵曄及蔣濟胡質等五

人皆揚州名士每舍亭傳未曾不講所以見重內論國邑先
賢禦賊固守行軍進退之宜外料敵之變化彼我虛實戰爭
之術夙夜不解而曄獨卧車中終不一言濟怪而問之曄荅
曰對明主非精神不接精神可學而得乎及見太祖太祖果
問揚州先賢賊之形勢四人爭對待次而言再見如此太祖
每和悅而曄終不一言四人笑之後一見太祖止無所復問
曄乃設遠言以動太祖太祖適知便止若是者三其旨趣以
爲遠言宜微精神獨見以盡其機不宜於猥坐說也太祖已
探見其心矣坐罷尋以四人爲令而授曄以心腹
之任每有疑事輙以函問曄至一夜數十至耳　太祖征
張魯轉曄爲主簿既至漢中山峻難登軍食頗
乏太祖曰此妖妄之國耳何能爲有無吾軍少
食不如速還便自引歸令曄督後諸軍使以次
出曄策魯可克加糧道不繼雖出軍猶不能皆
全馳白太祖不如致攻遂進兵多出弩以射其
營魯奔走漢中遂平曄進曰明公以步卒五千
將誅董卓北破袁紹南征劉表九州百郡十并
其八威震天下勢懾海外今舉漢中蜀人望風
破膽失守推此而前蜀可傳檄而定劉備人傑
也有度而遲得蜀日淺蜀人未恃也今破漢中
蜀人震恐其勢自傾以公之神明因其傾而壓
之無不克也若小緩之諸葛亮明於治而爲相
關羽張飛勇冠三軍而爲將蜀民既定據險守
要則不可犯矣今不取必爲後憂太祖不從傅子曰居
七日蜀降者說蜀中一日數十驚備雖斬之而不能安也
太祖延問曄曰今尚可擊不曄曰今已小定未可擊也　大

軍遂還曄自漢中還爲行軍長史兼領軍延康
元年蜀將孟達率衆降達有容止才觀文帝甚
器愛之使達爲新城太守加散騎常侍曄以爲
達有苟得之心而恃才好術必不能感恩懷義
新城與吳蜀接連若有變態爲國生患文帝竟不
易後達終於叛敗傅子曰初太祖時魏諷有重名自卿相
已下皆傾心交之其後孟達去劉備歸
文帝論者多稱有樂毅之量曄一
見諷達而皆云必反卒如其言　黃初元年以曄爲侍
中賜爵關內侯詔問羣臣令料劉備當爲關羽
出報吳不衆議咸云蜀小國耳名將唯羽羽死
軍破國內憂懼無緣復出曄獨曰蜀雖狹弱而
備之謀欲以威武自彊勢必用衆以示其有餘
且關羽與備義爲君臣恩猶父子羽死不能爲
興軍報敵於終始之分不足後備果出兵擊吳
吳悉國應之而遣使稱藩朝臣皆賀獨曄曰吳
絕在江漢之表無內臣之心久矣陛下雖齊德
有虞然醜虜之性未有所感因難求臣必難信
也彼必外迫內困然後發此使耳可因其窮襲
而取之夫一日縱敵數世之患不可不察也備
軍敗退吳禮敬轉廢帝欲興衆伐之曄以爲彼
新得志上下齊心而阻帶江湖必難倉卒帝不

聽傅子曰孫權遣使求降帝以問曄曄對曰權無故求降必內有急權前襲殺關羽取荊州四郡備怒必大興師伐之外有彊寇衆心不安又恐中國承其釁而伐之故委地求降一以却中國之兵二假中國之援以彊其衆而疑敵人權善用兵見兼知變其計必出於此今天下三分中國十有其八吳蜀各保一州阻山依水有急相救此小國之利也今還自相攻天亡之也宜大興師徑渡江襲其內蜀攻其外我襲其內吳之亡不出旬月矣吳亡則蜀孤若割吳半蜀固不能久存況蜀得其外我得其內乎帝曰人稱臣降而伐之疑天下欲來者心必以為懼其一不可孤何不且受吳降而襲蜀之後乎對曰蜀遠吳近又聞中國伐之便還軍不能止也今備已怒故興兵擊吳聞我伐吳知吳必亡必喜而進與我爭割吳地必不改計抑怒救吳必然之勢也帝不聽遂受吳降即拜權為吳王曄又進曰不可先帝征伐天下兼其八威震海內陛下受禪即真德合天地聲暨四遠此實然之勢非卑臣須言也權雖有雄才故漢驃騎將軍南昌侯耳官輕勢卑士民有畏中國心不可彊迫與成所謀也不得已受其降可進其將軍號封十萬戶侯不可即以為王也夫王位去天子一階耳其禮秩服御相亂也彼直為侯江南士民未有君臣之義也我信其偽降就封殖之崇其位號定其君臣是為

虎傅翼也權既受王位却蜀兵之後外盡禮事中國使其國內皆聞之內為無禮以怒陛下陛下赫然發怒興兵討之乃徐告其民曰我委身事中國不愛珍貨重寶隨時貢獻不敢失臣禮也無故伐我必欲殘我國家俘我民人子女以為僮隸僕妾吳民無緣不信其言也信其言而感怒上下同心戰加十倍矣又不從遂即拜權為吳王權將陸議大敗劉備殺其兵八萬餘人備僅以身免權外禮愈卑而內行不順果如曄言五年幸廣陵泗口命荊揚州諸軍並進會羣臣問權當自來不咸曰陛下親征權恐怖必舉國而應又不敢以大衆委之臣下必自將而來曄曰彼謂陛下欲以萬乘之重牽己而超越江湖者在於別將必勒兵待事未有進退也大駕停住積日權果不至帝乃旋師云卿策之是也當念為吾滅二賊不可

但知其情而已明帝即位進爵東亭侯邑三百戶詔曰尊嚴祖考所以崇孝表行也追本敬始所以篤教流化也是以成湯文武實造商周詩書之義追尊稷契歌頌有娀姜嫄之事明盛德之源流受命所由興也自我魏室之承天序既發迹於高皇太皇帝而功隆於武皇文皇帝至於高皇之父處士君潛脩德讓行動神明斯乃乾坤所福饗光靈所從來也而精神幽遠號稱罔記非所謂崇孝重本也其令公卿已下會議號謚曄議曰聖帝孝孫之欲褒崇先祖誠無量

已然親疏之數遠近之降蓋有禮紀所以割斷私情克成公法為萬世式也周王所以上祖后稷者以其佐唐有功名在祀典故也至於漢氏之初追謚之義不過其父上比周室則大魏發迹自高皇始下論漢氏則追謚之禮不及其祖此誠往代之成法當今之明義也陛下孝思中發誠無已已然君舉必書所以慎於禮制也以為追尊之義宜齊高皇而已尚書衛臻與曄議同事遂施行遼東太守公孫淵奪叔父位擅自立遣使表狀曄以為公孫氏漢時所用遂世官

相承水則由海陸則阻山故胡夷絶遠難制而
世權日久今若不誅後必生患若懷貳阻兵然
後致誅於事爲難不如因其新立有黨有仇先
其不意以兵臨之開設賞募可不勞師而定也
後淵竟反曄在朝略不交接時人或問其故曄
荅曰魏室即阼尚新智者知命俗或未咸僕在
漢爲支葉於魏備腹心寡偶少徒於宜未失也
太和六年以疾拜太中大夫有閒爲大鴻臚在
位二年遜位復爲太中大夫薨謚曰景侯子寓
嗣傅子曰曄事明皇帝又大見親重帝將伐蜀朝臣內外皆曰不可曄入與帝議因曰可伐出與朝臣言因曰不可

伐曄有膽智言之皆有形中領軍楊曁帝之親臣又重曄持不可伐蜀之議最堅每從內出輒過曄曄講不可之意後曁
從駕行天淵池帝論伐蜀事曁切諫帝曰卿書生焉知兵事曁謙謝曰臣出自儒生之末陛下過聽拔臣羣萃之中立之
六軍之上臣有微心不敢不盡言臣言誠不足采侍中劉曄先帝謀臣常曰蜀不可伐帝曰曄與吾言蜀可伐曁曰曄可
召質也詔召曄至帝問曄終不言後獨見曄責帝曰伐國大謀也臣得與聞大謀常恐眯夢漏泄以益臣罪焉敢向人言
之夫兵詭道也軍事未發不厭其密也陛下顯然露之臣恐敵國已聞之矣於是帝謝之曄見出責曁曰夫釣者中大魚
則縱而隨之須可制而後牽則無不得也人主之威豈徒大魚而已子誠直臣然計不足采不可不精思也曁亦謝之曄
能應變持兩端如此或惡曄於帝曰曄不盡忠善伺上意所趨而合之陛下試與曄言皆反意而問之若皆與所問反者
是曄常與聖意合也復每問皆同者曄之情必無所逃矣帝如言以驗之果得其情從此疏焉曄遂發狂出爲大鴻臚以
憂死諺曰巧詐不如拙誠信矣以曄之明智權計若居之以德義行之以忠信古之上賢何以加諸獨任才智不與世士
相經緯內不推心事上外困於俗卒不能自安於天下豈不惜哉少子陶亦高才而薄

行官至平原太守王弼傳曰淮南人劉陶善論縱橫爲當時所推　傅子曰陶字季冶善名
稱有大辯曹爽時爲選部郎鄧颺之徒稱之以爲伊呂當此之時其人意陵青雲謂玄曰仲尼不聖何以知其然智者圖
國天下愚如弄一丸於掌中而不能得天下玄以其言大惑不復詳難也謂之曰天下之質變無常也今見卿窮爽之
敗退居里舍乃謝其言之過　干寶晉紀曰毌丘儉之起也大將軍以問陶陶荅依違大將軍怒曰卿平生與吾論天下
事至於今日而更不盡乎乃出爲平原太守又追殺之

蔣濟傳

蔣濟字子通楚國平阿人也仕郡計吏州別駕
建安十三年孫權率衆圍合肥時大軍征荆
州遇疾疫唯遣將軍張喜單將千騎過領汝南
兵以解圍頗復疾疫濟乃密白刺史僞得喜書

云步騎四萬已到雩婁遣主簿迎喜三部使齎
書語城中守將一部得入城二部爲賊所得權
信之遽燒圍走城用得全明年使於譙太祖問濟
曰昔孤與袁本初對官渡徙燕白馬民民不得
走賊亦不敢鈔今欲徙淮南民何如濟對曰是
時兵弱賊彊不徙必失之自破袁紹北拔柳城
南向江漢荆州交臂威震天下民無他志然百
姓懷土實不樂徙懼必不安太祖不從而江淮
間十餘萬衆皆驚走吳後濟使詣鄴太祖迎見
大笑曰本但欲使避賊乃更驅盡之拜濟丹楊

太守大軍南征還以溫恢為揚州刺史濟為別駕令曰季子為臣吳宜有君今君還州吾無憂矣民有誣告濟為謀叛主率者太祖聞之指前令與左將軍于禁沛相封仁等曰蔣濟寧有此事有此事吾為不知人也此必愚民樂亂妄引之耳促理出之辟為丞相主簿西曹屬令曰舜舉皋陶不仁者遠臧否得中望於賢屬矣關羽圍樊襄陽太祖以漢帝在許近賊欲徙都司馬宣王及濟說太祖曰于禁等為水所沒非戰攻之失於國家大計未足有損劉備孫權外親內疏關羽得

志權必不願也可遣人勸躡其後許割江南以封權則樊圍自解太祖如其言權聞之則引兵西襲公安江陵羽遂見禽文帝即王位轉為相國長史及踐阼出為東中郎將濟請留詔曰高祖歌曰安得猛士守四方天下未寧要須良臣以鎮邊境如其無事乃還鳴玉未為後也濟上萬機論帝善之入為散騎常侍時有詔詔征南將軍夏侯尚曰卿腹心重將特當任使恩施足死惠愛可懷作威作福殺人活人尚以示濟濟既至帝問曰卿所聞見天下風教何如濟對曰

未有他善但見亡國之語耳帝忿然作色而問其故濟具以答因曰夫作威作福書之明誡天子無戲言古人所慎惟陛下察之於是帝意解遣追取前詔黃初三年與大司馬曹仁征吳濟別襲羨溪仁欲攻濡須洲中濟曰賊據西岸列船上流而兵入洲中是為自內地獄危亡之道也仁不從果敗仁薨復以濟為東中郎將代領其兵詔曰卿兼資文武志節忼慨常有超越江湖吞吳會之志故復授將率之任頃之徵為尚書車駕幸廣陵濟表水道難通又上三州論以

諷帝帝不從於是戰船數千皆滯不得行議者欲就留兵屯田濟以為東近湖北臨淮若水盛時賊易為寇不可安屯帝從之車駕即發還到精湖水稍盡盡留船付濟船本歷適數百里中濟更鑿地作四五道蹴船令聚豫作土豚遏斷湖水皆引後船一時開遏入淮中帝還洛陽謂濟曰事不可不曉吾前決謂分半燒船於山陽池中卿於後致之略與吾俱至譙又每得所陳實入吾意自今討賊計畫善思論之明帝即位賜爵關內侯大司馬曹休帥軍向皖濟表以為

深入虜地與權精兵對而朱然等在上流乘休後臣未見其利也軍至皖吳出兵安陸濟又上疏曰今賊示形於西必欲并兵圖東宜急詔諸軍往救之會休軍已敗盡棄器仗輜重退還吳欲塞夾口遇救兵至是以官軍得不沒遷爲中護軍時中書監令號爲專任濟上疏曰大臣太重者國危左右太親者身蔽古之至戒也往者大臣秉事外內扇動陛下卓然自覽萬機莫不祗肅夫大臣非不忠也然威權在下則衆心慢上勢之常也陛下既已察之於大臣願無忘於

左右左右忠正遠慮未必賢於大臣至於便辟取合或能工之今外所言輒云中書雖使恭慎不敢外交但有此名猶惑世俗況實握事要日在目前儻因疲倦之間有所割制衆臣見其能推移於事即亦因時而向之一有此端因當內設自完以此衆語私招所交爲之內援若此臧否毀譽必有所興功負賞罰必有所易直道而上者或壅曲附左右者反達因微而入緣形而出意所狎信不復猜覺此宜聖智所當早聞外以經意則形際自見或恐朝臣畏言不合而受

左右之怨莫適以聞臣竊亮陛下潛神默思公聽並觀若事有未盡於理而物有未周於用將改曲易調遠與黃唐角功近昭武文之迹豈近習而已哉然人君猶不可悉天下事以適己明當有所付三官任一臣非周公旦之忠又非管夷吾之公則有弄機敗官之弊當今柱石之士雖少至於行稱一州智效一官忠信竭命各奉其職可並驅策不使聖明之朝有專吏之名也詔曰夫骨鯁之臣人主之所仗也濟才兼文武服勤盡節每軍國大事輒有奏議忠誠奮發吾

甚壯之就遷爲護軍將軍加散騎常侍司馬彪戰略曰太和六年明帝遣平州刺史田豫乘海渡幽州刺史王雄陸道并攻遼東蔣濟諫曰凡非相吞之國不侵叛之臣不宜輕伐伐之而不制是驅使爲賊故曰虎狼當路不治狐狸先除大害小害自已今海表之地累世委質歲選計孝不乏職貢議者先之正使一舉便克得其民不足益國得其財不足爲富儻不如意是爲結怨失信也帝不聽豫行竟無成而還景初中外勤征役內務宮室怨曠者多而年穀饑儉濟上疏曰陛下方當恢崇前緒光濟遺業誠未得高枕而治也今雖有十二州至於民數不過漢時一大郡二賊未誅宿兵邊陲且耕且戰怨曠積年宗廟宮室百事草創農桑者少衣食者多今其所急唯當息耗百姓不至甚弊弊劫之

民儻有水旱百萬之衆不爲國用凡使民必須
農隙不奪其時夫欲大興功之君先料其民力
而燠休之句踐養胎以待用昭王恤病以雪仇
故能以弱燕服彊齊羸越滅勁吳今二敵不攻
不滅不事即侵當身不除百世之責也以陛下
聖明神武之略舍其緩者專心討賊臣以爲無
難矣又歡娛之躭害於精爽神太用則竭形太
勞則弊願大簡賢妙足以充百斯男者其宂散
未齒且悉分出務在清靜詔曰微護軍吾弗聞
斯言也漢晉春秋曰公孫淵聞魏將來討復稱臣於孫權乞兵自救帝問濟孫權其救遼東乎濟曰彼知官備以固利不可得深入則非力所能淺入則勞而無獲權雖子弟在危猶將不動況異域之人兼以往者之辱乎今所以外揚此聲者譎其行人疑於我我之不克冀折後事已耳然沓渚之間去淵尚遠若大軍相持事不速決則權之淺規或能輕兵掩襲未可測也齊王即位徙爲領軍將軍進爵昌陵
亭侯列異傳曰濟爲領軍其婦夢見亡兒涕泣曰死生異路我生時爲卿相子孫今在地下爲泰山五伯憔悴困辱不可復言今太廟西謳士孫阿今見召爲泰山令願母爲白侯屬阿令轉我得樂處言訖母忽然驚寤明日以白濟濟曰夢爲爾耳不足怪也明日暮復夢曰我來迎新君止在廟下未發之頃暫得來歸新君明日日中當發臨發多事不復得歸永辭於此侯氣彊難感悟故自訴於母願重啟侯何惜不一試驗之遂道阿之形狀言甚備悉天明母重啟侯雖云夢不足怪此何太適適亦何惜不一驗之濟乃遣人詣太廟下推問孫阿果得之形狀證驗悉如兒言濟涕泣曰幾負吾兒於是乃見孫阿具語其事阿不懼當死而喜得爲泰山令惟恐濟言不信也曰若如節下言阿之願也不知賢子欲得何職濟曰隨地下樂者與之阿曰輒當奉教乃厚賞之言訖遣還濟欲速知其驗從領軍門至廟下十步安一人以

傳消息辰時傳阿心痛巳時傳阿劇日中傳阿亡濟泣曰雖哀吾兒之不幸自喜亡者有知後月餘兒復來語母曰已得轉爲錄事矣遷太尉初侍中高堂隆論郊祀事以魏爲
舜後推舜配天濟以爲舜本姓媯其苗曰田非
曹之先著文以追詰隆臣松之案蔣濟立郊議稱曹騰碑文云曹氏族出自邾魏書述曹氏胤緒亦如之魏武作家傳自云曹叔振鐸之後故陳思王作武帝誄曰於穆武王胄稷胤周此其不同者也及至景初明帝從高堂隆議謂魏爲舜後後魏爲禪晉文稱昔我皇祖有虞則其異彌甚尋濟難隆及與尚書繆襲往反並有理據文多不載濟亦未能定氏族所出但謂魏非舜後而横祀非族降黜太祖不配正天皆爲繆妄然于時竟莫能正濟又難鄭玄注祭法云有虞以上尚德禘郊祖宗配用有德自夏已下稍用其姓氏濟曰夫虯龍神於獺獺自祭其先虯也麒麟白虎仁於豺豺自祭其先不祭麒虎也如玄之說有虞已上豺獺之不若邪臣以爲祭法所云見疑學者久矣鄭玄不考正其違而就通其義濟豺獺之譬雖似俳諧然其義旨有可求焉是時曹爽專政
丁謐鄧颺等輕改法度會有日蝕變詔群臣問
其得失濟上疏曰昔大舜佐治戒在比周周公
輔政愼於其朋齊侯問災晏嬰對以布惠魯君
問異臧孫答以緩役應天塞變乃實人事今二
賊未滅將士暴露已數十年男女怨曠百姓貧
苦夫爲國法度惟命世大才乃能張其綱維以
垂于後豈中下之吏所宜改易哉終無益於治
適足傷民望宜使文武之臣各守其職率以清
平則和氣祥瑞可感而致也以隨太傅司馬宣
王屯洛水浮橋誅曹爽等進封都鄉侯邑七百

戶濟上疏曰臣忝寵上司而爽敢苞藏禍心此臣之無任也大傅奮獨斷之策陛下明其忠節罪人伏誅社稷之福也夫封寵慶賞必加有功今論謀則臣不先知語戰則非臣所率而上失其制下受其弊臣備宰司民所具瞻誠恐冒賞之漸自此而興推讓之風由此而廢固辭不許孫盛曰蔣濟之辭邑可謂不負心矣語曰不爲利回不爲義疚蔣濟其有焉是歲薨謚曰景侯世語曰初濟隨司馬宣王屯洛水浮橋濟書與曹爽言宣王旨推免官而已爽遂誅滅濟病其言之失信發病卒子秀嗣秀薨子凱嗣咸熙中開建五等以濟著勳前朝改封凱爲下蔡子

劉放傳

劉放字子棄涿郡人漢廣陽順王子西鄉侯宏後也歷郡綱紀舉孝廉遭世大亂時漁陽王松據其土放往依之太祖克冀州放說松曰往者董卓作逆英雄並起阻兵擅命人自封殖惟曹公能拔拯危亂翼戴天子奉辭伐罪所向必克以二袁之彊守則淮南冰消戰則官渡大敗乘勝席卷將清河朔威刑既合大勢以見速至者漸福後服者先亡此乃不俟終日馳鶩之時也昔黥布棄南面之尊仗劍歸漢誠識廢興之理審去就之分也將軍宜投身委命厚自結納松然之會太祖討袁譚於南皮以書招松松舉雍奴泉州安次以附之放爲松答太祖書其文甚麗太祖既善之又聞其說由是遂辟放建安十年與松俱至太祖大悅謂放曰昔班彪依竇融而有河西之功今一何相似也乃以放參司空軍事歷主簿記室出爲郃陽祋祤祋音都活反祤音詡贊令魏國既建與太原孫資俱爲秘書郎先是資亦歷縣令參丞相軍事資別傳曰資字彥龍幼而岐嶷三歲喪二親長於兄嫂講業太學博覽傳記同郡王允一見而奇之太祖爲司空又辟資會兄爲鄉人所害資手刃報讎乃將家屬避地河東故遂不應命尋復爲本郡所命以疾辭友人河東賈逵謂資曰足下抱逸群之才值舊邦傾覆主將殷勤千里延頸宜崇古賢桑梓之義而久盤桓拒違君命斯猶曜和璧於秦王之庭而塞以連城之價耳竊爲足下不取也資感其言遂往應之到署功曹舉計吏尚書令荀彧見資歎曰北州承喪亂已久謂其賢智零落今日乃復見孫計君乎表留以爲尚書郎辭以家難得還河東文帝即位放資轉爲左右丞數月放徙爲令黃初初改秘書爲中書以放爲監資爲令各加給事中放賜爵關內侯資爲關中侯遂掌機密三年放進爵魏壽亭侯資關內侯明帝即位尤見寵任同加散騎常侍進放爵西鄉侯資樂陽亭侯資別傳曰諸葛亮出在南鄭時議者以爲可因大發兵就討之帝意亦然以問資資曰昔武皇帝征南鄭取張魯陽平之役危而後濟又自往拔出夏侯淵軍數言南鄭直爲天獄中斜谷道爲五百里石穴耳言其深險喜出淵軍之辭也又武

皇帝聖於用兵察蜀賊栖於山巖視吳虜竄於江湖皆橈而
避之不責將士之力不爭一朝之忿誠所謂見勝而戰知難
而退也今若進軍就南鄭討亮道既險阻計用精兵又轉運
鎮守南方四州遏禦水賊凡用十五六萬人必當復更有所
發興天下騷動費力廣大此誠陛下所宜深慮夫守戰之力
力役三倍但以今日見兵分命大將據諸要險威足以震攝
彊寇鎮靜疆埸將士虎睡百姓無事數年之間中國日盛吳
蜀二虜必能自弊帝由是止時吳人彭綺又舉義江南議者
以為因此伐之必有所克帝問資資曰鄱陽宗人前後數有
舉義者衆弱謀淺旋輒乖散昔文皇帝嘗密問賊形勢言洞
浦殺萬人得船千數數日船人復會江陵被圍歷月權裁以
千數百兵住東門而其土地無崩解者是有法禁上下相奉
持之明驗也以此推綺懼未能
為權腹心大疾也綺果尋敗亡 太和末吳遣將周賀
浮海詣遼東招誘公孫淵帝欲邀討之朝議多
以為不可惟資決行策果大破之進爵左鄉侯
魏氏春秋曰烏丸校尉田豫帥西部鮮卑泄歸尼等出塞討
軻比能智鬱築鞬破之還至馬邑故城比能帥三萬騎圍豫

帝聞之計未有所出如中書省以問監令令孫資對曰上谷
太守閻志柔弟也為比能素所歸信令馳詔使說比能可不
勞師而自解矣帝從
之比能果釋豫而還 放善為書檄三祖詔命有所詔
喻多放所為青龍初孫權與諸葛亮連和欲俱
出為寇邊侯得權書放乃改易其辭往往換其本
文而傳合之與征東將軍滿寵若欲歸化封以
示亮亮騰與吳大將步騭等以見權權懼亮自
疑深自解說是歲皆加侍中光祿大夫 資別傳曰
是時孫權
諸葛亮號稱劇賊無歲不有軍征而帝總攝群下內圖禦寇
之計外規廟勝之畫資皆管之然自以受腹心常讓事於帝
曰動大衆舉大事宜與群下共之既以示明且於探求為廣
既朝臣會議資奏當其是非擇其善者推成之然不顯己之
德也若衆人有譴過及忿爭之說輒復為請解以塞譖潤之
端如征東將軍滿寵涼州刺史徐邈並有譖毀之者資皆盛陳

其素行使卒無纖介此既得保其功名者資之力也初資在
邦邑名出同類之右鄉人司空掾田豫梁相宗豔皆妬害之
而楊豐黨附豫等專為資構造謗端怨隙甚重資既不以為
言而終無恨意豫等慚服求釋宿憾結為婚姻資謂之曰吾
無憾心不知所釋此為卿自薄之卿自厚之耳乃為長子宏
取其女及當顯位而田豫老疾在家資遇之甚厚又致其子
於本郡以為孝廉而楊豐子後為尚方吏帝以職
事譴怒欲致之法資請活之其不念舊惡如此 景初二
年遼東平定以參謀之功各進爵封本縣放方
城侯資中都侯其年帝寢疾欲以燕王宇為大
將軍及領軍將軍夏侯獻武衛將軍曹爽屯騎
校尉曹肇驍騎將軍秦朗共輔政宇性恭良陳
誠固辭帝引見放資入臥內問曰燕王正爾為
放資對曰燕王實自知不堪大任故耳帝曰曹

爽可代宇不放資因贊成之又深陳宜速召太
尉司馬宣王以綱維皇室帝納其言即以黃紙
授放作詔放資既出帝意復變詔止宣王勿使
來尋更見放資曰我自召太尉而曹肇等反使
吾止之幾敗吾事命更為詔帝獨召爽與放資
俱受詔命遂免宇獻肇朗官太尉亦至登牀受
詔然後帝崩 世語曰放資久典機任獻肇心內不平殿中
有雞棲樹二人相謂此亦久矣其能復幾指
謂放資放資懼勸帝召宣王帝作手詔令給使辟邪至以
授宣王宣王在汲獻等先詔令於軹關西還長安辟邪又至
宣王疑有變呼辟邪具問乃乘追鋒車馳至京師帝問放資
誰可與太尉對者放曰曹爽帝曰堪其事不爽在左右汗流
不能對放躡其足耳之曰臣以死奉社稷曹肇弟纂為大將
軍司馬燕王頗失指肇出纂見驚曰上不安云何悉共出宜

還已暮放資宣詔官門不得復內肇等罷燕王肇明日至門
不得入懼詣延尉以處事失宜免帝謂獻曰吾已差便出獻
流涕而出亦免　案世語所云樹置先後與本傳不同資別
傳曰帝詔資曰吾年稍長又歷觀書傳中皆歎息無所不念
圖萬年後計莫過使親人廣據職勢兵任又重今射聲校尉
缺乂欲得親人誰可用者資曰陛下思深慮遠誠非愚臣所
及書傳所載皆聖聽所究向使漢高不知平勃能安劉氏孝
武不識金霍付屬以事殆不可言文皇帝始召曹眞還時親
詔臣以重慮及至晏駕陛下即阼猶有曹休外內之望賴遭
日月御勒不傾使各守分職纖介不間以此推之親臣貴戚
雖當據勢握兵宜使輕重素定若諸侯典兵力均衡平寵齊
愛等則不相為服不相為服則意有異同今五營所領見兵
常不過數百選授校尉如其輩類為有疇四至於重大之任
能有所維綱者宜以聖意簡擇如平勃金霍劉章等一二人
漸殊其威重使相鎮固於事為善帝曰然如卿言當為吾遠
慮所圖今日可參平勃侔金霍雙劉章者其誰哉資曰臣聞
知人作哲惟帝難之唐虞之聖凡所進用明試以功陳平初
事漢祖絳灌等謗平有受金盜嫂之罪周勃以吹簫引彊始
事高祖亦未知名也高祖察其行跡然後知可付以大事霍
光給侍中二十餘年小心謹慎乃見親信日磾夷狄以至孝

磾宜特見擢用左右尚曰妄得一胡兒而重貴之平勃雖安
漢嗣其終勃被反名平劣自免於呂須之讒上官桀桑弘羊
與霍光爭權幾成禍亂此誠知人之不易為臣之難也又所
簡擇當得陛下所親當得陛下所信誠非愚臣之所能識別
臣松之以為孫劉于時號為專任制斷機密政事無不綜資
放被託付之問當安危所斷而更依違其對無有適莫受人
親任理豈得然案本傳及諸書並云放資稱贊曹爽勸召宣
王魏室之亡禍基於此資之別傳出自其家欲以是言掩其大
失然恐負國之玷終莫能磨也齊王即位以放資決定大謀增邑三
百放并前千一百資千戶封愛子一人亭侯次
子騎都尉餘子皆郎中正始元年更加放左光
祿大夫資右光祿大夫金印紫綬儀同三司六
年放轉驃騎資衛將軍領監令如故七年復封
子一人亭侯各年老遜位以列侯朝朔望位特

進資別傳曰大將軍爽專事多變易舊章資歎曰吾累世蒙寵加以豫聞屬託今縱不能匡弼時事可以坐受素飡
之祿邪遂固稱疾九年二月乃賜詔曰君掌機密三十餘年
經營庶事勳著前朝暨朕統位動賴良謀是以曩者增崇寵
章同之三事外帥群官內望讜言屬以年耆疾篤上還印綬
前後鄭重辭旨懇切天地以大順成德君子以善終成仁重
以職事違奪君志今聽所執賜錢百萬使兼光祿勳少府親
策詔君養疾于第君其勉進醫藥頤神和氣以求無疆之祚
置舍人官騎加以日秩肴酒之膳焉曹爽誅後復以資為侍中領中書
令嘉平二年放薨諡曰敬侯子正嗣臣松之案頭責子羽曰士
卿劉許字文生正之弟也與張華六人並稱文辭可觀意思詳序晉惠帝世許為越騎校尉資復遜位
歸第就拜驃騎將軍轉侍中特進如故三年薨
諡曰貞侯子宏嗣放才計優資而自脩不如也
放資既善承順主上又未嘗顯言得失抑辛毗

而助王思以是獲譏於世然時因群臣諫諍扶
贊其義并時密陳損益不專導諛言云及咸熙
中開建五等以放資著勳前朝改封正方城子
宏離石子案孫氏譜宏為南陽太守宏子楚字子荊晉陽秋曰楚鄉人王濟豪俊公子也為本州大中正
訪問銓邦邑求楚品狀濟曰此人非卿所能名自狀之曰天才英
博亮拔不羣楚位至討虜護軍馮翊太守楚子洵潁川太守
洵子盛字安國給事中秘書監盛從父弟綽字興公廷尉正
楚及盛綽並有文藻盛又善言名理諸所論著並傳於世
評曰程昱郭嘉董昭劉曄蔣濟才策謀略世之
奇士雖清治德業殊於荀攸而籌畫所料是其
倫也劉放文翰孫資勤愼並管喉舌權聞當時
雅亮非體是故譏諫之聲每過其實矣

卷終

劉馥傳

劉馥字元穎沛國相人也避亂揚州建安初說袁術將戚寄秦翊使率衆與俱詣太祖太祖悅之司徒辟爲掾後孫策所置廬江太守李述攻殺揚州刺史嚴象廬江梅乾雷緒陳蘭等聚衆數萬在江淮間郡縣殘破太祖方有袁紹之難謂馥可任以東南之事遂表爲揚州刺史馥旣受命單馬造合肥空城建立州治南懷緒等皆安集之貢獻相繼數年中恩化大行百姓樂其政流民越江山而歸者以萬數於是聚諸生立學校廣屯田興治芍陂及茹陂七門吳塘諸堨以溉稻田官民有畜又高爲城壘多積木石編作草苫數千萬枚益貯魚膏數千斛爲戰守備建安十三年卒孫權率十萬衆攻圍合肥城百餘日時天連雨城欲崩於是以苫蓑覆之夜然脂照城外視賊所作而爲備賊以破走揚州士民益追思之以爲雖董安于之守晉陽不能過也及陂塘之利至今爲用馥子靖黃初中從黃門侍郎遷廬江太守詔曰卿父昔爲彼州今卿復

據此郡可謂克負荷者也轉在河內遷尚書賜爵關內侯出爲河南尹散騎常侍應璩書與靖曰入作納言出臨京任富民之術日引月長藩落高峻絶穿窬之心五種別出遠水火之災農器必具無失時之闕蠶麥有苫備之用無雨濕之虞封符指期無流連之吏鰥寡孤獨蒙廩振之實加之以明擿幽微重之以秉憲不撓有司供承王命百里垂拱仰辦雖昔趙張三王之治未足以方也靖爲政類如此初雖如碎密終於百姓便之有馥遺風母喪去官後爲大司農衛尉進封廣陸亭侯邑三百戶上疏陳儒訓之本曰夫學者治亂之軌儀聖人之大教也自黃初以來崇立太學二十餘年而寡有成者蓋由博士選輕諸生避役高門子弟恥非其倫故無學者雖有其名而無其人雖設其教而無其功宜高選博士取行爲人表經任人師者掌教國子依遵古法使二千石以上子孫年從十五皆入太學明制黜陟榮辱之路其經明行脩者則進之以崇德蒞教廢業者則退之以懲惡舉善而教不能則勸浮華交游不禁自息矣闡弘大化

以綏未賓六合承風遠人來格此聖人之教致
治之本也後還鎮北將軍假節都督河北諸軍
事請以為經常之大法莫善於守防使民夷有
別遂開拓邊守屯據險要又脩廣戾渠陵大堨
水溉灌薊南北三更種稻邊民利之嘉平六年
薨追贈征北將軍進封建成鄉侯謚曰景侯子
熙嗣晉陽秋曰劉弘字叔和熙之弟也弘與晉世祖同年居同里以舊恩屢登顯位自靖至弘世不曠名而有
政事才晉西朝之末弘為車騎大將軍開府荊州刺史假節都督荊交廣州諸軍事封新城郡公其在江漢值王室多難
得專命一方盡其器能推誠羣下厲以公義簡刑獄務農桑每有興發手書郡國丁寧款密故莫不感悅顛倒奔赴咸曰
得劉公一紙書賢於十部從事也時帝在長安命弘得選用宰守徵士武陵伍朝高尚其事牙門將皮初有勳江漢弘上

朝為零陵太守初為襄陽太守詔書以襄陽顯郡初資名輕淺以弘壻夏侯陟為襄陽弘曰夫統天下者當與天下同心
治一國者當與一國推實吾統荊州十郡安得十女壻然後為治哉乃表陟姻親舊制不得相監臨事初勳宜見酬報聽
之眾益服其公當廣漢太守辛冉以天子蒙塵四方雲擾進從橫計於弘弘怒斬之時人莫不稱善晉諸公讚曰于時
天下雖亂荊州安全弘有劉景升保有江漢之志不附太傅司馬越越甚銜之會弘病卒子璠北中郎將

司馬朗傳

司馬朗字伯達河內溫人也司馬彪序傳曰朗祖父儁字元異博學好古倜
儻有大度長八尺三寸腰帶十圍儀狀魁岸與眾有異鄉黨宗族咸景附焉位至潁川太守父防字建公性質直公方雖
閑居宴處威儀不忒雅好漢書名臣列傳所諷誦者數十萬言少仕州郡歷官洛陽令京兆尹以年老轉拜騎都尉養志
閭巷闔門自守諸子雖冠成人不命曰進不敢進不命曰坐不敢坐不指有所問不敢言父子之間肅如也年七十一建
安二十四年終有子八人朗最長次即晉宣皇帝也九歲人有道其父字者朗

曰慢人親者不敬其親者也客謝之十二試經
為童子郎監試者以其身體壯大疑朗匿年劾
問朗曰朗之內外累世長大朗雖稚弱無仰高
之風損年以求早成非志所為也監試者異之
後關東兵起故冀州刺史李邵家居野王近山
險欲徙居溫朗謂邵曰脣齒之喻豈唯虞虢溫
與野王即是也今去彼而居此是為避朝亡之
期耳且君國人之望也今寇未至而先徙帶山
之縣必駭是搖動民之心而開姦宄之原也切
為郡內憂之邵不從邊山之民果亂內徙或為

寇鈔是時董卓遷天子都長安卓因留洛陽朗
父防為治書御史當徙西以四方雲擾乃遣朗
將家屬還本縣或有告朗欲逃亡者執以詣卓
卓謂朗曰卿與吾亡兒同歲幾大相負朗因曰
明公以高世之德遭陽九之會清除群穢廣舉
賢士此誠虛心垂慮將興至治也威德以隆功
業以著而兵難日起州郡鼎沸郊境之內民不
安業捐棄居產流亡藏竄雖四關設禁重加刑
戮猶不絕息此朗之所以於邑也願明公監觀
往事少加三思即榮名並於日月伊周不足侔

也卓曰吾亦悟之鄉言有意臣松之案朗此對但爲稱述卓功德未相箴誨而已了不自申釋而卓便云吾亦悟之鄉言有意客主之辭如爲不相酬塞也朗知卓必亡恐見留即散財物以賂遺卓用事者求歸鄉里到謂父老曰董卓悖逆爲天下所讎此忠臣義士奮發之時也郡與京都境壤相接洛東有成皐北界大河天下興義兵者若未得進其勢必停於此此乃四分五裂戰爭之地難以自安不如及道路尚通舉宗東到黎陽黎陽有營兵趙威孫鄉里舊婚爲監營謁者統兵馬足以爲主若後有變徐復觀望未晚也父老戀舊莫有從者

惟同縣趙咨將家屬俱與朗往焉後數月關東諸州郡起兵衆數十萬皆集滎陽及河內諸將不能相一縱兵鈔略民人死者且半久之關東兵散太祖與呂布相持於濮陽朗乃將家還溫時歲大饑人相食朗收恤宗族教訓諸弟不爲衰世解業年二十二太祖辟爲司空掾屬除成皐令以病去復爲堂陽長其治務寬惠不行鞭杖而民不犯禁先時民有徙充都內者後縣調當作船徙民恐其不辦乃相率私還助之其見愛如此遷元城令入爲丞相主簿朗以爲天下土崩之勢由秦滅五等之制而郡國無蒐狩習戰之備故也今雖五等未可復行可令州郡並置兵外備四夷內威不軌於策爲長又以爲宜復井田往者以民各有累世之業難中奪之是以至今承大亂之後民人分散土業無主皆爲公田宜及此時復之議雖未施行然州郡領兵朗本意也遷兗州刺史政化大行百姓稱之雖在軍旅常麤衣惡食儉以率下雅好人倫典籍鄉人李覿等盛得名譽朗常顯貶下之後覿等敗時人服焉鍾繇王粲著論云非聖人不

能致太平朗以爲伊顏之徒雖非聖人使得數世相承太平可致魏書曰文帝善朗論命祕書錄其文孫盛曰繇既失之朗亦未爲得也昔湯舉伊尹而不仁者遠矣易稱顏氏之子其殆庶幾乎有不善未嘗不知知之未嘗復行由此而言聖人之與大賢行藏道一舒卷斯同御世垂風理無降異升泰之美豈俟積世哉善人爲邦百年亦可以勝殘去殺又曰不踐跡亦不入于室數世之論其在斯乎方之大賢固有間矣建安二十二年與夏侯惇臧霸等征吳到居巢軍士大疫朗躬巡視致醫藥遇疾卒時年四十七遺命布衣幅巾歛以時服州人追思之魏書曰朗臨卒謂將士曰刺史蒙國厚恩督司萬里微功未效而遭此疫癘既不能自救孤負國恩身沒之後其布衣幅巾歛以時服勿違吾志也明帝即位封朗子遺昌武亭侯邑百戶朗弟孚又以子望繼朗後遺薨

望子洪嗣晉諸公贊曰望字子初孚之長子有才識早知名咸熙中位至司徒入晉封義陽王遷太尉大司馬時孚為太宰父子居上公位自中代已來未之有也洪字孔業封河間王初朗所與俱徒趙咨官至太常為世好士咨字君初子酆字子晉驃騎將軍封東平陵公並見百官名志

梁習傳

梁習字子虞陳郡柘人也為郡綱紀太祖為司空辟召為漳長累轉乘氏海西下邳令所在有治還為西曹令史遷為屬并土新附習以別部司馬領并州刺史時承高幹荒亂之餘胡狄在界張雄跋扈吏民亡叛入其部落兵家擁衆作

為寇害更相扇動往往棊跱習到官誘喻招納皆禮召其豪右稍稍薦舉使詣幕府豪右已盡乃次發諸丁彊以為義從又因大軍出征分請以為勇力吏兵已去之後稍移其家前後送鄴凡數萬口其不從命者興兵致討斬首千數降附者萬計單于恭順名王稽顙部曲服事供職同於編戶邊境肅清百姓布野勤勸農桑令行禁止貢達名士咸顯於世語在常林傳太祖嘉之賜爵關內侯更拜為真長老稱詠以為自所聞識刺史未有及習者建安十八年州并屬冀

州更拜議郎西部都督從事統屬冀州摠故部曲又使於上黨取大材供鄴宮室習表置屯田都尉二人領客六百夫於道次耕種菽粟以給人牛之費後單于入侍西北無虞習之績也魏略曰鮮卑大人育延常為州所畏而一旦將其部落五千餘騎詣習求互市習念不聽則恐其怨若聽到州下又恐為所略於是乃許之往與會空城中交市遂敕郡縣自將治中以下軍往就之市易未畢市吏收縛一胡延騎皆驚上馬彎弓圍習數重吏民惶怖不知所施習乃徐呼市吏問縛胡意而胡實侵犯人習乃使譯呼延延到習責延曰汝胡自犯法吏不侵汝汝何為使諸騎驚駭邪遂斬之餘胡破膽不敢動是後無寇虜至二十二年太祖拔漢中諸軍還到長安因留騎督太原烏丸王魯昔使屯池陽以備盧水昔有愛妻住在晉陽昔既思之又恐遂不得歸乃以其部五百騎叛還并州留其餘騎置山谷間而單騎獨入晉陽盜取其妻已出城州郡乃覺吏民又畏昔善射不敢追習乃令從事張景募鮮卑使逐昔昔馬

負其妻重騎行遲未及與其衆合而為鮮卑所射死始太祖聞昔叛恐其為亂於北邊會聞已殺之大喜以習前後有策略封為關內侯文帝踐阼復置并州復為刺史進封申門亭侯邑百戶政治常為天下最太和二年徵拜大司農習在州二十餘年而居處貧窮無方面珍物明帝異之禮賜甚厚四年薨子施嗣初濟陰王思與習俱為西曹令史思因直日白事失太祖指太祖大怒教召主者將加重辟時思近出習代往對已被收執矣思乃馳還自陳己罪罪應受死太祖歎習之不言思之識分曰何意吾軍中有二義士乎臣松之以為習與王思同寮而已親非骨肉義非刎頸而以身代思

受不測之禍以之爲義無乃乖先哲之雅旨乎史遷云死有重於太山有輕於鴻毛故君子不爲苟存不爲苟亡若使思不引分主不加恕則所謂自經於溝瀆而莫之知也習之死義者豈其然哉後同時擢爲刺史思領豫州思亦能吏然苛碎無大體官至九卿封列侯魏略苛吏傳曰思與薛悌郤嘉俱從微起官位略等三人中悌差挾儒術所在名爲閑省嘉與思事行相似文帝詔曰薛悌駁吏王思郤嘉純吏也各賜關內侯以報其勤思爲人雖煩碎而曉練文書敬賢禮士傾意形勢亦以是顯名正始中爲大司農年老目瞋瞋怒無度下吏嗷然不知何據性少信時有吏父病篤近在外舍自白求假思疑其不實發怒曰世有思婦病母者豈此謂乎遂不與假吏父明日死思無恨意其爲刻薄類如此思又性急嘗執筆作書蠅集筆端驅去復來如是再三思恚怒自起逐蠅不能得還取筆擲地蹋壞之時有丹楊施畏魯郡倪覬南陽胡業亦爲刺史郡守時人謂之苛暴又有高陽劉類歷位宰守苛慝尤甚以善脩人事不廢於世嘉平中爲弘農太守吏二百餘人不與休假專使爲不急過無輕重輒捽其頭又亂杖撾之牽出復入如是數四乃使人掘地求錢所在市里皆有

孔穴又外託簡省每出行陽勑督郵不得使官屬曲脩禮敬而陰識不來者輒發怒中傷之性又少信每遣大吏出輒使小吏隨覆察之白日常自於牆壁間闚閃夜使幹廉察諸曹復以幹不足信又遣鈴下及奴婢使相檢驗嘗案行宿止民家民家二狗逐猪猪驚走頭插柵間號呼良久類以爲外之吏擅共飲食不復徵察便使伍伯曳五官掾孫弼入頓頭責之弼以實對類自愧不詳因託問以他事民尹昌年垂百歲聞類出行當經過謂其兒曰扶我迎府君我欲陳恩兒扶昌在道左類望見呵其兒曰用是死人使來見我其視人無禮皆此類也舊俗民謗官長者有三不肯謂遷免與死也類在弘農吏民患之乃題其門曰劉府君有三不肯類雖聞之猶不能自改其後安東將軍司馬文王西征路經弘農弘農人告類荒耄不任宰郡乃召入爲五官中郎將

張既傳

張既字德容馮翊高陵人也年十六爲郡小吏魏略曰既世單家富爲人有容儀少小工書疏爲郡門下小吏而家富自惟門寒念無以自達乃常畜好刀筆及版奏伺

諸大吏有乏者輒給與以是見識焉後歷右職舉孝廉不行太祖爲司空辟未至舉茂才除新豐令治爲三輔第一袁尚拒太祖於黎陽遣所置河東太守郭援幷州刺史高幹及匈奴單于取平陽發使西與關中諸將合從司隸校尉鍾繇遣既說將軍馬騰等既爲言利害騰等從之騰遣子超將兵萬餘人與繇會擊幹援大破之斬援首幹及單于皆降其後幹復舉幷州反河內張晟衆萬餘人無所屬寇崤澠閒河東衛固弘農張琰各起兵以應之太祖以既爲議郎參繇軍事使西徵諸將

馬騰等皆引兵會擊晟等破之斬琰固首幹奔荊州封既武始亭侯太祖將征荊州而騰等分據關中太祖復遣既喻騰等令釋部曲求還騰已許之而更猶豫既恐爲變乃移諸縣促儲偫二千石郊迎騰不得已發東太祖表騰爲衛尉子超爲將軍統其衆後超反既從太祖破超於華陰西定關右以既爲京兆尹招懷流民興復縣邑百姓懷之魏國既建爲尚書出爲雍州刺史太祖謂既曰還君本州可謂衣繡晝行矣從征張魯別從散關入討叛氐收其麥以給軍食

魯降既說太祖拔漢中民數萬户以實長安及三輔其後與曹洪破吳蘭於下辯又與夏侯淵宋建別攻臨洮狄道平之是時太祖徙民以充河北隴西天水南安民相恐動擾擾不安既假三郡人爲將吏者休課使治屋宅作水碓民心遂安太祖將拔漢中守恐劉備北取武都氐以逼關中問既既曰可勸使北出就穀以避賊前至者厚其寵賞則先者知利後必慕之太祖從其策乃自到漢中引出諸軍令既之武都徙氐五萬餘落出居扶風天水界三輔決録注曰既爲兒童爲郡功曹游殷察異

之引既過家既敬諾殷先歸勑家具設賓饌及既至殷妻笑曰君其悖乎張德容童昏小兒何異客哉殷曰勿怪乃方伯之器也殷遂與既論霸王之略饗訖以子楚託之既謙不受殷固託之既以殷邦之宿望難違其旨乃許之殷先與司隷校尉胡軫有隙軫誣搆殺殷殷死月餘軫得疾患自說但言伏罪伏罪游功曹將鬼來於是遂死于時關中稱曰生有知人之明死有貴神之靈子楚字仲允爲蒲阪令太祖定關中時漢興郡缺太祖以問既既稱楚才兼文武遂以爲漢興太守後轉隴西　魏略曰楚爲人慷慨歷位宰守所在以恩德爲治不好刑殺太和中諸葛亮出隴右吏民騷動天水南安太守各棄郡東下楚獨據隴西召會吏民謂之曰太守無恩德今蜀兵至諸郡吏民皆已應之此亦諸卿富貴之秋也太守本爲國家守郡義在必死卿諸人便可取太守頭持往東民皆涕淚言死生當與明府同無有二心楚復言卿曹若不願我爲卿畫一計今東二郡已去必將寇來但可共堅守若國家救到寇必去是爲一郡守義人人獲爵寵也若官救不到蜀攻日急爾乃取太守以降未爲晚也吏民遂城守而南安果將蜀兵就攻隴西楚聞賊到乃遣長史馬顒出門設陣而自於城上曉謂蜀帥言卿能斷隴使東兵不上一月之中則隴西吏人不攻自服卿若不能虛自疲弊耳使顒鳴鼓擊

之蜀人乃去後十餘日諸軍上隴諸葛亮破走南安天水皆坐應亮破滅兩郡守各獲重刑而楚以功封列侯長史掾屬皆賜拜帝嘉其治詔特聽朝引上殿楚爲人短小而大聲自爲吏初不朝覲被詔登階不知儀式帝令侍中贊引呼隴西太守前楚當言唯而大應稱諾帝顧之而笑遂勞勉之罷會自表乞留宿衛拜駙馬都尉楚不學問而性好游遨音樂乃畜歌者琵琶箏簫每行來將以自隨所在樗蒱投壺歡欣自娛數歲復出爲北地太守年七十餘卒　是時武威顏俊張掖和鸞酒泉黃華西平麴演等並舉郡反自號將軍更相攻擊俊遣使送母及子詣太祖爲質求助太祖問既既曰俊等外假國威內生傲悖計定勢足後即反耳今方事定蜀且宜兩存而鬬之猶卞莊子之刺虎坐收其斃也太祖曰善歲餘鸞遂殺俊武威王秘又殺鸞是

時不置涼州自三輔拒西域皆屬雍州文帝即王位初置涼州以安定太守鄒岐爲刺史張掖張進執郡守舉兵拒岐黃華麴演各逐故太守舉兵以應之既進兵爲護羌校尉蘇則聲勢故則得以有功既進爵都鄉侯涼州盧水胡伊健妓妾治元多等反河西大擾帝憂之曰非既莫能安涼州乃召鄒岐以既代之詔曰昔賈復請擊郾賊光武笑曰執金吾擊郾吾復何憂卿謀略過人今則其時以便宜從事勿復先請遣護軍夏侯儒將軍費曜等繼其後既至金城欲渡

河諸將守以爲兵少道險未可深入既曰道雖險非井陘之隘夷狄烏合無左車之計今武威危急赴之宜速遂渡河賊七千餘騎逆拒軍於鸇陰口既揚聲軍從鸇陰乃潛由且次出至武威胡以爲神引還顯美既已據武威曜乃至儒等猶未達既勞賜將士欲進軍擊胡諸將皆曰士卒疲倦虜衆氣銳難與爭鋒既曰今軍無見糧當因敵爲資若虜見兵合退依深山追之則道險窮餓兵還則出候寇鈔如此兵不得解所謂一日縱敵患在數世也遂前軍顯美胡騎數千因大風欲放火燒營將士皆恐既夜藏精卒三千人爲伏使參軍成公英督千餘騎挑戰勑使陽退胡果爭奔之因發伏截其後首尾進擊大破之斬首獲生以萬數

魏略曰成公英金城人也中平末隨韓約爲腹心建安中約從華陰破走還湟中部黨散去唯英獨從典略曰韓遂在湟中其壻閻行欲殺遂以降夜攻遂不下遂歎息曰丈夫困厄禍起婚姻乎謂英曰今親戚離叛人衆轉少當從羌中西南詣蜀耳英曰興軍數十年今雖罷敗何有棄其門而依於人乎遂曰吾年老矣子欲何施英曰曹公不能遠來獨夏侯爾夏侯之衆不足以追我又不能久留且息肩於羌中以須其去招呼故人綏會羌胡猶可以有爲也遂從其計時隨從者男女尚數千人遂宿有恩於羌羌衞護之及夏侯淵還使閻行留後乃合羌胡數萬將攻行行欲走會遂死英降太祖見英甚喜以爲軍師封列侯從行出獵有三鹿走過前公命英射之三發三中皆應弦而倒公抵掌謂之曰但韓文約可爲盡節而孤獨不可乎英乃下馬而跪曰不欺

明公假使英本主人在實不來此也遂流涕哽咽公嘉其敦舊遂親敬之延康黃初之際河西有逆謀詔遣英佐涼州平隴右病卒魏略曰閻行金城人也後名艷字彥明少有健名始爲小將隨韓約建安初約與馬騰相攻擊騰子超亦號爲健行嘗刺超矛折因以折矛撾超項幾殺之至十四年爲約所使詣太祖太祖厚遇之表拜犍爲太守行因請令其父入宿衞西還見約宣太祖教云謝文約卿始起兵時自有所逼我所具明也當早來共匡輔國朝行因謂約曰行亦爲將軍興軍以來三十餘年民兵疲瘁所處又狹宜早自附是以前在鄴自啓當令老父詣京師誠謂將軍亦宜遣一子以示丹赤約曰且可復觀望數歲中後遂遣其子與行父母俱東會約西討張猛留行守舊營而馬超等結反謀舉約爲都督及約還超謂約曰前鍾司隸任超使取將軍關東人不可復信也今超棄父以將軍爲父將軍亦當棄子以超爲子行諫約不欲令與超合約謂行曰今諸將不謀而同似有天數乃東詣華陰及太祖與約交馬語行在其後太祖望謂行曰當念作孝子及超等破走行隨約還金城太祖聞行前意故但誅約子孫在京師者乃手書與行曰觀文約所爲使人笑來吾前後與之書無所不說如此何可復忍卿父諫議自平安也雖然牢獄之中非養親之處且又官家亦不能久爲人養老也約聞行父獨在欲使并遇害以一其心乃彊以少女妻行行不獲已太祖果疑行會約使行別領西平郡遂勒其部曲與約相攻擊行不勝乃將家人東詣太祖太祖表拜列侯

帝甚悅詔曰卿踰河歷險以勞擊逸以寡勝衆功過南仲勤踰吉甫此勳非但破胡乃永寧河右使吾長無西顧之念矣徙封西鄉侯增邑二百并前四百戶酒泉蘇衡反與羌豪鄰戴及丁令胡萬餘騎攻邊縣既與夏侯儒擊破之衡及鄰戴等皆降遂上疏請與儒治左城築鄣塞置烽候邸閣以備胡

魏略曰儒字俊林夏侯尚從弟初爲鄢陵侯彰驍騎司馬宣王爲征南將軍都督荆豫州正始二年朱然圍樊城城中守將乙脩等求救甚急儒進屯鄧塞以兵少不敢進但作鼓吹設導從去然六七里翱翔而還使脩等遙見之數數如是月餘及太傅到乃

俱進然等走時謂儒爲怯或以爲曉以少疑衆得聲救之宜儒猶以此召還爲太僕西羌恐率衆二萬餘落降其後西平麴光等殺其郡守諸將欲擊之既曰唯光等造反郡人未必悉同若便以軍臨之吏民羌胡必謂國家不別是非更使皆相持著此爲虎傅翼也光等欲以羌胡爲援今先使羌胡鈔擊重其賞募所虜獲者皆以畀之外沮其勢内離其交必不戰而定乃檄告諭諸羌爲光等所詿誤者原之能斬賊帥送首者當加封賞於是光部黨斬送光首其餘咸安堵如故既臨二州十餘年政惠著聞其所禮辟扶風龐

延天水楊阜安定胡遵酒泉龐淯敦煌張恭周生烈等終皆有名位魏略曰初既爲郡小吏功曹徐英嘗自鞭既三十英字伯濟馮翊著姓建安初爲蒲阪令英性剛爽自見族氏勝既於鄉里名行在前加以前辱既雖知既貴顯終不求於既既雖得志亦不顧計本原猶欲與英和嘗因醉欲親狎英英故抗意不納英由此遂不復進用故時人善既不挾舊怨而壯英之不撓黄初四年薨詔曰昔荀桓子立勳翟土晉侯賞以千室之邑馮異輸力漢朝光武封其二子故涼州刺史張既能容民畜衆使羣羌歸土可謂國之良臣不幸薨隕朕甚愍之其賜小子爵關内侯明帝即位追謚曰肅侯子緝嗣緝以中書郎稍遷東莞太守嘉平中女爲皇后徵拜

光祿大夫位特進封妻向爲安城鄉君緝與中書令李豐同謀誅語在夏侯玄傳魏略曰緝字敬仲太和中爲溫令名有治能諸葛亮出緝上便宜詔以問中書令孫資資以爲有籌略遂召拜騎都尉遣參征蜀軍軍罷入爲尚書郎以稱職爲明帝所識帝以爲緝之材能多所堪任試呼相工相之相者云不過二千石帝曰何材如是而位止二千石乎及在東莞領兵數千人緝性吝於財而矜於勢一旦以女徵去郡還坐里舍悒悒躁擾數爲國家陳擊吳蜀形勢又嘗對司馬大將軍料諸葛恪雖得勝於邊土見誅不久大將軍問其故緝云威震其主功蓋一國欲不死可得乎及恪從合肥還吳果殺之大將軍聞恪死謂衆人曰諸葛恪多輩耳近張敬仲縣論恪以爲必見殺今果然如此敬仲之智爲勝恪也緝與李豐通家又居相側近豐時取急出子藐往見之有所咨道豐被收事與緝連遂收送廷尉賜死獄中其諸子皆并誅緝孫殷晉永興中爲涼州刺史見晉書

溫恢傳

溫恢字曼基太原祁人也父恕爲涿郡太守卒恢年十五送喪還歸鄉里内足於財恢曰世方亂安以富爲一朝盡散振施宗族州里高之比之郇越舉孝廉爲廩丘長鄢陵廣川令彭城魯相所在見稱入爲丞相主簿出爲揚州刺史太祖曰甚欲使卿在親近顧以爲不如此州事大故書云股肱良哉庶事康哉得無當得蔣濟爲治中邪時濟見爲丹楊太守乃遣濟還州又語張遼樂進等曰揚州刺史曉達軍事動靜與共咨議建安二十四年孫權攻合肥是時諸州皆

屯戍恢謂兗州刺史裴潛曰此間雖有賊不足憂而畏征南方有變今水生而子孝縣軍無有遠備關羽驍銳乘利而進必將爲患於是有樊城之事詔書召潛及豫州刺史呂貢等潛等緩之恢密語潛曰此必襄陽之急欲赴之也所以不爲急會者不欲驚動遠衆一二日必有密書促卿進道張遼等又將被召遼等素知王意後召前至卿受其責矣潛受其言置輜重更爲輕裝速發果被促令遼等尋各見召如恢所策文帝踐阼以恢爲侍中出爲魏郡太守數年遷涼州刺史持節領護羌校尉道病卒時年四十五詔曰恢有柱石之質服事先帝功勤明著及爲朕執事忠於王室故授之以萬里之任任之以一方之事如何不遂吾甚愍之賜恢子生爵關內侯生早卒爵絶恢卒後汝南孟建爲涼州刺史有治名官至征東將軍 魏略曰建字公威少與諸葛亮俱遊學亮後出祁山荅司馬宣王書使杜子緒宣意於公威也

賈逵傳

賈逵字梁道河東襄陵人也自爲兒童戲弄常設部伍祖父習異之曰汝大必爲將率口授兵

法數萬言 魏略曰逵世爲著姓少孤家貧冬常無袴過其妻兄柳孚宿其明無何著孚袴去故時人謂之通健 初爲郡吏守絳邑長郭援之攻河東所經城邑皆下逵堅守援攻之不拔乃召單于幷軍急攻之城將潰絳父老與援要不害逵絳人既潰援聞逵名欲使爲將以兵劫之逵不動左右引逵使叩頭逵叱之曰安有國家長吏爲賊叩頭援怒將斬之絳吏民聞將殺逵皆乘城呼曰負要殺我賢君寧俱死耳左右義逵多爲請遂得免 魏略曰援捕得逵逵不肯拜謂援曰王府君臨郡積年不知足下曷爲者也援怒曰促斬之諸將覆護乃囚於壺關閉著土窖中以車輪蓋上使人固守方將殺之逵從窖中謂守者曰此間無健兒邪而當使義士死此中乎時有祝公道者與逵非故人而適聞其言憐其守正危厄乃夜盜往引出折械遣去不語其名姓 初逵過皮氏曰爭地先據者勝及圍急知不免乃使人間行送印綬歸郡且曰急據皮氏援既幷絳衆將進兵逵恐其先得皮氏乃以他計疑援謀人祝奧援由是留七日郡從逵言故得无敗 孫資別傳曰資舉河東計吏到許薦於相府曰逵在絳邑帥厲吏民與賊郭援交戰力盡而敗爲賊所俘挺然直志顏辭不屈忠言聞於大衆烈節顯于當時雖古之直髮據鼎罔以加也其才兼文武識時之利用 魏略曰郭援破後逵乃知前出己者爲祝公道公道河南人也後坐他事當伏法逵救之力不能解爲之改服焉 後舉茂才除澠池令高幹之反張琰將舉兵以應之逵不知其謀往見琰聞變起欲還恐見執乃爲琰畫計如与同

謀者琰信之時縣寄治蜀城城塹不固逵從琰求兵脩城諸欲為亂者皆不隱其謀故逵得盡誅之遂脩城拒琰琰敗逵以喪祖父去官司徒辟為掾以議郎參司隸軍事太祖征馬超至弘農曰此西道之要以逵領弘農太守召見計事大悅之謂左右曰使天下二千石悉如賈逵吾何憂其後發兵逵疑屯田都尉藏亡民都尉自以不屬郡言語不順逵怒收之數以罪檛折脚坐免然太祖心善逵以為丞相主簿魏略曰太祖欲征吳而大霖雨三軍多不願行太祖知其然恐外有諫者教曰今孤戒嚴未知所之有諫者死逵受教謂其同寮三主簿曰今實不可出而教如此不可不諫也乃建諫草以示三人三人不獲已皆署名入白事太祖怒收逵等當送獄取造意者逵即言我造意遂走詣獄獄吏以逵主簿也不即著械謂獄吏曰促械我尊者且疑我在近職求緩於卿今將遣人來察我逵著械適訖而太祖果遣家中人就獄視逵既而教曰逵無惡意原復其職始逵為諸生略覽大義取其可用最好春秋左傳及為牧守常自課讀之月常一遍逵前在弘農與典農校尉爭公事不得理乃發憤生癭後所病稍大自啓願欲令醫割之太祖惜逵忠恐其不活教謝主簿吾聞十人割癭九人死逵猶行其意而癭愈大逵本名衢後改為逵 太祖征劉備先遣逵至斜谷觀形勢道逢水衡載囚人數十車逵以軍事急輒竟重者一人皆放其餘太祖善之拜諫議大夫與夏侯尚並掌軍計太祖崩洛陽逵典喪事魏略曰時太子在鄴鄢陵侯未到士民頗苦勞役又有疾癘於是軍中騷動羣寮恐天下有變欲不發喪逵建議為不可祕乃發喪令內外皆入臨臨訖各安敘不得動而青州軍擅擊鼓相引去眾人以為宜禁止之不從

者討之逵以為方大喪在殯嗣王未立宜因而撫之乃為作長檄告所在給其廩食 時鄢陵侯彰行越騎將軍從長安來赴問逵先王璽綬所在逵正色曰太子在鄴國有儲副先王璽綬非君侯所宜問也遂奉梓宮還鄴文帝即王位以鄴縣戶數萬在都下多不法乃以逵為鄴令月餘遷魏郡太守魏略曰初魏郡官屬頗以公事期會有所急切會聞逵當為郡舉府皆詣縣門外及遷書到逵出門而郡官屬悉當門謁逵於車下逵抵掌曰詣治所何宜如是 大軍出征復為丞相主簿祭酒逵嘗坐人為罪王曰叔嚮猶十世宥之況逵功德親在其身乎從至黎陽津渡者亂行逵斬之乃整至譙以逵為豫州刺史魏略曰逵為豫州逵進曰臣守天門出入六年天門始開而臣在外唯殿下為兆民計無違天人之望 是時天下初復州郡多不攝逵曰州本以御史出監諸郡以六條詔書察長吏二千石已下故其狀皆言嚴能鷹揚有督察之才不言安靜寬仁有愷悌之德也今長吏慢法盜賊公行州知而不糾天下復何取正乎兵曹從事受前刺史假逵到官數月乃還考竟其二千石以下阿縱不如法者皆舉奏免之帝曰逵真刺史矣布告天下當以豫州為法賜爵關內侯州南與吳接逵明斥堠繕甲兵為守戰之備賊不敢犯外脩軍旅內治民

事過鄢汝造新陂又斷山溜長谿水造小弋陽
陂又通運渠二百餘里所謂賈侯渠者也黃初
中與諸將並征吳破呂範於洞浦進封陽里亭
侯加建威將軍明帝即位增邑二百戶幷前四
百戶時孫權在東關當豫州南去江四百餘里
每出兵爲寇輒西從江夏東從廬江國家征伐
亦由淮沔是時州軍在項汝南弋陽諸郡守境
而已權無北方之虞東西有急幷軍相救故常
少敗逵以爲宜開直道臨江若權自守則二方
無救若二方無救則東關可取乃移屯潦口陳

攻取之計帝善之吳將張嬰王崇率衆降太和
二年帝使逵督前將軍滿寵東莞太守胡質等
四軍從西陽直向東關曹休從皖司馬宣王從
江陵逵至五將山休更表賊有請降者求深入
應之詔宣王駐軍逵東與休合進逵度賊無東
關之備必幷軍於皖休深入與賊戰必敗乃部
署諸將水陸並進行二百里得生賊言休戰敗
權遣兵斷夾石諸將不知所出或欲待後軍逵
曰休兵敗於外路絶於內進不能戰退不得還
安危之機不及終日賊以軍無後繼故至此今

疾進出其不意此所謂先人以奪其心也賊見吾
兵必走若待後軍賊已斷險兵雖多何益乃兼
道進軍多設旗鼓爲疑兵賊見逵軍遂退逵據
夾石以兵糧給休休軍乃振初逵與休不善黃初
中文帝欲假逵節休曰逵性剛素侮易諸將不
可爲督帝乃止及夾石之敗微逵休軍幾無救
也魏略曰休怨逵進遲乃呵責逵遂使主者敕豫州刺史往拾棄仗逵恃心直謂休曰本爲國家作豫州刺史不來相
爲拾棄仗也乃引軍還遂與休更相表奏朝廷雖知逵直猶以休爲宗室任重兩無所非也　魏書云休猶挾前意欲以
後期罪逵逵終無言時人益以此多逵　習鑿齒曰夫賢人者外身虛已內以下物嫌忌之名何由而生乎有嫌忌之名
者必與物爲對存勝負於己身者也若以其私憾敗國殄民彼雖傾覆於我何利我苟無利乘之曷爲以是稱說臧獲之

心耳今忍其私忿而急彼之憂冒難犯危而免之於害使功顯於明君惠施於百姓身登於君子之塗義愧於敵人之心
雖豺虎猶將不覺所復而況於曹休乎然則濟彼之危所以成我之勝不計宿憾所以服彼之心公義既成私利亦弘可
謂善爭矣在於未能忘勝之流不由於此而能濟勝者未之有也會病篤謂左右曰受
國厚恩恨不斬孫權以下見先帝喪事一不得
有所脩作薨謚曰肅侯魏書曰逵時年五十五子充嗣豫州
吏民追思之爲刻石立祠青龍中帝東征乘輦
入逵祠詔曰昨過項見賈逵碑像念之愴然古
人有言患名之不立不患年之不長逵存有忠
勳沒而見思可謂死而不朽者矣其布告天下
以勸將來魏略云甘露二年車駕東征屯項復入逵祠下詔曰逵沒有遺愛歷世見祀追聞風烈朕甚嘉之昔

先帝東征亦幸于此親發德音褒揚逵美排佪之心益有慨然夫禮賢之義或掃其墳墓或脩其門閭所以崇敬也其掃除祠堂有穿漏者補治之充咸熙中爲中護軍晉諸公贊曰充字公閭甘露中爲大將軍長史高貴鄉公之難司馬文王賴充以免爲晉室元功之臣位至太宰封魯公謚曰武公

魏略列傳以逵及李孚楊沛三人爲一卷今列孚沛二人繼逵後耳孚字子憲鉅鹿人也興平中本郡人民饑困孚爲諸生當種薤欲以成計有從索者亦不與一莖亦不自食故時人謂能行意後爲吏建安中袁尚領冀州以孚爲主簿後尚與其兄譚爭鬭尚出軍詣平原留別駕審配守鄴城孚隨尚行會太祖圍鄴尚還欲救鄴行未到尚疑鄴中守備少復欲令配知外動止與孚議所遣孚荅尚言今使小人往恐不足以知外內且恐不能自達孚請自往尚問孚當何所得孚曰聞鄴圍甚堅多人則覺以爲直當將三騎足矣尚從其計孚自選溫信者三人不語所之皆勑使具脯糧不得持兵仗各給快馬遂辭尚來南所在止亭傳及到梁淇使從者斫問事杖三十枚繫著馬邊自著平上幘將三騎投暮詣鄴下是時大將軍雖有禁令而芻牧者多故孚因此夜到以鼓一中自稱都督歷北圍循表而東從東圍表又循圍而南步步呵責守圍將士隨輕重行其罰遂

歷太祖營前徑南過從南圍角西折當章門復責怒守圍者收縛之因開其圍馳到城下呼城上人城上人以繩引孚得入配等見孚悲喜鼓譟稱萬歲守圍者以狀聞太祖笑曰此非徒得入也方且復得出孚事訖欲得還而顧外圍必急不可復冒謂已使命當速反乃陰心計請配曰今城中穀少無用老弱爲也不如驅出之以省穀也配從其計乃復夜簡別數千人皆使持白幡從三門並出降又使人人持火孚乃無何將本所從作降人服隨輩夜出時守圍將士聞城中悉降火光照曜但共觀火不復視圍孚出北門遂從西北角突圍得去其明太祖聞孚已得出抵掌笑曰果如吾言也孚北見尚尚甚歡喜會尚不能救鄴破走至中山而袁譚又追擊尚尚走孚與尚相失遂詣譚復爲譚主簿東還平原太祖進攻譚譚戰死孚還城城中雖必降尚擾亂未安孚權宜欲得見太祖乃騎詣牙門稱冀州主簿李孚欲口白密事太祖見之孚叩頭謝太祖問其所白孚言今城中彊弱相陵心皆不定以爲宜令新降爲內所識信者宣傳明教公謂孚曰卿便還宜之孚跪請教公曰便以卿意宣也孚還入城宣教各安故業不得相侵陵城中以安乃還報命公以孚爲良足用也會爲所聞裁署冗散出守解長名爲嚴能稍遷至司隸校尉時年七十餘矣其於精斷無衰而術略不損於故終於陽平太守

孚本姓馮後改爲李　楊沛字孔渠馮翊萬年人也初平中爲公府令史以牒除爲新鄭長興平末人多饑窮沛課民益畜乾椹收䔧豆閱其有餘以補不足如此積得千餘斛藏在小倉會太祖爲兗州刺史西迎天子所將千餘人皆無糧過新鄭沛謁見乃皆進乾椹太祖甚喜及太祖輔政遷沛爲長社令時曹洪賓客在縣界徵調不肯如法沛先撾折其腳遂殺之由此太祖以爲能累遷九江東平樂安太守並有治迹坐與督軍爭鬭髡刑五歲輸作未竟會太祖出征在譙聞鄴下頗不奉科禁乃發教選鄴令當得嚴能如楊沛比故沛從徒中起爲鄴令已拜太祖見之問曰以何治鄴沛曰竭盡心力奉宣科法太祖曰善顧謂坐席曰諸君此可畏也賜其生口十人絹百匹既欲以勵之且以報乾椹也沛辭去未到而軍中豪右曹洪劉勳等畏沛名遣家馳騎告子弟使各自檢勑沛爲令數年以公能轉爲護羌都尉十六年馬超反大軍西討沛隨軍都督孟津渡事太祖已南過其餘未畢而中黃門前渡忘持行軒私北還取之從吏求小船欲獨先渡吏呵不肯黃門與吏爭言沛問黃門有疏邪黃門云無疏沛怒曰何知汝不欲逃邪遂使人捽其頭與杖欲捶之而逸得去衣幘皆裂壞自訴於太祖太祖曰汝不死爲幸矣由是聲名益振及關中破代張既領京兆尹黃初中儒雅並進而沛本以

事能見用遂以議郎冗散里巷沛前後宰歷城守不以私計介意又不肯以事貴人故身退之後家無餘積治疾於家借舍從兒無他奴婢後占河南夕陽亭部荒田二頃起瓜牛廬居止其中其妻子凍餓沛病亡鄉人親友及故吏民爲殯葬也

評曰自漢季以來刺史揔統諸郡賦政于外非若曩時司察之而已太祖創基迄終魏業此皆其流稱譽有名實者也咸精達事機威恩兼著故能肅齊萬里見述于後也

劉司馬梁張溫賈傳第十五

魏書　國志十五

任蘇杜鄭倉傳第十六　魏書　國志十六

任峻傳

任峻字伯達河南中牟人也漢末擾亂關東皆震中牟令楊原愁恐欲棄官走峻說原曰董卓首亂天下莫不側目然而未有先發者非無其心也勢未敢耳明府若能唱之必有和者原曰爲之柰何峻曰今關東有十餘縣能勝兵者不減萬人若權行河南尹事揔而用之無不濟矣原從其計以峻爲主簿峻乃爲原表行尹事使諸縣堅守遂發兵會太祖起關東入中牟界衆不知所從峻獨與同郡張奮議舉郡以歸太祖峻又別收宗族及賓客家兵數百人願從太祖太祖大悅表峻爲騎都尉妻以從妹甚見親信太祖每征伐峻常居守以給軍是時歲饑旱軍食不足羽林監潁川棗祗建置屯田太祖以峻爲典農中郎將數年中所在積粟倉廩皆滿官渡之戰太祖使峻典軍器糧運賊數寇鈔絕糧道乃使千乘爲一部十道方行爲複陳以營衛之賊不敢近軍國之饒起於棗祗而成於峻 魏武故事載令曰故陳留太守棗祗天性忠能始共舉義兵周旋征討後袁紹在冀州亦貪祗欲得之祗深附託於孤使領東阿令呂布之亂兗州皆叛惟范東阿完在由祗以兵據城之力也後大軍糧乏得東阿以繼祗之功也及破黃巾定許得賊資業當興立屯田時議者皆言當計牛輸穀佃科以定施行後祗白以爲僦牛輸穀大收不增穀有水旱災除大不便反覆來說孤猶以爲當如故大收不可復改易祗猶執之孤不知所從使與荀令君議之時故軍祭酒侯聲云科取官牛爲官田計如祗議於官便於客不便聲懷此云云以疑令君祗猶自信據計畫還白執分田之術孤乃然之使爲屯田都尉施設田業其時歲則大收後遂因此大田豐足軍用摧滅羣逆克定天下以隆王室祗興其功不幸早沒追贈以郡猶未副之今重思之祗宜受封稽留至今孤之過矣祗子處中宜加封爵以祀祗爲不朽之事　文士傳曰祗本姓棘先人避難易爲棗孫據字道彥晉冀州刺史據子嵩字臺産散騎常侍並有才名多所著述嵩兄腆字玄方襄城太守亦有文采

太祖以峻功高乃表封爲都亭侯邑三百戶遷長水校尉峻寬厚有度而見事理每有所陳太祖多善之於饑荒之際收卹朋友孤遺中外貧宗周急繼乏信義見稱建安九年薨太祖流涕者久之子先嗣先薨無子國除文帝追錄功臣謚峻曰成侯復以峻中子覽爲關內侯

蘇則傳

蘇則字文師扶風武功人也少以學行聞舉孝廉茂才辟公府皆不就起家爲酒泉太守轉安定武都 魏書曰則剛直疾惡常慕汲黯之爲人　魏略曰則世爲著姓興平中三輔亂饑窮避難北地客安定依富室師亮亮待遇不足則慨然歎曰天下會安當不久爾必還爲此郡守折庸輩士也後與馮翊吉茂等隱於郡南太白山中以書籍自娛及爲安定太守而師亮等皆欲逃走則聞之豫使人解語以禮報之 所在有威名太祖征張魯過其郡見則悅之使爲軍導魯

破則綏安下辯諸氐通河西道徙爲金城太守是時喪亂之後吏民流散饑窮戶口損耗則撫循之甚謹外招懷羌胡得其牛羊以養貧老與民分糧而食旬月之間流民皆歸得數千家乃明爲禁令有干犯者輒戮其從教者必賞親自教民耕種其歲大豐收由是歸附者日多李越以隴西反則率羌胡圍越越即請服太祖崩西平麴演叛稱護羌校尉則勒兵討之演恐乞降文帝以其功加則護羌校尉賜爵關內侯魏名臣奏載文帝令問雍州刺史張既曰試守金城太守蘇則既有綏民平夷之功聞又出軍西定湟中爲河西作聲勢吾甚嘉之

則之功効爲可加爵邑未邪封爵重事故以問卿密白意且勿宣露也既荅曰金城郡昔爲韓遂所見屠剝死喪流亡或竄戎狄或陷寇亂戶不滿五百則到官內撫彫殘外鳩離散今見戶千餘又梁燒雜種羌昔與遂同惡遂斃之後越出障塞則前後招懷歸就郡者三千餘落皆卹以威恩爲官效用西平麴演等唱造邪謀則尋出軍臨其項領演則歸命送質破絕賊糧則既有卹民之效又能和戎狄盡忠效節遭遇聖明有功必録若則加爵邑誠足以勸忠臣勵風俗也後演復結旁郡爲亂張掖張進執太守杜通酒泉黃華不受太守辛機進華皆自稱太守以應之又武威三種胡並寇鈔道路斷絕武威太守毋丘興告急於則時雍涼諸豪皆驅略羌胡以從進等郡人咸以爲進不可當又將軍郝昭魏平先是各屯守金城亦受詔不得西度則乃見郡

中大吏及昭等與羌豪帥謀曰今賊雖盛然皆新合或有脅從未必同心因釁擊之善惡必離離而歸我我增而彼損矣既獲益衆之實且有倍氣之勢率以進討破之必矣若待大軍曠日持久善人無歸必合於惡善惡既合勢難卒離雖有詔命違而合權專之可也於是昭等從之乃發兵救武威降其三種胡與興擊進於張掖演聞之將步騎三千迎則辭來助軍而實欲爲變則誘與相見因斬之出以徇軍其黨皆散走則遂與諸軍圍張掖破之斬進及其支黨衆皆

降演軍敗華懼出所執乞降河西平乃還金城進封都亭侯邑三百戶徵拜侍中與董昭同寮昭嘗枕則膝臥則推下之曰蘇則之膝非佞人之枕也初則及臨菑侯植聞魏氏代漢皆發服悲哭文帝聞植如此而不聞則也帝在洛陽嘗從容言曰吾應天受禪而聞有哭者何也則謂爲見問鬚髯悉張欲正論以對侍中傅巽掐苦洽反則曰不謂卿也於是乃止魏略曰舊儀侍中親省起居故俗謂之執虎子始則同郡吉茂者是時仕甫歷縣令遷爲冗散茂見則嘲之曰仕進不止執虎子則笑曰我誠不能效汝蹇蹇驅鹿車馳也初則在金城聞漢帝禪位以爲崩也乃發喪後聞其在自以不審意頗默然臨菑侯植自傷失先帝意亦怨激而哭其

（後文帝出游追恨臨菑顧謂左右曰人心不同當我登大位之時天下有哭者時從臣知帝此言有為而發也而則以為為己欲下馬謝侍中傅巽目之乃悟　孫盛曰夫士不事其所非不非其所事趣舍出處而豈徒哉則既策名新朝委質異代而方懷貳心生忿欲奮爽言豈大雅君子去就之分哉詩云士也罔極二三其德士之二三猶喪妃偶況人臣乎）文帝問則曰前破酒泉張掖西域通使燉煌獻徑寸大珠可復求市益得不則對曰若陛下化洽中國德流沙漠即不求自至求而得之不足貴也帝嘿然後則從行獵槎桎拔失鹿帝大怒踞胡牀拔刀悉收督吏將斬之則稽首曰臣聞古之聖王不以禽獸害人今陛下方隆唐堯之化而以獵戲多殺羣吏愚臣以為不可敢以死請帝曰卿直臣也遂皆赦之然以此見憚黃初四年左遷東平相未至道病薨諡曰剛侯子怡嗣怡薨無子弟愉襲封愉咸熙中為尚書（愉字休豫歷位太常光祿大夫見晉百官名山濤啟事稱愉忠篤有智意　臣松之案愉子紹字世嗣為吳王師石崇妻紹之兄女也紹有詩在金谷集紹弟湞右衛將軍）

杜畿傳

杜畿字伯侯京兆杜陵人也（傅子曰畿漢御史大夫杜延年之後延年父周自南陽徙茂陵延年徙杜陵子孫世居焉）少孤繼母苦之以孝聞年二十為郡功曹守鄭縣令縣囚繫數百人畿親臨獄裁其輕重盡決遣之雖未悉當郡中奇其年

少而有大意也舉孝廉除漢中府丞會天下亂遂棄官客荊州建安中乃還荀彧進之太祖（傅子曰畿自荊州還後至許見侍中耿紀語終夜尚書令荀彧與紀比屋夜聞畿言異之旦遣人謂紀曰有國士而不進何以居位既見畿知之如舊相識者遂進畿於朝）太祖以畿為司空司直遷護羌校尉使持節領西平太守（魏略曰畿少有大志在荊州數歲繼母亡後以三輔開通負其母喪北歸道為賊所劫略眾人奔走畿獨不去賊射之畿請賊曰卿欲得財耳今我無物用射我何為耶賊乃止畿到鄉里京兆尹張時河東人也與畿有舊署為功曹嘗嫌其闊達不助留意於諸事言此家疏誕不中功曹也畿竊云不中功曹中河東太守也）太祖既定河北而高幹舉并州反時河東太守王邑被徵河東人衛固范先外以請邑為名而內實與幹通謀太祖謂荀彧曰關西諸將恃險與馬征必為亂張晟寇殽澠閒南通劉表固等因之吾恐其為害深河東被山帶河四鄰多變當今天下之要地也君為我舉蕭何寇恂以鎮之彧曰杜畿其人也（傅子曰彧稱畿勇足以當大難智能應變其可試之）於是追拜畿為河東太守固等使兵數千人絕陝津畿至不得渡太祖遣夏侯惇討之未至或謂畿曰宜須大兵畿曰河東有三萬戶非皆欲為亂也今兵迫之急欲為善者無主必懼而聽於固固等勢專必以死戰討之不勝四鄰應之天下之變未息也討之而勝是殘一郡之民

也且固等未顯絕王命外以請故君爲名必不害新君吾單車直往出其不意固爲人多計而無斷必僞受吾吾得居郡一月以計縻之足矣遂詭道從郖津度郖音豆魏略曰初畿與衛固少相侮狎固常輕畿畿嘗與固博而爭道畿嘗謂固曰仲堅我今作河東也固褰衣罵之及畿之官而固爲郡功曹張時故在京兆畿迎司隷與時會華陰時畿相見於儀當各持版時歎曰昨日功曹今爲郡將軍也范先欲殺畿以威衆傅子曰先云既欲爲虎而惡食人肉失所以爲虎矣今不殺必爲後患且觀畿去就於門下斬殺主簿已下三十餘人畿舉動自若於是固曰殺之無損徒有惡名且制之在我遂奉之畿謂衛固范先曰衛范河東之望也吾仰成而已然君臣有定義成敗同之大事當共平議以固爲都督行丞事領功曹將校吏兵三千餘人皆范先督之固等喜雖陽事畿不以爲意固欲大發兵畿患之說固曰夫欲爲非常之事不可動衆心今大發兵衆必擾不如徐以貲募兵固以爲然從之遂爲貲調發數十日乃定諸將貪多應募而少遣兵又入喻固等曰人情顧家諸將掾史可分遣休息急緩召之不難固等惡逆衆心又從之於是善人在外陰爲己援惡人分散各還其家則衆離矣會白騎攻東垣高幹入濩澤上

黨諸縣殺長吏弘農執郡守固等密調兵未至畿知諸縣附己因出單將數十騎赴張辟拒守吏民多舉城助畿者比數十日得四千餘人固等與幹晟共攻畿不下略諸縣無所得會大兵至幹晟敗固等伏誅其餘黨與皆赦之使復其居業是時天下郡縣皆殘破河東最先定少耗減畿治之崇寬惠與民無爲民嘗辭訟有相告者畿親見爲陳大義遣令歸諦思之若意有所不盡更來詣府鄉邑父老自相責怒曰有君如此柰何不從其敎自是少有辭訟班下屬縣舉孝子貞婦順孫復其繇役隨時慰勉之漸課民畜牸牛草馬下逮雞豚犬豕皆有章程百姓勤農家家豐實畿乃曰民富矣不可不敎也於是冬月脩戎講武又開學宮親自執經敎授郡中化之魏略曰博士樂詳由畿而外至今河東特多儒者則畿之由矣韓遂馬超之叛也弘農馮翊多舉縣邑以應之河東雖與賊接民無異心太祖西征至蒲阪與賊夾渭爲軍軍食一仰河東及賊破餘畜二十餘萬斛太祖下令曰河東太守杜畿孔子所謂禹吾無閒然矣增秩中二千石太祖征漢中遣五千人運運者自

率勉曰人生有一死不可負我府君終無一人
逃亡其得人心如此杜氏新書曰平虜將軍劉勳爲太祖所親貴震朝廷嘗從畿求大棗
畿拒以他故後勳伏法太祖得其書歎曰杜畿可謂不媚於竈者也稱畿功美以下州郡曰昔仲尼之於顏子每言不能不
歎既情愛發中又宜率馬以驥今吾亦冀衆人仰高山慕景行也魏國既建以畿爲
尚書事平更有令曰昔蕭何定關中寇恂平河
內卿有功閒將授卿以納言之職顧念河東吾
股肱郡充實之所足以制天下故且煩卿卧鎮
之畿在河東十六年常爲天下最文帝即王位
賜爵關內侯徵爲尚書及踐阼進封豐樂亭侯
邑百戶魏略曰初畿在郡被書錄寡婦是時他郡或有已自相配嫁依書皆錄奪啼哭道路畿但取寡者故

所送少及趙儼代畿而所送多文帝問畿前君所送何少今何多也畿對曰臣前所錄皆亡者妻今儼送生人婦也帝及
左右顧而失色守司隸校尉帝征吳以畿爲尚書僕射
統留事其後帝幸許昌畿復居守受詔作御樓
船於陶河試船遇風沒帝爲之流涕魏氏春秋曰初畿嘗見童
子謂之曰司命使我召子畿固請之童子曰今將爲君求相代者君其慎勿言卒忽然不見至此二十年矣畿乃言之
其日而卒時年六十二詔曰昔冥勤其官而水死稷勤百穀
而山死韋昭國語註稱毛詩傳曰冥契六世孫也爲夏水官勤於其職而死於水稷周棄也勤播百穀死於
黑水之山故尚書僕射杜畿於孟津試船遂至覆沒
忠之至也朕甚愍焉追贈太僕諡曰戴侯子恕
嗣傅子曰畿與太僕李恢東安太守郭智有好恢子豐交結英儁以才智顯於天下智子沖有內實而無外觀州里弗

稱也畿爲尚書僕射二人各隨子孫禮見畿既退畿歎曰孝
懿無子非徒無子殆將無家君謀爲不死也其子足繼其業
時人皆以畿爲誤恢死後豐爲中書令父子兄弟皆誅沖爲
代郡太守卒繼父業世乃服畿知人魏略曰李豐父名義
與此不同義蓋恢之別名也恕字務伯太和中爲散騎黃門侍
郎杜氏新書曰恕少與馮翊李豐俱爲父任總角相善及各成人豐砥礪名行以要世譽而恕誕節直意與豐殊趣豐
竟馳名一時京師之士多爲之游說而當路者或以豐名過其實而恕被褐懷玉也由此爲豐所不善恕亦任其自然不
力行以合時豐以顯仕朝廷恕猶居家自若明帝以恕大臣子擢拜散騎侍郎數月轉補黃門侍郎恕推誠
以質不治飾少無名譽及在朝不結交援專心
向公每政有得失常引綱維以正言於是侍中
辛毗等器重之時公卿以下大議損益恕以爲
古之刺史奉宣六條以清靜爲名威風著稱今

可勿令領兵以專民事俄而鎮北將軍呂昭又
領冀州世語曰昭字子展東平人長子巽字長悌爲相國掾有寵於司馬文王次子安字仲悌與嵇康善與
康俱被誅次子粹字季悌河南尹粹子順字景齊御史中丞乃上疏曰帝王之道
莫尚乎安民安民之術在於豐財豐財者務本
而節用也方今二賊未滅戎車亟駕此自熊虎
之士展力之秋也然搢紳之儒橫加榮慕搤腕
抗論以孫吳爲首州郡牧守咸共忽恤民之術
脩將率之事農桑之民競干戈之業不可謂務
本帑藏歲虛而制度歲廣民力歲衰而賦役歲
興不可謂節用今大魏奄有十州之地而承喪

亂之弊計其戶口不如往昔一州之民然而二
方僭逆北虜未賓三邊遘難繞天略而所以統
一州之民經營九州之地其爲艱難譬策羸馬
以取道里豈可不加意愛惜其力哉以武皇帝
之節儉府藏充實猶不能十州擁兵郡且二十
也今荆揚青徐幽并雍涼緣邊諸州皆有兵矣
其所恃內充府庫外制四夷者惟兗豫司冀而
已臣前以州郡典兵則專心軍功不勤民事宜
別置將守以盡治理之務而陛下復以冀州寵
秩呂昭冀州戶口最多田多墾闢又有桑棗之

饒國家徵求之府誠不當復任以兵事也若以
北方當須鎮守自可專置大將以鎮安之計所
置吏士之費與兼官無覺然昭於人才尚復易
中朝苟乏人兼才者勢不獨多以此推之知國
家以人擇官不爲官擇人也官得其人則政平
訟理政平故民富實訟理故囹圄虛空陛下踐
阼天下斷獄百數十人歲歲增多至五百餘人
矣民不益多法不益峻以此推之非政教陵遲
牧守不稱之明效歟往年牛死通率天下十能
損二麥不半收秋種未下若二賊游魂於疆場飛

芻輓粟千里不及究此之術豈在彊兵乎武士
勁卒愈多愈多愈病耳夫天下猶人之體腹心
充實四支雖病終無大患今兗豫司冀亦天下
之腹心也是以愚臣慺慺實願四州之牧守獨
脩務本之業以堪四支之重然孤論難持犯欲
難成衆怨難積疑似難分故累載不爲明主所
察凡言此者類皆疏賤疏賤之言實未易聽若
使善言必出於親貴親貴固不犯四難以求忠
愛此古今之所常患也時又大議考課之制以
考內外衆官恕以爲用不盡其人雖才且無益

所存非所務所務非世要上疏曰書稱明試以
功三考黜陟誠帝王之盛制使有能者當其官
有功者受其祿譬猶烏獲之舉千鈞良樂之選
驥足也雖歷六代而考績之法不著關七聖而
課試之文不垂臣誠以爲其法可粗依其詳難
備舉故也語曰世有亂人而無亂法若使法可
專任則唐虞可不須稷契之佐殷周無貴伊呂
之輔矣今奏考功者陳周漢之法爲終京房之
本旨可謂明考課之要矣於以崇揖讓之風興
濟濟之治臣以爲未盡善也其欲使州郡考士

必由四科皆有事效然後察舉試辟公府爲親民長吏轉以功次補郡守者或就增秩賜爵此最考課之急務也臣以爲便當顯其身用其言使具爲課州郡之法法具施行立必信之賞施必行之罰至於公卿及內職大臣亦當俱以其職考課之也古之三公坐而論道內職大臣納言補闕無善不紀無過不舉且天下至大萬機至衆誠非一明所能徧照故君爲元首臣作股肱明其一體相須而成也是以古人稱廊廟之材非一木之枝帝王之業非一士之略由是言

之焉有大臣守職辨課可以致雍熙者哉且布衣之交猶有務信誓而蹈水火感知己而披肝膽徇聲名而立節義者況於束帶立朝致位卿相所務者非特匹夫之信所感者非徒知己之惠所徇者豈聲名而已乎諸蒙寵祿受重任者不徒欲舉明主於唐虞之上而已身亦欲厠稷契之列是以古人不患於念治之心不盡患於自任之意不足此誠人主使之然也唐虞之君委任稷契夔龍而責成功及其罪也殛鯀而放四凶今大臣親奉明詔給事目下其有夙夜在

公恪勤特立當官不撓貴勢執平不阿所私危言危行以處朝廷者自明主所察也若尸祿以爲高拱嘿以爲智當官苟在於免負立朝不忘於容身絜行遜言以處朝廷者亦明主所察也誠使容身保位無放退之辜而盡節在公抱見疑之勢公義不脩而私議成俗雖仲尼爲謀猶不能盡一才又況於世俗之人乎今之學者師商韓而上法術競以儒家爲迂闊不周世用此最風俗之流弊創業者之所致愼也後考課竟不行（杜氏新書曰時李豐爲常侍黃門郎袁侃見轉爲吏部郎荀俁出爲東郡太守三人皆恕之同班友善）

樂安廉昭以才能拔擢頗好言事恕上疏極諫曰伏見尚書郎廉昭奏左丞曹璠以罰當關不依詔坐判問又云諸當坐者別奏尚書令陳矯自奏不敢辭罰亦不敢以處重爲恭意至懇惻臣竊愍然爲朝廷惜之夫聖人不擇世而興不易民而治然而生必有賢智之佐者蓋進之以道帥之以禮故也古之帝王之所以能輔世長民者莫不遠得百姓之懽心近盡羣臣之智力誠使今朝任職之臣皆天下之選而不能盡其力不可謂能使人若非天下之選亦不可謂能官

人陛下憂勞萬機或親燈火而庶事不康刑禁
日弛豈非股肱不稱之明效歟原其所由非獨
臣有不盡忠亦主有不能使百里奚愚於虞而智
於秦豫讓苟容中行而著節智伯斯則古人之
明驗矣今臣言一朝皆不忠是誣一朝也然其
事類可推而得陛下感帑藏之不充實而軍事
未息至乃斷四時之賦衣薄御府之私穀帥由
聖意舉朝稱明與聞政事密勿大臣寧有懇懇
憂此者乎騎都尉王才幸樂人孟思所為不法
振動京都而其罪狀發於小吏公卿大臣初無

見太十六

十五

一言自陛下踐阼以來司隸校尉御史中丞寧
有舉綱維以督姦宄使朝廷肅然者邪若陛下
以為今世無良才朝廷乏賢佐豈可追望稷契
之遐蹤坐待來世之儁乂乎今之所謂賢者盡
有大官而享厚祿矣然而奉上之節未立向公
之心不一者委任之責不專而俗多忌諱故也
臣以為忠臣不必親親臣不必忠何者以其居
無嫌之地而事得自盡也今有疏者毀人不實
其所毀而必曰私報所憎譽人不實其所與譽而
必曰私愛所親左右或因之以進憎愛之說非

獨毀譽有之政事損益亦皆有嫌陛下當思所
以闡廣朝臣之心篤厲有道之節使之自同古
人望與竹帛耳反使如廉昭者擾亂其間臣懼
大臣遂將容身保位坐觀得失為來世戒也昔
周公戒魯侯曰無使大臣怨乎不以言賢愚明
皆當世用也堯數舜之功稱去四凶不言大小
有罪則去也今者朝臣不自以為不能以陛下
為不任也不自以為不知以陛下為不問也陛
下何不遵周公之所以用大舜之所以去使侍
中尚書坐則侍帷幄行則從華輦親對詔問所

人錄 卷十八

十六

陳必達則羣臣之行能否皆可得而知忠能者
進闇劣者退誰敢依違而不自盡以陛下之聖
明親與羣臣論議政事使羣臣人得自盡人自
以為親人思所以報賢愚能否在陛下之所用
以此治事何事不辦以此建功何功不成每有
軍事詔書常曰誰當憂此者邪吾當自憂耳近
詔又曰憂公忘私者必不然但先公後私即自
辦也伏讀明詔乃知聖思究盡下情然亦怪陛
下不治其本而憂其末也人之能否實有本性
雖臣亦以為朝臣不盡稱職也明主之用人也

使能者不敢遺其力而不能者不得處非其任選舉非其人未必為有罪也舉朝共容非其人乃為怪耳陛下知其不盡力也而代之憂其職知其不能也而教之治其事豈徒主勞而臣逸哉雖聖賢並世終不能以此為治也陛下又患臺閣禁令之不密人事請屬之不絕聽伊尹作迎客出入之制選司徒更惡吏以守寺門威禁由之實未得為禁之本也昔漢安帝時少府竇嘉辟廷尉郭躬無罪之兄子猶見舉奏章劾紛紛近司隸校尉孔羨辟大將軍狂悖之弟而有司

嘿爾望風希指甚於受屬選舉不以實人事之大者也臣松之案大將軍司馬宣王也晉書云宣王第五弟名通為司隸從事疑恕所云狂悖者通子順封龍陽亭侯晉初受禪以不達天命守節不移削爵土徙武威嘉有親戚之寵躬非社稷重臣猶尚如此以今況古陛下自不督必行之罰以絕阿黨之原耳伊尹之制與惡吏守門非治世之具也使臣之言少蒙察納何患於姦不削滅而養若昭等乎夫糾擿姦宄忠事也然而世憎小人行之者以其不顧道理而苟求容進也若陛下不復考其終始必以違衆迕世為奉公密行白人為盡節焉有通人大才而更

不能為此邪誠顧道理而弗為耳使天下皆背道而趨利則人主之所最病者陛下將何樂焉胡不絕其萌乎夫先意承旨以求容美率皆天下淺薄無行義者其意務在於適人主之心而已非欲治天下安百姓也陛下何不試變業而示之彼豈執其所守以違聖意哉夫人臣得人主之心安業也處尊顯之官榮事也食千鍾之祿厚實也人臣雖愚未有不樂此而喜於迕者也迫於道自彊耳誠以為陛下當憐而佑之少委任焉如何反錄昭等傾側之意而忽若人者乎

今者外有伺隙之寇內有貧曠之民陛下當大計天下之損益政事之得失誠不可以怠也恕在朝八年其論議亢直皆此類也出為弘農太守數歲轉趙相魏略曰恕在弘農寬和有惠愛及遷以孟康代恕為弘農康字公休安平人黃初中以於郭后有外屬并受九親賜拜遂轉為散騎侍郎是時散騎皆以高才英儒充其選而康獨緣妃嬙雜在其間故于時皆共輕之號為阿九康既無才敏因在冗官博讀書傳後遂有所彈駮其文義雅而切要衆人乃更加意正始中出為弘農領典農校尉康到官清己奉職嘉善而矜不能省息獄訟緣民所欲因而利之郡領吏二百餘人涉春遣休常四分遣一事無宿諾時出案行皆豫敕督郵平水不得令屬官遣人探候脩設曲敬又不欲煩損吏民常豫敕吏卒行各持鎌所在自刈馬草不止亭傳露宿樹下又所從常不過十餘人郡帶道路其諸過賓客自非公法無所出給若知舊造之自出於家康之始拜衆人雖知其有志量以其未嘗宰牧不保其能也而康恩澤治能乃爾吏民稱歌焉嘉平末從勃海太守

畿入爲中書令後轉爲監明帝崩時人多爲恕言者

起家爲河東太守歲餘遷淮北都督護軍復以疾去官

杜氏新書曰恕遂去京師營宜陽一泉塢因其壘塹之固小大家焉

恕所在務存大體而已其樹惠愛益得百姓歡心不及於畿頃之拜御史中丞恕在朝廷以不得當世之和故屢在外任復出爲幽州刺史加建威將軍使持節護烏丸校尉時征北將軍程喜屯薊尚書袁侃等戒恕曰程申伯處先帝之世傾田國讓於青州足下今俱杖節使共屯一城宜深有以待之而恕不以爲意至官未期有鮮卑大人兒不由關塞徑將數十騎詣州州斬所從來小子一人無表言上喜於是劾奏恕下廷尉當死以父畿勤事水死免爲庶人徙章武郡是歲嘉平元年

杜氏新書曰喜欲恕折節謝己諷司馬宋權示之以微意恕答權書曰況示委曲夫法天下事以善意相待無不致快也以不善意相待無不致嫌隙也而議者言凡人天性皆不善不當待以善意更墮其調中僕得此輩雖欲歸誠於滄海乘桴耳不能自諧在其間也然以年五十二不見廢棄頗遭明達君子亮其本心若不見亮使人刳心著地正與數斤肉相似何足有所明故終不自解說程征北功名宿著在僕前甚多有人出征北乎若令下官事無大小咨而後行則非上司彈繩之意若咨而不從又非上下相順之宜故推一心任一意直而行之耳殺胡之事天下謂之是邪是僕諧也呼爲非邪僕自受之無所怨咎程征北明之亦善不明之亦善諸君子自共爲其心耳不在僕言也喜於是遂深文劾恕

恕倜儻任意而思不防患終致此敗初恕從趙郡還陳留阮武亦從清河太守徵俱自薄廷尉謂恕曰相觀才性可以由公道而持之不厲器能可以處大官而求之不順才學可以述古今而志之不一此所謂有其才而無其用今向閑暇可試潛思成一家言在章武遂著體論八篇

杜氏新書曰以爲人倫之大綱莫重於君臣立身之基本莫大於言行安上理民莫精於政法勝殘去殺莫善於用兵夫禮也者萬物之體也萬物皆得其體無有不善故謂之體論

又著興性論一篇蓋興於爲己也四年卒於徙所甘露二年河東樂詳年九十餘上書訟畿之遺績朝廷感焉詔封恕子預爲豐樂亭侯邑百戶

魏略曰樂詳字文載少好學建安初詳聞公車司馬令南郡謝該善左氏傳乃從南陽步詣該問疑難諸要今左氏樂氏問七十二事詳所撰也所問既了而歸鄉里時杜畿爲太守亦甚好學署詳文學祭酒使教後進於是河東學業大興至黃初中徵拜博士于時太學初立有博士十餘人學多褊狹又不熟悉略不親教備員而已惟詳五業並授其或難質不解詳無慍色以杖畫地牽譬引類至忘寢食以是獨擅名於遠近詳學既精悉又善推步三五別受詔與太史典定律歷太和中轉拜騎都尉詳學優能少故歷三世竟不出爲宰守至正始中以年老罷歸於舍本國宗族歸之門徒數千人

恕奏議論駁皆可觀掇其切世大事著于篇

杜氏新書曰恕弟理字務仲少而機察精要畿奇之故名之曰理年二十一而卒子寬字務叔清虛玄靜敏而好古以名臣門戶少長京師而篤志博學絕於世務其意欲探賾索隱由此顯名當塗之士多交焉舉孝廉除郎中年四十二而卒經傳之義多所論駁皆草創未就惟刪集禮記及春秋左氏傳解今存于世　預字元凱司馬宣王女婿王隱晉書稱預智謀淵博明於理亂常稱德者非所以企及立功立言所庶幾也大觀群典謂公羊穀梁詭辯之言又非先儒說左氏未究丘明意而橫以二傳亂之乃錯綜微言著春秋左氏經傳集解又參考衆家謂之釋例又作盟會

國春秋長歷備成一家之學至老乃成尚書郎摯虞甚重之曰左丘明本爲春秋作傳而左傳遂自孤行釋例本爲傳設而所發明何但左傳故亦孤行預有大功名於晉室位至征南大將軍開府封當陽侯食邑八千户子錫字世嘏尚書左丞晉諸公贊曰嘏有器爲預從兄武字世將亦有才望爲黃門郎爲趙王倫所枉殺嘏子乂字弘治少有令名爲丹陽丞早卒阮武者亦拓落大才也案阮氏譜武父諶字士信徵辟無所就造三禮圖傳於世杜氏新書曰武字文業闊達博通淵雅之士位止清河太守武弟炳字叔文河南尹精意醫術撰藥方一部炳子坦字弘舒晉太子少傅平東將軍坦弟柯字士度荀綽兗州記曰坦出紹伯父亡次兄當襲爵父愛柯言名傳之遂承封時幼小不能讓及長悔恨遂幅巾而居後雖出身未嘗釋也性純篤閑雅好禮無違存心經誥博學洽聞選爲濮陽王文學遷領軍長史喪官王銜時爲領軍哭之甚慟

鄭渾傳

鄭渾字文公河南開封人也高祖父衆衆父興皆爲名儒續漢書曰興字少贛諫議大夫衆字子師大司農渾兄泰與荀

攸等謀誅董卓爲揚州刺史卒張璠漢紀曰泰字公業少有才略多謀計知天下將亂陰交結豪桀家富於財有田四百頃而食常不足名聞山東舉孝廉三府辟公車徵皆不就何進輔政徵用名士以泰爲尚書侍郎加奉車都尉進將誅黃門欲召董卓爲助泰謂進曰董卓彊忍寡義志欲無猒若借之朝政授之大事將肆其心以危朝廷以明公之威德據阿衡之重任秉意獨斷誅除有罪誠不待卓以爲資援也且事留變生其鑒不遠又爲陳時之要務進不能用乃棄官去謂潁川人荀攸曰何公未易輔也進尋見害卓果專權廢帝關東義兵起卓會議大發兵羣僚咸憚卓莫敢忤旨泰恐其彊益將難制乃曰夫治在德不在兵也卓不悅曰如此兵無益邪衆人莫不變容爲泰震慄泰乃詭辭對曰非以無益以山東不足加兵也今山東議欲起兵州郡相連人衆相動非不能也然中國自光武以來無雞鳴狗吠之警百姓忘戰日久仲尼有言不教民戰是謂棄之雖衆不能爲害一也明公出自西州少爲國將閑習軍事數踐戰場名稱當世以此威民民懷懾服二也袁本初公卿子弟生處京師體長婦人張孟卓東平長者坐不窺堂孔公緒能清談高論噓枯吹生無軍帥之才負霜露之勤臨鋒履刃決敵雌雄皆非明公敵三也察山東之士力能跨馬控弦勇等孟賁捷齊慶忌信有聊城之守策有良平之謀可任以偏師責以成功未聞有其人者四也就有其人王爵不相加婦姑位不定各恃衆怙力將人人棊跱以觀成敗不肯同心共膽率徒旅進五也關西諸郡北接上黨太原馮翊扶風安定自頃以來數與胡戰婦女載戟挾矛弦弓負矢況其悍夫以此當山東忘戰之民譬驅羣羊向虎狼其勝可必六也且天下之權勇今見在者不過并涼匈奴屠各湟中義從八種西羌皆百姓素所畏服而明公權以爲爪牙壯夫震慄況小醜乎七也又明公之將帥皆中表腹心周旋日久自三原狹口以來恩信醇著忠誠可遠任智謀可特使以此當山東解合之虛誕實不相若八也夫戰有三亡以亂攻治者亡以邪攻正者亡以逆攻順者亡今明公秉國政平討夷凶宦忠義克立以三德待於三亡奉辭伐罪誰人敢禦九也東州有鄭康成學該古今儒生之所以集北海邴根矩清高直亮羣士之楷式彼諸將若詢其計畫案典校之彊弱燕趙齊梁非不盛終見滅於秦吳楚七國非不衆而不敢踰滎陽況今德政之赫赫股肱之邦良欲造亂以徼不義者必不相然讚成其凶謀十也若十事少有可采無事徵兵以驚天下使患役之民相聚爲非棄德恃衆以輕威重卓乃悅以泰爲將軍統諸軍擊關東或謂卓曰鄭泰智略過人而結謀山東

今資之士馬使就其黨切爲明公懼之卓收其兵馬留拜議郎後又與王允謀共誅卓泰脫身自武關走東歸後將軍袁術以爲揚州刺史未至官道卒時年四十二渾將泰小子袤避難淮南袁術賓禮甚厚渾知術必敗時華歆爲豫章太守素與泰善渾乃渡江投歆太祖聞其篤行召爲掾復遷下蔡長邵陵令天下未定民皆剽輕不念產殖其生子無以相活率皆不舉渾所在奪其漁獵之具課使耕桑又兼開稻田重去子之法民初畏罪後稍豐給無不舉贍所育男女多以鄭爲字辟爲丞相掾屬遷左馮翊時梁興等略吏民五千餘家爲寇鈔諸縣不能禦皆恐懼

寄治郡下議者悉以爲當移就險渾曰興等破散竄在山阻雖有隨者率脅從耳今當廣開降路宣喻恩信而保險自守此示弱也乃聚斂吏民治城郭爲守禦之備遂發民逐賊明賞罰與要誓其所得獲十以七賞百姓大悅皆願捕賊多得婦女財物賊之失妻子者皆還求降渾責其得他婦女然後還其妻子於是轉相冦盜黨與離散又遣吏民有恩信者分布山谷告喻出者相繼乃使諸縣長吏各還本治以安集之興等懼將餘衆聚鄜城太祖使夏侯淵就助郡擊之渾率吏民前登斬興及其支黨又賊靳富等脅將夏陽長邵陵令并其吏民入磑山渾復討擊破富等獲二縣長吏將其所略還及趙青龍者殺左內史程休渾聞遣壯士就梟其首前後歸附四千餘家由是山賊皆平民安産業轉爲上黨太守太祖征漢中以渾爲京兆尹渾以百姓新集爲制移居之法使兼復者與單輕者相伍溫信者與孤老爲比勤稼穡明禁令以發姦者由是民安於農而盜賊止息及大軍入漢中運轉軍糧爲最又遣民田漢中無逃亡者太祖

益嘉之復入爲丞相掾文帝即位爲侍御史加駙馬都尉遷陽平沛郡二太守郡界下溼患水澇百姓饑乏渾於蕭相二縣界興陂遏開稻田郡人皆以爲不便渾曰地勢洿下宜溉灌終有魚稻經久之利此豐民之本也遂躬率吏民興立功夫一冬間皆成比年大收頃畝歲增租入倍常民賴其利刻石頌之號曰鄭陂轉爲山陽魏郡太守其治放此又以郡下百姓苦乏村木乃課樹榆爲籬并益樹五果榆皆成藩五果豐實入魏郡界村落齊整如一民得財足用饒明帝聞之下詔稱述布告天下遷將作大匠渾清素在公妻子不免於饑寒及卒以子崇爲郎中

晉陽秋曰泰子袤字林叔泰與華歆荀攸善見袤曰鄭公業爲不亡矣初爲臨菑侯文學稍遷至光祿大夫泰始七年以袤爲司空固辭不受終於家子默字思元晉諸公贊曰默以守家業以篤素稱位至太常默弟質舒詡皆爲卿默子球清直有理識尚書右僕射球弟豫爲尚書

倉慈傳

倉慈字孝仁淮南人也始爲郡吏建安中太祖開募屯田於淮南以慈爲綏集都尉黃初末爲長安令清約有方吏民畏而愛之太和中遷燉煌太守郡在西陲以喪亂隔絕曠無太守二十

歲大姓雄張遂以爲俗前太守尹奉等循故而已無所匡革慈到抑挫權右撫恤貧羸甚得其理舊大族田地有餘而小民無立錐之土慈皆隨口割賦稍稍使畢其本直先是屬城獄訟衆猥縣不能決多集治下慈躬往省閱料簡輕重自非殊死但鞭杖遣之一歲決刑曾不滿十人又常日西域雜胡欲來貢獻而諸豪族多逆斷絕既與貿遷欺詐侮易多不得分明胡常怨望慈皆勞之欲詣洛者爲封過所欲從郡還者官爲平取輒以府見物與共交市使吏民護送道

路由是民夷翕然稱其德惠數年卒官吏民悲感如喪親戚圖畫其形思其遺像及西域諸胡聞慈死悉共會聚於戊己校尉及長吏治下發哀或有以刀畫面以明血誠又爲立祠遙共祠之魏略曰天水王遷承代慈雖循其迹不能及也金城趙基承遷後復不如遷至嘉平中安定皇甫隆代基爲太守初燉煌不甚曉田常灌溉滀水使極濡洽然後乃耕又不曉作耬犁用水及種人牛功力既費而收穀更少隆到教作耬犁又教衍溉歲終率計其所省庸力過半得穀加五又燉煌俗婦人作裙攣縮如羊腸用布一匹隆又禁改之所省復不訾故燉煌人以爲隆剛斷嚴毅不及於慈至於勤恪愛惠爲下興利可以亞之 自太祖迄于咸熙魏郡太守陳國吳瓘清河太守樂安任燠京兆太守濟北顏斐弘農太守太原令狐邵濟南

相國孔乂或哀矜折獄或推誠惠愛或治身清白或擿姦發伏咸爲良二千石魏略曰顏斐字文林有才學丞相召爲太子洗馬黃初初轉爲黃門侍郎後爲京兆太守始京兆從馬超破後民人多不專於農殖又歷數四二千石取解目前亦不爲民作久遠計斐到官乃令屬縣整阡陌樹桑果是時民多無車牛斐又課民以閑月取車材使轉相教匠作車又課民無牛者令畜豬狗賣以買牛始者民以爲煩一二年間家家有丁車大牛又起文學聽吏民欲讀書者復其小徭又於府下起菜園使吏閑鉏治又課民當輸租時車牛各因便致薪兩束爲冬寒冰炙筆硯於是風化大行吏不煩民民不求吏京兆與馮翊扶風接界二郡道路既穢塞田疇又荒萊人民饑凍而京兆皆整頓開明豐富常爲雍州十郡最斐又清己仰奉而已於是吏民恐其遷轉也至青龍中司馬宣王在長安立軍市而軍中吏士多侵侮縣民斐以白宣王宣王乃發怒召軍市候便於斐前杖一百時長安典農與斐共坐以爲斐宜謝乃私推築斐斐不肯謝良久乃曰斐意觀明公受分陝之任乃欲一齊衆庶必非有所左右也而典農竊見推築欲令斐謝假令斐謝是更爲不得

明公意也宣王遂嚴持吏士自是之後軍營郡縣各得其分後數歲遷爲平原太守吏民啼位遮道車不得前步步稽留十餘日乃出界東行至崤而疾困斐素心戀京兆其家人從者見斐病甚勸之言平原當自勉勵作健斐曰我心不願平原汝曹等呼我何不言京兆邪遂卒還平原京兆聞之皆爲流涕爲立碑于今稱頌之 令狐邵字孔叔父仕漢爲烏丸校尉建安初袁氏在冀州邵去本郡家居鄴九年曾出到武安毛城中會太祖破鄴遂圍毛城城破執邵等輩十餘人皆當斬太祖閱見之疑其衣冠也問其祖考而識其父乃解放署軍謀掾仍歷宰守後徙丞相主簿出爲弘農太守所在清如冰雪妻子希到官省舉善而教恕以待人不好獄訟與下無忌是時郡無知經者乃歷問諸吏有欲遠行就師輒假遣令詣河東就樂詳學經粗明乃還因設文學由是弘農學業轉興至黃初初徵拜羽林郎遷虎賁中郎將三歲病亡始邵族子愚爲白衣時常有高志衆人謂愚必榮令狐氏而邵獨以爲愚性倜儻不修德而願大必滅我宗愚聞邵言其心不平及邵爲虎賁郎將而愚仕進已多所更歷所在有名稱愚見邵因從容言次微激之曰先時聞大人謂愚爲不繼愚今竟云何邪邵熟視而不答也然私謂其妻子曰公治性度猶如故也以吾觀之終當敗滅但不知我久當坐之不邪將逮汝

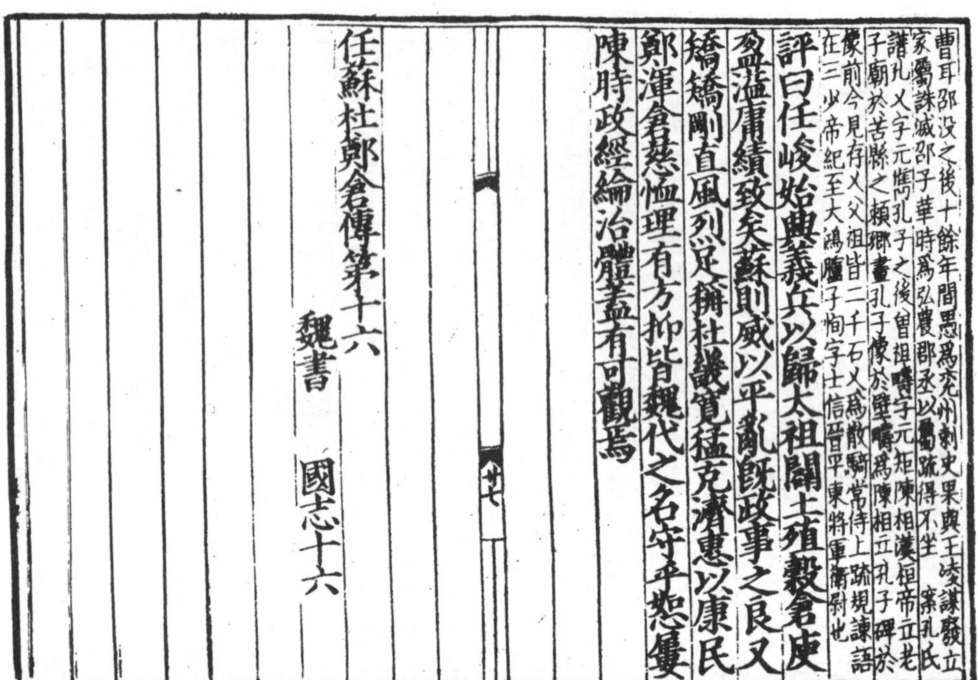

曹耳邵没之後十餘年間愚爲兖州刺史果與王淩謀廢立家屬誅滅邵子華時爲弘農郡丞以屬疏得不坐　案孔氏譜孔乂字元儁孔子之後曾祖疇字元矩陳相漢桓帝立老子廟於苦縣之賴鄉畫孔子像於壁疇爲陳相立孔子碑於像前今見存乂父祖皆二千石乂爲散騎常侍上疏規諫語在三少帝紀至大鴻臚子恂字士信晉平東將軍衛尉也

評曰任峻始興義兵以歸太祖闢土殖穀倉庾盈溢庸績致矣蘇則威以平亂既政事之良又矯矯剛直風烈足稱杜畿寛猛克濟惠以康民鄭渾倉慈恤理有方抑皆魏代之名守乎恕屢陳時政經綸治體蓋有可觀焉

任蘇杜鄭倉傳第十六　魏書　國志十六

張遼傳

張遼字文遠鴈門馬邑人也本聶壹之後以避怨變姓少為郡吏漢末并州刺史丁原以遼武力過人召為從事使將兵詣京都何進遣詣河北募兵得千餘人還進敗以兵屬董卓卓敗以兵屬呂布遷騎都尉布為李傕所敗從布東奔徐州領魯相時年二十八太祖破呂布於下邳遼將其眾降拜中郎將賜爵關內侯數有戰功遷裨將軍袁紹破別遣遼定魯國諸縣與夏侯淵圍昌豨於東海數月糧盡議引軍還遼謂淵曰數日已來每行諸圍豨輒屬目視遼又其射矢更稀此必豨計猶豫故不力戰遼欲挑與語儻可誘也乃使謂豨曰公有命使遼傳之豨果下與遼語遼為說太祖神武方以德懷四方先附者受大賞豨乃許降遼遂單身上三公山入豨家拜妻子豨歡喜隨詣太祖太祖遣豨還責遼曰此非大將法也遼謝曰以明公威信著於四海遼奉聖旨豨必不敢害故也從討袁譚袁尚於黎陽有功行中堅將軍從攻尚於鄴尚堅

守不下太祖還許使遼與樂進拔陰安徙其民河南復從攻鄴鄴破遼別徇趙國常山招降緣山諸賊及黑山孫輕等從攻袁譚譚破別將徇海濱破遼東賊柳毅等還鄴太祖自出迎遼引共載以遼為盪寇將軍復別擊荊州定江夏諸縣還屯臨潁封都亭侯從征袁尚於柳城卒與虜遇遼勸太祖戰氣甚奮太祖壯之自以所持麾授遼遂擊大破之斬單于蹋頓傅子曰太祖將征柳城遼諫曰夫許天下之會也今天子在許公遠北征若劉表遣劉備襲許據之以號令四方公之勢去矣太祖策表必不能任備遂行也時荊州未定復遣遼屯長社臨發軍中有謀反者夜驚亂起火一軍盡擾遼謂左右曰勿動是不一營盡反必有造變者欲以動亂人耳乃令軍中其不反者安坐遼將親兵數十人中陣而立有頃定即得首謀者殺之陳蘭梅成以氐六縣叛太祖遣于禁臧霸等討成遼督張郃牛蓋等討蘭成偽降禁禁還成遂將其眾就蘭轉入灊山灊中有天柱山高峻二十餘里道險狹步徑裁通蘭等壁其上遼欲進諸將曰兵少道險難用深入遼曰此所謂一與一勇者得前耳遂進到山下安營攻之斬蘭成首盡虜其眾太

祖論諸將功曰登天山履峻險以取蘭成盪寇功也增邑假節太祖既征孫權還使遼與樂進李典等將七千餘人屯合肥太祖征張魯教與護軍薛悌署函邊曰賊至乃發俄而權率十萬衆圍合肥乃共發教教曰若孫權至者張李將軍出戰樂將軍守護軍勿得與戰諸將皆疑遼曰公遠征在外比救至彼破我必矣是以教指及其未合逆擊之折其盛勢以安衆心然後可守也成敗之機在此一戰諸君何疑李典亦與遼同於是遼夜募敢從之士得八百人椎牛饗

將士明日大戰平旦遼被甲持戟先登陷陣殺數十人斬二將大呼自名衝壘入至權麾下權大驚衆不知所為走登高冢以長戟自守遼叱權下戰權不敢動望見遼所將衆少乃聚圍遼數重遼左右麾圍直前急擊圍開遼將麾下數十人得出餘衆號呼曰將軍棄我乎遼復還突圍拔出餘衆權人馬皆披靡無敢當者自旦戰至日中吳人奪氣還脩守備衆心乃安諸將咸服權守合肥十餘日城不可拔乃引退遼率諸軍追擊幾復獲權太祖大壯遼拜征東將軍孫盛

曰夫兵固詭道奇正相資若乃命將出征推轂委權或賴率然之形或憑掎角之勢羣帥不和則棄師之道也至於合肥之守縣弱無援專任勇者則好戰生患專任怯者則懼心難保且彼衆我寡必懷貪惰以致命之兵擊貪惰之卒其勢必勝勝而後守守則必固是以魏武推選方員參以同異為之密教節宣其用事至而應若合符契妙矣

建安二十一年太祖復征孫權到合肥循行遼戰處歎息者良久乃增遼兵多留諸軍徙屯居巢關羽圍曹仁於樊會權稱藩召遼及諸軍悉還救仁遼未至徐晃已破關羽仁圍解遼與太祖會摩陂遼軍至太祖乘輦出勞之還屯陳郡文帝即王位轉前將軍魏書曰王賜遼帛千匹穀萬斛分封兄汎及一子列侯孫權復叛遣遼還屯合肥進遼爵都鄉

侯給遼母輿車及兵馬送遼家詣屯敕遼母至導從出迎所督諸軍將吏皆羅拜道側觀者榮之文帝踐阼封晉陽侯增邑千戶并前二千六百戶黃初二年遼朝洛陽宮文帝引遼會建始殿親問破吳意狀帝歎息顧左右曰此亦古之召虎也為起第舍又特為遼母作殿以遼所從破吳軍應募步卒皆為虎賁孫權復稱藩遼還屯雍丘得疾帝遣侍中劉曄將太醫視疾虎賁問消息道路相屬疾未瘳帝迎遼就行在所車駕親臨執其手賜以御衣太官日送御食疾小差還屯

也孫權復叛帝遣遼乘舟與曹休至海陵臨江權甚憚焉勑諸將張遼雖病不可當也愼之是歲遼與諸將破權將呂範遼病遂薨於江都帝為流涕謚曰剛侯子虎嗣六年帝追念遼典在合肥之功詔曰合肥之役遼典以步卒八百破賊十萬自古用兵未之有也使賊至今奪氣可謂國之爪牙矣其分遼典邑各百戶賜一子爵關內侯虎為偏將軍薨子統嗣

樂進傳

樂進字文謙陽平衛國人也容貌短小以膽烈從太祖為帳下吏遣還本郡募兵得千餘人還為軍假司馬陷陳都尉從擊呂布於濮陽張超於雍丘橋蕤於苦皆先登有功封廣昌亭侯從征張繡於安衆圍呂布於下邳破別將擊眭固於射犬攻劉備於沛皆破之拜討寇校尉渡河攻獲嘉還從擊袁紹於官渡力戰斬紹將淳于瓊從擊譚尚於黎陽斬其大將嚴敬行游擊將軍別擊黃巾破之定樂安郡從圍鄴鄴定從擊袁譚於南皮先登入譚東門譚敗別攻雍奴破之建安十一年太祖表漢帝稱進及于禁張遼

曰武力既弘計略周備質忠信一守執節義每臨戰功常為督率奮彊突固無堅不陷自援枹鼓手不知倦又遣別征統御師旅撫衆則和奉令無犯當敵制決靡有遺失論功紀用宜各顯寵於是禁為虎威進折衝遼盪寇將軍進別征高幹從北道入上黨回出其後幹等還守壺關連戰斬首幹堅守未下會太祖自征之乃拔太祖征管承軍淳于遣進與李典擊之承破走逃入海島海濱平荊州未服遣屯陽翟後從平荊州留屯襄陽擊關羽蘇非等皆走之南郡諸縣山谷蠻夷詣進降又討劉備臨沮長杜普旌陽長梁大皆大破之後從征孫權假進節太祖還留進與張遼李典屯合肥增邑五百并前凡千二百戶以進數有功分五百戶封一子列侯進遷右將軍建安二十三年薨謚曰威侯子綝嗣綝果毅有父風官至揚州刺史諸葛誕反掩襲殺綝詔悼惜之追贈衛尉謚曰愍侯子肇嗣

于禁傳

于禁字文則泰山鉅平人也黃巾起鮑信招合徒衆禁附從焉及太祖領兗州禁與其黨俱詣

為都伯屬將軍王朗朗異之薦禁才任大將軍
太祖召見與語拜軍司馬使將兵詣徐州攻廣
威拔之拜陷陣都尉從討呂布於濮陽別破布
二營於城南又別將破高雅於須昌從攻壽張
定陶離狐圍張超於雍丘皆拔之從征黃巾劉
辟黃邵等屯版梁邵等夜襲太祖營禁帥麾下
擊破之斬辟邵等盡降其衆遷平虜校尉從圍
橋蕤於苦斬蕤等四將從至宛降張繡繡復叛太
祖與戰不利軍敗還舞陰是時軍亂各間行求
太祖禁獨勒所將數百人且戰且引雖有死傷不

魏志十七　七

相離虜追稍緩禁徐整行隊鳴鼓而還未至太
祖所道見十餘人被創裸走禁問其故曰為青
州兵所劫初黃巾降號青州兵太祖寬之故敢
因緣為略禁怒令其衆曰青州兵同屬曹公而
還為賊乎乃討之數之以罪青州兵遽走詣太祖
自訴禁既至先立營壘不時謁太祖或謂禁青
州兵已訴君矣宜促詣公辨之禁曰今賊在後
追至無時不先為備何以待敵且公聰明譖訴
何緣徐鑿塹安營訖乃入謁具陳其狀太祖悅
謂禁曰淯水之難吾其急也將軍在亂能整討

暴堅壘有不可動之節雖古名將何以加之於
是錄禁前後功封益壽亭侯復從攻張繡於穰
禽呂布於下邳別與史渙曹仁攻眭固於射犬
破斬之太祖初征袁紹紹兵盛禁願為先登太
祖壯之乃遣步騎二千人使禁將守延津以拒
紹太祖引軍還官渡劉備以徐州叛太祖東征
之紹攻禁禁堅守紹不能拔復與樂進等將步
騎五千擊紹別營從延津西南緣河至汲獲嘉
二縣焚燒保聚三十餘屯斬首獲生各數千降
紹將何茂王摩等二十餘人太祖復使禁別將

魏志十七　八

屯原武擊紹別營於杜氏津破之遷裨將軍後
從還官渡太祖與紹連營起土山相對紹射營
中士卒多死傷軍中懼禁督守土山力戰氣益
奮紹破遷偏將軍冀州平昌豨復叛遣禁征之
禁急進攻豨豨與禁有舊詣禁降諸將皆以為
豨已降當送詣太祖禁曰諸君不知公常令乎
圍而後降者不赦夫奉法行令事上之節也豨
雖舊友禁可失節乎自臨與豨決隕涕而斬之是
時太祖軍淳于聞而歎曰豨降不詣吾而歸禁豈
非命邪益重禁臣松之以為圍而後降法雖不赦囚而送之未為違命禁曾不為舊交希冀萬

一而肆其好殺之心以戾衆人之議所以卒爲降虜死加惡謚宜哉東海平拜禁虎威將軍後與臧霸等攻梅成張遼張郃等討陳蘭禁到成舉衆三千餘人降既降復叛其衆奔蘭遼等與蘭相持軍食少禁運糧前後相屬遼遂斬蘭成增邑二百戶并前千二百戶是時禁與張遼樂進張郃徐晃俱爲名將太祖每征伐咸遞行爲軍鋒還爲後拒而禁持軍嚴整得賊財物無所私入由是賞賜特重然以法御下不甚得士衆心太祖常恨朱靈欲奪其營以禁有威重遣禁將數十騎齎令書徑詣靈營奪其軍靈及其部衆莫敢動乃以靈爲禁部下督衆皆震服其見憚如此遷左將軍假節鉞分邑五百戶封一子列侯建安二十四年太祖在長安使曹仁討關羽於樊又遣禁助仁秋大霖雨漢水溢平地水數丈禁等七軍皆沒禁與諸將登高望水無所回避羽乘大船就攻禁等禁遂降惟龐悳不屈節而死太祖聞之哀歎者久之曰吾知禁三十年何意臨危處難反不及龐悳邪會孫權禽羽獲其衆禁復在吳文帝踐阼權稱藩遣禁還帝引見禁鬚髮皓白形容憔顇泣涕頓首帝慰諭以荀林父孟明視故事

魏書載制曰昔荀林父敗績於邲孟明喪師於殽秦晉不替使復其位其後晉獲狄土秦霸西戎區區小國猶尚若斯而況萬乘乎樊城之敗水災暴至非戰之咎其復禁等官拜爲安遠將軍欲遣使吳先令北詣鄴謁高陵帝使豫於陵屋畫關羽戰克龐悳憤怒禁降服之狀禁見慙恚發病薨子圭嗣封益壽亭侯謚禁曰厲侯

張郃傳

張郃字儁乂河閒鄚人也漢末應募討黃巾爲軍司馬屬韓馥馥敗以兵歸袁紹紹以郃爲校尉使拒公孫瓚瓚破郃功多遷寧國中郎將太祖與袁紹相拒於官渡漢晉春秋曰郃說紹曰公雖連勝然勿與曹公戰也

密遣輕騎鈔絕其南則兵自敗矣紹不從之紹遣將淳于瓊等督運屯烏巢太祖自將急擊之郃說紹曰曹公兵精往必破瓊等瓊等破則將軍事去矣宜急引兵救之郭圖曰郃計非也不如攻其本營勢必還此爲不救而自解也郃曰曹公營固攻之必不拔若瓊等見禽吾屬盡爲虜矣紹但遣輕騎救瓊而以重兵攻太祖營不能下太祖果破瓊等紹軍潰圖慙又更譖郃曰郃快軍敗出言不遜郃懼乃歸太祖臣松之案武紀及袁紹傳並云袁紹使張郃高覽攻太祖營郃等聞淳于瓊破遂來降紹衆於是大潰是則緣郃等降而後紹軍壞也至如此傳爲紹軍先潰懼郭圖之譖然歸太祖爲參錯不同矣太

祖得郃甚喜謂曰昔子胥不早寤自使身危
豈若微子去殷韓信歸漢邪拜郃偏將軍封都
亭侯授以衆從攻鄴拔之又從擊袁譚於渤海
別將軍圍雍奴大破之從討柳城與張遼俱為
軍鋒以功遷平狄將軍別征東萊討管承又與
張遼討陳蘭梅成等破之從破馬超韓遂於渭
南圍安定降楊秋與夏侯淵討鄜賊梁興及武
都氐又破馬超平宋建太祖征張魯先遣郃督
諸軍討興和氐王竇茂太祖從散關入漢中又
先遣郃督步卒五千於前通路至陽平魯降太

祖還留郃與夏侯淵等守漢中拒劉備郃別督
諸軍降巴東巴西二郡徙其民於漢中進軍宕
渠為備將張飛所拒引還南鄭拜盪寇將軍劉
備屯陽平郃屯廣石備以精卒萬餘分為十部
夜急攻郃郃率親兵搏戰備不能克其後備於
走馬谷燒都圍淵救火從他道與備相遇交戰
短兵接刃淵遂沒郃還陽平（魏略曰淵雖為都督劉備憚郃而易淵及殺淵備曰當得其魁用此何為邪）當是時新失元帥恐為備所乘三軍
皆失色淵司馬郭淮乃令衆曰張將軍國家名
將劉備所憚今日事急非張將軍不能安也

遂推郃為軍主郃出勒兵安陳諸將皆受郃節
度衆心乃定太祖在長安遣使假郃節太祖遂
自至漢中劉備保高山不敢戰太祖乃引出漢
中諸軍郃還屯陳倉文帝即王位以郃為左將
軍進爵都鄉侯及踐阼進封鄚侯詔郃與曹真
討安定盧水胡及東羌召郃與真並朝許宮遣
南與夏侯尚擊江陵郃別督諸軍渡江取洲上
屯塢明帝即位遣南屯荊州與司馬宣王擊孫
權別將劉阿等追至祁口交戰破之諸葛亮出
祁山加郃位特進遣督諸軍拒亮將馬謖於街

亭謖依阻南山不下據城郃絕其汲道擊大破
之南安天水安定郡反應亮郃皆破平之詔曰
賊亮以巴蜀之衆當虓虎之師將軍被堅執銳
所向克定朕甚嘉之益邑千戶并前四千三百
戶司馬宣王治水軍於荊州欲順沔入江伐吳
詔郃督關中諸軍往受節度至荊州會冬水淺
大船不得行乃還屯方城諸葛亮復出急攻陳
倉帝驛馬召郃到京都帝自幸河南城置酒送
郃遣南北軍士三萬及分遣武衛虎賁使衛郃因
問郃曰遲將軍到亮得無已得陳倉乎郃知亮

縣軍無穀不能久攻對曰比臣未到亮已走矣屈指計亮糧不至十日郃晨夜進至南鄭亮退詔郃還京都拜征西車騎將軍郃識變數善處營陳料戰勢地形無不如計自諸葛亮皆憚之郃雖武將而愛樂儒士嘗薦同鄉卑湛經明行脩詔曰昔祭遵爲將奏置五經大夫居軍中與諸生雅歌投壺今將軍外勒戎旅內存國朝朕嘉將軍之意今擢湛爲博士諸葛亮復出祁山詔郃督諸將西至略陽亮還保祁山郃追至木門與亮軍交戰飛矢中郃右膝薨（魏略曰亮軍退司馬宣王使郃追之郃曰軍法圍城必開出路歸軍勿追宣王不聽郃不得已遂進蜀軍乘高布伏弓弩亂發矢中郃髀）謚曰壯侯子雄嗣郃前後征伐有功明帝分郃戶封郃四子列侯賜小子爵關內侯

徐晃傳

徐晃字公明河東楊人也爲郡吏從車騎將軍楊奉討賊有功拜騎都尉李傕郭汜之亂長安也晃說奉令與天子還洛陽奉從其計天子渡河至安邑封晃都亭侯及到洛陽韓暹董承日爭鬬晃說奉令歸太祖奉欲從之後悔太祖討奉於梁晃遂歸太祖太祖授晃兵使擊卷（卷音墟權反）原武賊破之拜裨將軍從征呂布別降布將趙庶李鄒等與史渙斬眭固於河內從破劉備又從破顏良拔白馬進至延津破文醜拜偏將軍與曹洪擊㶏彊賊祝臂破之又與史渙擊袁紹運車於故市功最多封都亭侯太祖既圍鄴破邯鄲易陽令韓範僞以城降而拒守太祖遣晃攻之晃至飛矢城中爲陳成敗範悔晃輒降之既而言於太祖曰二袁未破諸城未下者傾耳而聽今日滅易陽明日皆以死守恐河北無定時也願公降易陽以示諸城則莫不望風太祖善之別討毛城設伏兵掩擊破三屯從破袁譚於南皮討平原叛賊克之從征蹋頓拜橫野將軍從征荊州別屯樊討中廬臨沮宜城賊又與滿寵討關羽於漢津與曹仁擊周瑜於江陵十五年討太原反者圍大陵拔之斬賊帥商曜韓遂馬超等反關右遣晃屯汾陰以撫河東賜牛酒令上先人墓太祖至潼關恐不得渡召問晃晃曰公盛兵於此而賊不復別守蒲阪知其無謀也今假臣精兵（臣松之云案晃于時未應稱臣傳寫者誤也）渡蒲阪津爲軍先置以截其裏賊可禽也太祖曰善使

晃以步騎四千人渡津作塹柵未成賊梁興夜
將步騎五千餘人攻晃晃擊走之太祖軍得渡
遂破超等使晃與夏侯淵平隃麋汧諸氐與太
祖會安定太祖還鄴使晃與夏侯淵平鄜夏陽
餘賊斬梁興降三千餘戶從征張魯別遣晃討
攻櫝仇夷諸山氐皆降之遷平寇將軍解將軍
張順圍擊賊陳福等三十餘屯皆破之太祖還
鄴留晃與夏侯淵拒劉備於陽平備遣陳式等
十餘營絕馬鳴閣道晃別征破之賊自投山谷
多死者太祖聞甚喜假晃節令曰此閣道漢中

之險要咽喉也劉備欲斷絕外內以取漢中將
軍一舉克奪賊計善之善者也太祖遂自至陽
平引出漢中諸軍復遣晃助曹仁討關羽屯宛
會漢水暴溢于禁等沒羽圍仁於樊又圍將軍
呂常於襄陽晃所將多新卒以羽難與爭鋒遂
前至陽陵陂屯太祖復還遣將軍徐商呂建等
詣晃令曰須兵馬集至乃俱前賊屯偃城晃到
詭道作都塹示欲截其後賊燒屯走晃得偃城
兩面連營稍前去賊圍三丈所未攻太祖前後
遣殷署朱蓋等凡十二營詣晃賊圍頭有屯又

別屯四冢晃揚聲當攻圍頭屯而密攻四冢羽
見四冢欲壞自將步騎五千出戰晃擊之退走
遂追陷與俱入圍破之或自投沔水死太祖令
曰賊圍塹鹿角十重將軍致戰全勝遂陷賊圍
多斬首虜吾用兵三十餘年及所聞古之善用
兵者未有長驅徑入敵圍者也且樊襄陽之在
圍過於莒即墨將軍之功踰孫武穰苴晃振旅
還摩陂太祖迎晃七里置酒大會太祖舉卮酒
勸晃且勞之曰全樊襄陽將軍之功也時諸軍
皆集太祖案行諸營士卒咸離陣觀而晃軍營

整齊將士駐陣不動太祖歎曰徐將軍可謂有
周亞夫之風矣文帝即王位以晃爲右將軍進
封逯鄉侯及踐阼進封楊侯與夏侯尚討劉備
於上庸破之以晃鎮陽平徙封陽平侯明帝即
位拒吳將諸葛瑾於襄陽增邑二百并前三千
一百戶病篤遺令斂以時服性儉約畏慎將軍
常遠斥候先爲不可勝然後戰追奔爭利士不
暇食常歎曰古人患不遭明君今幸遇之當以
功自效何用私譽爲終不廣交援太和元年薨
謚曰壯侯子蓋嗣蓋薨子霸嗣明帝分晃戶封

晃子孫二人列侯初清河朱靈爲袁紹將太祖之征陶謙紹使靈督三營助太祖戰有功紹所遣諸將各罷歸靈曰靈觀人多矣無若曹公者此乃眞明主也今以遇復何之遂留不去所將士卒慕之皆隨靈留靈後遂爲好將名亞晃等至後將軍封高唐亭侯九州春秋曰初清河季雍以鄃叛袁紹而降公孫瓚瓚遣兵衛之紹遣靈攻之靈家在城中瓚將靈母弟置城上誘呼靈靈望城涕泣曰丈夫一出身與人豈復顧家耶遂力戰拔之生禽雍而靈家皆死　魏書曰靈字文博太祖既平冀州遣靈將新兵五千人騎千匹守許南太祖戒之曰冀州新兵數承寬緩暫見齊整意尚怏怏卿名先有威嚴善以道寬之不然即有變靈至陽翟中郎將程昂等果反即斬昂以狀聞太祖手書曰兵中所以爲危險者外對敵國內有姦謀不測之變昔鄧禹中分光武軍西行而有宗歆馮愔之難後將二十四

騎還洛陽禹豈以是減損哉來書懇惻多引咎過未必如所云也文帝即位封靈鄃侯增其户邑詔曰將軍佐命先帝典兵歷年威過方邵功踰絳灌圖籍所美何以加焉朕受天命帝有海內元功之將社稷之臣皆朕所與同福共慶傳之無窮者也今封鄃侯富貴不歸故鄉如夜行衣繡若平常所志願勿難言靈謝曰高唐宿所願於是更封高唐侯薨謚曰威侯子術嗣

評曰太祖建兹武功而時之良將五子爲先于禁最號毅重然弗克其終張郃以巧變爲稱樂進以驍果顯名而鑒其行事未副所聞或注記有遺漏未如張遼徐晃之備詳也

李典傳

李典字曼成山陽鉅野人也典從父乾有雄氣合賓客數千家在乘氏初平中以衆隨太祖破黃巾於壽張又從擊袁術征徐州呂布之亂太祖遣乾還乘氏慰勞諸縣布別駕薛蘭治中李封招乾欲俱叛乾不聽遂殺乾太祖使乾子整將乾兵與諸將擊蘭封蘭封破從平兗州諸縣有功稍遷青州刺史整卒典徙潁陰令爲中郎將將整軍魏書曰典少好學不樂兵事乃就師讀春秋左氏傳博觀羣書太祖善之故試以治民之政遷離狐太守時太祖與袁紹相拒官渡典率宗族及部曲輸穀帛供軍紹破以典爲裨將軍屯安民太祖擊譚尚於黎陽使典與程昱等以船運軍糧會尚遣魏郡太守高蕃將兵屯河上絕水道太祖勑典昱若船不得過下從陸道典與諸將議曰蕃軍少甲而恃水有懈怠之心擊之必克軍不內御苟利國家專之可也宜亟擊之昱亦以爲然遂北渡河攻蕃破之水道得通劉表使劉備北侵至葉太祖遣典從夏侯惇拒之備一旦燒屯去惇率諸軍追擊之典曰賊無故退

疑必有伏南道狹窄草木深不可追也惇不聽與于禁追之典留守惇等果入賊伏裏戰不利典往救備望見救至軍散退從圍鄴鄴定與樂進圍高幹於壺關擊管承於長廣皆破之遷捕虜將軍封都亭侯典宗族部曲三千餘家居乘氏自請願徙詣魏郡太祖笑曰卿欲慕耿純邪典謝曰典駑怯功微而爵寵過厚誠宜舉宗陳力加以征伐未息宜實郊遂之內以制四方非慕純也遂徙部曲宗族萬三千餘口居鄴太祖嘉之遷破虜將軍與張遼樂進屯合肥孫權率衆圍之遼欲奉教出戰進典遼皆素不睦遼恐其不從典慨然曰此國家大事顧君計何如耳吾不可以私憾而忘公義乎乃率衆與遼破走權增邑百戶并前三百戶典好學問貴儒雅不與諸將爭功敬賢士大夫恂恂若不及軍中稱其長者年三十六薨子禎嗣文帝踐阼追念合肥之功增禎邑百戶賜典一子爵關內侯邑百戶謚典曰愍侯

李通傳

李通字文達江夏平春人也魏略曰通小字萬億以俠聞於

江汝之間與其郡人陳恭共起兵於朗陵衆多
歸之時有周直者衆二千餘家與恭通外和內
違通欲圖殺直而恭難之通知恭無斷乃獨定
策與直克會酒酣殺直衆人大擾通率恭誅其
黨帥盡并其營後恭妻弟陳郃殺恭而據其衆
通攻破郃軍斬郃首以祭恭墓又生禽黃巾大
帥吳霸而降其屬遭歲大饑通傾家振施與士
分糟糠皆爭為用由是盜賊不敢犯建安初通
舉衆詣太祖于許拜通振威中郎將屯汝南西
界太祖討張繡劉表遣兵以助繡太祖軍不利

通將兵夜詣太祖太祖得以復戰通為先登大
破繡軍拜裨將軍封建功侯分汝南二縣以通
為陽安都尉通妻伯父犯法朗陵長趙儼收治
致之大辟是時殺生之柄決於牧守通妻子號泣
以請其命通曰方與曹公勠力義不以私廢公
嘉儼執憲不阿與為親交太祖與袁紹相拒於
官渡紹遣使拜通征南將軍劉表亦陰招之通
皆拒焉通親戚部曲流涕曰今孤危獨守以失大
援亡可立而待也不如亟從紹通按劍以叱之
曰曹公明哲必定天下紹雖彊盛而任使無方

終為之虜耳吾以死不貳即斬紹使送印綬詣
太祖又擊郡賊瞿恭江宮沈成等皆破殘其衆
送其首遂定淮汝之地改封都亭侯拜汝南太
守時賊張赤等五千餘家聚桃山通攻破之劉
備與周瑜圍曹仁於江陵別遣關羽絕北道通
率衆擊之下馬拔鹿角入圍且戰且前以迎仁
軍勇冠諸將通道得病薨時年四十二追增邑
二百戶并前四百戶文帝踐阼謚曰剛侯詔曰
昔袁紹之難自許蔡以南人懷異心通秉義不
顧使攜貳率服朕甚嘉之不幸早薨子基雖已

襲爵未足酬其庸勳基兄緒前屯樊城又有
功世篤其勞以基為奉義中郎將緒平虜中郎
將以寵異焉王隱晉書曰緒子秉字玄冑有儁才為時所
貴官至秦州刺史秉嘗答司馬文王問因以
為家誡曰昔侍坐於先帝時有三長吏俱見臨辭出上曰為
官長當清當慎當勤脩此三者何患不治乎並受詔既出上
顧謂吾等曰相誡勑正當爾不侍坐衆賢莫不贊善上又問
曰必不得已於斯三者何先或對曰清固為本次復問吾
對曰清慎之道相須而成必不得已慎乃為大夫清者不必
慎慎者必自清亦由仁者必有勇勇者不必有仁是以易稱
括囊無咎藉用白茅皆慎之至也上曰卿言得之爾可舉近
世能慎者誰乎諸人各未知所對吾乃舉故太尉荀景倩尚
書董仲連僕射王公仲並可謂為慎上曰此諸人者溫恭朝
夕執事有恪亦各其慎也然天下之至慎其惟阮嗣宗乎每
與之言言及玄遠而未曾平論時事臧否人物真可謂至慎
矣吾每思此言亦足以為明誡凡人行事年少立身不可不
慎勿輕論人勿輕說事如此則悔吝何由而生患禍無從而
至矣 秉子重字茂曾少知名歷位吏部郎平陽太守晉諸

公賛曰重以清尚稱相國趙王倫以重望取爲右司馬重以倫將爲亂辭疾不就倫逼之不已重遂不復自活至於困篤扶曳受拜數日卒贈散騎常侍重二弟尚字茂仲矩字茂約永嘉中並典郡矩至江州刺史重子式字景則官至侍中

臧霸傳

臧霸字宣高泰山華人也父戒爲縣獄掾據法不聽太守欲所私殺太守大怒令收戒詣府時送者百餘人霸年十八將客數十人徑於費西山中要奪之送者莫敢動因與父俱亡命東海由是以勇壯聞黃巾起霸從陶謙擊破之拜騎都尉遂收兵於徐州與孫觀吳敦尹禮等並聚衆霸爲帥屯於開陽太祖之討呂布也霸等將

兵助布既禽布霸自匿太祖募索得霸見而悅之使霸招吳敦尹禮孫觀觀兄康等皆詣太祖太祖以霸爲琅邪相敦利城禮東莞觀北海康城陽太守割青徐二州委之於霸太祖之在兗州以徐翕毛暉爲將兗州亂翕暉皆叛後兗州定翕暉亡命投霸太祖語劉備令語霸送二人首霸謂備曰霸所以能自立者以不謂此也霸受公生全之恩不敢違命然王霸之君可以義告願將軍爲之辭備以霸言白太祖太祖歎息謂霸曰此古人之事而君能行之孤之願也乃

皆以翕暉爲郡守時太祖方與袁紹相拒而霸數以精兵入青州故太祖得專事紹不以東方爲念太祖破袁譚於南皮霸等會賀霸因求遣子弟及諸將父兄家屬詣鄴太祖曰諸君忠孝豈復在是昔蕭何遣子弟入侍而高祖不拒耿純焚室輿櫬以從而光武不逆吾將何以易之哉東州擾攘霸等執義征暴清定海岱功莫大焉皆封列侯霸爲都亭侯加威虜將軍又與于禁討昌豨與夏侯淵討黃巾餘賊徐和等有功遷徐州刺史沛國公武周爲下邳令霸敬異周身詣

令舍部從事謥詷不法周得其罪便收考竟霸益以善周從討孫權先登再入巢湖攻居巢破之張遼之討陳蘭霸別遣至皖討吳將韓當使權不得救蘭當遣兵逆霸霸與戰於逢龍當復遣兵邀霸於夾石與戰破之還屯舒權遣數萬人乘船屯舒口分兵救蘭聞霸軍在舒遁還霸夜追之比明行百餘里邀賊前後擊之賊窘急不得上船赴水者甚衆由是賊不得救蘭遼遂破之霸從討孫權於濡須口與張遼爲前鋒行遇霖雨大軍先及水遂長賊船稍進將士皆不

等遂欲去霸止之曰公明於利鈍寧肯捐吾等邪明日果有令遼至以語太祖太祖善之拜揚威將軍假節後權乞降太祖還留霸與夏侯惇等屯居巢文帝即王位遷鎮東將軍進爵武安鄉侯都督青州諸軍事及踐阼進封開陽侯徙封良成侯與曹休討吳賊破呂範於洞浦徵為執金吾位特進每有軍事帝常咨訪焉魏略曰霸一名奴寇孫觀名嬰子吳敦名黯奴尹禮名盧兒建安二十四年霸遣別軍在洛會太祖崩霸所部及青州兵以為天下將亂皆鳴鼓擅去文帝即位以曹休都督青徐霸謂休曰國家未肯聽霸耳若假霸步騎萬人必能橫行江表休言之於帝帝疑霸軍前擅去今意壯乃爾遂東巡因霸來朝而奪其兵明帝即位增邑五百并前三千五百戶薨謚曰威侯子文嗣魏書曰文少以才理稱為黃門郎歷位郡守文官至青州刺史少府文薨謚曰恭侯子權嗣霸前後有功封子三人列侯賜一人爵關內侯霸一子舜字太伯晉散騎常侍見武帝百官名此百官名不知誰所撰也皆有題目稱舜才穎條暢識贊時宜也而孫觀亦至青州刺史假節從太祖討孫權戰被創薨子毓嗣亦至青州刺史魏書曰孫觀字仲臺泰山人與臧霸俱起討黃巾拜騎都尉太祖破呂布使霸招觀兄弟皆厚遇之與霸俱戰伐觀常為先登征定青徐羣賊功次於霸封呂都亭侯康亦以功封列侯與太祖會南皮遣子弟入居鄴拜觀偏將軍遷青州刺史從征孫權於濡須口假節攻權為流矢所中傷左足力戰不顧太祖勞之曰將軍被創深重而猛氣益奮不當為國愛身乎轉振威將軍創甚遂卒

文聘傳

文聘字仲業南陽宛人也為劉表大將使禦北方表死其子琮立太祖征荊州琮舉州降呼聘欲與俱聘曰聘不能全州當待罪而已太祖濟漢聘乃詣太祖太祖問曰來何遲邪聘曰先日不能輔弼劉荊州以奉國家荊州雖沒常願據守漢川保全土境生不負於孤弱死無愧於地下而計不得已以至於此實懷悲慚無顏早見耳遂歔欷流涕太祖為之愴然曰仲業卿真忠臣也厚禮待之授聘兵使與曹純追討劉備於長阪太祖先定荊州江夏與吳接民心不安乃以聘為江夏太守使典北兵委以邊事賜爵關內侯孫盛曰資父事君忠孝道一臧霸少有孝烈之稱文聘著垂泣之誠是以魏武一面委之以二方之任豈直壯武見知於倉卒之間哉與樂進討關羽於尋口有功進封延壽亭侯加討逆將軍又攻羽輜重於漢津燒其船於荊城文帝踐阼進爵長安鄉侯假節與夏侯尚圍江陵使聘別屯沔口止石梵自當一隊禦賊有功遷後將軍封新野侯孫權以五萬眾自圍聘於石陽甚急聘堅守不動權住二十餘日乃解去聘追擊破之魏略曰孫權嘗自將數萬眾卒至時大雨城柵崩壞人民散在田野未及補治聘聞權到不知所施乃思惟莫若潛默可以疑之乃勑城中人使不得見又自臥舍中不起權果疑之語其部

纂曰北方以此人忠臣也故委之以此郡今我至而不動此不有密圖必當有外救遂不敢攻而去魏略此語與本傳反增邑五百戶并前千九百戶聘在江夏數十年有威恩名震敵國賊不敢侵分聘戶邑封聘子岱爲列侯又賜聘從子厚爵關內侯聘薨謚曰壯侯岱又先亡聘養子休嗣卒子武嗣嘉平中譙郡桓禺爲江夏太守清儉有威惠名亞於聘

呂虔傳

呂虔字子恪任城人也太祖在兗州聞虔有膽策以爲從事將家兵守湖陸襄陵校尉杜松部民炅母等作亂與昌豨通太祖以虔代松虔到招誘炅母渠率及同惡數十人賜酒食簡壯士伏其側虔察炅母等皆醉使伏兵盡格殺之撫其餘衆羣賊乃平太祖以虔領泰山太守郡接山海世亂聞民人多藏竄袁紹所置中郎將郭祖公孫犢等數十輩保山爲寇百姓苦之虔將家兵到郡開恩信祖等黨屬皆降服諸山中亡匿者盡出安土業簡其彊者補戰士泰山由是遂有精兵冠名州郡濟南黃巾徐和等所在劫長吏攻城邑虔引兵與夏侯淵會擊之前後數十戰斬首獲生數千人太祖使督青州諸郡兵

以討東萊羣賊李條等有功太祖令曰夫有其志必成其事蓋烈士之所徇也卿在郡以來禽姦討暴百姓獲安躬蹈矢石所征輒克昔寇恂立名於汝穎耿弇建策於青兗古今一也舉茂才加騎都尉典郡如故虔在泰山十數年甚有威惠文帝即王位加裨將軍封益壽亭侯遷徐州刺史加威虜將軍請琅邪王祥爲別駕民事一以委之世多其能任賢孫盛雜語曰祥字休徵性至孝後母苛虐每欲危害祥祥色養無怠盛寒之月後母曰吾思食生魚祥脫衣將剖冰求之有少堅冰解下有魚躍出因奉以供時人以爲孝感之所致也供養三十餘年母終乃仕以淳誠貞粹見重於時○王隱晉書曰祥始出仕年過五十矣稍遷至司隸校尉高貴鄉公入學以祥爲三老遷司空太尉司馬文王初爲晉王司空荀顗要祥盡敬祥不從語在三少帝紀晉武踐阼拜祥爲太保封睢陵公泰始四年年八十九薨祥弟覽字玄通光祿大夫晉諸公贊稱覽率素有至行覽子孫繁衍頗有賢才相係奕世之盛古今少比焉討利城叛賊斬獲有功明帝即位徙封萬年亭侯增邑二百并前六百戶虔薨子翻嗣翻薨子桂嗣

許褚傳

許褚字仲康譙國譙人也長八尺餘腰大十圍容貌雄毅勇力絕人漢末聚少年及宗族數千家共堅壁以禦寇時汝南葛陂賊萬餘人攻褚壁褚衆少不敵力戰疲極兵矢盡乃令壁中男

女聚治石如杅斗者置四隅褚飛石擲之所值皆摧碎賊不敢進糧乏僞與賊和以牛與賊易食賊來取牛牛輒奔還褚乃出陳前一手逆曳牛尾行百餘步賊衆驚遂不敢取牛而走由是淮汝陳梁閒聞皆畏憚之太祖徇淮汝褚以衆歸太祖太祖見而壯之曰此君樊噲也即日拜都尉引入宿衛諸從褚俠客皆以爲虎士從征張繡先登斬首萬計遷校尉從討袁紹於官渡時常從士徐他等謀爲逆以褚常侍左右憚之不敢發伺褚休下日他等懷刀入褚至下舍心

動即還侍他等不知入帳見褚大驚愕他色變褚覺之即擊殺他等太祖益親信之出入同行不離左右從圍鄴力戰有功賜爵關內侯從討韓遂馬超於潼關太祖將北渡臨濟河先渡兵獨與褚及虎士百餘人留南岸斷後超將步騎萬餘人來奔太祖軍矢下如雨褚白太祖賊來多今兵渡以盡宜去乃扶太祖上船賊戰急軍爭濟船重欲沒褚斬攀船者左手舉馬鞍蔽太祖船工爲流矢所中死褚右手並泝船僅乃得渡是日微褚幾危其後太祖與遂超等單馬會

語左右皆不得從唯將褚超負其力陰欲前突太祖素聞褚勇疑從騎是褚乃問太祖曰公有虎侯者安在太祖顧指褚褚瞋目眄之超不敢動乃各罷後數日會戰大破超等褚身斬首級遷武衛中郎將武衛之號自此始也軍中以褚力如虎而癡故號曰虎癡是以超問虎侯至今天下稱焉皆謂其姓名也褚性謹慎奉法質重少言曹仁自荊州來朝謁太祖未出入與褚相見於殿外仁呼褚入便坐語褚曰王將出便還入殿仁意恨之或以責褚曰征南宗室重臣降

意呼君君何故辭褚曰彼雖親重外藩也褚備內臣衆談足矣入室何私乎太祖聞愈愛待之遷中堅將軍太祖崩褚號泣歐血文帝踐阼進封萬歲亭侯遷武衛將軍都督中軍宿衛禁兵甚親近焉初褚所將爲虎士者從征伐太祖以爲皆壯士也同日拜爲將其後以功爲將軍封侯者數十人都尉校尉百餘人皆劍客也明帝即位進牟鄉侯邑七百戶賜子爵一人關內侯褚薨諡曰壯侯子儀嗣褚兄定亦以軍功封爲振威將軍都督徼道虎賁太和中帝思褚忠孝

下詔褒歎復賜褚子孫二人爵關內侯儀爲鍾
會所殺泰始初子綜嗣

典韋傳

典韋陳留己吾人也形貌魁梧旅力過人有志
節任俠襄邑劉氏與睢陽李永爲讎韋爲報之
永故富春長備衛甚謹韋乘車載雞酒僞爲候
者門開懷匕首入殺永并殺其妻徐出取車上
刀戟步出永居近市一市盡駭追者數百莫敢
近行四五里遇其伴轉戰得脫由是爲豪傑所識
初平中張邈舉義兵韋爲士屬司馬趙寵牙門
旗長大人莫能勝韋一手建之寵異其才力後屬
夏侯惇數斬首有功拜司馬太祖討呂布於濮
陽布有別屯在濮陽西四五十里太祖夜襲比
明破之未及還會布救兵至三面掉戰時布身
自搏戰自旦至日昳數十合相持急太祖募陷
陳韋先占將應募者數十人皆重衣兩鎧棄楯
但持長矛撩戟時西面又急韋進當之賊弓弩
亂發矢至如雨韋不視謂等人曰虜來十步乃
白之等人曰十步矣又曰五步乃白等人懼疾
言虜至矣韋手持十餘戟大呼起所抵無不應

手倒者布衆退會日暮太祖乃得引去拜韋都
尉引置左右將親兵數百人常繞大帳韋既壯
武其所將皆選卒每戰鬭常先登陷陳遷爲校
尉性忠至謹重常晝立侍終日夜宿帳左右稀
歸私寢好酒食飲噉兼人每賜食於前大飲長
歠左右相屬數人益乃供太祖壯之韋好持大
雙戟與長刀等軍中爲之語曰帳下壯士有典
君提一雙戟八十斤太祖征荊州至宛張繡迎
降太祖甚悅延繡及其將帥置酒高會太祖行
酒韋持大斧立後刃徑尺太祖所至之前韋輒
舉斧目之竟酒繡及其將帥莫敢仰視後十餘
日繡反襲太祖營太祖出戰不利輕騎引去韋
戰於門中賊不得入兵遂散從他門並入時韋
校尚有十餘人皆殊死戰無不一當十賊前後
至稍多韋以長戟左右擊之一叉入輒十餘矛
摧左右死傷者略盡韋被數十創短兵接戰賊
前搏之韋雙挾兩賊擊殺之餘賊不敢前韋復
前突賊殺數人創重發瞋目大罵而死賊乃敢
前取其頭傳觀之覆軍就視其軀太祖退住舞
陰聞韋死爲流涕募間取其喪親自臨哭之遣

歸葬襄邑拜子滿爲郎中車駕每過常祠以中
牢太祖思韋拜滿爲司馬引自近文帝即王位
以滿爲都尉賜爵關內侯

龐悳傳

龐悳字令明南安狟道人也狟音桓少爲郡吏州
從事初平中從馬騰擊反羌叛氐數有功稍遷
至校尉建安中太祖討袁譚尚於黎陽譚遣郭
援高幹等略取河東太祖使鍾繇率關中諸將
討之悳隨騰子超拒援幹於平陽悳爲軍鋒進
攻援幹大破之親斬援首魏略曰悳手斬一級不知是援戰罷之後衆人皆言

援死而不得其首援鍾繇之甥悳晚後於鞬中出一頭繇見之而哭悳謝繇繇曰援雖我甥乃國賊也卿何謝之拜
中郎將封都亭侯後張白騎叛於弘農悳復隨
騰征之破白騎於兩殽間每戰常陷陣卻敵勇
冠騰軍後騰徵爲衛尉悳留屬超太祖破超於
渭南悳隨超亡入漢陽保冀城後復隨超奔漢
中從張魯太祖定漢中悳隨衆降太祖素聞其
驍勇拜立義將軍封關門亭侯邑三百戶侯音
衛開等以宛叛悳將所領與曹仁共攻拔宛斬
音開遂南屯樊討關羽樊下諸將以悳兄在漢
中頗疑之魏略曰悳從兄名柔時在蜀悳常曰我受國恩義在

效死我欲身自擊羽今年我不殺羽羽當殺我
後親與羽交戰射羽中額時悳常乘白馬羽軍
謂之白馬將軍皆憚之仁使悳屯樊北十里會
天霖雨十餘日漢水暴溢樊下平地五六丈悳
與諸將避水上隄羽乘船攻之以大船四面射
隄上悳被甲持弓箭不虛發將軍董衡部曲將
董超等欲降悳皆收斬之自平旦力戰至日過
中羽攻益急矢盡短兵接戰悳謂督將成何曰
吾聞良將不怯死以苟免烈士不毀節以求生
今日我死日也戰益怒氣愈壯而水浸盛吏士

皆降悳與麾下將一人伍伯二人彎弓傅矢乘
小船欲還仁營水盛船覆失弓矢獨抱船覆水
中爲羽所得立而不跪羽謂曰卿兄在漢中我
欲以卿爲將不早降何爲悳罵羽曰豎子何謂
降也魏王帶甲百萬威振天下汝劉備庸才耳
豈能敵邪我寧爲國家鬼不爲賊將也遂爲羽
所殺太祖聞而悲之爲之流涕封其二子爲列
侯文帝即王位乃遣使就悳墓賜謚策曰昔先
軫喪元王蠋絕脰隕身徇節前代美之惟侯戎
昭果毅蹈難成名聲溢當時義高在昔寡人愍

爲謚曰壯侯又賜子會等四人爵關內侯邑各百户會勇烈有父風官至中衛將軍封列侯王隱蜀記曰鍾會平蜀前後鼓吹迎惠屍喪還葬鄴家中身首如生 臣松之案惠死於樊城文帝即位又遣使至惠墓所則其屍喪不應在蜀此王隱之虛說也

龐淯傳

龐淯字子異酒泉表氏人也初以涼州從事守破羌長會武威太守張猛反殺刺史邯鄲商猛令曰敢有臨商喪死不赦淯聞之棄官晝夜奔走號哭喪所訖詣猛門衷匕首欲因見以殺猛猛知其義士勑遣不殺由是以忠烈聞魏略曰猛兵欲來縛

淯猛聞之歎曰猛以殺刺史爲罪此人以至忠爲名如又殺之何以勸一州履義之士邪遂使行服 典略曰張猛字叔威本燉煌人也猛父奐桓帝時仕歷郡守中郎將太常遂居華陰終因葬焉建安初猛仕郡爲功曹是時河西四郡以去涼州治遠隔以河寇上書求別置州詔以陳留人邯鄲商爲雍州刺史別典四郡時武威太守缺詔又以猛父昔在河西有威名乃以猛補之商猛俱西初猛與商同歲每相戲侮及共之官行道更相責望既到商欲誅猛猛覺之遂勒兵攻商商治舍與猛側近商聞兵至恐怖登屋呼猛字曰叔威汝欲殺我耶然我死者有知汝亦族矣請和解尚可乎猛因呼曰來商踰屋就猛猛因責數之語畢以商屬督郵督郵錄商閉置傳舍後商欲逃事覺遂殺之是歲建安十四年也至十五年將軍韓遂自上討猛猛發兵遣軍東拒其吏民畏遂乃反共攻猛初奐爲武威太守時猛方在孕母夢帶奐印綬登樓而歌以告奐奐訊占夢者曰夫人方生男後當復臨此郡其必死官乎及猛被攻自知必死曰使死者無知則已矣若有知豈使吾頭東過華陰歷先君之墓乎乃登樓自燒而死太守徐揖請爲主簿後郡人黃昴反圍城淯棄妻子夜踰城出圍告急於張掖燉煌二郡初疑未肯發兵淯欲伏劍二郡感其義遂爲與兵軍未至而郡城邑已陷揖死淯乃收斂揖喪送還本郡行服三年乃還太祖聞之辟爲掾屬文帝踐阼拜駙馬都尉遷西海太守賜爵關內侯後徵拜中散大夫薨子曾嗣初淯外祖父趙安爲同縣李壽所殺淯舅兄弟三人同時病死壽家喜淯母娥自傷父讎不報乃帷車袖劍白日刺壽於都亭前訖徐詣縣顏色不變曰父讎已報請受戮祿福長尹嘉解印綬縱娥不肯去遂彊載還家會赦得免

州郡歎貴刊石表閭皇甫謐列女傳曰酒泉烈女龐娥親者表氏龐子夏之妻祿福趙君安之女也君安爲同縣李壽所殺娥親有男弟三人皆欲報讎壽深以爲備會遭災疫三人皆死壽聞大喜請會宗族共相慶賀云趙氏彊壯已盡唯有女弱何足復憂防備懈弛娥親子淯出行聞壽此言還以啓娥親娥親既素有報讎之心及聞壽言感激愈深愴然隕涕曰李壽汝莫喜也終不活汝戴履天地爲吾門戶吾三子之羞也焉知娥親不手刃殺汝而自徼倖耶陰市名刀挾長持短晝夜哀酸志在殺壽壽爲人凶豪聞娥親之言更乘馬帶刀鄉人皆畏憚之比鄰有徐氏婦憂娥親不能制恐逆見中害每諫止之曰李壽男子也凶惡有素加今備衞在身趙雖有猛烈之志而彊弱不敵邂逅不制則爲重受禍於壽絕滅門戶痛辱不輕也願詳舉動爲門戶之計娥親曰父母之讎不同天地共日月者也李壽不死娥親視息世間活復何求今雖三弟早死門戶泯絕而娥親猶在豈可假手於人哉若以卿心況我則李壽不可得殺論我之心壽必爲我所殺明矣夜數磨礪所持刀訖扼腕切齒悲涕長歎家人及鄰里咸共笑之娥親謂左右曰卿等笑我直以我女弱不能殺壽故也要當以壽頸血汙此刀刃令汝輩見之遂棄家事乘鹿車伺壽至光和二年二月上旬以白

日清時於都亭之前與壽相遇便下車扣壽馬叱之壽驚愕廻馬欲走娥親奮刀斫之并傷其馬馬驚壽擠道邊溝中娥親尋復就地斫之探中樹蘭折所持刀壽被創未死娥親因前欲取壽所佩刀殺壽壽護刀瞋目大呼跳梁而起娥親廼挺身奮手左抵其額右樁其喉反覆盤旋應手而倒遂拔其刀以截壽頭持詣都亭歸罪有司徐步詣獄辭顏不變時祿福長漢陽尹嘉不忍論娥親即解印綬去官弛法縱之娥親曰讎塞身死妾之明分也治獄制刑君之常典也何敢貪生以枉官法鄉人聞之傾城奔往觀者如堵焉莫不為之悲喜慷慨嗟歎也守尉不敢公縱陰語使去以便宜自匿娥親抗聲大言曰枉法逃死非妾本心今讎人已雪死則妾分乞得歸法以全國躰雖復萬死於娥親畢足不敢貪生為明廷負也尉故不聽所執娥親復言曰匹婦雖微猶知憲制殺人之罪法所不縱今既犯之義無可逃乞就刑戮隕身朝市肅明王法娥親之願也辭氣愈厲面無懼色尉知其難奪彊載還家涼州刺史周洪酒泉太守劉班等並共表上稱其烈義刊石立碑顯其門閭太常弘農張奐貴尚所履以束帛二十端禮之海內聞之者莫不改容贊善高大其義故黃門侍郎安定梁寬追述娥親為其作傳玄晏先生以為父母之讎不與共天地蓋男子之所為也而娥親以女弱之微念父辱之酷

痛感讎黨之凶言奮劍仇頸人馬俱摧塞亡父之怨魂雪三弟之永恨近古以來未之有也詩云脩我戈矛與子同仇娥親之謂也

閻温傳

閻温字伯儉天水西城人也以涼州別駕守上邽令馬超走奔上邽郡人任養等舉眾迎之温止之不能禁乃馳還州超復圍州所治冀城甚急州乃遣温密出告急於夏侯淵賊圍數重温夜從水中潛出明日賊見其迹遣人追遮之於顯親界得温執還詣超超解其縛謂曰今成敗可見足下為孤城請救而執於人手義何所施若從吾言反謂城中東方無救此轉禍為福之計也不然今為戮矣温偽許之超乃載温詣城下温向城大呼曰大軍不過三日至勉之城中皆泣稱萬歲超怒數之曰足下不為命計邪温不應時超攻城久不下故徐誘温冀其改意復謂温曰城中故人有欲與吾同者不温又不應遂切責之温曰夫事君有死無貳而卿乃欲令長者出不義之言吾豈苟生者乎超遂殺之先

是河右擾亂隔絕不通燉煌太守馬艾卒官府又無丞功曹張恭素有學行郡人推行長史事恩信甚著乃遣子就東詣太祖請太守時酒泉黃華張掖張進各據其郡欲與恭并勢就至酒泉為華所拘執劫以白刃就終不回私與恭疏曰大人率厲燉煌忠義顯然豈以就在困厄之中而替之哉昔樂羊食子李通覆家經國之臣寧懷妻孥邪今大軍垂至但當促兵以掎之耳願不以下流之愛使就有恨於黃壤也恭即遣從弟華攻酒泉沙頭乾齊二縣恭又連兵尋繼華後以為首尾之援別遣鐵騎二百迎吏官屬東緣酒泉北塞徑出張掖北河逢迎太守尹

奉於是張進須黃華之助華欲救進西顧恭兵恐急擊其後遂詣金城太守蘇則降就竟平安奉得之官黃初二年下詔褒揚賜恭爵關內侯拜西域戊已校尉數歲徵還將授以侍臣之位而以子就代焉恭至燉煌固辭疾篤太和中卒贈執金吾就後爲金城太守父子著稱於西州

世語曰就子斅字祖文弘毅有幹正晉武帝世爲廣漢太守王濬在益州受中制募兵討吳無虎符斅收濬從事列上由此召斅還帝責斅何不密啓而便收從事斅曰蜀漢絕遠劉備嘗用之輒收臣猶以爲輕帝善之官至匈奴中郎將斅子固字元安有斅風爲黃門郎早卒斅一本作勃 魏略勇俠傳載孫賓碩祝公道楊阿若鮑出等四人賓碩雖漢人而魚豢編之魏書蓋以其人接魏事義相類故也論其行節皆龐淯之流其祝公道一人已見賈逵傳今列賓碩等三人于後

○孫賓碩者北海人也家素貧當漢桓帝時常侍左悺唐衡等權侔人主延熹中衡弟爲京兆虎牙都尉秩比二千石而統屬郡衡弟初之官不脩敬於京兆尹入門不持版郡功曹趙息呵廊下曰虎牙儀如屬城何得放臂入府門促收其主簿衡弟顧促取版既入見尹尹欲脩主人勑外爲市買息又啓云左悺子弟來爲虎牙非德選不足爲特酤買宜隨中舍菜食而已及其到官遣吏奉牋謝尹息又勑門言無常見此無陰兒輩子弟邪用其箋記爲通乎晚乃通之又不得即令報衡弟皆知之甚恚欲滅諸趙因書與衡求爲京兆尹旬月之閒得爲之息自知前過乃逃走時息從父仲臺見爲涼州刺史於是衡爲詔徵仲臺遣歸遂詔中都官及郡部督郵捕諸趙尺兒以上及仲臺皆殺之有藏者與同罪時息從父岐爲皮氏長聞有家禍因從官舍逃走之河閒變姓字又轉詣北海著絮巾布袴常於市中販胡餅賓碩時年二十餘乘犢車將騎入市觀見岐疑其非常人也因問之曰自有餅邪販之邪岐曰販之賓碩曰買幾錢賣幾錢岐曰買三十賣亦三十賓碩曰視處士之望非似賣餅者殆有故乃開車後戶顧所將兩騎令下馬扶上之時岐以爲是唐氏耳目也甚怖面失色賓碩閉車後戶下前襜謂之曰視處士狀貌既非販餅者加今面色變動即不有重怨則當亡命我北海孫

賓碩也闔門百口又有百歲老母在堂勢能相度者也終不相負必語我以實岐乃具告之賓碩遂載岐驅歸住車門外先入白母言今日出得死友在外當來入拜乃出延岐入椎牛鍾酒使相娛樂一二日因載著別田舍藏置複壁中後數歲唐衡及弟皆死岐乃得出還本郡三府並辟展轉仕進至郡守刺史大僕而賓碩亦從此顯名於東國仕至豫州刺史初平末賓碩以東方飢荒南客荊州至興平中趙岐以太僕持節使安慰天下南詣荊州乃復與賓碩相遇相對流涕岐爲劉表陳其本末由是益禮賓碩頃之賓碩病亡岐在南爲行喪也 楊阿若後名豐字伯陽酒泉人少游俠常以報仇解怨爲事故時人爲之號曰東市相斫楊阿若西市相斫楊阿若至建安年中太守徐揖誅郡中彊族黃氏時黃昂得脫在外乃以昂家粟金數斛募衆得千餘人以攻揖揖城守豐時在外以昂爲不義乃告揖捐妻子走詣張掖求救會張掖又反殺太守而昂亦陷城殺揖二郡合勢昂恚豐不與己同乃重募取豐欲令張掖以麻繫其頭生致之豐遂逃走武威太守張猛假豐爲都尉使齎檄告酒泉聽豐爲揖報仇豐遂單騎入南羌中合衆得千餘騎從樂浪南山中出指趣郡城未到三十里皆令騎下馬曳柴揚塵酒泉郡人望見塵起以爲東大兵到遂破散昂獨走出羌捕得昂豐謂昂曰卿前欲生繫我頸今反爲我所繫云何昂謝豐遂殺之時黃華在東又還領郡豐畏華復走依燉煌至黃初中河西興復黃華降豐乃還郡郡舉孝廉州表其義勇詔即拜駙馬都尉後二十餘年病亡 鮑出字文才京兆新豐人也少游俠興平中三輔亂出與老母兄弟五人家居本縣以饑餓留其母守舍相將行採蓬實合得數升使其二兄初雅及其弟成持歸爲母作食獨與小弟在後採蓬初等到家而噉人賊數十人已略其母以繩貫其手掌驅去初等怖恐不敢追逐須臾出從後到知母爲賊所略欲追賊兄弟皆云賊衆當如何出怒曰有母而使賊貫其手將去煑噉之用活何爲乃攘臂結衽獨追之行數里及賊賊望見出乃共布列待之出到回從一頭斫賊四五人賊走復合聚圍出出跳越圍斫之又殺十餘人時賊分布驅出母前去賊連擊出不勝乃走與前輩合出復追擊之還見其母與比舍嫗同貫相連出遂復奮擊賊賊問出曰卿欲何得出曰卿欲何得出責數賊指其母以示之賊乃解還出母比舍嫗獨不解遙望出求哀出復斫賊賊謂出曰已還卿母何爲不止出又指求哀嫗此我嫂也賊復解還之出得母還遂相扶將客南陽建安五年關中始開出來北歸而其母不能步行兄弟欲共輿之出以輿車歷山險危不如負之安穩乃以籠盛其母獨自負之到鄉里鄉里士大夫嘉

其孝烈欲薦州郡郡辟召出出曰田民不堪冠帶至青龍中母年百餘歲乃終出時年七十餘行喪如禮於今年八九十才若五六十者魚豢曰昔孔子歎顏回以為三月不違仁者蓋觀其心耳孰如孫祝菜色於市里顛倒於牢獄據有實事哉且夫濮陽周氏不敢匿迹魯之朱家不問情實是何也懼禍之及且心不安也而太史公猶貴其竟脫季布豈若二賢厲義多乎今故遠收孫祝而近錄楊鮑既不欲其泯滅且敦薄俗至於鮑出不染禮教心痛意發起於自然亦雖在編戶與篤烈君子何以異乎若夫楊阿若少稱任俠長遂蹈義自西徂東摧討逆節可謂勇而有仁者也

評曰李典貴尚儒雅義忘私隙美矣李通臧霸文聘呂虔鎮衛州郡並著威惠許褚典韋折衝左右抑亦漢之樊噲也龐悳授命叱敵有周苛之節龐淯不憚伏劍而誠感鄰國閻溫向城大呼齊解路之烈焉

二李臧文呂許典二龐閻傳第十八　魏書　國志十八

任城威王彰傳

任城威王彰字子文少善射御膂力過人手格猛獸不避險阻數從征伐志意慷慨太祖嘗抑之曰汝不念讀書慕聖道而好乘汗馬擊劒此一夫之用何足貴也課彰讀詩書彰謂左右曰丈夫一爲衛霍將十萬騎馳沙漠驅戎狄立功建號耳何能作博士邪太祖嘗問諸子所好使各言其志彰曰好爲將太祖曰爲將柰何對曰被堅執銳臨難不顧爲士卒先賞必行罰必信太祖大笑建安二十一年封鄢陵侯二十三年代郡烏丸反以彰爲北中郎將行驍騎將軍臨發太祖戒彰曰居家爲父子受事爲君臣動以王法從事爾其戒之彰北征入涿郡界叛胡數千騎卒至時兵馬未集唯有步卒千人騎數百匹用田豫計固守要隙虜乃散退彰追之身自搏戰射胡騎應弦而倒者前後相屬戰過半日彰鎧中數箭意氣益厲乘勝逐北至于桑乾臣松之案桑乾縣屬代郡今北虜居之號爲索干之都去代二百餘里長史諸將皆以爲新涉遠士馬疲頓又受節度不得過代不可

深進違令輕敵彰曰率師而行唯利所在何節度乎胡走未遠追之必破從令縱敵非良將也遂上馬令軍中後出者斬一日一夜與虜相及擊大破之斬首獲生以千數彰乃倍常科大賜將士將士無不悅喜時鮮卑大人軻比能將數萬騎觀望彊弱見彰力戰所向皆破乃請服北方悉平時太祖在長安召彰詣行在所彰自代過鄴太子謂彰曰卿新有功今西見上宜勿自伐應對常若不足者彰到如太子言歸功諸將太祖喜持彰鬚曰黃鬚兒竟大奇也魏略曰太祖在漢中而劉備栖於山頭使劉封下挑戰太祖罵曰賣履舍兒長使假子拒汝公乎待呼我黃鬚來令擊之乃召彰彰晨夜進道西到長安而太祖已還從漢中而歸彰鬚黃故以呼之太祖東還以彰行越騎將軍留長安太祖至洛陽得疾驛召彰未至太祖崩魏略曰彰至謂臨菑侯植曰先王召我者欲立汝也植曰不可不見袁氏兄弟乎文帝即王位彰與諸侯就國魏略曰太子嗣立既葬遣彰之國始彰自以先王見任有功冀因此遂見授用而聞當隨例意甚不悅不待遣而去時以鄢陵瘠薄使治中牟及帝受禪因封爲中牟王是後大駕幸許昌北州諸侯上下皆畏彰之剛嚴每過中牟不敢不速詔曰先王之道庸勳親親並建母弟開國承家故能藩屛大宗禦侮厭難彰前受命北伐清定朔土厥功茂焉增邑五千并前萬戶黃初二年進爵爲公三年立爲任城王四

年朝京都疾薨于邸謚曰威魏氏春秋曰初彰問璽綬將有異志故來朝不即得見彰忿懟暴薨至葬賜鑾輅龍旂虎賁百人如漢東平王故事子楷嗣徙封中五年改封任城縣太和六年復改封任城國食五縣二千五百戶青龍三年楷坐私遣官屬詣中尚方作禁物削縣二千戶正始七年徙封濟南三千戶正元景元初連增邑凡四千四百戶楷泰始初為崇化少府見百官名

陳思王植傳

陳思王植字子建年十歲餘誦讀詩論及辭賦數十萬言善屬文太祖嘗視其文謂植曰汝倩

人邪植跪曰言出為論下筆成章顧當面試柰何倩人時鄴銅爵臺新成太祖悉將諸子登臺使各為賦植援筆立成可觀太祖甚異之陰澹魏紀載植賦曰從明后而嬉游兮登層臺以娛情見太府之廣開兮觀聖德之所營建高門之嵯峨兮浮雙闕乎太清立中天之華觀兮連飛閣乎西城臨漳水之長流兮望園果之滋榮仰春風之和穆兮聽百鳥之悲鳴天雲垣其既立兮家願得而獲逞揚仁化於宇內兮盡肅恭於上京惟桓文之為盛兮豈足方乎聖明休矣美矣惠澤遠揚翼佐我皇家兮寧彼四方同天地之規量兮齊日月之暉光永貴尊而無極兮等年壽於東王云云太祖深異之性簡易不治威儀輿馬服飾不尚華麗每進見難問應聲而對特見寵愛建安十六年封平原侯十九年徙封臨菑侯太祖征孫權使植留守鄴戒之曰吾昔

為頓丘令年二十三思此時所行無悔於今今汝年亦二十三矣可不勉與植既以才見異而丁儀丁廙楊脩等為之羽翼太祖狐疑幾為太子者數矣而植任性而行不自彫勵飲酒不節文帝御之以術矯情自飾宮人左右並為之說故遂定為嗣二十二年增植邑五千并前萬戶植嘗乘車行馳道中開司馬門出太祖大怒公車令坐死由是重諸侯科禁而植寵日衰魏武故事載令曰始者謂子建兒中最可定大事又令曰自臨菑侯植私出開司馬門至金門令吾異目視此兒矣又令曰諸侯長史及帳下吏知吾出輒將諸侯行意不從子建私開司馬門來吾都不復信諸侯也恐吾適出便復私出故攝將行不可恒使吾爾

誰為心腹也太祖既慮終始之變以楊脩頗有才策而又袁氏之甥也於是以罪誅脩植益內不自安典略曰楊脩字德祖太尉彪子也謙恭才博建安中舉孝廉除郎中丞相請署倉曹屬主簿是時軍國多事脩總知內外事皆稱意自魏太子已下並爭與交好又是時臨菑侯植以才捷愛幸來意投脩數與脩書書曰數日不見思子為勞想同之也僕少好辭賦迄至于今二十有五年矣然今世作者可略而言也昔仲宣獨步於漢南孔璋鷹揚於河朔偉長擅名於青土公幹振藻於海隅德璉發迹於大魏足下高視於上京當此之時人人自謂握靈蛇之珠家家自謂抱荊山之玉也吾王於是設天網以該之頓八紘以掩之今盡集茲國矣然此數子猶不能飛翰絕迹一舉千里也以孔璋之才不閑辭賦而多自謂與司馬長卿同風譬畫虎不成還為狗者也前為書嘲之反作論盛道僕贊其文夫鍾期不失聽于今稱之吾亦不敢妄歎者畏後之嗤余也世人著述不能無病僕常好人譏彈其文有不善者應時改定昔丁敬禮嘗作小文使僕潤飾之僕自以才不能過若人辭不為也敬禮云卿何所疑難乎文之佳麗吾自得之後世誰相知定吾文者邪吾

嘗歎此達言以爲美談昔尼父之文辭與人通流至於制春秋游夏之徒不能措一字過此而言不病者吾未之見也蓋有南威之容乃可以論於淑媛有龍淵之利乃可以議於割斷劉季緒才不逮於作者而好詆訶文章掎摭利病昔田巴毀五帝罪三王呰五伯於稷下一旦而服千人魯連一說使終身杜口劉生之辯未若田氏今之仲連求之不難可無歎息乎人各有所好尚蘭茝蓀蕙之芳衆人之所好而海畔有逐臭之夫咸池六英之發衆人所樂而墨翟有非之之論豈可同哉今往僕少小所著辭賦一通相與夫街談巷說必有可采擊轅之歌有應風雅匹夫之思未易輕棄也辭賦小道固未足以揄揚大義彰示來世也昔揚子雲先朝執戟之臣耳猶稱壯夫不爲也吾雖薄德位爲藩侯猶庶幾戮力上國流惠下民建永世之業流金石之功豈徒以翰墨爲勳績辭頌爲君子哉若吾志不果吾道不行亦將採史官之實錄辯時俗之得失定仁義之衷成一家之言雖未能藏之名山將以傳之同好此要之白首豈可以今日論乎其言之不怍恃惠子之知我也明早相迎書不盡懷脩答曰不待數日若彌年載豈獨愛顧之隆使係仰之情深邪損辱來命蔚矣其文誦讀反覆雖諷雅頌不復過也若仲宣之擅江表陳氏之跨冀域徐劉之顯青豫應生之發魏國斯皆然矣至如脩者聽采風

聲仰德不暇自周章於省覽何惶駭於高視哉伏惟君侯少長貴盛體旦發之資有聖善之教遠近觀者徒謂能宣昭懿德光贊大業而已不能復兼覽傳記留思文章今乃含王超陳度越數子觀者駭視而拭目聽者傾首而聳耳非夫體通性達受之自然其言能至於此乎又嘗親見執事握牘持筆有所造作若成誦在心借書於手曾不斯須少留思慮仲尼日月無得踰焉脩之仰望殆如此矣是以對鶡而辭作暑賦彌日而不獻見西施之容歸憎其貌者也伏想執事不知其然猥受顧賜教使刊定春秋之成莫能損益呂氏淮南字直千金然而弟子鉗口市人拱手者聖賢卓犖固所以殊絕凡庸也今之賦頌古詩之流不更孔公風雅無別耳脩家子雲老不曉事彊著一書悔其少作若此仲山周旦之徒則皆有愆乎君侯忘聖賢之顯迹述鄙宗之過言竊以爲未之思也若乃不忘經國之大美流千載之英聲銘功景鐘書名竹帛此自雅量素所蓄也豈與文章相妨害哉輒受所惠竊備矇瞍誦歌而已敢忘惠施以忝莊氏季緒瑣瑣何足以云其相往來如此甚數植後以驕縱見疏而植故連綴脩不止脩亦不敢自絕至二十四年秋公以脩前後漏泄言教交關諸侯乃收殺之脩臨死謂故人曰我固自以死之晚也其意以爲坐曹植也脩死後百餘日而太祖薨太子立遂有天下初脩

以所得王髦劍奉太子太子常服之及即尊位在洛陽從容出宮追思脩之過薄也撫其劍駐車顧左右曰此楊德祖昔所說王髦劍也髦今焉在及召見之賜髦穀帛 摯虞文章志曰劉季緒名脩劉表子官至東安太守著詩賦頌六篇 臣松之案呂氏春秋曰人有臭者其兄弟妻妾皆莫能與居其人自苦而居海上海上人有悅其臭者晝夜隨之而不能去此植所云逐臭之夫也田巴事出魯連子亦見皇覽文多故不載 世語曰脩年二十五以名公子有才能爲太祖所器與丁儀兄弟皆欲以植爲嗣太子患之以車載廢簏內朝歌長吳質與謀脩以白太祖未及推驗太子懼告質質曰何患明日復以簏受絹車內以惑之脩必復重白重白必推而無驗則彼受罪矣世子從之脩果白而無人太祖由是疑焉脩與賈逵王淩並爲主簿而爲植所友每當就植慮事有闕忖度太祖意豫作答教十餘條敕門下教出以次答教裁出答已入太祖怪其捷推問始泄太祖遣太子及植各出鄴城一門密敕門不得出以觀其所爲而還脩先戒植若門不得出侯侯觀其所爲太子至門不得出而還脩先戒植若門不出侯侯受王命可斬守者植從之故脩遂以交搆賜死脩子囂囂子準皆知名於晉世囂泰始初爲典軍將軍受心膂之任早卒準字始立惠帝末爲冀州刺史 荀綽冀州記曰準

見王綱不振遂縱酒不以官事爲意逍遙卒歲而已成都王知準不治猶以爲其名士惜而不責召以爲軍謀祭酒府散停家關東諸侯議欲以準補三事以示懷賢尚德之舉事未施行而卒準子嶠字國彥髦字士彥並爲後出之俊準與裴頠樂廣善遣往見之頠性弘方愛嶠之有高韻謂準曰嶠當及卿然髦小減也廣性清淳愛髦之有神檢謂準曰嶠自及卿然髦尤精出準歎曰我二兒之優劣乃裴樂之優劣也評者以爲嶠雖有高韻而神檢不逮廣言爲得傅暢云嶠似準而踈嶠弟俊字惠彥最清出嶠髦皆爲二千石俊太傅掾

二十四年曹仁爲關羽所圍太祖以植爲南中郎將行征虜將軍欲遣救仁呼有所勑戒植醉不能受命於是悔而罷之

魏氏春秋曰植將行太子飲焉偪而醉之王召植植不能受王命故王怒也

文帝即王位誅丁儀丁廙并其男口

魏略曰丁儀字正禮沛郡人也父沖宿與太祖親善時隨乘輿見國家未定乃與太祖書曰足下平生常喟然有匡佐之志今其時矣是時張楊適還河內太祖得其書乃引軍迎天子東詣

許以沖爲司隸校尉後數來過諸將飲酒美不能止醉爛腸
死太祖以沖前見開導常德之聞儀爲令士雖未見欲以愛
女妻之以問五官將五官將曰女人觀貌而正礼目不便誠
恐愛女未必悅也以爲不如與伏波子楙太祖從之尋辟儀
爲掾到與論議嘉其才朗曰丁掾好士也即使其兩目盲尚
當與女何況但眇是吾兒誤我時儀亦恨不得尚公主而與
臨菑侯親善數稱其奇才太祖既有意欲立植而儀又共贊
之及太子立欲治儀罪轉儀爲右刺姦掾欲儀自裁而儀不
能乃對中領軍夏侯尚叩頭求哀尚爲涕泣而不能救後遂
因職事收付獄殺之　廙字敬礼儀之弟也文士傳曰廙少
有才姿博學洽聞初辟公府建安中爲黃門侍郎廙嘗從容
謂太祖曰臨菑侯天性仁孝發於自然而聰明智達其殆庶
幾至於博學淵識文章絕倫當今天下之賢才君子不問少
長皆願從其游而爲之死實天下所以鍾福於大魏而永授
無窮之祚也欲以勸動太祖太祖荅曰植吾愛之安能若卿
言吾欲立之爲嗣何如廙曰此國家之所以興衰天下之所
以存亡非愚劣瑣賤者所敢與及廙聞知臣莫若於君知子
莫若於父至於君不論明闇父不問賢愚而能常知其臣子
者何蓋猶相知非一事一物相盡非一旦一夕況名公加之
以聖哲習之以人子今發明達之命吐永安之言可謂上應

天命下合人心得之於須臾垂之於萬世者也廙不避斧鉞之誅敢不盡言太祖深納之
植與諸侯
並就國黃初二年監國謁者灌均希指奏植醉
酒悖慢刼脅使者有司請治罪帝以太后故貶
爵安鄉侯魏書載詔曰植朕之同母弟朕於天下無所不容而況植乎骨肉之親舍而不誅其改封植
其年改封鄄城侯三年立爲鄄城王邑二千五
百戶四年徙封雍丘王其年朝京都上疏曰臣
自抱釁歸藩刻肌刻骨追思罪戾晝分而食夜
分而寢誠以天罔不可重離聖恩難可再恃竊
感相鼠之篇無禮遄死之義形影相弔五情愧
赧以罪棄生則違古賢夕改之勸忍活苟全則

犯詩人胡顏之譏伏惟陛下德象天地恩隆父
母施暢春風澤如時雨是以不別荊棘者慶雲
之惠也七子均養者鳲鳩之仁也舍罪責功者
明君之舉也矜愚愛能者慈父之恩也是以愚
臣徘徊於恩澤而不能自棄者也前奉詔書臣
等絕朝心離志絕自分黃耇無復執珪之望不
圖聖詔猥垂齒召至止之日馳心輦轂僻處西
館未奉闕廷踊躍之懷瞻望反仄謹拜表獻詩
二篇其辭曰於穆顯考時惟武皇受命于天寧
濟四方朱旗所拂九土披攘玄化滂流荒服來

王超商越周與唐比蹤篤生我皇奕世再聰武
則肅烈文則時雍受禪炎漢臨君萬邦萬邦既
化率由舊則廣命懿親以藩王國帝曰爾侯君
茲青土奄有海濱方周于魯車服有輝旗章有
敘濟濟雋乂我弼我輔伊予小子恃寵驕盈舉
挂時網動亂國經作藩作屏先軌是隳傲我皇
使犯我朝儀國有典刑我削我絀將寘于理元
兇是率明明天子時篤同類不忍我刑暴之朝
肆違彼執憲哀予小子改封兗邑于河之濱股
肱弗置有君無臣荒淫之闕誰弼予身煢煢僕

夫子彼輿方嗟予小子乃罹斯殃赫赫天子恩
不遺物冠我玄冕要我朱紱朱紱光大使我榮
華剖符授玉王爵是加仰齒金璽俯執聖策皇
恩過隆祗承怵惕咨我小子頑凶是嬰逝慙陵
墓存愧闕廷匪敢傲德寔恩是恃威靈改加足
以沒齒昊天罔極性命不圖常懼顛沛抱罪黃
壚願蒙矢石建旗東嶽庶立豪氂微功自贖危
軀授命知足免戾甘赴江湘奮戈吳越天啓其
衷得會京畿遲奉聖顏如渴如饑心之云慕愴
矣其悲天高聽卑皇肯照微又曰肅承明詔應

會皇都星陳夙駕秣馬脂車命彼掌徒肅我征
旅朝發鸞臺夕宿蘭渚芒芒原隰祁祁士女經
彼公田樂我稷黍爰有樛木重陰匪息雖有糇
糧饑不遑食望城不過面邑匪游僕夫警策平
路是由玄駟藹藹揚鑣漂沫流風翼衡輕雲承
蓋涉澗之濱緣山之隈遵彼河滸黃阪是階西
濟關谷或降或升騑驂倦路再寢再興將朝聖
皇匪敢晏寧弭節長騖指日遄征前驅舉燧後
乘抗旌輪不輟運鸞無廢聲爰暨帝室稅此西
墉嘉詔未賜朝覲莫從仰瞻城閾俯惟闕廷長

陳思王植

懷永慕憂心如酲帝嘉其辭義優詔答勉之
魏略曰初植未到關自念有過宜當謝帝乃留其從官著關
東單將兩三人微行入見清河長公主欲因主謝而關吏以
聞帝使人逆之不得見太后以爲自殺也對帝泣會植科頭
負鈇鑕徒跣詣闕下帝及太后乃喜及見之帝猶嚴顏色不
與語又不使冠履植伏地泣涕太后爲不樂詔乃聽復王服
○魏氏春秋曰是時待遇諸國法峻任城王暴薨諸王既懷
友于之痛植及白馬王彪還國欲同路東歸以叙隔闊之思
而監國使者不聽植發憤告離而作詩曰謁帝承明廬逝將
歸舊疆清晨發皇邑日夕過首陽伊洛廣且深欲濟川無梁
汎舟越洪濤怨彼東路長回顧戀城闕引領情內傷大谷何
寥廓山樹鬱蒼蒼霖雨泥我塗流潦浩從橫中田絕無軌改
轍登高岡脩阪造雲日我馬玄以黃玄黃猶能進我思鬱以
紆鬱紆將何念親愛在離居本圖相與偕中更不克俱鴟梟
鳴衡軛豺狼當路衢蒼蠅間白黑讒巧反親疏欲還絕無蹊
攬轡止踟躕踟躕亦何留相思無終極秋風發微涼寒蟬鳴
我側原野何蕭條白日忽西匿孤獸走索羣銜草不遑食歸鳥
赴高林翩翩厲羽翼感物傷我懷撫心長太息太息亦何爲
天命與我違奈何念同生一往形不歸孤魂翔故域靈柩寄

京師存者忽復過亡沒身自衰人生處一世忽若朝露晞年
在桑榆間影響不能追自顧非金石咄唶令心悲心悲動我
神棄置莫復陳丈夫志四海萬里猶比鄰恩愛苟不虧在遠
分日親何必同衾幬然後展慇懃倉卒骨肉情能不懷苦辛
苦辛何慮思天命信可疑虛無求列仙松子久吾欺變故在
斯須百年誰能持離別永無會執手將何時王其愛玉體俱
享黃髮期收淚即長塗援筆從此辭六年帝東征還過雍丘幸植宮
增戶五百太和元年徙封浚儀二年復還雍丘
植常自憤怨抱利器而無所施上疏求自試曰
臣聞士之生世入則事父出則事君事父尚於
榮親事君貴於興國故慈父不能愛無益之子
仁君不能畜無用之臣夫論德而授官者成功
之君也量能而受爵者畢命之臣也故君無虛

授臣無虛受虛授謂之謬舉虛受謂之尸祿詩
之素餐所由作也昔二虢不辭兩國之任其德
厚也旦奭不讓燕魯之封其功大也今臣蒙國
重恩三世于今矣正值陛下升平之際沐浴聖
澤潛潤德教可謂厚幸矣而竊位東藩爵在上
列身被輕煖口厭百味目極華靡耳倦絲竹者
爵重祿厚之所致也退念古之授爵祿者有異
於此皆以功勤濟國輔主惠民今臣無德可述
無功可紀若此終年無益國朝將挂風人彼己
之譏是以上慙玄冕俯愧朱紱方今天下一統

九州晏如而顧西有違命之蜀東有不臣之吳
使邊境未得脫甲謀士未得高枕者誠欲混同
宇內以致太和也故啟滅有扈而夏功昭成克
商奄而周德著今陛下以聖明統世將欲卒文
武之功繼成康之隆簡賢授能以方叔邵虎之
臣鎮御四境為國爪牙者可謂當矣然而高鳥
未挂於輕繳淵魚未縣於鉤餌者恐鉤射之術
或未盡也昔耿弇不俟光武亟擊張步言不以
賊遺於君父故車右伏劍於鳴轂雍門刎首於
齊境若此二士豈惡生而尚死哉誠忿其慢主

而陵君也劉向說苑曰越甲至齊雍門狄請死之齊王曰鼓鐸之聲未聞矢石未交長兵未接子何務死知為人臣之禮邪雍門狄對曰臣聞之昔者王田於囿左轂鳴車右請死之王曰子何為死車右曰為其鳴吾君也王曰左轂鳴者工師之罪也子何事之有焉車右對曰吾不見工師之乘而見其鳴吾君也遂刎頸而死有是乎王曰有之雍門狄曰今越甲至其鳴吾君豈左轂之下哉車右可以死左轂而臣獨不可以死越甲邪遂刎頸而死是日越人引軍而退七十里曰齊王有臣鈞如雍門狄疑使越社稷不血食遂歸齊王葬雍門狄以上卿之禮夫君之寵
臣欲以除患興利臣之事君必以殺身靜亂以
功報主也昔賈誼弱冠求試屬國請係單于之
頸而制其命終軍以妙年使越欲得長纓纓其
王羈致北闕此二臣豈好為誇主而燿世哉志
或鬱結欲逞其才力輸能於明君也昔漢武為

霍去病治第辭曰匈奴未滅臣無以家為固夫
憂國忘家捐軀濟難忠臣之志也今臣居外非
不厚也而寢不安席食不遑味者伏以二方未
克為念伏見先武皇帝武臣宿將年耆即世者
有聞矣雖賢不乏世宿將舊卒猶習戰陳竊不
自量志在效命庶立毛髮之功以報所受之恩
若使陛下出不世之詔效臣錐刀之用使得西
屬大將軍當一校之隊若東屬大司馬統偏舟
之任必乘危蹈險騁舟奮驪突刃觸鋒為士卒
先雖未能禽權馘亮庶將虜其雄率殲其醜類

必効須臾之捷以滅終身之愧使名挂史筆事列朝策雖身分蜀境首縣吳闕猶生之年也如微才弗試沒世無聞徒榮其軀而豐其體生無益於事死無損於數虛荷上位而忝重祿禽息鳥視終於白首此徒圈牢之養物非臣之所志也流聞東軍失備師徒小衂輟食棄餐奮袂攘衽撫劍東顧而心已馳於吳會矣臣昔從先武皇帝南極赤岸東臨滄海西望玉門北出玄塞伏見所以行軍用兵之勢可謂神妙矣故兵者不可豫言臨難而制變者也志欲自效於明時

立功於聖世每覽史籍觀古忠臣義士出一朝之命以徇國家之難身雖屠裂而功銘著於鼎鍾名稱著於竹帛未嘗不拊心而歎息也臣聞明主使臣不廢有罪故奔北敗軍之將用秦魯以成其功臣松之案秦用敗軍之將事顯故不注魯連與燕將書曰曹子為魯將三戰三北而亡地五百里向使曹子計不反顧議不旋踵刎頸而死則亦不免為敗軍之將矣曹子棄三北之恥而退與魯君計桓公朝天子會諸侯曹子以一劒之任劫桓公於壇坫之上顏色不變辭氣不悖三戰之所亡一朝而復之天下震動諸侯驚駭威加吳越若此二士者非不能成小廉而行小節也絕纓盜馬之臣赦楚趙以濟其難臣松之案楚莊掩絕纓之罪事亦顯故不書秦穆公有赦盜馬事趙則未聞蓋以秦亦趙姓故互文以避上秦字也臣竊感先帝早崩威王棄世臣獨何人以

陳思王植

堪長夕常恐先朝露塡溝壑墳土未乾而身名並滅臣聞騏驥長鳴伯樂昭其能盧狗悲號則韓國知其才是以效之齊楚之路以逞千里之任試之狡兔之捷以驗搏噬之用今臣志狗馬之微功竊自惟度終無伯樂韓國之舉是以於邑而竊自痛者也夫臨搏而企竦聞樂而竊抃者或有賞音而識道也昔毛遂趙之陪隸猶假錐囊之喻以寤主立功何況巍巍大魏多士之朝而無慷慨死難之臣乎夫自衒自媒者士女之醜行也干時求進者道家之明忌也而臣敢

陳聞於陛下者誠與國分形同氣憂患共之者也冀以塵霧之微補益山海熒燭末光增輝日月是以敢冒其醜而獻其忠魏略曰植雖上此表猶疑不見用故曰夫人貴生者非貴其養體好服終竟年壽也貴在其代天而理物也夫爵祿者非虛張者也有功德然後應之當矣無功而爵厚無德而祿重或人以為榮而壯夫以為恥故太上立德其次立功蓋功德者所以垂名也名者不滅士之所利故孔子有夕死之論孟軻有棄生之義彼一聖一賢豈不願久生哉志或有不展也是用喟然求試必立功也嗚呼言之未用欲使後之君子知吾意者也三年徙封東阿五年復上疏求存問親戚因致其意曰臣聞天稱其高者以無不覆地稱其廣者以無不載日月稱其明者以無不照江海稱其大者以無不容故孔子曰大哉堯

之爲君惟天爲大惟堯則之夫天德之於萬物可謂弘廣矣蓋堯之爲教先親後疏自近及遠其傳曰克明俊德以親九族九族既睦平章百姓及周之文王亦崇厥化其詩曰刑于寡妻至于兄弟以御于家邦是以雍雍穆穆風人詠之昔周公弔管蔡之不咸廣封懿親以藩屏王室傳曰周之宗盟異姓爲後誠骨肉之恩爽而不離親親之義寔在敦固未有義而後其君仁而遺其親者也伏惟陛下資帝唐欽明之德體文王翼翼之仁惠洽椒房恩昭九族羣后百寮番

休遞上執政不廢於公朝下情得展於私室親理之路通慶弔之情展誠可謂恕己治人推惠施恩者矣至於臣者人道絕緒禁錮明時臣竊自傷也不敢乃望交氣類脩人事叙人倫近且婚媾不通兄弟乖絕吉凶之問塞慶弔之禮廢恩紀之違甚於路人隔閡之異殊於胡越今臣以一切之制永無朝覲之望至於注心皇極結情紫闥神明知之矣然天實爲之謂之何哉退惟諸王常有戚戚具爾之心願陛下沛然垂詔使諸國慶問四節得展以叙骨肉之歡恩全怡

怡之篤義妃妾之家膏沐之遺歲得再通齊義於貴宗等惠於百司如此則古人之所歎風雅之所詠復存於聖世矣臣伏自惟省無錐刀之用及觀陛下之所拔授若以臣爲異姓竊自料度不後於朝士矣若得辭遠游戴武弁解朱組佩青紱駙馬奉車趣得一號安宅京室執鞭珥筆出從華蓋入侍輦轂承荅聖問拾遺左右乃臣丹誠之至願不離於夢想者也遠慕鹿鳴君臣之宴中詠常棣匪他之誡下思伐木友生之義終懷蓼莪罔極之哀每四節之會塊然獨處

左右惟僕隸所對惟妻子高談無所與陳發義無所與展未嘗不聞樂而拊心臨觴而歎息也臣伏以爲犬馬之誠不能動人譬人之誠不能動天崩城隕霜臣初信之以臣心況徒虛語耳若葵藿之傾葉太陽雖不爲之回光然向之者誠也竊自比葵藿若降天地之施垂三光之明者實在陛下臣聞文子曰不爲福始不爲禍先今之否隔友于同憂而臣獨倡言者竊不願於聖世使有不蒙施之物有不蒙施之物必有慘毒之懷故柏舟有天只之怨谷風有棄予之歎

陳思王植

故伊尹恥其君不爲堯舜孟子曰不以舜之所以事堯事其君者不敬其君者也臣之愚蔽固非虞伊至於欲使陛下崇光被時雍之美宣緝熙章明之德者是臣慺慺之誠竊所獨守寔懷鶴立企佇之心敢復陳聞者冀陛下儻發天聰而垂神聽也詔報曰蓋教化所由各有隆弊非皆善始而惡終也事使之然故夫忠厚仁及草木則行葦之詩作恩澤衰薄不親九族則角弓之章刺今令諸國兄弟情禮簡怠妃妾之家膏沐疏略朕縱不能敦而睦之王援古喻義備悉

矣何言精誠不足以感通哉夫明貴賤崇親親禮賢良順少長國之綱紀本無禁固諸國通問之詔也矯枉過正下吏懼譴以至於此耳已勅有司如王所訴植復上疏陳審舉之義曰臣聞天地協氣而萬物生君臣合德而庶政成五帝之世非皆智三季之末非皆愚用與不用知與不知也既時有舉賢之名而無得賢之實必各援其類而進矣諺曰相門有相將門有將夫相者文德昭者也將者武功烈者也文德昭則可以匡國朝致雍熙稷契夔龍是也武功烈則可

以征不庭威四夷南仲方叔是矣昔伊尹之爲媵臣至賤也呂尚之處屠釣至陋也及其見舉於湯武周文誠道合志同玄謨神通豈復假近習之薦因左右之介哉書曰有不世之君必能用不世之臣用不世之臣必能立不世之功殷周二王是矣若夫齷齪近步遵常守故安足爲陛下言哉故陰陽不和三光不暢官曠無人庶政不整者三司之責也疆埸騷動方隅內侵沒軍喪衆干戈不息者邊將之憂也豈可虛荷國寵而不稱其任哉故任益隆者負益重位益高

者責益深書稱無曠庶官詩有職思其憂此其義也陛下體天真之淑聖登神機以繼統冀聞康哉之歌偃武行文之美而數年以來水旱不時民困衣食師徒之發歲歲增調加東有覆敗之軍西有殪沒之將至使蚌蛤浮翔於淮泗鼪鼬讙譁於林木臣每念之未嘗不輟食而揮餐臨觴而搤腕矣昔漢文發代疑朝有變宋昌曰內有朱虛東牟之親外有齊楚淮南琅邪此則磐石之宗願王勿疑臣伏惟陛下遠覽姬文二虢之援中慮周成召畢之輔下存宋昌磐石之

固昔騏驥之於吴阪可謂困矣及其伯樂相之孫郵御之形體不勞而坐取千里蓋伯樂善御馬明君善御臣伯樂馳千里明君致太平誠任賢使能之明效也若朝司惟良萬機内理武將行師方難克弭陛下可得雍容都城何事勞動鑾駕暴露於邊境哉臣聞羊質虎皮見草則悅見豺則戰忘其皮之虎也今置將不良有似於此故語曰患爲之者不知知之者不得爲也昔樂毅奔趙心不忘燕廉頗在楚思爲趙將臣生乎亂長乎軍又數承教于武皇帝伏見行師用兵之要不必取孫吴而闇與之合竊揆之於心常願得一奉朝覲排金門蹈玉陛列有職之臣賜須臾之問使臣得一散所懷攄舒蘊積死不恨矣被鴻臚所下發士息書期會甚急又聞豹尾已建戎軒騖駕陛下將復勞玉躬擾挂神思臣誠竦息不遑寧處願得策馬執鞭首當塵露撮風后之奇接孫吴之要追慕卜商起予左右效命先驅畢命輪轂雖無大益冀有小補然天高聽遠情不上通徒獨望青雲而拊心仰高天而歎息耳屈平曰國有驥而不知乘焉皇皇而

更索昔管蔡放誅周召作弼叔魚陷刑叔向匡國三監之釁臣自當之二南之輔求必不遠華宗貴族藩王之中必有應斯舉者故傳曰無周公之親不得行周公之事唯陛下少留意焉近者漢氏廣建藩王豐則連城數十約則饗食祖祭而已未若姬周之樹國五等之品制也若扶蘇之諫始皇淳于越之難周青臣可謂知時變矣夫能使天下傾耳注目者當權者是矣故謀能移主威能懾下豪右執政不在親戚權之所在雖疎必重勢之所去雖親必輕蓋取齊者田族非呂宗也分晉者趙魏非姬姓也惟陛下察之苟吉專其位凶離其患者異姓之臣也欲國之安祈家之貴存共其榮没同其禍者公族之臣也今反公族疏而異姓親臣竊惑焉臣聞孟子曰君子窮則獨善其身達則兼善天下今臣與陛下踐冰履炭登山浮澗寒溫燥濕高下共之豈得離陛下哉不勝憤懣拜表陳情若有不合乞且藏之書府不便滅棄臣死之後事或可思若有毫氂少挂聖意者乞出之朝堂使夫博古之士糾臣表之不合義者如是則臣願足矣帝輒優文答報魏略

曰是後大發士息及取諸國士植以近前諸國士息已見發其遺孤稚弱在者無幾而復被取乃上書曰臣聞古者聖君與日月齊其明四時等其信是以戮凶無重賞善無輕怒若驚霆喜若時雨恩不中絕教無二可以此臨朝則臣下知所死矣受任在萬里之外審主之所以受官必以之所投命雖有構會之徒泊然不以爲懼者蓋君臣相信之明效也昔章子爲齊將人有告之反者威王曰不然左右曰王何以明之王曰聞章子改葬死母彼尚不欺死父顧當叛生君乎此君之信臣也昔管仲親射桓公後幽囚從魯檻車載使少年挽而送齊管仲知桓公之必用己懼魯之悔謂少年曰吾爲汝唱汝爲和声和声宜走於是管仲唱之少年走而和之日行數百里宿昔而至至則相齊此臣之信君也臣初受封策書曰植受茲青社封于東土以屏翰皇家爲魏藩輔而所得兵百五十人皆年在耳順或不踰矩虎賁官騎及親事凡二百餘人正復不老皆使年壯備有不虞檢校乘城顧不足以自救況皆復耄耋罷曳乎而名爲魏東藩使屏翰王室臣竊自羞矣就之諸國國有士子合不過五百人伏以爲三軍益損不復賴此方外不定必當須辦者臣願將部曲倍道奔赴夫妻負襁子弟懷糧蹈鋒履刃以徇國難何但習業小兒哉愚誠以揮涕增河鼷鼠飲海於朝萬無損益於臣家計甚有廢損又臣士息前後三送兼人已竭惟尚有小兒七八歲已上十六七已還三十餘人今部曲皆年耆卧在牀非糜不食眼不能視氣息裁屬者凡三十七人疲瘵風靡疣盲聾聵者二十三人惟正須此小兒大者可備宿衛雖不足以禦寇粗可以警小盜小者未堪大使爲可使耘鉏穢草驅護鳥雀休候人則一事廢一日獵則衆業散不親自經營則功不攝常自躬親不委下吏而已陛下聖仁恩詔三至士子給國長不復發明詔之下有若曒日保金石之恩必明神之信畫然自固如天如地定習業者並復見送曖若晝晦悵然失圖伏以爲陛下既爵臣百寮之右居藩國之任爲置卿士屋名爲宮冢名爲陵不使其危居獨立無異於凡庶若柏成欣於野耕子仲樂於灌園蓬戶茅牖原憲之宅也陋巷箪瓢顏子之居也臣才不見效用常慨然執斯志焉若陛下聽臣悉還部曲罷官屬省監官使解璽釋紱追柏成子仲之業營顏淵原憲之事居子臧之廬宅延陵之室如此雖進無成功退有可守身死之日猶松喬也然伏度國朝終未肯聽臣之若是固當羈絆於世繩維繫於祿位懷屑屑之小憂執無已之百念安得蕩然肆志逍遙於宇宙之外哉此願未從陛下必欲崇親親篤骨肉潤白骨而榮枯木者惟遂仁德以副前恩詔皆遂還之 其年冬詔諸王朝六年

正月其二月以陳四縣封植爲陳王邑三千五百戶植每欲求別見獨談論及時政幸冀試用終不能得既還悵然絕望時法制待藩國既自峻迫寮屬皆賈豎下才兵人給其殘老大數不過二百人又植以前過事復減半十一年中而三徙都常汲汲無歡遂發疾薨時年四十一 植常爲瑟調歌辭曰吁嗟此轉蓬居世何獨然長去本根逝夙夜無休閑東西經七陌南北越九阡卒遇回風起吹我入雲間自謂終天路忽焉下沈淵驚飆接我出故歸彼中田當南而更北謂東而反西宕宕當何依忽亡而復存飄颻周八澤連翩歷五山流轉無恒處誰知吾苦艱願爲中林草秋隨野火燔糜滅豈不痛願與林葉連 孫盛曰異哉魏氏之封建也不度先王之典不思藩屏之術違敦穆之風背維城之義漢初之封或權侔人主雖云不度時勢然也魏氏諸侯陋同匹夫雖懲七國矯枉過也且魏之代漢非積德之由風澤既微六合未一而彫翦枝幹委權異族勢同瘣木危若巢幕不嗣忽諸非天喪也五等之制萬世不易之典六代興亡曹冏論之詳矣 遺令薄葬以小子志保家之主也欲立之初植登魚山臨東阿喟然有終焉之心遂營爲墓子志嗣徙封濟北王景初中詔曰陳思王昔雖有過失既克己慎行以補前闕且自少至終篇籍不離于手誠難能也其收黃初中諸奏植罪狀公卿已下議尚書中書秘書三府大鴻臚者皆削除之撰錄植前後所著賦頌詩銘雜論凡百餘篇副藏內外志累增邑并前九百九十戶 志別傳曰志字允恭好學有才行晉武帝爲中

撫軍廸常道鄉公于鄴志夜與帝相見帝與語從暮至旦甚器之及受禪改封鄄城公發詔以志為樂平太守歷章武趙郡遷散騎常侍國子博士後轉博士祭酒及齊王攸當之藩下禮官議崇錫之典志歎曰安有如此之才如此之親而不得樹本助化而遠出海隅者乎乃建議以諫辭旨甚切帝大怒免志官後復為散騎常侍志遭母憂居喪盡哀因得疾病喜怒失常太康九年卒謚曰定公

蕭懷王傳

蕭懷王熊早薨黃初二年追封謚蕭懷公太和三年又追進爵為王青龍二年子哀王炳嗣食邑二千五百戶六年薨無子國除

評曰任城武藝壯猛有將領之氣陳思文才富豔足以自通後葉然不能克讓遠防終致攜隙傳曰楚則失之矣而齊亦未為得也其此之謂歟魚豢曰諺言貧不學儉卑不學恭非人性分也勢使然耳此實然之勢信不虛矣假令太祖防遏植等在於疇昔此賢之心何緣有窺望乎彰之挾恨尚無所至至於植者乃令楊脩以倚注遇害丁儀以希意族滅哀夫余每覽植之華采思若有神以此推之太祖之動心亦良有以也

任城陳蕭王傳第十九

魏書　國志十九

武文世王公傳第二十　魏書　國志二十

武皇帝二十五男　卞皇后生文皇帝任城威王彰陳思王植蕭懷王熊　劉夫人生豐愍王昂相殤王鑠　環夫人生鄧哀王沖彭城王據燕王宇　杜夫人生沛穆王林中山恭王袞秦夫人生濟陽懷王玹陳留恭王峻　尹夫人生范陽閔王矩　王昭儀生趙王幹　孫姬生臨邑殤公子上楚王彪剛殤公子勤　李姬生穀城殤公子乘郿戴公子整靈殤公子京　周姬生樊安公均　劉姬生廣宗殤公子棘　宋姬生東平靈王徽　趙姬生樂陵王茂

豐愍王昂傳

豐愍王昂字子脩弱冠舉孝廉隨太祖南征爲張繡所害無子黃初二年追封謚曰豐悼公三年以樊安公均子琬奉昂後封中都公其年徙封長子公五年追加昂號曰豐悼王太和三年改昂謚曰愍王嘉平六年以琬襲昂爵爲豐王正元景元中累增邑并前二千七百戶琬薨謚曰恭王子廉嗣

相殤王鑠傳

相殤王鑠早薨太和三年追封謚青龍元年子愍王潛嗣其年薨二年子懷王偃嗣邑二千五百戶四年薨無子國除正元二年以樂陵王茂子陽都鄉公竦繼鑠後

鄧哀王沖傳

鄧哀王沖字倉舒少聰察岐嶷生五六歲智意所及有若成人之智時孫權曾致巨象太祖欲知其斤重訪之羣下咸莫能出其理沖曰置象大船之上而刻其水痕所至稱物以載之則校可知矣太祖大悅即施行焉時軍國多事用刑嚴重太祖馬鞍在庫而爲鼠所齧庫吏懼必死議欲面縛首罪猶懼不免沖謂曰待三日中然後自歸於是以刀穿單衣如鼠齧者謬爲失意貌有愁色太祖問之沖對曰世俗以爲鼠齧衣者其主不吉今單衣見齧是以憂戚太祖曰此妄言耳無所苦也俄而庫吏以齧鞍聞太祖笑曰兒衣在側尚齧況鞍縣柱乎一無所問沖仁愛識達皆此類也凡應罪戮而爲沖微所辨理賴以濟宥者前後數十　魏書曰沖每見當刑者輒探覩其冤枉之情而微理之及勤勞之吏以過誤觸罪常爲太祖陳說宜寬宥之辨察仁愛與性俱生容貌姿美有殊於衆故特見寵異　臣松之以容貌姿美一類之

言而分以爲三亦敘屬之一病也太祖數對羣臣稱述有欲傳後意年十三建安十三年疾病太祖親爲請命及亡哀甚文帝寬喻太祖太祖曰此我之不幸而汝曹之幸也孫盛曰春秋之義立嫡以長不以賢沖雖存也猶不宜立況其既没而發斯言乎詩云無易由言魏武其易之也言則流涕爲娉甄氏亡女與合葬贈騎都尉印綬命宛侯據子琮奉沖後二十二年封琮爲鄧侯黃初二年追贈謚沖曰鄧哀侯又追加號爲公魏書載策曰惟黃初二年八月丙午皇帝曰咨爾鄧哀侯沖昔皇天鍾美於爾躬俾聰哲之才成於弱年當永享顯祚克成厥終如何不祿早世夭昏朕承天序享有四海並建親親以藩王室惟爾不逮斯榮且葬禮未備追悼之懷愴然攸傷今遷葬于高陵使使持節兼謁者僕射郎中陳承追賜號曰鄧公祠以太牢魂而有靈休茲寵榮嗚呼哀哉魏略曰文帝

常言家兄孝廉自其分也若使倉舒在我亦無天下三年進琮爵徙封冠軍公四年徙封己氏公太和五年加沖號曰鄧哀王景初元年琮坐於中尚方作禁物削戶三百貶爵爲都鄉侯三年復爲己氏公正始七年轉封平陽公景初正元景元中累增邑并前千九百戶

彭城王據傳

彭城王據建安十六年封范陽侯二十二年徙封宛侯黃初二年進爵爲公三年爲章陵王其年徙封義陽文帝以南方下溼又以環太妃彭城人徙封彭城又徙封濟陰五年詔曰先王建國隨時而制漢祖增秦所置郡至光武以天下損耗并省郡縣以今比之益不及焉其改封諸王皆爲縣王據改封定陶縣太和六年改封諸王皆以郡爲國據復封彭城景初元年據坐私遣人詣中尚方作禁物削縣二千戶魏書載璽書曰制詔彭城王有司奏王遣司馬董和齎珠玉來到京師中尚方多作禁物交通工官出入近署踰侈非度慢令違制繩王以法朕用憮然不寧于心王以懿親之重處藩輔之位典籍日陳於前勤誦不輟於側加雅素奉脩恭肅敬慎務在蹈道孜孜不衰豈忘率意正身考終厥行哉若然小疵或謬于細人忽不覺悟以斯爲失耳書云惟聖罔念作狂惟狂克念作聖古人垂誥乃至於此故君子思心無斯須遠道焉常慮所以累德者而去之則德明矣開心所以爲塞者而通之則心夷矣愼行所以爲尤者而脩之則行全矣三者王之所能備也今詔有司宥王削縣二千戶以彰八柄與奪之法昔羲文作易著休復之

語仲尼論行既過能改王其改行茂昭斯義率意無怠三年復所削戶邑正元景元中累增邑并前四千六百戶

燕王宇傳

燕王宇字彭祖建安十六年封都鄉侯二十二年改封魯陽侯黃初二年進爵爲公三年爲下邳王五年改封單父縣太和六年改封燕王明帝少與宇同止常愛異之及即位寵賜與諸王殊青龍三年徵入朝景初元年還鄴二年夏復徵詣京都冬十二月明帝疾篤拜宇爲大將軍屬以後事受署四日宇深固讓帝意亦變遂免宇官三年夏還鄴景初正元景元中累

增邑并前五千五百戶常道鄉公奐宇之子入繼大宗

沛穆王林傳

沛穆王林建安十六年封饒陽侯二十二年徙封譙黃初二年進爵爲公三年爲譙王五年改封譙縣七年徙封鄄城大和六年改封沛景初正元景元中累增邑并前四千七百戶林薨子緯嗣案嵇氏譜嵇康妻林子之女也

中山恭王袞傳

中山恭王袞建安二十一年封平鄉侯少好學年十餘歲能屬文每讀書文學左右常恐以精力爲病數諫止之然性所樂不能廢也二十二年徙封東鄉侯其年又改封贊侯黃初二年進爵爲公官屬皆賀袞曰夫生深宮之中不知稼穡之艱難多驕逸之失諸賢既慶其休宜輔其闕每兄弟游娛袞獨覃思經典文學防輔相與言曰受詔察公舉錯有過當奏及有善亦宜以聞不可匿其美也遂共表稱陳袞美袞聞之大驚懼責讓文學曰脩身自守常人之行耳而諸君乃以上聞是適所以增其負累也且如有善何患不聞而遽共如是是非益我者其誡慎如

此三年爲北海王其年黃龍見鄴西漳水袞上書贊頌詔賜黃金十斤詔曰昔唐叔歸禾東平獻頌斯皆骨肉贊美以彰懿親王研精墳典耽味道真文雅煥炳朕甚嘉之王其克慎明德以終令聞四年改封贊王七年徙封濮陽太和二年就國尚約儉教敕妃妾紡績織紝習爲家人之事五年冬入朝六年改封中山初袞來朝犯京都禁青龍元年有司奏袞詔曰王素敬慎邂逅至此其以議親之典議之有司固執詔削縣二戶七百五十魏書載璽書曰制詔中山王有司奏王乃者來朝犯交通京師之禁朕惟親親之恩用寢吏議然法者所與天下共也不可得廢今削王縣二戶七百五十夫克己復禮聖人稱仁朝過夕改君子與之王其誡諸無貳咎悔也袞憂懼戒敕官屬愈謹帝嘉其意二年復所削縣三年秋袞得疾病詔遣太醫視疾殿中虎賁齎手詔賜珍膳相屬又遣太妃沛王林並就省疾袞疾困敕令官屬曰吾寡德忝寵大命將盡吾既好儉而聖朝著終誥之制爲天下法吾氣絕之日自殯及葬務奉詔書昔衞大夫蘧瑗葬濮陽吾望其墓常想其遺風願託賢靈以弊髮齒營吾兆域必往從之禮男子不卒婦人之手亟以時成東堂堂成名之曰遂志之堂

輿疾往居之又令世子曰汝幼少未聞義方早爲人君但知樂不知苦不知苦必將以驕奢爲失也接大臣務以禮雖非大臣老者猶宜答拜事兄以敬恤弟以慈兄弟有不良之行當造膝諫之諫之不從流涕喻之喻之不改乃白其母若猶不改當以奏聞幷辭國土與其守寵罹禍不若貧賤全身也此亦謂大罪惡耳其微過細故當掩覆之嗟爾小子慎脩乃身奉聖朝以忠貞事太妃以孝敬閨闈之內奉令于太妃閫閾之外受教於沛王無忌乃心以慰予靈其年薨詔

沛王林留訖葬使大鴻臚持節典護喪事宗正弔祭贈賵甚厚凡所著文章二萬餘言才不及陳思王而好與之侔子孚嗣景初正元景元中累增邑幷前三千四百戶

濟陽懷王玹傳

濟陽懷王玹建安十六年封西鄉侯早薨無子二十年以沛王林子贊襲玹爵邑早薨無子文帝復以贊弟壹紹玹後黃初二年改封濟陽侯四年進爵爲公太和四年追進玹爵謚曰懷公六年又進號曰懷王追謚贊曰西鄉哀侯壹薨謚曰悼公子恆嗣景初正元景元中累增邑幷前千九百戶

陳留恭王峻傳

陳留恭王峻字子安建安二十一年封鄢侯二十二年徙封襄邑黃初二年進爵爲公三年爲陳留王五年改封襄邑縣太和六年又封陳留甘露四年薨子澳嗣景初正元景元中累增邑幷前四千七百戶

范陽閔王矩傳

范陽閔王矩早薨無子建安二十二年以樊安

公均子敏奉矩後封臨晉侯黃初三年追封謚矩爲范陽閔公五年改封敏范陽王七年徙封句陽太和六年追進矩號曰范陽閔王改封敏琅邪王景初正元景元中累增邑幷前二千四百戶敏薨謚曰原王子焜嗣

趙王幹傳

趙王幹建安二十年封高平亭侯二十二年徙封賴亭侯其年改封弘農侯黃初二年進爵徙封燕公魏略曰幹一名良良本陳妾子良生而陳氏死太祖令王夫人養之良年五歲而太祖疾困遺令語太子曰此兒三歲亡母五歲失父以累汝也太子由是親待隆於諸弟良年小常呼文帝爲阿翁帝謂良曰我汝兄耳文

帝又敗其始是毋爲娣淚　臣松之案此傳以毋貴賤爲次不計兄弟之年故楚王彪年雖大傳在幹後尋朱建平傳知彪大幹二十歲三年爲河閒王五年改封樂城縣七年徙封鉅鹿太和六年改封趙王幹毋有寵於太祖及文帝爲嗣幹毋有力文帝臨崩有遺詔是以明帝常加恩意青龍二年私通賓客爲有司所奏賜幹璽書誡誨之曰易稱開國承家小人勿用詩著大車惟塵之誡自太祖受命創業深覩治亂之源鑒存亡之機初封諸侯訓以恭慎之至言輔以天下之端士常稱馬援之遺誡重諸侯賓客交通之禁乃使與犯妖惡同夫豈以此

薄骨肉哉徒欲使子弟無過失之愆士民無傷害之悔耳高祖踐阼祗慎萬機申著諸侯不朝之令朕感詩人常棣之作嘉采菽之義亦緣詔文曰若有詔得詣京都故命諸王以朝聘之禮而楚中山並犯交通之禁趙宗戴捷咸伏其辜近東平王復使屬官毆壽張吏有司舉奏朕裁削縣令有司以曹纂王喬等因九族時節集會王家或非其時皆違禁防朕惟王幼少有恭順之素加受先帝顧命欲崇恩禮延乎後嗣況近在王之身乎且自非聖人孰能無過已詔有司

宥王之失古人有言誡慎乎其所不覩恐懼乎其所弗聞莫見乎隱莫顯乎微故君子慎其獨焉叔父茲率先聖之典以纂乃先帝之遺命戰戰兢兢靖恭厥位稱朕意焉景初正元景元中累增邑并前五千戶

臨邑殤公子上傳

臨邑殤公子上早薨太和五年追封謚無後

楚王彪傳

楚王彪字朱虎建安二十一年封壽春侯黃初二年進爵徙封汝陽公三年封弋陽王其年徙

封吳王五年改封壽春縣七年徙封白馬太和五年冬朝京都六年改封楚初彪來朝犯禁元年爲有司所奏詔削縣三戶千五百二年大赦復所削縣景初三年增戶五百并前三千戶嘉平元年兗州刺史令狐愚與太尉王淩謀迎彪都許昌語在淩傳乃遣傳及侍御史就國案驗收治諸相連及者廷尉請徵彪治罪於是依漢燕王旦故事使兼廷尉大鴻臚持節賜彪璽書切責之使自圖焉孔衍漢魏春秋載璽書曰夫先王行賞不遺仇讎用戮不違親戚至公之義也故周公流涕而決二叔之罪孝武傷懷而斷昭平之獄古今常典也惟王國之至親作藩于外不能祗奉王度表率

宗室而謀於姦邪，乃與太尉王淩、兗州刺史令狐愚構通逆謀，圖危社稷，有悖惑之心，無忠孝之意。宗廟有靈，王其何面目以見先帝？朕深痛王自陷罪辜，既得王情，深用憮然。有司奏王當就大理，朕惟公族甸師之義，不忍肆王市朝，故遣使者賜書。王自作孽，匪由於他，燕剌之事，宜足以觀。王其自圖之。彪乃自殺。妃及諸子皆免為庶人，徙平原。彪之官屬以下及監國謁者，坐知情無輔導之義，皆伏誅。國除為淮南郡。正元元年詔曰：故楚王彪，背國附姦，身死嗣替，雖自取之，猶哀矜焉。夫含垢藏疾，親親之道也，其封彪世子嘉為常山真定王。景元元年，增邑，并前二千五百戶。（臣松之案：嘉入晉，封高邑公。元康中，與石崇俱為國子博士。嘉後為東莞太守，崇為征虜將軍，監青徐軍事，屯於下邳，嘉以詩遺崇曰：文武應時用，兼才在明哲。嗟嗟我石生，為國之俊傑。入侍於皇闈，出則登九列。威檢肅青徐，風發宣吳裔。疇昔謬同位，情至過魯衛。分離踰十載，思遠心增結。願子鑒斯誠，寒暑不踰契。崇荅曰：昔常接羽儀，俱游青雲中。敦道訓冑子，儒化涣以融。同聲無異響，故使恩愛隆。豈惟敦初好，款分在令終。孔不陋九夷，老氏適西戎。逍遥滄海隅，可以保王躬。世事非所務，周公不足夢。玄寂令神王，是以守至沖。王隱晉書載吏部郎李重啟云：魏氏宗室屈滯，每聖恩所存。東莞太守曹嘉，才幹學義，不及志、翕，而良素修絜，性業踰之，又已歷二郡。臣以為優先代之後，可以嘉為員外散騎侍郎。）

剛殤公子勤傳

剛殤公子勤，早薨。太和五年追封謚。無後。

穀城殤公子乘傳

穀城殤公子乘，早薨。太和五年追封謚。無後。

鄧戴公子整傳

鄧戴公子整，奉從叔父郎中紹後。建安二十二年封郿侯。二十三年薨。無子。黃初二年追進爵，謚曰戴公。以彭城王據子範奉整後。三年封平氏侯。四年徙封成武。太和三年進爵為公。青龍三年薨。謚曰悼公。無後。四年，詔以範弟東安鄉公闡為郿公，奉整後。正元、景元中，累增邑，并前千八百戶。

靈殤公子京傳

靈殤公子京，早薨。太和五年追封謚。無後。

樊安公均傳

樊安公均，奉叔父薊恭公彬後。建安二十二年封樊侯。二十四年薨。子抗嗣。黃初二年追進公爵，謚曰樊安公。三年徙封抗薊公。四年徙封屯留公。景初元年薨，謚曰定公。子諶嗣。景初、正元、景元中，累增邑，并前千九百戶。

廣宗殤公子棘傳

廣宗殤公子棘，早薨。太和五年追封謚。無後。

東平靈王徽傳

東平靈王徽，奉叔父朗陵哀侯玉後。建安二十二年封歷城侯。黃初二年進爵為公。三年為廬江王。四年徙封壽張王。五年改封壽張縣。太和六年改封東平。青龍二年，徽使官屬撾壽張縣吏，為有司所奏，詔削縣一，戶五百。其年復所削縣。正始三年薨。子翕嗣。景初、正元、景元中，累增邑，并前三千四百戶。臣松之案：翕入晉，封廩丘公。魏宗室之中名次鄄城公。至泰始二年，翕遣世子琨奉表來朝。詔曰：翕秉德履道，魏宗之良，今琨遠至，其假世子印綬，加騎都尉，賜朝服一具，錢十萬，隨才叙用。翕撰解寒食散方，與皇甫謐所撰並行於世。

樂陵王茂傳

樂陵王茂，建安二十二年封萬歲亭侯。二十三年改封平輿侯。黃初三年進爵，徙封乘氏公。七年徙封中丘。茂性傲佷，少無寵於太祖。及文帝世，又獨不王。太和元年徙封聊城公，其年為王。詔曰：昔象之為虐至甚，而大舜猶侯之有鼻。近漢氏淮南、阜陵，皆為亂臣逆子，而猶或及身而復國，或至子而錫土。有虞建之於上古，漢文明章行之乎前代，斯皆敦叙親親之厚義也。聊城公茂少不閑禮教，長不務善道。先帝以為古之立諸侯也，皆命賢者，故姬姓有未必侯者，是以獨不王茂。太皇太后數以為言。如聞茂頃來少知悔昔之非，欲脩善將來。君子與其進，不保其

往也。今封茂為聊城王，以慰太皇太后下流之念。六年改封曲陽王。正始三年，東平靈王薨，茂稱嗌痛不肯發哀，居處出入自若。有司奏除國土，詔削縣一，戶五百。五年，徙封樂陵，詔以茂租奉少，諸子多，復所削戶，又增戶七百。嘉平、正元、景元中，累增邑，并前五千戶。

文皇帝九男：甄氏皇后生明帝，李貴人生贊哀王協，潘淑媛生北海悼王蕤，朱淑媛生東武陽懷王鑒，仇昭儀生東海定王霖，徐姬生元城哀王禮，蘇姬生邯鄲懷王邕，張姬生清河悼王貢，宋姬生廣平哀王儼。

贊哀王協傳

贊哀王協，早薨。太和五年追封諡曰經殤公。青龍二年，更追改號諡。三年，子殤王尋嗣。景初三年，增戶五百，并前三千戶。正始九年薨，無子，國除。

北海悼王蕤傳

北海悼王蕤，黃初七年，明帝即位，立為陽平縣王。太和六年，改封北海。青龍元年薨。二年，以琅邪王子贊奉蕤後，封昌鄉公。景初二年，立為饒安王。正始七年，徙封文安。正元、景元中，累增邑，并前三千五百戶

東武陽懷王鑒傳

東武陽懷王鑒黃初六年立其年薨青龍三年賜謚無子國除

東海定王霖傳

東海定王霖黃初三年立爲河東王六年改封館陶縣明帝即位以先帝遺意愛寵霖異於諸國而霖性麤暴閨門之內婢妾之間多所殘害太和六年改封東海嘉平元年薨子啓嗣景初正元景元中累增邑并前六千二百戶高貴鄉公髦霖之子也入繼大宗

元城哀王禮傳

元城哀王禮黃初二年封秦公以京兆郡爲國三年改爲京兆王六年改封元城王太和三年薨五年以任城王楷子悌嗣禮後六年改封梁王景初正元景元中累增邑并前四千五百戶

邯鄲懷王邕傳

邯鄲懷王邕黃初二年封淮南公以九江郡爲國三年進爲淮南王四年改封陳六年改封邯鄲太和三年薨五年以任城王楷子溫嗣邕後六年改封魯陽景初正元景元中累增邑并前四千四百戶

清河悼王貢傳

清河悼王貢黃初三年封四年薨無子國除

廣平哀王儼傳

廣平哀王儼黃初三年封四年薨無子國除

評曰魏氏王公既徒有國土之名而無社稷之實又禁防壅隔同於囹圄位號靡定大小歲易骨肉之恩乖常棣之義廢爲法之弊一至于此乎

袁子曰魏興承大亂之後民人損減不可則以古始於是封建侯王皆使寄地空名而無其實王國使有老兵百餘人以衛其國雖有王侯之號而乃儕於匹夫縣隔千里之外無朝聘之儀鄰國無會同之制諸侯游獵不得過三十里又爲設防輔監國之官以伺察之王侯皆思爲布衣而不能得既違宗國藩屏之義又虧親戚骨肉之恩 魏氏春秋載宗室曹冏上書曰臣聞古之王者必建同姓以明親親必樹異姓以明賢賢故傳曰庸勳親親昵近尊賢書曰克明俊德以親九族詩云懷德維寧宗子維城由是觀之非賢無與興功非親無與輔治夫親親之道專用則其漸也微弱賢賢之道偏任則其弊也劫奪先聖知其然也故博求親疏而並用之近則有宗盟藩衛之固遠則有仁賢輔弼之助盛則有與共其治衰則有與守其土安則有與享其福危則有與同其禍夫然故能有其國家保其社稷歷紀長久本枝百世也今魏尊尊之法雖明親親之道未備詩不云乎鶺鴒在原兄弟急難以斯言之明兄弟相救於喪亂之際同心於憂禍之間雖有鬩牆之忿不忘禦侮之事何則憂患同也今則不然或任而不重或釋而不任一旦疆埸稱警關門反拒股肱不扶胸心無衛臣竊惟此寢不安席思獻丹誠貢策朱闕謹撰合所聞敘論成敗論曰昔夏殷周歷世數十而秦二世而亡何則三代之君與天下共其民故天下同其憂秦王獨制其民故傾危而莫救夫與民共其樂者人必憂其憂與民同其安者人必拯其危先王知獨治之不能久也故與人共治之知獨守之不能固也故與人共守之兼親疏而兩用參同異而並

建是以輕重足以相鎮親疏足以相衛并兼路塞逆節不生及其衰也桓文帥禮苞茅不貢齊師伐楚宋不城周晉戮其宰王綱弛而復張諸侯慠而復肅二霸之後寖以陵遲吳楚憑江負固方城雖心希九鼎而畏迫宗姬姦情散於胷懷逆謀消於脣吻斯豈非信重親戚任用賢能枝葉碩茂本根賴之與自此之後轉相攻伐吳并於越晉分爲三魯滅於楚鄭兼於韓暨于戰國諸姬微矣惟燕衛獨存然皆弱小西迫彊秦南畏齊楚救於滅亡匪遑相恤至於王赧降爲庶人猶枝幹相持得居虛位海内無主四十餘年秦據勢勝之地騁譎詐之術征伐關東蠶食九國至於始皇乃定天位曠日若彼用力若此豈非深固根蔕不拔之道乎易曰其亡其亡繫于苞桑周德其可謂當之矣秦觀周之弊以爲小弱見奪於是廢五等之爵立郡縣之官弃禮樂之教任苛刻之政子弟無尺寸之封功臣無立錐之地内無宗子以自毗輔外無諸侯以爲藩衛仁心不加於親戚惠澤不流於枝葉譬猶芟刈股肱獨任胷腹浮舟江海捐棄楫櫂觀者爲之寒心而始皇晏然自以爲關中之固金城千里子孫帝王萬世之業也豈不悖哉是時淳于越諫曰臣聞殷周之王封子弟功臣千有餘城今陛下君有海内而子弟爲匹夫卒有田常六卿之臣而無輔弼何以相救事不師古而能長久者非所聞也始皇聽李斯偏說而絀其議至於身死之日無所寄付委天下之重於凡夫之手託廢立之命於姦臣之口至令趙高之徒誅鉏宗室胡亥少習刻薄之教長遭凶父之業不能改制易法寵任兄弟而乃師謨申商諮謀趙高自幽深宮委政讒賊身殘望夷求爲黔首豈可得哉遂乃郡國離心衆庶潰叛勝廣倡之於前劉項斃之於後向使始皇納淳于之策抑李斯之論割裂州國分王子弟封三代之後報功臣之勞士有常君民有定主枝葉相扶首尾爲用雖使子孫有失道之行時人無湯武之賢姦謀未發而身已屠戮何區區之陳項而復得措其手足哉故漢祖奮三尺之劒驅烏集之衆五年之中遂成帝業自開闢以來其興立功勳未有若漢祖之易也夫伐深根者難爲功摧枯朽者易爲力理勢然也漢監秦之失封殖子弟及諸呂擅權圖危劉氏而天下所以不傾動百姓所以不易心者徒以諸侯彊大盤石膠固東牟朱虛受命於内齊代吳楚作衛於外故也向使高祖踵亡秦之法忽先王之制則天下已傳非劉氏有也然高祖封建地過古制大者跨州兼郡小者連城數十上下無別權侔京室故有吳楚七國之患賈誼曰諸侯彊盛長亂起姦夫欲天下之治安莫若衆建諸侯而少其力令海内之勢若身之使臂臂之使指則下無背叛之心上無誅伐之事文帝不從至於孝景猥用晁錯之計

削黜諸侯親者怨恨疏者震恐吳楚倡謀五國從風兆發高帝釁鍾文景由寬之過制急之不漸故也所謂末大必折尾大難掉尾同於體猶或不從況乎非體之尾其可掉哉武帝從主父之策下推恩之令自是之後齊分爲七趙分爲六淮南三割梁代五分遂以陵遲子孫微弱衣食租稅不預政事或以酎金免削或以無後國除至於成帝王氏擅朝劉向諫曰臣聞公族者國之枝葉枝葉落則本根無所庇蔭方今同姓疏遠母黨專政排擯宗室孤弱公族非所以保守社稷安固國嗣也其言深切多所稱引成帝雖悲傷歎息而不能用至于哀平異姓秉權假周公之事而爲田常之亂高拱而竊天位一朝而臣四海漢宗室王侯解印釋紱貢奉社稷猶懼不得爲臣妾或乃爲之符命頌莽恩德豈不哀哉由斯言之非宗子獨忠孝於惠文之間而叛逆於哀平之際也徒權輕勢弱不能有定耳賴光武皇帝挺不世之姿禽王莽於已成紹漢嗣於既絕斯豈非宗子之力也而曾不監秦之失策襲周之舊制踵亡國之法而徼倖無疆之期至於桓靈閹豎執衡朝無死難之臣外無同憂之國君孤立於上臣弄權於下本末不能相御身首不能相使由是天下鼎沸姦凶並爭宗廟焚爲灰燼宮室變爲榛藪居九州之地而身無所安處悲夫魏太祖武皇帝躬聖明之賢兼神武之畧恥王綱之廢絕愍漢室之傾覆龍飛譙沛鳳翔兗豫埽除凶逆翦滅鯨鯢迎帝西京定都潁邑德動天地義感人神漢氏奉天禪位大魏大魏之興于今二十有四年矣觀五代之存亡而不用其長策覩前車之傾覆而不改於轍迹子弟王空虛之地君有不使之民宗室竄於閭閻不聞邦國之政權均匹夫勢齊凡庶内無深根不拔之固外無盤石宗盟之助非所以安社稷爲萬世之業也且今之州牧郡守古之方伯諸侯皆跨有千里之土兼軍武之任或比國數人或兄弟並據而宗室子弟曾無一人間廁其間與相維持非所以彊幹弱枝備萬一之虞也今之用賢或超爲名都之主或爲偏師之帥而宗室有文者必限小縣之宰有武者必置百人之上使夫廉高之士畢志於衡軛之内才能之人恥與非類爲伍非所以勸進賢能褒異宗室之禮也夫泉竭則流涸根朽則葉枯枝繁者蔭根條落者本孤故語曰百足之蟲至死不僵以扶之者衆也此言雖小可以譬大且墉基不可倉卒而成威名不可一朝而立皆爲之有漸建之有素譬之種樹久則深固其本根茂盛其枝葉若造次徙於山林之中植於宮闕之下雖壅之以黑墳煖之以春日猶不救於枯槁而何暇繁育哉夫樹猶親戚土猶士民建置不久則輕下慢上平居猶懼其離叛危急將若之何是以聖王安而不逸以慮危也存而設備以懼亡也故疾風

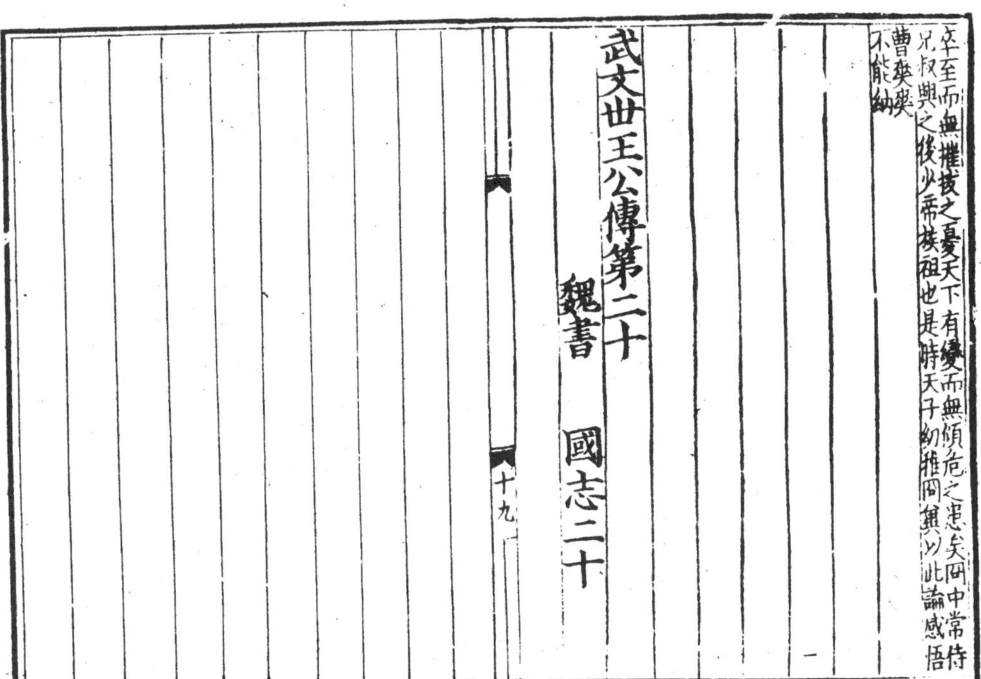

卒至而無摧拔之憂天下有變而無傾危之患矣冏中常侍兄叔興之後少帝族祖也是時天子幼稚冏冀以此論感悟曹爽爽不能納

一

十九

武文世王公傳第二十

魏書　國志二十

王粲傳

王粲字仲宣山陽高平人也曾祖父龔祖父暢皆爲漢三公張璠漢紀曰龔字伯宗有高名於天下順帝時爲太尉初山陽太守薛勤喪妻不哭將殯臨之曰幸不爲夭復何恨哉及龔妻卒龔與諸子並杖行服時人或兩譏焉暢字叔茂名在八俊靈帝時爲司空以水災免而李膺亦免歸故郡二人以直道不容當時天下以暢膺爲高士諸危言危行之徒皆推宗之願涉其流惟恐不及會連有災異而言事者皆言三公非其人宜因其變以暢膺代之則禎祥必至由是宦豎深怨之及膺誅死而暢遂廢終于家父謙爲大將軍何進長史進以謙名公之胄欲與爲婚見其二子使擇焉謙弗許以疾免卒于家獻帝西遷粲徙長安左中郎將蔡邕見而奇之時邕才學顯著貴重朝廷常車騎填巷賓客盈坐聞粲在門倒屣迎之粲至年既幼弱容狀短小一坐盡驚邕曰此王公孫也有異才吾不如也吾家書籍文章盡當與之年十七司徒辟詔除黃門侍郎以西京擾亂皆不就乃之荊州依劉表表以粲貌寢而體弱通侻不甚重也臣松之案貌寢謂貌負其實也通侻者簡易也表卒粲勸表子琮令歸太祖文士傳載粲說琮曰僕有愚計願進之於將軍可乎琮曰吾所願聞也粲曰天下大亂豪傑並起在倉卒之際彊弱未分故人各各有心耳當此之時家家欲爲帝王人人欲爲公侯觀古今之成敗能先見事機者則恒受其福今將軍自度何如曹公邪琮不能對粲復曰如粲所聞曹公故人傑也雄略冠時智謀出世摧袁氏於官渡驅孫權於江外逐劉備於隴右破烏丸於白登其餘梟夷蕩定者往往如神不可勝計今日之事去就可知也將軍能聽粲計卷甲倒戈應天順命以歸曹公曹公必重德將軍保己全宗長享福祚垂之後嗣此萬全之策也粲遭亂流離託命此州蒙將軍父子重顧敢不盡言琮納其言　臣松之案孫權自此以前尚與中國和同未嘗交兵何云驅權於江外乎魏武以十三年征荊州劉備卻後數年方入蜀備身未嘗涉於關隴而於征荊州之年便云逐備於隴右既已乖錯又白登在平城亦魏武所不經北征烏丸與白登永不相豫以此知張騭假偽之辭而不覺其虛之自露也凡騭虛偽妄作不可覆疏如此類者不可勝紀太祖辟爲丞相掾賜爵關內侯太祖置酒漢濱粲奉觴賀曰方今袁紹起河北杖大衆志兼天下然好賢而不能用故奇士去之劉表雍容荊楚坐觀時變自以爲西伯可規士之避亂荊州者皆海內之儁傑也表不知所任故國危而無輔明公定冀州之日下車即繕其甲卒收其豪傑而用之以橫行天下及平江漢引其賢儁而置之列位使海內回心望風而願治文武並用英雄畢力此三王之舉也後遷軍謀祭酒魏國既建拜侍中博物多識問無不對時舊儀廢弛興造制度粲恒典之摯虞決疑要注曰漢末喪亂絕無玉珮魏侍中王粲識舊珮始復作之今之玉珮受法於粲也初粲與人共行讀道邊碑人問曰卿能闇誦乎曰能因使背而誦之不失一字觀人圍棊局壞粲爲覆之棊者不信以帊蓋局使更以他局爲之用相比校不誤一道其彊記默識如

王粲

此性善筭作筭術略盡其理善屬文舉筆便成無所改定時人常以爲宿構然正復精意覃思亦不能加也典略曰粲才既高辯論應機鍾繇王朗等雖名爲魏卿相至於朝廷奏議皆閣筆不能措手著詩賦論議垂六十篇建安二十一年從征吳二十二年春道病卒時年四十一粲二子爲魏諷所引誅後絕文章志曰太祖時征漢中聞粲子死歎曰孤若在不使仲宣無後始文帝爲五官將及平原侯植皆好文學粲與北海徐幹字偉長廣陵陳琳字孔璋陳留阮瑀字元瑜汝南應瑒字德璉瑒音徒哽反一音暢也東平劉楨字公幹並見友善幹爲司空軍謀祭酒掾屬五

官將文學先賢行狀曰幹清玄體道六行脩備聰識洽聞操翰成章輕官忽祿不耽世榮建安中太祖特加旌命以疾休息後除上艾長又以疾不行琳前爲何進主簿進欲誅諸官官太后不聽進乃召四方猛將並使引兵向京城欲以劫恐太后琳諫進曰易稱即鹿無虞諺有掩目捕雀夫微物尚不可欺以得志況國之大事其可以詐立乎今將軍揔皇威握兵要龍驤虎步高下在心以此行事無異於鼓洪爐以燎毛髮但當速發雷霆行權立斷違經合道天人順之而反釋其利器更徵於他大兵合聚彊者爲雄所謂倒持干戈授人以柄必不成功

王粲

祇爲亂階進不納其言竟以取禍琳避難冀州袁紹使典文章袁氏敗琳歸太祖太祖謂曰卿昔爲本初移書但可罪狀孤而已惡惡止其身何乃上及父祖邪琳謝罪太祖愛其才而不咎瑀少受學於蔡邕建安中都護曹洪欲使掌書記瑀終不爲屈太祖並以琳瑀爲司空軍謀祭酒管記室文士傳曰太祖雅聞瑀名辟之不應連見偪促乃逃入山中太祖使人焚山得瑀送至召入太祖時征長安大延賓客怒瑀不與語使就技人列瑀善解音能鼓琴遂撫弦而歌因造歌曲曰奕奕天門開大魏應期運青蓋巡九州在西東人怨士爲知己死女爲悅者玩恩義苟敷暢他人焉能亂爲曲既捷音聲殊妙當時冠坐太祖大悅臣松之案魚氏典略摯虞文章志並云瑀建安初辭疾避役不爲曹洪屈得太祖召即投杖而起不得有逃入山中焚

之乃出之事也又典略載太祖初征荊州使瑀作書與劉備及征馬超又使瑀作書與韓遂此二書今具存至長安之前遂等破走太祖始以十六年得入關耳而張騭云初得瑀時太祖在長安此又乖矣瑀以十七年卒太祖十八年策爲魏公而云瑀歌舞辭稱大魏應期運愈知其妄又其辭云他人焉能亂了不成語瑀之吐屬必不如此軍國書檄多琳瑀所作也典略曰琳作諸書及檄草成呈太祖太祖先苦頭風是日疾發臥讀琳所作翕然而起曰此愈我病數加厚賜太祖嘗使瑀作書與韓遂時太祖適近出瑀隨從因於馬上具草書成呈之太祖攬筆欲有所定而竟不能增損琳徙門下督瑀爲倉曹掾屬瑒楨各被太祖辟爲丞相掾屬瑒轉爲平原侯庶子後爲五官將文學華嶠漢書曰瑒祖奉字世叔才敏善諷誦故世稱應世叔讀書五行俱下著後序十餘篇爲世儒者延熹中至司隸校尉子劭字仲遠亦博學多識尤好事諸所撰述風俗通等凡百餘篇辭雖不典世服其博聞續漢書曰劭又著中漢輯敘漢官儀及禮儀故事凡十一種百三十六卷朝廷制度百官儀式所以不亡者

由劭記之官至泰山太守劭弟珣字季瑜司空掾即瑒之父

楨以不敬被刑刑竟署吏

文士傳曰楨父名梁字曼山一名恭少有清才以文學見貴終於野王令典略曰文帝嘗賜楨廓落帶其後師死欲借取以為像因書嘲楨云夫物因人為貴故在賤者之手不御至尊之側今雖取之勿嫌其不反也楨答曰楨聞荊山之璞曜元后之寶隨侯之珠燭眾士之好南垠之金登窈窕之首鼲貂之尾綴侍臣之幘此四寶者伏朽石之下潛汙泥之中而揚光千載之上發彩疇昔之外亦皆未能初自接於至尊也夫尊者所服卑者所脩也貴者所御賤者所先也故夏屋初成而大匠先立其下嘉禾始熟而農夫先嘗其粒恨楨所帶無他妙飾若實殊異尚可納也楨辭旨巧妙皆如是由是特為諸公子所親愛其後太子嘗請諸文學酒酣坐歡命夫人甄氏出拜坐中眾人咸伏而楨獨平視太祖聞之乃收楨減死輸作

咸著文賦數十篇瑀以十七年卒幹琳瑒楨二十二年卒文帝書與元城令吳質曰昔年疾疫親故多離其災徐陳應劉一時俱逝觀古今文人類不護細行鮮能以名節自立而偉長獨懷文抱質恬淡寡欲有箕山之志可謂彬彬君子矣著中論二十餘篇辭義典雅足傳于後德璉常斐然有述作意其才學足以著書美志不遂良可痛惜孔璋章表殊健微為繁富公幹有逸氣但未遒耳元瑜書記翩翩致足樂也仲宣獨自善於辭賦惜其體弱不起其文至於所善古人無以遠過也昔伯牙絕絃於鍾期仲尼覆醢于子路痛知音之難遇傷門人之莫逮也諸子但為未及古人自一時之儁也

典論曰今之文人魯國孔

融廣陵陳琳山陽王粲北海徐幹陳留阮瑀汝南應瑒東平劉楨斯七子者於學無所遺於辭無所假咸自以騁騏驥於千里仰齊足而並馳粲長於辭賦幹時有逸氣然非粲匹也如粲之初征登樓槐賦征思幹之玄猿漏卮圓扇橘賦雖張蔡不過也然於他文未能稱是琳瑀之章表書記今之儁也應瑒和而不壯劉楨壯而不密孔融體氣高妙有過人者然不能持論理不勝辭至於雜以嘲戲及其所善揚班之儔也

自潁川邯鄲淳

魏略曰淳一名竺字子叔博學有才章又善蒼雅蟲篆許氏字指初平時從三輔客荊州荊州內附太祖素聞其名召與相見甚敬異之時五官將博延英儒亦宿聞淳名因啟淳欲使在文學官屬中會臨菑侯植亦求淳太祖遣淳詣植植初得淳甚喜延入坐不先與談時天暑熱植因呼常從取水自澡訖傅粉遂科頭拍袒胡舞五椎鍛跳丸擊劍誦俳優小說數千言訖謂淳曰邯鄲生何如邪於是乃更著衣幘整儀容與淳評說混元造化之端品物區別之意然後論羲皇以來賢聖名臣烈士優劣之差次頌古今文章賦誄及當官政事宜所先後又論用武行兵倚伏之勢乃命廚宰酒炙交至坐席默然無與伉者及暮淳歸對其所知歎植之材謂之天人而于時世子未立太祖俄有意於植而淳屢稱植材由是五官將頗不悅及黃初初以淳為博士給事中淳作投壺賦千餘言奏之文帝以為工賜帛千匹

繁欽

繁音婆典略曰欽字休伯以文才機辯少得名於汝潁欽既長於書記又善為詩賦其所與太子書記喉轉意率皆巧麗為丞相主簿建安二十三年卒

陳留路粹

典略曰粹字文蔚少學於蔡邕初平中隨車駕至三輔建安初以高才與京兆嚴象擢拜尚書郎象以兼有文武出為揚州刺史粹後為軍謀祭酒與陳琳阮瑀等典記室及孔融有過太祖使粹為奏承指數致融罪其大略言融昔在北海見王室不寧招合徒眾欲圖不軌言我大聖之後也而滅於宋有天下者何必卯金刀又云融為九列不遵朝儀禿巾微行唐突宮掖又與白衣禰衡言論放蕩衡與融更相贊揚衡謂融曰仲尼不死也融答曰顏淵復生凡說融諸如此輩辭語甚多融誅之後人覩粹所作無不嘉其才而畏其筆也至十九年粹轉為秘書令從大軍至漢中坐違禁賤請驢伏法太子素與粹善聞其死為之歎惜及即帝位特用其子為長史魚豢曰尋省往者魯連鄒陽之徒援譬引類以解縮結誠彼時文辯之儁也今覽王繁阮陳路諸人前後文旨亦何昔不若哉其所以不論者時世異耳余又竊怪其不甚見用以問大鴻臚卿韋仲將仲將云仲宣傷於肥戇休伯都無格檢元瑜病於體弱孔璋實自麤疏文

剽性頗忽鷙如是彼爲非徒以脂燭自煎糜也其不高蹈蓋有由矣然君子不責備于一人譬之朱漆雖無楨幹其爲光澤亦壯觀也 沛國丁儀丁廙弘農楊脩河內荀緯等亦有文采而不在此七人之例 儀廙脩事並在陳思王傳荀勗文章敘錄曰緯字公高少喜文學建安中召署軍謀掾魏太子庶子稍遷至散騎常侍越騎校尉年四十二黃初四年卒 瑒弟璩璩子貞咸以文章顯璩官至侍中貞咸熙中參相國軍事 文章敘錄曰璩字休璉博學好屬文善爲書記文明帝世歷官散騎常侍齊王即位稍遷侍中大將軍長史曹爽秉政多違法度璩爲詩以諷焉其言雖頗諧合多切時要世共傳之復爲侍中典著作嘉平四年卒追贈衛尉貞字吉甫少以才聞能談論正始中夏侯玄盛有名勢貞嘗在玄坐作五言詩玄嘉玩之舉高第歷顯位晉武帝爲撫軍大將軍以貞參軍事晉室踐阼遷太子中庶子散騎常侍又以儒學與太尉荀顗撰定新禮事未施行泰始五年卒貞弟純純子紹永嘉中爲黃門侍郎爲司馬越所殺純弟秀秀子詹鎮南大將軍江州刺史 瑀子籍才藻豔逸而倜儻放蕩行己寡欲以莊周爲模則官至步兵校尉 籍字嗣宗魏氏春秋曰籍曠達不羈不拘禮俗性至孝居喪雖不率常檢而毀幾至滅性兗州刺史王昶請與相見終日不得與言昶歎貴之自以不能測也太尉蔣濟聞而辟之後爲尚書郎曹爽參軍以疾歸田里歲餘爽誅太傅及大將軍乃以爲從事中郎後朝論以其名高欲顯崇之籍以世多故祿仕而已聞步兵校尉缺廚多美酒營人善釀酒求爲校尉遂縱酒昏酣遺落世事嘗登廣武觀楚漢戰處乃歎曰時無英才使豎子成名乎時率意獨駕不由徑路車跡所窮輒慟哭而反籍少時嘗遊蘇門山蘇門山有隱者莫知姓名有竹實數斛臼杵而已籍從之與談太古無爲之道及論五帝三王之義蘇門生蕭然曾不經聽籍乃對之長嘯清韻響亮蘇門生逌爾而笑籍既降蘇門生亦嘯若鸞鳳之音焉至是籍乃假蘇門先生之論以寄所懷其歌曰日沒不周西月出丹淵中陽精蔽不見陰光代爲雄亭亭在須臾厭厭將復隆富貴俛仰間貧賤何必終又歎曰天地解兮六合開星辰隕兮日月頹我騰而上將何懷籍口不論人過而自然高邁故爲禮法之士何曾等深所讎疾大將軍司馬文王常保持之卒以壽終子渾字長成世語曰渾以閑澹寡欲知名

京邑爲太子庶子早卒 時又有譙郡嵇康文辭壯麗好言老莊而尚奇任俠至景元中坐事誅 康字叔夜案嵇氏譜康父昭字子遠督軍糧治書侍御史兄喜字公穆晉揚州刺史宗正喜爲康傳曰家世儒學少有儁才曠邁不羣高亮任性不脩名譽寬簡有大量學不師授博洽多聞長而好老莊之業恬靜無欲性好服食常採御上藥善屬文論彈琴詠詩自足于懷抱之中以爲神仙者稟之自然非積學所致至於導養得理以盡性命若安期彭祖之倫可以善求而得也著養生篇知自厚者所以喪其所生其求益者必失其性超然獨達遂放世事縱意於塵埃之表撰錄上古以來聖賢隱逸遁心遺名者集爲傳贊自混沌至于管寧凡百一十有九人蓋求之於宇宙之內而發之乎千載之外者矣故世人莫得而名焉 虞預晉書曰康家本姓奚會稽人先自會稽遷于譙之銍縣改爲嵇氏取稽字之上山以爲姓蓋以志其本也一曰銍有嵇山家于其側遂氏焉 魏氏春秋曰康寓居河內之山陽縣與之游者未嘗見其喜慍之色與陳留阮籍河內山濤河南向秀籍兄子咸琅邪王戎沛人劉伶相與友善遊於竹林號爲七賢鍾會爲大將軍所昵聞康名而造之會名公子以才能貴幸乘肥衣輕賓從如雲康方箕踞而鍛會至不爲之禮康問會曰何所聞而來何所見而去會曰有所聞而來有所見而去會深銜之大將軍嘗欲辟康康既有絕世之言又從子不善避之河東或云避世及山濤爲選曹郎舉康自代康答書拒絕因自說不堪流俗而非薄湯武大將軍聞而怒焉初康與東平呂昭子巽及巽弟安親善會巽淫安妻徐氏而誣安不孝囚之安引康爲證康義不負心保明其事安亦至烈有濟世志力鍾會勸大將軍因此除之遂殺安及康康臨刑自若援琴而鼓既而歎曰雅音於是絕矣時人莫不哀之初康採藥於汲郡共北山中見隱者孫登康欲與之言登默然不對踰時將去康曰先生竟無言乎登乃曰子才多識寡難乎免於今之世及遭呂安事爲詩自責曰欲寡其過謗議沸騰性不傷物頻致怨憎昔慚柳下今愧孫登內負宿心外赧良朋康所著諸文論六七萬言皆爲世所玩詠康別傳云孫登謂康曰君性烈而才儁其能免乎稱康臨終之言曰袁孝尼嘗從吾學廣陵散吾每固之不與廣陵散於今絕矣與盛所記不同 又晉陽秋云康見孫登登對之長嘯踰時不言康辭還曰先生竟無言乎登曰惜哉此二書皆孫盛所述而自爲殊異如此 康集目錄曰登字公和不知何許人無家屬於汲縣北山土窟中得之夏則編草爲裳冬則被髮自

覆好讀易鼓琴見者皆親樂之每所止家輒給其衣服食飲
得無辭讓　世語曰毋丘儉反康有力且欲起兵應之以問
山濤山濤曰不可儉亦已敗　臣松之案本傳云康以景元
中坐事誅而干寶孫盛習鑿齒諸書皆云正元二年司馬文
王反自樂嘉殺嵇康呂安蓋緣世語云康欲舉兵應毋丘儉
故謂破儉便應殺康也其實不然山濤為選官欲舉康自代
康書告絕事之明審者也案濤行狀濤始以景元二年除吏
部郎耳景元與正元相覺七八年以濤行狀檢之如本傳為
審又鍾會傳亦云會作司隸校尉時誅康會作司隸景元中
也干寶云呂安兄巽善於鍾會巽為相國掾俱有寵於司馬
文王故遂抵安罪尋文王以景元四年鍾鄧平蜀後始授相
國位若巽為相國掾時陷安焉得以破毋丘儉年殺嵇呂此
又干寶之疏謬自相違伐也　康子紹字延祖少知名山濤
啟以為祕書郎稱紹平簡溫敏有文思又曉音當成濟者帝
曰紹如此便可以為丞不足復為郎也遂歷顯位　晉諸公
贊曰紹與山濤子簡弘農楊準同好友善而紹最有忠正之
情以侍中從惠帝北伐成都王王師敗績百官奔走惟紹獨
以身扞衛遂死於帝側故累見褒崇。贈太尉謚曰忠穆公

景初中下邳桓威出自孤微年十八而著渾輿

經依道以見意從齊國門下書佐司徒署吏後
為安成令吳質濟陰人以文才為文帝所善官
至振威將軍假節都督河北諸軍事封列侯　魏略
曰質字季重以才學通博為五官將及諸侯所禮愛質亦善
處其兄弟之間若前世樓君卿之遊五侯矣及河北平定大
將軍為世子質與劉楨等並在坐席楨坐譴之際質出為朝
歌長後遷元城令其後大將軍西征太子南在孟津小城與
質書曰季重無恙途路雖局官守有限願言之懷良不可任
足下所治僻左書問致簡益用增勞每念昔日南皮之遊誠
不可忘既妙思六經逍遙百氏彈棊間設終以博弈高談娛
心哀箏順耳馳騖北場旅食南館浮甘瓜於清泉沈朱李於
寒水皦日既沒繼以朗月同乘並載以游後園輿輪徐動賓
從無聲清風夜起悲笳微吟樂往哀來愴然傷懷余顧而言
茲樂難常足下之徒咸以為然今果分別各在一方元瑜長
逝化為異物每一念至何時可言方今蕤賓紀辰景風扇物
天氣和暖衆果具繁時駕而游北遵河曲從者鳴笳以啟路
文學託乘於後車節同時異物是人非我勞如何今遣騎到

鄴故使枉道相過行矣自愛二十三年太子又與質書曰歲
月易得別來行復四年三年不見東山猶歎其遠況乃過之
思何可支雖書疏往反未足解其勞結昔年疾疫親故多離
其災徐陳應劉一時俱逝痛何可言邪昔日游處行則同輿
止則接席何嘗須臾相失每至觴酌流行絲竹並奏酒酣耳
熱仰而賦詩當此之時忽然不自知樂也謂百年已分長共
相保何圖數年之間零落略盡言之傷心頃撰其遺文都為
一集觀其姓名已為鬼錄追思昔游猶在心目而此諸子化
為糞壤可復道哉觀古今文人類不護細行鮮能以名節自
立而偉長獨懷文抱質恬淡寡欲有箕山之志可謂彬彬君
子矣著中論二十餘篇成一家之業辭義典雅足傳于後此
子為不朽矣德璉常斐然有述作意才學足以著書美志不
遂良可痛惜間歷觀諸子之文對之抆淚既痛逝者行自念
也孔璋章表殊健微為繁富公幹有逸氣但未遒耳至其五
言詩妙絕當時元瑜書記翩翩致足樂也仲宣獨自善於辭
賦惜其體弱不足起其文至於所善古人無以遠過也昔伯
牙絕弦於鍾期仲尼覆醢於子路愍知音之難遇傷門人之
莫逮也諸子但為未及古人自一時之儁也今之存者已不
逮矣後生可畏來者難誣然吾與足下不及見也行年已長
大所懷萬端時有所慮至乃通夕不瞑何時復類昔日已成

老翁但未白頭耳光武言年已三十在軍十年所更非一吾
德雖不及年與之齊以犬羊之質服虎豹之文無衆星之明
假日月之光動見瞻觀何時易邪恐永不復得為昔日游也少
壯真當努力年一過往何可攀援古人思秉燭夜游良有以
也頃何以自娛頗復有所造述不東望於邑裁書叙心　臣
松之以本傳雖略載太子此書美辭多被刪落今故悉取魏
略所述以備其文　太子即王位又與質書曰南皮之游存者
三人烈祖龍飛或將或侯今惟吾子棲遲下土從我游處獨
不及門缾罄罍恥能無懷愧路不云遠今復相聞　初曹真曹
休亦與質等俱在勃海游處時休真亦以宗親並受爵封出
為列將而質故為長史王顧質有望故稱二人以慰之　始質
為單家少游遨貴戚間蓋不與鄉里相沈浮故雖已出官本
國猶不與之士名及魏有天下文帝徵質與車駕會洛陽到
拜北中郎將封列侯使持節督幽并諸軍事治信都太和中
入朝質自以不為本郡所饒謂司徒董昭曰我欲溺鄉里耳
昭曰君且止我年八十不能老為君溺攢也　世語曰魏王
嘗出征世子及臨菑侯植並送路側植稱述功德發言有章
左右屬目王亦悅焉世子悵然自失吳質耳曰王當行流涕
可也及辭世子泣而拜王及左右咸歔欷於是皆以植辭多
華而誠心不及也　質別傳曰帝嘗召質及曹休歡會命郭

后出見質等帝曰卿仲謗視之其至親如此質黃初五年朝京師詔上將軍及特進以下皆會質所太官給供具酒酣質欲盡歡時上將軍曹眞性肥中領軍朱鑠性瘦質召優使說肥瘦眞負貴恥見戲怒謂質曰卿欲以部曲將遇我耶驃騎將軍曹洪輕車將軍王忠言將軍必欲使上將軍服肥即自宜爲瘦眞愈恚拔刀瞋目言俳敢輕脫吾斬爾遂罵坐質案劒曰曹子丹汝非屠机上肉吳質吞爾不搖喉咀爾不搖牙何敢恃勢驕邪鑠因起曰陛下使吾等來樂卿耳乃至此邪質顧叱之曰朱鑠敢壞坐諸將軍皆還坐鑠性急愈恚還拔劒斬地遂便罷也及文帝崩質思慕作詩曰愴愴懷殷憂殷憂不可居徙倚不能坐出入步踟躕念蒙聖主恩榮爵與衆殊自謂永終身志氣甫當舒何意中見棄棄我歸黃壚榮榮靡所恃淚下如連珠隨沒無所益身死名不書慷慨自僶俛庶幾烈丈夫太和四年入爲侍中時司空陳羣錄尚書事帝初親萬機質以輔弼大臣安危之本對帝盛稱驃騎將軍司馬懿忠智至公社稷之臣也陳羣從容之士非國相之才處重任而不親事帝甚納之明日有切詔以督責羣而天下以司空不如長文即羣言無實也質其年夏卒質先以怙威肆行謚曰醜侯質子應仍上書論枉至正元中乃改謚威侯應字溫舒晉尚書應子康字子仲知名於時亦至大位

衛覬傳

衛覬字伯儒河東安邑人也少夙成以才學稱太祖辟爲司空掾屬除茂陵令尚書郎太祖征袁紹而劉表爲紹援關中諸將又中立益州牧劉璋與表有隙覬以治書侍御史使益州令璋下兵以綴表軍至長安道路不通覬不得進遂留鎭關中時四方大有還民關中諸將多引爲部曲覬書與荀彧曰關中膏腴之地頃遭荒亂人民流入荊州者十萬餘家聞本土安寧皆企望思歸而歸者無以自業諸將各競招懷以爲部

曲郡縣貧弱不能與爭兵家遂彊一旦變動必有後憂夫鹽國之大寶也自亂來放散宜如舊置使者監賣以其直益市犂牛若有歸民以供給之勤耕積粟以豐殖關中遠民聞之必日夜競還又使司隸校尉留治關中以爲之主則諸將日削官民日盛此彊本弱敵之利也彧以白太祖太祖從之始遣謁者僕射監鹽官司隸校尉治弘農關中服從乃白召覬還稍遷尚書魏書曰初漢朝遷移臺閣舊事散亂自都許之後漸有綱紀覬以古義多所正定是時關西諸將外雖懷附內未可信司隸校尉鍾繇求以三千兵入關外託討張魯內以脅取質任太祖使荀彧問覬覬以爲西方諸將皆豎夫屈起無雄天下意苟安樂目前而已今國家厚加爵號得其所志非有大故不憂爲

變也宜爲後圖若以兵入關中當討張魯魯在深山道徑不通彼必疑之一相驚動地險衆彊殆難爲慮彧以覬議呈太祖太祖初善之而以繇自典其任遂從繇議兵始進而關右大叛太祖自親征僅乃平之死者萬計太祖悔不從覬議由是益重覬

魏國既建拜侍中與王粲並典制度文帝即王位徙爲尚書頃之還漢朝爲侍郎勸贊禪代之義爲文誥之詔文帝踐阼復爲尚書封陽吉亭侯明帝即位進封閺鄉侯三百戶閺音聞覬奏曰九章之律自古所傳斷定刑罪其意微妙百里長吏皆宜知律刑法者國家之所貴重而私議之所輕賤獄吏者百姓之所縣命而選用者之所卑下王政之弊未必不由此也請置律博士轉相教授事遂

施行時百姓凋匱而役務方殷覬上疏曰夫變情厲性彊所不能人臣之所既不易人主受之又艱難且人之所樂者富貴顯榮也所惡者貧賤死亡也然此四者君上之所制也君愛之則富貴顯榮君惡之則貧賤死亡順指者愛所由來逆意者惡所從至也故人臣皆爭順指而避逆意非破家爲國殺身成君者誰能犯顏色觸忌諱建一言開一說哉陛下留意察之則臣下之情可見矣今議者多好悅耳其言政治則比陛下於堯舜其言征伐則比二虜於貍鼠臣以

爲不然昔漢文之時諸侯彊大賈誼累息以爲至危況今四海之內分而爲三羣士陳力各爲其主其來降者未肯言舍邪就正咸稱迫於困急是與六國分治無以爲異也當今千里無煙遺民困苦陛下不善留意將遂凋弊難可復振禮天子之器必有金玉之飾飲食之肴必有八珍之味至於凶荒則徹膳降服然則奢儉之節必視世之豐約也武皇帝之時後宮食不過一肉衣不用錦繡茵蓐不緣飾器物無丹漆用能平定天下遺福子孫此皆陛下之所親覽也當

今之務宜君臣上下並用籌策計校府庫量入爲出深思句踐滋民之術由恐不及而尚方所造金銀之物漸更增廣工役不輟侈靡日崇帑藏日竭昔漢武信求神仙之道謂當得雲表之露以餐玉屑故立僊掌以承高露陛下通明每所非笑漢武有求於露而由尚見非陛下無求於露而空設之不益於好而糜費功夫誠皆聖慮所宜裁制也覬歷漢魏時獻忠言率如此受詔典著作又爲魏官儀凡所撰述數十篇好古文鳥篆隸草無所不善建安末尚書右丞河南

潘勗（文章志曰勗字加茂初名芝改名勗後避諱或曰勖獻帝時爲尚書郎遷右丞詔以勗前在二千石曹才敏兼通明習舊事敕并領本職數加特賜二十年遷東海相未發留拜尚書左丞其年病卒時年五十餘魏公九錫策命勗所作也勗子滿平原太守亦以學行稱潘子尼字正叔尼別傳曰尼少有清才文辭溫雅初應州辟後以父老歸供養居家十餘年父終晚乃出仕尼嘗贈陸機詩機荅之其四句曰猗歟潘生世篤其藻仰儀前文不隆祖考位終太常尼從父岳字安仁岳別傳曰岳美姿容風以才穎發名其所著述清綺絕倫爲黃門侍郎爲孫秀所殺尼岳文翰並見重於世尼從子滔字湯仲晉諸公贊滔以博學才量爲名永嘉末爲河南尹遇害）黃初時散騎常侍河內王象亦與覬並以文章顯（王象事別見楊俊傳）覬薨諡曰敬侯子瓘嗣瓘咸熙中爲鎮西將軍（晉陽秋曰瓘字伯玉清貞有名理少爲傅嘏所知弱冠爲尚書郎遂歷位內外爲晉尚書令司空太保惠帝初輔政爲楚王瑋所害　世語曰瓘與扶風內史燉煌索靖並善草書瓘子恒字巨山黃門侍郎恒子玠字叔寶有盛名爲大子洗馬早卒）

劉廙傳

劉廙字恭嗣南陽安衆人也年十歲戲於講堂上潁川司馬德操拊其頭曰孺子孺子黃中通理寧自不知不廙兄望之有名於世荊州牧劉表辟爲從事而其友二人皆以讒毀爲表所誅望之又以正諫不合投傳告歸廙謂望之曰趙殺鳴犢仲尼回輪劉向新序曰趙簡子欲專天下謂其相曰趙有犢犨晉有鐸鳴魯有孔丘吾殺三人者天下可王也於是乃召犢犨鐸鳴而問政焉已即殺之使使者聘孔子於魯以胖牛肉迎於河上使者謂船人曰孔子即上船中河必流而殺之孔子至使者致命進胖牛之肉孔子仰天而歎曰美哉水乎洋洋乎使丘不濟此水者命也夫子路趨而進曰敢問何謂也孔子曰夫犢犨鐸鳴晉國之賢大夫也趙簡子未得意之時須而後從政及其得意也殺之黃龍不反于涸澤鳳凰不離其罻羅故刳胎焚林則麒麟不臻覆巢破卵則鳳凰不翔竭澤而漁則龜龍不見鳥獸之於不仁猶知避之況丘乎故虎嘯而谷風起龍興而景雲見擊庭鍾於外而黃鍾應於內夫物類之相感精神之相應若響之應聲影之象形故君子違傷其類者今彼已殺吾類矣何爲之此乎於是遂回車不渡而還今兄既不能法柳下惠和光同塵於內則宜模范蠡遷化於外坐而自絕於時殆不可也望之不從尋復見害廙懼奔揚州廙別傳載廙道路爲牋謝劉表曰考剝過蒙分遇榮授之顯不有管狐桓文之烈孤德隕命精誠不遂兄望之見禮在昔既無堂構昭前之績中規不密用墜禍辟斯乃明神弗祐天降之災以悔吝之負疏離及廙之愚淺言行多違懼有浸潤三至之間考肉之愛已衰望之之責猶存必傷天慈既往之分門戶殪滅取笑明哲是用迸竄永涉川路即日到廬江尋陽昔鍾儀有南音之操椒舉有班荊之思雖遠猶邇敢忘前施傳子曰表既殺望之荊州士人皆自危也夫表之本心於望之不輕也以直[illegible]而讒言得入者以無容直之度也據

全楚之地不能以成功者未必不由此也夷叔迕武王以成名丁公順高祖以受戮二主之度遠也若不遠其度惟褊心是從難乎以容民畜衆矣遂歸太祖太祖辟爲丞相掾屬轉五官將文學文帝器之命廙通草書廙答書曰初以尊卑有踰禮之常分也是以貪守區區之節不敢脩草必如嚴命誠知勞謙之素不貴殊異若彼之高而惇白屋如斯之好苟使郭隗不輕於燕九九不忽於齊樂毅自至霸業以隆戰國策曰有以九九求見齊桓公桓公不納其人曰九九小術而君納之況大於九九者乎於是桓公設庭燎之禮而見之居無幾隰朋自遠而至齊遂以霸虧匹夫之節成巍巍之美雖愚不敏何敢以辭魏國初建爲黃門侍郎太祖在長安欲親征蜀廙上疏曰聖人不以智輕俗王者不以人廢言故能成功於千載者必以近察遠智周於獨斷者不恥於下問亦欲博采必盡於衆也且韋弦非能言之物而聖賢引以自匡臣才智闇淺願自比於韋弦昔樂毅能用弱燕破大齊而不能以輕兵定即墨者夫自爲計者雖弱必固欲自潰者雖彊必敗也自殿下起軍以來三十餘年敵無不破彊無不服今以海內之兵百勝之威而孫權負險於吳劉備不賓於蜀夫夷狄之臣不當冀州之卒權備之籍不比袁紹之業

然本初以亡而二寇未捷非闇弱於今而智武於昔也斯自為計者與欲自潰者異勢耳故文王伐崇三駕不下歸而脩德然後服之秦為諸侯所征必服及兼天下東向稱帝匹夫大呼而社稷用隳是力斃於外而不卹民於內也臣恐邊寇非六國之敵而世不乏才土崩之勢此不可不察也天下有重得有重失勢可得而我勤之此重得也勢不可得而我勤之此重失也於今之計莫若料四方之險擇要害之處而守之選天下之甲卒隨方面而歲更焉殿下可高枕於廣夏潛思於治國廣農桑事從節約脩之旬年則國富民安矣太祖遂進前而報廙曰非但君當知臣臣亦當知君今欲使吾坐行西伯之德恐非其人也魏諷反廙弟偉為諷所引當相坐誅太祖令曰叔向不坐弟虎古之制也特原不問廙別傳曰初廙弟偉與諷善廙戒之曰夫交友之美在於得賢不可不詳而世之交者不審擇人務合黨衆違先聖人交友之義此非厚己輔仁之謂也吾觀魏諷不脩德行而專以鳩合為務華而不實此直攪世治名者也卿其慎之勿復與通偉不從故及於難徙署丞相倉曹屬廙上疏謝曰臣罪應傾宗禍應覆族遭乾坤之靈值時來之運揚湯止沸使不燋爛起煙於寒灰之上生華於

已枯之木物不荅施於天地子不謝生於父母可以死效難用筆陳廙別傳載廙表論治道曰昔者周有亂臣十人有婦人焉九人而已孔子稱才難不其然乎明賢者難得也況亂弊之後百姓凋盡士之存者蓋亦無幾股肱大職及州郡督司邊方重任雖備其官亦未得人也此非選者之不用意蓋才匱使之然耳況於長吏以下羣職小任能皆簡練備得其人也其計莫如督之以法不爾而數轉易往來不已送迎之煩不可勝計轉易之間輒有姦巧既於其事不省而為政者亦以其不得久安之故知惠益不得成於己而苟且之可免於患皆將不念盡心於卹民而夢想於聲譽此非所以為政之本意也今之所以為黜陟者近頗以州郡之毀譽聽往來之浮言耳亦皆得其事實而課其能否也長吏之所以為佳者奉法也憂公也卹民也此三事者或州郡有所不便往來者有所不安而長吏執之不已於治雖得計其聲譽未為美闕而從人於治雖失計其聲譽以集也長吏皆知黜陟之在於此也亦何能不去本而就末哉以為長吏皆宜使小久足使自展歲課之能三年總計乃加黜陟課之皆當以事不得依名事者皆以戶口率其墾田之多少及盜賊發興民之亡叛者為得負之計如此行之則無能之吏脩名無益有能之人無名無損法之一行雖無部司之監姦譽妄毀可得而盡事上太祖甚善之廙著書數十篇及與丁儀共論刑禮皆傳於世文帝即王位為侍中賜爵關內侯黃初二年卒廙別傳云時年四十二無子帝以弟子阜嗣案劉氏譜阜字伯陵陳留太守阜子喬字仲彥　晉陽秋曰喬有贊世志力惠帝末為豫州刺史喬胄胤不顯貴盛至今

劉劭傳

劉劭字孔才廣平邯鄲人也建安中為計吏詣許太史上言正旦當日蝕劭時在尚書令荀彧所坐者數十人或云當廢朝或云宜却會劭曰梓慎裨竈古之良史猶占水火錯失天時禮記

曰諸侯旅見天子及門不得終禮者四日蝕在一然則聖人垂制不為變豫廢朝禮者或災消異伏或推術謬誤也彧善其言勑朝會如舊日亦不蝕

晉永和中廷尉王彪之與揚州刺史殷浩書曰太史上元日合朔談者或有疑應卻會與不昔建元元年亦元日合朔庾車騎寫劉孔才所論以示八座于時朝議有謂孔才所論為不得禮議荀令從之是勝人之一失也何者禮云諸侯旅見天子入門不得終禮而廢者四太廟火日蝕后之喪雨霑服失容尋此四事之指自謂諸侯雖已入門而卒暴有之則不得終禮非為先存其事而徼倖史官推術錯謬故不豫廢朝禮也夫三辰有災莫大日蝕史官告譴而無懼容不脩豫防之禮而廢消救之術方大饗華戎君臣相慶豈是將處天災罪己之謂且檢之事實合朔之儀至尊靜躬殿堂不聽政事冕服御坐門闈之制與元會禮異自不得兼行則當權其事宜合朔之禮不輕於元會元會有可卻之準合朔無可廢之義謂應依建元故事卻元會浩從之竟卻會

御史大夫郗慮辟劭會慮免拜太子舍人遷祕書郎黃初中為尚書郎散騎侍郎受詔集五經羣書以類相從作皇覽明帝即位出為陳留太守敦崇教化百姓稱之徵拜騎都尉與議郎庾嶷荀詵等定科令作新律十八篇著律略論遷散騎常侍時聞公孫淵受孫權燕王之號議者欲留淵計吏遣兵討之劭以為昔袁尚兄弟歸淵父康康斬送其首是淵先世之效忠也又所聞虛實未可審知古者要荒未服脩德而不征重勞民也宜加寬貸使有以自新後淵果斬送權使張彌等首劭嘗

作趙都賦明帝美之詔劭作許都洛都賦時外興軍旅內營宮室劭作二賦皆諷諫焉青龍中吳圍合肥時東方吏士皆分休征東將軍滿寵表請中軍兵并召休將士須集擊之劭議以為賊眾新至心專氣銳寵以少人自戰其地若便進擊不必能制寵求待兵未有所失也以為可先遣步兵五千精騎三千軍前發揚聲進道震曜形勢騎到合肥疏其行隊多其旌鼓曜兵城下引出賊後擬其歸路要其糧道賊聞大軍來騎斷其後必震怖遁走不戰自破賊矣帝從之兵比至合肥賊果退還時詔書博求眾賢散騎侍郎夏侯惠薦劭曰伏見常侍劉劭深忠篤思體周於數凡所錯綜源流弘遠是以羣才大小咸取所同而斟酌焉故性實之士服其平和良正清靜之人慕其玄虛退讓文學之士嘉其推步詳密法理之士明其分數精比意思之士知其沈深篤固文章之士愛其著論屬辭制度之士貴其化略較要策謀之士贊其明思通微凡此諸論皆取適己所長而舉其支流者也臣數聽其清談覽其篤論漸漬歷年服膺彌久實為

朝廷奇其器量以爲若此人者宜輔翼機事納
謀幃幄當與國道俱隆非世俗所常有也惟陛
下垂優游之聽使劭承清閑之歡得自盡於前
則德音上通煇燿日新矣臣松之以爲凡相稱薦率多溢美之辭能不違中者或寡矣惠之稱劭云玄虛退讓及明思通微近於過也景初中受詔作都官考
課劭上疏曰百官考課王政之大較然而歷代弗
務是以治典闕而未補能否混而相蒙陛下以上
聖之宏略愍王綱之弛頹神慮內鑒明詔外發臣
奉恩曠然得以啓矇輒作都官考課七十二條又
作說略一篇臣學寡識淺誠不足以宣暢聖旨著

定典制又以爲宜制禮作樂以移風俗著樂論十
四篇事成未上會明帝崩不施行正始中執經講
學賜爵關內侯凡所撰述法論人物志之類百餘
篇卒追贈光祿勳子琳嗣劭同時東海繆襲亦
有才學多所述叙官至尚書光祿勳先賢行狀曰繆斐字文雅該覽經傳事親色養徵博士六辟公府漢帝在長安公卿博舉名儒時舉斐任侍中並無所就即襲父也文章志曰襲字熙伯辟御史大夫府歷事魏四世正始六年年六十卒子悅字孔懌晉光祿大夫襲孫紹播徵胤等並皆顯達襲
友人山陽仲長統漢末爲尚書郎早卒著昌言
詞佳可觀省襲撰統昌言表稱統字公理少好學博涉書記贍於文辭年二十餘游學青徐并冀之閒與交者多異之并州刺史高幹素貴有名招致四方游士多歸焉統過幹幹善待遇之訪以世事統謂幹曰君有雄志而

無雄才好士而不能擇人所以爲君深戒也幹雅自多不納
統言統去之無幾而幹敗并冀之士以是識統大司農常林
與統共在上黨爲臣道統性倜儻敢直言不拘小節每列郡
命召輒稱疾不就默語無常時人或謂之狂漢帝在許尚書
令荀彧領典樞機好士愛奇聞統名啓召以爲尚書郎後參
太祖軍事復還爲郎延康元年卒時年四十餘統每論說古
今世俗行事發憤歎息輒以
爲論名曰昌言凡二十四篇散騎常侍陳留蘇林魏略曰林字孝友博學多通古今字指凡諸書傳文閒危疑林皆釋之建安中爲五官將文學甚見禮待黃初中爲博士給事中文帝作典論所稱蘇林者是也以老歸第國家每遣人就問之數加賜遺年八十餘卒光祿大夫京
兆韋誕文章叙錄曰誕字仲將太僕端之子有文才善屬辭章建安中爲郡上計吏特拜郎中稍遷侍中中書監以光祿大夫遜位年七十五卒于家初邯鄲淳衞覬及誕並善書有名覬孫恒撰四體書勢其序古文曰自秦用篆書焚燒先典而古文絕矣漢武帝時魯恭王壞孔子宅得尚書春秋論語孝經時人已不復知有古文謂之科斗書漢世祕藏希得見之魏初傳古文者出於邯鄲淳敬侯寫淳尚書後以示淳而淳不別至正始中立三字石經轉失淳法因科

斗之名遂效其法太康元年汲縣民盜發魏襄王冢得策書十餘萬言案敬侯所書猶有髣髴敬侯謂覬也其序篆書曰秦時李斯號爲工篆諸山及銅人銘皆斯書也漢建初中扶風曹喜少異於斯而亦稱善邯鄲淳師焉略究其妙韋誕師淳而不及也太和中誕爲武都太守以能書留補侍中魏氏寶器銘題皆誕書云漢末又有蔡邕采斯喜之法爲古今雜形然精密簡理不如淳也其序隸書已略見武紀又曰師宜官爲大字邯鄲淳爲小字梁鵠謂淳得次仲法然鵠之用筆盡其勢矣其序草書曰漢興而有草書不知作者姓名至章帝時齊相杜度號善作篇後有崔瑗崔寔亦皆稱工杜氏然字甚安而書體微瘦崔氏甚得筆勢而結字小疏弘農張伯英者因而轉精其巧凡家之衣帛必書而後練之臨池學書池水盡黑下筆必爲楷則號匆匆不暇草寸紙不見遺至今世人尤寶之韋仲將謂之草聖伯英弟文舒者次伯英又有姜孟穎梁孔達田彥和及韋仲將之徒皆伯英弟子有名於世然殊不及文舒也樂安太守譙國
夏侯惠惠淵子事在淵傳陳郡太守任城孫該文章叙錄曰該字公達彊志好學年二十上計掾召爲郎中著魏書遷博士司徒右長史復還入著作景元二年卒官郎中令河

東杜摯等亦著文賦頌傳於世文章敘錄曰摯字德魯初上笳賦署司徒軍謀吏後舉孝廉除郎中轉補校書摯與毌丘儉鄉里相親故為詩與儉求仙人藥一丸欲以感切儉求助也其詩曰騏驥馬不試婆娑槽櫪間壯士志未伸坎軻多辛酸伊摯為媵臣呂望身操竿夷吾困商販甯戚對牛歎食其處監門淮陰飢不餐買臣老負薪妻畔呼不還釋之宦十年位不增故官才非八子倫而與齊其患無知不在此袁盎未有言被此篤病久榮衞動不安聞有韓衆藥信來給一丸儉荅曰鳳鳥翔京邑哀鳴有所思才為聖世出德音何不怡八子未遭遇今者遘明時胡康出壟畝楊偉無根基飛騰沖雲天奮迅協光熙駿驥骨法異伯樂觀知之但當養羽翮鴻舉必有期體無纖微疾安用問良醫聯翩輕栖集還為燕雀嗤韓衆藥雖良或更不能治悠悠千里情薄言荅嘉詩信心感諸中中實不在辭摯竟不得遷卒于秘書　盧江何氏家傳曰明帝時有譙人胡康年十五以異才見送又陳損益求試劇縣詔特引見衆論翕然號為神童詔付秘書使博覽典籍帝以問秘書丞何禎康才何如禎荅曰康雖有才性質不端必有負敗後果以過見譴　臣松之案魏朝自微而顯者不聞胡康疑是孟康康事見杜恕傳楊偉見曹爽傳

傅嘏傳

傅嘏字蘭石北地泥陽人傅介子之後也伯父巽黃初中為侍中尚書傅子曰嘏祖父睿代郡太守父充黃門侍郎嘏弱冠知名傅子曰是時何晏以材辯顯於貴戚之間鄧颺好變通合徒黨鬻聲名於閭閻而夏侯玄以貴臣子少有重名為之宗主求交於嘏而不納也嘏友人荀粲有清識遠心然猶怪之謂嘏曰夏侯泰初一時之傑虛心交子合則好成不合則怨至二賢不睦非國之利此藺相如所以下廉頗也嘏荅之曰泰初志大其量能合虛聲而無實才何平叔言遠而情近好辯而無誠所謂利口覆邦國之人也鄧玄茂有為而無終外要名利內無關鑰貴同惡異多言而妬前多言多釁妬前無親以吾觀此三人皆敗德也遠之猶恐禍及況昵之乎司空陳羣辟為掾時散騎常侍劉劭作考課法事下三府嘏難劭論曰蓋聞帝制宏深聖道奧遠苟非其才則道不虛行神而明之存乎其人暨乎王略虧頹而曠載罔綴微言既没六籍泯玷何則道弘致遠而衆才莫晞也案劭考課論雖欲尋前代黜陟之文然其制度略以闕亡禮之存者惟有周典外建侯伯藩屏九服內立列司筦齊六職土有恒貢官有定則百揆均任四民殊業故考績可理而黜陟易通也大魏繼百王之末承秦漢之烈制度之流靡所脩采自建安以來至于青龍神武撥亂肇基皇祚掃除凶逆芟夷遺寇旌旗卷舒日不暇給及經邦治戎權法並用百官羣

司軍國通任隨時之宜以應政機以古施今事雜義殊難得而通也所以然者制宜經遠或不切近法應時務不足垂後夫建官均職清理民物所以立本也循名考實糾勵成規所以治末也本綱未舉而造制未呈國略不崇而考課是先懼不足以料賢愚之分精幽明之理也昔先王之擇才必本行於州閭講道於庠序行具而謂之賢道脩則謂之能鄉老獻賢能于王王拜受之舉其賢者出使長之科其能者入使治之此先王收才之義也方今九州之民爰及京城

未有六鄉之舉其選才之職專任吏部案品狀則實才未必當任薄伐則德行未為敘如此則殿最之課未盡人才述綜王度敷贊國式體深義廣難得而詳也正始初除尚書郎遷黃門侍郎時曹爽秉政何晏為吏部尚書嘏謂爽弟羲曰何平叔外靜而內銛巧好利不念務本吾恐必先惑子兄弟仁人將遠而朝政廢矣晏等遂與嘏不平因微事以免嘏官起家拜滎陽太守不行太傅司馬宣王請為從事中郎曹爽誅為河南尹

傅子曰河南尹內掌帝都外統京畿兼古六鄉六遂之士其民異方雜居多豪門大族商賈胡貊天下四方會利之所聚而姦之所生前尹司馬芝舉其綱而太簡次尹劉靜綜其目而太密後尹李勝毀常法以收一時之聲嘏立司馬氏之綱統裁劉氏之綱目以經緯之李氏所毀以漸補之郡有七百吏半非舊也河南俗黨五官掾功曹典選職皆授其本國人無用異邦人者嘏各舉其良而對用之官曹分職而後以次考核之其治以德教為本然持法有恒簡而不可犯見理識情獄訟不加賈楚而得其實不為小惠有所薦達及大有益於民事皆隱其端迹若不由己出故當時無赫赫之名吏民久而後安之

遷尚書嘏常以為秦始罷侯置守設官分職不與古同漢魏因循以至于今然儒生學士咸欲錯綜以三代之禮禮弘致遠不應時務事與制違名實未附故歷代而不至於治者蓋由是也欲大改定官制依古正本今遇帝室多難未能革易時論者議欲自伐吳三征

獻策各不同詔以訪嘏嘏對曰昔夫差陵齊勝晉威行中國終禍姑蘇齊閔兼土拓境闢地千里身蹈顛覆有始不必善終古之明效也孫權自破關羽并荊州之後志盈欲滿凶宄以極是以宣文侯深建宏圖大舉之策今權以死託孤於諸葛恪若矯權苛暴蠲其虐政民免酷烈偷安新惠外內齊慮有同舟之懼雖不能終自保完猶足以延期挺命於深江之外矣而議者或欲汎舟徑濟橫行江表或欲四道並進攻其城壘或欲大佃疆埸觀釁而動誠皆取賊之常計也然自治兵以來出入三載非掩襲之軍也賊之為寇幾六十年矣君臣偽立吉凶共患又喪其元帥上下憂危設令列船津要堅城據險橫行之計其殆難捷惟進軍大佃最差完牢兵出民表寇鈔不犯坐食積穀不煩運士乘釁討襲無遠勞費此軍之急務也昔樊噲願以十萬之衆橫行匈奴季布面折其短今欲越長江涉虜庭亦向時之喻也未若明法練士錯計於全勝之地振長策以禦敵之餘燼斯必然之數也

司馬彪戰略載嘏此對詳於本傳今悉載之以盡其意彪曰嘉平四年四月孫權死征南大將軍王昶征東將軍胡遵鎮

南將軍毋丘儉等表請征吳朝廷以三征計異詔訪尚書傅嘏嘏對曰昔夫差勝齊陵晉威行中國不能以免姑蘇之禍齊閔辟土兼國開地千里不足以救顛覆之敗有始不必善終古事之明效也孫權自破蜀兼平荊州之後志盈欲滿罪戮忠良誅及胤嗣元凶已極相國宣文侯先識取亂侮亡之義深達宏圖大舉之策今權已死託孤於諸葛恪若矯權苛暴蠲其虐政民免酷烈偷安新惠外內齊慮有同舟之懼雖不能終自保完猶足以延期挺命於深江之表矣相等或欲汎舟徑濟橫行江表收民略地因糧於寇或欲四道並進臨之以武誘間攜貳待其崩壞或欲進軍大佃偪其項領積穀觀釁相時而動凡此三者皆取賊之常計也然施之當機則功成名立苟不應節必貽後患自治兵已來出入三載非掩襲之軍也賊喪元帥利存退守若撰飾舟楫羅船津要堅城清野以防卒攻橫行之計殆難必施賊之爲寇幾六十年君臣僞立吉凶同患若恪蠲其弊天去其疾崩潰之應不可卒待今邊壤之守與賊相遠賊設羅落又持重密間諜不行耳目無聞夫軍無耳目校察未詳而舉大衆以臨巨險此爲希幸徼功先戰而後求勝非全軍之長策也唯有進軍大佃最差完牢可詔昶遵等擇地居險審所錯置及令三方一時前守奪其肥壤使還耕墝土一也兵出民表寇鈔不犯二也招懷近路降附日至三也羅落遠設間構不來四也賊退其守羅落必淺佃作易之五也坐食積穀士不運輸六也釁隙時聞討襲速決七也凡此七者軍事之急務也不據則賊擅便資據之則利歸於國不可不察也夫屯壘相偪形勢已交智勇得陳巧拙得用策之而知得失之計角之而知有餘不足虜之情僞將焉所逃夫以小敵大則役煩力竭以貧敵富則斂重財匱故敵逸能勞之飽能飢之此之謂也然後盛衆厲兵以震之參惠倍賞以招之多方廣似以疑之由不虞之道以間其不戒比及三年左提右挈虜必冰散瓦解安受其弊可坐算而得也昔漢氏歷世常患匈奴朝臣謀士早朝晏罷介冑之將則陳征伐搢紳之徒咸言和親勇奮之士思展搏噬故樊噲願以十萬之衆橫行匈奴季布面折其短李信求以二十萬獨舉楚人而果辱秦軍今諸將有陳越江陵險獨步虜庭即亦向時之類也以陛下聖德輔相忠賢法明士練錯計於全勝之地振長策以禦之虜之崩潰必然之數故兵法曰屈人之兵而非戰也拔人之城而非攻也若釋廟勝必然之理而行萬一不必全之路誠愚臣之所慮也故謂大佃而偪之計最長時不從嘏言其年十一月詔昶等征吳五年正月諸葛恪拒戰大破衆軍於東關 後吳大將軍諸葛恪新破東關乘

勝揚聲欲向青徐朝廷將爲之備嘏議以爲淮海非賊輕行之路又昔孫權遣兵入海漂浪沉溺略無子遺恪豈敢傾根竭本寄命洪流以徼乾沒乎 漢書張湯傳曰湯始爲小吏乾沒與長安富賈田甲魚翁叔之屬交私服虔說曰乾沒射成敗也如淳曰得利爲乾失利爲沒 臣松之以虔直以乾沒爲射成敗而不說乾沒之義究理猶爲未暢淳以得利爲乾又不可了愚謂乾讀宜爲干燥之干蓋謂有所徼射不計干燥之與沉沒而爲之 恪不過遣偏率小將素習水軍者乘海泝淮示動青徐恪自并兵來向淮南耳後恪果圖新城不克而歸嘏常論才性同異鍾會集而論之 傅子曰嘏既達治好正而有清理識要好論才性原本精微鮮能及之司隸校尉鍾會年甚少嘏以明智交會 臣松之案傅子前云嘏了夏侯之必敗不與之交而此云與鍾會善愚以爲夏侯玄以名重致患釁由外至鍾會以利動取敗禍自己出然則夏侯之危兆難覩而鍾氏之敗形易照也嘏若了夏侯之必危而不見鍾會之將敗則爲識有所蔽難以言通若皆知其不終而情有彼此是爲厚薄由于愛憎奚豫於成敗哉以愛憎爲厚薄又虧於雅體矣傅子此論非所以益嘏也 嘉平末賜爵關內侯高貴鄉公即尊位進封武鄉亭侯正元二年春毋丘儉文欽作亂或以司馬景王不宜自行可遣太尉孚往惟嘏及王肅勸之景王遂行 漢晉春秋曰嘏固勸景王行景王未從嘏重言曰淮楚兵勁而儉等負力遠鬬其鋒未易當也若諸將戰有利鈍大勢一失則公事敗矣是時景王新割目瘤創甚聞嘏言蹶然而起曰我請輿疾而東 以嘏守尚書僕射俱東儉欽破敗嘏有謀焉及景王薨嘏與司馬文王徑還洛陽文王遂以輔政語在鍾會傳 世語曰景王疾

甚以朝政授傳嘏嘏不敢授及薨嘏秘不發喪以景王命召文王於許昌領公軍焉　孫盛評曰晉宣景文王之相魏也權重相承王業基矣豈蕞爾傳嘏所宜間廁世語所云斯不然矣 會由是有自矜色嘏戒之曰子志大其量而勳業難爲也可不慎哉嘏以功進封陽鄉侯增邑六百戶幷前千二百戶　是歲薨時年四十七追贈太常謚曰元侯 傅子曰初李豐與嘏同州少有顯名早歷大官內外稱之嘏又不善也謂同志曰豐飾偽而多疑矜小失而昧於權利若處庸庸者可也自任機事遭明者必死豐後爲中書令與夏侯玄俱禍卒如嘏言嘏自少與冀州刺史裴徽散騎常侍荀粲善徽粲早亡又與鎮北將軍何曾司空陳泰尚書僕射荀顗後將軍鍾毓並善相友綜朝士俱爲名臣 子祗嗣咸熙中開建五等以嘏著勳前朝改封祗涇原子 晉諸公贊曰祗字子莊嘏少子也晉永嘉中至司空祗子宣字世弘世語稱宣以公正知名位至御史中丞宣弟暢字世道祕書丞沒在胡中著晉諸公贊及晉公卿禮秩故事

評曰昔文帝陳王以公子之尊博好文采同聲相應才士並出惟粲等六人最見名目而粲特處常伯之官興一代之制然其沖虛德宇未若徐幹之粹也衛覬亦以多識典故相時王之式劉劭該覽學籍文質周洽劉廙以清鑒著傅嘏用才達顯云 臣松之以爲傳嘏識量名輩寔當時高流而此評但云用才達顯既於題目爲拙又不足以見嘏之美也

王衛二劉傅傳第二十一

桓二陳徐衛盧傳第二十二　魏書國志二十二

桓階傳

桓階字伯緒長沙臨湘人也[魏書曰階祖父超父勝皆歷典州郡勝爲南陽太守著名南方]仕郡功曹太守孫堅舉階孝廉除尚書郎父喪還鄉里會堅擊劉表戰死階冒難詣表乞堅喪表義而與之後太祖與袁紹相拒於官渡表舉州以應紹階說其太守張羨曰夫舉事而不本於義未有不敗者也故齊桓率諸侯以尊周晉文逐叔帶以納王今袁氏反此而劉牧應之取禍之道也明府必欲立功明義全福遠禍不宜與之同也羨曰然則何向而可階曰曹公雖弱杖義而起救朝廷之危奉王命而討有罪孰敢不服今若舉四郡保三江以待其來而爲之內應不亦可乎羨曰善乃舉長沙及旁三郡以拒表遣使詣太祖太祖大悅會紹與太祖連戰軍未得南而表急攻羨羨病死城陷階遂自匿久之劉表辟爲從事祭酒欲妻以妻妹蔡氏階自陳已結婚拒而不受因辭疾告退太祖定荊州聞其爲張羨謀也異之辟爲丞相掾主簿遷趙郡太守魏國初建爲虎賁中郎將侍中時

太子未定而臨菑侯植有寵階數陳文帝德優齒長宜爲儲副公規密諫前後懇至[魏書稱階諫曰今太子仁冠羣子名昭海內仁聖達節天下莫不聞而大王甫以植而問臣臣誠惑之於是太祖知階篤於守正深益重焉]又毛玠徐奕以剛蹇少黨而爲西曹掾丁儀所不善儀屢言其短賴階左右以自全保其將順匡救多此類也遷尚書典選舉曹仁爲關羽所圍太祖遣徐晃救之不解太祖欲自南征以問羣下羣下皆謂王不亟行今敗矣階獨曰大王以仁等爲足以料事勢不也曰能大王恐二人遺力邪曰不然則何爲自往曰吾恐虜衆多而晃等勢不便耳階曰今仁等處重圍之中而守死無貳者誠以大王遠爲之勢也夫居萬死之地必有死爭之心內懷死爭外有彊救大王案六軍以示餘力何憂於敗而欲自往太祖善其言駐軍於摩陂賊遂退文帝踐阼遷尚書令封高鄉亭侯加侍中階疾病帝自臨省謂曰吾方託六尺之孤寄天下之命於卿勉之徙封安樂鄉侯邑六百戶又賜階三子爵關內侯祐以嗣子不封病卒又追贈關內侯後階疾篤遣使者即拜太常薨帝爲之流涕謚曰貞侯子嘉嗣以階

弟纂爲散騎侍郎賜爵關內侯嘉尚升遷亭公
主會嘉平中以樂安太守與吳戰於東關軍敗
沒謚曰壯侯子翊嗣世語曰階孫陵字元徽有名於晉武帝世至滎陽太守卒

陳羣傳 子泰

陳羣字長文潁川許昌人也祖父寔父紀叔父諶
皆有盛名寔字仲弓紀字元方諶字季方魏書曰寔德冠當時紀諶並名重於世寔爲太丘長遭黨錮隱居荊山遠近宗師之靈帝崩何進輔政引用天下名士徵寔欲以爲參軍以老病遂不至而辟諶爲司空掾早卒紀歷位平原相侍中大鴻臚著書數十篇世謂之陳子寔之亡也司空荀爽太僕令韓融並制緦麻執子孫禮四方至者車數千乘自太原郭泰等無不造門傳子曰寔亡天下致弔會其葬者三萬人制縗麻者以百數 先賢行狀曰大將軍何進遣屬弔祠謚曰文範先生于時寔紀高名並著而諶又配之世號曰三君每宰府辟命率皆同時羔鴈成羣丞掾交至豫州百姓皆圖畫寔紀諶之形象羣爲兒時寔常

奇異之謂宗人父老曰此兒必興吾宗魯國孔融
高才倨傲年在紀羣之間先與紀友後與羣交
更爲紀拜由是顯名劉備臨豫州辟羣爲別駕
時陶謙病死徐州迎備備欲往羣說備曰袁術
尚彊今東必與之爭呂布若襲將軍之後將軍
雖得徐州事必無成備遂東與袁術戰布果襲
下邳遣兵助術大破備軍備恨不用羣言舉茂
才除柘令不行隨紀避難徐州屬呂布破太祖
辟羣爲司空西曹掾屬時有薦樂安王模下邳
周逵者太祖辟之羣封還教以爲模逵穢德終

必敗太祖不聽後模逵皆坐姦宄誅太祖以謝
羣羣薦廣陵陳矯丹楊戴乾太祖皆用之後吳
人叛乾忠義死難矯遂爲名臣世以羣爲知人
除蕭贊長平令父卒去官後以司徒掾舉高第
爲治書侍御史轉參丞相軍事魏國既建遷爲
御史中丞時太祖議復肉刑令曰安得通理君
子達於古今者使平斯事乎昔陳鴻臚以爲死
刑有可加於仁恩者正謂此也御史中丞能申
其父之論乎羣對曰臣父紀以爲漢除肉刑而
增加笞本興仁惻而死者更衆所謂名輕而實

重者也名輕則易犯實重則傷民書曰惟敬五
刑以成三德易著劓刖滅趾之法所以輔政助
教懲惡息殺也且殺人償死合於古制至於傷
人或殘毀其體而裁翦毛髮非其理也若用古
刑使淫者下蠶室盜者刖其足則永無淫放穿
踰之姦矣夫三千之屬雖未可悉復若斯數者
時之所患宜先施用漢律所殺殊死之罪仁所
不及也其餘逮死者可以刑殺如此則所刑之
與所生足以相貿矣今以笞死之法易不殺之
刑是重人支體而輕人軀命也時鍾繇與羣議

同王朗及議者多以爲未可行太祖深善羣言以軍事未罷顧衆議故且寢羣轉爲侍中領丞相東西曹掾在朝無適無莫雅杖名義不以非道假人文帝在東宮深敬器焉待以交友之禮常歎曰自吾有回門人日以親及即王位封羣昌武亭侯從爲尚書制九品官人之法羣所建也及踐阼遷尚書僕射加侍中徙尚書令進爵潁鄉侯帝征孫權至廣陵使羣領中領軍帝還假節都督水軍還許昌以羣爲鎮軍大將軍領中護軍録尚書事帝寢疾羣與曹真司馬宣王等並受遺詔輔政明帝即位進封潁陰侯增邑五百并前千三百户與征東大將軍曹休中軍大將軍曹真撫軍大將軍司馬宣王並開府頃之爲司空故録尚書事是時帝初莅政羣上疏曰詩稱儀刑文王萬邦作孚又曰刑于寡妻至于兄弟以御于家邦道自近始而化洽於天下自喪亂已來干戈未戢百姓不識王教之本懼其陵遲已甚陛下當盛魏之隆荷二祖之業天下想望至治唯有以崇德布化惠恤黎庶則兆民幸甚夫臣下雷同是非相蔽國之大患也若不和睦則有讎

黨有讎黨則毀譽無端毀譽無端則真僞失實不可不深防備有以絶其源流太和中曹真表欲數道伐蜀從斜谷入羣以爲太祖昔到陽平攻張魯多收豆麥以益軍糧魯未下而食猶乏今既無所因且斜谷阻險難以進退轉運必見鈔截多留兵守要則損戰士不可不熟慮也帝從羣議真復表從子午道羣又陳其不便并言軍事用度之計詔以羣議下真真據之遂行會霖雨積日羣又以爲宜詔真還帝從之後皇女淑薨追封諡平原懿公主羣上疏曰長短有命存亡有分故聖人制禮或抑或致以求厥中防墓有不脩之儉嬴博有不歸之魂夫大人動合天地垂之無窮又大德不踰閑動爲師表故也八歲下殤禮所不備況未朞月而以成人禮送之加爲制服舉朝素衣朝夕哭臨自古已來未有此比而乃復自往視陵親臨祖載願陛下抑割無益有損之事但悉聽羣臣送葬乞車駕不行此萬國之至望也聞車駕欲幸摩陂實到許昌二宮上下皆悉俱東舉朝大小莫不驚怪或言欲以避衰或言欲以便處移殿舍或不知何故臣以

為吉凶有命禍福由人移徙求安則亦無益若必當移避繕治金墉城西宮及孟津別宮皆可權時分止可無舉宮暴露野次廢損盈節蠶農之要又賊地聞之以為大衰加所煩費不可計量且由吉士賢人當盛衰處安危秉道信命非徙其家以寧鄉邑從其風化無恐懼之心況乃帝王萬國之主靜則天下安動則天下擾行止動靜豈可輕脫哉帝不聽青龍中營治宮室百姓失農時羣上疏曰禹承唐虞之盛猶卑宮室而惡衣服況今喪亂之後人民至少比漢文景之時不過一大郡（臣松之案漢書地理志云元始二年天下戶口最盛汝南郡為大郡有三十餘萬戶則文景之時不能如是多也案晉太康三年地記晉戶有三百七十七萬吳蜀戶不能居半以此言之魏雖始承喪亂方晉亦當無乃大殊長文之言於是為過）加邊境有事將士勞苦若有水旱之患國家之深憂也且吳蜀未滅社稷不安宜及其未動講武勸農有以待之今舍此急而先宮室臣懼百姓遂困將何以應敵昔劉備自成都至白水多作傳舍興費人役太祖知其疲民也今中國勞力亦吳蜀之所願此安危之機也惟陛下慮之帝答曰王者宮室亦宜並立滅賊之後但當罷守耳豈可復興役邪是故

君之職蕭何之大略也羣又曰昔漢祖唯與項羽爭天下羽已滅宮室燒焚是以蕭何建武庫太倉皆是要急然猶非其壯麗今二虜未平誠不宜與古同也（孫盛曰周禮天子之宮有斲礱之制然質文之飾與時推移漢承周秦之弊宜敦簡約之化而何崇飾宮室示侈後嗣此乃武帝千門萬戶所以大興豈無所復增之謂邪況乃魏氏方有吳蜀之難四海罹塗炭之艱而述蕭何之過議以為令軌豈不惑於大道而昧得失之辨哉使百代之君眩於奢儉之中何之由矣詩云斯言之玷不可為也其斯之謂乎）夫人之所欲莫不有辭況乃天王莫之敢違前欲壞武庫謂不可不壞也後欲置之謂不可不置也若必作之固非臣下辭言所屈若少留神卓然回意亦非臣下之所及也漢明帝欲起德陽殿鍾離意諫即用其言後乃復作之殿成謂羣臣曰鍾離尚書在不得成此殿也夫王者豈憚一臣蓋為百姓也今臣曾不能少疑聖聽不及意遠矣帝於是有所減省初太祖時劉廙坐弟與魏諷謀反當誅羣言之太祖太祖曰廙名臣也吾亦欲赦之乃復位廙深德羣羣曰夫議刑為國非為私也且自明王之意吾何知焉其弘博不伐皆此類也青龍四年薨謚曰靖侯子泰嗣帝追思羣功德分羣戶邑封一子列侯（魏書曰羣前後數密陳得失每上封事輒削其草時人及其子弟莫能知也論者或譏羣居位）

拱默正始中詔撰羣臣上書以爲名臣奏議朝士乃見羣諫
事皆歎息焉袁子曰或云故少府楊阜豈非忠臣哉見人主
之非則勃然怒而觸之與人言未嘗不道也豈非所謂王臣
蹇蹇匪躬之故者歟答曰然可謂直士忠則吾不知也夫仁
者愛人施於君謂之忠施於親謂之孝忠孝者其本一也故仁
愛之至者君親有過諫而不入求之反覆不得已而言不忍
宣也今爲人臣見人主失道直詆其非而播揚其惡可謂直
士未爲忠臣也故司空陳羣則不然其談論終日未嘗言人
主之非書數十上而外人不
知君子謂羣於是乎長者矣

泰字玄伯青龍中除散騎侍郎正始中徙游擊將軍爲并州刺史加振威將軍使持節護匈奴中郎將懷柔夷民甚有威惠京邑貴人多寄寶貨因泰市奴婢泰皆挂之於壁不發其封及徵爲尚書悉以還之嘉平初代郭淮爲雍州刺史

加奮威將軍蜀大將軍姜維率衆依麴山築二城使牙門將句安李歆等守之聚羌胡質任等寇偪諸郡征西將軍郭淮與泰謀所以禦之泰曰麴城雖固去蜀險遠當須運糧羌夷患維勞役必未肯附今圍而取之可不血刃而拔其城雖其有救山道阻險非行兵之地也淮從泰計使泰率討蜀護軍徐質南安太守鄧艾等進兵圍之斷其運道及城外流水安等挑戰不許將士困窘分糧聚雪以稽日月維果來救出自牛頭山與泰相對泰曰兵法貴在不戰而屈人今

絕牛頭維無反道則我之禽也勑諸軍各堅壘勿與戰遣使白淮欲自南渡白水循水而東使淮趣牛頭截其還路可幷取維不惟安等而已淮善其策進率諸軍軍洮水維懼遁走安等孤縣遂皆降淮薨泰代爲征西將軍假節都督雍涼諸軍事後年雍州刺史王經白泰云姜維夏侯霸欲三道向祁山石營金城求進兵爲翅使涼州軍至枹罕討蜀護軍向祁山泰量賊勢終不能三道且兵勢惡分涼州未宜越境報經審其定問知所趣向須東西勢合乃進時維等數將

萬人至枹罕趣狄道泰勑經進屯狄道須軍到乃規取之泰進軍陳倉會經所統諸軍於故關與賊戰不利經輒渡洮泰以經不堅據狄道必有它變並遣五營在前泰率諸軍繼之經已與維戰大敗以萬餘人還保狄道城餘皆奔散維乘勝圍狄道泰軍上邽分兵守要晨夜進前鄧艾胡奮王秘亦到即與艾秘等分爲三軍進到隴西艾等以爲王經精卒破衄於西賊衆大盛乘勝之兵既不可當而將軍以烏合之卒繼敗軍之後將士失氣隴右傾蕩古人有言蝮蛇螫手

壯士解其腕孫子曰兵有所不擊地有所不守蓋小有所失而大有所全故也今隴右之害過於蝮蛇狄道之地非徒不守之謂姜維之兵是所辟之鋒不如割險自保觀釁待斃然後進救此計之得者也泰曰姜維提輕兵深入正欲與我爭鋒原野求一戰之利王經當高壁深壘挫其銳氣今乃與戰使賊得計走破王經封之狄道若維以戰克之威進兵東向據櫟陽積穀之實放兵收降招納羌胡東爭關隴傳檄四郡此我之所惡也而維以乘勝之兵挫峻城之下銳氣

之卒屈力致命攻守勢殊客主不同兵書云脩櫓轒輼三月乃成拒堙三月而後已誠非輕軍遠入維之詭謀倉卒所辦縣軍遠僑糧穀不繼是我速進破賊之時也所謂疾雷不及掩耳自然之勢也洮水帶其表維等在其內今乘高據勢臨其項領不戰必走寇不可縱圍不可久君等何言如此遂進軍度高城嶺潛行夜至狄道東南高山上多舉烽火鳴鼓角狄道城中將士見救者至皆憤踊維始謂官救兵當須眾集乃發而卒聞已至謂有奇變宿謀上下震懼自軍

之發隴西也以山道深險賊必設伏泰詭從南道維果三日施伏臣松之案此傳云謂救兵當須眾集而卒聞已至謂有奇變上下震懼此則救至出於不意若不知救至何故伏兵深險乃經三日乎設伏相伺非不知之謂此皆語之不通也定軍潛行卒出其南維乃緣山突至泰與交戰維退還涼州軍從金城南至沃干阪泰與經共密期當共向其還路維等聞之遂遁城中將士得出經歎曰糧不至旬向不應機舉城屠裂覆喪一州矣泰慰勞將士前後遣還更差軍守并治城壘還屯上邽初泰聞經見圍以州軍將士素皆一心加得保城非維所能卒傾表上進軍晨夜

速到還眾議以經奔北城不足自固維若斷涼州之道兼四郡民夷據關隴之險敢能沒經軍而屠隴右宜須大兵四集乃致攻討大將軍司馬文王曰昔諸葛亮常有此志卒亦不能事大謀遠非維所任也且城非倉卒所拔而糧少為急征西速救得上策矣泰每以一方有事輒以虛聲擾動天下故希簡白上事驛書不過六百里司馬文王語荀顗曰玄伯沈勇能斷荷方伯之重救將陷之城而不求益兵又希簡上事必能辦賊故也都督大將不當爾邪後徵泰為尚書

右僕射典選舉加侍中光祿大夫吳大將孫峻出淮泗以泰爲鎮軍將軍假節都督淮北諸軍事詔徐州監軍已下受泰節度峻退軍還轉爲左僕射諸葛誕作亂壽春司馬文王率六軍軍丘頭泰摠署行臺司馬景王文王皆與泰親友及沛國武陔亦與泰善文王問陔曰玄伯何如其父司空也陔曰通雅博暢能以天下聲教爲已任者不如也明統簡至立功立事過之泰前後以功增邑二千六百戶賜子弟一人亭侯二人關內侯景元元年薨追贈司空謚曰穆侯干寶

晉紀曰高貴鄉公之殺司馬文王會朝臣謀其故太常陳泰不至使其舅荀顗召之顗至告以可否泰曰世之論者以泰方於舅今舅不如泰也子弟內外咸共逼之垂涕而入王待之曲室謂曰玄伯卿何以處我對曰誅賈充以謝天下文王曰爲吾更思其次泰曰泰言惟有進於此不知其次文王乃不更言 魏氏春秋曰帝之崩也太傅司馬孚尚書右僕射陳泰枕帝尸於股號哭盡哀時大將軍入于禁中泰見之悲慟大將軍亦對之泣謂曰玄伯其如我何泰曰獨有斬賈充少可以謝天下耳大將軍久之曰卿更思其他泰曰豈可使泰復發後言遂嘔血薨 臣松之案本傳泰不爲太常未詳干寶所由知之孫盛改易泰言雖爲小勝然檢盛言諸所改易皆非別有異聞率更自以意制多不如舊凡記言之體當使若出其口辭勝而違實固君子所不取況復不勝而徒長虛妄哉 案博物記曰太丘長陳寔寔子鴻臚紀紀子司空君羣羣子泰四世於漢魏二朝並有重名而其德漸漸小減時人爲其語曰公慚卿卿慚長子恂嗣恂薨無嗣弟溫紹封咸熙中開建五等以泰著勳前朝改封溫爲愼子案陳氏譜羣之後名位遂微諶孫佐官至青州刺史佐弟坦廷尉佐子準太尉封廣

陵郡公準弟戴徽及從弟堪並至大位準孫逵字林道有譽江左爲西中郎將追贈衛將軍

陳矯傳

陳矯字季弼廣陵東陽人也避亂江東及東城辭孫策袁術之命還本郡太守陳登請爲功曹使矯詣許謂曰許下論議待吾不足足下相爲觀察還以見誨矯還曰聞遠近之論頗謂明府驕而自矜登曰夫閨門雍穆有德有行吾敬陳元方兄弟淵清玉絜有禮有法吾敬華子魚清脩疾惡有識有義吾敬趙元達博聞彊記奇逸卓犖吾敬孔文舉雄姿傑出有王霸之略吾敬

劉玄德所敬如此何驕之有餘子瑣瑣亦焉足錄哉登雅意如此而深敬友矯郡爲孫權所圍於匡奇登令矯求救於太祖矯說太祖曰鄙郡雖小形便之國也若蒙救援使爲外藩則吳人挫謀徐方永安武聲遠震仁愛滂流未從之國望風景附崇德養威此王業也太祖奇矯欲留之矯辭曰本國倒縣本奔走告急縱無申胥之效敢忘弘演之義乎劉向新序曰齊桓公求婚於衛衛不與而嫁於許衛爲狄所伐桓公不救至於國滅君死懿公尸爲狄人所食惟有肝在懿公有臣曰弘演適使反致命於肝曰君爲其內臣爲其外乃刳腹內肝而死齊桓公曰衛有臣若此而尚滅寡人無有亡無日矣乃救衛定其君太祖乃遣赴救

吳軍既退登多設閒伏勒兵追奔大破之太祖
辟矯為司空掾屬除相令征南長史彭城樂陵
太守魏郡西部都尉曲周民父病以牛禱縣結
正棄市矯曰此孝子也表赦之遷魏郡太守時
繫囚千數至有歷年矯以為周有三典之制漢
約三章之法今惜輕重之理而忽久繫之患可
謂謬矣悉自覽罪狀一時論決大軍東征入為
丞相長史軍還復為魏郡轉西曹屬從征漢中還
為尚書行前未到鄴太祖崩洛陽羣臣拘常以
為太子即位當須詔命矯曰王薨于外天下惶

懼太子宜割哀即位以繫遠近之望且又愛子
在側彼此生變則社稷危矣即具官備禮一日
皆辦明旦以王后令策太子即位大赦蕩然文
帝曰陳季弼臨大節明略過人信一時之俊傑
也帝既踐阼轉署吏部封高陵亭侯遷尚書令
明帝即位進爵東鄉侯邑六百戶車駕嘗卒至
尚書門矯跪問帝曰陛下欲何之帝曰欲案行
文書耳矯曰此自臣職分非陛下所宜臨也若臣
不稱其職則請就黜退陛下宜還帝慙回車而
反其亮直如此世語曰劉曄以先進見幸因譖矯專權矯懼以問長子本本不知所出次子騫

曰主上明聖大人大臣今若不合不過不作公耳後數日帝
見矯矯又問二子騫曰陛下意解故見大人也既入盡日帝
曰劉曄構君朕有以迹君朕心故已了以金五鉼授之矯辭
帝曰豈以為小惠君已知朕心顧君妻子未知故也帝憂社
稷問矯司馬公忠正可謂社稷之臣乎矯曰朝廷之望社稷未知也加侍中光祿大夫遷司
徒景初元年薨謚曰貞侯魏氏春秋曰矯本劉氏子出嗣舅氏而婚于本族徐
宣每非之庭議其闕太祖惜矯才量欲擁全之乃下令曰喪
亂已來風教彫薄謗議之言難用褒貶自建安五年已前一
切勿論其以斷前誹議者以其罪罪之子本嗣歷位郡守九卿所在操
綱領舉大體能使羣下自盡有統御之才不親
小事不讀法律而得廷尉之稱優於司馬岐等
精練文理遷鎮北將軍假節都督河北諸軍事
薨子粲嗣本弟騫咸熙中為車騎將軍案晉書曰騫字休淵

為晉佐命功臣至太傅封高平郡公初矯為郡功曹使過泰山泰山
太守東郡薛悌異之結為親友戲謂矯曰以郡
吏而交二千石鄰國君屈從陪臣游不亦可乎
悌後為魏郡及尚書令皆承代矯云世語曰悌字孝威年二十二以
兗州從事為泰山太守初太祖定冀州以悌及東平王
國為左右長史後至中領軍並悉忠貞練事為世吏表

徐宣傳

徐宣字寶堅廣陵海西人也避亂江東又辭孫
策之命還本郡與陳矯並為綱紀二人齊名而
私好不協然俱見器於太守陳登與登並心於
太祖海西淮浦二縣民作亂都尉衛彌令梁習

夜奔宣家密送免之太祖遣督軍扈質來討賊以兵少不進宣潛見責之示以形勢質乃進破賊太祖辟爲司空掾屬除東緡發干令遷齊郡太守入爲門下督從到壽春會馬超作亂大軍西征太祖見官屬曰今當遠征而此方未定以爲後憂宜得清公大德以鎮統之乃以宣爲左護軍留統諸軍還爲丞相東曹掾出爲魏郡太守太祖崩洛陽群臣入殿中發哀或言可易諸城守用譙沛人宣厲聲曰今者遠近一統人懷效節何必譙沛而沮宿衛者心文帝聞曰所謂

社稷之臣也帝既踐阼爲御史中丞賜爵關內侯徙城門校尉旬月遷司隸校尉轉散騎常侍從至廣陵六軍乘舟風浪暴起帝船回倒宣病在後陵波而前群寮莫先至者帝壯之遷尚書明帝即位封津陽亭侯邑二百戶中領軍桓範薦宣曰臣聞帝王用人度世授才爭奪之時以策略爲先分定之後以忠義爲首故晉文行舅犯之計而賞雍季之言呂氏春秋曰昔晉文公將與楚人戰於城濮召咎犯而問曰楚衆我寡奈何而可咎犯對曰臣聞繁禮之君不足於文繁戰之君不足於詐君亦詐之而已文公以咎犯言告雍季雍季曰竭澤而漁豈不得魚而明年無魚焚藪而田豈不得獸而明年無獸詐偽之道雖今偷可後將無復非長術也文公用咎犯

之言而敗楚人於城濮反而爲賞雍季在上左右諫曰城濮之功咎犯之謀也君用其言而後其身或者不可乎文公曰雍季之言百代之利也咎犯之言一時之務也焉有以一時之務先百代之利乎高祖用陳平之智而託後於周勃也竊見尚書徐宣體忠厚之行秉直亮之性清雅特立不拘世俗確然難動有社稷之節歷位州郡所在稱職今僕射缺宣行掌後事腹心任重莫宜宣者帝遂以宣爲左僕射後加侍中光祿大夫車駕幸許昌總統留事帝還主者奏呈文書詔曰吾省與僕射何異竟不視尚方令坐猥見考竟宣上疏陳威刑太過又諫作宮殿窮盡民力帝皆手詔嘉納宣

曰七十有縣車之禮今已六十八可以去矣乃固辭疾遜位帝終不許青龍四年薨遺令布衣疏巾斂以時服詔曰宣體履至實直內方外歷在三朝公亮正色有託孤寄命之節可謂柱石臣也常欲倚以台輔未及登之惜乎大命不永其追贈車騎將軍葬如公禮謚曰貞侯子欽嗣

衞臻傳

衞臻字公振陳留襄邑人也父茲有大節不應三公之辟太祖之初至陳留茲曰平天下者必此人也太祖亦異之數詣茲議大事從討董卓

戰于滎陽而卒太祖每涉郡境輒遣使祠焉先賢
行狀曰茲字子許不爲激詭之行不徇流俗之名明慮淵深
規略宏遠爲車騎將軍何苗所辟司徒楊彪再加旌命董卓
作亂漢室傾蕩太祖到陳留始與茲相見遂同盟計興武事
茲荅曰亂生久矣非兵無以整之且言兵之興者自今始矣
深見廢興首讚弘謀合兵三千人從太祖入滎陽力戰終日
失利身殁　郭林宗傳曰茲弱冠與同郡圈文生俱稱盛德
林宗與二人共至市子許買物隨價讎直文生訾呵減價乃
取林宗曰子許少欲文生多情此二人非徒兄弟乃父子也
後文生以穢貨見
捐茲以烈節垂名夏侯惇爲陳留太守舉臻計吏
命婦出宴臻以爲末世之俗非禮之正惇怒執
臻既而赦之後爲漢黃門侍郎東郡朱越謀反
引臻太祖令曰孤與卿君同共舉事加欽令問
始聞越言固自不信及得荀令君書具亮忠誠

會奉詔命聘貴人于魏因表留臻參丞相軍事追
錄臻父舊勳賜爵關內侯轉爲戶曹掾文帝即
王位爲散騎常侍及踐阼封安國亭侯時羣臣
並頌魏德多抑損前朝臻獨明禪授之義稱揚
漢美帝數目臻曰天下之珍當與山陽共之遷
尚書轉侍中吏部尚書帝幸廣陵行中領軍從
征東大將軍曹休表得降賊辭孫權已在濡須
口臻曰權恃長江未敢亢衡此必畏怖僞辭耳
考核降者果守將詐所作也明帝即位進封康
鄉侯後轉爲右僕射典選舉如前加侍中中護

軍蔣濟遺臻書曰漢祖遇亡虜爲上將周武拔
漁父爲太師布衣廝養可登王公何必守文試
而後用臻荅曰古人遺智慧而任度量須考績
而加黜陟今子同牧野於成康喻斷蛇於文景
好不經之舉開拔奇之津將使天下馳騁而起
矣諸葛亮寇天水臻奏宜遣奇兵入散關絕其
糧道乃以臻爲征蜀將軍假節督諸軍事到長
安亮退還復職加光祿大夫是時帝方隆意於
殿舍臻數切諫及殿中監擅收蘭臺令史臻奏
案之詔曰殿舍不成吾所留心卿推之何臻上

疏曰古制侵官之法非惡其勤事也誠以所益
者小所墮者大也臣每察校事類皆如此懼羣
司將遂越職以至陵遲矣亮又出斜谷征南上
朱然等軍已過荊城臻曰然吾之驍將必下從
權且爲勢以綴征南耳權果召然入居巢進攻合
肥帝欲自東征臻曰權外示應亮內實觀望且
合肥城固不足爲慮車駕可無親征以省六軍
之費帝到尋陽而權竟退幽州刺史毋丘儉上
疏曰陛下即位已來未有可書吳蜀恃險未可
卒平聊可以此方無用之士克定遼東臻曰儉

所陳皆戰國細術非王者之事也吳蜀歲稱兵寇亂邊境而猶案甲養士未東寿致討者誠以百姓疲勞故也且淵生長海表相承三世外撫戎夷內脩戰射而儉欲以偏軍長驅朝至夕卷知其妄矣儉行軍遂不利臻遷爲司空徙司徒正始中進爵長垣侯邑千戶封一子列侯初太祖父不立太子而方奇貴臨菑侯丁儀等爲之羽翼勸臻自結臻以大義拒之及文帝即位東海王霖有寵帝問臻平原侯何如臻稱明德美而終不言曹爽輔政使夏侯玄宣指欲引臻入守尚書令及爲弟求婚皆不許固乞遜位詔曰昔干木偃息義壓彊秦留侯頤神不忘楚事讜言嘉謀望不吝焉賜宅一區位特進秩如三司薨追贈太尉謚曰敬侯子烈嗣咸熙中爲光祿勳臣松之案舊事及傳咸集烈終於光祿勳烈二弟京楷皆二千石楷子權字伯輿晉大司馬汝南王亮輔政以權爲尚書郎傳咸與亮牋曰衛伯輿貴妃兄子誠有才章應作臺郎然未得東宮官屬東宮官屬前患楊駿親理塞路今有伯輿復越某作郎一犬吠形羣犬吠聲懼於羣吠遂至回聽權作左思吳都賦叙及注叙粗有文辭至於爲注了無所發明直爲塵穢紙墨不合傳寫也

盧毓傳

盧毓字子家涿郡涿人也父植有名於世續漢書曰植字子幹少事馬融與鄭玄同門相友植剛毅有大節常喟然有濟世之志不苟合取容不應州郡命召建寧中徵博士出補九江太守以病去官作尚書章句禮記解詁稍遷侍中尚書張角起以植爲北中郎將征角失利抵罪頃之復以爲尚書張讓劫少帝奔小平津植手劍責數讓等讓等皆放兵垂泣謝罪遂自殺董卓議欲廢帝衆莫敢對植獨正言語在卓傳植以老病去位隱居上谷軍都山初平三年卒太祖北征柳城過涿郡令告太守曰故北中郎將盧植名著海內學爲儒宗士之楷模乃國之楨榦也昔武王入殷封商容之閭鄭喪子產而仲尼隕涕孤到此州嘉其餘風春秋之義賢者之後有異於人敬遣丞掾脩墳墓并致薄醊以彰厥德植有四子毓最小毓十歲而孤遇本州亂二兄死難當袁紹公孫瓚交兵幽冀饑荒養寡嫂孤兄子以學行見稱文帝爲五官將召毓署門下賊曹崔琰舉爲冀州主簿時天下草創多逋逃故重士亡法罪及妻子亡士妻白等始適夫家數日未與夫相見大理奏棄市毓駮之曰夫女子之情以接見而恩生成婦而義重故詩云未見君子我心傷悲亦既見止我心則夷又禮未廟見之婦而死歸葬女氏之黨以未成婦也今白等生有未見之悲死有非婦之痛而吏議欲肆之大辟則若同牢合巹之後罪何所加且記曰附從輕言附人之罪以輕者爲比也又書云與其殺不辜寧失不經恐過重也苟以白等皆受禮聘已入門庭刑之爲可殺之爲重太祖曰毓執之是也又引經典有意使孤歎息

由是爲丞相法曹議令史轉西曹議令史魏國既建爲吏部郎文帝踐阼徙黃門侍郎出爲濟陰相梁譙二郡太守帝以譙舊鄉故大徙民充之以爲屯田而譙土地墝瘠百姓窮困毓愍之上表徙民於梁國就沃衍失帝意雖聽毓所表心猶恨之遂左遷毓使將徙民爲睢陽典農校尉毓心在利民躬自臨視擇居美田百姓賴之遷安平廣平太守所在有惠化青龍二年入爲侍中先是散騎常侍劉劭受詔定律未就毓上論古今科律之意以爲法宜一正不宜有兩端使姦吏得容情及侍中高堂隆數以宮室事切諫帝不悅毓進曰臣聞君明則臣直古之聖王恐不聞其過故有敢諫之鼓近臣盡規此乃臣等所以不及隆隆諸生名爲狂直陛下宜容之在職三年多所駁爭詔曰官人秩才聖帝所難必須良佐進可替否侍中毓稟性貞固心平體正可謂明試有功不懈于位者也其以毓爲吏部尚書使毓自選代曰得如卿者乃可毓舉常侍鄭沖帝曰文和吾自知之更舉吾所未聞者乃舉阮武孫邕帝於是用邕前此諸葛誕鄧颺

等馳名譽有四窻八達之誚帝疾之時舉中書郎詔曰得其人與否在盧生耳選舉莫取有名名如畫地作餅不可啖也毓對曰名不足以致異人而可以得常士常士畏教慕善然後有名非所當疾也愚臣既不足以識異人又主者正以循名案常爲職但當有以驗其後故古者敷奏以言明試以功今考績之法廢而以毀譽相進退故真僞渾雜虛實相蒙帝納其言即詔作考課法會司徒缺毓舉處士管寧帝不能用更問其次毓對曰敦篤至行則太中大夫韓暨亮直清方則司隸校尉崔林貞固純粹則太常常林帝乃用暨毓於人及選舉先舉性行而後言才黃門李豐嘗以問毓毓曰才所以爲善也故大才成大善小才成小善今稱之有才而不能爲善是才不中器也豐等服其言齊王即位賜爵關內侯時曹爽秉權將樹其黨徙毓僕射以侍中何晏代毓頃之出毓爲廷尉司隸畢軌又枉奏免官衆論多訟之乃以毓爲光祿勳爽等見收太傅司馬宣王使毓行司隸校尉治其獄復爲吏部尚書加奉車都尉封高樂亭侯轉爲僕射

故典選舉加光祿大夫高貴鄉公即位進封大梁鄉侯封一子高亭侯毋丘儉作亂大將軍司馬景王出征毓綱紀後事加侍中正元三年疾病遜位遷爲司空固推驃騎將軍王昶光祿大夫王觀司隸校尉王祥詔使使者即受印綬進爵封容城侯邑二千三百戶甘露二年薨謚曰成侯孫藩嗣毓子欽珽咸熙中欽爲尚書珽泰山太守世語曰欽字子若珽字子笏欽泰始中爲尚書僕射領選咸寧四年卒追贈衛將軍開府　虞預晉書曰欽少居名位不顧財利清虛淡泊動脩禮典同郡張華家單少孤不爲鄉邑所知惟欽貴異焉欽子浮字子雲　晉諸公贊曰張華博識名聞無物不知浮高朗經博有美於華起家太子舍人病疽截手遂廢朝廷器重之就家以爲國子博士遷祭酒永平中爲祕書監珽及子皓志並至尚書志子諶字子諒溫嶠表稱諶清出有文思　諶別傳曰諶善著文章洛陽傾覆北投劉琨琨以爲司空從事中郎琨敗諶歸段末波元帝之初累召爲散騎中書侍郎不得南赴永和六年卒於胡胡中子孫過江妖賊帥盧循諶之曾孫

評曰桓階識覩成敗才周當世陳羣動仗名義有清流雅望泰弘濟簡至允克堂構矣魏世事統臺閣重內輕外故八座尚書即古六卿之任也陳徐衛盧久居斯位矯宣剛斷骨鯁臻毓規鑒清理咸不忝厥職云

桓二陳徐衛盧傳第二十二

和常楊杜趙裴傳第二十三　魏書　國志二十三

和洽傳

和洽字陽士汝南西平人也舉孝廉大將軍辟皆不就袁紹在冀州遣使迎汝南士大夫洽獨以冀州土平民彊英桀所利四戰之地本初乘資雖能彊大然雄豪方起全未可必也荆州劉表無他遠志愛人樂士土地險阻山夷民弱易依倚也遂與親舊俱南從表表以上客待之洽曰所以不從本初辟爭地也昏世之主不可黷近久而阽危（臣松之案漢書文紀曰阽於死亡食貨志曰阽危若是注曰阽音鹽如屋簷近邊欲墮之意也一曰臨危曰阽）必有讒慝閒其中者遂南度武陵太祖定荆州辟爲丞相掾屬時毛玠崔琰並以忠清幹事其選用先尚儉節洽言曰天下大器在位與人不可以一節儉也儉素過中自以處身則可以此節格物所失或多今朝廷之議吏有著新衣乘好車者謂之不清長吏過營形容不飾衣裘敝壞者謂之廉潔至令士大夫故汙辱其衣藏其輿服朝府大吏或自挈壺飧以入官寺夫立教觀俗貴處中庸爲可繼也今崇一概難堪之行以檢殊塗勉而爲之必有疲瘁古之大

教務在通人情而已凡激詭之行則容隱僞矣（孫盛曰昔先王御世觀民設教雖質文因時損益代用至於車服禮秩貴賤等差其歸一揆魏承漢亂風俗侈泰誠宜仰思古制訓以約簡使奢不陵肆儉足中禮進無蜉蝣之刺退免採莫之譏如此則治道隆而頌聲作矣夫矯枉過正則巧僞滋生以克訓下則民志險隘非聖王所以陶化民物閑邪存誠之道和洽之言於是允矣）魏國既建爲侍中後有白毛玠謗毀太祖太祖見近臣怒甚洽陳玠素行有本求案實其事罷朝太祖令曰今言事者白玠不但謗吾也乃復爲崔琰觖望此損君臣恩義妄爲死友怨歎殆不可忍也昔蕭曹與高祖並起微賤致功立勳高祖每在屈笮二相恭順臣道益彰所以祚及後世也和侍中比求實之所以不聽欲重參之耳洽對曰如言事者言玠罪過深重非天地所覆載臣非敢曲理玠以枉大倫也以玠出羣吏之中特見拔擢顯在首職歷年荷寵剛直忠公爲衆所憚不宜有此然人情難保要宜考覈兩驗其實今聖恩垂含垢之仁不忍致之于理更使曲直之分不明疑自近始太祖曰所以不考欲兩全玠及言事者耳洽對曰玠信有謗主之言當肆之市朝若玠無此言言事者加誣大臣以誤主聽二者不加檢覈臣竊不安太祖曰方有軍事安可

受人言便考之邪狐射姑刺陽處父於朝此爲君之誡也太祖克張魯洽陳便宜以時拔軍徙民可省置守之費太祖未納其後竟徙民棄漢中出爲郎中令文帝踐阼爲光禄勳封安城亭侯明帝即位進封西陵鄉侯邑二百户太和中散騎常侍高堂隆奏時風不至而有休廢之氣必有司不勤職事以失天常也詔書謙虚引咎博諮異同洽以爲民稀耕少浮食者多國以民爲本民以穀爲命故廢一時之農則失育命之本是以先王務蠲煩費以專耕農自春夏已來

民窮於役農業有廢百姓嚻然時風不至未必不由此也消復之術莫大於節儉太祖建立洪業奉師徒之費供軍賞之用吏士豐於資食倉府衍於穀帛由不飾無用之宮絶浮華之費方今之要固在息省勞煩之役損除他餘之務以爲軍戎之儲三邊守禦宜在備豫料賊虚實蓄士養衆筭廟勝之策明攻取之謀詳詢衆庶以求厥中若謀不素定輕弱小敵軍人數舉而無庸所謂悅武無震古人之誡也轉爲太常清貧守約至賣田宅以自給明帝聞之加賜穀帛

薨謚曰簡侯子禼嗣禼音離禼弟適才爽開濟官至廷尉吏部尚書晉諸公贊曰和嶠字長輿適之子也少知名以雅重稱常慕其舅夏侯玄之爲人厚自封植嶷然不群於黄門郎遷中書令轉尚書愍懷太子初立以嶠爲少保加散騎常侍家産豐富擬於王公而性至儉吝嶠同母弟郁素無名嶠輕侮之以此爲損卒於官贈光禄大夫郁以公彊當世致位尚書令洽同郡許混者許劭子也清醇有鑒識明帝時爲尚書劭字子將汝南先賢傳曰召陵謝子微高才遠識見劭年十八時乃歎息曰此則希世出衆之偉人也劭始發明樊子昭於鬻幘之肆出虞永賢於牧豎召李叔才鄉閭之閒擢郭子瑜於鞍馬之吏援楊孝祖舉和陽士茲六賢者皆當世之令懿也其餘中流之士或舉之於淹滯或顯之乎童齒莫不賴劭顯歎之榮凡所拔育顯成令德者不可殫記其探擿僞行抑損虚名則周之單襄無以尚也劭宗人許栩沈沒榮利致位司徒舉宗莫不匍匐櫛門承風而驅官以賄成惟劭不過其門廣陵徐孟本來臨汝南聞劭高名請爲功曹饕餮放流絜士盈朝袁紹公族好名爲濮陽長棄官來還有副車從騎將入郡界紹乃歎曰吾之輿服豈可使許子將見之乎遂單車而歸辟公府掾拜鄄陵令方正徵皆不就避亂江南所歷之國必翔而後集終于豫章時年四十六有子曰混顯名魏世

常林傳

常林字伯槐河内温人也年七歲有父黨造門問林伯先在否汝何不拜林曰雖當下客臨子字父何拜之有於是咸共嘉之魏略曰林少單貧雖貧自非手力不取之於人性好學漢末爲諸生帶經耕鉏其妻常自餽餉之林雖在田野其相敬如賓太守王匡起兵討董卓遣諸生於屬縣微伺吏民罪負便收之考責錢穀贖罪稽遲則夷滅宗族以崇威嚴林叔父撾客爲諸生所白匡怒收治舉宗惶怖

常林

不知所責多少懼繫者不救林往見臣同縣胡母彪曰王府君以文武高才臨吾鄙郡鄙郡表裏山河土廣民殷又多賢能惟所擇用今主上幼沖賊臣虎據華夏震慄雄才奮用之秋也若欲誅天下之賊扶王室之微智者望風應之若響克亂在和何征不捷苟無恩德任失其人覆亡將至何暇匡翼朝廷崇立功名乎君其藏之因說叔父見拘之意彪即書責邑邑原林叔父林乃避地上黨耕種山阿當時旱蝗林獨豐收盡呼比鄰升斗分之依故河間太守陳延壁陳

馮二姓舊族冠冕張楊利其婦女貪其資貨林率其宗族為之策謀見圍六十餘日卒全堡壁并州刺史高幹表為騎都尉林辭不受後刺史梁習薦州界名士林及楊俊王淩王象荀緯太祖皆以為縣長林宰南和治化有成超遷博陵太守幽州刺史所在有績文帝為五官將林為功曹太祖西征田銀蘇伯反幽冀扇動文帝欲親自討之林曰昔忝博陵又在幽州賊之形勢可料度也北方吏民樂安厭亂服化已久守善者多銀伯犬羊相聚智小謀大不能為害方今

大軍在遠外有彊敵將軍為天下之鎮也輕動遠舉雖克不武文帝從之遣將往伐應時克滅出為平原太守魏郡東部都尉入為丞相東曹屬魏國既建拜尚書文帝踐阼遷少府封樂陽亭侯

魏略曰林性既清白當官又嚴少府寺與鴻臚對門時崔林為鴻臚崔性闊達不與林同數數聞林撾吏聲不以為可林夜撾吏不勝痛叫呼敖敖徹曙明日崔出門與林車相遇乃嘲林曰聞卿為廷尉爾邪林不覺答曰不也崔曰卿不為廷尉昨夜何故考囚乎林大慚然不能自止

轉大司農明帝即位進封高陽鄉侯徙光祿勳太常晉宣王以林鄉邑耆德每為之拜或謂林曰司馬公貴重君宜止之林曰司馬公自欲敦長幼之敘為後生之法

貴非吾之所畏拜非吾之所制也言者踧踖而退

魏略曰初林少與司馬京兆善太傅每見林輒欲跪林止之曰公尊貴矣止也及司徒缺太傅有意欲以林補之案魏略此語與本傳反臣松之以為林之為人不畏權貴者也論其然否謂本傳為是

時論以林節操清峻欲致之公輔而林遂稱疾篤拜光祿大夫年八十三薨追贈驃騎將軍葬如公禮謚曰貞侯子旹嗣為太山太守坐法誅旹弟靜紹封

案晉書諸葛誕反大將軍東征旹坐稱疾為司馬文王所法魏略以林及吉茂沐並時苗四人為清介傳吉茂字叔暢馮翊池陽人也世為著姓好書不恥惡衣惡食而恥一物之不知建安初關中始平茂與扶風蘇則共入武功南山隱處精思數歲州舉茂才除臨汾令居官清靜吏民不忍欺轉為武德侯庶子二十二年坐其宗人吉本等起事被收先是科禁內學及兵書而茂皆有所不遂官及其被收不知當坐本等顧謂左右曰我坐書也會鍾相國證茂本服第已絕

故得不坐後以茂爲武陵太守不之官轉鄴相以國省拜議郎景初中病亡自茂脩行從少至長冬則被裘夏則短褐行則步涉食則茨藿臣役妻子室如懸磬其或饋遺一不肯受雖不以此高人亦心疾不義而貴且富者先時國家始制九品各使諸郡撰置中正差敘自公卿以下至于郎吏功德材行所任茂同郡護羌校尉王琰前數爲郡守不名爲清白而琰子嘉仕歷諸縣亦復爲通人嘉時還爲散騎郎馮翊郡移嘉爲中正嘉敘茂雖在上第而狀甚下云德優能少茂慍曰痛乎我效汝父子冠幘劫人邪初茂同產兄黃以十二年中從公府掾爲長陵令是時科禁長吏擅去官而黃聞司徒趙溫薨自以爲故吏違科奔喪爲司隷鍾繇所收遂伏法茂時爲白衣始有清名於三輔以爲兄坐追義而死怨怒不肯哭至歲終繇舉茂議者以爲茂必不就及舉既到而茂就之故時人或以茂爲畏繇或以茂爲髦士也

沐並字德信河間人也少孤苦袁紹父子時始爲名吏有志介嘗過姊姊爲殺雞炊黍而不留也然爲人公果不畏彊禦丞相召署軍謀掾黃初中爲成皐令校事劉肇出過縣遣人呼縣吏求索稾穀是時蝗旱官無有見未辦之間肇人從入並之閤下呴呼罵吏並怒因躧履提刀而出多從吏並欲收肇肇覺知驅走具以狀聞有詔肇爲牧司爪牙吏而並欲收縛無所忌憚自恃清

名邪遂收欲殺之肇髡決減死刑竟復吏由是放散十餘年至正始中爲三府長史時吳使朱然諸葛瑾攻圍樊城遣船兵於峴山東斫材牂牁人兵作食有先熟者呼後熟者言共食來後熟者荅言不也呼者曰汝欲作沐德信邪其名流布播於異域如此雖自華夏不知者以爲前世人也爲長史八年晚出爲濟陰太守召還拜議郎年六十餘自慮身無常豫作終制誡其子以儉葬曰告雲儀等夫禮者生民之始教而百世之中庸也故力行者則爲君子不務者終爲小人然非聖人莫能履其從容也是以富貴者有驕奢之過而貧賤者譏於固陋於是養生送死苟切非禮由斯觀之陽虎璵璠甚於暴骨桓魋石槨不如速朽此言儒學撥亂反正鳴鼓矯俗之大義也未是夫窮理盡性陶冶變化之實論也若能原始要終以天地爲一區萬物爲芻狗該覽玄通求形景之宗同禍福之素一死生之命吾有慕於道矣夫道之爲物惟怳惟忽壽爲欺魄夭爲鳧沒身淪有無與神消息含悅陰陽甘夢太極奚以棺槨爲牢衣裳爲纏尸繫地下長幽桎梏豈不哀哉昔莊周闊達無所適莫又楊王孫裸葬貴不久容耳至夫末世緣生怨死之徒乃有含珠鱗柙玉牀象衽殺人以徇曠穴之內錮以紵絮藉以蜃炭千載僵燥託類神仙於是大教陵遲競於厚葬謂莊子爲放蕩以王孫爲戮尸豈復識古有

衣薪之鬼而野有狐貍之齒乎哉吾以才質滓濁汙於清流昔忝國恩歷試宰守所在無效代匠傷指狼跋首尾無以雪恥如不可求從吾所好今年過耳順奄忽無常苟得獲沒即以吾身襲於王孫矣上冀以贖市朝之逋罪下以親道化之靈祖顧爾幼昏未知臧否若將逐俗抑廢吾志私稱從令未必爲孝而犯魏顆聽治之賢爾爲棄父之命誰或矜之使死而有知吾將尸視至嘉平中病甚臨困又勑豫掘埳戒氣絕令二人舉尸即埳絕哭泣之聲止婦女之送禁弔祭之賓無設摶治粟米之奠又戒後亡者不得入藏不得封樹妻子皆遵之

時苗字德胄鉅鹿人也少清白爲人疾惡建安中入丞相府出爲壽春令令行風靡揚州治在其縣時蔣濟爲治中苗以初至往謁濟濟素嗜酒適會其醉不能見苗苗恚恨還刻木爲人署曰酒徒蔣濟置之牆下旦夕射之州郡雖知其所爲不恪然以其履行過人無若之何又其始之官乘薄軬車黃牸牛布被囊居官歲餘牛生一犢及其去留其犢謂主簿曰令來本無此犢犢是淮南所生有也羣吏曰六畜不識父自當隨母苗不聽時人皆以爲激然由此名聞天下還爲太官令領其郡中正定九品於叙人才不能寬然紀人之短雖在久遠銜之不置如所忿蔣濟者仕進至太尉濟不以苗前毀己爲嫌苗亦不以濟貴更屈意爲令數歲不肅而治遷典農中郎將年七十餘以正始中病亡也

楊俊傳

楊俊字季才河內獲嘉人也受學陳留邊讓讓器異之俊以兵亂方起而河內處四達之衢必爲戰場乃扶持老弱詣京密山間同行者百餘家俊振濟貧乏通共有無宗族知故爲人所略作奴僕者凡六家俊皆傾財贖之司馬宣王年十六七與俊相遇俊曰此非常之人也又司馬朗早有聲名其族兄芝衆未之知惟俊言曰芝雖風望不及朗實理但有優耳俊轉避地并州

本郡王象少孤特爲人僕隸年十七八使牧羊
而私讀書因被箠楚儁嘉其才質即贖象著家
娉娶立屋然後與別太祖除儁曲梁長入爲丞
相掾屬舉茂才安陵令遷南陽太守宣德教立
學校吏民稱之徙爲征南軍師魏國既建遷中
尉太祖征漢中魏諷反於鄴儁自劾詣行在所
儁以身方罪免牋辭太子太子不悅曰楊中尉
便去何太高遠邪遂被書左遷平原太守文帝
踐阼復在南陽時王象爲散騎常侍薦儁曰伏見
南陽太守楊儁秉純粹之茂質履忠肅之弘量

體仁足以育物篤實足以動衆克長後進惠訓
不倦外寬內直仁而有斷自初彈冠所歷垂化
再守南陽恩德流著殊鄰異黨襁負而至今境
守清靜無所展其智能宜還本朝宣力輦轂熙
帝之載儁自少及長以人倫自任同郡審固陳
留衛恂本皆出自兵伍儁資拔獎致咸作佳士
後固歷位郡守恂御史縣令其明鑒行義多此
類也初臨菑侯與儁善太祖適嗣未定密訪羣
司儁雖並論文帝臨菑才分所長不適有所據
當然稱臨菑猶美文帝常以恨之黃初三年車

駕至宛以市不豐樂發怒收儁尚書僕射司馬
宣王常侍王象荀緯請儁叩頭流血帝不許儁
曰吾知罪矣遂自殺衆冤痛之世語曰儁二孫覽字公質汝陰太守猗字
公彥尚書晉東海王越舅也覽子沈字宣弘散騎常侍魏
略曰王象字羲伯既爲儁所知拔果有才志建安中與同郡
荀緯等俱爲魏太子所禮待及王粲陳琳阮瑀路粹等亡後
新出之中惟象才最高魏有天下拜象散騎侍郎遷爲常侍
封列侯受詔撰皇覽使象領秘書監象從延康元年始撰集
數歲成藏於秘府合四十餘部部有數十篇通合八百餘萬
字象既性器和厚又文采溫雅用是京師歸美稱爲儒宗車
駕南巡未到宛有詔百官不得干豫郡縣及車駕到宛令
不解詔旨閉市門帝聞之忿然曰吾是寇邪乃收宛令及太
守楊儁詔問尚書漢明帝殺幾二千石時象見詔文知儁必
不免乃當帝前叩頭流血竟面請儁減死一等帝不荅欲釋
入禁中象引帝衣帝顧謂象曰我知楊儁與卿本末耳今聽
卿是無我也卿寧無儁邪無我邪象以帝言切乃縮手
帝遂入決儁法然後乃出象自恨不能濟儁遂發病死

杜襲傳

杜襲字子緒潁川定陵人也曾祖父安祖父根
著名前世先賢行狀曰安年十歲名稱鄉黨至十五入太
學號曰神童既名知人清高絕俗洛陽令周紆
數候安安常逃避不見時貴戚慕安高行多有與書者輒不
發以慮後患常鑿壁藏書後諸與書者果有大罪推捕所與
交通者吏至門安乃發壁出書印封如故當時皆嘉其慮遠三
府並辟入公車特徵拜宛令先是宛有報讎者其令不忍致理
將與俱亡縣中豪強有告其處者致捕得安深疾惡之到官
治戮肆之於市權有司繩彈遂自免後徵拜巴郡太守率身
正下以禮化俗以病卒官時服薄斂素器不漆子自將車州
郡賢之表章墳墓根舉孝廉除郎中時和熹鄧后臨朝外戚
橫恣安帝長大猶未歸政根乃與同時郎上書直諫鄧后怒
收根等伏誅誅者皆絹囊盛於殿上撲地執法者以根德重
事公默語行事人使不加力誅訖車載城外根以撲輕得蘇
息遂閉目不動搖經三日乃密起逃竄爲宜城山中酒家客
積十五年酒家知其賢常厚敬待鄧后崩安帝謂根久死以
根等忠直普下天下錄見誅者子孫根乃自出徵詣公車拜

侍節令或問根住日遭難天下同類知故不少何至自苦歷年如此根荅曰周旋人間非絕迹之處避近發露禍及親知故不爲也遷濟陰太守以德讓爲政風移俗改年七十八以壽終棺不加漆斂以時服長吏下車常先詣安根墓致祠

龔避亂荆州劉表待以賓禮同郡繁欽數見奇
於表龔喻之曰吾所以與子俱來者徒欲龍蟠幽
藪待時鳳翔豈謂劉牧當爲撥亂之主而規長
者委身哉子若見能不已非吾徒也吾其與子
絕矣欽慨然曰請敬受命龔遂南適長沙建安
初太祖迎天子都許龔逃還鄉里太祖以爲西
鄂長縣濱南境寇賊縱橫時長吏皆斂民保城
郭不得農業野荒民困倉庾空虛龔自知恩結

於民乃遣老弱各分散就田業留丁彊備守吏
民歡悅會荆州出步騎萬人來攻城龔乃悉召
縣吏民任拒守者五十餘人與之要誓其親戚
在外欲自營護者恣聽遣出皆叩頭願致死於
是身執矢石率與戮力吏民感恩咸爲用命臨
陣斬數百級而龔眾死者三十餘人其餘十八
人盡被創賊得入城龔帥傷痍吏民決圍得出
死喪略盡而無反背者遂收散民徙至摩陂營
吏民慕而從之如歸九州春秋曰建安六年劉表攻西鄂西鄂長杜子緒帥縣男女嬰城而守時南陽功曹栢孝長亦在城中聞兵攻聲恐懼入室閉戶牽被覆頭相攻半日稍敢出面其明側立而聽二日往出

戶問消息至四五日乃更負楯親鬬語子緒曰勇可習也司隸鍾繇表拜議郎參
軍事荀彧又薦龔太祖以爲丞相軍祭酒魏國
既建爲侍中與王粲和洽並用粲彊識博聞故
太祖游觀出入多得驂乘至其見敬不及洽龔
龔嘗獨見至于夜半粲性躁競起坐曰不知公
對杜龔道何等也洽笑荅曰天下事豈有盡邪
卿晝侍可矣悒悒於此欲兼之乎後龔領丞相
長史隨太祖到漢中討張魯太祖還拜龔駙馬
都尉留督漢中軍事綏懷開導百姓自樂出徙
洛鄴者八萬餘口夏侯淵爲劉備所沒軍喪元

帥將士失色龔與張郃郭淮糾攝諸軍事權宜
以郃爲督以一眾心三軍遂定太祖東還當選
留府長史鎮守長安主者所選多不當太祖令
曰釋騏驥而不乘焉皇皇而更索遂以龔爲留
府長史駐關中時將軍許攸擁部曲不附太祖
而有慢言太祖大怒先欲伐之羣臣多諫可招
懷攸共討彊敵太祖橫刀於膝作色不聽龔入
欲諫太祖逆謂之曰吾計以定卿勿復言龔曰
若殿下計是邪臣方助殿下成之若殿下計非
邪雖成宜改之殿下逆臣令勿言之何待下之

不闕乎太祖曰許攸慢吾如何可置乎襲曰殿下謂許攸何如人邪太祖曰凡人也襲曰夫惟賢知賢惟聖知聖凡人安能知非凡人邪方今豺狼當路而狐狸是先人將謂殿下避彊攻弱進不爲勇退不爲仁臣聞千鈞之弩不爲鼷鼠發機萬石之鍾不以莛撞起音今區區之許攸何足以勞神武哉太祖曰善遂厚撫攸攸即歸服時夏侯尚暱於太子情好至密襲謂尚非益友不足殊待以聞太祖文帝初甚不悅後乃追思語在尚傳其柔而不犯皆此類也文帝即王

位賜爵關內侯及踐阼爲督軍糧御史封武平亭侯更爲督軍糧執法入爲尚書明帝即位進封平陽鄉侯諸葛亮出秦川大將軍曹眞督諸軍拒亮徙襲爲大將軍軍師分邑百戶賜兄基爵關內侯眞薨司馬宣王代之襲復爲軍師增邑三百并前五百五十戶以疾徵還拜太中大夫薨追贈少府謚曰定侯子會嗣

趙儼傳

趙儼字伯然潁川陽翟人也避亂荊州與杜襲繁欽通財同計合爲一家太祖始迎獻帝都許

儼謂欽曰曹鎮東應期命世必能匡濟華夏吾知歸矣建安二年年二十七遂扶持老弱詣太祖太祖以儼爲朗陵長縣多豪猾無所畏忌儼取其尤甚者收縛案驗皆得死罪儼既囚之乃表府解放自是威恩並著時袁紹舉兵南侵遣使招誘豫州諸郡諸郡多受其命惟陽安郡不動而都尉李通急錄戶調儼見通曰方今天下未集諸郡並叛懷附者復收其緜絹小人樂亂能無遺恨且遠近多虞不可不詳也通曰紹與大將軍相持甚急左右郡縣背叛乃爾若緜絹不調送

觀聽者必謂我顧望有所須待也儼曰誠亦如君慮然當權其輕重小緩調當爲君釋此患乃書與荀彧曰今陽安郡當送緜絹道路艱阻必致寇害百姓困窮鄰城並叛易用傾蕩乃一方安危之機也且此郡人執守忠節在險不貳微善必賞則爲義者勸善爲國者藏之於民以爲國家宜垂慰撫所斂緜絹皆俾還之彧報曰輒白曹公公文下郡縣絹悉以還民上下歡喜郡內遂安入爲司空掾屬主簿魏略曰太祖北拒袁紹時遠近無不私遺牋記通意於紹者儼與領陽安太守李通同治通亦欲遣使詣紹儼爲陳紹必敗意通乃止及紹破走太祖使人搜閱紹記室

惟不見通書疏陰知儼必爲之計乃曰此必趙伯然也臣松之案魏武紀破紹後得許下軍中人書皆焚之若故使人搜閱知其有無則非所以安人情也疑此語爲不然時于禁屯潁陰樂進屯陽
翟張遼屯長社諸將任氣多共不協使儼并參
三軍每事訓喻遂相親睦太祖征荆州以儼領
章陵太守徙都督護軍護于禁張遼張郃朱靈
李典路招馮楷七軍復爲丞相主簿遷扶風太
守太祖徙出故韓遂馬超等兵五千餘人使平
難將軍殷署等督領以儼爲關中護軍盡統諸
軍羌虜數來寇害儼率署等追到新平大破之
屯田客呂並自稱將軍聚黨據陳倉儼復率署

等攻之賊即破滅時被書差千二百兵往助漢
中守署督送之行者卒與室家別皆有憂色署
發後一日儼慮其有變乃自追至斜谷口人人
慰勞又深戒署還宿雍州刺史張既舍署軍復
前四十里兵果叛亂未知署吉凶而儼自隨步
騎百五十人皆與叛者同部曲或婚姻得此問
各驚被甲持兵不復自安儼欲還既等以爲今
本營黨已擾亂一身赴之無益可須定問儼曰
雖疑本營與叛者同謀要當聞行者變乃發之
又有欲善不能自定宜及猶豫促撫寧之且爲

之元帥既不能安輯身受禍難命也遂去行三
十里止放馬息盡呼所從人喻以成敗慰勵懇
切皆慷慨曰死生當隨護軍不敢有二前到諸
營各召料簡諸姦結叛者八百餘人散在原野
惟取其造謀魁率治之餘一不問郡縣所收送
皆放遣乃即相率還降儼密白宜遣將詣大營
請舊兵鎮守關中太祖遣將軍劉柱將二千人
當須到乃發遣而事露諸營大駭不可安喻儼
謂諸將曰舊兵既少東兵未到是以諸營圖爲
邪謀若成變爲難不測因其狐疑當令早決

遂宣言當差留新兵之温厚者千人鎮守關中
其餘悉遣東便見主者內諸營兵名籍案累重
立差別之留者意定與儼同心其當去者亦不
敢動儼一日盡遣上道因使所留千人分布羅
落之東兵尋至乃復脅喻并徙千人令相及共
東凡所全致二萬餘口孫盛曰盛聞爲國以禮民非信不立周成不棄桐葉之言晉文不違伐原之誓故能隆刑措之道建一匡之功儼既詐留千人使效心力始雖權也宜以信終兵威既集而又逼徙信義喪矣何以臨民關羽圍征南將軍曹仁於樊儼以議郎參
仁軍事南行遷平寇將軍徐晃俱前既到羽圍
仁遂堅餘救兵未到晃所督不足解圍而諸將

呵責晃促救儼謂諸將曰今賊圍素固水潦猶盛我徒卒單少而仁隔絕不得同力此舉適所以敝內外耳當今不若前軍偪圍遣諜通仁使知外救以勵將士計北軍不過十日尚足堅守然後表裏俱發破賊必矣如有緩救之戮余為諸軍當之諸將皆喜便作地道箭飛書與仁消息數通北軍亦至并勢大戰羽軍既退舟船猶據沔水襄陽隔絕不通而孫權襲取羽輜重羽聞之即走南還仁會諸將議咸曰今因羽危懼必可追禽也儼曰權邀羽連兵之難欲掩制其後顧羽還救恐我承其兩疲故順辭求效乘釁因變以觀利鈍耳今羽已孤迸更宜存之以為權害若深入追北權則改虞於彼將生患於我矣王必以此為深慮仁乃解嚴太祖聞羽走恐諸將追之果疾勑仁如儼所策文帝即王位為侍中頃之拜駙馬都尉領河東太守典農中郎將黃初三年賜爵關內侯孫權寇邊征東大將軍曹休統五州軍禦之徵儼為軍師權眾退軍還封宜土亭侯轉為度支中郎將遷尚書從征吳到廣陵復留為征東軍師明帝即位進封都鄉侯邑六百戶監荊州諸軍事假節會疾不行復為尚書出監豫州諸軍事轉大司馬軍師入為大司農齊王即位以儼監雍涼諸軍事假節轉征蜀將軍又遷征西將軍都督雍涼正始四年老疾求還徵為驃騎將軍魏略曰舊故四征有官廚財籍遷轉之際無不因緣而儼叉手上車發到霸上忘持其常所服藥雍州聞之乃追送雜藥材數箱儼笑曰人言語殊不易我偶問所服藥耳何用是為邪遂不取遷司空薨謚曰穆侯子亭嗣初儼與同郡辛毗陳羣杜襲並知名號曰辛陳杜趙云

裴潛傳

裴潛字文行河東聞喜人也魏略曰潛世為著姓父茂仕靈帝時歷縣令郡守尚書建安初以奉使率導關中諸將討李傕有功封列侯潛少不脩細行由此為父所不禮避亂荊州劉表待以賓禮潛私謂所親王粲司馬芝曰劉牧非霸王之才乃欲西伯自處其敗無日矣遂南適長沙太祖定荊州以潛參丞相軍事出歷三縣令入為倉曹屬太祖問潛曰卿前與劉備俱在荊州卿以備才略何如潛曰使居中國能亂人而不能為治也若乘間守險足以為一方主時代郡大亂以潛為代郡太守烏丸王及其大人凡三人各自稱單于專制郡事前太守莫能治正太祖欲授潛精兵以鎮討之潛辭曰代

郡戶口殺衆士馬控弦動有萬數單于自知放橫日久內不自安今多將兵往必懼而拒境少將則不見憚宜以計謀圖之不可以兵威迫也遂單車之郡單于驚喜潛撫之以靜單于以下脫帽稽顙悉還前後所略婦女器械財物潛案誅郡中大吏與單于爲表裏者郝溫郭端等十餘人北邊大震百姓歸心在代三年還爲丞相理曹掾太祖褒稱治代之功潛曰潛於百姓雖寬於諸胡爲峻今計者必以潛爲理過嚴而事加寬惠彼素驕恣過寬必弛既弛又將攝之以

法此訟爭所由生也以勢料之代必復叛於是太祖深悔還潛之速後數十日三單于反問至乃遣鄢陵侯彰爲驍騎將軍征之潛出爲沛國相遷兗州刺史太祖次摩陂歎其軍陳齊整特加賞賜文帝踐阼入爲散騎常侍出爲魏郡潁川典農中郎將奏通貢舉比之郡國由是農官進仕路泰遷荊州刺史賜爵關內侯明帝即位入爲尚書出爲河南尹轉太尉軍師大司農封清陽亭侯邑二百戶入爲尚書令奏正分職料簡名實出事使斷官府者百五十餘條喪父去

官拜光祿大夫正始五年薨追贈太常謚曰貞侯魏略曰時遠近皆云當爲公會病亡始潛自感所生微賤無舅氏又爲父所不禮即折節仕進雖多所更歷清省恪然每之官不將妻子妻子貧乏織藜芘以自供又潛爲兗州時嘗作一胡牀及其去也留以掛柱又以父在京師出入薄軬車羣弟之田廬常步行家人小大或并日而食其家教上下相奉事有似於石奮其履檢校度自魏興少能及者潛爲人材博有雅要容然但如此而已然無所推進故世歸其潔而不宗其餘子秀嗣遺令儉葬墓中惟置一坐瓦器數枚其餘一無所設秀咸熙中爲尚書僕射文章序錄曰秀字季彥弘通博濟八歲能屬文遂知名大將軍曹爽辟喪父服終推財與兄弟年二十五遷黃門侍郎爽誅以故吏免遷衞國相累遷散騎常侍尚書僕射令光祿大夫咸熙中晉文王始建五等命秀典爲制度封廣川侯晉室受禪進左光祿大夫改封鉅鹿公遷司空著易及樂論又畫地域圖十八篇傳行於世盟會圖及典治官制皆未成年四十八泰始七年薨謚元公配食宗廟少子頠字逸民襲封　荀綽冀州記

曰頠爲人弘雅有遠識博學稽古履行高整自少知名歷位太子中庶子侍中尚書元康末爲尚書左僕射趙王倫以其望重畏而惡之知其不與賈氏同心猶被枉害　臣松之案陸機惠帝起居注稱頠雅有遠量當朝名士也又曰民之望也頠理具淵博贍於論難著崇有貴無二論以矯虛誕之弊文辭精富爲世名論子嵩字道文荀綽稱嵩有父祖風爲中書郎早卒頠從父弟邈字景聲有儁才爲太傅司馬越從事中郎假節監中外營諸軍事潛少弟徽字文季冀州刺史有高才遠度善言玄妙事見荀粲傅嘏王弼管輅諸傳徽長子黎字伯宗一名演游擊將軍次康字仲豫太子左衞率次楷字叔則侍中中書令光祿大夫開府次綽字季舒黃門侍郎早卒追贈長水校尉康楷綽皆爲名士而楷才望最重　晉諸公贊曰康有弘量綽以明達爲稱楷與琅邪王戎俱爲掾發名鍾會致之大將軍司馬文王曰裴楷清通王戎簡要文王即辟爲掾進歷顯位謝鯤爲樂廣傳稱楷儁朗有識具當時獨步黎子苞秦州刺史康子純黃門侍郎次盾徐州刺史次邵有器望晉元帝爲安東將軍邵爲長史侍中王曠與司馬越書曰裴邵在此雖不治事然識量弘淹此下人士大敬附之次廓中壘將軍楷子瓚中書郎次憲豫州刺史綽子遐太傅主簿瓚遐並有盛名早亡皆諸公贊稱憲有清識　魏略列

傳以徐福嚴幹李義張既游楚梁習趙儼裴潛韓宣黃朗十人共卷其既習儼潛四人自有傳徐福事在諸葛亮傳游楚事在張既傳餘韓等四人載之於後嚴幹字公仲李義字孝懿皆馮翊東縣人也馮翊東縣舊無冠族故二人並單家其器性皆重厚當中平末同年二十餘幹好擊劍義好辦護喪事馮翊甲族桓甲吉郭及故侍中鄭文信等頗以其各有器實共紀識之會三輔乱人多流宕而幹義不去與諸知故相浮沉採樵自活逮建安初關中始開詔分馮翊西數縣爲左內史郡治高陵以東數縣爲本郡治臨晉義於縣分當西屬義緊幹曰西縣兒曹不可與爭坐席今當共作方牀耳遂相附結皆仕東郡爲右職司隸辟幹不至歲終郡舉幹孝廉義上計掾義留京師爲平陵令遷冗從僕射遂歷顯職逮魏封十郡請義以爲軍祭酒又爲魏尚書左僕射及文帝即位拜諫議大夫執金吾衛尉卒官義子豐字宣國見夏侯玄傳幹以孝廉拜蒲阪令病去官復舉至孝爲公車司馬令爲州所請詔拜議郎還參州事會以建策捕高幹又追録前討郭援功封武鄉侯遷弘農太守及馬超反幹郡近超民人分散超破爲漢陽太守遷益州刺史以道不通黃初中轉爲五官中郎將明帝時遷永安太僕數歲卒始李義以直道推誠於人故於時陳羣等與之齊好雖無他材力而終仕進不頓躓幹

從破亂之後更折節學問特善春秋公羊司隸鍾繇不好公羊而好左氏謂左氏爲太官而謂公羊爲賣餅家故數與幹共辯析長短繇爲人機捷善持論而幹訥口臨時屈無以應繇謂幹曰公羊高竟爲左丘明服矣幹曰直故吏爲明使君服耳公羊未肯也

韓宣字景然勃海人也爲人短小建安中丞相召署軍謀掾冗散在鄴嘗於鄴出入宮於東掖門內與臨菑侯植相遇時天新雨地有泥潦宣欲避之閡潦不得去乃以扇自障住於道邊植嫌宣既不去又不爲禮乃駐車使其常從問宣何官宣云丞相軍謀掾也植又問曰應得唐突列侯否宣曰春秋之義王人雖微列于諸侯之上未聞宰士而爲下土諸侯禮也植又曰即如所言爲人父吏見其子應有禮否宣又曰於禮臣子一例也而宣年又長植知其枝柱難窮乃釋去具爲太子言以爲辯黃初中爲尚書郎嘗以職事當受罰於殿前已縛束杖未行文帝輦過問此爲誰左右對曰尚書郎勃海韓宣也帝追念前臨菑侯所說乃寤曰是子建所道韓宣邪特原之遂解其縛時天大寒宣前以當受杖豫脫袴纏褌面縛及其原褌䘿不下乃趨而去帝目而送之笑曰此家有瞻諦之士也後出爲清河東郡太守明帝時爲尚書大鴻臚數歲卒宣前後當官在能否之間然善以己恕人始南陽韓暨以宿德在宣前爲大鴻臚暨爲人賢及宣在後亦稱職故鴻臚中爲之語曰大鴻臚小鴻臚前後治行曷相如案本志宣名都不見惟魏略有此傳而世語列於名臣之流

黃朗字文達沛郡人也爲人弘通有性實父爲本縣卒朗感其如此抗志游學由是爲方國及其郡士大夫所禮異特與東平右姓王惠陽爲頭交惠陽親拜朗母於牀下朗始仕黃初中爲長史遷長安令會喪母不歸復爲魏令遷襄城典農中郎將涿郡太守以明帝時疾病卒始朗爲君長自以父故常忌不呼鈴下伍伯而呼其姓字至於忿怒亦終不言朗既仕至二千石而惠陽亦歷長安令酒泉太守故時人謂惠陽外似麤疏而內堅密能不顯朗之本末事朗母如已毋爲通度也

魚豢曰世稱君子之德其猶龍乎蓋以其善變也昔長安市儈有劉仲始者一爲市吏所辱乃感激蹋其尺折之遂行學問經明行脩流名海內後以有道徵不肯就衆人歸其高余以爲前世偶有此耳而今徐嚴復參之若皆非似龍之志也其何能至於此哉李推至道張工度主韓見識異黃能拔萃各著根於石上而垂陰乎千里亦未爲易也游翁慷慨展布腹心全軀保郡見延帝王又放陸生優游宴戲亦一實也梁趙及裴雖張楊不足至於檢已老而益明亦難能也

評曰和洽清和幹理常林素業純固楊俊人倫行義杜襲溫粹識統趙儼剛毅有度裴潛平恒貞幹皆一世之美士也至林能不繫心於三司以大夫告老美矣哉

和常楊杜趙裴傳卷第二十三

魏書　　國志二十三

韓暨傳

韓暨字公至南陽堵陽人也楚國先賢傳曰暨韓王信之後祖術河東太守父純南郡太守同縣豪右陳茂譖暨父兄幾致大辟暨陽不以爲言庸賃積資陰結死士遂追呼尋禽茂以首祭父墓由是顯名舉孝廉司空辟皆不就乃變名姓隱居避亂魯陽山中山民合黨欲行寇掠暨散家財以供牛酒請其渠帥爲陳安危山民化之終不爲害避袁術命召徙居山都之山荊州牧劉表禮辟遂遁逃南居孱陵界所在見敬愛而表深恨之暨懼應命除宜城長太祖平荊州辟爲丞相士曹屬後遷樂陵太守徙監冶謁者舊時冶作馬排蒲拜反爲排以吹炭每一熟石用馬百匹更作人排又費功力暨乃因長流爲水排計其利益三倍於前在職七年器用充實制書褒歎就加司金都尉班亞九卿文帝踐阼封宜城亭侯黃初七年遷太常進封南鄉亭侯邑二百戶時新都洛陽制度未備而宗廟主祏祏音石春秋傳曰命我先人典司宗祏注曰宗廟所以藏主石室者皆在鄴都暨奏請迎鄴四廟神主建立洛陽廟四時蒸嘗親奉粢盛崇明正

韓暨

禮廢去淫祀多所匡正在官八年以疾遜位景初二年春詔曰太中大夫韓暨澡身浴德志節高絜年踰八十守道彌固可謂純篤老而益劭者也其以暨爲司徒夏四月薨遺令斂以時服葬爲土藏謚曰恭侯楚國先賢傳曰暨臨終遺言曰夫俗奢者示之以儉儉則節之以禮歷見前代送終過制失之甚矣若爾曹敬聽吾言斂以時服葬以土藏穿畢便葬送以瓦器慎勿有增益又上疏曰生有益於民死猶不害於民況臣備位台司在職日淺未能宣揚聖德以廣益黎庶寢疾彌留奄即幽冥方今百姓農務不宜勞役乞不令洛陽吏民供設喪具懼國典有常使臣私願不得展從謹冒以聞惟蒙哀許帝得表嗟歎乃詔曰故司徒韓暨積德履行忠以立朝至於黃髮直亮不虧既登三事望獲毗輔之助如何奄忽天命不永曾參臨沒易簀以禮晏嬰尚儉遣車降制今司徒知命遺言卹民以從約可謂善始令終者也其喪禮所設皆如故事勿有所闕時賜溫明祕器衣一稱五時朝服玉具劍佩子肇嗣肇薨子邦嗣楚國先賢傳曰邦字長林少有才學晉武帝時爲野王令有稱績爲新城太守坐舉野王故吏爲新城計吏武帝大怒遂殺邦暨次子繇高陽太守繇子洪侍御史洪子壽字德眞晉諸公贊曰自暨已下世治素業壽能尚家風性尤忠厚早歷清職惠帝踐阼爲散騎常侍遷守河南尹病卒贈驃騎將軍壽妻賈充女充無後以壽子謐爲嗣弱冠爲祕書監侍中性驕佚而才出壽少子蔚亦有器望並爲趙王倫所誅韓氏遂滅

崔林傳

崔林字德儒清河東武城人也少時晚成宗族莫知惟從兄琰異之太祖定冀州召除鄔長貧無車馬單步之官太祖征壺關問長吏德政最者并州刺史張陟以林對於是擢爲冀州主簿徙

崔林

署別駕丞相掾屬魏國既建稍遷御史中丞文
帝踐阼拜尚書出爲幽州刺史北中郎將呉質
統河北軍事涿郡太守王雄謂林別駕曰呉中
郎將上所親重國之貴臣也杖節統事州郡莫
不奉牋致敬而崔使君初不與相聞若以邊塞
不脩斬卿使君寧能護卿邪別駕具以白林林
曰刺史視去此州如脫屣寧當相累邪此州與
胡虜接宜鎮之以靜擾之則動其逆心特爲國
家生北顧憂以此爲寄在官一期寇竊寢息案王
氏譜雄字元伯太保祥之宗也　魏名臣奏載安定太守孟
達薦雄曰臣聞明君以求賢爲業忠臣以進善爲效故易稱

拔茅連茹傳曰舉爾所知臣不自量竊慕其義臣昔以人乏
謬充備部職時涿郡太守王雄爲西部從事與臣同寮雄天
性良固果而有謀歷試三縣政成人和及在近職奉宣威恩
懷柔有術清慎持法臣往年出使經過雄郡自說特受陛下
拔擢之恩常勵節精心思投命爲效言辭激揚情趣款惻臣
雖愚闇不識眞僞以謂雄才兼資文武忠烈之性踰越倫輩
今涿郡領戶三千孤寡之家參居其半北有守兵藩衛之固
誠不足舒雄智力展其勤幹也臣受恩深厚無以報國不勝
慺慺淺見之情謹冒陳聞詔曰昔蕭何薦韓信鄧禹進吳漢
惟賢知賢也雄有膽智技能文武之姿吾宿知之今便以參
散騎之選方使少在吾門下知指歸便大用之矣天下之士
欲使皆先歷散騎然後出據州郡是吾本意也雄後爲幽州
刺史子渾涼州刺史次乂平北將軍司徒安豐侯
戎渾之子太尉武陵侯衍荊州刺史登皆乂之子猶以不
事上司左遷河間太守清論多爲林怨也魏名臣
奏載侍
中辛毗奏曰昔桓階爲尚書令以崔林非
尚書才遷以爲河間太守與此傳不同遷大鴻臚龜
茲王遣侍子來朝朝廷嘉其遠至褒賞其王甚

厚餘國各遣子來朝間使連屬林恐所遣或非
眞的權取疏屬賈胡因通使命利得印綬而道
路護送所損滋多勞所養之民資無益之事爲
夷狄所笑此曩時之所患也乃移書燉煌喻指
并録前世待遇諸國豐約故事使有恒常明帝
即位賜爵關內侯轉光祿勳司隸校尉屬郡皆
罷非法除過貟吏林爲政推誠簡存大體是以
去後每輒見思散騎常侍劉劭作考課論制下
百僚林議曰案周官考課其文備矣自康王以
下遂以陵遲此即考課之法存乎其人也及漢

之季其失豈在乎佐吏之職不密哉方今軍旅
或猥或卒備之以科條申之以內外增減無常
固難一矣且萬目不張舉其綱衆毛不整振其
領皐陶仕虞伊尹臣殷不仁者遠五帝三王未
必如一而各以治亂易曰易簡而天下之理得
矣太祖隨宜設辟以遺來今不患不法古也以
爲今之制度不爲疏闊惟在守一勿失而已若
朝臣能任仲山甫之重式是百辟則孰敢不肅
景初元年司徒司空並缺散騎侍郎孟康薦林
曰夫宰相者天下之所瞻效誠宜得秉忠履正

本德杖義之士足為海內所師表者竊見司隸校尉崔林稟自然之正性體高雅之弘量論其所長以比古人忠直不回則史魚之儔清儉守約則季文之匹也牧守州郡所在而治及為外司萬里肅齊誠台輔之妙器衮職之良才也後年遂為司空封安陽亭侯邑六百戶三公封列侯自林始也（臣松之以為漢封丞相邑為荀悅所譏魏封三公其失同也）頃之又進封安陽鄉侯魯相上言漢舊立孔子廟褒成侯歲時奉祠辟雍行禮必祭先師王家出穀春秋祭祀今宗聖侯奉嗣未有命祭之禮宜給牲

牢長吏奉祀尊為貴神制三府議博士傅祗以春秋傳言立在祀典則孔子是也宗聖適足繼絕世章盛德耳至於顯立言崇明德則宜如魯相所上林議以為宗聖侯亦以王命祀不為未有命也周武王封黃帝堯舜之後及立三恪禹湯之世不列于時復特命他官祭也今周公已上達於三皇忽焉不祀而其禮經亦存其言今獨祀孔子者以世近故也以大夫之後特受無疆之祀禮過古帝義踰湯武可謂崇明報德矣無復重祀於非族也（臣松之以為孟軻稱宰我之辭曰予以觀夫子賢於堯舜遠矣又曰

生民以來未有盛於孔子者也斯非通賢之格言商較之定準乎雖妙極則同萬聖猶一然淳薄異時質文殊用或當時則榮沒則已焉是以遺風所被寔有深淺若乃經緯天人立言垂制百王莫之能違彝倫資之以立誠一人而已耳周監二代斯文為盛然於六經之道未能及其精致加以聖賢不興曠年五百道化陵夷憲章殆滅若使時無孔門則周典幾乎息矣夫能光明先王之道以成萬世之功齊天地之無窮等日月之久照豈不有踰於羣聖哉林曾無史遷洞想之誠梅真慷慨之志而守其蓬心以塞明義可謂多見其不知量也）明帝又分林邑封一子列侯正始五年薨諡曰孝侯子述嗣（晉諸公贊曰述弟隨晉尚書僕射為人亮濟趙王倫篡位隨與其事倫敗遂亦廢錮而卒林孫瑋性率而疏至太子右衛率也初林識拔同郡王經於民伍之中卒為名士世以此稱之）

高柔傳

高柔字文惠陳留圉人也父靖為蜀郡都尉（陳留耆舊傳曰靖高祖父固不仕王莽世為淮陽太守所害以烈節垂名固子慎字孝甫少華有沈深之量撫育孤兄子五人恩義甚篤琅邪相何英嘉其行履以女妻焉英即車騎將軍熙之父也慎歷二縣令東萊太守老病歸家草屋蓬戶甕缶無儲其妻謂之曰君累經宰守積有年歲何能不少為儲畜以遺子孫乎慎曰我以勤身清名為之基以二千石遺之不亦可乎子式至孝常盡力供養永初中螟蝗為害獨不食式麥園令周還以表州郡太守楊舜舉式孝子讓不行後以孝廉為郎式子昌昌弟賜並為刺史郡守式子弘孝廉弘生靖）柔留鄉里謂邑中曰今者英雄並起陳留四戰之地也曹將軍雖據兗州本有四方之圖未得安坐守也而張府君先得志於陳留吾恐變乘間作也欲與諸君避之衆人皆以張邈與太祖善柔又年少不然其言柔從兄幹袁紹甥也（謝承漢書曰幹字元才才志弘邈文武秀出父躬蜀郡太守祖

賜司隸校尉案陳留耆舊傳及謝承書幹應爲柔從父非從兄也未知何者爲誤在河北呼柔
柔舉宗從之會靖卒於西州時道路艱澁兵寇
縱橫而柔冒艱險詣蜀迎喪辛苦荼毒無所不
嘗三年乃還太祖平袁氏以柔爲管長縣中素
聞其名姦吏數人皆自引去柔教曰昔邴吉臨
政吏嘗有非猶尚容之況此諸吏於吾未有失
乎其召復之咸還皆自勵咸爲佳吏高幹既降
頃之以并州叛柔自歸太祖太祖欲因事誅之
以爲刺姦令史處法允當獄無留滯辟爲丞相
倉曹屬魏氏春秋曰柔既處法平允又夙夜匪懈至擁膝抱文書而寢太祖嘗夜微出觀察諸吏見柔哀之

徐解裘覆柔而去自是辟焉太祖欲遣鍾繇等討張魯柔諫以
爲今猥遣大兵西有韓遂馬超謂爲已舉將相
扇動作逆宜先招集三輔三輔苟平漢中可傳
檄而定也繇入關遂超等果反魏國初建爲尚
書郎轉拜丞相理曹掾令曰夫治定之化以禮
爲首撥亂之政以刑爲先是以舜流四凶族皐
陶作士漢祖除秦苛法蕭何定律掾清識平當
明于憲典勉恤之哉鼓吹宋金等在合肥亡逃舊
法軍征士亡考竟其妻子太祖患猶不息更重其
刑金有母妻及二弟皆給官主者奏盡殺之柔

啓曰士卒亡軍誠在可疾然竊聞其中時有悔
者愚謂乃宜貸其妻子一可使賊中不信二可
使誘其還心正如前科固已絕其意望而猥復
重之柔恐自今在軍之士見一人亡逃誅將及
己亦且相隨而走不可復得殺也此重刑非所
以止亡乃所以益走耳太祖曰善即止不殺金
母弟蒙活者甚衆遷爲潁川太守復還爲法曹
掾時置校事盧洪趙達等使察羣下柔諫曰設
官分職各有所司今置校事既非居上信下之
旨又達等數以憎愛擅作威福宜檢治之太祖

曰卿知達等恐不如吾也要能刺舉而辦衆事
使賢人君子爲之則不能也昔叔孫通用羣盜
良有以也達等後姦利發太祖殺之以謝於柔
文帝踐阼以柔爲治書侍御史賜爵關內侯轉
加治書執法民間數有誹謗妖言帝疾之有妖
言輒殺而賞告者柔上疏曰今妖言者必戮告
之者輒賞既使過誤無反善之路又將開凶狡
之羣相誣罔之漸誠非所以息姦省訟緝熙治
道也昔周公作誥稱殷之祖宗咸不顧小人之
怨在漢太宗亦除妖言誹謗之令臣愚以爲宜

除妖謗賞告之法以隆天父養物之仁帝不即從而相誣告者滋甚帝乃下詔敢以誹謗相告者以所告者罪罪之於是遂絕校事劉慈等自黃初初數年之間舉吏民姦罪以萬數柔皆請懲虛實其餘小小挂法者不過罰金四年遷為廷尉魏初三公無事又希與朝政柔上疏曰天地以四時成功元首以輔弼興治成湯杖阿衡之佐文武憑旦望之力逮至漢初蕭曹之儔並以元勳代作心膂此皆明王聖主任臣於上賢相良輔股肱於下也今公輔之臣皆國之棟梁民所具瞻而置之三事不使知政遂各偃息養高鮮有進納誠非朝廷崇用大臣之義大臣獻可替否之謂也古者刑政有疑輒議於槐棘之下自今之後朝有疑議及刑獄大事宜數以咨訪三公三公朝朔望之日又可特延入講論得失博盡事情庶有裨起天聽弘益大化帝嘉納焉帝以宿嫌欲枉法誅治書執法鮑勛而柔固執不從詔命帝怒甚遂召柔詣臺遣使者承指至廷尉考竟勛勛死乃遣柔還寺明帝即位封柔延壽亭侯時博士執經柔上疏曰臣聞遵道重學聖人洪訓褒文崇儒帝者

明義昔漢末陵遲禮樂崩壞雄戰虎爭以戰陣為務遂使儒林之群幽隱而不顯太祖初興愍其如此在於撥亂之際並使郡縣立教學之官高祖即位遂闡其業興復辟雍州立課試於是天下之士復聞庠序之教親俎豆之禮焉陛下臨政允迪叡哲敷弘大猷光濟先軌雖夏啓之承基周成之繼業誠無以加也然今博士皆經明行脩一國清選而使遷除限不過長懼非所以崇顯儒術帥勵怠惰也孔子稱舉善而教不能則勸故楚禮申公學士銳精漢隆卓茂搢紳競慕臣以為博士者道之淵藪六藝所宗宜隨學行優劣待以不次之位敦崇道教以勸學者於化為弘帝納之後大興殿舍百姓勞役廣采衆女充盈後宮後宮皇子連夭繼嗣未育柔上疏曰二虜狡猾潛自講肄謀動干戈未圖束手宜畜養將士繕治甲兵以逸待之而頃興造殿舍上下勞擾若使吳蜀知人虛實通謀并勢復俱送死甚不易也昔漢文惜十家之資不營小臺之娛去病慮匈奴之害不遑治第之事況今所損者非惟百金之費所憂者非徒北狄之患

乎可粗成見所營立以充朝宴之儀訖罷作者使得就農二方平定復可徐興昔軒轅以二十五子傳祚彌遠周室以姬國四十歷年滋多陛下聰達窮理盡性而頃皇子連多夭逝熊羆之祥又未感應羣下之心莫不悒戚周禮天子后妃以下百二十人嬪嬙之儀既以盛矣竊聞後庭之數或復過之聖嗣不昌殆能由此臣愚以為可妙簡淑媛以備內官之數其餘盡遣還家且以育精養神專靜為寶如此則螽斯之徵可庶而致矣帝報曰知卿忠允乃心王室輒克昌

言他復以聞時獵法甚峻宜陽典農劉龜竊於禁內射兔其功曹張京詣校事言之帝匿京名收龜付獄柔表請告者名帝大怒曰劉龜當死乃敢獵吾禁地送龜廷尉廷尉便當考掠何復請告者主名吾豈妄收龜邪柔曰廷尉天下之平也安得以至尊喜怒而毀法乎重復為奏辭指深切帝意寤乃下京名即還訊各當其罪時制吏遭大喪者百日後皆給役有司徒吏解弘遭父喪後有軍事受敕當行以疾病為辭詔怒曰汝非曾閔何言毀邪促收考竟柔見弘信甚

羸劣奏陳其事宜加寬貸帝乃詔曰孝哉弘也其原之初公孫淵兄晃為叔父恭任內侍先淵未反數陳其變及淵謀逆帝不忍市斬欲就獄殺之柔上疏曰書稱用罪伐厥死用德彰厥善此王制之明典也晃及妻子叛逆之類誠應梟縣勿使遺育而臣竊聞晃先數自歸陳淵禍萌雖為凶族原心可恕夫仲尼亮司馬牛之憂祁奚明叔向之過在昔之美義也臣以為晃信有言宜貸其死苟自無言便當市斬今進不赦其命退不彰其罪閉著囹圄使自引分四方觀國

或疑此舉也帝不聽竟遣使齎金屑飲晃及其妻子賜以棺衣殯斂於宅

孫盛曰聞五帝無誥誓之文三王無盟祝之事然則盟誓之文始自三季質任之作起於周微夫貞夫之一則天地可動機心內萌則鷗鳥不下況信不足焉而祈物之必附猜生於我而望彼之必懷何異挾冰求溫抱炭希涼者哉且夫要功之倫陵肆之類莫不背情任計昧利忘親縱懷慈孝之愛或慮傾身之禍是以周鄭交惡漢高請羹隗囂殉子馬超背父其為酷忍如此之極也安在其因質委誠取任永固哉世主若能遠覽先王閑邪之至道近鑒狡肆徇利之凶心勝之以解網之仁致之以來蘇之惠燿之以雷霆之威潤之以時雨之施則不恭可斂衽於一朝炰哮可屈膝於象魏矣何必拘厥親以來其情逼所愛以制其命乎苟不能然而仗夫計術籠之以權數檢之以一切雖覽一室而庶徵於四海法生鄙局與或半之虧益自不得不有不忍之刑以遂孥戮之罰亦猶瀆盟由乎一人而云俾墜其師無克遺育之言耳豈得復引四罪不及之典司馬牛獲宥之義乎假令任者皆不保其父兄輒有二三之言曲哀其意而悉活之則長人子危親自存之悖子弟雖質必無刑戮之憂父兄雖逆終無勦

絕之處柔不究明此術非盛王之道宜開張遠義蠲此近制而陳法內之州以申一人之命可謂心存小善非王者之體古者殺人之中又有仁焉刑之於獄未爲失也臣松之以爲辨章事理貴得當時之宜無爲虛唱大言而終歸無用浮誕之論不切於實猶若畫螭魅之象而躓於犬馬之形也質任之興非防近世況三方鼎峙遼東偏遠爾其親屬以防未然不爲非矣柔謂晃有先言之善宜蒙原心之宥而盛責柔不能開張遠理蠲此近制不達此言竟爲何謂若云猜防爲非質任宜廢是謂應大明先王之道不預任者生死也晃之爲任歷年已久豈得於殺活之際方論至理之本是何異叢棘既繁事須判決空論刑措之美無聞當不之實哉其爲迂闊亦已甚矣漢高事窮理迫權以濟親而揔之酷忍之科既已大有所誣且自古已來未有子弟妄告父兄以圖全身者自存之恃未之或聞晃以兄告弟而其事果驗謂晃應殺將以過防若言之亦死不言亦死豈不枉歸善之心失正刑之中哉昔趙括之母以先請獲免鍾會之兄以密言全子古今此比蓋爲不少晃之前言事同斷例而獨遇否閉良可哀哉是時殺禁地鹿者身死財產沒官有能覺告者厚加賞賜柔上疏曰聖

王之御世莫不以廣農爲務儉用爲資夫農廣則穀積用儉則財畜畜財積穀而有憂患之虞者未之有也古者一夫不耕或爲之饑一婦不織或爲之寒中間已來百姓供給衆役親田者既減加頃復有獵禁羣鹿犯暴殘食生苗處處爲害所傷不貲民雖障防力不能禦至如滎陽左右周數百里歲略不收元元之命實可矜傷方今天下生財者甚少而麋鹿之損者甚多卒有兵戎之役凶年之災將無以待之惟陛下覽先聖之所念愍稼穡之艱難寬放民間使得捕

鹿遂除其禁則衆庶永濟莫不悅豫矣魏名臣奏載柔上疏曰臣深思陛下所以不早取此鹿者誠欲使極蕃息然後大取以爲軍國之用然臣竊以爲今鹿但有日耗終無從得多也何以知之今禁地廣輪且千餘里臣下計無慮其中有虎大小六百頭狼有五百頭狐萬頭使大虎一頭三日食一鹿一虎一歲百二十鹿是爲六百頭虎一歲食七萬二千頭鹿也使十狼日共食一鹿是爲五百頭狼一歲共食萬八千頭鹿鹿子始生未能善走使十狐一日共食一子比至健走一月之間是爲萬狐一月共食鹿子三萬頭也大凡一歲所食十二萬頭其鵰鶚所害臣置不計以此推之終無從得多不如早取之爲便也頃之護軍營士竇禮近出不還營以爲亡表言逐捕沒其妻盈及男女爲官奴婢盈連至州府稱冤自訟莫有省者乃辭詣廷尉柔問曰汝何以知夫不亡盈垂泣對曰夫少單特養一老嫗爲母事甚恭謹

又哀兒女撫視不離非是輕狡不顧室家者也柔重問曰汝夫不與人有怨讎乎對曰夫良善與人無讎又曰汝夫不與人交錢財乎對曰嘗出錢與同營士焦子文求不得時子文適坐小事繫獄柔見子文問所坐言次曰汝頗曾舉人錢不子文曰自以單貧初不敢舉人錢物也柔察子文色動遂曰汝昔舉竇禮錢何言不邪子文怪知事露應對不次柔曰汝已殺禮便宜早服子文於是叩頭具首殺禮本末埋藏處所柔便遣吏卒承子文辭往掘禮即得其屍詔書復

盈毋子爲平民班下天下以禮爲戒在官二十三年轉爲太常旬日遷司空後從司徒大傅司馬宣王奏免曹爽皇太后詔召柔假節行大將軍事據爽營太傅謂柔曰君爲周勃矣爽誅進封萬歲鄉侯高貴鄉公即位進封安國侯轉爲太尉常道鄉公即位增邑并前四千前後封二子亭侯景元四年年九十薨謚曰元侯孫渾嗣咸熙中開建五等以柔等著勳前朝改封渾昌陸子晉諸公贊曰柔長子儁大將軍掾次誕歷三州刺史太僕誕放率不倫而決烈過人次光字宣茂少習家業明練法理晉武帝世爲黃沙御史與中丞同遷守廷尉後即真兄誕與光異操謂光小節常輕侮之而光事誕愈謹終於尚書令追贈司空

孫禮傳

孫禮字德達涿郡容城人也太祖平幽州召爲司空軍謀掾初喪亂時禮與母相失同郡馬台求得禮母禮推家財盡以與台台後坐法當死禮私導令踰獄自首既而曰臣無逃亡之義徑詣刺姦主簿溫恢恢嘉之具白太祖各減死一等後除河間郡丞稍遷滎陽都尉魯山中賊數百人保固險阻爲民作害乃徙禮爲魯相禮至官出俸穀發吏民募首級招納降附使還爲閒

應時平泰遷山陽平原平昌琅邪太守從大司馬曹休征吳於夾石口禮諫以爲不可深入不從而敗遷陽平太守入爲尚書明帝方脩宮室而節氣不和天下少穀禮固爭罷役詔曰敬納讜言促遣民作時李惠監作復奏留一月有所成訖禮徑至作所不復重奏稱詔罷民帝奇其意而不責也帝獵於大石山虎趨乘輿禮便投鞭下馬欲奮劍斫虎詔令禮上馬明帝臨崩之時以曹爽爲大將軍宜得良佐於牀下受遺詔拜禮大將軍長史加散騎常侍禮亮直不撓爽弗便也以爲揚州刺史加伏波將軍賜爵關內侯吳大將全琮帥數萬衆來侵寇時州兵休使在者無幾禮躬勒衛兵禦之戰於芍陂自旦及暮將士死傷過半禮犯蹈白刃馬被數創手秉枹鼓奮不顧身賊衆乃退詔書慰勞賜絹七百匹禮爲死事者設祀哭臨哀號發心皆以絹付亡者家無以入身徵拜少府出爲荊州刺史遷冀州牧太傅司馬宣王謂禮曰今清河平原爭界八年更二刺史靡能決之虞芮待文王而了宜善令分明禮曰訟者據墟墓爲驗聽者以先老

為正而老者不可加以榎楚又墟墓或遷就高敞或徙避仇讎如今所聞雖皋陶猶將為難若欲使必也無訟當以烈祖初封平原時圖決之何必推古問故以益辭訟昔成王以桐葉戲叔虞周公便以封之今圖藏在天府便可於坐上斷也豈待到州乎宣王曰是也當別下圖禮到案圖宜屬平原而曹爽信清河言下書云圖不可用當參異同禮上疏曰管仲霸者之佐其器又小猶能奪伯氏駢邑使沒齒無怨言臣受牧伯之任奉聖朝明圖驗地著之界界實以王翁河為限而鄃以馬丹候為驗詐以鳴犢河為界假虛訟訴疑誤臺閣竊聞眾口鑠金浮石沈木三人成市虎慈母投其杼今二郡爭界八年一朝決之者緣有解書圖畫可得尋案擿校也平原在兩河向東上其間有爵隄爵隄在高唐西南所爭地在高唐西北相去二十餘里可謂長歎息流涕者也案解與圖奏而鄃不受詔此臣軟弱不勝其任臣亦何顏尸祿素餐輒束帶著履駕車待放爽見禮奏大怒劾禮怨望結刑五歲在家期年眾人多以為言除城門校尉時匈

奴王劉靖部眾彊盛而鮮卑數寇邊乃以禮為并州刺史加振武將軍使持節護匈奴中郎將往見太傅司馬宣王有忿色而無言宣王曰卿得并州少邪恚理分界失分乎今當遠別何不懽也禮曰何明公言之乖細也禮雖不德豈以官位往事為意邪本謂明公齊蹤伊呂匡輔魏室上報明帝之託下建萬世之勳今社稷將危天下兇兇此禮之所以不悅也因涕泣橫流宣王曰且止忍不可忍爽誅後入為司隸校尉凡臨七郡五州皆有威信遷司空封大利亭侯邑一百戶禮與盧毓同郡時輩而情好不睦為人雖互有長短然名位略齊云嘉平二年薨謚曰景侯孫元嗣

王觀傳

王觀字偉臺東郡廩丘人也少孤貧厲志太祖召為丞相文學掾出為高唐陽泉鄼任令所在稱治文帝踐阼入為尚書郎廷尉監出為南陽涿郡太守涿北接鮮卑數有寇盜觀令邊民十家已上屯居築京候時或有不願者觀乃假遣朝吏使歸助子弟不與期會但勑事訖各還於

是吏民相率不督自勸旬日之中一時俱成守禦有備寇鈔以息明帝即位下詔書使郡縣條爲劇中平者主者欲言郡爲中平觀教曰此郡濱近外虜數有寇害云何不爲劇邪主者曰若郡爲外劇恐於明府有任子觀曰夫君者所以爲民也今郡在外劇則於役條當有降差豈可爲太守之私而負一郡之民乎遂言爲外劇郡後送任子詣鄴時觀但有一子而又幼弱其公心如此觀治身清素帥下以儉僚屬承風莫不自勵明帝幸許昌召觀爲治書侍御史典行臺

獄時多有倉卒喜怒而觀不阿意順指太尉司馬宣王請觀爲從事中郎遷爲尚書出爲河南尹徙少府大將軍曹爽使材官張達斫家屋材及諸私用之物觀聞知皆錄奪以沒官少府統三尚方御府內藏玩弄之寶爽等奢放多有干求憚觀守法乃徙爲太僕司馬宣王誅爽使觀行中領軍據爽弟羲營賜爵關內侯復爲尚書加駙馬都尉高貴鄉公即位封中鄉亭侯頃之加光祿大夫轉爲右僕射常道鄉公即位進封陽鄉侯增邑千戶并前二千五百戶遷司空固辭不許遣使即第拜授就官數日上送印綬輒自輿歸里舍薨于家遺令藏足容棺不設明器不封不樹謚曰肅侯子悝嗣咸熙中開建五等以觀著勳前朝改封悝膠東子

評曰韓暨處以靜居行化出以任職流稱崔林簡樸知能高柔明於法理孫禮剛斷伉厲王觀清勁貞白咸克致公輔及暨年過八十起家就列柔保官二十年元老終位比之徐邈常林於茲爲疢矣

韓崔高孫王傳第二十四

魏書　國志二十四

辛毗楊阜高堂隆傳第二十五　魏書　國志二十五

辛毗傳

辛毗字佐治潁川陽翟人也其先建武中自隴西東遷毗隨兄評從袁紹太祖爲司空辟毗毗不得應命及袁尚攻兄譚於平原譚使毗詣太祖求和英雄記曰譚尚戰於外門譚軍敗奔北郭圖說譚曰今將軍國小兵少糧匱勢弱顯甫之來久則不敵愚以爲可呼曹公來擊顯甫曹公至必先攻鄴顯甫還救將軍引兵而西自鄴以北皆可虜得若顯甫軍破其兵奔亡又可斂取以拒曹公曹公遠僑而來糧餉不繼必自逃去比此際趙國以北皆我之有亦足與曹公爲對矣不然不諧譚始不納後遂從之問圖誰可使圖荅辛佐治可譚遂遣毗詣太祖太祖將征荊州次于西平毗見太祖致譚意太祖大悅後數日更欲先平荊州使譚尚自相弊他日置酒毗望太祖色知有變以語郭嘉嘉白太祖太祖謂毗曰譚可信尚必可克不毗對曰明公無問信與詐也直當論其勢耳袁氏本兄弟相伐非謂他人能間其間乃謂天下可定於己也今一旦求救於明公此可知也顯甫見顯思困而不能取此力竭也兵革敗於外謀臣誅於內兄弟讒鬩國分爲二連年戰伐而介冑生蟣蝨加以旱蝗饑饉並臻國無囷倉行無裹糧天災應於上人事困於下民無愚智皆知土崩瓦解此乃天亡尚

之時也兵法稱有石城湯池帶甲百萬而無粟者不能守也今往攻鄴尚不還救即不能自守還救即譚踵其後以明公之威應困窮之敵擊疲弊之寇無異迅風之振秋葉矣天以袁尚與明公明公不取而伐荊州荊州豐樂國未有釁仲虺有言取亂侮亡方今二袁不務遠略而內相圖可謂亂矣居者無食行者無糧可謂亡矣朝不謀夕民命靡繼而不綏之欲待他年他年或登又自知亡而改脩厥德失所以用兵之要矣今因其請救而撫之利莫大焉且四方之寇莫大於河北河北平則六軍盛而天下震太祖曰善乃許譚平次于黎陽明年攻鄴克之表毗爲議郎久之太祖遣都護曹洪平下辯使毗與曹休參之令曰昔高祖貪財好色而良平匡其過失今佐治文烈憂不輕矣軍還爲丞相長史文帝踐阼遷侍中賜爵關內侯時議改正朔毗以魏氏遵舜禹之統應天順民至於湯武以戰伐定天下乃改正朔孔子曰行夏之時左氏傳曰夏數爲得天正何必期於相反帝善而從之帝欲徙冀州士家十萬戶實河南時連蝗民饑群

司以爲不可而帝意甚盛毗與朝臣俱求見帝
知其欲諫作色以見之皆莫敢言毗曰陛下欲
徙士家其計安出帝曰卿謂我徙之非邪毗曰
誠以爲非也帝曰吾不與卿共議也毗曰陛下
不以臣不肖置之左右廁謀議之官安得不與
臣議邪臣所言非私乃社稷之慮也安得怒臣
帝不答起入內毗隨而引其裾帝遂奮衣不還
良久乃出曰佐治卿持我何太急邪毗曰今徙
既失民心又無以食也帝遂徙其半嘗從帝射
雉帝曰射雉樂哉毗曰於陛下甚樂而於羣下

甚苦帝默然後遂爲之稀出上軍大將軍曹眞
征朱然于江陵毗行軍師還封廣平亭侯帝欲
大興軍征吳毗諫曰吳楚之民險而難御道隆
後服道洿先叛自古患之非徒今也今陛下祚
有海內夫不賓者其能久乎昔尉佗稱帝子陽
僭號歷年未幾或臣或誅何則違逆之道不久
全而大德無所不服也方今天下新定土廣民
稀夫廟筭而後出軍猶臨事而懼況今廟筭有
闕而欲用之臣誠未見其利也先帝屢起銳師
臨江而旋今六軍不增於故而復循之此未易

也今日之計莫若脩范蠡之養民法管仲之寄
政則充國之屯田明仲尼之懷遠十年之中彊
壯未老童齓勝戰兆民知義將士思奮然後用
之則役不再舉矣帝曰如卿意更當以虜遺子
孫邪毗對曰昔周文王以紂遺武王惟知時也
苟時未可容得已乎帝竟伐吳至江而還明帝
即位進封潁鄉侯邑三百戶時中書監劉放令
孫資見信於主制斷時政大臣莫不交好而毗
不與往來毗子敞諫曰今劉孫用事衆皆影附
大人宜小降意和光同塵不然必有謗言毗正

色曰主上雖未稱聦明不爲闇劣吾之立身自
有本末就與劉孫不平不過令吾不作三公而
已何危害之有焉大丈夫欲爲公而毀其高節
者邪冗從僕射畢軌表言尚書僕射王思精勤
舊吏忠亮計略不如辛毗毗宜代思帝以訪放
資放資對曰陛下用思者誠欲取其效力不貴
虛名也毗實亮直然性剛而專聖慮所當深察
也遂不用出爲衛尉帝方脩殿舍百姓勞役毗
上疏曰竊聞諸葛亮講武治兵而孫權市馬遼
東量其意指似欲相左右備豫不虞古之善政

而今者宮室大興，加連年穀麥不收。詩云：「民亦勞止，迄可小康，惠此中國，以綏四方。」唯陛下爲社稷計。帝報曰：「二虜未滅而治宮室，直諫者立名之時也。夫王者之都，當及民勞兼辦，使後世無所復增，是蕭何爲漢規摹之略也。今卿爲魏重臣，亦宜解其大歸。」帝又欲平北芒，令於其上作臺觀，則見孟津。毗諫曰：「天地之性，高高下下，今而反之，既非其理；加以損費人功，民不堪役。且若九河盈溢，洪水爲害，而丘陵皆夷，將何以禦之？」帝乃止。魏略曰：諸葛亮圍祁山，不克引退。張郃追之，爲流矢所中死。帝惜郃，臨朝而歎曰：「蜀未平而郃死，將若之何！」司空陳羣曰：「郃誠良將，國所依也。」毗心以爲郃雖可惜，然已死，不當內弱主意，而示外以不大也。乃持羣曰：「陳公，是何言歟！當建安之末，天下不可一日無武皇帝也，及委國祚，而文皇帝受命，黃初之世，亦謂不可無文皇帝也，及委棄天下，而陛下龍興。今國內所少，豈張郃乎？」陳羣曰：「亦誠如辛毗言。」帝笑曰：「陳公可謂善變矣。」臣松之以爲擬人必於其倫，取譬宜引其類，故君子於其言，無所苟而已矣。毗欲弘廣主意，當舉若張遼之疇，安有於一將之死，而可以祖宗爲譬哉？非所宜言，莫過於茲，進違其類，退似諂佞，佐治剛正之體，不宜有此。魏略既已難信，習氏又從而載之，竊謂斯人受誣不少。

青龍二年，諸葛亮率衆出渭南。先是，大將軍司馬宣王數請與亮戰，明帝終不聽。是歲恐不能禁，乃以毗爲大將軍軍師，使持節；六軍皆肅然，毗節度，莫敢犯違。魏略曰：宣王數數欲進攻，毗禁不聽。宣王雖能行意，而每屈於毗。亮卒，復還爲衛尉。薨，謚曰肅侯。子敞嗣，咸熙

中爲河內太守。世語曰：敞字泰雍，官至衛尉。毗女憲英，適太常泰山羊耽，外孫夏侯湛爲其傳曰：「憲英聰明有才鑒。初，文帝與陳思王爭爲太子，旣而文帝得立，抱毗頸而喜曰：『辛君知我喜不？』毗以告憲英，憲英歎曰：『太子，代君主宗廟社稷者也。代君不可以不戚，主國不可以不懼，宜戚而喜，何以能久！魏其不昌乎？』弟敞爲大將軍曹爽參軍，司馬宣王將誅爽，因爽出，閉城門，大將軍司馬魯芝將爽府兵，犯門斬關，出城門赴爽，來呼敞俱去。敞懼，問憲英曰：『天子在外，太傅閉城門，人云將不利國家，於事可得爾乎？』憲英曰：『天下有不可知，然以吾度之，太傅殆不得不爾！明皇帝臨崩，把太傅臂，以後事付之，此言猶在朝士之耳。且曹爽與太傅俱受寄託之任，而獨專權勢，行以驕奢，於王室不忠，於人道不直，此舉不過以誅曹爽耳。』敞曰：『然則事就乎？』憲英曰：『得無殆就！爽之才非太傅之偶也。』敞曰：『然則敞可以無出乎？』憲英曰：『安可以不出！職守，人之大義也。凡人在難，猶或卹之；爲人執鞭而棄其事，不祥，不可也。且爲人死，爲人任，親昵之職也，從衆而已。』敞遂出。宣王果誅爽。事定之後，敞歎曰：『吾不謀於姊，幾不獲於義。』逮鍾會爲鎮西將軍，憲英謂從子羊祜曰：『鍾士季何故西出？』祜曰：『將爲滅蜀也。』憲英曰：『會在事縱恣，非持久處下之道，吾畏其有他志也。』祜曰：『季母勿多言。』其後會請子琇爲參軍，憲英憂曰：『他日見鍾會之出，吾爲國憂之矣。今日難至吾家，此國之大事，必不得止也。』琇固請司馬文王，文王不聽。憲英語琇曰：『行矣，戒之！古之君子，入則致孝於親，出則致節於國；在職思其所司，在義思其所立，不遺父母憂患而已。軍旅之間，可以濟者，其惟仁恕乎！汝其慎之！』琇竟以全身。憲英年至七十有九，泰始五年卒。」

楊阜傳

楊阜字義山，天水冀人也。魏略曰：阜少與同郡尹奉次曾、趙昂偉章俱發名，偉章、次曾與阜俱爲涼州從事。以州從事爲牧韋端使詣許，拜安定長史。阜還，關右諸將問袁、曹勝敗孰在，阜曰：「袁公寬而不斷，好謀而少決；不斷則無威，少決則失後事，今雖彊，終不能成大業。曹公有雄才遠略，決機無疑，法一而兵精，能用度外之人，所任

各盡其力必能濟大事者也長史非其好遂去官而端徵爲太僕其子康代爲刺史辟阜爲別駕察孝廉辟丞相府州表留參軍事馬超之戰敗渭南也走保諸戎太祖追至安定而蘇伯反河間將引軍東還阜時奉使言於太祖曰超有信布之勇甚得羌胡心西州畏之若大軍還不嚴爲之備隴上諸郡非國家之有也太祖善之而軍還倉卒爲備不周超率諸戎渠帥以擊隴上郡縣隴上郡縣皆應之惟冀城奉州郡以固守超盡兼隴右之衆而張魯又遣大將楊昂以

助之凡萬餘人攻城阜率國士大夫及宗族子弟勝兵者千餘人使從弟岳於城上作偃月營與超接戰自正月至八月拒守而救兵不至州遣別駕閻溫循水潛出求救爲超所殺於是刺史太守失色始有降超之計阜流涕諫曰阜等率父兄子弟以義相勵有死無二田單之守不固於此也棄垂成之功陷不義之名阜以死守之遂號哭刺史太守卒遣人請和開城門迎超超入拘岳於冀使楊昂殺刺史太守阜內有報超之志而未得其便頃之阜以喪妻求葬假阜外兄

姜敘屯歷城阜少長敘家見敘母及敘說前在冀中時事歔欷悲甚敘曰何爲乃爾阜曰守城不能完君亡不能死亦何面目以視息於天下馬超背父叛君虐殺州將豈獨阜之憂責一州士大夫皆蒙其恥君擁兵專制而無討賊心此趙盾所以書殺君也超彊而無義多釁易圖耳敘母慨然勑敘從阜計計定外與鄉人姜隱趙昂尹奉姚瓊孔信武都人李俊王靈結謀定討超約使從弟謨至冀語岳并結安定梁寬南安趙衢龐恭等約誓旣明十七年九月與敘起兵

於鹵城超聞阜等兵起自將出而衢寬等解岳閉冀城門討超妻子超襲歷城得敘母敘母罵之曰汝背父之逆子殺君之桀賊天地豈久容汝而不早死敢以面目視人乎超怒殺之阜與超戰身被五創宗族昆弟死者七人超遂南奔張魯隴右平定太祖封討超之功侯者十一人賜阜爵關內侯阜讓曰阜君存無扞難之功君亡無死節之効於義當絀於法當誅超又不死無宜苟荷爵祿太祖報曰君與羣賢共建大功西土之人以爲美談子貢辭賞仲尼謂之止善

君其剖心以順國命姜叙之母勸叙早發明智乃爾雖楊敞之妻蓋不過此賢哉賢哉良史記錄必不墜於地矣皇甫謐烈女傳曰姜叙母者天水姜伯奕之母也建安中馬超攻冀害涼州刺史韋康州人悽然莫不感憤叙爲撫夷將軍擁兵屯歷叙姑子楊阜故爲康從事同等十餘人皆略屬超陰相結爲康報仇未有間會阜妻死辭超寧歸西因過至歷候叙母說康被害及冀中之難相對泣良久姜叙舉室感悲叙母曰咄伯奕韋使君遇難豈一州之恥亦汝之負豈獨義山哉汝無顧我事淹變生人誰不死死國忠義之大者但當速發我自爲汝當之不以餘年累汝也因勑叙與阜參議許諾分人使語鄉里尹奉趙昂及安定梁寬等令叙先舉兵叛超超怒必自來擊叙寬等因從後閉門約誓以定叙遂進兵入鹵昂奉守祁山超聞果自出擊叙寬等從後閉冀門超失據過鹵叙守鹵超因進至歷歷中見超往以爲叙軍還又傳聞超以走倚漢中故歷無備及超入歷執叙母母怒罵超超被罵大怒即殺叙母及其子燒城而去阜等以狀聞太祖甚嘉之手令褒揚語如本傳　臣松之案謚稱阜爲叙姑子而本傳云叙爲阜外兄與今名內外爲不同謚又載趙昂妻曰趙昂妻異者故益州刺史天水趙偉璋妻王氏女也昂爲羌道令留異在西會同郡梁雙反攻破西城害異兩男異女英年六歲獨與異在城中異見兩男已死又恐爲雙所侵引刀欲自刎顧英而歎曰身死爾棄當誰恃哉吾聞西施蒙不絜之服則人掩鼻況我貌非西施乎乃以溷糞涅麻而被之尠食瘠形自春至冬雙與州郡和異竟以是免難昂遣吏迎之未至三十里止謂英曰婦人無符信保傅則不出房闈昭姜沈流伯姬待燒每讀其傳心壯其節今吾遭亂不能死將何以復見諸姑所以偷生不死惟憐汝耳今官舍已近吾去汝死矣遂飲毒藥而絕時適有解毒藥良湯撅口灌之良久迺蘇建安中昂轉參軍事徙居冀會馬超攻冀異躬著布韝佐昂守備又悉脫所佩環黼黻以賞戰士及超攻急城中饑困刺史韋康素仁愍吏民傷殘欲與超和昂諫不聽歸以語異異曰君有爭臣大夫有專利之義專不爲非也焉知救兵不到關隴哉當共勉卒高勳全節致死不可從也比昂還康與超和超遂背約害康又劫昂質其嫡子月於南鄭欲要昂以爲已用然心未甚信超妻楊聞異節行請與讌終日異欲信昂於超以濟其謀謂楊曰昔管仲入齊立九合之功由余適秦穆公成霸方今社稷初定治亂在於得人涼州士馬迺可與中夏爭

鋒不可不詳也楊深感之以爲忠於已遂與異重相接結昂所以得信於超全功免禍者異之力也及昂與楊阜等結謀討超告異曰吾謀如是事必萬全當奈月何異厲聲應曰忠義立於身雪君父之大恥喪元不足爲重況一子哉夫項託顏淵豈復百年貴義存耳昂曰善遂共閉門逐超超奔漢中從張魯得兵還異復與昂保祁山爲超所圍三十日救兵到乃解超卒殺異子月凡自異城之難至于祁山昂出九奇異輒參焉　太祖征漢中以阜爲益州刺史還拜金城太守未發轉武都太守郡濱蜀漢阜請依龔遂故事安之而已會劉備遣張飛馬超等從沮道趣下辯而氐雷定等七部萬餘落反應之太祖遣都護曹洪禦超等超等退還洪置酒大會令女倡著羅縠之衣蹋鼓一坐皆笑阜厲聲責洪曰男女之別國之大節何有於廣坐之中裸女人形體雖桀紂之亂不甚於此遂奮衣辭出洪立罷女樂請阜還坐肅然憚焉及劉備取漢中以逼下辯太祖以武都孤遠欲移之恐吏民戀土阜威信素著前後徙民氐使居京兆扶風天水界者萬餘戶徙郡小槐里百姓襁負而隨之爲政舉大綱而已下不忍欺也文帝問侍中劉曄等武都太守何如人也皆稱阜有公輔之節未及用會帝崩在郡十餘年徵拜城門校尉阜常見明帝著帽被縹綾半褎袖阜問帝曰此於禮何法服也帝默然不荅

自是不法服不以見阜遷將作大匠時初治宮室發美女以充後庭數出入弋獵秋大雨震電多殺鳥雀阜上疏曰臣聞明主在上羣下盡辭堯舜聖德求非索諫大禹勤功務卑宮室成湯遭旱歸咎責己周文刑於寡妻以御家邦漢文躬行節儉身衣弋綈此皆能昭令問貽厥孫謀者也伏惟陛下奉武皇帝開拓之大業守文皇帝克終之元緒誠宜思齊往古聖賢之善治揔觀季世放濫之惡政所謂善治者務儉約重民力也所謂惡政者從心恣欲觸情而發也惟陛

下稽古世代之初所以明赫及季世所以衰弱至于泯滅近覽漢末之變足以動心誡懼矣曩使桓靈不廢高祖之法文景之恭儉太祖雖有神武於何所施其能邪而陛下何由處斯尊哉今吳蜀未定軍旅在外願陛下動則三思慮而後行重慎出入以往鑒來言之若輕成敗甚重頃者天雨又多卒暴雷電非常至殺鳥雀天地神明以王者爲子也政有不當則見災譴克己内訟聖人所記惟陛下慮患無形之外愼萌纖微之初法漢孝文出惠帝美人令得自嫁頃所

調送小女遠聞不令宜爲後圖諸所繕治務從約節書曰九族既睦協和萬國事思厥宜以從中道精心計謀省息費用吳蜀以定爾乃上安下樂九親熙熙如此以往祖考心歡堯舜其猶病諸今宜開大信於天下以安衆庶以示遠人時雍丘王植怨於不齒藩國至親法禁峻密故阜又陳九族之義焉詔報曰間得密表先陳往古明王聖主以諷闇政切至之辭款誠篤實退思補過將順匡救備至悉矣覽思古言吾甚嘉之後遷少府是時大司馬曹眞伐蜀遇雨不進

阜上疏曰昔文王有赤烏之符而猶日仄不暇食武王白魚入舟君臣變色而動得吉瑞猶尚憂懼況有災異而不戰竦者哉今吳蜀未平而天屢降變陛下宜深有以專精應答側席而坐思示遠以德綏邇以儉間者諸軍始進便有天雨之患稽閡山險以積日矣轉運之勞擔負之苦所費以多若有不繼必違本圖傳曰見可而進知難而退軍之善政也徒使六軍困於山谷之間進無所略退又不得非主兵之道也武王還師殷卒以亡知天期也今年凶民饑宜發明

詔損膳減服技巧珍玩之物皆可罷之昔邵信臣為少府於無事之世而奏罷浮食今者軍用不足益宜節度帝即召諸軍還後詔大議政治之不便於民者阜議以為致治在於任賢興國在於務農若舍賢而任所私此忘治之甚者也廣開宮館高為臺榭以妨民務此害農之甚者也百工不敦其器而競作奇巧以合上欲此傷本之甚者也孔子曰苛政甚於猛虎今守功文俗之吏為政不通治體苟好煩苛此亂民之甚者也當今之急宜去四甚並詔公卿郡國舉賢

良方正敦樸之士而選用之此亦求賢之一端也阜又上疏欲省宮人諸不見幸者乃召御府吏問後宮人數吏守舊令對曰禁密不得宣露阜怒杖吏一百數之曰國家不與九卿為密反與小吏為密乎帝聞而愈敬憚阜帝愛女淑未期而夭帝痛之甚追封平原公主立廟洛陽葬於南陵將自臨送阜上疏曰文皇帝武宣皇后崩陛下皆不送葬所以重社稷備不虞也何至孩抱之赤子而可送葬也哉帝不從帝既新作許宮又營洛陽宮殿觀閣阜上疏曰堯尚茅茨

而萬國安其居禹卑宮室而天下樂其業及至殷周或堂崇三尺度以九筵耳古之聖帝明王未有極宮室之高麗以彫弊百姓之財力者也桀作琁室象廊紂為傾宮鹿臺以喪其社稷楚靈以築章華而身受其禍秦始皇作阿房而殃及其子天下叛之二世而滅夫不度萬民之力以從耳目之欲未有不亡者也陛下當以堯舜禹湯文武為法則夏桀殷紂楚靈秦皇為深誡高高在上實監后德慎守天位以承祖考巍巍大業猶恐失之不夙夜敬止允恭䘏民而乃自

暇自逸惟宮臺是侈是飾必有顛覆危亡之禍易曰豐其屋蔀其家闚其戶闃其無人王者以天下為家言豐屋之禍至於家無人也方今二虜合從謀危宗廟十萬之軍東西奔赴邊境無一日之娛農夫廢業民有饑色陛下不以是為憂而營作宮室無有已時使國亡而臣可以獨存臣又不言也臣松之以為忠至之道以亡己為理是以匡救其惡不為身計而阜表云使國亡而臣可以獨存臣又不言也此則發憤為己豈為國哉斯言也豈不傷讜烈之義為一表之病乎君作元首臣為股肱存亡一體得失同之孝經曰天子有爭臣七人雖無道不失其天下臣雖駑怯敢忘

爭臣之義言不切至不足以感寤陛下陛下不察臣言恐皇祖烈考之祚將墜于地使臣身死有補萬一則死之日猶生之年也謹叩棺沐浴伏俟重誅奏御天子感其忠言手筆詔答每朝廷會議阜常侃然以天下為己任數諫爭不聽乃屢乞遜位未許會卒家無餘財孫豹嗣

高堂隆傳

高堂隆字升平泰山平陽人魯高堂生後也少為諸生泰山太守薛悌命為督郵郡督軍與悌爭論名悌而呵之隆按劍叱督軍曰昔魯定見侮仲尼歷階趙彈秦箏相如進缶臨臣名君義之所討也督軍失色悌驚起止之後去吏避地濟南建安十八年太祖召為丞相軍議掾後為歷城侯徽文學轉為相徽遭太祖喪不哀反遊獵馳騁隆以義正諫甚得輔導之節黃初中為堂陽長以選為平原王傅王即尊位是為明帝以隆為給事中博士駙馬都尉帝初踐阼羣臣或以為宜饗會隆曰唐虞有遏密之哀高宗有不言之思是以至德雍熙光于四海以為不宜為會帝敬納之遷陳留太守犢民酉牧年七十

餘有至行舉為計曹掾帝加之特除郎中以顯焉徵隆為散騎常侍賜爵關內侯魏略曰太史上漢歷不及天時因更推步弦望朔晦為太和歷帝以隆學問優深於天文又精乃詔使隆與尚書郎楊偉太史待詔駱祿參共推校偉祿是太史隆故據舊歷更相劾奏紛紜數歲偉稱祿得日蝕而月晦不盡隆不得日蝕而月晦盡詔從太史隆所爭雖不得而遠近猶知其精微也青龍中大治殿舍西取長安大鍾隆上疏曰昔周景王不儀刑文武之明德忽公旦之聖制既鑄大錢又作大鍾單穆公諫而弗聽泠州鳩對而弗從遂迷不反周德以衰良史記焉以為永鑒然今之小人好說秦漢之奢靡以盪聖心求取亡國不度之器勞役費損以傷德政非所以興禮樂之和保神明之休也是日帝幸上方隆與卞蘭從帝以隆表授蘭使難隆曰興衰在政樂何為也化之不明豈鍾之罪隆曰夫禮樂者為治之大本也故簫韶九成鳳皇來儀雷鼓六變天神以降政是以平刑是以錯和之至也新聲發響商辛以隕大鍾既鑄周景以斃存亡之機恒由斯作安在廢興之不階也君舉必書古之道也作而不法何以示後聖王樂聞其闕故有箴規之道忠臣願竭其節故有匪躬之義也帝稱善遷侍中猶領太史令崇華殿

災詔問隆此何咎於禮寧有祈禳之義乎隆對曰夫災變之發皆所以明教誡也惟率禮脩德可以勝之易傳曰上不儉下不節孽火燒其室又曰君高其臺天火爲災此人君苟飾宮室不知百姓空竭故天應之以旱火從高殿起也上天降鑒故譴告陛下陛下宜增崇人道以荅天意昔太戊有桑穀生於朝武丁有雊雉登於鼎皆聞災恐懼側身脩德三年之後遠夷朝貢故號曰中宗高宗此則前代之明鑒也今案舊占災火之發皆以臺榭宮室爲誡然今宮室之所

以充廣者實由宮人猥多之故宜簡擇留其淑懿如周之制罷省其餘此則祖乙之所以訓高宗高宗之所以享遠號也詔問隆吾聞漢武帝時栢梁災而大起宮殿以厭之其義云何隆對曰臣聞西京栢梁旣災越巫陳方建章是經以厭火祥乃夷越之巫所爲非聖賢之明訓也五行志曰栢梁災其後有江充巫蠱衞太子事如志之言越巫建章無所厭也孔子曰災者脩類應行精祲相感以戒人君是以聖主覩災責躬退而脩德以消復之今宜罷散民役宮室之

制務從約節內足以待風雨外足以講禮儀清埽所災之處不敢於此有所立作蕭莆嘉禾必生此地以報陛下虔恭之德豈可疲民之力竭民之財實非所以致符瑞而懷遠人也帝遂復崇華殿時郡國有九龍見故改曰九龍殿陵霄闕始構有鵲巢其上帝以問隆對曰詩云惟鵲有巢惟鳩居之今興宮室起陵霄闕而鵲巢之此宮室未成身不得居之象也天意若曰宮室未成將有他姓制御之斯乃上天之戒也夫天道無親惟與善人不可不深防不可不深慮夏

商之季皆繼體也不欽承上天之明命惟讒諂是從廢德適欲故其亡也忽焉太戊武丁覩災竦懼祗承天戒故其興也勃焉今若休罷百役儉以足用增崇德政動遵帝則除普天之所患興兆民之所利三王可四五帝可六豈惟殷宗轉禍爲福而已哉臣備腹心苟可以繁祉聖躬安存社稷臣雖灰身破族猶生之年也豈憚忤逆之災而令陛下不聞至言乎於是帝改容動色是歲有星孛于大辰隆上疏曰凡帝王徙都立邑皆先定天地社稷之位敬恭以奉之將營

宮室則宗廟爲先廐庫爲次居室爲後今圜丘方澤南北郊明堂社稷神位未定宗廟之制又未如禮而崇飾居室士民失業外人咸云宮人之用與興戎軍國之費所盡略齊民不堪命皆有怨怒書曰天聰明自我民聰明天明畏自我民明威興人作頌則嚮以五福民怒吁嗟則威以六極言天之賞罰隨民言順民心也是以臨政務在安民爲先然後稽古之化格于上下自古及今未嘗不然也夫采椽卑宮唐虞大禹之所以垂皇風也玉臺瓊室夏癸商辛之所以犯昊天也今之宮室實違禮度乃更建立九龍華飾過前天彗章灼始起於房心犯帝坐而干紫微此乃皇天子愛陛下是以發教戒之象始卒皆於尊位殷勤鄭重欲必覺寤陛下斯乃慈父懇切之訓宜崇孝子祗從之禮以率先天下以昭示後昆不宜有忽以重天怒時軍國多事用法深重隆上疏曰夫拓跡垂統必俟聖明輔世匡治亦須良佐用能庶績其凝而品物康乂也夫移風易俗宣明道化使四表同風回首面内德教光熙九服慕義固非俗吏之所能也今

有司務糾刑書不本大道是以刑用而不措俗弊而不彰宜崇禮樂班叙明堂脩三雍大射養老營建郊廟尊儒士舉逸民表章制度改正朔易服色布愷悌尚儉素然後備禮封禪歸功天地使雅頌之聲盈于六合緝熙之化混于後嗣斯蓋至治之美事不朽之貴業也然九域之内可揖讓而治尚何憂哉不正其本而救其末譬猶棼絲非政理也可命羣公卿士通儒造具其事以爲典式隆又以爲改正朔易服色殊徽號異器械自古帝王所以神明其政變民耳目故三春稱王明三統也於是敷演舊章奏而改焉帝從其議改青龍五年春三月爲景初元年孟夏四月服色尚黃犧牲用白從地正也遷光祿勳帝愈增崇宮殿彫飾觀閣鑿太行之石英采穀城之文石起景陽山於芳林之園建昭陽殿於太極之北鑄作黃龍鳳皇奇偉之獸飾金墉陵雲臺陵霄闕百役繁興作者萬數公卿以下至于學生莫不展力帝乃躬自掘土以率之而遼東不朝悼皇后崩天作淫雨冀州水出漂沒民物隆上疏切諫曰蓋天地之大德曰生聖人之

大寶曰位何以守位曰仁何以聚人曰財然則士民者乃國家之鎮也穀帛者乃士民之命也穀帛非造化不育非人力不成是以帝耕以勸農后桑以成服所以昭事上帝告虔報施也昔在伊唐世值陽九厄運之會洪水滔天使鯀治之績用不成乃舉文命隨山刊木前後歷年二十二載災害之甚莫過於彼力役之興莫久於此堯舜君臣南面而已禹敷九州庶士庸勳各有等差君子小人物有服章今無若時之急而使公卿大夫並與廝徒共供事役聞之四夷非嘉聲也垂之竹帛非令名也是以有國有家者近取諸身遠取諸物嫗煦養育故稱愷悌君子民之父母今上下勞役疾病凶荒耕稼者寡饑饉荐臻無以卒歲宜加愍卹以救其困臣觀在昔書籍所載天人之際未有不應也是以古先哲王畏上天之明命循陰陽之逆順矜矜業業惟恐有違然後治道用興德與神符災異既發懼而脩政未有不延期流祚者也爰及末葉闇君荒主不崇先王之令軌不納正士之直言以遂其情志恬忽變戒未有不尋踐禍難至於顛

覆者也天道既著請以人道論之夫六情五性同在於人嗜欲廉貞各居其一及其動也交爭于心欲彊質弱則縱濫不禁精誠不制則放溢無極夫情之所在非好則美而美好之集非人力不成非穀帛不立情苟無極則人不堪其勞物不充其求勞求並至將起禍亂故不割情無以相供仲尼云人無遠慮必有近憂由此觀之禮義之制非苟拘分將以遠害而興治也今吳蜀二賊非徒白地小虜聚邑之寇乃據險乘流跨有士衆僭號稱帝欲與中國爭衡今若有人來告權備並脩德政復履清儉輕省租賦不治玩好動咨耆賢事遵禮度陛下聞之豈不惕然惡其如此以爲難卒討滅而爲國憂乎若使告者曰彼二賊並爲無道崇侈無度役其士民重其徵賦下不堪命吁嗟日甚陛下聞之豈不勃然忿其困我無辜之民而欲速加之誅其次豈不幸彼疲弊而取之不難乎苟如此則可易心而度事義之數亦不遠矣且秦始皇不築道德之基而築阿房之宮不憂蕭牆之變而脩長城之役當其君臣爲此計也亦欲立萬世之業使

子孫長有天下豈意一朝匹夫大呼而天下傾覆哉故臣以爲使先代之君知其所行必將至於敗則弗爲之矣是以亡國之主自謂不亡然後至於亡賢聖之君自謂將亡然後至於不亡昔漢文帝稱爲賢主躬行約儉惠下養民而賈誼方之以爲天下倒縣可爲痛哭者一可爲流涕者二可爲長歎息者三況今天下彫弊民無儋石之儲國無終年之畜外有彊敵六軍暴邊內興土功州郡騷動若有寇警則臣懼版築之士不能投命虜庭矣又將吏奉祿稍見折減方

之於昔五分居一諸受休者又絕廩賜不應輸者今皆出半此爲官入兼多於舊其所出與參少於昔而度支經用更每不足牛肉小賦前後相繼反而推之凡此諸費必有所在且夫祿賜穀帛人主所以惠養吏民而爲之司命者也若今有廢是奪其命矣既得之而又失之此生怨之府也周禮天府掌九伐之則以給九式之用入有其分出有其所不相干乘而用各足各足之後乃以式貢之餘供王玩好又上用財必考于司會（會音膾）今陛下所與共坐廊廟治天下者

非三司九列則臺閣近臣皆腹心造膝宜在無諱若見豐省而不敢以告從命奔走惟恐不勝是則具臣非鯁輔也昔李斯教秦二世曰爲人主而不恣睢命之曰天下桎梏二世用之秦國以覆斯亦滅族是以史遷譏其不正諫而爲世誡書奏帝覽焉謂中書監令曰觀隆此奏使朕懼哉隆疾篤口占上疏曰曾子有疾孟敬子問之曾子曰鳥之將死其鳴也哀人之將死其言也善臣寢疾病有增無損常懼奄忽忠款不昭臣之丹誠豈惟曾子願陛下少垂省覽渙然改

往事之過謬勃然興來事之淵塞使神人響應殊方慕義四靈效珍玉衡曜精則三王可邁五帝可越非徒繼體守文而已也臣常疾世主莫不思紹堯舜湯武之治而蹈踵桀紂幽厲之跡莫不嗤笑季世惑亂亡國之主而不登踐虞夏殷周之軌悲夫以若所爲求若所致猶緣木求魚煎水作冰其不可得明矣尋觀三代之有天下也聖賢相承歷載數百尺土莫非其有一民莫非其臣萬國咸寧九有有截鹿臺之金巨橋之粟無所用之仍舊南面夫何爲哉然癸辛之

徒恃其旅力知足以拒諫才足以飾非謟諛是尚臺觀是崇淫樂是好倡優是說作靡靡之樂安濮上之音上天不蠲眷然回顧宗國為墟不夷于隸紂縣白旗桀放鳴條天子之尊湯武有之豈伊異人皆明王之胄也且當六國之時天下殷熾秦既兼之不脩聖道乃搆阿房之宫築長城之守矜夸中國威服百蠻天下震竦道路以目自謂本枝百葉永垂洪暉豈寤二世而滅社稷崩圮哉近漢孝武乘文景之福外攘夷狄內興宫殿十餘年間天下囂然乃信越巫懟天遷怒起建章之宫千門萬戶卒致江充妖蠱之變至於宫室乖離父子相殘殃咎之毒禍流數世臣觀黃初之際天兆其戒異類之鳥育長燕巢口爪胷赤此魏室之大異也宜防鷹揚之臣於蕭牆之內可選諸王使君國典兵往往棊跱鎮撫皇畿翼亮帝室昔周之東遷晉鄭是依漢呂之亂實賴朱虛斯蓋前代之明鑒夫皇天無親惟德是輔民詠德政則延期過歷下有怨歎掇錄授能由此觀之天下之天下非獨陛下之天下也臣百疾所鍾氣力稍微輒自輿出歸還

里舍若遂沈淪魂而有知結草以報詔曰生廉伴伯夷直過史魚執心堅白謇謇匪躬如何微疾未除退身里舍昔邴吉以陰德疾除而延壽貢禹以守節疾篤而濟愈生其彊飯專精以自持隆卒遺令薄葬斂以時服（習鑿齒曰高堂隆可謂忠臣矣君侈每思諫其惡將死不忘憂社稷正辭動於昏主明戒驗於身後謇諤足以勵物德音沒而弥彰可不謂忠且智乎詩云聽用我謀庶無大悔又曰曾是莫聽大命以傾其高堂隆之謂也）初太和中中護軍蔣濟上疏曰宜遵古封禪詔曰聞濟斯言使吾汗出流足事寢歷歲後遂議脩之使隆撰其禮儀帝聞隆沒歎息曰天不欲成吾事高堂生舍我亡也子琛嗣爵始景初中帝以蘇林秦靜等並老恐無能傳業者乃詔曰昔先聖既沒而其遺言餘教著於六藝六藝之文禮又為急弗可斯須離者也末俗背本所由來久故閔子譏原伯之不學荀卿醜秦世之坑儒儒學既廢則風化曷由興哉方今宿生巨儒並各年高教訓之道孰為其繼昔伏生將老漢文帝嗣以晁錯穀梁寡疇宣帝承以十郎其科郎吏高才解經義者三十人從光祿勳隆散騎常侍林博士靜分受四經三禮主者具為設課試之法夏侯勝有言士病不

明經術經術苟明其取青紫如俯拾地芥耳今
學者有能究極經道則爵祿榮寵不期而至可
不勉哉數年隆等皆卒學者遂廢初任城棧潛
太祖世歷縣令潛字彥皇見應璩書林嘗督守鄴城時文帝
爲太子耽樂田獵晨出夜還潛諫曰王公設險
以固其國都城禁衞用戒不虞大雅云宗子維
城無俾城壞又曰猶之未遠是用大簡若逸于
游田晨出昏歸以一日從禽之娛而忘無垠之
釁愚竊惑之太子不悅然自後游出差簡黃初
中文帝將立郭貴嬪爲皇后潛上疏諫語在后

妃傳明帝時衆役並興戚屬疏斥潛上疏曰天
生蒸民而樹之君所以覆燾羣生熙育兆庶故
方制四海匪爲天子裂土分疆匪爲諸侯也始自
三皇爰暨唐虞咸以博濟加于天下醇德以洽
黎元賴之三王既微降逮于漢治日益少喪亂
弘多自時厥後亦罔克乂太祖濬哲神武芟除
暴亂克復王綱以開帝業文帝受天明命廓恢
皇基踐阼七載每事未遑陛下聖德纂承洪緒
宜崇晏晏與民休息而方隅匪寧征夫遠戍有
事海外縣旌萬里六軍騷動水陸轉運百姓舍

業日費千金大興殿舍功作萬計徂來之松刊
山窮谷怪石碔砆浮于河淮都圻之内盡爲甸
服當供稾秸銍粟之調而爲苑囿擇禽之府盛
林莽之穢豐麋兔之藪傷害農功地繁茨棘災
疫流行民物大潰上減和氣嘉禾不植臣聞文
王作豐經始勿亟百姓子來不日而成靈沼靈
囿與民共之今宮觀崇侈彫鏤極妙忘有虞之
惣期思殷辛之瓊室禁地千里舉足投網麗擬阿
房役百乾谿臣恐民力彫盡下不堪命也昔秦
據殽函以制六合自以德高三皇功兼五帝欲

號謚至萬葉而二世顛覆願爲黔首由枝幹既
杌本實先拔也蓋聖王之御世也克明俊德庸
勳親親俊乂在官則功業可隆親親顯用則安
危同憂深根固本並爲幹翼雖歷盛衰内外有
輔昔成王幼沖未能莅政周呂召畢並在左右
今既無衞侯康叔之監分陝所任又非旦奭東
宮未建天下無副願陛下留心關塞永保無極
則海内幸甚後爲燕中尉辭疾不就卒
評曰辛毗楊阜剛亮公直正諫匪躬亞乎汲黯
之高風焉高堂隆學業脩明志存匡君因變陳

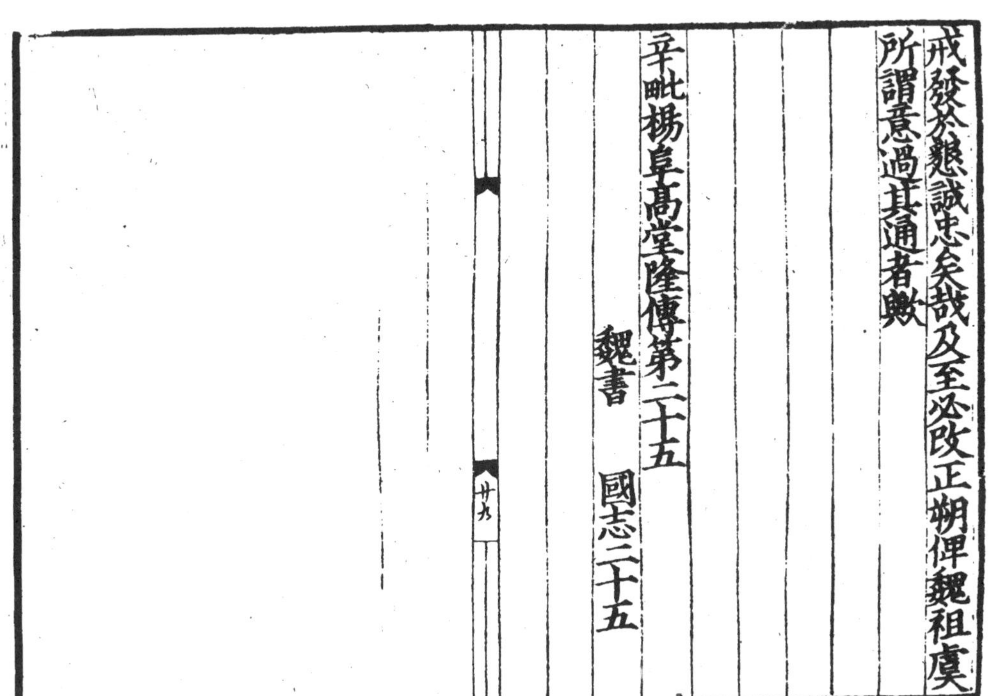
戒發於懇誠忠矣哉及至必改正朔俾魏祖虞

所謂意過其通者歟

辛毗楊阜高堂隆傳第二十五

魏書　國志二十五

廿九

滿寵

滿寵字伯寧山陽昌邑人也年十八爲郡督郵時郡內李朔等各擁部曲害于平民太守使寵糾焉朔等請罪不復鈔略守高平令縣人張苞爲郡督郵貪穢受取干亂吏政寵因其來在傳舍率吏卒出收之詰責所犯即日考竟遂棄官歸太祖臨兗州辟爲從事及爲大將軍辟署西曹屬爲許令時曹洪宗室親貴有賓客在界數犯法寵收治之洪書報寵寵不聽洪白太祖太

祖召許主者寵知將欲原乃速殺之太祖喜曰當事不當耳邪故太尉楊彪收付縣獄尚書令荀彧少府孔融等並屬寵但當受辭勿加考掠寵一無所報考訊如法數日求見太祖言之曰楊彪考訊無他辭語當殺者宜先彰其罪此人有名海內若罪不明必大失民望竊爲明公惜之太祖即日赦出彪初彧融聞考掠彪皆怒及因此得了更善寵（臣松之以爲楊公積德之門身爲名臣縱有愆負猶宜保祐況淫刑所濫而可加其楚掠乎若理應考訊荀孔二賢豈其妄有相請屬哉寵以此爲能酷吏之用心耳雖有後善何解前虐）時袁紹盛於河朔而汝南紹之本郡門生賓客布在諸縣擁兵拒守太祖憂之以寵爲汝南太守寵募其服從者五百人率攻下二十餘壁誘其未降渠帥於坐上殺十餘人一時皆平得戶二萬兵二千人令就田業建安十三年從太祖征荊州大軍還留寵行奮威將軍屯當陽孫權數擾東陲復召寵還爲汝南太守賜爵關內侯關羽圍襄陽寵助征南將軍曹仁屯樊城拒之而左將軍于禁等軍以霖雨水長爲羽所沒羽急攻樊城樊城得水往往崩壞衆皆失色或謂仁曰今日之危非力所支可及羽圍未合乘輕船

夜走雖失城尚可全身寵曰山水速疾冀其不久聞羽遣別將已在郟下自許以南百姓擾擾羽所以不敢遂進者恐吾軍掎其後耳今若遁去洪河以南非復國家有也君宜待之仁曰善寵乃沈白馬與軍人盟誓會徐晃等救至寵力戰有功羽遂退進封安昌亭侯文帝即王位遷揚武將軍破吳於江陵有功更拜伏波將軍屯新野大軍南征到精湖寵帥諸軍在前與賊隔水相對寵敕諸將曰今夕風甚猛賊必來燒軍宜爲其備諸軍皆警夜半賊果遣十部伏夜來燒

寵掩擊破之進封南鄉侯黃初三年假寵節鉞五年拜前將軍明帝即位進封昌邑侯太和二年領豫州刺史三年春降人稱吳大嚴揚聲欲詣江北獵孫權欲自出寵度其必襲西陽而爲之備權聞之退還秋使曹休從廬江南入合肥令寵向夏口寵上疏曰曹休雖明果而希用兵今所從道背湖旁江易進難退此兵之窪地也若入無彊口宜深爲之備寵表未報休遂深入賊果從無彊口斷夾石要休還路休戰不利退走會朱靈等從後來斷道與賊相遇賊驚走休

軍乃得還是歲休薨寵以前將軍代都督揚州諸軍事汝南兵民戀慕大小相率奔隨道路不可禁止護軍表上欲殺其爲首者詔使寵將親兵千人自隨其餘一無所問四年拜寵征東將軍其冬孫權揚聲欲至合肥寵表召兗豫諸軍皆集賊尋退還被詔罷兵寵以爲今賊大舉而還非本意也此必欲僞退以罷吾兵而倒還乘虛掩不備也表不罷兵後十餘日權果更來到合肥城不克而還其明年吳將孫布遣人詣揚州求降辭云道遠不能自致乞兵見迎刺史王

淩騰布書請兵馬迎之寵以爲必詐不與兵而作報書曰知識邪正欲避禍就順去暴歸道甚相嘉尚今欲遣兵相迎然計兵少則不足相衛多則事必遠聞且先密計以成本志臨時節度其宜寵會被書當入朝敕留府長史若淩欲往迎勿與兵也淩於後索兵不得乃單遣一督將步騎七百人往迎之布夜掩擊督將迸走死傷過半初寵與淩共事不平淩支黨毀寵疲老悖謬故明帝召之既至體氣康彊見而遣還（世語曰王淩表寵年過耽酒不可居方任帝將召寵給事中郭謀曰寵爲汝南太守豫州刺史二十餘年有勳方岳及鎮淮南吳人

憚之若不如所表將爲所闚可令還朝問以方事以察之帝從之寵既至進見飲酒至一石不亂帝慰勞之遣還）寵屢表求留詔報曰昔廉頗彊食馬援據鞍今君未老而自謂已老何與廉馬之相背邪其思安邊境惠此中國明年吳將陸遜向廬江論者以爲宜速赴之寵曰廬江雖小將勁兵精守則經時又賊舍船二百里來後尾空縣尚欲誘致今宜聽其遂進但恐走不可及耳整軍趨揚宜口賊聞大兵東下即夜遁時權歲有來計青龍元年寵上疏曰合肥城南臨江湖北遠壽春賊攻圍之得據水爲勢官兵救之當先破賊大輩然

後園乃得解賊往甚易而兵往救之甚難宜移城內之兵其西三十里有奇險可依更立城以固守此爲引賊平地而掎其歸路於計爲便護軍將軍蔣濟議以爲既示天下以弱且望賊煙火而壞城此爲未攻而自拔一至於此劫略無限必以淮北爲守帝未許寵重表曰孫子言兵者詭道也故能而示之以弱不能驕之以利示之以懾此爲形實不必相應也又曰善動敵者形之今賊未至而移城却內此所謂形而誘之也引賊遠水擇利而動舉得於外則福生於內矣尚書趙咨以寵策爲長詔遂報聽其年權自出欲圍新城以其遠水積二十日不敢下舡寵謂諸將曰權得吾移城必於其衆中有自大之言今大舉來欲要一切之功雖不敢至必當上岸耀兵以示有餘乃潛遣步騎六千伏肥池隱處以待之權果上岸耀兵寵伏軍卒起擊之斬首數百或有赴水死者明年權自將號十萬至合肥新城寵馳往赴募壯士數十人折松爲炬灌以麻油從上風放火燒賊攻具射殺權弟子孫泰賊於是引退三年春權遣兵數千家佃於

江北至八月寵以爲田向收孰男女布野其屯衛兵去城遠者數百里可掩擊也遣長史督三軍循江東下摧破諸屯焚燒穀物而還詔美之因以所獲盡爲將士賞景初二年以寵年老徵還遷爲太尉寵不治產業家無餘財詔曰君典兵在外專心憂公有行父祭遵之風賜田十頃穀五百斛錢二十萬以明清忠儉約之節焉寵前後增邑凡九千六百戶封子孫二人亭侯正始三年薨謚曰景侯子偉嗣偉以格度知名官至衛尉世語曰偉字公衡偉子長武有寵風年二十四爲大將軍掾高貴鄉公之難以掾守閶闔掖門司馬文王弟安陽亭侯幹欲入幹妃偉妹也長武謂幹曰此門近公且來無有入者可從東掖門幹遂從之文王問幹入何遲幹言其故參軍王羨亦不得入恨之既而羨因王左右啓王滿掾斷門不內人宜推劾壽春之役偉從文王至許以疾不進子從求還省疾事定乃從歸由此內見恨收長武考死杖下偉免爲庶人時人寃之偉弟子奮晉元康中至尚書令司隸校尉寵偉長武奮皆長八尺 荀綽冀州記曰奮性清平有識檢 晉諸公讚曰奮體量通雅有寵風也

田豫

田豫字國讓漁陽雍奴人也劉備之奔公孫瓚也豫時年少自託於備備甚奇之備爲豫州刺史豫以母老求歸備涕泣與別曰恨不與君共成大事也公孫瓚使豫守東州令瓚將王門叛瓚爲袁紹將萬餘人來攻衆懼欲降豫登城謂

門曰卿爲公孫所厚而去意有所不得已也今
還作賊乃知卿亂人耳夫挈瓶之智守不假器
吾旣受之矣何不急攻乎門慙而退瓚雖知豫
有權謀而不能任也瓚敗而鮮于輔爲國人所
推行太守事素善豫以爲長史時雄傑並起輔
莫知所從豫謂輔曰終能定天下者必曹氏也
宜速歸命無後禍期輔從其計用受封寵太祖
召豫爲丞相軍謀掾除潁陰朗陵令遷弋陽太
守所在有治鄢陵侯彰征代郡以豫爲相軍次
易北虜伏騎擊之軍人擾亂莫知所爲豫因地

形回車結圜陣弓弩持滿於內疑兵塞其隙胡
不能進散去追擊大破之遂前平代皆豫策也
遷南陽太守先時郡人侯音反衆數千人在山
中爲羣盜大爲郡患前太守收其黨與五百餘
人表奏皆當死豫悉見諸繫囚慰喻開其自新
之路一時破械遣之諸囚皆叩頭願自效即相
告語羣賊一朝解散郡內清靜具以狀上太祖
善之文帝初北狄彊盛侵擾邊塞乃使豫持節
護烏丸校尉牽招解儁幷護鮮卑自高柳以東
濊貊以西鮮卑數十部比能彌加素利割地統

御各有分界乃共誓要皆不得以馬與中國市
豫以戎狄爲一非中國之利乃先搆離之使自
爲讎敵互相攻伐素利違盟出馬千匹與官爲
比能所攻求救於豫豫恐遂相兼幷爲害滋深
宜救善討惡示信衆狄單將銳卒深入虜庭胡
人衆多鈔軍前後斷截歸路豫乃進軍去虜十
餘里結屯營多聚牛馬糞然之從他道引去胡
見煙火不絕以爲尚在去行數十里乃知之追
豫到馬城圍之十重豫密嚴使司馬建旌旗鳴
鼓吹將步騎從南門出胡人皆屬目往赴之豫

將精銳自北門出鼓譟而起兩頭俱發出虜不
意虜衆散亂皆棄弓馬步走追討二十餘里僵
尸蔽地又烏丸王骨進桀黠不恭豫因出塞案
行單將麾下百餘騎入進部進逆拜遂使左右
斬進顯其罪惡以令衆衆皆怖慴不敢動便以
進弟代進自是胡人破膽威震沙漠山賊高艾
衆數千人寇鈔爲幽冀害豫誘使鮮卑素利部
斬艾傳首京都封豫長樂亭侯爲校尉九年其
御夷狄恒摧抑兼幷乖散彊猾凡逋亡姦宄爲
胡作計不利官者豫皆搆刺攪離使凶邪之謀

不逞聚居之類不安事業未究而幽州刺史王雄支黨欲令雄領烏丸校尉毀豫亂邊爲國生事遂轉豫爲汝南太守加殄夷將軍太和末公孫淵以遼東叛帝欲征之而難其人中領軍楊暨舉豫應選臣松之案暨字休先滎陽人事見劉曄傳暨子肇晉荊州刺史山濤啓事稱肇有才能肇子潭字道元次歆字公嗣潭子彧字長文次經字仲武皆見潘岳集乃使豫以本官督青州諸軍假節往討之會吳賊遣使與淵相結帝以賊衆多又以渡海詔豫使罷軍豫度賊船垂還歲晚風急必畏漂浪東隨無岸當赴成山成山無藏船之處輒便循海案行地形及諸山島徼截險要列兵屯守自入成山登漢武之觀賊還果遇惡風船皆觸山沉沒波蕩著岸無所逃竄盡虜其衆初諸將皆笑於空地待賊及賊破競欲與謀求入海鈔取浪船豫懼窮虜死戰皆不聽初豫以太守督青州青州刺史程喜內懷不服軍事之際多相違錯喜知帝寶愛明珠乃密上豫雖有戰功而禁令寬弛所得器仗珠金甚多放散皆不納官由是功不見列後孫權號十萬衆攻新城征東將軍滿寵欲率諸軍救之豫曰賊悉衆大舉非徒投射小利欲質新城

以致大軍耳宜聽使攻城挫其銳氣不當與爭鋒也城不可拔衆必罷怠罷怠然後擊之可大克也若賊見計必不攻城勢將自走若便進兵適入其計又大軍相向當使難知不當使自畫也豫輒上狀天子從之會賊遁走後吳復來寇豫往拒之賊即退諸軍夜驚云賊復來豫臥不起令衆敢動者斬有頃竟無賊景初末增邑三百并前五百戶正始初遷使持節護匈奴中郎將加振威將軍領并州刺史外胡聞其威名相率來獻州界寧肅百姓懷之徵爲衛尉屢乞遜位太傅司馬宣王以爲豫克壯書喻未聽豫書荅曰年過七十而以居位譬猶鐘鳴漏盡而夜行不休是罪人也遂固稱疾篤拜太中大夫食卿祿年八十二薨子彭祖嗣魏畧曰豫罷官歸居魏縣會汝南遣健步詣征北感豫宿恩過拜之豫爲殺雞炊黍送詣至陌頭謂之曰罷老若汝來過無能有益若何健步愍其貧羸流涕而去還爲故吏民說之汝南爲具資數千匹遣人餉豫豫一不受會病立戒其妻子曰葬我必於西門豹邊妻子難之言西門豹古之神人那可葬於其邊乎豫言豹所履行與我敵等耳使死而有靈必與我善妻子從之汝南聞其死也悲之既爲畫像又就爲立碑銘豫清儉約素賞賜皆散之將士每胡狄私遺悉簿藏官不入家家常貧匱雖殊類咸高豫節魏畧曰鮮卑素利等數來客見多以牛馬遺豫豫轉送官胡以爲前所與豫物顯露不如持金乃密懷金

三十斤謂豫曰願避左右我欲有所道豫從之胡因跪曰我見公貧故前後遺公牛馬公輒送官今密以此上公可以為家資豫張袖受之答其厚意胡去之後皆悉付外具以狀聞於是詔褒之曰昔魏絳開懷以納戎賂今卿舉袖以受狄金朕甚嘉焉乃即賜絹五百匹豫得賜分以其半藏小府後胡復來以半與之嘉平六年下詔褒揚賜其家錢穀語在徐邈傳

牽招

牽招字子經安平觀津人也年十餘歲詣同縣樂隱受學後隱為車騎將軍何苗長史招隨卒業值京都亂苗隱見害招俱與隱門生史路等觸蹈鋒刃共殯斂隱屍送喪還歸道遇寇鈔路等皆悉散走賊欲斫棺取釘招垂淚請赦賊義

之乃釋而去由此顯名冀州牧袁紹辟為督軍從事兼領烏丸突騎紹舍人犯令招先斬乃白紹奇其意而不見罪也紹卒又事紹子尚建安九年太祖圍鄴尚遣招至上黨督致軍糧未還尚破走到中山時尚外兄高幹為幷州刺史招以幷州左有恒山之險右有大河之固帶甲五萬北阻彊胡勸幹迎尚幷力觀變幹既不能而陰欲害招招聞之間行而去道隔不得追尚遂東詣太祖太祖領冀州辟為從事太祖將討袁譚而柳城烏丸欲出騎助譚太祖以招嘗領烏丸遣詣柳城到值峭王嚴以五千騎當遣詣譚又遼東太守公孫康自稱平州牧遣使韓忠齎單于印綬往假峭王峭王大會群長忠亦在坐峭王問招昔袁公言受天子之命假我為單于今曹公復言當更白天子假我真單于遼東復持印綬來如此誰當為正招答曰昔袁公承制得有所拜假中間違錯天子命曹公代之言當白天子更假真單于是也遼東下郡何得擅稱拜假也忠曰我遼東在滄海之東擁兵百萬又有扶餘濊貊之用當今之勢彊者為右曹操獨

何得為是也招呵忠曰曹公允恭明哲翼戴天子伐叛柔服寧靜四海汝君臣頑嚚今恃險遠背違王命欲擅拜假侮弄神器方當屠戮何敢慢易咎毀大人便捉忠頭頓築拔刀欲斬之峭王驚怖徒跣抱招以救請忠左右失色招乃還坐為峭王等說成敗之效禍福所歸皆下席跪伏敬受勑教便辭遼東之使罷所嚴騎太祖滅譚於南皮署招軍謀掾從討烏丸至柳城拜護烏丸校尉還鄴遼東送袁尚首縣在馬市招覩之悲感設祭頭下太祖義之舉為茂才從平漢

中太祖還留招為中護軍事罷還鄴拜平虜校尉將兵督青徐州郡諸軍事擊東萊賊斬其渠率東土寧靜文帝踐阼拜招使持節護鮮卑校尉屯昌平是時邊民流散山澤又亡叛在鮮卑中者處有千數招廣布恩信招誘降附建義中郎將公孫集等率將部曲咸各歸命使還本郡又懷來鮮卑素利彌加等十餘萬落皆令款塞大軍欲征吳召招還至值軍罷拜右中郎將出為鴈門太守郡在邊陲雖有候望之備而寇鈔不斷招既教民戰陣又表復烏丸五百餘家租

調使備鞍馬遠遣偵候虜每犯塞勒兵逆擊來輒摧破於是吏民膽氣日銳荒野無虞又構間離散使虜更相猜疑鮮卑大人步度根泄歸泥等與軻比能為隙將部落三萬餘家詣郡附塞勑令還擊比能殺比能弟苴羅侯及叛烏丸歸義侯王同王寄等大結怨讎是以招自出率將歸泥等討比能於雲中故郡大破之招通河西鮮卑附頭等十餘萬家繕治陘北故上館城置屯戍以鎮內外夷虜大小莫不歸心諸亡叛雖親戚不敢藏匿咸悉收送於是野居晏閉寇賊

靜息招乃簡選有才識者詣太學受業還相授教數年中庠序大興郡所治廣武井水鹹苦民皆擔輦遠汲流水往反七里招準望地勢因山陵之宜鑿原開渠注水城內民賴其益明帝即位賜爵關內侯太和二年護烏丸校尉田豫出塞為軻比能所圍於故馬邑城移招求救招即整勒兵馬欲赴救豫并州以常憲禁招招以為節將見圍不可拘於吏議自表輒行又並馳布羽檄稱陳形勢云當西北掩取虜家然後東行會誅虜身檄到豫軍踴躍又遺一通於虜蹊要

虜即恐怖種類離散軍到故平城便皆潰走比能復大合騎來到故平州塞北招潛行撲討大斬首級招以蜀虜諸葛亮數出而比能狡猾能相交通表為防備議者以為縣遠未之信也會亮時在祁山果遣使連結比能比能至故北地石城與相首尾帝乃詔招使從便宜討之時比能已還漠南招與刺史畢軌議曰胡虜遷徙無常若勞師遠追則遲速不相及若欲潛襲則山溪艱險資糧轉運難以密辦可使守新興鴈門二牙門出屯陘北外以鎮撫內令兵田儲畜資

糧秋冬馬肥州郡兵合乘釁征討計必全克未及施行會病卒招在郡十二年威風遠振其治邊之稱次於田豫百姓追思之而漁陽傅容在鴈門有名績繼招後在遼東又有事功云招子嘉嗣次子弘亦猛毅有招風以隴西太守隨鄧艾伐蜀有功咸熙中爲振威護軍嘉與晉司徒李胤同母早卒案晉書弘後爲揚州涼州刺史以果烈死事於邊嘉子秀字成叔　荀綽冀州記曰秀有儁才性豪俠有氣弱冠得美名於太康中爲衛瓘崔洪石崇等所提攜以新安令博士爲司空從事中郎與帝舅王愷素相輕侮愷諷司隸荀愷令都官誣奏秀夜在道中載高平國守士田興妻秀即表訴被誣陷之由論嘗織行文辭尤厲于時朝臣雖多證明秀名譽由是而損後張華請爲長史稍遷至尚書河間王以秀爲平北將軍假節在馮翊遇害世人玩其辭賦惜其材幹

郭淮

郭淮字伯濟太原陽曲人也案郭氏譜淮祖全大司農父縕鴈門太守建安中舉孝廉除平原府丞文帝爲五官將召淮署爲門下賊曹轉爲丞相兵曹議令史從征漢中太祖還留征西將軍夏侯淵拒劉備以淮爲淵司馬淵與備戰淮時有疾不出淵遇害軍中擾擾淮收散卒推盪寇將軍張郃爲軍主諸營乃定其明日備欲渡漢水來攻諸將議衆寡不敵備便乘勝欲依水爲陣以拒之淮曰此示弱而不足挫敵非算也不如遠水爲陣引而致之半濟而後擊備可破也既陣備疑不渡淮遂堅守示無還心以狀聞太祖善之假郃節復以淮爲司馬文帝即王位賜爵關內侯轉爲鎮西長史又行征羌護軍護左將軍張郃冠軍將軍楊秋討山賊鄭甘盧水叛胡皆破平之關中始定民得安業黃初元年奉使賀文帝踐阼而道路得疾故計遠近爲稽留及群臣歡會帝正色責之曰昔禹會諸侯於塗山防風後至便行大戮今溥天同慶而卿最留遲何也淮對曰臣聞五帝先教導民以德夏后政衰始用刑辟今臣遭唐虞之世是以自知免於防風之誅也帝悅之擢領雍州刺史封射陽亭侯五年爲眞安定羌大帥辟蹏反討破降之每羌胡來降淮輒先使人推問其親理男女多少年歲長幼及見一二知其款曲訊問周至咸稱神明太和二年蜀相諸葛亮出祁山遣將軍馬謖至街亭高詳屯列柳城張郃擊謖淮攻詳營皆破之又破隴西名羌唐蹏於枹罕加建威將軍五年蜀出鹵城是時隴右無穀議欲關中大運淮以威恩撫循羌胡

家使出穀平其輸調軍食用足轉揚武將軍青
龍二年諸葛亮出斜谷並田于蘭坑是時司馬
宣王屯渭南淮策亮必爭北原宜先據之議者
多謂不然淮曰若亮跨渭登原連兵北山隔絕
隴道搖盪民夷此非國之利也宣王善之淮遂
屯北原塹壘未成蜀兵大至淮逆擊之後數日
亮盛兵西行諸將皆謂欲攻西圍淮獨以爲此
見形於西欲使官兵重應之必攻陽遂耳其夜
果攻陽遂有備不得上正始元年蜀將姜維出
隴西淮遂進軍追至彊中維退遂討羌迷當等

案撫柔氐三千餘落拔徙以實關中遷左將軍
涼州休屠胡梁元碧等率種落二千餘家附雍
州淮奏請使居安定之高平爲民保鄣其後因
置西川都尉轉拜前將軍領州如故五年夏侯
玄伐蜀淮督諸軍爲前鋒淮度埶不利輒拔軍
出故不大敗還假淮節八年隴西南安金城西
平諸羌餓何燒戈伐同蛾遮塞等相結叛亂攻
圍城邑南招蜀兵涼州名胡治無戴復叛應之
討蜀護軍夏侯霸督諸軍屯爲翅淮軍始到狄
道議者僉謂宜先討定枹罕內平惡羌外折賊

謀淮策維必來攻霸遂入渢中轉南迎霸維果
攻爲翅會淮軍適至維遁退進討叛羌斬餓何
燒戈降服者萬餘落九年遮塞等屯河關白土
故城據河拒軍淮見形上流密於下渡兵據白
土城擊大破之治無戴圍武威家屬留在西海
淮進軍趣西海欲掩取其累重會無戴折還與
戰於龍夷之北破走之令居惡虜在石頭山之
西當大道止斷絕王使淮還過討大破之姜維
出石營從彊川乃西迎治無戴留陰平太守廖
化於成重山築城斂破羌保質淮欲分兵取之

諸將以維衆西接彊胡化以據險分軍兩持兵
勢轉弱進不制維退不拔化非計也不如合而
俱西及胡蜀未接絕其內外此伐交之兵也淮
曰今往取化出賊不意維必狼顧比維自致足
以定化且使維疲於奔命兵不遠西而胡交自
離此一舉而兩全之策也乃別遣夏侯霸等追
維於沓中淮自率諸軍就攻化等維果馳還救
化皆如淮計進封都鄉侯嘉平元年遷征西將
軍都督雍涼諸軍事是歲與雍州刺史陳泰協
策降蜀牙門將句安等於翅上二年詔曰昔漢

川之役幾至傾覆淮臨危濟難功書王府在關右三十餘年外征寇虜內綏民夷比歲以來摧破廖化禽虜句安功績顯著朕甚嘉之今以淮爲車騎將軍儀同三司持節都督如故進封陽曲侯邑凡二千七百八十戶分三百戶封一子亭侯世語曰淮妻王淩之妹淩誅妹當從坐御史往收督將及羌胡渠帥數千人叩頭請淮表留妻淮不從妻上道莫不流涕人人扼腕欲劫留之淮五子叩頭流血請淮淮不忍視乃命左右追妻於是追者數千騎數日而還淮以書白司馬宣王曰五子哀母不惜其身若無其母是無五子無五子亦無淮也今輒追還若於法未通當受罪於主者覲展在近書至宣王亦宥之正元二年薨追贈大將軍謚曰貞侯子統嗣統官至荊州刺史薨子正嗣咸熙中開建五等以淮著勳前朝改封汾陽子晉諸公贊曰淮弟配字仲南有重名位至城陽太守裴秀賈充皆配女壻子展字泰舒有器度歷職著績終於太僕次弟豫字泰寧相國參軍知名早卒女適王衍配弟鎮字季南謁者僕射鎮子奕字泰業山濤啓事稱奕高簡有雅量歷位雍州刺史尚書

評曰滿寵立志剛毅勇而有謀田豫居身清白規略明練牽招秉義壯烈威績顯著郭淮方策精詳垂問秦雍而豫位止小州招終於郡守未盡其用也

滿田牽郭傳第二十六

徐邈傳

徐邈字景山燕國薊人也太祖平河朔召爲丞相軍謀掾試守奉高令入爲東曹議令史魏國初建爲尚書郎時科禁酒而邈私飲至於沈醉校事趙達問以曹事邈曰中聖人達白之太祖太祖甚怒度遼將軍鮮于輔進曰平日醉客謂酒清者爲聖人濁者爲賢人邈性脩慎偶醉言耳竟坐得免刑後領隴西太守轉爲南安文帝踐阼歷譙相平陽安平太守潁川典農中郎將所在著稱賜爵關內侯車駕幸許昌問邈曰頗復中聖人不邈對曰昔子反斃於穀陽御叔罰於飲酒臣嗜同二子不能自懲時復中之然宿瘤以醜見傳而臣以醉見識帝大笑顧左右曰名不虛立遷撫軍大將軍軍師明帝以涼州絕遠南接蜀寇以邈爲涼州刺史使持節領護羌校尉至值諸葛亮出祁山隴右三郡反邈輒遣參軍及金城太守等擊南安賊破之河右少雨常苦乏穀邈上脩武威酒泉鹽池以收虜穀又廣開水田募貧民佃之家家豐足倉庫盈溢乃

支度州界軍用之餘以市金帛犬馬通供中國之費以漸收斂民間私仗藏之府庫然後率以仁義立學明訓禁厚葬斷淫祀進善黜惡風化大行百姓歸心焉西域流通荒戎入貢皆邈勳也討叛羌柯吾有功封都亭侯邑三百户加建威將軍邈與羌胡從事不問小過若犯大罪先告部帥使知應死者乃斬以徇是以信服畏威賞賜皆散與將士無入家者妻子衣食不充天子聞而嘉之隨時供給其家彈邪繩枉州界肅清正始元年還爲大司農遷爲司隸校尉百僚敬憚之公事去官後爲光祿大夫數歲即拜司空邈歎曰三公論道之官無其人則缺豈可以老病忝之哉遂固辭不受嘉平元年年七十八以大夫薨于家用公禮葬謚曰穆侯子武嗣六年朝廷追思清節之士詔曰夫顯賢表德聖王所重舉善而教仲尼所美故司空徐邈征東將軍胡質衞尉田豫皆服質前朝歷事四世出統戎馬入贊庶政忠清在公憂國忘私不營產業身沒之後家無餘財朕甚嘉之其賜邈等家穀二千斛錢三十萬布告天下邈同郡韓觀曼遊

有鑒識器幹與魏遼齊名而在孫禮盧毓先爲豫
州刺史甚有治功卒官魏名臣奏載黃門侍郎杜恕表稱韓觀王昶信有兼才高
官重任不但三州盧欽著書稱魏遼曰徐公志高行絜才博
氣猛其施之也高而不狷絜而不介博而守約
猛而能寬聖人以清爲難而徐公之所易也或
問欽徐公當武帝之時人以爲通自在涼州及
還京師人以爲介何也欽答曰往者毛孝先崔
季珪等用事貴清素之士于時皆變易車服以
求名高而徐公不改其常故人以爲通比來天
下奢靡轉相倣效而徐公雅尚自若不與俗同
故前日之通乃今日之介也是世人之無常而
徐公之有常也

胡質傳

胡質字文德楚國壽春人也少與蔣濟朱績俱
知名於江淮間仕州郡蔣濟爲別駕使見太祖
太祖問曰胡通達長者也寧有子孫不濟曰有
子曰質規模大略不及於父至於精良綜事過
之案胡氏譜通達名敏以方正徵太祖即召質爲頓丘令縣民郭
政通於從妹殺其夫程他郡吏馮諒繫獄爲證
政與妹皆耐掠隱抵諒不勝痛自誣當反其罪

質至官察其情色更詳其事檢驗具服入爲丞
相東曹議令史州請爲治中將軍張遼與其護
軍武周有隙遼見刺史温恢求請質質辭以疾
遼出謂質曰僕委意於君何以相辜如此質曰
古人之交也取多知其不貪奔北知其不怯聞
流言而不信故可終也武伯南身爲雅士往者
將軍稱之不容於口今以睚眦之恨乃成嫌隙
睚五賣反眦士賣反況質才薄豈能終好是以不願也遼感
言復與周平虞預晉書曰周字伯南沛國竹邑人位至光祿大夫子陔字元夏陔及二弟韶茂皆總角見稱並有器望雖鄉人諸父未能覺其多少時同郡劉公榮名知人嘗造周周謂曰卿有知人之明欲使三兒見卿爲目高下以效郭許之聽可乎公榮乃自詣陔兄弟與共言語觀其舉動出語周曰君三子皆國士也元夏器量最優有輔佐之風展力仕宦可爲亞公叔夏季夏不減常伯納言也陔少出仕宦歷職內外泰始初爲吏部尚書遷左僕射右光祿大夫開府儀同三司卒於官陔以在魏已爲大臣本非佐命之數懷遜讓不得已而居位故在官職無所荷任夙夜思恭而已終始全絜當世以爲美談韶歷二官吏部郎山濤啟事稱韶清白有誠終於散騎常侍茂至侍中尚書潁川荀愷宣帝外孫世祖姑子自負貴戚要與茂交茂拒不荅由是見怒元康元年楊駿被誅愷時爲尚書僕射以茂駿之姨弟陷爲駿黨遂枉見殺衆咸寃痛之太祖辟爲丞相屬黃初中徙吏部
郎爲常山太守遷任東莞士盧顯爲人所殺質
曰此士無讎而有少妻所以死乎悉見其比居
年少書吏李若見問而色動遂窮詰情狀若即
自首罪人斯得每軍功賞賜皆散之於衆無入

家者在郡九年吏民便安將士用命遷荊州刺史加振威將軍賜爵關內侯吳大將朱然圍樊城質輕軍赴之議者皆以爲賊盛不可追質曰樊城卑下兵少故當進軍爲之外援不然危矣遂勒兵臨圍城中乃安遷征東將軍假節都督青徐諸軍事廣農積穀有兼年之儲置東征臺且佃且守又通渠諸郡利舟楫嚴設備以待敵海邊無事性沈實內察不以其節檢物所在見思嘉平二年薨家無餘財惟有賜衣書篋而已軍師以聞追進封陽陵亭侯邑百戶謚曰貞侯子威嗣六年詔書褒述質清行賜其家錢穀語在徐邈傳威咸熙中官至徐州刺史晉陽秋曰威字伯虎少有志尚厲操清白質之爲荊州也威自京都省之家貧無車馬童僕威自驅驢單行拜見父停廄中十餘日告歸臨辭質賜其絹一匹爲道路糧威跪曰大人清白不審於何得此絹質曰是吾俸祿之餘故以爲汝糧耳威受之辭歸每至客舍自放驢取樵炊爨食畢復隨旅進道往還如是質帳下都督素不相識先其將歸請假還家陰資裝百餘里要之因與爲伴每事佐助經營之又少進飲食行數百里威疑之密誘問乃知其都督也因取向所賜絹答謝而遣之後因他信具以白質質杖其都督一百除吏名其父子清慎如此於是名譽著聞歷位宰牧晉武帝賜見論邊事語及平生帝歎其父清謂威曰卿清孰與父清威對曰臣不如也帝曰以何爲不如對曰臣父清恐人知臣清恐人不知是臣不如者遠也官至前將軍青州刺史太康元年卒追贈鎮東將軍威弟羆字季象征南將軍威子弈字次孫平東將軍並以絜行垂名有殊績歷三郡守所在有名卒於安定

王昶傳

王昶字文舒太原晉陽人也案王氏譜昶伯父柔字叔優父澤字季道郭林宗傳曰叔優季道幼少之時聞林宗有知人之鑒共往候之請問才行所宜以自勵業林笑曰卿二人皆二千石才也雖然叔優當以仕宦顯季道宜以經術進若違才易務亦不至也叔優等從其言叔優至北中郎將季道代郡太守少與同郡王淩俱知名淩年長昶兄事之文帝在東宮昶爲太子文學遷中庶子文帝踐阼徙散騎侍郎爲洛陽典農時都畿樹木成林昶斫開荒萊勤勸百姓墾田特多遷兖州刺史明帝即位加揚烈將軍賜爵關內侯昶雖在外任心存朝廷以爲魏承秦漢之弊法制苛碎不大釐改國典以準先王之風而望治化復興不可得也乃著治論略依古制而合於時務者二十餘篇又著兵書十餘篇言奇正之用孫子兵法曰兵以正合以奇勝奇正還相生若循環之無端青龍中奏之其爲兄子及子作名字皆依謙實以見其意故兄子默字處靜沈字處道其子渾字玄冲深字道冲遂書戒之曰夫子爲子之道莫大於寶身全行以顯父母此三者人知其善而或危身破家陷於滅亡之禍者何也由所祖習非其道也夫孝敬仁義百行之首行之而立身之本也孝敬則宗族安之仁義則鄉黨重之此行

成於內名著於外者矣人若不篤於至行而背本逐末以陷浮華焉以成朋黨焉浮華則有虛偽之累朋黨則有彼此之患此二者之戒昭然著明而循覆車滋衆逐末彌甚皆由惑當時之譽昧目前之利故也夫富貴聲名人情所樂而君子或得而不處何也惡不由其道耳患人知進而不知退知欲而不知足故有困辱之累悔吝之咎語曰如不知足則失所欲故知足之足常足矣覽往事之成敗察將來之吉凶未有干名要利欲而不厭而能保世持家永全福祿者

也欲使汝曹立身行己遵儒者之教履道家之言故以玄默冲虛為名欲使汝曹顧名思義不敢違越也古者盤杅有銘几杖有誡俯仰察焉用無過行況在己名可不戒之哉夫物速成則疾亡晚就則善終朝華之草夕而零落松柏之茂隆寒不衰是以大雅君子惡速成戒闕黨也若范匄對秦客而武子擊之折其委笄惡其掩人也國語曰范文子暮退於朝武子曰何暮也對曰有秦客廋辭於朝大夫莫之能對也吾知三焉武子怒曰大夫非不能也讓父兄也爾童子而三掩人於朝吾不在晉國亡無日也擊之以杖折其委笄臣松之案對秦客者范燮也此云范匄蓋誤也夫人有善鮮不自伐有能者寡不自矜伐則掩人矜則陵人掩人者人亦掩之陵人者人亦陵之故三郤為戮於晉王叔負罪於周不惟矜善自伐好爭之咎乎故君子不自稱非以讓人惡其蓋人也夫能屈以為伸讓以為得弱以為彊鮮不遂矣夫毀譽愛惡之原而禍福之機也是以聖人慎之孔子曰吾之於人誰毀誰譽如有所譽必有所試又曰子貢方人賜也賢乎哉我則不暇以聖人之德猶尚如此況庸庸之徒而輕毀譽哉昔伏波將軍馬援戒其兄子言聞人之惡當如聞父母之名耳可得而聞口不

可得而言也斯戒至矣臣松之以為援之此誡可謂切至之言不刊之訓也凡道人過失蓋謂居室之愆人未之知則由己而發者也若乃行事得失已暴於世因其善惡即以為誡方之於彼則有愈焉然援誡稱龍伯高之美言杜季良之惡致使事徹時主季良以敗言之傷人孰大於此與其所誡自相違伐人或毀己當退而求之於身若己有可毀之行則彼言當矣若己無可毀之行則彼言妄矣當則無怨於彼妄則無害於身又何反報焉且聞人毀己而忿者惡醜聲之加人也人報者滋甚不如默而自脩己也諺曰救寒莫如重裘止謗莫如自脩斯言信矣若與是非之士凶險之人近猶不可況與對校乎其害深矣夫虛偽之人言不

根道行不顧言其爲浮淺較可識別而世人惑焉猶不檢之以言行也近濟陰魏諷山陽曹偉皆以傾邪敗沒熒惑當世挾持姦慝驅動後生雖刑於鈇鉞大爲炯戒然所汙染固以衆矣可不慎與世語曰黃初中孫權通章表偉以白衣登江上與權交書求賂欲以交結京師故誅之若夫山林之士夷叔之倫甘長飢於首陽安赴火於緜山雖可以激貪勵俗然聖人不可爲吾亦不願也今汝先人世有冠冕惟仁義爲名守慎爲稱孝悌於閨門務學於師友吾與時人從事雖出處不同然各有所取潁川郭伯益好尚通達敏而有知其爲人弘曠不足輕貴有餘得其人重之如山不得其人忽之如草吾以所知親之昵之不願兒子爲之伯益名奕郭嘉之子北海徐偉長不治名高不求苟得澹然自守惟道是務其有所是非則託古人以見其意當時無所褒貶吾敬之重之願兒子師之東平劉公幹博學有高才誠節有大意然性行不均少所拘忌得失足以相補吾愛之重之不願兒子慕之臣松之以爲文舒復擬則文淵顧言人之失魏諷曹偉事陷惡逆著以爲誡差無可尤至若郭伯益劉公幹雖其人皆往善惡有定然既交之於昔不宜復毀之於今而乃形于翰墨永傳後葉於舊交則違久要之義於子孫則揚人前世之惡於夫鄙懷深所不取善乎東方之誡子也以首陽爲拙柳下爲工寄旨古人無傷當時方之馬王不亦遠哉樂安任昭先淳粹履道

內敏外恕推遜恭讓處不避洿怯而義勇在朝忘身吾友之善之願兒子遵之昭先名嘏別傳曰嘏樂安博昌人世爲著姓夙智性成故鄉人爲之語曰蔣氏翁任氏童父旐字子旟以至行稱漢末黃巾賊起天下飢荒人民相食寇到博昌聞旐姓字乃相謂曰宿聞任子旟天下賢人也今雖作賊那可入其鄉邪遂相帥而去由是聲聞遠近州郡並招舉孝廉歷酸棗祝阿令嘏八歲喪母號泣不絕聲自然之哀同於成人故幼以至性見稱年十四始學疑不再問三年中誦五經皆究其義兼包群言無不綜覽於時學者號之神童遭遇荒亂家貧賣魚會官稅魚魚貴數倍嘏取直如常又與人共買生口各雇八匹後生口家來贖時價直六十匹共買者欲隨時價取贖嘏自取本價八匹共買者慙亦還取本價比居者擅耕嘏地數十畝種之人以語嘏嘏曰我自以借之耳耕者聞之慙謝還地及邑中爭訟皆詣嘏質之然後意厭其子弟有不順者父兄輒數之曰汝所行豈可令任君知邪其禮教所化率皆如此會太祖創業召海內至德嘏應其舉爲臨菑侯庶子相國東曹屬尚書郎文帝時爲黃門侍郎每納忠言輒手書懷本自在禁省歸書不封帝嘉其淑慎累遷東郡趙郡河東太守所在化行有遺風餘教嘏爲人淳粹凱弟虛己若不足恭敬如有畏其脩身履義皆沈默潛行不顯其美故時人少得稱之著書三十八篇凡四萬餘言嘏卒後故吏東郡程威趙國劉固河東上官崇等錄其事行及所著書奏之詔下秘書以貫群言若引而伸之觸類而長之汝其庶幾舉一隅耳及其用財先九族其施舍務周急其出入存故老其論議貴無貶其進仕尚忠節其取人務實道其處勢戒驕淫其貧賤慎無戚其進退念合宜其行事加九思如此而已吾復何憂哉青龍四年詔欲得有才智文章謀慮淵深料遠若近視昧而察籌不虛運策弗徒發端一小心清脩密靜乾乾不解志尚在公者無限年

齒勿拘貴賤鄉校巳上各舉一人太尉司馬宣
王以昶應選正始中轉在徐州封武觀亭侯遷
征南將軍假節都督荆豫諸軍事昶以爲國有
常衆戰無常勝地有常險守無常勢今屯宛去
襄陽三百餘里諸軍散屯船在宣池有急不足
相赴乃表徙治新野習水軍於二州廣農墾殖
倉穀盈積嘉平初大傅司馬宣王旣誅曹爽乃
奏博問大臣得失昶陳治略五事其一欲崇道
篤學抑絕浮華使國子入大學而脩庠序其二欲
用考試考試猶準繩也未有舍準繩而意正曲

直廢黜陟而空論能否也其三欲令若官者久
於其職有治績則就增位賜爵其四欲約官實
祿勵以廉恥不使與百姓爭利其五欲絕侈靡
務崇節儉令衣服有章上下有敘儲穀畜帛反
民於樸詔書褒讃因使撰百官考課事昶以爲
唐虞雖有黜陟之文而考課之法不垂周制冢
宰之職大計群吏之治而誅賞又無校比之制
由此言之聖主明於任賢略舉黜陟之體以委
達官之長而揔其統紀故能否可得而知也其
大指如此二年昶奏孫權流放良臣適庶分爭

可乘釁而制吳蜀白帝夷陵之間黔巫秭歸房
陵皆在江北民夷與新城郡接可襲取也乃遣
新城大守州泰襲巫秭歸房陵荆州刺史王基
詣夷陵昶詣江陵兩岸引竹絙爲橋渡水擊之
賊奔南岸鑿七道並來攻於是昶使積弩同時
俱發賊大將施績夜遁入江陵城追斬數百級
昶欲引致平地與合戰乃先遣五軍案大道發
還使賊望見以喜之以所獲鎧馬甲首馳環城
以怒之設伏兵以待之績果追軍與戰克之績
遁走斬其將鍾離茂許旻收其甲首旗鼓珍寶

器仗振旅而還王基州泰皆有功於是遷昶征
南大將軍儀同三司進封京陵侯毋丘儉文欽
作亂引兵拒儉欽有功封二子亭侯關內侯進
位驃騎將軍諸葛誕反昶據夾石以逼江陵持
施績全熙使不得東誕旣誅詔曰昔孫臏佐趙
直湊大梁西兵驟進亦所以成東征之勢也增
邑千戶并前四千七百戶遷司空持節都督如
故甘露四年薨謚曰穆侯子渾嗣咸熙中爲越
騎校尉案晉書渾自越騎入晉累居方任平吳有功封一子江陵侯位至司徒渾子濟字武子有儁才令望
爲河南尹太僕早卒追贈驃騎將軍渾弟深冀州刺史深弟
湛字處沖汝南太守湛子承字安期東海內史承子述字懷

祖尚書令衛將軍述子坦之字文度北中郎將徐兗二州刺史坦諸子中湛最有真素而承亦自爲名士述及坦之並顯重於世爲時盛門云自湛已下事見晉陽秋也

王基傳

王基字伯輿東萊曲城人也少孤與叔父翁居翁撫養甚篤基亦以孝稱年十七郡召爲吏非其好也遂去入琅邪界游學黃初中察孝廉除郎中是時青土初定刺史王淩特表請基爲別駕後召爲秘書郎淩復請還頃之司徒王朗辟基淩不遣朗書劾州曰凡家臣之良則升于公輔公臣之良則入于王職是故古者侯伯有貢

士之禮今州取宿衛之臣留秘閣之吏所希聞也淩猶不遣淩流稱青土蓋亦由基協和之輔也大將軍司馬宣王辟基未至擢爲中書侍郎明帝盛脩宮室百姓勞瘁基上疏曰臣聞古人以水喻民曰水所以載舟亦所以覆舟故在民上者不可以不戒懼夫民逸則慮易苦則思難是以先王居之以約儉俾不至於生患昔顏淵云東野子之御馬力盡矣而求進不已是以知其將敗今事役勞苦男女離曠願陛下深察東野之弊留意舟水之喻息奔駟於未盡節力役

於未困昔漢有天下至孝文時唯有同姓諸侯而賈誼憂之曰置火積薪之下而寢其上因謂之安也今寇賊未殄猛將擁兵檢之則無以應敵久之則難以遺後當盛明之世不務以除患若子孫不競社稷之憂也使賈誼復起必深切於曩時矣散騎常侍王肅著諸經傳解及論定朝儀改易鄭玄舊說而基據持玄義常與抗衡遷安平太守公事去官大將軍曹爽請爲從事中郎出爲安豐太守郡接吳寇爲政清嚴有威惠明設防備敵不敢犯加討寇將軍吳嘗大發

衆集建業揚聲欲入攻揚州刺史諸葛誕使基策之基曰昔孫權再至合肥一至江夏其後全琮出廬江朱然寇襄陽皆無功而還今陸遜等已死而權年老內無賢嗣中無謀主權自出則懼內釁卒起癰疽發潰遣將則舊將已盡新將未信此不過欲補定支黨還自保護耳後權竟不能出時曹爽專柄風化陵遲基著時要論以切世事以疾徵還起家爲河南尹未拜爽伏誅基嘗爲爽官屬隨例罷其年爲尚書出爲荊州刺史加揚烈將軍隨征南王昶擊吳基別襲步

協於夷陵協閉門自守基示以攻形而實分兵
取雄父邸閣收米三十餘萬斛虜安北將軍譚
正納降數千口於是移其降民置夷陵縣賜爵
關內侯基又表城上昶徙江夏治之以偪夏口
由是賊不敢輕越江明制度整軍農兼脩學校
南方稱之時朝廷議欲伐吴詔基量進趣之宜
基對曰夫兵動而無功則威名折於外財用窮
於內故必全而後用也若不資通川聚糧水戰
之備則雖積兵江內無必渡之勢矣今江陵有
沮漳二水溉灌膏腴之田以千數安陸左右陂

池沃衍若水陸並農以實軍資然後引兵詣江
陵夷陵分據夏口順沮漳資水浮穀而下賊知
官兵有經久之勢則拒天誅者意沮而向王化
者益固然後率合蠻夷以攻其內精卒勁兵以
討其外則夏口以上必拔其江外之郡不守如
此吴蜀之交絶交絶而吴禽矣不然兵出之利
未必可矣於是遂止司馬景王新統政基書戒
之曰天下至廣萬機至猥誠不可不矜矜業業
坐而待旦也夫志正則衆邪不生心靜則衆事
不躁思慮審定則教令不煩親用忠良則遠近

協服故知和遠在身定衆在心許允傅嘏袁侃
崔贊皆一時正士有直質而無流心可與同政
事者也景王納其言高貴鄉公即尊位進封常
樂亭侯毌丘儉文欽作亂以基爲行監軍假節
統許昌軍適與景王會於許昌景王曰君籌儉
等何如基曰淮南之逆非吏民思亂也儉等誑
脅迫懼畏目下之戮是以尚群聚耳若大兵臨
偪必土崩瓦解儉欽之首不終朝而縣於軍門
矣景王曰善乃令基居軍前議者咸以儉欽慓
悍難與爭鋒詔基停駐基以爲儉等舉軍足以

深入而久不進者是其詐僞已露衆心疑沮也
今不張示威形以副民望而停軍高壘有似畏
懦非用兵之勢也若或虜略民人又州郡兵家
爲賊所得者更懷離心儉等所迫脅者自顧罪
重不敢復還此爲錯兵無用之地而成姦宄之
源吴寇因之則淮南非國家之有譙沛汝豫危
而不安此計之大失也軍宜速進據南頓有大
邸閣計足軍人四十日糧保堅城因積穀先人
有奪人之心此平賊之要也基屢請乃聽進據㶏
水既至復言曰兵聞拙速未覩工遲之久方今外

有彊寇內有叛臣若不時決則事之深淺未可測也議者多欲將軍持重將軍持重是也停軍不進非也持重非不行之謂也進而不可犯耳今據堅城保壁壘以積實資虜縣運軍糧甚非計也景王欲須諸軍集到猶尚未許基曰將在軍君令有所不受彼得則利我得亦利是謂爭城南頓是也遂輒進據南頓儉等從項亦爭欲往發十餘里聞基先到復還保項時兗州刺史鄧艾屯樂嘉儉使文欽將兵襲艾基知其勢分進兵偪項儉衆遂敗欽等已平遷鎮南將軍都

督豫州諸軍事領豫州刺史進封安樂鄉侯上疏求分戶二百賜叔父子喬爵關內侯以報叔父拊育之德有詔特聽諸葛誕反基以本官行鎮東將軍都督揚豫諸軍事時大軍在項以賊兵精詔基斂軍堅壘基累啓求進討會吳遣朱異來救誕軍於安城基又被詔引諸軍轉據北山基謂諸將曰今圍壘轉固兵馬向集但當精修守備以待越逸而更移兵守險使得放縱雖有智者不能善後矣遂守便宜上疏曰今與賊家對敵當不動如山若遷移依險人心搖蕩景

勢大損諸軍並據深溝高壘衆心皆定不可傾動此御兵之要也書奏報聽大將軍司馬文王進屯丘頭分部圍守各有所統基督城東城南二十六軍文王勑軍吏入鎮南部界一不得有所譴城中食盡晝夜攻壘基輒拒擊破之壽春既拔文王與基書曰初議者云云求移者甚衆時未臨履亦謂宜然將軍深筭利害獨秉固志上違詔命下拒衆議終至制敵禽賊雖古人所述不是過也文王欲遣諸將輕兵深入招迎唐咨等子弟因釁有蕩覆吳之勢基諫曰昔諸葛

恪乘東關之勝竭江表之兵以圍新城城既不拔而衆死者太半姜維因洮上之利輕兵深入糧餉不繼軍覆上邽夫大捷之後上下輕敵輕敵則慮難不深今賊新敗於外又內患未弭是其脩備設慮之時也且兵出踰年人有歸志今俘馘十萬罪人斯得自歷代征伐未有全兵獨克如今之盛者也武皇帝克袁紹於官渡自以所獲已多不復追奔懼挫威也文王乃止以淮南初定轉基爲征東將軍都督揚州諸軍事進封東武侯基上疏固讓歸功參佐由是長史司

馬等七人皆侯是歲基母卒詔祕其凶問迎基父豹喪合葬洛陽追贈豹北海太守甘露四年轉爲征南將軍都督荆州諸軍事常道鄉公即尊位增邑千戶并前五千七百戶前後封子二人亭侯關內侯景元二年襄陽太守表吳賊鄧由等欲來歸化基被詔當因此震蕩江表基疑其詐馳驛陳狀且曰嘉平以來累有內難當今之務在於鎮安社稷綏寧百姓未宜動衆以求外利文王報書曰凡處事者多曲相從順鮮能確然共盡理實誠感忠愛每見規示輙敬依來指後由等竟不降

司馬彪戰略載基此事詳於本傳曰景元二年春三月襄陽太守胡烈表上吳賊鄧由李光等同謀十八屯欲來歸化遣將張吳鄧生并送質任克期欲令郡軍臨江迎拔大將軍司馬文王啓聞詔征南將軍王基部分諸軍使烈督萬人徑造沮水荆州義陽南屯宜城承書夙發若由等如期到者便當因此震蕩江表基疑賊詐降誘致官兵馳驛止文王說由等可疑之狀且當清澄未宜便舉重兵深入應之又曰夷陵東道當由車御至赤岸乃得渡坦西道當出箭谿口乃趣平土皆山險狹竹木叢蔚卒有要害弩馬不陳今者筋角弩弱水潦方降廢盛農之務徼難必之利此事之危者也昔子午之役兵行數百里而值霖雨橋閣破壞後糧腐敗前軍縣乏姜維深入不待輜重士衆飢餓覆軍上邽文欽唐咨舉吳重兵昧利壽春身殁不反此皆近事之鑒戒也嘉平以來累有內難當今之宜當鎮安社稷撫寧上下力農務本懷柔百姓未宜動衆以求外利也得之未足爲多失之傷損威重文王累得基書意疑尋敕諸軍已上道者且權停住所在須後節度基又言於文王曰昔漢祖納酈生之說欲封六國寤張良之謀而趣銷印基謀慮淺短誠不及留侯亦懼襄陽有食其之謬文王於是遂罷軍嚴使由等果不降

是歲基薨追贈司空謚曰景侯子徽嗣早卒咸熙中開建五等以基著勳前朝改封基孫廙而以東武餘邑賜一子爵關內侯晉室踐阼下詔曰故司空王基既著德立勳又治身清素不營產業久在重任家無私積可謂身沒行顯足用勵俗者也其以奴婢二人賜其家

評曰徐邈清尚弘通胡質素業貞粹王昶開濟識度王基學行堅白皆掌統方任垂稱著績可謂國之良臣時之彥士矣

徐胡二王傳第二十七

王淩

王淩字彥雲太原祁人也叔父允為漢司徒誅董卓卓將李傕郭汜等為卓報仇入長安殺允盡害其家淩及兄晨時年皆少踰城得脫亡命歸鄉里淩舉孝廉為發干長魏略曰淩為長遇事髡刑五歲當道埽除時太祖車過問此何徒左右以狀對太祖曰此子師兄子也所坐亦公耳於是主者選為驍騎主簿稍遷至中山太守所在有治太祖辟為丞相掾屬文帝踐阼拜散騎常侍出為兗州刺史與張遼等至廣陵討孫權臨江夜大風吳將呂範等船漂至北岸淩與諸將逆擊捕斬首虜獲舟船有功封宜成亭侯加建武將軍轉在青州是時海濱乘喪亂之後法度未整淩布政施教賞善罰惡甚有綱紀百姓稱之不容於口後從曹休征吳與賊遇於夾石休軍失利淩力戰決圍休得免難仍徙為揚豫州刺史咸得軍民之歡心始至豫州旌先賢之後求未顯之士各有條教意義甚美初淩與司馬朗賈逵友善及臨兗豫繼其名跡正始初為征東將軍假節都督揚州諸軍事二年吳大將全琮數萬眾寇芍陂淩率諸軍逆

討與賊爭塘力戰連日賊退走進封南鄉侯邑千三百五十戶遷車騎將軍儀同三司是時淩甥令狐愚以才能為兗州刺史屯平阿舅甥並典兵專淮南之重淩就遷為司空司馬宣王既誅曹爽進淩為太尉假節鉞淩愚密協計謂齊王不任天位楚王彪長而才欲迎立彪都許昌嘉平元年九月愚遣將張式至白馬與彪相問往來淩又遣舍人勞精詣洛陽語子廣廣言廢立大事勿為禍先漢晉春秋曰淩愚謀以帝幼制於彊臣不堪為主楚王彪長而才欲迎立之以興曹氏淩使人告廣廣曰凡舉大事應本人情今曹爽以驕奢失民何平叔虛而不治丁畢桓鄧雖並有宿望皆專競於世加變易朝典政令數改所存雖高而事不下接民習於舊眾莫之從故雖勢傾四海聲振天下同日斬戮名士減半而百姓安之莫或之哀失民故也今懿情雖難量事名有逆而擢用賢能廣樹勝己脩先朝之政令副眾心之所求爽之所以為惡者彼莫不必改夙夜匪解以恤民為先父子兄弟並握兵要未易亡也淩不從臣松之以為如此言之類皆前史所不載而猶出習氏且制言法體不似於昔疑悉鑿齒所自造者也其十一月愚復遣式詣彪未還會愚病死魏書曰愚字公治本名浚黃初中為和戎護軍烏丸校尉田豫討胡有功小違節度愚以法繩之帝怒械繫愚免官治罪詔曰浚何愚遂以名之正始中為曹爽長史後出為兗州刺史魏略曰愚聞楚王彪有智勇初東郡有訛言云白馬河出妖馬夜過官牧邊鳴呼眾馬皆應明日見其迹大如斛行數里還入河中又有謠言白馬素羈西南馳其誰乘者朱虎騎朱虎者楚王小字故愚與王淩陰謀立楚王乃先使人通意於王言使君謝王天下事不可知願王自愛彪亦陰知其意答言謝使君知厚意也二年熒惑守南斗淩謂斗中有星當有暴貴者魏略曰淩聞東平民浩詳知星

呼問詳詳疑淩有所挾欲悅其意不言吳當有死喪而言淮南楚分也今吳楚同占當有王者興故淩計遂定三年春吳賊塞涂水淩欲因此發大嚴諸軍表求討賊詔報不聽淩陰謀滋甚遣將軍楊弘以廢立事告兗州刺史黃華華弘連名以白太傅司馬宣王宣王將中軍乘水道討淩先下赦赦淩罪又將尚書廣東使爲書喻淩大軍掩至百尺逼淩淩自知勢窮乃乘船單出迎宣王宣王遣掾王彧謝罪送印綬節鉞軍到丘頭淩面縛水次宣王承詔遣主簿解縛反服見淩慰勞之還印綬節鉞遣步騎六百人送還京都淩至項飲藥死

魏略載淩與太傅書曰卒聞神軍密發已在百尺雖知命窮盡遲於相見身首分離不以爲恨前後遣使有書未得還報企踵西望無物以譬昨遣書之後便乘船來相迎宿丘頭旦發於浦口奉被露布赦書又得二十三日況累紙誨示聞命驚愕五內失守不知何地可以自處僕久忝朝恩歷試無効統御戎馬董齊東夏事有闕廢中心犯義罪在三百妻子同縣無所禱矣不圖聖恩天覆地載橫蒙視息復覩日月亡甥令狐愚攜惑群小之言僕即時呵抑使不得竟其語既人已知神明所鑒夫非事無陰卒至發露知此梟夷之罪也生我者父母活我者子也又重曰身陷刑罪謬蒙赦宥今遣掾送印綬頃至當如詔書自縛歸命雖足下私之官法有分及到如書太傅使人解其縛淩既蒙赦加恃舊好不復自疑徑乘小船自趣太傅太傅使人逆止之住船淮中相去十餘丈淩知見外乃遙謂太傅曰卿直以折簡召我我當敢不至邪而乃引軍來乎太傅曰以卿非肯逐折簡者故也淩曰卿負我太傅曰我寧負卿不負國家遂使人送來西淩自知罪重試索棺釘以觀太傅意太傅給之淩行到項夜呼掾屬與決曰行年八十身名並滅邪遂自殺干寶晉紀曰淩到項見賈逵祠在水側淩呼曰賈梁道王淩固忠於魏之社稷者唯爾有神知之其年八月太傅有疾夢淩逵爲厲甚惡之遂薨

宣王遂至壽春張式等皆自首乃窮治其事彪賜死諸相連者悉夷三族

魏略載山陽單固字恭夏爲人有器實正始中兗州刺史令狐愚與固父伯龍善辟固欲以爲別駕固不樂爲州吏辭以疾愚禮意愈厚固不欲應固母夏侯氏謂固曰使君與汝父久善故命汝不止汝亦故當仕進自可往耳固不獲已遂往與兼治中從事楊康並爲愚腹心後愚與王淩通謀康固皆知其計會愚病康應司徒召詣洛陽固亦以疾解祿康在京師露其事太傅乃東取王淩到壽春固見太傅太傅問曰卿知其事爲邪固對不知太傅曰且置近事問卿令狐反乎固又曰無而楊康白事事與固連遂收捕固及家屬皆繫廷尉考實數十固故云無有太傅錄楊康與固對相詰固辭窮乃罵康曰老傭既負使君又滅我族顧汝當活耶辭定事上須報廷尉以舊皆聽得與其母妻子相見固見其母不仰視其母知其慚也字謂之曰恭夏汝本自不欲應州郡也我強故耳汝爲人吏自當爾耳此自門戶衰我無恨也汝本意與我語固終不仰又不語以至於死初楊康自以白其事冀得封拜後以辭頗參錯亦并斬臨刑俱出獄固又罵康曰老奴汝死自分耳若令死者有知汝何面目以行地下也

朝議咸以爲春秋之義齊崔杼鄭歸生皆加追戮陳尸斲棺載在方策淩愚罪宜如舊典乃發淩愚家剖棺暴尸於所近市三日燒其印綬朝服親土埋之

干寶晉紀曰兗州武吏東平馬隆託爲愚家客以私財更殯葬行服三年種植松柏一州之士媿之

進弘華爵爲鄉侯廣有志尚學行死時年四十餘

魏氏春秋曰廣字公淵弟飛梟金虎並才武過人太傅嘗從容問蔣濟濟曰淩文武俱贍當今無雙廣等志力有美於父耳退而悔之告所親曰吾此言滅人門宗矣魏末傳曰淩少子字明山最知名善書多技藝人得其書皆以爲法走向太原追軍及之時有飛鳥集桑樹隨枝低卬舉弓射之即倒追人乃止不復進明山投親家食親家告吏乃就執之

毌丘儉

毌丘儉字仲恭河東聞喜人也父興黃初中爲

武威太守伐叛柔服開通河右名次金城太守蘇則討賊張進及討叛胡有功封高陽鄉侯魏名臣奏載雍州刺史張既表曰河右遐遠喪亂彌久武威當諸郡路道喉轄之要加民夷雜處數有兵難領太守毌丘興到官內撫吏民外懷羌胡卒使柔附為官效用黃華張進初圖逆亂扇動左右興志氣忠烈臨難不顧為將校民夷陳說禍福言則涕泣於時男女萬口咸懷感激形毀髮亂誓心致命尋率精兵踧脅張掖濟拔領太守杜通西海太守張睦張掖番和驪軒二縣吏民及郡雜胡棄惡詣興興皆安恤使盡力田興每所歷盡竭心力誠國之良吏殿下即位留心萬機苟有毫毛之善必有賞錄臣伏緣聖旨指陳其事入為將作大匠儉襲父爵為平原侯文學明帝即位為尚書郎遷羽林監以東宮之舊甚見親待出為洛陽典農時取農民以治宮室儉上疏曰臣愚以為天下所急除者二賊所急務者衣食誠使二賊不滅士民飢凍雖崇美宮室猶無益也遷荊州刺史青龍中帝圖討遼東以儉有幹策徙為幽州刺史加度遼將軍使持節護烏丸校尉率幽州諸軍至襄平屯遼隧右北平烏丸單于寇婁敦遼西烏丸都督率衆王護留等昔隨袁尚奔遼東者率衆五千餘人降寇婁敦遣弟阿羅槃等詣闕朝貢封其渠率二十餘人為侯王賜輿馬繒采各有差公孫淵逆與儉戰不利引還明年帝遣太尉司馬宣王統中軍及儉等衆數萬討淵定遼東儉

以功進封安邑侯食邑三千九百戶正始中儉以高句驪數侵叛督諸軍步騎萬人出玄菟從諸道討之句驪王宮將步騎二萬人進軍沸流水上大戰梁口梁音渴宮軍破走儉遂束馬縣車以登丸都屠句驪所都斬獲首虜以千數句驪沛者名得來數諫宮臣松之案東夷傳沛者句驪國之官名宮不從其言得來歎曰立見此地將生蓬蒿遂不食而死舉國賢之儉令諸軍不壞其墓不伐其樹得其妻子皆放遣之宮單將妻子逃竄儉引軍還六年復征之宮遂奔買溝儉遣玄菟太守王頎追之世語曰頎字孔碩東萊人晉永嘉中大賊王彌頎之孫過沃沮千有餘里至肅慎氏南界刻石紀功刊丸都之山銘不耐之城諸所誅納八千餘口論功受賞侯者百餘人穿山溉灌民賴其利遷左將軍假節監豫州諸軍事領豫州刺史轉為鎮南將軍諸葛誕戰於東關不利乃令誕儉對換誕為鎮南都督豫州儉為鎮東都督揚州吳太傅諸葛恪圍合肥新城儉與文欽禦之太尉司馬孚督中軍東解圍恪退還初儉與夏侯玄李豐等厚善揚州刺史前將軍文欽曹爽之邑人也驍果麤猛數有戰功

好增虜獲以徼寵賞多不見許怨恨日甚儉以計厚待欽情好歡洽欽亦感戴投心無二正元二年正月有彗星數十丈西北竟天起於吳楚之分儉欽喜以為己祥遂矯太后詔罪狀大將軍司馬景王移諸郡國舉兵反迫脅淮南將守諸別屯者及吏民大小皆入壽春城為壇於城西歃血稱兵為盟分老弱守城儉欽自將五六萬衆渡淮西至項儉堅守欽在外為游兵儉欽等表曰故相國懿匡輔魏室歷事忠貞故烈祖明皇帝授以寄託之任懿勠力盡節以寧華夏又以齊王聰明無有穢德乃心勤盡忠以輔上天下賴之懿欲討滅二虜以安宇內始分軍糧克時同舉未成而薨齊王以懿有輔己大功故遂使師承統懿業委以大事而師以盛年在職無疾託病坐擁彊兵無有臣禮朝臣非之義士譏之天下所聞其罪一也懿造計取賊多舂軍糧克期有日師為大臣當除國難又為人子當卒父業哀聲未絕而便罷息為臣不忠為子不孝其罪二也賊退過東關坐自起衆三征同進喪衆敗績歷年軍實一旦而盡致使賊來天下騷動死傷流離其罪三也賊舉國悉衆號五十萬來向壽春圖詣洛陽會太尉孚與臣等建計乃杜塞要險不與爭鋒還固新城淮南將士衝鋒履刃晝夜相守勤瘁百日死者塗地自魏有軍已來為難若甚莫過於此而師遂意自由不論封賞權勢自在無所領錄其罪四也故中書令李豐等以師無人臣節欲議退之師知而請豐其夕拉殺載尸埋棺豐等為大臣帝王腹心擅加酷暴死無罪名師有無君之心其罪五也懿每歎說齊王自堪人主君臣之義定奉事以來十有五載始欲歸政按行武庫詔問禁兵不得妄出師自知姦慝人神所不祐矯廢君主加之以罪孚師之叔父性甚仁孝追送齊王悲不自勝群臣皆怒而師懷忍不顧大義其罪六也又故光祿大夫張緝無罪而誅夷其妻子并及母后逼恐至尊彊催督遣臨時哀愕莫不傷痛而師稱慶反以歡喜其罪七也陛下踐阼聰明神武事經聖心欲崇省約天下聞之莫不歡慶而師不自改悔脩復臣禮而方徵兵

募士毀壞宮內列侯自衛陛下即阼初不朝覲陛下欲臨幸師舍以省其疾復拒不通不奉法度其罪八也近者領軍許允當為鎮北以厨錢給賜而師舉奏加辟雖云流徙道路餓殺天下聞之莫不哀傷其罪九也三方之守一朝闕廢多選精兵以自營衛五營領兵闕而不補多載器杖充聚本營天下所聞人懷憤怨譌言盈路以疑海內其罪十也多休守兵以占高第以空虛四表欲擅彊勢以逞姦心募取屯田加其復賞阻兵安忍壞亂舊法合聚諸藩王公以著鄴欲悉誅之一旦舉事廢主天不長惡使目腫不成其罪十一也臣等先人皆隨從太祖武皇帝征討凶暴獲成大功與高祖文皇帝即受漢禪開國承家猶堯舜相傳也臣與安豐護軍鄭翼廬江護軍呂宣太守張休淮南太守丁尊督守合肥護軍王休等議各以累世受恩千載風塵思盡軀命以完全社稷安主為効斯義苟立雖焚妻子吞炭漆身死而不恨也按師之罪宜加大辟以彰姦慝春秋之義一世為善十世宥之懿有大功海內所書依古典議廢師以侯就第弟昭忠肅寬明樂善好士有高世君子之度忠誠為國不與師同臣等碎首所保可以代師輔導聖躬太尉孚忠孝小心所宜親寵授以保傅護軍散騎常侍望忠公親事當官稱能奉迎乘輿有宿衛之舊可為中領軍春秋之義大義滅親故周公誅弟石碏戮子季友鴆兄上為國計下全宗族殛鯀用禹聖人明典古今所稱乞陛下下臣等所奏朝堂博議臣言當道使師遜位避賢者罷兵去備如三皇舊法則天下協同若師負勢恃衆不自退者臣等率將所領晝夜兼行惟命是授臣等今日所奏惟欲使大魏永存使陛下得行君意遠絕亡之禍百姓安全六合一體使忠臣義士不愧於三皇五帝耳臣恐兵起天下擾亂臣輒上事移三征及州郡國典農各安慰所部吏民不得妄動謹具以狀聞惟陛下愛養精神明慮危害以寧海內師專權用勢賞罰自由聞臣等舉衆必下詔禁絕關津使驛書不通擅復徵調有所收捕此乃師詔非陛下詔書在所皆不得復承用臣等道遠懼文書不得皆通輒臨時賞罰以便宜從事須定集上也大將軍統中外軍討之別使諸葛誕督豫州諸軍從安風津擬壽春征東將軍胡遵督青徐諸軍出於譙宋之閒絕其歸路大將軍屯汝陽使監軍王基督前鋒諸軍據南頓以待之令諸軍皆堅壁勿與戰

儉欽進不得鬭退恐壽春見襲不得歸計窮不
知所為淮南將士家皆在北衆心沮散降者相
屬惟淮南新附農民為之用大將軍遣兖州刺
史鄧艾督泰山諸軍萬餘人至樂嘉示弱以誘
之大將軍尋自洙至欽不知果夜來欲襲艾等
會明見大軍兵馬盛乃引還魏氏春秋曰欽中子俶小名鴦年尚幼勇
力絕人謂欽曰及其未定擊之可破也於是分為二隊夜夾攻軍俶率壯士先至大呼大將軍軍中震擾欽後期不應會
明俶退欽亦引還　魏末傳曰殿中人姓尹字大目小為曹氏家奴常侍在帝側大將軍將俱行大目知大將軍一目已
突出啓云文欽本是明公腹心但為人所誤耳又天子鄉里大目昔為文欽所信乞得追解語之令還與公復好大將軍
聽遣大目單身往乘大馬被鎧冑追文欽遥相與語大目心實欲曹氏安謬言君侯何若若不可復忍數日中也欲使欽
解其旨欽殊不悟乃更厲聲罵大目汝先帝家人不念報恩而反與司馬師作逆不顧上天天不祐汝乃張弓傅矢欲射
大目大目涕泣曰世事敗矣善自努力也大將軍縱驍騎追擊大破之欽遁
走是日儉聞欽戰敗恐懼夜走衆潰比至愼縣
左右人兵稍棄儉去儉獨與小弟秀及孫重藏
水邊草中安風津都尉部民張屬就射殺儉傳
首京都屬封侯秀重走入吳將士諸為儉欽所
迫脅者悉歸降欽與郭淮書曰大將軍昭伯與太傅伯俱受顧命登牀把臂託付天下此遠近
所知後以勢利乃絕其祀及其親黨皆一時之俊可謂痛心柰何柰何公侯特與大司馬公恩親分著義貫金石當此之
時相怨益毒痛有不可堪也王太尉嫌其專朝潛欲舉兵事克不捷復受誅夷害及楚王想甚追恨太傅既亡然其子師繼
承父業肆其虐暴日月滋甚放主殺后殘戮忠良包藏禍心遂至篡弒此可忍也孰不可忍欽以名義大故事君有節忿

憤內發忘寢與食無所吝顧也會毋丘子邦自與父書騰說公侯盡事主之義欲奮白髮同符太公惟須東問影響相應
聞問之日能不慷慨是以不顧妻孥之痛即與毋丘鎮東舉義兵三萬餘人西趨京師欲扶持王室埽除姦逆企踵西望
不得声問曾望高子不足喻急夫當仁不讓況救君之難度道遠艱故不果期要耳然同舟共濟安危勢同禍痛已連非
言飾所解自公侯所明也共事曹氏積信魏朝行道之人皆所知見然在朝之士冒利偷生烈士所恥公侯所賤賈豎所
不忍為也況當塗之士邪軍屯住項小人以閏月十六日別進兵就於樂嘉城討師師之徒衆尋時崩潰其所斬截不復
訾原但當長驅徑至京師而流言先至毋丘不復詳之更謂小人為誤諸軍便爾瓦解毋丘還走追尋釋解無所及小人
還項復遇王基等十二軍追尋毋丘進兵討之即時克破所向全勝要那後無繼何孤軍梁昌進退失所還據壽春壽春
復走狼狽躓閡無復他計惟當歸命大吳借兵乞食繼踵伍員耳不若僕隸如何快心復君之讎永使曹氏少享血食此
亦大國之所祐念也想公侯不使程嬰杵臼擅名於前代而使大魏獨無鷹揚之士與今大吳敦崇大義深見愍悼然僕
於國大分連接遠同一勢曰欲俱舉分分中國不願偏取以為巳有公侯必欲共忍帥背懷宜廣大勢恐秦川之卒不可
孤舉今者之計宜屈巳伸人託命歸漢東西俱舉爾乃可克定師黨耳深思鄙言若愚計可從宜使漢軍克制期要使六
合校考與周召同封以託付兒孫此亦非小事也大丈夫寧處其落落是以遠遲忠心時望嘉應時郭淮已卒欽未知故
有此書世語曰毋丘儉之誅黨與七百餘人傳侍御史杜友治獄惟舉首事十人餘皆奏散友字季子東郡人仕晉冀州
刺史河南尹子默字世玄歷吏部郎衞尉儉子甸為治書侍御史先時知
儉謀將發私出將家屬逃走新安靈山上別攻
下之夷儉三族世語曰甸字子邦有名京邑齊王之廢也甸謂儉曰大人居方嶽重任國傾覆
而晏然自守將受四海之責儉然之大將軍惡其為人也及儉起兵問甸所在云不來無能為也儉初起兵遣子宗四
人入吳太康中吳平宗兄弟皆還中國宗字子仁有儉風至零陵太守宗子奧巴東監軍益州刺史　習鑿齒曰毋丘儉
感明帝之顧命故為此役君子謂毋丘儉事雖不成可謂忠臣矣夫竭節而赴義者我也成之與敗者時也我苟無時成
何可必乎忘我而不自必乃所以為忠也古人有言死者復生生者不愧若毋丘儉可謂能不愧也欽亡入

吳吳以欽爲都護假節鎮北大將軍幽州牧譙侯欽降吳表曰欽稟命不幸常隸魏國兩絕於天雖側伏偶都自知無路司馬師滔天作逆廢害二主辛癸高莽惡不足喻欽累世受魏恩烏鳥之情竊懷憤踊在三之義期於弊仆前與毌丘儉郭淮等俱舉義兵當共討師埽除凶孽誠臣愚管所執智慮淺薄微節不騁進無所依悲痛切心退惟不能扶翼本朝抱愧俛仰靡所自厝冒緣古義固有所歸庶假天威得展萬一僵仆之日亦所不恨輒相率將歸命聖化慙偷苟生非辭所陳謹上還所受魏使持節前將軍山桑侯印綬臨表惶惑伏須罪誅魏書曰欽字仲若譙郡人父緄建安中爲騎將有勇力欽少以名將子材武見稱魏諷反欽坐與諷辭語相連及下獄掠笞數百當死太祖以緄故赦之太和中爲五營校督出爲牙門將欽性剛暴無禮所在倨傲陵上不奉官法輒見奏遣明帝抑之後復爲淮南牙門將轉爲廬江太守鷹揚將軍王淩奏欽貪殘不宜撫邊求免官治罪由是徵欽還曹爽以欽鄉里厚養待之不治欽事復遣還廬江加冠軍將軍貴寵踰前欽以故益驕好自矜伐以壯勇高人頗得虛名於三軍曹爽誅後進欽爲前將軍以安其心後代諸葛誕爲揚州刺史自曹爽之誅欽常內懼與諸葛誕相惡無所與謀會誕去兵毌丘儉往乃陰共結謀戰敗走晝夜間行追者不及遂得入吳孫峻厚待之欽雖在他國不能屈節下人自呂據朱異等諸大將皆憎疾之惟峻常左右之

諸葛誕

諸葛誕字公休琅邪陽都人諸葛豐後也初以尚書郎爲滎陽令魏氏春秋曰誕爲郎與僕射杜畿試船陶河遭風覆沒誕亦俱溺虎賁浮河救誕誕曰先救杜侯誕飄于岸絕而後蘇入爲吏部郎人有所屬託輒顯其言而承用之後有當否則公議其得失以爲褒貶自是群僚莫不慎其所舉累遷御史中丞尚書與夏侯玄鄧颺等相善收名朝廷京都翕然言事者以誕颺等脩浮華合虛譽漸不可長明帝惡之免誕官世語曰是時當世俊士散騎常侍夏侯玄尚書諸葛誕鄧颺之徒共相題表以玄疇四人爲四聰誕備八人爲八達中書監劉放子熙孫資子密吏部尚書衛臻子烈三人咸不及比以父居勢位容之爲三豫凡十五人帝以構長浮華皆免官廢錮會帝崩正始初玄等並在職復以誕爲御史中丞尚書出爲揚州刺史加昭武將軍王淩之陰謀也太傅司馬宣王潛軍東伐以誕爲鎮東將軍假節都督揚州諸軍事封山陽亭侯諸葛恪興東關遣誕督諸軍討之與戰不利還徙爲鎮南將軍後毌丘儉文欽反遣使詣誕招呼豫州士民誕斬其使露布天下令知儉欽凶逆大將軍司馬景王東征使誕督豫州諸軍渡安風津向壽春儉欽之破也誕先至壽春壽春中十餘萬口聞儉欽敗恐誅悉破城門出流迸山澤或散走入吳以誕久在淮南乃復以爲鎮東大將軍儀同三司都督揚州吳大將孫峻呂據留贊等聞淮南亂會文欽往乃帥衆將欽徑至壽春時誕諸軍已至城不可攻乃走誕遣將軍蔣班追擊之斬贊傳首收其印節進封高平侯邑三千五百戶轉爲征東大將軍誕既與玄颺等至親又王淩毌丘儉累見夷滅懼不自安傾帑藏振施以結衆心厚養親

附及揚州輕俠者數千人爲死士魏書曰誕賞賜過度有犯死罪者虧制以活之甘露元年冬吳賊欲向徐堨計誕所督兵馬足以待之而復請十萬衆守壽春又求臨淮築城以備寇內欲保有淮南朝廷微知誕有自疑心以誕舊臣欲入度之二年五月徵爲司空誕被詔書愈恐遂反召會諸將自出攻揚州刺史樂綝殺之世語曰司馬文王旣秉朝政長史賈充以爲宜遣參佐慰勞四征於是遣充至壽春充還啓文王誕再在揚州有威名民望所歸今徵必不來禍小事淺不徵事遲禍大乃以爲司空書至誕曰我作公當在王文舒後今便爲司空不遣使者健步齎書使以兵付樂綝此必綝所爲乃將左右數百人至揚州揚州人欲閉門誕叱曰卿非我故吏邪徑入綝逃上樓就斬之魏末傳曰賈充與誕相見談說時事因謂誕曰洛中諸賢皆願禪代君所知也君以爲云何誕厲色曰卿非賈豫州子世受魏恩如何負國欲以魏室輸人乎非吾所忍聞若洛中有難吾當死之充默然誕旣被徵請諸牙門置酒飲晏呼牙門從兵皆賜酒令醉謂衆人曰前作千人鎧杖始成欲以擊賊今當還洛不復得用欲蹔出將見人游戲須臾還耳諸君且止乃嚴鼓將士七百人出樂綝聞之閉州門誕歷南門宣言曰當還洛邑暫出游戲揚州何爲閉門見備前至東門東門復閉乃使兵緣城攻門州人悉走因風放火焚其府庫遂殺綝誕表曰臣受國重任統兵在東揚州刺史樂綝專詐說臣與吳交通又言被詔當代臣位無狀日久臣奉國命以死自立終無異端忿綝不忠輒將步騎七百人以今月六日討綝即日斬首函頭驛馬傳送若聖朝明臣臣即魏臣不明臣臣即吳臣不勝發憤有日謹拜表陳愚悲感泣血哽咽斷絕不知所如乞朝廷察臣至誠臣松之以爲魏末傳所言率皆鄙陋疑誕表言曲不至於此也斂淮南及淮北郡縣屯田口十餘萬官兵揚州新附勝兵者四五萬人聚穀足一年食閉城自守遣長史吳綱將小子靚至吳請救世語曰黃

初末吳人發長沙王吳芮冢以其塼於臨湘爲孫堅立廟芮容貌如生衣服不朽後豫發者見吳綱曰君何類長沙王吳芮但微短耳綱瞿然曰是先祖也君何由見之見者言所由綱曰更葬不答曰即更葬矣自芮之卒年至冢發四百餘年綱芮之十六世孫矣吳人大喜遣將全懌全端唐咨王祚等率三萬衆密與文欽俱來應誕以誕爲左都護假節大司徒驃騎將軍青州牧壽春侯是時鎮南將軍王基始至督諸軍圍壽春未合咨欽等從城東北因山乘險得將其衆突入城六月車駕東征至項大將軍司馬文王督中外諸軍二十六萬衆臨淮討之大將軍屯丘頭使基及安東將軍陳騫等四面合圍表裏再重塹壘甚峻又使監軍石苞兗州刺史州泰等簡銳卒爲游軍備外寇欽等數出犯圍逆擊走之吳將朱異再以大衆來迎誕等渡黎漿水泰等逆與戰每摧其鋒孫綝以異戰不進怒而殺之城中食轉少外救不至衆無所恃將軍蔣班焦彝皆誕爪牙計事者也棄誕踰城自歸大將軍漢晉春秋曰蔣班焦彝言於諸葛誕曰朱異等以大衆來而不能進孫綝殺異而歸江東外以發兵爲名而內實坐須成敗其歸可見矣今宜及衆心尚固士卒思用幷力決死攻其一面雖不能盡克猶可有全者文欽曰江東乘戰勝之威久矣未有難北方者也況公今舉十餘萬之衆內附而欽與全端等皆同居死地父兄子弟盡在江表就孫綝不欲主上及其親戚豈肯聽乎且中國無歲無事軍民並疲今守我一年勢力已困異圖生心變故將起以往準今可計日而望也班彝固勸之欽怒而誕欲

敎班二人懼且知誕之必敗也十一月乃相攜而降大將軍乃使反間以奇變說全懌等懌等共率衆數千人開門來出城中震懼不知所爲三年正月誕欽咨等大爲攻具晝夜五六日攻南圍欲決圍而出漢晉春秋曰文欽曰蔣班焦彝謂我不能出而走全端全懌又率衆逆降此敵無備之時也可以戰矣誕及唐咨等皆以爲然遂共悉衆出攻圍上諸軍臨高以發石車火箭逆燒破其攻具弩矢及石雨下死傷者蔽地血流盈塹復還入城城內食轉竭降出者數萬口欽欲盡出北方人省食與吳人堅守誕不聽由是爭恨欽素與誕有隙徒以計合事急愈相疑欽見誕計事誕遂殺

欽欽子鴦及虎將兵在小城中聞欽死勒兵馳赴之衆不爲用鴦虎單走踰城出自歸大將軍軍吏請誅之大將軍令曰欽之罪不容誅其子固應當戮然鴦虎以窮歸命且城未拔殺之是堅其心也乃赦鴦虎使將兵數百騎馳巡城呼語城內云文欽之子猶不見殺其餘何懼表鴦虎爲將軍各賜爵關內侯城內喜且擾又日飢困誕咨等智力窮大將軍乃自臨圍四面進兵同時鼓譟登城城內無敢動者誕窘急單乘馬將其麾下突小城門出大將軍司馬胡奮部兵

逆擊斬誕傳首夷三族誕麾下數百人坐不降見斬皆曰爲諸葛公死不恨其得人心如此干寶晉紀曰數百人拱手爲列每斬一人輒降之竟不變至盡時人比之田橫吳將于詮曰大丈夫受命其主以兵救人既不能克又束手於敵吾弗取也乃免冑冒陣而死唐咨王祚及諸裨將皆面縛降吳兵萬衆器仗軍實山積初圍壽春議者多欲急攻之大將軍以爲城固而衆多攻之必力屈若有外寇表裏受敵此危道也今三叛相聚於孤城之中天其或者將使同就戮吾當以全策縻之可坐而制也誕以二年五月反三年二月破滅六軍按甲深溝高壘而誕自困竟不煩

攻而克干寶晉紀曰初壽春每歲雨潦淮水溢常淹城邑故文王之築圍也誕笑之曰是固不攻而自敗也及大軍之攻亢旱踰年城既陷是日大雨圍壘皆毀誕子靚字仲思吳平還晉靚子恢字道明位至尚書令追贈左光祿大夫開府及破壽春議者又以爲淮南仍爲叛逆吳兵室家在江南不可縱宜悉坑之大將軍以爲古之用兵全國爲上戮其元惡而已吳兵就得亡還適可以示中國之弘耳一無所殺分布三河近郡以安處之唐咨本利城人黃初中利城郡反殺太守徐箕推咨爲主文帝遣諸軍討破之咨走入海遂亡至吳官至左將軍封侯持節誕欽屠戮咨亦生禽三叛皆獲天下快焉傅子曰宋

建椎牛禱賽終自焚滅文欽曰桐祭事天斯於人手諸葛誕夫婦聚會神巫淫祀求福伏尸淮南舉族誅夷此天下所共見足爲明鑒也拜咨安遠將軍其餘裨將咸假號位吳衆悉服江東感之皆不誅其家其淮南將吏士民諸爲誕所脅略者惟誅其首逆餘皆赦之聽鴦虎收斂欽喪給其車牛致葬舊墓習鑿齒曰自是天下畏威懷德矣君子謂司馬大將軍於是役也可謂能以德攻矣夫建業者異矣各有所尚而不能兼并也故窮武之雄斃於不仁存義之國喪於懦退今一征而禽三叛大虜吳衆席卷淮浦俘馘十萬可謂壯矣而未及安坐喪王基之功種惠吳人結異類之情寵鴦葬欽忘疇昔之隙不咎誕衆使揚土懷愧功高而人樂其成業廣而敵懷其德武昭既敷文算又洽推此道也天下其孰能當之哉喪王基語在基傳鴦一名俶晉諸公贊曰俶後爲將軍破涼州虜名聞天下太康中爲東夷校尉假節當之職入辭武帝帝見而惡之託以他事免俶官東安公繇諸葛誕外孫欲殺俶因誅楊駿誣俶謀逆遂夷三族

鄧艾

鄧艾字士載義陽棘陽人也少孤太祖破荊州徙汝南爲農民養犢年十二隨母至潁川讀故太丘長陳寔碑文言文爲世範行爲士則艾遂自名範字士則後宗族有與同者故改焉爲都尉學士以口吃不得作幹佐爲稻田守叢草吏同郡吏父憐其家貧資給甚厚艾初不稱謝每見高山大澤輒規度指畫軍營處所時人多笑焉後將典農綱紀上計吏因使見太尉司馬宣王宣王奇之辟之爲掾世語曰鄧艾少爲襄城典農部民與石苞皆年十二三謁者陽翟郭玄信武帝監軍郭誕元弈之子建安中少府吉本起兵許都玄信坐被刑在家從典農司馬求入御以艾苞與御行十餘里與語悅之謂二人皆當遠至爲佐相艾後爲典農功曹奉使詣宣王由此見知遂被拔擢還尚書郎時欲廣田畜穀爲滅賊資使艾行陳項已東至壽春艾以爲田良水少不足以盡地利宜開河渠可以引水澆溉大積軍糧又通運漕之道乃著濟河論以喻其指又以爲昔破黃巾因爲屯田積穀於許都以制四方今三隅已定事在淮南每大軍征舉運兵過半功費巨億以爲大役陳蔡之間土下田良可省許昌左右諸稻田并水東下令淮北屯二萬人淮南三萬人十二分休常有四萬人且田且守水豐常收三倍於西計除衆費歲完五百萬斛以爲軍資六七年間可積三千萬斛於淮上此則十萬之衆五年食也以此乘吳無往而不克矣宣王善之事皆施行正始二年乃開廣漕渠每東南有事大軍興衆汎舟而下達于江淮資食有儲而無水害艾所建也出參征西軍事遷南安太守嘉平元年與征西將軍郭淮拒蜀偏將軍姜維維退淮因西擊羌艾曰賊去未遠或能復還宜分諸軍以備不虞於是留艾屯白水北三日維遣廖化自

白水南向艾結營艾謂諸將曰維今卒還吾軍人少法當來渡而不作橋此維使化持吾令不得還維必自東襲取洮城洮城在水北去艾屯六十里艾即夜潛軍徑到維果來渡而艾先至據城得以不敗賜爵關內侯加討寇將軍後遷城陽太守是時并州右賢王劉豹并爲一部艾上言曰戎狄獸心不以義親彊則侵暴弱則內附故周宣有玁狁之寇漢祖有平城之困每匈奴一盛爲前代重患自單于在外莫能牽制長卑誘而致之使來入侍由是羗夷失統合散無主

以單于在內萬里順軌今單于之尊日疏外土之威寖重則胡虜不可不深備也聞劉豹部有叛胡可因叛割爲二國以分其勢去卑功顯前朝而子不繼業宜加其子顯號使居鴈門離國弱寇追録舊勳此御邊長計也又陳羗胡與民同處者宜以漸出之使居民表崇廉恥之教塞姦宄之路大將軍司馬景王新輔政多納用焉遷汝南太守至則尋求昔所厚己吏父久以死遣吏祭之重遺其母舉其子與計吏艾所在荒野開闢軍民並豐諸葛恪圍合肥新城不克退

歸艾言景王曰孫權已沒大臣未附吳名宗大族皆有部曲阻兵仗勢足以建命恪新秉國政而內無其主不念撫恤上下以立根基競於外事虐用其民悉國之衆頓於堅城死者萬數載禍而歸此恪獲罪之日也昔子胥吳起商鞅樂毅皆見任時君主沒而敗況恪才非四賢而不慮大患其亡可待也恪歸果見誅遷兗州刺史加振威將軍上言曰國之所急惟農與戰國富則兵彊兵彊則戰勝然農者勝之本也孔子曰足食足兵食在兵前也上無設爵之勸則下無

財畜之功今使考績之賞在於積粟富民則交游之路絕浮華之原塞矣高貴鄉公即尊位進封方城亭侯毌丘儉作亂遣健步齎書欲疑惑大衆艾斬之兼道進軍先趣樂嘉城作浮橋司馬景王至遂據之文欽以後大軍破敗於城下艾追之至丘頭欽奔吳吳大將軍孫峻等號十萬衆將渡江鎮東將軍諸葛誕遣艾據肥陽艾以與賊勢相遠非要害之地輒移屯附亭遣泰山太守諸葛緒等於黎漿拒戰遂走之其年徵拜長水校尉以破欽等功進封方城鄉侯行安

西將軍解雍州刺史王經圍於狄道姜維退駐鍾提乃以艾爲安西將軍假節領護東羌校尉議者多以爲維力已竭未能更出艾曰洮西之敗非小失也破軍殺將倉廩空虛百姓流離幾於危亡今以策言之彼有乘勝之勢我有虛弱之實一也彼上下相習五兵犀利我將易兵新器杖未復二也彼以船行吾以陸軍勞逸不同三也狄道隴西南安祁山各當有守彼專爲一我分爲四四也從南安隴西因食羌穀若趣祁山熟麥千頃爲之縣餌五也賊有黠數其來必矣頃

之維果向祁山聞艾已有備乃回從董亭趣南安艾據武城山以相持維與艾爭險不克其夜渡渭東行緣山趣上邽艾與戰於段谷大破之甘露元年詔曰逆賊姜維連年狡黠民夷騷動西土不寧艾籌畫有方忠勇奮發斬將十數馘首千計國威震於巴蜀武聲揚於江岷今以艾爲鎮西將軍都督隴右諸軍事進封鄧侯分五百戶封子忠爲亭侯二年拒姜維於長城維退還遷征西將軍前後增邑凡六千六百戶景元三年又破維於侯和維却保沓中四年秋詔諸

軍征蜀大將軍司馬文王皆指授節度使艾與維相綴連雍州刺史諸葛緒要維令不得歸艾遣天水太守王頎等直攻維營隴西太守牽弘等邀其前金城太守楊欣等詣甘松維聞鍾會諸軍已入漢中引退還欣等追躡於彊川口大戰維敗走聞雍州已塞道屯橋頭從孔函谷入北道欲出雍州後諸葛緒聞之却還三十里維入北道三十餘里聞緒軍却尋還從橋頭過緒趣截維較一日不及維遂東引還守劍閣鍾會攻維未能克艾上言今賊摧折宜遂乘之從陰

平由邪徑經漢德陽亭趣涪出劍閣西百里去成都三百餘里奇兵衝其腹心劍閣之守必還赴涪則會方軌而進劍閣之軍不還則應涪之兵寡矣軍志有之曰攻其不備出其不意今掩其空虛破之必矣冬十月艾自陰平道行無人之地七百餘里鑿山通道造作橋閣山高谷深至爲艱險又糧運將匱頻於危殆艾以氈自裹推轉而下將士皆攀木緣崖魚貫而進先登至江由蜀守將馬邈降蜀衛將軍諸葛瞻自涪還綿竹列陳待艾艾遣子惠唐亭侯忠等出其右

司馬師纂等出其左忠纂戰不利並退還曰賊未可擊艾怒曰存亡之分在此一舉何不可之有乃叱忠纂等將斬之忠纂馳還更戰大破之斬瞻及尚書張遵等首進軍到雒劉禪遣使奉皇帝璽綬爲牋詣艾請降艾至成都禪率太子諸王及群臣六十餘人面縛輿櫬詣軍門艾執節解縛焚櫬受而宥之檢御將士無所虜畧綏納降附使復舊業蜀人稱焉輙依鄧禹故事承制拜禪行驃騎將軍太子奉車諸王駙馬都尉蜀群司各隨高下拜爲王官或領艾官屬以師

纂領益州刺史隴西太守牽弘等領蜀中諸郡使於緜竹築臺以爲京觀用彰戰功士卒死事者皆與蜀兵同共埋藏艾深自矜伐謂蜀士大夫曰諸君賴遭某故得有今日耳如遇吳漢之徒已殄滅矣又曰姜維自一時雄兒也與某相值故窮耳有識者笑之十二月詔曰艾曜威奮武深入虜庭斬將搴旗梟其鯨鯢使僭號之主稽首係頸歷世逋誅一朝而平兵不踰時戰不終日雲徹席卷蕩定巴蜀雖白起破彊楚韓信克勁趙吳漢禽子陽亞夫滅七國計功論美不

足比勳也其以艾爲太尉增邑二萬戶封子二人亭侯各食邑千戶袁子曰諸葛亮重人也而數用蜀兵此知小國弱民難以久存也今國家一舉而滅蜀自征伐之功未有如此之速者也方鄧艾以萬人入江由之危險鍾會以二十萬衆留劍閣而不得進三軍之士已飢艾雖戰勝克將使劉禪數日不降則二將之軍難以反矣故功業如此之難也國家前有壽春之役後有滅蜀之勞百姓貧而倉稟虛故小國之慮在於時立功以自存大國之慮在於既勝而力竭成功之後戒懼之時也艾言司馬文王曰兵有先聲而後實者今因平蜀之勢以乘吳吳人震恐席卷之時也然大舉之後將士疲勞不可便用且徐緩之留隴右兵二萬人蜀兵二萬人煑鹽興冶爲軍農要用並作舟船豫順流之事然後發使告以利害吳必

歸化可不征而定也今宜厚劉禪以致孫休安士民以來遠人若便送禪於京都吳以爲流徙則於向化之心不勸宜權停留須來年秋冬比爾吳亦足平以爲可封禪爲扶風王錫其資財供其左右郡有董卓塢爲之宮舍爵其子爲公侯食郡內縣以顯歸命之寵開廣陵城陽以待吳人則畏威懷德望風而從矣文王使監軍衛瓘喻艾事當須報不宜輙行艾重言曰銜命征行奉指授之策元惡既服至於承制拜假以安初附謂合權宜今蜀舉衆歸命地盡南海東接

吳會宜早鎮定若待國命往復道途延引日月春秋之義大夫出疆有可以安社稷利國家專之可也今吳未賓勢與蜀連不可拘常以失事機兵法進不求名退不避罪艾雖無古人之節終不自嫌以損于國也鍾會胡烈師纂等皆白艾所作悖逆變釁以結詔書檻車徵艾魏氏春秋曰艾仰天歎曰艾忠臣也一至此乎白起之酷復見於今日矣艾父子既囚鍾會至成都先送艾然後作亂會以死艾本營將士追出艾檻車迎還瓘遣田續等討艾遇於緜竹西斬之子忠與艾俱死餘子在洛陽者悉誅徙艾妻

子及孫於西域漢晉春秋曰初艾之下江由也以續不進欲斬既而捨之及瓘遣續謂曰可以報江由之辱矣杜預言於衆曰伯玉其不免乎身為名士位望已高既無德音又不御下以正是小人而乘君子之器將何以堪其責乎瓘聞之不俟駕而謝　世語曰師纂亦與艾俱死纂性急少恩死之日體無完皮初艾當伐蜀夢坐山上而有流水以問殄虜護軍爰邵邵曰按易卦山上有水曰蹇蹇繇曰蹇利西南不利東北孔子曰蹇利西南往有功也不利東北其道窮也往必克蜀殆不還乎艾憮然不樂荀綽冀州記曰邵起自幹吏位至衛尉長子翰河東太守中子敞大司農少子倩字君幼寬厚有器局勤於當世歷位冀州刺史太子右衛率翰子俞字世都清真貴素辯於論議採公孫龍之辭以談微理少有能名辟太尉府稍歷顯位至侍中中書令遷爲監　臣松之按蹇彖辭云蹇利西南往得中也不云有功下云利見大人往有功也泰始元年

晉室踐阼詔曰昔太尉王淩謀廢齊王而王竟不足以守位征西將軍鄧艾矜功失節實應大辟然被書之日罷遣人衆束手受罪比於求生遂為惡者誠復不同今大赦得還若無子孫者聽使立後令祭祀不絕三年議郎段灼上疏理艾曰艾心懷至忠而荷反逆之名平定巴蜀而受夷滅之誅臣竊悼之惜哉言艾之反也艾性剛急輕犯雅俗不能協同朋類故莫肯理之臣敢言艾不反之狀昔姜維有斷隴右之志艾脩治備守積穀彊兵值歲凶旱又為區種身被烏

衣手執耒耜以率將士上下相感莫不盡力艾持節守邊所統萬數而不難僕虜之勞士民之役非執節忠勤孰能若此故落門段谷之戰以少擊多摧破彊賊先帝知其可任委艾廟勝授以長策艾受命忘身束馬縣車自投死地勇氣陵雲士衆乘勢使劉禪君臣面縛叉手屈膝艾功名以成當書之竹帛傳祚萬世七十老公反欲何求艾誠恃養育之恩心不自疑矯命承制權安社稷雖違常科有合古義原心定罪本在可論鍾會忌艾威名搆成其事忠而受誅信而

見疑頭縣馬市諸子幷斬見之者垂泣聞之者歎息陛下龍興闡弘大度釋諸嫌忌受誅之家不拘叙用昔秦民憐白起之無罪吳人傷子胥之冤酷皆爲立祠今天下民人爲艾悼心痛恨亦猶是也臣以爲艾身首分離捐棄草土宜收尸喪還其田宅以平蜀之功紹封其孫使闔棺定謚死無餘恨赦冤魂於黃泉收信義於後世葬一人而天下慕其行埋一魂而天下歸其義所爲者寡而悅者衆矣九年詔曰艾有功勳受罪不逃刑而子孫爲民隸朕常愍之其以嫡孫朗爲郎中艾在西時脩治障塞築起城塢泰始中羌虜大叛頻殺刺史涼州道斷吏民安全者皆保艾所築塢焉世語曰咸寧中積射將軍樊震爲西戎牙門得見辭武帝問震所由進震自陳曾爲鄧艾伐蜀時帳下將帝遂尋問艾震具申艾之忠言之流涕先是以艾孫朗爲丹水令由此遷爲定陵令次孫千秋有時望光祿大夫王戎辟爲掾永嘉中朗爲新都太守未之官在襄陽失火朗及母妻子舉室燒死惟子韜子行得免千秋先卒二子亦燒死艾州里時輩南陽州泰亦好立功業善用兵官至征虜將軍假節都督江南諸軍事景元二年薨追贈衛將軍謚曰壯侯世語曰初荊州刺史裴潛以泰爲從事司馬宣王鎮宛潛數遣詣宣王由此爲宣王所知及征孟達泰又導軍遂辟泰泰頻喪考妣祖九年居喪宣王留缺待之至三十六日擢爲新城太守宣王爲泰會使尚書鍾繇調泰君釋褐登宰府三十六日擁麾蓋守兵馬郡乞兒乘小車一何駛乎泰曰誠有此君名公之子少有文采故守吏職獼猴騎土牛又何遲也衆賓咸悅後歷兗豫州刺史所在有籌筭績效

鍾會傳

鍾會字士季潁川長社人太傅繇小子也少敏惠夙成會爲其母傳曰夫人張氏字昌蒲太原茲氏人太傅定陵成侯之命婦也世長吏二千石夫人少喪父母充成侯家脩身正行非禮不動爲上下所稱述貴妾孫氏攝嫡專家心害其賢數讒毀无所不至孫氏辨博有智巧言足以飾非成過然竟不能傷也及妊娠愈更嫉妒乃置藥食中夫人中食覺而吐之瞑眩者數日或曰何不向公言之荅曰嫡庶相害破家危國古今以爲鑒誡假如公信我衆誰能明其事彼以心度我謂我必言固將先我事由彼發顧不快邪遂稱疾不見孫氏果謂成侯曰妾欲其得男故飲以得男之藥反謂毒之成侯曰得男藥佳事闇於食中與人非人情也遂訊侍者具服孫氏由是得罪出成侯問夫人何能不言夫人言其故成侯大驚益以此賢之黃初六年生會恩寵愈隆成侯旣出孫氏更納正嫡賈氏　臣松之案鍾繇于時老矣而方納正室蓋禮所云宗子雖七十无无主婦之義也魏氏春秋曰會母見寵於繇繇爲之出其夫人卞太后以爲言文帝詔繇復之繇恚憤將引鴆弗獲餐椒致噤帝乃止中護軍蔣濟著論謂觀其眸子足以知人會年五歲繇遣見濟濟甚異之曰非常人也及壯有才數技藝而博學精練名理以夜續晝由是獲聲譽正始中以爲祕書郎遷尚書中書侍郎世語曰司馬景王命中書令虞松作表再呈輒不可意命松更定以經時松思竭不能改心存之形於顏色會察其有憂問松王所能松以實荅會取視爲定五字松悅服以呈景王王曰不當爾邪誰所定也松曰鍾會向亦欲啓之會公見問不敢饕其能王曰如此可大用可令來會問松王所能松曰博學明識無所不貫會乃絕賓客精思十日平旦入見至鼓二乃出出後王獨拊手歎息曰此真王佐材也　松字叔茂陳留人九江太守邊讓外孫松弱冠有才從司馬宣王征遼東宣

王命作檄及破賊作露布松從還宣王辟為掾時年二十
四遷中書郎遂至太守松子璿字顯弘晉廷尉　臣松之
以為鍾會名公之子聲譽夙著弱冠登朝已歷顯仕景王為相
何容不悉而方於定虞松表然後乃蒙接引乎設使先不相識
但見五字而便知可大用雖
聖人其猶病諸而況景王哉　高貴鄉公即尊位賜爵
關內侯毌丘儉作亂大將軍司馬景王東征會
從典知密事衛將軍司馬文王為大軍後繼景
王薨於許昌文王總統六軍會謀謨帷幄時中
詔勑尚書傅嘏以東南新定權留衛將軍屯許
昌為內外之援令嘏率諸軍還會與嘏謀使嘏
表上輒與衛將軍俱發還到雒水南屯住於是
朝廷拜文王為大將軍輔政會還遷黃門侍郎封

東武亭侯邑三百戶甘露二年徵諸葛誕為司
空時會喪寧在家策誕必不從命馳白文王文
王以事已施行不復追改會時遭所生母喪其母傳
曰夫人性矜嚴明於教訓
會雖童稚勤見規誨年四歲授孝經七歲誦論語八歲誦詩
十歲誦尚書十一誦易十二誦春秋左氏傳國語十三誦周
禮禮記十四誦成侯易記十五使入太學問四方奇文異訓
謂會曰學猥則倦倦則意怠吾懼汝之意怠故以漸訓汝今
可以獨學矣雅好書籍涉歷眾書特好易老子每讀易孔子
說鳴鶴在陰勞謙君子藉用白茅不出戶庭之義每使會反
覆讀之曰易三百餘爻仲尼特說此者以謙恭慎密樞機之
發行已至要榮身所由故也順斯術已往足為君子矣正始
八年會為尚書郎夫人執會手而誨之曰汝弱冠見敘人情
不能不自足則損在其中矣勉思其戒是時大將軍曹爽專
朝政日縱酒沈醉會兄侍中毓宴還言其事夫人曰樂則樂
矣然難久也居上不驕制節謹度然後乃無危溢之患今奢僭
若此非長守富貴之道嘉平元年車駕朝高平陵會為中書
郎從行相國宣文侯始舉兵眾人恐懼而夫人自若中書令

劉放侍郎衛瓘夏侯和等家皆怪問夫人一子在危難之中
何能無憂答曰大將軍奢僭無度吾常疑其不安太傅義不
危國必為大將軍舉耳吾兒在帝側何憂聞且出兵無他重
器其勢必不久戰果如其言一時稱明會歷機密十餘年頗
豫政謀夫人謂曰昔范氏少子為趙簡子設伐邾之計事從
民悅可謂功矣然其母以為乘偽作詐末業鄙事必不能久
其識本深遠非近人所言吾常樂其為人汝居心正吾能免
矣但當脩所志以輔益時化不忝先人耳常言人誰能皆體
自然但力行不倦抑亦其次雖接鄙賤必以言信取與之間
分畫分明或問此無乃小乎答曰君子之行皆積小以致高
大若以小善為無益而弗為此乃小人之事耳希通慕大者
吾所不好會自幼少衣不過青紺親營家事自知恭儉然見
得思義臨財必讓會前後賜錢帛數百萬計悉送供公家之
用一無所取年五十有九甘露二年二月暴疾薨比葬天子
有手詔命大將軍高都侯厚加賵贈喪事無巨細一皆供給
議者以為公侯有夫人有世婦有妻有妾所謂外命婦也依
春秋成風定姒之義宜崇典禮不得總稱妾名
於是稱成侯命婦殯葬之事有取於古制禮也　及誕反車
駕住項文王至壽春會復從行初吳大將全琮

孫權之婚親重臣也琮子懌孫靜從子端翩緝
等皆將兵來救誕懌兄子輝儀留建業與其家
內爭訟攜其母將部曲數十家渡江自歸文王
會建策密為輝儀作書使輝儀所親信齎入城
告懌等說吳中怒懌等不能拔壽春欲盡誅諸
將家故逃來歸命懌等恐懼遂將所領開東城
門出降皆蒙封寵城中由是乖離壽春之破會
謀居多親待日隆時人謂之子房軍還遷為太
僕固辭不就以中郎在大將軍府管記室事為
腹心之任以討諸葛誕功進爵陳侯屢讓不受

詔曰會典綜軍事參同計策料敵制勝有謀謨之勳而推寵固讓辭指款實前後累重志不可奪夫成功不處古人所重其聽會所執以成其美遷司隸校尉雖在外司時政損益當世與奪無不綜與嵇康等見誅皆會謀也文王以蜀大將姜維屢擾邊陲料蜀國小民疲資力單竭欲大舉圖蜀惟會亦以為蜀可取豫共籌度地形考論事勢景元三年冬以會為鎮西將軍假節都督關中諸軍事文王勑青徐兗豫荊揚諸州並使作船又令唐咨作浮海大船外為將伐吳

者四年秋乃下詔使鄧艾諸葛緒各統諸軍三萬餘人艾趣甘松沓中連綴維緒趣武街橋頭絕維歸路會統十餘萬衆分從斜谷駱谷入先命牙門將許儀在前治道會在後行而橋穿馬足陷於是斬儀儀者許褚之子有功王室猶不原貸諸軍聞之莫不震竦蜀令諸圍皆不得戰退還漢樂二城守魏興太守劉欽趣子午谷諸軍數道平行至漢中蜀監軍王含守樂城護軍蔣斌守漢城兵各五千會使護軍荀愷前將軍李輔各統萬人愷圍漢城輔圍樂城會徑過西

出陽安口遣人祭諸葛亮之墓使護軍胡烈等行前攻破關城得庫藏積穀姜維自沓中還至陰平合集士衆欲赴關城未到聞其已破退趣白水與蜀將張翼廖化等合守劒閣拒會會移檄蜀將吏士民曰往者漢祚衰微率土分崩生民之命幾於泯滅太祖武皇帝神武聖哲撥亂反正拯其將墜造我區夏高祖文皇帝應天順民受命踐阼烈祖明皇帝奕世重光恢拓洪業然江山之外異政殊俗率土齊民未蒙王化此三祖所以顧懷遺恨也今主上聖德欽明紹隆

前緒宰輔忠肅明允劬勞王室布政垂惠而萬邦協和施德百蠻而肅慎致貢悼彼巴蜀獨為匪民愍此百姓勞役未已是以命授六師龔行天罰征西雍州鎮西諸軍五道並進古之行軍以仁為本以義治之王者之師有征無戰故虞舜舞干戚而服有苗周武有散財發廩表閭之義今鎮西奉辭銜命攝統戎重庶弘文告之訓以濟元元之命非欲窮武極戰以快一朝之政故略陳安危之要其敬聽話言益州先主以命世英才興兵朔野困躓冀徐之郊制命紹布之

手太祖拯而濟之與隆大好中更背違棄同即異
諸葛孔明仍規秦川姜伯約屢出隴右勞動我邊
境侵擾我氐羌方國家多故未遑脩九伐之征也
今邊境乂清方內無事蓄力待時幷兵一向而巴
蜀一州之衆分張守備難以禦天下之師段谷侯
和沮傷之氣難以敵堂堂之陣比年以來曾無寧
歲征夫勤瘁難以當子來之民此皆諸賢所親見
也蜀相牡見禽於秦公孫述授首於漢九州之險
是非一姓此皆諸賢所備聞也明者見危於無形
智者規禍於未萌是以微子去商長爲周賓陳平

背項立功於漢豈晏安酖毒懷禄而不變哉今國
朝隆天覆之恩宰輔弘寬恕之德先惠後誅好生
惡殺往者吳將孫壹舉衆內附位爲上司寵秩殊
異文欽唐咨爲國大害叛主讎賊還爲戎首咨困
逼禽獲欽二子還降皆將軍封侯咨與聞國事壹
等窮蹙歸命猶加盛寵況巴蜀賢知見機而作者
哉誠能深鑒成敗邈然高蹈投跡微子之蹤錯身
陳平之軌則福同古人慶流來裔百姓士民安堵
舊業農不易畝市不回肆去累卵之危就永安之
福豈不美與若偷安旦夕迷而不反大兵一發玉

石皆碎雖欲悔之亦無及已其詳擇利害自求多
福各具宣布咸使聞知鄧艾追姜維到陰平簡選
精銳欲從漢德陽入江由左儋道詣緜竹趣成都
與諸葛緒共行緒以本受節度邀姜維西行非本
詔遂進軍前向白水與會合會遣將軍田章等從劒
閣西徑出江由未至百里章先破蜀伏兵三校艾
使章先登遂長驅而前會與緒軍向劒閣會欲專
軍勢密白緒畏懦不進檻車徵還軍悉屬會按百官名緒入晉爲太常崇禮衞尉子沖廷尉荀綽兗州記曰沖子銓字德林玟字仁林並知名顯達銓兗州刺史玟侍中御史中丞
進攻劒閣不克引退蜀軍保險拒守艾遂至緜

竹大戰斬諸葛瞻維等聞瞻已破率其衆東入于
巴會乃進軍至涪遣胡烈田續龐會等追維艾進
軍向成都劉禪詣艾降遣使勑維等令降於會維
至廣漢郪縣令兵悉放器仗送節傳於胡烈便從
東道詣會降會上言曰賊姜維張翼廖化董厥等
逃死遁走欲趣成都臣輒遣司馬夏侯咸護軍胡
烈等徑從劒閣出新都大渡截其前參軍爰彭將軍
句安等躡其後參軍皇甫闓將軍王買等從涪南
出衝其腹臣據涪縣爲取西勢援維等所統步騎
四五萬人擐甲厲兵塞川塡谷數百里中首尾相

繼憑恃其衆方軌而西臣敕咸闓等令分兵據勢
廣張羅罔南杜走吳之道西塞成都之路北絕越
逸之徑四面雲集首尾並進蹊路斷絕走伏無地
臣又手書申喻開示生路群寇困逼知命窮數盡
解甲投戈面縛委質印綬萬數資器山積昔舜舞
干戚有苗自服牧野之師商旅倒戈有征無戰帝
王之盛業全國爲上破國次之全軍爲上破軍次
之用兵之令典陛下聖德侔蹤前代翼輔忠明齊
軌公旦仁育群生義征不譓殊俗向化無思不服
師不踰時兵無血刃萬里同風九州共貫臣輒奉

宣詔命導揚恩化復其社稷安其閭伍舍其賦調
弛其征役訓之德禮以移其風示之軌儀以易其
俗百姓欣欣人懷逸豫后來其蘇義無以過會於
是禁檢士衆不得鈔略虛己誘納以接蜀之群司
與維情好歡甚（世語曰夏侯霸奔蜀蜀朝問司馬公如何德霸曰自當作家門京師俊士曰有鍾士季其人管朝政吳蜀之憂也　漢晉春秋曰初夏侯霸降蜀姜維問之曰司馬懿既得彼政當復有征伐之志不霸曰彼方營立家門未遑外事有鍾士季者其人雖少終爲吳蜀之憂然非常之人亦不能用也後十五年而會果滅蜀　按習鑿齒此言非出他書故採用世語而附益也）十二月詔曰會所向摧弊前無
彊敵緘制衆城罔羅迸逸蜀之豪帥面縛歸命謀
無遺策舉無廢功凡所降誅動以萬計全勝獨克

有征無戰拓平西夏方隅清晏其以會爲司徒進
封縣侯增邑萬戶封子二人亭侯邑各千戶會內
有異志因鄧艾承制專事密白艾有反狀（世語曰會善效人書於劍閣要艾章表白事皆易其言令辭指悖傲多自矜伐又毀文王報書手作以疑之也）於是詔書
檻車徵艾司馬文王懼艾或不從命敕會並進軍
成都監軍衛瓘在會前行以文王手筆令宣喻艾
軍艾軍皆釋仗遂收艾入檻車會所憚惟艾艾既
禽而會尋至獨統大衆威震西土自謂功名蓋世
不可復爲人下加猛將銳卒皆在己手遂謀反欲
使姜維等皆將蜀兵出斜谷會自將大衆隨其後

既至長安令騎士從陸道步兵從水道順流浮渭
入河以爲五日可到孟津與騎會洛陽一旦天下
可定也會得文王書云恐鄧艾或不就徵今遣中
護軍賈充將步騎萬人徑入斜谷屯樂城吾自將十
萬屯長安相見在近會得書驚呼所親語之曰但
取鄧艾相國知我能獨辦之今來大重必覺我異
矣便當速發事成可得天下不成退保蜀漢不失
作劉備也我自淮南以來畫無遺策四海所共知
也我欲持此安歸乎會以五年正月十五日至其
明日悉請護軍郡守牙門騎督以上及蜀之故官

為太后發喪矯太后遺詔使會起兵廢文王皆班示坐上人使下議訖書版署置更使所親信代領諸軍所請群官悉閉著益州諸曹屋中城門宮門皆閉嚴兵圍守會帳下督丘建本屬胡烈烈薦之文王會請以自隨任愛之建愍烈獨坐啓會使聽內一親兵出取飲食諸牙門隨例各內一人烈紿語親兵及疏與其子曰丘建密說消息會已作大坑白棓棓與棒同數千欲悉呼外兵入人賜白帢苦洽反拜為散將以次棓殺坑中諸牙門親兵亦咸說此語一夜傳相告皆徧或謂會可盡殺牙門騎督以上會猶豫未決十八日日中烈軍兵與烈兒雷鼓出門諸軍兵不期皆鼓譟出曾無督促之者而爭先赴城時方給與姜維鎧杖白外有匈匈聲似失火有頃白兵走向城會驚謂維曰兵來似欲作惡當云何維曰但當擊之耳會遣兵悉殺所閉諸牙門郡守內人共舉机以柱門兵斫門不能破斯須門外倚梯登城或燒城屋蟻附亂進矢下如雨牙門郡守各緣屋出與其卒兵相得姜維率會左右戰手殺五六人衆既格斬維爭赴殺會會時年四十將士死者數百人晉諸公贊曰胡烈兒名淵字世元遵之孫也遵

安定人以才兼文武累居藩鎮至車騎將軍子奮字玄威亦歷方任女為晉武帝貴人有寵太康中以奮為尚書僕射加鎮軍大將軍開府弟廣字宣祖少府次烈字玄武秦州刺史次岐字玄嶷并州刺史備子喜涼州刺史淵小字鶴鴟時年十八既殺會救父名震遠近後趙王倫纂位三王興義倫使淵與張泓將兵禦齊王屢破齊軍會成都戰克淵乃歸降伏法

初艾為太尉會為司徒皆持節都督諸軍如故咸未受命而斃會兄毓以四年冬薨會竟未知問會兄子邕隨會與俱死會所養兄子毅及峻辿勑連反等下獄當伏誅司馬文王表天子下詔曰峻等祖父繇三祖之世極位台司佐命立勳饗食廟庭父毓歷職內外幹事有績昔楚思子文之治不滅鬭氏之祀晉錄成宣之忠用存趙氏之後以會邕之罪而絕繇毓之類吾有愍然峻辿兄弟特原有官爵者如故惟毅及邕息伏法或曰毓曾密啓司馬文王言會挾術難保不可專任故宥峻等云漢晉春秋曰文王嘉其忠亮笑答毓曰若如卿言必不以及宗矣

初文王欲遣會伐蜀西曹屬邵悌求見曰今遣鍾會率十餘萬衆伐蜀愚謂會單身無重任不若使餘人行文王笑曰我寧當復不知此耶蜀為天下作患使民不得安息我今伐之如指掌耳而衆人皆言蜀不可伐夫人心豫怯則智勇並竭智勇並竭而彊使之適為敵禽耳惟鍾會與人意同今遣會伐蜀必可滅蜀滅蜀

之後就如卿所處當何所能一辨邪凡敗軍之將不可以語勇亡國之大夫不可與圖存心膽以破故也若蜀以破遺民震恐不足與圖事中國將士各自思歸不肯與同也若作惡祇自滅族耳卿不須憂此愼莫使人聞也及會白鄧艾不軌文王將西悌復曰鍾會所統五六倍於鄧艾但可勑會取艾不足自行文王曰卿忘前時所言邪而更云可不須行乎雖爾此言不可宣也我要自當以信意待人但人不當負我我豈可先人生心哉近日賈護軍問我言頗疑鍾會不我荅言如今遣卿行寧

可復疑卿邪賈亦無以易我語也我到長安則自了矣軍至長安會果已死咸如所策按咸熙元年百官名邵悌字元伯陽平人　漢晉春秋曰文王聞鍾會功曹向雄之收葬會也召而責之曰往者王經之死卿哭於東市而我不問今鍾會躬為叛逆而又輒收葬若復相容其如王法何雄曰昔先王掩骼埋胔仁流朽骨當時豈先卜其功罪而後收葬哉今王誅既加於法已備雄感義收葬教亦無闕法立於上教弘於下以此訓物雄曰可矣何以使雄背死違生以立於時殿下讎對枯骨捐之中野百歲之後為臧獲所笑豈仁賢所掩哉王說與宴談而遣之　習鑿齒曰向伯茂可謂勇於蹈義也哭王經而哀感市人葬鍾會而義動明主彼皆忠烈奮勁知死而往非存生也況使經會處世或身在急難而有不赴者乎故尋其奉死之心可以見事生之情覽其忠貞之節足以愧背義之士矣王加禮而遣可謂明達會常論易無玄體才性同異及會死後於會家得書二十篇名曰道論而實刑名家也其文似會　初會弱

冠與山陽王弼並知名弼好論儒道辭才逸辯注易及老子為尚書郎年二十餘卒弼字輔嗣何劭為其傳曰弼幼而察惠年十餘好老氏通辯能言父業為尚書郎時裴徽為吏部郎弼未弱冠往造焉徽一見而異之問弼曰夫無者誠萬物之所資也然聖人莫肯致言而老子申之無已者何弼曰聖人躰無無又不可以訓故不說也老子是有者也故恒言無所不足尋亦為傅嘏所知于時何晏為吏部尚書甚奇弼歎之曰仲尼稱後生可畏若斯人者可與言天人之際乎正始中黃門侍郎累缺晏既用賈充裴秀朱整又議用弼時丁謐与晏爭衡致高邑王黎於曹爽爽用黎於是以弼補臺郎初除覲爽請閒爽為屏左右而弼與論道移時無所他及爽以此嗤之時爽專朝政黨與共相進用弼通儁不治名高尋黎無幾時病亡爽用王沈代黎弼遂不得在門下晏為之歎恨弼在臺既淺事功亦雅非所長益不留意焉淮南人劉陶善論縱橫為當時所推每與弼語常屈弼弼天才卓出當其所得莫能奪也性和理樂游宴解音律善投壺其論道傅會文辭不如何晏自然有所拔得多晏也頗以所長笑人故時為士君子所疾弼與鍾會善會論議以校練為家然每服弼之

高致何晏以為聖人無喜怒哀樂其論甚精鍾會等述之弼與不同以為聖人茂於人者神明也同於人者五情也神明茂故能躰沖和以通無五情同故不能無哀樂以應物然則聖人之情應物而無累於物者也今以其無累便謂不復應物失之多矣弼注易潁川人荀融難弼大衍義弼荅其意白書以戲之曰夫明足以尋極幽微而不能去自然之性顏子之量孔父之所預在然遇之不能無樂喪之不能無哀又常狹斯人以為未能以情從理者也而今乃知自然之不可革足下之量雖已定乎胷懷之內然而隔踰旬朔何其相思之多乎故知尼父之於顏子可以無大過矣弼注老子為之指略致有理統著道略論注易往往有高麗言太原王濟好談病老莊常云見弼易注所悟者多然弼為人淺而不識物情初與王黎荀融善黎奪其黃門郎於是恨黎與融亦不終正始十年曹爽廢以公事免其秋遇癘疾亡時年二十四无子絕嗣弼之卒也晉景王聞之嗟歎者累日其為高識所惜如此　孫盛曰易之為書窮神知化非天下之至精其孰能與於此世之注解殆皆妄也況弼以傅會之辨而欲籠統玄旨者乎故其敘浮義則麗辭溢目造陰陽則妙賾无間至於六爻變化群象所效日時歲月五氣相推弼皆擯落多所不關雖有可觀者焉恐將泥夫大道　博物記曰初王粲與族兄

[凱俱避地荆州劉表欲以女妻粲而嫌其形陋而用率以凱有風貌乃以妻凱凱生業業即劉表外孫也蔡邕有書近萬卷末年載數車與粲粲亡後相國掾魏諷謀反粲子與焉既被誅邕所與書悉入業業字長緒位至謁者僕射子玄字正宗司隸校尉宏弼之兄也魏氏春秋曰文帝既誅粲二子以業嗣粲]

評曰王淩風節格尚毋丘儉才識拔幹諸葛誕嚴毅威重鍾會精練策數咸以顯名致茲榮任而皆心大志迂不慮禍難變如發機宗族塗地豈不謬惑邪鄧艾矯然彊壯立功立事然闇於防患咎敗旋至豈遠知乎諸葛恪而不能近自見此蓋古人所謂目論者也[史記曰越王無彊與中國爭彊當楚威王時越北伐齊齊威王使人說越云越王不納齊使者曰幸也越之不亡也吾不貴其用智之如目見毫毛而不自見其睫也今王知晉之失計不自知越之過是目論也]

王毋丘諸葛鄧鍾傳第二十八

華佗傳

華佗字元化沛國譙人也一名旉（臣松之案古敷字與專相似寫書者多不能別尋佗字元化其名宜為旉也）游學徐土兼通數經沛相陳珪舉孝廉太尉黃琬辟皆不就曉養性之術時人以為年且百歲而皃有壯容又精方藥其療疾合湯不過數種心解分劑不復稱量煮熟便飲語其節度舍去輒愈若當灸不過一兩處每處不過七八壯病亦應除若當針亦不過一兩處下針言當引某許若至語人病者言已到應便拔針病亦行差若病結積在內針藥所不能及當須刳割者便飲其麻沸散須臾便如醉死無所知因破取病若在腸中便斷腸湔洗縫腹膏摩四五日差不痛人亦不自寤一月之間即平復矣　故甘陵相夫人有娠六月腹痛不安佗視脉曰胎已死矣使人手摸知所在在左則男在右則女人云在左於是為湯下之果下男形即愈　縣吏尹世苦四支煩口中乾不欲聞人聲小便不利佗曰試作熱食得汗則愈不汗後三日死即作熱食而不汗出佗曰藏氣已絕於內當啼泣而絕果如佗言　府吏兒尋李延

共止俱頭痛身熱所苦正同佗曰尋當下之延當發汗或難其異佗曰尋外實延內實故治之宜殊即各與藥明旦並起　鹽瀆嚴昕與數人共候佗適至佗謂昕曰君身中佳否昕曰自如常佗曰君有急病見於面莫多飲酒坐畢歸行數里昕卒頭眩墮車人扶將還載歸家中宿死　故督郵頓子獻得病已差詣佗視脉曰尚虛未得復勿為勞事御內即死臨死當吐舌數寸其妻聞其病除從百餘里來省之止宿交接中間三日發病一如佗言　督郵徐毅得病佗往省之毅謂佗曰昨使醫曹吏劉租針胃管訖便苦欬嗽欲臥不安佗曰刺不得胃管誤中肝也食當日減五日不救遂如佗言　東陽陳叔山小男二歲得疾下利常先啼日以羸困問佗佗曰其母懷軀陽氣內養乳中虛冷兒得母寒故令不時愈佗與四物女宛丸十日即除　彭城夫人夜之廁蠆螫其手呻呼無賴佗令溫湯近熱漬手其中卒可得寐但旁人數為易湯湯令煖之其旦即愈　軍吏梅平得病除名還家家居廣陵未至二百里止親人舍有頃佗偶至主人許主人令佗視平佗謂平曰君早見我可不至此今疾

已結從去可得與家相見五日卒應時歸如佗所刻 佗行道見一人病咽塞嗜食而不得下家人車載欲往就醫佗聞其呻吟駐車往視語之曰向來道邊有賣餅家蒜齏大酢從取三升飲之病自當去即如佗言立吐蛇一枚縣車邊欲造佗佗尚未還小兒戲門前逆見自相謂曰似逢我公車邊病是也疾者前入坐見佗北壁縣此蛇輩約以十數 又有一郡守病佗以爲其人盛怒則差乃多受其貨而不加治無何棄去留書罵之郡守果大怒令人追捉殺佗郡守子知之屬使勿逐守瞋恚既甚吐黑血數升而愈 又有一士大夫不快佗云君病深當破腹取然君壽亦不過十年病不能殺君忍病十歲壽俱當盡不足故自刳裂士大夫不耐痛癢必欲除之佗遂下手所患尋差十年竟死 廣陵太守陳登得病胷中煩懣面赤不食佗脉之曰府君胃中有蟲數升欲成內疽食腥物所爲也即作湯二升先服一升斯須盡服之食頃吐出三升許蟲赤頭皆動半身是生魚膾也所苦便愈佗曰此病後三期當發遇良醫乃可濟救依期果發動時佗不在如言而死 太祖聞而召佗佗

常在左右太祖苦頭風每發心亂目眩佗針鬲隨手而差佗別傳曰有人病兩脚躄不能行轝詣佗佗望見云已飽針灸服藥矣不復須看脉便使解衣點背數十處相去或一寸或五寸縱邪不相當言灸此各十壯灸創愈即行後灸處夾脊一寸上下行端直均調如引繩也 李將軍妻病甚呼佗視脉曰傷娠而胎不去將軍言聞實傷娠胎已去矣佗曰案脉胎未去也將軍以爲不然佗舍去婦稍小差百餘日復動更呼佗佗曰此脉故事有胎前當生兩兒一兒先出血出甚多後兒不及生母不自覺旁人亦不寤不復迎遂不得生胎死血脉不復歸必燥著母脊故使多脊痛今當與湯幷針一處此死胎必出湯針既加婦痛急如欲生者佗曰此死胎久枯不能自出宜使人探之果得一死男手足完具色黑長可尺所佗之絶技凡類此也然本作士人以醫見業意常自悔後太祖親理得病篤重使佗專視佗曰此近難濟恒事攻治可延歲月佗久遠家思歸因曰當得家書方欲暫還耳到家辭以妻病數乞期不反太祖累書呼又勑郡縣發遣佗恃能厭食事猶不上道太祖大怒使人往檢若妻信病賜小豆四十斛寬假限日若其虛詐便收送之於是傳付許獄考驗首服荀彧請曰佗術實工人命所縣宜含宥

之太祖曰不憂天下當無此鼠輩邪遂考竟佗佗臨死出一卷書與獄吏曰此可以活人吏畏法不受佗亦不彊索火燒之佗死後太祖頭風未除太祖曰佗能愈此小人養吾病欲以自重然吾不殺此子亦終當不爲我斷此根原耳及後愛子倉舒病困太祖歎曰吾悔殺華佗令此兒彊死也初軍吏李成苦欬嗽晝夜不寤時吐膿血以問佗佗言君病腸臃欬之所吐非從肺來也與君散兩錢當吐二升餘膿血訖快自養一月可小起好自將愛一年便健十八歲當一小發服此散亦行復差若

不得此藥故當死復與兩錢散成得藥去五六歲親中人有病如成者謂成曰卿今彊健我欲死何忍無急去藥臣松之案古語以藏爲去以待不祥先持貸我我差爲卿從華佗更索成與之已故到譙適值佗見收怱怱不忍從求後十八歲成病竟發無藥可服以至於死佗別傳曰人有在青龍中見山陽太守廣陵劉景宗景宗說中平日數見華佗其治病手脈之候其驗若神琅邪劉勳爲河內太守有女年幾二十左腳膝裏上有瘡癢而不痛瘡愈數十日復發如此七八年迎佗使視佗曰是易治之當得稻糠黃色犬一頭好馬二匹以繩繫犬頸使走馬牽犬馬極輒易計馬走三十餘里犬不能行復令步人拖曳計向五十里乃以藥飲女女即安臥不知人因取大刀斷犬腹近後腳之前以所斷之處向瘡口令去二三寸停之須臾有若蛇者從瘡中而出便以鐵椎橫貫蛇頭蛇在皮中動搖良久須臾不動乃牽出長三尺所純是蛇但有

眼處而無童子又逆鱗耳以膏散著瘡中七日愈又有人苦頭眩頭不得舉目不得視積年佗使悉解衣倒懸令頭去地一二寸濡布拭身體令周匝候視諸脈盡出五色佗令弟子數人以鈹刀決脈五色血盡視赤血乃下以膏摩被覆汗自出周匝飲以亭歷犬血散立愈又有婦人長病經年世謂寒熱注病者冬十一月中佗令坐石槽中平旦用寒水汲灌云當滿百始七八灌會戰欲死灌者懼欲止佗令滿數將至八十灌熱氣乃蒸出囂囂高二三尺滿百灌佗乃使然火溫牀厚覆良久汗洽出著粉汗燥便愈又有人病腹中半切痛十餘日中鬢眉墮落佗曰是脾半腐可刳腹養治也使飲藥令臥破腹就視脾果半腐壞以刀斷之刮去惡肉以膏傅瘡飲之以藥百日平復廣陵吳普彭城樊阿皆從佗學普依準佗治多所全濟佗語普曰人體欲得勞動但不當使極爾動搖則穀氣得消血脈流通病不得生譬猶戶樞不朽是也是以古之仙者爲導引之事熊頸鴟顧引輓腰體動諸關節

以求難老吾有一術名五禽之戲一曰虎二曰鹿三曰熊四曰猨五曰鳥亦以除疾並利蹄足以當導引體中不快起作一禽之戲沾濡汗出因上著粉身體輕便腹中欲食普施行之年九十餘耳目聰明齒牙完堅阿善針術凡醫咸言背及胸藏之間不可妄針針之不過四分而阿針背入一二寸巨闕胸藏針下五六寸而病輒皆瘳阿從佗求可服食益於人者佗授以漆葉青黏散漆葉屑一升青黏屑十四兩以是爲率言久服去三蟲利五藏輕體使人頭不白阿從其言壽百餘歲漆葉處所

而有青黏生於豐沛彭城及朝歌云佗別傳曰青黏者一名地節一名黃芝主理五臟益精氣本出於迷入山者見仙人服之以告佗佗以爲佳輒語阿阿又秘之近者人見阿之壽而氣力彊盛怪之遂責阿所服因醉亂誤道之法一施人多服者皆有大驗　文帝典論論郤儉等事曰潁川郤儉能辟穀餌茯苓甘陵甘始亦善行氣老有少容廬江左慈知補導之術並爲軍吏初儉之至市茯苓價暴數倍議郎安平李覃學其辟穀餐茯苓飲寒水中泄利殆至隕命後始來衆人無不鳥視狼顧呼吸吐納軍謀祭酒弘農董芬爲之過差氣閉不通良久乃蘇左慈到又競受其補導之術至寺人嚴峻往從問受閹豎真无事於斯術也人之逐聲乃至於是光和中北海王和平亦好道術自以當仙濟南孫邕少事之從至京師會和平病死邕因葬之東陶有書百餘卷藥數囊悉以送之後弟子夏榮言其尸解邕至今恨不取其寶書仙藥劉向惑於鴻寶之說君游眩於子政之言古今愚謬豈惟一人哉東阿王作辯道論曰世有方士吾王悉所招致甘陵有甘始廬江有左慈陽城有郤儉始能行氣導引慈曉房中之術儉善辟穀悉號三百歲卒所以集之於魏國者誠恐斯人之徒挾姦宄以欺衆行妖慝以惑民豈復欲觀神仙於瀛州求安期於海島釋金輅而履雲輿棄六驥而美飛龍哉自家王與太子及余兄弟咸以爲調笑不信之矣然始等知上遇之有恒奉不過於員吏賞不加於無功海島難得而游六黻難得而佩終不敢進虛誕之言出非常之語余常試郤儉絕穀百日躬與之寢處行步起居自若也夫人不食七日則死而儉乃如是然不必益壽可以療疾而不憚飢饉焉左慈善修房內之術差可終命然自非有志至精莫能行也甘始者老而有少容自諸術士咸共歸之然始辭繁寡實頗有怪言余嘗辟左右獨與之談問其所行溫顏以誘之美辭以導之始語余吾本師姓韓字世雄嘗與師於南海作金前後數四投數萬斤金於海又言諸梁時西域胡來獻香罽腰帶割玉刀時悔不取也又言車師之西國兒生擘背出脾欲其食少而努行也又言取鯉魚五寸一雙合其一煮藥俱投沸膏中有藥者奮尾鼓鰓游行沈浮有若處淵其一者已熟而可噉余時問言率可試不言是藥去此逾萬里當出塞始不自行不能得也言不盡於此頗難悉載故粗舉其巨怪者始若遭秦始皇漢武帝則復爲徐市欒大之徒也

杜夔傳

杜夔字公良河南人也以知音爲雅樂郎中平五年疾去官州郡司徒禮辟以世亂奔荊州荊州牧劉表令與孟曜爲漢主合雅樂樂備表欲庭觀之夔諫曰今將軍號不爲天子合樂而庭作之無乃不可乎表納其言而止後表子琮降太祖太祖以夔爲軍謀祭酒參太樂事因令創制雅樂夔善鍾律聰思過人絲竹八音靡所不能惟歌舞非所長時散郎鄧靜尹齊善詠雅樂歌師尹胡能歌宗廟郊祀之曲舞師馮肅服養曉知先代諸舞夔總統研精遠考諸經近采故事教習講肄備作樂器紹復先代古樂皆自夔始也黃初中爲太樂令協律都尉漢鑄鍾工柴玉巧有意思形器之中多所造作亦爲時貴人見知夔令玉鑄銅鍾其聲均清濁多不如法數毀改作玉甚猒之謂夔清濁任意頗拒捍夔夔玉更相白於太祖太祖取所鑄鍾雜錯更試然知夔爲精而玉之妄也於是罪玉及諸子皆爲養馬士文帝愛待玉又嘗令夔與左顛等於賓客之中吹笙鼓琴夔有難色由是帝意不悅後因他事繫夔使顛等就學夔自謂所習者雅仕官有本意猶不滿遂黜免以卒弟子河南邵登張泰

桑馥各至太樂丞下邳陳頏司律中郎將自左延年等雖妙於音咸善鄭聲其好古存正莫及夔時有

扶風馬鈞巧思絕世傅玄序之曰馬先生天下之名巧也少而游豫不自知其為巧也當此之時言不及巧焉可以言知乎為博士居貧乃思綾機之變不言而世人知其巧矣舊綾機五十綜者五十躡六十綜者六十躡先生患其喪功費日乃皆易以十二躡其奇文異變因感而作者猶自然之成形陰陽之無窮此輪扁之對不可以言言者又焉可以言校也先生為給事中與常侍高堂隆驍騎將軍秦朗爭論於朝言及指南車二子謂古無指南車記言之虛也先生曰古有之未之思耳夫何遠之有二子哂之曰先生名鈞字德衡衡者器之權衡也所以定物之輕重輕重無準而莫不模哉先生曰虛爭空言不如試之易効也於是二子遂以白明帝詔先生作之而指南車成此一異也又不可以言者也從是天下服其巧矣居京都城內有地可以為園患無水以灌之乃作翻車令童兒轉之而灌水自覆更入更出其巧百倍於常此二異也其後人有上百戲者能設而不能動也帝以問先生可動否對曰可動帝曰其巧可益否對曰可益受詔作之

以大木彫構使其形若輪平地施之潛以水發焉設為女樂舞象至令木人擊鼓吹簫作山嶽使木人跳丸擲劍緣絙倒立出入自在百官行署舂磨鬬雞變巧百端此三異也先生見諸葛亮連弩曰巧則巧矣未盡善也言作之可令加五倍又患發石車敵人之於樓邊縣濕牛皮中之則墮石不能連屬而至欲作一輪縣大石數十以機鼓輪為常則以斷縣石飛擊敵城使首尾電至嘗試以車輪縣甓數十飛之數百步矣有裴子者上國之士也精通見理聞而哂之乃難先生先生口屈不對裴子自以為難得其要言之不已傅子謂裴子曰子所長者言也所短者巧也馬氏所長者巧也所短者言也以子所長擊彼所短則不得不屈以子所短難彼所長則彼有所不解者矣夫巧天下之微事也有所不解而難之不已其相擊刺必已遠矣心乖於內口屈於外此馬氏所以不對也傅子見安鄉侯言及裴子之論安鄉侯又與裴子同傅子曰聖人具體備物取人不以一揆也有以神取之者有以言取之者有以事取之者有以神取之者不言而誠心先達德行顏淵之倫是也以言取之者以變辯是非言語宰我子貢是也以事取之者若政事冉有季路文學子游子夏雖聖人之明盡物如有所用必有所試然則試冉季以政試游夏以學矣游夏猶然況自此而降者乎何者懸言物理不可

以言盡也施之於事言之難盡而試之易知也今若馬氏所欲作者國之精器軍之要用也費十尋之木勞二人之力不經時而是非定難試易驗之事而輕以言抑人異能此猶以已智任天下之事不易其道以御難盡之物此所以多廢也馬氏所作因變而得是則初所言者不皆是矣其不皆是因不用之是不世之巧無由出也夫同情者相妬同事者相害中人所不能免也故君子不以人害人必以考試為衡石廢衡石而不用此美玉所以見誣為石荊和所以抱璞而哭之也於是安鄉侯悟遂言之武安侯武安侯忽之不果試也此既易試之事又馬氏巧名已定猶忽而不察況幽深之才無名之璞乎後之君子其鑒之哉馬先生之巧雖古公輸般墨翟王爾近漢世張平子不能過也公輸般墨翟皆見用於時乃有益於世平子雖為侍中馬先生雖給事省中俱不典工官巧無益於世用人不當其才聞賢不試以事良可恨也裴子者裴秀安鄉侯者曹羲武安侯者曹爽也

朱建平傳

朱建平沛國人也善相術於閭巷之間效驗非一太祖為魏公聞之召為郎文帝為五官將坐上會客三十餘人文帝問己年壽又令徧相衆賓建平曰將軍當壽八十至四十時當有小厄願謹護之謂夏侯威曰君四十九位為州牧而當有厄厄若得過可年至七十致位公輔謂應璩曰君六十二位為常伯而當有厄先此一年當獨見一白狗而旁人不見也謂曹彪曰君據藩國至五十七當厄於兵宜善防之初潁川荀攸鍾繇相與親善攸先亡子幼繇經紀其門戶欲嫁其妾與人書曰吾與公達曾共使朱建平相建平曰荀君雖少然當以

後事付鍾君吾時嘲之曰惟當嫁卿阿鶩耳何意此子竟早隕沒戲言遂驗乎今欲嫁阿鶩使得善處追思建平之妙雖唐舉許負何以復加也文帝黃初七年年四十病困謂左右曰建平所言八十謂晝夜也吾其決矣頃之果崩夏侯威為兗州刺史年四十九十二月上旬得疾念建平之言自分必死豫作遺令及送喪之備咸使素辦至下旬轉差垂以平後三十日日昃請紀綱大吏設酒曰吾所苦漸平明日雞鳴年便五十建平之戒真必過矣威罷客之後合瞑疾動夜半遂卒璩六十一為侍中直省內欻見白狗問之眾人悉無見者於是數聚會并急游觀田里飲宴自娛過期一年六十三卒曹彪封楚王年五十七坐與王淩通謀賜死凡說此輩無不如言不能具詳故粗記數事惟相司空王昶征北將軍程喜中領軍王肅有蹉跌云肅年六十二疾篤眾醫並以為不愈肅夫人問以遺言肅云建平相我踰七十位至三公今皆未也將何慮乎而肅竟卒建平又善相馬文帝將出取馬外入建平道遇之語曰此馬之相今日死矣帝將乘馬馬惡衣香驚齧文帝膝帝大怒即便殺

之建平黃初中卒

周宣傳

周宣字孔和樂安人也為郡吏太守楊沛夢人曰八月一日曹公當至必與君杖飲以藥酒使宣占之是時黃巾賊起宣對曰夫杖起弱者藥治人病八月一日賊必除滅至期賊果破後東平劉楨夢蛇生四足穴居門中使宣占之宣曰此為國夢非君家之事也當殺女子而作賊者頃之女賊鄭姜遂俱夷討以蛇女子之祥足非蛇之所宜故也文帝問宣曰吾夢殿屋兩瓦墮地化為雙鴛鴦此何謂也宣對曰後宮當有暴死者帝曰吾詐卿耳宣對曰夫夢者意耳苟以形言便占吉凶言未畢而黃門令奏宮人相殺無幾帝復問曰我昨夜夢青氣自地屬天宣對曰天下當有貴女子冤死是時帝已遣使賜甄后璽書聞宣言而悔之遣人追使者不及帝復問曰吾夢摩錢文欲令滅而更愈明此何謂耶宣悵然不對帝重問之宣對曰此自陛下家事雖意欲爾而太后不聽是以文欲滅而明耳時帝欲治弟植之罪偪於太后但加貶爵以宣為中郎屬太史嘗有問宣曰吾昨夜夢見芻狗其

魏志廿九 十二

占何也宣答曰君欲得美食耳有頃出行果遇豐膳後又問宣曰昨夜復夢見芻狗何也宣曰君欲墮車折脚宜戒慎之頃之果如宣言後又問宣昨夜復夢見芻狗何也宣曰君家欲失火當善護之俄遂火起語宣曰前後三時皆不夢也聊試君耳何以皆驗邪宣對曰此神靈動君使言故與真夢無異也又問宣曰三夢芻狗而其占不同何也宣曰芻狗者祭神之物故君始夢當得餘食也祭祀既訖則芻狗為車所轢故中夢當墮車折脚也芻狗既車轢之後必載以為樵故後夢憂失火也宣之叙夢凡此類也十中八九世以比建平之相矣其餘效故不次列明帝末卒

管輅傳

管輅字公明平原人也容皃粗醜無威儀而嗜酒飲食言戲不擇非類故人多愛之而不敬也輅別傳曰輅年八九歲便喜仰視星辰得人輒問其名夜不肯寐父母常禁之猶不可止自言我年雖小然眼中喜視天文常云家雞野鵠猶尚知時況於人乎與鄰比兒共戲土壤中輒畫地作天文及日月星辰每答言說事語皆不常宿學耆人不能折之皆知其當有大異之才及成人果明周易仰觀風角占相之道無不精微體性寬大多所含受憎己不讎愛己不褒每欲以德報怨常謂忠孝信義人之根本不可不厚廉介細直士之浮飾不足為務也自言知我者稀則我貴矣安能斷江漢之流為激石之清樂與季主論道不欲與漁父同舟此吾志也其事父母孝篤兄弟順愛士友皆仁和發中終無所闕減

否之士晚亦服焉父為琅邪即丘長時年十五來至官舍讀書始讀詩論語及易本便開淵布筆辭義斐然于時黌上有遠方及國內諸生四百餘人皆服其才也琅邪太守單子春雅有材度聞輅一黌之儁欲得見輅父即遣輅造之大會賓客百餘人坐上有能言之士輅問子春府君名士加有雄貴之姿輅既年少膽未堅剛若欲相觀懼失精神請先飲三升清酒然後而言之子春大喜便酌三升清酒獨使飲之酒盡之後問子春今欲與輅為對者若府君四坐之士邪子春曰吾欲自與卿旗鼓相當輅言始讀詩論易本學問微淺未能上引聖人之道陳秦漢之事但欲論金木水火土鬼神之情耳子春言此最難者而卿以為易邪於是唱大論之端遂經於陰陽文采葩流枝葉橫生少引聖籍多發天然子春及衆士互共攻劫論難鋒起而輅人人答對言皆有餘至日向暮酒食不行子春語衆人曰此年少盛有才器聽其言論正似司馬犬子游獵之賦何其磊落雄壯英神以茂必能明天文地理變化之數不徒有言也於是發聲徐州號之神童父為利漕利漕民郭恩兄弟三人皆得躄疾使輅筮其所由輅曰卦中有君本墓墓中有女鬼非君伯

母當叔母也昔饑荒之世當有利其數升米者排著井中嘖嘖有聲推一大石下破其頭孤魂冤痛自訴於天於是恩涕泣服罪輅別傳曰利漕民郭恩字義博有才學善周易春秋又能仰觀輅就義博讀易數十日中意便開發言難踰師於此分蓍下卦用思精妙占黌上諸生疾病死亡貧富喪衰初無差錯莫不驚怪謂之神人也又從義博學仰觀三十日中通夜不卧語義博君但相語墟落處所耳至於推運會論災異自當出吾天分學未一年義博反從輅問易及天文事要義博每聽輅語未嘗不推几慷慨自言登闇君至論之時忘我篤疾明闇之不相逮何其遠也義博設主人獨請輅具告辛苦自說兄弟三人俱得躄疾不知何故試相為作卦知其所由若有咎殃者天道赦人當為吾祈福於神明勿有所愛兄弟俱行此為更生輅便作卦思之未詳會日夕因留宿至中夜語義博曰吾以此得之既言其事義博悲涕沾衣曰皇漢之末實有斯事君不名主諱也我不得言禮也兄弟躄來三十餘載腳如棘子不可復治但願不及子孫耳輅言火形不絕水形無餘不及後也廣平劉奉

林婦病困已買棺器時正月也使輅占曰命在八月辛卯日日中之時林謂必不然而婦漸差至秋發動一如輅言

輅別傳曰鮑子春爲列人令有明思才理與輅相見曰聞君爲劉奉林卜歸死亡日何其詳妙試爲論其意義輅論爻象之旨說變化之義若規員矩方無不合也子春自言吾少好譚易又喜分蓍可謂盲者欲視白黑聾者欲聽清濁苦而無功也聽君語後自視體中真爲憒憒者也

輅往見安平太守王基基令作卦輅曰當有賤婦人生一男兒墮地便走入竈中死又牀上當有一大蛇銜筆小大共視須臾去之也又烏來入室中與燕共鬬燕死烏去有此三怪基大驚問其吉凶輅曰直官舍久遠魑魅魍魎爲怪耳兒生便走非能自走直宋無忌之妖將其入竈也大蛇銜筆直老書佐耳烏與燕鬬直老鈴下耳今卦中見象而不見其凶知非妖咎之徵自無所憂也後卒無患

輅別傳曰基與輅共論易數日中大以爲喜樂語輅言俱相聞善卜定其清論君一時異才當上竹帛也輅爲基出卦知其無咎因謂基曰昔高宗之鼎非雉所鴝殷之階庭非木所生而野鳥一鴝武丁爲高宗桑穀暫生太戊以興焉知三事不爲吉祥願府君安身養德從容光大勿以知神姦汙累天真

時信都令家婦女驚恐更互疾病使輅筮之輅曰君北堂西頭有兩死男子一男持矛一男持弓箭頭在壁內腳在壁外持矛者主刺頭故頭重痛不得舉也持弓箭者主射胷腹故心中懸痛不得飲食也晝則浮游夜來病人故使驚恐也於是掘徙骸骨家中皆愈

輅別傳曰王基即遣信都令遷掘其室中入地八尺果得二棺一棺中有矛一棺中有角弓及箭箭久遠木皆消爛但有鐵及角完耳及徙骸骨去城一十里埋之無復疾病基曰吾少好讀易玩之以久不謂神明之數其妙如此便從輅學易推論天文輅每開變化之象演吉凶之兆未嘗不纖微委曲盡其精神基曰始聞君言如何可得終以皆亂此自天授非人力也於是藏周易絕思慮不復學卜筮之事輅鄉里乃太原問輅君往者爲王府君論怪云老書佐爲蛇老鈴下爲烏此本皆人何化之微賤乎爲見於爻象出君意乎輅言苟非性與天道何由背爻象而任胷心者乎夫萬物之化無有常形人之變異無有常體或大爲小或小爲大固無優劣夫萬物之化一例之道也是以夏鯀天子之父趙王如意漢祖之子而鯀爲黃能如意爲蒼狗斯亦至尊之位而爲黔喙之類也況蛇者協辰巳之位烏者棲太陽之精此乃騰黑之明象白日之流景如書佐鈴下各以微軀化爲蛇烏不亦過乎

清河王經去官還家輅與相見經曰近有一怪大不喜之欲煩作卦卦成輅曰爻吉不爲怪也君夜在堂戶前有一流光如燕爵者入君懷中殷殷有聲內神不安解衣彷徉招呼婦人覓索餘光經大笑曰實如君言輅曰吉遷官之徵也其應行至頃之經爲江夏太守

輅別傳曰經欲使輅卜而有疑難之言輅笑而答之曰君侯州里達人何言之鄙昔司馬季主有言夫卜者必法天地象四時順仁義伏羲作八卦周文王三百六十四爻而天下治病者或以愈且死或以生患或以免事或以成嫁女娶妻或以生長豈直數千錢哉以此推之急務也苟道之明聖賢不讓況吾小人敢以爲難於是經欽手謝輅前言戲之耳於是輅爲作卦其言皆驗經每論輅以爲得龍雲之精能養和通幽者非徒合會之才也

輅又至郭恩家有飛鳩來在梁頭鳴甚悲輅曰當有老公從東方來攜豚一頭酒一壺主人雖喜當有小故明日果有客如所占恩使客節酒戒

肉慎火而射雞作食箭從籬間激中數歲女子手流血驚怖輅別傳曰義博從輅學鳥鳴之候輅言君雖好道天才既少又不解音律恐難為師也輅為說八風之變五音之數以律呂為衆鳥之商六甲為時日之端反覆譴曲出入無窮義博靜然沈思馳精數日卒無所得義博言才不出位難以追徵於此遂止輅至安德令劉長仁家有鳴鵲來在閣屋上其聲甚急輅曰鵲言東北有婦昨殺夫牽引西家人夫離婁候不過日在虞淵之際告者至矣到時果有東北同伍民來告鄰婦手殺其夫詐言西家人與夫有嫌來殺我壻輅別傳曰勃海劉長仁有辯才初雖聞輅能曉鳥鳴後每見難輅曰夫生民之音曰言鳥獸之聲曰鳴故言者則有知之貴靈鳴者則無知之賤名何由以鳥鳴為語亂神明之所異也孔子曰吾不與鳥獸同群明其賤也輅答曰夫天雖有大象而不能言故運星精於上流

神明於下驗風雲以表異役鳥獸以通靈表異者必有浮沈之候通靈者必有宮商之應是以宋襄失德六鷁並退伯姬將焚鳥唱其災四國未火融風以發赤鳥夾日殃在荊楚此乃上天之所使自然之明符考之律呂則音聲有本求之人事則吉凶不失昔在秦祖以功受封葛盧聽音著在春秋斯皆典謨之實非聖賢之虛名也商之將興由一燕卵也文王受命丹鳥銜書此乃聖人之靈祥周室之休祚何賤之有乎夫鳴鳥之聽精在鶉火妙在八神自非斯倫猶子路之於死生也長仁言君辭雖茂華而不實未敢之信須臾有鳴鵲之驗長仁乃服輅至列人典農王弘直許有飄風高三尺餘從申上來在庭中幢幢回轉息以復起良久乃止直以問輅輅曰東方當有馬吏至恐父哭子如何明日膠東吏到直子果亡直問其故輅曰其日乙卯則長子之候也木落於申斗建申申破寅死喪之候也日加午而風發

則馬之候也離為文章則吏之候也申未為虎虎為大人則父之候也有雄雉飛來登直內鈴柱頭直大以不安令輅作卦輅曰到五月必遷時三月也至期直果為渤海太守輅別傳曰輅又曰夫風以時動爻以象應時者神之驗使象者時之形表一時其道不足為難王弘直亦大學問有道術皆不能精問輅風之推變乃可爾乎輅言此但風之毛髮何足為異若夫列宿不守衆神亂行八風橫起怒氣電飛山崩石飛樹木摧傾揚塵萬里仰不見天鳥獸藏竄兆民駭驚於是使梓慎之徒登高臺望風氣分災異刻期日然後知神思遐幽靈風可懼館陶令諸葛原遷新興太守輅往祖餞之賓客並會原自起取燕卵蜂窠鼅鼄著器中使射覆卦成輅曰第一物含氣須變依乎宇堂雄雌以形翅翼舒張此燕卵也

第二物家室倒縣門戶衆多藏精育毒得秋乃化此蜂窠也第三物觳觫長足吐絲成羅尋網求食利在昏夜此鼅鼄也舉坐驚喜輅別傳曰諸葛原字景春亦學士好卜筮數與輅共射覆不能窮之景春與輅有榮辱之分因輅餞之大有高談之客知人多聞其善卜仰觀不知其有大異之才於是先與輅共論聖人著作之源又叙五帝三王受命之符輅解景春微旨遂開張戰地示以不固藏匿孤虛以待來攻景春奔北軍師摧衂自言吾覩卿旌旗城池已壞也其欲戰之士於此鳴鼓角舉雲梯弓弩大起牙旗雨集然後登城曜威開門受敵上論五帝如江如漢下論三王如翮如翰其英者若春華之俱發其攻者若秋風之落葉聽者眩惑不達其義言者收戶莫不心服雖白起之坑趙卒項羽之塞濉水无以尚之于時客皆欲面縛銜璧求束手於軍鼓之下輅猶總干山立未便許之至明日離別之際然後有腹心始終一時海內俊士八九人矣蔡元才在朋友中最有清才在衆人中言本聞卿作狗何意為龍輅言潛陽未變非卿所知焉有狗耳得聞龍声乎景春言今當遠別後會何期且復共一

射覆輅占既皆中景春大笑卿爲我論此卦意紓我心懷輅爲開爻散理分賦形象言徵辭合妙不可過景春及衆客莫不言聽後論之美勝於射覆之樂景春與輅別戒以二事言卿性樂酒量雖溫克然不可保寧當節之卿有水鏡之才所見者妙仰觀雖神禍如膏火不可不慎持卿叡才游於雲漢之間不憂不富貴也輅言酒不可極才不可盡吾欲持酒以禮持才以愚何患之有也輅族兄孝國居在斥丘輅往從之與二客會客去後輅謂孝國曰此二人天庭及口耳之間同有凶氣異變俱起雙魂無宅輅別傳曰輅又曰厚味腊毒天精幽夕坎爲棺櫬兌爲喪車流魂于海骨歸于家少許時當並死也復數十日二人飲酒醉夜共載車牛驚下道入漳河中皆即溺死也當此之時輅之鄰里外戶不閉無相偷竊者清河太守華表召輅爲文學掾安平趙孔曜薦輅於冀州刺史裴徽曰輅雅性寬大與世無忌仰觀天文則同妙甘公石申俯覽周易則齊思季主今明使君方垂神幽藪留精九皐輅宜蒙陰和之應得及羽儀之時徽於是辟爲文學從事引與相見大善友之徙部鉅鹿遷治中別駕初應州召與弟季儒共載至武城西自卦吉凶語儒云當在故城中見三貍爾者乃顯前到河西故城角正見三貍共踞城側兄弟並喜正始九年舉秀才輅別傳曰輅爲華清河所召爲北黌文學一時士友無不歎慕安平趙孔曜明敏有思識與輅有管鮑之分故從發干來就郡黌上與輅相見言卿腹中汪汪故時死人半今生人無雙當去俗騰飛翱翔昊蒼云何在此閭卿消

息使吾食不甘味也冀州裴使君才理清明能釋玄虛每論易及老莊之道未嘗不注精於嚴瞿之徒也又眷吾意重能相明信者今當故往爲卿陳感虎開石之誠輅言吾非四淵之龍安能使白日晝陰卿若能動東風興朝雲吾志所不讓也於是遂至冀州見裴使君使君言君顏色何以消減於故邪孔曜言體中無藥石之疾然見清河郡內有一騏驎拘縶後廄歷年去王良伯樂百八十里不得騁天骨起風塵以此憔悴耳使君言騏驎今何在也孔曜言平原管輅字公明年三十六雅性寬大與世無忌可爲士雄仰觀天文則能同妙甘公石申俯覽周易則能思齊季主游步道術開神無窮可爲士英抱荊山之璞懷夜光之寶而爲清河郡所錄北黌文學可爲痛心疾首也使君方欲流精九皐垂神幽藪欲令明主不獨治逸才不久滯高風遐被莫不草靡宜使輅特蒙陰和之應得及羽儀之時必能翼宣隆化揚声九圍也裴使君聞言則忼慷曰何乃爾邪雖在大州未見異才可用釋人鬱悶者思還京師得共論道耳況草閒自有清妙之才乎如此便相爲取之莫使騏驎更爲凡馬荊山反成凡石即檄召輅爲文學從事一相見清論終日不覺罷倦天時大熱移牀在庭前樹下乃至鷄向晨然後出再相見便轉爲鉅鹿從事三見轉治中四見轉爲別駕至十月舉爲秀才輅辭裴使君使君言丁鄧二尚書有經國才略於物理不精也何尚書神明精微言皆巧妙巧妙之志殆破秋豪君當慎之自言不解易九事必當以相問比至洛宜善精其理也輅言何若巧妙以攻難之才游形之表未入於神夫入神者當步天元推陰陽探玄虛極幽明然後覽道無窮未暇細言若欲差次老莊而參爻象愛微辯而興浮藻可謂射侯之巧非能破秋豪之妙也若九事皆至義者不足勞思也若陰陽者精之以久輅去之後歲朝當有時刑大風風必摧破樹木若發於乾者必有天威不足共清譚者十二月二十八日吏部尚書何晏請之鄧颺在晏許晏謂輅曰聞君著爻神妙試爲作一卦知位當至三公不又問連夢見青蠅數十頭來在鼻上驅之不肯去有何意故輅曰夫飛鴞天下賤鳥及其在林食椹則懷我好音況輅心非草木敢不盡忠昔元凱之弼重華宣慈惠和周公之翼成

王坐而待旦故能流光六合萬國咸寧此乃履道
休應非卜筮之所明也今君侯位重山嶽勢若雷
電而懷德者鮮畏威者衆殆非小心翼翼多福之
仁又鼻者艮此天中之山臣松之案相書謂鼻之所在爲天中鼻有山象故曰天中之山也
高而不危所以長守貴今青蠅臭惡而集之
焉位峻者顛輕豪者亡不可不思害盈之數盛衰
之期是故山在地中曰謙雷在天上曰壯謙則裒
多益寡壯則非禮不履未有損己而不光大行非
而不傷敗願君侯上追文王六爻之旨下思尼父
彖象之義然後三公可決青蠅可驅也颺曰此老

生之常譚輅荅曰夫老生者見不生常譚者見不
譚晏曰過歲更當相見輅別傳曰輅爲何晏所請果共論易九事九事皆明晏曰君論陰陽此世無雙時鄧颺與晏共坐颺言君見謂善易而語初不及易中辭義何故也輅尋聲荅之曰夫善易者不論易也晏含笑而讚之可謂要言不煩也因請輅爲卦輅既稱引鑒誡晏謝之曰知機其神乎古人以爲難交疏而吐其誠今人以爲難君今一面而盡二難之道可謂明德惟馨詩不云乎中心藏之何日忘之
輅還邑舍具以
此言語舅氏舅氏責輅言太切至輅曰與死人語
何所畏邪舅大怒謂輅狂悖歲朝西北大風塵埃
蔽天十餘日聞晏颺皆誅然後舅氏乃服輅別傳曰舅夏大夫問輅前見何鄧之曰爲已有凶氣未也輅言與禍人共會然後知神明交錯與吉人相近又知聖賢求精之妙夫鄧之行步則筋不束骨脉不制肉起立傾倚若無手足謂之鬼躁何之視候則魂不守宅血不華色精爽煙浮容若槁木謂

之鬼幽故鬼躁者爲風所收鬼幽者爲火所燒自然之符不可以蔽也輅後因得休裴使君問何平叔一代才名其實何如輅曰其才若盆盎之水所見者清所不見者濁神在廣博志不務學弗能成才欲以盆盎之水求一山之形形不可得則智由此惑故說老莊則巧而多華說易生義則美而多僞華則道浮僞則神虛得上才則淺而流絕得中才則游精而獨出輅以爲少功之才也裴使君曰誠如來論吾數與平叔共說老莊及易常覺其辭妙於理不能折之又時人吸習皆歸服之焉益令不了相見得清言然後灼灼耳
始輅過魏郡太守鍾毓共論易
義輅因言卜可知君生死之日毓使筮其生日月
如言無蹉跌毓大愕然曰君可畏也死以付天不
以付君遂不復筮毓問輅天下當太平不輅曰方
今四九天飛利見大人神武升建王道文明何憂
不平毓未解輅言無幾曹爽等誅乃覺寤云輅別傳曰

魏郡太守鍾毓清逸有才難輅易二十餘事自以爲難之至精也輅尋聲投響言無留滯分張爻象義皆殊妙毓即謝輅輅卜知毓生日月毓愕然曰聖人運神通化連屬事物何聰明乃爾輅言幽明同化死生一道悠悠太極終而復始文王損命不以爲憂仲尼曳杖不以爲懼緒煩蓍筮宜盡其意毓曰生者好事死者惡事哀樂之分吾所不能齊且以付天不以付君也石苞爲鄴典農與輅相見問曰聞君鄉里翟文耀能隱形其事可信乎輅言此但陰陽蔽匿之數苟得其數則四岳可藏河海可逃況以七尺之形游變化之內散雲霧以幽身布金水以滅迹術足數成不足爲難苞曰欲聞其妙君且善論其數也輅言夫物不精不爲神數不妙不爲術故精者神之所合妙者智之所遇合之幾微可以性通難以言論是故魯班不能說其手離朱不能說其目非言之難孔子曰書不盡言言之細也言不盡意意之微也斯皆神妙之謂也請舉其大體以驗之夫白日登天運景萬里無物不照及其入地一炭之光不可得見三五盈月清耀燭夜可以遠望及其在晝明不如鏡今逃日月者必陰陽之數陰陽之數通於萬類鳥獸猶化況於人乎夫得數者妙得神者靈非徒生者有驗死亦有徵是以杜伯乘火氣以流精彭生託水變以立形是故生者能出亦能入死者能顯亦能幽此物之精氣化之形

遊魂人鬼相感數使之然也苞曰目見陰陽之理不過於君君何以不隱輅曰夫陵虛之鳥愛其清高不願江漢之魚淵沼之魚樂其濡溼不易騰風之鳥由性異而分不同也僕自欲正身以明道直己以親義見數不以爲異知術不以爲奇夙夜研幾孳孳温故而素隱行怪未暇斯務也 平原太守劉邠取印囊及山鷄毛著器中使筮輅曰內方外圓五色成文含寶守信出則有章此印囊也高岳巖巖有鳥朱身羽翼玄黃鳴不失晨此山鷄毛也邠曰此郡官舍連有變怪使人恐怖其理何由輅曰或因漢末之亂兵馬擾攘軍尸流血汙染丘山故因昏夕多有怪形也明府道德高妙自天祐之願安百祿以光休寵 輅別傳曰故郡將劉邠字令元清和有思理好易而不能精與輅相見意甚喜歡自說注易向訖也輅言今明府欲勞不世之神經緯大道誠富美之秋然輅以爲注易之急急於水火水火之難登時之驗易之清濁延于萬代不可不先定其神而後垂明思也自旦至今聽採聖論未有易之一分易安可注也輅不解古之聖人何以處乾位於西北坤位於西南夫乾坤者天地之象然天地至大爲神明君父覆載萬物生長無首何以安處二位與六卦同列乾之象彖曰大哉乾元萬物資始乃統天夫統者屬也尊莫大焉何由有別位也邠依易繫辭諸爲之理以爲注不得其要輅尋聲下難事皆窮析曰夫乾坤者易之祖宗變化之根源今明府論清濁者有疑疑則無神恐非注易之符也輅於此爲論八卦八卦之道及爻象之精大論開廓衆化相連邠所解者皆以爲妙所不解者皆以爲神自說欲注易八年用思勤苦歷載靡寧定相得至論此才不及易不愛久勞喜承雅言如此相爲高枕偃息矣欲從輅學射覆輅言今明府以虛神於注易亦宜絕思於靈蓍靈蓍者二儀之明數陰陽之幽契施之於道則定天下吉凶用之於術則收天下豪纖纖微未可以爲易也邠曰以爲術者易之近數欲求其端耳若如來論何事於斯留輅五日不遑恤官但共清譚邠自言數與何平叔論易及老莊之道至於精神遐流與化周旋清若金水鬱若山林非君侶也邠又曰此郡官舍連有變怪變怪多形使人怖

恐君似當達此數者其理何由也輅言此郡所以名平原者本有原山無木石與地自然含陰不能吐雲含陽不能激風陰陽雖弱猶有微神微神不眞多聚凶姦以類相求魍魎成群或因漢末兵馬擾攘軍尸流血汙染丘嶽彊魂相感變化無常故因昏夕之時多有怪形也昔夏禹文明不怪於黃龍周武信時不感於暴風今明府道德高妙神不懼妖自天祐之吉無不利願安百祿以光休寵也邠曰聽雅論爲近其理每有變怪輒聞鼓角聲音或見弓劍形象夫以土山之精伯有之瑰實能合會干犯明靈也邠問輅易言剛健篤實輝光日新斯爲同不也輅曰不同之名朝旦爲輝日中爲光晉諸公讚曰邠本名炎犯太子諱改爲邠位至太子僕子粹字純嘏侍中次宏字終嘏太常次漢字仲嘏光祿大夫漢清沖有貴識名亞樂廣宏子咸徐州刺史次耽晉陵內史耽子恢字眞長尹丹陽爲中興名士也 清河令徐季龍使人行獵令輅筮其所得輅曰當獲小獸復非食禽雖有爪牙微而不彊雖有文章蔚而不明非虎非雉其名曰貍獵人暮歸果如輅言季龍取十三種物著大篋中使輅射云器中藉藉有十三種物先說鷄子後道蠶蛹遂一一名之惟以梳爲枇耳 輅別傳曰清河令徐季龍字開明有才機與輅相見共論龍動則景雲起虎嘯則谷風至以爲火星者龍參星者虎火出則雲應參出則風到此乃陰陽之感化非龍虎之所致也輅言夫論難當先審其本然後求其理理失則機謬機謬則榮辱之主若以參星爲虎則谷風更爲寒霜之風寒霜之風非東風之名是以龍者陽精以潛爲陰幽靈上通和氣感神二物相扶故能興雲夫虎者陰精而居于陽依木長嘯動於巽林二數相感故能運風若磁石之取鐵不見其神而金自來有徵應以相感也況龍有潛飛之化虎有文明之變招雲召風何足爲疑季龍言夫龍之在淵不過一井之底虎之悲嘯不過百步之中形氣淺弱所通者近何能剽景雲而馳東風輅言君不見陰陽燧在掌握之中形不出手乃上引太陽之火下引太陰之水噓吸之間煙景以集苟精氣相感縣象應乎二燧苟不相感則二女同居志不相得自然之道無有遠近季龍言世有軍事則感雞雉先鳴其道何由復有他占惟在雞雉而已輅言貴人有事其應在天在天

則日月星辰也兵動民憂其應在物在物則山林鳥獸也夫雞者兌之畜金者兵之精雉者離之鳥獸者武之神故太白揚輝則雞鳴熒惑流行則雉驚各感數而動又兵之神道布在六甲六甲推移其占無常是以晉柩牛呴果有西軍鴻嘉石鼓鳴則有兵不專近在於雞雉也季龍言曾昭公八年有石言於晉師曠以爲作事不時怨讟動於民則有非言之物而言於理爲合不輅言晉平奢泰崇飾宮室斬伐林木殘破金石民力既盡怨及山澤神痛人感二精並作金石同氣則兌爲口舌口舌之妖動于靈石傳曰輕百姓飾城郭則金不從革此之謂也季龍欽嘉留輅經數日輅占獵既驗季龍曰君雖神妙但不多藏物耳何能皆得之輅言吾與天地參神蓍龜通靈抱日月而遊杳冥極變化而覽未然況茲近物能蔽聰明季龍大笑君既不謙又念窮在近矣輅言君尚未識謙言焉能論道夫天地者則乾坤之卦蓍龜者則卜筮之數日月者離坎之象變化者陰陽之爻杳冥者神化之原未然者則幽冥之先此皆周易之紀綱何僕之不謙季龍於是取十三種物欲以窮之輅射之皆中季龍乃歎曰作者之謂聖述者之謂明豈此之謂乎

輅隨軍西行過毌丘儉墓下倚樹哀吟精神不樂人問其故輅曰林木雖茂無形可久碑誄雖美無後可守玄武藏頭蒼龍無足白虎銜尸朱雀悲哭四危以備法當滅族不過二載其應至矣卒如其言後得休過清河倪太守時天旱倪問輅雨期輅曰今夕當雨是日暘燥晝無形似府丞及令在坐咸謂不然到鼓一中星月皆沒風雲並起竟成快雨於是倪盛脩主人禮共爲懽樂

輅別傳曰輅與倪清河相見既刻雨期倪猶未信輅曰夫造化之所以爲神不疾而速不行而至十六日壬子直滿畢星中已有水氣水氣之發動於卯辰此必至之應也又夫昨檄召五星宣布星符刺下東井告命南箕使召雷公電父風伯雨師羣岳吐陰衆川激精雲漢垂澤蛟龍含靈爆爆朱電吐咀杳冥殷殷雷聲嘘吸雨靈習習谷風六合皆同歘嚮之間品物流形天有常期道有自然不足爲難也倪曰譚高信寡相爲憂之於是便留輅往請府丞及清河令若夜雨者當爲啖二百斤犢肉若不雨當住十日輅曰言念費損至日向暮了無雲氣衆人並嗤輅輅言樹上已有少女微風樹間又有陰鳥和鳴又少男風起衆鳥和翔其應至矣須臾果有艮風鳴鳥日未入東南有山雲樓起黃昏之後雷聲動天到鼓一中星月皆沒風雲並興玄氣四合大雨河傾倪問輅言誤中耳不爲神也輅曰誤中與天期不亦工乎

正元二年弟辰謂輅曰大將軍待君意厚冀當富貴乎輅長歎曰吾自知有分直耳然天與我才明不與我年壽恐四十七八間不見女嫁兒娶婦也若得免此欲作洛陽令可使路不拾遺枹鼓不鳴但恐至太山治鬼不得治生人如何辰問其故輅曰吾額上無生骨眼中無守精鼻無梁柱腳無天根背無三甲腹無三壬此皆不壽之驗又吾本命在寅加月食夜生天有常數不可得諱但人不知耳吾前後相當死者過百人略無錯也是歲八月爲少府丞明年二月卒年四十八

輅別傳曰既有明才遭朱陽之運于時名勢赫弈若火猛風疾當塗之士莫不枝附葉連賓客如雲無多少皆爲設食賓無貴賤候之以禮京城紛紛非徒歸其名勢而已然亦懷其德焉向不夭命輅之榮華非世所測也弟辰嘗欲從輅學卜及仰觀事輅言卿不可教耳夫卜非至精不能見其數非至妙不能覩其道孝經詩論足爲三公無用知之也於是遂止子弟無能傳其術者辰叙曰夫晉魏之士見輅道術神妙占候無錯以爲有隱書及象甲之數辰每觀輅書傳惟有易林風角及鳥鳴仰觀星書三十餘卷世所共有然輅獨在少府官舍無家人子弟隨之其亡没之際好奇不哀喪者盜輅書惟餘易林風角及鳥鳴書還耳夫術數有百數十家其書有數千卷書不少也然而世鮮名人皆由無才不由無書也裴冀州何鄧二尚書及鄉里劉太常潁川兄弟以輅禀受天才明陰陽之道吉凶之情一得其源遂涉其流亦不爲難常歸

服之輅自言與此五君共語使人精神清發昏不假寐自此以下殆白日欲寢矣又自言當世無所願欲得與魯梓慎鄭裨竈晉卜偃宋子韋楚甘公魏石申共登靈臺披神圖步三光明災異運蓍龜決狐疑無所復恨也辰不以闇淺得因孔懷之親數與輅有所諮論至於辨人物析臧否說近義彈曲直拙而不功也若數皇羲之典揚文孔之辭周流五曜經緯三度口滿聲溢微言風集若仰眺飛鳴漂漂兮景沒若俯臨深溪杳杳兮精絕偏以攻難而失其端欲受學求道尋以迷昏無不扼腕椎指追響長歎也昔京房雖善卜及風律之占卒不免禍而輅自知四十八當亡可謂明哲相殊又京房目見遘讒之黨耳聽青蠅之聲面諫不從而猶道路紛紜輅處魏晉之際藏智以朴卷舒有時妙不見求愚不見遺可謂知機相邈也京房上不量萬乘之主下不避佞諂之徒欲以天文洪範利國利身困不能用卒陷大刑可謂枯龜之餘智膏燭之末景豈不哀哉世人多以輅疇之京房辰不敢許也至於仰察星辰俯定吉凶遠期不失年歲近期不失日月辰以甘石之妙不先也射覆名物見術流速東方朔不過也觀骨形而審貴賤覽形色而知生死許負唐舉不超也若夫號風氣而探微候聽鳥鳴而識神機亦一代之奇也向使輅官達為宰相大臣膏腴流於明世華曜列乎竹帛使幽驗皆舉秘言不遺千載之後有道者必信而貴之無道者必疑而怪之信者以妙過真夫妙與神合者得神則無所惑也恨輅才長命短道貴時賤親賢遐潛不宣於良史而為鄙弟所見追述既自闇濁又從來久遠所載卜占事雖不識本卦捃拾殘餘十得二焉至於仰觀靈曜說魏晉興衰及五運浮沉兵革災異十不收一無源何以成河無根何以垂榮雖秋菊可採不及春英臨文慷慨伏用哀歎將來君子幸以高明求其義焉往孟荊州為列人典農常問亡兄昔東方朔射覆得何卦正知守宮蜥蜴二物者亡兄於此為安卦生象辭喻交錯微義豪起變化相推會於辰巳分别龍蛇各使有理言絕之後孟荊州長歎息曰吾聞君論精神騰躍殆欲飛散何其汪汪乃至於斯邪　臣松之案辰所稱鄉里劉太常者謂劉寔也辰撰輅傳寔時為太常穎川則寔弟智也寔智並以儒學為名無能言之世語稱寔博辯猶不足以並裴向之儔也又案輅自說云本命在寅則建安十五年生也至正始九年應三十九而傳云三十六以正元三年卒應四十七傳云四十八皆為不相應也近有閻續伯者名纘該微通物有良史風為天下補綴遺脫敢以所聞列于篇左皆從受之於大人先哲足以取信者冀免虛誣之譏云爾嘗受辰傳所謂劉太常者曰輅始見聞由於為鄉婦卜亡牛云當在西面窮牆中縣頭上

向教婦人令視諸丘家中果得牛婦人因以為藏已牛告官案驗乃知以術知故裴冀州遂聞焉又云路中小人失妻者輅為卜教使明旦於東陽城門中伺擔豚人牽與共鬬具如其言豚逸走即共追之豚入人舍突破主人甕婦從甕中出劉侯云甚多此類辰所載纔十一二耳劉侯云辰孝廉才也中書令史紀玄龍輅鄉里人云輅在田舍嘗候遠鄰主人患數失火輅卜教使明日於南陌上伺當有一角巾諸生駕黑牛故車必引留為設賓主此能消之即從輅戒諸生有急求去不聽遂留當宿意大不安以為圖已主人罷入生乃把刀出門倚兩薪積間側立假寐欻有一小物直來過前如獸手中持火以口吹之生驚舉刀斫正斷要視之則狐自此主人不復有災前長廣太守陳承祐口受城門校尉華長駿語云昔其父為清河太守時召輅作吏駿與少小後以鄉里遂加恩意常與同載居旋具知其事云諸要驗三倍於傳辰既短才又年縣小又多在田舍故益不詳辰仕宦至州主簿部從事太康之初物故駿又云輅卜亦不悉中十得七八駿問其故輅云理無差錯來卜者或言不足以宣事實故使爾華城門夫人者魏故司空涿郡盧公女也得疾連年不差華家時居西城下南纏里中三廐在其東南輅卜當有師從東方來自言能治便聽使之必得其力後無何有南征廐騶當充甲卒來詣盧公占能治女郎公即表請留之專使其子將詣華氏療疾初用散藥後復用丸治尋有效即奏除騶名以補太醫又云隨輅父在利漕時有治下屯民捕鹿者其晨行還見毛血人取鹿處來詣廐告輅輅為卦語云此有盜者是汝東巷中第三家也汝徑往門前伺無人時取一瓦子密發其碓屋東頭第七椽以瓦著下不過明日食時自送還汝其夜盜者父病頭痛壯熱煩疼然亦來詣輅卜輅為發祟盜者具服輅令擔皮肉藏還著故處病當自愈乃密教鹿主往取又語使復往如前舉椽棄瓦盜父亦差又都尉治內史有失物者輅使明晨於寺門外看當逢一人使指天晝地舉手四向自當得之暮果獲於故處矣

評曰華佗之醫診杜夔之聲樂朱建平之相術周宣之相夢管輅之術筮誠皆玄妙之殊巧非常之絕技矣昔史遷著扁鵲倉公日者之傳所以廣異聞而表奇事也故存錄云爾

。卷終

烏丸鮮卑東夷傳第三十　魏志　三國志三十

書載蠻夷猾夏詩稱玁狁孔熾久矣其爲中國患也秦漢以來匈奴久爲邊害孝武雖外事四夷東平兩越朝鮮西討貳師大宛開邛苲夜郎之道然皆在荒服之外不能爲中國輕重而匈奴最逼於諸夏胡騎南侵則三邊受敵是以屢遣衞霍之將深入北伐窮追單于奪其饒衍之地後遂保塞稱藩世以衰弱建安中呼廚泉南單于入朝遂留內侍使右賢王撫其國而匈奴折節過於漢舊然烏丸鮮卑稍更彊盛亦因漢末之亂中國多事不遑外討故得擅漢南之地寇暴城邑殺畧人民北邊仍受其困會袁紹兼河北乃撫有三郡烏丸寵其名王而收其精騎其後尚熙又逃于蹋頓蹋頓又驍武邊長老皆比之冒頓恃其阻遠敢受亡命以雄百蠻太祖潛師北伐出其不意一戰而定之夷狄懾服威振朔土遂引烏丸之衆服從征討而邊民得用安息後鮮卑大人軻比能復制御群狄盡收匈奴故地自雲中五原以東抵遼水皆爲鮮卑庭數犯塞寇邊幽并苦之田豫有馬城之圍畢軌有陘北之敗青龍中帝乃聽王雄遣劒客刺之然後種落

離散互相侵伐彊者遠遁弱者請服由是邊陲差安漢南少事雖時頗鈔盜不能復相扇動矣烏丸鮮卑即古所謂東胡也其習俗前事撰漢記者已錄而載之矣故但舉漢末魏初以來以備四夷之變云

魏書曰烏丸者東胡也漢初匈奴冒頓滅其國餘類保烏丸山因以爲號焉俗善騎射隨水草放牧居無常處以穹廬爲宅皆東向日弋獵禽獸食肉飲酪以毛毳爲衣貴少賤老其性悍驁怒則殺父兄而終不害其母以母有族類父兄以己爲種無復報者故也常推募勇健能理決鬬訟相侵犯者爲大人邑落各有小帥不世繼也數百千落自爲一部大人有所召呼刻木爲信邑落傳行無文字而部衆莫敢違犯氏姓無常以大人健者名字爲姓大人已下各自畜牧治產不相徭役其嫁娶皆先私通略將女去或半歲百日然後遣媒人送馬牛羊以爲聘娶之禮壻隨妻歸見妻家無尊卑旦起皆拜而不自拜其父母爲妻家僕役二年妻家乃厚遣送女居處財物一出妻家故其俗從婦人計至戰鬬時乃自決之父子男女相對蹲踞悉髡頭以爲輕便婦人至嫁時乃養髮分爲髻著句決飾以金碧猶中國有冠步搖也父兄死妻後母執嫂若無執嫂者則已子以親之次妻伯叔焉死則歸其故夫俗識鳥獸孕乳時以四節耕種常用布穀鳴爲候地宜青穄東牆東牆似蓬草實如葵子至十月熟能作白酒而不知作麴糵米常仰中國大人能作弓矢鞍勒鍛金鐵爲兵器能刺韋作文繡織縷氈褐有病知以艾灸或燒石自熨燒地臥上或隨痛病處以刀決脈出血及祝天地山川之神無鍼藥貴兵死斂屍有棺始死則哭葬則歌舞相送肥養犬以采繩嬰牽幷取亡者所乘馬衣物生時服飾皆燒以送之特屬累犬使護死者神靈歸乎赤山赤山在遼東西北數千里如中國人以死之魂神歸泰山也至葬日夜聚親舊員坐牽犬馬歷位或歌哭者擲肉與之使二人口誦呪文使死者魂神徑至歷險阻勿令橫鬼遮護達其赤山然後殺犬馬衣物燒之敬鬼神祠天地日月星辰山川及先大人有健名者亦同祠以牛羊祠畢皆燒之飲食必先祭其約法違大人言死盜不止死其相殘殺令部落自相報相報不止詣大人平之有罪者出其牛羊以贖死命乃止自殺其父兄無罪其亡叛爲大人所捕者諸邑落不肯受皆逐使至雍狂地地無山有沙漠流水草木多蝮蛇在丁令之西南烏孫之東北

以困窮之自其先爲匈奴所破之後人衆孤弱爲匈奴臣服
常歲輸牛馬羊過時不具輒虜其妻子至匈奴壹衍鞮單于
時烏丸轉彊發掘匈奴單于冢將以報冒頓所破之恥壹衍
鞮單于大怒發二萬騎以擊烏丸大將軍霍光聞之遣度遼
將軍范明友將三萬騎出遼東追擊匈奴比明友兵至匈奴
已引去烏丸新被匈奴兵乘其衰弊遂進擊烏丸斬首六千
餘級獲三王首還後數復犯塞明友輒征破之至王莽末並
與匈奴爲寇光武定天下遣伏波將軍馬援將三千騎從五
原關出塞征之無利而殺馬千餘匹烏丸遂盛鈔擊匈奴匈
奴轉徙千里漠南地空建武二十五年烏丸大人郝旦等九
千餘人帥衆詣闕封其渠帥爲侯王者八十餘人使居塞內
布列遼東屬國遼西右北平漁陽廣陽上谷代郡鴈門太原
朔方諸郡界招來種人給其衣食置校尉以領護之遂爲漢
偵備擊匈奴鮮卑至永平中漁陽烏丸大人欽志賁帥種人
叛鮮卑還爲寇害遼東太守祭肜募殺志賁遂破其衆至安
帝時漁陽右北平鴈門烏丸率衆王無何等復與鮮卑匈奴
合鈔畧代郡上谷涿郡五原乃以大司農何熙行車騎將軍
左右羽林五營士發緣邊七郡黎陽營兵合二萬人擊之匈
奴降鮮卑烏丸各還塞外是後烏丸稍復親附拜其大人戎
末廆爲都尉至順帝時戎末廆率將王侯咄歸去延等從烏
丸校尉耿曄出塞擊鮮卑有
功還皆拜爲率衆王賜束帛

烏丸傳

漢末遼西烏丸大人丘力居衆五千餘落上谷烏
丸大人難樓衆九千餘落各稱王而遼東屬國烏
丸大人蘇僕延衆千餘落自稱峭王右北平烏丸
大人烏延衆八百餘落自稱汗魯王皆有計策勇
健中山太守張純叛入丘力居衆中自號彌天安
定王爲三郡烏丸元帥寇略青徐幽冀四州殺略
吏民靈帝末以劉虞爲幽州牧募胡斬純首北州
乃定後丘力居死子樓班年小從子蹋頓有武略
代立揔攝三王部衆皆從其教令袁紹與公孫瓚
連戰不決蹋頓遣使詣紹求和親助紹擊瓚破之
紹矯制賜蹋頓難峭王汗魯王印綬皆以爲單于
英雄記曰紹遣使即拜烏丸三王爲單于皆安車華蓋羽旄
黃屋左纛版文曰使持節大將軍督幽青幷領冀州牧阮鄉
侯紹承制詔遼東屬國率衆王頒下烏丸遼西率衆王蹋頓
右北平率衆王汗盧維乃祖慕義遷善款塞內附北捍玁狁
東拒濊貊世守北陲爲百姓保鄣雖時侵犯王略命將徂征
厥罪率不旋時悔愆變改方之外夷最又聰慧者也始有千
夫長百夫長以相統領用能悉乃心克有勳力於國家稍受
王侯之命自我王室多故公孫瓚作難殘夷厥土之君以侮
天慢主是以四方之內並執干戈以衛社稷三王奮氣裔士
忿姦憂國控弦與漢兵爲表裏誠甚忠孝朝所嘉焉然而虎
兕長蛇相隨塞路王官爵命否而無聞夫有勳不賞俾勤者
怠今遣行謁者楊林齎單于璽綬車服以對爾勞其各綏靜
部落敎以謹慎無使作凶作慝世復爾祀位長爲百蠻長厥
有咎有不臧者泯於爾祿而喪於乃庸可不勉乎烏桓單于
都護部衆左右單于
受其節度他如故事
後樓班大峭王率其部衆奉樓
班爲單于蹋頓爲王然蹋頓多畫計策廣陽閻柔
少沒烏丸鮮卑中爲其種所歸信柔乃因鮮卑衆
殺烏丸校尉邢舉代之紹因寵慰以安北邊後袁
尚敗奔蹋頓憑其勢復圖冀州會太祖平河北柔
帥鮮卑烏丸歸附遂因以柔爲校尉猶持漢使節
治廣甯如舊建安十一年太祖自征蹋頓於柳城
潛軍詭道未至百餘里虜乃覺尚與蹋頓將衆逆
戰於凡城兵馬甚盛太祖登高望虜陣柳軍未進
觀其小動乃擊破其衆臨陣斬蹋頓首死者被野

速附丸樓班烏延等走遼東遼東悉斬傳送其首其餘遺迸皆降及幽州并州柔所統烏丸萬餘落悉徙其族居中國帥從其侯王大人種衆與征伐由是三郡烏丸為天下名騎魏略曰景初元年秋遣幽州刺史毋丘儉率衆軍討遼東右北平烏丸單于寇婁敦遼西烏丸都督率衆王護留葉昔隨袁尚奔遼西聞儉軍至率衆五千餘人降寇婁敦遣弟阿羅槃等詣闕朝貢封其渠帥三十餘為王賜輿馬繒采各有差

鮮卑傳

鮮卑 魏書曰鮮卑亦東胡之餘也別保鮮卑山因號焉其言語習俗與烏丸同其地東接遼水西當西城常以季春大會作樂水上嫁女取婦髡頭飲宴其獸異於中國者野馬羱羊端牛端牛角為弓世謂之角端者也又有貂豽鼲子皮毛柔蠕故天下以為名裘鮮卑自為冒頓所破遠竄遼東塞外不與餘國爭衡未有名通於漢而由自與烏丸相接至光武時南北單于更相攻伐匈奴損耗而鮮卑遂盛建武三十年鮮卑大人於仇賁率種人詣闕朝貢封於仇賁為王永平中祭肜為遼東太守誘賂鮮卑使斬叛烏丸欽志賁等首於是鮮卑自燉煌酒泉以東邑落大人皆詣遼東受賞賜青徐二州給錢歲二億七千萬以為常和帝時鮮卑大都護校尉廆帥部衆從烏丸校尉任常擊叛者封校尉廆為率衆王殤帝延平中鮮卑乃東入塞殺漁陽太守張顯安帝時鮮卑大人燕荔陽入朝漢賜鮮卑王印綬赤車參駕止烏丸校尉所治甯下通胡市築南北兩部質宮受邑落質者二十部是後或反或降或與匈奴烏丸相攻擊安帝末發緣邊步騎二萬餘人屯列衝要後鮮卑八九千騎穿代郡及馬城塞入害長吏漢遣度遼將軍鄧遵中郎將馬續出塞追破之鮮卑大人烏倫其至鞬等七千餘人詣遵降封烏倫為王其至鞬為侯賜采帛遵去後其至鞬復反圍烏丸校尉於馬城度遼將軍耿夔及幽州刺史救解之其至鞬遂盛控弦數萬騎數道入塞趣五原寧貊攻匈奴南單于殺左奧鞬日逐王順帝時復入塞殺代郡太守漢遣黎陽營兵屯中山緣邊郡兵屯塞下調五營弩帥令教戰射南單于將步騎萬餘人助漢擊却之後烏丸校尉耿曄將率衆王出塞擊鮮卑多斬首虜於是鮮卑三萬餘落詣遼東降匈奴及北單于遁逃後餘種十餘萬落詣遼東雜處皆自號鮮卑兵投鹿侯從匈奴軍三年其妻在家有子投鹿侯歸怪欲殺之妻言嘗晝行聞雷震仰天視而雹入其口因吞之遂姙身十月而產此子

必有奇異且長之投鹿侯固不信妻乃語家令收養焉號檀石槐長大勇健智略絕衆年十四五異部大人卜賁邑鈔取其外家牛羊檀石槐策騎追擊所向無前悉還得所亡由是部落畏服施法禁曲直莫敢犯者遂推以為大人檀石槐既立乃為庭於高柳北三百餘里彈汗山啜仇水上東西部大人皆歸焉兵馬甚盛南鈔漢邊北拒丁令東卻夫餘西擊烏孫盡據匈奴故地東西萬二千餘里南北七千餘里罔羅山川水澤鹽池甚廣漢患之桓帝時使匈奴中郎將張奐征之不克乃更遣使者齎印綬即封檀石槐為王欲與和親檀石槐拒不肯受寇鈔滋甚乃分其地為中東西三部從右北平以東至遼遼接夫餘貊為東部二十餘邑其大人曰彌加闕機素利槐頭從右北平以西至上谷為中部十餘邑其大人曰柯最闕居慕容等為大帥從上谷以西至燉煌西接烏孫為西部二十餘邑其大人曰置鞬落羅日律推演宴荔游等皆為大帥而制屬檀石槐至靈帝時大鈔略幽并二州緣邊諸郡無歲不被其毒熹平六年遣護烏丸校尉夏育破鮮卑中郎將田晏匈奴中郎將臧旻與南單于出鴈門塞三道並進徑二千餘里征之檀石槐帥部衆逆擊旻等敗走兵馬還者什一而已鮮卑衆日多田畜射獵不足給食後檀石槐乃案行烏侯秦水廣從數百里水停不流中有魚而不能得聞汗人善捕魚於是檀石槐東擊汗國得千餘家徙置烏侯秦水上使捕魚以助糧至于今烏侯秦水上有汗人數百戶檀石槐年四十五死子和連代立和連材力不及父而貪淫斷法不平衆叛者半靈帝末年數為寇鈔攻北地北地庶人善弩射者射中和連和連即死其子騫曼小兄子魁頭代立魁頭既立後騫曼長大與魁頭爭國衆遂離散魁頭死弟步度根代立自檀石槐死後諸大人遂世相襲也

步度根既立衆稍衰弱中兄扶羅韓亦別擁衆數萬為大人建安中太祖定幽州步度根與軻比能等因烏丸校尉閻柔上貢獻後代郡烏丸能臣氐等叛求屬扶羅韓扶羅韓將萬餘騎迎之到桑乾氐等議以為扶羅韓部威禁寬緩恐不見濟更遣人呼軻比能比能即將萬餘騎到當共盟誓比能便於會上殺扶羅韓扶羅韓子泄

歸泥及部衆悉屬比能比能自以殺歸泥父特又善遇之步度根由是怨比能文帝踐阼田豫爲烏丸校尉持節幷護鮮卑屯昌平步度根遣使獻馬帝拜爲王後數與軻比能更相攻擊步度根部衆稍寡弱將其衆萬餘落保太原鴈門郡步度根乃使人招呼泄歸泥曰汝父爲比能所殺不念報仇反屬怨家今雖厚待汝是欲殺汝計也不如還我我與汝是骨肉至親豈與仇等由是歸泥將其部落逃歸步度根比能追之弗及至黄初五年步度根詣闕貢獻厚加賞賜是後一心守邊不爲寇害而軻比能衆遂彊盛明帝即位務欲綏和戎狄以息征伐羈縻兩部而已至青龍元年比能誘步度根深結和親於是步度根將泄歸泥及部衆悉保比能寇鈔幷州殺略吏民帝遣驍騎將軍秦朗征之歸泥叛比能將其部衆降拜歸義王賜幢麾曲蓋鼓吹居幷州如故步度根爲比能所殺

軻比能傳

軻比能本小種鮮卑以勇健斷法平端不貪財物衆推以爲大人部落近塞自袁紹據河北中國人多亡叛歸之教作兵器鎧楯頗學文字故其勒御

部衆擬則中國出入弋獵建立旌麾以鼓節爲進退建安中因閻柔上貢獻太祖西征關中田銀反河閒比能將三千餘騎隨柔擊破銀後代郡烏丸反比能復助爲寇害太祖以鄢陵侯彰爲驍騎將軍北征大破之比能走出塞後復通貢獻延康初比能遣使獻馬文帝亦立比能爲附義王黄初二年比能出諸魏人在鮮卑者五百餘家還居代郡明年比能帥部落大人小子代郡烏丸脩武盧等三千餘騎驅牛馬七萬餘口交市遣魏人千餘家居上谷後與東部鮮卑大人素利及步度根三部爭鬭更相攻擊田豫和合使不得相侵五年比能復擊素利豫帥輕騎徑進掎其後比能使別小帥瑣奴拒豫豫進討破走之由是懷貳乃與輔國將軍鮮于輔書曰夷狄不識文字故校尉閻柔保我於天子我與素利爲讎往年攻擊之而田校尉助素利我臨陳使瑣奴往聞使君來即便引軍退步度根數數鈔盜又殺我弟而誣我以鈔盜我夷狄雖不知禮義兄弟子孫受天子印綬牛馬尚知美水草況我有人心邪將軍當保明我於天子輔得書以聞帝復使豫招納安慰比能衆遂彊盛控

弦十餘萬騎每鈔略得財物均平分付一決目前終無所私故得衆死力餘部大人皆敬憚之然猶未能及檀石槐也太和二年豫遣譯夏舍詣比能女壻鬱築鞬部舍爲鞬所殺其秋豫將西部鮮卑蒲頭泄歸泥出塞討鬱築鞬大破之還至馬城比能自將三萬騎圍豫七日上谷太守閻志柔之弟也素爲鮮卑所信志往解喻即解圍去後幽州刺史王雄并領校尉撫以恩信比能數款塞詣州奉貢獻至青龍元年比能誘納步度根使叛并州與結和親自勒萬騎迎其累重於陘北并州刺史畢

軌遣將軍蘇尚董弼等擊之比能遣子將騎與尚等會戰於樓煩臨陳害尚弼至三年中雄遣勇士韓龍刺殺比能更立其弟素利彌加厥機皆爲大人在遼西右北平漁陽塞外道遠初不爲邊患然其種衆多於比能建安中因閻柔上貢獻通市太祖皆表寵以爲王厥機死又立其子沙末汗爲親漢王延康初又各遣使獻馬文帝立素利彌加爲歸義王素利與比能更相攻擊太和二年素利死子小以弟成律歸爲王代攝其衆

東夷傳

書稱東漸于海西被于流沙其九服之制可得而言也然荒域之外重譯而至非足跡車軌所及未有知其國俗殊方者也自虞暨周西戎有白環之獻東夷有肅慎之貢皆曠世而至其遐遠也如此及漢氏遣張騫使西域窮河源經歷諸國遂置都護以總領之然後西域之事具存故史官得詳載焉魏興西域雖不能盡至其大國龜茲于寘康居烏孫疏勒月氏鄯善車師之屬無歲不奉朝貢略如漢氏故事而公孫淵仍父祖三世有遼東天子爲其絕域委以海外之事遂隔斷東夷不得通於

諸夏景初中大興師旅誅淵又潛軍浮海收樂浪帶方之郡而後海表謐然東夷屈服其後高句麗背叛又遣偏師致討窮追極遠踰烏丸骨都過沃沮踐肅慎之庭東臨大海長老說有異面之人近日之所出遂周觀諸國采其法俗小大區別各有名號可得詳紀雖夷狄之邦而俎豆之象存中國失禮求之四夷猶信故撰次其國列其同異以接前史之所未備焉

夫餘傳

夫餘在長城之北去玄菟千里南與高句麗東與

挹婁西與鮮卑接北有弱水方可二千里戶八萬其民土著有宮室倉庫牢獄多山陵廣澤於東夷之域最平敞土地宜五穀不生五果其人麤大性彊勇謹厚不寇鈔國有君王皆以六畜名官有馬加牛加豬加狗加大使大使者使者邑落有豪民名下戶皆為奴僕諸加別主四出道大者主數千家小者數百家食飲皆用俎豆會同拜爵洗爵揖讓升降以殷正月祭天國中大會連日飲食歌舞名曰迎鼓於是時斷刑獄解囚徒在國衣尚白白布大袂袍袴履革鞜出國則尚繒繡錦罽大人加

狐狸狖白黑貂之裘以金銀飾帽譯人傳辭皆跪手據地竊語用刑嚴急殺人者死沒其家人為奴婢竊盜一責十二男女淫婦人妒皆殺之尤憎妒已殺尸之國南山上至腐爛女家欲得輸牛馬乃與之兄死妻嫂與匈奴同俗其國善養牲出名馬赤玉貂狖美珠珠大者如酸棗以弓矢刀矛為兵家家自有鎧仗國之耆老自說古之亡人作城柵皆員有似牢獄行道晝夜無老幼皆歌通日聲不絕有軍事亦祭天殺牛觀蹄以占吉凶蹄解者為凶合者為吉有敵諸加自戰下戶俱擔糧飲食之

其死夏月皆用冰殺人徇葬多者百數厚葬有槨無棺 魏略曰其俗停喪五月以久為榮其祭亡者有生有熟喪主不欲速而他人彊之常諍引以此為節其居喪男女皆純白婦人著布面衣去環珮大體與中國相彷彿也 夫餘本屬玄菟漢末公孫度雄張海東威服外夷夫餘王尉仇台更屬遼東時句麗鮮卑彊度以夫餘在二虜之間妻以宗女尉仇台死簡位居立無適子有孽子麻余位居死諸加共立麻余牛加兄子名位居為大使輕財善施國人附之歲歲遣使詣京都貢獻正始中幽州刺史毋丘儉討句麗遣玄菟太守王頎詣夫餘位居遣大加郊迎供軍糧季父牛加有二心位居

殺季父父子籍沒財物遣使簿斂送官舊夫餘俗水旱不調五穀不熟輒歸咎於王或言當易或言當殺麻余死其子依慮年六歲立以為王漢時夫餘王葬用玉匣常豫以付玄菟郡王死則迎取以葬公孫淵伏誅玄菟庫猶有玉匣一具今夫餘庫有玉璧珪瓚數代之物傳世以為寶耆老言先代之所賜也 魏略曰其國殷富自先世以來未嘗破壞也 其印文言濊王之印國有故城名濊城蓋本濊貊之地而夫餘王其中自謂亡人抑有以也 魏略曰舊志又言昔北方有高離之國者其王者侍婢有身王欲殺之婢云有氣如雞子來下我故有身後生子王捐之於溷中豬以喙噓之徙置馬閑馬以氣噓之不死王疑以為天

子也乃令其母收畜之名曰東明常令牧馬東明善射王恐
奪其國也欲殺之東明走南至施掩水以弓擊水魚鼈浮爲
橋東明得渡魚鼈乃解散追兵
不得渡東明因都王夫餘之地

高句麗傳

高句麗在遼東之東千里南與朝鮮濊貊東與沃
沮北與夫餘接都於丸都之下方可二千里戶三
萬多大山深谷無原澤隨山谷以爲居食澗水無
良田雖力佃作不足以實口腹其俗節食好治宮
室於所居之左右立大屋祭鬼神又祠靈星社稷
其人性凶急喜寇鈔其國有王其官有相加對盧
沛者古雛加主簿優台丞使者皂衣先人尊卑各

有等級東夷舊語以爲夫餘別種言語諸事多與
夫餘同其性氣衣服有異本有五族有涓奴部絕
奴部順奴部灌奴部桂婁部本涓奴部爲王稍微
弱今桂婁部代之漢時賜鼓吹伎人常從玄菟郡
受朝服衣幘高句麗令主其名籍後稍驕恣不復
詣郡於東界築小城置朝服衣幘其中歲時來取
之今胡猶名此城爲幘溝漊溝漊者句麗名城也
其置官有對盧則不置沛者有沛者則不置對盧
王之宗族其大加皆稱古雛加涓奴部本國主今
雖不爲王適統大人得稱古雛加亦得立宗廟祠

靈星社稷絕奴部世與王婚加古雛之號諸大加
亦自置使者皂衣先人名皆達於王如卿大夫之
家臣會同坐起不得與王家使者皂衣先人同列
其國中大家不佃作坐食者萬餘口下戶遠擔米
糧魚鹽供給之其民喜歌舞國中邑落暮夜男女
群聚相就歌戲無大倉庫家家自有小倉名之爲
桴京其人絜清自喜善藏釀跪拜申一脚與夫餘
異行步皆走以十月祭天國中大會名曰東盟其
公會衣服皆錦繡金銀以自飾大加主簿頭著幘
如幘而無餘其小加著折風形如弁其國東有大

穴名隧穴十月國中大會迎隧神還於國東上祭
之置木隧於神坐無牢獄有罪諸加評議便殺之
沒入妻子爲奴婢其俗作婚姻言語已定女家作
小屋於大屋後名壻屋壻暮至女家戶外自名跪
拜乞得就女宿如是者再三女父母乃聽使就小
屋中宿傍頓錢帛至生子已長大乃將婦歸家其
俗淫男女已嫁娶便稍作送終之衣厚葬金銀財
幣盡於送死積石爲封列種松柏其馬皆小便登
山國人有氣力習戰鬭沃沮東濊皆屬焉又有小
水貊句麗作國依大水而居西安平縣北有小水

南流入海句驪別種依小水作國因名之爲小水貊出好弓所謂貊弓是也王莽初發高句驪兵以伐胡欲不行彊迫遣之皆亡出塞爲寇盜遼西大尹田譚追擊之爲所殺州郡縣歸咎於句驪侯騊嚴尤奏言貊人犯法罪不起於騊且宜安慰今猥被之大罪恐其遂反莽不聽詔尤擊之尤誘期句驪侯騊至而斬之傳送其首詣長安莽大悅布告天下更名高句驪爲下句驪當此時爲侯國漢光武帝八年高句驪王遣使朝貢始見稱王至殤安之間句驪王宮數寇遼東更屬玄菟遼東太守蔡風玄菟太守姚光以宮爲二郡害興師伐之宮詐降請和二郡不進宮密遣軍攻玄菟焚燒候城入遼隧殺吏民後宮復犯遼東蔡風輕將吏士追討之軍敗沒宮死子伯固立順桓之間復犯遼東寇新安居鄉又攻西安平於道上殺帶方令略得樂浪太守妻子靈帝建寧二年玄菟太守耿臨討之斬首虜數百級伯固降屬遼東嘉平中伯固乞屬玄菟公孫度之雄海東也伯固遣大加優居主簿然人等助度擊富山賊破之伯固死有二子長子拔奇小子伊夷模拔奇不肖國人便共立伊夷模爲王自伯固時數寇遼東又受亡胡五百餘家建安中公孫康出軍擊之破其國焚燒邑落拔奇怨爲兄而不得立與涓奴加各將下戶三萬餘口詣康降還住沸流水降胡亦叛伊夷模伊夷模更作新國今日所在是也拔奇遂往遼東有子留句驪國今古雛加駮位居是也其後復擊玄菟玄菟與遼東合擊大破之伊夷模無子淫灌奴部生子名位宮伊夷模死立以爲王今句驪王宮是也其曾祖名宮生能開目視其國人惡之及長大果凶虐數寇鈔國見殘破今王生墮地亦能開目視人句驪呼相似爲位似其祖故名之爲位宮位宮有力勇便鞍馬善獵射景初二年太尉司馬宣王率衆討公孫淵宮遣主簿大加將數千人助軍正始三年宮寇西安平其五年爲幽州刺史毋丘儉所破語在儉傳

東沃沮傳

東沃沮在高句驪蓋馬大山之東濱大海而居其地形東北狹西南長可千里北與挹婁夫餘南與濊貊接戶五千無大君王世世邑落各有長帥其言語與句驪大同時時小異漢初燕亡人衛滿王

朝鮮時沃沮皆屬焉漢武帝元封二年伐朝鮮殺滿孫右渠分其地爲四郡以沃沮城爲玄菟郡後爲夷貊所侵徙郡句麗西北今所謂玄菟故府是也沃沮還屬樂浪漢以土地廣遠在單單大領之東分置東部都尉治不耐城別主領東七縣時沃沮亦皆爲縣漢光武六年省邊郡都尉由此罷其後皆以其縣中渠帥爲縣侯不耐華麗沃沮諸縣皆爲侯國夷狄更相攻伐唯不耐濊侯至今猶置功曹主簿諸曹皆濊民作之沃沮諸邑落渠帥皆自稱三老則故縣國之制也國小迫於大國之間

遂臣屬句麗句麗復置其中大人爲使者使相主領又使大加統責其租稅貊布魚鹽海中食物千里擔負致之又送其美女以爲婢妾遇之如奴僕其土地肥美背山向海宜五穀善田種人性質直彊勇少牛馬便持矛步戰食飲居處衣服禮節有似句麗（魏畧曰其嫁娶之法女年十歲已相設許婿家迎之長養以爲婦至成人更還女家女家責錢錢畢乃復還婿）其葬作大木槨長十餘丈開一頭作戶新死者皆假埋之才使覆形皮肉盡乃取骨置槨中舉家皆共一槨刻木如生形隨死者爲數又有瓦䥶置米其中編縣之於槨戶邊毋丘儉討句麗句麗

王宮奔沃沮遂進師擊之沃沮邑落皆破之斬獲首虜三千餘級宮奔北沃沮北沃沮一名置溝婁去南沃沮八百餘里其俗南北皆同與挹婁接挹婁喜乘船寇鈔北沃沮畏之夏月恒在山巖深穴中爲守備冬月氷凍船道不通乃下居村落王頎別遣追討宮盡其東界問其耆老海東復有人不耆老言國人嘗乘船捕魚遭風見吹數十日東得一島上有人言語不相曉其俗常以七月取童女沈海又言有一國亦在海中純女無男又說得一布衣從海中浮出其身如中國人衣其兩袖長三

丈又得一破船隨波出在海岸邊有一人項中復有面生得之與語不相通不食而死其域皆在沃沮東大海中

挹婁傳

挹婁在夫餘東北千餘里濱大海南與北沃沮接未知其北所極其土地多山險其人形似夫餘言語不與夫餘句麗同有五穀牛馬麻布人多勇力無大君長邑落各有大人處山林之間常穴居大家深九梯以多爲好土氣寒劇於夫餘其俗好養豬食其肉衣其皮冬以豬膏塗身厚數分以御

風寒夏則裸袒以尺布隱其前後以蔽形體其人不潔作圂在中央人圍其表居其弓長四尺力如弩矢用楛長尺八寸青石為鏃古之肅慎氏之國也善射射人皆入因矢施毒人中皆死出赤玉好貂今所謂挹婁貂是也自漢已來臣屬夫餘夫餘責其租賦重以黃初中叛之夫餘數伐之其人衆雖少所在山險鄰國人畏其弓矢卒不能服也其國便乘船寇盜鄰國患之東夷飲食類皆用俎豆唯挹婁不法俗最無綱紀也

濊傳

濊南與辰韓北與高句麗沃沮接東窮大海今朝鮮之東皆其地也戶二萬昔箕子既適朝鮮作八條之教以教之無門戶之閉而民不為盜其後四十餘世朝鮮侯淮僭號稱王陳勝等起天下叛秦燕齊趙民避地朝鮮數萬口燕人衛滿魋結夷服復來王之漢武帝伐滅朝鮮分其地為四郡自是之後胡漢稍別無大君長自漢已來其官有侯邑君三老統主下戶其耆老舊自謂與句麗同種其人性愿慤少嗜欲有廉恥不請句麗言語法俗大抵與句麗同衣服有異男女衣皆著曲領男子繫銀花廣數寸以為

飾自單單大山領以西屬樂浪自領以東七縣都尉主之皆以濊為民後省都尉封其渠帥為侯今不耐濊皆其種也漢末更屬句麗其俗重山川山川各有部分不得妄相涉入同姓不婚多忌諱疾病死亡輒捐棄舊宅更作新居有麻布蠶桑作緜曉候星宿豫知年歲豐約不以珠玉為寶常用十月祭天晝夜飲酒歌舞名之為舞天又祭虎以為神其邑落相侵犯輒相罰責生口牛馬名之為責禍殺人者償死少寇盜作矛長三丈或數人共持之能步戰樂浪檀弓出其地其海出班魚皮土地饒文豹又出果下馬漢桓時獻之臣松之案果下馬高三尺乘之可於果樹下行故謂之果下見博物志魏都賦正始六年樂浪太守劉茂帶方太守弓遵以領東濊屬句麗興師伐之不耐侯等舉邑降其八年詣闕朝貢詔更拜不耐濊王居處雜在民間四時詣郡朝謁二郡有軍征賦調供給役使遇之如民

韓傳

韓在帶方之南東西以海為限南與倭接方可四千里有三種一曰馬韓二曰辰韓三曰弁韓辰韓者古之辰國也馬韓在西其民土著種植知蠶桑作緜布各有長帥大者自名為臣智其次為邑借

散在山海間無城郭有爰襄國牟水國桑外國小石索國大石索國優休牟涿國臣濆沽國伯濟國速盧不斯國日華國古誕者國古離國怒藍國月支國咨離牟盧國素謂乾國古爰國莫盧國卑離國占離卑國臣釁國支侵國狗盧國卑彌國監奚卑離國古蒲國致利鞠國冉路國兒林國駟盧國內卑離國感奚國萬盧國辟卑離國臼斯烏旦國一離國不彌國支半國狗素國捷盧國牟盧卑離國臣蘇塗國莫盧國古臘國臨素半國臣雲新國如來卑離國楚山塗卑離國一難國狗奚國不雲國不斯濆邪國爰池國乾馬國楚離國凡五十餘國大國萬餘家小國數千家總十餘萬戶辰王治月支國臣智或加優呼臣雲遣支報安邪踧支濆臣離兒不例拘邪秦支廉之號其官有魏率善邑君歸義侯中郎將都尉伯長侯准既僭號稱王為燕亡人衛滿所攻奪魏略曰昔箕子之後朝鮮侯見周衰燕自尊為王欲東略地朝鮮侯亦自稱為王欲興兵逆擊燕以尊周室其大夫禮諫之乃止使禮西說燕燕止之不攻後子孫稍驕虐燕乃遣將秦開攻其西方取地二千餘里至滿番汗為界朝鮮遂弱及秦并天下使蒙恬築長城到遼東時朝鮮王否立畏秦襲之略服屬秦不肯朝會否死其子準立二十餘年而陳項起天下亂燕齊趙民愁苦稍稍亡往準準乃置之於西方及漢以盧綰為燕王朝鮮與燕界於浿水及綰反入匈奴燕人衛滿亡命為胡服東度浿水詣準降說準求居西界故中國亡命為朝鮮

藩屏準信寵之拜為博士賜以圭封之百里令守西邊滿誘亡黨衆稍多乃詐遣人告準言漢兵十道至求入宿衛遂還攻準準與滿戰不敵也將其左右宮人走入海居韓地自號韓王魏略曰其子及親留在國者因冒姓韓氏準王海中不與朝鮮相往來其後絕滅今韓人猶有奉其祭祀者漢時屬樂浪郡四時朝謁魏略曰初右渠未破時朝鮮相歷谿卿以諫右渠不用東之辰國時民隨出居者二千餘戶亦與朝鮮貢蕃不相往來至王莽地皇時廉斯鑡為辰韓右渠帥聞樂浪土地美人民饒樂亡欲來降出其邑落見田中驅雀男子一人其語非韓人問之男子曰我等漢人名户來我等輩千五百人伐材木為韓所擊得皆斷髮為奴積三年矣鑡曰我當降漢樂浪汝欲去不户來曰可辰鑡因將户來來出詣含資縣縣言郡郡即以鑡為譯從芩中乘大船入辰韓逆取户來降伴輩尚得千人其五百人已死鑡時曉謂辰韓汝還五百人若不者樂浪當遣萬兵乘船來擊汝辰韓曰五百人已死我當出贖直耳乃出辰韓萬五千人弁韓布萬五千匹鑡收取直還郡表鑡功義賜冠幘田宅子孫數世至安帝延光四年時故受復除桓靈之末韓濊彊盛郡縣不能制民多流入韓國建安中公孫康分屯有縣以南荒地為帶方郡遣公孫模張敞等收集遺民興兵伐韓濊舊民稍出是後倭韓遂屬帶方景初中明帝密遣帶方太守劉昕樂浪太守鮮于嗣越海定二郡諸韓國臣智加賜邑君印綬其次與邑長其俗好衣幘下戶詣郡朝謁皆假衣幘自服印綬衣幘千有餘人部從事吳林以樂浪本統韓國分割辰韓八國以與樂浪吏譯轉有異同臣幘沾韓忿攻帶方郡崎離營時太守弓遵樂浪太守劉茂興兵伐之遵戰死二郡遂

韓

滅韓其俗少綱紀國邑雖有主帥邑落雜居不能
善相制御無跪拜之禮居處作草屋土室形如冢
其戶在上舉家共在中無長幼男女之別其葬有
棺無槨不知乘牛馬牛馬盡於送死以瓔珠為財
寶或以綴衣為飾或以縣頸垂耳不以金銀錦繡
為珍其人性彊勇魁頭露紒如炅兵衣布袍足履
革蹻蹋其國中有所為及官家使築城郭諸年少
勇健者皆鑿脊皮以大繩貫之又以丈許木鍤之
通日嚾呼作力不以為痛既以勸作且以為健常
以五月下種訖祭鬼神群聚歌舞飲酒晝夜無休

其舞數十人俱起相隨踏地低昂手足相應節奏
有似鐸舞十月農功畢亦復如之信鬼神國邑各
立一人主祭天神名之天君又諸國各有別邑名
之為蘇塗立大木縣鈴鼓事鬼神諸亡逃至其中
皆不還之好作賊其立蘇塗之義有似浮屠而所
行善惡有異其北方近郡諸國差曉禮俗其遠處
直如囚徒奴婢相聚無他珍寶禽獸草木略與中
國同出大栗大如梨又出細尾雞其尾皆長五尺
餘其男子時時有文身又有州胡在馬韓之西海
中大島上其人差短小言語不與韓同皆髡頭如

辰韓 弁辰

鮮卑但衣韋好養牛及豬其衣有上無下略如裸
勢乘船往來市買中韓

辰韓傳

辰韓在馬韓之東其耆老傳世自言古之亡人避
秦役來適韓國馬韓割其東界地與之有城柵其
言語不與馬韓同名國為邦弓為弧賊為寇行酒
為行觴相呼皆為徒有似秦人非但燕齊之名物
也名樂浪人為阿殘東方人名我為阿謂樂浪人
本其殘餘人今有名之為秦韓者始有六國稍分
為十二國

弁辰傳

弁辰亦十二國又有諸小別邑各有渠帥大者名
臣智其次有險側次有樊濊次有殺奚次有邑借
有已柢國不斯國弁辰彌離彌凍國弁辰接塗國
勤耆國難彌離彌凍國弁辰古資彌凍國弁辰古
淳是國冉奚國弁辰半路國弁樂奴國軍彌國弁
軍彌國弁辰彌烏邪馬國如湛國弁辰甘路國戶
路國州鮮國馬延國弁辰狗邪國弁辰走漕馬國
弁辰安邪國馬延國弁辰瀆盧國斯盧國優中國
弁辰韓合二十四國大國四五千家小國六七百

家樂四五萬戶其十二國屬辰王辰王常用馬韓人作之世世相繼辰王不得自立爲王（魏略曰明其為流移之人故爲馬韓所制）土地肥美宜種五穀及稻曉蠶桑作縑布乘駕牛馬嫁娶禮俗男女有別以大鳥羽送死其意欲使死者飛揚（魏略曰其國作屋横累木爲之有似牢獄也）國出鐵韓濊倭皆從取之諸市買皆用鐵如中國用錢又以供給二郡俗喜歌舞飲酒有瑟其形似筑彈之亦有音曲兒生便以石厭其頭欲其褊今辰韓人皆褊頭男女近倭亦文身便步戰兵仗與馬韓同其俗行者相逢皆住讓路

弁辰傳

弁辰與辰韓雜居亦有城郭衣服居處與辰韓同言語法俗相似祠祭鬼神有異施竈皆在戶西其瀆盧國與倭接界十二國亦有王其人形皆大衣服絜清長髮亦作廣幅細布法俗特嚴峻

倭人傳

倭人在帶方東南大海之中依山島爲國邑舊百餘國漢時有朝見者今使譯所通三十國從郡至倭循海岸水行歷韓國乍南乍東到其北岸狗邪韓國七千餘里始度一海千餘里至對海國其大

官曰卑狗副曰卑奴母離所居絶島方可四百餘里土地山險多深林道路如禽鹿徑有千餘戶無良田食海物自活乘船南北市糴又南渡一海千餘里名曰瀚海至一大國官亦曰卑狗副曰卑奴母離方可三百里多竹木叢林有三千許家差有田地耕田猶不足食亦南北市糴又渡一海千餘里至末盧國有四千餘戶濱山海居草木茂盛行不見前人好捕魚鰒水無深淺皆沉沒取之東南陸行五百里到伊都國官曰爾支副曰泄謨觚柄渠觚有千餘戶世有王皆統屬女王國郡使往來

常所駐東南至奴國百里官曰兕馬觚副曰卑奴母離有二萬餘戶東行至不彌國百里官曰多模副曰卑奴母離有千餘家南至投馬國水行二十日官曰彌彌副曰彌彌那利可五萬餘戶南至邪馬壹國女王之所都水行十日陸行一月官有伊支馬次曰彌馬升次曰彌馬獲支次曰奴佳鞮可七萬餘戶自女王國以北其戶數道里可得略載其餘旁國遠絶不可得詳次有斯馬國次有已百支國次有伊邪國次有都支國次有彌奴國次有好古都國次有不呼國次有姐奴國次有對蘇國

次有蘇奴國次有呼邑國次有華奴蘇奴國次有鬼國次有爲吾國次有鬼奴國次有邪馬國次有躬臣國次有巴利國次有支惟國次有烏奴國次有奴國此女王境界所盡其南有狗奴國男子爲王其官有狗古智卑狗不屬女王自郡至女王國萬二千餘里男子無大小皆黥面文身自古以來其使詣中國皆自稱大夫夏后少康之子封於會稽斷髮文身以避蛟龍之害今倭水人好沈沒捕魚蛤文身亦以厭大魚水禽後稍以爲飾諸國文身各異或左或右或大或小尊卑有差計其道里

當在會稽東治之東其風俗不淫男子皆露紒以木緜招頭其衣橫幅但結束相連略無縫婦人被髮屈紒作衣如單被穿其中央貫頭衣之種禾稻紵麻蠶桑緝績出細紵縑緜其地無牛馬虎豹羊鵲兵用矛楯木弓木弓短下長上竹箭或鐵鏃或骨鏃所有無與儋耳朱崖同倭地溫暖冬夏食生菜皆徒跣有屋室父母兄弟臥息異處以朱丹塗其身體如中國用粉也食飲用籩豆手食其死有棺無槨封土作冢始死停喪十餘日當時不食肉喪主哭泣他人就歌舞飲酒已葬舉家詣水中澡

浴以如練沐其行來渡海詣中國恒使一人不梳頭不去蟣蝨衣服垢污不食肉不近婦人如喪人名之爲持衰若行者吉善共顧其生口財物若有疾病遭暴害便欲殺之謂其持衰不謹出真珠青玉其山有丹其木有柟杼豫樟楺櫪投橿烏號楓香其竹篠簳桃支有薑橘椒蘘荷不知以爲滋味有獮猴黑雉其俗舉事行來有所云爲輒灼骨而卜以占吉凶先告所卜其辭如令龜法視火坼占兆其會同坐起父子男女無別人性嗜酒（魏略曰其俗不知正歲四節但計春耕秋收爲年紀）見大人所敬但搏手以當跪拜其

人壽考或百年或八九十年其俗國大人皆四五婦下戶或二三婦婦人不淫不妒忌不盜竊少諍訟其犯法輕者沒其妻子重者沒其門戶及宗族尊卑各有差序足相臣服收租賦有邸閣國國有市交易有無使大倭監之自女王國以北特置一大率檢察諸國畏憚之常治伊都國於國中有如刺史王遣使詣京都帶方郡諸韓國及郡使倭國皆臨津搜露傳送文書賜遺之物詣女王不得差錯下戶與大人相逢道路逡巡入草傳辭說事或蹲或跪兩手據地爲之恭敬對應聲曰噫比如然諾

其國本亦以男子爲王住七八十年倭國亂相攻伐歷年乃共立一女子爲王名曰卑彌呼事鬼道能惑衆年已長大無夫壻有男弟佐治國自爲王以來少有見者以婢千人自侍唯有男子一人給飲食傳辭出入居處宮室樓觀城柵嚴設常有人持兵守衛女王國東渡海千餘里復有國皆倭種又有侏儒國在其南人長三四尺去女王四千餘里又有裸國黑齒國復在其東南船行一年可至參問倭地絶在海中洲島之上或絶或連周旋可五千餘里景初二年六月倭女王遣大夫難升米

等詣郡求詣天子朝獻太守劉夏遣吏將送詣京都其年十二月詔書報倭女王曰制詔親魏倭王卑彌呼帶方太守劉夏遣使送汝大夫難升米次使都市牛利奉汝所獻男生口四人女生口六人班布二匹二丈以到汝所在踰遠乃遣使貢獻是汝之忠孝我甚哀汝今以汝爲親魏倭王假金印紫綬裝封付帶方太守假授汝其綏撫種人勉爲孝順汝來使難升米牛利涉遠道路勤勞今以難升米爲率善中郎將牛利爲率善校尉假銀印青綬引見勞賜遣還今以絳地交龍錦五匹臣松之以爲地

應爲綈漢文帝著皁衣謂之弋綈是也此字不體非魏朝之失則傳寫者誤也絳地縐粟罽十張蒨絳五十匹紺青五十匹荅汝所獻貢直又特賜汝紺地句文錦三匹細班華罽五張白絹五十匹金八兩五尺刀二口銅鏡百枚真珠鉛丹各五十斤皆裝封付難升米牛利還到錄受悉可以示汝國中人使知國家哀汝故鄭重賜汝好物也正始元年太守弓遵遣建中校尉梯儁等奉詔書印綬詣倭國拜假倭王幷齎詔賜金帛錦罽刀鏡采物倭王因使上表荅謝詔恩其四年倭王復遣使大夫伊聲耆掖邪狗等八人上獻生口倭錦絳青

縑緜衣帛布丹木𤝔短弓矢掖邪狗等壹拜率善中郎將印綬其六年詔賜倭難升米黃幢付郡假授其八年太守王頎到官倭女王卑彌呼與狗奴國男王卑彌弓呼素不和遣倭載斯烏越等詣郡說相攻擊狀遣塞曹掾史張政等因齎詔書黃幢拜假難升米爲檄告喻之卑彌呼以死大作冢徑百餘步徇葬者奴婢百餘人更立男王國中不服更相誅殺當時殺千餘人復立卑彌呼宗女壹與年十三爲王國中遂定政等以檄告喻壹與壹與遣倭大夫率善中郎將掖邪狗等二十人送政等

還因詣臺獻上男女生口三十人貢白珠五千孔青大句珠二枚異文雜錦二十匹

評曰史漢著朝鮮兩越東京撰錄西羌魏世匈奴遂衰更有烏丸鮮卑爰及東夷使譯時通記述隨事豈常也哉

魏略西戎傳曰氐人有王所從來久矣自漢開益州置武都郡排其種人分竄山谷間或在福祿或在汧隴左右其種非一稱槃瓠之後或號青氐或號白氐或號蚺氐此蓋蟲之類而處中國人即其服色而名之也其自相號曰盍稚各有王侯多受中國封拜近去建安中興國氐王阿貴白項氐王千萬各有部落萬餘至十六年從馬超爲亂超破之後阿貴爲夏侯淵所攻滅千萬西南入蜀其部落不能去皆降國家分徙其前後兩端者置扶風美陽今之安夷撫夷二部護軍所典是也其太守善分留天水南安界今之廣平魏郡所守是也其俗語不與中國同及羌雜胡同各自有姓姓如中國之姓矣其衣服尚青絳俗能織布善田種畜養豕牛馬驢騾其婦人嫁時著袵露其

緣飾之制有似羌袵露有似中國袍皆編髮多知中國語由與中國錯居故也其自還種落間則自氐語其嫁娶有似於羌此蓋乃昔所謂西戎在於街冀𪏭道者也今雖都統於郡國然故自有王侯在其虛落間又故武都地陰平街左右亦有萬餘落貲虜本匈奴也匈奴名奴婢爲貲始建武時匈奴衰分去其奴婢亡匿在金城武威酒泉北黑水西河東西畜牧逐水草抄盜涼州部落稍多有數萬不與東部鮮卑同也其種非一有大胡有丁令或頗有羌雜處由本亡奴婢故也當漢魏之際其大人有檀柘死後其枝大人南近在廣魏令居界有禿瑰來數反爲涼州所殺今有劭提或降來或遁去常爲西州道路患也 燉煌西域之南山中從婼羌西至葱領數千里有月氏餘種葱茈羌白馬黃牛羌各有酋豪北與諸國接不知其道里廣狹傳聞黃牛羌各有種類孕身六月生南與白馬羌鄰西域諸國漢初開其道時有三十六後分爲五十餘從建武以來更相吞滅於今有二十道從燉煌玉門關入西域前有二道今有三道從玉門關西出經婼羌轉西越葱領經縣度入大月氏爲南道從玉門關西出發都護井回三隴沙北頭經居盧倉從沙西井轉西北過龍堆到故樓蘭轉西詣龜茲至葱領爲中道從玉門關西北出經橫坑辟三隴沙及龍堆出五船北到車師界戊己校尉所治高

昌轉西與中道合龜茲爲新道凡西域所出有前史已具詳今故略說南道西行且志國小宛國精絕國樓蘭國皆并屬鄯善也戎盧國扞彌國渠勒國皮穴國皆并屬于寘罽賓國大夏國高附國天竺國皆并屬大月氏 臨兒國浮屠經云其國王生浮屠浮屠太子也父曰屑頭邪母云莫邪浮屠身服色黃髮青如青絲乳青毛蛉赤如銅始莫邪夢白象而孕及生從母左脅出生而有結墮地能行七步此國在天竺城中天竺又有神人名沙律昔漢哀帝元壽元年博士弟子景盧受大月氏王使伊存口受浮屠經曰復立者其人也浮屠所載臨蒲塞桑門伯聞疏問白疏間比丘晨門皆弟子號也浮屠所載與中國老子經相出入蓋以爲老子西出關過西域之天竺教胡浮屠屬弟子別號合有二十九不能詳載故略之如此 車離國一名礼惟特一名沛隸王在天竺東南三千餘里其地卑溼暑熱其王治沙奇城有別城數十人民怯弱月氏天竺擊服之其地東西南北數千里人民男女皆長一丈八尺乘象橐駝以戰今月氏役稅之 盤越國一名漢越王在天竺東南數千里與益部相近其人小與中國人等蜀人賈似至焉南道而西極轉東南盡矣 中道西行尉犁國危須國山王國皆并屬焉耆 姑墨國溫宿國尉頭国皆并屬龜茲也 楨中國莎車國竭石国渠沙國西夜國依耐國蒲犁国

億若國榆令國捐毒國休循國琴國皆并屬疏勒 自是以西大宛安息條支烏弋烏弋一名排特此四國次在西本國也無增損前世謬以爲條支在大秦西今其實在東前世又謬以爲彊於安息今更役屬之號爲安息西界前世又謬以爲弱水在條支西今弱水在大秦西前世又謬以爲從條支西行二百餘日近日所入今從大秦西近日所入 大秦國一號犂靬在安息條支西大海之西從安息界安谷城乘船直截海西遇風利二月到風遲或一歲無風或三歲其國在海西故俗謂之海西有河出其國西又有大海海西有遲散城從国下直北至烏丹城西南又渡一河乘船一日乃過西南又渡一河一日乃過凡有大都三郡從安谷城陸道直北行之海北復直西行之海西復直南行經之烏遲散城渡一河乘船一日乃過周回繞海凡當渡大海六日乃到其國國有小城邑合四百餘東西南北數千里其王治濱側河海以石爲城郭其土地有松柏槐梓竹葦楊柳胡桐百草民俗田種五穀畜乘有馬騾驢駱駝桑蠶俗多奇幻口中出火自縛自解跳十二丸巧妙其國無常主國中有災異輒更立賢人以爲王而生放其故王王亦不敢怨其俗人長大平正似中國人而胡服自云本中國一別也常欲通使於中國而安息圖其利不能得過其俗能胡書其制度公私宮室爲重屋旌旗擊鼓

白蓋小車郵驛亭置如中國從安息繞海北到其國人民相
屬十里一亭三十里一置終無盜賊但有猛虎師子爲害行
道不羣則不得過其國置小王數十其王所治城周回百餘
里有官曹文書王有五宮一宮間相去十里其王平旦之一
宮聽事至日暮一宿明日復至一宮五日一周置三十六將
每議事一將不至則不議也王出行常使從人持一韋囊自
隨有白言者受其辭投囊中還宮乃省爲決理以水精作宮
柱及器物作弓矢其別枝封小國曰澤散王曰驢分王曰且
蘭王曰賢督王曰汜復王曰于羅王其餘小王國甚多不能
一詳之也國出細絺作金銀錢金錢一當銀十有織成細布言
用水羊毳名曰海西布此國六畜皆出水或云非獨用羊毛
也亦用木皮或野繭絲作織成氍毹毾㲪罽帳之屬皆好其
色又鮮於海東諸國所作也又常利得中國絲解以爲胡綾
故數與安息諸國交市於海中海水苦不可食故往來者希
到其國中山出九色次玉石一曰青二曰赤三曰黃四曰白
五曰黑六曰綠七曰紫八曰紅九曰紺今伊吾山中有九色
石即其類陽嘉三年時疏勒王臣槃獻海西青石金帶各一
又今西域舊圖云罽賓條支諸國出琦石即次玉石也大秦
多金銀銅鐵鉛錫神龜白馬朱髦駭雞犀瑇瑁玄熊赤螭辟
毒鼠大貝車渠馬腦南金翠爵羽翮象牙符采玉明月珠夜

光珠眞白珠虎魄珊瑚赤白黑綠黃青紺縹紅紫十種流離璆
琳琅玕水精玫瑰雄黃雌黃碧五色玉黃白黑綠紫紅絳紺
金黃縹留黃十種氍毹五色毾㲪五色九色首下毾㲪金縷
繡雜色綾金塗布緋持布發陸布緋持渠布火浣布阿羅得
布巴則布度代布溫宿布五色桃布絳地金織帳五色斗帳
一微木二蘇合狄提迷迷兜納白附子薰陸鬱金芸膠薰草
木十二種香大秦道既從海北陸通又循海而南與交趾七
郡外夷比又有水道通益州永昌故永昌出異物前世但論
有水道不知有陸道今其略如此其民人戶數不能備詳也
自葱領西此國最大置諸小王甚多故錄其屬大者矣　澤散
王屬大秦其治在海中央北至驢分水行半歲風疾時一月
到最與安息安谷城相近西南詣大秦都不知里數驢分王
屬大秦其治去大秦都二千里從驢分城西之大秦渡海飛
橋長二百三十里渡海道西南行繞海直西行且蘭王屬大
秦從思陶國直南渡河乃直西行之且蘭三千里道出河南
乃西行從且蘭復直西行之汜復國六百里南道會汜復乃
西南之賢督國且蘭汜復直南乃有積石積石南乃有大海
出珊瑚眞珠且蘭汜復斯賓阿蠻北有一山東西行大秦海
東東各有一山皆南北行賢督王屬大秦其治東北去汜復
六百里汜復王屬大秦其治東北去於羅三百四十里渡海

也於羅屬大秦其治在汜復東北渡河從於羅東北又渡河
斯羅東北又渡河斯羅國屬安息與大秦接也大秦西有海
水海水西有河水河水西南北行有大山西有赤水赤水西
有白玉山白玉山有西王母西王母西有脩流沙流沙西
有大夏國堅沙國屬繇國月氏國四國西有黑水所傳聞西
之極矣　北新道西行至東且彌國西且彌國單桓國畢陸
國蒲陸國烏貪國皆并屬車師後部王王治于賴城魏賜其
王壹多雜守魏侍中號大都尉受魏王印轉西北則烏孫康
居本國無增損也北烏伊別國在康居北又有柳國又有巖
國又有奄蔡國一名阿蘭皆與康居同俗西與大秦東南與
康居接其國多名貂畜牧逐水草臨大澤故時羈屬康居今
不屬也呼得國在葱領北烏孫西北康居東北勝兵萬餘人
隨畜牧出好馬有貂堅昆國在康居西北勝兵三萬人隨畜
牧亦多貂有好馬　丁令國在康居北勝兵六萬人隨畜牧
出名鼠皮白昆子青昆子皮此上三國堅昆中央俱去匈奴
單于庭安習水七千里南去車師六國五千里西南去康居
界三千里西去康居王治八千里或以爲此丁令即匈奴北
丁令也而北丁令在烏孫西似以其種別也又匈奴北有渾窳
國有屈射國有丁令國有隔昆國有新棃國明北海之南自
復有丁令非此烏孫之西丁令也烏孫長老言北丁令有馬

脛國其人音聲似鴈鶩從膝以上身頭人也膝以下生毛馬
脛馬蹄不騎馬而走疾馬其爲人勇健敢戰也短人國在康
居西北男女皆長三尺人衆甚多去奄蔡諸國甚遠康居長
老傳聞常有商度此國去康居可萬餘里　魚豢議曰俗以
爲營廷之魚不知江海之大浮游之物不知四時之氣是何
也以其所在者小與其生之短也余今汜覽外夷大秦諸國
猶尚曠若發蒙矣況夫鄒衍之所推出大易太玄之所測度
乎徒限處牛蹄之涔又無彭祖之年無緣託景風以迅游載
驥騄以遐觀但勞眺乎
三辰而飛思乎八荒耳

烏丸鮮卑東夷傳第三十　魏書　國志三十

中書門下　牒

蜀志

牒奉

勑書契已來簡編咸備每詳觀於淑慝實
昭示於勸懲矧三國肇分一時所紀史筆
頗彰於遺直策書用著於不刋諒載籍之
前言助人文之至化年祀寖遠譌謬居多
爰命學徒俾其校正宜從模印式廣頒行

牒至准

勑故牒

咸平六年十月二十三日

左諫議大夫參知政事王

工部侍郎參知政事王

兵部侍郎同中書門下平章事

門下侍郎同中書門下平章事

左僕射同中書門下平章事

三國志目錄中

晉平陽侯相陳　壽　撰

蜀書

三國志目錄中

劉二牧傳第一　蜀書　國志三十一

劉焉傳　子璋

劉焉字君郎江夏竟陵人也漢魯恭王之後裔章帝元和中徙封竟陵支庶家焉焉少仕州郡以宗室拜中郎後以師祝公喪去官臣松之案祝公司徒祝恬也居陽城山積學教授舉賢良方正辟司徒府歷雒陽令冀州刺史南陽太守宗正太常焉覩靈帝政治衰缺王室多故乃建議言刺史太守貨賂爲官割剝百姓以致離叛可選清名重臣以爲牧伯鎮安方夏焉内求交阯牧欲避世難議未即行侍中廣漢

董扶私謂焉曰京師將亂益州分野有天子氣焉聞扶言意更在益州會益州刺史郤儉賦斂煩擾謠言遠聞儉郤正祖也而并州殺刺史張壹涼州殺刺史耿鄙焉謀得施出爲監軍使者領益州牧封陽城侯當收儉治罪續漢書曰是時用劉虞爲幽州劉焉爲益州劉表爲荊州賈琮爲冀州虞等皆海内清名之士或從列卿尚書以選爲牧伯各以本秩居任舊典傳車參駕施赤爲帷裳臣松之案靈帝崩後義軍起孫堅殺荊州刺史王叡然後劉表爲荊州不與焉同時也漢靈帝紀曰帝引見焉宣示方略加以賞賜勑焉爲益州刺史前刺史劉雋郤儉皆貪殘放濫取受狼籍元元無聊呼嗟充野焉到便收攝行法以示萬姓勿令漏露使癰疽決潰爲國生梗焉受命而行以道路不通住荊州東界扶亦求爲蜀郡西部屬國都尉及太倉令會巴西趙韙去官俱隨焉陳壽益部耆舊傳曰

董扶字茂安少從師學兼通數經善歐陽尚書又事聘士楊厚究極圖讖遂至京師游覽太學還家講授弟子自遠而至永康元年日有蝕之詔舉賢良方正之士策問得失左馮翊趙謙等舉扶扶以病不詣遙於長安上封事遂稱疾篤歸家前後宰府十辟公車三徵再舉賢良方正博士有道皆不就名稱尤重大將軍何進表薦扶曰資游夏之德述孔氏之風内懷焦董消復之術方今并涼騷擾西戎蠢叛宜勑公車特召待以異禮諮謀奇策於是靈帝徵扶即拜侍中在朝稱爲儒宗甚見器重求爲蜀郡屬國都尉扶出一歲而靈帝崩天下大亂後去官年八十二卒于家始扶發辭抗論益部少雙故號曰致止言人莫能當所至而談止也後丞相諸葛亮問秦宓以扶所長宓曰董扶褒秋毫之善貶纖芥之惡是時涼州逆賊馬相趙祗等於緜竹縣自號黃巾合聚疲役之民一二日中得數千人先殺緜竹令李升吏民翕集合萬餘人便前破雒縣攻益州殺儉又到蜀郡犍爲旬月之間破壞三郡相自稱天子

衆以萬數州從事賈龍素領兵數百人在犍爲東界攝斂吏民得千餘人攻相等數日破走州界清靜龍乃選吏卒迎焉焉徙治緜竹撫納離叛務行寬惠陰圖異計張魯母始以鬼道又有少容常往來焉家故焉遣魯爲督義司馬住漢中斷絶谷閣殺害漢使焉上書言米賊斷道不得復通又託他事殺州中豪強王咸李權等十餘人以立威刑益部耆舊雜記曰李權字伯豫爲臨邛長子福見犍爲楊戲輔臣贊犍爲太守任岐及賈龍由此反攻焉焉擊殺岐龍英雄記曰劉焉起兵不與天下討董卓保州自守犍爲太守任岐自稱將軍與從事陳超舉兵擊焉焉擊破之董卓使司徒趙謙將兵向州説校尉賈龍使引兵還擊焉焉出

青羌與戰故能破殺岐龍等皆蜀郡人 焉意漸盛造作乘輿車具千餘乘荊州牧劉表表上焉有似子夏在西河疑聖人之論時焉子範為左中郎將誕治書御史璋為奉車都尉皆從獻帝在長安 英雄記曰範聞父焉為益州牧董卓所徵發皆不至收範兄弟三人鏁械於郿塢為陰獄以繫之 惟小子別部司馬瑁素隨焉獻帝使璋曉喻焉焉留璋不遣 典略曰時璋為奉車都尉在京師焉託疾召璋璋自表省焉焉遂留璋不還 時征西將軍馬騰屯郿而反焉及範與騰通謀引兵襲長安範謀泄奔槐里騰敗退還涼州範應時見殺於是收誕行刑 英雄記曰範從長安亡之馬騰營從焉求兵焉使校尉孫肇將兵往助之敗於長安 議郎河南龐羲與焉通家乃募將焉諸孫入蜀時焉被天火燒城車具蕩盡延及民家焉徙治成都既痛其子又感祅災興平元年癰疽發背而卒州大吏趙韙等貪璋溫仁共上璋為益州刺史詔書因以為監軍使者領益州牧以韙為征東中郎將率衆擊劉表 英雄記曰焉死子璋代為刺史會長安拜潁川扈瑁為刺史入漢中荊州別駕劉闔璋將沈彌婁發甘寧反擊璋不勝走入荊州璋使趙韙進攻荊州屯朐䏰 上蠢下如振反 璋字季玉既襲焉位而張魯稍驕恣不承順璋璋殺魯母及弟遂為讎敵璋累遣龐羲等攻魯所破魯部曲多在巴西故以羲為巴西太守領兵禦魯

英雄記曰龐羲與璋有舊又免璋諸子於難故璋厚德羲以羲為巴西太守遂專權勢 後羲與璋情好攜隙趙韙稱兵內向衆散見殺皆由璋明斷少而外言入故也 英雄記曰先是南陽三輔人流入益州數萬家收以為兵名曰東州兵璋性寬柔無威略東州人侵暴舊民璋不能禁政令多闕益州頗怨趙韙素得人心璋委任之韙因民怨謀叛乃厚賂荊州請和陰結州中大姓與俱起兵還擊璋蜀郡廣漢犍為皆應韙璋馳入成都城守東州人畏威咸同心并力助璋皆殊死戰遂破反者進攻韙於江州韙將龐樂李異反殺韙軍斬韙 漢獻帝春秋曰漢朝聞益州亂遣五官中郎將牛亶為益州刺史徵璋為卿不至 璋聞曹公征荊州已定漢中遣河內陰溥致敬於曹公加璋振威將軍兄瑁平寇將軍瑁狂疾物故 臣松之案魏臺訪物故之義高堂隆答曰聞之先師物無也故事也言無復所能於事也 璋復遣別駕從事蜀郡張肅送叟兵三百人并雜御物於曹公曹公拜肅為廣漢太守璋復遣別駕張松詣曹公曹公時已定荊州走先主不復存錄松松以此怨會曹公軍不利於赤壁兼以疫死松還疵毀曹公勸璋自絕 漢晉春秋曰張松見曹公曹公方自矜伐不存錄松松歸乃勸璋自絕 習鑿齒曰昔齊桓一矜其功而叛者九國曹操暫自驕伐而天下三分皆勤之於數十年之內而棄之於俯仰之頃豈不惜乎是以君子勞謙日仄慮以下人功高而居之以讓勢尊而守之以卑情近於物故雖貴而人不厭其重德洽群生故業廣而天下愈欣其慶夫然故能有以富貴保其功業隆顯當時傳福百世何驕矜之有哉君子是以知曹操之不能遂兼天下者也 因說璋曰劉豫州使君之肺腑可與交通璋皆然之遣法正連好先主尋又令正及孟達送兵數千助先主守禦正遂還後松復說璋曰今州中諸將

龐羲李異等皆恃功驕豪欲有外意不得據州則敵攻其外民攻其内必敗之道也璋又從之遣法正請先主璋主簿黃權陳其利害從事廣漢王累自倒縣於州門以諫璋一無所納勑在所供奉先主先主入境如歸先主至江州北由墊江水（墊音徒協反）詣涪（音浮）去成都三百六十里是歲建安十六年也璋率步騎三萬餘人車乘帳幔精光耀日往就與會先主所將將士更相之適歡飲百餘日璋資給先主使討張魯然後分別（吳書曰璋以米二十萬斛騎千匹車千乘繒絮錦帛以資送劉備）明年先主至葭萌還兵南向所在皆克十九

年進圍成都數十日城中尚有精兵三萬人穀帛支一年吏民咸欲死戰璋言父子在州二十餘年無恩德以加百姓百姓攻戰三年肌膏草野者以璋故也何心能安遂開城出降羣下莫不流涕先主遷璋于南郡公安盡歸其財物故佩振威將軍印綬孫權殺關羽取荊州以璋為益州牧駐秭歸璋卒南中豪率雍闓據益郡反附於吳權復以璋子闡為益州刺史處交益界首丞相諸葛亮平南土闡還吳為御史中丞（吳書曰闡一名緯為人恭恪輕財愛義有仁讓之風後疾終於家）

初璋長子循妻龐羲女也先主定蜀羲為左將軍司馬璋時從羲啓留循先主以為奉車中郎將是以璋二子之後分在吳蜀

評曰昔魏豹聞許負之言則納薄姬於室（孔衍漢魏春秋曰許負河内溫縣之婦人漢高祖封為明雌亭侯　臣松之以為今東人呼母為負衍以許負為婦人如為有似然漢高祖時封皆列侯未有鄉亭之爵疑此封為不然）劉歆見圖讖之文則名字改易終於不免其身而慶鍾二主此則神明不可虛要天命不可妄冀必然之驗也而劉焉聞董扶之辭則心存益土聽相者之言則求婚吳氏遽造輿服圖竊神器其惑甚矣璋才非人雄而據土亂世負乘致寇自然之理其見奪取非不幸也（張璠曰劉璋愚弱而守善言斯亦宋襄公徐偃王之徒未為無道之主也張松法正雖君臣之義不正然固已委名附質進不顯陳事勢若韓嵩劉光之說劉表退不告絕奔亡不若陳平韓信之去項羽而兩端攜貳為謀不忠罪之次也）

劉二牧傳第一　蜀書　國志三十一

先主傳第二　蜀書　國志三十二

先主傳

先主姓劉諱備字玄德涿郡涿縣人漢景帝子中山靖王勝之後也勝子貞元狩六年封涿縣陸城亭侯坐酎金失侯因家焉典略曰備本臨邑侯枝屬也先主祖雄父弘世仕州郡雄舉孝廉官至東郡范令先主少孤與母販履織席為業舍東南角籬上有桑樹生高五丈餘遙望見童童如小車蓋往來者皆怪此樹非凡或謂當出貴人漢晉春秋曰涿人李定云此家必出貴人先主少時與宗中諸小兒於樹下戲言吾必當乘此羽葆蓋車叔父子敬謂曰汝勿妄語滅吾門也年十五母使行學與同宗劉德然遼西公孫瓚俱事故九江太守同郡盧植德然父元起常資給先主與德然等元起妻曰各自一家何能常爾邪起曰吾宗中有此兒非常人也而瓚深與先主相友瓚年長先主以兄事之先主不甚樂讀書喜狗馬音樂美衣服身長七尺五寸垂手下膝顧自見其耳少語言善下人喜怒不形於色好交結豪俠年少爭附之中山大商張世平蘇雙等貲累千金販馬周旋於涿郡見而異之乃多與之金財先主由是得用合徒衆靈帝末黃巾起州郡各舉義兵先主率其屬從校尉鄒靖討黃巾賊有功除安喜尉典略曰平原劉子平知備有武勇時張純反叛青州被詔遣從事將兵討純過平原子平薦備於從事遂與相隨遇賊於野備中創陽死賊去後故人以車載之得免後以軍功為中山安喜尉督郵以公事到縣先主求謁不通直入縛督郵杖二百解綬繫其頸著馬枊五葬反棄官亡命典略曰其後州郡被詔書其有軍功為長吏者當沙汰之備疑在遣中督郵至縣當遣備備素知之聞督郵在傳舍備欲求見督郵督郵稱疾不肯見備備恨之因還治將吏卒更詣傳舍突入門言我被府君密教收督郵遂就牀縛之將出到界自解其綬以繫督郵頸縛之著樹鞭杖百餘下欲殺之督郵求哀乃釋去之頃之大將軍何進遣都尉毌丘毅詣丹楊募兵先主與俱行至下邳遇賊力戰有功除為下密丞復去官後為高唐尉遷為令英雄記云靈帝末年備嘗在京師後與曹公俱還沛國募召合衆會靈帝崩天下大亂備亦起軍從討董卓為賊所破往奔中郎將公孫瓚瓚表為別部司馬使與青州刺史田楷以拒冀州牧袁紹數有戰功試守平原令後領平原相郡民劉平素輕先主恥為之下使客刺之客不忍刺語之而去其得人心如此魏書曰劉平結客刺備備不知而待客甚厚客以狀語之而去是時人民飢饉屯聚鈔暴備外禦寇難內豐財施士之下者必與同席而坐同簋而食無所簡擇衆多歸焉袁紹攻公孫瓚先主與田楷東屯齊曹公征徐州徐州牧陶謙遣使告急於田楷楷與先主俱救之時先主自有兵千餘人及幽州烏丸雜胡騎又略得飢

民數千人既到謙以丹楊兵四千益先主先主遂去楷歸謙謙表先主為豫州刺史屯小沛謙病篤謂別駕麋竺曰非劉備不能安此州也謙死竺率州人迎先主先主未敢當下邳陳登謂先主曰今漢室陵遲海內傾覆立功立事在於今日彼州殷富戶口百萬欲屈使君撫臨州事先主曰袁公路近在壽春此君四世五公海內所歸君可以州與之登曰公路驕豪非治亂之主今欲為使君合步騎十萬上可以匡主濟民成五霸之業下可以割地守境書功於竹帛若使君不見聽許登亦未敢聽使君也北海相孔融謂先主曰袁公路豈憂國忘家者邪冢中枯骨何足介意今日之事百姓與能天與不取悔不可追先主遂領徐州（獻帝春秋曰陳登等遣使詣袁紹曰天降災沴禍臻鄙州州將殂隕生民無主恐懼姦雄一旦承隙以貽盟主日昃之憂輒共奉故平原相劉備府君以為宗主永使百姓知有依歸方今寇難縱橫不遑釋甲謹遣下吏奔告于執事紹荅曰劉玄德弘雅有信義今徐州樂戴之誠副所望也）袁術來攻先主先主拒之於盱眙淮陰曹公表先主為鎮東將軍封宜城亭侯是歲建安元年也先主與術相持經月呂布乘虛襲下邳下邳守將曹豹反閒迎布布虜先主妻子先主轉軍海西（英雄記曰備留張飛守下邳引兵與袁術戰於淮陰石亭更有勝負陶謙故將曹豹在下邳張飛欲殺之豹衆堅營

自守使人招呂布布取下邳張飛敗走備聞之引兵還比至下邳兵潰收散卒東取廣陵與袁術戰又敗）楊奉韓暹寇徐揚閒先主邀擊盡斬之先主求和於呂布布還其妻子先主遣關羽守下邳先主還小沛（英雄記曰備軍在廣陵飢餓困踧吏士大小自相啖食窮餓侵逼欲還小沛遂使吏請降布布令備還州并勢擊術具刺史車馬童僕發遣備妻子部曲家屬於泗水上祖道相樂魏書曰諸將謂布曰備數反覆難養宜早圖之布不聽以狀語備備心不安而求自託使人說布求屯小沛布乃遣之）復合兵得萬餘人呂布惡之自出兵攻先主先主敗走歸曹公曹公厚遇之以為豫州牧將至沛收散卒給其軍糧益與兵使東擊布布遣高順攻之曹公遣夏侯惇往不能救為順所敗復虜先主妻子送布曹公自出東征（英雄記曰建安三年春布使人齎金欲詣河內買馬為備兵所鈔布由是遣中郎將高順北地太守張遼等攻備九月遂破沛城備單身走獲將士妻息十月曹公自征布備於梁國界中與曹公相遇遂隨公俱東征）助先主圍布於下邳生禽布先主復得妻子從曹公還許表先主為左將軍禮之愈重出則同輿坐則同席袁術欲經徐州北就袁紹曹公遣先主督朱靈路招要擊術未至術病死先主未出時獻帝舅車騎將軍董承（臣松之按董承漢靈帝母董太后之姪於獻帝為丈人蓋古無丈人之名故謂之舅也）辭受帝衣帶中密詔當誅曹公先主未發是時曹公從容謂先主曰今天下英雄惟使君與操耳本初之徒不足數也先主方食失匕箸（華陽國志云于時正當雷震備因謂操曰聖人云迅

雷風烈必變良有以也一震之威乃可至於此也遂與承及長水校尉种輯將
軍吳子蘭王子服等同謀會見使未發事覺承等
皆伏誅獻帝起居注曰承等與備謀未發而備出承謂服曰郭多有數百兵壞李傕數萬人但足下與吾同
不耳昔呂不韋之門須子楚而後高今吾與子由是也服曰惶懼不敢當且兵又少承曰舉事訖得曹公成兵顧不足邪
服曰今京師豈有所任乎承曰長水校尉种輯議郎吳碩是吾腹心辦事者遂定計先主據下邳靈
等還先主乃殺徐州刺史車冑留關羽守下邳而
身還小沛胡沖吳歷曰曹公數遣親近密覘諸將有賓客酒食者輒因事害之備時閉門將人種蕪菁曹
公使人闚門既去備謂張飛關羽曰吾豈種菜者乎曹公必有疑意不可復留其夜開後柵與飛等輕騎俱去所得賜遺
衣服悉封留之乃往小沛收合兵衆 臣松之案魏武帝遣先主統諸將要擊袁術郭嘉等並諫魏武不從其事顯然非
因種菜遁逃而去如胡沖所云何乖僻之甚乎東海昌霸反郡縣多叛曹公
爲先主衆數萬人遣孫乾與袁紹連和曹公遣劉
岱王忠擊之不克五年曹公東征先主先主敗績
魏書曰是時公方有急於官渡乃分留諸將屯官渡自勒精兵征備備初謂公與大敵連不得東而候騎卒至言曹公自
來備大驚然猶未信自將數十騎出望公軍見麾旌便棄衆而走曹公盡收其衆虜先
主妻子并禽關羽以歸先主走青州青州刺史袁
譚先主故茂才也將步騎迎先主先主隨譚到平
原譚馳使白紹紹遣將道路奉迎身去鄴二百里
與先主相見魏書曰備歸紹紹父子傾心敬重駐月餘日所失亡士
卒稍稍來集曹公與袁紹相拒於官渡汝南黃巾
劉辟等叛曹公應紹紹遣先主將兵與辟等略許

下關羽亡歸先主曹公遣曹仁將兵擊先主先主
還紹軍陰欲離紹乃說紹南連荊州牧劉表紹遣
先主將本兵復至汝南與賊龔都等合衆數千人
曹公遣蔡楊擊之爲先主所殺曹公既破紹自南
擊先主先主遣麋竺孫乾與劉表相聞表自郊迎
以上賓禮待之益其兵使屯新野荊州豪傑歸先
主者日益多表疑其心陰禦之九州春秋曰備住荊州數年嘗於表坐起
至廁見髀裏肉生慨然流涕還坐表怪問備備曰平常身不離鞍髀肉皆消今不復騎髀裏肉生日月若馳老將至矣而
功業不建是以悲耳 世語曰備屯樊城劉表禮焉憚其爲人不甚信用曾請備宴會蒯越蔡瑁欲因會取備備覺之偽
如廁潛遁出所乘馬名的盧騎的盧走墮襄陽城西檀溪水中溺不得出備急曰的盧今日厄矣可努力的盧乃一踊三
丈遂得過乘桴渡河中流而追者至以表意謝之曰何去之速乎 孫盛曰此不然之言備時羇旅客主勢殊若有此變
豈敢晏然終表之世而無釁故乎此皆世俗妄說非事實也使拒夏侯惇于禁等於
博望久之先主設伏兵一旦自燒屯偽遁惇等追
之爲伏兵所破
十二年曹公北征烏丸先主說表襲許表不能用
漢晉春秋曰曹公自柳城還表謂備曰不用君言故爲失此大會備曰今天下分裂日尋干戈事會之來豈有終極乎若
能應之於後者則此未足爲恨也曹公南征表會表卒英雄記曰表病上備領荊州刺
史 魏書曰表病篤託國於備顧謂曰我兒不才而諸將並零落我死之後卿便攝荊州備曰諸子自賢君其憂病或當
備宜從表言備曰此人待我厚今從其言人必以我爲薄所不忍也 臣松之以爲表夫妻素愛琮捨適立庶情計久定
無緣臨終舉荊州以授備此亦不然之言子琮代立遣使請降先主屯樊

不知曹公卒至至宛乃聞之遂將其衆去過襄陽
諸葛亮說先主攻琮荊州可有先主曰吾不忍也
孔衍漢魏春秋曰劉琮乞降不敢告備備亦不知久之乃覺遣所親問琮琮令宋忠詣備宣旨是時曹公在宛備乃大驚駭謂忠曰卿諸人作事如此不早相語今禍至方告我不亦太劇乎引刀向忠曰今斷卿頭不足以解忿亦恥大丈夫臨別復殺卿輩遣忠去乃呼部曲議或勸備劫將琮及荊州吏士徑南到江陵備荅曰劉荊州臨亡託我以孤遺背信自濟吾所不爲死何面目以見劉荊州乎
乃駐馬呼琮琮懼不能起琮左右
及荊州人多歸先主典略曰備過辭表墓遂涕泣而去比到當陽衆
十餘萬輜重數千兩日行十餘里別遣關羽乘船
數百艘使會江陵或謂先主曰宜速行保江陵今
雖擁大衆被甲者少若曹公兵至何以拒之先主

曰夫濟大事必以人爲本今人歸吾吾何忍棄去
習鑿齒曰先主雖顛沛險難而信義愈明勢偪事危而言不失道追景升之顧則情感三軍戀赴義之士則甘與同敗觀其所以結物情者豈徒投醪撫寒含蓼問疾而已哉其終濟大業不亦宜乎
曹公以江陵有
軍實恐先主據之乃釋輜重輕軍到襄陽聞先主
已過曹公將精騎五千急追之一日一夜行三百
餘里及於當陽之長坂先主棄妻子與諸葛亮張
飛趙雲等數十騎走曹公大獲其人衆輜重先主
斜趣漢津適與羽船會得濟沔遇表長子江夏太
守琦衆萬餘人與俱到夏口先主遣諸葛亮自結
於孫權江表傳曰孫權遣魯肅弔劉表二子并令與備相結肅未至而曹公已濟漢津肅故進前與備相遇

於當陽因宣權旨論天下事勢致殷勤之意且問備曰豫州今欲何至備曰與蒼梧太守吳巨有舊欲往投之肅曰孫討虜聰明仁惠敬賢禮士江表英豪咸歸附之已據有六郡兵精糧多足以立事今爲君計莫若遣腹心使自結於東崇連和之好共濟世業而云欲投吳巨巨是凡人偏在遠郡行將爲人所并豈足託乎備大喜進住鄂縣即遣諸葛亮隨肅詣孫權結同盟誓
權遣周瑜程普等水軍數萬與先主并力
江表傳曰備從魯肅計進住鄂縣之樊口諸葛亮詣吳未還備聞曹公軍下恐懼日遣邏吏於水次候望權軍吏望見瑜船馳往白備備曰何以知之非青徐軍邪吏對曰以船知之備遣人慰勞之瑜曰有軍任不可得委署儻能屈威誠副其所望備謂關羽張飛曰彼欲致我我今自結託於東而不往非同盟之意也乃乘單舸往見瑜問曰今拒曹公深爲得計戰卒有幾瑜曰三萬人備曰恨少瑜曰此自足用豫州但觀瑜破之備欲呼魯肅等共會語瑜曰受命不得妄委署若欲見子敬可別過之又孔明已俱來不過三兩日到也備雖深愧異瑜而心未許之能必破北軍也故差池在後將二千人與羽飛俱未肯係瑜蓋爲進退之計也孫盛曰劉備雄才處必亡之地告急於吳而獲奔助無緣復顧望江渚而懷後

計江表傳之言當是吳人欲專美之辭
與曹公戰于赤壁大破之焚其
舟船先主與吳軍水陸并進追到南郡時又疾疫
北軍多死曹公引歸江表傳曰周瑜爲南郡太守分南岸地以給備備別立營於油江口改名爲公安劉表吏士見從北軍多叛來投備備以瑜所給地少不足以安民後從權借荊州數郡
先主表
琦爲荊州刺史又南征四郡武陵太守金旋長沙
太守韓玄桂陽太守趙範零陵太守劉度皆降三輔決錄注曰金旋字元機京兆人歷位黃門郎漢陽太守徵拜議郎遷中郎將領武陵太守爲備所攻劫死子禕事見魏武本紀
廬江雷緒率部曲數萬口稽顙琦病死羣下推
先主爲荊州牧治公安江表傳曰備立營於油口改名爲公安
權稍畏
之進妹固好先主至京見權綢繆恩紀山陽公載記曰備還謂左

右曰孫車騎長上短下其難爲下吾不可以再見之乃晝夜兼行臣松之案魏書載劉備與孫權語與蜀志述諸葛亮與權語正同劉備未破魏軍之前尚未與孫權相見不得有此說故知蜀志爲是權遣使云欲共取蜀或以爲宜報聽許吳終不能越荊有蜀蜀地可爲己有荊州主簿殷觀進曰若爲吳先驅進未能克蜀退爲吳所乘即事去矣今但可然贊其伐蜀而自說新據諸郡未可興動吳必不敢越我而獨取蜀如此進退之計可以收吳蜀之利先主從之權果輟計遷觀爲別駕從事獻帝春秋曰孫權欲與備共取蜀遣使報備曰米賊張魯居王巴漢爲曹操耳目規圖益州劉璋不武不能自守若操得蜀則荊州危矣今欲先攻取璋進討張魯首尾相連一統吳楚雖有十操無所憂也備欲自圖蜀拒答不聽曰益州民富彊土地險阻劉璋雖弱足以自守張

魯虛僞未必盡忠於操今暴師於蜀漢轉運於萬里欲使戰克攻取舉不失利此吳起不能定其規孫武不能善其事也曹操雖有無君之心而有奉主之名議者見操失利於赤壁謂其力屈無復遠志也今操三分天下已有其二將欲飲馬於滄海觀兵於吳會何肯守此坐須老乎今同盟無故自相攻伐借樞於操使敵承其隙非長計也權不聽遣孫瑜率水軍住夏口備不聽軍過謂瑜曰汝欲取蜀吾當被髮入山不失信於天下也使關羽屯江陵張飛屯秭歸諸葛亮據南郡備自住孱陵權知備意因召瑜還

十六年益州牧劉璋遙聞曹公將遣鍾繇等向漢中討張魯內懷恐懼別駕從事蜀郡張松說璋曰曹公兵彊無敵於天下若因張魯之資以取蜀土誰能禦之者乎璋曰吾固憂之而未有計松曰劉豫州使君之宗室而曹公之深讎也善用兵若使

之討魯魯破則益州彊曹公雖來無能爲也璋然之遣法正將四千人迎先主前後賂遺以巨億計正因陳益州可取之策吳書曰備前見張松後得法正皆厚以恩意接納盡其殷勤之歡因問蜀中闊狹兵器府庫人馬衆寡及諸要害道里遠近松等具言之又畫地圖山川處所由是盡知益州虛實也先主留諸葛亮關羽等據荊州將步卒數萬人入益州至涪璋自出迎相見甚歡張松令法正白先主及謀臣龐統進說便可於會所襲璋先主曰此大事也不可倉卒璋推先主行大司馬領司隸校尉先主亦推璋行鎮西大將軍領益州牧璋增先主兵使擊張魯又令督白水軍先主并軍

三萬餘人車甲器械資貨甚盛是歲璋還成都先主北到葭萌未即討魯厚樹恩德以收衆心明年曹公征孫權權呼先主自救先主遣使告璋曰曹公征吳吳憂危急孫氏與孤本爲脣齒又樂進在青泥與關羽相拒今不往救羽進必大克轉侵州界其憂有甚於魯魯自守之賊不足慮也乃從璋求萬兵及資寶欲以東行璋但許兵四千其餘皆給半魏書曰備因激怒其衆曰吾爲益州征彊敵師徒勤瘁不遑寧居今積帑藏之財而恡於賞功望士大夫爲出死力戰其可得乎張松書與先主及法正曰今大事垂可立如何釋此去乎松兄廣漢太守肅懼禍逮己白璋

發其謀於是璋收斬松嫌隙始構矣益部耆舊雜記曰張肅有威儀容貌甚偉松為人短小放蕩不治節操然識達精果有才幹劉璋遣詣曹公曹公不甚禮松主簿楊脩深器之白公辟松公不納脩以公所撰兵書示松松飲宴之間一看便闇誦脩以此益異之璋敕關戍諸將文書勿復關通先主先主大怒召璋白水軍督楊懷責以無禮斬之乃使黃忠卓膺勒兵向璋先主徑至關中質諸將并士卒妻子引兵與忠膺等進到涪據其城璋遣劉璝冷苞張任鄧賢等拒先主於涪益部耆舊雜記曰張任蜀郡人家世寒門少有膽勇有志節仕州為從事皆破敗退保緜竹璋復遣李嚴督緜竹諸軍嚴率衆降先主先主軍益彊分遣諸將平下屬縣諸葛亮張飛趙雲等將兵泝流定白帝江州江陽惟關羽留鎮荊州先主進軍圍雒時璋子循守城被攻且一年

十九年夏雒城破益部耆舊雜記曰劉璋遣張任劉璝率精兵拒捍先主於涪為先主所破退與璋子循守雒城任勒兵出於鴈橋戰復敗禽任先主聞任之忠勇令軍降之任厲聲曰老臣終不復事二主矣乃殺之先主歎惜焉

進圍成都數十日璋出降傅子曰初劉備襲蜀丞相掾趙戩曰劉備其不濟乎拙於用兵每戰則敗奔亡不暇何以圖人蜀雖小區險固四塞獨守之國難卒并也徵士傅幹曰劉備寬仁有度能得人死力諸葛亮達治知變正而有謀而為之相張飛關羽勇而有義皆萬人之敵而為之將此三人者皆人傑也以備之略三傑佐之何為不濟　典略曰趙戩字叔茂京兆長陵人質而好學言稱詩書愛恤於人不論疏密辟公府入為尚書選部郎董卓欲以所私並充臺閣戩拒不聽卓怒召戩欲殺之觀者皆為戩懼而戩自若及見卓引辭正色陳說是非卓雖凶戾屈而謝之遷平陵令故將王允被害莫敢近者戩棄官收斂之三輔亂戩客荊州劉表以為賓客曹公平荊州執戩手曰何相見之晚也遂辟為掾後為五官將司馬相國鍾繇長史年六十餘卒

蜀中殷盛豐樂先主置酒大饗士卒取蜀城中金銀分賜將士還其穀帛先主復領益州牧諸葛亮為股肱法正為謀主關羽張飛馬超為爪牙許靖麋竺簡雍為賓友及董和黃權李嚴等本璋之所授用也吳壹費觀等又璋之婚親也彭羕又璋之所排擯也劉巴者宿昔之所忌恨也皆處之顯任盡其器能有志之士無不競勸

二十年孫權以先主已得益州使使報欲得荊州先主言須得涼州當以荊州相與權忿之乃遣呂蒙襲奪長沙零陵桂陽三郡先主引兵五萬下公安令關羽入益陽是歲曹公定漢中張魯遁走巴西先主聞之與權連和分荊州江夏長沙桂陽東屬南郡零陵武陵西屬引軍還江州遣黃權將兵迎張魯張魯已降曹公曹公使夏侯淵張郃屯漢中數數犯暴巴界先主令張飛進兵宕渠與郃等戰於瓦口破郃等收兵還南鄭先主亦還成都

二十三年先主率諸將進兵漢中分遣將軍吳蘭雷銅等入武都皆為曹公軍所沒先主次于陽平關與淵郃等相拒

二十四年春自陽平南渡沔水緣山稍前於定軍
山勢作營淵將兵來爭其地先主命黃忠乘高鼓
譟攻之大破淵軍斬淵及曹公所署益州刺史
趙顒等曹公自長安舉衆南征先主遙策之曰曹
公雖來無能爲也我必有漢川矣及曹公至先主
斂衆拒險終不交鋒積月不拔亡者日多夏曹公
果引軍還先主遂有漢中遣劉封孟達李平等攻
申耽於上庸秋羣下上先主爲漢中王表於漢帝
曰平西將軍都亭侯臣馬超左將軍領長史鎮軍
將軍臣許靖營司馬臣龐羲議曹從事中郎軍議

中郎將臣射援三輔決錄注曰援字文雄扶風人也其先本姓謝與北地諸謝同族始祖謝服爲將軍出征天子以謝服非令名改爲射子孫氏焉兄堅字文固少有美名辟公府爲黃門侍郎獻帝之初三輔饑亂堅去官與弟援南入蜀依劉璋璋以堅爲長史劉備代璋以堅爲廣漢蜀郡太守援亦少有名行太尉皇甫嵩賢其才而以女妻之丞相諸葛亮以援爲祭酒遷從事中郎卒官 軍師將軍臣諸葛亮盪寇將
軍漢壽亭侯臣關羽征虜將軍新亭侯臣張飛征
西將軍臣黃忠鎮遠將軍臣賴恭揚武將軍臣法
正興業將軍臣李嚴等一百二十人上言曰昔唐
堯至聖而四凶在朝周成仁賢而四國作難高后
稱制而諸呂竊命孝昭幼沖而上官逆謀皆馮世
寵藉履國權窮凶極亂社稷幾危非大舜周公朱

虛博陸則不能流放禽討安危定傾伏惟陛下誕
姿聖德統理萬邦而遭厄運不造之艱董卓首難
蕩覆京畿曹操階禍竊執天衡皇后太子鴆殺見
害剝亂天下殘毀民物久令陛下蒙塵憂厄幽處
虛邑人神無主遏絕王命厭昧皇極欲盜神器左
將軍領司隸校尉豫荊益三州牧宜城亭侯備受
朝爵秩念在輸力以殉國難覩其機兆赫然憤發
與車騎將軍董承同謀誅操將安國家克寧舊都
會承機事不密令操游魂得遂長惡殘泯海內臣
等每懼王室大有閻樂之禍小有定安之變趙高使閻

樂殺二世王莽廢孺子以爲定安公 夙夜惴惴戰慄累息昔在虞書敦
序九族周監二代封建同姓詩著其義歷載長久
漢興之初割裂疆土尊王子弟是以卒折諸呂之
難而成太宗之基臣等以備肺腑枝葉宗子藩翰
心存國家念在弭亂自操破於漢中海內英雄望
風蟻附而爵號不顯九錫未加非所以鎮衛社稷
光昭萬世也奉辭在外禮命斷絕昔河西太守梁
統等值漢中興限於山河位同權均不能相率咸
推竇融以爲元帥卒立效績摧破隗囂今社稷之
難急於隴蜀操外吞天下內殘羣寮朝廷有蕭牆

之危而禦侮未建可為寒心臣等輒依舊典封備漢中王拜大司馬董齊六軍糾合同盟埽滅凶逆以漢中巴蜀廣漢犍為為國所署置依漢初諸侯王故典夫權宜之制苟利社稷專之可也然後功成事立臣等退伏矯罪雖死無恨遂於沔陽設壇場陳兵列衆羣臣陪位讀奏訖御王冠于先主先主上言漢帝曰臣以具臣之才荷上將之任董督三軍奉辭于外不能埽除寇難靖匡王室久使陛下聖教陵遲六合之內否而未泰惟憂反側疚如疾首曩者董卓造為亂階自是之後羣凶縱橫殘剝海內賴陛下聖德威靈人臣同應或忠義奮討或上天降罰暴逆並殪以漸冰消惟獨曹操久未梟除侵擅國權恣心極亂臣昔與車騎將軍董承圖謀討操機事不密承見陷害臣播越失據忠義不果遂得使操窮凶極逆主后戮殺皇子鴆害雖糾合同盟念在奮力懦弱不武歷年未效常恐殞沒孤負國恩寤寐永歎夕惕若厲今臣羣寮以為在昔虞書敦敘九族庶明勵翼（鄭玄注曰庶衆也勵作也序九族而親之以衆明作羽翼之臣也）五帝損益此道不廢周監二代並建諸姬實賴晉鄭夾輔之福高祖龍興尊王子弟

大啓九國卒斬諸呂以安太宗今操惡直醜正寔繁有徒包藏禍心篡盜已顯既宗室微弱帝族無位斟酌古式依假權宜上臣大司馬漢中王臣伏自三省受國厚恩荷任一方陳力未效所獲已過不宜復忝高位以重罪謗羣寮見逼迫臣以義臣退惟寇賊不梟國難未已宗廟傾危社稷將墜成臣憂責碎首之負若應權通變以寧靖聖朝雖赴水火所不得辭敢慮常宜以防後悔輒順衆議拜受印璽以崇國威仰惟爵號位高寵厚俯思報效憂深責重驚怖累息如臨于谷盡力輸誠獎厲六師率齊羣義應天順時撲討凶逆以寧社稷以報萬分謹拜章因驛上還所假左將軍宜城亭侯印綬於是還治成都拔魏延為都督鎮漢中（典略曰備於是起館舍築亭障從成都至白水關四百餘區）時關羽攻曹公將曹仁禽于禁於樊俄而孫權襲殺羽取荊州

二十五年魏文帝稱尊號改年曰黃初或傳聞漢帝見害先主乃發喪制服追謚曰孝愍皇帝是後在所並言衆瑞日月相屬故議郎陽泉亭侯劉豹青衣侯向舉偏將軍張裔黃權大司馬屬殷純益州別駕從事趙莋治中從事楊洪從事祭酒何宗議

曹從事杜瓊勸學從事張爽尹默譙周等上言臣聞河圖洛書五經讖緯孔子所甄驗應自遠謹按洛書甄曜度曰赤三日德昌九世會備合為帝際洛書寶號命曰天度帝道備稱皇以統握契百成不敗洛書錄運期曰九侯七傑爭命民炊骸道路籍籍履人頭誰使主者玄且來孝經鉤命決錄曰帝三建九會備臣父群未亡時言西南數有黃氣直立數丈見來積年時時有景雲祥風從璿璣下來應之此為異瑞又二十二年中數有氣如旗從西竟東中天而行圖書曰必有天子出其方加是

年太白熒惑填星常從歲星相追近漢初興五星從歲星謀歲星主義漢位在西義之上方故漢法常以歲星候人主當有聖主起於此州以致中興時許帝尚存故群下不敢漏言頃者熒惑復追歲星見在胃昴畢昴畢為天綱經曰帝星處之衆邪消亡聖諱豫睹推揆期驗符合數至若此非一臣聞聖王先天而天不違後天而奉天時故應際而生與神合契願大王應天順民速即洪業以寧海內太傅許靖安漢將軍麋竺軍師將軍諸葛亮太常賴恭光祿勳黃權少府王謀等上言曹丕篡弒

湮滅漢室竊據神器劫迫忠良酷烈無道人鬼忿毒咸思劉氏今上無天子海內惶惶靡所式仰群下前後上書者八百餘人咸稱述符瑞圖讖明徵閒黃龍見武陽赤水九日乃去孝經援神契曰德至淵泉則黃龍見龍者君之象也易乾九五飛龍在天大王當龍升登帝位也又前關羽圍樊襄陽襄陽男子張嘉王休獻玉璽璽潛漢水伏於淵泉暉景燭燿靈光徹天夫漢者高祖本所起定天下之國號也大王襲先帝軌迹亦興於漢中也今天子玉璽神光先見璽出襄陽漢水之末明大王承

其下流授與大王以天子之位瑞命符應非人力所致昔周有烏魚之瑞咸曰休哉二祖受命圖書先著以為徵驗今上天告祥群儒英俊並起河洛孔子讖記咸悉具至伏惟大王出自孝景皇帝中山靖王之冑本枝百世乾祇降祚聖姿碩茂神武在躬仁覆積德愛人好士是以四方歸心焉考省靈圖啟發讖緯神明之表名諱昭著宜即帝位以纂二祖紹嗣昭穆天下幸甚臣等謹與博士許慈議郎孟光建立禮儀擇令辰上尊號即皇帝位於成都武擔之內蜀本紀曰武都有丈夫化為女子顏色美好蓋山精也蜀王娶以為妻不習水土疾

病欲歸國蜀王留之無幾物故蜀王發卒之武都擔土於成都郭中葬蓋地數畝高十丈號曰武擔也　臣松之案武擔山名在成都西北蓋以乾位在西北故就之以即阼爲文曰惟建安二十六年四月丙午皇帝備敢用玄牡昭告皇天上帝后土神祇漢有天下歷數無疆曩者王莽篡盜光武皇帝震怒致誅社稷復存今曹操阻兵安忍戮殺主后滔天泯夏罔顧天顯操子丕載其凶逆竊居神器羣臣將士以爲社稷墮廢備宜脩之嗣武二祖龔行天罰備惟否德懼忝帝位詢于庶民外及蠻夷君長僉曰天命不可以不荅祖業不可以久替四海不可以無主率土式望在備一人備畏天明命又懼漢邦將湮于地謹擇元日與百寮登壇受皇帝璽綬脩燔瘞告類于天神惟神饗祚于漢家永綏四海　魏書曰備聞曹公薨遣掾韓冉奉書弔并致賻贈之禮文帝惡其因喪求好勑荊州刺史斬冉絕使命典略曰備遣軍謀掾韓冉齎書弔并貢錦布冉稱疾住上庸上庸致其書適會受終有詔報荅以引致之備得報書遂稱制

章武元年夏四月大赦改年以諸葛亮爲丞相許靖爲司徒置百官立宗廟祫祭高皇帝以下　臣松之以爲先主雖云出自孝景而世數悠遠昭穆難明旣紹漢祚不知以何帝爲元祖以立親廟于時英賢作輔儒生在官宗廟制度必有憲章而載記闕略良可恨哉　五月立皇后吳氏子禪爲皇太子六月以子永爲魯王理爲梁王車騎將軍張飛爲其左右所害初先主忿孫權之襲關羽將東征秋七月遂帥諸軍伐吳孫權遣書請和先主盛怒不許吳將陸議李異劉阿等屯巫秭歸將軍吳班馮習自巫攻破異等軍次秭歸武陵五谿蠻夷遣使請兵

二年春正月先主軍還秭歸將軍吳班陳式水軍屯夷陵夾江東西岸二月先主自秭歸率諸將進軍緣山截嶺於夷道猇亭猇許交反駐營自佷山佷音恒通武陵遣侍中馬良安慰五谿蠻夷咸相率響應鎮北將軍黃權督江北諸軍與吳軍相拒於夷陵道夏六月黃氣見自秭歸十餘里中廣數十丈後十

餘日陸議大破先主軍於猇亭將軍馮習張南等皆沒先主自猇亭還秭歸收合離散兵遂棄船舫由步道還魚復改魚復縣曰永安吳遣將軍李異劉阿等踵躡先主軍屯駐南山秋八月收兵還巫司徒許靖卒冬十月詔丞相亮營南北郊於成都孫權聞先主住白帝甚懼遣使請和先主許之遣太中大夫宗瑋報命冬十二月漢嘉太守黃元聞先主疾不豫舉兵拒守

三年春二月丞相亮自成都到永安三月黃元進兵攻臨邛縣遣將軍陳曶音笏討元元軍敗順流下

江爲其親兵所縛生致成都斬之先主病篤託孤於丞相亮尚書令李嚴爲副夏四月癸巳先主殂于永安宮時年六十三諸葛亮集載先主遺詔勑後主曰朕初疾但下痢耳後轉雜他病殆不自濟人五十不稱夭年已六十有餘何所復恨不復自傷但以卿兄弟爲念射君到說丞相歎卿智量甚大增脩過於所望審能如此吾復何憂勉之勉之勿以惡小而爲之勿以善小而不爲惟賢惟德能服於人汝父德薄勿效之可讀漢書禮記閒暇歷觀諸子及六韜商君書益人意智聞丞相爲寫申韓管子六韜一通已畢未送道亡可自更求聞達臨終時呼魯王與語吾亡之後汝兄弟父事丞相令卿與丞相共事而已亮上言於後主曰伏惟大行皇帝邁仁樹德覆燾無疆昊天不弔寢疾彌留今月二十四日奄忽升遐臣妾號咷若喪考妣乃顧遺詔事惟太宗動容損益百寮發哀滿

三日除服到葬期復如禮其郡國太守相都尉縣令長三日便除服臣亮親受勑戒震威神靈不敢有違臣請宣下奉行五月梓宮自永安還成都謚曰昭烈皇帝秋八月葬惠陵葛洪神仙傳曰仙人李意其蜀人也傳世見之云是漢文帝時人先主欲伐吳遣人迎意其意其到先主禮敬之問以吉凶意其不荅而求紙筆畫作兵馬器杖十數紙已便一一以手裂壞之又畫作一大人掘地埋之便徑去先主大不喜而自出軍征吳大敗還忿恥發病死衆人乃知意其畫作大人而埋之者即是言先主死意

評曰先主之弘毅寬厚知人待士蓋有高祖之風英雄之器焉及其舉國託孤於諸葛亮而心神無貳誠君臣之至公古今之盛軌也機權幹略不逮魏武是以基宇亦狹然折而不撓終不爲下者抑揆彼之量必不容己非唯競利且以避害云爾

先主傳第二　蜀書　國志三十二

後主傳第三　蜀書　國志三十三

後主傳

後主諱禪字公嗣先主子也建安二十四年先主為漢中王立為王太子及即尊號冊曰惟章武元年五月辛巳皇帝若曰太子禪朕遭漢運艱難賊臣篡盜社稷無主格人羣正以天明命朕繼大統今以禪為皇太子以承宗廟祗肅社稷使使持節丞相亮授印綬敬聽師傅行一物而三善皆得焉可不勉與禮記曰行一物而三善者惟世子而已其齒於學之謂也鄭玄曰物猶事也

三年夏四月先主殂于永安宮五月後主襲位於成都時年十七尊皇后曰皇太后大赦改元是歲魏黃初四年也魏略曰初備在小沛不意曹公卒至遑遽棄家屬後奔荊州禪時年數歲竄匿隨人西入漢中為人所賣及建安十六年關中破亂扶風人劉括避亂入漢中買得禪問知其良家子遂養為子與娶婦生一子初禪與備相失時識其父字玄德比舍人有姓簡者及備得益州而簡為將軍備遣簡到漢中舍都邸禪乃詣簡簡相檢訊事皆符驗簡喜以語張魯魯乃洗沐送詣益州備乃立以為太子初備以諸葛亮為太子太傅及禪立以亮為丞相委以諸事謂亮曰政由葛氏祭則寡人亮亦以禪未閑於政遂總內外　臣松之案二主妃子傳曰後主生於荊州後主傳云初即帝位年十七則建安十二年生也十三年敗於長阪備棄妻子走趙雲傳曰雲身抱弱子以免即後主也如此備與禪未嘗相失也又諸葛亮以禪立之明年領益州牧其年與主簿杜微書曰朝廷今年十八與禪傳相應理當非虛而魚豢云備敗於小沛禪時年始生及奔荊州能識其父字玄德計當五六歲備敗於小沛時建安五年也至禪初立首尾二十四年禪應過三十矣以事相驗理不得然此則魏略之妄說乃至二百餘言異也又案諸書記及諸葛亮集亮亦不為太子太傅

建興元年夏牂牁太守朱褒擁郡反魏氏春秋曰初益州從事常房行部聞褒將有異志收其主簿案問殺之褒怒攻殺房誣以謀反諸葛亮誅房諸子徙其四弟於越巂欲以安之褒猶不悛改遂以郡叛應雍闓　臣松之案以為房為褒所誣執政所宜澄察安有妄殺不辜以悅姦慝斯殆妄矣先是益州郡有大姓雍闓反流太守張裔於吳據郡不賓越巂夷王高定亦背叛是歲立皇后張氏遣尚書郎鄧芝固好於吳吳王孫權與蜀和親使聘是歲通好

二年春務農殖穀閉關息民

三年春三月丞相亮南征四郡四郡皆平改益州郡為建寧郡分建寧永昌郡為雲南郡又分建寧牂牁為興古郡十二月亮還成都

四年春都護李嚴自永安還住江州築大城今巴郡故城是

五年春丞相亮出屯漢中營沔北陽平石馬諸葛亮集載禪三月下詔曰朕聞天地之道福仁而禍淫善積者昌惡積者喪古今常數也是以湯武脩德而王桀紂極暴而亡曩者漢祚中微網漏凶慝董卓造難震蕩京畿曹操階禍竊執天衡殘剝海內懷無君之心子丕孤豎敢尋亂階盜據神器更姓改物世濟其凶當此之時皇極幽昧天下無主則我帝命隕越于下昭烈皇帝體明叡之德光演文武應乾坤之運出身平難經營四方人鬼同謀百姓與能兆民欣戴奉順符讖建位易號丕承天序補弊興衰存復祖業誕膺皇綱不墜于地萬國未定早世遐殂朕以幼沖繼統鴻基未習保傅之訓而嬰祖宗之重六合壅否社稷不建永惟所以念在匡救光載前緒未有攸濟朕甚懼焉是以夙興夜寐不敢自逸每崇菲薄以益國用勸分務穡以阜民財授方任能以參其聽斷私降意以養將士欲奮劒長驅指討凶逆朱旗未舉而丕復隕喪斯所謂不燃我薪而自焚也殘類餘醜又支天禍恣睢河洛阻兵未弭諸葛丞相弘毅忠壯忘

身憂國先帝託以天下以勗朕躬今授之以旄鉞之重付之以專命之權統領步騎二十萬衆董督元戎龔行天罰除患寧亂克復舊都在此行也昔項籍總一彊衆跨州兼土所務者大然卒敗垓下死於東城宗族如焚爲笑千載皆不以義陵上虐下故也今賊效尤天人所怨奉時宜速庶憑炎精祖宗威靈相助之福所向必克吳王孫權同恤災患潛軍合謀掎角其後涼州諸國王各遣月支康居胡侯支富康植等二十餘人詣受節度大軍北出便欲率將兵馬奮戈先驅天命既集人事又至師貞勢并必無敵矣夫王者之兵有征無戰尊而且義莫敢抗也故鳴條之役軍不血刃牧野之師商人倒戈今旍麾首路其所經至亦不欲窮兵極武有能棄邪從正簞食壺漿以迎王師者國有常典封寵大小各有品限及魏之宗族支葉中外有能規利害審逆順之數來詣降者皆原除之昔輔果絕親於智氏而蒙全宗之福微子去殷項伯歸漢皆受茅土之慶此前世之明驗也若其迷沈不反將助亂人不式王命戮及妻孥罔有攸赦廣宣恩威貸其元帥弔其殘民他如詔書律令丞相其露布天下使稱朕意焉

六年春亮出攻祁山不克冬復出散關圍陳倉糧盡退魏將王雙率軍追亮亮與戰破之斬雙還漢中

七年春亮遣陳式攻武都陰平遂克定二郡冬亮徙府營於南山下原上築漢樂二城是歲孫權稱帝與蜀約盟共交分天下

八年秋魏使司馬懿由西城張郃由子午曹眞由斜谷（斜余奢反）欲攻漢中丞相亮待之於城固赤阪大雨道絕眞等皆還是歲魏延破魏雍州刺史郭淮于陽谿徙魯王永爲甘陵王梁王理爲安平王皆以魯梁在吳分界故也

九年春二月亮復出軍圍祁山始以木牛運魏司馬懿張郃救祁山夏六月亮糧盡退軍郃追至青封與亮交戰被箭死秋八月都護李平廢徙梓潼郡（漢晉春秋曰冬十月江陽至江州有鳥從江南飛渡江北不能達墮水死者以千數）

十年亮休士勸農於黃沙作流馬木牛畢教兵講武

十一年冬亮使諸軍運米集於斜谷口治斜谷邸閣是歲南夷劉胄反將軍馬忠破平之

十二年春二月亮由斜谷出始以流馬運秋八月亮卒于渭濱征西大將軍魏延與丞相長史楊儀爭權不和舉兵相攻延敗走斬延首儀率諸軍還

成都大赦以左將軍吳壹爲車騎將軍假節督漢中以丞相留府長史蔣琬爲尚書令總統國事

十三年春正月中軍師楊儀廢徙漢嘉郡夏四月進蔣琬位爲大將軍

十四年夏四月後主至湔（臣松之案湔縣名也屬蜀郡音翦）登觀阪看汶水之流旬日還成都徙武都氐王苻健及氐民四百餘戶於廣都

十五年夏六月皇后張氏薨

延熙元年春正月立皇后張氏大赦改元立子璿爲太子子瑤爲安定王冬十一月大將軍蔣琬出

屯漢中

二年春三月進蔣琬位為大司馬

三年春使越巂太守張嶷平定越巂郡

四年冬十月尚書令費禕至漢中與蔣琬諮論事計歲盡還

五年春正月監軍姜維督偏軍自漢中還屯涪縣

六年冬十月大司馬蔣琬自漢中還住涪十一月大赦以尚書令費禕為大將軍

七年閏月魏大將軍曹爽夏侯玄等向漢中鎮北大將軍王平拒興勢圍大將軍費禕督諸軍往赴救魏軍退夏四月安平王理卒秋九月禕還成都

八年秋八月皇太后薨十二月大將軍費禕至漢中行圍守

九年夏六月費禕還成都秋大赦冬十一月大司馬蔣琬卒（魏略曰琬卒禕乃自攝國事）

十年涼州胡王白虎文治無戴等率衆降衞將軍姜維迎逆安撫居之于繁縣是歲汶山平康夷反維往討破平之

十一年夏五月大將軍費禕出屯漢中秋涪陵屬國民夷反車騎將軍鄧芝往討皆破平之

十二年春正月魏誅大將軍曹爽等右將軍夏侯霸來降夏四月大赦秋衞將軍姜維出攻雍州不克而還將軍句安李韶降魏

十三年姜維復出西平不克而還

十四年夏大將軍費禕還成都冬復北駐漢壽大赦

十五年吳王孫權薨立子琮為西河王

十六年春正月大將軍費禕為魏降人郭循所殺于漢壽夏四月衞將軍姜維復率衆圍南安不克而還

十七年春正月姜維還成都大赦夏六月維復率衆出隴西冬拔狄道河關臨洮三縣民居于緜竹繁縣

十八年春姜維還成都夏復率諸軍出狄道與魏雍州刺史王經戰于洮西大破之經退保狄道城維却住鍾題

十九年春進姜維位為大將軍督戎馬與鎮西將軍胡濟期會上邽濟失誓不至秋八月維為魏大將軍鄧艾所破于上邽維退軍還成都是歲立子瓚為新平王大赦

二十年聞魏大將軍諸葛誕據壽春以叛姜維復率衆出駱谷至芒水是歲大赦

景耀元年姜維還成都史官言景星見於是大赦改年宦人黄皓始專政吳大將軍孫綝廢其主亮立琅邪王休

二年夏六月立子諶爲北地王恂爲新興王虔爲上黨王

三年秋九月追謚故將軍關羽張飛馬超龐統黄忠

四年春三月追謚故將軍趙雲冬十月大赦

五年春正月西河王琮卒是歲姜維復率衆出侯和爲鄧艾所破還住沓中

六年夏魏大興徒衆命征西將軍鄧艾鎮西將軍鍾會雍州刺史諸葛緒數道並攻於是遣左右車騎將軍張翼廖化輔國大將軍董厥等拒之大赦改元爲炎興冬鄧艾破衞將軍諸葛瞻於緜竹用光禄大夫譙周策降於艾奉書曰限分江漢遇值深遠階緣蜀土斗絶一隅干運犯冒漸苒歷載遂與京畿攸隔萬里每惟黄初中文皇帝命虎牙將軍鮮于輔宣温密之詔申三好之恩開示門戶大

義炳然而否德暗弱竊貪遺緒俛仰累紀未率大教天威既震人鬼歸能之數怖駭王師神武所次敢不革面順以從命輒勑羣帥投戈釋甲官府帑藏一無所毁百姓布野餘糧棲畝以俟后來之惠全元元之命伏惟大魏布德施化宰輔伊周含覆藏疾謹遣私署侍中張紹光禄大夫譙周駙馬都尉鄧良奉齎印綬請命告誠敬輸忠款存亡勑賜惟所裁之輿櫬在近不復縷陳是日北地王諶傷國之亡先殺妻子次以自殺漢晉春秋曰後主將從譙周之策北地王諶怒曰若理窮力屈禍敗必及便當父子君臣背城一戰同死社稷以見先帝可也後主不納遂送璽綬是日諶哭於昭烈之廟先殺妻子而後自殺左右無不爲涕泣者紹良與艾相遇於雒縣艾得書大喜即報書王隱蜀記曰艾報書云王綱失道羣英並起龍戰虎爭終歸眞主此蓋天命去就之道也自古聖帝爰逮漢魏受命而王者莫不在乎中土河出圖洛出書聖人則之以興洪業其不由此未有不顛覆者也隗囂憑隴而亡公孫述據蜀而滅此皆前世覆車之鑒也聖上明哲宰相忠賢將比隆黄軒侔功往代銜命來征思聞嘉響果煩來使告以德音此非人事豈天啓哉昔微子歸周實爲上賓君子豹變義存大易來辭謙沖以禮輿櫬皆前哲歸命之典也全國爲上破國次之自非通明達智何以見王者之義乎禪又遣太常張峻益州別駕汝超受節度遣太僕蔣顯有命勑姜維又遣尚書郎李虎送士民簿領戶二十八萬男女口九十四萬帶甲將士十萬二千吏四萬人米四十餘萬斛金銀各二千斤錦綺綵絹各二十萬匹餘物稱此遣紹良先還艾至城北後主輿櫬自縛詣軍壘門艾解縛焚櫬延請相見晉諸公贊曰劉禪乘騾車詣艾不具亡國之禮因承制拜後主爲驃騎將軍諸圍守悉被後主勑

然後降下艾使後主止其故宮身往造焉資嚴未發明年春正月艾見收鍾會自涪至成都作亂會既死蜀中軍衆鈔略死喪狼籍數日乃安集後主舉家東遷既至洛陽策命之曰惟景元五年三月丁亥皇帝臨軒使太常嘉命劉禪爲安樂縣公於戲其進聽朕命蓋統天載物以咸寧爲大光宅天下以時雍爲盛故孕育羣生者君人之道也乃順承天者坤元之義也上下交暢然後萬物協和庶類獲乂乃者漢氏失統六合震擾我太祖承運龍興弘濟八極是用應天順民撫有區夏于時乃考因羣傑虎爭九服不靜乘間阻遠保據庸蜀遂使西隅殊封方外壅隔自是以來干戈不戢元元之民不得保安其性幾將五紀朕永惟祖考遺志思在綏緝四海率土同軌故爰整六師耀威梁益公恢崇德度深秉大正不憚屈身委質以愛民全國爲貴降心回慮應機豹變履信思順以享左右無疆之休豈不遠歟朕嘉與君公長饗顯祿用考咨前訓開國胙土率遵舊典錫茲玄牡苴以白茅永爲魏藩輔往欽哉公其祗服朕命克廣德心以終乃顯烈食邑萬戶賜絹萬匹奴婢百人他物稱

是子孫爲三都尉封侯者五十餘人尚書令樊建侍中張紹光祿大夫譙周祕書令郤正殿中督張通並封列侯漢晉春秋曰司馬文王與禪宴爲之作故蜀技旁人皆爲之感愴而禪喜笑自若王謂賈充曰人之無情乃可至於是乎雖使諸葛亮在不能輔之久全而況姜維邪充曰不如是殿下何由幷之他日王問禪曰頗思蜀否禪曰此間樂不思蜀郤正聞之求見禪曰若王後問宜泣而荅曰先人墳墓遠在隴蜀乃心西悲無日不思因閉其目會王復問對如前王曰何乃似郤正語邪禪驚視曰誠如尊命左右皆笑公太始七年薨於洛陽蜀記云謚曰思公子恂嗣

評曰後主任賢相則爲循理之君惑閹豎則爲昏闇之后傳曰素絲無常唯所染之信矣哉禮國君繼體踰年改元而章武之三年則革稱建興考之古義體理爲違又國不置史注記無官是以行事多遺災異靡書諸葛亮雖達於爲政凡此之類猶有未周焉然經載十二而年名不易軍旅屢興而赦不妄下不亦卓乎自亮沒後茲制漸虧優劣著矣華陽國志曰丞相亮時有言公惜赦者亮答曰治世以大德不以小惠故匡衡吳漢不願爲赦先帝亦言吾周旋陳元方鄭康成閒每見啓告治亂之道悉矣曾不語赦也若劉景升季玉父子歲歲赦宥何益於治　臣松之以爲赦不妄下誠爲可稱至於年名不易猶所未達案建武建安之號皆久而不改未聞前史以爲美談經載十二蓋何足云豈別有他意求之未至乎亮沒後延熙之號數盈二十茲制漸虧事又不然也

後主傳第三　蜀書　國志三十三

二主妃子傳第四　蜀書　國志三十四

甘皇后傳

先主甘皇后沛人也先主臨豫州住小沛納以爲妾先主數喪嫡室常攝內事隨先主於荊州產後主值曹公軍至追及先主於當陽長阪于時困偪棄后及後主賴趙雲保護得免於難后卒葬于南郡章武二年追謚皇思夫人遷葬於蜀未至而先主殂隕丞相亮上言皇思夫人履行脩仁淑慎其身大行皇帝昔在上將嬪配作合載育聖躬大命不融大行皇帝存時篤義垂恩念皇思夫人神柩在遠飄飄特遣使者奉迎會大行皇帝崩今皇思夫人神柩以到又梓宮在道園陵將成安厝有期臣輒與太常臣賴恭等議禮記曰立愛自親始教民孝也立敬自長始教民順也不忘其親所由生也春秋之義母以子貴昔高皇帝追尊太上昭靈夫人爲昭靈皇后孝和皇帝改葬其母梁貴人尊號曰恭懷皇后孝愍皇帝亦改葬其母王夫人尊號曰靈懷皇后今皇思夫人宜有尊號以慰寒泉之思輒與恭等案謚法宜曰昭烈皇后詩曰穀則異室死則同穴（禮云上古無合葬中古後因時方有）故昭烈皇后宜與大行皇帝合葬臣請太尉告宗廟布露天下具禮儀別奏制曰可

甘皇后

穆皇后傳

先主穆皇后陳留人也兄吳壹少孤壹父素與劉焉有舊是以舉家隨焉入蜀焉有異志而聞善相者相后當大貴焉時將子瑁自隨遂爲瑁納后瑁死后寡居先主既定益州而孫夫人還吳（漢晉春秋云先主入益州吳遣迎孫夫人夫人欲將太子歸吳諸葛亮使趙雲勒兵斷江留太子乃得止）羣下勸先主聘后先主疑與瑁同族法正進曰論其親疏何與晉文之於子圉乎於是納后爲夫人（習鑿齒曰夫婚姻人倫之始王化之本匹夫猶不可以無禮而況人君乎晉文廢禮行權以濟其業故子犯曰有求於人必先從之將奪其國何有於妻非無故而違禮教者也今先主無權事之偪而引前失以爲譬非導其君以堯舜之道者先主從之過矣）建安二十四年立爲漢中王后章武元年夏五月策曰朕承天命奉至尊臨萬國今以后爲皇后遣使持節丞相亮授璽綬承宗廟母天下皇后其敬之哉建興元年五月後主即位尊后爲皇太后稱長樂宮壹官至車騎將軍封縣侯延熙八年后薨合葬惠陵（孫盛蜀世譜曰壹孫喬沒李雄中三十年不爲雄屈也）

敬哀皇后

後主敬哀皇后車騎將軍張飛長女也章武元年納爲太子妃建興元年立爲皇后十五年薨葬南陵

吳后　張后

張皇后傳

後主張皇后前后敬哀之妹也建興十五年入爲貴人延熙元年春正月策曰朕統承大業君臨天下奉郊廟社稷今以貴人爲皇后使行丞相事左將軍向朗持節授璽綬勉脩中饋恪肅禋祀皇后其敬之哉咸熙元年隨後主遷于洛陽漢晉春秋曰魏以蜀宮人賜諸將之無妻者李昭儀曰我不能二三屈辱乃自殺

劉永傳

劉永字公壽先主子後主庶弟也章武元年六月使司徒靖立永爲魯王策曰小子永受茲青土朕承天序繼統大業遵脩稽古建爾國家封于東土奄有龜蒙世爲藩輔嗚呼恭朕之詔惟彼魯邦一變適道風化存焉人之好德世茲懿美王其秉心率禮綏爾士民是饗是宜其戒之哉建興八年改封爲甘陵王初永憎宦人黃皓皓既信任用事譖構永於後主後主稍疎外永至不得朝見者十餘年咸熙元年永東遷洛陽拜奉車都尉封爲鄉侯

劉理傳

劉理字奉孝亦後主庶弟也與永異母章武元年六月使司徒靖立理爲梁王策曰小子理朕統承漢序祗順天命遵脩典秩建爾于東爲漢藩輔惟彼梁土畿甸之邦民狎教化易導以禮往悉乃心懷保黎庶以永爾國王其敬之哉建興八年改封理爲安平王延熙七年卒諡曰悼王子哀王胤嗣十九年卒子殤王承嗣二十年卒景耀四年詔曰安平王先帝所命三世早夭國嗣頹絕朕用傷悼其以武邑侯輯襲王位輯理子也咸熙元年東遷洛陽拜奉車都尉封鄉侯

太子璿傳

後主太子璿字文衡母王貴人本敬哀張皇后侍人也延熙元年正月策曰在昔帝王繼體立嗣副貳國統古今常道今以璿爲皇太子昭顯祖宗之威命使行丞相事左將軍朗持節授印綬其勉脩茂質祗恪道義諮詢典禮敬友師傅斟酌眾善翼成爾德可不務脩以自勖哉時年十五景耀六年冬蜀亡咸熙元年正月鍾會作亂於成都璿爲亂兵所害孫盛蜀世譜曰璿弟瑤琮瓚諶恂璩六人蜀敗諶自殺餘皆內徙值永嘉大亂子孫絕滅唯永孫玄奔蜀李雄僞署安樂公以嗣禪後永和三年討李勢盛參戎行見玄於成都也

評曰易稱有夫婦然後有父子夫人倫之始恩紀之隆莫尚於此矣是故記錄以究一國之體焉

二主妃子傳第四　蜀書　國志三十四

諸葛亮傳

諸葛亮字孔明琅邪陽都人也漢司隸校尉諸葛豐後也父珪字君貢漢末為太山郡丞亮早孤從父玄為袁術所署豫章太守玄將亮及亮弟均之官會漢朝更選朱皓代玄玄素與荊州牧劉表有舊往依之（獻帝春秋曰初豫章太守周術病卒劉表上諸葛玄為豫章太守治南昌漢朝聞周術死遣朱皓代玄皓從揚州刺史劉繇求兵擊玄玄退屯西城皓入南昌建安二年正月西城民反殺玄送首詣繇此書所云與本傳不同）玄卒亮躬耕隴畝好為梁父吟（漢晉春秋曰亮家于南陽之鄧縣在襄陽城西二十里號曰隆中）身長八尺每自比於管仲樂毅時人莫之許也惟博陵崔州平潁川徐庶元直與亮友善謂為信然（案崔氏譜州平太尉烈子均之弟也　魏略曰亮在荊州以建安初與潁川石廣元汝南孟公威等俱遊學三人務於精熟而亮獨觀其大略每晨夜從容常抱膝長嘯而謂三人曰卿諸人仕進可至郡守刺史也三人問其所志亮但笑而不言後公威思鄉里欲北歸亮謂之曰中國饒士大夫遨遊何必故鄉邪　臣松之以為魏略此言謂諸葛亮為公威計者可也若謂兼為己言可謂未達其心矣老氏稱知人者智自知者明凡在賢達之流固必兼而有焉以諸葛之鑒識豈不能自審其分乎夫其高吟俟時情見乎言志氣所存既已定於其始矣若使游步中華騁其龍光豈夫多士所能沈翳哉委質魏氏展其器能誠非陳長文司馬仲達所能頡頏而況於餘哉苟不患功業不就道之不行雖志恢宇宙而終不北向者蓋以權御已移漢祚將傾方將翼贊宗傑以興微繼絕克復為己任故也豈其區區利在邊鄙而已乎此相如所謂鵾鵬已翔於遼廓而羅者猶視於藪澤者矣公威名建在魏亦貴達）時先主屯新野徐庶見先主先主器之謂先主曰諸葛孔明者臥龍也

將軍豈願見之乎（襄陽記曰劉備訪世事於司馬德操德操曰儒生俗士豈識時務識時務者在乎俊傑此間自有伏龍鳳雛備問為誰曰諸葛孔明龐士元也）先主曰君與俱來庶曰此人可就見不可屈致也將軍宜枉駕顧之由是先主遂詣亮凡三往乃見因屏人曰漢室傾頹姧臣竊命主上蒙塵孤不度德量力欲信大義於天下而智術短淺遂用猖獗至于今日然志猶未已君謂計將安出亮答曰自董卓已來豪傑並起跨州連郡者不可勝數曹操比於袁紹則名微而衆寡然操遂能克紹以弱為彊者非惟天時抑亦人謀也今操已擁百萬之衆挾天子而令諸侯此誠不可與爭鋒孫權據有江東已歷三世國險而民附賢能為之用此可與為援而不可圖也荊州北據漢沔利盡南海東連吳會西通巴蜀此用武之國而其主不能守此殆天所以資將軍將軍豈有意乎益州險塞沃野千里天府之土高祖因之以成帝業劉璋闇弱張魯在北民殷國富而不知存卹智能之士思得明君將軍既帝室之冑信義著於四海總攬英雄思賢如渴若跨有荊益保其巖阻西和諸戎南撫夷越外結好孫權內脩政理天下有變則命一上將將荊州之軍以向宛洛將軍

身率益州之眾出於秦川百姓孰敢不簞食壺漿以迎將軍者乎誠如是則霸業可成漢室可興矣先主曰善於是與亮情好日密關羽張飛等不悅先主解之曰孤之有孔明猶魚之有水也願諸君勿復言羽飛乃止

魏略曰劉備屯於樊城是時曹公方定河北亮知荊州次當受敵而劉表性緩不曉軍事亮乃北行見備備與亮非舊又以其年少以諸生意待之坐集既畢眾賓皆去而亮獨留備亦不問其所欲言備性好結毦時適有人以髦牛尾與備者備因手自結之亮乃進曰明將軍當復有遠志但結毦而已邪備知亮非常人也乃投毦而荅曰是何言與我聊以忘憂耳亮遂言曰將軍度劉鎮南孰與曹公邪備曰不及亮又曰將軍自度何如也備曰亦不如曰今皆不及而將軍之眾不過數千人以此待敵得無非計乎備曰我亦愁之當若之何亮曰今荊州非少人也而著籍者寡平居發調則人心不悅可語鎮南令國中凡有游戶皆使自實因錄以益眾可也備從其計故眾遂彊備由此知亮有英略乃以上客禮之九州春秋所言亦如之 臣松之以為亮表云先帝不以臣卑鄙猥自枉屈三顧臣於草廬之中諮臣以當世之事則非亮先詣備明矣雖聞見異辭各生彼此然乖背至是亦良為可怪

劉表長子琦亦深器亮表受後妻之言愛少子琮不悅於琦琦每欲與亮謀自安之術亮輒拒塞未與處畫琦乃將亮游觀後園共上高樓飲宴之間令人去梯因謂亮曰今日上不至天下不至地言出子口入於吾耳可以言未亮荅曰君不見申生在內而危重耳在外而安乎琦意感寤陰規出計會黃祖死得出遂為江夏太守俄而表卒琮聞曹公來征遣使請降先主在樊聞之率其眾南行亮與徐庶並從為曹公

所追破獲庶母庶辭先主而指其心曰本欲與將軍共圖王霸之業者以此方寸之地也今已失老母方寸亂矣無益於事請從此別遂詣曹公

魏略曰庶先名福本單家子少好任俠擊劍中平末嘗為人報讎白堊突面被髮而走為吏所得問其姓字閉口不言吏乃於車上立柱維磔之擊鼓以令於市鄽莫敢識者而其黨伍共篡解之得脫於是感激棄其刀戟更疏巾單衣折節學問始詣精舍諸生聞其前作賊不肯與共止福乃卑躬早起常獨埽除動靜先意聽習經業義理精熟遂與同郡石韜相親愛初平中中州兵起乃與韜南客荊州到又與諸葛亮特相善及荊州內附孔明與劉備相隨去福與韜俱來北至黃初中韜仕歷郡守典農校尉福至右中郎將御史中丞逮大和中諸葛亮出隴右聞元直廣元仕財如此嘆曰魏殊多士邪何彼二人不見用乎庶後數年病卒有碑在彭城今猶存焉

先主至于夏口亮曰事急矣請奉命求救於孫將軍時權擁軍在柴桑觀望成敗亮說權曰海內大亂將軍起兵據有江東劉豫州亦收眾漢南與曹操並爭天下今操芟夷大難略已平矣遂破荊州威震四海英雄無所用武故豫州遁逃至此將軍量力而處之若能以吳越之眾與中國抗衡不如早與之絕若不能當何不案兵束甲北面而事之今將軍外託服從之名而內懷猶豫之計事急而不斷禍至無日矣權曰苟如君言劉豫州何不遂事之乎亮曰田橫齊之壯士耳猶守義不辱況劉豫州王室之胄英才蓋世眾士慕仰若水之歸海若事之不濟此乃天也安能復為之下乎

權勃然曰吾不能舉全吳之地十萬之衆受制於人吾計決矣非劉豫州莫可以當曹操者然豫州新敗之後安能抗此難乎亮曰豫州軍雖敗於長阪今戰士還者及關羽水軍精甲萬人劉琦合江夏戰士亦不下萬人曹操之衆遠來疲敝聞追豫州輕騎一日一夜行三百餘里此所謂彊弩之末勢不能穿魯縞者也故兵法忌之曰必蹶上將軍且北方之人不習水戰又荊州之民附操者偪兵勢耳非心服也今將軍誠能命猛將統兵數萬與豫州協規同力破操軍必矣操軍破必北還如此則荊吳之勢彊鼎足之形成矣成敗之機在於今日權大悅即遣周瑜程普魯肅等水軍三萬隨亮詣先主并力拒曹公（袁子曰張子布薦亮於孫權亮不肯留人問其故曰孫將軍可謂人主然觀其度能賢亮而不能盡亮吾是以不留　臣松之以為袁孝尼著文立論甚重諸葛之為人至如此言則失之殊遠觀亮君臣相遇可謂希世一時終始之分誰能間之寧有中違斷金甫懷擇主設使權盡其量便當翻然去就乎葛生行己豈其然哉關羽為曹公所獲遇之甚厚可謂能盡其用矣猶義不背本曾謂孔明之不若雲長乎）曹公敗于赤壁引軍歸鄴先主遂收江南以亮為軍師中郎將使督零陵桂楊長沙三郡調其賦稅以充軍實（零陵先賢傳云亮時住臨蒸）建安十六年益州牧劉璋遣法正迎先主使擊張魯亮與關羽鎮荊州先主自葭萌還攻

璋亮與張飛趙雲等率衆泝江分定郡縣與先主共圍成都成都平以亮為軍師將軍署左將軍府事先主外出亮常鎮守成都足食足兵二十六年羣下勸先主稱尊號先主未許亮說曰昔吳漢耿弇等初勸世祖即帝位世祖辭讓前後數四耿純進言曰天下英雄喁喁冀有所望如不從議者士大夫各歸求主無為從公也世祖感純言深至遂然諾之今曹氏簒漢天下無主大王劉氏苗族紹世而起今即帝位乃其宜也士大夫隨大王久勤苦者亦欲望尺寸之功如純言耳先主於是即帝位策亮為丞相曰朕遭家不造奉承大統兢兢業業不敢康寧思靖百姓懼未能綏於戲丞相亮其悉朕意無怠輔朕之闕助宣重光以照明天下君其勗哉亮以丞相錄尚書事假節張飛卒後領司隸校尉（蜀記曰晉初扶風王駿鎮關中司馬高平劉寶長史滎陽桓隰諸官屬士大夫共論諸葛亮于時譚者多譏亮託身非所勞困蜀民力小謀大不能度德量力金城郭沖以為亮權智英略有踰管晏功業未濟論者惑焉條亮五事隱沒不聞於世者寶等亦不能復難扶風王慨然善沖之言　臣松之以為亮之異美誠所願聞然沖之所說實皆可疑謹隨事難之如左其一事曰亮刑法峻急刻剝百姓自君子小人咸懷怨歎法正諫曰昔高祖入關約法三章秦民知德今君假借威力跨據一州初有其國未垂惠撫且客主之義宜相降下願緩刑弛禁以慰其望亮答曰君知其一未知其二秦以無道政苛民怨匹夫大呼天下土崩高祖因之可以弘濟劉璋闇弱自焉已來有累世之恩文法羈縻互相承奉德政不舉威刑不肅蜀

土人士專權自恣君臣之道漸以陵替寵之以位位極則賤順之以恩恩竭則慢所以致弊實由於此吾今威之以法法行則知恩限之以爵爵加則知榮榮恩並濟上下有節為治之要於斯而著難曰案法正在劉主前死今稱法正諫則劉主在也諸葛職為股肱事歸元首劉主之世亮又未領益州慶賞刑政不出於己尋沖所述亮答專自有其能有違人臣自處之宜以亮謙順之體殆必不然又云亮刑法峻急刻剝百姓未聞善政以刻剝為稱其二事曰曹公遣刺客見劉備方得交接開論伐魏形勢甚合備計稍欲親近刺者尚未得便會既而亮入魏客神色失措亮因而察之亦知非常人須臾客如廁備謂亮曰向得奇士足以助君補益亮問所在備曰起者其人也亮徐歎曰觀客色動而神懼視低而忤數姦形外漏邪心內藏必曹氏刺客也追之已越牆而走難曰凡為刺客皆暴虎馮河死而無悔者也劉主有知人之鑒而惑於此客則此客必一時之奇士也又語諸葛云足以助君補益則亦諸葛之流亞也凡如諸葛之儔鮮有為人作刺客者矣時主亦當惜其器用必不投之死地也且此人不死要應顯達為魏竟是誰乎何其寂蔑而無聞

章武三年春先主於永安病篤召亮於成都屬以後事謂亮曰君才十倍曹丕必能安國終定大事若嗣子可輔輔之如其不才君可自取亮涕泣曰臣敢竭股肱之力效忠貞之節繼之以死先主又為詔敕後主曰汝與丞相從事事之如父

孫盛曰夫杖道扶義體存信順然後能匡主濟功終定大業語曰弈者舉棋不定猶不勝其偶況量君之才否而二三其節可以摧服強鄰囊括四海者乎備之命亮亂孰甚焉世或有謂備欲以固委付之誠且以一蜀人之志君子曰不然苟所寄忠賢則不須若斯之誨如非其人不宜啟篡逆之塗是以古之顧命必貽話言詭偽之辭非託孤之謂幸值劉禪闇弱無猜險之情諸葛威略足以檢衛異端故使異同之心無由自起耳不然殆生疑隙不逞之釁謂之為權不亦惑哉

建興元年封亮武鄉侯開府治事頃之又領益州牧政事無巨細咸決於亮南中諸郡並皆叛亂亮以新遭大喪故未便加兵且遣使聘吳

因結和親遂為與國

亮集曰是歲魏司徒華歆司空王朗尚書令陳羣太史令許芝謁者僕射諸葛璋各有書與亮陳天命人事欲使舉國稱藩亮遂不報書作正議曰昔在項羽起不由德雖處華夏秉帝者之勢卒就湯鑊為後永戒魏不審鑒今次之矣免身為幸戒在子孫而二三子各以耆艾之齒承偽指而進書有若崇竦稱莽之功亦將偪于元禍苟免者邪昔世祖之創迹舊基奮羸卒數千摧莽彊旅四十餘萬於昆陽之郊夫據道討淫不在衆寡及至孟德以其譎勝之力舉數十萬之師救張郃於陽平勢窮慮悔僅能自脫辱其鋒銳之衆遂喪漢中之地深知神器不可妄獲旋還未至感毒而死子桓淫逸繼之以篡縱使二三子多逞蘇張詭靡之說奉進驩兜滔天之辭欲以誣毀唐帝諷解禹稷所謂徒喪文藻煩勞翰墨者矣夫大人君子之所不為也又軍誡曰萬人必死橫行天下昔軒轅氏整卒數萬制四方定海內況以數十萬之衆據正道而臨有罪可得干擬者哉

三年春亮率衆南征

詔賜亮金鈇鉞一具曲蓋一前後羽葆鼓吹各一部虎賁六十人事在亮集

其秋悉平軍資所出國以富饒

漢晉春秋曰亮至南中所在戰捷聞孟獲者為夷漢所服募生致之既得使觀於營陣之間曰此軍何如獲對曰向者不知虛實故敗今蒙賜觀看營陣若祇如此即定易勝耳亮笑縱使更戰七縱七禽而亮猶遣獲獲止不去曰公天威也南人不復反矣遂至滇池南中平皆即其渠率而用之或以諫亮亮曰若留外人則當留兵兵留則無所食一不易也加夷新傷破父兄死喪留外人而無兵者必成禍患二不易也又夷累有廢殺之罪自嫌釁重若留外人終不相信三不易也今吾欲使不留兵不運糧而綱紀粗定夷漢粗安故耳

乃治戎講武以俟大舉五年率諸軍北駐漢中臨發上疏曰先帝創業未半而中道崩殂今天下三分益州疲弊此誠危急存亡之秋也然侍衛之臣不懈於內忠志之士忘身於外者蓋追先帝之殊遇欲報之於陛下也誠宜開張聖聽以光先帝遺德恢弘志士之氣不宜妄自菲薄引喻失義以塞忠諫之路也宮中府中俱為一

體陟罰臧否不宜異同若有作姦犯科及為忠善者宜付有司論其刑賞以昭陛下平明之理不宜偏私使內外異法也侍中侍郎郭攸之費禕董允等此皆良實志慮忠純是以先帝簡拔以遺陛下愚以為宮中之事事無大小悉以咨之然後施行必能裨補闕漏有所廣益將軍向寵性行淑均曉暢軍事試用於昔日先帝稱之曰能是以眾議舉寵為督愚以為營中之事悉以咨之必能使行陣和睦優劣得所親賢臣遠小人此先漢所以興隆也親小人遠賢臣此後漢所以傾頽也先帝在時

每與臣論此事未嘗不歎息痛恨於桓靈也侍中尚書長史參軍此悉貞良死節之臣願陛下親之信之則漢室之隆可計日而待也臣本布衣躬耕於南陽苟全性命於亂世不求聞達於諸侯先帝不以臣卑鄙猥自枉屈三顧臣於草廬之中諮臣以當世之事由是感激遂許先帝以驅馳後值傾覆受任於敗軍之際奉命於危難之間爾來二十有一年矣臣松之案劉備以建安十三年敗遣亮使吳亮以建興五年抗表北伐自傾覆至此整二十年然則備始與亮相遇在敗軍之前一年時也先帝知臣謹慎故臨崩寄臣以大事也受命以來夙夜憂歎恐託付不效以傷先

帝之明故五月渡瀘深入不毛漢書地理志曰盧惟水出牂牁郡句町縣今南方已定兵甲已足當獎率三軍北定中原庶竭駑鈍攘除姦凶興復漢室還于舊都此臣所以報先帝而忠陛下之職分也至於斟酌損益進盡忠言則攸之禕允之任也願陛下託臣以討賊興復之效不效則治臣之罪以告先帝之靈責攸之禕允等之慢以彰其咎陛下亦宜自謀以諮諏善道察納雅言深追先帝遺詔臣不勝受恩感激今當遠離臨表涕零不知所言遂行屯于沔陽郭沖三事曰亮屯于陽平遣魏延諸軍并兵東下亮惟留萬人守城晉宣帝率二十萬眾拒亮而與延軍錯道徑至前當亮六十里所偵候白宣帝

說亮在城中兵少力弱亮亦知宣帝垂至已與相偪欲前赴延軍相去又遠回迹反追勢不相及將士失色莫知其計亮意氣自若勑軍中皆臥旗息鼓不得妄出菴幔又令大開四城門埽地卻洒宣帝常謂亮持重而猥見勢弱疑其有伏兵於是引軍北趣山明日食時亮謂參佐拊手大笑曰司馬懿必謂吾怯將有彊伏循山走矣候邏還白如亮所言宣帝後知深以為恨難曰案陽平在漢中亮初屯陽平宣帝尚為荊州都督鎮宛城至曹真死後始與亮於關中相抗禦耳魏嘗遣宣帝自宛由西城伐蜀值霖雨不果此之前後無復有於陽平交兵事就如沖言宣帝既舉二十萬眾已知亮兵少力弱若疑其有伏兵正可設防持重何至便走乎案魏延傳云延每隨亮出輒欲請精兵萬人與亮異道會于潼關亮制而不許延常謂亮為怯歎己才用之不盡也亮尚不以延為萬人別統豈得如沖言頓使將重兵在前而以輕弱自守乎且沖與扶風王言顯彰宣帝之短對子毀父理所不容而云扶風王慨然善沖之言故知此書舉引皆虛六年春揚聲由斜谷道取郿使趙雲鄧芝為疑軍據箕谷魏大將軍曹真舉眾拒之亮身率諸軍攻祁山戎陳整齊賞

罰肅而號令明，南安、天水、安定三郡叛魏應亮，關中響震。

魏略曰：始，國家以蜀中惟有劉備，備既死，數歲寂然無聞，是以略無備預；而卒聞亮出，朝野恐懼，隴右祁山尤甚，故三郡同時應亮。

魏明帝西鎮長安，命張郃拒亮，亮使馬謖督諸軍在前，與郃戰于街亭。謖違亮節度，舉動失宜，大為郃所破。亮拔西縣千餘家，還于漢中，

郭沖四事曰：亮出祁山，隴西、南安二郡應時降，圍天水，拔冀城，虜姜維，驅略士女數千人還蜀。人皆賀亮，亮顏色愀然有戚容，謝曰：「普天之下，莫非漢民，國家威力未舉，使百姓困於豺狼之吻。一夫有死，皆亮之罪，以此相賀，能不為愧。」於是蜀人咸知亮有吞魏之志，非惟拓境而已。難曰：亮有吞魏之志久矣，不始於此眾人方知也，且于時師出無成，傷缺而反者眾，三郡歸降而不能有。姜維，天水之匹夫耳，獲之則於魏何損？拔西縣千家，不補街亭所喪，以何為功，而蜀人相賀乎？

戮謖以謝眾。上疏曰：「臣以弱才，叨竊非據，親秉旄鉞以厲三軍，不能訓章明法，臨事而懼，至有街亭違命之闕，箕谷不戒之失，咎皆在臣授任無方。臣明不知人，恤事多闇，春秋責帥，臣職是當。請自貶三等，以督厥咎。」於是以亮為右將軍，行丞相事，所總統如前。

漢晉春秋曰：或勸亮更發兵者，亮曰：「大軍在祁山、箕谷，皆多於賊，而不能破賊為賊所破者，則此病不在兵少也，在一人耳。今欲減兵省將，明罰思過，校變通之道於將來；若不能然者，雖兵多何益！自今已後，諸有忠慮於國，但勤攻吾之闕，則事可定，賊可死，功可蹻足而待矣。」於是考微勞，甄烈壯，引咎責躬，布所失於天下，厲兵講武，以為後圖，戎士簡練，民忘其敗矣。亮聞孫權破曹休，魏兵東下，關中虛弱。十一月，上言曰：「先帝慮漢賊不兩立，王業不偏安，故託臣以討賊也。以先帝之明，量臣之才，故知臣伐賊，才弱敵彊也。然不伐賊，王業亦亡；惟坐待亡，孰與伐之？是故託臣而弗疑也。臣受命之日，寢不安席，食不甘味，思惟北征，宜先入南，故五月渡瀘，深入不毛，并日而食；臣非不自惜也，顧王業不得偏全於蜀都，故冒危難，以奉先帝之遺意也，而議者謂為非計。今賊適疲於西，又務於東，兵法乘勞，此進趨之時也。謹陳其事如左：高帝明並日月，謀臣淵深，然涉險被創，危然後安。今陛下未及高帝，謀臣不如良、平，而欲以長計取勝，坐定天下，此臣之未解一也。劉繇、王朗各據州郡，論安言計，動引聖人，羣疑滿腹，眾難塞胸，今歲不戰，明年不征，使孫策坐大，遂并江東，此臣之未解二也。曹操智計，殊絕於人，其用兵也，髣髴孫、吳，然困於南陽，險於烏巢，危於祁連，偪於黎陽，幾敗伯山，殆死潼關，然後偽定一時耳，況臣才弱，而欲以不危而定之，此臣之未解三也。曹操五攻昌霸不下，四越巢湖不成，任用李服而李服圖之，委夏侯而夏侯敗亡，先帝每稱操為能，猶有此失，況臣駑下，何能必勝？此臣之未解四也。自臣到漢中，中間朞年耳，然喪趙雲、陽羣、馬玉、閻芝、丁立、白壽、劉郃、鄧銅等及曲長屯將七十餘人，突將無前。賨叟、青羌散騎、武騎一千餘人，此皆數十年之內所糾合四方之精銳，非一州之所有；若復數年，則損三分之二也，當何以圖敵？此臣之未解五也。今民窮兵疲，而事不可息；事不可息，則任與行勞費正等，而不及虛圖之，欲以一州之地與賊持久，此臣之未解六也。夫難平者，事也。昔先帝敗軍於楚，當此時，曹操拊手，謂天下以定。然後先帝東連吳越，西取巴蜀，舉兵北征，夏侯授首，此操之失計而漢事將成也。然後吳更違盟，關羽毀敗，秭歸蹉跌，曹丕稱帝。凡事如是，難可逆見。臣鞠躬盡力，死而後已；至於成敗利鈍，非臣之明所能逆覩也。」於是有散關之役。此表，亮集所無，出張儼默記。

冬，亮復出散關，圍陳倉，曹真拒之，亮糧盡而還。魏將王雙率騎追亮，亮與戰，破之，斬雙。七年，亮遣陳戒攻武都、陰平。魏雍州刺史郭淮率眾欲擊戒，亮自出至建威，淮退還，遂平二郡。詔策亮曰：「街亭之役，咎由馬謖，而君引愆，深自貶抑，重違君意，聽順所守。前年耀師，馘斬王雙；今歲爰征，郭淮遁走；降集氐羌，興復二郡，威震凶暴，功勳顯然。方今天下騷擾，元惡未梟，君受大任，幹國之重，而久自挹損，非所以光揚洪烈矣。今復君丞相，君其勿辭。」

漢晉春秋曰：是歲，孫權稱尊號，

其羣臣以並尊二帝來告議者咸以為交之无益而名體弗順宜顯明正義絕其盟好亮曰權有僭逆之心久矣國家所以略其釁情者求掎角之援也今若加顯絕讎我必深便當移兵東戍與之角力須并其土乃議中原彼賢才尚多將相緝穆未可一朝定也頓兵相持坐而須老使北賊得計非算之上者昔孝文卑辭匈奴先帝優與吳盟皆應權通變弘思遠益非匹夫之為分者也今議者咸以權利在鼎足不能并力且志望以滿无上岸之情推此皆似是而非也何者其智力不侔故限江自保權之不能越江猶魏賊之不能渡漢非力有餘而利不取也若大軍致討彼高當分裂其地以為後規下當略民廣境示武於內非端坐者也若就其不動而睦於我我之北伐无東顧之憂河南之眾不得盡西此之為利亦已深矣權僭之罪未宜明也乃遣衛尉陳震慶權正號

九年亮復出祁山以木牛運

漢晉春秋曰亮圍祁山招鮮卑軻比能比能等至故北地石城以應亮於是魏大司馬曹真有疾司馬宣王自荊州入朝魏明帝曰西方事重非君莫可付者乃使西屯長安督張郃費曜戴陵郭淮等宣王使曜陵留精兵四千守上邽餘眾悉出西救祁山郃欲分兵駐雍郿宣王曰料前軍能獨當之者將軍言是也若不能當而分為前後此楚之三軍所以為黥布禽也遂進亮分兵留攻自逆宣王于上

邽郭淮費曜等徼亮亮破之因大芟刈其麥與宣王遇于上邽之東斂兵依險軍不得交亮引而還宣王尋亮至于鹵城張郃曰彼遠來逆我請戰不得謂我利在不戰欲以長計制之也且祁山知大軍以在近人情自固可止屯於此分為奇兵示出其後不宜進前而不敢偪坐失民望也今亮縣軍食少亦行去矣宣王不從故尋亮既至又登山掘營不肯戰賈詡魏平數請戰因曰公畏蜀如虎柰天下笑何宣王病之諸將咸請戰五月辛巳乃使張郃攻無當監何平於南圍自案中道向亮亮使魏延高翔吳班赴拒大破之獲甲首三千級玄鎧五千領角弩三千一百張宣王還保營

糧盡退軍與魏將張郃交戰射殺郃

郭沖五事曰魏明帝自征蜀幸長安遣宣王督張郃諸軍雍涼勁卒三十餘萬潛軍密進規向劍閣亮時在祁山旌旗利器守在險要十二更下在者八万時魏軍始陳幡兵適交參佐咸以賊眾彊盛非力不制宜權停下兵一月以并聲勢亮曰吾統武行師以大信為本得原失信古人所惜去者束裝以待期妻子鶴望而計日雖臨征難義所不廢皆催遣令去於是去者感悅願留一戰住者憤踊思致死命相謂曰諸葛公之恩死猶不報也臨戰之日莫不拔刃爭先以一當十殺張郃卻宣王一戰大尅此信之由也 難曰臣松之案亮前出祁山魏明帝身至長

安耳此年不復自來且亮大軍在關隴魏人何由得越亮徑向劍閣亮既在戰場本無久駐之規而方休兵還蜀皆非經通之言孫盛習鑿齒搜求異同罔有所遺而並不多載沖言知其乖剌多

十二年春亮悉大眾由斜谷出以流馬運據武功五丈原與司馬宣王對於渭南亮每患糧不繼使己志不申是以分兵屯田為久駐之基耕者雜於渭濱居民之間而百姓安堵軍無私焉

漢晉春秋曰亮自至數挑戰宣王亦表固請戰使衛尉辛毗持節以制之姜維謂亮曰辛佐治仗節而到賊不復出矣亮曰彼本無戰情所以固請戰者以示武於其眾耳將在軍君命有所不受苟能制吾豈千里而請戰邪 魏氏春秋曰亮使至問其寢食及其事之煩簡不問戎事使對曰諸葛公夙興夜寐罰二十以上皆親覽焉所噉食不至數升宣王曰亮將死矣

相持百餘日其年八月亮疾病卒于軍時年五十四

魏書曰亮糧盡勢窮憂恚歐血一夕燒營遁走入谷道發病卒漢晉春秋曰亮卒于郭氏塢 晉陽秋曰有星赤而芒角自東北西南流投于亮營三投再還往大還小俄而亮卒 臣松之以為亮在渭濱魏人躡跡勝負之形未可測量而云歐血蓋因亮自亡而自誇大也夫以孔明之略豈為仲達歐血乎及至劉琨喪師與晉元帝箋亦云亮軍敗歐血此則引虛記以為言也其云入谷而卒緣蜀人入谷發喪故也

及軍退宣王案行其營壘處所曰天下奇才也

漢晉春秋曰楊儀等整軍而出百姓奔告宣王宣王追焉姜維令儀反旗鳴鼓若將向宣王者宣王乃退不敢偪於是儀結陣而去入谷然後發喪宣王之退也百姓為之諺曰死諸葛走生仲達或以告宣王宣王曰吾能料生不便料死也

亮遺命葬漢中定軍山因山為墳冢足容棺斂以時服不須器物詔策曰惟君體資文武明叡篤誠受遺託孤匡輔朕躬繼絕興微志存靖亂爰整六師無歲不征神武赫然威震八荒將建殊功於季漢參伊周之巨

勳，如何不弔！事臨垂克，遘疾隕喪！朕用傷悼，肝心若裂。夫崇德序功，紀行命謚，所以光昭將來，刊載不朽。今使使持節左中郎將杜瓊，贈君丞相武鄉侯印綬，謚君爲忠武侯。魂而有靈，嘉茲寵榮。嗚呼哀哉！嗚呼哀哉！初，亮自表後主曰：成都有桑八百株，薄田十五頃，子弟衣食，自有餘饒。至於臣在外任，無別調度，隨身衣食，悉仰於官，不別治生，以長尺寸。若臣死之日，不使內有餘帛，外有贏財，以負陛下。及卒，如其所言。亮性長於巧思，損益連弩，木牛流馬，皆出其意；推演兵法，作八陣圖，咸得其要云。

> 魏氏春秋曰：亮作八務、七戒、六恐、五懼，皆有條章，以訓厲臣子。又損益連弩，謂之元戎，以鐵爲矢，矢長八寸，一弩十矢俱發。亮集載作木牛流馬法曰：木牛者，方腹曲頭，一脚四足，頭入領中，舌著於腹。載多而行少，宜可大用，不可小使；特行者數十里，羣行者二十里也。曲者爲牛頭，雙者爲牛脚，橫者爲牛領，轉者爲牛足，覆者爲牛背，方者爲牛腹，垂者爲牛舌，曲者爲牛肋，刻者爲牛齒，立者爲牛角，細者爲牛鞅，攝者爲牛鞦軸。牛仰雙轅，人行六尺，牛行四步。載一歲糧，日行二十里，而人不大勞。流馬尺寸之數，肋長三尺五寸，廣三寸，厚二寸二分，左右同。前軸孔分墨去頭四寸，徑中二寸。前脚孔分墨二寸，去前軸孔四寸五分，廣一寸。前杠孔去前脚孔分墨二寸七分，孔長二寸，廣一寸。後軸孔去前杠分墨一尺五分，大小與前同。後脚孔分墨去後軸孔三寸五分，大小與前同。後杠孔去後脚孔分墨二寸七分，後載剋去後杠孔分墨四寸五分。前杠長一尺八寸，廣二寸，厚一寸五分。後杠與等版方囊二枚，厚八分，長二尺七寸，高一尺六寸五分，廣一尺六寸，每枚受米二斛三斗。從上杠孔去肋下七寸，前後同。上杠孔去下杠孔分墨一尺三寸，孔長一寸五分，廣七分，八孔同。前後四脚，廣二寸，厚一寸五分。形制如象，靬長四寸，徑面四寸三分。孔徑中三脚杠，長二尺一寸，廣一寸五分，厚一寸四分，同杠耳。

亮言教書奏多可觀，別爲一集。景耀六年春，詔爲亮立廟於沔陽。

> 襄陽記曰：亮初亡，所在各求爲立廟，朝議以禮秩不聽，百姓遂因時節私祭之於道陌上。言事者或以爲可聽立廟於成都者，後主不從。步兵校尉習隆、中書郎向充等共上表曰：臣聞周人懷召伯之德，甘棠爲之不伐；越王思范蠡之功，鑄金以存其像。自漢興已來，小善小德而圖形立廟者多矣。況亮德範遐邇，勳蓋季世，興王室之不壞，實斯人是賴，而蒸嘗止於私門，廟像闕而莫立，使百姓巷祭，戎夷野祀，非所以存德念功，述追在昔者也。今若盡順民心，則瀆而無典，建之京師，又偪宗廟，此聖懷所以惟疑也。臣愚以爲宜因近其墓，立之於沔陽，使所親屬以時賜祭。凡其臣故吏欲奉祠者，皆限至廟。斷其私祀，以崇正禮。於是始從之。

秋，魏鎮西將軍鍾會征蜀，至漢川，祭亮之廟，令軍士不得於亮墓所左右芻牧樵採。亮弟均，官至長水校尉。亮子瞻，嗣爵。

> 襄陽記曰：黃承彥者，高爽開列，爲沔南名士，謂諸葛孔明曰：聞君擇婦；身有醜女，黃頭黑色，而才堪相配。孔明許，即載送之。時人以爲笑樂，鄉里爲之諺曰：莫作孔明擇婦，止得阿承醜女。

諸葛氏集目錄

廢李平第十七　法檢上第十八
法檢下第十九　科令上第二十
科令下第二十一　軍令上第二十二
軍令中第二十三　軍令下第二十四
右二十四篇凡十萬四千一百一十二字
臣壽等言臣前在著作郎侍中領中書監濟北侯
臣荀勖中書令關內侯臣和嶠奏使臣定故蜀丞
相諸葛亮故事亮毗佐危國負阻不賓然猶存錄
其言恥善有遺誠是大晉光明至德澤被無疆自
古以來未之有倫也輒刪除複重隨類相從凡為
二十四篇篇名如右亮少有逸羣之才英霸之器
身長八尺容貌甚偉時人異焉遭漢末擾亂隨叔
父玄避難荊州躬耕于野不求聞達時左將軍劉
備以亮有殊量乃三顧亮於草廬之中亮深謂備
雄姿傑出遂解帶寫誠厚相結納及魏武帝南征
荊州劉琮舉州委質而備失勢衆寡無立錐之地
亮時年二十七乃建奇策身使孫權求援吳會權
既宿服仰備又覩亮奇雅甚敬重之即遣兵三萬
人以助備備得用與武帝交戰大破其軍乘勝克
捷江南悉平後備又西取益州益州既定以亮為

軍師將軍備稱尊號拜亮為丞相錄尚書事及備
殂沒嗣子幼弱事無巨細亮皆專之於是外連東
吳內平南越立法施度整理戎旅工械技巧物究
其極科教嚴明賞罰必信無惡不懲無善不顯至
於吏不容姦人懷自厲道不拾遺彊不侵弱風化
肅然也當此之時亮之素志進欲龍驤虎視苞括
四海退欲跨陵邊疆震蕩宇內又自以為無身
之日則未有能蹈涉中原抗衡上國者是以用兵
不戢屢耀其武然亮才於治戎為長奇謀為短理
民之幹優於將略而所與對敵或值人傑加衆寡
不侔攻守異體故雖連年動衆未能有克昔蕭何
薦韓信管仲舉王子城父皆忖己之長未能兼有
故也亮之器能政理抑亦管蕭之亞匹也而時之
名將無城父韓信故使功業陵遲大義不及邪蓋
天命有歸不可以智力爭也青龍二年春亮帥衆
出武功分兵屯田為久駐之基其秋病卒黎庶追
思以為口實至今梁益之民咨述亮者言猶在耳
雖甘棠之詠召公鄭人之歌子產無以遠譬也孟
軻有云以逸道使民雖勞不怨以生道殺人雖死
不忿信矣論者或怪亮文彩不豔而過於丁寧周

至臣愚以為咎繇大賢也周公聖人也考之尚書咎繇之謨略而雅周公之誥煩而悉何則咎繇與舜禹共談周公與羣下矢誓故也亮所與言盡眾人凡士故其文指不及得遠也然其聲教遺言皆經事綜物公誠之心形于文墨足以知其人之意理而有補於當世伏惟陛下邁蹤古聖蕩然無忌故雖敵國誹謗之言咸肆其辭而無所革諱所以明大通之道也謹錄寫上詣著作臣壽誠惶誠恐頓首頓首死罪死罪

泰始十年二月一日癸巳平陽侯相臣陳壽上

喬字伯松亮兄瑾之第二子也本字仲慎與兄元遜俱有名於時論者以為喬才不及兄而性業過之初亮未有子求喬為嗣瑾啟孫權遣喬來西亮以喬為己適子故易其字焉拜為駙馬都尉隨亮至漢中亮與兄瑾書曰喬本當還成都今諸將子弟皆得傳運思惟宜同榮辱今使喬督五六百兵與諸子弟傳於谷中書在亮集年二十五建興元年卒子攀官至行護軍翊武將軍亦早卒諸葛恪見誅於吳子孫皆盡而亮自有冑裔故攀還復為瑾後

瞻字思遠建興十二年亮出武功與兄瑾書曰瞻今已八歲聰慧可愛嫌其早成恐不為重器耳

十七尚公主拜騎都尉其明年為羽林中郎將屢遷射聲校尉侍中尚書僕射加軍師將軍瞻工書畫彊識念蜀人追思亮咸愛其才敏每朝廷有一善政佳事雖非瞻所建倡百姓皆傳相告曰葛侯之所為也是以美聲溢譽有過其實景耀四年為行都護衞將軍與輔國大將軍南鄉侯董厥並平尚書事六年冬魏征西將軍鄧艾伐蜀自陰平由景谷道旁入瞻督諸軍至涪停住前鋒破退還住緜竹艾遣書誘瞻曰若降者必表為琅邪王瞻怒斬艾使遂戰大敗臨陳死時年三十七眾皆

離散艾長驅至成都瞻長子尚與瞻俱沒干寶曰瞻雖智不足以扶危勇不足以拒敵而能外不負國內不改父之志忠孝存焉華陽國志曰尚歎曰父子荷國重恩不早斬黃皓以致傾敗用生何為乃馳赴魏軍而死次子京及攀子顯等咸熙元年內移河東案諸葛氏譜云京字行宗晉泰始起居注載詔曰諸葛亮在蜀盡其心力其子瞻臨難而死義天下之善一也其孫京隨才署吏後為郿令尚書僕射山濤啟事曰郿令諸葛京祖父亮遇漢亂分隔父子在蜀雖不達天命要為盡心所事京治郿自復有稱臣以為宜以補東宮舍人以明事人之禮副梁益之論京位至江州刺史

董厥者丞相亮時為府令史亮稱之曰董令史良士也吾每與之言思慎宜適徙為主簿亮卒後稍遷至尚書僕射代陳祗為尚書令遷大將軍平臺事而義陽樊建代焉案晉百官表董厥字龔襲亦義陽人建字長元延熙二

十四年以校尉使吳值孫權病篤不自見建權問諸
葛恪曰樊建何如宗預也恪對曰才識不及預而
雅性過之後為侍中守中書令自瞻厥建統事姜
維常征伐在外宦人黃皓竊弄機柄咸共將護無
能匡矯孫盛異同記曰瞻厥等以維好戰無功國內疲弊宜表後主召還為益州刺史奪其兵權蜀長老猶有瞻表以閻宇代維故事晉永和三年蜀史常璩說蜀長老云陳壽嘗為瞻吏為瞻所辱故因此事歸惡黃皓而云瞻不能匡矯也
然建特不與皓和好往來蜀破之明年春厥建俱
詣京都同為相國參軍其秋並兼散騎常侍使蜀
慰勞漢晉春秋曰樊建為給事中晉武帝問諸葛亮之治國建對曰聞惡必改而不矜過賞罰之信足感神明帝曰善哉使我得此人以自輔豈有今日之勞乎建稽首曰臣竊聞天下之論皆謂鄧艾見枉陛下知而不理此豈馮唐之所謂雖得頗牧而不能用者乎帝笑曰吾方欲明之卿言起我意於是發詔治艾焉

評曰諸葛亮之為相國也撫百姓示儀軌約官職
從權制開誠心布公道盡忠益時者雖讎必賞犯
法怠慢者雖親必罰服罪輸情者雖重必釋游辭
巧飾者雖輕必戮善無微而不賞惡無纖而不貶
庶事精練物理其本循名責實虛偽不齒終於邦
域之內咸畏而愛之刑政雖峻而無怨者以其用
心平而勸戒明也可謂識治之良才管蕭之亞匹
矣然連年動眾未能成功蓋應變將略非其所長
歟袁子曰或問諸葛亮何如人也袁子曰張飛關羽與劉備俱起爪牙腹心之臣而武人也晚得諸葛亮因以為佐相而羣

臣悅服劉備足信亮足重故也及其受六尺之孤攝一國之政
事凡庸之君專權而不失禮行君事而國人不疑如此即以為
君臣百姓之心欣戴之矣行法嚴而國人悅服用民盡其力而
下不怨及其兵出入如賓行不寇芻蕘者不獵如在國中其用
兵也止如山進退如風兵出之日天下震動而人心不憂亮死
至今數十年國人歌思如周人之思召公也孔子曰雍也可使
南面諸葛亮有焉又問諸葛亮始出隴右南安天水安定三郡
人反應之若亮速進則三郡非中國之有也而亮徐行不進既
而官兵上隴三郡復亮無尺寸之功失此機何也袁子曰蜀兵
輕銳良將少亮始出未知中國彊弱是以疑而嘗之且大會者
不求近功所以不進也曰何以知其疑也袁子曰初出遲重屯
營重複後轉降未進兵欲戰亮勇而能鬭三郡反而不速應此
其疑徵也曰何以知其勇而能鬭也袁子曰亮之在街亭也前
軍大破亮屯去數里不救官兵相接又徐行此其勇也亮之行
軍安靜而堅重安靜則易動堅重則可以進退亮法令明賞罰
信士卒用命赴險而不顧此所以能鬭也曰亮帥數萬之眾其
所興造若數十萬之功是其奇者也所至營壘井竈圊溷藩籬
障塞皆應繩墨一月之行去之如始至勞費而徒為飾好何也
袁子曰蜀人輕脫亮故堅用之曰何以知其然也袁子曰亮治
實而不治名志大而所欲遠非求近速者也曰亮好治官府次
舍橋梁道路此非急務何也袁子曰小國賢才少故欲其尊嚴
也亮之治蜀田疇辟倉廩實器械利蓄積饒朝會不華路無醉
人夫本立故末治有餘力而後及小事此所以勸其功也曰子
之論諸葛亮則有證也以亮之才而少其功何也袁子曰亮持
本者也其於應變則非所長也故不敢用其短曰然則吾子美
之何也袁子曰此固賢者之遠矣安可以備體責也夫能知所
短而不用此賢者之大也知所短則知所長矣夫前識與言而
不中亮之所不用也此吾之所謂可也吳大鴻臚張儼作默記
其述佐篇論亮與司馬宣王書曰漢朝傾覆天下崩壞豪傑之
士競希神器魏氏跨中土劉氏據益州並稱兵海內為世霸王
諸葛司馬二相遭值際會託身盟主或收功於蜀漢或冊名於
伊洛丕備既歿後嗣繼統各受保阿之任輔翼幼主不負然諾
之誠亦一國之宗臣霸王之賢佐也歷前世以觀近事二相優
劣可得而詳也孔明起巴蜀之地蹈一州之土方之大國其戰
士人民蓋有九分之一也而以貢贄大吳抗對北敵至使耕戰
有伍刑法整齊提步卒數萬長驅祁山慨然有飲馬河洛之志
仲達據天下十倍之地仗兼并之眾據牢城擁精銳無禽敵之
意務自保全而已使彼孔明自來自去若此人不亡終其志意
連年運思刻日興謀則涼雍不解甲中國不釋鞍勝負之勢亦
已決矣昔子產治鄭諸侯不敢加兵蜀相其近之矣方之司馬

不亦優乎或曰兵者凶器戰者危事也有國者不務保安境内綏靜百姓而好開闢土地征伐天下未爲得計也諸葛丞相誠有匡佐之才然處孤絕之地戰士不滿五萬自可閉關守險君臣無事空勞師旅無歲不征未能進咫尺之地開帝王之基而使國内受其荒殘西土苦其役調魏司馬懿才用兵衆未易可輕量敵而進兵家所慎若丞相必有以策之則未見坦然之勳若無策以裁之則非明哲之謂海内歸向之意也余竊疑焉請聞其說荅曰蓋聞湯以七十里文王以百里之地而有天下皆用征伐而定之揖讓而登王位者惟舜禹而已今蜀魏爲敵戰之國勢不俱王自操備時彊弱縣殊而備猶出兵陽平禽夏侯淵羽圍襄陽將降曹仁生獲于禁當時北邊大小憂懼孟德身出南陽樂進徐晃等爲救圍不即解故蔣子通言彼時有徙許渡河之計會國家襲取南郡羽乃解軍玄德與操智力多少士衆衆寡用兵行軍之道不可同年而語猶能暫以取勝是時又無大吳掎角之勢也今仲達之才減於孔明當時之勢異於曩日玄德尚與抗衡孔明何以不可出軍而圖敵邪昔樂毅以弱燕之衆兼從五國之兵長驅彊齊下七十餘城今蜀漢之卒不少燕軍君臣之接信於樂毅加以國家爲脣齒之援東西相應首尾如蛇形勢重大不比於五國之兵也何憚於彼而不可哉夫兵以奇勝制敵以智土地廣狹人馬多少未可偏恃也余觀彼治國之體當時既肅整遺教在後及其辭意懇切陳進取之圖忠謀謇謇義形於主雖古之管晏何以加之乎　蜀記曰晉永興中鎮南將軍劉弘至隆中觀亮故宅立碣表閭命太傅掾犍爲李興爲文曰天子命我于沔之陽聽鼓鞞而永思庶先哲之遺光登隆山以遠望軾諸葛之故鄉蓋神物應機大器無方通人靡滯大德不常故谷風發而騶虞嘯雲雷升而潛鱗驤摯解褐於三聘尼得招而褰裳管豹變於受命貢感激以回莊異徐生之摘寶釋臥龍於深藏偉劉氏之傾蓋嘉吾子之周行夫有知己之主則有竭命之良固所以三分我九鼎跨帶我邊荒抗衡我北面馳騁我魏疆者也英哉吾子獨含天靈豈神之祇豈人之精何思之深何德之清異世通夢恨不同生推子八陣不在孫吳木牛之奇則非般模神弩之功一何微妙千井齊甃又何祕要昔在顛夭有名無迹孰若吾儕良籌妙畫臧文既没以言見稱又未若子言行並徵夷吾反坫樂毅不終奚比於爾明哲守沖臨終受寄讓過許由負扆蒞事民言不流刑中於鄭教美于魯蜀民知恥河渭安堵匪皐則伊寧彼管晏豈徒聖宣慷慨屢歎昔爾之隱卜惟此宅仁智所處能無規廓日居月諸時殞其夕誰能不殁貴有遺格惟子之勳移風來世詠歌餘典懦夫將厲遐哉邈矣厥規卓矣凡若吾子難可究已疇昔之乖萬里殊塗今我來思覿爾故墟漢高歸魂於豐沛太公五世而

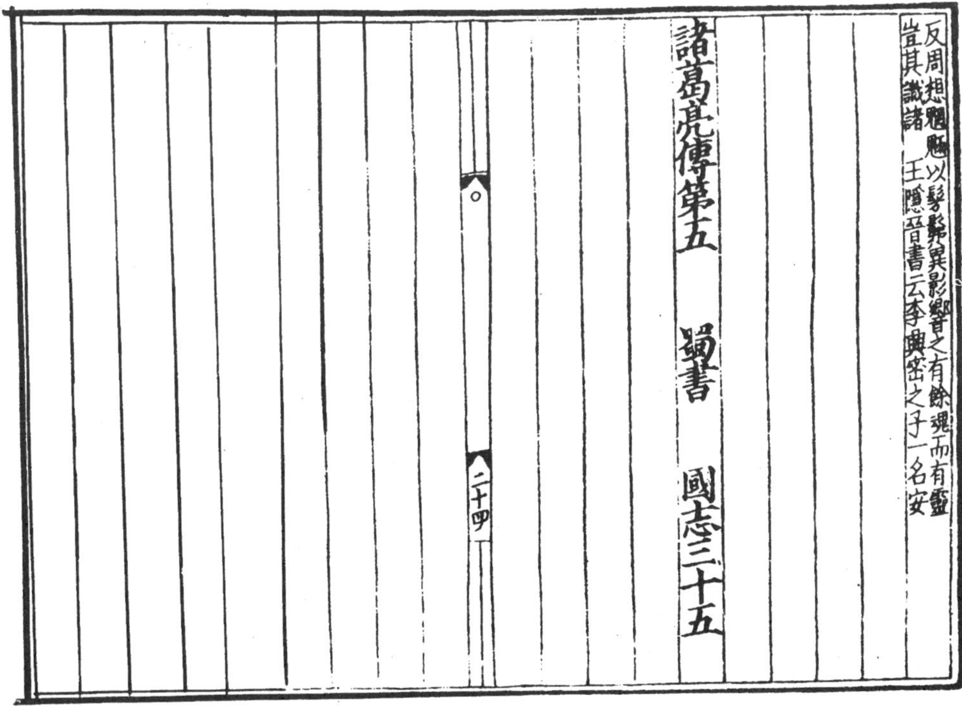
反周想魍魎以髣髴冀影響之有餘魂而有靈豈其識諸　王隱晉書云李興密之子一名安

諸葛亮傳第五　蜀書　國志三十五

關張馬黃趙傳第六　蜀書　國志三十六

關羽傳

關羽字雲長本字長生河東解人也亡命奔涿郡先主於鄉里合徒衆而羽與張飛爲之禦侮先主爲平原相以羽飛爲別部司馬分統部曲先主與二人寢則同牀恩若兄弟而稠人廣坐侍立終日隨先主周旋不避艱險蜀記曰曹公與劉備圍呂布於下邳關羽啓公布使秦宜祿行求救乞娶其妻公許之臨破又屢啓於公公疑其有異色先遣迎看因自留之羽心不自安此與魏氏春秋所說無異也先主之襲殺徐州刺史車冑使羽守下邳城行太守事魏書云以羽領徐州而身還小沛建安五年曹公東征先主奔袁紹曹公禽羽以歸拜爲偏將軍禮之甚厚紹遣大將軍顏良攻東郡太守劉延於白馬曹公使張遼及羽爲先鋒擊之羽望見良麾蓋策馬刺良於萬衆之中斬其首還紹諸將莫能當者遂解白馬圍曹公即表封羽爲漢壽亭侯初曹公壯羽爲人而察其心神無久留之意謂張遼曰卿試以情問之既而遼以問羽羽歎曰吾極知曹公待我厚然吾受劉將軍厚恩誓以共死不可背之吾終不留吾要當立效以報曹公乃去遼以羽言報曹公曹公義之傅子曰遼欲白太祖恐太祖殺羽不白非事君之道乃歎曰公君父也羽兄弟耳遂白之太祖曰

事君不忘其本天下義士也度何時能去遼曰羽受公恩必立效報公而後去也及羽殺顏良曹公知其必去重加賞賜羽盡封其所賜拜書告辭而奔先主於袁軍左右欲追之曹公曰彼各爲其主勿追也臣松之以爲曹公知羽不留而心嘉其志去不遣追以成其義自非有王霸之度孰能至於此乎斯實曹氏之休美從先主就劉表表卒曹公定荊州先主自樊將南渡江別遣羽乘船數百艘會江陵曹公追至當陽長阪先主斜趣漢津適與羽船相值共至夏口蜀記曰初劉備在許與曹公共獵獵中衆散羽勸備殺公備不從及在夏口飄飄江渚羽怒曰往日獵中若從羽言可無今日之困備曰是時亦爲國家惜之耳若天道輔正安知此不爲福邪　臣松之以爲備後與董承等結謀但事泄不克諧耳若爲國家惜曹公其如此言何羽若果有此勸而備不肯從者將以曹公腹心親戚寔繁有徒事不宿構非造次所行曹雖可殺身必不免故以計而止何惜之有乎既往之事故託爲雅言耳孫權遣兵佐先主拒曹公曹公引軍退歸先主收江南諸郡乃封拜元勳以羽爲襄陽太守盪寇將軍駐江北先主西定益州拜羽董督荊州事羽聞馬超來降舊非故人羽書與諸葛亮問超人才可誰比類亮知羽護前乃答之曰孟起兼資文武雄烈過人一世之傑黥彭之徒當與益德並驅爭先猶未及髯之絕倫逸羣也羽美鬚髯故亮謂之髯羽省書大悅以示賓客羽嘗爲流矢所中貫其左臂後創雖愈每至陰雨骨常疼痛醫曰矢鏃有毒毒入于骨當破臂

作創刮骨去毒然後此患乃除耳羽便伸臂令醫劈之時羽適請諸將飲食相對臂血流離盈於盤器而羽割炙引酒言笑自若二十四年先主為漢中王拜羽為前將軍假節鉞是歲羽率衆攻曹仁於樊曹公遣于禁助仁秋大霖雨漢水汎溢禁所督七軍皆沒禁降羽羽又斬將軍龐德梁郟陸渾羣盜或遙受羽印號為之支黨羽威震華夏曹公議徙許都以避其銳司馬宣王蔣濟以為關羽得志孫權必不願也可遣人勸權躡其後許割江南以封權則樊圍自解曹公從之先是權遣使為子

索羽女羽罵辱其使不許婚權大怒 典略曰羽圍樊權遣使求助之勑使莫速進又遣主簿先致命於羽羽忿其淹遲又自已得于禁等乃罵曰狢子敢爾如使樊城拔吾不能滅汝邪權聞之知其輕己偽手書以謝羽許以自往　臣松之以為荆吳雖外睦而内相猜防故權之襲羽潛師密發按呂蒙傳云伏精兵於𦩷𦪇之中使白衣搖櫓作商賈服以此言之羽不求助於權權必不語羽當往也若許相援助何故匿其形迹乎 又南郡太守麋芳在江陵將軍傅士仁屯公安素皆嫌羽自輕己羽之出軍芳仁供給軍資不悉相救羽言還當治之芳仁咸懷懼不安於是權陰誘芳仁芳仁使人迎權而曹公遣徐晃救曹仁 蜀記曰羽與晃宿相愛遙共語但說平生不及軍事須臾晃下馬宣令得關雲長頭賞金千斤羽驚怖謂晃曰大兄是何言邪晃曰此國之事耳 羽不能克引軍退還權已據江陵盡虜羽士衆妻子

羽軍遂散權遣將逆擊羽斬羽及子平于臨沮 蜀記曰權遣將軍擊羽獲羽及子平權欲活羽以敵劉曹左右曰狼子不可養後必為害曹公不即除之自取大患乃議徙都今豈可生乃斬之　臣松之按吳書孫權遣將潘璋逆斷羽走路羽至即斬且臨沮去江陵二三百里豈容不時殺羽方議其生死乎又云權欲活羽以敵劉曹此之不然可以絕智者之口　吳歷曰權送羽首於曹公以諸侯禮葬其屍骸 追謚羽曰壯繆侯 蜀記曰羽初出軍圍樊夢豬嚙其足語子平曰吾今年衰矣然不得還　江表傳云羽好左氏傳諷誦略皆上口 子興嗣興字安國少有令問丞相諸葛亮深器異之弱冠為侍中中監軍數歲卒子統嗣尚公主官至虎賁中郎將卒無子以興庶子彝續封 蜀記曰龐德子會隨鍾鄧伐蜀蜀破盡滅關氏家

張飛傳

張飛字益德涿郡人也少與關羽俱事先主羽年長數歲飛兄事之先主從曹公破呂布隨還許曹公拜飛為中郎將先主背曹公依袁紹劉表表卒曹公入荆州先主奔江南曹公追之一日一夜及於當陽之長阪先主聞曹公卒至棄妻子走使飛將二十騎拒後飛據水斷橋瞋目橫矛曰身是張益德也可來共決死敵皆無敢近者故遂得免先主既定江南以飛為宜都太守征虜將軍封新亭侯後轉在南郡先主入益州還攻劉璋飛與諸葛亮等泝流而上分定郡縣至江州破璋將巴郡太

守嚴顏生獲顏飛呵顏曰大軍至何以不降而敢拒戰顏荅曰卿等無狀侵奪我州我州但有斷頭將軍無有降將軍也飛怒令左右牽去斫頭顏色不變曰斫頭便斫頭何為怒邪飛壯而釋之引為賓客（華陽國志曰初先主入蜀至巴郡顏拊心歎曰此所謂獨坐窮山放虎自衛也）飛所過戰克與先主會于成都益州既平賜諸葛亮法正飛及關羽金各五百斤銀千斤錢五千萬錦千匹其餘頒賜各有差以飛領巴西太守曹公破張魯留夏侯淵張郃守漢川郃別督諸軍下巴西欲徙其民於漢中進軍宕渠蒙頭盪石與飛相拒五十餘

日飛率精卒萬餘人從他道邀郃軍交戰山道迮狹前後不得相救飛遂破郃郃棄馬緣山獨與麾下十餘人從閒道退引軍還南鄭巴土獲安先主為漢中王拜飛為右將軍假節章武元年遷車騎將軍領司隸校尉進封西鄉侯策曰朕承天序嗣奉洪業除殘靖亂未燭厥理今寇虜作害民被荼毒思漢之士延頸鶴望朕用怛然坐不安席食不甘味整軍誥誓將行天罰以君忠毅侔蹤召虎名宣遐邇故特顯命高墉進爵兼司于京其誕將天威柔服以德伐叛以刑稱朕意焉詩不云乎匪疚

匪棘王國來極肇敏戎功用錫爾祉可不勉歟初飛雄壯威猛亞於關羽魏謀臣程昱等咸稱羽飛萬人之敵也羽善待卒伍而驕於士大夫飛愛敬君子而不恤小人先主常戒之曰卿刑殺既過差又日鞭撾健兒而令在左右此取禍之道也飛猶不悛先主伐吳飛當率兵萬人自閬中會江州臨發其帳下將張達范彊殺飛持其首順流而奔孫權飛營都督表報先主先主聞飛都督之有表也曰噫飛死矣追謚飛曰桓侯長子苞早夭次子紹嗣官至侍中尚書僕射苞子遵為尚書隨諸葛瞻

於緜竹與鄧艾戰死

馬超傳

馬超字孟起右扶風茂陵人也父騰靈帝末與邊章韓遂等俱起事於西州初平三年遂騰率眾詣長安漢朝以遂為鎮西將軍遣還金城騰為征西將軍遣屯郿後騰襲長安敗走退還涼州司隸校尉鍾繇鎮關中移書遂騰為陳禍福騰遣超隨繇討郭援高幹於平陽超將龐德親斬援首後騰與韓遂不和求還京畿於是徵為衛尉以超為偏將軍封都亭侯領騰部曲（典略曰騰字壽成馬援後也桓帝時其父字子碩嘗為天水蘭干尉）

後失官因留隴西與羌錯居家貧無妻遂娶羌女生騰騰少貧無產業常從鄣山中斫材木負販詣城市以自供給騰為人長八尺餘身體洪大面鼻雄異而性賢厚人多敬之靈帝末涼州刺史耿鄙任信姦吏民王國等及氐羌反叛州郡募發民中有勇力者欲討之騰在募中州郡異之署為軍從事典領部衆討賊有功拜軍司馬後以功遷偏將軍又遷征西將軍常屯汧隴之間初平中拜征東將軍是時西州少穀騰自表軍人多乏求就穀於池陽遂移屯長平岸頭而將王承等恐騰為己害乃攻騰營時騰近出無備遂破走西上會三輔亂不復來東而與鎮西將軍韓遂結為異姓兄弟始甚相親後轉以部曲相侵入更為讎敵騰攻遂遂走合衆還攻騰殺騰妻子連兵不解建安之初國家綱紀殆弛乃使司隸校尉鍾繇涼州牧韋端和解之徵騰還屯槐里轉拜為前將軍假節封槐里侯北備胡寇東備白騎待士進賢矜救民命三輔甚安愛之十五年徵為衛尉騰自見年老遂入宿衛初曹公為丞相辟騰長子超不就超後為司隸校尉督軍從事討郭援為飛矢所中乃以囊囊其足而戰破斬援首詔拜徐州刺史後拜諫議大夫及騰之入因詔拜為偏將軍使領騰營又拜超弟休奉車都尉休弟鐵騎都尉徙其家屬皆詣鄴惟超獨留

超既統衆遂與韓遂合從及楊秋李堪成宜等相結進軍至潼關曹公與遂超單馬會語超負其多力陰欲突前捉曹公曹公左右將許褚瞋目眄之超乃不敢動曹公用賈詡謀離間超遂更相猜疑軍以大敗

山陽公載記曰初曹公軍在蒲阪欲西渡超謂韓遂曰宜於渭北拒之不過二十日河東穀盡彼必走矣遂曰可聽令渡蹙於河中顧不快耶超計不得施曹公聞之曰馬兒不死吾無葬地也

超走保諸戎曹公追至安定會北方有事引軍東還楊阜說曹公曰超有信布之勇甚得羌胡心若大軍還不嚴為其備隴上諸郡非國家之有也超果率諸戎以擊隴上郡縣隴上郡縣皆應之殺涼州刺史韋康據冀城有其衆超自稱征西將軍領并

州牧督涼州軍事康故吏民楊阜姜敘梁寬趙衢等合謀擊超阜敘起於鹵城超出攻之不能下寬衢閉冀城門超不得入進退狼狽乃奔漢中依張魯魯不足與計事內懷於邑聞先主圍劉璋於成都密書請降

典略曰建安十六年超與關中諸將侯選程銀李堪張橫梁興成宜馬玩楊秋韓遂等凡十部俱反其衆十萬同據河潼建列營陣是歲曹公西征與超等戰於河渭之交超等敗走超至安定遂奔涼州詔收滅超家屬超復敗於隴上後奔漢中張魯以為都講祭酒欲妻之以女或諫魯曰有人若此不愛其親焉能愛人魯乃止初超未反時其小婦弟种留三輔及超敗种先入漢中正旦种上壽於超超搥胸吐血曰闔門百口一旦同命今二人相賀邪後數從魯求兵欲北取涼州魯遣往無利又魯將楊白等欲害其能超遂從武都逃入氐中轉奔往蜀是歲建安十九年也

先主遣人迎超超將兵徑到城下城中震怖璋即稽首

典略曰備聞超至喜曰我得益州矣乃使人止超而潛以兵資之超到令引軍屯城北超至未一旬而成都潰

以超為平西將軍督臨沮因為前都亭侯

山陽公載記曰超因見備待之厚與備言常呼備字關羽怒請殺之備曰人窮來歸我卿等怒以呼我字故而殺之何以示於天下也張飛曰如是當示之以禮明日大會請超入羽飛並杖刀立直超顧坐席不見羽飛見其直也乃大驚遂止不復呼備字明日歎曰我今乃知其所以敗為呼人主字幾為關羽張飛所殺自後乃尊事備臣松之案以為超以窮歸備受其爵位何容傲慢而呼備字且備之入蜀留關羽鎮荊州羽未嘗在益土也故羽聞馬超歸降以書問諸葛亮超人才可誰比類不得如書所云羽焉得與張飛立直乎凡人行事皆謂其可也知其不可則不行之矣超若果呼備字亦謂於理宜爾也就令羽請殺超超不應聞但見二子立直何由便知以呼字之故云幾為關張所殺乎言不經理深可忿疾也袁暐樂資等諸所記載穢雜虛謬若此之類殆不可勝言也

先主為漢中王拜超為左將軍假節章武元年遷驃騎將軍領涼州牧進封斄鄉侯策曰朕以不

德獲繼至尊奉承宗廟曹操父子世載其罪朕用慘怛疢如疾首海內怨憤歸正反本暨于氐羌率服獯鬻慕義以君信著北土威武並昭是以委任授君抗颺虓虎兼董萬里求民之瘼其明宣朝化懷保遠邇肅慎賞罰以篤漢祜以對于天下二年卒時年四十七臨沒上疏曰臣門宗二百餘口爲孟德所誅略盡惟有從弟岱當爲微宗血食之繼深託陛下餘無復言追謚超曰威侯子承嗣岱位至平北將軍進爵陳倉侯超女配安平王理典略曰初超之入蜀其庶妻董及子秋留依張魯魯敗曹公得之以董賜閻圃以秋付魯魯自手殺之

黃忠傳

黃忠字漢升南陽人也荊州牧劉表以爲中郎將與表從子磐共守長沙攸縣及曹公克荊州假行裨將軍仍就故任統屬長沙太守韓玄先主南定諸郡忠遂委質隨從入蜀自葭萌受任還攻劉璋忠常先登陷陳勇毅冠三軍益州既定拜爲討虜將軍建安二十四年於漢中定軍山擊夏侯淵淵衆甚精忠推鋒必進勸率士卒金鼓振天歡聲動谷一戰斬淵淵軍大敗遷征西將軍是歲先主爲漢中王欲用忠爲後將軍諸葛亮說先主曰忠之

名望素非關馬之倫也而今便令同列馬張在近親見其功尚可喻指關遙聞之恐必不悅得無不可乎先主曰吾自當解之遂與羽等齊位賜爵關內侯明年卒追謚剛侯子敘早沒無後

趙雲傳

趙雲字子龍常山真定人也本屬公孫瓚瓚遣先主爲田楷拒袁紹雲遂隨從爲先主主騎雲別傳曰雲身長八尺姿顏雄偉爲本郡所舉將義從吏兵詣公孫瓚時袁紹稱冀州牧瓚深憂州人之從紹也善雲來附嘲雲曰聞貴州人皆願袁氏君何獨迴心迷而能反乎雲答曰天下訩訩未知孰是民有倒縣之厄鄙州論議從仁政所在不爲忽袁公私明將軍也遂與瓚征討時先主亦依託瓚每接納雲雲得深自結託雲以兄喪辭瓚暫歸先主知其不反捉手而別雲辭曰終不背德也先主就袁紹雲見於鄴先主與雲同床眠臥密遣雲合募得數百人皆稱劉左將軍部曲紹不能知遂隨先主至荊州及先主爲曹公所追於當陽長阪棄妻子南走雲身抱弱子即後主也保護甘夫人即後主母也皆得免難遷爲牙門將軍先主入蜀雲留荊州雲別傳曰初先主之敗有人言雲已北去者先主以手戟擿之曰子龍不棄我走也頃之雲至從平江南以爲偏將軍領桂陽太守代趙範範寡嫂曰樊氏有國色範欲以配雲雲辭曰相與同姓卿兄猶我兄固辭不許時有人勸雲納之雲曰範迫降耳心未可測天下女不少遂不取範果逃走雲無纖介先是與夏侯惇戰於博望生獲夏侯蘭蘭是雲鄉里人少小相知雲白先主活之薦蘭明於法律以爲軍正雲不用自近其慎慮類如此先主入益州雲領留營司馬此時先主孫夫人以權妹驕豪多將吳吏兵縱橫不法先主以雲嚴重必能整齊特任掌內事權聞備西征大遣舟船迎妹而夫人內欲將後主還吳雲與張飛勒兵截江乃得後主還先主自葭萌還攻劉璋召諸葛亮亮率雲與張

飛等俱泝江西上平定郡縣至江州分遣雲從外水上江陽與亮會于成都成都既定以雲為翊軍將軍雲別傳曰益州既定時議欲以成都中屋舍及城外園地桑田分賜諸將雲駮之曰霍去病以匈奴未滅無用家為今國賊非但匈奴未可求安也須天下都定各反桑梓歸耕本土乃其宜耳益州人民初罹兵革田宅皆可歸還今安居復業然後可役調得其歡心先主即從之夏侯淵敗曹公爭漢中地運米北山下數千萬囊黃忠以為可取雲兵隨忠取米忠過期不還雲將數十騎輕行出圍迎視忠等值曹公揚兵大出雲為公前鋒所擊方戰其大衆至勢逼遂前突其陣且鬬且卻公軍散已復合雲陷敵還趣圍將張著被創雲復馳馬還營迎著公軍追至圍此時沔陽長張翼在雲圍內翼欲閉門拒守而雲入營更大開門偃旗息鼓公軍疑雲有伏兵引去雲雷鼓震天惟以戎弩於後射公軍公軍驚駭自相蹂踐墮漢水中死者甚多先主明旦自來至雲營圍視昨戰處曰子龍一身都為膽也作樂飲宴至暝軍中號雲為虎威將軍孫權襲荊州先主大怒欲討權雲諫曰國賊是曹操非孫權也且先滅魏則吳自服操身雖斃子丕篡盜當因衆心早圖關中居河渭上流以討凶逆關東義士必裹糧策馬以迎王師不應置魏先與吳戰兵勢一交不得卒解也先主不聽遂東征留雲督江州先主失利於秭歸雲進兵至永安吳軍已退建興元年為中護軍征南將軍封永昌亭侯遷鎮東將軍五年隨諸葛亮駐漢中明年亮出軍揚聲由斜谷道曹真遣大衆當之亮令雲與鄧芝往拒而身攻祁山雲芝兵弱敵彊失利於箕谷然斂衆固守不至大敗軍退貶為鎮軍將軍雲別傳曰亮曰街亭軍退兵將不復相錄箕谷軍退兵將初不相失何故芝答曰雲身自斷後軍資什物略無所棄兵將無緣相失雲有軍資餘絹亮使分賜將士雲曰軍事無利何為有賜其物請悉入赤岸府庫須十月為冬賜亮大善之七年卒追謚曰順平侯初先主時惟法正見謚後主時諸葛亮功德蓋世蔣琬費禕荷國之重亦見謚陳祗

寵待特加殊獎夏侯霸遠來歸國故復得謚於是關羽張飛馬超龐統黃忠及雲乃追謚時論以為榮雲別傳載後主詔曰雲昔從先帝功績既著朕以幼沖涉塗艱難賴恃忠順濟於危險夫謚所以敘元勳也外議雲宜謚大將軍姜維等議以為雲昔從先帝勞績既著經營天下遵奉法度功效可書當陽之役義貫金石忠以衛上君念其賞禮以厚下臣忘其死死者有知足以不朽生者感恩足以殞身謹按謚法柔賢慈惠曰順執事有班曰平克定禍亂曰平應謚雲曰順平侯雲子統嗣官至虎賁中郎督行領軍次子廣牙門將隨姜維沓中臨陣戰死

評曰關羽張飛皆稱萬人之敵為世虎臣羽報效曹公飛義釋嚴顏並有國士之風然羽剛而自矜飛暴而無恩以短取敗理數之常也馬超阻戎負勇以覆其族惜哉能因窮致泰不猶愈乎黃忠趙雲彊摯壯猛並作爪牙其灌滕之徒歟

關張馬黃趙傳第六　蜀書　國志三十六

龐統傳

龐統字士元襄陽人也少時樸鈍未有識者潁川司馬徽清雅有知人鑒統弱冠往見徽徽採桑於樹上坐統在樹下共語自晝至夜徽甚異之稱統當爲南州士之冠冕由是漸顯襄陽記曰諸葛孔明爲臥龍龐士元爲鳳雛司馬德操爲水鏡皆龐德公語也德公襄陽人孔明每至其家獨拜牀下德公初不令止德操嘗造德公値其渡沔上祀先人墓德操徑入其室呼德公妻子使速作黍徐元直向云有客當來就我與龐公譚其妻子皆羅列拜於堂下奔走供設須臾德公還直入相就不知何者是客也德操年小德公十歲兄事之呼作龐公故世人遂謂龐公是德公名非也德公子山民亦有令名娶諸葛孔明小姊爲魏黃門吏部郎早卒子渙字世文晉太康中爲牂牁太守統德公從子也少未有識者惟德公重之年十八使往見德操德操與語既而歎曰德公誠知人此實盛德也後郡命爲功曹性好人倫勤於長養每所稱述多過其才時人怪而問之統荅曰當今天下大亂雅道陵遲善人少而惡人多方欲興風俗長道業不美其譚即聲名不足慕企不足慕企而爲善者少矣今拔十失五猶得其半而可以崇邁世教使有志者自勵不亦可乎吳將周瑜助先主取荊州因領南郡太守瑜卒統送喪至吳吳人多聞其名及當西還並會昌門陸績顧劭全琮皆往統曰陸子可謂駑馬有逸足之力顧子可謂駑牛能負重致遠也張勃吳錄曰或問統曰如所目陸子爲勝

乎統曰駑馬雖精所致一人耳駑牛一日行三百里所致豈一人之重哉劭就統宿語因問卿名知人吾與卿孰愈統曰陶冶世俗甄綜人物吾不及卿論帝王之祕策攬倚伏之要最吾似有一日之長劭安其言而親之謂全琮曰卿好施慕名有似汝南樊子昭蔣濟萬機論云許子將而抑許文休劉曄曰子昭拔自賈豎年至耳順退能守靜進不苟競濟荅曰子昭誠自長幼完潔然觀其臿齒牙樹頰胲吐脣吻自非文休之敵也胲音改雖智力不多亦一時之佳也績劭謂統曰使天下太平當與卿共料四海之士深與統相結而還先主領荊州統以從事守耒陽令在縣不治免官吳將魯肅遺先主書曰龐士元非百里才也使處治中別駕之任始當展其驥足耳諸葛亮亦言之於先主先主見與善譚大器之以爲治中從事江表傳曰先主與統從容宴語問曰卿爲周公瑾功曹孤到吳聞此人密有白事勸仲謀相留有之乎在君爲君卿其無隱統對曰有之備歎息曰孤時危急當有所求故不得不往殆不免周瑜之手天下智謀之士所見略同耳時孔明諫孤莫行其意獨篤亦慮此也孤以仲謀所防在北當賴孤爲援故決意不疑此誠出於險塗非萬全之計也親待亞於諸葛亮遂與亮並爲軍師中郎將九州春秋曰統說備曰荊州荒殘人物殫盡東有吳孫北有曹氏鼎足之計難以得志今益州國富民彊戶口百萬四部兵馬所出必具寶貨無求於外今可權借以定大事備曰今指與吾爲水火者曹操也操以急吾以寬操以暴吾以仁操以譎吾以忠每與操反事乃可成耳今以小故而失信義於天下者吾所不取也統曰權變之時固非一道所能定也兼弱攻昧五伯之事逆取順守報之以義事定之後封以大國何負於信今日不取終爲人利耳備遂行亮留鎮荊州統隨從入蜀益州牧劉璋與先主會涪統進策曰今因此會便可執之則將軍無用兵之勞而坐定一州也先

主曰初入他國恩信未著此不可也璋既還成都先主當爲璋北征漢中統復說曰陰選精兵晝夜兼道徑襲成都璋既不武又素無預備大軍卒至一舉便定此上計也楊懷高沛璋之名將各杖彊兵據守關頭聞數有牋諫璋使發遣將軍還荊州將軍未至遣與相聞說荊州有急欲還救之並使裝束外作歸形此二子既服將軍英名又喜將軍之去計必乘輕騎來見將軍因此執之進取其兵乃向成都此中計也退還白帝連引荊州徐還圖之此下計也若沈吟不去將致大困不可久矣先主然其中計即斬懷沛還向成都所過輒克於涪大會置酒作樂謂統曰今日之會可謂樂矣統曰伐人之國而以爲歡非仁者之兵也先主醉怒曰武王伐紂前歌後舞非仁者邪卿言不當宜速起出於是統逡巡引退先主尋悔請還統復故位初不顧謝飲食自若先主謂曰向者之論阿誰爲失統對曰君臣俱失先主大笑宴樂如初習鑿齒曰夫霸王者必體仁義以爲本仗信順以爲宗一物不具則其道乖矣今劉備襲奪璋土權以濟業負信違情德義俱愆雖功由是隆宜大傷其敗譬斷手全軀何樂之有龐統懼斯言之泄宣知其君之必悟故衆中匡其失而不脩常謙之道矯然太當盡其蹇諤之風夫上失而下正是有臣也納勝而無執是從理也有臣則陛隆堂高從理則羣策必舉一言而三善兼明暫諫而義彰百代可謂達乎大體矣若惜其小失而廢其大益矜此過言自絕遠讜能成業濟務者未之有也　臣松之以爲謀襲劉璋計雖出於統然違義成功本由詭道心既內疚則歡情自戢故聞備稱樂之言不覺率爾而對也備酣宴失時事同樂禍自比武王曾無愧色此備有非而統無失其云君臣俱失蓋分謗之言耳習氏所論雖大旨無乖然推演之辭近爲流宕也進圍雒縣統率衆攻城爲流矢所中卒時年三十六先主痛惜言則流涕拜統父議郎遷諫議大夫諸葛亮親爲之拜追賜統爵關內侯謚曰靖侯統子宏字巨師剛簡有臧否輕傲尚書令陳祗爲祗所抑卒於涪陵太守統弟林以荊州治中從事參鎮北將軍黃權征吳值軍敗隨權入魏魏封列侯至鉅鹿太守襄陽記云林婦同郡習禎姊禎事在楊戲輔臣贊曹公之破荊州林婦與林分隔守養弱女十有餘年後林隨黃權降魏始復集聚魏文帝聞而賢之賜牀帳衣服以顯其義節

法正傳

法正字孝直右扶風郿人也祖父真有清節高名三輔決錄注曰真字高卿少明五經兼通讖緯學無常師名有高才常幅巾見扶風守守曰哀公雖不肖猶臣仲尼柳下惠不去父母之邦欲相屈爲功曹何如真曰以明府見待有禮故四時朝覲若欲吏使之真將在北山之北南山之南矣扶風守遂不敢以爲吏初真年未弱冠父在南郡步往候父已欲去父留之待正旦使觀朝吏會會者數百人真於窻中闚其與父語畢問真孰賢真曰曹掾胡廣有公卿之量其後廣果歷九卿三公之位世以服真之知人前後徵辟皆不就友人郭正等美之號曰玄德先生年八十九中平五年卒正父衍字季謀司徒掾廷尉左監建安初天下饑荒正與同郡孟達俱入蜀依劉璋久之爲新都令後召署軍議校尉既不任用又爲其州邑俱僑客者所

誘無行志意不得益州別駕張松與正相善忖璋
不足與有爲常竊歎息松於荊州見曹公還勸璋
絕曹公而自結先主璋曰誰可使者松乃舉正正
辭讓不得已而往正既還爲松稱說先主有雄略
密謀協規願共戴奉而未有緣後因璋聞曹公欲
遣將征張魯之有懼心也松遂說璋宜迎先主使
之討魯復令正銜命正既宣旨陰獻策於先主曰
以明將軍之英才乘劉牧之懦弱張松州之股肱
以響應於內然後資益州之殷富馮天府之險阻
以此成業猶反掌也先主然之泝江而西與璋會
涪北至葭萌南還取璋鄭度說璋曰華陽國志曰度廣漢人爲州從事左將軍縣軍襲我兵不滿萬士衆未附野穀是
資軍無輜重其計莫若盡驅巴西梓潼民內涪水
以西其倉廩野穀一皆燒除高壘深溝靜以待之
彼至請戰勿許久無所資不過百日必將自走走
而擊之則必禽耳先主聞而惡之以問正正曰終
不能用無可憂也璋果如正言謂其羣下曰吾聞
拒敵以安民未聞動民以避敵也於是黜度不用
其計及軍圍雒城正牋與璋曰正受性無術盟好
違損懼左右不明本末必並歸咎蒙耻沒身辱及

執事是以捐身於外不敢反命恐聖聽穢惡其聲
故中間不有牋敬顧念宿遇瞻望悢悢然惟前後
披露腹心自從始初以至於終實不藏情有所不
盡但愚闇策薄精誠不感以致於此耳今國事已
危禍害在速雖捐放於外言足憎尤猶貪極所懷以
盡餘忠明將軍本心正之所知也實爲區區不欲
失左將軍之意而卒至於是者左右不達英雄從
事之道謂可違信黷誓而以意氣相致日月相選
趨求順耳悅目隨阿遂指不圖遠慮爲國深計故
也事變既成又不量彊弱之勢以爲左將軍縣遠
之衆糧穀無儲欲得以多擊少曠日相持而從關
至此所歷輒破離宮別屯日自零落雒下雖有萬
兵皆壞陣之卒破軍之將若欲爭一旦之戰則兵
將勢力實不相當各欲遠期計糧者今此營守已
固穀米已積而明將軍土地日削百姓日困敵對
遂多所供遠曠愚意計之謂必先竭將不復以持
久也空爾相守猶不相堪今張益德數萬之衆已
定巴東入犍爲界分平資中德陽三道並侵將何
以禦之本爲明將軍計者必謂此軍縣遠無糧饋
運不及兵少無繼今荊州道通衆數十倍加孫車

騎遣弟及李異甘寧等爲其後繼若爭客主之勢以土地相勝者今此全有巴東廣漢犍爲過半已定巴西一郡復非明將軍之有也計益州所仰惟蜀蜀亦破壞三分亡二吏民疲困思爲亂者十戶而八若敵遠則百姓不能堪役敵近則一旦易主矣廣漢諸縣是明比也又魚復與關頭實爲益州福禍之門今二門悉開堅城皆下諸軍並破兵將俱盡而敵家數道並進已入心腹坐守都雒存亡之勢昭然可見斯乃大略其外較耳其餘屈曲難以辭極也以正下愚猶知此事不可復成況明將

軍左右明智用謀之士豈當不見此數哉旦夕偷幸求容取媚不慮遠圖莫肯盡心獻良計耳若事窮勢迫將各索生求濟門戶展轉反覆與今計異不爲明將軍盡死難也而尊門猶當受其憂正雖獲不忠之謗然心自謂不負聖德顧惟分義實竊痛心左將軍從本舉來舊心依依實無薄意愚以爲可圖變化以保尊門十九年進圍成都璋蜀郡太守許靖將踰城降事覺不果璋以危亡在近故不誅靖璋既稽服先主以此薄靖不用也正說曰天下有獲虛譽而無其實者許靖是也然今主公

始創大業天下之人不可戶說靖之浮稱播流四海若其不禮天下之人以是謂主公爲賤賢也宜加敬重以眩遠近追昔燕王之待郭隗先主於是乃厚待靖（孫盛曰夫禮賢崇德爲邦之要道封墓式閭先王之令軌故必以體行英邈高義蓋世然後可以延視四海振服羣黎苟非其人道不虛行靖處室則友于不穆出身則受位非所語信則夷險易心論識則殆爲釁首安在其可寵先而有以感致者乎若乃浮虛是崇偷薄斯榮則秉直杖義之士將何以禮之正務眩惑之術違貴尚之風譬之郭隗非其倫矣　臣松之以爲郭隗非賢猶以權計蒙寵況文休名聲夙著天下謂之英偉雖末年有瑕而事不彰徹若不加禮何以釋遠近之惑乎法正以靖方隗未爲不當而盛以封墓式閭爲難何其迂哉然則燕昭亦非乎豈其然哉至於友于不穆失由子將尋蔣濟之論知非文休之尤盛又譏其受任非所將謂仕於董卓卓初秉政顯擢賢俊受其策爵者森然皆是文休爲選官在卓未至之前後遷中丞不爲超越以此爲貶則荀爽陳紀之儔皆應擯棄於世矣）以正爲蜀郡太

守揚武將軍外統都畿內爲謀主一飡之德睚眦之怨無不報復擅殺毀傷己者數人或謂諸葛亮曰法正於蜀郡太縱橫將軍宜啓主公抑其威福亮答曰主公之在公安也北畏曹公之彊東憚孫權之逼近則懼孫夫人生變於肘腋之下當斯之時進退狼跋法孝直爲之輔翼令翻然翶翔不可復制如何禁止法正使不得行其意邪初孫權以妹妻先主妹才捷剛猛有諸兄之風侍婢百餘人皆親執刀侍立先主每入衷心常凜凜亮又知先主雅愛信正故言如此（孫盛曰夫威福自下亡家害國之道刑縱於寵毀政亂理之源安可

以功臣而極其陵肆嬖主而藉其國柄者哉故顛頡雖勤不免違命之刑楊干雖親猶加亂行之戮夫豈不愛王憲故也諸葛氏之言於是乎失政刑矣二十二年正說先主曰曹操一舉而降張魯定漢中不因此勢以圖巴蜀而留夏侯淵張郃屯守身遽北還此非其智不逮而力不足也必將內有憂偪故耳今策淵郃才略不勝國之將帥舉衆往討則必可克之克之日廣農積穀觀釁伺隙上可以傾覆寇敵尊獎王室中可以蠶食雍涼廣拓境土下可以固守要害為持久之計此蓋天以與我時不可失也先主善其策乃率諸將進兵漢中正亦從行二十四年先主自陽平南渡沔水

緣山稍前於定軍興勢作營淵將兵來爭其地正曰可擊矣先主命黃忠乘高鼓譟攻之大破淵軍淵等授首曹公西征聞正之策曰吾故知玄德不辦有此必為人所教也臣松之以為蜀與漢中其由脣齒也劉主之智豈不及此將計略未展正先發之耳夫聽用嘉謀以成功業霸王之主誰不皆然魏武以為人所教亦豈劣哉此蓋恥恨之餘辭非測實之當言也先主立為漢中王以正為尚書令護軍將軍明年卒時年四十五先主為之流涕者累日諡曰翼侯賜子邈爵關內侯官至奉車都尉漢陽太守諸葛亮與正雖好尚不同以公義相取亮每奇正智術先主既即尊號將東征孫權以復關羽之恥羣臣

多諫一不從章武二年大軍敗績還住白帝亮歎曰法孝直若在則能制主上令不東行就復東行必不傾危矣

評曰龐統雅好人流經學思謀于時荊楚謂之高俊法正著見成敗有奇畫策筭然不以德素稱也儗之魏臣統其荀彧之仲叔正其程郭之儔儷邪先主與曹公爭勢有不便宜退而先主大怒不肯退無敢諫者矢下如雨正乃往當先主前先主云孝直避箭正曰明公親當矢石況小人乎先主乃曰孝直吾與汝俱去遂退

龐統法正傳第七　蜀書　國志三十七

許麋孫簡伊秦傳第八　蜀書　國志三十八

許靖傳

許靖字文休汝南平輿人少與從弟劭俱知名並有人倫臧否之稱而私情不協劭爲郡功曹排擯靖不得齒敘以馬磨自給潁川劉翊爲汝南太守乃舉靖計吏察孝廉除尚書郎典選舉靈帝崩董卓秉政以漢陽周毖爲吏部尚書與靖共謀議進退天下之士沙汰穢濁顯拔幽滯進用潁川荀爽韓融陳紀等爲公卿郡守拜尚書韓馥爲冀州牧侍中劉岱爲兗州刺史潁川張咨爲南陽太守陳留孔伷爲豫州刺史東郡張邈爲陳留太守而遷靖巴郡太守不就補御史中丞馥等到官各舉兵還向京都欲以誅卓卓怒毖曰諸君言當拔用善士卓從君計不欲違天下人心而諸君所用人至官之日還來相圖卓何用相負比毖令出於外斬之靖從兄陳相瑒又與伷合規靖懼誅奔伷（蜀記云靖後自表曰黨賊求生情所不忍守官自危死不成義竊念古人當難詭常權以濟其道）伷卒依揚州刺史陳禕禕死吳郡都尉許貢會稽太守王朗素與靖有舊故往保焉靖收恤親理經紀振贍出於仁厚孫策東渡江皆走交州以避其難靖身坐岸邊

先載附從疏親悉發乃從後去當時見者莫不歎息既至交阯交阯太守士燮厚加敬待陳國袁徽以寄寓交州徽與尚書令荀彧書曰許文休英才偉士智略足以計事自流宕已來與羣士相隨每有患急常先人後己與九族中外同其饑寒其紀綱同類仁恕惻隱皆有效事不能復一二陳之耳鉅鹿張翔（萬機論云翔字元鳳）銜王命使交部乘勢募靖欲與誓要靖拒而不許靖與曹公書曰世路戎夷禍亂遂合駑怯偷生自竄蠻貊成闊十年吉凶禮廢昔在會稽得所貽書辭旨款密久要不忘迫於袁術放命圮族扇動羣逆津塗四塞雖縣心北風欲行靡由正禮師退術兵前進會稽傾覆景興失據三江五湖皆爲虜庭臨時困厄無所控告便與袁沛鄧子孝等浮涉滄海南至交州經歷東甌閩越之國行經萬里不見漢地漂薄風波絕糧茹草饑殍荐臻死者大半既濟南海與領守兒孝德相見知足下忠義奮發整飭元戎西迎大駕巡省中嶽承此休問且悲且喜即與袁沛及徐元賢復共嚴裝欲北上荊州會蒼梧諸縣夷越蠭起州府傾覆道路阻絕元賢被害老弱並殺靖尋循渚岸五千餘

里復遇疾癘伯母隕命并及羣從自諸妻子一時
略盡復相扶侍前到此郡計為兵害及病亡者十
遺一二生民之艱辛苦之甚豈可具陳哉臣松之以為子將稱
賢者避世其次避地蓋貴其識見安危去就得所也許靖羈客
會稽閭閻之士孫策之來於靖何為而乃汎萬里之海入疫癘
之鄉致使尊弱塗炭百罹備經可謂自貽矣謀臣斯難以言
智孰若安時處順端拱吳越與張昭張紘之儔同保元吉者哉
懼卒顛仆永為亡虜憂瘁慘慘忘寢與食欲附奉
朝貢使自獲濟通歸死闕庭而荊州水陸無津交
部驛使斷絕欲上益州復有峻防故官長吏一不
得入前令交阯太守士威彥深相分託於益州兄弟
又靖亦自與書辛苦懇惻而復寂寞未有報應雖

仰瞻光靈延頸企踵何由假翼自致哉知聖主允
明顯授足下專征之任凡諸逆節多所誅討想力
競者一心順從者同規矣又張子雲昔在京師志
匡王室今雖臨荒域不得參與本朝亦國家之藩
鎮足下之外援也子雲名津南陽人為交州刺史見吳志若荊楚平和
王澤南至足下忽有聲命於子雲勤見保屬令得
假途由荊州出不然當復相紹介於益州兄弟使
相納受儻天假其年人緩其禍得歸死國家解逋
逃之負泯軀九泉將復何恨若時有險易事有利
鈍人命無常隕沒不達者則永銜罪責入於厝土

矣昔營丘翼周杖鉞專征博陸佐漢虎賁警蹕漢書霍光傳曰光出都肄郎羽林道上稱警蹕未詳虎賁所出也今日足下扶危持傾為
國柱石秉師望之任兼霍光之重五侯九伯制御
在手自古及今人臣之尊未有及足下者也夫爵高
者憂深祿厚者責重足下據爵高之任當責重之地
言出於口即為賞罰意之所存便為禍福行之得道
即社稷用寧行之失道即四方散亂國家安危在於
足下百姓之命縣於執事自華及夷顒顒注望足
下任此豈可不遠覽載籍廢興之由榮辱之機棄
忘舊惡寬和羣司審量五材為官擇人苟得其人

雖讎必舉苟非其人雖親不授以寧社稷以濟下
民事立功成則繫音於管絃勒勳於金石願君勉
之為國自重為民自愛翔恨靖之不自納搜索靖
所寄書疏盡投之于水後劉璋遂使使招靖靖來
入蜀璋以靖為巴郡廣漢太守南陽宋仲子於荊
州與蜀郡太守王商書曰文休倜儻瑰瑋有當世
之具足下當以為指南益州耆舊傳曰商字文表廣漢人以才學稱聲問著於州里劉璋辟
為治中從事是時王塗隔絕州之牧伯猶七國之諸侯也而璋
懦弱多疑不能黨信大臣商奏記諫璋璋頗感悟初韓遂與馬
騰作亂關中數與璋父焉交通信至騰子超復與璋相聞有連
蜀之意商謂璋曰超勇而不仁見得不思義不可以為脣齒老
子曰國之利器不可以示人今之益部士美民豐寶物所出斯
乃狡夫所欲傾覆超等所以西望也若引而近之則由養虎將

自遺患矣璋從其言乃拒絶之荊州牧劉表及儒者宋忠咸聞其名遺書與商切致殷勤許靖號爲臧否至蜀見商而稱之曰設使商生於華夏雖王景興無以加也璋以商爲蜀郡太守成都禽堅有至孝之行商表其墓追贈孝廉又與嚴君平李弘立祠作銘以旌先賢脩學廣農百姓便之在郡十載卒於官許靖代之

建安十六年轉在蜀郡山陽公載記曰建安十七年漢立皇子熙爲濟陰王懿爲山陽王敦爲東海王靖聞之曰將欲歙之必固張之將欲取之必固與之其孟德之謂乎十九年先主克蜀以靖爲左將軍長史先主爲漢中王靖爲太傅及即尊號策靖曰朕獲奉洪業君臨萬國夙宵惶惶懼不能綏百姓不親五品不遜汝作司徒其敬敷五教在寬君其勗哉秉德無怠稱朕意焉靖雖年逾七十愛樂人物誘納後進清談不倦丞相諸葛亮皆爲之拜章

武二年卒子欽先靖夭没欽子游景耀中爲尚書始靖兄事潁川陳紀與陳郡袁渙平原華歆東海王朗等親善歆朗及紀子羣魏初爲公輔大臣咸與靖書申陳舊好情義款至文多故不載魏略王朗與文休書曰文休足下消息平安甚善甚善豈意脫別三十餘年而無相見之緣乎詩人比一日之別於歲月豈况悠悠歷累紀之年者哉自與子別若没而復浮若絶而復連者數矣而今而後居升平之京師攀附於飛龍之聖主儕輩略盡幸得老與足下並爲遺種之叟而相去數千里加有邅蹇之隔時聞消息於風聲託舊情於思想眇眇異處與異世無以異也往者隨軍到荊州見鄧子孝桓元將粗聞足下動靜云夫子既在益州執職領郡德素規矩老而不墮是時侍宿武皇帝於江陵劉景升聽事之上共道足下於通夜拳拳飢渴誠無已也自天子在東宮及即位之後每會羣賢論天下髦儁之見在者豈獨人盡爲英士鮮易取最故乃猥以原壤之朽質感夫子之情聽每叙足下以爲謀首豈其注意乃復過於前世書曰人惟求舊易稱同聲相應同氣相求劉將軍之與大魏兼而兩之總此二義前世邂逅以同爲睽非武皇帝之旨頃者蹉跌其泰而否亦非足下之意也深思書易之義利結分於宿好故遣降者送吳所獻致名馬貂罽得因無嫌道初開通展叙舊情以達聲問久闊情慉非夫筆墨所能寫陳亦想足下同其志念今者親生男女凡有幾人年並幾何僕連失一男一女今有二男大兒名肅年二十九生於會稽小兒裁歲餘臨書愴恨有懷緬然又曰過聞受終於文祖之言於尚書又聞歷數在躬允執其中之文於論語豈自意得於老耄之齒正值天命受於聖主之會親見三讓之弘辭觀衆瑞之總集覩升堂穆穆之盛禮瞻燔燎焜曜之青烟于時忽自以爲處唐虞之運際於紫微之天庭也徒慨不得攜子之手共列于世有二子之數以聽有唐欽哉之命也子雖在裔土想亦極目而迴望側耳而遐聽延頸而鶴立也昔汝南陳公初拜不依故常讓上卿於李元禮以此推之吾宜退身以避子位也苟得避子以竊讓名然後綬帶委質遊談於平勃之間與子共陳往時避地之艱辛樂酒酣宴高談大噱亦足遺憂而忘老捉筆陳情隨以喜笑又曰前夏有書而未達今重有書而并致前問皇帝既深悼劉將軍之早世又愍其孤之不易又惜使足下孔明等士人氣類之徒遂沈溺於羌夷異種之間永與華夏乖絶而無朝聘中國之期緣瞻睎故土桑梓之望也故復運慈念而勞仁心重下明詔以發德音申敕朗等使重爲書與足下等以足下聰明揆殷勤之聖意亦足悟海岱之所常在知百川之所宜注矣昔伊尹去夏而就殷陳平違楚而歸漢猶曜德於阿衡著功於宰相若足下能弼人之遺孤定人之猶豫去非常之僞號事受命之大魏客主兼不世之榮名上下蒙不朽之常耀功與事並聲與勳著考績效足以超越伊呂矣既承詔直且服舊之情情不能已若不言足下之所能陳足下之所見則無以宣明詔命弘光大之恩叙宿昔夢想之思若天啓衆心子導蜀意誠此意有攜手之期若險路未夷子謀不從則懼聲問或否復面何由前後二書言每及斯希不切然有動於懷足下周游江湖以暨南海歷觀夷俗可謂徧矣想子之心結思華夏可謂深矣爲身擇居猶願中土爲主擇居安豈可以不繫意於京師而持疑於荒裔乎詳思愚言速示還報也

麋竺傳

麋竺字子仲東海朐人也祖世貨殖僮客萬人貲產鉅億搜神記曰竺嘗從洛歸未達家數十里路傍見一婦人從竺求寄載行可數里婦謝去謂竺曰我天使也

當往燒東海麋竺家感君見載故以相語竺因私請之婦曰不可得不燒如此君可馳去我當緩行日中火當發竺乃還家遽出財物日中而火大發 後徐州牧陶謙辟爲別駕從事謙卒竺奉謙遺命迎先主於小沛建安元年呂布乘先主之出拒袁術襲下邳虜先主妻子先主轉軍廣陵海西竺於是進妹於先主爲夫人奴客二千金銀貨幣以助軍資于時困匱賴此復振後曹公表竺領嬴郡太守 曹公集載公表曰泰山郡界廣遠舊多輕悍權時之宜可分五縣爲嬴郡揀選清廉以爲守將偏將軍麋竺素履忠貞文武昭烈請以竺領嬴郡太守撫慰吏民 竺弟芳爲彭城相皆去官隨先主周旋先主將適荊州遣竺先與劉表相聞以竺爲左將軍從事中郎益州既平拜爲安漢將軍班在軍師將軍之右竺雍容敦雅而幹翮非所長是以待之以上賓之禮未嘗有所統御然賞賜優寵無與爲比芳爲南郡太守與關羽共事而私好攜貳叛迎孫權羽因覆敗竺面縛請罪先主慰諭以兄弟罪不相及崇待如初竺慙恚發病歲餘卒子威官至虎賁中郎將威子照虎騎監自竺至照皆便弓馬善射御云

孫乾傳

孫乾字公祐北海人也先主領徐州辟爲從事 鄭玄傳云玄薦乾於州乾被辟命玄所舉也 後隨從周旋先主之背曹公遣乾自結袁紹將適荊州乾又與麋竺俱使劉表皆如意指後表與袁尚書說其兄弟分爭之變曰每與劉左將軍孫公祐共論此事未嘗不痛心入骨相爲悲傷也其見重如此先主定益州乾自從事中郎爲秉忠將軍見禮次麋竺與簡雍同等頃之卒

簡雍傳

簡雍字憲和涿郡人也少與先主有舊隨從周旋先主至荊州雍與麋竺孫乾同爲從事中郎常爲談客往來使命先主入益州劉璋見雍甚愛之後先主圍成都遣雍往說璋璋遂與雍同輿而載出城歸命先主拜雍爲昭德將軍優游風議性簡傲跌宕在先主坐席猶箕踞傾倚威儀不肅自縱適諸葛亮已下則獨擅一榻項枕臥語無所爲屈時天旱禁酒釀者有刑吏於人家索得釀具論者欲令與作酒者同罰雍與先主游觀見一男女行道謂先主曰彼人欲行淫何以不縛先主曰卿何以知之雍對曰彼有其具與欲釀者同先主大笑而原欲釀者雍之滑稽皆此類也 或曰雍本姓耿幽州人語謂耿爲簡遂隨音變之

伊籍傳

伊籍字機伯山陽人少依邑人鎮南將軍劉表先

主之在荆州籍常往來自託表卒遂隨先主南渡江從入益州益州既定以籍為左將軍從事中郎見待亞於簡雍孫乾等遣東使於吳孫權聞其才辯欲逆折以辭籍適入拜權曰勞事無道之君乎籍即對曰一拜一起未足為勞籍之機捷類皆如此權甚異之後遷昭文將軍與諸葛亮法正劉巴李嚴共造蜀科蜀科之制由此五人焉

秦宓傳

秦宓字子勑廣漢緜竹人也少有才學州郡辟命輒稱疾不往奏記州牧劉焉薦儒士任定祖曰昔百里蹇叔以耆艾而治霸業甘羅子奇以童冠而立功故書美黃髮而易稱顏淵固知選士用能不拘長幼明矣乃者以來海內察舉率多英儁而遺舊齒衆論不齊異同相半此乃承平之翔步非亂世之急務也夫欲救危撫亂脩己以安人則宜卓舉超倫與時殊趣震驚鄰國駭動四方上當天心下合人意天人既和內省不疚雖遭凶亂何憂何懼昔楚葉公好龍神龍下之好偽徹天何況於真今處士任安仁義直道流名四遠如今見察則一州斯服昔湯舉伊尹不仁者遠何武貢二龔雙名竹帛故貪尋常之高而忽萬仞之嵩樂面前之飾而忘天下之譽斯誠往古之所重慎也甫欲鑿石索玉剖蚌求珠今乃隨和炳然有如皎日復何疑哉誠知晝不操燭日有餘光但愚情區區貪陳所見

益部耆舊傳曰安廣漢人少事聘士楊厚究極圖籍游覽京師還家講授與董扶俱以學行齊聲郡請功曹州辟治中別駕終不久居舉孝廉茂才太尉載辟除博士公車徵皆稱疾不就州牧劉焉表薦安味精道度厲節高邈揆其器量國之元寶宜處弼疑之輔以消非常之咎玄纁之禮所宜招命王塗隔塞遂無聘命年七十九建安七年卒門人慕仰為立碑銘後丞相亮問秦宓以安所長宓曰記人之善忘人之過

劉璋時宓同郡王商為治中從事與宓書曰貧賤困苦亦何時可以終身卞和衒玉以燿世宜一來與州尊相見宓荅書曰昔堯優許由非不弘也洗其兩耳楚聘莊周非不廣也執竿不顧易曰確乎其不可拔夫何衒之有且以國君之賢子為良輔不以是時建蕭張之策未足為智也僕得曝背乎隴畝之中誦顏氏之簞瓢詠原憲之蓬戶時翺翔於林澤與沮溺之等儔聽玄猿之悲吟察鶴鳴於九皐安身為樂無憂為福處空虛之名居不靈之龜知我者希則我貴矣斯乃僕得志之秋也何困苦之戚焉後商為嚴君平李弘立祠宓與書曰疾病伏匿甫知足下為嚴李立祠可謂厚黨勤類者也觀嚴文章冠冒天下由夷逸操

山獄不移使揚子不歎固自昭明如李仲元不遭法言今名必淪其無虎豹之文故也可謂攀龍附鳳者矣如揚子雲潛心著述有補於世泥蟠不滓行參聖師于今海內談詠厥辭邦有斯人以耀四遠怪子替茲不立祠堂蜀本無學士文翁遣相如東受七經還教吏民於是蜀學比於齊魯故地里志曰文翁倡其教相如爲之師漢家得士盛於其世仲舒之徒不達封禪相如制其禮夫能制禮造樂移風易俗非禮所秩有益於世者乎雖有王孫之累猶孔子大齊桓之霸公羊賢叔術之讓僕亦善長卿之化宜立祠堂速定其銘先是李權從宓借戰國策宓曰戰國從橫用之何爲權曰仲尼嚴平會聚衆書以成春秋指歸之文故海以合流爲大君子以博識爲弘宓報曰書非史記周圖仲尼不采道非虛無自然嚴平不演海以受淤歲一蕩清君子博識非禮不視今戰國反覆儀秦之術殺人自生亡人自存經之所疾故孔子發憤作春秋大乎居正復制孝經廣陳德行杜漸防萌預有所抑是以老氏絕禍於未萌豈不信邪成湯大聖覩野魚而有獵逐之失定公賢者見女樂而弃朝事

臣松之案書傳曾定公無善可稱宓謂之賢者淺學所未達也若此輩類焉可勝陳道家法曰不見所欲使心不亂是故天地貞觀日月貞明其直如矢君子所履洪範記災發於言貌何戰國之論權乎哉或謂宓曰足下欲自比於巢許四皓何故揚文藻見瓌穎乎宓答曰僕文不能盡言言不能盡意何文藻之有揚乎昔孔子三見哀公言成七卷事蓋有不可嘿嘿也劉向七略曰孔子三見哀公作三朝記七篇今在大戴禮 臣松之案中經部有孔子三朝八卷一卷目錄餘者所謂七篇接輿行且歌論家以光篇漁父詠滄浪賢者以燿章此二人者非有欲於時者也夫虎生而文炳鳳生而五色豈以五采自飾畫哉天性自然也蓋河洛由文興六經由文起君子懿文德采藻其何傷以僕之愚猶恥革子成之誤況賢於己者乎臣松之案今論語作棘子成子成曰君子質而已矣何以文爲屈於子貢之言故謂之誤也先主既定益州廣漢太守夏侯纂請宓爲師友祭酒領五官掾稱曰仲父宓稱疾臥在第舍纂將功曹古朴主簿王普廚膳即宓第宴談宓臥如故纂問朴曰至於貴州養生之具實絕餘州矣不知士人何如餘州也朴對曰乃自先漢已來其爵位者或不如餘州耳至於著作爲世師式不負於餘州也嚴君平見黃老作指歸揚雄見

易作太玄見論語作法言司馬相如爲武帝制封禪之文于今天下所共聞也纂曰仲父何如宓以簿擊頰（簿手版也）曰願明府勿以仲父之言假於小草民請爲明府陳其本紀蜀有汶阜之山江出其腹帝以會昌神以建福故能沃野千里（河圖括地象曰岷山之地上爲東井絡帝以會昌神以建福上爲天井左思蜀都賦曰遠則岷山之精上爲井絡天帝運期而會昌景福肸蠁而興作）淮濟四瀆江爲其首此其一也禹生石紐今之汶山郡是也（帝王世紀曰鯀納有莘氏女曰志是爲脩己上山行見流星貫昴夢接意感又吞神珠臆圮胷坼而生禹於石紐譙周蜀本紀曰禹本汶山廣柔縣人也生於石紐其地名刳兒坪見世帝紀）昔堯遭洪水鯀所不治禹疏江決河東注于海爲民除害生民已來功莫先者此其二也天帝布治房心決政參伐參伐則益州分野三皇乘祇車出谷口今之斜谷是也（蜀記曰三皇乘祇車出谷口未詳宓所由知爲斜谷也）此便鄙州之阡陌明府以雅意論之何若於天下乎於是纂逡巡無以復答益州辟宓爲從事祭酒先主既稱尊號將東征吳宓陳天時必無其利坐下獄幽閉然後貸出建興二年丞相亮領益州牧選宓迎爲別駕尋拜左中郎將長水校尉吳遣使張溫來聘百官皆往餞焉衆人皆集而宓未往亮累遣使促之溫曰彼何人也亮曰益州學士也及至溫問曰君學乎

宓曰五尺童子皆學何必小人溫復問曰天有頭乎宓曰有之溫曰在何方也宓曰在西方詩曰乃眷西顧以此推之頭在西方溫曰天有耳乎宓曰天處高而聽卑詩云鶴鳴于九皋聲聞于天若其無耳何以聽之溫曰天有足乎宓曰有詩云天步艱難之子不猶若其無足何以步之溫曰天有姓乎宓曰有溫曰何姓宓曰姓劉溫曰何以知之荅曰天子姓劉故以此知之溫曰日生於東乎宓曰雖生於東而沒於西荅問如響應聲而出於是溫大敬服宓之文辯皆此類也遷大司農四年卒初宓見帝系之文五帝皆同一族宓辨其不然之本又論皇帝王霸養龍之說甚有通理譙允南少時數往諮訪記錄其言於春秋然否論文多故不載

評曰許靖夙有名譽既以篤厚爲稱又以人物爲意雖行事舉動未悉允當蔣濟以爲大較廊廟器也（萬機論論許子將曰許文休者大較廊廟器也而子將貶之若實不貴之是不明也誠令知之蓋善人也）麋竺孫乾簡雍伊籍皆雍容風議見禮於世秦宓始慕肥遯之高而無若愚之實然專對有餘文藻壯美可謂一時之才士矣

許麋孫簡伊秦傳第八　蜀書　國志三十八

董和傳

董和字幼宰南郡枝江人也其先本巴郡江州人漢末和率宗族西遷益州牧劉璋以為牛鞞鞞音髀江原長成都令蜀土富實時俗奢侈貨殖之家侯服玉食婚姻葬送傾家竭產和躬率以儉惡衣蔬食防遏踰僭為之軌制所在皆移風變善畏而不犯然縣界豪彊憚和嚴法說璋轉和為巴東屬國都尉吏民老弱相攜乞留和者數千人璋聽留二年還遷益州太守其清約如前與蠻夷從事務推誠心南土愛而信之先主定蜀徵和為掌軍中郎將與軍師將軍諸葛亮並署左將軍大司馬府事獻可替否共為歡交自和居官食祿外牧殊域內幹機衡二十餘年死之日家無儋石之財亮後為丞相教與羣下曰夫參署者集衆思廣忠益也若遠小嫌難相違覆曠闕損矣違覆而得中猶棄弊蹻而獲珠玉然人心苦不能盡惟徐元直處茲不惑又董幼宰參署七年事有不至至于十反來相啟告苟能慕元直之十一幼宰之殷勤有忠於國則亮可少過矣又曰昔初交州平屢聞得失後交元直勤見啟誨前參事於幼宰每言則盡後從事於偉度數有諫止雖姿性鄙暗不能悉納然與此四子終始好合亦足以明其不疑於直言也其追思和如此偉度者姓胡名濟義陽人為亮主簿有忠藎之效故見褒述亮卒為中典軍統諸軍封成陽亭侯遷中監軍前將軍督漢中假節領兗州刺史至右驃騎將軍濟弟博歷長水校尉尚書

劉巴傳

劉巴字子初零陵烝陽人也少知名零陵先賢傳曰巴祖父曜蒼梧太守父祥江夏太守盪寇將軍時孫堅舉兵討董卓以南陽太守張咨不給軍糧殺之祥與同心南陽士民由此怨祥舉兵攻之與戰敗亡劉表亦素不善祥拘巴欲殺之數遣祥故所親信人密詐謂巴曰劉牧欲相危害可相隨逃之如此再三巴輒不應具以報表表乃不殺巴年十八郡署戶曹史主記主簿劉先主欲遣周不疑就巴學巴荅曰昔游荊北時涉師門記問之學不足紀名內無楊朱守靜之術外無墨翟務時之風猶天之南箕虛而不用賜書乃欲令賢甥摧鸞鳳之豔游燕雀之宇將何以啟明之哉愧於有若無實若虛何以堪之荊州牧劉表連辟及舉茂才皆不就表卒曹公征荊州先主奔江南荊楚羣士從之如雲而巴北詣曹公曹公辟為掾使招納長沙零陵桂陽零陵先賢傳曰曹公敗於烏林還北時欲遣桓階階辭不如巴巴謂曹公曰劉備據荊州不可也公曰備如相圖孤以六軍繼之也會先主略有三郡巴不得反使遂遠適交阯零陵先賢傳云巴往零陵事不成欲游交州道還京師時諸葛亮在臨烝巴與亮書曰乘危歷險到值思義之民自與之衆承天之心順物之性非余身謀所能勸動若道窮數盡將託命於滄海不復顧荊州矣亮追謂曰劉公雄才蓋世據有荊土莫不歸德天人去就已可知矣足下欲何之巴曰受命而來不成當還此其宜也足下何言邪先主深以為恨巴復從交阯至蜀零陵先賢傳曰巴入交阯更姓為張與交阯太守士

燮計議不合乃由牂牁道去為益州郡所拘留太守欲殺之主簿曰此非常人不可殺也主簿請自送至州見益州牧劉璋璋父焉昔為巴父祥所舉孝廉見巴驚喜每大事輒以咨訪臣松之案劉焉在漢靈帝時已經宗正太常出為益州牧祥始以孫堅作長沙時為江夏太守不得舉焉為孝廉明也俄而先主定益州巴辭謝罪負先主不責零陵先賢傳曰璋遣法正迎劉備巴諫曰備雄人也入必為害不可內也既入巴復諫曰若使備討張魯是放虎於山林也璋不聽巴閉門稱疾備攻成都令軍中曰其有害巴者誅及三族及得巴甚喜而諸葛孔明數稱薦之先主辟為左將軍西曹掾零陵先賢傳曰張飛嘗就巴宿巴不與語飛遂忿恚諸葛亮謂巴曰張飛雖實武人敬慕足下主公今方收合文武以定大事足下雖天素高亮宜少降意也巴曰大丈夫處世當交四海英雄如何與兵子共語乎備聞之怒曰孤欲定天下而子初專亂之其欲還北假道於此豈欲成孤事邪備又曰子初才智絕人如孤可任用之非孤者難獨任也亮亦曰運籌策於帷幄之中吾不如子初遠矣若提枹鼓會軍門使百姓喜勇當與人議之耳初攻劉璋備與士衆約若事定府庫百物孤無預焉及拔成都士衆皆捨干戈赴諸藏競取寶物軍用不足備甚憂之巴曰易耳但當鑄直百錢平諸物價令吏為官市備從之數月之間府庫充實建安二十四年先主為漢中王巴為尚書後代法正為尚書令躬履清儉不治產業又自以歸附非素懼見猜嫌恭默守靜退無私交非公事不言零陵先賢傳曰是時中夏人情未一聞備在蜀四方延頸而備銳意欲即真巴以為如此示天下不廣且欲緩之與主簿雍茂諫備備以他事殺茂由是遠人不復至矣先主稱尊號昭告于皇天上帝后土神祇凡諸文誥策命皆巴所作也章武二年卒卒後魏尚書僕射陳羣與丞相諸葛亮書問巴消息稱曰劉君子初甚敬重焉零陵先賢傳曰輔吳將軍張昭嘗對孫權論巴褊阨不當拒張飛太甚權曰若令子初隨世沈浮容悅玄德交非其人何足稱為高士乎

馬良傳

馬良字季常襄陽宜城人也兄弟五人並有才名鄉里為之諺曰馬氏五常白眉最良良眉中有白毛故以稱之先主領荊州辟為從事及先主入蜀諸葛亮亦從後良留荊州與亮書曰聞雒城已拔此天祚也尊兄應期贊世配業光國魄兆遠矣臣松之以為良蓋與亮結為兄弟或相與有親亮年長良故呼亮為尊兄耳夫變用雅慮審貴垂明於以簡才宜適其時若乃和光悅遠邁德天壤使時閑於聽世服於道齊高妙之音正鄭衛之聲並利於事無相奪倫此乃管絃之至牙曠之調也雖非鍾期敢不擊節先主辟良為左將軍掾後遣使吳良謂亮曰今銜國命協穆二家幸為良介於孫將軍亮曰君試自為文良即為草曰寡君遣掾馬良通聘繼好以紹昆吾豕韋之勳其人吉士荊楚之令鮮於造次之華而有克終之美願降心存納以慰將命權敬待之先主稱尊號以良為侍中及東征吳遣良入武陵招納五溪蠻夷蠻夷渠帥皆受印號咸如意指會先主敗績於夷陵良亦遇害先主拜良子秉為騎都尉良弟謖字幼常以荊州從事隨先主入蜀除緜竹成都令越嶲太守才

器過人好論軍計丞相諸葛亮深加器異先主臨薨謂亮曰馬謖言過其實不可大用君其察之亮猶謂不然以謖為參軍每引見談論自晝達夜襄陽記曰建興三年亮征南中謖送之數十里亮曰雖共謀之歷年今可更惠良規謖對曰南中恃其險遠不服久矣雖今日破之明日復反耳今公方傾國北伐以事彊賊彼知官勢內虛其叛亦速若殄盡遺類以除後患既非仁者之情且又不可倉卒也夫用兵之道攻心為上攻城為下心戰為上兵戰為下願公服其心而已亮納其策赦孟獲以服南方故終亮之世南方不敢復反建興六年亮出軍向祁山時有宿將魏延吳壹等論者皆言以為宜令為先鋒而亮違眾拔謖統大眾在前與魏將張郃戰于街亭為郃所破士卒離散亮進無所據退軍還漢中謖下獄物故亮為

之流涕良死時年三十六謖年三十九襄陽記曰謖臨終與亮書曰明公視謖猶子謖視明公猶父願深惟殛鯀興禹之義使平生之交不虧於此謖雖死無恨於黃壤也于時十萬之眾為之垂涕亮自臨祭待其遺孤若平生蔣琬後詣漢中謂亮曰昔楚殺得臣然後文公喜可知也天下未定而戮智計之士豈不惜乎亮流涕曰孫武所以能制勝於天下者用法明也是以楊干亂法魏絳戮其僕四海分裂兵交方始若復廢法何用討賊邪○習鑿齒曰諸葛亮之不能兼上國也豈不宜哉夫晉人規林甫之後濟故廢法而收功楚成闇得臣之益己故殺之以重敗今蜀僻陋一方才少上國而殺其俊傑退收駑下之用明法勝才不師三敗之道將以成業不亦難乎且先主誡謖之不可大用豈不謂其非才也亮受誡而不獲奉承明謖之難廢也為天下宰匠欲大收物之力而不量才節任隨器付業知之大過則違明主之誡裁之失中即殺有益之人難乎其可與言智者也

陳震傳

陳震字孝起南陽人也先主領荊州牧辟為從事部諸郡隨先主入蜀蜀既定為蜀郡北部都尉因易郡名為汶山太守轉在犍為建興三年入拜尚書遷尚書令奉命使吳七年孫權稱尊號以震為衛尉賀權踐阼諸葛亮與兄瑾書曰孝起忠純之性老而益篤及其贊述東西歡樂和合有可貴者震入吳界移關候曰東之與西驛使往來冠蓋相望申盟初好日新其事東尊應保聖祚告燎受符剖判土宇天下響應各有所歸於此時也以同心討賊則何寇不滅哉西朝君臣引領欣賴震以不才得充下使奉聘敘好踐界踊躍入則如歸獻子適魯犯其山諱孔子譏之望必啟告使行人睦焉即日張旍誥眾各自約誓順流漂疾國典異制懼或有違幸必斟誨示其所宜震到武昌孫權與震升壇歃盟交分天下以徐豫幽青屬吳并涼冀兗屬蜀其司州之土以函谷關為界震還封城陽亭侯九年都護李平坐誣罔廢諸葛亮與長史蔣琬侍中董允書曰孝起前臨至吳為吾說正方腹中有鱗甲鄉黨以為不可近吾以為鱗甲者但不當犯之耳不圖復有蘇張之事出於不意可使孝起知之十三年震卒子濟嗣

董允傳

董允字休昭掌軍中郎將和之子也先主立太子允以選爲舍人徙洗馬後主襲位遷黃門侍郎丞相亮將北征住漢中慮後主富於春秋朱紫難別以允秉心公亮欲任以宮省之事上疏曰侍中郭攸之費禕侍郎董允等先帝簡拔以遺陛下至於斟酌規益進盡忠言則其任也愚以爲宮中之事事無大小悉以咨之必能裨補闕漏有所廣益若無興德之言則戮允等以彰其慢亮尋請禕爲參軍允遷爲侍中領虎賁中郎將統宿衞親兵攸之性素和順備員而已楚國先賢傳曰攸之南陽人以器業知名於時獻納之任允皆專之矣允處事爲防制甚盡匡救之理後主常欲采擇以充後宮允以爲古者天子后妃之數不過十二今嬪嬙已具不宜增益終執不聽後主益嚴憚之尚書令蔣琬領益州刺史上疏以讓費禕及允又表允内侍歷年翼贊王室宜賜爵土以褒勳勞允固辭不受後主漸長大愛宦人黃皓皓便僻佞慧欲自容入允常上則正色匡主下則數責於皓皓畏允不敢爲非終允之世皓位不過黃門丞允嘗與尚書令費禕中典軍胡濟等共期游

宴嚴駕已辦而郎中襄陽董恢詣允脩敬恢年少官微見允停出逡巡求去允不許曰本所以出者欲與同好游談也今君已自屈方展闊積捨此之談就彼之宴非所謂也乃命解驂禕等罷駕不行其守正下士凡此類也襄陽記曰董恢字休緒襄陽人入蜀以宣信中郎副費禕使吳孫權嘗大醉問禕曰楊儀魏延牧豎小人也雖嘗有鳴吠之益於時務然既已任之勢不得輕若一朝無諸葛亮必爲禍亂矣諸君憒憒曾不知防慮於此豈所謂貽厥孫謀乎禕愕然四顧視不能即荅恢目禕曰可速言儀延之不協起於私忿耳而無黥韓難御之心也今方歸除彊賊混一函夏功以才成業由才廣若捨此不任防其後患是猶備有風波而逆廢舟檝非長計也權大笑樂諸葛亮聞之以爲知言還未滿三日辟爲丞相府屬遷巴郡太守　臣松之案漢晉春秋亦載此語不云董恢所教辭亦小異此二書俱出習氏而不同若此本傳云恢年少官微若已爲丞相府屬出作巴郡則官不微矣以此疑習氏之言爲不審的也延熙六年加輔國將軍七年以侍中守尚書令爲大將軍費禕副貳九年卒華陽國志曰時蜀人以諸葛亮蔣琬費禕及允爲四相一號四英也陳祗代允爲侍中與黃皓互相表裏皓始預政事祗死後皓從黃門令爲中常侍奉車都尉操弄威柄終至覆國蜀人無不追思允及鄧艾至蜀聞皓姦險收閉將殺之而皓厚賂艾左右得免祗字奉宗汝南人許靖兄之外孫也少孤長於靖家弱冠知名稍遷至選曹郎矜厲有威容多技藝挾數術費禕甚異之故超繼允内侍呂乂卒祗又以侍中守尚書令加鎮軍將軍大將軍姜維雖

班在祗上常率衆在外希親朝政祗上承主指下接閹豎深見信愛權重於維暑耀元年卒後主痛惜發言流涕乃下詔曰祗統職一紀柔嘉惟則幹肅有章和義利物庶績允明命不融遠朕用悼焉夫存有令問則亡加美謚謚曰忠侯賜子粲爵關內侯拔次子裕爲黃門侍郎自祗之有寵後主追怨允日深謂爲自輕由祗媚茲一人皓構閒浸潤故耳允孫宏晉巴西太守 臣松之以爲陳羣子泰陸遜子抗傳皆以子繫父不別載姓及王肅杜恕張承顧劭之流莫不皆然惟董允獨否未詳其意當以允名位優重事跡踰父故邪夏侯玄陳表並有騶角之美而亦如泰者魏書摠名此卷云諸夏侯曹傳故不復稍加品藻陳武與表俱至偏將軍以位不相踰故也

呂乂傳

呂乂字季陽南陽人也父常送故將軍劉焉入蜀值王路隔塞遂不得還乂少孤好讀書鼓琴初先主定益州置鹽府校尉較鹽鐵之利後校尉王連請乂及南陽杜祺南鄉劉幹等並爲典曹都尉乂遷新都緜竹令乃心隱卹百姓稱之爲一州諸城之首遷巴西太守丞相諸葛亮連年出軍調發諸郡多不相救乂募取兵五千人詣亮慰喻檢制無逃竄者徙爲漢中太守兼領督農供繼軍糧亮卒累遷廣漢蜀郡太守蜀郡一都之會戶口衆多又亮卒之後士伍亡命更相重冒姦巧非一乂到官爲之防禁開喻勸導數年之中漏脫自出者萬餘口後入爲尚書代董允爲尚書令衆事無留門無停賓乂歷職內外治身儉約謙靖少言爲政簡而不煩號爲清能然持法刻深好用文俗吏故居大官名聲損於郡縣延熙十四年卒子辰景耀中爲成都令辰弟雅謁者雅清厲有文才著格論十五篇杜祺歷郡守監軍大將軍司馬劉幹官至巴西太守皆與乂親善亦有當時之稱而儉素守法不及於乂

評曰董和蹈羔羊之素劉巴履清尚之節馬良貞實稱爲令士陳震忠恪老而益篤董允匡主義形於色皆蜀臣之良矣呂乂臨郡則垂稱處朝則被損亦黃薛之流亞矣

董劉馬陳董呂傳第九　蜀書　國志三十九

劉封傳

劉封者本羅侯寇氏之子長沙劉氏之甥也先主至荊州以未有繼嗣養封為子及先主入蜀自葭萌還攻劉璋時封年二十餘有武藝氣力過人將兵俱與諸葛亮張飛等泝流西上所在戰克益州既定以封為副軍中郎將初劉璋遣扶風孟達副法正各將兵二千人使迎先主先主因令達并領其眾留屯江陵蜀平後以達為宜都太守建安二十四年命達從秭歸北攻房陵房陵太守蒯祺為達兵所害達將進攻上庸先主陰恐達難獨任乃遣封自漢中乘沔水下統達軍與達會上庸上庸太守申耽舉眾降遣妻子及宗族詣成都先主加耽征北將軍領上庸太守員鄉侯如故以耽弟儀為建信將軍西城太守遷封為副軍將軍自關羽圍樊城襄陽連呼封達令發兵自助封達辭以山郡初附未可動搖不承羽命會羽覆敗先主恨之又封與達忿爭不和封尋奪達鼓吹達既懼罪又忿恚封遂表辭先主率所領降魏魏略載達辭先主表曰伏惟殿下將建伊呂之業追桓文之功大事草創假勢吳楚是以有為之士深覩歸趣臣委質已來愆戾山積臣猶自知況於君乎今王朝以興英俊鱗集臣內無輔佐之器外無將領之才列次功臣誠自愧也臣聞范蠡識微浮於五湖咎犯謝罪逡巡於河上夫際會之間請命乞身何則欲絜去就之分也況臣卑鄙無元功巨勳自繫於時竊慕前賢早思遠恥昔申生至孝見疑於親子胥至忠見誅於君蒙恬拓境而被大刑樂毅破齊而遭讒佞臣每讀其書未嘗不慷慨流涕而親當其事益以傷絕何者荊州覆敗大臣失節百無一還惟臣尋事自致房陵上庸而復乞身自放於外伏想殿下聖恩感悟愍臣之心悼臣之舉臣誠小人不能始終知而為之敢謂非罪臣每聞交絕無惡聲去臣無怨辭臣過奉教於君子願君王勉之也魏文帝善達之姿才容觀以為散騎常侍建武將軍封平陽亭侯合房陵上庸西城三郡達領新城太守遣征南將軍夏侯尚右將軍徐晃與達共襲封達與封書曰古人有言疏不間親新不加舊此謂上明下直讒慝不行也若乃權君譎主賢父慈親猶有忠臣蹈功以罹禍孝子抱仁以陷難種商白起孝己伯奇皆其類也其所以然非骨肉好離親親樂患也或有恩移愛易亦有讒間其間雖忠臣不能移之於君孝子不能變之於父者也勢利所加改親為讎況非親親乎故申生衛伋禦寇楚建稟受形之氣當嗣立之正而猶如此今足下與漢中王道路之人耳親非骨肉而據勢權義非君臣而處上位征則有偏任之威居則有副軍之號遠近所聞也自立阿斗為太子已來有識之人相為寒心如使申生從子輿之言必為太伯衛伋聽其弟之謀

無彰父之譏也且小白出奔入而爲霸重耳踰垣卒以克復自古有之非獨今也夫智貴免禍明尚夙達僕揆漢中王慮定於内疑生於外矣慮定則心固疑生則心懼亂禍之興作未曾不由廢立之閒也私怨人情不能不見恐左右必有以閒於漢中王矣然則疑成怨聞其發若踐機耳今足下在遠尚可假息一時若大軍遂進足下失據而還竊相爲危之昔微子去殷智果別族違難背禍猶皆如斯 國語曰智宣子將以瑤爲後智果曰不如宵也宣子曰宵也佷對曰宵也佷在面瑤之賢於人者五其不逮者一也美鬢長大則賢射御足力則賢技藝畢給則賢巧文辯惠則賢彊毅果敢則賢如是而甚不仁以五者賢陵人而不仁行之其誰能待之若果立瑤也智宗必滅不聽智果別族于太史氏爲輔氏及智氏亡惟輔果在焉 今足下棄父母而爲人後非禮也知禍將至而留之非智也見正不從而疑之非義也自號爲丈夫爲此三者何所貴乎以足下之才棄身來東繼嗣羅侯不爲背親也北面事君以正綱紀不爲棄舊也怒不致亂以免危亡不爲徒行也加陛下新受禪命虛心側席以德懷遠若足下翻然内向非但與僕爲倫受三百戶封繼統羅國而已當更剖符大邦爲始封之君陛下大軍金鼓以震當轉都宛鄧若二敵不平軍無還期足下宜因此時早定良計易有利

見大人詩有自求多福行矣今足下勉之無使狐突閉門不出封不從達言申儀叛封封破走還成都申耽降魏魏假耽懷集將軍徙居南陽儀魏興太守封眞鄉侯屯洵口 魏略曰申儀兄名耽字義舉初在西平上庸閒聚衆數千家後與張魯通又遣使詣曹公曹公加其號爲將軍因使領上庸都尉至建安末爲蜀所攻以其郡西屬黃初中儀復來還詔即以兄故號加儀因拜魏興太守封列侯太和中儀與孟達不和數上言達有貳心於蜀及達反儀絕蜀道使救不到達死後儀詣宛見司馬宣王宣王勸使來朝儀至京師詔轉儀拜樓船將軍在禮請中 封既至先主責封之侵陵達又不救羽諸葛亮慮封剛猛易世之後終難制御勸先主因此除之於是賜封死使自裁封歎曰恨不用孟子度之言先主爲之流涕達本字子敬避先主叔父敬改之 封子林爲牙門將咸熙元年内移河東達子興爲議督軍是歲徙還扶風

彭羕傳

彭羕字永年廣漢人身長八尺容貌甚偉姿性驕傲多所輕忽惟敬同郡秦子勑薦之於太守許靖曰昔高宗夢傳說周文求呂尚爰及漢祖納食其於布衣此乃帝王之所以倡業垂統緝熙厥功也今明府稽古皇極允執神靈體公劉之德行勿翦之惠清廟之作於是乎始褒貶之義於是乎興然而六翮未之備也伏見處士緜竹秦宓膺山甫之德履雋生之直枕石漱流吟詠緼袍偃息於仁義

之途恬惔於浩然之域高概節行守真不虧雖古人潛遁蔑以加旃若明府能招致此人必有忠讜落落之譽豐功厚利建跡之勳然後紀功於王府飛聲於來世不亦美哉羕仕州不過書佐後又為眾人所謗毀於州牧劉璋璋髡鉗羕為徒隸會先主入蜀泝流北行羕欲納說先主乃往見龐統統與羕非故人又適有賓客羕徑上統牀臥謂統曰須客罷當與卿善談統客既罷往就羕坐羕又先責統食然後共語因留信宿至于經日統大善之而法正宿自知羕遂並致之先主先主亦以為奇數令羕宣傳軍事指授諸將奉使稱意識遇日加成都既定先主領益州牧拔羕為治中從事羕起徒步一朝處州人之上形色囂然自矜得遇滋甚諸葛亮雖外接待羕而內不能善屢密言先主羕心大志廣難可保安先主既敬信亮加察羕行事意以稍疎左遷羕為江陽太守羕聞當遠出私情不悅往詣馬超超問羕曰卿才具秀拔主公相待至重謂卿當與孔明孝直諸人齊足並驅寧當外授小郡失人本望乎羕曰老革荒悖可復道邪揚雄方言曰悈鰓乾都耇革老也郭璞注曰皆老者皮色枯瘁之形也 臣松之以為皮去毛曰革古者以革為兵故語稱兵革革猶兵也羕罵備為老革猶言老兵也又謂超曰卿為其外我為其內天下不足定也超羈旅歸國常懷危懼聞羕言大驚默然不荅羕退具表羕辭於是收羕付有司羕於獄中與諸葛亮書曰僕昔有事於諸侯以為曹操暴虐孫權無道振威闇弱其惟主公有霸王之器可與興業致治故乃翻然有輕舉之志會公來西僕因法孝直自衒鬻龐統斟酌其間遂得詣公於葭萌指掌而譚論治世之務講霸王之業建取益州之策公亦宿慮明定即相然贊遂舉事焉僕於故州不免凡庸憂於罪罔得遭風雲激矢之中求君得君志行名顯從布衣之中擢為國士盜竊茂才分子之厚誰復過此臣松之以為分子之厚者羕言劉主分兒子厚恩施之於己故其書後語云負我慈父罪有百死也羕一朝狂悖自求菹醢為不忠不義之鬼乎先民有言左手據天下之圖右手刎咽喉愚夫不為也況僕頗別菽麥者哉所以有怨望意者不自度量苟以為首興事業而有投江陽之論不解主公之意意卒感激頗以被酒俛失老語此僕之下愚薄慮所致主公實未老也且夫立業豈在老少西伯九十寧有衰志負我慈父罪有百死至於內外之言欲使孟起立功北州勠力主公共

討曹操耳寧敢有他志邪孟起説之是也但不分別其間痛人心耳昔每與龐統共相誓約庶託足下末蹤盡心於主公之業追名古人載勳竹帛統不幸而死僕敗以取禍自我惰之將復誰怨足下當世伊呂也宜善與主公計事濟其大猷天明地察神祇有靈復何言哉貴使足下明僕本心耳行矣努力自愛自愛羕竟誅死時年三十七

廖立傳

廖音理救反立字公淵武陵臨沅人先主領荊州牧辟爲從事年未三十擢爲長沙太守先主入蜀諸葛亮鎭荊土孫權遣使通好於亮因問士人皆誰相經緯者亮答曰龐統廖立楚之良才當贊興世業者也建安二十年權遣呂蒙奄襲南三郡立脫身走自歸先主先主素識待之不深責也以爲巴郡太守二十四年先主爲漢中王徵立爲侍中後主襲位徙長水校尉立本意自謂才名宜爲諸葛亮之貳而更游散在李嚴等下常懷怏怏後丞相掾李邵蔣琬至立計曰軍當遠出卿諸人好諦其事昔先主不取漢中走與吳人爭南三郡卒以三郡與吳人徒勞役吏士無益而還既亡漢中使夏侯

淵張郃深入于巴幾喪一州後至漢中使關侯身死無孑遺上庸覆敗徒失一方是羽怙恃勇名作軍無法直以意突耳故前後數喪師衆也如向朗文恭凡俗之人耳恭作治中無綱紀朗昔奉馬良兄弟謂爲聖人今作長史素能合道中郎郭演長從人者耳不足與經大事而作侍中今弱世也欲任此三人爲不然也王連流俗苟作掊克使百姓疲弊以致今日邵琬具白其言於諸葛亮亮表立曰長水校尉廖立坐自貴大臧否羣士公言國家不任賢達而任俗吏又言萬人率者皆小子也誹謗先帝疵毀衆臣人有言國家兵衆簡練部伍分明者立舉頭視屋憤咤作色曰何足言凡如是者不可勝數羊之亂羣猶能爲害況立託在大位中人以下識眞僞邪亮集有亮表曰立奉先帝無忠孝之心守長沙則開門就敵領巴郡則有闇昧闒茸其事隨大將軍則誹謗譏訶侍梓宮則挾刃斷人頭於梓宮之側陛下即位之後普增職號立隨比爲將軍面語臣曰我何宜在諸將軍中不表我爲卿上當在五校臣答將軍者隨大比耳至於卿者正方亦未爲卿也且宜處五校自是之後怏怏懷恨詔曰三苗亂政有虞流宥廖立狂惑朕不忍刑亟徙不毛之地於是發立爲民徙汶山郡立躬率妻子耕殖自守聞諸葛亮卒垂泣歎曰吾終爲左衽矣後監軍姜維率偏軍經汶山往詣立稱立意氣不衰言論自若立遂終於徙所妻

子還蜀

李嚴傳

李嚴字正方南陽人也少爲郡職吏以才幹稱荊州牧劉表使歷諸郡縣曹公入荊州時嚴宰秭歸遂西詣蜀劉璋以爲成都令復有能名建安十八年署嚴爲護軍拒先主於綿竹嚴率衆降先主先主拜嚴裨將軍成都既定爲犍爲太守興業將軍二十三年盜賊馬秦高勝等起事於郪音淒合聚部伍數萬人到資中縣時先主在漢中嚴不更發兵但率將郡士五千人討之斬秦勝等首枝黨星散悉復民籍又越巂夷率高定遣軍圍新道縣嚴馳往赴救賊皆破走加輔漢將軍領郡如故章武二年先主徵嚴詣永安宮拜尚書令三年先主疾病嚴與諸葛亮並受遺詔輔少主以嚴爲中都護統內外軍事留鎭永安建興元年封都鄉侯假節加光祿勳四年轉爲前將軍以諸葛亮欲出軍漢中嚴當知後事移屯江州留護軍陳到駐永安皆統屬嚴嚴與孟達書曰吾與孔明俱受寄託憂深責重思得良伴亮亦與達書曰部分如流趨捨罔滯正方性也其見貴重如此諸葛亮集有嚴與亮書勸亮宜受九錫進爵稱王亮答書

曰吾與足下相知久矣可不復相解足下方誨以光國戒之以勿拘之道是以未得默已吾本東方下士誤用於先帝位極人臣祿賜百億今討賊未效知己未答而方寵齊晉坐自貴大非其義也若滅魏斬叡帝還故居與諸子並升雖十命可受況於九邪八年遷驃騎將軍以曹眞欲三道向漢川亮命嚴將二萬人赴漢中亮表嚴子豐爲江州都督督軍典嚴後事亮以明年當出軍命嚴以中都護署府事嚴改名爲平九年春亮軍祁山平催督運事秋夏之際值天霖雨運糧不繼平遣參軍狐忠督軍成藩喻指呼亮來還亮承以退軍平聞軍退乃更陽驚說軍糧饒足何以便歸欲以解己不辦之責顯亮不進之愆也又表後主說軍僞退欲以誘賊與戰亮具出其前後手筆書疏本末平違錯章灼平辭窮情竭首謝罪負於是亮表平曰自先帝崩後平所在治家尚爲小惠安身求名無憂國之事臣當北出欲得平兵以鎭漢中平窮難縱橫無有來意而求以五郡爲巴州刺史去年臣欲西征欲令平主督漢中平說司馬懿等開府辟召臣知平鄙情欲因行之際偪臣取利也是以表平子豐督主江州隆崇其遇以取一時之務平至之日都委諸事羣臣上下皆怪臣待平之厚也正以大事未定漢室傾危伐平之短莫若褒之然謂平情在

於榮利而已不意平心顛倒乃爾若事稽留將致禍敗是臣不敏言多增咎

亮公文上尚書曰平為大臣受恩過量不思忠報橫造無端危恥不辦迷罔上下論獄棄科導人為姦狹情志狂若無天地自度姦露嫌心遂生聞軍臨至西嚮託疾還沮漳軍臨至沮復還江陽平參軍狐忠勤諫乃止今篡賊未滅社稷多難國事惟和可以克捷不可苞含以危大業輒與行中軍師車騎將軍都鄉侯臣劉琰使持節前軍師征西大將軍領涼州刺史南鄭侯臣魏延前將軍都亭侯臣袁綝左將軍領荊州刺史高陽鄉侯臣吳壹督前部右將軍玄鄉侯臣高翔督後部後將軍安樂亭侯臣吳班領長史綏軍將軍臣楊儀督左部行中監軍揚武將軍臣鄧芝行前監軍征南將軍臣劉巴行中護軍偏將軍臣費禕行前護軍偏將軍漢成亭侯臣許允行左護軍篤信中郎將臣丁咸行右護軍偏將軍臣劉敏行護軍征南將軍當陽亭侯臣姜維行中典軍討虜將軍臣上官雝行中參軍昭武中郎將臣胡濟行參軍建義將軍臣閻晏行參軍偏將軍臣爨習行參軍裨將軍臣杜義行參軍武略中郎將臣杜祺行參軍綏戎都尉臣盛勃領從事中郎武略中郎將臣樊岐等議輒解平任免官祿節傳印綬符策削其爵土

乃廢平為民徙梓潼郡

諸葛亮又與平子豐教曰吾與君父子戮力以獎漢室此神明所聞非但人知之也表都護典漢中委君於東關者不與人議也謂至心感動終始可保何圖中乖乎昔楚卿屢絀亦乃克復思道則福應自然之數也願寬慰都護勤追前闕今雖解任形業失故奴婢賓客百數十人君以中郎參軍居府方之氣類猶為上家若都護思負一意君與公琰推心從事者否可復通逝可復還也詳思斯戒明吾用心臨書長歎涕泣而已

十二年平聞亮卒發病死平常冀亮當自補復策後人不能故以激憤也

習鑿齒曰昔管仲奪伯氏駢邑三百沒齒而無怨言聖人以為難諸葛之使廖立垂泣李平致死豈徒無怨言而已哉夫水至平而邪者取法鏡至明而醜者無怒水鏡之所以能窮物而無怨者以其無私也水鏡無私猶以免謗況大人君子懷樂生之心流矜恕之德法行於不可不用刑加乎自犯之罪爵之而非私誅之而不怒天下有不服者乎諸葛亮於是可謂能用刑矣自秦漢已來未之有也

豐官至朱提太守

蘇林漢書音義曰朱音銖提音如北方人名匕曰提也

劉琰傳

劉琰字威碩魯國人也先主在豫州辟為從事以其宗姓有風流善談論厚親待之遂隨從周旋常為賓客先主定益州以琰為固陵太守後主立封都鄉侯班位每亞李嚴為衛尉中軍師後將軍遷車騎將軍然不豫國政但領兵千餘隨丞相亮諷議而已車服飲食號為侈靡侍婢數十皆能為聲樂又悉教誦讀魯靈光殿賦建興十年與前軍師魏延不和言語虛誕亮責讓之琰與亮牋謝曰琰稟性空虛本薄操行加有酒荒之病自先帝已來紛紜之論殆將傾覆頗蒙明公本其一心在國原其身中穢垢扶持全濟致其祿位以至今日間者迷醉言有違錯慈恩含忍不致之于理使得全完保育性命雖必克己責躬改過投死以誓神靈無所用命則靡寄顏於是亮遣琰還成都官位如故琰失志慌惚十二年正月琰妻胡氏入賀太后太后令特留胡氏經月乃出胡氏有美色琰疑其與後主有私呼卒五百撾胡至於以履搏面而後棄遣胡具以告言琰琰坐下獄有司議曰卒非撾妻之

人面非受履之地琰竟棄市自是大臣妻母朝慶遂絕

魏延傳

魏延字文長義陽人也以部曲隨先主入蜀數有戰功遷牙門將軍先主爲漢中王遷治成都當得重將以鎮漢川衆論以爲必在張飛飛亦以心自許先主乃拔延爲督漢中鎮遠將軍領漢中太守一軍盡驚先主大會羣臣問延曰今委卿以重任卿居之欲云何延對曰若曹操舉天下而來請爲大王拒之偏將十萬之衆至請

爲大王吞之先主稱善衆咸壯其言先主踐尊號進拜鎮北將軍建興元年封都亭侯五年諸葛亮駐漢中更以延爲督前部領丞相司馬涼州刺史八年使延西入羌中魏後將軍費瑤雍州刺史郭淮與延戰于陽谿延大破淮等遷爲前軍師征西大將軍假節進封南鄭侯延每隨亮出輒欲請兵萬人與亮異道會于潼關如韓信故事亮制而不許延常謂亮爲怯歎恨己才用之不盡（魏略曰夏侯楙爲安西將軍鎮長安亮於南鄭與羣下計議延曰聞夏侯楙少主壻也怯而無謀今假延精兵五千負糧五千直從褒中出循秦嶺而東當子午而北不過十日可到長安楙聞延奄至必乘船逃走長安中惟有御史京兆太守耳橫門邸閣與散民之穀足周食也比東方相合聚尚二十許日而公從斜谷來必足以達如此則一舉而咸陽以西可定矣亮以爲此縣危不如安從坦道可以平取隴右十全必克而無虞故不用延計）延既善養士卒勇猛過人又性矜高當時皆避下之唯楊儀不假借延延以爲至忿有如水火十二年亮出北谷口延爲前鋒去亮營十里延夢頭上生角以問占夢趙直直詐延曰夫麒麟有角而不用此不戰而賊欲自破之象也退而告人曰角之爲字刀下用也頭上用刀其凶甚矣秋亮病困密與長史楊儀司馬費禕護軍姜維等作身殁之後退軍節度令延斷後姜維次之若

延或不從命軍便自發亮適卒祕不發喪儀令禕往揣延意指延曰丞相雖亡吾自見在府親官屬便可將喪還葬吾自當率諸軍擊賊云何以一人死廢天下之事邪且魏延何人當爲楊儀所部勒作斷後將乎因與禕共作行留部分令禕手書與己連名告下諸將禕紿延曰當爲君還解楊長史長史文吏稀更軍事必不違命也禕出門馳馬而去延尋悔追之已不及矣延遣人覘儀等遂使欲案亮成規諸營相次引軍還延大怒纔儀未發率所領徑先南歸所過燒絕

閻道延儀各相表叛逆一日之中羽檄交至後主以問侍中董允留府長史蔣琬琬允咸保儀疑延儀等槎山通道晝夜兼行亦繼延後延先至據南谷口遣兵逆擊儀等儀等令何平在前禦延平叱延先登曰公亡身尚未寒汝輩何敢乃爾延士衆知曲在延莫爲用命軍皆散延獨與其子數人逃亡奔漢中儀遣馬岱追斬之致首於儀儀起自踏之曰庸奴復能作惡不遂夷延三族初蔣琬率宿衛諸營赴難北行數十里延死問至乃旋原延意不北降魏而南還者但欲除殺儀等平日諸將素不同冀時論必當以代亮本指如此不便背叛魏略曰諸葛亮病謂延等云我之死後但謹自守愼勿復來也令延攝行己事密持喪去延遂匿之行至褒口乃發喪亮長史楊儀宿與延不和見延攝行軍事懼爲所害乃張言延欲舉衆北附遂率其衆攻延延本無此心不戰軍走追而殺之臣松之以爲此蓋敵國傳聞之言不得與本傳爭審

楊儀傳

楊儀字威公襄陽人也建安中爲荊州刺史傅羣主簿背羣而詣襄陽太守關羽羽命爲功曹遣奉使西詣先主先主與語論軍國計策政治得失大悅之因辟爲左將軍兵曹掾及先主爲漢中王拔儀爲尚書先主稱尊號東征吳儀與

尚書令劉巴不睦左遷遙署弘農太守建興三年丞相亮以爲參軍署府事將南行五年隨亮漢中八年遷長史加綏軍將軍亮數出軍儀常規畫分部籌度糧穀不稽思慮斯須便了軍戎節度取辦於儀亮深惜儀之才幹憑魏延之驍勇常恨二人之不平不忍有所偏廢也十二年隨亮出屯谷口亮卒于敵場儀既領軍還又誅討延自以爲功勳至大宜當代亮秉政呼都尉趙正以周易筮之卦得家人默然不悅而亮平生密指以儀性狷狹意在蔣琬琬遂爲尚書令益州刺史儀至拜爲中軍師無所統領從容而已初儀爲先主尚書琬爲尚書郎後雖俱爲丞相參軍長史儀每從行當其勞劇自爲年宦先琬才能踰之於是怨憤形于聲色歎咤之音發於五內時人畏其言語不節莫敢從也惟後軍師費禕往慰省之儀對禕恨望前後云云又語禕曰往者丞相亡沒之際吾若舉軍以就魏氏處世寧當落度如此邪令人追悔不可復及禕密表其言十三年廢儀爲民徙漢嘉郡儀至徙所復上書誹謗辭指激切遂下郡收儀儀自殺

其妻子還蜀楚國先賢傳云儀兄慮字威方少有德行爲江南冠冕州郡禮召諸公辟請皆不能屈年十七夭鄉人宗貴號曰德行楊君

評曰劉封處嫌疑之地而思防不足以自衛彭羕廖立以才拔進李嚴以幹局達魏延以勇略任楊儀以當官顯劉琰舊仕並咸貴重覽其舉措迹其規矩招禍取咎無不自己也

劉彭廖李劉魏楊傳第十

蜀書　國志四十

霍峻傳

霍峻字仲邈南郡枝江人也兄篤於鄉里合部曲數百人篤卒荆州牧劉表令峻攝其衆表卒峻率衆歸先主先主以峻爲中郎將先主自葭萌南還襲劉璋留峻守葭萌城張魯遣將楊帛誘峻求共守城峻曰小人頭可得城不可得帛乃退去後璋將扶禁向存等帥萬餘人由閬水上攻圍峻且一年不能下峻城中兵纔數百人伺其怠隙選精銳出擊大破之即斬存首先主定蜀嘉峻之功乃分廣漢爲梓潼郡以峻爲梓潼太守裨將軍在官三年年四十卒還葬成都先主甚悼惜乃詔諸葛亮曰峻既佳士加有功於國欲行酹遂親率群僚臨會弔祭因留宿墓上當時榮之子弋字紹先先主末年爲太子舍人後主踐阼除謁者丞相諸葛亮北駐漢中請爲記室使與子喬共周旋游處亮卒爲黄門侍郎後主立太子璿以弋爲中庶子璿好騎射出入無度弋援引古義盡言規諫甚得切磋之體後爲參軍庲降屯副貳都督又轉護軍統事如前時永昌郡夷獠恃險不賓數爲寇害乃以弋領永昌太守率偏軍討之遂斬其豪帥破壞邑落郡界寧靜遷監軍翊軍將軍領建寧太守還統南郡事景耀六年進號安南將軍是歲蜀并于魏弋與巴東領軍襄陽羅憲各保全一方舉以内附咸因仍前任寵待有加漢晉春秋曰霍弋聞魏軍來弋欲赴成都後主以備敵既定不聽及成都不守弋素服號哭大臨三日諸將咸勸宜速降弋曰今道路隔塞未詳主之安危大故去就不可苟也若主上與魏和見遇以禮則保境而降不晚也若萬一危辱吾將以死拒之何論遲速邪得後主東遷之問始率六郡將守上表曰臣聞人生於三事之如一惟難所在則致其命今臣國敗主附守死無所是以委質不敢有貳晉文王善之又拜南中都督委以本任後遣將兵救援呂興平交阯日南九真三郡功封列侯進號崇賞焉弋孫彪晉越嶲太守　襄陽記曰羅憲字令則父蒙避亂於蜀官至廣漢太守憲少以才學知名年十三能屬文後主立太子爲太子舍人遷庶子尚書吏部郎以宣信校尉再使於吳吳人稱美焉時黄皓預政衆多附之憲獨不與同皓恚左遷巴東太守時右大將軍閻宇都督巴東爲領軍後主拜憲爲宇副貳魏之伐蜀召宇西還留宇二千人令憲守永安城尋聞成都敗城中擾動江邊長吏皆弃城走憲斬稱成都亂者一人百姓乃定得後主委質問至乃帥所統臨于都亭三日吳聞蜀敗起兵西上外託救援内欲襲憲憲曰本朝傾覆吳爲脣齒不恤我難而徼其利背盟違約且漢已亡吳何得久寧能爲吳降虜乎保城繕甲告誓將士厲以節義莫不用命吳聞鍾鄧敗百城無主有兼蜀之志而巴東固守兵不得過使步協率衆而西憲臨江拒射不能禦遣參軍楊宗突圍北出告急安東將軍陳騫又送文武印綬任子詣晉王協攻城憲出與戰大破其軍孫休怒復遣陸抗等帥衆三萬人增憲之圍被攻凡六月日而救援不到城中疾病大半或說憲奔走之計憲曰夫爲人主百姓所仰危不能安急而弃之君子不爲也畢命於此矣陳騫言於晉王遣荆州刺史胡烈救憲抗等引退晉王即委前任拜憲淩江將軍封萬年亭侯會武陵四縣舉衆叛吳以憲爲武陵太守巴東監軍泰始元年改封西鄂縣侯憲遣妻子居洛陽武帝以子襲爲給事中三年冬入朝進位冠軍將軍假節四年三月從帝宴于華林園詔問蜀大臣子弟後問先輩宜時叙用者憲薦蜀郡常忌杜軫壽良巴西陳壽南郡高軌南陽呂雅許國江夏費恭琅邪諸葛京汝南陳

裕即皆敘用咸顯於世憲還襲取吳之巫城因上伐吳之策憲方亮嚴正待士不倦輕財好施不治產業六年薨贈安南將軍諡曰烈侯子襲以凌江將軍領部曲早卒追贈廣漢太守襲子徽順陽內史永嘉五年爲王如所殺此作獻名與本傳不同未詳孰是也

王連傳

王連字文儀南陽人也劉璋時入蜀爲梓潼令先主起事葭萌進軍來南連閉城不降先主義之不彊偪也及成都既平以連爲什邡令轉在廣都所居有績遷司鹽校尉較鹽鐵之利利入甚多有裨國用於是簡取良才以爲官屬若呂乂杜祺劉幹等終皆至大官自連所拔也遷蜀郡太守興業將軍領鹽府如故建興元年拜屯騎校尉領丞相長史封平陽亭侯時南方諸郡不賓諸葛亮將自征之連諫以爲此不毛之地疫癘之鄉不宜以一國之望冒險而行亮慮諸將才不及己意欲必往而連言輒懇至故停留者久之會連卒子山嗣官至江陽太守

向朗傳

向朗字巨達襄陽宜城人也襄陽記曰朗少師事司馬德操與徐元直韓德高龐士元皆親善荊州牧劉表以爲臨沮長表卒歸先主先主定江南使朗督秭歸夷道巫山夷陵四縣軍民事

蜀既平以朗爲巴西太守頃之轉任牂牁又徙房陵後主踐阼爲步兵校尉代王連領丞相長史丞相亮南征朗留統後事五年隨亮漢中朗素與馬謖善謖逃亡朗知情不舉亮恨之免官還成都數年爲光祿勳亮卒後徙左將軍追論舊功封顯明亭侯位特進初朗少時雖涉獵文學然不治素檢以吏能見稱自去長史優游無事垂三十年臣松之案朗坐馬謖免長史則建興六年中也朗至延熙十年卒整二十年耳此云三十字之誤也乃更潛心典籍孜孜不倦年踰八十猶手自校書刊定謬誤積聚篇卷於時最多開門接賓誘納後進但講論古義不干時事以是見稱上自執政下及童冠皆敬重焉延熙十年卒襄陽記曰朗遺言戒子曰傳稱師克在和不在衆此言天地和則萬物生君臣和則國家平九族和則動得所求靜得所安是以聖人守和以存以亡也吾楚國之小子耳而早喪所天爲二兄所誘養使其性行不隨祿利以墮今但貧耳貧非人患惟和爲貴汝其勉之子條嗣景耀中爲御史中丞襄陽記曰條字文豹亦博學多識入晉爲江陽太守南中軍司馬朗兄子寵先主時爲牙門將秭歸之敗寵營特完建興元年封都亭侯後爲中部督典宿衞兵諸葛亮當北行表與後主曰將軍向寵性行淑均曉暢軍事試用於昔先帝稱之曰能是以衆論舉寵爲督愚以爲營中之事悉以咨之必能使行陣和睦優劣得所也

遷中領軍延熙二十年征漢嘉蠻夷遇害寵弟充歷射聲校尉尚書 襄陽記曰魏咸熙元年六月鎮西將軍衛瓘至於成都得璧玉印各一枚文似成信字魏人宣示百官藏于相國府充聞之曰吾聞譙周之言先帝諱備其訓具也後主諱禪其訓授也如言劉已具矣當授與人也今中撫軍名炎而漢年極於炎興瑞出成都而藏之於相國府此殆天意也是歲拜充為梓潼太守明年十二月而晉武帝即尊位炎興於是乎徵焉　孫盛曰昔公孫述自以起成都號曰成氏二玉之文殆述所作乎

張裔傳

張裔字君嗣蜀郡成都人也治公羊春秋博涉史漢汝南許文休入蜀謂裔幹理敏捷是中夏鍾元常之倫也劉璋時舉孝廉為魚復長還州署從事領帳下司馬張飛自荊州由墊江入璋授裔兵拒張飛於德陽陌下軍敗還成都為璋奉使詣先主先主許以禮其君而安其人也裔還城門乃開先主以裔為巴郡太守還為司金中郎將典作農戰之器先是益州郡殺太守正昂耆率雍闓恩信著於南土使命周旋遠通孫權乃以裔為益州太守徑往至郡闓遂趑趄不賓假鬼教曰張府君如瓠壺外雖澤而內實麤不足殺令縛與吳於是遂送裔於權會先主薨諸葛亮遣鄧芝使吳亮令芝言次可從權請裔裔自至吳數年流徙伏匿權未之知也故許芝遣裔裔臨發權乃引見問裔曰蜀卓

氏寡女亡奔司馬相如貴土風俗何以乃爾乎裔對曰愚以為卓氏之寡女猶賢於買臣之妻權又謂裔曰君還必用事西朝終不作田父於閭里也將何以報我裔對曰裔負罪而歸將委命有司若蒙徼倖得全首領五十八已前父母之年也自此已後大王之賜也權言笑歡悅有器裔之色裔出閤深悔不能陽愚即便就船倍道兼行權果追之裔已入永安界數十里追者不能及既至蜀丞相亮以為參軍署府事又領益州治中從事亮出駐漢中裔以射聲校尉領留府長史常稱曰公賞不遺遠罰不阿近爵不可以無功取刑不可以貴勢免此賢愚之所以僉忘其身者也其明年北詣亮諮事送者數百車乘盈路裔還書與所親曰近者涉道晝夜接賓不得寧息人自敬丞相長史男子張君嗣附之疲倦欲死其談啁流速皆此類也臣松之以為談啁貴於機捷書跡可容留意今因書跡之巧以著談啁之速非其理也　少與犍為楊恭友善恭早死遺孤未數歲裔迎留與分屋而居事恭母如母恭之子息長大為之娶婦買田宅產業使立門戶撫恤故舊振贍衰宗行義甚至加輔漢將軍領長史如故建興八年卒子毣嗣毣音忙角反毣見字林曰毣

思親也歷三郡守監軍毣弟郁太子中庶子

楊洪傳

楊洪字季休犍為武陽人也劉璋時歷部諸郡先主定蜀太守李嚴命為功曹嚴欲徙郡治舍洪固諫不聽遂辭功曹請退嚴欲薦洪於州為蜀部從事先主爭漢中急書發兵軍師將軍諸葛亮以問洪洪曰漢中則益州咽喉存亡之機會若無漢中則無蜀矣此家門之禍也方今之事男子當戰女子當運發兵何疑時蜀郡太守法正從先主北行亮於是表洪領蜀郡太守衆事皆辦遂使即眞頃之轉為益州治中從事先主既稱尊號征吳不克還住永安漢嘉太守黃元素為諸葛亮所不善聞先主疾病懼有後患舉郡反燒臨邛城時亮東行省疾成都單虛是以元益無所憚洪即啓太子遣其親兵使將軍陳曶鄭綽討元衆議以為元若不能圍成都當由越嶲據南中洪曰元素性凶暴無他恩信何能辦此不過乘水東下冀主上平安面縛歸死如其有異奔吳求活耳敕曶綽但於南安峽口遮即便得矣曶綽承洪言果生獲元洪建興元年賜爵關內侯復為蜀郡太守忠節將軍後為

越騎校尉領郡如故五年丞相亮北住漢中欲用張裔為留府長史問洪何如洪對曰裔天姿明察長於治劇才誠堪之然性不公平恐不可專任不如留向朗朗情偽差少裔隨從目下效其器能於事兩善初裔少與洪親善裔流放在吳洪臨裔郡裔子郁給郡吏微過受罰不特原假裔後還聞之深以為恨與洪情好有損及洪見亮出至裔許具說所言裔答洪曰公留我了矣明府不能止時人或疑洪意自欲作長史或疑洪知裔自嫌不願裔處要職典後事也後裔與司鹽校尉岑述不和至于忿恨亮與裔書曰君昔在栢下營壞吾之用心食不知味後流迸南海相為悲歎寢不安席及其來還委付大任同獎王室自以為與君古之石交也石交之道舉讎以相益割骨肉以相明猶不相謝也況吾但委意於元儉而君不能忍邪論者由是明洪無私洪少不好學問而忠清款亮憂公如家事繼母至孝六年卒官始洪為李嚴功曹嚴未至犍為而洪已為蜀郡洪迎門下書佐何祗有才策功幹舉郡吏數年為廣漢太守時洪亦尚在蜀郡是以西土咸服諸葛亮能盡時人之器用也益部

耆舊傳雜記曰每朝會祗次洪坐嘲祗曰君馬何駛祗曰故吏馬不敢駛但明府未著鞭耳傳之以爲笑　祗字君肅少寒貧爲人寬厚通濟體甚壯大又能飲食好聲色不持節儉故時人少貴之者嘗夢井中生桑以問占夢趙直直曰桑非井中之物會當移植然桑字四十下八君壽恐不過此祗笑言得此足矣初仕郡後爲督軍從事時諸葛亮用法峻密陰聞祗游戲放縱不勤所職常奄往錄獄衆人咸爲祗懼祗密聞之夜張灯火見囚讀諸解狀諸葛晨往祗悉已闇誦荅對解釋無所凝滯亮甚異之出補成都令時郫縣令缺以祗兼二縣戶口猥多切近都治饒諸姦穢每比人常眠睡值其覺寤輒得姦詐衆咸畏祗之發擿或以爲有術無敢欺者使人投算祗聽其讀而心計之不差升合其精如此汶山夷不安以祗爲汶山太守民夷服信迁廣漢後夷反叛辭令得前何府君乃能安我耳時難屈祗拔祗族人爲汶山復得安轉祗爲犍爲年四十八卒如直所言後有廣漢王離字伯元亦以才幹顯爲督軍從事推法平當稱迁代祗爲犍爲太守治有美績聲聞不及祗而文采過之也

費詩傳

費詩字公舉犍爲南安人也劉璋時爲縣竹令先主攻縣竹時詩先舉城降成都既定先主領益州牧以詩爲督軍從事出爲牂牁太守還爲州前部司馬先主爲漢中王遣詩拜關羽爲前將軍羽聞黄忠爲後將軍羽怒曰大丈夫終不與老兵同列不肯受拜詩謂羽曰夫立王業者所用非一昔蕭曹與高祖少小親舊而陳韓亡命後至論其班列韓最居上未聞蕭曹以此爲怨今漢王以一時之功隆崇於漢室然意之輕重寧當與君侯齊乎且王與君侯譬猶一體同休等戚禍福共之愚爲君侯不宜計官號之高下爵祿之多少爲意也僕一

介之使銜命之人君侯不受拜如是便還但相爲惜此舉動恐有後悔耳羽大感悟遽即受拜後羣臣議欲推漢中王稱尊號詩上疏曰殿下以曹操父子偪主篡位故乃羈旅萬里糾合士衆將以討賊今大敵未克而先自立恐人心疑惑昔高祖與楚約先破秦者王及屠咸陽獲子嬰猶懷推讓況今殿下未出門庭便欲自立邪愚臣誠不爲殿下取也由是忤指左遷部永昌從事習鑿齒曰夫創本之君須大定而後正己纂統之主俟速建以係衆心是故惠公朝虜而子圉夕立更始尚存而光武舉號夫豈忘主徼利社稷之故也今先主糾合義兵將以討賊賊彊禍大主沒國喪二祖之廟絕而不祀苟非親賢孰能紹此嗣祖配天非咸陽之譬杖正討逆何推讓之有於此時也不如速尊有德以奉大統使民欣反正世覩舊物杖順者齊心附逆者同懼可謂闇惑矣其黜降也宜哉　臣松之以爲鑿齒論議惟此論最善建興三年隨諸葛亮南行歸至漢陽縣降人李鴻來詣亮亮見鴻時蔣琬與詩在坐鴻曰間過孟達許適見王沖從南來言往者達之去就明公切齒欲誅達妻子賴先主不聽耳達曰諸葛亮見顧有本末終不爾也盡不信沖言委仰明公無復已已亮謂琬詩曰還都當有書與子度相聞詩進曰孟達小子昔事振威不忠後又背叛先主反覆之人何足與書邪亮默然不荅亮欲誘達以爲外援竟與達書曰往年南征歲未及還適與

李鴻會於漢陽承知消息慨然永歎以存足下平素之志豈徒空託名榮貴爲乖離乎嗚呼孟子斯實劉封侵陵足下以傷先主待士之義又鴻道王沖造作虛語云足下量度吾心不受沖說尋表明之言追平生之好依依東望故遣有書達得亮書數相交通辭欲叛魏魏遣司馬宣王征之即斬滅達亮亦以達無款誠之心故不救助也蔣琬秉政以詩爲諫議大夫卒於家王沖者廣漢人也爲牙門將統屬江州督李嚴爲嚴所疾懼罪降魏魏以沖爲樂陵太守（孫盛蜀世譜曰詩子立晉散騎常侍自後益州諸費有名位者多是詩之後也）

評曰霍峻孤城不傾王連固節不移向朗好學不倦張裔膚敏應機楊洪乃心忠公費詩率意而言皆有可紀焉以先主之廣濟諸葛之準繩詩吐直言猶用陵遲況庸后乎哉

霍王向張楊費傳第十一　蜀書　國志四十一

杜周杜許孟來尹李譙郤傳第十二

蜀書　國志四十二

杜微傳

杜微字國輔梓潼涪人也少受學於廣漢任安劉璋辟為從事以疾去官及先主定蜀微常稱聾閉門不出建興二年丞相亮領益州牧選迎皆妙簡舊德以秦宓為別駕五梁為功曹微為主簿微固辭轝而致之既至亮引見微微自陳謝亮以微不聞人語於坐上與書曰服聞德行飢渴歷時清濁異流無緣咨覯王元泰李伯仁王文儀楊季休丁君幹李永南兄弟文仲寶等每歎高志未見如舊猥以空虛統領貴州德薄任重慘慘憂慮朝廷主公今年始十八天姿仁敏愛德下士天下之人思慕漢室欲與君因天順民輔此明主以隆季興之功著勳於竹帛也以謂賢愚不相為謀故自割絕守勞而已不圖自屈也微自乞老病求歸亮又與書答曰曹丕篡弒自立為帝是猶土龍芻狗之有名也欲與羣賢因其邪偽以正道滅之怪君未有相誨便欲求還於山野丕又大興勞役以向吳楚今因丕多務且以境勤農育養民物並治甲兵以待其挫然後伐之可使兵不戰民不勞而天下定也君但當以德輔時耳不責君軍事何為汲汲欲求去乎其敬微如此拜為諫議大夫以從其志五梁者字德山犍為南安人也以儒學節操稱從議郎遷諫議大夫五官中郎將

周羣傳

周羣字仲直巴西閬中人也父舒字叔布少學術於廣漢楊厚名亞董扶任安數被徵終不詣時人有問春秋讖曰代漢者當塗高此何謂也舒曰當塗高者魏也鄉黨學者私傳其語羣少受學於舒專心候業於庭中作小樓家富多奴常令奴更直於樓上視天災纔見一氣即白羣羣自上樓觀之不避晨夜故凡有氣候無不見之是以所言多中州牧劉璋辟以為師友從事

續漢書曰建安七年越巂有男子化為女人時羣言哀帝時亦有此將易代之祥也至二十五年獻帝果封于山陽十二年十月有星孛于鶉尾荊州分野羣以為荊州牧將死而失土明年秋劉表卒曹公平荊州十七年十二月星孛于五諸侯羣以為西方專據土地者皆將失土是時劉璋據益州張魯據漢中韓遂據涼州宋建據枹罕明年冬曹公遣偏將擊涼州十九年獲宋建韓遂逃于羌中被殺其年秋璋失益州二十年秋曹公攻漢中張魯降

先主定蜀署儒林校尉先主欲與曹公爭漢中問羣羣對曰當得

其地不得其民也若出偏軍必不利當戒慎之時州後部司馬蜀郡張裕亦曉占候而天才過羣（裕字南和）諫先主曰不可爭漢中軍必不利先主竟不用裕言果得地而不得民也遣將軍吳蘭雷銅等入武都皆沒不還悉如羣言於是舉羣茂才裕又私語人曰歲在庚子天下當易代劉氏祚盡矣主公得益州九年之後寅卯之間當失之人密白其言初先主與劉璋會涪時裕爲璋從事侍坐其人饒鬚先主嘲之曰昔吾居涿縣特多毛姓東西南北皆諸毛也涿令稱曰諸

毛繞涿居乎裕即荅曰昔有作上黨潞長遷爲涿令涿令者去官還家時人與書欲署潞則失涿欲署涿則失潞乃署曰潞涿君先主無鬚故裕以此及之先主常銜其不遜加忿其漏言乃顯裕諫爭漢中不驗下獄將誅之諸葛亮表請其罪先主荅曰芳蘭生門不得不鉏裕遂弃市後魏氏之立先主之薨皆如裕所刻又曉相術每舉鏡視面自知刑死未嘗不撲之于地也羣卒子巨頗傳其術

杜瓊傳

杜瓊字伯瑜蜀郡成都人也少受學於任安精究安術劉璋時辟爲從事先主定益州領牧以瓊爲議曹從事後主踐阼拜諫議大夫遷左中郎將大鴻臚太常爲人靜默少言闔門自守不與世事蔣琬費禕等皆器重之雖學業入深初不視天文有所論說後進通儒譙周常問其意瓊荅曰欲明此術甚難須當身視識其形色不可信人也晨夜苦劇然後知之復憂漏泄不如不知是以不復視也周因問曰昔周徵君以爲當塗高者魏也其義何也瓊荅曰魏闕名也當

塗而高聖人取類而言耳又問周曰寧復有所怪邪周曰未達也瓊又曰古者名官職不言曹始自漢已來名官盡言曹吏言屬曹卒言侍曹此殆天意也瓊年八十餘延熙十三年卒著韓詩章句十餘萬言不教諸子內學無傳業者周緣瓊言乃觸類而長之曰春秋傳著晉穆侯名太子曰仇弟曰成師師服曰異哉君之名子也嘉耦曰妃怨耦曰仇今君名太子曰仇弟曰成師始兆亂矣兄其替乎其後果如服言及漢靈帝名二子曰史侯董侯既立爲帝後皆免爲諸

矣與師服言相似也先主諱備其訓具也後主諱禪其訓授也如言劉已具矣當授與人也意者甚於穆侯靈帝之名子後宦人黃皓弄權於內景耀五年宮中大樹無故自折周深憂之無所與言乃書柱曰衆而大期之會具而授若何復言曹者衆也魏者大也衆而大天下其當會也具而授如何復有立者乎蜀既亡咸以周言爲驗周曰此雖己所推尋然有所因由杜君之辭而廣之耳殊無神思獨至之異也

許慈傳

許慈字仁篤南陽人也師事劉熙善鄭氏學治易尚書三禮毛詩論語建安中與許靖等俱自交州入蜀時又有魏郡胡潛字公興不知其所以在益土潛雖學不沾洽然卓犖彊識祖宗制度之儀喪紀五服之數皆指掌畫地舉手可采先主定蜀承喪亂歷紀學業衰廢乃鳩合典籍沙汰衆學慈潛並爲博士與孟光來敏等典掌舊文值庶事草創動多疑議慈潛更相克伐謗讟忿爭形於聲色書籍有無不相通借時尋楚撻以相震撼(撼虛晚反) 其矜己妬彼乃至於此先主

愍其若斯羣僚大會使倡家假爲二子之容傚其訟鬩之狀酒酣樂作以爲嬉戲初以辭義相難終以刀杖相屈用感切之潛先沒慈後主世稍遷至大長秋卒(孫盛曰蜀少人士故慈潛等並見載述) 子勛傳其業復爲博士

孟光傳

孟光字孝裕河南洛陽人漢太尉孟郁之族(續漢書云郁中常侍孟賁之弟) 靈帝末爲講部吏獻帝遷都長安遂逃入蜀劉焉父子待以客禮博物識古無書不覽尤銳意三史長於漢家舊典好公羊春秋而譏呵左氏每與來敏爭此二義光常譊譊讙咋(譊音奴交反讙音休表反咋音徂格反) 先主定益州拜爲議郎與許慈等並掌制度後主踐阼爲符節令屯騎校尉長樂少府遷大司農延熙九年秋大赦光於衆中責大將軍費禕曰夫赦者偏枯之物非明世所宜有也衰弊窮極必不得已然後乃可權而行之耳今主上仁賢百僚稱職有何旦夕之危倒縣之急而數施非常之恩以惠姦宄之惡乎又鷹隼始擊而更原宥有罪上犯天時下違人理老夫耄朽不達治體竊謂斯法難以經久豈具

瞻之高美所望於明德哉偉但顧謝踧踖而已光之指摘痛癢多如是類故執政重臣心不能悅爵位不登每直言無所回避為代所嫌太常廣漢鐔承華陽國志曰承字公文歷郡守少府光祿勳河東裴儁等年資皆在光後而登據上列處光之右蓋以此也傅暢裴氏家記曰儁字奉先魏尚書令潛弟也儁姊夫為蜀中長史儁送之時年十餘歲遂遭漢末大亂不復得還既長知名為蜀所推重也子越字令緒為蜀督軍蜀破遷還洛陽拜議郎後進文士祕書郎郤正數從光諮訪光問正太子所習讀并其情性好尚正答曰奉親虔恭夙夜匪懈有古世子之風接待羣僚舉動出於仁恕光曰如君所道皆家戶所有耳吾今所問欲知其權略智調何如也正曰世子之道在於承志竭歡既不得妄有所施為且智調藏於胸懷權略應時而發此之有無焉可豫設也光解正慎宜不為放談乃曰吾好直言無所回避每彈射利病為世人所譏嫌疑省君意亦不甚好吾言然語有次今天下未定智意為先智意雖有自然然不可力彊致也此儲君讀書寧當傚吾等竭力博識以待訪問如博士探策講試以求爵位邪當務其急者正深謂光言為然後光坐事免官年九十餘卒

孟光

來敏傳

來敏字敬達義陽新野人來歙之後也父豔為漢司空華嶠後漢書曰豔好學下士開館養徒眾少歷顯位靈帝時位至司空漢末大亂敏隨姊夫奔荊州姊夫黃琬是劉璋祖母之姪故璋遣迎琬妻敏遂俱與姊入蜀常為璋賓客涉獵書籍善左氏春秋尤精於倉雅訓詁好是正文字先主定益州署敏典學校尉及立太子以為家令後主踐阼為虎賁中郎將丞相亮住漢中請為軍祭酒輔軍將軍坐事去職亮集有教曰將軍來敏對上官顯言新人有何功德而奪我榮資與之邪諸人共憎我何故如是敏年老狂悖生此怨言昔成都初定議者以為來敏亂羣先帝以新定之際故遂含容無所禮用後劉子初選以為太子家令先帝不悅而不忍拒也後主即位吾闇於知人遂復擢為將軍祭酒違議者之審見背先帝所疏外自謂能以敦厲薄俗帥之以義今既不能表退職使閉門思愆亮卒後還成都為大長秋又免後累遷為光祿大夫復坐過黜前後數貶削皆以語言不節舉動違常也時孟光亦以樞機不慎議論干時然猶愈於敏俱以其耆宿學士見禮於世而敏荊楚名族東宮舊臣特加優待是故廢而復起後以敏為執慎將軍欲令以官重自警戒也年九十七景耀中卒子忠亦博覽經學有敏風與尚書向

來敏

充等並能協贊大將軍姜維維善之以爲參軍

尹默傳

尹默字思潛梓潼涪人也益部多貴今文而不崇章句默知其不博乃遠游荊州從司馬德操宋仲子等受古學皆通諸經史又專精於左氏春秋自劉歆條例鄭衆賈逵父子陳元方服虔注說咸略誦述不復按本先主定益州領牧以爲勸學從事及立太子以默爲僕射以左氏傳授後主後主踐阼拜諫議大夫丞相亮住漢中請爲軍祭酒亮卒還成都拜太中大夫卒子宗傳其業爲博士（宋仲子後在魏魏略曰其子與魏諷謀反伏誅魏太子荅王朗書曰昔石厚與州吁游父碏知其與亂韓子昵田蘇穆子知其好仁故君子游必有方居以就士誠有以也嗟夫宋忠無石子先識之明老罹此禍今雖欲願行滅親之誅立純臣之節尚可行邪）

李譔傳

李譔字欽仲梓潼涪人也父仁字德賢與同縣尹默俱游荊州從司馬徽宋忠等學譔具傳其業又從默講論義理五經諸子無不該覽加博好技藝筭術卜數醫藥弓弩機械之巧皆致思焉始爲州書佐尚書令史延熙元年後主立太子以譔爲庶子遷爲僕射轉中散大夫右中郎將猶侍太子太子愛其多知甚悅之然體輕脫好戲啁故世不能重也著古文易尚書毛詩三禮左氏傳太玄指歸皆依準賈馬異於鄭玄與王氏殊隔初不見其所述而意歸多同景耀中卒時又有漢中陳術字申伯亦博學多聞著釋問七篇益部耆舊傳及志位歷三郡太守

譙周傳

譙周字允南巴西西充國人也父㟲字榮始治尚書兼通諸經及圖緯州郡辟請皆不應州就假師友從事周幼孤與母兄同居既長耽古篤學家貧未嘗問產業誦讀典籍欣然獨笑以忘寢食研精六經尤善書札頗曉天文而不以留意諸子文章非心所存不悉徧視也身長八尺體貌素朴性推誠不飾無造次辯論之才然潛識內敏建興中丞相亮領益州牧命周爲勸學從事（蜀記曰周初見亮左右皆笑既出有司請推笑者亮曰孤尚不能忍況左右乎）亮卒於敵庭周在家聞問即便奔赴尋有詔書禁斷惟周以速行得達大將軍蔣琬領刺史徙爲典學從事總州之學者後主立太子以周爲僕轉家令時後主頗出游觀增廣聲樂周上疏諫曰昔王莽

之敗豪傑並起跨州據郡欲弄神器於是賢才智士思望所歸未必以其勢之廣狹惟其德之薄厚也是故於時更始公孫述及諸有大衆者多已廣大然莫不快情恣欲怠於爲善遊獵飲食不恤民物世祖初入河北馮異等勸之曰當行人所不能爲遂務理冤獄節儉飲食動遵法度故北州歌歎聲布四遠於是鄧禹自南陽追之吳漢寇恂未識世祖遥聞德行遂以權計舉漁陽上谷突騎迎于廣阿其餘望風慕德者邳彤耿純劉植之徒至于輿病齎棺繈負而至者

不可勝數故能以弱爲彊屠王郎吞銅馬折赤眉而成帝業也及在洛陽嘗欲小出車駕已御銚期諫曰天下未寧臣誠不願陛下細行數出即時還車及征隗囂潁川盜起世祖還洛陽但遣寇恂往恂曰潁川以陛下遠征故姦猾起叛未知陛下還恐不時降陛下自臨潁川賊必即降遂至潁川竟如恂言故非急務欲小出不敢至於急務欲自安不爲故帝者之欲善也如此故傳曰百姓不徒附誠以德先之也今漢遭厄運天下三分雄哲之士思望之時也陛下天姿

至孝喪踰三年言及隕涕雖曾閔不過也敬賢任才使之盡力有踰成康故國内和一大小勠力臣所不能陳然臣不勝大願願復廣人所不能者夫輓大重者其用力苦不衆拔大艱者其善術苦不廣且承事宗廟者非徒求福祐所以率民尊上也至於四時之祀或有不臨池苑之觀或有仍出臣之愚滯私不自安夫憂責在身者不暇盡樂先帝之志堂構未成誠非盡樂之時願省減樂官後宮所增造但奉脩先帝所施下爲子孫節儉之教徙爲中散大夫猶侍太子

于時軍旅數出百姓彫瘁周與尚書令陳祗論其利害退而書之謂之仇國論其辭曰因餘之國小而肇建之國大並爭於世而爲仇敵因餘之國有高賢卿者問於伏愚子曰今國事未定上下勞心往古之事能以弱勝彊者其術何如伏愚子曰吾聞之處大無患者恒多慢處小有憂者恒思善多慢則生亂思善則生治理之常也故周人養民以少取多句踐卹衆以弱斃彊此其術也賢卿曰曩者項彊漢弱相與戰爭無日寧息然項羽與漢約分鴻溝爲界各欲歸息

民張良以爲民志旣定則難動也尋帥追羽終斃項氏豈必由文王之事乎肇建之國方有疾疢我因其隙陷其邊陲覘增其疾而斃之也伏愚子曰當殷周之際王侯世尊君臣久固民習所專深根者難拔據固者難遷當此之時雖漢祖安能杖劒鞭馬而取天下乎當秦罷侯置守之後民疲秦役天下土崩或歲改主或月易公鳥驚獸駭莫知所從於是豪彊並爭虎裂狼分疾搏者獲多遲後者見吞今我與肇建皆傳國易世矣既非秦末鼎沸之時實有六國並據之勢故可爲文王難爲漢祖夫民疲勞則擾攘之兆生上慢下暴則瓦解之形起諺曰射幸數跌不如審發是故智者不爲小利移目不爲意似改步時可而後動數合而後舉故湯武之師不再戰而克誠重民勞而度時審也如遂極武黷征土崩勢生不幸遇難雖有智者將不能謀之矣若乃奇變從橫出入無間衝波截轍超谷越山不由舟楫而濟盟津者我愚子也實所不及後遷光祿大夫位亞九列周雖不與政事以儒行見禮時訪大議輒據經以對而後生好事者

亦咨問所疑焉景耀六年冬魏大將軍鄧艾克江由長驅而前而蜀本謂敵不便至不作城守調度及聞艾已入陰平百姓擾擾皆迸山野不可禁制後主使羣臣會議計無所出或以爲蜀之與吳本爲和國宜可奔吳或以爲南中七郡阻險斗絕易以自守宜可奔南惟周以爲自古已來無寄他國爲天子者也今若入吳固當臣服且政理不殊則大能吞小此數之自然也由此言之則魏能并吳吳不能并魏明矣等爲小稱臣孰與爲大再辱之恥何與一辱且若欲奔南則當早爲之計然後可果今大敵以近禍敗將及羣小之心無一可保恐發足之日其變不測何至南之有乎羣臣或難周曰今艾以不遠恐不受降如之何周曰方今東吳未賓事勢不得不受之受之後不得不禮若陛下降魏魏不裂土以封陛下者周請身詣京都以古義爭之衆人無以易周之理後主猶疑於入南周上疏曰或說陛下以北兵深入有欲適南之計臣愚以爲不安何者南方遠夷之地平常無所供爲猶數反叛自丞相亮南征兵勢偪之窮乃幸從

是後供出官賦取以給兵以爲愁怨此患國之人也今以窮迫欲往依恃恐必復反叛一也北兵之來非但取蜀而已若奔南方必因人勢衰及時赴追二也若至南方外當拒敵內供服御費用張廣他無所取耗損諸夷必甚甚必速叛三也昔王郎以邯鄲僭號時世祖在信都畏偪於郎欲棄還關中邳彤諫曰明公西還則邯鄲城民不肯捐父母背城主而千里送公其亡叛可必也世祖從之遂破邯鄲今北兵至陛下南行誠恐邳彤之言復信於今四也願陛下早爲之圖可獲爵土若遂適南勢窮乃服其禍必深易曰亢之爲言知得而不知喪知存而不知亡知得失存亡而不失其正者其惟聖人乎言聖人知命而不苟必也故堯舜以子不善知天有授而求授人子雖不肖禍尚未萌而迎授與人況禍以至乎故微子以殷王之昆面縛銜璧而歸武王豈所樂哉不得已也於是遂從周策劉氏無虞一邦蒙賴周之謀也孫綽評曰譙周說後主降魏可乎曰自爲天子而乞降請命何恥之深乎夫爲社稷死則死之爲社稷亡則亡之先君正魏之篡不與同天矣推過於其父俛首而事讎可謂苟存豈大居正之道哉○孫盛曰春秋之義國君死社稷卿大夫死位況稱天子而可辱於人乎周謂万乘之君偷生苟免亡

禮希利要寵微榮惑矣且以事勢言之理有未盡何者禪雖庸主實無桀紂之酷戰雖屢北未有土崩之亂縱不能君臣固守背城借一自可退次東鄙以思後圖是時羅憲以重兵據白帝霍弋以彊卒鎮夜郎蜀土險狹山水峻隔絕巘激湍非步卒所涉若悉收舟檝保據江州徵兵南中乞師東國如此則姜廖五將自然雲從吳之三師承命電赴何投寄之無所而慮於必亡邪魏師之來褰國大舉欲追則舟檝靡資欲留則師老多虞且屈申有會情勢代起徐因思奮之民以攻驕惰之卒此越王所以敗闔閭田單所以摧騎劫也何爲忽忽遽自囚虜下堅壁於敵人致斫石之至恨哉葛生有云事之不濟則已耳安能復爲之下壯哉斯言可以立懦夫之志矣觀古燕齊荊越之敗或國覆主滅或魚縣鳥竄終能建功立事康復社稷豈曰天助抑亦人謀也向使懷苟存之計納譙周之言何邦基之能構令名之可獲哉禪既闇王周實駑臣方之申包田單范蠡大夫種不亦遠乎時晉文王爲魏相國以周有全國之功封陽城亭侯又下書辟周周發至漢中困疾不進咸熙二年夏巴郡文立從洛還蜀過見周周語次因書版示立曰典午忽兮月酉沒兮典午者謂司馬也月酉者謂八月也至八月而文王果崩華陽國志曰文立字廣休少治毛詩三禮兼通羣書刺史費禕命爲從事入爲尚書郎復辟禕大將軍東曹掾稍遷尚書蜀并于魏梁州建首爲別駕從事舉秀才晉泰始二年拜濟陰太守遷太子中庶子立上言故蜀大官及盡忠死事者子孫雖仕郡國或有不才同之齊民爲劇又諸葛亮蔣琬費禕等子孫流徙中畿各宜量才叙用以慰巴蜀之心傾吳人之望事皆施行轉散騎常侍獻可替否多所補納稍遷衛尉中朝服其賢雅爲時名卿咸寧末卒立章奏詩賦論頌凡數十篇晉室踐阼累下詔所在發遣周周遂輿疾詣洛泰始三年至以疾不起就拜騎都尉周乃自陳無功而封求還爵土皆不聽許五年予嘗爲本郡中正清定事訖求休還家往與周別周語予曰昔

孔子七十二劉向揚雄七十一而沒今吾年過七十庶慕孔子遺風可與劉揚同軌恐不出後歲必便長逝不復相見矣疑周以術知之假此而言也六年秋爲散騎常侍疾篤不拜至冬卒晉陽秋載詔曰朕甚悼之賜朝服一具衣一襲錢十五萬周息熙上言周臨終屬熙曰久抱疾未曾朝見若國恩賜朝服衣物者勿以加身當還舊墓道險行難豫作輕棺殯斂已畢上還所賜詔曰還衣服給棺直凡所著述撰定法訓五經論古史考書之屬百餘篇益部耆舊傳曰益州刺史董榮圖畫周像於州學命從事李通頌之曰抑抑譙侯好古述儒寶道懷真鑒世盈虛雅名美迹終始是書我后欽賢無言不譽攀諸前哲丹青是圖嗟爾來葉鑒茲顯模周三子熙賢同少子同頗好周業亦以忠篤質素爲行舉孝廉除錫令

東宮洗馬召不就周長子熙熙子秀字元彥晉陽秋曰秀性清靜不交於世知將大亂豫絶人事從兄弟及諸親理不與相見州郡辟命及李雄盜蜀安車徵秀又雄叔父驤驤子壽辟命皆不應常冠鹿皮躬耕山藪永和三年安西將軍桓溫平蜀表薦秀曰臣聞大朴既虧則高尚之標顯道喪時昏則忠貞之義彰故有洗耳投淵以振玄邈之風亦有秉心矯迹以徇在三之節是以上代之君莫不崇重斯軌所以篤俗訓民靜一流競伏惟大晉應符御世運無常通時有屯蹇神州丘墟三方圮裂兎罝絶響於中林白駒無聞於空谷斯有識之所悼心大雅之所歎息者也陛下聖德嗣興方恢天緒臣昔奉役有事西土鯨鯢既縣思宣大化訪諸故老搜揚潜逸庶武羅於羿浞之猶想王蠋於亡齊之境竊聞巴西譙秀植操貞固抱德肥遁揚清渭波于時皇極遘道消之會群黎蹈顛沛之艱中華有顧瞻之哀幽谷無遷喬之望凶命屢招姦威仍逼身寄虎吻危同朝露而能抗節玉立誓不降辱杜門絶跡不面僞庭進免龔勝亡身之禍退無薛方詭對之譏雖園綺之棲商洛管寧之默遼海方之於秀殆無以過于今西土以爲美談夫旌德禮賢化道之所先崇表殊節聖哲之上務方今六合未康豺狼當路遺黎偷薄義聲弗聞益宜振起道義之徒以敦流遁之弊若秀蒲帛

之徵足以鎮靜頹風軌訓鄙俗幽遐仰流九服知化矣及蕭敬叛亂避難宕渠川中鄉人宗族馮依者以百數秀年八十衆人以爲鳩老欲代之負檐秀拒曰各有老弱當先營救吾力自足堪此不以垂朽之年累諸君也後十餘年卒於家

郤正傳

郤正字令先河南偃師人也祖儉靈帝末爲益州刺史爲盜賊所殺會天下大亂故正父揖因留蜀揖爲大將軍孟達營都督隨達降魏爲中書令史正本名纂少以父死母嫁單煢隻立而安貧好學博覽墳籍弱冠能屬文入爲秘書吏轉爲令史遷郎至令性澹於榮利而尤耽意文章自司馬王揚班傅張蔡之儔遺文篇賦及

當世美書善論益部有者則鑽鑿推求略皆寓目自在內職與宦人黃皓比屋周旋經三十年皓從微至貴操弄威權正既不爲皓所愛亦不爲皓所憎是以官不過六百石而免於憂患依則先儒假文見意號曰釋譏其文繼於崔駰達旨其辭曰或有譏余者曰聞之前記夫事與時並名與功偕然則名之與事前哲之急務也是故創制作範匪時不立流稱垂名匪功不記名必須功而乃顯事亦俟時以行止身沒名滅君子所耻是以達人研道探賾索微觀天運之符

表考人事之盛衰辯者馳說智者應機謀夫演略武士奮威雲合霧集風激電飛量時揆宜用取世資小屈大申存公忽私雖尺枉而尋直終揚光以發輝也今三方鼎跱九有未乂悠悠四海嬰丁禍敗嗟道義之沈塞愍生民之顛沛此誠聖賢拯救之秋烈士樹功之會也吾子以高朗之才珪璋之質兼覽博闚留心道術無遠不致無幽不悉挺身取命斡茲奧祕躊躇紫闥喉舌是執九考不移有入無出（尚書曰三載考績三考黜陟幽明九考則二十七年）究古今之眞偽計時務之得失雖時獻一策偶進一言釋彼官責慰此素飱固未能輸竭忠款盡瀝胷肝排方入直惠彼黎元俾吾徒草鄙並有聞焉也盍亦綏衡緩轡回軌易塗輿安駕肆思馬斯徂審厲揭以投濟要夷庚之赫憮播秋蘭以芳世副吾徒之彼圖不亦盛與余聞而歎曰嗚呼有若云乎邪夫人心不同實若其面子雖光麗既美且豔管闚筐舉守厥所見未可以言八紘之形埒信萬事之精練也或人率爾仰而揚衡曰是何言與是何言與余應之曰虞帝以面從為戒孔聖以悅己為尤若子之言良

我所思將為吾子論而釋之昔在鴻荒矇昧肇初三皇應籙五帝承符爰曁夏商前典攸書姬衰道缺霸者翼扶嬴氏慘虐吞嚼八區於是從橫雲起狙詐如星奇邪蠭動智故萌生或飾真以讎偽或挾邪以干榮或詭道以要上或鬻技以自矜背正崇邪弃直就佞忠無定分義無常經故鞅法窮而慝作斯義敗而姦成呂門大而宗滅韓辯立而身刑夫何故哉利回其心寵耀其目赫赫龍章鑠鑠車服媮幸苟得如反如仄淫邪荒迷恣睢自極和鸞未調而身在轅側庭宇未踐而棟折榱覆天收其精地縮其澤人弔其躬鬼芟其頟初升高岡終隕幽壑朝含榮潤夕為枯魄是以賢人君子深圖遠慮畏彼咎戾超然高舉寧曳尾於塗中穢濁世之休譽彼豈輕主慢民而忽於時務哉蓋易著行止之戒詩有靖恭之歎乃神之聽之而道使之然也自我大漢應天順民政治之隆皓若陽春俯憲坤典仰式乾文播皇澤以熙世揚茂化之醲醇君臣履度各守厥眞上垂詢納之弘下有匡救之責士無虛華之寵民有一行之迹粲乎亹亹尚此

郤正

忠益然而道有隆窳物有興廢有聲有寂有光
有翳朱陽否於素秋玄陰抑於孟春羲和逝而
望舒係運氣匿而耀靈陳沖質不永桓靈墜敗
英雄雲布豪傑蓋世家挾殊議人懷異計故從
横者欻披其胸狙詐者暫吐其舌也今天綱已
綴德樹西鄰丕顯祖之宏規縻好爵於士人興
五教以訓俗豐九德以濟民肅明祀以礿祭幾
皇道以輔真雖跱者未一僞者未分聖人垂戒
蓋均無貧故君臣協美於朝黎庶欣戴於野動
若重規靜若疊矩濟濟偉彥元凱之倫也有過

必知顏子之仁也侃侃庶政冉季之治也鷹揚
鷙騰伊望之事也總羣俊之上略含薛氏之三
計敷張陳之秘策故力征以勤世援華英之不
遑豈暇脩枯籜於榛穢哉然吾不才在朝累紀
託身所天心焉是恃樂滄海之廣深歎嵩嶽之
高跱聞仲尼之贊商感鄉校之益己彼平仲之
和羹亦進可而替否故矇冒瞽說時有攸獻譬
遒人之有采於市閭游童之吟詠乎疆畔庶以
增廣福祥輸力規諫若其合也則以闇協明進
應靈契符如其違也自我常分退守己愚進退任

郤正

數不矯不誣循性樂天夫何恨諸此其所以既入
不出有而若無者也狹屈氏之常醒濁漁父之
必醉溷柳季之卑辱褊夷叔之高懟合不以得
違不以失得不充詘失不慘悸不樂前以顧軒不
就後以慮輊不鬻譽以干澤不辭愆以忌絀何
責之釋何殞之卹何方之排何貴之入九考不
移固其所執也方今朝士山積髦俊成羣猶鱗
介之潛乎巨海毛羽之集乎鄧林游禽逝不爲
之尠浮鮒臻不爲之殷且陽靈幽於唐葉陰精
應於商時陽盱請而洪災息桑林禱而甘澤滋

淮南子曰禹爲水以身請於陽盱之河湯苦旱以身禱於桑林之祭聖人之憂民如此其明也呂氏春秋曰昔殷湯克夏而天下大旱五年不收湯乃以身禱於桑林曰余一人有罪無及萬方萬方有罪在余一人無以一人之不敏使上帝鬼神傷民之命湯於是翦其髮攦其爪自以爲犧牲用祈福於上帝民乃甚說雨乃大至
行止有道啓
塞有期我師遺訓不怨不尤委命恭己我又何
辭辭窮路單將反初節綜墳典之流芳尋孔氏
之遺藝綴微辭以存道憲先軌而投制覽叔肸
之優游美踈氏之遐逝收止足以言歸汎皓然
以容裔欣環堵以恬娛免咎悔於斯世顧茲心
之未泰懼末塗之泥滯仍求激而增憤肆中懷
以告誓昔九方考精於至貴秦牙沉思於殊形

淮南子曰秦穆公謂伯樂曰子之年長矣子姓有可使求馬者乎對曰良馬者可以形容筋骨相也相天下之馬者若㓕若沒若失若亡其一若此馬者絕塵弭轍臣之子皆下才也可告以良馬而不可告以天下之馬天下之馬臣有所與共儋纆采薪九方堙此其相馬非臣之下也請見之穆公見之使之求馬三月而反報曰已得馬矣在於沙丘穆公曰何馬也對曰牝而黃使人往取之牡而驪穆公不說召伯樂而問之曰敗矣子之所使求馬者也毛物牝牡尚弗能知又何馬之能知伯樂喟然太息曰一至此乎是乃所以千萬里馬而無數者也若堙之所觀者天機也得其精而忘其麤在其內而忘其外見其所見而不見其所不見視其所視而遺其其所不視若彼之所相者乃有貴乎馬者馬至而果天下之之馬　淮南子又曰伯樂寒風秦牙莞青所相各異其知馬一也蓋九方觀其精秦牙察其形

薛燭察寶以飛譽 越絕書曰昔越王勾踐有寶劍五枚聞於天下客有能相劍者名薛燭王召而問之吾有寶劍五請以示子乃取豪曹巨闕薛燭曰皆非也又取純鈎湛盧薛燭曰觀其劍釥爛爛如列宿之行觀其光渾渾如水之將溢於塘觀其文渙渙如冰將釋此所謂純鈎邪王曰是也王曰客有直之者有市之鄉三駿馬千四千戶之都二可乎薛燭曰不

可當造此劍之時赤堇之山破而出錫若耶之溪涸而出銅雨師掃灑雷公擊鼓太一下觀天精下之歐冶乃因天之精悉其技巧一曰純鈎二曰湛盧今赤堇之山已合若耶之溪深而不測歐冶子已死雖傾城量金珠玉竭河猶不得此一物有市之鄉三駿馬千四千戶之都二亦何足言與

瓠梁託弦以流聲 淮南子曰瓠巴鼓瑟而鱏魚聽之又曰瓠梁之歌可隨也而以歌者不可爲也

齊隸拊髀以濟文 臣松之曰按此謂孟嘗君田文下坐客能作雞鳴以濟其厄者也凡作雞鳴必先拊髀以傚雞之拊翼也

楚客潛寇以保荆 淮南子曰楚將子發好求技道之士楚有善爲偷者往見曰聞君求技道之士臣偷也願以技備一卒子發聞之衣不及帶冠不暇正出見而禮之左右諫曰偷者天下之盜也何爲禮之君曰此非左右之所得與後無幾何齊興兵伐楚子發將師以當之兵三卻楚賢大夫皆盡其計而悉其誠齊師愈彊於是卒偷進請曰臣有薄技願爲君行之君曰諾偷即夜出解齊將軍之幬帳而獻之子發子發使人歸之曰卒有出採薪者得將軍之帳使使歸於執事明日又復往取枕子發又使歸之明日又復往取簪子發又使歸之齊師聞之大駭將軍與軍吏謀曰今日不去楚軍恐取吾頭矣即旋師而去

雍門援琴而挾說 桓譚新論曰雍門周以琴見孟嘗君曰先生鼓琴亦能令文悲乎對曰臣之所能令悲者先貴而後賤昔富而今貧擯壓窮巷不交四鄰不若身材高妙懷質抱真逢讒羅謗怨結而不得信不若交歡而結愛無怨而生離遠赴絕國無相見期不若幼無父母壯無妻兒出以野澤爲鄰入用堀穴爲家困於朝夕無所假貸若此人者但聞飛鳥之號秋風鳴條則傷心矣臣一爲之援琴而長太息未有不悽惻而涕泣者也今若足下居則廣廈高堂連闥洞房下羅帷來清風倡優在前諂諛侍側揚激楚舞鄭妾流聲以娛耳練色以淫目水戲則舫龍舟建羽旗鼓釣乎不測之淵野游則登平原馳廣囿彊弩下高鳥勇士格猛獸置酒娛樂沉醉忘歸方此之時視天地曾不若一指雖有善鼓琴未能動足下也孟嘗君曰固然雍門周曰然臣竊爲足下有所常悲夫角帝而困秦者君也連五國而伐楚者又君也天下未嘗無事不從即衡從成則楚王衡成則秦帝夫以秦楚之彊而報弱薛猶磨蕭斧而伐朝菌也有識之士莫不爲足下寒心天道不常盛寒暑更進退千秋萬歲之後宗廟必不血食高臺既已傾曲池又已平墳墓生荆棘狐狸穴其中游兒牧豎躑躅其足而歌其上曰孟嘗君之尊貴亦猶若是乎於是孟嘗君喟然太息涕

淚承睫而未下雍門周引琴而鼓之徐動宮徵叩角羽終而成曲孟嘗君遂歔欷而就之曰先生鼓琴令文立若亡國之人也

韓哀秉轡而馳名 呂氏春秋曰韓哀作御王褒聖主得賢臣頌曰及至駕齧膝參乘旦王良執靶韓哀附輿縱馳騁騖忽如景靡過都越國蹶如歷塊追奔電逐遺風周流八極萬里一息何其遼哉人馬相得也

盧敖翱翔乎玄闕若士竦身於雲清 淮南子曰盧敖游乎北海經乎太陰入乎玄闕至於蒙穀之上見一士焉深目而玄準戾頸而鳶肩豐上而殺下軒軒然方迎風而舞顧見盧敖慢然下其臂遯逃乎碑下盧敖俯而視之方卷龜殼而食合梨盧敖乃與之語曰惟敖爲背群離黨窮觀於六合之外者非敖而已乎敖幼而好游長不渝解周行四極惟北陰之不闚今卒睹夫子於是子殆可與敖爲友乎若士者𪊲然而笑曰嘻乎子中州民寧肯而遠至此此猶光乎日月而戴列星陰陽之所行四時之所生此其比夫不名之地猶窔奧也若我南游乎罔㝗之野北息乎沉墨之鄉西窮窅冥之黨東貫鴻濛之光此其下無地而上無天聽焉無聞視焉則眴此其外猶有沈沈之汜其餘一舉而千萬里吾猶未能之在今子游始至於此乃語窮觀豈不亦遠哉然子處矣吾與汗漫期於

丸墟之上吾不可以久若士舉臂而竦身遂入雲中盧敖仰而視之弗見乃止曰吾比夫子也猶黃鵠之與壤蟲也終日行不離咫尺自以爲遠不亦悲哉余實不能齊技於數子故乃靜然守己而自寧景耀六年後主從譙周之計遣使請降於鄧艾其書正所造也明年正月鍾會作亂成都後主東遷洛陽時擾攘倉卒蜀之大臣無翼從者惟正及殿中督汝南張通捨妻子單身隨侍後主賴正相導宜適舉動無闕乃慨然歎息恨知正之晚時論嘉之賜爵關內侯泰始中除安陽令遷巴西太守泰始八年詔曰正昔在成都顛沛守義不違忠節及見受用盡心幹事有治理之績其以正爲巴西太守咸寧四年卒凡所著述詩論賦之屬垂百篇

評曰杜微脩身隱靜不役當世庶幾夷皓之槩周羣占天有徵杜瓊沈默慎密諸生之純也許孟來李譔涉多聞尹默精於左氏雖不以德業爲稱信皆一時之學士譙周詞理淵通爲世碩儒有董揚之規郤正文辭粲爛有張蔡之風加其行止君子有取焉二子處晉事少在蜀事多故著于篇張璠以爲譙周所陳降魏之策蓋素料劉禪懦弱心無害戾故得行也如遇忿肆之人雖無他算然矜殉鄙恥或發怒妄誅以立一時之威快其斯須之意者此亦夷滅之禍云

蜀志第十二

黃權傳

黃權字公衡巴西閬中人也少爲郡吏州牧劉璋召爲主簿時別駕張松建議宜迎先主使伐張魯權諫曰左將軍有驍名今請到欲以部曲遇之則不滿其心欲以賓客禮待則一國不容二君若客有泰山之安則主有累卵之危可但閉境以待河清璋不聽竟遣使迎先主出權爲廣漢長及先主襲取益州將帥分下郡縣郡縣望風景附權閉城堅守須劉璋稽服乃詣降先主先主假權偏將軍徐衆評曰權既忠諫於主又閉城拒守得事君之禮武王下車封比干之墓表商容之閭所以大顯忠賢之士而明示所貴之旨先主假權將軍善矣然猶薄少未足彰忠義之高節而大勸爲善者之心及曹公破張魯魯走入巴中權進曰若失漢中則三巴不振此爲割蜀之股臂也於是先主以權爲護軍率諸將迎魯魯已還南鄭北降曹公然卒破杜濩朴胡殺夏侯淵據漢中皆權本謀也先主爲漢中王猶領益州牧以權爲治中從事及稱尊號將東伐吳權諫曰吳人悍戰又水軍順流進易退難臣請爲先驅以嘗寇陛下宜爲後鎮先主不從以權爲鎮北將軍督

江北軍以防魏師先主自在江南及吳將軍陸議乘流斷圍南軍敗績先主引退而道隔絕權不得還故率將所領降于魏有司執法白收權妻子先主曰孤負黃權權不負孤也待之如初臣松之以爲漢武用虛罔之言滅李陵之家劉主拒憲司所執宥黃權之室二主得失縣邈遠矣詩云樂只君子保艾爾後其劉主之謂也魏文帝謂權曰君捨逆效順欲追蹤陳韓邪權對曰臣過受劉主殊遇降吳不可還蜀無路是以歸命且敗軍之將免死爲幸何古人之可慕也文帝善之拜爲鎮南將軍封育陽侯加侍中使之陪乘蜀降人或云誅權妻子權知其虛言未便發喪漢魏春秋曰文帝詔令發喪權答曰臣與劉葛推誠相信明臣本志疑惑未實請須後問後得審問果如所言及先主薨問至魏羣臣咸賀而權獨否文帝察權有局量欲試驚之遣左右詔權未至之間累催相屬馬使奔馳交錯於道官屬侍從莫不碎魄而權舉止顏色自若後領益州刺史徙占河南大將軍司馬宣王深器之問權曰蜀中有卿輩幾人權笑而答曰不圖明公見顧之重也宣王與諸葛亮書曰黃公衡快士也每坐起歎述足下不去口實景初三年蜀延熙二年權遷車騎將軍儀同三司蜀記

曰魏明帝問權天下鼎立當以何地爲正權對曰當以天文爲正往者熒惑守心而文皇帝崩吳蜀二主平安此其徵也

明年卒諡曰景侯子邕嗣邕無子絶權留蜀子崇爲尚書郎隨衛將軍諸葛瞻拒鄧艾到涪縣瞻盤桓未進崇屢勸瞻宜速行據險無令敵得入平地瞻猶與未納崇至于流涕會艾長驅而前瞻却戰至緜竹崇帥厲軍士期於必死臨陣見殺

李恢傳

李恢字德昂建寧俞元人也仕郡督郵姑夫爨習爲建伶令有違法之事恢坐習免官太守董和以習方土大姓寢而不許華陽國志曰習後官至領軍後貢恢於州涉道未至聞先主自葭萌還攻劉璋恢知璋之必敗先主必成也乃託名郡使北詣先主遇於緜竹先主嘉之從至雒城遣恢至漢中交好馬超超遂從命成都既定先主領益州牧以恢爲功曹書佐主簿後爲亡虜所誣引恢謀反有司執送先主明其不然更遷恢爲別駕從事章武元年庲降都督鄧方卒先主問恢誰可代者恢對曰人之才能各有長短故孔子曰其使人也器之且夫明主在上則臣下盡情是以

西零之役趙充國曰莫若老臣臣竊不自量惟陛下察之先主笑曰孤之本意亦已在卿矣遂以恢爲庲降都督使持節領交州刺史住平夷縣臣松之訊之蜀人云庲降地名去蜀二千餘里時未有寧州號爲南中立此職以總攝之晉泰始中始分爲寧州先主薨高定恣睢於越巂雍闓跋扈於建寧朱褒反叛於牂牁丞相亮南征先由越巂而恢案道向建寧諸縣大相糾合圍恢軍於昆明時恢衆少敵倍又未得亮聲息紿謂南人曰官軍糧盡欲規退還吾中間久斥鄉里乃今得旋不能復北欲還與汝等同計謀故以誠相告南人信之故圍守怠緩於是恢出擊大破之追犇逐北南至槃江東接牂牁與亮聲勢相連南土平定恢軍功居多封漢興亭侯加安漢將軍後軍還南夷復叛殺害守將恢身往撲討鉏盡惡類徙其豪帥于成都賦出叟濮耕牛戰馬金銀犀革充繼軍資于時費用不乏建興七年以交州屬吳解恢刺史更領建寧太守以還居本郡徙居漢中九年卒子遺嗣恢弟子球羽林右部督隨諸葛瞻拒鄧艾臨陣授命死于緜竹

呂凱傳

呂凱字季平永昌不韋人也孫盛蜀世譜曰初秦徙呂不韋子弟宗族於蜀漢漢武帝時開西南夷置郡縣徙呂氏以充之因曰不韋縣仕郡五官掾功曹時雍闓等聞先主薨於永安驕黠滋甚都護李嚴與闓書六紙解喻利害闓但答一紙曰蓋聞天無二日土無二王今天下鼎立正朔有三是以遠人惶惑不知所歸也其桀慢如此闓又降於吳吳遙署闓爲永昌太守永昌旣在益州郡之西道路壅塞與蜀隔絕而郡太守改易凱與府丞蜀郡王伉帥厲吏民閉境拒闓闓數移檄永昌稱說云云凱荅檄曰天降喪亂姦雄乘釁天下切齒萬國悲悼臣妾大小莫不思竭筋力肝腦塗地以除國難伏惟將軍世受漢恩以爲當躬聚黨衆率先啓行上以報國家下不負先人書功竹帛遺名千載何期臣僕吳越背本就末乎昔舜勤民事隕于蒼梧書籍嘉之流聲無窮崩于江浦何足可悲文武受命成王乃平先帝龍興海內望風宰臣聰睿自天降康而將軍不覩盛衰之紀成敗之符譬如野火在原蹈履河冰火滅冰泮將何所依附曩者將軍先君雍侯造怨而封竇融知興歸志世祖皆流名後葉世

歌其美今諸葛丞相英才挺出深覩未萌受遺託孤翊贊季興與衆無忌錄功忘瑕將軍若能翻然改圖易跡更步古人不難追鄙土何足宰哉蓋聞楚國不恭齊桓是責夫差僭號晉人不長況臣於非主誰肯歸之邪竊惟古義臣無越境之交是以前後有來無往重承告示發憤忘食故略陳所懷惟將軍察焉凱威恩內著爲郡中所信故能全其節及丞相亮南征討闓旣發在道而闓已爲高定部曲所殺亮至南上表曰永昌郡吏呂凱府丞王伉等執忠絕域十有餘年雍闓高定偪其東北而凱等守義不與交通臣不意永昌風俗敦直乃爾以凱爲雲南太守封陽遷亭侯會爲叛夷所害子祥嗣而王伉亦封亭侯爲永昌太守蜀世譜曰呂祥後爲晉南夷校尉祥子及孫世爲永昌太守李雄破寧州諸呂不肯附舉郡固守王伉等亦守正節

馬忠傳

馬忠字德信巴西閬中人也少養外家姓狐名篤後乃復姓改名忠爲郡吏建安末舉孝廉除漢昌長先主東征敗績猇亭巴西太守閻芝發諸縣兵五千人以補遺闕遣忠送往先主已還

求安見忠與語謂尚書令劉巴曰雖亡黃權復得狐篤此為世不乏賢也建興元年丞相亮開府以忠為門下督三年亮入南拜忠牂牁太守郡丞朱褒反叛亂之後忠撫育䘏理甚有威惠八年召為丞相參軍副長史蔣琬署留府事又領州治中從事明年亮出祁山忠詣亮所經營戎事軍還督將軍張嶷等討汶山郡叛羌十一年南夷豪帥劉冑反擾亂諸郡徵庲降都督張翼還以忠代翼忠遂斬冑平南土加忠監軍奮威將軍封博陽亭侯初建寧郡殺太守正昂縛太守張裔於吳故都督常駐平夷縣至忠乃移治味縣處民夷之閒又越巂郡亦久失土地忠率將太守張嶷開復舊郡由此就加安南將軍進封彭鄉亭侯延熙五年還朝因至漢中見大司馬蔣琬宣傳詔旨加拜鎮南大將軍七年春大將軍費禕北禦魏敵留忠成都平尚書事禕還忠乃歸南十二年卒子脩嗣（脩弟恢恢子義晉建寧太守）忠為人寬濟有度量但詼啁大笑忿怒不形於色然處事能斷威恩並立是以蠻夷畏而愛之及卒莫不自致喪庭流涕盡哀為之立廟祀迄今猶

在張表時名士清望踰忠閻宇宿有功幹於事精勤繼踵在忠後其威風稱績皆不及忠（益部耆舊傳曰張表肅子也華陽國志云表張松子未詳閻宇字文平南郡人也）

王平傳

王平字子均巴西宕渠人也本養外家何氏後復姓王隨杜濩朴胡詣洛陽假校尉從曹公征漢中因降先主拜牙門將裨將軍建興六年屬參軍馬謖先鋒謖舍水上山舉措煩擾平連規諫謖謖不能用大敗於街亭衆盡星散惟平所領千人鳴鼓自持魏將張郃疑其伏兵不往偪也於是平徐徐收合諸營遺迸率將士而還丞相亮既誅馬謖及將軍張休李盛奪將軍黃襲等兵平特見崇顯加拜參軍統五部兼當營事進位討寇將軍封亭侯九年亮圍祁山平別守南圍魏大將軍司馬宣王攻亮張郃攻平平堅守不動郃不能克十二年亮卒於武功軍退還魏延作亂一戰而敗平之功也遷後典軍安漢將軍副車騎將軍吳壹住漢中又領漢中太守十五年進封安漢侯代壹督漢中延熙元年大將軍蔣琬住沔陽平更為前護軍署琬府事六

年琬還住涪拜平前監軍鎮北大將軍統漢中七年春魏大將軍曹爽率步騎十餘萬向漢川前鋒已在駱谷時漢中守兵不滿三萬諸將大驚或曰今力不足以拒敵聽當固守漢樂二城遇賊令入比爾間涪軍足得救關平曰不然漢中去涪垂千里賊若得關便爲禍也今宜先遣劉護軍杜參軍據興勢平爲後拒若賊分向黃金平率千人下自臨之比爾間涪軍行至此計之上也惟護軍劉敏與平意同即便施行涪諸軍及大將軍費禕自成都相繼而至魏軍退還如平本策是時鄧芝在東馬忠在南平在北境咸著名迹平生長戎旅手不能書所識不過十字而口授作書皆有意理使人讀史漢諸紀傳聽之備知其大義往往論說不失其指遵履法度言不戲謔從朝至夕端坐徹日憮無武將之體然性狹侵疑爲人自輕以此爲損焉十一年卒子訓嗣初平同郡漢昌句(句古侯反)扶忠勇寬厚數有戰功功名爵位亞平官至左將軍封宕渠侯(華陽國志曰後張翼廖化並爲大將軍時人語曰前有王句後有張廖)

張嶷傳

張嶷字伯岐巴西郡南充國人也(益部耆舊傳曰嶷出自孤微而少有通壯之節)弱冠爲縣功曹先主定蜀之際山寇攻縣縣長捐家逃亡嶷冒白刃攜負夫人夫人得免由是顯名州召爲從事時郡內士人龔祿姚伷位二千石當世有聲名皆與嶷友善建興五年丞相亮北住漢中廣漢綿竹山賊張慕等鈔盜軍資劫略吏民嶷以都尉將兵討之嶷度其鳥散難以戰禽乃詐與和親克期置酒酒酣嶷身率左右因斬慕等五十餘級渠帥悉殄尋其餘類旬日清泰後得疾病困篤家素貧匱廣漢太守蜀郡何祗名爲通厚嶷宿與疎闊乃自轝詣祗託以治疾祗傾財醫療數年除愈其黨道信義皆此類也拜爲牙門將屬馬忠北討汶山叛羌南平四郡蠻夷輒有籌畫戰克之功(益部耆舊傳曰嶷受兵三百人隨馬忠討叛羌嶷別督數營在先至他里邑所在高峻嶷隨山立上四五里羌於要厄作石門於門上施牀積石於其上過者下石槌擊之無不糜爛嶷度不可得攻乃使譯告曉之曰汝汶山諸種反叛傷害良善天子命將討滅惡類汝等若稽顙過軍資給糧費福祿永隆其報百倍若終不從大兵致誅雷擊電下雖追悔之亦無益也耆帥得命即出詣嶷給糧過軍軍前討餘種餘種聞他里已下悉恐怖失所或迎軍出降或奔竄山谷放兵攻擊軍以克捷後南夷劉冑又反以馬忠爲督庲降討冑嶷復屬焉戰鬬常冠軍首遂斬冑平南事訖牂牁興古獠種復反忠令嶷領諸營往討嶷内招降得二千人悉傳詣漢中)十四年武都氐王苻健請降遣將軍

張尉往迎過期不到大將軍蔣琬深以爲念嶷平之曰待健求附款至必無他變素聞健弟狡黠又夷狄不能同功將有乖離是以稽留耳數日問至健弟果將四百戶就魏獨健來從初越嶲郡自丞相亮討高定之後叟夷數反殺太守龔祿焦璜是後太守不敢之郡只住安定縣去郡八百餘里其郡徒有名而已時論欲復舊郡除嶷爲越嶲太守嶷將所領往之郡誘以恩信蠻夷皆服頗來降附北徼捉馬最驍勁不承節度嶷乃往討生縛其帥魏狼又解縱告喻使招懷餘類表拜狼爲邑侯種落三千餘戶皆安土供職諸種聞之多漸降服嶷以功賜爵關內侯蘇祁邑君冬逢逢弟隗渠等已降復反嶷誅逢逢妻旄牛王女嶷以計原之而渠逃入西徼渠剛猛捷悍爲諸種深所畏憚遣所親二人詐降嶷實取消息嶷覺之許以重賞使爲反間二人遂合謀殺渠渠死諸種皆安又斯都耆帥李求承昔手殺龔祿嶷求募捕得數其宿惡而誅之始嶷以郡郛宇頹壞更築小塢在官三年徙還故郡繕治城郭夷種男女莫不致力定莋臺登

卑水三縣去郡三百餘里舊出鹽鐵及漆而夷徼久自固食嶷率所領奪取署長吏焉嶷之到定莋定莋率豪狼岑槃木王舅甚爲蠻夷所信任忿嶷自侵不自來詣嶷使壯士數十直往收致撻而殺之持尸還種厚加賞賜喻以狼岑之惡且曰無得妄動動即殄矣種類咸面縛謝過嶷殺牛饗宴重申恩信遂獲鹽鐵器用周贍漢嘉郡界旄牛夷種類四千餘戶其率狼路欲爲姑壻冬逢報怨遣叔父離將逢衆相度形勢嶷逆遣親近齎牛酒勞賜又令離姊逆逢妻宣暢意旨離既受賜并見其姊姊弟歡悅悉率所領將詣嶷嶷厚加賞待遣還旄牛由是輒不爲患郡有舊道經旄牛中至成都既平且近自旄牛絕道已百餘年更由安上既險且遠嶷遣左右齎貨幣賜路重令路姑喻意路乃率兄弟妻子悉詣嶷嶷與盟誓開通舊道千里肅清復古亭驛奏封路爲旄牛㽛毗王遣使將路朝貢後主於是加嶷撫戎將軍領郡如故嶷初見費禕爲大將軍恣性汎愛待信新附太過嶷書戒之曰昔岑彭率師來歙杖節咸見害於刺客今明將

張嶷

軍位尊權重宜鑒前事少以爲警後禕果爲魏降人郭脩所害吳太傅諸葛恪以初破魏軍大興兵衆以圖攻取侍中諸葛瞻丞相亮之子恪從弟也嶷與書曰東主初崩帝實幼弱太傅受寄託之重亦何容易親以周公之才猶有管蔡流言之變霍光受任亦有燕蓋上官逆亂之謀賴成昭之明以免斯難耳昔每聞東主殺生賞罰不任下人又今以垂沒之命卒召太傅屬以後事誠實可慮加吳楚剽急乃昔所記而太傅離少主履敵庭恐非良計長筭之術

也雖云東家綱紀肅然上下輯睦百有一失非明者之慮邪取古則今今則古也自非郎君進忠言於太傅誰復有盡言者也旋軍廣農務行德惠數年之中東西並舉實爲不晚願深採察恪竟以此夷族嶷識見多如是類在郡十五年邦域安穆屢乞求還乃徵詣成都夷民戀慕扶轂泣涕過旄牛邑邑君襁負來迎及追尋至蜀郡界其督相率隨嶷朝貢者百餘人嶷至拜盪寇將軍慷慨壯烈士人咸多貴之然放蕩少禮人亦以此譏焉益部耆舊傳曰時車騎將軍夏侯霸謂嶷曰雖與足下疏闊然託心如舊宜明此意嶷答曰僕未知子子未知我大道在彼何云託心乎願三年之後徐陳斯言有識之士以爲美談是歲延熙十七年也魏狄道長李簡密書請降衛將軍姜維率嶷等因簡之資以出隴西益部耆舊傳曰嶷風濕固疾至都寖篤扶杖然後能起李簡請降衆議狐疑而嶷曰必然姜維之出時論以嶷初還股疾不能在行中由是嶷自乞肆力中原致身敵庭臨發辭後主曰臣當值聖明受恩過量加以疾病在身常恐一朝隕沒辜負榮遇天不違願得豫戎事若涼州克定臣爲藩表守將若有未捷殺身以報後主慨然爲之流涕既到狄道簡悉率城中吏民出迎軍軍前與魏將徐質交鋒嶷臨陳隕身然其所殺傷亦過倍既亡封長子瑛西鄉侯次子護雄襲爵南土越巂民夷聞嶷死無不悲泣爲嶷立廟四時水旱輒祀之益部耆舊傳曰余觀張嶷儀皃

辭令不能駭人而其策略足以入筭果烈足以立威爲臣有忠誠之節處類有亮直之風而動必顧典後主深崇之雖古之英士何以遠踰哉蜀世譜曰嶷孫奕晉梁州刺史

評曰黃權弘雅思量李恢公亮志業呂凱守節不回馬忠擾而能毅尚書曰擾而毅鄭玄注曰擾馴也致果曰毅王平忠勇而嚴整張嶷識斷明果咸以所長顯名發迹遇其時也

黃李呂馬王張傳第十三

蜀書　國志四十三

蔣琬費禕姜維傳第十四　蜀書　國志四十四

蔣琬傳

蔣琬字公琰零陵湘鄉人也弱冠與外弟泉陵劉敏俱知名琬以州書佐隨先主入蜀除廣都長先主嘗因游觀奄至廣都見琬衆事不理時又沈醉先主大怒將加罪戮軍師將軍諸葛亮請曰蔣琬社稷之器非百里之才也其爲政以安民爲本不以脩飾爲先願主公重加察之先主雅敬亮乃不加罪倉卒但免官而已琬見推之後夜夢有一牛頭在門前流血滂沲意甚惡之呼問占夢趙直直曰夫見血者事分明也牛角及鼻公字之象君位必當至公大吉之徵也頃之爲什邡令先主爲漢中王琬入爲尚書郎建興元年丞相亮開府辟琬爲東曹掾舉茂才琬固讓劉邕陰化龐延廖淳亮教答曰思惟背親捨德以殄百姓衆人既不隱於心實又使遠近不解其義是以君宜顯其功舉以明此選之清重也遷爲參軍五年亮住漢中琬與長史張裔統留府事八年代裔爲長史加撫軍將軍亮數外出琬常足食足兵以相供給亮每言公琰託

志忠雅當與吾共贊王業者也密表後主曰臣若不幸後事宜以付琬亮卒以琬爲尚書令俄而加行都護假節領益州刺史遷大將軍錄尚書事封安陽亭侯時新喪元帥遠近危悚琬出類拔萃處羣僚之右既無戚容又無喜色神守舉止有如平日由是衆望漸服延熙元年詔琬曰寇難未弭曹叡驕凶遼東三郡苦其暴虐遂相糾結與之離隔叡大興衆役還相攻伐曩秦之亡勝廣首難今有此變斯乃天時君其治嚴摠帥諸軍屯住漢中須吳舉動東西掎角以乘其釁又命琬開府明年就加爲大司馬東曹掾楊戲素性簡略琬與言論時不應答或欲搆戲於琬曰公與戲語而不見應戲之慢上不亦甚乎琬曰人心不同各如其面面從後言古人之所誡也戲欲贊吾是邪則非其本心欲反吾言則顯吾之非是以默然是戲之快也又督農楊敏曾毀琬曰作事憒憒誠非及前人或以白琬主者請推治敏琬曰吾實不如前人無可推也主者重據聽不推則乞問其憒憒之狀琬曰苟其不如則事不當理事不當理則憒憒矣復何

問邪後敏坐事繫獄衆人猶懼其必死琬心無適莫得免重罪其好惡存道皆此類也琬以爲昔諸葛亮數闚秦川道險運艱竟不能克不若乘水東下乃多作舟船欲由漢沔襲魏興上庸會舊疾連動未時得行而衆論咸謂如不克捷還路甚難非長策也於是遣尚書令費褘中監軍姜維等喻指琬承命上疏曰芟穢弭難臣職是掌自臣奉辭漢中已經六年臣既闇弱加嬰疾疢規方無成夙夜憂慘今魏跨帶九州根帶滋蔓平除未易若東西并力首尾掎角雖未能

速得如志且當分裂蠶食先摧其支黨然吳期二三連不克果俯仰惟艱實忘寢食輒與費褘等議以涼州胡塞之要進退有資賊之所惜且羌胡乃心思漢如渴又昔偏軍入羌郭淮破走筭其長短以爲事首宜以姜維爲涼州刺史若維征行銜持河右臣當帥軍爲維鎮繼今涪水陸四通惟急是應若東北有虞赴之不難由是琬遂還住涪疾轉增劇至九年卒謚曰恭子斌嗣爲綏武將軍漢城護軍魏大將軍鍾會至漢城與斌書曰巴蜀賢智文武之士多矣至於足下諸葛思遠譬諸草木吾氣類也桑梓之敬古今所敦西到欲奉瞻尊大君公侯墓當灑埽墳塋奉祠致敬願告其所在斌荅書曰知惟臭味意眷之隆雅託通流未拒來謂也亡考昔遭疾疢亡於涪縣卜云其吉遂安厝之知君西邁乃欲屈駕脩敬墳墓視予猶父顏子之仁也聞命感愴以增情思會得斌書報嘉歎意義及至涪如其書云後主既降鄧艾斌詣會於涪待以交友之禮隨會至成都爲亂兵所殺斌弟顯爲太子僕會亦愛其才學與斌同時死劉敏左護軍揚

威將軍與鎮北大將軍王平俱鎮漢中魏遣大將軍曹爽襲蜀時議者或謂但可守城不出拒敵必自引退敏以爲男女布野農穀棲畝若聽敵入則大事去矣遂帥所領與平據興勢多張旗幟彌亘百餘里會大將軍費褘從成都至魏軍即退敏以功封雲亭侯

費褘傳

費褘字文偉江夏鄳人也鄳音盲少孤依族父伯仁伯仁姑益州牧劉璋之母也璋使迎仁仁將褘遊學入蜀會先主定蜀褘遂留益土與汝南

許叔龍南郡董允齊名時許靖喪子允與禕欲共會其葬所允白父和請車和遣開後鹿車給之允有難載之色禕便從前先上及至喪所諸葛亮及諸貴人悉集車乘甚鮮允猶神色未泰而禕晏然自若持車人還和問之知其如此乃謂允曰吾常疑汝於文偉優劣未別也而今而後吾意了矣先主立太子禕與允俱爲舍人遷庶子後主踐位爲黃門侍郎丞相亮南征還羣寮於數十里逢迎年位多在禕右而亮特命禕同載由是衆人莫不易觀亮以初從南歸以禕爲

昭信校尉使吳孫權性既滑稽嘲啁無方諸葛恪羊衜等才博果辯論難鋒至禕辭順義篤據理以荅終不能屈禕別傳曰孫權每別酌好酒以飲禕視其已醉然後問以國事幷論當世之務辭難累至禕輒辭以醉退而撰次所問事事條荅無所遺失權甚器之謂禕曰君天下淑德必當股肱蜀朝恐不能數來也禕別傳曰權乃以手中常所執寶刀贈之禕荅曰臣以不才何以堪明命然刀所以討不庭禁暴亂者也但願大王勉建功業同獎漢室臣雖闇弱終不負東顧還遷爲侍中亮北住漢中請禕爲參軍以奉使稱旨頻煩至吳建興八年轉爲中護軍後又爲司馬值軍師魏延與長史楊儀相憎惡每至並坐爭論延或舉刃擬儀儀泣涕橫

集禕常入其坐間諫喻分別終亮之世各盡延儀之用者禕匡救之力也亮卒禕爲後軍師頃之代蔣琬爲尚書令禕別傳曰于時戰國多事公務煩猥禕識悟過人每省讀書記舉目暫視已究其意旨其速數倍於人終亦不忘常以朝晡聽事其閒接納賓客飲食嬉戲加之博弈每盡人之歡事亦不廢董允代禕爲尚書令欲數禕之所行旬日之中事多愆滯允乃歎曰人才力相縣若此甚遠此非吾之所及也聽事終日猶有不暇爾琬自漢中還涪禕遷大將軍錄尚書事延熙七年魏軍次于興勢假禕節率衆往禦之光祿大夫來敏至禕許別求共圍棊于時羽檄交馳人馬擐甲嚴駕已訖禕與敏留意對戲色無厭倦敏曰向聊觀試君耳君信可人必能辦

賊者也禕至敵遂退封成鄉侯殷基通語曰司馬懿誅曹爽禕設甲乙論平其是非甲以爲曹爽兄弟凡品庸人苟以宗子枝屬得蒙顧命之任而驕奢僭逸交非其人私樹朋黨謀以亂國懿奮誅討一朝殄盡此所以稱其任副士民之望也乙以爲懿感曹仲付已不一豈爽與相干事勢不專以此陰成疵瑕初無忠告侃爾之訓一朝屠戮讒其不意豈大人經國篤本之事乎若爽信有謀主之心大逆已構而發兵之日更以芳委爽兄弟懿父子從後閉門舉兵蹙而向芳必無悉寧忠臣爲君深慮之謂乎以此推之爽無大惡明矣若懿以爽奢僭廢之刑之可也滅其尺口被以不義絕子丹血食及何晏子魏之親甥亦與同戮爲僣濫不當矣琬固讓州職禕復領益州刺史禕當國功名略與琬比禕別傳曰禕雅性謙素家不積財兒子皆令布衣素食出入不從車騎無異凡人十一年出住漢中自琬及禕雖自身在外慶賞威刑皆遙先諮斷然後乃行其推任如此後十四年夏還成

郡成都望氣者云都邑無宰相位故冬復北屯漢壽延熙十五年命禕開府十六年歲首大會魏降人郭循在坐禕歡飲沈醉爲循手刃所害謚曰敬侯子承嗣爲黃門侍郎承弟恭尚公主（禕別傳曰恭爲尚書郎顯名當世早卒）禕長女配太子璿爲妃

姜維傳

姜維字伯約天水冀人也少孤與母居好鄭氏學（傅子曰維爲人好立功名陰養死士不脩布衣之業）仕郡上計掾州辟爲從事以父囧昔爲郡功曹值羌戎叛亂身衛郡將沒於戰場賜維官中郎參本郡軍事建興六年丞相諸葛亮軍向祁山時天水太守適出案行維及功曹梁緒主簿尹賞主記梁虔等從行太守聞蜀軍垂至而諸縣響應疑維等皆有異心於是夜亡保上邽維等覺太守去追遲至城門城門已閉不納維等相率還冀冀亦不入維維等乃俱詣諸葛亮會馬謖敗於街亭亮拔將西縣千餘家及維等還故維遂與母相失（魏略曰天水太守馬遵將維及諸官屬隨雍州刺史郭淮偶自西至洛門案行會聞亮已到祁山淮顧遵曰是欲不善遂驅東還上邽遵念所治冀縣界在西偏又恐吏民樂亂遂亦隨淮去時維謂遵曰明府當還冀遵謂維等曰卿諸人回復信皆賊也各自行維亦無如遵何而家在冀遂與郡吏上官子脩等還冀冀中吏民見維等大喜便推令見亮二人不獲已乃共詣亮亮見大悅未及遣迎冀中人會亮前鋒爲張郃費繇等所破遂將維等卻縮維不得還遂入蜀諸軍攻冀皆得維母妻子亦以維本無去意故不殺其家但繫保官以延之此語與本傳不同）亮辟維爲倉曹掾加奉義將軍封當陽亭侯時年二十七亮與留府長史張裔參軍蔣琬書曰姜伯約忠勤時事思慮精密考其所有永南季常諸人不如也其人涼州上士也又曰須先教中虎步兵五六千人姜伯約甚敏於軍事既有膽義深解兵意此人心存漢室而才兼於人畢教軍事當遣詣宮覲見主上（孫盛雜記曰初姜維詣亮與母相失復得母書令求當歸維曰良田百頃不在一畝但有遠志不在當歸也）後遷中監軍征西將軍十二年亮卒維還成都爲右監軍輔漢將軍統諸軍進封平襄侯延熙元年隨大將軍蔣琬住漢中琬既遷大司馬以維爲司馬數率偏軍西入六年遷鎮西大將軍領涼州刺史十年遷衛將軍與大將軍費禕共錄尚書事是歲汶山平康夷反維率衆討定之又出隴西南安金城界與魏大將軍郭淮夏侯霸等戰於洮西胡王治無戴等舉部落降維將還安處之十二年假維節復出西平不克而還維自以練西方風俗兼負其才武欲誘諸羌胡以爲羽翼謂自隴以西可斷而有也每欲興軍大

舉費禕常裁制不從與其兵不過萬人漢晉春秋曰費禕謂維曰吾等不如丞相亦已遠矣丞相猶不能定中夏況吾等乎且不如保國治民敬守社稷如其功業以俟能者無以爲希冀徼倖而決成敗於一舉若不如志悔之無及十六年春禕卒夏維率將數萬人出石營經董亭圍南安魏雍州刺史陳泰解圍至洛門維糧盡退還明年加督中外軍事復出隴西守狄道長李簡舉城降進圍襄武與魏將徐質交鋒斬首破敵魏軍敗退維乘勝多所降下拔河關狄道臨洮三縣民還後十八年復與車騎將軍夏侯霸等俱出狄道大破魏雍州刺史王經於洮西經衆死者數萬人經退

保狄道城維圍之魏征西將軍陳泰進兵解圍維卻住鍾題十九年春就遷維爲大將軍更整勒戎馬與鎮西大將軍胡濟期會上邽濟失誓不至故維爲魏大將鄧艾所破於段谷星散流離死者甚衆衆庶由是怨讟而隴已西亦騷動不寧維謝過引負求自貶削爲後將軍行大將軍事二十年魏征東大將軍諸葛誕反於淮南分關中兵東下維欲乘虛向秦川復率數萬人出駱谷徑至沈嶺時長城積穀甚多而守兵乃少聞維方到衆皆惶懼魏大將軍司馬望拒之

鄧艾亦自隴右皆軍于長城維前住芒水皆倚山爲營望艾傍渭堅圍維數下挑戰望艾不應景耀元年維聞誕破敗乃還成都復拜大將軍初先主留魏延鎮漢中皆實兵諸圍以禦外敵敵若來攻使不得入及興勢之役王平捍拒曹爽皆承此制維建議以爲錯守諸圍雖合周易重門之義然適可禦敵不獲大利不若使聞敵至諸圍皆斂兵聚穀退就漢樂二城使敵不得入平且重關鎮守以捍之有事之日令游軍並進以伺其虛敵攻關不克野無散穀千里縣糧

自然疲乏引退之日然後諸城並出與游軍并力搏之此殄敵之術也於是令督漢中胡濟卻住漢壽監軍王含守樂城護軍蔣斌守漢城又於西安建威武衛石門武城建昌臨遠皆立圍守五年維率衆出漢侯和爲鄧艾所破還住沓中維本羇旅託國累年攻戰功績不立而宦臣黃皓等弄權於內右大將軍閻宇與皓協比而皓陰欲廢維樹宇維亦疑之故自危懼不復還成都華陽國志曰維惡黃皓恣擅啓後主欲殺之後主曰皓趨走小臣耳往董允切齒吾常恨之君何足介意維見皓枝附葉連懼於失言遜辭而出後主勑皓詣維陳謝維說皓求沓中種麥以避內逼耳六年維表

後主聞鍾會治兵關中欲規進取宜並遣張翼廖化督諸軍分護陽安關口陰平橋頭以防未然晧徵信鬼巫謂敵終不自致啓後主寢其事而羣臣不知及鍾會將向駱谷鄧艾將入沓中然後乃遣右車騎廖化詣沓中爲維援左車騎張翼輔國大將軍董厥等詣陽安關口以爲諸圍外助比至陰平聞魏將諸葛緒向建威故住待之月餘維爲鄧艾所摧還住陰平鍾會攻圍漢樂二城遣別將進攻關口蔣舒開城出降傅僉格鬭而死漢晉春秋曰蔣舒將出降乃詭謂傅僉曰今賊至不擊而閉城自守非良圖也僉曰受命保城惟全爲功今違命出戰若喪師負國死無益矣舒曰子以保城獲全爲功我以出戰克敵爲功請各行其志遂率衆出僉謂其戰也至陰平以降胡烈烈乘虛襲城僉格鬭而死魏人義之　蜀記曰蔣舒爲武興督在事無稱蜀令人代之因留舒助漢中守舒恨故開城出降會攻樂城不能克聞關口已下長驅而前翼厥甫至漢壽維化亦舍陰平而退適與翼厥合皆還保劍閣以拒會會與維書曰公侯以文武之德懷邁世之略功濟巴漢聲暢華夏遠近莫不歸名每惟疇昔嘗同大化吳札鄭喬能喻斯好維不荅書列營守險會不能克糧運縣遠將議還歸而鄧艾自陰平由景谷道傍入遂破諸葛瞻於緜竹後主請降於艾艾前據

成都維等初聞瞻破或聞後主欲固守成都或聞欲南入建寧於是引軍由廣漢郪道以審虛實尋被後主敕令乃投戈放甲詣會於涪軍前將士咸怒拔刀斫石干寶晉記云會謂維曰來何遲也維正色流涕曰今日見此爲速矣會甚奇之會厚待維等皆權還其印號節蓋會與維出則同轝坐則同席謂長史杜預曰以伯約比中土名士公休太初不能勝也世語曰時蜀官屬皆天下英俊無出維右會既搆鄧艾艾檻車徵因將維等詣成都自稱益州牧以叛漢晉春秋曰會陰懷異圖維見而知其心謂可構成擾亂以圖克復也乃詭說會曰聞君自淮南已來算無遺策晉道克昌皆君之力今復定蜀威德振世民高其功主畏其謀欲以此安歸乎夫韓信不背漢於擾攘以見疑於既平大夫種不從范蠡於五湖卒伏劍而妄死彼豈闇主愚臣哉利害使之然也今君大功既立大德已著何不法陶朱公泛舟絕迹全功保身登峨嵋之嶺而從赤松游乎會曰君言遠矣我不能行且爲今之道或未盡於此也維曰其佗則君智力之所能無煩於老夫矣由是情好歡甚　華陽國志曰維教會誅北來諸將既死徐欲殺會盡坑魏兵還復蜀祚密書與後主曰願陛下忍數日之辱臣欲使社稷危而復安日月幽而復明　孫盛晉陽秋曰盛以永和初從安西將軍平蜀見諸故老及姜維既降之後密與劉禪表疏說欲僞服事鍾會因殺之以復蜀土會事不捷遂至泯滅蜀人于今傷之盛以爲古人云非所困而困焉名必辱非所據而據焉身必危既辱且危死其將至其姜維之謂乎鄧艾之入江由士衆鮮少維進不能奮節緜竹之下退不能總帥五將擁衛蜀主思後圖之計而乃反覆於逆順之間希違情於難冀之會以衰弱之國而屢觀兵於三秦已滅之邦冀理外之奇舉不亦闇哉　臣松之以爲盛之譏維又爲不當于時鍾會大衆既造劍閣維與諸將列營守險會不得進已議還計全蜀之功幾乎立矣但鄧艾詭道傍入出於其後諸葛瞻既敗成都自潰維若回軍救內則會乘其背當時之勢焉得兩濟而責維不能奮節緜竹擁衛蜀主非其理也會欲

盡坑魏將以興大事授維重兵使為前驅若令魏將皆死兵事在維手殺會復蜀不為難矣夫功成理外然後為奇不可以事有差牙而抑謂不然設使田單之計邂逅不會復可謂之愚闇哉欲授維兵五萬人使為前驅魏將士憤發殺會及維維妻子皆伏誅世語曰維死時見剖膽如斗大郤正著論論維曰姜伯約據上將之重處羣臣之右宅舍弊薄資財無餘側室無妾媵之褻後庭無聲樂之娛衣服取供輿馬取備飲食節制不奢不約官給費用隨手消盡察其所以然者非以激貪厲濁抑情自割也直謂如是為足不在多求凡人之談常譽成毀敗扶高抑下咸以姜維投厝無所身死宗滅以是貶削不復料擿異乎春秋褒貶之義矣如姜維之樂學不倦清素節約自一時之儀表也孫盛曰異哉郤氏之論也夫士雖百行操業萬殊至於忠孝義節百行之冠冕也姜維策名魏室而外奔蜀朝違君徇利不可謂忠捐親苟免不可謂孝害加舊邦不可謂義敗不死難不可謂節且德政未敷而疲民以逞居禦侮之任而致敵喪守於夫智勇莫可云也凡斯六者維無一焉實有魏之逋臣亡國之亂相而云人之儀表亦惑矣縱維好書而微自藻潔豈異夫盜者分財之義而程鄭降階之善也　臣松之以為郤正此論取其可稱不謂維始終行事皆可準則也所云一時儀表止在好學與儉素耳本傳及魏略皆云維本無叛心以急逼歸蜀盛相譏貶惟可責其背母餘既過苦又非所以難郤正也維昔所俱至蜀梁緒官至大鴻臚尹賞執金吾梁虔大長秋皆先蜀亡歿

評曰蔣琬方整有威重費禕寬濟而博愛咸承

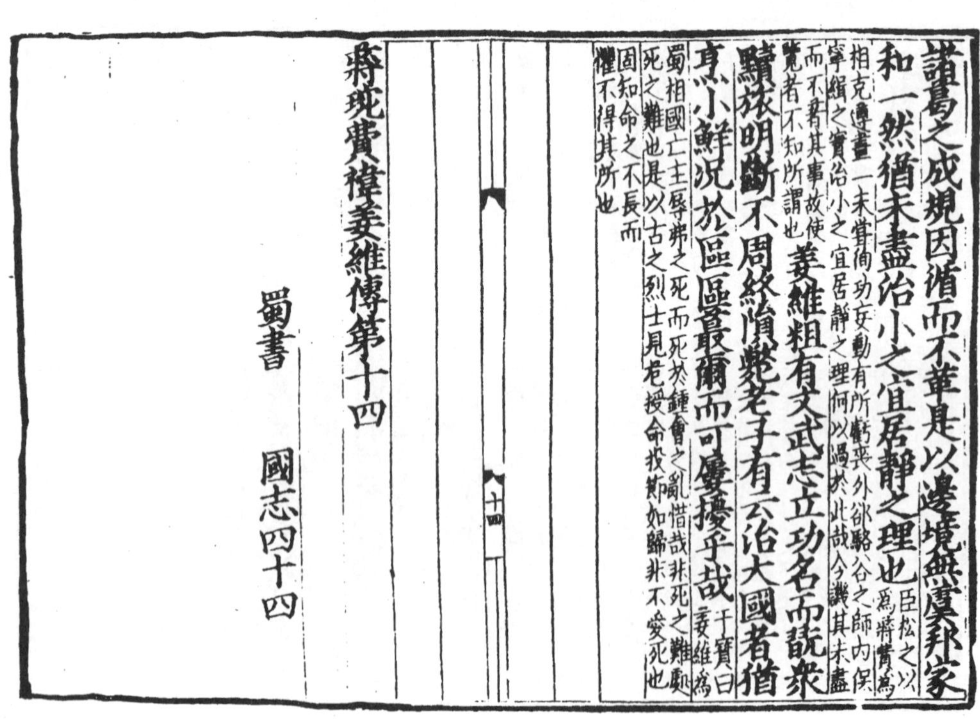

諸葛之成規因循而不革是以邊境無虞邦家和一然猶未盡治小之宜居靜之理也臣松之以為蔣費為相克遵畫一未嘗徇功妄動有所虧喪外卻駱谷之師內保寧緝之實治小之宜居靜之理何以過於此哉今譏其未盡而不著其事故使覽者不知所謂也姜維粗有文武志立功名而翫眾黷旅明斷不周終致隕斃老子有云治大國者猶烹小鮮況於區區蕞爾而可屢擾乎哉干寶曰姜維為蜀相國亡主辱弗之死而死於鍾會之亂惜哉非死之難處死之難也是以古之烈士見危授命投節如歸非不愛死也固知命之不長而懼不得其所也

蔣琬費禕姜維傳第十四

蜀書　國志四十四

鄧張宗楊傳第十五　蜀書　國志四十五

鄧芝傳

鄧芝字伯苗義陽新野人漢司徒禹之後也漢末入蜀未見知待時益州從事張裕善相芝往從之裕謂芝曰君年過七十位至大將軍封侯芝聞巴西太守龐羲好士往依焉先主定益州芝爲郫邸閣督先主出至郫與語大奇之擢爲郫令遷廣漢太守所在清嚴有治績入爲尚書先主薨於永安先是吳王孫權請和先主累遣宋瑋費禕等相與報答丞相諸葛亮深慮權聞先主殂隕恐有異計未知所如芝見亮曰今主上幼弱初在位宜遣大使重申吳好亮答之曰吾思之久矣未得其人耳今日始得之芝問其人爲誰亮曰即使君也乃遣芝脩好於權權果狐疑不時見芝芝乃自表請見權曰臣今來亦欲爲吳非但爲蜀也權乃見之語芝曰孤誠願與蜀和親然恐蜀主幼弱國小勢偪爲魏所乘不自保全以此猶豫耳芝對曰吳蜀二國四州之地大王命世之英諸葛亮亦一時之傑也蜀有重險之固吳有三江之阻合此二長共爲脣齒進可并兼天下退可鼎足而立此理之自然也大王今若委質於魏魏必上望大王之入朝下求太子之內侍若不從命則奉辭伐叛蜀必順流見可而進如此江南之地非復大王之有也權默然良久曰君言是也遂自絕魏與蜀連和遣張溫報聘於蜀蜀復令芝重往權謂芝曰若天下太平二主分治不亦樂乎芝對曰夫天無二日土無二王如并魏之後大王未深識天命者也君各茂其德臣各盡其忠將提枹鼓則戰爭方始耳權大笑曰君之誠款乃當爾邪權與亮書曰丁厷掞張（掞音夷念反或作豔臣松之案漢書禮樂志曰長離前掞光耀明左思蜀都賦摛藻掞天庭孫權蓋謂丁厷之言多浮豔也）陰化不盡和合二國唯有鄧芝及亮北住漢中以芝爲中監軍揚武將軍亮卒遷前軍師前將軍領兗州刺史封陽武亭侯頃之爲督江州權數與芝相聞饋遺優渥延熙六年就遷爲車騎將軍後假節十一年涪陵國人殺都尉反叛芝率軍征討即梟其渠帥百姓安堵（華陽國志曰芝征涪陵見玄猿緣山芝性好弩手自射猿中之猿拔其箭卷木葉塞其創芝曰嘻吾違物之性其將死矣　一曰芝見猿抱子在樹上引弩射之中猿母其子爲拔箭以木葉塞創芝乃歎息投弩水中自知當死）十四年卒芝爲大將軍二十餘年賞罰明斷

善䘏卒伍身之衣食資仰於官不苟素儉然終不治私產妻子不免饑寒死之日家無餘財性剛簡不飾意氣不得士類之和於時人少所敬貴唯器異姜維云子良襲爵景耀中為尚書左選郎晉朝廣漢太守

張翼傳

張翼字伯恭犍為武陽人也高祖父司空浩曾祖父廣陵太守綱皆有名迹益部耆舊傳曰浩字叔明治律春秋遊學京師與廣漢鐔粲漢中李郃蜀郡張霸共結為友善大將軍鄧騭辟浩稍遷尚書僕射出為彭城相薦隱士閭丘遵等徵拜廷尉延光三年安帝議廢太子唯浩與太常桓焉太僕來歷議以為不可順帝初立拜浩司空年八十三卒續漢書曰綱

字文紀少以三公子經明行脩舉孝廉不就司徒辟以高第為侍御史漢安元年拜光祿大夫與侍中杜喬等八人同日受詔持節分出案行天下貪廉墨綬有罪便收刺史二千石以驛表聞威惠清忠名振郡國號曰八儁是時大將軍梁冀侵擾百姓喬等七人皆奉命四出唯綱獨埋車輪於洛陽都亭不去曰豺狼當路安問狐狸遂上書曰大將軍梁冀河南尹不疑蒙外戚之援荷國厚恩以芻蕘之姿安居阿保不能敷揚五教翼贊日月而專為封豕長蛇肆其貪饕甘心好貨縱恣無厭多樹諂諛以害忠良誠天威所不赦大辟所宜加也謹條其無君之心十五事於左皆忠臣之所切齒也書奏御京師震悚時冀妹為皇后內寵方盛冀兄弟權重於人主順帝雖知綱言不誣然無心治冀冀深恨綱會廣陵賊張嬰等衆數萬人殺刺史二千石冀欲陷綱乃諷尚書以綱為廣陵太守若不為嬰所殺則欲以法中之前太守往輒多請兵及綱受拜詔問當得兵馬幾何綱對曰無用兵馬遂單車之官徑詣嬰壘門示以禍福嬰大驚懼走欲閉門綱又於門外罷遣吏兵留所親者十餘人以書語其長老素為嬰所信者請與相見問以本變因示以詔恩使還請嬰嬰見綱意誠即出見綱綱延置上坐問所疾苦禮畢乃謂之曰前後二千石多非其人杜塞國恩肆其私求鄉郡遠天子不能朝夕聞也故民人相聚以避害二千石信有罪矣為之者乃非義也忠臣不欺君以自榮孝子不損父以求福天子聖人欲文德以來之故使太守來思以爵祿相榮不願以刑也今誠轉禍為福之時也若聞義不服天子赫然發怒大兵雲合豈不危乎宜深計其利害嬰聞泣曰荒裔愚人數為二千石所侵枉不堪其困故遂相聚偷生明府仁及草木乃嬰等更生之澤但恐投兵之日不免孥戮耳綱曰豈其然乎要之以天地誓之以日月方當相顯以爵位何禍之有乎嬰曰苟赦其罪得全首領以就農畝則抱戴沒齒爵祿非所望也嬰雖為大賊起於狂暴自以為必死及得綱言曠然開明乃辭還營明日遂將所部萬餘人與妻子面縛詣綱降綱悉釋縛慰納謂嬰曰卿諸人一旦解散方垂盪然當條名上之必受封賞嬰曰乞歸故業不願以穢名汙明時也綱以其至誠乃各從其意親為安處居宅子弟欲為吏者隨才任職欲為民者勸以農桑田業並豐南州晏然論功綱當封為冀所遏絕故不得侯天子美其功徵欲用之嬰等上書乞留在郡二歲建康元年病卒官時年三十六嬰等三百餘人皆衰杖送綱喪至犍陽葬訖為起冢立祠四時奉祭思慕如喪考妣天子追念不已下詔褒揚除一子為郎

先主定益州領牧翼為書佐建安末舉

孝廉為江陽長徙涪陵令遷梓潼太守累遷至廣漢蜀郡太守建興九年為庲降都督綏南中郎將翼性持法嚴不得殊俗之歡心耆率劉冑背叛作亂翼舉兵討冑冑未破會被徵當還羣下咸以為宜便馳騎即罪翼曰不然吾以蠻夷蠢動不稱職故還耳然代人未至吾方臨戰場當運糧積穀為滅賊之資豈可以黜退之故而廢公家之務乎於是統攝不懈代到乃發馬忠因其成基以破殄冑丞相亮聞而善之亮出武功以翼為前軍都督領扶風太守亮卒拜前領

軍追論討劉胄功賜爵關內侯延熙元年入為尚書稍遷督建威假節進封都亭侯征西大將軍十八年與衛將軍姜維俱還成都維議復出軍唯翼廷爭以為國小民勞不宜黷武維不聽將翼等行進翼位鎮南大將軍維至狄道大破魏雍州刺史王經經眾死於洮水者以萬計翼曰可止矣不宜復進進或毀此大功維大怒曰為蛇畫足維竟圍經於狄道城不能克自翼建異論維心與翼不善然常牽率同行翼亦不得已而往景耀二年遷左車騎將軍領冀州刺史六年與維咸在劍閣共詣降鍾會于涪明年正月隨會至成都為亂兵所殺華陽國志曰翼子微篤志好學官至廣漢太守

宗預傳

宗預字德豔南陽安眾人也建安中隨張飛入蜀建興初丞相亮以為主簿遷參軍右中郎將及亮卒吳慮魏或承衰取蜀增巴丘守兵萬人一欲以為救援二欲以事分割也蜀聞之亦益永安之守以防非常預將命使吳孫權問預曰東之與西譬猶一家而聞西更增白帝之守何也預對曰臣以為東益巴丘之戍西增白帝之守皆事勢宜然俱不足以相問也權大笑嘉其抗盡甚愛待之見敬亞於鄧芝費禕遷為侍中徙尚書延熙十年為屯騎校尉時車騎將軍鄧芝自江州還來朝謂預曰禮六十不服戎而卿甫受兵何也預答曰卿七十不還兵我六十何為不受邪臣松之以為芝以年啁預是不自顧然預之此答觸人所能載之記牒近為煩文芝性驕傲自大將軍費禕等皆避下之而預獨不為屈預復東聘吳孫權捉預手涕泣而別曰君每銜命結二國之好今君年長孤亦衰老恐不復相見遺預大珠一斛吳歷曰預臨別謂孫權曰蜀土僻小雖云鄰國東西相賴吳不可無蜀蜀不可無吳君臣憑恃唯陛下重垂神慮又自說年老多病恐不復得奉聖顏孫盛曰夫帝王之保唯道與義道義既建雖小可大殷周是也苟任詐力雖彊必敗秦項是也況乎居偏鄙之城恃山水之固而欲連橫萬里永相資賴哉昔九國建合從之計而秦人卒併六合囂述營輔車之謀而光武終兼隴蜀夫以九國之彊隴漢之大莫能相救坐觀屠覆何者道德之基不固而彊弱之心難一故也而云吳不可無蜀蜀不可無吳豈不諂哉乃還遷後將軍督永安就拜征西大將軍賜爵關內侯景耀元年以疾徵還成都後為鎮軍大將軍領兗州刺史時都護諸葛瞻初統朝事廖化過預欲與預共詣瞻許預曰吾等年踰七十所竊已過但少一死耳何求於年少輩而屑屑造門邪遂不往廖化字元儉本名淳襄陽人也為前將

軍關羽主簿羽敗屬吳思歸先主乃詐死時人謂爲信然因携持老母晝夜西行會先主東征遇於秭歸先主大悅以化爲宜都太守先主薨爲丞相參軍後爲督廣武稍遷至右車騎將軍假節領幷州刺史封中鄉侯以果烈稱官位與張翼齊而在宗預之右漢晉春秋曰景耀五年姜維率衆出狄道廖化曰兵不戢必自焚伯約之謂也智不出敵而力少於寇用之無厭將何以能立詩云不自我先不自我後今日之事也咸熙元年春化預俱内徙洛陽道病卒

楊戲傳

楊戲字文然犍爲武陽人也少與巴西程祁公

弘巴郡楊汰季儒蜀郡張表伯達並知名戲每推祁以爲冠首丞相亮深識之戲年二十餘從州書佐爲督軍從事職典刑獄論法決疑號爲平當府辟爲屬主簿亮卒爲尚書右選部郎刺史蔣琬請爲治中從事史琬以大將軍開府又辟爲東曹掾遷南中郎參軍副貳庲降都督領建寧太守以疾徵還成都拜護軍監軍出領梓潼太守入爲射聲校尉所在清約不煩延熙二十年隨大將軍姜維出軍至芒水戲素心不服維酒後言笑每有傲弄之辭維外寬内忌意不

能堪軍還有司承旨奏戲免爲庶人後景耀四年卒戲性雖簡惰省略未嘗以甘言加人過情接物書符指事希有盈紙然篤於舊故居誠存厚與巴西韓儼黎韜童幼相親厚後儼痼疾廢頓韜無行見捐戲經紀振卹恩好如初又時人謂譙周無當世才少歸敬者唯戲重之常稱曰吾等後世終自不如此長兒也有識以此貴戲張表有威儀風觀始名位與戲齊後至尚書督庲降後將軍先戲沒祁汰各早死戲同縣後進有李密者字令伯華陽國志曰密祖父光朱提太守父早亡母何氏更適人密見養於祖母治春秋左氏傳博覽多所通涉機警辯捷事祖

母以孝聞其侍疾則泣涕側息日夜不解帶膳飲湯藥必自口嘗本郡禮命不應州辟從事尚書郎大將軍主簿太子洗馬奉使聘吳吳主問蜀馬多少對曰官用有餘人間自足吳主與羣臣汎論道義謂寧爲人弟密曰願爲人兄矣吳主曰何以爲兄密曰爲兄供養之日長吳主及羣臣皆稱善蜀平後征西將軍鄧艾聞其名請爲主簿及書招欲與相見皆不往以祖母年老心在色養晉武帝立太子徵爲太子洗馬詔書累下郡縣偪遣於是密上疏曰臣以險釁夙遭閔凶生孩六月慈父見背行年四歲舅奪母志祖母劉愍臣孤弱躬見撫養臣少多疾病九歲不行零丁孤苦至於成立既無伯叔終鮮兄弟門衰祚薄晚有兒息外無朞功彊近之親内無應門五尺之童煢煢孑立形影相弔而劉早嬰疾病常在牀蓐臣侍湯藥未曾廢離逮奉聖朝沐浴清化前太守臣逵察臣孝廉後刺史臣榮舉臣秀才臣以供養無主辭不赴命詔書特下拜臣郎中尋蒙國恩除臣洗馬猥以微賤當侍東宮非臣隕首所能上報臣具表聞辭不就職詔書切峻責臣逋慢郡縣偪迫催臣上道州司臨門急於星火臣欲奉詔奔馳則劉病日篤苟順私情則告訴不許臣之進退實爲狼狽伏惟聖朝以孝治天下凡在故老猶蒙矜愍況臣孤苦特爲尤甚且臣少仕僞朝歷職郎署本圖宦達不矜名節今臣亡國賤

俘至微至陋猥蒙拔擢寵命優渥豈敢盤桓有所希冀但以劉日薄西山氣息奄奄人命危淺朝不慮夕臣無祖母無以至今日祖母無臣亦無以終餘年母孫二人更相爲命是以區區不敢廢遠臣今年四十有四祖母劉今年九十有六是臣盡節於陛下之日長報養劉之日短也烏鳥私情願乞終養臣之辛苦非徒蜀之人士及二州牧伯所見明知皇天后土實所共鑒願陛下矜愍愚誠聽臣微志庶劉僥倖保卒餘年臣生當隕首死當結草臣不勝犬馬怖懼之情武帝覽表曰密不空有名也嘉其誠款賜奴婢二人下郡縣供養其祖母奉膳及祖母卒服終從尚書郎爲河內溫縣令政化嚴明中山諸王每過溫縣必責求供給溫吏民患之及密至中山王過縣欲求芻茭薪蒸密牋引高祖過沛賓禮老幼桑梓之供一無煩擾伏惟明王孝思惟則動識先戒本國望風式歌且舞誅求之碎所未聞命自後諸王過不敢有煩隴西王司馬子舒深敬友密而貴勢之家憚其公直密去官爲州大中正性方直不曲意勢位後失荀勗張華指左遷漢中太守諸王多以爲冤一年去官年六十四卒著述理論十篇安東將軍胡熊與皇甫士安並善之

戲以延熙四年著季漢輔臣贊其所頌述今多載于蜀書是以記之於左自此之後卒者則不追謚故或有應見稱紀而不在乎篇者也其戲之所贊而今不作傳者余皆注疏本末於其辭下可以觕知其髣髴云爾昔文王歌德武王歌興夫命世之主樹身行道非唯一時亦由開基植緒光于來世者也自我中漢之末王綱棄柄雄豪並起役殷難結生人塗地於是世主感而慮之初自燕代則仁聲洽著行自齊魯則英風播流寄業荊郢則臣主歸心顧援吳越則賢愚賴風奮威巴蜀則萬里肅震厲師庸漢則元寇斂迹故能承

高祖之始兆復皇漢之宗祀也然而姦凶懟險天征未加猶孟津之翔師復須戰於鳴條也天祿有終奄忽不豫雖攝歸一統萬國合從者當時儁乂扶攜翼戴明德之所懷致也蓋濟濟有可觀焉遂乃並述休風動于後聽其辭曰

皇帝遺植爰滋八方別自中山靈精是鍾順期挺生傑起龍驤始于燕代伯豫君荊吳越憑賴望風請盟挾巴跨蜀庸漢以并乾坤復秩宗祀惟寧蹈基履迹播德芳聲華夏思美西伯其音開慶來世歷載攸興

贊昭烈皇帝

忠武英高獻策江濱攀吳連蜀權我世真受遺阿衡整武齊文敷陳德教理物移風賢愚競心僉忘其身誕靜邦內四裔以綏屢臨敵庭實耀其威研精大國恨於未夷

贊諸葛丞相

司徒清風是咨是臧識愛人倫孔音鏘鏘

贊許司徒

關張赳赳出身匡世扶翼攜上雄壯虎烈藩屏左右翻飛電發濟于艱難贊主洪業侔迹韓耿

齊贊襲德，交待無禮，竝致姦慝，悼惟輕慮，隕身匡國。

贊關雲長、張益德

驍騎奮起，連橫合從，首事三秦，保據河潼，宗計於朝，或異或同，敵以乘釁，家破軍亡，乖道反德，託鳳攀龍。

贊馬孟起

翼侯良謀，料世興衰，委質于主，是訓是諮，暫思經算，覩事知機。

贊法孝直

軍師美至，雅氣曄曄，致命明主，忠情發臆，惟此義宗，亡身報德。

贊龐士元

將軍敦壯，摧鋒登難，立功立事，于時之幹。

贊黃漢升

掌軍清節，亢然恒常，讜言惟司，民思其綱。

贊董幼宰

安遠彊志，允休允烈，輕財果壯，當難不惑，以少禦多，殊方保業。

贊鄧孔山　孔山名方，南郡人也。以荊州從事隨先主入蜀。蜀既定，為犍為屬國都尉，因易郡名，為朱提太守，選為安遠將軍、庲降都督，住南昌縣。章武二年卒。失其行事，故不為傳。

揚威才幹，欷歔文武，當官理任，衎衎辯舉，圖殖財施，有義有叙。

贊費賓伯　賓伯名觀，江夏鄳人也。劉璋母觀之族姑，璋又以女妻觀。觀建安十八年參李嚴軍，拒先主於緜竹，與嚴俱降，先主既定益州，拜為裨將軍，後為巴郡太守、江州都督，建興元年封都亭侯，加振威將軍。觀為人善於交接。都護李嚴性自矜高，護軍輔匡等年位與嚴相次，而嚴不與親褻；觀年少嚴二十餘歲，而與嚴通狎如時輩云。年三十七卒。失其行事，故不為傳。

屯騎主舊，固節不移，既就初命，盡心世規，軍資所恃，是辨是裨。

贊王文儀

尚書清尚，勑行整身，抗志存義，味覽典文，倚其高風，好侔古人。

贊劉子初

安漢雍容，或婚或賓，見禮當時，是謂循臣。

贊麋子仲

少府修慎　王元泰名謀，漢嘉人也。有容止操行。劉璋時，為巴郡太守，還為州治中從事。先主定益州，領牧，以為別駕。先主為漢中王，用荊楚宿士零陵賴恭為太常，南陽黃柱為光祿勳，謀為少府；建興初，賜爵關內侯，後代賴恭為太常。恭、柱、謀皆失其行事，故不為傳。恭子厷，為丞相西曹令史，隨諸葛亮於漢中，早夭，亮甚惜之，與留府長史參軍張裔、蔣琬書曰：「令史失賴厷，掾屬喪楊顒，為朝中損益多矣。」顒亦荊州人也。後大將軍蔣琬問張休曰：「漢嘉前輩有王元泰，今誰繼者？」休對曰：「至於元泰，州里無繼，況鄙郡乎！」其見重如此。襄陽記曰：楊顒字子昭，楊儀宗人也。入蜀，為巴郡太守丞相諸葛亮主簿楊顒直入諫曰為治有體上下不可相侵請為明公以作家譬之今有人使奴執耕稼婢典炊爨雞主司晨犬主吠盜牛負重載馬涉遠路私業無曠所求皆足雍容高枕飲食而已忽一旦盡欲以身親其役不復付任勞其體力為此碎務形疲神困終無一成豈其智之不如奴婢雞狗哉失為家主之法也是故古人稱坐而論道謂之王公作而行之謂之士大夫故邴吉不問橫道死人而憂牛喘陳平不肯知錢穀之數云自有主者彼誠達於位分之體也今明公為治乃躬自校簿書流汗竟日不亦勞乎亮謝之後為東曹屬典選舉顒死亮垂泣三日

鴻臚明真（何彥英名宗蜀郡郫人也事廣漢任安學精究安術與杜瓊同師而名問過之劉璋時為犍為太守先主定益州領牧辟為從事祭酒後援引圖讖勸先主即尊號踐阼之後遷為大鴻臚建興中卒失其行事故不為傳子雙字漢偶滑稽談笑有淳于髡東方朔之風為雙柏長早卒）諫議隱行儒林天文宣班大化或首或林

贊王元泰何彥英杜輔國周仲直

車騎高勁惟其泛愛以弱制彊不陷危墜

贊吳子遠（子遠名壹陳留人也隨劉焉入蜀劉璋時為中郎將將兵拒先主於涪詣降先主定益州以壹為護軍討逆將軍納壹妹為夫人章武元年為關中都督建興八年與魏延入南安界破魏將費瑤徙亭侯進封高陽鄉侯遷左將軍十二年丞相亮卒以壹督漢中車騎將軍假節領雍州刺史進封濟陽侯十五年卒失其行事故不為傳壹族弟班字元雄大將軍何進官屬吳匡之子也以豪俠稱官位常與壹相亞先主時為領軍後主世稍遷至驃騎將軍假節封綿竹侯）

安漢宰南奮擊舊鄉翦除蕪穢惟刑以張廣遷蠻濮國用用彊

贊李德昂

輔漢惟聰既機且惠因言遠思切問近對贊時

休美和我業世

贊張君嗣

鎮北敏思籌畫有方導師禳穢遂事成章偏任東隅末命不祥哀悲本志放流殊疆

贊黃公衡

越騎惟忠厲志自祗職于內外念公忘私

贊楊季休

征南厚重征西忠克統時選士猛將之烈

贊趙子龍陳叔至（叔至名到汝南人也自豫州隨先主名位常亞趙雲俱以忠勇稱建興初官至永安都督征西將軍封亭侯）

鎮南粗彊（輔元弼名匡襄陽人也隨先主入蜀益州既定為巴郡太守建興中徙鎮南為右將軍封中鄉侯）監軍尚篤（劉南和名邕義陽人也隨先主入蜀益州既定為江陽太守建興中稍遷至監軍後將軍賜爵關內侯卒子式嗣少子武有文與樊建齊名官亦至尚書）並豫戎任任自封裔

贊輔元弼劉南和

司農性才敷述允章藻麗辭理斐斐有光

贊秦子敕

正方受遺豫聞後綱不陳不僉造此異端斥遂當時任業以喪

贊李正方

文長剛粗臨難受命折衝外禦鎮保國境不協

不和忘節言亂疾終惜始實惟厥性

贊魏文長

威公狷狹取異衆人閑則及理逼則傷侵舍順

入凶大易之云

贊楊威公

季常良實文經勤類士元言規處仁閒計文經士元皆失其名實行事郡縣處仁本名存南陽人也以荆州從事隨先主入蜀南次至雒以爲廣漢太守存素不服龐統統中矢卒先主發言嘉歎存曰統雖盡忠可惜然違大雅之義先主怒曰統殺身成仁更爲非也免存官頃之病卒失其行事故不爲傳孔休文祥或才或臧孔休名觀爲荆州主簿別駕從事見先主傳失其郡縣文祥名禎襄陽人也隨先主入蜀歷雒郫令南廣漢太守失其行事子忠官至尚書郎襄陽記曰習禎有風流善談論名亞龐統而在馬良之右子忠亦有名忠子隆爲步兵校尉掌校秘書播播述志楚之蘭芳

贊馬季常衛文經韓士元張處仁殷孔休

習文祥

國山休風國山名甫廣漢郪人也好人流言議劉璋時爲州書佐先主定蜀後爲緜竹令還爲荆州議曹從事隨先主征吳軍敗於秭歸遇害子祐有父風官至尚書右選郎永南耿思永南名邵廣漢郪人也先主定蜀後爲州書佐部從事建興元年丞相亮辟爲西曹掾亮南征留邵爲治中從事是歲卒　華陽國志曰邵兄邈字漢南劉璋時爲牛鞞長先主領牧爲從事正旦命行酒得進見讓先主曰振威以將軍宗室肺腑委以討賊元功未效先寇而滅邈以將軍之取鄙州甚爲不宜也先主曰知其不宜何以不助之邈曰匪不敢也力不足耳有司將殺之諸葛亮爲請得免久之爲犍爲太守丞相參軍安漢將軍建興六年亮西征馬謖在前敗績亮將殺之邈諫以秦赦孟明用霸西戎楚誅子玉二世不競失亮意還蜀十二年亮卒後主素服發哀三日邈上疏曰呂祿霍禹未必懷反叛之心孝宣不好

爲殺臣之君直以臣懼其偪主畏其威故姦萌生亮身杖彊兵狼顧虎視五大不在邊臣常危之今亮隕歿蓋宗族得全西戎靜息大小爲慶後主怒下獄誅之

盛衡承伯言藏言時盛衡名勳承伯名齊皆巴西閬中人也勳劉璋時爲州書佐先主定蜀辟爲左將軍屬後轉州別駕從事卒齊爲太守張飛功曹飛貢之先主爲尚書郎建興中從事丞相掾遷廣漢太守復爲飛參軍亮卒爲尚書勳齊皆以才幹自顯見歸信於州黨不如姚伷伷字子緒亦閬中人先主定益州後爲功曹書佐建興元年爲廣漢太守丞相亮北駐漢中辟爲掾並進文武之士亮稱曰忠益者莫大於進人進人者各務其所尚今姚掾並存剛柔以廣文武之用可謂博雅矣願諸掾各希此事以屬其望遷爲參軍亮卒稍遷爲尚書僕射時人服其貞誠篤粹延熙五年卒在作贊之後孫德果銳孫德名福梓潼涪人也先主定益州後爲書佐西充國長成都令建興元年徙巴西太守爲江州督楊威將軍入爲尚書僕射封平陽亭侯延熙初大將軍蔣琬出征漢中福以前監軍領司馬卒　益部耆舊雜記曰諸葛亮於武功病篤後主遣福省侍遂因諮以國家大計福往具宣聖言聽亮所言至別去數日忽馳思未盡其意遂却騎馳還見亮亮語福曰孤知君還意近日言語

雖彌日有所不盡更來亦決耳君所問者公琰其宜也福謝前實失不諮請公如公百年後誰可任大事者故輒還耳乞復請蔣琬之後誰可任者亮曰文偉可以繼之又復問其次亮不荅福還奉使稱旨福爲人精識果銳敏於從政子驤字叔龍亦有名官至尚書郎廣漢太守偉南篤常偉南名朝永南兄郡功曹舉孝廉臨邛令入爲別駕從事隨先主東征吳章武二年卒於永安　益部耆舊雜記曰朝又有一弟早亡各有才望時人號之李氏三龍　華陽國志曰羣下上先主爲漢中王其文朝所造也臣松之案耆舊所記以朝邵及早亡者爲三龍邈之狂直不得在此數

德緒義彊志壯氣彊德緒名祿巴西安漢人也先主定益州爲郡從事牙門將建興三年爲越巂太守隨丞相亮南征爲蠻夷所害時年三十一弟衡景耀中爲領軍義彊名士廣漢郪人國山從兄也從先主入蜀後舉孝廉爲符節長遷牙門將出爲宕渠太守徙在犍爲會丞相亮南征轉爲益州太守將南行爲蠻夷所害

濟濟脩志蜀之芬香

贊王國山李永南馬盛衡馬承伯李孫德

李偉南龔德緒王義彊

休元輕寇損時致害 休元名習南郡人隨先主入蜀先主東征吳習爲領軍統諸軍大敗於猇亭 文進奮身同此顛沛 文進名南亦自荊州隨先主入蜀領兵從先主征吳與習俱死時又有義陽傅彤先主退軍斷後拒戰兵人死盡吳將語彤令降彤罵曰吳狗何有漢將軍降者遂戰死拜子僉爲左中郎後爲關中都督景耀六年又臨危授命論者嘉其父子奕世忠義 蜀記載晉武帝詔曰蜀將軍傅僉前在關城身拒官軍致死不顧僉父彤復爲劉備戰亡天下之善一也豈由彼此以爲異僉息著募後沒入奚官免爲庶人

患生一人至於弘大

贊馮休元張文進

江陽剛烈立節明君兵合遇寇不屈其身單夫隻役隕命於軍

贊程季然 季然名畿巴西閬中人也劉璋時爲漢昌長縣有賨人種類剛猛昔高祖以定關中巴西太守龐羲以天下擾亂郡宜有武衛頗招合部曲有讒於璋說羲欲叛者璋陰疑之羲聞甚懼將謀自守遣畿子郁宣旨索兵自助畿報曰郡合部曲本不爲叛雖有交構要在盡誠若必以懼遂懷異志非畿之所聞并敕郁曰我受州恩當爲州牧盡節汝爲郡吏當爲太守効力不得以吾故有異志也羲使人告畿曰爾子在郡不從太守家將及禍畿曰昔樂羊爲將飲子之羹非父子無恩大義然也今雖復羹子吾必飲之羲知畿必不爲已厚陳謝於璋以致無咎璋聞之遷畿江陽太守先主領益州牧辟爲從事祭酒後隨先主征吳遇大軍敗績泝江而還或告之曰後追已至解船輕去乃可以免畿曰吾在軍未曾爲敵走況從天子而見危哉追人遂及畿船畿身執戟戰敵船有覆者衆大至共擊之乃死

公弘後生卓爾奇精夭命二十悼恨未呈

贊程公弘 弘名祁季然之子也

古之奔臣禮有來偪怨興司官不顧大德靡有匡救倍成奔北自絶于人作笑二國

麋芳士仁郝普潘濬 麋芳字子方東海人也爲南郡太守士仁字君義廣陽人也爲將軍住公安統屬關羽與羽有隙叛迎孫權郝普字子太義陽人先主自荊州入蜀以普爲零陵太守爲吳將呂蒙所譎開城詣蒙潘濬字承明武陵人也先主入蜀以爲荊州治中典留州事亦與關羽不穆孫權襲羽遂入吳 普至廷尉濬至太常封侯

益部耆舊雜記載王嗣常播衛繼三人皆劉氏王蜀時人故錄于篇

王嗣字承宗犍爲資中人也其先延熙世以功德顯著舉孝廉稍遷西安圍督汶山太守加安遠將軍綏集羌胡咸悉歸服諸種素桀惡者皆來首降嗣待以恩信時北境得以寧靜大將軍姜維每出北征羌胡出馬牛羊氈毦及義穀裨軍糧國賴其資遷鎮軍故領郡後從維北征爲流矢所傷數月卒戎夷會葬贈送數千人號呼涕泣嗣爲人美厚篤至衆所愛信嗣子及孫羌胡見之如骨肉或結兄弟恩至於此

常播字文平蜀郡江原人也播仕縣主簿功曹縣長廣都朱游建興十五年中被上官誣劾以逋沒官穀當論重罪播詣獄訟爭身受數千杖

肌膚刻爛毒痛慘至更歷三獄幽閉二年有餘每將考掠吏先驗問播不答言但急行罰無所多問辭終不撓事遂分明長免刑戮時唯主簿楊玩亦證明其事與播言同衆咸嘉播忘身爲君節義抗烈舉孝廉除鄭長年五十餘卒書於舊德傳後縣令穎川趙敦圖其像贊頌之

衛繼字子業漢嘉嚴道人也兄弟五人繼父爲縣功曹繼爲兒時與兄弟隨父游戲庭寺中縣長蜀郡成都張君無子數命功曹呼其子省弄甚憐愛之張因言宴之間語功曹欲乞繼功曹

即許之遂養爲子繼敏達夙成學識通博進仕州郡歷職清顯而其餘兄弟四人各無堪當世者父恒言已之將衰張明府將盛也時法禁以異姓爲後故復爲衛氏屢遷拜奉車都尉大尚書忠篤信厚爲衆所敬鍾會之亂遇害成都

評曰鄧芝堅貞簡亮臨官忘家張翼亢姜維之銳宗預御孫權之嚴咸有可稱楊戲商略意在不羣然智度有短殆罹世難云

鄧張宗楊傳第十五　蜀書　國志四十五

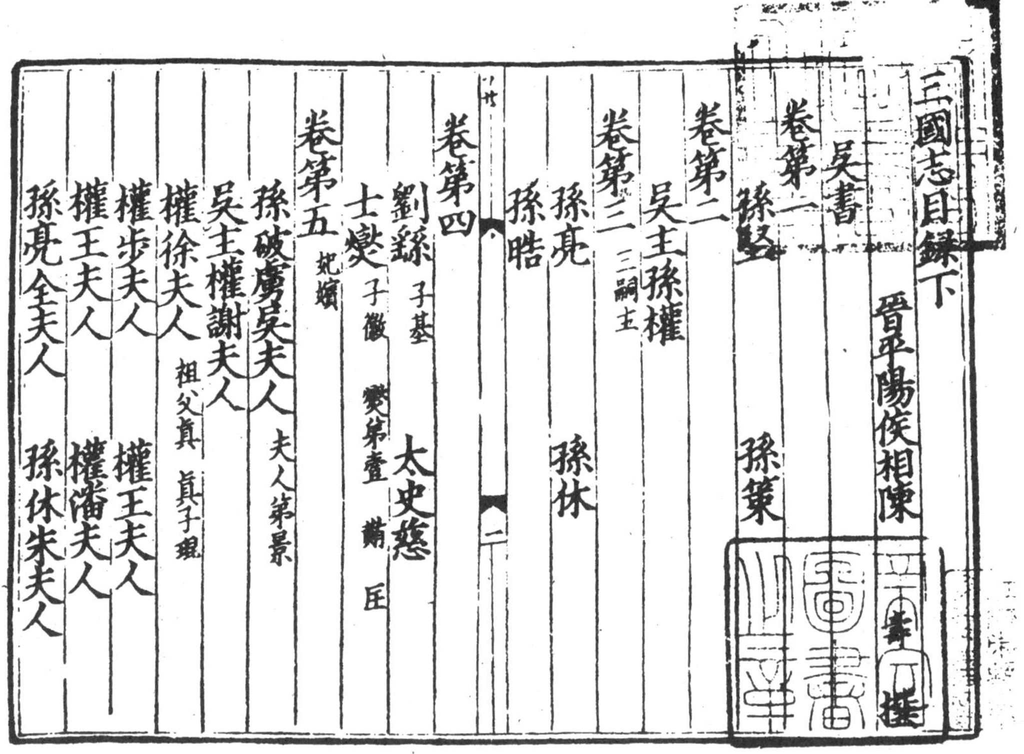

三國志目錄下

晉平陽侯相陳壽撰

吳書

黃蓋　甘寧

淩統　徐盛

潘璋　丁奉

卷第十一

朱治　朱然

呂範 子據　朱桓 子奐

卷第十二

虞翻 子汜 忠 聳 昺　陸績 子宏 叡

張溫　駱統

陸瑁　吾粲

朱據

卷第十三

陸遜 子抗

卷第十四

孫登　孫慮

孫和　孫霸

孫奮

卷第十五

賀齊　全琮

呂岱　周魴

鍾離牧

卷第十六

潘濬　陸凱 弟胤

卷第十七

是儀　胡綜 徐詳

卷第十八

吳範　劉惇

趙達

卷第十九

諸葛恪　滕胤

孫峻 留贊　孫綝

濮陽興

卷第二十

王蕃　樓玄

賀邵　韋曜

華覈

三國志目錄下

孫堅傳

孫堅字文臺吳郡富春人蓋孫武之後也吳書曰堅世仕吳家于富春葬於城東冢上數有光怪雲氣五色上屬於天曼延數里衆皆往觀視父老相謂曰是非凡氣孫氏其興矣及母懷姙堅夢腸出繞吳昌門寤而懼之以告鄰母鄰母曰安知非吉徵也堅生容貌不凡性闊達好奇節少爲縣吏年十七與父共載船至錢唐會海賊胡玉等從匏里上掠取賈人財物方於岸上分之行旅皆住船不敢進堅謂父曰此賊可擊請討之父曰非爾所圖也堅行操刀上岸以手東西指麾若分部人兵以羅遮賊狀賊望見以爲官兵捕

之即委財物散走堅追斬得一級以還父大驚由是顯聞府召署假尉會稽妖賊許昌起於句章自稱陽明皇帝靈帝紀曰昌以其父爲越王也與其子韶扇動諸縣衆以萬數堅以郡司馬募召精勇得千餘人與州郡合討破之是歲熹平元年也刺史臧旻列上功狀詔書除堅鹽瀆丞數歲徙盱眙丞又徙下邳丞江表傳曰堅歷佐三縣所在有稱吏民親附鄉里知舊好事少年往來者常數百人堅接撫待養有若子弟焉中平元年黃巾賊帥張角起於魏郡託有神靈遣八使以善道教化天下而潛相連結自稱黃天泰平三月甲子三十六萬一旦俱發

天下響應燔燒郡縣殺害長吏獻帝春秋曰角稱天公將軍角弟寶稱地公將軍寶弟梁稱人公將軍漢遣車騎將軍皇甫嵩中郎將朱儁將兵討擊之儁表請堅爲佐軍司馬鄉里少年隨在下邳者皆願從堅又募諸商旅及淮泗精兵合千許人與儁并力奮擊所向無前吳書曰堅乘勝深入於西華失利堅被創墮馬臥草中軍衆分散不知堅所在堅所騎驄馬馳還營踣地呼鳴將士隨馬於草中得堅堅還營十數日創少愈乃復出戰汝潁賊困迫走保宛城堅身當一面登城先入衆乃蟻附遂大破之儁具以狀聞上拜堅別部司馬續漢書曰儁字公偉會稽人少好學爲郡功曹察孝廉舉進士漢朝以討黃巾功拜車騎將軍累遷河南尹董卓見儁外甚親納而心忌之儁亦陰備焉關東兵起卓議移都儁輒止卓卓雖憚儁

然貪其名重乃表拜太僕以自副儁被召不肯受拜因進曰國不宜遷必孤天下望成山東之結臣不見其可也有司詰曰召君受拜而君拒之不問徙事而君陳之何也儁曰副相國非臣所堪也遷都非計臣之所急也辭所不堪進臣所急臣之所宜也有司曰遷都之事初無此計也就有未露何所受聞儁曰相國董卓爲臣說之臣聞之於相國有司不能屈朝廷稱服焉後爲太尉李傕郭汜相攻劫質天子公卿儁性剛即發病而卒邊章韓遂作亂涼州中郎將董卓拒討無功中平二年遣司空張溫行車騎將軍西討章等溫表請堅與參軍事屯長安溫以詔書召卓卓良久乃詣溫溫責讓卓卓應對不順堅時在坐前耳語謂溫曰卓不怖罪而鴟張大語宜以召不時至陳軍法斬之溫曰卓素著威名於隴蜀之間今日殺之西

行無依堅曰明公親率王兵威震天下何賴於
卓觀卓所言不假明公輕上無禮一罪也章遂
跋扈經年當以時進討而卓云未可沮軍疑衆
二罪也卓受任無功應召稽留而軒昂自高三
罪也古之名將仗鉞臨衆未有不斷斬以示威
者也是以穰苴斬莊賈魏絳戮楊干今明公垂
意於卓不即加誅虧損威刑於是在矣溫不忍
發舉乃曰君且還卓將疑人堅因起出章遂聞
大兵向至黨衆離散皆乞降軍還議者以軍未
臨敵不斷功賞然聞堅數卓三罪勸溫斬之無

不歎息拜堅議郎時長沙賊區星自稱將軍衆
萬餘人攻圍城邑乃以堅爲長沙太守到郡親
率將士施設方略旬月之閒克破星等魏書曰堅到郡郡中震服任用良吏勑吏曰謹遇良善治官曹文書必循治以盜賊付太守周朝郭石亦帥徒
衆起於零桂與星相應遂越境尋討三郡肅然
漢朝錄前後功封堅烏程侯吳錄曰是時廬江太守陸康從子作宜春長爲賊所攻遣使求救於堅堅整嚴救之主簿進諫堅荅曰太守無文德以征伐爲功越界攻討以全異國以此獲罪何媿海內乎乃進兵往救賊聞而走之靈帝崩卓擅朝政橫恣京城諸州
郡並興義兵欲以討卓江表傳曰堅聞之拊膺歎曰張公昔從吾言朝廷今無此難也
堅亦舉兵荊州刺史王叡素遇堅無禮堅過殺

之案王氏譜叡字通耀晉太保祥伯父也　吳錄曰叡先與堅共擊零桂賊以堅武官言頗輕之及叡舉兵欲討卓素
與武陵太守曹寅不相能揚言當先殺寅寅懼詐作案行使者光祿大夫溫毅檄移堅說叡罪過令收行刑訖以狀上堅
即承檄勒兵襲叡叡聞兵至登樓望之遣問欲何爲堅前部荅曰兵久戰勞苦所得賞不足以爲衣服詣使君更乞資直
耳叡曰刺史豈有所吝便開庫藏使自入視之知有所遺不兵進及樓下叡見堅驚曰兵自求賞孫府君何以在其中堅
曰被使者檄誅君叡曰我何罪堅曰坐無所知叡窮迫刮金飲之而死比至南陽衆數萬
人南陽太守張咨聞軍至晏然自若英雄記曰咨字子議潁川
人亦知名獻帝春秋曰袁術表堅假中郎將堅到南陽移檄太守請軍糧咨以問綱紀綱紀曰堅鄰郡二千石不應調發
咨遂不與堅以牛酒禮咨咨明日亦荅詣堅酒酣長
沙主簿入白堅前移南陽而道路不治軍資不
具請收主簿推問意故咨大懼欲去兵陳四周

不得出有頃主簿復入白堅南陽太守稽停義
兵使賊不時討請收出案軍法從事便牽咨於
軍門斬之郡中震慄無求不獲吳歷曰初堅至南陽咨既不給軍糧又不
肯見堅堅欲進兵恐有後患乃詐得急疾舉軍震惶迎呼巫醫禱祀山川遣所親人說咨言病困欲以兵付咨咨聞之心
利其兵即將步騎五六百人詣營省堅堅臥與相見無何卒然而起按劍罵咨遂執斬之此語與本傳不同前
到魯陽與袁術相見術表堅行破虜將軍領豫
州刺史遂治兵於魯陽城當進軍討卓遣長史
公仇稱將兵從事還州督促軍糧施帳幔於城
東門外祖道送稱官屬並會卓遣步騎數萬人
逆堅輕騎數十先到堅方行酒談笑勑部曲整

孫堅

頓行陣無得妄動後騎漸益堅徐罷坐導引入
城乃謂左右曰向堅所以不即起者恐兵相蹈
藉諸君不得入耳卓兵見堅士衆甚整不敢攻
城乃引還英雄記曰初堅討董卓到梁縣之陽人卓亦遣兵步騎五千迎之陳郡太守胡軫爲大督護呂
布爲騎督其餘步騎將校都督者甚衆軫字文才性急預宣言曰今此行也要當斬一青綬乃整齊耳諸將聞而惡之軍
到廣成去陽人城數十里日暮士馬疲極當止宿又本受卓節度宿廣成秣馬飲食以夜進兵投曉攻城諸將惡憚軫欲
賊敗其事布等宣言陽人城中賊已走當追尋之不然失之矣便夜進軍城中守備甚設不可掩襲於是吏士饑渴人馬
甚疲且夜至又無壍壘釋甲休息而布又宣言相驚云城中賊出來軍衆擾亂奔走皆棄甲失鞌馬行十餘里定無賊會
天明便還拾取兵器欲進攻城城守已固穿壍已深軫等不能攻而還堅移屯梁東大爲
卓軍所攻堅與數十騎潰圍而出堅常著赤罽

幘乃脫幘令親近將祖茂著之卓騎爭逐茂故
堅從閒道得免茂困迫下馬以幘冠冢閒燒柱
因伏草中卓騎望見圍繞數重定近覺是柱乃
去堅復相收兵合戰於陽人大破卓軍梟其都
督華雄等是時或閒堅於術術懷疑不運軍糧
江表傳曰或謂術曰堅若得洛不可復制此爲除狼而得虎也故術疑之陽人去魯陽百餘
里堅夜馳見術畫地計校曰所以出身不顧上
爲國家討賊下慰將軍家門之私讎堅與卓非
有骨肉之怨也而將軍受譖潤之言還相嫌疑
江表傳載堅語曰大勳垂捷而軍糧不繼此吳起所以歎泣於西河樂毅所以遺恨於垂成也願將軍深思之術踧

孫堅

踖即調發軍糧堅還屯阜卓憚堅猛壯乃遣將軍
李傕等來求和親令堅列疏子弟任刺史郡守
者許表用之堅曰卓逆天無道蕩覆王室今不
夷汝三族縣示四海則吾死不瞑目豈將與乃
和親邪復進軍大谷拒雒九十里山陽公載記曰卓謂長史劉艾曰關
東軍敗數矣皆畏孤無能爲也惟孫堅小戇頗能用人當語諸將使知忌之孤昔與周慎西征慎圍邊韓於金城孤語張
溫求引所將兵爲慎作後駐溫不聽孤時上言其形勢知慎必不克臺今有本末事未報溫又使孤討先零叛羌以爲西
方可一時蕩定孤皆知其不然而不得止遂行留別部司馬劉靖將步騎四千屯安定以爲聲勢叛羌便還欲截歸道孤
小擊輒開畏安定有兵故也虜謂安定當數萬人不知但靖也時又上章言狀而孫堅隨周慎行謂慎求將萬兵造金城
使慎以二萬作後駐邊韓城中無宿穀當於外運畏慎大兵不敢輕與堅戰而堅兵足以斷其運道兒曹用必還羌谷中

涼州或能定也溫既不能用孤慎又不用堅自攻金城壞其外垣馳使語溫自以克在旦夕溫時亦自以計中也而渡遼
兒果斷蔡園慎棄輜重走果如孤策臺以此封孤都鄉侯堅以佐軍司馬所見與人同自爲可耳艾曰堅雖時見計故自
不如李傕郭汜閒在美陽亭北將千騎步與虜合殆死亡失印綬此不爲能也卓曰堅時烏合義從兵不如虜精且戰有
利鈍但當論山東大勢終無所至耳艾曰山東兒驅略百姓以作寇逆其鋒不如人堅甲利兵彊弩之用又不如人亦安
得久卓曰然但殺二袁劉表孫堅天下自服從孫耳卓尋徙都西入關焚燒雒
邑堅乃前入至雒修諸陵平塞卓所發掘江表傳曰舊京
空虛數百里中無煙火堅前入城惆悵流涕吳書曰堅入洛埽除漢宗廟祠以太牢堅軍城南甄官井上旦有五色氣舉
軍驚怪莫有敢汲堅令人入井探得漢傳國璽文曰受命于天既壽永昌方圜四寸上紐交五龍上一角缺初黃門張讓
等作亂劫天子出奔左右分散掌璽者以投井中山陽公載記曰袁術將僭號聞堅得傳國璽乃拘堅夫人而奪之
江表傳曰案漢獻帝起居注云天子從河上還得六璽於閣上又太康之初孫皓送金璽六枚無有玉明其僞也虞喜

志林曰天子六璽者文曰皇帝之璽皇帝行璽皇帝信璽天
子之璽天子行璽天子信璽此六璽所封事異故文字不同
獻帝起居注云從河上還得六玉璽於閣上此之謂也傳
國璽者乃漢高祖所佩秦皇帝璽世世傳受號曰傳國璽案
傳國璽不在六璽之數安得總其說乎應氏漢官皇甫世紀
其論六璽文義皆符漢官傳國璽文曰受命于天既壽且康
且康永昌二字爲錯未知兩家何者爲得金玉之精率有光
氣加以神器祕寶輝耀益彰蓋一代之奇觀將來之異聞而
以不解之故彊謂之僞不亦誣乎陳壽爲破虜傳亦除此說
俱惑起居注不知六璽殊名與傳國爲七者也吳時無能刻
玉故天子以金爲璽璽雖以金於文不異吳降而送璽者送
天子六璽曩所得玉璽乃古人遺印不可施用天子之璽今
以無有爲難不通其義者耳　臣松之以爲孫堅於興義之
中最有忠烈之稱若得漢神器而潛匿不言此爲陰懷異志
豈所謂忠臣者乎吳史欲以爲國華而不知損堅之令德如
其果然以傳子孫縱非六璽之數要非常人所畜孫皓之降
亦不得但送六璽而寶藏傳國也受命于天奚取於歸命之
堂若如喜言則此璽今尚在孫門匹夫懷璧猶曰有罪而況
斯物哉　訖引軍還住魯陽　吳錄曰是時關東州郡務相兼
并以自彊大袁紹遣會稽周喁
爲豫州刺史來襲取州堅慨然歎曰同舉義兵將救社稷逆
賊垂破而各若此吾當誰與勠力乎言發涕下喁字仁明周
昕之弟也　會稽典錄曰初曹公興義兵遣人要喁喁即收
合兵衆得二千人從公征伐以爲軍師後與堅爭豫州屢戰
失利會次兄九江太守昂爲袁術所攻
喁往助之軍敗還鄉里爲許貢所害　初平三年術使
堅征荊州擊劉表表遣黃祖逆於樊鄧之間堅
擊破之追渡漢水遂圍襄陽單馬行峴山爲祖
軍士所射殺　典略曰堅悉其衆攻表表閉門夜遣將黃祖
潛出發兵祖將兵欲還堅逆與戰祖敗走竄
峴山中堅乘勝夜追祖祖部兵從竹木間暗射堅殺之　吳
錄曰堅時年三十七　英雄記曰堅以初平四年正月七日
死　又云劉表將呂公將兵緣山向堅堅輕騎尋山討
公公兵下石中堅頭應時腦出物故其不同如此也　兄
子賁帥將士衆就術術復表賁爲豫州刺史堅
四子策權翊匡權既稱尊號謚堅曰武烈皇帝

吳錄曰尊堅廟曰始祖墓曰高陵　志林曰堅有
五子策權翊匡吳氏所生少子朗庶生也一名仁

孫策傳

策字伯符堅初興義兵策將母徙居舒與周瑜
相友收合士大夫江淮間人咸向之　江表傳曰堅爲
朱儁所表爲佐
軍留家著壽春策年十餘歲已交結知名聲譽發聞有周瑜
者與策同年亦英達夙成聞策聲問自舒來造焉便推結分
好義同斷金勸策
徙居舒策從之　堅薨還葬曲阿已乃渡江居江
都　魏書曰策當嗣
侯讓與弟匡　徐州牧陶謙深忌策策舅吳景
時爲丹楊太守策乃載母徙曲阿與呂範孫河
俱就景因緣召募得數百人興平元年從袁術
術甚奇之以堅部曲還策　吳歷曰初策在江都時張
紘有母喪策數詣紘咨以
世務曰方今漢祚中微天下擾攘英雄儁傑各擁衆營私未
有能扶危濟亂者也先君與袁氏共破董卓功業未遂卒爲
黃祖所害策雖暗稚竊有微志欲從袁揚州求先君餘兵就
舅氏於丹楊收合流散東據吳會報讎雪恥爲朝廷外藩君
以爲何如紘答曰既素空劣方居衰絰之中無以奉贊盛略
策曰君高名播越遠近懷歸今日事計決之於君何得不紆
慮啓告副其高山之望若微志得展血讎得報此乃君之勳
力策心所望也因涕泣橫流顏色不變紘見策忠壯內發辭
令慷慨感其志言乃答曰昔周道陵遲齊晉並興王室已寧
諸侯貢職今君紹先侯之軌有驍武之名若投丹楊收兵吳
會則荊揚可一讎敵可報據長江奮威德誅除羣穢匡輔漢
室功業侔於桓文豈徒外藩而已哉方今世亂多難若功成
事立當與同好俱南濟也策曰一與君同符合契同有永固
之分今便行矣以老母弱弟委付於君策無復回顧之憂
江表傳曰策徑到壽春見袁術涕泣而言曰亡父昔從長沙
入討董卓與明使君會於南陽同盟結好不幸遇難勳業不
終策感惟先人舊恩欲自憑結願明使君垂察其誠術甚貴
異之然未肯還其父兵術謂策曰孤始用貴舅爲丹楊太守
賢從伯陽爲都尉彼精兵之地可還依召募策遂詣丹楊依
舅得數百人而爲涇縣大帥祖郎所襲幾至危殆於是復往

見術術以堅餘兵千餘人還策太傅馬日磾杖節安集關東在壽春以禮辟策表拜懷義校尉術大將喬蕤張勳皆傾心敬焉術常歎曰使術有子如孫郎死復何恨策騎士有罪逃入術營隱於內廏策指使人就斬之訖詣術謝術曰兵人好叛當共疾之何爲謝也由是軍中益畏憚之術初許策爲九江太守已而更用丹楊陳紀後術欲攻徐州從廬江太守陸康求米三萬斛康不與術大怒策昔曾詣康康不見使主簿接之策常銜恨術遣策攻康謂曰前錯用陳紀每恨本意不遂今若得康廬江眞卿有也策攻康拔之術復用其故吏劉勳爲太守策益失望先是劉繇爲揚州刺史州舊治壽春壽春術已據之繇乃渡江治曲阿時吳景尚在丹楊策從兄賁又爲丹楊都尉繇至皆迫逐之景賁退舍歷陽繇遣樊能于麋陳橫屯江津張英屯當利口以拒術術自用故吏琅邪惠衢爲揚州刺史更以景爲督軍中郎將與賁共將兵擊英等連年不克策乃說術乞助景等平定江東江表傳曰策說術云家有舊恩在東願助舅討橫江橫江拔因投本土召募可得三萬兵以佐明使君匡濟漢室術知其恨而以劉繇據曲阿王朗在會稽謂策未必能定故許之術表策

爲折衝校尉行殄寇將軍兵財千餘騎數十匹賓客願從者數百人比至歷陽衆五六千策母先自曲阿徙於歷陽策又徙母阜陵渡江轉鬭所向皆破莫敢當其鋒而軍令整肅百姓懷之江表傳曰策渡江攻繇牛渚營盡得邸閣糧穀戰具是歲興平二年也時彭城相薛禮下邳相笮融依繇爲盟主禮據秣陵城融屯縣南策先攻融融出兵交戰斬首五百餘級融即閉門不敢動因渡江攻禮禮突走而樊能于麋等復合衆襲奪牛渚屯策聞之還攻破能等獲男女萬餘人復下攻融爲流矢所中傷股不能乘馬因自輿還牛渚營或叛告融曰孫郎被箭已死融大喜即遣將於茲鄉策遣步騎數百挑戰設伏於後賊出擊之鋒刃未接而僞走賊追入伏中乃大破之斬首千餘級策因往到融營下令左右大呼曰孫郎竟云何賊於是驚怖夜遁融聞策尚在更深溝高壘繕治守備策以融所屯地勢險固乃舍去攻破繇別將於海陵轉攻湖孰江乘皆下之策爲人美姿顏好笑語性闊達聽受善於用人是以士民見者莫不盡心樂爲致死劉繇棄軍遁逃諸郡守皆捐城郭奔走江表傳曰策時年少雖有位號而士民皆呼爲孫郎百姓聞孫郎至皆失魂魄長吏委城郭竄伏山草及至軍士奉令不敢虜略雞犬菜茹一無所犯民乃大悅競以牛酒詣軍劉繇既走策入曲阿勞賜將士遣將陳寶詣阜陵迎母及弟發恩布令告諸縣其劉繇笮融等故鄉部曲來降首者一無所問樂從軍者一身行復除門戶不樂者勿彊也旬日之間四面雲集得見兵二萬餘人馬千餘匹威震江東形勢轉盛吳人嚴白虎等衆各萬餘人處處屯聚吳景等欲先擊破虎等乃至會稽策曰虎等羣盜非有大志此成禽耳遂引兵渡浙江據會稽屠東冶乃攻破虎等吳錄曰時有烏程鄒他錢銅及前合浦太守嘉興王晟等各聚衆萬餘或數千引兵撲討皆攻破之策母吳氏曰晟與做

父有升堂見妻之分今其諸子兄弟皆已梟夷獨餘一老翁
何足復憚乎乃舍之餘咸族誅策自討虎虎高壘堅守使其
弟輿請和許之輿請獨與策會面約既會策引白刃斫席輿
體動策笑曰聞卿能坐躍勦捷不常聊戲卿耳輿曰我見刃
乃然策知其無能也乃以手戟投之立死輿有勇力虎衆以
其死也甚懼進攻破之虎奔餘杭投許昭於虜中程普請擊
昭策曰許昭有義於舊君有誠於故友此丈夫之志也乃舍
之 臣松之案許昭有義於舊君謂濟盛憲也事見後注有
誠於故友則受嚴白虎也 盡更置長吏策自領會稽太守復以
吳景爲丹楊太守以孫賁爲豫章太守分豫章
爲廬陵郡以賁弟輔爲廬陵太守丹楊朱治爲
吳郡太守彭城張昭廣陵張紘秦松陳端等爲
謀主 江表傳曰策遣奉正都尉劉由五官掾高承奉章詣許拜獻方物 時袁術僭號策
以書責而絕之 吳錄載策使張紘爲書曰蓋上天垂司過之星聖王建敢諫之鼓設非謬之備急箴

闕之言何哉凡有所長必有所短也去冬傳有大計無不悚
懼旋知供備貢獻萬夫解惑頃聞建議復欲追遵前圖即事之
期便有定月益使憮然想是流妄設其必爾民何望乎曩日
之舉義兵也天下之士所以響應者董卓擅廢置害太后弘
農王略烝宮人發掘園陵暴逆至此故諸州郡雄豪聞聲慕
義神武外振卓遂內殲元惡既斃幼主東顧俾保傅宣命欲
令諸軍振旅於河北通謀黑山曹操放毒東徐劉表稱亂南
荊公孫瓚炰烋北幽劉繇決力江滸劉備爭盟淮隅是以未
獲承命橐弓戢戈也今備繇既破操等饑餧謂當與天下合
謀以誅醜類捨而不圖有自取之志非海內所望一也昔成
湯伐桀稱有夏多罪武王伐紂曰殷有罪罰重哉此二王者
雖有聖德宜當君世如使不遭其時亦無由興矣幼主非有
惡於天下徒以春秋尚少脅於彊臣若無過而奪之懼未合
於湯武之事二也卓雖狂狡至廢主自與亦猶未也而天下
聞其桀虐攘臂同心而疾之以中土希戰之兵當邊地勁悍
之虜所以斯須游蔑也今四方之人皆玩敵而便戰鬬矣可
得而勝者以彼亂而我治彼逆而我順也見當世之紛若欲
大舉以臨之適足趣禍三也天下神器不可虛干必須天贊
與人力也殷湯有白鳩之祥周武有赤烏之瑞漢高有星聚
之符世祖有神光之徵皆因民困瘁於桀紂之政毒苦於秦

莽之役故能芟去無道致成其志今天下非患於幼主未見
受命之應驗而欲一旦卒然登即尊號未之或有四也天子之
貴四海之富誰不欲焉義不可勢不得耳陳勝項籍王莽公
孫述之徒皆南面稱孤莫之能濟帝王之位不可橫冀五也
幼主岐嶷若除其偪去其鯁必成中興之業夫致主於周成
之盛自受旦奭之美此誠所望於尊明也縱使幼主有他改
異猶望推宗室之譜屬論近親之賢良以紹劉統以固漢宗
皆所以書功金石圖形丹青流慶無窮垂聲管弦捨而不爲
爲其難者想明明之素必所不忍六也五世爲相權之重勢
之盛天下莫得而比焉忠貞者必曰宜夙夜思惟所以扶國
家之躓頓念社稷之危殆以奉祖考之志以報漢室之恩其
忽履道之節而彊進取之欲者將曰天下之人非家吏則門
生也孰不從我四方之敵非吾四則吾役也誰能違我盡乘
累世之勢起而取之哉二者殊數不可不詳察七也所貴於
聖哲者以其審於機宜愼於舉措若難圖之事難保之勢以
激羣敵之氣以生衆人之心公義故不可私計又不利明哲
不勴八也世人多惑於圖緯而牽非類比合文字以悅所事
苟以阿上惑衆終有後悔者自往迄今未嘗無之不可不深
擇而熟思九也九者尊明所見之餘耳庶備起予補所遺忘
忠言逆耳幸留神聽典略云張昭之辭臣松之以爲張昭雖

名重然不如紘之文也此書必紘所作 曹公表策爲討逆將軍封爲吳
侯 江表傳曰建安二年夏漢朝遣議郎王誧奉戊辰詔書曰董卓逆亂凶國害民先將軍堅念在平討雅意未遂厥美
著聞策遵善道求福不回今以策爲騎都尉襲爵烏程侯領
會稽太守又詔敕曰故左將軍袁術不顧朝恩坐創凶逆造
合虛僞欲因兵亂詭詐百姓聞其言以爲不然定得使持節
平東將軍領徐州牧溫侯布上術所造惑衆妖妄知術鴟梟
之性遂其無道脩治王宮署置公卿郊天祀地殘民害物爲
禍深酷布前後上策乃心本朝欲還討術爲國效節乞加顯
異夫懸賞俟功惟勤是與故便寵授承襲前邑重以大郡榮
耀兼至是策輸力竭命之秋也其亟與布及行吳郡太守安
東將軍陳瑀勠力一心同時赳討策自以統領兵馬但以騎
都尉領郡爲輕欲得將軍號及使人諷誧誧便承制假策明
漢將軍是時陳瑀屯海西策奉詔治嚴當與布瑀參同形勢
行到錢唐瑀陰圖襲策遣都尉萬演等密渡江使持印傳三
十餘紐賊與丹楊宣城涇陵陽始安黟歙諸險縣大帥祖郎
焦已及吳郡烏程嚴白虎等使爲內應伺策軍發欲攻取諸
郡策覺之遣呂範徐逸攻瑀於海西大破瑀獲其吏士妻子
四千人 山陽公載記曰瑀單騎走冀州自歸袁紹紹以爲

故安都尉吳錄載策上表謝曰臣以固陋孤特邊陲陛下廣播高澤不遺細節以臣襲爵兼典名郡仰榮顧寵所不克堪興平二年十二月二十日於吳郡曲阿得袁術所呈表以臣行殄寇將軍至被詔書乃知詐擅雖輒捐廢猶用悚悸臣年十七喪失所怙懼有不任堂構之鄙以忝析薪之戒誠無去病十八建功世祖列將弱冠佐命臣初領兵年未弱冠雖駑懦不武然思竭微命惟術狂惑為惡深重臣憑威靈奉辭伐罪庶必獻捷以報所受　臣松之案本傳云孫堅以初平三年卒策以建安五年卒策死時年二十六計堅之亡策應十八而此表云十七則為不符張璠漢記及吳歷並以堅初平二年死此為是而本傳誤也　江表傳曰建安三年策又遣使貢方物倍於元年所獻其年制書轉拜討逆將軍改封吳侯

後術死長史楊弘大將張勳等將其衆欲就策廬江太守劉勳要擊悉虜之收其珍寶以歸策聞之僞與勳好盟勳新得術衆時豫章上繚宗民萬餘家在江東策勸勳攻取之勳既行策輕軍晨夜襲拔廬江勳衆盡降勳獨與麾下數百人自歸曹公江表傳曰策被詔勑與司空曹公衛將軍董承益州牧劉璋等并力討袁術劉表軍嚴當進會術死術從弟胤女壻黃猗等畏懼曹公不敢守壽春乃共舁術棺柩扶其妻子及部曲男女就劉勳於皖城勳糧食少無以相振乃遣從弟偕告糴於豫章太守華歆歆郡素少穀遣吏將偕就海昏上繚使諸宗帥共出三萬斛米以與偕偕往歷月纔得數千斛偕乃報勳具說形狀使勳來襲取之勳得偕書便潛軍到海昏邑下宗帥知之空壁逃匿勳了無所得時策西討黃祖行及石城聞勳輕身詣海昏便分遣從兄賁輔率八千人於彭澤待勳自與周瑜率二萬人步襲皖城即克之得術百工及鼓吹部曲三萬餘人并術勳妻子上用汝南李術為廬江太守給兵三千人以守皖皆徙所得人東詣吳賁輔又於彭澤破勳勳走入楚江從尋陽步上到置馬亭聞策等已克皖乃投西塞至沂築壘自守告急於劉表求救於黃祖祖遣太子射船軍五千人助勳策復就攻大破勳勳與偕北歸曹公射亦遁走策收得勳兵二千餘人船千艘遂前進夏口攻黃祖時劉表遣從子虎南陽韓晞將長矛五千來為黃祖前鋒策與戰大破之　吳錄載策表曰

臣討黃祖以十二月八日到祖所屯沙羨縣劉表遣將助祖並來趣臣臣以十一日平旦部所領江夏太守行建威中郎將周瑜領桂陽太守行征虜中郎將呂範領零陵太守行蕩寇中郎將程普行奉業校尉孫權行先登校尉韓當行武鋒校尉黃蓋等同時俱進身跨馬擽陳手擊急鼓以齊戰勢吏士奮激踊躍百倍心精意果各競用命越渡重塹迅疾若飛火放上風兵激煙下弓弩並發流矢雨集日加辰時祖乃潰爛鋒刃所截猋火所焚前無生寇惟祖迸走獲其妻息男女七人斬虎狼韓晞已下二萬餘級其赴水溺者一萬餘口船六千餘艘財物山積雖表未禽祖宿狡猾為表腹心出作爪牙表之鴟張以祖氣息而祖家屬部曲埽地無餘表孤特之虜成鬼行尸誠皆聖朝神武遠振臣討有罪得效微勤

是時袁紹方彊而策并江東曹公力未能逞且欲撫之吳歷曰曹公聞策平定江南意甚難之常呼猘兒難與爭鋒也乃以弟女配策小弟匡又為子章取賁女皆禮辟策弟權翊又命揚州刺史嚴象舉權茂才建安五年曹公與袁紹相拒於官渡策陰欲襲許迎漢帝吳錄曰時有高岱者隱於餘姚策命出使會稽丞陸昭逆之策虛己候焉聞其善左傳乃自玩讀欲與論講或謂之曰高岱以將軍但英武而已無文學之才若與論傳而或云不知者則某言符矣又謂岱曰孫將軍為人惡勝己者若每問當言不知乃合意耳如皆辨義此必危殆岱以為然及與論傳或答不知策果怒以為輕己乃囚之知友及時人皆露坐為請策登樓望見數里中塡滿策惡其收衆心遂殺之岱字孔文吳郡人也受性聰達輕財貴義其友士拔奇取於未顯所友八人皆世之英偉也太守盛憲以為上計舉孝廉許貢來領郡岱將憲避難於許昭家求救於陶謙謙未即救岱憔悴泣血水漿不入口謙感其忠壯有申包胥之義許為出軍以書與貢岱得謙書以還而貢已囚其母吳人大小皆為危竦以貢宿忿往必見害岱言在君則為君且母在牢獄期於當往若得入見事自當解遂通書自白貢即與相見才辭敏捷好自陳謝貢登時出其母岱將見貢語友人張允沈昭令豫具船以貢必悔當追逐之出便將母乘船易道而逃貢須臾遣人追之令追者若及於船江上便殺之已過則止使與岱錯道遂免被誅時年三十餘　江表傳曰時有道士琅邪于吉先寓居東方往來吳會

立精舍燒香讀道書制作符水以治病吳會人多事之策嘗於郡城門樓上集會諸將賓客吉乃盛服杖小函漆畫之名為仙人鏵趨度門下諸將賓客三分之二下樓迎拜之掌賓者禁呵不能止策即令收之諸事之者悉使婦女入見策母請救之母謂策曰于先生亦助軍作福醫護將士不可殺之策曰此子妖妄能幻惑眾心遠使諸將不復相顧君臣之禮盡委策下樓拜之不可不除也諸將復連名通白事陳乞之策曰昔南陽張津為交州刺史舍前聖典訓廢漢家法律嘗著絳帕頭鼓琴燒香讀邪俗道書云以助化卒為南夷所殺此甚無益諸君但未悟耳今此子已在鬼籙勿復費紙筆也即催斬之縣首於市諸事之者尚不謂之死而云尸解焉復祭祀求福

志林曰初順帝時琅邪宮崇詣闕上師于吉所得神書於曲陽泉水上白素朱界號太平青領道凡百餘卷順帝至建安中五六十歲于吉是時近已百年年在耄悼禮不加刑又天子巡狩問百年者就而見之敬齒以親愛聖王之至教也吉罪不及死而暴加酷刑是乃謬誅非所以為美也喜推考桓王之薨建安五年四月四日是時曹袁相攻未有勝負案夏侯元讓與石威則書袁紹破後也書云授孫賁以長沙業張津以零桂此為桓王於前亡張津於後死不得相讓譬言津之死意矣

臣松之案太康八年廣州大中正王範上交廣二州春秋建安六年張津猶為交州牧江表傳之虛如志林所云

搜神記曰策欲渡江襲許與吉俱行時大旱所在熇厲策催諸將士使速引船或身自早出督切見將吏多在吉許策因此激怒言我為不如于吉邪而先趨務之便使收吉至呵問之曰天旱不雨道塗艱澁不時得過故自早出而卿不同憂戚安坐船中作鬼物態敗吾部伍今當相除令人縛置地上暴之使請雨若能感天日中雨者當原赦不爾行誅俄而雲氣上蒸膚寸而合比至日中大雨總至溪澗盈溢將士喜悅以為吉必見原並往慶慰策遂殺之將士哀惜共藏其尸天夜忽更興雲覆之明旦往視不知所在

案江表傳搜神記于吉事不同未詳孰是

密治兵部署諸將未發會為故吳郡太守許貢客所殺先是策殺貢貢小子與客亡匿江邊策單騎出卒與客遇客擊傷策

江表傳曰廣陵太守陳登治射陽登即瑀之從兄子也策前西征登陰復遣間使以印綬與嚴白虎餘黨圖為後害以報瑀見破之辱策歸復討登軍到丹徒須待運糧策性好獵將步騎數出策驅馳逐鹿所乘馬精駿從騎絕不能及初吳郡太守許貢上表於漢帝曰孫策驍雄與項籍相似宜加貴寵召還京邑若被詔不得不還若放於外必作世患策候吏得貢表以示策策請貢相見以責讓貢貢辭無表策即令武士絞殺之貢奴客潛民間欲為貢報讎獵日卒有三人即貢客也策問爾等何人答云是韓當兵在此射鹿耳策曰當兵吾皆識之未嘗見汝等因射一人應弦而倒餘二人怖急便舉弓射策中頰後騎尋至皆刺殺之

九州春秋曰策聞曹公北征柳城悉起江南之眾自號大司馬將北襲許恃其勇行不設備故及於難

孫盛異同評曰凡此數書各有所失孫策雖威行江外略有六郡然黃祖乘其上流陳登間其心腹且深險彊宗未盡歸復曹袁虎爭勢傾山海策豈暇遠師汝潁而遷帝於吳越哉斯蓋庸人之所鑒見況策達於事勢者乎又案袁紹以建安五年至黎陽而策以四月遇害而志云策聞曹公與紹相拒於官渡謬矣伐登之言為有證也

又江表傳說策悉識韓當軍士疑此為詐便射殺一人夫三軍將士或有新附策為大將何能悉識以所不識便射殺之非其論也又策見殺在五年柳城之役在十二年九州春秋乖錯尤甚矣

臣松之案傅子亦云曹公征柳城將襲許記述若斯何其疎哉然孫盛所譏未為乖其黃祖始被策破魂氣未反劉表君臣本無兼并之志雖在上流何辦規擬吳會策之此舉理應先圖陳登但舉兵所在不止登而已于時彊宗驍帥祖郎嚴虎之徒禽滅已盡所餘山越蓋何足慮然則策之所規未可謂之不暇也若使策志獲從大權在手淮泗之間所在皆可都何必畢志江外其當遷帝於揚越哉案魏武紀武帝以建安四年已出屯官渡未死之前久與袁紹交兵則國志所云不為謬也許貢客無聞之小人而能感識恩遇臨義忘生卒然奮發有侔古烈矣詩云君子有徽猷小人與屬貢客其有焉

創甚請張昭等謂曰中國方亂夫以吳越之眾三江之固足以觀成敗公等善相吾弟呼權佩以印綬謂曰舉江東之眾決機於兩陳之間與天下爭衡卿不如我舉賢任能各盡其心以保江東我不如卿至夜卒時年二十六

吳歷曰策既被創醫言可治當好自將護百日勿動策引鏡自照謂左右曰面如此尚可復建功立事乎椎几大奮創皆分裂其夜卒

○搜神記曰策既殺于吉每獨坐彷彿見吉在左右意深惡

之頗有失常後治創方差而引鏡自照見吉在鏡中顧而弗見如是再三因撲鏡大叫創皆崩裂須臾而死權稱尊號追謚策曰長沙桓王封子紹爲吳侯後改封上虞侯紹卒子奉嗣孫晧時訛言謂奉當立誅死

評曰孫堅勇摯剛毅孤微發迹導溫戮卓山陵杜塞有忠壯之烈策英氣傑濟猛銳冠世覽奇取異志陵中夏然皆輕佻果躁隕身致敗且割據江東策之基兆也而權尊崇未至子止侯爵於義儉矣孫盛曰孫氏兄弟皆明略絶羣創基立事策之由也且臨終之日顧命委權夫意氣之間猶有刎頸況天倫之篤愛豪達之英鑒豈吝名號於既往違情本之至實哉抑將遠思虛盈之數而愼其名器者乎夫正本定名爲國之大防杜絶疑貳消釁之良謨是故魯隱矜義終致羽父之禍宋宣懷仁卒有殤公之哀皆心存小善而不達經綸之圖求譽當年而不思貽厥之謀可謂輕千乘之國蹈道則未也孫氏因擾攘之際得奮其縱橫之志業非積德之基邦無磐石之固勢一則祿祚可終情乖則禍亂塵起安可不防微於未兆慮難於將來壯哉策爲首事之君有吳開國之主將相在列皆其舊也而嗣子弱劣析薪弗荷奉之則魯桓田市之難作崇之則與夷子馮之禍興是以正名定本使貴賤殊邈然後國無陵肆之責後嗣罔猜忌之嫌羣情絶異端之論不逞杜覬覦之心於情雖違於事雖儉至於括囊遠圖求保維城可謂爲之于其未有治之于其未亂者也陳氏之評其未達乎

孫破虜討逆傳第一

吳主傳第二　吳書　國志四十七

孫權傳

孫權字仲謀。兄策既定諸郡，時權年十五，以為陽羨長。（江表傳曰：堅為下邳丞時，權生，方頤大口，目有精光，堅異之，以為有貴象。及堅亡，策起事江東，權常隨從。性度弘朗，仁而多斷，好俠養士，始有知名，侔於父兄矣。每參同計謀，策甚奇之，自以為不及也。每請會賓客，常顧權曰：此諸君，汝之將也。）郡察孝廉，州舉茂才，行奉義校尉。漢以策遠脩職貢，遣使者劉琬加錫命。琬語人曰：吾觀孫氏兄弟雖各才秀明達，然皆祿祚不終，惟中弟孝廉，形貌奇偉，骨體不恆，有大貴之表，年又最壽，爾試識之。

建安四年，從策征廬江太守劉勳。勳破，進討黃祖於沙羨。

五年，策薨，以事授權，權哭未及息。策長史張昭謂權曰：孝廉，此寧哭時邪？且周公立法而伯禽不師，非欲違父，時不得行也。（臣松之按：禮記曾子問曰：子夏問曰：三年之喪，金革之事無避也者，禮與？初有司與？孔子曰：吾聞諸老聃曰，昔者魯公伯禽有為為之也。鄭玄注曰：周人卒哭而致事。時有徐戎作難，伯禽卒哭而征之，急王事也。昭所云伯禽不師，蓋謂此也。）況今姦宄競逐，豺狼滿道，乃欲哀親戚，顧禮制，是猶開門而揖盜，未可以為仁也。乃改易權服，扶令上馬，使出巡軍。是時惟有會稽、吳郡、丹楊、豫章、廬陵，然深險之地，猶未盡從，而天下英豪布在州郡，賓旅寄寓之士以安危去就為意，未有君臣之固。張昭、周瑜等謂權可與共成大業，故委心而服事焉。曹公表權為討虜將軍，領會稽太守，屯吳，使丞之郡行文書事。待張昭以師傅之禮，而周瑜、程普、呂範等為將率。招延俊秀，聘求名士，魯肅、諸葛瑾等始為賓客。分部諸將，鎮撫山越，討不從命。（江表傳曰：初策表用李術為廬江太守，策亡之後，術不肯事權，而多納其亡叛。權移書求索，術報曰：有德見歸，無德見叛，不應復還。權大怒，乃以狀白曹公曰：嚴刺史昔為公所用，又是州舉將，而李術凶惡，輕犯漢制，殘害州司，肆其無道，宜速誅滅，以懲醜類。今欲討之，進為國朝掃除鯨鯢，退為舉將報塞怨讎，此天下達義，夙夜所甘心。術必懼誅，復詭說求救。明公所居阿衡之任，海內所瞻，願敕執事，勿復聽受。是歲舉兵攻術於皖城。術閉門自守，求救於曹公，曹公不救。糧食乏盡，婦女或丸土而吞之。遂屠其城，梟術首，徙其部曲三萬餘人。）

七年，權母吳氏薨。

八年，權西伐黃祖，破其舟軍，惟城未克，而山寇復動。還過豫章，使呂範平鄱陽，會稽程普討樂安，太史慈領海昏，韓當、周泰、呂蒙等為劇縣令長。

九年，權弟丹楊太守翊為左右所害，以從兄瑜代翊。（吳錄曰：是時權大會官僚，沈友有所是非，令人扶出，謂曰：人言卿欲反。友知不得脫，乃曰：主上在許，有無君之心者，可謂非反乎？遂殺之。友字子正，吳郡人。年十一，華歆行風俗，見而異之，因呼曰：沈郎，可登車語乎？友逡巡却曰：君子講好，會宴以禮，今仁義陵遲，聖道漸壞，先生銜命，將以裨補先王之教，整齊風俗，而輕脫威儀，猶負薪救火，無乃更崇其熾乎！歆慚曰：自桓、靈以來雖多英彥未有如童若此者弱冠博學多所貫綜善屬文辭兼好武事注孫子兵法又辯於口每所至衆人皆默然莫與爲對咸言其筆之妙舌之妙刀之妙三者皆過絕於人權以禮聘既至論王霸之略當時之務權斂容敬焉陳荊州宜并之計納之正色立朝清議峻厲爲庸臣所譖誣以謀反權亦以終不爲己用故害之時年二十九

十年權使賀齊討上饒分爲建平縣

十二年西征黃祖虜其人民而還

十三年春權復征黃祖祖先遣舟兵拒軍都尉呂蒙破其前鋒而凌統董襲等盡銳攻之遂屠其城祖挺身亡走騎士馮則追梟其首虜其男女數萬口是歲使賀齊討黟歙黟音伊歙音攝分歙爲始新新定吳錄曰晉改休陽爲海寧以六縣爲新都郡荊州牧劉表死魯肅乞奉命弔表二子且以觀變肅未到而曹公已臨其境表子琮舉衆以降劉備欲南濟江肅與相見因傳權旨爲陳成敗備進住夏口使諸葛亮詣權權遣周瑜程普等行是曹公新得表衆形勢甚盛諸議者皆望風畏懼多勸權迎之江表傳載曹公與權書曰近者奉辭伐罪旄麾南指劉琮束手今治水軍八十萬衆方與將軍會獵於吳權得書以示羣臣莫不響震失色惟瑜肅執拒之議意與權同瑜普爲左右督各領萬人與備俱進遇於赤壁大破曹公軍公燒其餘船引退士卒饑疫死者太半備瑜等復追至南郡曹公遂北還留曹仁徐晃於江陵使樂進守襄陽時甘寧在夷陵爲仁黨所圍用呂蒙計留淩統以拒仁以其半救寧軍以勝反權自率衆圍合肥使張昭攻九江之當塗昭兵不利權攻城踰月不能下曹公自荊州還遣張喜將騎赴合肥未至權退

十四年瑜仁相守歲餘所殺傷甚衆仁委城走權以瑜爲南郡太守劉備表權行車騎將軍領徐州牧備領荊州牧屯公安

十五年分豫章爲鄱陽郡分長沙爲漢昌郡以魯肅爲太守屯陸口

十六年權徙治秣陵明年城石頭改秣陵爲建業聞曹公將來侵作濡須塢

十八年正月曹公攻濡須權與相拒月餘曹公望權軍歎其齊肅乃退吳歷曰曹公出濡須作油船夜渡洲上權以水軍圍取得三千餘人其沒溺者亦數千人權數挑戰公堅守不出權乃自來乘輕船從濡須口入公軍諸將皆以爲是挑戰者欲擊之公曰此必孫權欲身見吾軍部伍也勅軍中皆精嚴弓弩不得妄發權行五六里迴還作鼓吹公見舟船器仗軍伍整肅喟然歎曰生子當如孫仲謀劉景升兒子若豚犬耳權爲牋與曹公說春水方生公宜速去別紙言足下不死孤不得安曹公語諸將曰孫權不欺孤乃徹軍還魏略曰權乘大船來觀軍公使弓弩亂發箭著其船船偏重將覆權因迴船復以一面受箭箭均船平乃還初曹公恐江濱郡縣爲權所略徵令內移民轉相驚自廬江九江蘄春廣陵戶十

餘萬皆東渡江江西遂虛合肥以南惟有皖城十九年五月權征皖城閏月克之獲廬江太守朱光及參軍董和男女數萬口是歲劉備定蜀權以備已得益州令諸葛瑾從求荊州諸郡備不許曰吾方圖涼州涼州定乃盡以荊州與吳耳權曰此假而不反而欲以虛辭引歲遂置南三郡長吏關羽盡逐之權大怒乃遣呂蒙督鮮于丹徐忠孫規等兵二萬取長沙零陵桂陽三郡使魯肅以萬人屯巴丘（巴丘今曰巴陵）以禦關羽權住陸口為諸軍節度蒙到二郡皆服惟零陵太守郝

普未下會備到公安使關羽將三萬兵至益陽權乃召蒙等使還助肅蒙使人誘普普降盡得三郡將守因引軍還與孫皎潘璋并魯肅兵並進拒羽於益陽未戰會曹公入漢中備懼失益州使使求和權令諸葛瑾報更尋盟好遂分荊州長沙江夏桂陽以東屬權南郡零陵武陵以西屬備備歸而曹公已還權反自陸口遂征合肥合肥未下徹軍還兵皆就路權與淩統甘寧等在津北為魏將張遼所襲統等以死扞權權乘駿馬越津橋得去（獻帝春秋曰張遼問吳降人向有紫髯將軍長上短下便馬善射是

誰降人荅曰是孫會稽遼及樂進相遇言不早知之急追自得舉軍歎恨　江表傳曰權乘駿馬上津橋橋南已見徹丈餘無版谷利在馬後使權持鞍緩控利於後著鞭以助馬勢遂得超度權既得免即拜利都亭侯谷利者本左右給使也以謹直為親近監性忠果亮烈言不苟且權愛信之）

二十一年冬曹公次于居巢遂攻濡須

二十二年春權令都尉徐詳詣曹公請降公報使脩好誓重結婚

二十三年十月權將如吳親乘馬射虎於庱亭（庱音攄陵反）馬為虎所傷權投以雙戟虎却廢常從張世擊以戈獲之

二十四年關羽圍曹仁於襄陽曹公遣左將軍

于禁救之會漢水暴起羽以舟兵盡虜禁等步騎三萬送江陵惟城未拔權內憚羽外欲以為己功牋與曹公乞以討羽自效曹公且欲使羽與權相持以鬬之驛傳權書使曹仁以弩射示羽羽猶豫不能去閏月權征羽先遣呂蒙襲公安獲將軍士仁蒙到南郡南郡太守麋芳以城降蒙據江陵撫其老弱釋于禁之囚陸遜別取宜都獲秭歸枝江夷道還屯夷陵守峽口以備蜀關羽還當陽西保麥城權使誘之羽偽降立幡旗為象人於城上因遁走兵皆解散尚十餘

孫權

騎權先使朱然潘璋斷其徑路十二月璋司馬馬忠獲羽及其子平都督趙累等於章鄉遂定荊州是歲大疫盡除荊州民租稅曹公表權爲驃騎將軍假節領荊州牧封南昌侯權遣校尉梁寓奉貢于漢及令王惇市馬又遣朱光等歸魏略曰梁寓字孔儒吳人也權遣寓觀望曹公曹公因以爲掾尋遣還南

二十五年春正月曹公薨太子丕代爲丞相魏王改年爲延康秋魏將梅敷使張儉求見撫納南陽陰酇筑陽筑音逐山都中廬五縣民五千家來附冬魏嗣王稱尊號改元爲黃初二年四月

劉備稱帝於蜀魏略曰權聞魏文帝受禪而劉備稱帝乃呼問知星者已分野中星氣何如遂有僭意而以位次尚少無以威衆又欲先卑而後踞之爲卑則可以假寵後踞則以致討致討然後可以怒衆衆怒然後可以自大故深絕蜀而專事魏權自公安都鄂改名武昌以武昌下雉尋陽陽新柴桑沙羨六縣爲武昌郡五月建業言甘露降八月城武昌下令諸將曰夫存不忘亡安必慮危古之善教昔雋不疑漢之名臣於安平之世而刀劍不離於身蓋君子之於武備不可以已況今處身疆畔豺狼交接而可輕忽不思變難哉頃聞諸將出入各尚謙約不從人兵甚非備慮愛身之謂夫保已遺名以安

孫權

君親孰與危辱宜深警戒務崇其大副孤意焉自魏文帝踐阼權使命稱藩及遣于禁等還十一月策命權曰蓋聖王之法以德設爵以功制祿勞大者祿厚德盛者禮豐故叔旦有夾輔之勳太公有鷹揚之功並啓土宇并受備物所以表章元功殊異賢哲也近漢高祖受命之初分裂膏腴以王八姓斯則前世之懿事後王之元龜也朕以不德承運革命君臨萬國秉統天機思齊先代坐而待旦惟君天資忠亮命世作佐深覩歷數達見廢興遠遣行人浮于潛漢禹貢曰沱潛既

道注曰水自江出爲沱漢爲潛望風影附抗疏稱藩兼納纖絺南方之貢普遣諸將來還本朝忠肅內發款誠外昭信著金石義蓋山河朕甚嘉焉今封君爲吳王使使持節太常高平侯貞授君璽綬策書金虎符第一至第五左竹使符第一至第十以大將軍使持節督交州領荊州牧事錫君青土苴以白茅對揚朕命以尹東夏其上故驃騎將軍南昌侯印綬符策今又加君九錫其敬聽後命以君綏安東南綱紀江外民夷安業無或攜貳是用錫君大輅戎輅各一玄牡二駟君務財勸農

倉庫盈積，是用錫君衮冕之服，赤舄副焉。君化民以德，禮教興行，是用錫君軒縣之樂。君宣導休風，懷柔百越，是用錫君朱戶以居。君運其才謀，官方任賢，是用錫君納陛以登。君忠勇並奮，清除姦慝，是用錫君虎賁之士百人。君振威陵邁，宣力荊南，梟滅凶醜，罪人斯得，是用錫君鈇鉞各一。君文和於內，武信于外，是用錫君彤弓一、彤矢百、玈弓十、玈矢千。君以忠肅為基，恭勤為德，是用錫君秬鬯一卣，圭瓚副焉。欽哉！敬敷訓典，以服朕命，以勗相我國家，永終爾顯烈。江表傳曰：權羣臣議，以為宜稱上將軍九州伯，不應受魏封。權曰：九州伯，於古未聞也。昔沛公亦受項羽拜為漢王，此蓋時宜耳，復何損邪？遂受之。孫盛曰：昔伯夷叔齊不屈有周，魯仲連不為秦民。夫以匹夫之志，猶義不辱，況列國之君三分天下，而可二三其節，或臣或否乎？余觀吳蜀，咸稱奉漢，至於漢代，莫能固秉臣節，君子是以知其不能克昌厥後，卒見吞於大國也。向使權從羣臣之議，終身稱漢將，豈不義悲六合，仁感百世哉！

是歲，劉備帥軍來伐，至巫山、秭歸，使使誘導武陵蠻夷，假與印傳，許之封賞。於是諸縣及五谿民皆反為蜀。權以陸遜為督，督朱然、潘璋等以拒之。遣都尉趙咨使魏。魏帝問曰：「吳王何等主也？」咨對曰：「聰明仁智，雄略之主也。」帝問其狀，咨曰：「納魯肅於凡品，是其聰也；拔呂蒙於行陳，是其明也；獲于禁而不害，是其仁也；取荊州而兵不血刃，是其智也；據三州虎視於天下，是其雄也；屈身於陛下，是其略也。」吳書曰：咨字德度，南陽人，博聞多識，應對辯捷，權為吳王，擢中大夫，使魏。魏文帝善之，嘲咨曰：「吳王頗知學乎？」咨曰：「吳王浮江萬艘，帶甲百萬，任賢使能，志存經略，雖有餘閑，博覽書傳歷史，籍採奇異，不效書生尋章摘句而已。」帝曰：「吳可征不？」咨對曰：「大國有征伐之兵，小國有備禦之固。」又曰：「吳難魏不？」咨曰：「帶甲百萬，江漢為池，何難之有？」又曰：「吳如大夫者幾人？」咨曰：「聰明特達者八九十人，如臣之比，車載斗量，不可勝數。」咨頻載使北，人敬異。權聞而嘉之，拜騎都尉。咨言曰：「觀北方終不能守盟，今日之計，朝廷承漢四百之際，應東南之運，宜改年號，正服色，以應天順民。」權納之。

帝欲封權子登，權以登年幼，上書辭封，重遣西曹掾沈珩陳謝，并獻方物。吳書曰：珩字仲山，吳郡人，少綜經藝，尤善春秋內外傳。權以珩有智謀，能專對，乃使至魏。魏文帝問曰：「吳嫌魏東向乎？」珩曰：「不嫌。」曰：「何以？」曰：「信恃舊盟，言歸于好，是以不嫌。若魏渝盟，自有豫備。」又問：「聞太子當來，寧然乎？」珩曰：「臣在東朝，朝不坐，宴不與，若此之議，無所聞也。」文帝善之，乃引珩自近，談語終日，珩隨事響應，無所屈服。珩還言曰：「臣密參侍中劉曄，數為賊設姦計，終不久愨。臣聞兵家舊論，不恃敵之不我犯，恃我之不可犯，今為朝廷慮之。且當省息他役，惟務農桑以廣軍資；脩繕舟車，增作戰具，令皆兼盈；撫養兵民，使各得其所；攬延英俊，獎厲將士，則天下可圖矣。」以奉使有稱，封永安鄉侯，官至少府。立登為王太子。江表傳曰：是歲魏文帝遣使求雀頭香、大貝、明珠、象牙、犀角、瑇瑁、孔雀、翡翠、鬬鴨、長鳴雞。羣臣奏曰：「荊、揚二州，貢有常典，魏所求珍玩之物非禮也，宜勿與。」權曰：「昔惠施尊齊為王，客難之曰：『公之學去尊，今王齊，何其倒也？』惠子曰：『有人於此，欲擊其愛子之頭，而石可以代之，子頭所重而石所輕也，以輕代重，何為不可乎？』方有事於西北，江表元元，恃主為命，非我愛子邪？彼所求者，於我瓦石耳，孤何惜焉？彼在諒闇之中，而所求若此，寧可與言禮哉！」皆具以與之。

黃武元年春正月，陸遜部將軍宋謙等攻蜀五屯，皆破之，斬其將。三月，鄱陽言黃龍見。蜀軍分據險地前後五十餘營遜隨輕重以兵應拒自正月至閏月大破之臨陣所斬及投兵降首數萬人劉備奔走僅以身免吳歷曰權以使聘魏具上破備獲印綬及首級所得土地并表將吏功勤宜加爵賞之意文帝報使致鼲子裘明光鎧騑馬又以素書所作典論及詩賦與權　魏書載詔答曰老虜邊窟越險深入曠日持久內迫罷弊外困智力故見身於雞頭分兵擬西陵其計不過謂可轉足前迹以搖動江東根未著地摧折其支雖未剗備五藏使身首分離其所降誅亦足使虜部衆兇懼昔吳漢先燒荊門後發夷陵而子陽無所逃其死來歙始襲略陽文叔喜之而知隗囂無所施其巧今討此虜正似其事將軍勉建方略務全獨克初權外託事魏而誠心不款魏欲遣侍中辛毗尚書桓階往與盟誓并徵任子權辭讓不受秋九月魏乃命曹休張遼臧霸出洞口曹仁出濡須曹眞夏侯尚張郃徐晃圍南郡權遣呂範等督五軍以舟軍拒休等諸葛瑾潘璋楊粲救南郡朱桓以濡須督拒仁時揚越蠻夷多未平集內難未弭故權卑辭上書求自改厲若罪在難除必不見置當奉還土地民人乞寄命交州以終餘年文帝報曰君生於擾攘之際本有從橫之志降身奉國以享茲祚自君策名已來貢獻盈路討備之功國朝仰成埋而掘之古人之所恥國語曰狸埋之狸搰之是以無成功朕之與君大義已定豈樂勞師遠臨江漢廊廟之議王者所不得專三公上君過

失皆有本末朕以不明雖有曾母投杼之疑猶冀言者不信以爲國福故先遣使者犒勞又遣尚書侍中踐脩前言以定任子君遂設辭不欲使進議者恠之魏略載魏三公奏曰臣聞枝大者披心尾大者不掉有國有家之所慎也昔漢承秦弊天下新定大國之王臣節未盡以蕭張之謀不備録之至使六王前後反叛已而伐之戎車不輟又文景守成忘戰役驕縱吳楚養虺成蛇既爲社稷大憂蓋前事之不忘後事之師也吳王孫權幼豎小子無尺寸之功遭遇兵亂因父兄之緒少蒙翼卵昫伏之恩長含鴟梟反逆之性背棄天施罪惡積大復與關羽更相覘伺逐利見便挾爲卑辭先帝知權姦以求用時以于禁敗於水災等當討羽因以委權先帝委褒下席權不盡心誠在惻怛欲因大喪寡弱王室希託董桃傳先帝令乘未得報許擅取襄陽及見驅逐乃更折節邪辟之態巧言如流雖重驛累使發遣禁等內包隗囂顧望之姦外欲緩誅支仰蜀賊聖朝含弘既加不忍優而赦之與之更始猥乃割地王之使南面稱孤兼官累位禮備九命名馬百駟以成其勢光寵顯赫古今無二權爲犬羊之姿橫被虎豹之文不思靜力致死之節以報無量不世之恩臣每見所下權前後章表又以愚意採察權旨自以阻帶江湖負固不服狃忕累世詐僞成功上有尉他英布之計下誦伍被屈彊之辭終非不侵不叛之臣以爲晁錯不發削弱王侯之謀則七國同衡禍久而大蒯通不決襲歷下之策則田橫自慮罪深變重臣謹考之周禮九伐之法平權凶惡逆節萌生見罪十五昔九黎亂德黃帝加誅項羽罪十漢祖不捨權所犯罪釁明白非仁恩所養宇宙所容臣請免權官鴻臚削爵土捕治罪敢有不從移兵進討以明國典好惡之常以靜三州元元之苦其十五條文多不載又前都尉浩周勸君遣子乃實朝臣交謀以此卜君君果有辭外引隗囂遣子不終內喻竇融守忠而已世殊時異人各有心浩周之還口陳指麾益令議者發明衆嫌終始之本無所據杖故遂俛仰從羣臣議今省上事款誠深至心用

慨然悽愴動容即日下詔勅諸軍但深溝高壘不得妄進若君必發忠節以解疑議登身朝到夕召兵還此言之誠有如大江

〔魏略曰浩周字孔異上黨人建安中仕爲蕭令至徐州刺史後領護于禁軍軍沒爲關羽所得權襲羽幷得周甚禮之及文帝即王位權乃遣周爲牋魏王曰昔討關羽獲于將軍即白先王當發遣之此乃奉款之心不言而發先王未深留意而謂權中間復有異圖愚情慺慺用未果決遂值先王委離國祚殿下承統下情始通公私契闊未獲備舉是令本誓未即昭顯梁寓傳命委曲周至深知殿下以爲意望權之赤心不敢有他願垂明恕保權所執謹遣浩周東里袞至情至實皆周等所具又曰權本性空薄文武不昭昔承父兄成軍之緒得爲先王所見獎飾遂因國恩撫綏東土而中間寡慮庶事不明畏威忘德以取重戾先王恩仁不忍遐棄既釋其宿罪且開明信雖致命虜庭梟獲關羽功效淺薄未報萬一事業未究先王即世殿下踐阼威仁流邁私懼未蒙昭察梁寓來到具知殿下不遂疏遠必欲撫錄追本先緒權之得此欣然踊躍心開目明不勝其慶權世受寵遇分義深篤今日之事永執一心惟察慺慺重垂含覆又曰先王以權推誠已驗軍當引還故除合肥之守著南北之信令權長驅不復後顧近得守將周泰全琮等白事過月六日有馬步七百徑到橫江又督將馬和復將四百人進到居巢琮等聞有兵馬渡江視之爲兵馬所擊臨時交鋒大相殺傷卒得此問情用恐懼權實在遠不豫聞知約勅無素敢謝其罪又聞張征東朱橫海今復還合肥先王盟要由來未久且權自度未獲罪釁不審今者何以發起牽軍遠次事業未訖甫當爲國討除賊備重聞斯問深使失圖凡遠人所恃在於明信願殿下克卒前分開示坦然使權誓命得卒本規凡所願言周等所當傳也初東里袞爲于禁軍司馬前與周俱沒又俱還到有詔皆見之帝問周等周以爲權必臣服而東里袞謂其不可必服帝悅周言以爲有以知之是歲冬魏王受漢禪遣使以權爲吳王詔使周與使者俱往周既致詔命時與權私宴謂權曰陛下未信王遣子入侍也周以闔門百口明之權因字謂周曰浩孔異卿乃以舉家百口保我我當何言邪遂流涕沾襟及與周別又指天爲誓周還之後權不遣子而設辭帝乃久留其使到八月權上書謝又與周書曰自道路開通不忘脩意既新奉國命加知起居假歸河北故使情問不獲果至望想之勞曷云其已孤以空闇分信不昭中間

招罪以取棄絶幸蒙國恩復見赦宥喜乎與君克卒本圖傳不云乎雖不能始善終可也又曰昔君之來欲令遣子入侍于時傾心歡以承命徒以登年幼欲假年歲之間耳而赤情未蒙昭信遂見討責常用慙怖自頃國恩復加開導忘其前愆取其後效喜得因此尋竟本誓前以有表具說遣子之意想君假還已知之也又曰今子當入侍而未有妃耦昔君念之以爲可上連綴宗室若夏侯氏雖中間自棄常奉戢在心當垂宿念爲之先後使獲攀龍附驥永自固定其爲分惠豈有量哉如是欲遣孫長緒與小兒俱入奉行禮聘成之在君又曰小兒年弱加教訓不足念當與別爲之緬然父子恩情豈有已邪又欲遣張子布追輔護之孤性無餘凡所欲爲今盡宣露惟恐赤心不先暢達是以具爲君說之宜明所以於是詔曰權前對浩周自陳不敢自遠樂委質長爲外臣又前後辭旨頭尾擊地此鼠子自知不能保爾許地也又今與周書請以十二月遣子復欲遣孫長緒張子布隨子俱來彼二人皆權股肱心腹也又欲爲子於京師求婦此權異心之明效也帝既信權甘言且謂周爲得其眞而權但華僞竟無遣子意自是之後帝既彰權罪周亦見疏遠終身不用〕

權遂改年臨江拒守冬十一月大風範等兵溺死者數千餘軍還江南曹休使臧霸以輕船五百敢死萬人襲攻徐陵燒攻城車殺略數十人將軍全琮徐盛追斬魏將尹盧殺獲數百十二月權使太中大夫鄭泉聘劉備于白帝始復通也

〔江表傳曰權云近得玄德書已深引咎求復舊好前所以名西爲蜀者以漢帝尚存故耳今漢已廢自可名爲漢中王也。吳書曰鄭泉字文淵陳郡人博學有奇志而性嗜酒其閑居每曰願得美酒滿五百斛船以四時甘脆置兩頭反覆沒飲之憊即住而啖肴膳酒有斗升減隨即益之不亦快乎權以爲郎中嘗與之言卿好於衆中面諫或失禮敬寧畏龍鱗乎對曰臣聞君明臣直今値朝廷上下無諱實恃洪恩不畏龍鱗後侍讌權乃怖之使提出付有司促治罪臨出屢顧權呼還笑曰卿言不畏龍鱗何以臨出而顧乎對曰實恃恩覆知無死憂至當出閤感惟威靈不能不顧耳使蜀劉備問曰吳王何以不荅吾書得無以吾正名不宜乎泉曰曹操父子陵轢漢室終奪其位殿下託爲宗室有維城之責不荷戈執

（及爲海内率先而於是自名未合天下之義是以寡君未復書耳備甚慙恚而泉臨卒謂同類曰必葬我陶家之側庶百歲之後化而成土幸見取爲酒壺實獲我心矣）然猶與魏文帝相往來至後年乃絶是歲改夷陵爲西陵

二年春正月曹眞分軍據江陵中州是月城江夏山改四分用乾象歷（江表傳曰權推五德之運以爲土行用未祖辰臘　志林曰土行以辰臘得其數矣土盛於戌而以未祖其義非也土生於未故未爲坤初是以月令建未之月祀黃精於郊祖用其盛今祖用其始豈應運乎）三月曹仁遣將軍常彫等以兵五千乘油船晨渡濡須中州仁子泰因引軍急攻朱桓桓兵拒之遣將軍嚴圭等擊破彫等是月魏軍皆退夏四月權羣臣勸即尊號權不許（江表傳曰權辭讓曰漢家堙替不能存救亦何心而競乎羣臣稱天命符瑞固重以請權未之許而謂將相曰往年孤以玄德方向西鄙故先命陸遜選衆以待之聞北部分欲以助孤孤内嫌其有挾若不受其拜是相折辱而趣其速發便當與西俱至二處受敵於孤爲劇故自抑按就其封王低屈之趣諸君似未之盡今故以此相解耳）劉備薨于白帝（吳書曰權遣立信都尉馮熙聘于蜀弔備喪也熙字子柔潁川人馮異之後也權之爲車騎熙歷東曹掾使蜀還爲中大夫後使于魏文帝問曰吳王若欲脩宿好宜當厲兵江關縣旌巴蜀而聞復遣脩好必有變故熙曰臣聞西使直報問且以觀釁非有謀也又曰聞吳國比年災旱人物彫損以大夫之明觀之何如熙對曰吳王體量聰明善於任使賦政施役每事必咨敬養賓旅親賢愛士賞不擇怨仇而罰必加有罪臣下皆感恩懷德惟忠與義帶甲百萬穀帛如山稻田沃野民無饑歲所謂金城湯池彊富之國也以臣觀之輕重之分未可量也帝不悅以陳羣與熙同郡使羣誘之啗以重利熙不爲回送至摩陂欲困苦之後又召還未至熙懼見迫不從必危身辱命乃引刀自刺御者覺之不得死權聞之垂涕曰此與蘇武何異竟死於魏）五月曲阿言甘露降先是戲口守

將晉宗殺將王直以衆叛如魏魏以爲蘄春太守數犯邊境六月權令將軍賀齊督糜芳劉邵等襲蘄春邵等生虜宗冬十一月蜀使中郎將鄧芝來聘（吳歷曰蜀致馬二百匹錦千端及方物自是之後聘使往來以爲常吳亦致方土所出以答其厚意焉）

三年夏遣輔義中郎將張温聘于蜀秋八月赦死罪九月魏文帝出廣陵望大江曰彼有人焉未可圖也乃還（干寶晉紀曰魏文帝之在廣陵吳人大駭乃臨江爲疑城自石頭至于江乘車以木楨衣以葦席加采飾焉一夕而成魏人自江西望甚憚之遂退軍權令趙達筭之曰曹丕走矣雖然吳衰庚子歲權曰幾何達屈指而計之曰五十八年權曰今日之憂不暇及遠此子孫事也　吳錄曰是歲蜀主又遣鄧芝來聘重結盟好權謂芝曰山民作亂江邊守兵多徹慮曹丕乘空弄態而反求和議者以爲内有不暇幸來求和於我有利宜當與通以自辯定恐西州不能明孤赤心用致嫌疑孤土地邊外間隙萬端而長江巨海皆當防守丕觀釁而動惟不見便寧得忘此復有他圖）

四年夏五月丞相孫邵卒（吳錄曰邵字長緒北海人長八尺爲孔融功曹融稱曰廊廟才也從劉繇於江東及權統事數陳便宜以爲應納貢聘權即從之拜廬江太守遷車騎長史黃武初爲丞相威遠將軍封陽羨侯張温暨豔奏其事邵辭位請罪權釋令復職年六十三卒　志林曰吳之創基邵爲首相史無其傳竊常怪之嘗問劉聲叔聲叔博物君子也云推其名位自應立傳項竣吳孚時已有注記此云與張惠恕不能後韋氏作史蓋惠恕之黨故不見書）六月以太常顧雍爲丞相（吳書曰以尚書令陳化爲太常化字元耀汝南人博覽衆書氣幹剛毅長七尺九寸雅有威容爲郎中令使魏魏文帝因酒酣嘲問曰吳魏峙立誰將平一海内者乎化對曰易稱帝出乎震加聞先哲知命舊說紫蓋黃旗運在東南帝曰昔文王以西伯王天下豈復在東乎化曰周之初基太伯在東是以文王能興於西帝笑無以難心奇其辭使畢當還禮送甚厚權以化奉命光國拜犍爲太

守置官屬頃之遷大常兼尚書令正色立朝勑子弟廢田業絕治產仰官廩祿不與百姓爭利妻早亡化以古事為鑒乃不復娶權聞而貴之以其年壯勑宗正妻以宗室女化固辭以疾權不違其志年出七十乃上疏乞骸骨遂爰居章安卒於家長子獻字公熙少有志操能計算衞將軍全琮表獻任大將軍赴召道卒 皖口言木連理冬十二月鄱陽賊彭綺自稱將軍攻沒諸縣衆數萬人是歲地連震吳錄曰是冬魏文帝至廣陵臨江觀兵兵有十餘萬旌旗彌數百里有渡江之志權嚴設固守時大寒冰舟不得入江帝見波濤洶湧歎曰嗟乎固天所以隔南北也遂歸孫韶又遣將高壽等率敢死之士五百人於徑路夜要之帝大驚壽等獲副車羽蓋以還

五年春令曰軍興日久民離農畔父子夫婦不能相卹孤甚愍之今北虜縮竄方外無事其下州郡有以寬息是時陸遜以所在少穀表令諸將增廣農畝權報曰甚善今孤父子親自受田車中八牛以為四耦雖未及古人亦欲與衆均等其勞也秋七月權聞魏文帝崩征江夏圍石陽不克而還蒼梧言鳳皇見分三郡惡地十縣置東安郡吳錄曰郡治富春也以全琮為太守平討山越冬十月陸遜陳便宜勸以施德緩刑寬賦息調又云忠讜之言不能極陳求容小臣數以利聞權報曰夫法令之設欲以遏惡防邪儆戒未然也焉得不有刑罰以威小人乎此為先令後誅不欲使有犯者耳君以為太重者孤亦何利其然

但不得已而為之耳今承來意當重諮謀務從其可且近臣有盡規之諫親戚有補察之箴所以匡君正主明忠信也書載予違汝弼汝無面從孤豈不樂忠言以自裨補邪而云不敢極陳何得為忠讜哉若小臣之中有可納用者寧得以人廢言而不採擇乎但諂媚取容雖闇亦所明識也至於發調者徒以天下未定事以衆濟若徒守江東脩崇寬政兵自足用復用多為顧坐自守可陋耳若不豫調恐臨時未可便用也又孤與君分義特異榮戚實同來表云不敢隨衆容身苟免此實甘心所望於君也於是令有司盡寫科條使郎中褚逢齎以就遜及諸葛瑾意所不安令損益之是歲分交州置廣州俄復舊江表傳曰權於武昌新裝大船名為長安試泛之釣臺圻時風大盛谷利令柂工取樊口權曰當張頭取羅州利拔刀向柂工曰不取樊口者斬工即轉柂入樊口風遂猛不可行乃還權曰阿利畏水何怯也利跪曰大王萬乘之主輕於不測之淵戲於猛浪之中船樓裝高邂逅顛危柰社稷何是以利輒敢以死爭權於是貴重之自此後不復名之常呼曰谷

六年春正月諸將獲彭綺閏月韓當子綜以其衆降魏

七年春三月封子慮為建昌侯罷東安郡夏五月鄱陽太守周魴偽叛誘魏將曹休秋八月權

至皖口使將軍陸遜督諸將大破休於石亭大司馬呂範卒是歲改合浦為珠官郡江表傳曰是歲將軍翟丹叛如魏權恐諸將畏罪而亡乃下令曰自今諸將有重罪三然後議

黃龍元年春公卿百司皆勸權正尊號夏四月夏口武昌並言黃龍鳳皇見丙申南郊即皇帝位吳錄載權告天文曰皇帝臣權敢用玄牡昭告于皇皇后帝漢享國二十有四世歷年四百三十有四行氣數終祿祚運盡普天弛絕率土分崩孽臣曹丕遂奪神器丕子叡繼世作慝淫名亂制權生於東南遭值期運承乾秉戎志在平世奉辭行罰舉足為民群臣將相州郡百城執事之人咸以為天意已去於漢漢氏已絕祀於天皇帝位虛郊祀無主休徵嘉瑞前後雜沓歷數在躬不得不受權畏天命不敢不從謹擇元日登壇燎祭即皇帝位惟爾有神饗之左右有吳永終天祿是日大赦改年追尊父破虜將軍堅為武烈皇帝母吳氏為武烈皇后兄討逆將軍策為長沙桓王吳王太子登為皇太子將吏皆進爵加賞初興平中吳中童謠曰黃金車班蘭耳闓昌門出天子昌門吳西郭門夫差所作五月使校尉張剛管篤之遼東六月蜀遣衛尉陳震慶權踐位權乃參分天下豫青徐幽屬吳兗冀并涼屬蜀其司州之土以函谷關為界造為盟曰天降喪亂皇綱失叙逆臣承釁劫奪國柄始於董卓終於曹操窮凶極惡以覆四海至令九州幅裂普天無統民神痛怨靡所戾止及操子丕桀逆遺醜荐作

姦回偷取天位而叡么麼尋丕凶蹟阻兵盜土未伏厥誅昔共工亂象而高辛行師三苗干度而虞舜征焉今日滅叡禽其徒黨非漢與吳將復誰在夫討惡翦暴必聲其罪宜先分裂奪其土地使士民之心各知所歸是以春秋晉侯伐衛先分其田以畀宋人斯其義也且古建大事必先盟誓故周禮有司盟之官尚書有告誓之文漢之與吳雖信由中然分土裂境宜有盟約諸葛丞相德威遠著翼戴本國典戎在外信感陰陽誠動天地重復結盟廣誠約誓使東西士民咸共聞知故立壇殺牲昭告神明再歃加書副之天府天高聽下靈威棐諶司慎司盟群臣群祀莫不臨之自今日漢吳既盟之後戮力一心同討魏賊救危恤患分災共慶好惡齊之無或攜貳若有害漢則吳伐之若有害吳則漢伐之各守分土無相侵犯傳之後葉克終若始凡百之約皆如載書信言不豔實居于好有渝此盟創禍先亂違貳不協慆慢天命明神上帝是討是督山川百神是糾是殛俾墜其師無克祚國于爾大神其明鑒之秋九月權還都建業因故

府不改館徵上大將軍陸遜輔太子登掌武昌
留事

二年春正月魏作合肥新城詔立都講祭酒以
教學諸子遣將軍衞溫諸葛直將甲士萬人浮
海求夷洲及亶洲亶洲在海中長老傳言秦始
皇帝遣方士徐福將童女數千人入海求蓬萊
神山及仙藥止此洲不還世相承有數萬家其
上人民時有至會稽貨布會稽東縣人海行亦有
遭風流移至亶洲者所在絕遠卒不可得至但
得夷洲數千人還

三年春二月遣太常潘濬率衆五萬討武陵蠻
夷衞溫諸葛直皆以違詔無功下獄誅夏有野
蠶成繭大如卵由拳野稻自生改爲禾興縣中
郎將孫布詐降以誘魏將王淩淩以軍迎布冬
十月權以大兵潛伏於阜陵俟之淩覺而走會
稽南始平言嘉禾生十二月丁卯大赦改明年
元也

嘉禾元年春正月建昌侯慮卒三月遣將軍周
賀校尉裴潛乘海之遼東秋九月魏將田豫要
擊斬賀于成山冬十月魏遼東太守公孫淵遣

校尉宿舒閬中令孫綜稱藩於權并獻貂馬權
大悅加淵爵位江表傳曰是冬羣臣以權未郊祀奏議曰頃者嘉瑞屢臻遠國慕義天意人事
前後備集宜脩郊祀以承天意權曰郊祀當於土中今非其
所於何施此重奏曰普天之下莫非王土王者以天下爲家
昔周文武郊於酆鎬非必土中權曰武王伐紂即阼於鎬京
而郊其所也文王未爲天子立郊於酆見何經典復奏曰伏
見漢書郊祀志匡衡奏從甘泉河東郊於酆權曰文王性謙
讓處諸侯之位明未郊也經傳無明文匡衡俗儒意說非典
籍正義不可用也　志林曰吳王糾駮郊祀之奏追貶匡衡
謂之俗儒凡在見者莫不慨然以爲統盡物理達於事宜至
於稽之典籍乃更不通毛氏之說云堯見天因邰而生后稷
故國之於邰命使事天故詩曰后稷肇祀庶無罪悔以迄于
今言自后稷以來皆得祭天猶魯人郊祀也是以棫樸之作
有積燎之薪文王郊酆經有明文匡衡豈俗而枉之哉文王
雖未爲天子然三分天下而有其二伐崇戡黎祖伊奔告天
旣棄殷乃眷西顧太伯三讓以有天下文王爲王於義何疑
然則匡衡之奏有所未盡按世宗立甘泉汾陰之祠皆出方
士之言非據經典者也方士以甘泉汾陰黃帝祭天地之處

故孝武因之遂立二時漢俗長安而甘泉在北謂就乾位而
衡云武帝居甘泉祭於南宮此旣誤矣祭汾陰在水之脽呼
爲澤中而衡云東之少陽失其本意此自吳事於傳
無非恨無歸正之辭故矯之云脽音誰見漢書音義

二年春正月詔曰朕以不德肇受元命夙夜兢
兢不遑假寢思平世難救濟黎庶上荅神祇下
慰民望是以眷眷勤求俊傑將與勠力共定海
內苟在用心與之偕老今使持節督幽州領青
州牧遼東太守燕王久脅賊虜隔在一方雖乃
心於國其路靡緣今因天命遠遣二使款誠顯
露章表殷勤朕之得此何喜如之雖湯遇伊尹
周獲呂望世祖未定而得河右方之今日豈復

是過普天一統於是定矣書不云乎一人有慶兆民賴之其大赦天下與之更始其明下州郡咸使聞知特下燕國奉宣詔恩令普天率土備聞斯慶三月遣舒綜還使太常張彌執金吾許晏將軍賀達等將兵萬人金寶珍貨九錫備物乘海授淵江表傳載權詔曰故魏使持節車騎將軍遼東太守平樂侯天地失序皇極不建元惡大憝作害于民海內分崩羣生堙滅雖周餘黎民靡有孑遺方之今日亂有甚焉朕受歷數君臨萬國夙夜戰戰念在弭難若涉淵水罔知攸濟是以把旄杖鉞翦除凶虐自東徂西靡遑寧處苟力所及民無災害雖賊虜遺種未伏辜誅猶繫囚枯木待時而斃惟將軍天姿特達兼包文武觀時覩釁審於去就踰越險阻顯致赤心肇建大計爲天下先元勳巨績侔於古人雖昔竇融背棄隴右卒占西向以定光武休名美實豈復是過欽嘉雅尚朕實欣之自古聖帝明王建化垂統以爵褒

德以祿報功功大者祿厚德盛者禮崇故周公有夾輔之勞太師有鷹揚之功並啓土宇兼受備物今將軍規萬年之計建不世之略絕僭逆之虜順天人之肅濟成洪業功無與比齊魯之事奚足言哉詩不云乎無言不讎無德不報今以幽青二州十七郡七十縣封君爲燕王使持節守太常張彌授君璽綬策書金虎符第一至第五竹使符第一至第十錫君玄土苴以白茅爰契爾龜用錫冢社方有戎事典統兵馬以大將軍曲蓋麾幢督幽州青州牧遼東太守如故今加君九錫其敬聽後命以君三世相承保綏一方寧集四郡訓及異俗民夷安業無或攜貳是用錫君大輅戎輅玄牡二駟君務在勸農嗇人成功倉庫盈積官民俱豐是用錫君衮冕之服赤舄副焉君正化以德敬下以禮敦義崇謙內外咸和是用錫君軒縣之樂君宣導休風懷保邊遠遠人迴面莫不影附是用錫君朱戶以居君運其才略官方任賢顯直措枉羣善必舉是用錫君虎賁之士百人君戎馬整齊威震遐方糾虔天刑彰厥有罪是用錫君鈇鉞各一君文和於內武信於外禽討逆節折衝掩難是用錫君彤弓一彤矢百玈弓十玈矢千君忠勤有効溫恭爲德明允篤誠感于朕心是用錫君秬鬯一卣珪瓚副焉欽哉敬茲訓典寅亮天工相我國家永終爾休舉朝大臣自丞相雍

已下皆諫以爲淵未可信而寵待太厚但可遣吏兵數百護送舒綜權終不聽臣松之以爲權愎諫違衆信淵意了非有攻伐之規重複之慮宣達錫命乃用萬人是何不愛其民昏虐之甚乎此役也非惟闇塞實爲無道淵果斬彌等送其首于魏沒其兵資權大怒欲自征淵江表傳載權怒曰朕年六十世事難易靡所不嘗近爲鼠子所前卻令人氣踴如山不自截鼠子頭以擲于海無顏復臨萬國就令顛沛不以爲恨尚書僕射薛綜等切諫乃止是歲權向合肥新城遣將軍全琮征六安皆不克還吳書曰初張彌許晏等俱到襄平官屬從者四百許人淵欲圖彌晏先分其人衆置遼東諸縣以中使秦旦張羣杜德黃彊等及吏兵六十人置玄菟郡玄菟郡在遼東北相去二百里太守王贊領戶二百兼重可三四百人旦等皆舍於民家仰其飲食積四十許日旦與彊等議曰吾人遠辱國命自棄於此與死亡何異今觀此郡形勢甚弱若一旦同心焚燒城郭殺其長吏爲

國報恥然後伏死足以無恨孰與偷生苟活長爲囚虜乎彊等然之於是陰相約結當用八月十九日夜發其日中時爲部中張松所告贊便會士衆閉城門旦羣德彊等皆踰城得走時羣病疽創著膝不及輩旅德常扶接與俱崎嶇山谷行六七百里創益困不復能前臥草中相守悲泣羣曰吾不幸創甚死亡無日卿諸人宜速進道冀有所達空相守俱死於窮谷之中何益也德曰萬里流離死生共之不忍相委於是推旦彊使前德獨留守羣捕菜果食之旦彊別數日得達句驪王宮因宣詔於句驪王宮及其主簿詔言有賜爲遼東所攻奪宮等大喜即受詔命使人隨旦還迎羣德其年宮遣皁衣二十五人送旦等還奉表稱臣貢貂皮千枚鶡雞皮十具旦等見權悲喜不能自勝權義之皆拜校尉閒一年遣使者謝宏中書陳恂拜宮爲單于加賜衣物珍寶恂等到安平口先遣校尉陳奉前見宮而宮受魏幽州刺史諷旨令以吳使自效奉聞之倒還宮遣主簿笮咨帶固等出安平與宏相見宏即縛得三十餘人質之宮於是謝罪上馬數百匹宏乃遣咨固奉詔書賜物與宮是時宏船小載馬八十匹而還

三年春正月詔曰兵久不輟民困於役歲或不

登其覺諸逋勿復督課夏五月權遣陸遜諸葛瑾等屯江夏沔口孫韶張承等向廣陵淮陽權率大衆圍合肥新城是時蜀相諸葛亮出武功權謂魏明帝不能遠出而帝遣兵助司馬宣王拒亮自率水軍東征未至壽春權退還孫韶亦罷秋八月以諸葛恪爲丹陽太守討山越九月朔隕霜傷穀冬十一月太常潘濬平武陵蠻夷事畢還武昌詔復曲阿爲雲陽丹徒爲武進廬陵賊李桓羅厲等爲亂

四年夏遣呂岱討桓等秋七月有雹魏使以馬

求易珠璣翡翠瑇瑁權曰此皆孤所不用而可得馬何苦而不聽其交易

五年春鑄大錢一當五百詔使吏民輸銅計銅畀直設盜鑄之科二月武昌言甘露降於禮賓殿輔吳將軍張昭卒中郎將吾粲獲李桓將軍唐咨獲羅厲等自十月不雨至於夏冬十月彗星見于東方鄱陽賊彭旦等爲亂

六年春正月詔曰夫三年之喪天下之達制人情之極痛也賢者割哀以從禮不肖者勉而致之世治道泰上下無事君子不奪人情故三年

不逮孝子之門至於有事則殺禮以從宜要經而處事故聖人制法有禮無時則不行遭喪不奔非古也蓋隨時之宜以義斷恩也前故設科長吏在官當須交代而故犯之雖隨糾坐猶已廢曠方事之殷國家多難凡在官司宜各盡節先公後私而不恭承甚非謂也中外羣僚其更平議務令得中詳爲節度顧譚議以爲奔喪立科輕則不足以禁孝子之情重則本非應死之罪雖嚴刑益設違奪必少若偶有犯者加其刑則恩所不忍有減則法廢不行愚以爲長吏在

遠苟不告語勢不得知比選代之間若有傳者必加大辟則長吏無廢職之負孝子無犯重之刑將軍胡綜議以爲喪紀之禮雖有典制苟無其時所不得行方今戎事軍國異容而長吏遭喪知有科禁公敢干突苟念聞憂不奔之耻不計爲臣犯禁之罪此由科防本輕所致忠節在國孝道立家出身爲臣焉得兼之故爲忠臣不得爲孝子宜定科文示以大辟若故違犯有罪無赦以殺止殺行之一人其後必絕丞相雍奏從大辟其後吳令孟宗喪母奔赴已而自拘於

武昌以聽刑陸遜陳其素行因爲之請權乃減宗一等後不得以爲比因此遂絕二月陸遜討彭旦等其年皆破之冬十月遣衞將軍全琮襲六安不克諸葛恪平山越事畢北屯廬江

赤烏元年春鑄當千大錢夏呂岱討廬陵賊畢還陸口秋八月武昌言麒麟見有司奏言麒麟者太平之應宜改年號詔曰閒者赤烏集於殿前朕所親見若神靈以爲嘉祥者改年宜以赤烏爲元羣臣奏曰昔武王伐紂有赤烏之祥君臣觀之遂有天下聖人書策載述最詳者以爲近事既嘉親見又明也於是改年步夫人卒追贈皇后初權信任校事呂壹壹性苛慘用法深刻太子登數諫權不納大臣由是莫敢言後壹姦罪發露伏誅權引咎責躬乃使中書郎袁禮告謝諸大將因問時事所當損益禮還復有詔責數諸葛瑾步騭朱然呂岱等曰袁禮還云與子瑜子山義封定公相見並以時事當有所先後各自以不掌民事不肯便有所陳悉推之伯言承明伯言承明見禮泣涕懇惻辭旨辛苦至乃懷執危怖有不自安之心聞此悵然深自刻

怪何者夫惟聖人能無過行明者能自見耳人之舉厝何能悉中獨當己有以傷拒衆意忽不自覺故諸君有嫌難耳不爾何緣乃至於此乎自孤興軍五十年所役賦凡百皆出於民天下未定孽類猶存士民勤苦誠所貫知然勞百姓事不得已耳與諸君從事自少至長髮有二色以謂表裏足以明露公私分計足用相保盡言直諫所望諸君拾遺補闕孤亦望之昔衞武公年過志壯勤求輔弼每獨歎責〔江表傳曰權又云天下無粹白之狐而有粹白之裘衆之所積也夫能以駁致純不惟積乎故能用衆力則無敵於天下矣能用衆智則無畏於聖人矣〕且布衣韋帶相與交結分成好合尚汚垢不異今日諸君與孤從事雖君臣義存猶謂骨肉不復是過榮福喜戚相與共之忠不匿情智無遺計事統是非諸君豈得從容而已哉同船濟水將誰與易齊桓諸侯之霸者耳有善管子未嘗不歎有過未嘗不諫諫而不得終諫不止今孤自省無桓公之德而諸君諫諍未出於口仍執嫌難以此言之孤於齊桓良優未知諸君於管子何如耳久不相見因事當笑共定大業整齊天下當復有誰凡百事要所當損益樂聞異計匡所

不逮

二年春〔江表傳載權正月詔曰郎吏者宿衞之臣古之命士也間者所用頗非其人自今選三署皆依四科不得以虛辭相飾〕三月遣使者羊衜鄭胄將軍孫怡之遼東擊魏守將張持高慮等虜得男女〔文士傳曰胄字敬先沛國人父札才學博達權爲驃騎將軍以札爲從事中郎與張昭孫邵共定朝儀胄其少子有文武姿局少知名舉賢良稍遷建安太守呂壹賓客於郡犯法胄收付獄考竟壹懷恨後密譖胄權大怒召胄還潘濬陳表並爲請得釋後拜宣信校尉往救公孫淵已爲魏所破還遷執金吾子豐字曼季有文學操行與陸雲善與雲詩相往反司空張華辟未就卒臣松之聞孫怡者東州人非權之宗也〕零陵言甘露降夏五月城沙羨冬十月將軍蔣祕南討夷賊祕所領都督廖式殺臨賀太守嚴綱等自稱平南將軍與弟潜共攻零陵桂陽及搖動交州蒼梧鬱林諸郡衆數萬人遣將軍呂岱唐咨討之歲餘皆破

三年春正月詔曰蓋君非民不立民非穀不生頃者以來民多征役歲又水旱年穀有損而吏或不良侵奪民時以致饑困自今以來督軍郡守其謹察非法當農桑時以役事擾民者舉正以聞夏四月大赦詔諸郡縣治城郭起譙樓穿塹發渠以備盜賊冬十一月民饑詔開倉廩以振貧窮

四年春正月大雪平地深三尺鳥獸死者太半

夏四月遣衞將軍全琮略淮南決芍陂燒安城邸閣收其人民威北將軍諸葛恪攻六安琮與魏將王淩戰于芍陂中郎將秦晃等十餘人戰死車騎將軍朱然圍樊大將軍諸葛瑾取柤中〔漢晉春秋曰零陵太守殷札言於權曰今天棄曹氏喪誅累見虎爭之際而幼童涖事陛下身自御戎取亂侮亡宜滌荊揚之地舉彊羸之數使彊者執戟羸者轉運西命益州軍于隴右授諸葛瑾朱然大衆指事襄陽陸遜朱桓別征壽春大駕入淮陽歷青徐襄陽壽春困於受敵長安以西務對蜀軍許洛之衆勢必分離掎角瓦解民必內應將帥對向或失便宜一軍敗績則三軍離心便當秣馬脂車陵蹈城邑乘勝逐北以定華夏若不悉軍動衆循前輕舉則不足大用易於屢退民疲威消時往力竭非出兵之策也權弗能用之〕五月太子登卒是月魏太傅司馬宣王救樊六月軍還閏月大將軍瑾卒秋八月陸遜城邾

五年春正月立子和爲太子大赦改禾興爲嘉興百官奏立皇后及四王詔曰今天下未定民物勞瘁且有功者或未錄饑寒者尚未恤猥割土壤以豐子弟崇爵位以寵妃妾孤甚不取其釋此議三月海鹽縣言黃龍見夏四月禁進獻御減太官膳秋七月遣將軍聶友校尉陸凱以兵三萬討珠崖儋耳是歲大疫有司又奏立后及諸王八月立子霸爲魯王

六年春正月新都言白虎見諸葛恪征六安破

魏將謝順營收其民人冬十一月丞相顧雍卒十二月扶南王范旃遣使獻樂人及方物是歲司馬宣王率軍入舒諸葛恪自皖遷于柴桑七年春正月以上大將軍陸遜爲丞相秋宛陵言嘉禾生是歲步騭朱然等各上疏云自蜀還者咸言背盟與魏交通多作舟船繕治城郭又蔣琬守漢中聞司馬懿南向不出兵乘虛以掎角之反委漢中還近成都事已彰灼無所復疑宜爲之備權揆其不然曰吾待蜀不薄聘享盟誓無所負之何以致此又司馬懿前來入舒旬日便退蜀在萬里何知緩急而便出兵乎昔魏欲入漢川此間始嚴亦未舉動會聞魏還而止蜀寧可復以此有疑邪又人家治國舟船城郭何得不獲今此間治軍寧復欲以禦蜀邪人言苦不可信朕爲諸君破家保之蜀竟自無謀如權所籌 江表傳載權詔曰督將亡叛而殺其妻子是使妻去夫子棄父甚傷義教自今勿殺也

八年春二月丞相陸遜卒夏雷霆犯宮門柱又擊南津大橋楹茶陵縣鴻水溢出流漂居民二百餘家秋七月將軍馬茂等圖逆夷三族 吳歷曰茂本淮南鍾離長而爲王凌所失叛歸吳吳以爲征西將軍九江太守外部督封侯領千兵權數出苑中與公卿諸將射茂與兼符節令朱貞無難督虞欽牙門將朱志等合計伺權在苑中公卿諸將在門未入令貞持節宣詔悉收縛之茂引兵入苑擊權分據宮中及石頭塢遣人報魏事覺皆族之 八月大赦遣校尉陳勳將屯田及作士三萬人鑿句容中道自小其至雲陽西城通會市作邸閣

九年春二月車騎將軍朱然征魏柤中斬獲千餘夏四月武昌言甘露降秋九月以驃騎步騭爲丞相車騎朱然爲左大司馬衛將軍全琮爲右大司馬鎮南呂岱爲上大將軍威北將軍諸葛恪爲大將軍 江表傳曰是歲權詔曰謝宏往日陳鑄大錢云以廣貨故聽之今聞民意不以爲便其省息之鑄爲器物官勿復出也私家有者敕以輸藏計畀其直勿有所枉也

十年春正月右大司馬全琮卒 江表傳曰是歲權遣諸葛壹僞叛以誘諸葛誕誕以步騎一萬迎壹於高山權出涂中遂至高山潛軍以待之誕覺而退 二月權適南宮三月改作太初宮諸將及州郡皆義作 江表傳載權詔曰建業宮乃朕從京來所作將軍府寺耳材柱率細皆以腐朽常恐損壞今未復西可徙武昌宮材瓦更繕治之有司奏言曰武昌宮已二十八歲恐不堪用宜下所在通更伐致權曰大禹以卑宮爲美今軍事未已所在多賦若更通伐妨損農桑徙武昌材瓦自可用也 夏五月丞相步騭卒冬十月赦死罪

十一年春正月朱然城江陵二月地仍震 江表傳載權詔曰朕以寡德過奉先祀莅事不聰獲譴靈祇夙夜祗戒若不終日群僚其各厲精思朕過失勿有所諱 三月宮成夏四月雨雹雲陽言黃龍見五月鄱陽言白虎仁 瑞應圖曰白虎仁者王者不暴虐則仁虎不害也 詔曰古者聖王積

行累善脩身行道以有天下故符瑞應之所以表德也朕以不明何以臻茲書云雖休勿休公卿百司其勉脩所職以匡不逮

十二年春三月左大司馬朱然卒四月有兩烏銜鵲墮東館丙寅驃騎將軍朱據領丞相燎鵲以祭（吳錄曰六月戊戌寶鼎出臨平湖八月癸丑白鳩見於章安）

十三年夏五月日至熒惑入南斗秋七月犯魁第二星而東八月丹楊句容及故鄣寧國諸山崩鴻水溢詔原逋責給貸種食廢太子和處故鄣魯王霸賜死冬十月魏將文欽偽叛以誘朱異權遣呂據就異以迎欽異等持重欽不敢進十一月立子亮爲太子遣軍十萬作堂邑涂塘以淹北道十二月魏大將軍王昶圍南郡荊州刺史王基攻西陵遣將軍戴烈陸凱往拒之皆引還（庾闡揚都賦注曰烽火以炬置孤山頭皆緣江相望或百里或五十三十里寇至則舉以相告一夕可行萬里孫權時合暮舉火於西陵鼓三竟達吳郡南沙）是歲神人授書告以改年立后

太元元年夏五月立皇后潘氏大赦改年初臨海羅陽縣有神自稱王表（吳錄曰羅陽今安固縣）周旋民閒語言飲食與人無異然不見其形又有一婢名

紡績是月遣中書郎李崇齎輔國將軍羅陽王印綬迎表表隨崇俱出與崇及所在郡守令長談論崇等無以易所歷山川輒遣婢與其神相聞秋七月崇與表至權於蒼龍門外爲立第舍數使近臣齎酒食往表說水旱小事往往有驗（孫盛曰盛聞國將興聽於民國將亡聽於神權年老志衰讒臣在側廢適立庶以妾爲妻可謂多涼德矣而偽設符命求福妖邪將亡之兆不亦顯乎）秋八月朔大風江海涌溢平地深八尺吳高陵松柏斯拔郡城南門飛落冬十一月大赦權祭南郊還寢疾（吳錄曰權得風疾）十二月驛徵大將軍恪拜爲太子太傅詔省繇役減征賦除民所患苦

二年春正月立故太子和爲南陽王居長沙子奮爲齊王居武昌子休爲琅邪王居虎林二月大赦改元爲神鳳皇后潘氏薨諸將吏數詣王表請福表亡去夏四月權薨時年七十一謚曰大皇帝秋七月葬蔣陵（傅子曰孫策爲人明果獨斷勇蓋天下以父堅戰死少而合其兵將以報讎轉鬭千里盡有江南之地誅其名豪威行鄰國及權繼其業有張子布以爲腹心有陸議諸葛瑾步騭以爲股肱有呂範朱然以爲爪牙分任受職乘閒伺隙兵不妄動故戰少敗而江南安）

評曰孫權屈身忍辱任才尚計有句踐之奇英人之傑矣故能自擅江表成鼎峙之業性多嫌

忌果於殺戮暨臻末年彌以滋甚至于讒說殄行胤嗣廢斃馬融注尚書曰殄絕也絕君子之行豈所謂貽厥孫謀以燕翼子者哉其後業陵遲遂致覆國未必不由此也臣松之以為孫權横廢無罪之子雖為兆亂然國之傾覆自由暴皓若權不廢和皓為世適終至滅亡有何異哉此則喪國由於昏虐不在於廢黜也設使亮保國祚休不早死則皓不得立皓不得立則吳不亡矣

卅五

吳主傳第二　　國志四十七

三嗣主傳第三　吳書　國志四十八

孫亮傳

孫亮字子明權少子也權春秋高而亮最少故尤留意姊全公主嘗譖太子和子母心不自安因倚權意欲豫自結數稱述全尚女勸為亮納赤烏十三年和廢權遂立亮為太子以全氏為妃太元元年夏亮母潘氏立為皇后冬權寢疾徵大將軍諸葛恪為太子太傅會稽太守滕胤為太常並受詔輔太子明年四月權薨太子即尊號大赦改元是歲於魏嘉平四年也閏月以恪為帝太傅胤為衛將軍領尚書事上大將軍呂岱為大司馬諸文武在位皆進爵班賞冗官加等冬十月太傅恪率軍遏巢湖（巢音祖了反）城東興使將軍全端守西城都尉留略守東城十二月朔丙申大風雷電魏使將軍諸葛誕胡遵等步騎七萬圍東興將軍王昶攻南郡毌丘儉向武昌甲寅恪以大兵赴敵戊午兵及東興交戰大破魏軍殺將軍韓綜桓嘉等是月雷雨天災武昌端門改作端門又災內殿（臣松之案孫權赤烏十年詔徙武昌宮材瓦以繕治建康宮而此猶有端門內殿　吳錄云諸葛恪有遷都意更起武昌宮今所災者恪所新作）

二年春正月丙寅立皇后全氏大赦庚午王昶等皆退二月軍還自東興大行封賞三月恪率軍伐魏夏四月圍新城大疫兵卒死者太半秋八月恪引軍還冬十月大饗武衛將軍孫峻伏兵殺恪於殿堂大赦以峻為丞相封富春侯十一月有大鳥五見于春申明年改元

五鳳元年夏大水秋吳侯英謀殺峻英覺自殺冬十一月星茀于斗牛（江表傳曰是歲交阯稗草化為稻）

二年春正月魏鎮東將軍毌丘儉前將軍文欽以淮南之衆西入戰于樂嘉閏月壬辰峻及驃騎將軍呂據左將軍留贊率兵襲壽春軍及東興聞欽等敗壬寅兵進于橐皋欽詣峻降淮南餘衆數萬口來奔魏諸葛誕入壽春峻引軍還二月及魏將軍曹珍遇于高亭交戰珍敗績留贊為誕別將蔣班所敗於菰陂贊及將軍孫楞蔣脩等皆遇害三月使鎮南將軍朱異襲安豐不克秋七月將軍孫儀張怡林恂等謀殺峻發覺儀自殺恂等伏辜陽羨離里山大石自立使衛尉馮朝城廣陵拜將軍吳穰為廣陵太守留略為東海太守是歲大旱十二月作太廟以馮

朝爲監軍使者督徐州諸軍事民饑軍士怨畔太平元年春吳歷曰正月爲權立廟稱太祖廟二月朔建業火峻用征北大將軍文欽計將征魏八月先遣欽及驃騎呂據車騎劉纂鎮南朱異前將軍唐咨軍自江都入淮泗九月丁亥峻卒以從弟偏將軍綝爲侍中武衛將軍領中外諸軍事召還據等聞綝代峻大怒己丑大司馬呂岱卒壬辰太白犯南斗據欽咨等表薦衞將軍滕胤爲丞相綝不聽癸卯更以胤爲大司馬代呂岱駐武昌據引兵還欲討綝綝遣使以詔書告喻欽咨等使取據冬十月丁未遣孫憲及丁奉施寬等以舟兵逆據於江都遣將軍劉丞督步騎攻胤胤兵敗夷滅己酉大赦改年辛亥獲呂據於新州十一月以綝爲大將軍假節封永康侯孫憲與將軍王惇謀殺綝事覺綝殺惇迫憲令自殺十二月使五官中郎將刁玄告亂于蜀

二年春二月甲寅大雨震電乙卯雪大寒以長沙東部爲湘東郡西部爲衡陽郡會稽東部爲臨海郡豫章東部爲臨川郡夏四月亮臨正殿大赦始親政事綝所表奏多見難問又科兵子弟年十八已下十五已上得三千餘人選大將子弟年少有勇力者爲之將帥亮曰吾立此軍欲與之俱長日於苑中習焉吳歷曰亮數出中書視孫權舊事問左右侍臣先帝數有特制今大將軍問事但令我書可邪亮後出西苑方食生梅使黃門至中藏取蜜漬梅蜜中有鼠矢召問藏吏藏吏叩頭亮問吏曰黃門從汝求蜜邪吏曰向求實不敢與黃門不服侍中刁玄張邠啓黃門藏吏辭語不同請付獄推盡亮曰此易知耳令破鼠矢矢裏燥亮大笑謂玄邠曰若矢先在蜜中中外當俱溼今外溼裏燥必是黃門所爲黃門首服左右莫不驚悚　江表傳曰亮使黃門以銀椀并蓋就中藏吏取交州所獻甘蔗餳黃門先恨藏吏以鼠矢投餳中啓言藏吏不謹亮呼吏持餳器入問曰此器既蓋之且有掩覆無緣有此黃門將有恨於汝邪吏叩頭曰嘗從某求宮中莞席宮席有數不敢與亮曰必是此也覆問黃門具首伏即於目前加髡鞭斥付外署　臣松之以爲鼠矢新者亦表裏皆溼黃門取新矢則無以得其姦也緣遇燥矢故成亮之惠然猶謂吳歷此言不如江表傳爲實也五月魏征東大將軍諸葛誕以淮南之衆保壽春城遣將軍朱成稱臣上疏又遣子靚長史吳綱諸牙門子弟爲質六月使文欽唐咨全端等步騎三萬救誕朱異自虎林率衆襲夏口夏口督孫壹奔魏秋七月綝率衆救壽春次于鑊里朱異至自夏口綝使異爲前部督與丁奉等將介士五萬解圍八月會稽南部反殺都尉鄱陽新都民爲亂廷尉丁密步兵校尉鄭胄將軍鍾離牧率軍討之朱異以軍士乏食引還綝大怒九月朔己巳殺異於鑊里辛未綝自鑊里還建業甲申大

赦十一月全緒子禕儀以其母奔魏十二月全端懌等自壽春城詣司馬文王

三年春正月諸葛誕殺文欽三月司馬文王克壽春誕及左右戰死將吏已下皆降秋七月封故齊王奮爲章安侯詔州郡伐宮材自八月沈陰不雨四十餘日亮以綝專恣與太常全尚將軍劉丞謀誅綝九月戊午綝以兵取尚遣弟恩攻殺丞於蒼龍門外召大臣會宮門黜亮爲會稽王時年十六

孫休傳

孫休字子烈權第六子年十三從中書郎射慈郎中盛冲受學太元二年正月封琅邪王居虎林四月權薨休弟亮承統諸葛恪秉政不欲諸王在濱江兵馬之地徙休於丹楊郡太守李衡數以事侵休休上書乞徙他郡詔徙會稽居數歲夢乘龍上天顧不見尾覺而異之孫亮廢己未孫綝使宗正孫楷與中書郎董朝迎休休初聞問意疑楷朝具述綝等所以奉迎本意留一日二夜遂發十月戊寅行至曲阿有老公干休叩頭曰事久變生天下喁喁願陛下速行休善之是日進及布塞亭武衞將軍恩行丞相事率百僚以乘輿法駕迎於永昌亭築宮以武帳爲便殿設御坐己卯休至望便殿止住使孫楷先見恩楷還休乘輦進羣臣再拜稱臣休升便殿謙不即御坐止東廂戶曹尚書前即階下讚奏丞相奉璽符休三讓羣臣三請休曰將相諸侯咸推寡人寡人敢不承受璽符羣臣以次奉引休就乘輿百官陪位綝以兵千人迎於半野拜于道側休下車答拜即日御正殿大赦改元是歲於魏甘露三年也

永安元年冬十月壬午詔曰夫褒德賞功古今通義其以大將軍綝爲丞相荊州牧增食五縣武衞將軍恩爲御史大夫衞將軍中軍督封縣侯威遠將軍授爲右將軍縣侯偏將軍幹雜號將軍亭侯長水校尉張布輔導勤勞以布爲輔義將軍封永康侯董朝親迎封爲鄉侯又詔曰丹陽太守李衡以往事之嫌自拘有司夫射鉤斬袪在君爲君遣衡還郡勿令自疑襄陽記曰衡字叔平本襄陽卒家子也漢末入吳爲武昌庶民聞羊衜有人物之鑒往干之衜曰多事之世尚書劇曹郎才也是時校事呂壹操弄權柄大臣畏偪莫有敢言衜曰非李衡無能困之者遂共薦爲郎權引見衡口陳壹姦短數千言權有愧色數月壹被誅

而衡大見顯擢後常爲諸葛恪司馬幹恪府事恪被誅求爲丹楊太守時孫休在郡治衡數以法繩之妻習氏每諫衡衡不從會休立衡憂懼謂妻曰不用卿言以至於此遂欲奔魏妻曰不可君本庶民耳先帝相拔過重既數作無禮而復逆自猜嫌逃叛求活以此北歸何面見中國人乎衡曰計何所出妻曰琅邪王素好善慕名方欲自顯於天下終不以私嫌殺君明矣可自囚詣獄表列前失顯求受罪如此乃當逆見優饒非但直活而已衡從之果得無患又加威遠將軍授以棨戟衡每欲治家妻輒不聽後密遣客十人於武陵龍陽汎洲上作宅種甘橘千株臨死勑兒曰汝母惡吾治家故窮如是然吾州里有千頭木奴不責汝衣食歲上一匹絹亦可足用耳衡亡後二十日兒以白母母曰此當是種甘橘也汝家失十戶客來七八年必汝父遣爲宅汝父恒稱太史公言江陵千樹橘當封君家吾荅曰且人患無德義不患不富若貴而能貧方好耳用此何爲吳末衡甘橘成歲得絹數千匹家道殷足晉咸康中其宅址枯樹猶在己丑封孫皓爲烏程侯皓弟德錢唐侯謙永安侯江表傳曰羣臣奏立皇后太子詔曰朕以寡德奉承洪業莅事日淺恩澤未敷加后妃之號嗣子之位非所急也有司又固請休謙虛不許十一月甲午風四轉五復蒙霧連日緜一門五侯皆典禁兵權傾人主有所陳述敬而不違於是益恣休恐其有變數加賞賜丙申詔曰大將軍忠款內發首建大計以安社稷卿士內外咸贊其議並有勳勞昔霍光定計百僚同心無復是過亟案前日與議定策告廟人名依故事應加爵位者促施行之戊戌詔曰大將軍掌中外諸軍事事統煩多其加衛將軍御史大夫恩侍中與大將軍分省諸事壬子詔曰諸吏家有五人三人兼重爲役父兄在都子弟給郡縣吏

既出限米軍出又從至於家事無經護者朕甚愍之其有五人三人爲役聽其父兄所欲留爲留一人除其米限軍出不從又曰諸將吏奉迎陪位在永昌亭者皆加位一級頃之休聞綝逆謀陰與張布圖計十二月戊辰臘百僚朝賀公卿升殿詔武士縛綝即日伏誅己巳詔以左將軍張布討姦臣加布爲中軍督封布弟惇爲都亭侯給兵三百人惇弟恂爲校尉詔曰古者建國教學爲先所以道世治性爲時養器也自建興以來時事多故吏民頗以目前趨務去本就末不循古道夫所尚不惇則傷化敗俗其案古置學官立五經博士核取應選加其寵祿科見吏之中及將吏子弟有志好者各令就業一歲課試差其品第加以位賞使見之者樂其榮聞之者羨其譽以敦王化以隆風俗

二年春正月震電三月備九卿官詔曰朕以不德託于王公之上夙夜戰戰忘寢與食今欲偃武脩文以崇大化推此之道當由士民之贍必須農桑管子有言倉廩實知禮節衣食足知榮辱夫一夫不耕有受其饑一婦不織有受其寒饑

寔並至而民不爲非者未之有也自頃年已來州郡吏民及諸營兵多違此業皆浮船長江賈作上下良田漸廢見穀日少欲求大定豈可得哉亦由租入過重農人利薄使之然乎今欲廣開田業輕其賦稅差科彊羸課其田畝務令優均官私得所使家給戶贍足相供養則愛身重命不犯科法然後刑罰不用風俗可整以羣僚之忠賢若盡心於時雖太古盛化未可卒致漢文升平庶幾可及及之則臣主俱榮不及則損削侵辱何可從容俯仰而已諸卿尚書可共咨度務取便佳田桑已至不可後時事定施行稱朕意焉

三年春三月西陵言赤烏見秋用都尉嚴密議作浦里塘會稽郡謠言王亮當還爲天子而亮宮人告亮使巫禱祠有惡言有司以聞黜爲候官侯遣之國道自殺衞送者伏罪吳錄曰或云休鴆殺之至晉太康中吳故少府丹楊戴顒迎亮喪葬之賴鄉以會稽南郡爲建安郡分宜都置建平郡吳曆曰是歲得大鼎於建德縣

四年夏五月大雨水泉涌溢秋八月遣光祿大夫周奕石偉巡行風俗察將吏清濁民所疾苦

爲黜陟之詔楚國先賢傳曰石偉字公操南郡人少好學脩節不怠介然獨立有不可奪之志舉茂才賢良方正皆不就孫休即位特徵偉累遷至光祿勳及皓即位朝政昏亂偉乃辭老耄篤疾乞身就拜光祿大夫吳平建威將軍王戎親詣偉太康二年詔曰吳故光祿大夫石偉秉志清白皓首不渝雖處危乱廉節可紀年已過邁不堪遠涉其以偉爲議郎加二千石秩以終厥世偉遂陽狂及盲不受晉爵年八十三太熙元年卒九月布山言白龍見是歲安吳民陳焦死埋之六日更生穿土中出

五年春二月白虎門北樓災秋七月始新言黃龍見八月壬午大雨震電水泉涌溢乙酉立皇后朱氏戊子立子𩅦爲太子大赦吳錄載休詔曰人之有名以相紀別長爲作字憚其名耳禮名子欲令難犯易避五十稱伯仲古或一字今人競作好名好字又令相配所行不副此瞽字伯明者也孤常哂之或師友父兄所作或自已爲師友尚可父兄猶非自爲最不謙孤今爲四男作名字太子名𩅦𩅦音如湖水灣澳之灣字𩄏𩄏音如迄今之迄次子名𩅟𩅟音如兕觥之觥字𩃴𩃴音如玄礥首之礥次子名壾壾音如草莽之莽字昷昷音如舉物之舉次子名𣣞𣣞音如褒衣下寬大之褒字㪲㪲音如有所擁持之擁此都不與世所用者同故鈔舊文會合作之夫書八體損益因事而生今造此名字既不相配又字但一庶易棄避其普告天下使咸聞知臣松之以爲傳稱名以制義義以出禮禮以體政政以正民是以政成而民聽易則生亂斯言之作豈虛也哉休欲令難犯何患無名而乃造無況之字制不典之音違明詔於前脩垂嗤騃於後代不亦異乎是以墳土未乾而妻子夷滅師服之言於是乎徵矣冬十月以衞將軍濮陽興爲丞相廷尉丁密光祿勳孟宗爲左右御史大夫休以丞相興及左將軍張布有舊恩委之以事布典宮省興關軍國休銳意於典籍欲畢覽百家之言又好

射雉春夏之間常晨出夜還唯此時舍書休欲
與博士祭酒韋曜博士盛沖講論道藝曜沖素
皆切直布恐入侍發其陰失令已不得專因妄
飾說以拒遏之休答曰孤之涉學羣書略徧所
見不少也其明君闇主姦臣賊子古今賢愚成
敗之事無不覽也今曜等入但欲與論講書耳
不爲從曜等始更受學也縱復如此亦何所損
君特當以曜等恐道臣下姦變之事以此不欲
令入耳如此之事孤已自備之不須曜等然後
乃解也此都無所損君意特有所忌故耳布得

詔陳謝重自序述又言懼妨政事休答曰書籍
之事患人不好好之無傷也此無所爲非而君
以爲不宜是以孤有所及耳王務學業其流各
異不相妨也不圖君今日在事更行此於孤也良
其不取布拜表叩頭休答曰聊相開悟耳何至
叩頭乎如君之忠誠遠近所知往者所以相感
今日之巍巍也詩云靡不有初鮮克有終終之
實難君其終之初休爲王時布爲左右將督素
見信愛及至踐阼厚加寵待專擅國勢多行無
禮自嫌瑕短懼曜沖言之故尤患忌休雖解此

言心不能悅更恐其疑懼竟如布意廢其講業
不復使沖等入是歲使察戰到交阯調孔爵大
豬臣松之案察戰吳官號今揚都有察戰巷
六年夏四月泉陵言黃龍見五月交阯郡吏呂
興等反殺太守孫諝諝先是科郡上手工千餘
人送建業而察戰至恐復見取故興等因此扇
動兵民招誘諸夷也冬十月蜀以魏見伐來告
癸未建業石頭小城火燒西南百八十丈甲申
使大將軍丁奉督諸軍向魏壽春將軍留平別
詣施績於南郡議兵所向將軍丁封孫異如沔

中皆救蜀蜀主劉禪降魏問至然後罷呂興既
殺孫諝使使如魏請太守及兵丞相興建取屯
田萬人以爲兵分武陵爲天門郡吳歷曰是歲青龍見於長沙白燕見於慈湖赤雀見於豫章
七年春正月大赦二月鎮軍陸抗撫軍步協征
西將軍留平建平太守盛曼率衆圍蜀巴東守
將羅憲夏四月魏將新附督王稚浮海入句章
略長吏賞林及男女二百餘口將軍孫越徼得
一船獲三十人秋七月海賊破海鹽殺司鹽校
尉駱秀使中書郎劉川發兵廬陵豫章民張節

等爲亂衆萬餘人魏使將軍胡烈步騎二萬侵西陵以救羅憲陸抗等引軍退復分交州置廣州壬午大赦癸未休薨江表傳曰休寢疾口不能言乃手書呼丞相濮陽興入令子𩅦出拜之休把興臂而指𩅦以託之時年三十諡曰景皇帝葛洪抱朴子曰吳景帝時戍將於廣陵掘諸冢取版以治城所壞甚多後發一大冢內有重閤戶扇皆樞轉可開閉四周爲徼道通車其高可以乘馬又鑄銅爲人數十枚長五尺皆大冠朱衣執劍列侍靈坐皆刻銅人背後石壁言殿中將軍或言侍郎常侍似公王之冢破其棺棺中有人髮已班白衣冠鮮明面體如生人棺中雲母厚尺許以白玉璧三十枚藉尸兵人輩共舉出死人以倚冢壁有一玉長一尺許形似冬瓜從死人懷中透出墮地兩耳及鼻孔中皆有黃金如棗許大此則骸骨有假物而不朽之効也

孫皓傳

孫皓字元宗權孫和子也一名彭祖字皓宗孫休立封皓爲烏程侯遣就國西湖民景養相皓當大貴皓陰喜而不敢泄休薨是時蜀初亡而交阯攜叛國內震懼貪得長君左典軍萬彧昔爲烏程令與皓相善稱皓才識明斷是長沙桓王之疇也又加之好學奉遵法度屢言之於丞相濮陽興左將軍張布興布說休妃太后朱欲以皓爲嗣朱曰我寡婦人安知社稷之慮苟吳國無隕宗廟有賴可矣於是遂迎立皓時年二十三改元大赦是歲於魏咸熙元年也

元興元年八月以上大將軍施績大將軍丁奉爲左右大司馬張布爲驃騎將軍加侍中諸增位班賞一皆如舊九月貶太后爲景皇后追諡父和曰文皇帝尊母何爲太后十月封休太子𩅦爲豫章王次子汝南王次子梁王次子陳王立皇后滕氏皓江表傳曰皓初立發優詔恤士民開倉廩振貧乏科出宮女以配無妻禽獸擾於苑者皆放之當時翕然稱爲明主皓既得志麤暴驕盈多忌諱好酒色大小失望興布竊悔之或以譖皓十一月誅興布十二月孫休葬定陵封后父滕牧爲高密侯吳歷曰牧本名密避丁密改名牧丁密避牧改名爲固舅何洪等三人皆列侯是歲魏置交阯太守之郡晉文帝爲魏相國遣昔吳壽春城降將徐紹孫彧銜命齎書陳事勢利害以申喻皓漢晉春秋曰晉文王與皓書曰聖人稱有君臣然後有上下禮義是故大必字小小必事大然後上下安服羣生獲所逮至末塗純德既毀勦民之命以爭疆於天下違禮順之至理則仁者弗由也方今主上聖明覆燾無外僕備位宰輔屬當國重唯華夏乖殊方隅圮裂六十餘載金革亟動無年不戰暴骸喪元困悴罔定每用悼心坐以待旦將欲止戈興仁爲百姓請命故分命偏師平定蜀漢役未經年全軍獨克于時猛將謀夫朝臣庶士咸以奉天時之宜就既征之軍藉吞敵之勢宜遂回旗東指以臨吳境舟師汎江順流而下陸軍南轅取徑四郡兼成都之械漕巴漢之粟然後以中軍整旅三方雲會未及浹辰可使江表底平南夏順軌然國朝深惟伐蜀之舉雖有靜難之功亦悼蜀民獨罹其害戰於緜竹者自元帥以下並受斬戮伏尸蔽地血流丹野一之於前猶追恨不忍況重之於後乎是故旋師案甲思與南邦共全百姓之命夫料力忖勢度資量險遠考古昔廢興之理近鑒西蜀安危之効隆德保祚去危即順屈己以寧四海者仁哲之

高致也覆危偷安隕德覆祚而不稱於後世者非智者之所
居也今朝廷遣徐紹孫彧獻書喻懷若書御於前必少留意
回慮革筭結歡弭兵共爲一家惠矜吳會施及中土豈不泰
哉此昭心之大願也敢不承受若不獲命則普天率土期於
大同雖重干戈
固不獲已也
甘露元年三月皓遣使隨紹彧報書曰知以高
世之才處宰輔之任漸導之功勤亦至矣孤以
不德階承統緒思與賢良共濟世道而以壅隔
未有所緣嘉意允著深用依依今遣光祿大夫
紀陟五官中郎將弘璆宣明至懷 江表傳曰皓書
兩頭言白稱名
言而不著姓 吳錄曰陟字子上丹楊人初爲中書郎孫峻
使詰南陽王和令其引分陟密使令正辭自理峻怒陟懼閉
門不出孫休時父亮爲尚書令而陟爲中書令每朝會詔以
屏風隔其座出爲豫章太守 于寶晉紀曰陟璆奉使如魏

入境而問諱入國而問俗壽春將王布示之馬射既而問之
曰吳之君子亦能斯乎陟曰此軍人騎士肄業所及士大夫
君子未有爲之者矣布大慙既至魏帝見之使儐問曰來時
吳王何如陟對曰來時皇帝臨軒百寮陪位御膳無恙晉文
王饗之百寮畢會使儐者告曰某者安樂公也某者匈奴單
于也陟曰西主失土爲君王所禮位同三代莫不感義匈奴
邊塞難羈之國君王懷之親在坐席此誠威恩遠著又問吳
之戍備幾何對曰自西陵以至江都五千七百里又問曰道
里甚遠難爲堅固對曰疆界雖遠而其險要必爭之地不過
數四猶人雖有八尺之軀靡不受患其護風寒亦數處耳文
王善之厚爲之禮 臣松之以爲人有八尺之體靡不受患防
護風寒豈唯數處取譬若此未足稱能若曰譬如金城萬雉所
急防者四門而已方陟此對不猶愈乎 吳錄曰皓以諸父
與和相連及者家屬皆徙東冶唯陟以有密旨特封子孚都
亭侯孚弟瞻字思遠入仕晉驃騎將軍弘璆曲阿
人弘咨之孫權外甥也璆後至中書令太子少傅 紹行到
濡須召還殺之徙其家屬建安始有白紹稱美
中國者故也夏四月蔣陵言甘露降於是改年

大赦秋七月皓逼殺景后朱氏亡不在正殿於
苑中小屋治喪衆知其非疾病莫不痛切又送
休四子於吳小城尋復追殺大者二人九月從
西陵督步闡表徙都武昌御史大夫丁固右將
軍諸葛靚鎮建業陟璆至洛遇晉文帝崩十一
月乃遣還皓至武昌又大赦以零陵南部爲始
安郡桂陽南部爲始興郡十二月晉受禪
寶鼎元年正月遣大鴻臚張儼五官中郎將丁
忠弔祭晉文帝及還儼道病死 吳錄曰儼字子節吳
人也弱冠知名歷顯
位以博聞多識拜大鴻臚使于晉皓謂儼曰今南北通好以
君爲有出境之才故相屈行對曰皇皇者華蒙其榮耀無古

人延譽之美磨厲鋒鍔思不辱命既至車騎將軍賈充尚書
令裴秀侍中荀勗等欲傲以所不知而不能屈尚書僕射羊
祜尚書何楨並
結縞帶之好 忠說皓曰北方守戰之具不設弋
陽可襲而取皓訪羣臣鎮西大將軍陸凱曰夫
兵不得已而用之耳且三國鼎立已來更相侵
伐無歲寧居今彊敵新并巴蜀有兼土之實而
遣使求親欲息兵役不可謂其求援於我今敵
形勢方彊而欲徼幸求勝未見其利也車騎將
軍劉纂曰天生五才能去兵譎詐相雄有自來
矣若其有闕庸可棄乎宜遣閒諜以觀其勢皓陰
納纂言且以蜀新平故不行然遂自絕八月所

在言得大鼎於是改年大赦以陸凱爲左丞相常侍萬彧爲右丞相冬十月永安山賊施但等聚衆數千人吳錄曰永安今武康縣也劫晧庶弟永安侯謙出烏程取孫和陵上鼓吹曲蓋比至建業衆萬餘人丁固諸葛靚逆之於牛屯大戰但等敗走獲謙謙自殺漢晉春秋曰初望氣者云荊州有王氣破揚州而建業宮不利故晧徙武昌遣使者發民掘荊州界大臣名家冢與山岡連者以厭之既聞但反自以爲徙上得計也使數百人鼓譟入建業殺但妻子云天子使荊州兵來破揚州賊以厭前氣分會稽爲東陽郡分吳丹楊爲吳興郡晧詔曰古者分土建國所以褒賞賢能廣樹藩屏秦毀五等爲三十六郡漢室初興闓立乃至百五因事制宜蓋無常數也今吳郡陽羨永安餘杭臨水及丹楊故鄣安吉原鄉於潛諸縣地勢水流之便悉注烏程既宜立郡以鎮山越且以藩衛明陵奉承大祭不亦可乎其亟分此九縣爲吳興郡治烏程以零陵北部爲邵陵郡十二月晧還都建業衛將軍滕牧留鎮武昌

二年春大赦右丞相萬彧上鎮巴丘夏六月起顯明宮太康三年地記曰吳有太初宮方三百丈權所起也昭明宮方五百丈晧所作也避晉諱故曰顯明○吳歷云顯明在太初之東 江表傳曰晧營新宮二千石以下皆自入山督攝伐木又破壞諸營大開園囿起土山樓觀窮極伎巧功役之費以億萬計陸凱固諫不從冬十二月晧移居之是歲分豫章廬陵長沙爲安成郡

三年春二月以左右御史大夫丁固孟仁爲司徒司空吳錄曰初固爲尚書夢松樹生其腹上謂人曰松字十八公也後十八歲吾其爲公乎卒如夢焉秋九月晧出東關丁奉至合肥是歲遣交州刺史

劉俊前部督脩則等入擊交阯爲晉將毛炅等所破皆死兵散還合浦

建衡元年春正月立子瑾爲太子及淮陽東平王冬十月改年大赦十一月左丞相陸凱卒遣監軍虞汜威南將軍薛珝蒼梧太守陶璜由荊州監軍李勗督軍徐存從建安海道皆就合浦擊交阯

二年春萬彧還建業李勗以建安道不通利殺導將馮斐引軍還三月天火燒萬餘家死者七百人夏四月左大司馬施績卒殿中列將何定白少府李勗枉殺馮斐擅徹軍退還勗及徐存家屬皆伏誅秋九月何定將兵五千人上夏口獵都督孫秀奔晉是歲大赦

三年春正月晦晧舉大衆出華里晧母及妃妾皆行東觀令華覈等固爭乃還江表傳曰初丹楊刁玄使蜀得司馬徽與劉廙論運命歷數事玄詐增其文以誑國人曰黃旗紫蓋見於東南終有天下者荊揚之君乎又得中國降人言壽春下有童謠曰吳天子當上晧聞喜曰此天命也即載其母妻子及後宮數千從牛渚陸道西上云青蓋入洛陽以順天命行遇大雪道塗陷壞兵士被甲持仗百人共引一車寒凍殆死兵人不堪皆曰若遇敵便當倒戈耳晧聞之乃還是歲汜璜破交阯禽殺晉所置守將九眞日南皆還屬漢晉春秋曰初霍弋遣楊稷毛炅等戍與之誓曰若賊圍城未百日而降者家屬誅若過百日而城沒者

刺史受其罪稷等日未滿而糧盡乞降於璜璜不許而給糧
使守吳人並諫璜曰霍弋已死無能來者可須其糧盡然後
乃受使彼來無罪而我取有義內訓吾民外懷鄰國不亦可
乎稷等糧盡救不至乃納之 華陽國志曰稷等爲人身建寧
人稷等城中食盡死亡者半將軍王約反降吳人得入城獲稷
炅皆囚之孫晧使送還下都稷至合浦歐血死晉追贈交州刺
史初毛炅與吳軍戰殺前部督脩則陶璜等以炅壯勇欲赦
之而則子允固求殺炅炅亦不爲璜等屈璜等怒面縛炅詰
之曰晉兵賊炅厲聲曰吳狗何等爲賊吳人生剖其腹允割
其心肝罵曰庸復作賊炅猶罵不止曰尚欲斬汝孫晧汝父
何死狗也乃斬之晉武帝聞而哀矜即詔使炅長子
襲爵餘三子皆關內侯此與漢晉春秋所說不同 大赦
分交阯爲新昌郡諸將破扶嚴置武平郡以武
昌督范慎爲太尉右大司馬丁奉司空孟仁卒
吳錄曰仁字恭武江夏人也本名宗避晧字易焉少從南陽
李肅學其母爲作厚褥大被或問其故母曰小兒無德致客
學者多貧故爲廣被庶可得與氣類接也其讀書夙夜不懈
肅奇之曰卿宰相器也初爲驃騎將軍朱據軍吏將母在營

旣不得志又夜雨屋漏因起涕泣以謝其母母曰但當勉之
何足泣也據亦稍知之除爲鹽池司馬自能結網手以捕魚
作鮓寄母母因以還之曰汝爲魚官而以鮓寄我非避嫌也
遷吳令時皆不得將家之官每得時物來以寄母常不先食
及聞母亡犯禁委官語在權傳特爲減死一等復使爲官蓋
優之也 楚國先賢傳曰宗母嗜筍冬節將至時筍尚未生
宗入竹林哀歎而筍爲之出得以供母皆以
爲至孝之所致感累遷光祿勳遂至公矣 西苑言鳳皇
集改明年元
鳳皇元年秋八月徵西陵督步闡闡不應據城
降晉遣樂鄉都督陸抗圍取闡闡衆悉降闡及
同計數十人皆夷三族大赦是歲右丞相萬彧
被譴憂死徙其子弟於廬陵 江表傳曰初晧游華里
彧與丁奉留平密謀曰
此行不急若至華里不歸社稷事重不得不自還此語頗泄
晧聞知以彧等舊臣且以計忍而陰銜之後因會以毒酒飲

彧傳酒人私減之又飲留平平覺之服他
藥以解得不死彧自殺平憂懣月餘亦死 何定姦穢發
聞伏誅晧以其惡似張布追改定名爲布 江表傳曰
定汝南人
本孫權給使也後出補吏定佞邪僭媚自表先帝舊人求還
內侍晧以爲樓下都尉典知酤糴事專爲威福而晧信任委
以衆事定爲子求少府李勗女不許定挾忿譖勗於晧晧尺
口誅之焚其尸定又使諸將各上好犬皆千里遠求一犬至
直數千匹御犬率具纓直錢一萬一犬一兵養以捕兎供厨
所獲無幾吳人皆歸罪於定而晧以爲忠勤賜爵列侯 吳
歷曰中書郎奚熙譖宛陵令賀惠惠劭弟也遣使者徐粲訊
治熙又譖粲顧護不即決斷晧遣使就宛陵斬粲收惠付獄
會赦
得免
二年春三月以陸抗爲大司馬司徒丁固卒秋
九月改封淮陽爲魯東平爲齊又封陳留章陵
等九王凡十一王王給三千兵大赦晧愛妾或

使人至市劫奪百姓財物司市中郎將陳聲素
晧幸臣也恃晧寵遇繩之以法妾以愬晧晧大
怒假他事燒鋸斷聲頭投其身於四望之下是
歲太尉范慎卒
三年會稽妖言章安侯奮當爲天子臨海太守
奚熙與會稽太守郭誕書非論國政誕但白熙
書不白妖言送付建安作船 會稽邵氏家傳曰邵疇
字温伯時爲誕功曹誕
被收惶遽無以自明疇進曰疇今自在疇之事明府何憂遂
詣吏自列云不白妖言事由於己非府君罪吏上疇辭晧怒
猶盛疇慮誕卒不免遂自殺以證之臨亡置辭曰疇生長邊
陲不閑教道得以門資廁身本郡踰越儕類位極朝右不能
贊揚盛化養之以福今妖訛橫興干國亂紀疇以噂嗒之語
本非事實雖家誦人詠不足有慮天下重器而匹夫橫議疾

其門聲不忍聞見欲含垢藏疾不彰之翰筆鎭躁歸靜使之自息愚心勤勤每執斯旨故誕屈其所是默以見從此之爲愆實由於晞謹不敢逃死歸罪有司唯乞天鑒特垂清察吏收晞喪得辭以聞皓乃免誕大刑送付建安作船晞亡時年四十皓嘉晞節義詔郡縣圖形廟堂遣三郡督何植收熙熙發兵自衞斷絕海道熙部曲殺熙送首建業夷三族秋七月遣使者二十五人分至州郡科出亡叛大司馬陸抗卒自改年及是歲連大疫分鬱林爲桂林郡天冊元年吳郡言掘地得銀長一尺廣三分刻上有年月字於是大赦改年

天璽元年吳郡言臨平湖自漢末草穢壅塞今更開通長老相傳此湖塞天下亂此湖開天下平又於湖邊得石函中有小石青白色長四寸廣二寸餘刻上作皇帝字於是改年大赦會稽太守車浚湘東太守張詠不出算緡就在所斬之徇首諸郡江表傳曰浚在公清忠值郡荒旱民無資糧表求振貸皓謂浚欲樹私恩遣人梟首又尚書熊睦見皓酷虐微有所諫皓使人以刀環撞殺之身無完肌秋八月京下督孫楷降晉鄱陽言歷陽山石文理成字凡二十云楚九州渚吳九州都揚州士作天子四世治太平始江表傳曰歷陽縣有石山臨水高百丈其三十丈所有七穿駢羅穿中色黃赤不與本體相似俗相傳謂之石印又云石印封發天下當太平有祠壁巫祝言石印神有三郎時歷陽長表上言石印發皓遣使以太牢祭歷山巫言石印三郎說天下方太平使者作高梯上看印文詐以朱書石作二十字還以啓皓皓大喜曰吳當爲九州作都渚乎從大皇帝逮

孤四世矣太平之主非孤復誰重遣使以印綬拜三郎爲王又刻石立銘褒贊靈德以荅休祥又吳興陽羨山有空石長十餘丈名曰石室在所表爲大瑞乃遣兼司徒董朝兼太常周處至陽羨縣封禪國山明年改元大赦以協石文

天紀元年夏夏口督孫愼出江夏汝南燒略居民初騶子張俶多所譖白累遷爲司直中郎將封侯甚見寵愛是歲姦情發聞伏誅江表傳曰俶父會稽山陰縣卒也知俶不良上表云若用俶爲司直有罪乞不從坐皓許之俶表正彈曲二十人專糾司不法於是愛惡相攻互相謗告彈曲承言收繫囹圄聽訟失理獄以賄成人民窮困無所措手足俶奢淫無厭取小妻三十餘人擅殺無辜衆姦並發父子俱見車裂

二年秋七月立成紀宣威等十一王王給三千兵大赦

三年夏郭馬反馬本合浦太守脩允部曲督允轉桂林太守疾病住廣州先遣馬將五百兵至郡安撫諸夷允死兵當分給馬等累世舊軍不樂離別皓時又科實廣州戶口馬與部曲將何典王族吳述殷興等因此恐動兵民合聚人衆攻殺廣州督虞授馬自號都督交廣二州諸軍事安南將軍興廣州刺史述南海太守典攻蒼梧族攻始興漢晉春秋曰先是吳有說讖者曰吳之敗兵起南裔亡吳者公孫也皓聞之文武職位至于

卒伍有姓公孫者皆徙於廣州不令傳江邊及聞馬反大懼曰此天亡也八月以軍師張悌爲丞相牛渚都督何植爲司徒執金吾滕循爲司空未拜轉鎮南將軍假節領廣州牧率萬人從東道討馬興族遇於始興未得前馬殺南海太守劉略逐廣州刺史徐旗皓又遣徐陵督陶濬將七千人從西道命交州牧陶璜部伍所領及合浦鬱林諸郡兵當與東西軍共擊馬有鬼目菜生工人黃耇家依緣棗樹長丈餘莖廣四寸厚三分又有買菜生工人吳平家高四尺厚三分如枇杷形上廣尺八寸下莖廣五寸兩邊

生葉綠色東觀案圖名鬼目作芝草買菜作平慮草遂以耇爲侍芝郎平爲平慮郎皆銀印青綬冬晉命鎮東大將軍司馬伷向涂中安東將軍王渾揚州刺史周浚向牛渚建威將軍王戎向武昌平南將軍胡奮向夏口鎮南將軍杜預向江陵龍驤將軍王濬廣武將軍唐彬浮江東下太尉賈充爲大都督量宜處要盡軍勢之中陶濬至武昌聞北軍大出停駐不前初皓每宴會羣臣無不咸令沈醉置黃門郎十人特不與酒侍立終日爲司過之吏宴罷之後各奏其闕

失迕視之咎謬言之愆罔有不舉大者即加威刑小者輒以爲罪後宮數千而采擇無已又激水入宮宮人有不合意者輒殺流之或剝人之面或鑿人之眼岑昏險諛貴幸致位九列好興功役衆所患苦是以上下離心莫爲皓盡力蓋積惡已極不復堪命故也吳平後晉侍中庾峻等問皓侍中李仁曰聞吳主披人面刖人足有諸乎仁曰以告者過也君子惡居下流天下之惡皆歸焉蓋此事也若信有之亦不足怪昔唐虞五刑三代七辟肉刑之制未爲酷虐皓爲一國之主秉殺生之柄罪人陷法加之以懲何足多罪夫受堯誅者不能無怨受桀賞者不能無慕此人情也又問曰云歸命侯乃惡人橫睛逆視皆鑿其眼有諸乎仁曰亦無此事傳之者謬耳曲禮曰視天子由袷以下視諸侯由頤以下視大夫由衡視士則平面得游目五步之內視上於衡則傲下於帶則憂旁則邪以禮視瞻高下

不可不慎況人君乎哉視人君相迕是乃禮所謂傲慢傲慢則無禮無禮則不臣不臣則犯罪犯罪則陷不測矣正使有之將有何失凡仁所荅峻等皆善之文多不悉載

四年春立中山代等十一王大赦濬彬所至則土崩瓦解靡有禦者預又斬江陵督伍延渾復斬丞相張悌丹楊太守沈瑩等所在戰克干寶晉紀曰吳丞相軍師張悌護軍孫震丹楊太守沈瑩帥衆三萬濟江圍成陽都尉張喬於楊荷橋衆才七千閉柵自守舉白接告降吳副軍師諸葛靚欲屠之悌曰彊敵在前不宜先事其小且殺降不祥靚曰此等以救兵未至而力少故且僞降以緩我非來伏也因其無戰心而盡阬之可以成三軍之氣若舍之而前必爲後患悌不從撫之而進與討吳護軍張翰揚州刺史周浚成陣相對沈瑩領丹楊銳卒刀楯五千號曰青巾兵前後屢陷堅陣於是以馳淮南軍三衝不動退引亂薛勝將班因其亂而乘之吳軍以次土崩將帥不能止張喬又出其後大敗吳軍于版橋獲悌震瑩等襄陽記曰悌字巨先襄

陽人少有名理孫休時爲屯騎校尉魏伐蜀吳人問悌曰司馬氏得政以來大難屢作智力雖豐而百姓未服也今又竭其資力遠征巴蜀兵勞民疲而不知恤敗於不暇何以能濟昔夫差伐齊非不克勝所以危亡不憂其本也況彼之爭地乎悌曰不然曹操雖功蓋中夏威震四海崇詐杖術征伐無已民畏其威而不懷其德也丕叡承之係以慘虐內興宮室外懼雄豪東西驅馳無歲獲安彼之失民爲日久矣司馬懿父子自握其柄累有大功除其煩苛而布其平惠爲之謀主而救其疾民心歸之亦已久矣故淮南三叛而腹心不擾曹髦之死四方不動摧堅敵如折枯蕩異同如反掌任賢使能各盡其心非智勇兼人孰能如之其威武張矣本根固矣羣情服矣姦計立矣今蜀閹宦專朝國無政令而玩戎黷武民勞卒弊競於外利不脩守備彼彊弱不同智算亦勝因危而伐殆其克乎若其不克不過無功終無退北之憂覆軍之慮也何爲不可哉昔楚劍利而秦昭懼孟明用而晉人憂彼之得志故我之大患也吳人笑其言而蜀果降于魏晉來伐吳皓使悌督沈瑩諸葛靚帥衆三萬渡江逆之至牛渚沈瑩曰晉治水軍於蜀久矣今傾國大舉萬里齊力必悉益州之衆浮江而下我上流諸軍無有戒備名將皆死幼少當任恐邊江諸城盡莫能禦也晉之水軍必至于此矣宜畜衆力待來一戰若勝之日江西自清上方雖壞可還取之今渡江逆戰勝不可保若或摧喪則大事去矣悌曰吳之將亡賢愚所知非今日也吾恐蜀兵來至此衆心必駭懼不可復整今宜渡江可用決戰力爭若其敗喪則同死社稷無所復恨若其克勝則北敵奔走兵勢萬倍便當乘威南上逆之中道不憂不破也若如子計恐行散盡相與坐待敵到君臣俱降無復一人死難者不亦辱乎遂渡江戰吳軍大敗諸葛靚與五六百人退走使過迎悌悌不肯去靚自往牽之謂曰且夫天下存亡有大數豈卿一人所知如何故自取死爲悌垂涕曰仲思今日是我死日也且我作兒童時便爲卿家丞相所拔常恐不得其死負名賢知顧今以身徇社稷復何道邪莫牽曳之如是靚流涕放之去百餘步已見爲晉軍所殺　吳録曰悌少知名及處大任希合時趣將護左右清論譏之　搜神記曰臨海松陽人柳榮從悌至楊府榮病死船中二日時軍已上岸無有埋之者忽然大呼言人縛軍師人縛軍師聲激揚遂活人問之榮曰上天北斗門下卒見人縛張悌意中大愕不覺大呼言何以縛張軍師門下人怒榮叱逐使去榮便去怖懼口餘聲發揚耳其日悌戰死榮至晉元帝時猶在

三月丙寅殿中親近數百人叩頭請皓殺岑昏皓

惶憒從之

干寶晉紀曰皓殿中親近數百人叩頭請皓曰北軍日近而兵不舉刃陛下將如之何皓曰何故對曰坐岑昏皓獨言若爾當以奴謝百姓衆因曰唯遂並起收昏皓駱驛追止已屠之也

戊辰陶濬從武昌還即引見問水軍消息對曰蜀船皆小今得二萬兵乘大船戰自足擊之於是合衆授濬節鉞明日當發其夜衆悉逃走而王濬順流將至司馬伷王渾皆臨近境皓用光祿勳薛瑩中書令胡沖等計分遣使奉書於濬伷渾曰昔漢室失統九州分裂先人因時略有江南遂分阻山川與魏乖隔今大晉龍興德覆四海闇劣偷安未喻天命至於今者猥煩六軍衡蓋路次遠臨江渚舉國震惶假息漏刻敢緣天朝含弘光大謹遣私署太常張夔等奉所佩印綬委質請命惟垂信納以濟元元

江表傳載皓將敗與舅何植書曰昔大皇帝以神武之略奮三千之卒割據江南席卷交廣開拓洪基欲祚之萬世至孤末德嗣守成緒不能懷集黎元多爲咎闕以違天度闇昧之變反謂之祥致使南蠻逆亂征討未克聞晉大衆遠來臨江庶竭勞瘁衆皆摧退而張悌不反喪軍過半孤甚愧悵于今無聊得陶濬表云武昌以西並復不守不守者非糧不足非城不固兵將背戰耳兵之背戰豈怨兵邪孤之罪也天文縣變於上士民憤歎於下觀此事勢危如累卵吳祚終訖何其局哉天匪亡吳孤所招也瞑目黃壤當復何顏見四帝乎公其勗勉奇謨飛筆以聞皓又遺羣臣書曰孤以不德忝繼先軌處位歷年政教凶勃遂令百姓久困塗炭至使一朝歸命有道社稷傾覆宗廟無主慚愧山積沒有餘罪自惟空薄過偷尊號才瑣質穢任重王公故周易有折鼎之誡詩人有彼其之譏自居宮室仍抱篤疾計有不足思慮失中多所荒替邊側小人因生酷虐虐毒橫流忠順被害闇昧不覺尋

其雖廢孤負諸君事已難圖覆水不可收也今大晉平治四海勞心務於擢賢誠是英俊展節之秋也管仲極讎桓公用之良平去楚入爲漢臣舍亂就理非不忠也莫以移朝改朔用損厥志嘉勗休尚愛敬動靜夫復何言投筆而已壬申王濬最先到於是受皓之降解縛焚櫬延請相見晉陽秋曰濬收其圖籍領州四郡四十三縣三百一十三戶五十二萬三千吏三萬二千兵二十三萬男女口二百三十萬米穀二百八十萬斛舟船五千餘艘後宮五千餘人伷以皓致印綬於己遣使送皓皓舉家西遷以太康元年五月丁亥集于京邑四月甲申詔曰孫皓窮迫歸降前詔待之以不死今皓垂至意猶愍之其賜號爲歸命侯進給衣服車乘田三十頃歲給穀五千斛錢五十萬絹五百匹緜五百斤皓太子瑾拜中郎諸子爲王者拜郎中搜神記曰吳以草創之國信不堅固邊屯守將皆質其妻子名曰保質童子少年以類相與嬉游者日有十數永安二年三月有一異兒長四尺餘年可六七歲衣青衣來從群兒戲諸兒莫之識也皆問曰爾誰家小兒今日忽來荅曰見爾群戲樂故來耳詳而視之眼有光芒爚爚外射諸兒畏之重問其故兒乃荅曰爾惡我乎我非人也乃熒惑星也將有以告爾三公鉏司馬如諸兒大驚或走告大人大人馳往觀之兒曰舍爾去乎竦身而躍即以化矣仰而視之若引一匹練以登天大人來者猶及見焉飄飄漸高有頃而沒時吳政峻急莫敢宣也後五年而蜀亡六年而晉興至是而吳滅司馬如矣干寶晉紀曰王濬治船於蜀吾彥取其流柿以呈孫皓曰晉必有攻吳之計宜增建平兵建平不下終不敢渡江皓弗從陸抗之克步闡皓意張大乃使尚廣筮并天下遇同人之頤對曰吉庚子歲青蓋當入洛陽故皓不脩其政而恆有窺上國之志是歲也實在庚子

五年皓死于洛陽吳錄曰皓以四年十二月死時年四十二葬河南縣界

評曰孫亮童孺而無賢輔其替位不終必然之

勢也休以舊愛宿恩任用興布不能拔進良才改絃易張雖志善好學何益救亂乎又使既廢之亮不得其死友于之義薄矣皓之淫刑所濫隕斃流黜者蓋不可勝數是以群下人人惴恐皆日日以冀朝不謀夕其熒惑巫祝交致祥瑞以爲至急昔舜禹躬稼至聖之德猶或矢誓衆臣予違女弼或拜昌言常若不及況皓凶頑肆行殘暴忠諫者誅讒諛者進虐用其民窮淫極侈宜腰首分離以謝百姓既蒙不死之詔復加歸命之寵豈非曠蕩之恩過厚之澤也哉孫盛曰夫古之立君所以司牧群黎故必仰協乾坤覆燾萬物若乃淫虐是縱酷被群生則天殛之勦絕其祚奪其南面之尊加其獨夫之戮是故湯武抗鉞不犯不順之譏漢高奮劍而無失節之議何者誠四海之酷讎而人神之所擯故也況皓罪爲逋寇虐過辛癸梟首素旗猶不足以謝冤魂洿室荐社未足以紀暴迹而乃優以顯命寵錫仍加豈龔行天罰伐罪弔民之義乎是以知僭逆之不懲而凶酷之莫戒詩云取彼譖人投畀豺虎聊譖猶然矧僭虐乎且神旗電掃兵臨僞窟理窮勢迫然後請命不赦之罪既彰三驅之義又塞極之權道亦無取焉陸機著辨亡論言吳之所以亡其上篇曰昔漢氏失御姦臣竊命禍基京畿毒徧宇內皇綱弛紊王室遂卑於是群雄蜂駭義兵四合吳武烈皇帝慷慨下國電發荊南權略紛紜忠勇伯世威稜則夷羿震蕩兵交則醜虜授馘遂掃清宗祊蒸禋皇祖於時雲興之將帶州飆起之師跨邑哮闞之群風驅熊羆之族霧集雖兵以義合同盟勠力然皆包藏禍心阻兵怙亂或師無謀律喪威稔寇忠規武節未有若此其著者也武烈既沒長沙桓王逸才命世弱冠秀發招攬遺老與之述業神兵東驅奮寡犯衆攻無堅城之將戰無交鋒之虜誅叛柔服而江外底定飾法脩師而威德翕赫賓禮名賢而張昭爲之雄交御豪俊而周瑜爲之傑彼二君子皆

弘敏而多奇，雅達而聰哲，故同方者以類附，等契者以氣集，而江東蓋多士矣。將北伐諸華，誅鉏干紀，旋皇輿於夷庚，反帝座于紫闥，挾天子以令諸侯，清天步而歸舊物。戎車既次，羣凶側目，大業未就，中世而隕。用集我大皇帝，以奇蹤襲於逸軌，叡心發乎令圖，從政咨於故實，播憲稽乎遺風，而加之以篤固，申之以節儉，疇咨俊茂，好謀善斷，束帛旅於丘園，旌命交于塗巷。故豪彥尋聲而響臻，志士希光而影騖，異人輻湊，猛士如林。於是張昭為師傅，周瑜、陸公、魯肅、呂蒙之疇入為腹心，出作股肱；甘寧、凌統、程普、賀齊、朱桓、朱然之徒奮其威，韓當、潘璋、黃蓋、蔣欽、周泰之屬宣其力；風雅則諸葛瑾、張承、步騭以聲名光國，政事則顧雍、潘濬、呂範、呂岱以器任幹職，奇偉則虞翻、陸績、張溫、張惇以諷議舉正，奉使則趙咨、沈珩以敏達延譽，術數則吳範、趙達以禨祥協德，董襲、陳武殺身以衛主，駱統、劉基彊諫以補過，謀無遺諝，舉不失策。故遂割據山川，跨制荊吳，而與天下爭衡矣。魏氏嘗藉戰勝之威，率百萬之師，浮鄧塞之舟，下漢陰之衆，羽楫萬計，龍躍順流，銳騎千旅，虎步原隰，謀臣盈室，武將連衡，喟然有吞江滸之志，一宇宙之氣。而周瑜驅我偏師，黜之赤壁，喪旗亂轍，僅而獲免，收迹遠遁。漢王亦憑帝王之號，率巴漢之民，乘危騁變，結壘千里，志報關羽之敗，圖收湘西之地。而我陸公亦挫之西陵，

覆師敗績，困而後濟，絕命永安。續以濡須之寇，臨川摧銳，蓬籠之戰，子輪不反。由是二邦之將，喪氣挫鋒，勢衄財匱，而吳藐然坐乘其弊。故魏人請好，漢氏乞盟，遂躋天號，鼎峙而立。西屠庸蜀之郊，北裂淮漢之涘，東苞百越之地，南括羣蠻之表。於是講八代之禮，蒐三王之樂，告類上帝，拱揖羣后。虎臣毅卒，循江而守；長戟勁鎩，望飆而奮。庶尹盡規於上，四民展業于下，化協殊裔，風衍遐圻。乃俾一介行人，撫巡外域，巨象逸駿，擾於外閑，明珠瑋寶，耀於內府，珍瑰重跡而至，奇玩應響而赴，輶軒騁於南荒，衝輣息於朔野，齊民免干戈之患，戎馬無晨服之虞，而帝業固矣。大皇既歿，幼主蒞朝，姦回肆虐。景皇聿興，虔修遺憲，政無大闕，守文之良主也。降及歸命之初，典刑未滅，故老猶存。大司馬陸公以文武熙朝，左丞相陸凱以謇諤盡規，而施績、范慎以威重顯，丁奉、鍾離斐以武毅稱，孟宗、丁固之徒為公卿，樓玄、賀劭之屬掌機事，元首雖病，股肱猶良。爰及末葉，羣公既喪，然後黔首有瓦解之志，皇家有土崩之釁，歷命應化而微，王師躡運而發，卒散於陳，民奔于邑，城池無藩籬之固，山川無溝阜之勢，非有工輸雲梯之械，智伯灌激之害，楚子築室之圍，燕人濟西之隊，軍未浹辰而社稷夷矣。雖忠臣孤憤，烈士死節，將奚救哉？夫曹、劉之將非一世之選，向時之師無曩日之衆，戰守之道抑有前符，險阻

之利俄然未改，而成敗貿理，古今詭趣，何哉？彼此之化殊，授任之才異也。其下篇曰：昔三方之王也，魏人據中夏，漢氏有岷益，吳制荊揚而奄交廣。曹氏雖功濟諸華，虐亦深矣，其民怨矣。劉翁因險飾智，功已薄矣，其俗陋矣。夫吳桓王基之以武，太祖成之以德，聰明叡達，懿度深遠矣。其求賢如不及，恤民如稚子，接士盡盛德之容，親仁罄丹府之愛。拔呂蒙於戎行，識潘濬於係虜。推誠信士，不恤人之我欺；量能受器，不患權之我逼。執鞭鞠躬，以重陸公之威；悉委武衛，以濟周瑜之師。卑宮菲食，以豐功臣之賞；披懷虛已，以納謨士之算。故魯肅一面而自託，士燮蒙險而效命。高張公之德而省游田之娛，賢諸葛之言而割情欲之歡，感陸公之規而除刑政之煩，奇劉基之議而作三爵之誓，屏氣跼蹐以伺子明之疾，分滋損甘以育凌統之孤，登壇慷慨歸魯肅之功，削投惡言信子瑜之節。是以忠臣競盡其謨，志士咸得肆力，洪規遠略，固不厭夫區區者也。故百官苟合，庶務未遑。初都建業，羣臣請備禮秩，天子辭而不許，曰：「天下其謂朕何！」宮室輿服，蓋慊如也。爰及中葉，天人之分既定，百度之缺粗精，雖醲化懿綱，未齒乎上代，抑其體國經民之具，亦足以為政矣。地方幾萬里，帶甲將百萬，其野沃，其民練，其財豐，其器利，東負滄海，西阻險塞，長江制其區宇，峻山帶其封域，國家之利，未見有弘於茲者矣。

借使中才守之以道，善人御之有術，敦率遺憲，勤民謹政，循定策，守常險，則可以長世永年，未有危亡之患。或曰：吳、蜀脣齒之國，蜀滅則吳亡，理則然矣。夫蜀蓋藩援之與國，而非吳人之存亡也。何則？其郊境之接，重山積險，陸無長轂之徑；川阨流迅，水有驚波之艱。雖有銳師百萬，啟行不過千夫；舳艫千里，前驅不過百艦。故劉氏之伐，陸公喻之長蛇，其勢然也。昔蜀之初亡，朝臣異謀，或欲積石以險其流，或欲機械以御其變。天子總羣議而諮之大司馬陸公，陸公以四瀆天地之所以節宣其氣，固無可遏之理，而機械則彼我之所共，彼若棄長技以就所屈，即荊揚而爭舟楫之用，是天贊我也，將謹守峽口以待禽耳。逮步闡之亂，憑保城以延彊寇，重資幣以誘羣蠻。于時大邦之衆，雲翔電發，懸旍江介，築壘遵渚，襟帶要害，以止吳人之西，而巴漢舟師，沿江東下。陸公以偏師三萬，北據東坑，深溝高壘，案甲養威。反虜踠跡待戮，而不敢北闚生路，彊寇敗績宵遁，喪師大半，分命銳師五千，西禦水軍，東西同捷，獻俘萬計。信哉賢人之謀，豈欺我哉！自是烽燧罕警，封域寡虞。陸公沒而潛謀兆，吳釁深而六師駭。夫太康之役，衆未盛乎曩日之師；廣州之亂，禍有愈乎向時之難，而邦家顛覆，宗廟為墟。嗚呼！人之云亡，邦國殄瘁，不其然與！易曰湯武革命順乎天，玄曰亂不極則治不形，言帝王之因天

時也古人有言曰天時不如地利易曰王侯設險以守其國言爲國之恃險也又曰地利不如人和在德不在險言守險之由人也吳之興也參而由焉孫卿所謂合其參者也及其亡也恃險而已又孫卿所謂舍其參者也夫四州之氓非無衆也大江之南非乏俊也山川之險易守也勁利之器易用也先政之業易循也功不興而禍遘者何哉所以用之者失也故先王達經國之長規審存亡之至數恭己以安百姓敦惠以致人和寬沖以誘俊乂之謀慈和以結士民之愛是以其安也則黎元與之同慶及其危也則兆庶與之共患安與衆同慶則其危不可得也危與下共患則其難不足恤也夫然故能保其社稷而固其土宇麥秀無悲殷之思黍離無愍周之感矣

三嗣主傳第三　吳書　國志四十八

劉繇傳

劉繇字正禮東萊牟平人也齊孝王少子封牟平侯子孫家焉繇伯父寵爲漢太尉　續漢書曰繇祖父本師受經傳博學羣書號爲通儒舉賢良方正爲般長卒官寵字祖榮受父業以經明行脩舉孝廉光祿大夫察四行除東平陵令視事數年以母病棄官百姓士民攀輿拒輪充塞道路車不得前乃止亭輕服潛遁歸脩供養後辟大將軍府稍遷會稽太守正身率下郡中大治徵入爲將作大匠山陰縣民去治數十里有若邪中在山谷間五六老翁年皆七八十聞寵遷相率共送寵人賫百錢寵見勞來曰父老何乃自苦遠來皆對曰山谷鄙老生未嘗到郡縣他時吏發求不去民間或夜不絕狗吠竟夕民不得安自明府下車以來狗不夜吠吏稀至民間年老遭值聖化今聞當見棄去故勠力來送寵謝之爲選受一大錢故會稽號寵爲取一錢太守其清如是寵前後歷二郡八居九列四登三事家不藏賄無重寶器恒菲飲食薄衣服弊車羸馬號爲窶陋三去相位輒歸本土往來京師常下道脫驂過人莫知焉寵嘗欲止亭亭吏止之曰整頓傳舍以待劉公不可得止寵因過去其廉儉皆此類也以老病卒于家繇兄岱字公山歷位侍中兗州刺史　續漢書曰繇父輿一名方山陽太守岱繇皆有儁才　英雄記稱岱孝悌仁恕以虛己受人繇十九從父韙爲賊所劫質繇篡取以歸由是顯名舉孝廉爲郎中除下邑長時郡守以貴戚託之遂棄官去州辟部濟南濟南相中常侍子貪穢不循繇奏免之平原陶丘洪薦繇欲令舉茂才刺史曰前年舉公山奈何復舉正禮乎洪曰若明使君用公山於前擢正禮於後所謂御二龍於長塗騁騏驥於千里不亦可乎會辟司空掾除侍御史不就避亂淮浦詔書以爲揚州刺史時袁術在淮南繇畏憚不敢之州欲南渡江吳景孫賁迎置曲阿術圖爲僭逆攻沒諸郡縣繇遣樊能張英屯江邊以拒之以景賁術所授用乃迫逐使去於是術乃自置揚州刺史與景賁并力攻英能等歲餘不下漢命加繇爲牧振武將軍衆數萬人孫策東渡破英能等繇奔丹徒　袁宏漢紀曰劉繇將奔會稽許子將曰會稽富實策之所貪且窮在海隅不可往也不如豫章北連豫壤西接荊州若收合吏民遣使貢獻與曹兗州相聞雖有袁公路隔在其間其人豺狼不能久也足下受王命孟德景升必相救濟繇從之遂泝江南保豫章駐彭澤笮融先至殺太守朱晧　笮音壯力反獻帝春秋曰是歲繇屯彭澤又使融助晧討劉表所用太守諸葛玄許子將謂繇曰笮融出軍不顧命名義者也朱文明善推誠以信人宜使密防之融到果詐殺晧代領郡事入居郡中繇進討融爲融所破更復招合屬縣攻破融融敗走入山爲民所殺繇尋病卒時年四十二

笮融者丹楊人初聚衆數百往依徐州牧陶謙謙使督廣陵彭城運漕遂放縱擅殺坐斷三郡委輸以自入乃大起浮圖祠以銅爲人黃金塗身衣以錦采垂銅槃九重下爲重樓閣道可容三千餘人悉課讀佛經令界內及旁郡人有好佛者聽受道復其他役以招致之由此遠近前

後至者五千餘人戶每浴佛多設酒飯布席於路經數十里民人來觀及就食且萬人費以巨億計曹公攻陶謙徐土擾動融將男女萬口馬三千匹走廣陵廣陵太守趙昱待以賓禮先是彭城相薛禮爲陶謙所偪屯秣陵融利廣陵之衆因酒酣殺昱放兵大略因載而去過殺禮然後殺皓後笮西伐江夏還過豫章收載繇喪善遇其家王朗遺笮書曰劉正禮昔初臨州未能自達實賴尊門爲之先後用能濟江成治有所處定踐境之禮感分結意情在終始後以表氏之嫌稍更乖剌更以同盟還爲讎敵原其本心實非所樂康寧之後常願渝平更成復踐宿好一爾分離款意不昭奄然殂隕可爲傷恨知敬以厲薄德以報怨收骨育孤哀亡愍存捐既往之猜保六尺之託誠深恩重分美名厚實也昔魯人雖有齊怨不廢喪紀春秋善之謂之得禮誠良史之所宜藉鄉校之所歎聞正禮元子致有志操想必有以殊異威盛刑行施之以恩不亦優哉繇長子基字敬輿年十四居繇喪盡禮故吏餽餉皆無所受吳書曰基遭多難嬰丁困苦潛處味道不以爲戚與羣弟居常夜臥

早起妻妾希見其面諸弟敬憚事之猶父不妄交游門無雜賓姿容美好孫權愛敬之權爲驃騎將軍辟東曹掾拜輔義校尉建忠中郎將權爲吳王遷基大農權嘗宴飲騎都尉虞翻醉酒犯忤權欲殺之威怒甚盛由基諫爭翻以得免權大暑時嘗於船中宴飲於船樓上值雷雨權以蓋自覆又命覆基餘人不得也其見待如此徙郎中令權稱尊號改爲光祿勳分平尚書事年四十九卒後權爲子霸納基女賜第一區四時寵賜與全張比基二弟鑠尚皆騎都尉

太史慈傳

太史慈字子義東萊黃人也少好學仕郡奏曹史會郡與州有隙曲直未分以先聞者爲善時州章已去郡守恐後之求可使者慈年二十一以選行晨夜取道到洛陽詣公車門見州吏始欲求通慈問曰君欲通章邪吏曰然問章安在曰車上慈曰章題署得無誤邪取來視之吏殊不知其東萊人也因爲取章慈已先懷刀便截敗之吏踴躍大呼言人壞我章慈將至車間與語曰向使君不以章相與吾亦無因得敗之是爲吉凶禍福等耳吾不獨受此罪豈若默然俱

出去可以存易亡無事俱就刑辟吏言君爲郡
敗吾章已得如意欲復亡爲慈答曰初受郡遣
但來視章通與未耳吾用意太過乃相敗章今
還亦恐以此見譴怒故俱欲去爾吏然慈言即
日俱去慈既與出城因遁還通郡章州家聞之
更遣吏通章有司以格章之故不復見理州受
其短由是知名而爲州家所疾恐受其禍乃避
之遼東北海相孔融聞而奇之數遣人訊問其
母并致餉遺時融以黃巾寇暴出屯都昌爲賊
管亥所圍慈從遼東還母謂慈曰汝與孔北海

未嘗相見至汝行後贍恤殷勤過於故舊今爲
賊所圍汝宜赴之慈留三日單步徑至都昌時
圍尚未密夜伺間隙得入見融因求兵出斫賊
融不聽欲待外救外救未有至者而圍日偪融
欲告急平原相劉備城中人無由得出慈自請
求行融曰今賊圍甚密衆人皆言不可卿意雖
壯無乃實難乎慈對曰昔府君傾意於老母老
母感遇遣慈赴府君之急固以慈有可取而來
必有益也今衆人言不可慈亦言不可豈府君
愛顧之義老母遣慈之意邪事已急矣願府君

無疑融乃然之於是嚴行蓐食須明便帶鞬攝
弓上馬將兩騎自隨各作一的持之開門直出
外圍下左右人並驚駭兵馬互出慈引馬至城
下塹內植所持的各一出射之射之畢徑入門
明晨復如此圍下人或起或臥慈復植的射之
畢復入門明晨復出如此無復起者於是下鞭
馬直突圍中馳去比賊覺知慈行已過又射殺
數人皆應弦而倒故無敢追者遂到平原說備
曰慈東萊之鄙人也與孔北海親非骨肉比非
鄉黨特以名志相好有分災共患之義今管亥

暴亂北海被圍孤窮無援危在日夕以君有仁
義之名能救人之急故北海區區延頸恃仰使
慈冒白刃突重圍從萬死之中自託於君惟君
所以存之備斂容答曰孔北海知世間有劉備
邪即遣精兵三千人隨慈賊聞兵至解圍散走
融既得濟益奇貴慈曰卿吾之少友也事畢還
啓其母母曰我喜汝有以報孔北海也楊州刺
史劉繇與慈同郡慈自遼東還未與相見暫渡
江到曲阿見繇未去會孫策至或勸繇可以慈
爲大將軍繇曰我若用子義許子將不當笑我

邪但使慈偵視輕重時獨與一騎卒遇策策從騎十三皆韓當宋謙黃蓋輩也慈便前鬭正與策對策刺慈馬而擥得慈項上手戟慈亦得策兜鍪會兩家兵騎並各來赴於是解散慈當與繇俱奔豫章而遁於蕪湖亡入山中稱丹楊太守是時策已平定宣城以東惟涇以西六縣未服慈因進住涇縣立屯府大為山越所附策躬自攻討遂見囚執策即解縛捉其手曰寧識神亭時邪若卿爾時得我云何慈曰未可量也策大笑曰今日之事當與卿共之吳歷云慈於神亭戰敗為策所執策素聞其名即解縛請見咨問進取之術慈答曰破軍之將不足與論事策曰昔韓信定計於廣武今策決疑於仁者君何辭焉慈曰州軍新破士卒離心若儻分散難復合聚欲出宣恩安集恐不合尊意策長跪答曰誠本心所望也明日中望君來還諸將皆疑策曰太史子義青州名士以信義為先終不欺策明日大請諸將豫設酒食立竿視影日中而慈至策大悅常與參論諸軍事臣松之案吳歷云慈於神亭戰敗為策所得與本傳大異疑為謬誤江表傳曰策謂慈曰聞卿昔為太守劫州章赴文舉請玄德皆有烈義天下智士也但所託未得其人耳射鉤斬袪古人不嫌孤是卿知己勿憂不如意也出教曰龍欲騰翥先階尺木者也即署門下督還吳授兵拜折衝中郎將後劉繇亡於豫章士眾萬餘人未有所附策命慈往撫安焉江表傳曰策謂慈曰劉牧往責吾為袁氏攻廬江其意頗猥理恕不足何者先君手下兵數千餘人盡在公路許孤志在立事不得不屈意於公路求索故兵再往纔得千餘人耳仍令孤攻廬江爾時事勢不得不為行但其後不遵臣節自棄作邪僭及事諫之不從丈夫義交苟有大故不得不離孤交求公路及

絕之本末如此今劉繇喪亡恨不及其生時與共論辯今兒子在豫章不知華子魚待遇何如其故部曲復依隨之否卿則州人昔又從事寧能往視其兒子並宣孤意於其部曲部曲樂來者便與俱來不樂來者且安慰之并觀察子魚所以牧禦方規何似視廬陵鄱陽人民親附之否卿手下兵宜將多少自由意慈對曰慈有不赦之罪將軍量同桓文待遇過望古人報生以死期於盡節沒而後已今並息兵兵不宜多將數十人自足以往還也左右皆曰慈必北去不還策曰子義捨我當復與誰餞送昌門把腕別曰何時能還答曰不過六十日果如期而反江表傳曰策初遣慈也議者紛紜謂慈未可信或云與華子魚州里恐留彼為籌策或疑慈西託黃祖假路還北多言遣之非計策曰諸君語皆非也孤斷之詳矣太史子義雖氣勇有膽烈然非縱橫之人其心有士謨志經道義貴重然諾一以意許知己死亡不相負諸君勿復憂也慈從豫章還議者乃始服慈見策曰華子魚良德也然非籌略才無他方規自守而已又丹楊僮芝自擅廬陵詐言被詔書為太守鄱陽民帥別立宗部阻兵守界不受子魚所遣長吏言我以別立郡須漢遣真太守來當迎之耳子魚不但不能諧廬陵鄱陽近自海昏有上繚壁有五六千家相結聚作宗伍惟輸租布於郡耳發召一人遂不可得子魚亦覩視之而已策拊掌大笑仍有兼并之志矣頃之遂定豫章劉表從子磐驍勇數為寇於艾西安諸縣策於是分海昏建昌左右六縣以慈為建昌都尉治海昏并督諸將拒磐磐絕跡不復為寇慈長七尺七寸美鬚髯猿臂善射弦不虛發嘗從策討麻保賊賊於屯裏緣樓上行詈以手持樓棼慈引弓射之矢貫手著棼圍外萬人莫不稱善其妙如此曹公聞其名遺慈書以篋封之發省無所道而但貯當歸孫權統事以慈能制磐遂委南方

之事年四十一建安十一年卒（吳書曰慈臨亡歎息曰丈夫生世當帶七尺之劍以升天子之階今所志未從奈何而死乎權甚悼惜之）子享官至越騎校尉（吳書曰享字元復歷尚書吳郡太守）

士燮傳

士燮字威彥蒼梧廣信人也其先本魯國汶陽人至王莽之亂避地交州六世至燮父賜桓帝時為日南太守燮少游學京師事潁川劉子奇治左氏春秋察孝廉補尚書郎公事免官父賜喪闋後舉茂才除巫令遷交阯太守弟壹初為郡督郵刺史丁宮徵還京都壹侍送勤恪宮感之臨別謂曰刺史若待罪三事當相辟也後宮為司徒辟壹比至宮已免黃琬代為司徒甚禮遇壹董卓作亂壹亡歸鄉里（吳書曰琬與卓相害而壹盡心於琬甚有聲稱卓惡之乃署教曰司徒掾士壹不得除用故歷年不遷會卓入關壹乃亡歸）交州刺史朱符為夷賊所殺州郡擾亂燮乃表壹領合浦太守次弟徐聞令䵋領九真太守（䵋音于鄙反見字林）䵋弟武領南海太守燮體器寬厚謙虛下士中國士人往依避難者以百數耽玩春秋為之注解陳國袁徽與尚書令荀彧書曰交阯士府君既學問優博又達於從政處大亂之中保全一郡二十餘

年疆場無事民不失業羈旅之徒皆蒙其慶雖竇融保河西曷以加之官事小闋輒玩習書傳春秋左氏傳尤簡練精微吾數以咨問傳中諸疑皆有師說意思甚密又尚書兼通古今大義詳備聞京師古今之學是非忿爭今欲條左氏尚書長義上之其見稱如此燮兄弟並為列郡雄長一州偏在萬里威尊無上出入鳴鐘磬備具威儀笳簫鼓吹車騎滿道胡人夾轂焚燒香者常有數十妻妾乘輜軿子弟從兵騎當時貴重震服百蠻尉他不足踰也（葛洪神仙傳曰燮嘗病死已三日仙人董奉以一丸藥與服以水含之捧其頭搖捎之食頃即開目動手顏色漸復半日能起坐四日復能語遂復常奉字昌異侯官人也）武先病沒朱符死後漢遣張津為交州刺史津後又為其將區景所殺而荊州牧劉表遣零陵賴恭代津是時蒼梧太守史璜死表又遣吳巨代之與恭俱至漢聞張津死賜燮璽書曰交州絕域南帶江海上恩不宣下義壅隔知逆賊劉表又遣賴恭闚看南土今以燮為綏南中郎將董督七郡領交阯太守如故後燮遣吏張旻奉貢詣京都是時天下喪亂道路斷絕而燮不廢貢職特復下詔拜安遠將軍封龍度亭侯後

士燮

巨與恭相失舉兵逐恭恭走還零陵建安十五年孫權遣步騭為交州刺史騭到燮率兄弟奉承節度而吳巨懷異心騭斬之權加燮為左將軍建安末年燮遣子廞入質權以為武昌太守燮壹諸子在南者皆拜中郎將燮又誘導益州豪姓雍闓等率郡人民使遙東附權益嘉之遷衛將軍封龍編侯弟壹偏將軍都鄉侯燮每遣使詣權致雜香細葛輒以千數明珠大貝流離翡翠瑇瑁犀象之珍奇物異果蕉邪龍眼之屬無歲不至壹時貢馬凡數百匹權輒為書厚加

寵賜以答慰之燮在郡四十餘歲黃武五年年九十卒權以交阯縣遠乃分合浦以北為廣州呂岱為刺史交阯以南為交州戴良為刺史又遣陳時代燮為交阯太守岱留南海良與時俱前行到合浦而燮子徽自署交阯太守發宗兵拒良良留合浦交阯桓鄰燮舉吏也叩頭諫徽使迎良徽怒笞殺鄰鄰兄治子發又合宗兵擊徽徽閉門城守治等攻之數月不能下乃約和親各罷兵還而呂岱被詔誅徽自廣州將兵晝夜馳入過合浦與良俱前壹子中郎將匡與岱

有舊岱署匡師友從事先移書交阯告喻禍福又遣匡見徽說令服罪雖失郡守保無他憂岱尋匡後至徽兄祗弟幹頌等六人肉袒奉迎岱謝令復服前至郡下明旦早施帳幔請徽兄弟以次入賓客滿坐岱起擁節讀詔書數徽罪過左右因反縛以出即皆伏誅傳首詣武昌（孫盛曰夫柔遠能邇莫善於信保大定功莫善於義故齊桓創基德彰於柯會晉文始伯義顯於伐原故能九合一匡世主夏盟令問長世貽範百王呂岱師友士匡使通信誓徽兄弟肉袒推心委命岱因滅之以要功利君子是以知孫權之不能遠略而呂氏之祚不延者也）壹䵋匡後出權原其罪及燮質子廞皆免為庶人數歲壹䵋坐法誅廞病卒無子妻寡居詔在所月給俸米賜錢四十萬

評曰劉繇藻厲名行好尚臧否至於擾攘之時據萬里之土非其長也太史慈信義篤烈有古人之分士燮作守南越優游終世至子不慎自貽凶咎蓋庸才玩富貴而恃阻險使之然也

劉繇太史慈士燮傳第四

吳書　國志四十九

妃嬪傳第五　吳書　國志五十

孫破虜吳夫人傳

孫破虜吳夫人吳主權母也本吳人徙錢唐早失父母與弟景居孫堅聞其才貌欲娶之吳氏親戚嫌堅輕狡將拒焉堅甚以慙恨夫人謂親戚曰何愛一女以取禍乎如有不遇命也於是遂許爲婚生四男一女搜神記曰初夫人孕而夢月入其懷旣而生策及權在孕又夢日入其懷以告堅曰昔妊策夢月入我懷今也又夢日入我懷何也堅曰日月者陰陽之精極貴之象吾子孫其興乎景常隨堅征伐有功拜騎都尉袁術上景領丹楊太守討故太守周昕遂據其郡孫策與孫河呂範依景合衆共討涇縣山賊祖郎郎敗走會景爲劉繇所迫復北依術術以爲督軍中郎將與孫賁共討樊能于麋於橫江又擊笮融薛禮於秣陵時策被創牛渚降賊復反景攻討盡禽之從討劉繇繇奔豫章策遣景賁到壽春報術術方與劉備爭徐州以景爲廣陵太守術後僭號策以書喻術術不納便絕江津不與通使人告景景即委郡東歸策復以景爲丹楊太守漢遣議郎王誧音普銜命南行表景爲揚武將軍領郡如故及權少年統業夫人助治軍國甚有補益會稽典錄曰策功曹魏騰以迕意見譴將殺之士大夫憂恐計無所出夫人乃倚大井而謂策曰汝新造江南其事未集方當優賢禮士捨過錄功魏功曹在公盡規汝今日殺之則明日人皆叛汝吾不忍見禍之及當先投此井中耳策大驚遽釋騰夫人智略權譎類皆如此建安七年臨薨引見張昭等屬以後事合葬高陵志林曰案會稽貢舉簿建安十二年到十三年闕無舉者云府君遭憂此則吳后以十二年薨也八年九年皆有貢舉斯甚分明

八年景卒官子奮授兵爲將封新亭侯卒吳書曰權征荊州拜奮吳郡都督以鎮東方子安嗣安坐黨魯王霸死奮弟祺吳書曰祺與張溫顧譚友善權令關平辭訟事封都亭侯卒子纂嗣纂妻即滕胤女也胤被誅并遇害

吳主權謝夫人傳

吳主權謝夫人會稽山陰人也父煚漢尚書郎徐令煚子承撰後漢書稱煚幼以仁孝爲行明遠有令才煚弟貞履蹈法度篤學尚義舉孝廉建昌長卒官權母吳爲權聘以爲妃愛幸有寵後權納姑孫徐氏欲令謝下之謝不肯由是失志早卒後十餘年弟承拜五官郎中稍遷長沙東部都尉武陵太守撰後漢書百餘卷會稽典錄曰承字偉平博學洽聞嘗所知見終身不忘子崇揚威將軍崇弟勗吳郡太守並知名

吳主權徐夫人傳

吳主權徐夫人吳郡富春人也祖父眞與權父堅相親堅以妹妻眞生琨琨少仕州郡漢末擾亂去吏隨堅征伐有功拜偏將軍堅薨隨孫策

討樊能于麋等於横江擊張英於當利口而船少欲駐軍更求琨母時在軍中謂琨曰恐州家多發水軍來逆人則不利矣如何可駐邪宜伐蘆葦以爲泭佐船渡軍（泭音敷郭璞注方言曰泭水中簰也）琨具啓策策即行之衆悉俱濟遂破英擊走笮融劉繇事業克定策表琨領丹楊太守會吳景委廣陵來東復爲丹楊守（江表傳曰初袁術遣從弟胤爲丹楊策令琨討而代之會景還以景前在丹楊寬仁得衆吏民所思而琨手下兵多策嫌其太重且方攻伐宜得琨衆乃復用景召琨還吳）琨以督軍中郎將領兵從破廬江太守李術封廣德侯遷平虜將軍後從討黃祖中流矢卒琨生夫人初

適同郡陸尚尚卒權爲討虜將軍在吳聘以爲妃使母養子登後權遷移以夫人妬忌廢處吳積十餘年權爲吳王及即尊號登爲太子羣臣請立夫人爲后權意在步氏卒不許後以疾卒兄矯嗣父琨侯討平山越拜偏將軍先夫人卒無子弟祚襲封亦以戰功至于蕪湖督平魏將軍

吳主權步夫人傳

吳主權步夫人臨淮淮陰人也與丞相騭同族漢末其母攜將徙廬江廬江爲孫策所破皆東渡江以美麗得幸於權寵冠後庭生二女長曰

魯班字大虎前配周瑜子循後配全琮少曰魯育字小虎前配朱據後配劉纂（吳曆曰纂先尚權中女早卒故又以小虎爲繼室）夫人性不妬忌多所推進故久見愛待權爲王及帝意欲以爲后而羣臣議在徐氏權依違者十餘年然宮內皆稱皇后親戚上疏稱中宮及薨臣下緣權指請追正名號乃贈印綬策命曰惟赤烏元年閏月戊子皇帝曰嗚呼皇后惟后佐命共承天地虔恭夙夜與朕均勞內教脩整禮義不愆寬容慈惠有淑懿之德民臣縣望遠近歸心朕以世難未夷大統未一緣后雅

志每懷謙損是以于時未授名號亦必謂后降年有永永與朕躬對揚天休不寤奄忽大命近止朕恨本意不早昭顯傷后殂逝不終天祿愍悼之至痛于厥心今使使持節丞相醴陵亭侯雍奉策授號配食先后魂而有靈嘉其寵榮嗚呼哀哉葬於蔣陵

吳主權王夫人傳

吳主權王夫人琅邪人也（吳書曰夫人父名盧九）夫人以選入宮黃武中得幸生孫和寵次步氏步氏薨後和立爲太子權將立夫人爲后而全公主素憎

夫人稍稍譖毀又權寢疾言有喜色由是權深責怒以憂死和子晧立追尊夫人曰大懿皇后封三弟皆列侯

吳主權王夫人傳

吳主權王夫人南陽人也以選入宮嘉禾中得幸生孫休及和爲太子和母貴重諸姬有寵者皆出居外夫人出公安卒因葬焉休即位遣使追尊曰敬懷皇后改葬敬陵王氏無後封同母弟文雍爲亭侯

吳主權潘夫人傳

吳主權潘夫人會稽句章人也父爲吏坐法死夫人與姊俱輸織室權見而異之召充後宮得幸有娠夢有似龍頭授己者已以蔽膝受之遂生孫亮赤烏十三年亮立爲太子請出嫁夫人之姊權聽許之明年立夫人爲皇后性險妬容媚自始至卒譖害袁夫人等甚衆吳錄曰袁夫人者袁術女也有節行而無子權數以諸姬子與養之輙不育及步夫人薨權欲立之夫人自以無子固辭不受權不豫夫人使問中書令孫弘呂后專制故事侍疾疲勞因以羸疾諸宮人伺其昏臥共縊殺之託言中惡後事泄坐死者六七人權尋薨合葬蔣陵孫

亮即位以夫人姊壻譚紹爲騎都尉授兵亮廢紹與家屬送本郡廬陵

孫亮全夫人傳

孫亮全夫人全尚女也尚從祖母公主愛之每進見輒與俱及潘夫人母子有寵全主自以與孫和母有隙乃勸權爲潘氏男亮納夫人亮遂爲嗣夫人立爲皇后以尚爲城門校尉封都亭侯代滕胤爲太常衞將軍進封永平侯錄尚書事時全氏侯有五人並典兵馬其餘爲侍郎騎都尉宿衞左右自吳興外戚貴盛莫及及魏大

將諸葛誕以壽春來附而全懌全端全禕全儀等並因此際降魏全熙謀泄見殺由是諸全衰弱會孫綝廢亮爲會稽王後又黜爲候官侯夫人隨之國居候官尚將家屬徙零陵追見殺吳錄曰亮妻惠解有容色居候官吳平乃歸永寧中卒

孫休朱夫人傳

孫休朱夫人朱據女休姊公主所生也臣松之以爲休妻其甥事同漢惠荀悅譏之已當故不復廣言赤烏末權爲休納以爲妃休爲琅邪王隨居丹楊建興中孫峻專政公族皆患之全尚妻即峻姊故惟全主祐焉初孫和爲太

子時全主譖害王夫人欲廢太子立齊王朱主不聽由是有隙五鳳中孫儀謀殺峻事覺被誅全主因言朱主與儀同謀峻枉殺朱主休懼遣夫人還建業執手泣別既至峻遣還休太平中孫亮知朱主爲全主所害問朱主死意全主懼曰我實不知皆據二子熊損所白亮殺熊損損妻是峻妹也孫綝益忌亮遂廢亮立休永安五年立夫人爲皇后休卒羣臣尊夫人爲皇太后孫晧即位月餘貶爲景皇后稱安定宮甘露元年七月見逼薨合葬定陵搜神記曰孫峻殺朱主埋於石子岡歸命即位將欲改葬之冢墓相亞不可識別而宮人頗識主亡時所著衣服乃使兩巫各住一處以伺其靈使察鑒之不得相近久時二人俱一白見一女人年可三十餘上著青錦束頭紫白袷裳丹綈絲履從石子岡而以手抑膝長太息小住須臾進一冢上便住徘徊良久奄然不見二人之言不謀而同於是開冢衣服如之

孫和何姬傳

孫和何姬丹陽句容人也父遂本騎士孫權嘗游幸諸營而姬觀於道中權望見異之命宦者召入以賜子和生男權喜名之曰彭祖即晧也太子和既廢後爲南陽王居長沙孫亮即位孫峻輔政峻素媚事全主全主與和母有隙遂勸峻徙和居新都遣使賜死嫡妃張氏亦自殺何姬曰若皆從死誰當養孤遂拊育晧及其三弟晧即位尊和爲昭獻皇帝吳錄曰晧初尊和爲昭獻皇帝俄改曰文皇帝何姬爲昭獻皇后稱升平宮月餘進爲皇太后封弟洪永平侯蔣溧陽侯植宣成侯洪卒子邈嗣爲武陵監軍爲晉所殺植官至大司徒吳末昏亂何氏驕僭子弟橫放百姓患之故民譌言晧久死立者何氏子云江表傳曰晧以張布女爲美人有寵晧問曰汝父所在荅曰賊以殺之晧大怒棒殺之後思其顏色使巧工刻木作美人形象恒置座側問左右布復有女否荅曰布大女適故衛尉馮朝子純即奪純妻入宮大有寵拜爲左夫人晝夜與夫人房宴不聽朝政使尚方以金作華燧步搖假髻以千數令宮人著以相撲朝成夕敗輒出更作工匠因緣偷盜府藏爲空會夫人死晧哀愍思念葬于苑中大作冢使工匠刻柏作木人內冢中以爲兵衛以金銀珍玩之物送葬不可稱計已葬之後晧治喪於內半年不出國人見葬太奢麗皆謂晧已死所葬者是也晧舅子何都顏狀似晧云都代立臨海太守奚熙信譌言舉兵欲還誅都都叔父植時爲備海督擊殺熙夷三族譌言乃息而人心猶疑

孫晧滕夫人傳

孫晧滕夫人故太常胤之族女也胤夷滅夫人父牧以疏遠徙邊郡孫休即位大赦得還以牧爲五官中郎晧既封烏程侯娉牧女爲妃晧即位立爲皇后封牧高密侯拜衞將軍錄尚書事後朝士以牧尊戚頗推令諫爭而夫人寵漸衰晧滋不悅晧母何恒左右之又太史言於運歷

后不可易晧信巫覡故得不廢常供養升平宮牧見遣居蒼梧郡雖爵位不奪其實裔也遂道路憂死長秋官僚備員而已受朝賀表疏如故而晧內諸寵姬佩皇后璽紱者多矣江表傳曰晧又使黃門備行州郡科取將吏家女其二千石大臣子女皆當歲歲言名年十五六一簡閱簡閱不中乃得出嫁後宮千數而採擇無已天紀四年隨晧遷于洛陽

評曰易稱正家而天下定詩云刑于寡妻至于兄弟以御于家邦誠哉是言也遠觀齊桓近察孫權皆有識士之明傑人之志而嫡庶不分閨庭錯亂遺笑古今殃流後嗣由是論之惟以道義為心平一為主者然後克免斯累邪

嬪妃傳第五　　吳書　國志五十

孫靜傳

孫靜字幼臺堅季弟也堅始舉事靜糾合鄉曲及宗室五六百人以爲保障衆咸附焉策破劉繇定諸縣進攻會稽遣人請靜靜將家屬與策會于錢唐是時太守王朗拒策於固陵策數渡水戰不能克靜說策曰朗負阻城守難可卒拔查瀆南去此數十里而道之要徑也宜從彼據其內所謂攻其無備出其不意者也吾當自帥衆爲軍前隊破之必矣策曰善乃詐令軍中曰頃連雨水濁兵飲之多腹痛令促具甖缶數百口澄水至昏暮羅以然火誑朗便分軍夜投查瀆道襲高遷屯（臣松之案今永興縣有高遷橋查音祖加反）朗大驚遣故丹楊太守周昕等帥兵前戰策破昕等斬之遂定會稽（會稽典錄曰昕字大明少游京師師事太傅陳蕃博覽羣書明於風角善推災異辟太尉府舉高第稍遷丹楊太守曹公起義兵昕前後遣兵萬餘人助公征伐袁術之在淮南也昕惡其淫虐絕不與通　獻帝春秋曰袁術遣吳景攻昕未拔景乃募百姓敢從周昕者死不赦昕曰我則不德百姓何罪遂散兵還本郡）表拜靜爲奮武校尉欲授之重任靜戀墳墓宗族不樂出身求留鎮守策從之權統事就遷昭義中郎將終於家有五子暠瑜皎奐謙暠二子綽超

恭超爲偏將軍恭生峻綽生綝

孫瑜傳

瑜字仲異以恭義校尉始領兵衆是時賓客諸將多江西人瑜虛心綏撫得其歡心建安九年領丹楊太守爲衆所附至萬餘人加綏遠將軍十一年與周瑜共討麻保二屯破之後從權拒曹公於濡須權欲交戰瑜說權持重權不從軍果無功遷奮威將軍領郡如故自溧陽徙屯牛渚瑜以永安人饒助爲襄安長無錫人顏連爲居巢長使招納廬江二郡各得降附濟陰人馬普篤學好古瑜厚禮之使二府將吏子弟數百人就受業遂立學官臨饗講肄是時諸將皆以軍務爲事而瑜好樂墳典雖在戎旅誦聲不絕年三十九建安二十年卒瑜五子彌熙燿曼紘曼至將軍封侯

孫皎傳

皎字叔朗始拜護軍校尉領衆二千餘人是時曹公數出濡須皎每赴拒號爲精銳遷都護征虜將軍代程普督夏口黃蓋及兄瑜卒又并其軍賜沙羨雲杜南新市竟陵爲奉邑自置長吏

輕財能施善於交結與諸葛瑾至厚委廬江劉靖以得失江夏李允以衆事廣陵吳碩河南張梁以軍旅而傾心親待莫不自盡皎嘗遣兵候獲魏邊將吏美女以進皎皎更其衣服送還之下令曰今所誅者曹氏其百姓何罪自今以往不得擊其老弱由是江淮間多歸附者嘗以小故與甘寧忿爭或以諫寧寧曰臣子一例征虜雖公何可專行侮人邪吾值明主但當輸效力命以報所天誠不能隨俗屈曲矣權聞之以書讓皎曰自吾與北方爲敵中閒十年初時相遲年小今者且三十矣孔子言三十而立非但謂五經也授卿以精兵委卿以大任都護諸將於千里之外欲使如楚任昭奚恤揚威於北境非徒相使逞私志而已近聞卿與甘興霸飲因酒發作侵陵其人其人求屬呂蒙督中此人雖麤豪有不如人意時然其較略大丈夫也吾親之者非私之也吾親愛之卿疎憎之卿所爲每與吾違其可久乎夫居敬而行簡可以臨民愛人多容可以得衆二者尚不能知安可董督在遠禦寇濟難乎卿行長大特受重任上有遠方瞻望

之觀下有部曲朝夕從事何可恣意有盛怒邪人誰無過貴其能改宜追前愆深自咎責今故煩諸葛子瑜重宣吾意臨書摧愴心悲淚下皎得書上疏陳謝遂與寧結厚後呂蒙當襲南郡權欲令皎與蒙爲左右部大督蒙說權曰若至尊以征虜能宜用之以蒙能宜用蒙昔周瑜程普爲左右部督共攻江陵雖事決於瑜普自恃久將且俱是督遂共不睦幾敗國事此目前之戒也權寤謝蒙曰以卿爲大督命皎爲後繼禽關羽定荆州皎有力焉建安二十四年卒權追錄其功封子胤爲丹楊侯胤卒無子弟晞嗣領兵有罪自殺國除弟咨彌儀皆將軍封侯咨羽林督儀無難督咨爲滕胤所殺儀爲孫峻所害

孫奐傳

孫奐字季明兄皎既卒代統其衆以揚武中郎將領江夏太守在事一年遵皎舊迹禮劉靖李允吳碩張梁及江夏閭舉等並納其善奐訥於造次而敏於當官軍民稱之黃武五年權攻石陽奐以地主使所部將軍鮮于丹帥五千人先斷淮道自帥吳碩張梁五千人爲軍前鋒降高

城得三將大軍引還權詔使在前住駕過其軍見奐軍陣整齊權歎曰初吾憂其遲鈍今治軍諸將少能及者吾無憂矣拜揚威將軍封沙羨矦吳碩張梁皆裨將軍賜爵關內矦江表傳曰初權在武昌欲還都建業而慮水道泝流二千里一旦有警不相赴及以此懷疑及至夏口於塢中大會百官議之詔曰諸將吏勿拘位任其有計者爲國言之諸將或陳宜立柵柵夏口或言宜重設鐵鎖者權皆以爲非計時奐爲小將未有知名乃越席而進曰臣聞香餌引泉魚重幣購勇士今宜明樹賞罰之信遣將入沔與敵爭利形勢既成彼不敢干也使武昌有精兵萬人付智略者任將常使嚴整一旦有警應聲相赴作甘水城輕艦數十諸所宜用皆使備具如此開門延敵敵自不來矣權以梁計爲最得即超增梁位後稍以功進至沔中督奐亦愛樂儒生復命部曲子弟就業後仕進朝廷者數十人年四十嘉

禾三年卒子承嗣以昭武中郎將代統兵領郡赤烏六年卒無子封承庶弟壹奉奐後襲業爲將孫峻之誅諸葛恪也壹與全熙施績攻恪弟公安督融融自殺壹從鎮南遷鎮軍假節督夏口及孫綝誅滕胤呂據據胤皆壹之妹夫也壹弟封又知胤據謀自殺綝遣朱異潛襲壹異至武昌壹知其攻己率部曲千餘口過將胤妻奔魏魏以壹爲車騎將軍儀同三司封吳矦以故主芳貴人邢氏妻之邢美色妬忌下不堪命遂共殺壹及邢氏壹入魏黃初三年死

孫賁傳

孫賁字伯陽父羌字聖壹堅同產兄也賁早失二親弟輔嬰孩賁自贍育友愛甚篤爲郡督郵守長堅於長沙舉義兵賁去吏從征伐堅薨賁攝帥餘衆扶送靈柩後袁術徙壽春賁又依之術從兄紹用會稽周昂爲九江太守紹與術不協術遣賁攻破昂於陰陵術表賁領豫州刺史轉丹楊都尉行征虜將軍討平山越爲揚州刺史劉繇所迫逐因將士衆還住歷陽頃之術復使賁與吳景共擊樊能張英等未能拔及策東

渡助賁景破英能等遂進擊劉繇繇走豫章策遣賁景還壽春報術值術僭號署置百官除賁九江太守賁不就棄妻孥還江南江表傳曰袁術以吳景守廣陵策族兄香亦爲術所用作汝南太守而令賁爲將軍領兵在壽春策與景等書曰今征江東未知二三君意云何耳景即棄守歸賁困而後免香以道遠獨不得還　吳書曰香字文陽父膴字仲膴堅再從弟也仕郡主簿功曹香從堅征伐有功拜郎中後爲袁術驅馳加征南將軍死於壽春時策已平吳會二郡賁與策征廬江太守劉勳江夏太守黃祖軍旋聞繇病死過定豫章上賁領太守江表傳曰時丹楊僮芝自署廬陵太守策留賁弟輔領兵住南昌策謂賁曰兄今據豫章扼僮芝咽喉而守其門戶矣但當伺其形便因令國儀杖兵而進使公瑾爲作勢援一舉可定也後賁聞芝病即如策計周瑜到巴丘輔遂得進據廬陵後封都亭矦建

孫賁

安十三年使者劉隱奉詔拜賁爲征虜將軍領郡如故在官十一年卒子鄰嗣鄰年九歲代領豫章進封都鄉侯吳書曰鄰字公達雅性精敏幼有令譽在郡垂二十年討平叛賊政績脩理召還武昌爲繞帳督時太常潘濬掌荆州事重安長陳留舒燮有罪下獄濬嘗失燮欲致之於法論者多爲有言濬猶不釋鄰謂濬曰舒伯膺兄弟爭死海內義之以爲美譚仲膺又有奉國舊意今君殺其子弟若天下一統青蓋北巡中州士人必問仲膺繼嗣荅者云潘承明殺燮於事何如濬意即解燮用得濟博物志曰仲膺名邵伯膺親友爲人所殺仲膺爲報怨事覺兄弟爭死皆得免袁術時邵爲阜陵長亦見江表傳鄰遷夏口沔中督威遠將軍所居任職赤烏十二年卒子苗嗣苗弟旌及叔父安熙績皆歷列位吳歷曰鄰又有子曰述爲武昌督平荆州事震無難督諸城門校尉歆樂鄉督震後與晉軍與張悌俱死賁曾孫惠字德施惠別傳曰惠好學有才智晉永寧元年赴齊王冏義以功封晉興侯辟大司馬賊曹屬冏驕矜僭侈天下失望惠獻言於冏諷以五難四不可勸令委讓萬機歸藩青州辭甚深切冏不能納頃之果敗成都王穎召爲大將軍參軍是時穎將有事於長沙以陸機爲前鋒都督惠與機鄉里親厚憂其致禍謂之曰子盍讓都督於王粹乎機曰將謂吾避賊首鼠更速其害機尋被戮二弟雲耽亦見殺惠甚傷恨之永興元年乘輿幸鄴司空東海王越治兵下邳惠以書干越詭其姓名自稱南岳逸民秦祕之勉以勤王匡世之略辭義甚美越省其書牓題道衢招求其人惠乃出見越即以爲記室參軍專掌文疏豫參謀議每造書檄越或驛馬催之應命立成皆有辭旨累遷顯職後爲廣武將軍安豐內史

年四十七卒惠文翰凡數十首

孫輔傳

孫輔字國儀賁弟也以揚武校尉佐孫策平三郡策討丹楊七縣使輔西屯歷陽以拒袁術并招誘餘民鳩合遺散又從策討陵陽生得祖郎等江表傳曰策既平定江東逐袁胤袁術深怨策乃陰遣間使齎印綬與丹楊宗帥陵陽祖郎等使激動山越大合衆圖共攻策策自率將士討郎生獲之策謂郎曰爾昔襲擊孤斫孤馬鞍今創軍立事除棄宿恨惟取能用與天下通耳非但汝汝莫恐怖郎叩頭謝罪即破械賜衣服署門下賊曹及軍還郎與太史慈俱在前導軍人以爲榮策西襲廬江太守劉勳輔隨從身先士卒有功策立輔爲廬陵太守撫定屬城分置長吏遷平南將軍假節領交州刺史遣使與曹公相聞事覺權幽繫之典略曰輔恐權不能保守江東因權出行東冶乃遣人齎書呼曹公行人以告權權乃還僞若不知與張昭共見輔權謂輔曰兄厭樂邪何爲呼他人輔云無是權因投書與昭昭示輔輔慙無辭乃悉斬輔親近分其部曲徙輔置東數歲卒子興昭偉昕皆歷列位

孫翊傳

孫翊字叔弼權弟也驍悍果烈有兄策風太守朱治舉孝廉司空辟典略曰翊名儼性似策策臨卒張昭等謂策當以兵屬儼而策呼權佩以印綬建安八年以偏將軍領丹楊太守時年二十後年爲左右邊鴻所殺鴻亦即誅吳歷載翊妻徐節行宜與嬀覽等事相次故列於後孫韶傳中子松爲射聲校尉都鄉侯吳錄曰松善與

孫輔 孫翊

人交輕財好施鎮巴丘數咨陸遜以得失嘗有小過遜面責松松意色不平遜觀其少釋謂曰君過聽不以其鄙數見訪及是以承來意進盡言便變色何也松笑曰屬亦自忿行事有此豈有望邪黃龍三年卒蜀丞相諸葛亮與兄瑾書曰既受東朝厚遇依依於子弟又子喬良器爲之惻愴見其所與亮器物感用流涕其悼松如此由亮養子喬咨述故云

孫匡傳

孫匡字季佐翊弟也舉孝廉茂才未試用卒時年二十餘江表傳曰曹休出洞口呂範率軍禦之時匡爲定武中郎將遣範令放火燒損茅芒以乏軍用範即啓送匡還吳權別其族爲丁氏禁固終身臣松之案本傳曰匡未試用卒時年二十餘而江表傳云呂範在洞口匡爲定武中郎將既爲定武非爲未試用且孫堅以初平二年卒洞口之役在黃初三年堅卒至此合三十一年匡時若尚在本傳不得云卒時年二十餘也此蓋權別生弟朗江表傳誤以爲匡也朗之名位見三朝錄及虞喜志林也子泰曹氏之甥也爲長水校尉嘉禾三年從權圍新城中流矢死泰子秀爲前將軍夏口督秀公室至親捉兵在外晧意不能平建衡二年晧遣何定將五千人至夏口獵先是民間僉言秀當見圖而定遠獵秀遂驚夜將妻子親兵數百人奔晉晉以秀爲驃騎將軍儀同三司封會稽公江表傳曰晧大怒追改秀姓曰厲干寶晉紀曰秀在晉朝初聞晧降羣臣畢賀秀稱疾不與南向流涕曰昔討逆弱冠以一校尉創業今後主舉江南而棄之宗廟山陵於此爲墟悠悠蒼天此何人哉朝廷美之晉諸公贊曰吳平降爲伏波

孫明 孫匡

將軍開府如故永寧中卒追贈驃騎開府子儉字仲節給事中

孫韶傳

孫韶字公禮伯父河字伯海本姓俞氏亦吳人也孫策愛之賜姓爲孫列之屬籍吳書曰河堅族子也出後姑俞氏後復姓爲孫河質性忠直訥言敏行有氣幹能服勤少從堅征討常爲前驅後領左右兵典知內事待以腹心之任又從策平定吳會從權討李術術破拜威寇中郎將領廬江太守後爲將軍屯京城初孫權殺吳郡太守盛憲會稽典錄曰憲字孝章器量雅偉舉孝廉補尚書郎稍遷吳郡太守以疾去官孫策平定吳會誅其英豪憲素有高名策深忌之初憲與少府孔融善融憂其不免禍乃與曹公書曰歲月不居時節如流五十之年忽焉已至公爲始滿融又過二海內知識零落殆盡惟會稽盛孝章尚存其人困於孫氏妻孥湮沒單孑獨立孤危愁苦若使憂能傷人此子不得復永年矣春秋傳曰諸侯有相滅亡者桓公不能救則桓公恥之今孝章實丈夫之雄也天下譚士依以揚聲而身不免於幽執命不期於旦夕是吾祖不當復論損益之友而朱穆所以絕交也公誠能馳一介之使加咫尺之書則孝章可致友道可弘也今之少年喜謗前輩或能譏平孝章孝章要爲有天下大名九牧之民所共稱歎燕君市駿馬之骨非欲以騁道里乃當以招絕足也惟公匡復漢室宗社將絕又能正之正之之術實須得賢珠玉無脛而自至者以人好之也況賢者之有足乎昭王築臺以尊郭隗隗雖小才而逢大遇竟能發明主之至心故樂毅自魏往劇辛自趙往鄒衍自齊往嚮使郭隗倒縣而王不解臨溺而王不拯則士亦將高翔遠引莫有北首燕路者矣凡所稱引自公所知而有云者欲公崇篤斯義也因表不悉由是徵爲騎都尉制命未至果爲權所害子匡奔魏位至征東司馬憲故孝廉嬀覽戴員亡匿山中孫翊爲丹楊皆禮致之覽爲大都督督兵員爲郡丞及翊遇害河馳赴宛陵責怒覽員以不能全權令使姦變得施二人議曰伯海與將軍疏遠

孫韶

而責我乃耳討虜若來吾屬無遺矣遂殺河使人北迎揚州刺史劉馥令住歷陽以丹楊應之會翊帳下徐元孫高傅嬰等殺覽員

吳歷曰嬀覽戴員親近邊洪等數爲翊所困常欲叛逆因吳主出征遂其姦計時諸縣令長並會見翊翊以妻徐氏頗曉卜翊入語徐吾明日欲爲長吏作主人卿試卜之徐言卦不能佳可須異日翊以長吏來久宜速遣乃大請賓客翊出入常持刀爾時有酒色空手送客洪從後斫翊郡中擾亂無救翊者遂爲洪所殺迸走入山徐氏購募追捕中宿乃得覽員歸罪殺洪諸將皆知覽員所爲而力不能討覽入居軍府中悉取翊嬪妾及左右侍御欲復取徐徐恐逆之見害乃紿之曰乞須晦日設祭除服時月垂竟覽聽須祭畢徐潛使所親信語翊親近舊將孫高傅嬰等說覽已虜略婢妾今又欲見偪所以外許之者欲安其意以免禍耳欲立微計願二君哀救高嬰涕泣答言受府君恩遇所以不即死難者以死無益欲思惟事計事計未立未敢啓夫人耳今日之事實夙夜所懷也乃密呼翊時侍養者二十餘人以徐意語之共盟誓合謀到晦日設祭徐氏哭泣盡哀畢乃除服薰香沐浴更於他室安施幃帳言笑歡悅示無戚容大小悽愴怪其如此覽密覘視無復疑意徐呼高嬰與諸婢羅住戶內使人報覽說已除凶即吉惟府君敕命覽盛意入徐出戶拜覽適得一拜徐便大呼二君可起高嬰俱出共得殺覽餘人即就外殺員夫人乃還縗絰奉覽員首以祭翊墓舉軍震駭以爲神異吳主續至悉族誅覽員餘黨擢高嬰爲牙門其餘皆加賜金帛殊其門戶

韶年十七收河餘衆繕治京城起樓櫓脩器備以禦敵權聞亂從椒丘還過定丹楊引軍歸吳夜至京城下營試攻驚之兵皆乘城傳檄備警讙聲動地頗射外人權使曉喻乃止明日見韶甚器之即拜承烈校尉統河部曲食曲阿丹徒二縣自置長吏一如河舊後爲廣陵太守偏將軍權爲吳王遷揚威將軍封建德侯權稱尊號爲鎭北將軍韶爲邊將數十年善養士卒得其死力常以警疆場遠斥候爲務先知動靜而爲之備故鮮有負敗青徐汝沛頗來歸附淮南濱江屯候皆撤兵遠徙徐泗江淮之地不居者各數百里自權西征還都武昌韶不進見者十餘年權還建業乃得朝覲權問青徐諸屯要害遠近人馬衆寡魏將帥姓名盡具識之所問咸對身長八尺儀貌都雅權歡悅曰吾久不見公禮不圖進益乃爾加領幽州牧假節赤烏四年卒子越嗣至右將軍越兄楷武衛大將軍臨成侯代越爲京下督楷弟異至領軍將軍弈宗正卿恢武陵太守天璽元年徵楷爲宮下鎭驃騎將軍初永安賊施但等劫皓弟謙襲建業或白楷二端不即赴討者皓數遣詰楷楷常惶怖而卒被召遂將妻子親兵數百人歸晉晉以爲車騎將軍封丹楊侯

晉諸公贊曰吳平降爲渡遼將軍永安元年卒吳錄曰楷處事嚴整不如孫秀而人閒知名過也

孫桓傳

孫桓字叔武河之子也

吳書曰河有四子長助曲阿長次誼海鹽長並早卒次桓儀容端正器懷聰朗博學彊記能論議應對權常稱爲宗室顏淵擢爲武衛都尉從討關羽於華容誘羽餘黨得五千人

牛馬器械甚衆年二十五拜安東中郎將與陸遜共拒劉備備軍衆甚盛彌山盈谷桓投刀奮命與遜勠力備遂敗走桓斬上兜道截其徑要備踰山越險僅乃得免忿恚歎曰吾昔初至京城桓尚小兒而今迫孤乃至此也桓以功拜建武將軍封丹徒侯下牛渚作橫江塢會卒吳書曰桓弟俊字叔英性度恢弘才經文武爲定武中郎將屯戍薄落赤烏十三年卒長子建襲爵平虜將軍少子慎鎮南將軍慎子丞字顯世文士傳曰丞好學有文章作螢火賦行於世爲黃門侍郎與顧榮俱爲侍臣歸命世內侍多得罪尤惟榮丞俱獲全常使二人記事丞荅顧問乃下詔曰自今已後用侍郎皆當如今宗室丞顧榮者也吳平赴洛爲范陽涿令甚有稱績永安中遷爲成都王大都督請丞爲司馬與機俱被害

十三

評曰夫親親恩義古今之常宗子維城詩人所稱況此諸孫或贊興初基或鎮據邊垂克堪厥任不忝其榮者乎故詳著云

宗室傳第六　吳書　國志五十一

張昭傳

張昭字子布彭城人也少好學善隸書從白侯子安受左氏春秋博覽衆書與琅邪趙昱東海王朗俱發名友善弱冠察孝廉不就與朗共論舊君諱事州里才士陳琳等皆稱善之時汝南主簿應劭議宜爲舊君諱論者皆互有異同事在風俗通昭著論曰客有見大國之議士君子之論云起元建武已來舊君名諱五十六人以爲後生不得協也取乎經論譬諸行事義高辭麗甚可嘉美愚意褊淺竊有疑焉蓋乾坤剖分萬物定形肇有父子君臣之經故聖人順天之性制禮尚敬在三之義君實食之在喪之哀君親臨之厚莫重焉恩莫大焉誠臣子所尊仰萬夫所天恃焉得而同之哉然親親有衰尊尊有殺故禮服上不盡高祖下不盡玄孫又傳記四世而緦麻服之窮也五世袒免降殺同姓也六世而親屬竭矣又曲禮有不逮事之義則不諱不諱者蓋名之謂屬絕之義不拘於協況乃古君五十六哉邾子會盟季友來歸不稱其名咸書字者是時魯人嘉之也何解臣子爲君父諱乎周穆王諱滿至定王時有王孫滿者其爲大夫是臣協君也又厲王諱胡及莊王之子名胡其比衆多夫類事建議經有明據傳有徵案然後進攻退守萬無奔北垂示百世永無咎失今應劭雖上尊舊君之名而下無所斷齊猶歸之疑云曲禮之篇疑事無質觀省上下闕義自證文辭可爲倡而不法將來何觀言聲一放猶拾瀋也過辭在前悔其何追刺史陶謙舉茂才不應謙以爲輕己遂見拘執昱傾身營救方以得免漢末大亂徐方士民多避難揚土昭皆南渡江孫策創業命昭爲長史撫軍中郎將升堂拜母如比肩之舊文武之事一以委昭吳書曰策得昭甚悅謂曰吾方有事四方以士人賢者上吾於子不得輕矣乃上爲校尉待以師友之禮昭每得此

方士大夫書疏專歸美於昭昭欲嘿而不宣則懼有私宜之則恐非宜進退不安策聞之歡笑曰昔管子相齊一則仲父二則仲父而桓公爲霸者宗今子布賢我能用之其功名獨不在我乎策臨亡以弟權託昭昭率羣僚立而輔之吳歷曰策謂昭曰若仲謀不任事者君便自取之正復不克捷緩步西歸亦無所慮上表漢室下移屬城中外將校各令奉職權悲感未視事昭謂權曰夫爲人後者貴能負荷先軌克昌堂構以成勳業也方今天下鼎沸羣盜滿山孝廉何得寢伏哀戚肆匹夫之情哉乃身自扶權上馬陳兵而出然後衆心知有所歸昭復爲權長史授任如前吳書曰是時天下分裂擅命者衆孫策莅事日淺恩澤未洽一旦傾隕士民狼狽頗有同異及昭輔權綏撫百姓諸侯賓旅寄寓之士得用自安權每出征留昭鎮守領幕府事後黃巾賊起昭討平之權征合肥命昭別討匡琦又督領諸將攻破豫章賊率周鳳等於南城自此希復將帥常在左右爲謀謨臣權以昭舊臣待遇尤重後劉備表權行車騎將軍昭爲軍師權每田獵常乘馬射虎虎常突前攀持馬鞍昭變色而前曰將軍何有當爾夫爲人君者謂能駕御英雄驅使羣賢豈謂馳逐於原野校勇於猛獸者乎如有一旦之患奈天下笑何權謝昭曰年少慮事不遠以此慚君然猶不能已乃作射虎車爲方目

閑不置蓋一人為御自於中射之時有逸羣之獸輒復犯車而權毋手擊以為樂昭雖諫爭常笑而不荅魏黃初二年遣使者邢貞拜權為吳王貞入門不下車昭謂貞曰夫禮無不敬故法無不行而君敢自尊大豈以江南寡弱無方寸之刃故乎貞即遽下車拜昭為綏遠將軍封由拳侯吳錄曰昭與孫紹滕胤鄭禮等採周漢撰定朝儀權於武昌臨釣臺飲酒大醉權使人以水灑羣臣曰今日酣飲惟醉墮臺中乃當止耳昭正色不言出外車中坐權遣人呼昭還謂曰為共作樂耳公何為怒乎昭對曰昔紂為糟丘酒池長夜之飲當時亦以為樂不以為惡也權默然有慙色遂罷酒初權當置丞相衆議歸昭權曰方今多事職統者責重非所以優之也後孫邵卒百寮復舉昭權曰孤豈為子布有愛乎領丞相事煩而此公性剛所言不從怨咎將興非所以益之也乃用顧雍權既稱尊號昭以老病上還官位及所統領江表傳曰權既即尊位請會百官歸功周瑜昭舉笏欲褒贊功德未及言權曰如張公之計今已乞食矣昭大慙伏地流汗昭忠謇亮直有大臣節權敬重之然所以不相昭者蓋以昔駁周瑜魯肅等議為非也　臣松之以為張昭勸迎曹公所存豈不遠乎夫其揚休正色委質孫氏誠以厄運初遘塗炭方始自策及權才略足輔是以盡誠匡弼以成其業上藩漢室下保民物

鼎峙之計本非其志也曹公仗順而起功以義立冀以清一諸華拓平荆郢大定之機在於此會若使昭議獲從則六合為一豈有兵連禍結遂為戰國之弊哉雖無功於孫氏有大當於天下矣昔竇融歸漢與國升降張魯降魏賞延于世況權舉全吳望風順服寵靈之厚其可測量哉然則昭為人謀豈不忠且正乎　更拜輔吳將軍班亞三司改封婁侯食邑萬戶在里宅無事乃著春秋左氏傳解及論語注權嘗問衛尉嚴畯寧念小時所闇書不畯因誦孝經仲尼居昭曰嚴畯鄙生臣請為陛下誦之乃誦君子之事上咸以昭為知所誦昭每朝見辭氣壯厲義形於色曾以直言逆旨中不進見後蜀使來稱蜀德美而羣臣莫拒權歎曰使張公在坐彼不折則廢安復自誇乎明日遣中使勞問因請見昭昭避席謝權跪止之昭坐定仰曰昔太后桓王不以老臣屬陛下而以陛下屬老臣是以思盡臣節以報厚恩使泯沒之後有可稱述而意慮淺短違逆盛旨自分幽淪長棄溝壑不圖復蒙引見得奉帷幄然臣愚心所以事國志在忠益畢命而已若乃變心易慮以偷榮取容此臣所不能也權辭謝焉權以公孫淵稱藩遣張彌許晏至遼東拜淵為燕王昭諫曰淵背魏懼討遠來求援非本志也若淵改圖欲自明於魏兩使不

反不亦取笑於天下乎權與相反覆昭意彌切權不能堪案刀而怒曰吳國士人入宮則拜孤出宮則拜君孤之敬君亦爲至矣而數於衆中折孤孤嘗恐失計昭孰視權曰臣雖知言不用每竭愚忠者誠以太后臨崩呼老臣於牀下遺詔顧命之言故在耳因涕泣橫流權擲刀致地與昭對泣然卒遣彌晏往昭忿言之不用稱疾不朝權恨之土塞其門昭又於內以土封之淵果殺彌晏權數慰謝昭昭固不起權因出過其門呼昭昭辭疾篤權燒其門欲以恐之昭更閉戶權使人滅火住門良久昭諸子共扶昭起權載以還宮深自克責昭不得已然後朝會習鑿齒曰張昭於是乎不臣矣夫臣人者三諫不從則奉身而退身苟不絕何忿懟之有且秦穆違諫卒霸西戎晉文暫怒終成大業遺誓以悔過見錄狐偃無怨絕之辭君臣道泰上下俱榮今權悔往之非而求昭後益迴慮降心不遠而復是其善也昭爲人臣不度權得道匡其後失夙夜匪懈以延來譽乃追忿不用歸罪於君閉戶拒命坐待焚滅豈不悖哉昭容貌矜嚴有威風權常曰孤與張公言不敢妄也舉邦憚之年八十一嘉禾五年卒遺令幅巾素棺斂以時服權素服臨弔謚曰文侯典略曰余曩聞劉荊州嘗自作書欲與孫伯符以示禰正平正平蚩之言如是爲欲使孫策帳下兒讀之邪將使張子布見乎如正平言以爲子布之才高乎雖然猶自蘊藉典雅不可謂之無筆迹也加聞吳中稱謂之仲父如此其人信一時之良幹恨其不於嵩岳等資

而乃播殖於會稽長子承已自封侯少子休襲爵昭弟子奮年二十造作攻城大攻車爲步騭所薦昭不願曰汝年尚少何爲自委於軍旅乎奮對曰昔童汪死難子奇治阿奮實不才耳於年不爲少也遂領兵爲將軍連有功效至平州都督封樂鄉亭侯承字仲嗣少以才學知名與諸葛瑾步騭嚴畯相友善權爲驃騎將軍辟西曹掾出爲長沙西部都尉討平山寇得精兵萬五千人後爲濡須都督奮威將軍封都鄉侯領部曲五千人承爲人壯毅忠讜能甄識人物拔彭城蔡款南陽謝景於孤微童幼後並爲國士款至衞尉景豫章太守吳錄曰款字文德歷位內外以清貞顯於當世後以衞尉領中書令封留侯二子條機條孫晧時位至尚書令太子少傅機爲臨川太守謝景事在孫登傳又諸葛恪年少時衆人奇其英才承言終敗諸葛氏者元遜也勤於長進篤於物類凡在庶幾之流無不造門年六十七赤烏七年卒謚曰定侯子震嗣初承喪妻昭欲爲索諸葛瑾女承以相與有好難之權聞而勸焉遂爲婚臣松之案承與諸葛瑾同以赤烏中卒計承年小瑾四歲耳生女權爲子和納之權數令和脩敬於承執子壻之禮震諸葛恪誅時亦死休字叔嗣弱冠與諸葛

恪顧譚等俱爲太子登僚友以漢書授登（吳書曰休進授指摘文義分別事物並有章條每升堂宴飲酒酣樂作登輒降意與同歡樂休爲人解達登甚愛之常在左右）從中庶子轉爲右弼都尉權嘗游獵迫暮乃歸休上疏諫戒權大善之以示於昭及登卒後爲侍中拜羽林都督平三典軍事遷揚武將軍爲魯王霸友黨所譖與顧譚承俱以芍陂論功事休承與典軍陳恂通情詐增其伐並徙交州中書令孫弘佞僞險詖休素所忿（吳錄云弘會稽人也）弘因是譖訴下詔書賜休死時年四十一

顧雍傳

顧雍字元歎吳郡吳人也（吳錄曰雍曾祖父奉字季鴻潁川太守）蔡伯喈從朔方還嘗避怨於吳雍從學琴書（江表傳曰雍從伯喈學專一清靜敏而易教伯喈貴異之謂曰卿必成致今以吾名與卿故雍與伯喈同名由此也　吳錄曰雍字元歎言爲蔡雍之所歎因以爲字焉）州郡表薦弱冠爲合肥長後轉在婁曲阿上虞皆有治迹孫權領會稽太守不之郡以雍爲丞行太守事討除寇賊郡界寧靜吏民歸服數年入爲左司馬權爲吳王累遷大理奉常領尚書令封陽遂鄉侯拜侯還寺而家人不知後聞乃驚黃武四年迎母於吳既至權臨賀之親拜其母於庭公卿大臣畢會後太子又往慶焉雍爲人不飲酒寡言語舉動時當權嘗歎曰顧君不言言必有中至飲宴歡樂之際左右恐有酒失而雍必見之是以不敢肆情權亦曰顧公在坐使人不樂其見憚如此是歲改爲太常進封醴陵侯代孫邵爲丞相平尚書事其所選用文武將吏各隨能所任心無適莫時訪逮民間及政職所宜輒密以聞若見納用則歸之於上不用終不宣泄權以此重之然於公朝有所陳及辭色雖順而所執者正權嘗咨問得失張昭因陳聽采聞頗以法令太稠刑罰微重宜有所蠲損權默然顧問雍曰君以爲何如雍對曰臣之所聞亦如昭所陳於是權乃議獄輕刑（江表傳曰權常令中書郎詣雍有所咨訪若合雍意事可施行即與相反覆究而論之爲設酒食如不合意雍即正色改容默然不言無所施設即退告權權曰顧公歡悅是事合宜也其不言者是事未平也孤當重思之其見敬信如此江邊諸將各欲立功自效多陳便宜有所掩襲權以訪雍雍曰臣聞兵法戒於小利此等所陳欲邀功名而爲其身非爲國也陛下宜禁制苟不足以曜威損敵所不宜聽也權從之軍國得失行事可不自非面見口未嘗言之）久之呂壹秦博爲中書典校諸官府及州郡文書壹等因此漸作威福遂造作榷酤障管之利舉罪糾姧纖介必聞重以深案醜誣毀短大臣排陷無辜雍等皆見舉白用被譴讓後壹姦罪發露收繫

廷尉雍往斷獄壹以囚見雍和顏色問其辭狀臨出又謂壹曰君意得無欲有所道壹叩頭無言時尚書郎懷叙面詈辱壹雍責叙曰官有正法何至於此江表傳曰權嫁從女女顧氏甥故請雍父子及孫譚譚時爲選曹尚書見任貴重是日權極歡譚醉酒三起舞舞不知止雍內怒之明日召譚訶責之曰君王以含垢爲德臣下以恭謹爲節昔蕭何吳漢並有大功何每見高帝似不能言漢奉光武亦信恪勤汝之於國寧有汗馬之勞可書之事邪但階門戶之資遂見寵任耳何有舞不復知止雖爲酒後亦由恃恩忘敬謙虛不足損吾家者必爾也因背向壁臥譚立過一時乃見遣 徐衆評曰雍不以呂壹見毀之故而和顏悅色誠長者矣然開引其意問所欲道此非也壹姦險亂法毀傷忠賢吳國寒心自太子登陸遜已下切諫不能得是以潘濬欲因會同手劍之以除國患疾惡忠主義形於色而今乃發起令言若壹稱枉邪不申理則非錄獄本旨若承辭而奏之吳主儻以敬丞相所言而復原宥伯言承明不當悲慨哉懷叙本無私恨無所爲嫌故詈辱之

疾惡意耳惡不仁者其爲仁也季武子死曾點倚其門而歌子晳創發子產催令自裁以此言之雍不當責懷叙也雍爲相十九年年七十六赤烏六年卒初疾微時權令醫趙泉視之拜其少子濟爲騎都尉雍聞悲曰泉善別死生吾必不起故上欲及吾目見濟拜也權素服臨弔謚曰肅侯長子邵早卒次子裕有篤疾少子濟嗣無後絕永安元年詔曰故丞相雍至德忠賢輔國以禮而侯統廢絕朕甚愍之其以雍次子裕襲爵爲醴陵侯以明著舊勳吳錄曰裕一名穆終宜都太守裕子榮晉書曰榮字彥先爲東南名士仕吳爲黃門郎在晉歷顯位元帝初鎮江東以榮爲軍司馬禮遇甚重卒表贈侍中驃騎將軍儀同三司榮兄子禺字孟著少有名望爲散騎侍郎早卒

吳書曰雍母弟徽字子叡少游學有唇吻孫權統事聞徽有才辯召署主簿嘗近出行見營軍將一男子至市行刑問之何罪云盜百錢徽語使住須臾馳詣闕陳啟方今畜養士衆以圖北虜視此兵丁壯健兒且所盜少愚乞哀原權許而嘉之轉東曹掾或傳曹公欲東權謂徽曰卿孤腹心今傳孟德懷異意莫足使揣之卿爲吾行拜輔義都尉到北與曹公相見公具問境內消息徽應對婉順因說江東大豐山藪宿惡皆慕化爲善義出作兵公笑曰孤與孫將軍一結婚姻共輔漢室義如一家君何爲道此徽曰正以明公與主將義固盤石休戚共之必欲知江表消息是以及耳公厚待遣還權問定云何徽曰敵國隱情卒難探察然徽潛采聽方與袁譚交爭未有他意乃拜徽巴東太守欲大用之會卒子裕字季則少知名位至東將軍雍族人悌字子通以孝悌廉正聞於鄉黨年十五爲郡吏除郎中稍遷偏將軍權末年嫡庶不分悌數與驃騎將軍朱據共陳禍福言辭切直朝廷憚之待妻有禮常夜入晨出希見其面嘗疾篤妻出省之悌命左右扶起冠幘加襲起對趨令妻還其貞潔不瀆如此悌父向歷四縣令年老致仕悌每得父書常灑掃整衣服更設几筵舒書其上拜跪讀之每句應諾畢復再拜若父有疾耗之問至則臨書垂涕聲語哽咽父以壽終悌飲漿不入口五日權爲作布

衣一襲皆摩絮著之強令悌釋服悌雖以公義自割猶以不見父喪常畫壁作棺柩象設神座於下每對之哭泣服未闋而卒悌四子彥禮謙祕祕晉交州刺史祕子衆尚書僕射

顧邵傳

邵字孝則博覽書傳好樂人倫少與舅陸績齊名而陸遜張敦卜靜等皆亞焉吳錄曰敦字叔方靜字玄風並吳郡人敦德量淵懿清虛淡泊又善文辭孫權爲車騎將軍辟西曹掾轉主簿出補海昏令甚有惠化年三十二卒卜靜終於剡令自州郡庶幾及四方人士往來相見或言議而去或結厚而別風聲流聞遠近稱之權妻以策女年二十七起家爲豫章太守下車祀先賢徐孺子之墓優待其後禁其淫祀非禮之祭者小

吏姿質佳者輒令就學擇其先進擢置右職舉善以教風化大行初錢唐丁諝出於役伍陽羨張秉生於庶民烏程吳粲雲陽殷禮起乎微賤邵皆拔而友之爲立聲譽秉遭大喪親爲制服結絰邵當之豫章發在近路值秉疾病時送者百數邵辭賓客曰張仲節有疾苦不能來別恨不見之暫還與訣諸君少時相待其留心下士惟善所在皆此類也諝至典軍中郎秉雲陽太守禮零陵太守禮子基作通語曰禮字德嗣弱不好弄潛識過人少爲郡吏年十九守吳縣丞孫權爲王召除郎中後與張溫俱使蜀諸葛亮甚稱歎之稍遷至零陵太守卒官文士傳曰禮子基無難督以才學知名著通語數十篇有三子巨字元大有才器初爲吳偏將軍統家部曲城夏口吳平後爲蒼梧太守少子祐字慶元吳郡太守粲太子少傅世以邵爲知人在郡五年卒官子譚承云

顧譚傳

譚字子默弱冠與諸葛恪等爲太子四友從中庶子轉輔正都尉陸機爲譚傳曰宣太子正位東宮天子方隆訓導之義妙簡俊彥講學左右時四方之傑畢集太傅諸葛恪以雄奇蓋眾而譚以清識絕倫獨見推重自太尉范慎謝景羊衜之徒皆以秀稱其名而悉在譚下赤烏中代恪爲左節度吳書曰譚初踐官府上疏陳事權輟食稱善以爲過於徐詳雅性高亮不脩意氣或以此望之然權鑒其能見待甚隆數蒙賞賜特見召請每省簿書未嘗下籌徒屈指心計盡發疑謬下吏以此

服之加奉車都尉薛綜爲選曹尚書固讓譚曰譚心精體密貫道達微才照人物德允衆望誠非愚臣所可越先後遂代綜祖父雍卒數月拜太常代雍平尚書事是時魯王霸有盛寵與太子和齊衡譚上疏曰臣聞有國有家者必明嫡庶之端異尊卑之禮使高下有差階級踰邈如此則骨肉之恩生覬覦之望絕昔賈誼陳治安之計論諸侯之勢以爲勢重雖親必有逆節之累勢輕雖踈必有保全之祚故淮南親弟不終饗國失之於勢重也吳芮踈臣傳祚長沙得之於勢輕也昔漢文帝使慎夫人與皇后同席袁盎退夫人之座帝有怒色及盎辨上下之儀陳人彘之戒帝既悅懌夫人亦悟今臣所陳非有所偏誠欲以安太子而便魯王也由是霸與譚有隙時長公主壻衛將軍全琮子寄爲霸賓客寄素傾邪譚所不納先是譚弟承與張休俱北征壽春全琮時爲大都督與魏將王淩戰於芍陂軍不利魏兵乘勝陷沒五營將秦兒軍休承奮擊之遂駐魏師時琮羣子緒端亦並爲將因敵既住乃進擊之淩軍用退時論功行賞以爲駐敵之功大退

敵之功小休承並爲雜號將軍緒端偏裨而已寄父子益恨共構會譚吳錄曰全琮父子屢言芍陂之役爲典軍陳恂詐增張休顧承之功而休承與恂通情休坐繫獄權爲譚故沈吟不決欲令譚謝而釋之及大會以問譚譚不謝而曰陛下讒言其興乎 江表傳曰有司奏譚誣罔大不敬罪應大辟權以雍故不致法皆徙之譚坐徙交州幽而發憤著新言二十篇其知難篇蓋以自悼傷也見流二年年四十二卒於交阯

顧承傳

承字子直嘉禾中與舅陸瑁俱以禮徵權賜丞相雍書曰貴孫子直令問休休至與相見過於所聞爲君嘉之拜騎都尉領羽林兵後爲吳郡西部都尉與諸葛恪等共平山越别得精兵八千人還屯軍章阬拜昭義中郎將入爲侍中芍陂之役拜奮威將軍出領京下督數年與兄譚張休等俱徙交州年三十七卒

諸葛瑾傳

諸葛瑾字子瑜琅邪陽都人也吳書曰其先葛氏本琅邪諸縣人後徙陽都陽都先有姓葛者時人謂之諸葛因以爲氏瑾少游京師治毛詩尚書左氏春秋遭母憂居喪至孝事繼母恭謹甚得人子之道風俗通曰葛嬰爲陳涉將軍有功而誅孝文帝追録封其孫諸縣侯因并氏焉此與吳書所說不同漢末避亂江東值孫策卒孫權姊壻曲阿弘咨見而異之薦之於權與魯肅等並見賓待後爲權長史轉中司馬建安二十年權遣瑾使蜀通好劉備與其弟亮俱公會相見退無私面與權談說諫喻未嘗切愕微見風彩粗陳指歸如有未合則捨而及他徐復託事造端以物類相求於是權意往往而釋吳郡太守朱治權舉將也權曾有以望之而素加敬難自詰讓忿忿不解瑾揣知其故而不敢顯陳乃乞以意私自問遂於權前爲書泛論物理因以己心遥往忖度之畢以呈權權喜笑曰孤意解矣顏氏之德使人加親豈謂此邪權又怪校尉殷模罪至不測羣下多爲之言權怒益甚與相反覆惟瑾默然權曰子瑜何獨不言瑾避席曰瑾與殷模等遭本州傾覆生類殄盡棄墳墓攜老弱披草萊歸聖化在流隷之中蒙生成之福不能躬相督厲陳荅萬一至令模孤負恩惠自陷罪戾臣謝過不暇誠不敢有言權聞之愴然乃曰特爲君赦之後從討關羽封宣城侯以綏南將軍代呂蒙領南郡太守住公安劉備東伐吳吳王求和瑾與備牋曰奄聞旗鼓來至白帝或恐議臣以吳王侵取此州危害關羽怨深禍大不宜荅和此用心於小未

留意於大者也試爲陛下論其輕重及其大小陛下若抑威損忿暫省瑾言者計可立決不復咨之於羣后也陛下以關羽之親何如先帝荊州大小孰與海內俱應仇疾誰當先後若審此數易於反掌臣松之云以爲劉后以庸蜀爲關河荊楚爲維翰關羽揚兵沔漢志陵上國雖匡主定霸功未可必要爲威聲遠震有其經略孫權潛包禍心助魏除害是爲翦宗子勤王之師行曹公移都之計拯漢之規於茲而止義旂所指宜其在孫氏矣瑾以大義責備荅之何患無辭且備羽相與有若四體股肱橫虧憤痛已深豈此奢闊之書所能廻駐哉載之於篇寔爲辭章之費時或言瑾別遣親人與備相聞權曰孤與子瑜有死生不易之誓子瑜之不負孤猶孤之不負子瑜也江表傳曰瑾之在南郡人有密讒瑾者此語頗流聞於外陸遜表保明瑾無此宜以散其意權報曰子瑜與孤從事積年恩如骨肉深相明究其爲人非道不行非義不言玄德昔遣孔明至吳孤嘗語子瑜曰卿與孔明同產且弟隨兄於義爲順何以不留孔明孔明若留從卿者孤當以書解玄德意自隨人耳子瑜荅孤言弟亮以生身於人委質定分義無二心弟之不留猶瑾之不往也其言足貫神明今豈當有此乎孤前得妄語文疏即封示子瑜幷手筆與子瑜即得其報論天下君臣大節一定之分孤與子瑜可謂神交非外言所間也知卿意至輒封來表以示子瑜使知卿意黃武元年遷左將軍督公安假節封宛陵侯吳錄曰曹眞夏侯尚等圍朱然於江陵又分據中州瑾以大兵爲之救援瑾性弘緩推道理任計畫無應卒倚伏之術兵久不解權以此望之及春水生潘璋等作水城於上流瑾進攻浮橋眞等退走雖無大勳亦以全師保境爲功虞翻以狂直流徙惟瑾屢爲之說翻與所親書曰諸葛敦仁則天活物比蒙清論有以保分惡積罪深見忌殷重雖有祁老之

救德無羊舌解釋難異也瑾爲人有容貌思度于時服其弘雅權亦重之大事咨訪又別咨瑾曰近得伯言表以爲曹丕已死毒亂之民當望旌瓦解而更靜然聞皆選用忠良寬刑罰布恩惠薄賦省役以悅民心其患更深於操時孤以爲不然操之所行其惟殺伐小爲過差及離間人骨肉以爲酷耳至於將御自古少有比之於操萬不及也今叡之不如丕猶丕不如操也其所以務崇小惠必以其父新死自度衰微恐困苦之民一朝崩沮故彊屈曲以求民心欲以自安住耳寧是興隆之漸邪聞任陳長文曹子丹輩或文人諸生或宗室戚臣寧能御雄才虎將以制天下乎夫威柄不專則其事乖錯如昔張耳陳餘非不敦睦至於秉勢自還相賊乃事理使然也又長文之徒昔所以能守善者以操笮其頭畏操威嚴故竭心盡意不敢爲非耳逮丕繼業年已長大承操之後以恩情加之用能感義今叡幼弱隨人東西此曹等輩必當因此弄巧行態阿黨比周各助所附如此之日姦讒並起更相陷懟轉成嫌貳一爾已往羣下爭利主

諸葛瑾

幼不御其爲敗也焉得久乎所以知其然者自
古至今安有四五人把持刑柄而不離刺轉相
蹄齧者也彊當陵弱弱當求援此亂亡之道也
子瑜卿但側耳聽之伯言常長於計校恐此一
事小短也臣松之以爲魏明帝一時明主政自已出孫權此論竟爲無徵而史載之者將以主幼國疑威
柄不一亂亡之形有如權言宜其存録以爲鑒戒或當以雖失之於明帝而事著於齊王齊王之世可不謂驗乎不敢顯
斥抑足表之微辭權稱尊號拜大將軍左都護領豫州牧
及呂壹誅權又有詔切磋瑾等語在權傳瑾輒
因事以荅辭順理正瑾子恪名盛當世權深器
異之然瑾常嫌之謂非保家之子每以憂戚吳書
曰初瑾爲大將軍而弟亮爲蜀丞相二子恪融皆典戎馬督領將帥族弟誕又顯名於魏一門三方爲冠蓋天下榮之瑾
才略雖不及弟而德行尤純妻死不改娶有所愛妾生子不舉其篤慎皆如此赤烏四年年六十
八卒遺命令素棺斂以時服事從省約恪已自
封侯故弟融襲爵攝兵業駐公安吳書曰融字叔長生於寵貴少
而驕樂學爲章句博而不精性寬容多技藝數以巾褐奉朝請後拜騎都尉赤烏中諸郡出部伍新都都尉陳表吳郡都尉
顧承各率所領人會佃毗陵男女各數萬口表病死權以融代表後代父瑾領攝融部曲吏士親附之疆外無事秋
冬則射獵講武春夏則延賓高會休吏假卒或
不遠千里而造焉每會輒歷問賓客各言其能
乃合榻促席量敵選對或有博弈或有摴蒱投
壺弓彈部別類分於是甘果繼進清酒徐行融

周流觀覽終日不倦融父兄質素雖在軍旅身
無采飾而融錦罽文繡獨爲奢綺孫權薨徙奮
威將軍後恪征淮南假融節令引軍入沔以擊
西兵恪既誅遣無難督施寬就將軍施績孫壹
全熙等取融融卒聞兵士至惶懼猶豫不能決計
兵到圍城飲藥而死三子皆伏誅江表傳曰先是公安有靈鼉鳴童謠
曰白鼉鳴龜背平南郡城中可長生守死不去義無成及恪被誅融果刮金印龜服之而死

步騭傳

步騭字子山臨淮淮陰人也吳書曰晉有大夫揚食采於步後有步叔與七
十子師事仲尼秦漢之際有爲將軍者以功封淮陰侯騭其後也世亂避難江東單
身窮困與廣陵衛旌同年相善俱以種瓜自給
晝勤四體夜誦經傳吳書曰騭博研道藝靡不貫覽性寬雅沈深能降志辱身會
稽焦征羌郡之豪族吳録曰征羌名嬌嘗爲征羌令人客放縱騭
與旌求食其地懼爲所侵乃共脩刺奉瓜以獻
征羌征羌方在內臥駐之移時旌欲委去騭止
之曰本所以來畏其彊也而今舍去欲以爲高
祇結怨耳良久征羌開牖見之身隱几坐帳中
設席致地坐騭旌於牖外旌愈恥之騭辭色自
若征羌作食身享大案殽膳重沓以小盤飯與
騭旌惟菜茹而已旌不能食騭極飯致飽乃辭

步騭

出旌怒騭曰何能忍此騭曰吾等貧賤是以主
人以貧賤遇之固其宜也當何所恥吳錄曰衞旌字子旗官至尚書
孫權爲討虜將軍召騭爲主記吳書曰歲餘騭以疾免與琅邪諸葛瑾彭城嚴畯俱游吳中並著聲名爲當時英俊除海鹽長還辟車騎將軍
東曹掾吳書曰權爲徐州牧以騭爲治中從事舉茂才建安十五年出領鄱
陽太守歲中徙交州刺史立武中郎將領武射
吏千人便道南行明年追拜使持節征南中郎
將劉表所置蒼梧太守吳巨陰懷異心外附內
違騭降意懷誘請與相見因斬徇之威聲大震
士燮兄弟相率供命南土之賓自此始也益州

吳六七　十九

大姓雍闓等殺蜀所署太守正昂與燮相聞求
欲內附騭因承制遣使宣恩撫納由是加拜平戎
將軍封廣信侯延康元年權遣呂岱代騭騭將交
州義士萬人出長沙會劉備東下武陵蠻夷蠢
動權遂命騭上益陽備既敗績而零桂諸郡猶
相驚擾處處阻兵騭周旋征討皆平之黃武二
年遷右將軍左護軍改封臨湘侯五年假節徙
屯漚口權稱尊號拜驃騎將軍領冀州牧是歲
都督西陵代陸遜撫二境頃以冀州在蜀分解
牧職時權太子登駐武昌愛人好善與騭書曰

步騭

夫賢人君子所以興隆大化佐理時務者也受
性闇蔽不達道數雖實區區欲盡心於明德歸
分於君子至於遠近士人先後之宜猶或緬焉
未之能詳傳曰愛之能勿勞乎忠焉能勿誨乎
斯其義也豈非所望於君子哉騭於是條于時
事業在荊州界者諸葛瑾陸遜朱然程普潘濬裴
玄夏侯承衞旌李肅吳書曰肅字偉恭南陽人少以才聞善論議臧否得中甄奇錄異薦述後進題目品藻曲有條貫衆人以此服之權擢以爲選舉號爲得才求出補吏爲桂陽太守吏民悅服徵爲卿會卒知與不知並痛惜焉周條石幹十一人甄別行狀因上疏獎
勸曰臣聞人君不親小事百官有司各任其職

吳志七　二十

故舜命九賢則無所用心彈五絃之琴詠南風
之詩不下堂廟而天下治也齊桓用管仲被髮
載車齊國既治又致匡合近漢高祖擥三傑以
興帝業西楚失雄俊以喪成功汲黯在朝淮南
寢謀郅都守邊匈奴竄迹故賢人所在折衝萬
里信國家之利器崇替之所由也方今王化未
被於漢北河洛之濱尚有僭逆之醜誠擥英雄
拔俊任賢之時也願明太子重以經意則天下
幸甚後中書呂壹典校文書多所糾舉騭上疏
曰伏聞諸典校擿抉細微吹毛求瑕重案深誣

趨欲陷人以成威福無罪無辜橫受大刑是以
使民跼天蹐地誰不戰慄昔之獄官惟賢是任
故皐陶作士呂侯贖刑張于廷尉民無寃枉休
泰之祚實由此興今之小臣動與古異獄以賄成
輕忽人命歸咎于上為國速怨夫一人吁嗟王
道為虧甚可仇疾明德慎罰哲人惟刑書傳所
美自今蔽獄都下則宜諮顧雍武昌則陸遜潘
濬平心專意務在得情騭黨神明受罪何恨又
曰天子父天母地故宮室百官動法列宿若施
政令欽順時節官得其人則陰陽和平七曜循

度至於今日官寮多闕雖有大臣復不信任如
此天地焉得無變故頻年枯旱亢陽之應也又
嘉禾六年五月十四日赤烏二年正月一日及
二十七日地皆震動地陰類臣之象陰氣盛故
動臣下專政之故也夫天地見異所以警悟人
主可不深思其意哉又曰丞相顧雍上大將軍
陸遜太常潘濬憂深責重志在謁誠夙夜兢兢
寢食不寧念欲安國利民建久長之計可謂心
膂股肱社稷之臣矣宜各委任不使他官監其
所司責其成效課其負殿此三臣者思慮不到

則已豈敢專擅威福欺負所天乎又曰縣賞以
顯善設刑以威姦任賢而使能審明於法術則
何功而不成何事而不辨何聽而不聞何視而
不覩哉若今郡守百里皆各得其人共相經緯
如是庶政豈不康哉竊聞諸縣並有備吏吏多
民煩俗以之弊但小人因緣銜命不務奉公而
作威福無益視聽更為民害愚以為可一切罷
省權亦覺悟遂誅呂壹騭前後薦達屈滯救解
患難書數十上權雖不能納然時采其言多蒙
濟賴吳錄云騭表言曰北降人王潛等說北相部伍圖以東向多作布囊欲以盛沙塞江以大向荊州夫備不

豫設難以應卒宜為之防權曰此曹衰弱何能有圖必不敢來若不如孤言當以牛千頭為君作主人後有呂範諸葛恪為說騭所言云每讀步騭表輒失笑此江與開闢俱生寧有可以沙囊塞理也赤烏九年代陸
遜為丞相猶誨育門生手不釋書被服居處有
如儒生然門內妻妾服飾奢綺頗以此見譏在
西陵二十年鄰敵敬其威信性寬弘得衆喜怒
不形於聲色而外內肅然十一年卒子協嗣統
騭所領加撫軍將軍協卒子璣嗣侯協弟闡繼
業為西陵督加昭武將軍封西亭侯鳳皇元年
召為繞帳督闡累世在西陵卒被徵命自以失
職又懼有讒禍於是據城降晉遣璣與弟璿詣

洛陽爲任昔以闡爲都督西陵諸軍事衛將軍儀同三司加侍中假節領交州牧封宜都公璣監江陵諸軍事左將軍加散騎常侍領廬陵太守改封江陵侯晏給事中宣威將軍封都鄉侯命車騎將軍羊祜荊州刺史楊肇往赴救闡孫皓使陸抗西行祜等遁退抗陷城斬闡等步氏泯滅惟璿紹祀潁川周昭著書稱步騭及嚴畯等曰古今賢士大夫所以失名喪身傾家害國者其由非一也然要其大歸摠其常患四者而已急而論議一也爭名勢二也重朋黨

三也務欲速四也急論議則傷人爭名勢則敗友重朋黨則蔽主務欲速則失德此四者不除未有能全也當世君子能不然者亦比有之豈獨古人乎然論其絕異未若顧豫章諸葛使君步丞相嚴衛尉張奮威之爲美也論語言夫子恂恂然善誘人又曰成人之美不成人之惡豫章有之矣望之儼然即之也溫聽其言也厲使君體之矣恭而安威而不猛丞相履之矣學不求祿心無苟得衛尉奮威蹈之矣此五君者雖德實有差輕重不同至於趣舍大檢不犯四者俱

一揆也昔丁諝出於孤家吾粲由於牧豎豫章揚其善以並陸全之列是以人無幽滯而風俗厚焉使君丞相衛尉三君昔以布衣俱相友善諸論者因各敘其優劣初先衛尉次丞相而後有使君也其後並事明主經營世務出處之才有不同先後之名須反其初此世常人所決勤薄也至於三君分好卒無虧損豈非古人交哉又魯橫江昔杖萬兵屯據陸口當世之美業也能與不能孰不願焉而橫江既亡衛尉應其選自以才非將帥深辭固讓終於不就後徙九列遷典

八座榮不足以自曜祿不足以自奉至於二君皆位爲上將窮富極貴衛尉既無求欲二君又不稱薦各守所志保其名好孔子曰君子矜而不爭羣而不黨斯有風矣又奮威之名亦三君之次也當一方之戍受上將之任與使君丞相不異也然歷國事論功勞實有先後故爵位之榮殊焉而奮威將處此決能明其部分心無失道之欲事無充詘之求每升朝堂循禮而動辭氣謇謇罔不惟忠叔嗣雖親貴言憂其敗蔡文至雖疏賤談稱其賢女配太子受禮若弔慷慨

之趨惟篤人物成敗得失皆如所慮可謂守道
見機好古之士也若乃經國家當軍旅於馳騖
之際立霸王之功此五者未爲過人至其純粹
履道求不苟得升降當世保全名行邈然絶俗
實有所師故粗論其事以示後之君子周昭者
字恭遠與韋曜薛瑩華覈並述吳書後爲中書
郎坐事下獄覈表救之孫休不聽遂伏法云

評曰張昭受遺輔佐功勳克舉忠謇方直動不
爲己而以嚴見憚以高見外旣不處宰相又不
登師保從容閭巷養老而已以此明權之不及

策也顧雍依杖素業而將之智局故能究極榮
位諸葛瑾步騭並以德度規檢見器當世張承
顧邵虛心長者好尚人物周昭之論稱之甚美
故詳錄焉譚獻納在公有忠貞之節休承脩志
咸庶爲善愛惡相攻流播南裔哀哉

張顧諸葛步傳卷第七

張紘傳

張紘字子綱廣陵人游學京都吳書曰紘入太學事博士韓宗治京氏易歐陽尚書又於外黃從濮陽闓受韓詩及禮記左氏春秋還本郡舉茂才公府辟皆不就吳書曰大將軍何進太尉朱儁司空荀爽三府辟為掾皆稱疾不就避難江東孫策創業遂委質焉表為正議校尉吳書曰紘與張昭並與參謀常令一人居守一人從征討後呂布襲取徐州因為之牧不欲令紘與策從事追舉茂才移書發遣紘紘心惡布恥為之屈策亦重惜紘欲以自輔答記不遣曰海產明珠所在為寶楚雖有才晉實用之英偉君子所游見珍何必本州哉從討丹楊策身臨行陣紘諫曰夫主將乃籌謨之所自出三軍之所繫命也不宜輕脫自敵小寇願麾下重天授之姿副四海之望無令國內上下危懼建安四年策遣紘奉章至許宮留為侍御史少府孔融等皆與親善吳書曰紘至與在朝公卿及知舊述策才略絕異平定三郡風行草偃加以忠敬款誠乃心王室時曹公為司空欲加恩厚以悅遠人至乃優文褒崇改號加封辟紘為掾舉高第補侍御史後以紘為九江太守紘心戀舊恩思還反命以疾固辭曹公聞策薨欲因喪伐吳紘諫以為乘人之喪既非古義若其不克成讎棄好不如因而厚之曹公從其言即表權為討虜將軍領會稽太守曹公欲令紘輔權內附出為會稽東部都尉吳書曰權初承統春秋方富大夫人以方外多難深懷憂勞數有優令辭謝付屬以輔助之義紘輒拜牋答謝思惟補察每有異事密計及章表書記與四方交結常令紘與張昭草創撰作紘以破虜有破走董卓扶持漢室之勳討逆平定江外建立大業宜有紀頌以昭公美既成呈權權省讀悲感曰君真識孤家門閥閱也乃遣紘之部或以紘本受北任嫌其志趣不止於此權不以介意初琅邪趙昱為廣陵太守察紘孝廉昱後為笮融所殺紘甚傷憤而力不能討昱門戶絕滅及紘在東部遣主簿至琅邪設祭并求親戚為之後以書屬琅邪相臧宣宣以趙宗中五歲男奉昱祀權聞而嘉之及討江夏以東部少事命紘居守遙領所職孔融遺紘書曰聞大軍西征足下留鎮不有居者誰守社稷深固折衝亦大勳也無乃李廣之氣循髮益怒樂一當單于以盡餘憤乎南北並定世將無事孫叔投戈絳灌俎豆亦在今日但用離析無緣會面為愁歎耳道直途清相見豈復難哉權以紘有鎮守之勞欲論功加賞紘厚自挹損不敢蒙寵權不奪其志每從容侍燕微言密指常有以規諷江表傳曰初權於羣臣多呼其字惟呼張昭曰張公紘曰東部所以重二人也後權以紘為長史從征合肥吳書曰合肥城久不拔紘進計曰古之圍城開其一面以疑眾心今圍之甚密攻之又急誠懼并命戮力死戰之寇固難卒拔及救未至可小寬之以觀其變議者不同會救騎至數至圍下馳騁挑戰權率輕騎將往突敵紘諫曰夫兵者凶器戰者危事也今麾下恃盛壯之氣忽彊暴之虜三軍之眾莫不寒心雖斬將搴旗威震敵場此乃偏將之任非主將之宜也願抑賁育之勇懷霸王之計權納紘言而止既還明年將復出軍紘又諫曰自古帝王受命之君雖有皇靈佐於上文德播於下亦賴武功以昭其勳然而貴於時動乃後為威耳今麾下值四百之厄有扶危之功宜且隱息師徒廣開播殖任賢使能務崇寬惠順天命以行誅可不勞而定也於是遂止不行紘建

計宜出都秣陵權從之江表傳曰紘謂權曰秣陵楚武王所置名爲金陵地勢岡阜連石頭訪問故老云昔秦始皇東巡會稽經此縣望氣者云金陵地形有王者都邑之氣故掘斷連岡改名秣陵今處所具存地有其氣天之所命宜爲都邑權善其議未能從也後劉備之東宿於秣陵周觀地形亦勸權都之權曰智者意同遂都焉　獻帝春秋云劉備至京謂孫權曰吳去此數百里即有驚急赴救爲難將軍無意屯京乎權曰秣陵有小江百餘里可以安大船吾方理水軍當移據之備曰蕪湖近濡須亦佳也權曰吾欲圖徐州宜近下也　臣松之以爲秣陵之與蕪湖道理所校無幾於北侵利便亦有何異而云欲闚徐州貪秣陵近下非其理也諸書皆云劉備勸都秣陵而此獨云權自欲都之又爲虛錯令還吳迎家道病卒臨困授子靖留牋曰自古有國有家者咸欲脩德政以比隆盛世至於其治多不馨香非無忠臣賢佐闇於治體也由主不勝其情弗能用耳夫人情憚難而趨易好同而惡異與治道相反傳曰從善如登從惡如崩言善之難也人君承奕世之基據自然之勢操八柄之威甘易同之歡周禮太宰職曰以八柄詔王馭羣臣一曰爵以馭其貴二曰祿以馭其富三曰予以馭其幸四曰置以馭其行五曰生以馭其福六曰奪以馭其貧七曰廢以馭其罪八曰誅以馭其過無假取於人而忠臣挾難進之術吐逆耳之言其不合也不亦宜乎雖則有釁巧辯緣間眩於小忠戀於恩愛賢愚雜錯長幼失叙其所由來情亂之也故明君寤之求賢如饑渴受諫而不厭抑情損欲以義割恩上無偏謬之授下無希冀之望宜加三思含垢藏疾以成

仁覆之大時年六十卒權省書流涕紘著詩賦銘誄十餘篇吳書曰紘見柟榴枕愛其文爲作賦陳琳在北見之以示人曰此吾鄉里張子綱所作也後紘見陳琳作武庫賦應機論與琳書深歎美之琳荅曰自僕在河北與天下隔此間率少於文章易爲雄伯故使僕受此過差之譚非其實也今景興在此足下與子布在彼所謂小巫見大巫神氣盡矣紘既好文學又善楷篆嘗與孔融書自書融遺紘書曰前勞手筆多篆書每舉篇見字欣然獨笑如復覩其人也子玄官至南郡太守尚書江表傳曰玄清介有高行而才不及紘玄子尚江表傳曰稱尚有俊才孫晧時爲侍郎以言語辯捷見知擢爲侍中中書令晧使尚鼓琴尚對曰素不能勑使學之後宴言次說琴之精妙尚因道晉平公使師曠作清角曠言吾君德薄不足以聽之晧意謂尚以斯喻己不悅後積他事下獄皆追以此爲詰環氏吳紀曰晧嘗問詩云汎彼柏舟惟柏中舟乎尚對曰詩言檜楫松舟則松亦中舟也又問鳥之大者惟鶴小者惟雀乎尚對曰大者有禿鶖小者有鷦鷯晧性忌勝己而尚談論每出其表積以致恨後問孤飲酒以方誰尚對曰陛下有百觚之量晧云尚知孔丘之不王而以孤方之因此發怒收尚尚書岑昬率公卿已下百餘人詣宮叩頭請尚罪得減死送建安作船久之又就加誅初紘同郡秦松字文表陳端字子正並與紘見待於孫策參與謀謨各早卒

嚴畯傳

嚴畯字曼才彭城人也少耽學善詩書三禮又好說文避亂江東與諸葛瑾步騭齊名友善性

質直純厚其於人物忠告善道志存補益張昭進之於孫權權以爲騎都尉從事中郎及橫江將軍魯肅卒權以畯代肅督兵萬人鎭據陸口衆人咸爲畯喜畯前後固辭樸素書生不閑軍事非才而據咎悔必至發言慷慨至于流涕志林曰權又試畯騎上馬墮鞍權乃聽焉世嘉其能以實讓權爲吳王及稱尊號畯嘗爲衞尉使至蜀蜀相諸葛亮深善之不畜祿賜皆散之親戚知故家常不充廣陵劉穎與畯有舊穎精學家巷權聞徵之以以疾不就其弟略爲零陵太守卒官穎往赴喪

權知其詐病急驛收錄畯亦馳語穎使還謝權權怒廢畯而穎得免罪久之以畯爲尚書令後卒吳書曰畯時年七十八二子凱蕤凱官至升平少府畯著孝經傳潮水論又與裴玄張承論管仲季路皆傳於世玄字彥黃下邳人也亦有學行官至太中大夫問子欽齊桓晉文夷惠四人優劣欽荅所見與玄相反覆各有文理欽與太子登遊處登稱其翰采

程秉傳

程秉字德樞汝南南頓人後逮事鄭玄後避亂交州與劉熙考論大義遂博通五經士燮命爲

長史權聞其名儒以禮徵秉既到拜太子太傅黃武四年權爲太子登娉周瑜女秉守太常迎妃於吳權親幸秉船深見優禮既還秉從容進說登曰婚姻人倫之始王教之基是以聖王重之所以率先衆庶風化天下故詩美關雎以爲稱首願太子尊禮教於閨房存周南之所詠則道化隆於上頌聲作於下矣登笑曰將順其美匡救其惡誠所賴於傅君也病卒官著周易摘尚書駮論語弼凡三萬餘言秉爲傅時率更令河南徵崇亦篤學立行云吳錄曰崇字子和治易春秋左氏傳兼善內術本姓

李遭亂更姓遂隱於會稽躬耕以求其志好尚者從學所教不過數人輒止欲令其業必有成也所交結如丞相步騭等咸親焉嚴畯薦崇行足以厲俗學足以爲師初見太子登疾賜不拜東宮官僚皆從諮詢太子數訪以異聞年七十而卒

闞澤傳

闞澤字德潤會稽山陰人也家世農夫至澤好學居貧無資常爲人傭書以供紙筆所寫既畢誦讀亦遍追師論講究覽羣籍兼通曆數由是顯名察孝廉除錢唐長遷郴令孫權爲驃騎將軍辟補西曹掾及稱尊號以澤爲尚書嘉禾中爲中書令加侍中赤烏五年拜太子太傅領中書如故澤以經傳文多難得盡用乃斟酌諸家

刊約禮文及諸注說以授二宮為制行出入及見賓儀又著乾象歷注以正時日每朝廷大議經典所疑輒諮訪之以儒學勤勞封都鄉侯性謙恭篤慎宮府小吏呼召對問皆為抗禮人有非短口未嘗及容貌似不足者然所聞少窮權嘗問書傳篇賦何者為美澤欲諷喻以明治亂因對賈誼過秦論最善權覽讀焉初以呂壹姦罪發聞有司窮治奏以大辟或以為宜加焚裂用彰元惡權以訪澤澤曰盛明之世不宜復有此刑權從之又諸官司有所患疾欲增重科防以檢御臣下澤每曰宜依禮律其和而有正皆此類也 吳錄曰虞翻稱澤曰闞生矯傑蓋蜀之揚雄又曰闞子儒術德行亦今之仲舒也初魏文帝即位權嘗從容問羣臣曰曹丕以盛年即位恐孤不能及之諸卿以為何如羣臣未對澤曰不及十年丕其沒矣大王勿憂也權曰何以知之澤曰以字言之不十為丕此其數也文帝果七年而崩臣松之計孫權年大文帝五歲其為長幼也微耳

六年冬卒權痛惜感悼食不進者數日澤州里先輩丹楊唐固亦脩身積學稱為儒者著國語公羊穀梁傳注講授常數十人權為吳王拜固議郎自陸遜張溫駱統等皆拜之黃武四年為尚書僕射卒 吳錄曰固字子正卒時年七十餘矣

薛綜傳

薛綜字敬文沛郡竹邑人也 吳錄曰其先齊孟嘗君封於薛秦滅六國而失其祀子孫分散漢祖定天下過齊求孟嘗後得其孫陵國二人欲復其封陵國兄弟相推莫適受乃去之竹邑因家焉故遂氏薛自國至綜世典州郡為著姓綜少明經善屬文有秀才 少依族人避地交州從劉熙學士燮既附孫權召綜為五官中郎除合浦交阯太守時交土始開刺史呂岱率師討伐綜與俱行越海南征及到九真事畢還都守謁者僕射西使張奉於權前列尚書闞澤姓名以嘲澤澤不能答綜下行酒因勸酒曰蜀者何也有犬為獨無犬為蜀橫目苟身虫入其腹 臣松之見諸書本苟身或作句身以為既云橫目則宜曰句身 奉曰不當復列君吳邪綜應聲曰無口為天有口為吳君臨萬邦天子之都於是衆坐喜笑而奉無以對其樞機敏捷皆此類也 江表傳曰費禕聘于吳陛見公卿侍臣皆在坐酒酣禕與諸葛恪相對嘲難言及吳蜀禕問曰蜀字云何恪曰有水者濁無水者蜀橫目苟身虫入其腹禕復問吳字云何恪曰無口者天有口者吳下臨滄海天子帝都與本傳不同

呂岱從交州召出綜懼繼岱者非其人上疏曰昔帝舜南巡卒於蒼梧秦置桂林南海象郡然則四國之內屬也有自來矣趙佗起番禺懷服百越之君珠官之南是也漢武帝誅呂嘉開九郡設交阯刺史以鎮監之山川長遠習俗不齊言語同異重譯乃通民如禽獸長幼無別椎

薛綜

結徒跣貫頭左袵長吏之設雖有若無自斯以來頗徙中國罪人雜居其間稍使學書粗知言語使驛往來觀見禮化及後錫光為交阯任延為九真太守乃教其耕犂使之冠履為設媒官始知聘娶建立學斆導之經義由此已降四百餘年頗有似類自臣昔客始至之時珠崖除州縣嫁娶皆須八月引戶人民集會之時男女自相可適乃為夫妻父母不能止交阯糜泠九真都龐二縣皆兄死弟妻其嫂世以此為俗長吏恣聽不能禁制日南郡男女倮體不以為羞由此言之可謂蟲豸有靦面目耳然而土廣人衆阻險毒害易以為亂難使從治縣官羈縻示令威服田戶之租賦裁取供辦貴致遠珍名珠香藥象牙犀角瑇瑁珊瑚琉璃鸚鵡翡翠孔雀奇物充備寶玩不必仰其賦入以益中國也然在九甸之外長吏之選類不精覈漢時法寬多自放恣故數反違法珠崖之廢起於長吏覩其好髮髡取為髲及臣所見南海黃蓋為日南太守下車以供設不豐撾殺主簿仍見驅逐九真太守儋萌為妻父周京作主人并請大吏酒酣作

薛綜

樂功曹番歆起舞屬京京不肯起歆猶迫彊萌忿杖歆亡於郡內歆弟苗帥衆攻府毒矢射萌萌至物故交阯太守士燮遣兵致討卒不能克又故刺史會稽朱符多以鄉人虞褒劉彥之徒分作長吏侵虐百姓彊賦於民黃魚一枚收稻一斛百姓怨叛山賊並出攻州突郡符走入海流離喪亡次得南陽張津與荊州牧劉表為隙兵弱敵彊歲歲興軍諸將厭患去留自在津小檢攝威武不足為所陵侮遂至殺沒後得零陵賴恭先輩仁謹不曉時事表又遣長沙吳巨為蒼梧太守巨武夫輕悍不為恭服所取相怨恨逐出恭求步騭是時津故將夷廖錢博之徒尚多騭以次鉏治綱紀適定會仍召出呂岱既至有士氏之變越軍南征平討之日改置長吏章明王綱威加萬里大小承風猶此言之綏邊撫裔實有其人牧伯之任既宜清能荒流之表禍福尤甚今日交州雖名粗定尚有高涼宿賊其南海蒼梧鬱林珠官四郡界未綏依作寇盜專為亡叛逋逃之藪若岱不復南新刺史宜得精密檢攝八郡方略智計能稍稍以漸能治高涼

者假以威寵借之形勢責其成効庶幾可補復如但中人近守常法無奇數異術者則羣惡日滋久遠成害故國之安危在於所任不可不察也竊懼朝廷忽輕其選故敢竭愚情以廣聖思

黃龍三年建昌侯慮爲鎮軍大將軍屯半州以綜爲長史外掌衆事內授書籍慮卒入守賊曹尚書遷尚書僕射時公孫淵降而復叛權盛怒欲自親征綜上疏諫曰夫帝王者萬國之元首天下之所繫命也是以居則重門擊柝以戒不虞行則清道案節以養威嚴蓋所以存萬安之福鎮四海之心昔孔子疾時託乘桴浮之語季由斯喜拒以無所取才漢元帝欲御樓舩薛廣德請刎頸以血染車何則水火之險至危非帝王所宜涉也諺曰千金之子坐不垂堂況萬乘之尊乎今遼東戎貊小國無城池之固備禦之術器械銖鈍犬羊無政往必禽克誠如明詔然其方土寒埆穀稼不殖民習鞍馬轉徙無常卒聞大軍之至自度不敵鳥驚獸駭長驅奔竄一人匹馬不可得見雖獲空地守之無益此不可一也加又洪流洸瀁有成山之難海行無常風波難免倏忽之間人船異勢雖有堯舜之德智無所施賁育之勇力不得設此不可二也加以鬱霧冥其上鹹水蒸其下善生流腫轉相洿染凡行海者稀無斯患此不可三也天生神聖顯以符瑞當乘平喪亂康此民物嘉祥日集海內垂定逆虜凶虐滅亡在近中國一平遼東自斃但當拱手以待耳今乃違必然之圖尋至危之阻忽九州之固肆一朝之忿既非社稷之重計又開闢以來所未嘗有斯誠羣僚所以傾身側息食不甘味寢不安席者也惟陛下抑雷霆之威忍赫斯之怒遵乘橋之安遠履冰之險則臣子賴祉天下幸甚時羣臣多諫權遂不行正月乙未權勑綜祝祖不得用常文綜承詔卒造文義信辭粲爛權曰復爲兩頭使滿三也綜復再祝辭令皆新衆咸稱善赤烏三年選曹尚書五年爲太子少傅領選職如故（吳書曰後權賜綜紫綬囊綜陳讓紫色非所宜服權曰太子年少涉道日淺君當博之以文約之以禮茅土之封非君而誰是時綜以名儒居師傅之位仍兼選舉甚爲優重）六年春卒凡所著詩賦難論數萬言名曰私載又定五宗圖述二京解皆傳於世子珝官及威南將軍征交阯還道病死（漢晉春秋曰孫休時珝爲五官中郎將遣至蜀

求馬及還休問蜀政得失對曰主闇而不知其過臣下容身以求免罪入其朝不聞正言經其野民皆菜色臣聞燕雀處堂子母相樂自以為安也突決棟焚而燕雀怡然不知禍之將及其是之謂乎

珝弟瑩字道言初為秘府中書郎孫休即位為散騎中常侍數年以病去官孫皓初為左執法遷選曹尚書及立太子又領少傅建衡三年皓追歎瑩父綜遺文且命瑩繼作瑩獻詩曰惟臣之先昔仕于漢奕世緜緜頗涉臺觀暨臣父綜遭時之難卯金失御邦家毀亂適茲樂土庶存子遺天啓其心東南是歸厥初流隸困于蠻垂大皇開基恩德遠施特蒙招命拯擢泥汙釋放巾褐受職剖符

作守合浦在海之隅遷入京輦遂升機樞枯瘁更榮絕統復紀自微而顯非願之始亦惟寵遇心存足止重值文皇建號東宮乃作少傅光華益隆明明聖嗣至德謙崇禮遇兼加惟渥惟豐哀哀先臣念竭其忠洪恩未報委世以終嗟臣蔑賤惟昆及弟幸生幸育託綜遺體過庭既訓頑蔽難啓堂構弗克志存耦耕豈悟聖朝仁澤流盈追錄先臣愍其無成是濟是拔被以殊榮珝忝千里受命南征旌旗備物金革揚聲及臣斯陋實闇實微既顯前軌人物之機復傳東宮

繼世荷輝才不逮先是忝是違乾德博好文雅是貴追悼亡臣興存遺類如何愚胄曾無髣髴瞻彼舊寵顧此頑虛孰能忍愧臣實與居夙夜反側克心自論父子兄弟累世蒙恩死惟結草生誓投身雖則灰隕無報萬分是歲何定建議鑿聖谿以通江淮皓令瑩督萬人往遂以多盤石難施功罷還出為武昌左部督後定被誅皓追聖谿事下瑩獄徙廣州右國史華覈上疏曰臣聞五帝三王皆立史官敘錄功美垂之無窮漢時司馬遷班固咸命世大才所撰精妙與六

經俱傳大吳受命建國南土大皇帝末年命太史令丁孚郎中項峻始撰吳書孚峻俱非史才其所撰作不足紀錄至少帝時更差韋曜周昭薛瑩梁廣及臣五人訪求往事所共撰立備有本末昭廣先亡曜負恩蹈罪瑩出為將復以過徙其書遂委滯迄今未撰奏臣愚淺才劣適可為瑩等記注而已若使撰合必襲孚峻之跡懼墜大皇帝之元功損當世之盛美瑩涉學既博文章尤妙同寮之中瑩為冠首今者見吏雖多經學記述之才如瑩者少是以慺慺為國惜之

實欲使卒垂成之功編於前史之末奏上之後退塡溝壑無所復恨皓遂召瑩還爲左國史頃之選曹尚書同郡繆禕以執意不移爲羣小所疾左遷衡陽太守既拜又追以職事見詰責拜表陳謝因過詣瑩瑩復爲人所白云禕不懼罪多將賓客會聚瑩許乃收禕下獄徙桂陽瑩還廣州未至召瑩還復職是時法政多謬舉措煩苛瑩每上便宜陳緩刑簡役以濟育百姓事或施行遷光祿勳天紀四年晉軍征皓皓奉書於司馬伷王渾王濬請降其文瑩所造也瑩既至洛

陽特先見敘爲散騎常侍答問處當皆有條理干寶晉紀曰武帝從容問瑩曰孫皓之所以亡者何也瑩對曰歸命侯臣皓之君吳也昵近小人刑罰妄加大臣大將無所親信人人憂恐各不自保危亡之釁實由於此帝遂問吳士存亡者之賢愚瑩各以狀對太康三年卒著書八篇名曰新議王隱晉書曰瑩子兼字令長淸素有器宇資望故如上國不似吳人歷位二宮丞相長史元帝踐祚累遷丹楊尹尚書又爲太子少傅自綜至兼三世傳東宮

評曰張紘文理意正爲世令器孫策待之亞於張昭誠有以也嚴程闞生一時儒林也至畯辭榮濟舊不亦長者乎薛綜學識規納爲吳良臣及瑩纂蹈父有先風然於暴酷之朝屢登顯列君子殆諸

張嚴程闞薛傳第八　吳書　國志五十三

周瑜魯肅呂蒙傳第九　吳書　國志五十四

周瑜傳

周瑜字公瑾，廬江舒人也。從祖父景，景子忠，皆為漢太尉。謝承後漢書曰景字仲嚮少以廉能見稱以明學察孝廉辟公府後為豫州刺史辟汝南陳蕃為別駕潁川李膺荀緄杜密沛國朱寓為從事皆天下英俊之士也稍遷至尚書令遂登太尉張璠漢紀曰景父榮章和世為尚書令初景歷位牧守好善愛士每歲舉孝廉延請入上後堂與家人宴會如此者數四及贈送既備又選用其子弟常稱曰移臣作子於之何有先是司徒韓縯為河內太守在公無私所舉一辭而已後亦不及其門戶曰我舉若可矣豈可令偏稱一家也當時論者或兩譏焉 父異，洛陽令。瑜長壯有姿貌。初孫堅興義兵討董卓，徙家於舒。堅子策與瑜同年，獨相友善，瑜推道南大宅以舍策，升堂拜母，有無通共。瑜從父尚為丹楊太守，瑜往省之。會策將東度，到歷陽，馳書報瑜，瑜將兵迎策。策大喜曰：吾得卿，諧也。遂從攻橫江、當利，皆拔之。乃渡擊秣陵，破笮融、薛禮，轉下湖孰、江乘，進入曲阿，劉繇奔走，而策之眾已數萬矣。因謂瑜曰：吾以此眾取吳會平山越已足，卿還鎮丹楊。瑜還。頃之，袁術遣從弟胤代尚為太守，而瑜與尚俱還壽春。術欲以瑜為將，瑜觀術終無所成，故求為居巢長，欲假塗東歸，術聽之。遂自居巢還吳。是歲，建安三年也。策親自迎瑜，授建威中郎將，即與兵二千人，騎五十匹。江表傳曰策又給瑜鼓吹為治館舍贈賜莫與為比策令曰周公瑾英儁異才與孤有總角之好骨肉之分如前在丹陽發眾及船糧以濟大事論德酬功此未足以報者也 瑜時年二十四，吳中皆呼為周郎。以瑜恩信著於廬江，出備牛渚，後領春穀長。頃之，策欲取荊州，以瑜為中護軍，領江夏太守，從攻皖，拔之。時得橋公兩女，皆國色也。策自納大橋，瑜納小橋。江表傳曰策從容戲瑜曰橋公二女雖流離得吾二人作壻亦足為歡 復進尋陽，破劉勳，討江夏，還定豫章、廬陵，留鎮巴丘。臣松之案孫策于時始得豫章廬陵尚未能得定江夏瑜之所鎮應在今巴丘縣也與後所平巴丘處不同 五年，策薨，權統事。瑜將兵赴喪，遂留吳，以中護軍與長史張昭共掌眾事。江表傳曰曹公新破袁紹兵威日盛建安七年下書責權質任子權召羣臣會議張昭秦松等猶豫不能決權意不欲遣質乃獨將瑜詣母前定議瑜曰昔楚國初封於荊山之側不滿百里之地繼嗣賢能廣土開境立基於郢遂據荊揚至於南海傳業延祚九百餘年今將軍承父兄餘資兼六郡之眾兵精糧多將士用命鑄山為銅煮海為鹽境內富饒人不思亂汎舟舉帆朝發夕到士風勁勇所向無敵有何逼迫而欲送質質一入不得不與曹氏相首尾與相首尾則命召不得不往便見制於人也極不過一侯印僕從十餘人車數乘馬數匹豈與南面稱孤同哉不如勿遣徐觀其變若曹氏能率義以正天下將軍事之未晚若圖為暴亂兵猶火也不戢將自焚將軍韜勇抗威以待天命何送質之有權母曰公瑾議是也公瑾與伯符同年小一月耳我視之如子也汝其兄事之遂不送質 十一年，督孫瑜等討麻、保二屯，梟其渠帥，囚俘萬餘口，還備官亭。江夏太守黃祖遣將鄧龍將兵數千人入柴桑，瑜追討擊，生虜龍送吳。十三年春，權討江夏瑜爲前部大督其年九月曹公入荆州劉琮舉衆降曹公得其水軍船步兵數十萬將士聞之皆恐權延見羣下問以計策議者咸曰曹公豺虎也然託名漢相挾天子以征四方動以朝廷爲辭今日拒之事更不順且將軍大勢可以拒操者長江也今操得荆州奄有其地劉表治水軍蒙衝鬭艦乃以千數操悉浮以沿江兼有步兵水陸俱下此爲長江之險已與我之矣而勢力衆寡又不可論愚謂大計不如迎之瑜曰不然操雖託名漢相其實漢賊也將軍以神武雄才兼仗父兄之烈割據江東地方數千里兵精足用英雄樂業尚當橫行天下爲漢家除殘去穢況操自送死而可迎之邪請爲將軍籌之今使北土已安操無內憂能曠日持久來爭疆場又能與我校勝負於船楫可乎今北土既未平安加馬超韓遂尚在關西爲操後患且舍鞍馬仗舟楫與吳越爭衡本非中國所長又今盛寒馬無藁草驅中國士衆遠涉江湖之閒不習水土必生疾病此數四者用兵之患也而操皆冒行之將軍禽操宜在今日瑜請得精兵

三萬人進住夏口保爲將軍破之權曰老賊欲廢漢自立久矣徒忌二袁呂布劉表與孤耳今數雄已滅惟孤尚存孤與老賊勢不兩立君言當擊甚與孤合此天以君授孤也（江表傳曰權拔刀斫前奏案曰諸將吏敢復有言當迎操者與此案同及會罷之夜瑜請見曰諸人徒見操書言水步八十萬而各恐懾不復料其虛實便開此議甚無謂也今以實校之彼所將中國人不過十五六萬且軍已久疲所得表衆亦極七八萬耳尚懷狐疑夫以疲病之卒御狐疑之衆衆數雖多甚未足畏得精兵五萬自足制之願將軍勿慮權撫背曰公瑾卿言至此甚合孤心子布元表諸人各顧妻子挾持私慮深失所望獨卿與子敬與孤同耳此天以卿二人贊孤也五萬兵難卒合已選三萬人船糧戰具俱辦卿與子敬程公便在前發孤當續發人衆多載資糧爲卿後援卿能辦之者誠決邂逅不如意便還就孤孤當與孟德決之　臣松之以爲建計拒曹公實始魯肅于時周瑜使鄱陽肅勸權呼瑜瑜使鄱陽還但與肅闇同故能共成大勳本傳直云權延見羣下問以計策瑜擺衆人之議獨言抗拒之計了不云肅先有謀殆爲攘肅之善也）時劉備爲曹公所破欲引南渡江與魯肅遇於當陽遂共圖計因進住夏口遣諸葛亮詣權權遂遣瑜及程普等與備并力逆曹公遇於赤壁時曹公軍衆已有疾病初一交戰公軍敗退引次江北瑜等在南岸瑜部將黃蓋曰今寇衆我寡難與持久然觀操軍船艦首尾相接可燒而走也乃取蒙衝鬭艦數十艘實以薪草膏油灌其中裹以帷幕上建牙旗先書報曹公欺以欲降（江表傳載蓋書曰蓋受孫氏厚恩常爲將帥見遇不薄然顧天下事有大勢用江東六郡山越之人以當中國百萬之衆

衆寡不敵海內所共見也東方將吏無有愚智皆知其不可惟周瑜魯肅偏懷淺戇意未解耳今日歸命是其實計瑜所督領自易摧破交鋒之日蓋爲前部當因事變化效命在近曹公特見行人密問之口勑曰但恐汝詐耳蓋若信實當授爵賞超於前後也又豫備走舸各繫大船後因引次俱前曹公軍吏士皆延頸觀望指言蓋降蓋放諸船同時發火時風盛猛悉延燒岸上營落頃之煙炎張天人馬燒溺死者甚衆軍遂敗退還保南郡〔江表傳曰至戰日蓋先取輕利艦十舫載燥荻枯柴積其中灌以魚膏赤幔覆之建旌旗龍幡於艦上時東南風急因以十艦最著前中江舉帆蓋舉火白諸校使衆兵齊聲大叫曰降焉操軍人皆出營立觀去北軍二里餘同時發火火烈風猛往船如箭飛埃絕爛燒盡北船延及岸邊營柴瑜等率輕鋭尋繼其後雷鼓大進北軍大壞曹公退走〕備與瑜等復共追曹公曹公留曹仁等守江陵城徑自北歸瑜與程普又進南郡與仁相對各隔大江兵未交鋒〔吳錄曰備謂瑜云仁守江陵城城中糧多足爲疾害使張益德將千人隨卿卿分二千人追我相爲從夏水入截仁後仁聞吾入必走瑜以二千人益之〕瑜即遣甘寧前據夷陵仁分兵騎別攻圍寧寧告急於瑜瑜用呂蒙計留凌統以守其後身與蒙上救寧寧圍既解乃渡屯北岸克期大戰瑜親跨馬擽陳會流矢中右脅瘡甚便還後仁聞瑜臥未起勒兵就陳瑜乃自興案行軍營激揚吏士仁由是遂退權拜瑜偏將軍領南郡太守以下雋漢昌劉陽州陵爲奉邑屯據江陵劉備以左將軍領荊州牧治

公安備詣京見權瑜上疏曰劉備以梟雄之姿而有關羽張飛熊虎之將必非久屈爲人用者愚謂大計宜徙備置吳盛爲築宮室多其美女玩好以娛其耳目分此二人各置一方使如瑜者得挾與攻戰大事可定也今猥割土地以資業之聚此三人俱在疆場恐蛟龍得雲雨終非池中物也權以曹公在北方當廣擥英雄又恐備難卒制故不納是時劉璋爲益州牧外有張魯寇侵瑜乃詣京見權曰今曹操新折衄方憂在腹心未能與將軍連兵相事也乞與奮威俱進取蜀得蜀而并張魯因留奮威固守其地好與馬超結援瑜還與將軍據襄陽以蹙操北方可圖也權許之瑜還江陵爲行裝而道於巴丘病卒〔臣松之案瑜欲取蜀還江陵治嚴所卒之處應在今之巴陵與前所鎮巴丘名同處異也〕時年三十六權素服舉哀感慟左右喪當還吳又迎之蕪湖衆事費度一爲供給後著令曰故將軍周瑜程普其有人客皆不得問初瑜見友於策太妃又使權以兄奉之是時權位爲將軍諸將賓客爲禮尚簡而瑜獨先盡敬便執臣節性度恢廓大率爲得人惟與程普不睦〔江表傳曰普頗以年長數陵侮

瑜瑜折節容下終不與校普後自敬服而親重之乃告人曰與周公瑾交若飲醇醪不覺自醉時人以其謙讓服人如此初曹公聞瑜年少有美才謂可游說動也乃密下揚州遣九江蔣幹往見瑜幹有儀容以才辯見稱獨步江淮之間莫與為對乃布衣葛巾自託私行詣瑜瑜出迎之立謂幹曰子翼良苦遠涉江湖為曹氏作說客邪幹曰吾與足下州里中間別隔遙聞芳烈故來敘闊并觀雅規而云說客無乃逆詐乎瑜曰吾雖不及夔曠聞弦賞音足知雅曲也因延幹入為設酒食畢遣之曰適吾有密事且出就館事了別自相請後三日瑜請幹與周觀營中行視倉庫軍資器杖訖還飲宴示之侍者服飾珍玩之物因謂幹曰丈夫處世遇知己之主外託君臣之義內結骨肉之恩言行計從禍福共之假使蘇張更生酈叟復出猶撫其背而折其辭豈足下幼生所能移乎幹但笑終無所言幹還稱瑜雅量高致非言辭所間中州之士亦以此多之劉備之自京還也權乘飛雲大船與張昭秦松魯肅等十餘人共追送之大宴會敘別昭肅等先出權獨與備留語因言次歎瑜曰公瑾文武籌略萬人之英顧其器量廣大恐不久為人臣耳瑜之破魏軍也曹公曰孤不羞走後書與權曰赤壁之役值有疾病孤燒船自退橫使周瑜虛獲此名瑜威聲遠著故曹公劉備咸欲疑譖之及卒權流涕曰公瑾有王佐之資今忽短命孤何賴哉後權稱尊號謂公卿曰孤非周公瑾不帝矣

瑜少精意於音樂雖三爵之後其闕誤瑜必知之知之必顧故時人謠曰曲有誤周郎顧瑜兩男一女女配太子登男循尚公主拜騎都尉有瑜風早卒循弟胤初拜興業都尉妻以宗女授兵千人屯公安黃龍元年封都鄉侯後以罪徙廬陵郡赤烏二年諸葛瑾步騭連名上疏曰故將軍周瑜子胤昔蒙粉飾受封為將不能養之以福思立功效至縱情欲招速罪辟臣竊以瑜昔見寵任入作心膂出為爪牙銜命出征身當矢石盡節用

命視死如歸故能摧曹操於烏林走曹仁於郢都揚國威德華夏是震蠢爾蠻荊莫不賓服雖周之方叔漢之信布誠無以尚也夫折衝扞難之臣自古帝王莫不貴重故漢高帝封爵之誓曰使黃河如帶太山如礪國以永存爰及苗裔申以丹書重以盟詛藏于宗廟傳於無窮欲使功臣之後世世相踵非徒子孫乃關苗裔報德明功勤勤懇懇如此之至欲以勸戒後人用命之臣死而無悔也況於瑜身沒而未久而其子胤降為匹夫益可悼傷竊惟陛下欽明稽古隆

於興繼為胤歸訴乞匄餘罪還兵復爵使失旦之雞復得一鳴抱罪之臣展其後效權荅曰腹心舊勳與孤協事公瑾有之誠所不忘昔胤年少初無功勞橫授精兵爵以侯將蓋念公瑾以及於胤也而胤恃此酗淫自恣前後告喻曾無悛改孤於公瑾義猶二君樂胤成就豈有已哉迫胤罪惡未宜便還且欲苦之使自知耳今二君勤勤援引漢高河山之誓孤用恧然雖德非其疇猶欲庶幾事亦如爾故未順旨以公瑾之子而二君在中間苟使能改亦何患乎瑾騭表

比上朱然及全琮亦俱陳乞權乃許之會亮病死瑜兄子峻亦以瑜元功爲偏將軍領吏士千人峻卒全琮表峻子護爲將權曰昔走曹操拓有荆州皆是公瑾常不忘之初聞峻亡仍欲用護聞護性行危險用之適爲作禍故便止之孤念公瑾豈有已乎

魯肅傳

魯肅字子敬臨淮東城人也生而失父與祖母居家富於財性好施與爾時天下已亂肅不治家事大散財貨摽賣田地以賑窮弊結士爲務甚得鄉邑歡心周瑜爲居巢長將數百人故過候肅并求資糧肅家有兩囷米各三千斛肅乃指一囷與周瑜瑜益知其奇也遂相親結定僑札之分袁術聞其名就署東城長肅見術無綱紀不足與立事乃攜老弱將輕俠少年百餘人南到居巢就瑜瑜之東渡因與同行吳書曰肅體貌魁奇少有壯節好爲奇計天下將亂乃學擊劍騎射招聚少年給其衣食往來南山中射獵陰相部勒講武習兵父老咸曰魯氏世衰乃生此狂兒後雄傑並起中州擾亂肅乃命其屬曰中國失綱寇賊横暴淮泗間非遺種之地吾聞江東沃野萬里民富兵彊可以避害寧肯相隨俱至樂土以觀時變乎其屬皆從命乃使細弱在前彊壯在後男女三百餘人行州追騎至肅等徐行勒兵持滿謂之曰卿等丈夫當解大數今日天下兵亂有功弗賞不追無罰何爲相偪乎又自植盾引弓射之

矢皆洞貫騎既嘉肅言且度不能制乃相率還肅渡江往見策策亦雅奇之留家曲阿會祖母亡還葬東城劉子揚與肅友善遺肅書曰方今天下豪傑並起吾子姿才尤宜今日急還迎老母無事滯於東城近鄭寶者今在巢湖擁衆萬餘處地肥饒廬江間人多依就之況吾徒乎觀其形勢又可博集時不可失足下速之肅荅然其計葬畢還曲阿欲北行會瑜已徙肅母到吳肅具以狀語瑜時孫策已薨權尚住吳瑜謂肅曰昔馬援荅光武云當今之世非但君擇臣臣亦擇君今主人親賢貴士納奇錄異且吾聞

先哲秘論承運代劉氏者必興於東南推步事勢當其歷數終構帝基以協天符是烈士攀龍附鳳馳騖之秋吾方達此足下不須以子揚之言介意也肅從其言瑜因薦肅才宜佐時當廣求其比以成功業不可令去也權即見肅與語甚悅之衆賓罷退肅亦辭出乃獨引肅還合榻對飲因密議曰今漢室傾危四方雲擾孤承父兄遺業思有桓文之功君既惠顧何以佐之肅對曰昔高帝區區欲尊事義帝而不獲者以項羽爲害也今之曹操猶昔項羽將軍何由得爲

桓文乎肅竊料之漢室不可復興曹操不可卒除爲將軍計惟有鼎足江東以觀天下之釁規模如此亦自無嫌何者北方誠多務也因其多務勦除黃祖進伐劉表竟長江所極據而有之然後建號帝王以圖天下此高帝之業也權曰今盡力一方冀以輔漢耳此言非所及也張昭非肅謙下不足頗訾毀之云肅年少麤疏未可用權不以介意益貴重之賜肅母衣服幃帳居處雜物富擬其舊劉表死肅進說曰夫荊楚與國鄰接水流順北外帶江漢內阻山陵有金城

之固沃野萬里士民殷富若據而有之此帝王之資也今表新亡二子素不輯睦軍中諸將各有彼此加劉備天下梟雄與操有隙寄寓於表表惡其能而不能用也若備與彼協心上下齊同則宜撫安與結盟好如有離違宜別圖之以濟大事肅請得奉命弔表二子并慰勞其軍中用事者及說備使撫表衆同心一意共治曹操備必喜而從命如其克諧天下可定也今不速往恐爲操所先權即遣肅行到夏口聞曹公已向荊州晨夜兼道比至南郡而表子琮已降曹

公備惶遽奔走欲南渡江肅徑迎之到當陽長阪與備會宣騰權旨及陳江東彊固勸備與權併力備甚歡悅時諸葛亮與備相隨肅謂亮曰我子瑜友也即共定交備遂到夏口遣亮使權肅亦反命臣松之案劉備與權併力共拒中國皆肅之本謀又語諸葛亮曰我子瑜友也則亮已亟聞肅言矣而蜀書亮傳云亮以連橫之略說權權乃大喜如似此計始出於亮若二國史官各記所聞競欲稱揚本國容美各取其功今此二書同出一人而舛互若此非載述之體也會權得曹公欲東之問與諸將議皆勸權迎之而肅獨不言權起更衣肅追於宇下權知其意執肅手曰卿欲何言肅對曰向察衆人之議專欲誤將軍不足與圖大

事今肅可迎操耳如將軍不可也何以言之今肅迎操操當以肅還付鄉黨品其名位猶不失下曹從事乘犢車從吏卒交游士林累官故不失州郡也將軍迎操將安所歸願早定大計莫用衆人之議也權歎息曰此諸人持議甚失孤望今卿廓開大計正與孤同此天以卿賜我也魏書及九州春秋曰曹公征荊州孫權大懼魯肅實欲勸權拒曹公乃激說權曰彼曹公者實嚴敵也新并袁紹兵馬甚精乘戰勝之威伐喪亂之國克可必也不如遣兵助之且送將軍家詣鄴不然將危權大怒欲斬肅肅因曰今事已急即有他圖何不遣兵助劉備而欲斬我乎權然之乃遣周瑜助備　孫盛曰吳書及江表傳魯肅一見孫權便說拒曹公而論帝王之略劉表之死也又請使觀變無緣方復激說勸迎曹公也又是時勸迎者衆而云獨欲斬肅非其論也時

周瑜受使至鄱陽肅勸追召瑜還遂任瑜以行事以肅爲贊軍校尉助畫方略曹公破走肅即先還權大請諸將迎肅肅將入閤拜權起禮之因謂曰子敬孤持鞍下馬相迎足以顯卿未肅趨進曰未也衆人聞之無不愕然就坐徐舉鞭言曰願至尊威德加乎四海總括九州克成帝業更以安車軟輪徵肅始當顯耳權撫掌歡笑後備詣京見權求都督荊州惟肅勸權借之共拒曹公漢晉春秋曰呂範勸留備肅曰不可將軍雖神武命世然曹公威力實重初臨荊州恩信未洽宜以借備使撫安之多操之敵而自爲樹黨計之上也權即從之曹公聞權以土地業

備方作書落筆於地周瑜病困上疏曰當今天下方有事役是瑜乃心夙夜所憂願至尊先慮未然然後康樂今既與曹操爲敵劉備近在公安邊境密邇百姓未附宜得良將以鎮撫之魯肅智略足任乞以代瑜瑜隕踣之日所懷盡矣江表傳載初瑜疾困與權牋曰瑜以凡才昔受討逆殊特之遇委以腹心遂荷榮任統御兵馬志執鞭弭自效戎行規定巴蜀次取襄陽憑賴威靈謂若在握至以不謹道遇暴疾昨自醫療日加無損人生有死脩短命矣誠不足惜但恨微志未展不復奉教命耳方今曹公在北疆埸未靜劉備寄寓有似養虎天下之事未知終始此朝士旰食之秋至尊垂慮之日也魯肅忠烈臨事不苟可以代瑜人之將死其言也善儻或可採瑜死不朽矣案此牋與本所載意旨雖同其辭乖異耳即拜肅奮武校尉代瑜領兵瑜士衆四千餘

人奉邑四縣皆屬焉令程普領南郡太守肅初住江陵後下屯陸口威恩大行衆增萬餘人拜漢昌太守偏將軍十九年從權破皖城轉橫江將軍先是益州牧劉璋綱維頹弛周瑜甘寧並勸權取蜀權以咨備備內欲自規乃僞報曰備與璋託爲宗室冀憑英靈以匡漢朝今璋得罪左右備獨竦懼非所敢聞願加寬貸若不獲請備當放髮歸於山林後備西圖璋留關羽守權曰猾虜乃敢挾詐及羽與肅鄰界數生狐疑疆埸紛錯肅常以歡好撫之備既定益州權求長

沙零桂備不承旨權遣呂蒙率衆進取備聞自還公安遣羽爭三郡肅住益陽與羽相拒肅邀羽相見各駐兵馬百步上但諸將軍單刀俱會肅因責數羽曰國家區區本以土地借卿家者卿家軍敗遠來無以爲資故也今已得益州既無奉還之意但求三郡又不從命語未究竟坐有一人曰夫土地者惟德所在耳何常之有肅厲聲呵之辭色甚切羽操刀起謂曰此自國家事是人何知目使之去吳書曰肅欲與會語諸將疑恐有不測議不可往肅曰今日之事宜相開以有備負国是非未決羽亦何敢重欲干命乃自就羽羽曰烏林之役左將軍身在行間寢不脫介自力破

魏豈得徙勞無一塊壤而足下來欲收地邪肅曰不然始與豫州觀於長阪豫州之衆不當一校計窮慮極志勢摧弱圖欲遠竄望不及此主上矜愍豫州之身無有處所不愛土地士人之力使有所庇蔭以濟其患而豫州私獨飾情愆德隳好今已藉手於西州矣又欲翦幷荊州之土斯蓋凡夫所不忍行而況整領人物之主乎肅聞貪而棄義必爲禍階吾子屬當重任曾不能明道處分以義輔時而負恃弱衆以圖力爭師曲爲老將何獲濟羽無以答備遂割湘水爲界於是罷軍肅年四十六建安二十二年卒權爲舉哀又臨其葬諸葛亮亦爲發哀吳書曰肅爲人方嚴寡於玩飾內外節儉不務俗好治軍整頓禁令必行雖在軍陳手不釋卷又善談論能屬文辭思度弘遠有過人之明周瑜之後肅爲之冠權稱尊號臨壇顧謂公卿曰昔魯子敬嘗道此可謂明於事勢矣肅遺腹子淑既壯濡須督張承謂終當到至永安中爲昭武將軍都亭侯武昌督建衡中假節遷夏口督所在嚴整有方幹鳳皇三年卒子睦襲爵領兵焉

呂蒙傳

呂蒙字子明汝南富陂人也少南渡依姊夫鄧當當爲孫策將數討山越蒙年十五六竊隨當擊賊當顧見大驚呵叱不能禁止歸以告蒙母母恚欲罰之蒙曰貧賤難可居脫誤有功富貴可致且不探虎穴安得虎子母哀而舍之時當職吏以蒙年小輕之曰彼豎子何能爲此欲以肉餧虎耳他日與蒙會又蚩辱之蒙大怒引刀殺吏出走逃邑子鄭長家出因校尉袁雄自首承閒爲言策召見奇之引置左右數歲鄧當死張昭薦蒙代當拜別部司馬權統事料諸小將兵少而用薄者欲幷合之蒙陰賒貰爲兵作絳衣行縢及簡日陳列赫然兵人練習權見之大悅增其兵從討丹楊所向有功拜平北都尉領廣德長從征黃祖祖令都督陳就逆以水軍出戰蒙勒前鋒親梟就首將士乘勝進攻其城祖聞就死委城走兵追禽之權曰事之克由陳就先獲也以蒙爲橫野中郎將賜錢千萬是歲又與周瑜程普等西破曹公於烏林圍曹仁於南郡益州將襲肅舉軍來附瑜表以肅兵益蒙蒙盛稱肅有膽用且慕化遠來於義宜益不宜奪也權善其言還肅兵瑜使甘寧前據夷陵曹仁分衆圍寧寧困急使使請救諸將以兵少不足分蒙謂瑜普曰留淩公績蒙與君行解圍釋急勢亦不久蒙保公績能十日守也又說瑜分遣三百人柴斷險道賊走可得其馬瑜從之軍到夷陵即日交戰所殺過半敵夜遁去行遇柴道騎皆舍馬步走兵追蹙擊獲馬三百匹方船載

還於是將士形勢自倍乃渡江立屯與相攻擊曹仁退走遂據南郡撫定荊州還拜偏將軍領尋陽令魯肅代周瑜當之陸口過蒙屯下肅意尚輕蒙或說肅曰呂將軍功名日顯不可以故意待也君宜顧之遂往詣蒙酒酣蒙問肅曰君受重任與關羽爲鄰將何計略以備不虞肅造次應曰臨時施宜蒙曰今東西雖爲一家而關羽實熊虎也計安可不豫定因爲肅畫五策肅於是越席就之拊其背曰呂子明吾不知卿才略所及乃至於此也遂拜蒙母結友而別江表傳曰初權謂蒙及蔣欽曰卿今並當塗掌事宜學問以自開益蒙曰在軍中常苦多務恐不容復讀書權曰孤豈欲卿治經爲博士邪但當令涉獵見往事耳卿言多務孰若孤孤少時歷詩書禮記左傳國語惟不讀易至統事以來省三史諸家兵書自以爲大有所益如卿二人意性朗悟學必得之寧當不爲乎宜急讀孫子六韜左傳國語及三史孔子言終日不食終夜不寢以思無益不如學也光武當兵馬之務手不釋卷孟德亦自謂老而好學卿何獨不自勉勗邪蒙始就學篤志不倦其所覽見舊儒不勝後魯肅上代周瑜過蒙言議常欲受屈肅拊蒙背曰吾謂大弟但有武略耳至於今者學識英博非復吳下阿蒙蒙曰士別三日即更刮目相待大兄今論何一稱穰侯乎兄今代公瑾既難爲繼且與關羽爲鄰斯人長而好學讀左傳略皆上口梗亮有雄氣然性頗自負好陵人今與爲對當有單複以卿待之密爲肅陳三策肅敬受之秘而不宣權常歎曰人長而進益如呂蒙蔣欽蓋不可及也富貴榮顯更能折節好學耽悅書傳輕財尚義所行可迹並作國士不亦休乎時蒙與成當宋定徐顧屯次比近三將死子弟幼弱權悉以兵并蒙蒙固辭陳啟顧等皆

勤勞國事子弟雖小不可廢也書三上權乃聽蒙於是又爲擇師使輔導之其操心率如此魏使廬江謝奇爲蘄春典農屯皖田鄉數爲邊寇蒙使人誘之不從則伺隙襲擊奇遂縮退其部伍孫子才宋豪等皆攜負老弱詣蒙降後從權拒曹公於濡須數進奇計又勸權夾水口立塢所以備御甚精吳錄曰權欲作塢諸將皆曰上岸擊賊洗足入船何用塢爲呂蒙曰兵有利鈍戰無百勝如有邂逅敵步騎蹙人不暇及水其得入船乎權曰善遂作之曹公不能下而退曹公遣朱光爲廬江太守屯皖大開稻田又令間人招誘鄱陽賊帥使作內應蒙曰皖田肥美若一收孰彼眾必增如是數歲操態見矣宜早除之乃具陳其狀於是權親征皖引見諸將問以計策吳書曰諸將皆勸作土山添攻具蒙趨進曰治攻具及土山必歷日乃成城備既脩外救必至不可圖也且乘雨水以入若留經日水必向盡還道艱難蒙切危之今觀此城不能甚固以三軍銳氣四面並攻不移時可拔及水以歸全勝之道也權從之蒙乃薦甘寧爲升城督督攻在前蒙以精銳繼之侵晨進攻蒙手執枹鼓士卒皆騰踊自升食時破之既而張遼至夾石聞城已拔乃退權嘉其功即拜廬江太守所得人馬皆分與之別賜尋陽屯田六百戶官屬三十人蒙還尋陽未期而廬陵賊起諸將討擊不能禽

權曰鷙鳥累百不如一鶚復令蒙討之蒙至誅其首惡餘皆釋放復爲平民是時劉備令關羽鎮守專有荆土權命蒙西取長沙零桂三郡蒙移書二郡望風歸服惟零陵太守郝普城守不降而備自蜀親至公安遣羽爭三郡權時住陸口使魯肅萬人屯益陽拒羽而飛書召蒙使捨零陵急還助肅初蒙既定長沙當之零陵過酃載南陽鄧玄之玄之者郝普之舊也欲令誘普及被書當還蒙祕之夜召諸將授以方略晨當攻城顧謂玄之曰郝子太聞世間有忠義事亦

欲爲之而不知時也左將軍在漢中爲夏侯淵所圍關羽在南郡今至尊身自臨之近者破樊本屯救酃逆爲孫規所破此皆目前之事君所親見也彼方首尾倒縣救死不給豈有餘力復營此哉今吾士卒精銳人思致命至尊遣兵相繼於道今子以旦夕之命待不可望之救猶牛蹄中魚冀賴江漢其不可恃亦明矣若子太必能一士卒之心保孤城之守尚能稽延旦夕以待所歸者可也今吾計力度慮而以攻此曾不移日而城必破城破之後身死何益於事而令

百歲老母戴白受誅豈不痛哉度此家不得外問謂援可恃故至於此耳君可見之爲陳禍福玄之見普具宣蒙意普懼而聽之玄之先出報蒙普尋後當至蒙豫勑四將各選百人普出便入守城門須臾普出蒙迎執其手與俱下船語畢出書示之因拊手大笑普見書知備在公安而羽在益陽慙恨入地蒙留孫河委以後事即日引軍赴益陽劉備請盟權乃歸普等割湘水以零陵還之以尋陽陽新爲蒙奉邑師還遂征合肥既徹兵爲張遼等所襲蒙與淩統以死扞

衛後曹公又大出濡須權以蒙爲督據前所立塢置彊弩萬張於其上以拒曹公曹公前鋒屯未就蒙攻破之曹公引退拜蒙左護軍虎威將軍魯肅卒蒙西屯陸口肅軍人馬萬餘盡以屬蒙又拜漢昌太守食下雋劉陽漢昌州陵與關羽分土接境知羽驍雄有并兼心且居國上流其勢難久初魯肅等以爲曹公尚存禍難始搆宜相輔協與之同仇不可失也蒙乃密陳計策曰今征虜守南郡潘璋住白帝蔣欽將游兵萬人循江上下應敵所在蒙爲國家前據襄陽如

此何憂於操何賴於羽且羽君臣矜其詐力所
在反覆不可以腹心待也今羽所以未便東向
者以至尊聖明蒙等尚存也今不於彊壯時圖
之一旦僵仆欲復陳力其可得邪權深納其策
又聊復與論取徐州意蒙對曰今操遠在河北
新破諸袁撫集幽冀未暇東顧徐土守兵聞不
足言往自可克然地勢陸通驍騎所騁至尊今
日得徐州操後旬必來爭雖以七八萬人守之
猶當懷憂不如取羽全據長江形勢益張權尤
以此言為當及蒙代肅初至陸口外倍脩恩厚
與羽結好後羽討樊留兵將備公安南郡蒙上
疏曰羽討樊而多留備兵必恐蒙圖其後故也
蒙常有病乞分士衆還建業以治疾為名羽聞
之必撤備兵盡赴襄陽大軍浮江晝夜馳上襲
其空虛則南郡可下而羽可禽也遂稱病篤權
乃露檄召蒙還陰與圖計羽果信之稍撤兵以
赴樊魏使于禁救樊羽盡禽禁等人馬數萬託
以糧乏擅取湘關米權聞之遂行先遣蒙在前
蒙至尋陽盡伏其精兵𦩷𦪇中使白衣搖櫓作
商賈人服晝夜兼行至羽所置江邊屯候盡收

縛之是故羽不聞知遂到南郡士仁麋芳皆降（吳書曰將軍士仁在公安拒守蒙令虞翻說之翻至城門謂守者曰吾欲与汝將軍語仁不肯相見乃為書曰明者防禍於未萌智者圖患於將來知得知失可與為人知存知亡足別吉凶大軍之行斥候不及施烽火不及舉此非天命必有內應將軍不先見時時至又不應之獨守縈帶之城而不降死戰則毀宗滅祀為天下譏笑呂虎威欲徑到南郡斷絕陸道生路一塞案其地形將軍為在箕舌上耳奔走不得免降則失義竊為將軍不安幸熟思焉仁得書流涕而降翻謂蒙曰此譎兵也當將仁行留兵備城遂將仁至南郡南郡太守麋芳城守蒙以仁示之遂降　吳錄曰初南郡城中失火頗焚燒軍器羽以責芳芳內畏懼權聞而誘之芳潛相和及蒙攻之乃以牛酒出降）蒙入據城盡
得羽及將士家屬皆撫慰約令軍中不得干歷
人家有所求取蒙麾下士是汝南人取民家一
笠以覆官鎧官鎧雖公蒙猶以為犯軍令不可
以鄉里故而廢法遂垂涕斬之於是軍中震慄
道不拾遺蒙旦暮使親近存恤耆老問所不足
疾病者給醫藥飢寒者賜衣糧羽府藏財寶皆
封閉以待權至羽還在道路數使人與蒙相聞
蒙輒厚遇其使周游城中家家致問或手書示
信羽人還私相參訊咸知家門無恙見待過於
平時故羽吏士無鬬心會權尋至羽自知孤窮
乃走麥城西至漳鄉衆皆委羽而降權使朱然
潘璋斷其徑路即父子俱獲荊州遂定以蒙為
南郡太守封孱陵侯（江表傳曰權於公安大會呂蒙以疾辭權笑曰禽羽之功子明

謀也今大功已捷慶賞未行豈邑邑邪乃增給步騎鼓吹勑選虎威將軍官屬幷南郡廬江二郡威儀拜畢還營兵馬導從前後鼓吹光耀于路賜錢一億黃金五百斤蒙固辭金錢權不許封爵未下會蒙疾發權時在公安迎置內殿所以治護者萬方募封內有能愈蒙疾者賜千金時有鍼加權為之慘慼欲數見其顏色又恐勞動常穿壁瞻之見小能下食則喜顧左右言笑不然則咄唶夜不能寐病中瘳為下赦令群臣畢賀後更增篤權自臨視命道士於星辰下為之請命年四十二遂卒於內殿時權哀痛甚為之降損蒙未死時所得金寶諸賜盡付府藏勑主者命絕之日皆上還喪事務約權聞之益以悲感蒙少不脩書傳每陳大事常口占為牋疏常以部曲事為江夏太守蔡遺所白蒙無恨意及豫章太守顧邵卒權問所用蒙因薦遺奉職佳吏權笑曰君欲為祁奚邪於是用之甘寧麤暴好殺既常失蒙意又時違權令權怒之蒙輒陳請天下未定鬭將如寧難得宜容忍之權遂厚寧卒得其用蒙子霸襲爵與守冢三百家復田五十頃霸卒兄琮襲侯琮卒弟睦嗣

孫權與陸遜論周瑜魯肅及蒙曰公瑾雄烈膽

略兼人遂破孟德開拓荊州邈焉難繼君今繼之公瑾昔要子敬來東致達於孫孤與宴語便及大略帝王之業此一快也後孟德因獲劉琮之勢張言方率數十萬衆水步俱下孤普請諸將咨問所宜無適先對至子布文表俱言宜遣使脩檄迎之子敬即駮言不可勸孤急呼公瑾付任以衆逆而擊之此二快也且其決計策意出張蘇遠矣後雖勸吾借玄德地是其一短不足以損其二長也周公不求備於一人故孤忘其短而貴其長常以比方鄧禹也又子明少時孤謂不辭劇易果敢有膽而已及身長大學問開益籌略奇至可以次於公瑾但言議英發不及之耳圖取關羽勝於子敬子敬荅孤書云帝王之起皆有驅除羽不足忌此子敬內不能辦外為大言耳孤亦恕之不苟責也然其作軍屯營不失令行禁止部界無廢負路無拾遺其法亦美也

評曰曹公乘漢相之資挾天子而埽羣桀新盪荊城仗威東夏于時議者莫不疑貳周瑜魯肅建獨斷之明出衆人之表實奇才也呂蒙勇而有謀斷識軍計譎郝普禽關羽最其妙者初雖

輕果妄殺終於克己有國士之量豈徒武將而已乎孫權之論優劣允當故載錄焉

周瑜魯肅呂蒙傳第九　吳書　國志五十四

廿五

程黃韓蔣周陳董甘淩徐潘丁傳第十

吳書　國志五十五

程普傳

程普字德謀右北平土垠人也初爲州郡吏有容貌計略善於應對從孫堅征伐討黃巾於宛鄧破董卓於陽人攻城野戰身被創夷堅薨復隨孫策在淮南從攻廬江拔之還俱東渡策到橫江當利破張英于糜等轉下秣陵湖孰句容曲阿普皆有功增兵二千騎五十匹進破烏程石木波門陵傳餘杭普功爲多策入會稽以普爲吳郡都尉治錢唐後徙丹楊都尉居石城復討宣城涇安吳陵陽春穀諸賊皆破之策嘗攻祖郎大爲所圍普與一騎共蔽扞策驅馬疾呼以矛突賊賊披策因隨出後拜盪寇中郎將領零陵太守從討劉勳於尋陽進攻黃祖於沙羨還鎮石城策薨與張昭等共輔孫權遂周旋三郡平討不服又從征江夏還過豫章別討樂安樂安平定代太史慈備海昏與周瑜爲左右督破曹公於烏林又進攻南郡走曹仁拜裨將軍領江夏太守治沙羨食四縣先出諸將普最年

長時人皆呼程公性好施與喜士大夫周瑜卒代領南郡太守權分荊州與劉備普復還領江夏還盪寇將軍卒（吳書曰普殺叛者數百人皆使投火即日病癘百餘日卒）權稱尊號追論普功封子咨爲亭侯

黃蓋傳

黃蓋字公覆零陵泉陵人也（吳書曰故南陽太守黃子廉之後也枝葉分離自祖遷于零陵遂家焉蓋少孤嬰丁凶難辛苦備嘗然有壯志雖處貧賤不自同於凡庸常以負薪餘閒學書疏講兵事）初爲郡吏察孝廉辟公府孫堅舉義兵蓋從之堅南破山賊北走董卓拜蓋別部司馬堅薨蓋隨策及權擐甲周旋蹈刃屠城諸山越不賓有寇難之縣輒用蓋爲守長石城縣吏特難檢御蓋乃署兩掾分主諸曹教曰令長不德徒以武功爲官不以文吏爲稱今賊寇未平有軍旅之務一以文書委付兩掾當檢攝諸曹糾擿謬誤兩掾所署事入諾出若有姦欺終不加以鞭杖宜各盡心無爲衆先初皆怖威夙夜恭職久之吏以蓋不視文書漸容人事蓋亦嫌外懈怠時有所省各得兩掾不奉法數事乃悉請諸掾吏賜酒食因出事詰問兩掾辭屈皆叩頭謝罪蓋曰前已相勑終不以鞭杖相加非相欺也遂

殺之縣中震慄後轉春穀長尋陽令凡守九縣
所在平定遷丹楊都尉抑彊扶弱山越懷附蓋
姿貌嚴毅善於養衆每所征討士卒皆爭為先
建安中隨周瑜拒曹公於赤壁建策火攻語在
瑜傳吳書曰赤壁之役蓋為流矢所中時寒墮水為吳軍人所得不知其蓋也置廁牀中蓋自彊以一聲呼韓當當聞之曰此公覆聲也向之垂涕解易其衣遂以得生拜武鋒中郎將武陵蠻
夷反亂攻守城邑乃以蓋領太守時郡兵才五
百人自以不敵因開城門賊半入乃擊之斬首
數百餘皆奔走盡歸邑落誅討魁帥附從者
赦之自春訖夏寇亂盡平諸幽邃巴醴由誕邑

侯君長皆改操易節奉禮請見郡境遂清後長
沙益陽縣為山賊所攻蓋又平討加偏將軍病
卒官蓋當官決斷事無留滯國人思之吳書曰又圖畫蓋形四時祠祭及權踐阼追論其功賜子柄爵關內侯

韓當傳

韓當字義公遼西令支人也令音郎定反支音巨兒反以便弓
馬有膂力幸於孫堅從征伐周旋數犯危難陷
敵擒虜為別部司馬吳書曰當勤苦有功以軍旅陪隸分於英豪故爵位不加終於堅世為別部司馬及孫策東渡從討三郡遷先登校尉授
兵二千騎五十匹從征劉勳破黃祖還討鄱陽

領樂安長山越畏服後以中郎將與周瑜等拒
破曹公又與呂蒙襲取南郡遷偏將軍領永昌
太守宜都之役與陸遜朱然等共攻蜀軍於涿
鄉大破之徙威烈將軍封都亭侯曹真攻南郡
當保東南在外為帥厲將士同心固守又敬望
督司奉遵法令權善之黃武二年封石城侯遷
昭武將軍領冠軍太守後又加都督之號將敢
死及解煩兵萬人討丹楊賊破之會病卒子綜
襲侯領兵其年權征石陽以綜有憂使守武昌
而綜淫亂不軌權雖以父故不問綜內懷懼吳書

曰綜欲叛恐左右不從因諷使劫略示欲饒之轉相放效為行旅大患後因詐言被詔以部曲為寇盜見劫讓云將吏以下當並收治又言恐罪自及左右因曰惟當去耳遂共圖計以當葬父盡呼親戚姑姊悉以嫁將吏所幸婢妾皆賜與親近殺牛飲酒歃血與共盟誓載父喪將母家屬部曲男女數千
人奔魏魏以為將軍封廣陽侯數犯邊境殺害
人民權常切齒東興之役綜為前鋒軍敗身死
諸葛恪斬送其首以白權廟

蔣欽傳

蔣欽字公奕九江壽春人也孫策之襲袁術欽
隨從給事及策東渡拜別部司馬授兵與策周
旋平定三郡又從定豫章調授葛陽尉歷三縣

長討平盜賊遷西部都尉會稽冶賊呂合秦狼等爲亂欽將兵討擊遂禽合狼五縣平定徙討越中郎將以涇拘昭陽爲奉邑賀齊討黟賊欽督萬兵與齊并力黟賊平定從征合肥魏將張遼襲權於津北欽力戰有功遷盪寇將軍領濡須督後召還都拜津右護軍典領辭訟權嘗入其堂內母疏帳縹被妻妾布裙權歎其在貴守約即勑御府爲母作錦被改易帷帳妻妾衣服悉皆錦繡初欽屯宣城嘗討豫章賊蕪湖令徐盛收欽屯吏表斬之權以欽在遠不許盛由是自嫌於欽曹公出濡須欽與呂蒙持諸軍節度盛常畏欽因事害己而欽每稱其善盛既服德論者美焉（江表傳曰權謂欽曰盛前白卿卿今舉盛欲慕祁奚耶欽對曰臣聞公舉不挾私怨盛忠而勤彊有膽略器用好萬人督也今大事未定臣當助國求才豈敢挾私恨以蔽賢乎權嘉之）權討關羽欽督水軍入沔還道病卒權素服舉哀以蕪湖民二百戶田二百頃給欽妻子子壹封宣城侯領兵拒劉備有功還赴南郡與魏交戰臨陣卒壹無子弟休領兵後有罪失業

周泰傳

周泰字幼平九江下蔡人也與蔣欽隨孫策爲

左右服事恭敬數戰有功策入會稽署別部司馬授兵權愛其爲人請以自給策討六縣山賊權住宣城使士自衛不能千人意尚忽略不治圍落而山賊數千人卒至權始得上馬而賊鋒刃已交於左右或斫中馬鞌衆莫能自定惟泰奮激投身衛權膽氣倍人左右由泰並能就戰賊既解散身被十二創良久乃蘇是日無泰權幾危殆策深德之補春穀長後從攻晥及討江夏還過豫章復補宜春長所在皆食其征賦從討黃祖有功後與周瑜程普拒曹公於赤壁攻曹仁於南郡荊州平定將兵屯岑曹公出濡須泰復赴擊曹公退留督濡須拜平虜將軍時朱然徐盛等皆在所部並不伏也權特爲案行至濡須塢因會諸將大爲酣樂權自行酒到泰前命泰解衣權手自指其創痕問以所起泰輒記昔戰鬬處以對畢使復服歡讌極夜其明日遣使者授以御蓋（江表傳曰權把其臂因流涕交連字之曰幼平卿爲孤兄弟戰如熊虎不惜軀命被創數十膚如刻畫孤亦何心不待卿以骨肉之恩委卿以兵馬之重乎卿吳之功臣孤當與卿同榮辱等休戚幼平意快爲之勿以寒門自退也即勑以己常所用御幘青縑蓋賜之坐罷住駕使泰以兵馬導從出鳴鼓角作鼓吹）於是盛等乃伏後權破關羽欲進圖蜀拜泰漢中

太守蕃威將軍封陵陽侯黃武中卒子祕以騎都尉領兵曹仁出濡須戰有功又從攻破曹休進位裨將軍黃龍二年卒弟承領兵襲侯

陳武傳

陳武字子烈廬江松滋人孫策在壽春武往脩謁時年十八長七尺七寸因從渡江征討有功拜別部司馬策破劉勳多得廬江人料其精銳乃以武爲督所向無前及權統事轉督五校仁厚好施鄉里遠方客多依託之尤爲權所親愛數至其家累有功勞進位偏將軍建安二十年從

擊合肥奮命戰死權哀之自臨其葬江表傳曰權命以其愛妾殉葬復客二百家　孫盛曰昔三良從秦穆師以之不征魏妾旣出杜回以之僵仆禍福之報如此之效也權仗計任術以生從死世祚之促不亦宜乎子脩有武風年十九權召見奬厲拜別部司馬授兵五百人時諸將新兵多有逃叛而脩撫循得意不失一人權奇之拜爲校尉建安末追錄功臣後封脩都亭侯爲解煩督黃龍元年卒弟表字文奧武庶子也少知名與諸葛恪顧譚張休等並侍東宮皆共親友尚書曁豔亦與表善後豔遇罪時人咸自營護信厚言薄表獨不然士以此重之徙太子中庶子拜翼

正都尉兄脩亡後表母不肯事脩母表謂其母曰兄不幸早亡表統家事當奉嫡母母若能爲表屈情承順嫡母者是至願也若母不能直當出別居耳表於大義公正如此由是二母感寤雍穆表以父死敵場求用爲將領兵五百人表欲得戰士之力傾意接待士皆愛附樂爲用命時有盜官物者疑無難士施明明素壯悍收考極毒惟死無辭廷尉以聞權以表能得健兒之心詔以明付表使自以意求其情實表便破械沐浴易其衣服厚設酒食歡以誘之明乃首服

具列支黨表以狀聞權奇之欲全其名特爲赦明誅戮其黨遷表爲無難右部督封都亭侯以繼舊爵表皆陳讓乞以傳脩子延權不許嘉禾三年諸葛恪領丹陽太守討平山越以表領新安都尉與恪參勢初表所受賜復人得二百家在會稽新安縣表簡視其人皆堪好兵乃上疏陳讓乞以還官充足精銳詔曰先將軍有功於國國家以此報之卿何得辭焉表乃稱曰今除國賊報父之仇以人爲本空枉此勁銳以爲僮僕非表志也皆輒料取以充部伍所在以聞權

甚嘉之下郡縣料正戶羸民以補其處表在官三年廣開降納得兵萬餘人事捷當出會鄱陽民吳遽等為亂攻沒城郭屬縣搖動表便越界赴討遽以破敗遂降陸遜拜表偏將軍進封都鄉侯北屯章阬年三十四卒家財盡於養士死之日妻子露立太子登為起屋宅子敖年十七拜別部司馬授兵四百人敖卒脩子延復為司馬代敖延弟永將軍封侯始施明感表自變行為善遂成健將致位將軍

董襲傳

董襲字元代會稽餘姚人長八尺武力過人謝承漢書稱襲志節慷慨武毅猛烈孫策入郡襲迎於高遷亭策見而偉之到署門下賊曹時山陰宿賊黃龍羅周勃聚黨數千人策自出討襲身斬羅勃首還拜別部司馬授兵數千遷揚武都尉從策攻皖又討劉勳於尋陽伐黃祖於江夏策薨權年少初統事太妃憂之引見張昭及襲等問江東可保安不襲對曰江東地勢有山川之固而討逆明府恩德在民討虜承基大小用命張昭秉眾事襲等為爪牙此地利人和之時也萬無所憂眾皆

壯其言鄱陽賊彭虎等眾數萬人襲與凌統步騭蔣欽各別分討襲所向輒破虎等望見旌旗便散走旬日盡平拜威越校尉遷偏將軍建安十三年權討黃祖祖橫兩蒙衝挾守沔口以栟閭大紲繫石為矴上有千人以弩交射飛矢雨下軍不得前襲與凌統俱為前部各將敢死百人人被兩鎧乘大舸船突入蒙衝裏襲身以刀斷兩紲蒙衝乃橫流大兵遂進祖便開門走兵追斬之明日大會權舉觴屬襲曰今日之會斷紲之功也曹公出濡須襲從權赴之使襲督五樓船住濡須口夜卒暴風五樓船傾覆左右散走舸乞使襲出襲怒曰受將軍任在此備賊何等委去也敢復言此者斬於是莫敢干其夜船敗襲死權改服臨殯供給甚厚

甘寧傳

甘寧字興霸巴郡臨江人也吳書曰寧本南陽人其先先於巴郡寧為吏舉計掾補蜀郡丞頃之棄官歸家少有氣力好游俠招合輕薄少年為之渠帥羣聚相隨挾持弓弩負毦帶鈴民聞鈴聲即知是寧吳書曰寧輕俠殺人藏舍亡命聞於郡中其出入步則陳車騎水則連輕舟侍從被文繡所如光道路住止常以繒錦維舟去或割棄以示奢也人與相逢及屬城長

吏接待隆厚者乃與交歡不者即放所將奪其資貨於長吏界中有所賊害作其發負至二十餘年止不攻劫頗讀諸子乃往依劉表因居南陽不見進用後轉託黃祖祖又以凡人畜之吳書曰寧將僮客八百人就劉表表儒人不習軍事時諸英豪各各起兵寧觀表事勢終必無成恐一朝土崩并受其禍欲東入吳黃祖在夏口軍不得過乃留依祖祖三年不禮之權討祖祖軍敗奔走追兵急寧以善射將兵在後射殺校尉凌操祖既得免軍罷還營待寧如初祖都督蘇飛數薦寧祖不用令人化誘其客客稍亡寧欲去恐不獲免獨憂悶不知所出飛知所意乃要寧為之置酒謂曰吾薦子者數矣主不能用日月逾邁人生幾何宜自遠圖庶遇知己寧良久乃曰雖有其志未知所由飛曰吾欲白子為邾長於是去就孰與臨阪轉丸乎寧曰幸甚飛白祖聽寧之縣招懷亡客并義從者得數百人於是歸吳周瑜呂蒙並共薦達孫權加異同於舊臣寧陳計曰今漢祚日微曹操彌憍終為篡盜南荊之地山陵形便江川流通誠是國之西勢也寧已觀劉表慮既不遠兒子又劣非能承業傳基者也至尊當早規之不可後操圖之圖之之計宜先取黃祖祖今年老昏耄已甚財穀並乏左右欺弄務於貨利侵求吏士吏士心怨舟船戰具頓廢不脩怠於耕農軍無法伍至尊今往其破可必一破祖軍鼓行而西西據楚關大勢彌廣即可漸規巴蜀權深納之張昭時在坐難曰吳下業業若軍果行恐必致亂寧

謂昭曰國家以蕭何之任付君君居守而憂亂奚以希慕古人乎權舉酒屬寧曰興霸今年行討如此酒矣決以付卿卿但當勉建方略令必克祖則卿之功何嫌張長史之言乎權遂西果禽祖盡獲其士衆遂授寧兵屯當口吳書曰初權破祖先作兩函欲以盛祖及蘇飛首飛令人告急於寧寧曰飛若不言吾豈忘之權為諸將置酒寧下席叩頭血涕交流為權言飛疇昔舊恩寧不值飛固已損骸於溝壑不得致命於麾下今飛罪當夷戮特從將軍乞其首領權感其言謂曰今為君致之若走去何寧曰飛免分裂之禍受更生之恩逐之尚必不走豈圖亡哉若爾寧頭當代入函權乃赦之後隨周瑜拒破曹公於烏林攻曹仁於南郡未拔寧建計先徑進取夷陵往即得其城因入守之時手下有數百兵并所新得僅滿千人曹仁乃令五六千人圍寧寧受攻累日敵設高樓雨射城中士衆皆懼惟寧談笑自若遣使報瑜瑜用呂蒙計帥諸將解圍後隨魯肅鎮益陽拒關羽羽號有三萬人自擇選銳士五千人投縣上流十餘里淺瀨云欲夜涉渡肅與諸將議寧時有三百兵乃曰可復以五百人益吾吾往對之保羽聞吾欬唾不敢涉水涉水即是吾禽肅便選千兵益寧寧乃夜往羽聞之住不渡而結柴營今遂名此處為關羽瀨權嘉寧功拜西陵太守領陽

新下雉兩縣後從攻皖為升城督寧手持練身緣城為吏士先卒破獲朱光計功呂蒙為最寧次之拜折衝將軍後曹公出濡須寧為前部督受勑出斫敵前營權特賜米酒衆肴寧乃料賜手下百餘人食食畢寧先以銀盌酌酒自飲兩盌乃酌與其都督都督伏不肯時持寧引白削置膝上呵謂之曰卿見知於至尊孰與甘寧甘寧尚不惜死卿何以獨惜死乎都督見寧色厲即起拜持酒次通酌兵各一銀盌至二更時銜枚出斫敵敵驚動遂退寧益貴重增兵二千人江表傳曰曹公出濡須號步騎四十萬臨江飲馬權率衆七萬應之使寧領三千人為前部督權密勑寧使夜入魏軍寧乃選手下健兒百餘人徑詣曹公營下使拔鹿角踰壘入營斬得數十級北軍驚駭鼓譟舉火如星寧已還入營作鼓吹稱萬歲因夜見權權喜曰足以驚駭老子否聊以觀卿膽耳即賜絹千匹刀百口權曰孟德有張遼孤有興霸足相敵也停住月餘北軍便退寧雖麤猛好殺然開爽有計略輕財敬士能厚養健兒健兒亦樂為用命建安二十年從攻合肥會疫疾軍旅皆已引出唯車下虎士千餘人并呂蒙蔣欽淩統及寧從權逍遙津北張遼覘望知之即將步騎奄至寧引弓射敵與統等死戰寧厲聲問鼓吹何以不作壯氣毅然權尤嘉之吳書曰淩統怨寧殺其父操寧常備統不與相見權亦命統不得讎之嘗於呂蒙舍

會酒酣統乃以刀舞寧起曰寧能雙戟舞蒙曰寧雖能未若蒙之巧也因操刀持楯以身分之後權知統意因令寧將兵遂徙屯於半州寧廚下兒曾有過走投呂蒙蒙恐寧殺之故不即還後寧齎禮禮蒙母臨當與升堂乃出廚下兒還寧寧許蒙不殺斯須還船縛置桑樹自挽弓射殺之畢勑船人更增舸纜解衣臥船中蒙大怒擊鼓會兵欲就船攻寧寧聞之故臥不起蒙母徒跣出諫蒙曰至尊待汝如骨肉屬汝以大事何有以私怒而欲攻殺甘寧寧死之日縱至尊不問汝是為臣下非法蒙素至孝聞母言即豁然意釋自至寧船笑呼之曰興霸老母待卿食急上寧涕泣歔欷曰負卿與蒙俱還見母歡宴竟日寧卒權痛惜之子瓌以罪徙會稽無幾死

凌統傳

凌統字公績吳郡餘杭人也父操輕俠有膽氣孫策初興每從征伐常冠軍履鋒守永平長平治山越姦猾斂手遷破賊校尉及權統事從討江夏入夏口先登破其前鋒輕舟獨進中流矢死統年十五左右多稱述者權亦以操死國事拜統別部司馬行破賊都尉使攝父兵後從擊

山賊權破保屯先還餘麻屯萬人統與督張異等留攻圍之克日當攻先期統與督陳勤會飲酒勤剛勇任氣因督祭酒陵轢一坐舉罰不以其道統疾其侮慢面折不爲用勤怒詈統及其父操統流涕不答衆因罷出勤乘酒凶悖又於道路辱統統不忍引刀斫勤數日乃死及當攻屯統曰非死無以謝罪乃率厲士卒身當矢石所攻一面應時披壞諸將乘勝遂大破之還自拘於軍正權壯其果毅使得以功贖罪後權復征江夏統爲前鋒與所厚健兒數十人共乘一船常去大兵數十里行入右江斬黃祖將張碩盡獲船人還以白權引軍兼道水陸並集時呂蒙敗其水軍而統先搏其城於是大獲權以統爲承烈都尉與周瑜等拒破曹公於烏林遂攻曹仁遷爲校尉雖在軍旅親賢接士輕財重義有國士之風又從破皖拜盪寇中郎將領沛相與呂蒙等西取三郡反自益陽從往合肥爲右部督時權徹軍前部已發魏將張遼等奄至津北權使追還前兵兵去已遠勢不相及統率親近三百人陷圍扶扞權出敵已毀橋橋之屬者

兩版權策馬驅馳統復還戰左右盡死身亦被創所殺數十人度權已免乃還橋敗路絕統被甲潛行權既御船見之驚喜統痛親近無反者悲不自勝權引袂拭之謂曰公績亡者已矣苟使卿在何患無人[吳書曰統創甚權遂留統於舟盡易其衣服其創賴得卓氏良藥故得不死]拜偏將軍倍給本兵時有薦同郡盛暹於權者以爲梗槩大節有過於統權曰且令如統足矣後召暹夜至時統已卧聞之攝衣出門執其手以入其愛善不害如此統以山中人尚多壯悍可以威恩誘也權令東占且討之命敕屬城凡統所求皆先給後聞統素愛士士亦慕焉得精兵萬餘人過本縣步入寺門見長吏懷三版恭敬盡禮親舊故人恩意益隆事畢當出會病卒時年四十九權聞之拊牀起坐哀不能自止數日減膳言及流涕使張承爲作銘誄二子烈封年各數歲權內養於宮愛待與諸子同賓客進見呼示之曰此吾虎子也及八九歲令葛光教之讀書十日一令乘馬追錄統功封烈亭侯還其故兵後烈有罪免封復襲爵領兵[孫盛曰觀孫權之養士也傾心竭思以求其死力泣周泰之夷殉陳武之妾請呂蒙之命育淩統之孤卑曲苦志如此之勤也是故雖令

德無聞仁澤內著而能屈彊荆吳僭擬年歲者抑有由也然霸王之道期於大者遠者是以先王建德義之基恢信順之宇制經略之綱明貴賤之叙易簡而其親可久體全而其功可大豈蹉跎近務邀利於當年哉語曰雖小道必有可觀者焉致遠恐泥其是之謂乎

徐盛傳

徐盛字文嚮琅邪莒人也遭亂客居吳以勇氣聞孫權統事以爲別部司馬授兵五百人守柴桑長拒黃祖祖子射嘗率數千人下攻盛盛時吏士不滿二百與相拒擊傷射吏士千餘人已乃開門出戰大破之射遂絕迹不復爲寇權以爲校尉蕪湖令復討臨成南阿山賊有功徙中

郎將督校兵曹公出濡須從權禦之魏嘗大出橫江盛與諸將俱赴討時乘蒙衝遇迅風船落敵岸下諸將恐懼未有出者盛獨將兵上突斫敵敵披退走有所傷殺風止便還權大壯之及權爲魏稱藩魏使邢貞拜權爲吳王權出都亭候貞貞有驕色張昭既怒而盛忿憤顧謂同列曰盛等不能奮身出命爲國家幷許洛吞巴蜀而令吾君與貞盟不亦辱乎因涕泣橫流貞聞之謂其旅曰江東將相如此非久下人者也後遷建武將軍封都亭侯領廬江太守賜臨成縣

爲奉邑劉備次西陵盛攻取諸屯所向有功曹休出洞口盛與呂範全琮渡江拒守遭大風船人多喪盛收餘兵與休夾江休使兵將就船攻盛盛以少禦多敵不能克各引軍退遷安東將軍封蕪湖侯後魏文帝大出有渡江之志盛建計從建業築圍作薄落圍上設假樓江中浮船諸將以爲無益盛不聽固立之文帝到廣陵望圍愕然彌漫數百里而江水盛長便引軍退諸將乃伏干寶晉紀所云疑城已注孫權傳魏氏春秋云文帝歎曰魏雖有武騎千羣無所用也黃武中卒子楷襲爵領兵

潘璋傳

潘璋字文珪東郡發干人也孫權爲陽羨長始往隨權性博蕩嗜酒居貧好賒酤債家至門輒言後豪富相還權奇愛之因使召募得百餘人遂以爲將討山賊有功署別部司馬後爲吳大市刺奸盜賊斷絕由是知名遷豫章西安長劉表在荊州民數被寇自璋在事寇不入境比縣建昌起爲賊亂轉領建昌加武猛校尉討治惡民旬月盡平召合遺散得八百人將還建業合肥之役張遼奄至諸將不備陳武鬭死宋謙徐

盛皆披走璋身次在後便馳進橫馬斬譚盛兵走者二人兵皆還戰權甚壯之拜偏將軍遂領百校屯半州權征關羽璋與朱然斷羽走道到臨沮住夾石璋部下司馬馬忠禽羽并羽子平都督趙累等權即分宜都至秭歸二縣爲固陵郡拜璋爲太守振威將軍封溧陽侯甘寧卒又并其軍劉備出夷陵璋與陸遜并力拒之璋部下斬備護軍馮習等所殺傷甚衆拜平北將軍襄陽太守魏將夏侯尚等圍南郡分前部三萬人作浮橋渡百里洲上諸葛瑾楊粲並會兵赴救未知所出而魏兵日渡不絕璋曰魏勢始盛江水又淺未可與戰便將所領到魏上流五十里伐葦數百萬束縛作大筏欲順流放火燒敗浮橋作筏適畢伺水長當下尚便引退璋下備陸口權稱尊號拜右將軍璋爲人麤猛禁令肅然好立功夫所領兵馬不過數千而其所在常如萬人征伐止頓便立軍市他軍所無皆仰取足然性奢泰末年彌甚服物僭擬吏兵富者或殺取其財物數不奉法監司舉奏權惜其功而輒原不問嘉禾三年卒子平以無行徙會稽璋妻居

建業賜田宅復客五十家

丁奉傳

丁奉字承淵廬江安豐人也少以驍勇爲小將屬甘寧陸遜潘璋等數隨征伐戰鬬常冠軍每斬將搴旗身被創夷稍遷偏將軍孫亮即位爲冠軍將軍封都亭侯魏遣諸葛誕胡遵等攻東興諸葛恪率軍拒之諸將皆曰敵聞太傅自來上岸必遁走奉獨曰不然彼動其境內悉許洛兵大舉而來必有成規豈虛還哉無恃敵之不至恃吾有以勝之及恪上岸奉與將軍唐咨呂據留贊等俱從山西上奉曰今諸軍行遲若敵據便地則難與爭鋒矣乃辟諸軍使下道帥麾下三千人徑進時北風奉舉帆二日至遂據徐塘天寒雪敵諸將置酒高會奉見其前部兵少相謂曰取封侯爵賞正在今日乃使兵解鎧著冑持短兵敵人從而笑焉不爲設備奉縱兵斫之大破敵前屯會據等至魏軍遂潰遷滅寇將軍進封都亭侯魏將文欽來降以奉爲虎威將軍從孫峻至壽春迎之與敵追軍戰於高亭奉跨馬持矛突入其陣中斬首數百獲其軍器進

封安豐侯太平二年魏大圍之遣朱異唐咨等往救復使奉與黎斐解圍奉爲先登屯於黎漿力戰有功拜左將軍孫休即位與張布謀欲誅孫綝布曰丁奉雖不能吏書而計略過人能斷大事休召奉告曰綝秉國威將行不軌欲與將軍誅之奉曰丞相兄弟友黨甚盛恐人心不同不可卒制可因臘會有陛下兵以誅之也休納其計因會請綝奉與張布目左右斬之遷大將軍加左右都護永安二年假節領徐州牧六年魏伐蜀奉率諸軍向壽春爲救蜀之勢蜀亡軍還休薨奉與丞相濮陽興等從萬彧之言共迎立孫晧遷右大司馬左軍師寶鼎二年晧命奉與諸葛靚攻合肥奉與晉大將石苞書構而間之苞以徵還建衡元年奉復帥衆治徐塘因攻晉穀陽穀陽民知之引去奉無所獲晧怒斬奉導軍二年奉貴而有功漸以驕矜或有毀之者晧追以前出軍事徙奉家於臨川奉弟封官至後將軍先奉死

評曰凡此諸將皆江表之虎臣孫氏之所厚待也以潘璋之不脩權能忘過記功其保據東南

宜哉陳表將家支庶而與胄子名人比翼齊衡拔萃出類不亦美乎

程黃韓蔣周陳董甘淩徐潘丁傳第十　吳書　國志五十五

朱治朱然呂範朱桓傳第十一　吳書　國志五十六

朱治字君理丹楊故鄣人也初爲縣吏後察孝廉州辟從事隨孫堅征伐中平五年拜司馬從討長沙零桂等三郡賊周朝蘇馬等有功堅表治行都尉從破董卓於陽人入洛陽表治行督軍校尉特將步騎東助徐州牧陶謙討黃巾會堅薨治扶翼策依就袁術後知術政德不立乃勸策還平江東時太傅馬日磾在壽春辟治爲掾遷吳郡都尉是時吳景已在丹楊而策爲術攻廬江於是劉繇恐爲袁孫所并遂搆嫌隙而策家門盡在州下治乃使人於曲阿迎太妃及權兄弟所以供奉輔護甚有恩紀治從錢唐欲進到吳吳郡太守許貢拒之於由拳治與戰大破之貢南就山賊嚴白虎治遂入郡領太守事策既走劉繇東定會稽權年十五治舉爲孝廉後策薨治與張昭等共尊奉權建安七年權表治爲九眞太守行扶義將軍割婁由拳無錫毗陵爲奉邑置長吏征討夷越佐定東南禽截黃

巾餘類陳敗萬秉等黃武元年封毗陵侯領郡如故二年拜安國將軍金印紫綬徙封故鄣權歷位上將及爲吳王治每進見權常親迎執版交拜饗宴贈賜恩敬特隆至從行吏皆得奉贄私覿其見異如此初權弟翊性峭急喜怒快意治數責數諭以道義權從兄豫章太守賁女爲曹公子婦及曹公破荊州威震南土賁畏懼欲遣子入質治聞之求往見賁爲陳安危江表傳載治說賁曰破虜將軍昔率義兵入討董卓聲冠中夏義士壯之討逆傑出建定六郡特以君侯骨肉至親器爲時生故表漢朝剖符大郡兼建將校仍關綜兩府榮冠宗室爲遠近所瞻加討虜聰明神武係承洪業攬結英雄周濟世務軍衆日盛事業日隆雖昔蕭王之在河北無以加也必克成王基應運東南故劉玄德遠布腹心求見拯救此天下所共知也前在東聞道路之言云將軍有異趣良用憮然今曹公阻兵傾覆漢室幼帝流離百姓元元未知所歸而中國蕭條或百里無煙城邑空虛道殣相望士歎於外婦怨乎室加之以師旅因之以饑饉以此料之豈能越長江與我爭利哉將軍當斯時也而欲背骨肉之親違萬安之計割同氣之膚啖虎狼之口爲一女子改慮易圖失機毫釐差以千里豈不惜哉賁由此遂止權常歎治憂勤王事性儉約雖在富貴車服惟供事權優異之自令督軍御史典屬城文書治領四縣租稅而已然公族子弟及吳四姓多出仕郡郡吏常以千數治率數年一遣詣王府所遣數百人每歲時獻御權答報過厚是時丹楊深地頗有姧叛亦以年向老思戀土風

自表屯故鄣鎮撫山越諸父老故人莫不詣門治皆引進與共飲宴鄉黨以爲榮在故鄣歲餘還吳黃武三年卒在郡三十一年年六十九子才素爲校尉領兵既嗣父爵遷偏將軍（吳書曰才字君業爲人精敏善騎射權愛異之常侍從游戲少以父任爲武衛校尉領兵隨從征伐屢有功捷本郡議者以才少處榮貴未留意於鄉黨才乃歎曰我初爲將謂跨馬蹈敵當身履鋒足以揚名不知鄉黨復追迹其舉措乎於是更折節爲恭留意於賓客輕財尚義施不望報又學兵法名聲始聞於遠近會疾卒）才弟紀權以策女妻之亦以校尉領兵紀弟緯萬歲皆早夭才子琬襲爵爲將至鎮西將軍

朱然傳 子績附

朱然字義封治姊子也本姓施氏初治未有子然年十三乃啓策乞以爲嗣策命丹楊郡以羊酒召然然到吳策優以禮賀然嘗與權同書學結恩愛至權統事以然爲餘姚長時年十九後遷山陰令加折衝校尉督五縣權奇其能分丹楊爲臨川郡然爲太守（臣松之案此郡尋罷非今臨川郡）授兵二千人會山賊盛起然平討旬月而定曹公出濡須然備大塢及三關屯拜偏將軍建安二十四年從討關羽別與潘璋到臨沮禽羽遷昭武將軍封西安鄉侯虎威將軍呂蒙病篤權問曰卿

如不起誰可代者蒙對曰朱然膽守有餘愚以爲可任蒙卒權假然節鎮江陵黃武元年劉備舉兵攻宜都然督五千人與陸遜并力拒備然別攻破備前鋒斷其後道備遂破走拜征北將軍封永安侯魏遣曹眞夏侯尚張郃等攻江陵魏文帝自住宛爲其勢援連屯圍城權遣將軍孫盛督萬人備州上立圍塢爲然外救郃渡兵攻盛盛不能拒即時却退郃據州上圍守然中外斷絕權遣潘璋楊粲等解而圍不解時然城中兵多腫病甚戰者裁五千人眞等起土山鑿地道立樓櫓臨城弓矢雨注將士皆失色然晏如而無恐意方厲吏士伺間隙攻破兩屯魏攻圍然凡六月日未退江陵令姚泰領兵備城北門見外兵盛城中人少穀食欲盡因與敵交通謀爲內應垂發事覺然治戮泰尚等不能克乃徹攻退還由是然名震於敵國改封當陽侯六年權自率衆攻石陽及至旋師潘璋斷後夜出錯亂敵追擊璋璋不能禁然即還住拒敵使前船得引極遠徐乃後發黃龍元年拜車騎將軍右護軍領兗州牧頃之以兗州在蜀分解牧職

嘉禾三年權與蜀克期大舉權自向新城然與全琮各受斧鉞爲左右督會吏士疾病故未攻而退赤烏五年征柤中襄陽記曰柤音如租稅之租柤中在上黃界去襄陽一百五十里魏時夷王梅敷兄弟三人部曲萬餘家屯此分布在中廬宜城西山鄢沔二谷中土地平敞宜桑麻有水陸良田沔南之膏腴沃壤謂之柤中魏將蒲忠胡質各將數千人忠要遮險隘圖斷然後質爲忠繼援時然所督兵將先四出聞問不暇收合便將帳下見兵八百人逆掩忠戰不利質等皆退孫盛異同評曰魏志及江表傳云然以景初元年正始二年再出爲寇所破胡質蒲忠在景初元年魏志承魏書依違不說質等爲然所破而直云然退耳吳志說赤烏五年於魏爲正始三年魏將蒲忠與朱然戰忠不利質等皆退案魏少帝紀及孫權傳是歲並無事當是陳壽誤以吳嘉禾六年爲赤烏五年耳

九年復征柤中魏將李興等聞然深入率步騎六千斷然後道然夜出逆之軍以勝反先是歸義馬茂懷姦覺誅權深忿之然臨行上疏曰馬茂小子敢負恩養臣今奉天威事蒙克捷欲令所獲震耀遠近方舟塞江使足可觀以解上下之忿惟陛下識臣先言責臣後效權時抑表不出然既獻捷羣臣上賀權乃舉酒作樂而出然表曰此家前初有表孤以爲難必今果如其言可謂明於見事也遣使拜然爲左大司馬右軍師然長不盈七尺氣候分明內行脩絜

其所文采惟施軍器餘皆質素終日欽欽常在戰場臨急膽定尤過絕人雖世無事每朝夕嚴鼓兵在營者咸行裝就隊以此玩敵使不知所備故出輒有功諸葛瑾子融步騭子協雖各襲任權特復使然總爲大督又陸遜亦本功臣名將存者惟然莫與比隆寢疾二年後漸增篤權晝爲減膳夜爲不寐中使醫藥口食之物相望於道然每遣使表疾病消息權輒召見口自問訊入賜酒食出送布帛自創業功臣疾病權意之所鍾呂蒙凌統最重然其次矣年六十八赤

烏十二年卒權素服舉哀爲之感慟子績嗣績字公緒以父任爲郎後拜建忠都尉叔父才卒績領其兵隨太常潘濬討五溪以膽力稱遷偏將軍營下督領盜賊事持法不傾魯王霸注意交績嘗至其廨就之坐欲與結好績下地住立辭而不當然卒績襲業拜平魏將軍樂鄉督明年魏征南將軍王昶率衆攻江陵城不克而退績與奮威將軍諸葛融書曰昶遠來疲困馬無所食力屈而走此天助也今追之力少可引兵相繼吾欲破之於前足下乘之於後豈一人

之功哉宜同斷金之義融荅許續續便引兵及祐於紀南紀南去城三十里續先戰勝而融不進續後失利權深嘉續盛責怒融融兄大將軍恪貴重故融得不廢初續與恪融不平及此事變爲隙益甚建興元年遷鎮東將軍二年春恪向新城要續并力而留置半州使融兼其任冬恪融被害續復還樂鄉假節太平二年拜驃騎將軍孫綝秉政大臣疑貳續恐吳必擾亂而中國乘釁乃密書結蜀使爲并兼之慮蜀遣右將軍閻宇將兵五千增白帝守以須續之後命永

安初遷上大將軍都護督自巴丘上迄西陵元興元年就拜左大司馬初然爲治行喪竟乞復本姓權不許續以五鳳中表還爲施氏建衡二年卒

呂範傳

呂範字子衡汝南細陽人也少爲縣吏有容觀姿貌邑人劉氏家富女美範求之女母嫌欲勿與劉氏曰觀呂子衡寧當久貧者邪遂與之婚後避亂壽春孫策見而異之範遂自委昵將私客百人歸策時太妃在江都策遣範迎之徐州

牧陶謙謂範爲袁氏覘候諷縣掠考範範親客健兒篡取以歸時唯範與孫河常從策跋涉辛苦危難不避策亦親戚待之每與升堂飲宴於太妃前後從策攻破廬江還俱東渡到橫江當利破張英于麋下小丹楊湖熟領湖熟相策定秣陵曲阿收笮融劉繇餘衆增範兵二千騎五十匹後領宛陵令討破丹楊賊還吳遷都督江表傳曰策從容獨與範棊範曰今將軍事業日大士衆日盛範在遠聞綱紀猶有不整者範願暫領都督佐將軍部分之策曰子衡卿既士大夫加手下已有大衆立功於外豈宜復屈小職知軍中細碎事乎範曰不然今捨本土而託將軍者非爲妻子也欲濟世務猶同舟涉海一事不牢即俱受其敗此亦範計非但將軍也策笑無以荅範出便釋褠著袴褶執鞭

詣閤下啓事自稱領都督策乃授傳委以衆事由是軍中肅睦威禁大行是時下邳陳瑀自號吳郡太守住海西與彊族嚴白虎交通策自將討虎別遣範與徐逸攻瑀於海西梟其大將陳牧九州春秋曰初平三年揚州刺史陳禕死袁術使瑀領揚州牧後術爲曹公所敗於封丘南人叛瑀瑀拒之術走陰陵好辭以下瑀瑀不知權而又怯不即攻術術於淮北集兵向壽春瑀懼使其弟公琰請和於術術執之而進瑀走歸下邳又從攻祖郎於陵陽太史慈於勇里七縣平定拜征虜中郎將征江夏還平鄱陽策薨奔喪于吳後權復征江夏範與張昭留守曹公至赤壁與周瑜等俱拒破之拜裨將軍領彭澤太守以彭澤柴桑歷陽爲奉邑劉備詣京見權範密

請留備後遷平南將軍屯柴桑權討關羽過範館謂曰昔早從卿言無此勞也今當上取之卿爲我守建業權破羽還都武昌拜範建威將軍封宛陵侯領丹楊太守治建業督扶州以下至海轉以溧陽懷安寧國爲奉邑曹休張遼臧霸等來伐範督徐盛全琮孫韶等以舟師拒休等於洞口遷前將軍假節改封南昌侯時遭大風船人覆溺死者數千還軍拜揚州牧性好威儀州民如陸遜全琮及貴公子皆脩敬虔肅不敢輕脫其居處服飾於時奢靡然勤事奉法故權悅其忠不怪其侈江表傳曰人有白範與賀齊奢麗夸綺服飾僭擬王者權曰昔管仲踰禮桓公優而容之無損於霸今子衡公苗身無夷吾之失但其器械精好舟車嚴整耳此適足作軍容何損於治哉告者乃不敢復言初策使範典主財計權時年少私從有求範必關白不敢專許當時以此見望權守陽羨長有所私用策或料覆功曹周谷輒爲傅著簿書使無譴問權臨時悅之及後統事以範忠誠厚見信任以谷能欺更簿書不用也黃武七年範遷大司馬印綬未下疾卒權素服舉哀遣使者追贈印綬及還都建業權過範墓呼曰子衡言及流涕祀以太牢江表傳曰初權移都建業大會將相文武特謂嚴畯曰孤昔歎魯子敬比

鄧禹呂子衡方吳漢闞卿諸人未平此論今定云何畯退席曰臣未解指趣謂肅範受饒褒歎過實權曰昔鄧仲華初見光武光武時受更始使撫河北行大司馬事耳未有帝王志也禹勸之以復漢業是禹開初議之端矣子敬英爽有殊略孤始與一語便及大計與禹相似故比之呂子衡忠篤亮直性雖好奢然以憂公爲先不足爲損避袁術自歸於兄兄作大將別領部曲故憂兄事乞爲都督辦護脩整加之恪勤與吳漢相類故方之皆有旨趣非孤私之也畯乃服範長子先卒次子據嗣據字世議以父任爲郎後範寢疾拜副軍校尉佐領軍事範卒遷安軍中郎將數討山賊諸深惡劇地所擊皆破隨太常潘濬討五谿復有功朱然攻樊據與朱異破城外圍還拜偏將軍入補馬閑右部督遷越騎校尉太元元年大風江水溢流漸淹城門權使視水獨見據使人取大船以備害權嘉之拜盪魏將軍權寢疾以據爲太子右部督太子即位拜右將軍魏出東興據赴討有功明年孫峻殺諸葛恪遷據爲驃騎將軍平西宮事五鳳二年假節與峻等襲壽春還遇魏將曹珍破之於高亭太平元年帥師侵魏未及淮聞孫峻死以從弟綝自代據大怒引軍還欲廢綝綝聞之使中書奉詔詔文欽劉纂唐咨等使取據又遣從兄憲以都下兵逆據於江都左右勸據降魏據曰恥爲叛臣遂自殺夷三族

朱桓傳 子異附

朱桓字休穆吳郡吳人也孫權爲將軍桓給事幕府除餘姚長往遇疫癘穀食荒貴桓分部良吏隱親醫藥飧粥相繼士民感戴之遷盪寇校尉授兵二千人使部伍吳會二郡鳩合遺散期年之間得萬餘人後丹楊鄱陽山賊蜂起攻沒城郭殺略長吏處處屯聚桓督領諸將周旋赴討應皆平定稍遷裨將軍封新城亭侯後代周泰爲濡須督黃武元年魏使大司馬曹仁步騎數萬向濡須仁欲以兵襲取州上僞先揚聲欲東攻羨溪桓分兵將赴羨溪既發卒得仁進軍拒濡須七十里間桓遣使追還羨溪兵兵未到而仁奄至時桓手下及所部兵在者五千人諸將業業各有懼心桓喻之曰凡兩軍交對勝負在將不在衆寡諸君聞曹仁用兵行師孰與桓邪兵法所以稱客倍而主人半者謂俱在平原無城池之守又謂士衆勇怯齊等故耳今仁既非智勇加其士卒甚怯又千里步涉人馬罷困桓與諸軍共據高城南臨大江北背山陵以逸待勞爲主制客此百戰百勝之勢也雖曹丕自

來尚不足憂況仁等邪桓因偃旗鼓外示虛弱以誘致仁仁果遣其子泰攻濡須城分遣將軍常雕督諸葛虔王雙等乘油船別襲中洲中洲者部曲妻子所在也仁自將萬人留橐皋復爲泰等後拒桓部兵將攻取油船或別擊雕等桓等身自拒泰燒營而退遂梟雕生虜雙送武昌臨陣斬溺死者千餘權嘉桓功封嘉興侯遷奮武將軍領彭城相黃武七年鄱陽太守周魴譎誘魏大司馬曹休休將步騎十萬至皖城以迎魴時陸遜爲元帥全琮與桓爲左右督各督三萬人擊休休知見欺當引軍還自負衆盛邀於一戰桓進計曰休本以親戚見任非智勇名將也今戰必敗敗必走走當由夾石挂車此兩道皆險阨若以萬兵柴路則彼衆可盡而休可生虜臣請將所部以斷之若蒙天威得以休自效便可乘勝長驅進取壽春割有淮南以規許洛此萬世一時不可失也權先與陸遜議遜以爲不可故計不施行黃龍元年拜桓前將軍領青州牧假節嘉禾六年魏廬江主簿呂習請大兵自迎欲開門爲應桓與衛將軍全琮俱以師迎

既至事露軍當引還城外有溪水去城一里所廣三十餘丈深者八九尺淺者半之諸軍勒兵渡去桓自斷後時廬江太守李膺整嚴兵騎欲須諸軍半渡因迫擊之及見桓節蓋在後卒不敢出其見憚如此是時全琮爲督權又令偏將軍胡綜宣傳詔命參與軍事琮以軍出無獲議欲部分諸將有所掩襲桓素氣高恥見部伍乃往見琮問行意感激發怒與琮校計琮欲自解因曰上自令胡綜爲督綜意以爲宜爾桓愈恚恨還乃使人呼綜綜至軍門桓出迎之顧謂左

右曰我縱手汝等各自去有一人旁出語綜使還桓出不見綜知左右所爲因斫殺之桓佐軍進諫刺殺佐軍遂託狂發詣建業治病權惜其功能故不罪孫盛曰書云臣無作威作福作威作福則凶于而家害于而國桓之賊忍殆虎狼也人君且猶不可況將相乎語曰得一夫而失一國縱罪虧刑失孰大焉使子異攝領部曲令醫視護數月復遣還中權自出祖送謂曰今寇虜尚存王塗未一孤當與君共定天下欲令君督五萬人專當一面以圖進取想君疾未復發也桓曰天授陛下聖姿當君臨四海猥重任臣以除姦逆臣疾當自愈吳錄曰桓奉觴曰臣當遠去願一捋陛下鬚無所復恨權馮几前席桓進前捋鬚曰臣今日眞可謂捋虎鬚也權大笑桓性護前恥爲人下每臨敵交戰節度不得自由輒嗔恚憤激然輕財貴義兼以彊識與人一面數十年不忘部曲萬口妻子盡識之愛養吏士贍護六親俸祿產業皆與共分及桓疾困舉營憂戚年六十二赤烏元年卒吏士男女無不號慕又家無餘財權賜鹽五十斛以周喪事子異嗣

異字季文以父任除郎文士傳曰張惇子純與張儼及異俱童少往見驃騎將軍朱據據聞三人才名欲試之告曰老鄙相聞饑渴甚矣夫驥騄以迅驟爲功鷹隼以輕疾爲妙其爲吾各賦一物然後乃坐儼乃賦犬曰守則有威出則有獲韓盧宋鵲書名竹帛純賦席曰席以冬設簟爲夏施揖讓而坐君子攸宜異賦弩曰南嶽

之幹鍾山之銅應機命中獲隼高墉三人各隨其目所見而賦之皆成而後坐據大歡悅後拜騎都尉代桓領兵赤烏四年隨朱然攻魏樊城建計破其外圍還拜偏將軍魏廬江太守文欽營住六安多設屯砦置諸道要以招誘亡叛爲邊寇害異乃身率其手下二千人掩破欽七屯斬首數百遷揚武將軍權與論攻戰辭對稱意權謂異從父驃騎將軍據曰本知季文膽定見之復過所聞十三年文欽詐降密書與異欲令自迎異表呈欽書因陳其僞不可便迎權詔曰方今北土未一欽云欲歸命宜且迎之若嫌其有譎者

但當設計網以羅之盛重兵以防之耳乃遣呂據督二萬人與異并力至北界欽果不降建興元年遷鎮南將軍是歲魏遣胡遵諸葛誕等出東興異督水軍攻浮梁壞之魏軍大破（吳書曰異又遣諸葛恪圍新城城既不拔異等皆言宜速還豫章襲石頭城不過數日可拔恪以書曉異異投書於地曰不用我計而用傒子言恪大怒立奪其兵遂廢還建業）太平二年假節為大都督救壽春圍不解還軍為孫綝所枉害（吳錄曰綝要異相見將往恐陸抗止之異曰子通家人耳當何所疑乎遂往綝使力人於坐上取之異曰我吳國忠臣有何罪乎乃拉殺之）

評曰朱治呂範以舊臣任用朱然朱桓以勇烈著聞呂據朱異施績咸有將領之才克紹堂構若範桓之越隘得以吉終至於據異無此之尤而反罹殃者所遇之時殊也

朱治朱然呂範朱桓傳第十一　吳書　國志五十六

虞翻傳

虞翻字仲翔會稽餘姚人也吳書曰翻少好學有高氣年十二客有候其兄者不過翻翻追與書曰僕聞虎魄不取腐芥磁石不受曲鍼過而不存不亦宜乎客得書奇之由是見稱太守
王朗命爲功曹孫策征會稽翻時遭父喪衰絰
詣府門朗欲就之翻乃脫衰入見勸朗避策朗
不能用拒戰敗績亡走浮海翻追隨營護到東
部候官候官長閉城不受翻往說之然後見納吳書曰翻始欲送朗到廣陵朗惑王方平記言疾來邀我南岳相求故遂南行既至候官又欲投交州翻諫朗曰此妄書耳交州無南岳安所投乎乃止
朗謂翻曰卿有老母可以還矣翻別傳曰朗使翻見豫章太守華歆圖起義兵翻未至豫章聞孫策向會稽翻乃還會遭父喪以臣使有節不敢過家星行追朗至候官朗遣翻還然後奔喪而傳云孫策之來翻衰絰詣府門勸朗避策則爲大異翻既歸策
復命爲功曹待以交友之禮身詣翻第江表傳曰策書謂翻曰今日之事當與卿共之勿謂孫策作郡吏相待也策好馳騁游獵翻諫曰明
府用烏集之衆驅散附之士皆得其死力雖漢
高帝不及也至於輕出微行從官不暇嚴吏卒
常苦之夫人君者不重則不威故白龍魚服困
於豫且白蛇自放劉季害之願少留意策曰君
言是也然時有所思端坐悒悒有裨諶草創之
計是以行耳吳書曰策討山越斬其渠帥悉令左右分行逐賊獨騎與翻相得山中翻問左右安在策

曰悉行逐賊翻曰危事也令策下馬此草深卒有驚急馬不及縈策但牽之執弓矢以步翻善用矛請在前行得平地勸策乘馬策曰卿無馬奈何答曰翻能步行日可三百里自征討以來吏卒無及翻者明府試躍馬翻能疏步隨之行及大道得一鼓吏策取角自鳴之部曲識聲小大皆出遂從周旋平定三郡　江表傳曰策討黃祖旋軍欲過取豫章特請翻語曰華子魚自有名字然非吾敵也如聞其戰具甚少若不開門讓城金鼓一震不得無所傷害卿便在前具宣孤意翻即奉命辭行徑到郡請被褠葛巾與歆相見謂歆曰君自料名聲之在海內孰與鄙郡故王府君歆曰不及也翻曰豫章資糧多少器仗精否士民勇果孰與鄙郡又曰不如也翻曰討逆將軍智略超世用兵如神前走劉揚州君所親見南定鄙郡亦君所聞也今欲守孤城自料資糧已知不足不早爲計悔無及也今大軍已次椒丘僕便還去明日日中迎檄不到者與君辭矣翻既去歆明旦出城遣吏迎策策既定豫章引軍還吳饗賜將士計功行賞謂翻曰孤昔再至壽春見馬日磾及與中州士大夫會語我東方人多才耳但恨學問不博語議之間有所不及耳孤意猶謂未耳卿博學洽聞故前欲令卿一詣許交見朝士以折中國妄語兒卿不願行便使子綱恐子綱不能結兒輩舌也翻曰翻是明府家寶而以示

人人儻留之則去明府良佐故前不行耳策笑曰然因曰孤有征討事未得還府卿復以功曹爲吾蕭何守會稽耳後三日便遣翻還郡　臣松之以爲王華二公於擾攘之時抗猛銳之鋒得非所能敵之名德實高於朗而江表傳述翻說華云海內名聲孰與於王此言非也然王公拒戰華逆請服實由孫策初起名微衆寡故王能舉兵豈武勝哉策後威力轉盛勢不可敵華量力而止非必用仲翔之說也若使易地而居亦華戰王服耳　案吳歷載翻謂歆曰竊聞明府與王府君齊名中州海內所宗雖在東垂常懷瞻仰歆答曰孤不如王會稽翻復問不審豫章精兵何如會稽對曰大不如也翻曰明府言不如王會稽謙光之譚耳精兵不如會稽實如尊教因述孫策才略殊異用兵之奇歆乃答云當去此說爲勝也翻出歆遣吏迎策二說有不同翻出爲富春長策薨諸長吏並
欲出赴喪翻曰恐鄰縣山民或有姦變遠委城
郭必致不虞因留制服行喪諸縣皆效之咸以
安寧吳書曰策薨權統事定武中郎將暠策之從兄也屯烏程整帥吏士欲取會稽會稽聞之使民守城以俟

嗣王之命因令人告諭嵩　會稽典録載翻説嵩曰討逆明府不竟天年今攝事統衆宜在孝廉翻已與一郡吏士嬰城固守必欲出一旦之命爲孝廉除害惟執事圖之於是嵩退○臣松之案此二書所説策亡之時翻猶爲功曹與本傳不同

後翻州舉茂才漢召爲侍御史曹公爲司空辟皆不就吳書曰翻聞曹公辟曰盜跖欲以餘財汚良家邪遂拒不受翻與少府孔融書并示以所著易注融荅書曰聞延陵之理樂覩吾子之治易乃知東南之美者非徒會稽之竹箭也又觀象雲物察應寒溫原其禍福與神合契可謂探賾窮通者也會稽東部都尉張紘又與融書曰虞仲翔前頗爲論者所侵美寶爲質彫摩益光不足以損孫權以爲騎都尉翻數犯顏諫爭權不能悅又性不協俗多見謗毀坐徙丹陽涇縣呂蒙圖取關羽稱疾還建業以翻兼知醫術請以自隨亦欲因此令翻得釋也後蒙舉軍西上南郡太守麋芳開城出降蒙未據郡城而作樂沙上翻謂蒙曰今區區一心者麋將軍也城中之人豈可盡信何不急入城持其管籥乎蒙即從之時城中有伏計賴翻謀不行關羽既敗權使翻筮之得兌下坎上節五爻變之臨翻曰不出二日必當斷頭果如翻言權曰卿不及伏羲可與東方朔爲比矣魏將于禁

爲羽所獲繫在城中權至釋之請與相見他日權乘馬出引禁併行翻呵禁曰爾降虜何敢與吾君齊馬首乎欲抗鞭擊禁權呵止之後權于樓船會羣臣飲禁聞樂流涕翻又曰汝欲以僞求免邪權悵然不平吳書曰後權與魏和欲遣禁還歸北翻復諫曰禁敗數万衆身爲降虜又不能死北習軍政得禁必不如所規還之雖无所損猶爲放盜不如斬以令三軍示爲人臣有二心者權不聽羣臣送禁翻謂禁曰卿勿謂吳无人吾謀適不用耳禁雖爲翻所惡然猶盛歎翻魏文帝常爲翻設虛坐權既爲吳王歡宴之末自起行酒翻伏地陽醉不持權去翻起坐權於是大怒手劍欲擊之侍坐者莫不惶遽惟大司農劉基起抱權諫曰大王以三爵之後手殺善士雖翻有罪天下孰知之且大王以能容賢畜衆故海內望風今一朝棄之可乎權曰曹孟德尚殺孔文舉孤於虞翻何有哉基曰孟德輕害士人天下非之大王躬行德義欲與堯舜比隆何得自喻於彼乎翻由是得免權因勅左右自今酒後言殺皆不得殺翻嘗乘船行與麋芳相逢芳船上人多欲令翻自避先驅曰避將軍船翻厲聲曰失忠與信何以事君傾人二城而稱將軍可乎芳闔戶不應而遽避之後翻乘車行又經芳營門吏閉門車不得過

翻復怒曰：「又當閉反開，當開反閉，豈得事宜邪？」芳聞之有慙色。翻性疏直，數有酒失。權與張昭論及神仙，翻指昭曰：「彼皆死人，而語神仙，世豈有仙人也！」權積怒非一，遂徙翻交州。雖處罪放，而講學不倦，門徒常數百人。翻別傳曰：權即尊號，翻因上書曰：「陛下膺明聖之德，體舜禹之孝，歷運當期，順天濟物。奉承策命，臣獨抃舞。罪棄兩絕，拜賀無階，仰瞻宸極，且喜且悲。臣伏自刻省，命輕雀鼠，性輶毫釐，罪惡莫大，不容於誅，昊天罔極，全宥九載，退當念戮，頻受生活，復偷視息。臣年耳順，思咎憂憤，形容枯悴，髮白齒落，雖未能死，自悼終沒，不見宮闕百官之富，不覩皇輿金軒之飾，仰觀巍巍眾民之謠，傍聽鍾鼓侃然之樂，永隕海隅，棄骸絕域，不勝悲慕，逸豫大慶，悅以忘罪。」又為老子、論語、國語訓注，皆傳於世。翻別傳曰：翻初立易注，奏上曰：「臣聞六經之始，莫大陰陽，是以伏羲仰天縣象，而建八卦，觀變動六爻為六十

四，以通神明，以類萬物。臣高祖父故零陵太守光，少治孟氏易，曾祖父故平輿令成，纘述其業，至臣祖父鳳為之最密。臣先考故日南太守歆，受本於鳳，最有舊書，世傳其業，至臣五世。前人通講，多玩章句，雖有祕說，於經疏闊。臣生遇世亂，長於軍旅，習經於枹鼓之間，講論於戎馬之上，蒙先師之說，依經立注。又臣郡吏陳桃夢臣與道士相遇，放髮被鹿裘，布易六爻，撓其三以飲臣，臣乞盡吞之。道士言易道在天，三爻足矣。豈臣受命，應當知經！所覽諸家解不離流俗，義有不當實，輒悉改定，以就其正。孔子曰：『乾元用九而天下治。』聖人南面，蓋取諸離，斯誠天子所宜協陰陽致麟鳳之道矣。謹正書副上，惟不罪戾。」翻又奏曰：「經之大者，莫過於易。自漢初以來，海內英才，其讀易者，解之率少。至孝靈之際，潁川荀諝號為知易，臣得其注，有愈俗儒，至所說西南得朋，東北喪朋，顛倒反逆，了不可知。孔子歎易曰：『知變化之道者，其知神之所為乎！』以美大衍四象之作，而上為章首，尤可怪笑。又南郡太守馬融，名有俊才，其所解釋，復不及諝。孔子曰『可與共學，未可與適道』，豈不其然！若乃北海鄭玄，南陽宋忠，雖各立注，忠小差玄而皆未得其門，難以示世。」又奏鄭玄解尚書違失事目：「臣聞周公制禮以辯上下，孔子曰『有君臣，然後有上下；有上下，然後禮義有所錯』，是故尊君卑臣，禮之大司也。伏見故徵士

北海鄭玄所注尚書，以顧命康王執瑁，古「月」似「同」，從誤作「同」，既不覺定，復訓為杯，謂之酒杯；成王疾困憑几，洮頮為濯，以為澣衣成事，「洮」字虛更作「濯」，以從其非；又古大篆「卯」字讀當為「柳」，古「柳」「卯」同字，而以為「昧」；分「北」三苗，「北」古「別」字，又訓北，言北猶別也。若此之類，誠可怪也。玉人職曰天子執瑁以朝諸侯，謂之酒杯；天子頮面，謂之澣衣；古篆卯字，反以為昧。甚違不知蓋闕之義。於此數事，誤莫大焉，宜命學官定此三事。又馬融訓注亦以為同者大同天下，今經益「金」就作「銅」字，詁訓言天子副璽，雖皆不得，猶愈於玄。然此不定，臣沒之後，而奮乎百世，雖世有知者，懷謙莫或奏正。又玄所注五經，違義尤甚者百六十七事，不可不正。行乎學校，傳乎將來，臣竊恥之。」翻放棄南方，云「自恨疏節，骨體不媚，犯上獲罪，當長沒海隅，生無可與語，死以青蠅為弔客，使天下一人知己者，足以不恨。」以典籍自慰，依易設象，以占吉凶。又以宋氏解玄頗有繆錯，更為立法，并著明楊、釋宋，以理其滯。臣松之案：翻云「古大篆卯字讀當言柳，古柳卯同字」，竊謂翻言為然。故劉、留、聊、柳同用此字，以從聲故也，與日辰卯字字同音異。然漢書王莽傳論卯金刀，故以為日辰之卯，今未能詳正。然世多亂之，故翻所說云。荀諝，爽之別名。初，山陰丁覽，太末徐陵，或在縣吏

之中，或眾所未識，翻一見之，便與友善，終成顯名。會稽典錄曰：覽字孝連，八歲而孤，家又單微，清身立行，用意不苟，推財從弟，以義讓稱。仕郡至功曹，守始平長。為人精微絜淨，門無雜賓。孫權深貴待之，未及擢用，會病卒，甚見痛惜，殊其門戶。覽子固，字子賤，本名密，避滕密，改作固。固在襁褓中，闞澤見而異之，曰「此兒後必致公輔」。固少喪父，獨與母居，家貧守約，色養致敬，族弟孤弱，與同寒溫。翻與固同僚書曰：「丁子賤塞淵好德，堂構克舉，野無遺薪，斯之為懿，其美優矣。令德之後，惟此君嘉耳。」歷顯位，孫休時，固為左御史大夫。孫晧即位，遷司徒。晧悖虐，固與陸凱、孟宗同心憂國，年七十六卒。子彌，字欽遠，仕晉至梁州刺史。彌子潭，光祿大夫。徐陵字元大，歷三縣長，所在著稱，遷零陵太守。時朝廷俟以列卿之位，故翻書曰：「元大受上卿之遇，叔向在晉，未若於今。」其見重如此。陵卒，僮客土田或見侵奪，駱統為陵家訟之，求與丁覽、卜清等為比，權許焉。陵子平，字伯先，童齔知名，翻甚愛之，屢稱歎焉。諸葛恪為丹楊太守，討山越，以平威重思慮，可與效力，請平為丞，稍遷武昌左部督，傾心接物，士卒皆為盡力。初，平為恪從事，意甚薄，及恪輔政，待平益疏。恪被害，子建亡走，為平部曲所得，平使遣去，別為佗軍所獲。平兩婦歸宗，敬

奉情過乎厚其行義勤篤皆此類也**在南十餘年年七十卒**吳書曰翻雖在徙棄心不忘國常憂五谿宜討以遼東海絕聽人使來屬尚不足取今去人財以求馬既非國利又恐無獲欲諫不敢作表以示呂岱岱不報爲愛憎所白復徙蒼梧猛陵江表傳曰後權遣將士至遼東於海中遭風多所沒失權悔之乃令曰昔趙簡子稱諸君之唯唯不如周舍之諤諤虞翻亮直善於盡言國之周舍也前使翻在此此役不成促下問交州翻若尚存者給其人船發遣還都若以亡者送喪還本郡使兒子仕宦會翻已終**歸葬舊墓妻子得還**會稽典錄曰孫亮時有山陰朱育少好奇字凡所特達依體象類造作異字千名以上仕郡門下書佐太守濮陽興正旦宴見掾吏言次問太守昔聞朱潁川問士於鄭召公韓吳郡問士於劉聖博王景興問士於虞仲翔嘗見鄭劉二答而未覩仲翔對也欽聞國賢思覩盛美有日矣書佐寧識之乎育對曰往過習之昔初平末年王府君以淵妙之才超遷臨郡思賢嘉善樂采名俊問功曹虞翻曰聞玉出崑山珠生南海遠方異域各生珍寶且曾聞士人歎美貴邦舊多英俊徒以遠於京畿含香未越耳功曹雅好博古寧識其人邪翻對曰夫會稽上應牽牛之宿下當少陽之位東漸巨海西通五湖南暢無垠北渚浙江南山攸居實爲州鎮昔禹會羣臣因以命之山有金木鳥獸之殷水有魚鹽珠蚌之饒海嶽精液善生俊異是以忠臣係踵孝子連閭下及賢女靡不育焉王府君笑曰地勢然矣士女之名可悉聞乎翻對曰不敢及遠略言其近者耳往者孝子句章董黯盡心色養喪致其哀單身林野鳥獸歸懷怨親之辱白日報讎海內聞名昭然光著太中大夫山陰陳囂漁則化盜居則讓鄰感侵退藩遂成義里攝養車嫗行足厲俗自揚子雲等上書薦之粲然傳世太尉山陰鄭公清亮質直不畏彊禦魯相山陰鍾離意稟殊特之姿孝家忠朝宰縣相國所在遺惠故取養有君子之謩魯國有丹書之信及陳宮費齊皆上契天心功德治狀記在漢籍有道山陰趙曄徵士上虞王充各洪才淵懿學究道源著書垂藻駱驛百篇釋經傳之宿疑解當世之槃結或上窮陰陽之奧祕下據人情之歸極交阯刺史上虞綦毋俊拔濟一郡讓爵土之封決曹掾上虞孟英三世死義主簿句章梁宏功曹史餘姚駟勳主簿句章鄭雲皆敦終始之義引罪免官門下督盜賊餘姚伍隆鄮莫候反主簿任光章安小吏黃他身當白刃濟君於難揚州從事句章王脩委身授命垂聲來世河內太守上虞魏少英遭世屯蹇忘家憂國列在八俊爲世英彥尚書烏傷楊喬桓帝妻以公主辭疾不納近故太

尉上虞朱公天姿聰亮欽明神武策無失謀征無遺慮是以天下義兵思以爲首上虞女子曹娥父溺江流投水而死立石碑紀炳然著顯王府君曰是既然矣潁川有巢許之逸軌吳有太伯之三讓貴郡雖士人紛紜於此足矣翻對曰故先言其近者耳若乃引上世之事及抗節之士亦有其人昔越王翳讓位逃於巫山之穴越人薰而出之斯非太伯之儔邪且太伯外來之君非其地人也若以外來言之則大禹亦不於此而葬之矣鄞大里黃公絜己暴秦之世高祖即阼不能一致惠帝恭讓出則濟難徵士餘姚嚴遵王莽數聘抗節不行光武中興然後俯就矯手不拜志陵雲日皆著於傳籍較然彰明豈如巢許流俗遺譚不見經傳者哉王府君笑曰善哉話言也賢矣非君不著太守未之前聞也濮陽府君曰御史所云既聞其人亞斯已下書佐寧識之乎育曰瞻仰景行敢不識之近者太守上虞陳業絜身清行志懷霜雪貞亮之信同操柳下遭漢中微委官棄祿遁迹黟歙以求其志高邈妙蹤天下所聞故桓文遺之尺牘之書比竟三高其聰明大略忠直謇諤則侍御史餘姚虞翻偏將軍烏傷駱統其淵懿純德則太子少傅山陰闞澤學通行茂作帝師儒其雄姿武毅立功當世則後將軍賀齊勳成績著其探極秘術言合神明則太史令上虞吳範其文章之士立言粲盛則御史中丞句章任奕鄱陽太守章安虞翔各馳文檄曄若春榮處士鄮盧敘弟犯公憲自殺乞代吳寧斯敦山陰祁庚上虞樊正咸代父死罪其女則松陽柳朱永寧翟素或一醮守節喪身不顧或遭寇劫賊死不虧行皆近世之事尚在耳目府君曰皆海內之英也吾聞秦始皇二十五年以吳越地爲會稽郡治吳漢封諸侯王以何年復爲郡而分治於此育對曰劉賈爲荊王賈爲英布所殺又以劉濞爲吳王景帝四年濞反誅乃復爲郡治於吳元鼎五年除東越因以其地爲治并屬於此而立東部都尉後徙章安陽朔元年又徙治鄞或有寇害復徙句章到永建四年劉府君上書浙江之北以爲吳郡會稽還治山陰自永建四年歲在己巳以至今年積百二十九歲府君稱善是歲吳之太平三年歲在丁丑育後仕朝常在臺閣爲東觀令遙拜清河太守加位侍中推刺占射文藝多通**翻有十一子第四子汜最知名永安初從選曹郎爲散騎中常侍後爲監軍使者討扶嚴病卒**會稽典錄曰汜字世洪生南海年十六父卒還鄉里孫綝廢幼主迎立琅邪王休休未至綝欲入宮圖爲不軌召百官會議皆惶怖失色徒唯唯而已汜對曰明公爲國伊周處將相之

伍權廢立之威將上安宗廟下惠百姓大小踴躍自以伊霍復見今迎王未至而欲入宮如是羣下搖蕩衆聽疑惑非所以永終忠孝揚名後世也綝不懌竟立休休初即位汜與賀邵王蕃薛瑩俱為散騎中常侍以討扶嚴功拜交州刺史冠軍將軍餘杭侯尋卒汜弟忠宜都太守會稽典錄曰忠字世方翻第五子貞固幹事好識人物造吳郡陸機於童齔之年稱上虞魏遷於無名之初終皆遠致為著聞之士交同縣王岐於孤宦之族仕進先至宜都太守忠乃代之晉征吳忠與夷道監陸晏晏弟中夏督景堅守不下城潰被害忠子潭字思與晉陽秋稱潭清貞有檢操外如退弱內堅正有膽幹仕晉歷位內外終於衛將軍追贈侍中左光祿大夫開府儀同三司聳越騎校尉累遷廷尉湘東河間太守會稽典錄曰聳字世龍翻第六子也清虛無欲進退以禮在吳歷清官入晉除河間相王素聞聳名厚敬禮之聳抽引人物務在幽隱孤陋之中時王岐難聳以高士所達必合秀異聳書與族子察曰世之取士曾不招未齒於丘園索良才於總猥所奮依已成所毀依已敗此吾所以歎息也聳疾俗喪祭無度弟昺卒祭以少牢酒飯而已當時族黨並遵行之昺廷尉尚書濟陰太守會稽典錄曰昺字世文翻第八子也少有倜儻之志仕吳黃門郎以捷對見異超拜尚書侍中晉軍來伐遣昺持節都督武昌已上諸軍事昺先上還節蓋印綬然後歸順在濟陰抑強扶弱甚著威風

陸績傳

陸績字公紀吳郡吳人也父康漢末為廬江太守謝承後漢書曰康字季寧少惇孝悌勤脩操行太守李肅察孝廉肅後坐事伏法康斂尸送喪還潁川行服禮終舉茂才歷三郡太守所在稱治後拜廬江太守績年六歲於九江見袁術術出橘績懷三枚去拜辭墮地術謂曰陸郎作賓客而懷橘乎績跪荅曰欲歸遺母術大奇之孫策在吳張昭張紘秦松為上賓共論四海未泰須當用武治而平之績年少末坐遙大聲言曰昔管夷吾相齊桓公九合諸侯一匡天下不用兵車孔子曰遠人不服則脩文德以來之今論者不務道德懷取之術而惟尚武績雖童蒙竊所未安也昭等異焉績容貌雄壯博學多識星歷筭數無不該覽虞翻舊齒名盛龐統荊州令士年亦差長皆與績友善孫權統事辟為奏曹掾以直道見憚出為鬱林太守加偏將軍給兵二千人績既有躄疾又意在儒雅非其志也雖有軍事著述不廢作渾天圖注易釋玄皆傳於世豫自知亡日乃為辭曰有漢志士吳郡陸績幼敦詩書長玩禮易受命南征遘疾遇厄遭命不幸嗚呼悲隔又曰從今已去六十年之外車同軌書同文恨不及見也年三十二卒長子宏會稽南部都尉次子叡長水校尉績於鬱林所生女名曰鬱生適張溫弟白姚信集有表稱之曰臣聞唐虞之政舉善而教旌德擢異三王所先是以忠臣烈士顯名國朝淑婦貞女表迹家閭蓋所以闡崇化業廣殖清風使苟有令性幽明俱著苟懷懿姿士女同榮故王蠋建寒松之節而齊王表其里義姑立殊絕之操而魯侯高其門臣竊見故鬱林太守陸績女子鬱生少履貞特之行幼立匪石之節年始十三適同郡張白侍廟三月婦禮未卒白遭罹家禍遷死異郡鬱生抗聲昭節義形於色冠蓋交橫誓而不許奉白姊妹嶮巇之中蹈履水火志懷霜雪義心固於金石體信貫於神明送終以禮邦士慕則臣聞昭德以行顯行以爵彰苟非名爵則勸善不嚴故士之有誄魯人志其勇杞婦見書齊人哀其哭乞蒙聖朝斟酌前訓上開天聰下垂坤厚褒鬱生以義姑之號以厲兩髦之節則

皇風穆暢士女改觀

張溫傳

張溫字惠恕吳郡吳人也父允以輕財重士名顯州郡為孫權東曹掾卒溫少脩節操容貌奇偉權聞之以問公卿曰溫當今與誰為比大司農劉基曰可與全琮為輩太常顧雍曰基未詳其為人也溫當今無輩權曰如是張允不死也徵到延見文辭占對觀者傾竦權改容加禮罷出張昭執其手曰老夫託意君宜明之拜議郎選曹尚書徙太子太傅甚見信重時年三十二

以輔義中郎將使蜀權謂溫曰卿不宜遠出恐諸葛孔明不知吾所以與曹氏通意以故屈卿行若山越都除便欲大搆於蜀行人之義受命不受辭也溫對曰臣入無腹心之規出無專對之用懼無張老延譽之功又無子產陳事之效然諸葛亮達見計數必知神慮屈伸之宜加受朝廷天覆之惠推亮之心必無疑貳溫至蜀詣闕拜章曰昔高宗以諒闇昌殷祚於再興成王以幼沖隆周德於太平功冒溥天聲貫罔極今陛下以聰明之姿等契往古揔百揆於良佐參

列精之炳燿遐邇望風莫不欣賴吳國勤任旅力清澄江滸願與有道平一宇內委心協規有如河水軍事興煩使役乏少是以忍鄙倍之羞使下臣溫通致情好陛下敦崇禮義未便耻忽臣自入遠境及即近郊頻蒙勞來恩詔輒加以榮自懼悚怛若驚謹奉所齎函書一封蜀甚貴其才還頃之使入豫章部伍出兵事業未究權既陰銜溫稱美蜀政又嫌其聲名大盛眾庶炫惑恐終不為己用思有以中傷之會暨豔事起遂因此發舉豔字子休亦吳郡人也溫引致之

以為選曹郎至尚書豔性狷厲好為清議見時郎署混濁淆雜多非其人欲臧否區別賢愚異貫彈射百僚覈選三署率皆貶高就下降損數等其守故者十未能一其居位貪鄙志節汙卑者皆以為軍吏置營府以處之而怨憤之聲積浸潤之譖行矣競言豔及選曹郎徐彪專用私情憎愛不由公理（吳錄曰彪字仲虞廣陵人也）豔彪皆坐自殺溫宿與豔彪同意數交書疏聞問往還即罪權幽之有司下令曰昔令召張溫虛己待之既至顯授有過舊臣何圖凶醜專挾異心昔暨豔父兄

附于惡逆寡人無忌故進而任之欲觀豔何如
察其中間形態果見而溫與之結連死生豔所
進退皆溫所為頭角更相表裏共為腹背非溫
之黨即就疵瑕為之生論又前任溫董督三郡
指撝吏客及殘餘兵時恐有事欲令速歸故授
棨戟奬以威柄乃便到豫章表討宿惡寡人信
受其言特以繞帳帳下解煩兵五千人付之後
聞曹丕自出淮泗故豫勑溫有急便出而溫悉
內諸將布於深山被命不至賴丕自退不然已
往豈可深計又殷禮者本占候召而溫先後乞

將到蜀扇揚異國為之譚論又禮之還當親本
職而令守尚書戶曹郎如此署置在溫而已又
溫語賈原當薦卿作御史語蔣康當用卿代賈
原專銜賈國恩為已形勢揆其姦心無所不為
不忍暴於市朝今斥還本郡以給廝吏嗚呼溫
也免罪為幸將軍駱統表理溫曰伏惟殿下天
生明德神啓聖心招髦秀於四方置俊乂於宮
朝多士既受普篤之恩張溫又蒙最隆之施而
溫自招罪譴孤負榮遇念其如此誠可悲疚然
臣周旋之間為國觀聽深知其狀故密陳其理

溫實心無他情事無逆迹但年紀尚少鎮重尚
淺而戴赫烈之寵體卓偉之才亢臧否之譚効
褒貶之議於是務勢者妬其寵爭名者嫉其才
玄默者非其譚瑕釁者諱其議此臣下所當詳
辨明朝所當究察也昔賈誼至忠之臣也漢文
大明之君也然而絳灌一言賈誼遠退何者疾
之者深譖之者巧也然而誤聞於天下失彰於
後世故孔子曰為君難為臣不易也溫雖智非
從橫武非虓虎然其弘雅之素英秀之德文章
之采論議之辯卓躒冠羣煒曄曜世世人未有

及之者也故論溫才即可惜言罪則可恕若忍
威烈以赦盛德宥賢才以彰大業固明朝之休
光四方之麗觀也國家之於暨豔不內之忌族
猶等之平民是故先見用於朱治次見舉於衆
人中見任於明朝亦見交於溫也君臣之義義
之最重朋友之交交之最輕者也國家不嫌於
豔為最重之義是以溫亦不嫌與豔為最輕之
交也時世寵之於上溫竊親之於下也夫宿惡
之民放逸山險則為勁寇將置平土則為健兵
故溫念在欲取宿惡以除勁寇之害而增健兵

之銳也但自錯落功不副言然計其送兵以比許晏數之多少溫不減之用之彊羸溫不下之至於遲速溫不後之故得及秋冬之月赴有警之期不敢忘恩而遺力也溫之到蜀共譽殷禮雖臣無境外之交亦有可原也境外之交謂無君命而私相從非國事而陰相聞者也若以命行既脩君好因敘己情亦使臣之道也故孔子使鄰國則有私覿之禮季子聘諸夏亦有燕譚之義也古人有言欲知其君觀其所使見其下之明明知其上之赫赫溫若譽禮能使彼歎之誠所以昭我臣之多良明使之得其人顯國美於異境揚君命於他邦是以晉趙文子之盟于宋也稱隨會於屈建楚王孫圉之使于晉也譽左史於趙鞅亦向他國之輔而歎本邦之臣經傳美之以光國而不譏之以外交也王靖內不憂時外不趨事溫彈之不私推之不假於是與靖遂為大怨此其盡節之明驗也靖兵衆之勢幹任之用皆勝於賈原蔣康溫尚不容私以安於靖豈敢賣恩以協原康邪又原在職不勤當事不堪溫數對以醜色彈以急聲若其誠欲賣

恩作亂則亦不必貪原也凡此數者校之於事既不合參之於衆亦不驗臣竊念人君雖有聖哲之姿非常之智然以一人之身御兆民之衆從層宮之內瞰四國之外照羣下之情求萬機之理猶未易周也固當聽察羣下之言以廣聰明之烈今者人非溫既殷勤臣是溫又契闊辭則俱巧意則俱至各自言欲為國誰其言欲為私倉卒之間猶難即別然以殿下之聰叡察講論之曲直若潛神留思纖粗研核情何嫌而不宣事何昧而不昭哉溫非親臣臣非愛溫者也昔之君子皆抑私忿以增君明彼獨行之於前臣恥廢之於後故遂發宿懷於今日納愚言於聖聽實盡心於明朝非有念於溫身也權終不納後六年溫病卒二弟祗白亦有才名與溫俱廢會稽典錄曰餘姚虞俊歎曰張惠恕才多智少華而不實怨之所聚有覆家之禍吾見其兆矣諸葛亮聞俊憂溫意未之信及溫放黜亮乃歎俊之有先見亮初聞溫敗未知其故思之數日曰吾已得之矣其人於清濁太明善惡太分臣松之以為莊周云名者公器也不可以多取張溫之廢豈其取名之多乎多之為弊古賢既知之矣是以遠見之士退藏於密不使名浮於德不以華傷其實既不能被褐韞寶杜廉逃譽使才映一世聲蓋人上沖用之道庶可暫晳溫則反之能無敗乎權既疾溫名盛而駱統方驟言其羙至云卓躒冠羣煒曄曜世世人未有及之者也斷何異燎之方盛又撝膏以熾之哉文士傳曰溫姊妹三人皆有節行為溫事已嫁者皆見錄奪其中妹先適顧承官以許嫁丁氏成婚有日遂飲

藥而死吴朝嘉歎鄉人圖畫爲之贊頌云

駱統傳

駱統字公緒會稽烏傷人也父俊官至陳相爲袁術所害謝承後漢書曰俊字孝遠有文武才幹少爲郡吏察孝廉補尚書郎擢拜陳相值袁術僭號兄弟忿爭天下鼎沸羣賊並起陳與比界姦慝四布俊厲威武保疆境賊不敢犯養濟百姓災害不生歲獲豐稔後術軍衆饑困就俊求糧俊疾惡術初不應荅術怒密使人殺俊統母改適爲華歆小妻統時八歲遂與親客歸會稽其母送之拜辭上車面而不顧其母泣涕於後御者曰夫人猶在也統曰不欲增母思故不顧耳事適母甚謹時饑荒鄉里及遠方客多有困乏統爲之飲食衰少其姊仁愛有行寡歸無子見統甚哀之數問其故統曰士大夫糟糠不足我何心獨飽姊曰誠如是何不告我而自苦若此乃自以私粟與統又以告母母亦賢之遂使分施由是顯名孫權以將軍領會稽太守統年二十試爲烏程相民戶過萬咸歎其惠理權嘉之召爲功曹行騎都尉妻以從兄輔女統志在補察苟所聞見夕不待旦常勸權以尊賢接士勤求損益饗賜之日可人人別進問其燥濕加以密意誘諭使言察其志趣令皆感恩戴義懷欲報之心權納用焉出爲

建忠中郎將領武射吏三千人及淩統死復領其兵是時徵役繁數重以疫癘民戶損耗統上疏曰臣聞君國者以據疆土爲彊富制威福爲尊貴曜德義爲榮顯永世胤爲豐祚然財須民生彊賴民力威恃民勢福由民殖德俟民茂義以民行六者既備然後應天受祚保族宜邦書曰衆非后無能胥以寧后非衆無以辟四方推是言之則民以君安君以民濟不易之道也今彊敵未殄海內未乂三軍有無已之役江境有不釋之備徵賦調數由來積紀加以殃疫死喪之災郡縣荒虛田疇蕪曠聽聞屬城民戶浸寡又多殘老少有丁夫聞此之日心若焚燎思尋所由小民無知既有安土重遷之性且又前後出爲兵者生則困苦無有溫飽死則委棄骸骨不反是以尤用戀本畏遠同之於死每有徵發羸謹居家重累者先見輸送小有財貨傾居行賂不顧窮盡輕剽者則迸入險阻黨就羣惡百姓虛竭嗷然愁擾愁擾則不營業不營業則致窮困致窮困則不樂生故口腹急則姦心動而攜叛多也又聞民間非居處小能自供生產兒子

務不起養屯田貧兵亦多棄子天則生之而父母殺之既懼干逆和氣感動陰陽且惟殿下開基建國乃無窮之業也彊鄰大敵非造次所滅彊埸常守非期月之戍而兵民減耗後生不育非所以歷遠年致成功也夫國之有民猶水之有舟停則以安擾則以危愚而不可欺弱而不可勝是以聖王重焉禍福由之故與民消息觀時制政方今長吏親民之職惟以辦具爲能取過目前之急少復以恩惠爲治副稱殿下天覆之仁勤恤之德者官民政俗日以彫弊漸以陵

遲勢不可久夫治疾及其未篤除患貴其未深願殿下少以萬機餘閑留神思省補復荒虛深圖遠計育殘餘之民阜人財之用參曜三光等崇天地臣統之大願足以死而不朽矣權感統言深加意焉以隨陸遜破蜀軍於宜都遷偏將軍黃武初曹仁攻濡須使別將常雕等襲中洲統與嚴圭共拒破之封新陽亭侯後爲濡須督數陳便宜前後書數十上所言皆善文多故不悉載尤以占募在民間長惡敗俗生離叛之心急宜絕置權與相反覆終遂行之年三十六黃武七年卒

陸瑁傳

陸瑁字子璋丞相遜弟也少好學篤義陳國陳融陳留濮陽逸沛郡蔣纂廣陵袁迪等皆單貧有志就瑁游處（迪孫曄字思光作獻帝春秋云迪與張紘等俱過江迪父綏爲太傅掾張超之討董卓以綏領廣陵事）瑁割少分甘與同豐約及同郡徐原爰居會稽素不相識臨死遺書託以孤弱瑁爲起立墳墓收導其子又瑁從父績早亡二男一女皆數歲以還瑁迎攝養至長乃別州郡辟舉皆不就時尚書暨艷盛明臧否差斷三署頗揚人

闇昧之失以顯其謫瑁與書曰夫聖人嘉善矜愚忘過記功以成美化加今王業始建將一大統此乃漢高棄瑕錄用之時也若令善惡異流貴汝潁月旦之評誠可以厲俗明教然恐未易行也宜遠模仲尼之汎愛中則郭泰之弘濟近有益於大道也艷不能行卒以致敗嘉禾元年公車徵瑁拜議郎選曹尚書孫權忿公孫淵之巧詐反覆欲親征之瑁上疏諫曰臣聞聖王之御遠夷羈縻而已不常保有故古者制地謂之荒服言恍惚無常不可保也今淵東夷小醜屛

在海隅雖託人面與禽獸無異國家所爲不愛貨寶遠以加之者非嘉其德義也誠欲誘納愚弄以規其馬耳淵之驕黠恃遠負命此乃荒貊常態豈足深怪昔漢諸帝亦嘗鋭意以事外夷馳使散貨充滿西域雖時有恭從然其使人見害財貨并不可勝數今陛下不忍悁悁之忿欲越巨海身踐其土羣臣愚議竊謂不安何者北寇與國壤地連接苟有間隙應機而至夫所以越海求馬曲意於淵者爲赴目前之急除腹心之疾也而更棄本追末捐古治遠忿以改規激

以動衆斯乃猾虜所願聞非大吳之至計也又兵家之術以功役相疲勞逸相待得失之間所覺輙多且沓渚去淵道里尚遠今到其岸兵勢三分使彊者進取次當守船又次運糧行人雖多難得悉用加以單步負糧經遠深入賊地多馬邀截無常若淵狙詐與北未絶動衆之日脣齒相濟若實孑然無所憑賴其畏怖遠迸或難卒滅使天誅稽於朔野山虜承間而起恐非萬安之長慮也權未許瑁重上疏曰夫兵革者固前代所以誅暴亂威四夷也然其役皆在姦雄

巳除天下無事從容廟堂之上以餘議議之耳至於中夏鼎沸九域槃牙之時率須深根固本愛力惜費務自將養以待鄰敵之闕未有正於此時舍近治遠以疲軍旅者也昔尉佗叛逆僭號稱帝于時天下乂安百姓殷阜帶甲之數糧食之積可謂多矣然漢文猶以遠征不易重興師旅告喻而已今凶桀未殄疆埸猶警雖蚩尤鬼方之亂故當以緩急差之未宜以淵爲先願陛下抑威任計暫寧六師潛神嘿規以爲後圖天下幸甚權再覽瑁書嘉其詞理端切遂不行

初瑁同郡聞人敏見待國邑優於宗脩惟瑁以爲不然後果如其言赤烏二年瑁卒子喜亦涉文籍好人倫孫晧時爲選曹尚書（吳錄曰喜字文仲瑁第二子也入晉爲散騎常侍瑁孫曄字士光至車騎將軍儀同三司曄弟玩字士瑤晉陽秋稱玩器量淹雅位至司空追贈太尉）

吾粲傳

吾粲字孔休吳郡烏程人也（吳錄曰粲生數歲孤城嫗見之謂其母曰是兒有卿相之骨）孫河爲縣長粲爲小吏河深奇之河後爲將軍得自選長吏表粲爲曲阿丞遷爲長史治有名迹雖起孤微與同郡陸遜卜靜等比肩齊聲矣孫權爲車騎將軍召粲爲主簿出爲山陰令

還爲參軍校尉黃武元年與呂範賀齊等俱以舟師拒魏將曹休於洞口值天大風諸船綆紲斷絕漂沒著岸爲魏軍所獲或覆沒沈溺其大船尚存者水中生人皆攀緣號呼他吏士恐船傾沒皆以戈矛撞擊不受粲與黃淵獨令船人以承取之左右以爲船重必敗粲曰船敗當俱死耳人窮奈何棄之粲淵所活者百餘人還遷會稽太守召處士謝譚爲功曹譚以疾不詣粲教曰夫應龍以屈伸爲神鳳皇以嘉鳴爲貴何必隱形於天外潛鱗於重淵者哉粲募合人衆

拜昭義中郎將與呂岱討平山越入爲屯騎校尉少府遷太子太傅遭二宮之變抗言執正明嫡庶之分欲使魯王霸出駐夏口遣楊竺不得令在都邑又數以消息語陸遜遜時駐武昌連表諫爭由此爲霸竺等所譖害下獄誅

朱據傳

朱據字子範吳郡吳人也有姿貌膂力又能論難黃武初徵拜五官郎中補侍御史是時選曹尚書暨豔疾貪汙在位欲沙汰之據以爲天下未定宜以功覆過棄瑕取用舉清厲濁足以沮

勸若一時貶黜懼有後咎豔不聽卒敗權咨嗟將率發憤歎息追思呂蒙張溫以爲據才兼文武可以繼之由是拜建義校尉領兵屯湖孰黃龍元年權遷都建業徵據尚公主拜左將軍封雲陽侯謙虛接士輕財好施祿賜雖豐而常不足用嘉禾中始鑄大錢一當五百後據部曲應受三萬緡工王遂詐而受之典校呂壹疑據實取考問主者死於杖下據哀其無辜厚棺斂之壹又表據吏爲據隱故厚其殯權數責問據據無以自明藉草待罪數月典軍吏劉助覺言王

遂所取權大感寤曰朱據見枉況吏民乎乃窮治壹罪賞助百萬赤烏九年遷驃騎將軍遭二宮構爭據擁護太子言則懇至義形於色守之以死（殷基通語載據爭曰臣聞太子國之本根雅性仁孝天下歸心今卒責之將有一朝之慮昔晉獻用驪姬而申生不存漢武信江充而戾太子冤死臣竊懼太子不堪其憂雖立思子之宮無所復及矣）遂左遷新都郡丞未到中書令孫弘譖潤據因權寢疾弘爲詔書追賜死時年五十七孫亮時二子熊損各復領兵爲全公主所譖皆死永安中追錄前功以熊子宣襲爵雲陽侯尚公主孫晧時宣至驃騎將軍

評曰虞翻古之狂直固難免乎末世然權不能容非曠宇也陸績之於楊玄是仲尼之左丘明老聃之嚴周矣以瑚璉之器而作守南越不亦賊夫人歟張溫才藻俊茂而智防未備用致艱患駱統抗明大義辭切理至值權方閉不開陸瑁篤義規諫君子有稱焉吾粲朱據遭罹屯蹇以正喪身悲夫

虞陸張駱陸吾朱傳第十二

吳書　國志五十七

陸遜傳

陸遜字伯言吳郡吳人也本名議世江東大族陸氏世頌曰遜祖紆字叔盤敏淑有思學守城門校尉父駿字季才淳懿信厚為邦族所懷官至九江都尉遜少孤隨從祖廬江太守康在官袁術與康有隙將攻康康遣遜及親戚還吳遜年長於康子績數歲為之綱紀門戶孫權為將軍遜年二十一始仕幕府歷東西曹令史出為海昌屯田都尉并領縣事陸氏祠堂像贊曰海昌今鹽官縣也縣連年亢旱遜開倉穀以振貧民勸督農桑百姓蒙賴時吳會稽丹楊多有伏匿遜陳便宜乞與募焉會稽山賊大帥潘臨舊為所在毒害歷年不禽遜以手下召兵討治深險所向皆服部曲已有二千餘人鄱陽賊帥尤突作亂復往討之拜定威校尉軍屯利浦權以兄策女配遜數訪世務遜建議曰方今英雄棊跱豺狼闚望克敵寧亂非眾不濟而山寇舊惡依阻深地夫腹心未平難以圖遠可大部伍取其精銳權納其策以為帳下右部督會丹楊賊帥費棧受曹公印綬扇動山越為作內應權遣遜討棧棧支黨多而往兵少遜乃益施牙幢分布鼓角夜潛山谷間鼓譟而前應時破散遂部伍東三郡彊者為兵羸者補戶得精卒數萬人宿惡蕩除所過肅清還屯蕪湖會稽太守淳于式表遜枉取民人愁擾所在遜後詣都言次稱式佳吏權曰式白君而君薦之何也遜對曰式意欲養民是以白遜若遜復毀式以亂聖聽不可長也權曰此誠長者之事顧人不能為耳呂蒙稱疾詣建業遜往見之謂曰關羽接境如何遠下後不當可憂也蒙曰誠如來言然我病篤遜曰羽矜其驍氣陵轢於人始有大功意驕志逸但務北進未嫌於我有相聞病必益無備今出其不意自可禽制下見至尊宜好為計蒙曰羽素勇猛既難為敵且已據荊州恩信大行兼始有功膽勢益盛未易圖也蒙至都權問誰可代卿者蒙對曰陸遜意思深長才堪負重觀其規慮終可大任而未有遠名非羽所忌無復是過若用之當令外自韜隱內察形便然後可克權乃召遜拜偏將軍右部督代蒙遜至陸口書與羽曰前承觀釁而動以律行師小舉大克一何巍巍敵國敗績利在同盟聞慶拊節

想遂席卷共獎王綱近以不敏受任來西延慕光塵思禀良規又曰于禁等見獲遐邇欣歎以爲將軍之勳足以長世雖昔晉文城濮之師淮陰拔趙之略蔑以尚茲聞徐晃等步騎駐旌闚望麾葆操猾虜也忿不思難恐潛增衆以逞其心雖云師老猶有驍悍且戰捷之後常苦輕敵古人杖術軍勝彌警願將軍廣爲方計以全獨克僕書生疏遲忝所不堪喜鄰威德樂自傾盡雖未合策猶可懷也儻明注仰有以察之羽覽遜書有謙下自託之意意大安無復所嫌遜具

啓形狀陳其可禽之要權乃潛軍而上使遜與呂蒙爲前部至即克公安南郡遜徑進領宜都太守拜撫邊將軍封華亭侯備宜都太守樊友委郡走諸城長吏及蠻夷君長皆降遜請金銀銅印以假授初附是歲建安二十四年十一月也遜遣將軍李異謝旌等將三千人攻蜀將詹晏陳鳳異將水軍旌將步兵斷絕險要即破晏等生降得鳳又攻房陵太守鄧輔南鄉太守郭睦大破之秭歸大姓文布鄧凱等合夷兵數千人首尾西方遜復部旌討破布凱布凱脫走蜀

以爲將遜令人誘之布帥衆還降前後斬獲招納凡數萬計權以遜爲右護軍鎮西將軍進封婁侯（吳書曰權嘉遜功德欲殊顯之雖爲上將軍列侯猶欲令歷本州舉命乃使揚州牧呂範就辟别駕從事舉茂才）時荊州士人新還仕進或未得所遜上疏曰昔漢高受命招延英異光武中興羣俊畢至苟可以熙隆道教者未必遠近今荊州始定人物未達臣愚慺慺乞普加覆載抽拔之恩令並獲自進然後四海延頸思歸大化權敬納其言黃武元年劉備率大衆來向西界權命遜爲大都督假節督朱然潘璋宋謙韓當徐盛鮮于丹

孫桓等五萬人拒之備從巫峽建平連平連圍至夷陵界立數十屯以金錦爵賞誘動諸夷使將軍馮習爲大督張南爲前部輔匡趙融廖淳傅彤等各爲别督先遣吳班將數千人於平地立營欲以挑戰諸將皆欲擊之遜曰此必有譎且觀之（吳書曰諸將並欲迎擊備遜以爲不可曰備舉軍東下銳氣始盛且乘高守險難可卒攻攻之縱下猶難盡克若有不利損我大勢非小故也今但且獎厲將士廣施方略以觀其變若此間是平原曠野當恐有顛沛交馳之憂今緣山行軍勢不得展自當罷於木石之間徐制其敝耳諸將不解以爲遜畏之各懷憤恨）備知其計不可乃引伏兵八千從谷中出遜曰所以不聽諸君擊班者揣之必有巧故也遜上疏曰夷

陵要害國之關限雖為易得亦復易失失之非
徒損一郡之地荊州可憂今日爭之當令必諧
備干天常不守窟穴而敢自送臣雖不材憑奉
威靈以順討逆破壞在近尋備前後行軍多敗
少成推此論之不足為戚臣初嫌之水陸俱進
今反舍船就步處處結營察其布置必無他變
伏願至尊高枕不以為念也諸將並曰攻備當
在初今乃令入五六百里相銜持經七八月其
諸要害皆以固守擊之必無利矣遜曰備是猾
虜更嘗事多其軍始集思慮精專未可干也今

住已久不得我便兵疲意沮計不復生犄角此
寇正在今日乃先攻一營不利諸將皆曰空殺
兵耳遜曰吾已曉破之之術乃敕各持一把茅
以火攻拔之一爾勢成通率諸軍同時俱攻斬
張南馮習及胡王沙摩柯等首破其四十餘營
備將杜路劉寧等窮逼請降備升馬鞍山陳兵
自繞遜督促諸軍四面蹙之土崩瓦解死者萬
數備因夜遁驛人自擔燒鐃鎧斷後僅得入白
帝城其舟船器械水步軍資一時略盡尸骸漂
流塞江而下備大慚恚曰吾乃為遜所折辱豈

非天邪初孫桓別討備前鋒於夷道為備所圍
求救於遜遜曰未可諸將曰孫安東公族見圍
已困奈何不救遜曰安東得士衆心城牢糧足
無可憂也待吾計展欲不救安東安東自解及
方略大施備果奔潰桓後見遜曰前實怨不見
救定至今日乃知調度自有方耳當禦備時諸
將軍或是孫策時舊將或公室貴戚各自矜恃
不相聽從遜案劍曰劉備天下知名曹操所憚
今在境界此彊對也諸君並荷國恩當相輯睦
共翦此虜上報所受而不相順非所謂也僕雖

書生受命主上國家所以屈諸君使相承望者
以僕有尺寸可稱能忍辱負重故也各在其事
豈復得辭軍令有常不可犯矣及至破備計多
出遜諸將乃服權聞之曰君何以初不啓諸將
違節度者邪遜對曰受恩深重任過其才又此
諸將或任腹心或堪爪牙或是功臣皆國家所
當與共克定大事者臣雖駑懦竊慕相如寇恂
相下之義以濟國事權大笑稱善加拜遜輔國
將軍領荊州牧即改封江陵侯又備既住白帝
徐盛潘璋宋謙等各競表言備必可禽乞復攻

之權以問遜遜與朱然駱統以爲曹丕大合士衆外託助國討備內實有姦心謹決計輙還無幾魏軍果出三方受敵也（吳錄曰劉備聞魏軍大出書與遜云賊今已在江陵吾將復東將軍謂其能然不遜荅曰但恐軍新破創痍未復始求通親且當自補未暇窮兵耳若不惟筭欲復以傾覆之餘遠送以來者無所逃命）備尋病亡子禪襲位諸葛亮秉政與權連和時事所宜權輙令遜語亮并刻權印以置遜所權每與禪亮書常過示遜輕重可否有所不安便令改定以印封行之七年權使鄱陽太守周魴譎魏大司馬曹休休果舉衆入皖乃召遜假黃鉞爲大都督逆休（陸機爲遜銘曰魏大司馬曹休侵我北鄙乃假公黃鉞統御六師及中軍禁衛而攝行王事主上執鞭百司屈膝　吳錄曰假遜黃鉞吳主親執鞭以見之）休既覺知恥見欺誘自恃兵馬精多遂交戰遜自爲中部令朱桓全琮爲左右翼三道俱進果衝休伏兵因驅走之追亡逐北徑至夾石斬獲萬餘牛馬騾驢車乘萬兩軍資器械略盡休還疽發背死諸軍振旅過武昌權令左右以御蓋覆遜入出殿門凡所賜遜皆御物上珍於時莫與爲比遣還西陵黃龍元年拜上大將軍右都護是歲權東巡建業留太子皇子及尚書九官徵遜輔太子并掌荊州及豫章三郡事董督軍國時

建昌侯慮於堂前作鬬鴨欄頗施小巧遜正色曰君侯宜勤覽經典以自新益用此何爲慮即時毀徹之射聲校尉松於公子中最親戲兵不整遜對之髡其職吏南陽謝景善劉廙先刑後禮之論遜呵景曰禮之長於刑久矣廙以細辯而詭先聖之教皆非也君今侍東宮宜遵仁義以彰德音若彼之談不須講也遜雖身在外乃心於國上疏陳時事曰臣以爲科法嚴峻下犯者多頃年以來將吏罹罪雖不慎可責然天下未一當圖進取小宜恩貸以安下情且世務日興良能爲先自不姦穢入身難忍之過乞復顯用展其力效此乃聖王忘過記功以成王業昔漢高舍陳平之愆用其奇略終建勳祚功垂千載夫峻法嚴刑非帝王之隆業有罰無恕非懷遠之弘規也權欲遣偏師取夷州及朱崖皆以諮遜遜上疏曰臣愚以爲四海未定當須民力以濟時務今兵興歷年見衆損減陛下憂勞聖慮忘寢與食將遠規夷州以定大事臣反覆思惟未見其利萬里襲取風波難測民易水土必致疾疫今驅見衆經涉不毛欲益更損欲利

又言又珠崖絕險民猶禽獸得其民不足濟事無其兵不足虧衆今江東見衆自足圖事但當畜力而後動耳昔桓王創基兵不一旅而開大業陛下承運拓定江表臣聞治亂討逆須兵爲威農桑衣食民之本業而干戈未戢民有饑寒臣愚以爲宜育養士民寬其租賦衆克在和義以勸勇則河渭可平九有一統矣權遂征夷州得不補失及公孫淵背盟權欲往征遜上疏曰淵憑恃險固拘留大使名馬不獻實可讎忿蠻夷猾夏未染王化鳥竄荒裔拒逆王師至令陛下爰赫斯怒欲勞萬乘汎輕越海不慮其危而涉不測方今天下雲擾羣雄虎爭英豪踊躍張聲大視陛下以神武之姿誕膺期運破操烏林敗備西陵禽羽荆州斯三虜者當世雄傑皆摧其鋒聖化所綏萬里草偃方蕩平華夏摠一大猷今不忍小忿而發雷霆之怒違垂堂之戒輕萬乘之重此臣之所惑也臣聞志行萬里者不中道而輟足圖四海者匪懷細以害大彊寇在境荒服未庭陛下乘桴遠征必致闚閬慼至而憂悔之無及若使大事時捷則淵不討自服

今乃遠惜遼東衆之與馬柰何獨欲捐江東萬安之本業而不惜乎乞息六師以威大虜早定中夏垂曜將來權用納焉嘉禾五年權北征使遜與諸葛瑾攻襄陽遜遣親人韓扁齎表奉報還遇敵於沔中鈔邏得扁瑾聞之甚懼書與遜云大駕已旋賊得韓扁具知吾闊狹且水乾宜當急去遜未荅方催人種葑豆與諸將弈碁射戲如常瑾曰伯言多智略其當有以自來見遜遜曰賊知大駕以旋無所復慼得專力於吾又已守要害之處兵將意動且當自定以安之施設變術然後出耳今便示退賊當謂吾怖仍來相蹙是必敗之勢也乃密與瑾立計令瑾督舟船遜悉上兵馬以向襄陽城敵素憚遜遽還赴城瑾便引船出遜徐整部伍張拓聲勢步趨船敵不敢干軍到白圍託言住獵潛遣將軍周峻張梁等擊江夏新市安陸石陽石陽市盛峻等奄至人皆捐物入城城門噎不得關敵乃自斫殺己民然後得闔斬首獲生凡千餘人臣松之以爲遜慮孫權已退魏得專力於己既能張拓形勢使敵不敢犯方舟順流無復怵惕矣何爲復潛遣諸將奄襲小縣致令市人駭奔自相傷害俘馘千人未足損魏徒使無辜之民橫罹荼酷与諸葛渭濱之師何其殊哉用兵之道既違失律之凶宜應其祚無

三世及孫而滅豈此之餘殃哉其所生得皆加營護不令兵士干擾侵侮將家屬來者使料視若亡其妻子者即給衣糧厚加慰勞發遣令還或有感慕相攜而歸者鄰境懷之臣松之以爲此無異殘林覆巢而全其遺鷇曲惠小仁何補大虐江夏功曹趙濯弋陽備將裴生及夷王梅頤等並帥支黨來附遜遜傾財帛周贍經恤又魏江夏太守逯式逯音錄兼領兵馬頗作邊害而與北舊將文聘子休宿不協遜聞其然即假作荅式書云得報懇惻知與休久結嫌隙勢不兩存欲來歸附輒以密呈來書表聞撰衆相迎宜潛速嚴更示定期以書置界上式兵得書以見式式惶懼遂自送妻子還洛由是吏士不復親附遂以免罷臣松之以爲邊將爲害蓋其常事使逯式得罪代者亦復如之自非狡焉思肆將成大患何足虧損唯德尚爲小詐哉以斯爲美又所不取六年中郎將周祗乞於鄱陽召募事下問遜遜以爲此郡民易動難安不可與召恐致賊寇而祗固陳取之郡民吳遽等果作賊殺祗攻沒諸縣豫章廬陵宿惡民並應遽爲寇遜自聞輒討即破遽等相率降遜料得精兵八千餘人三郡平時中書典校呂壹竊弄權柄擅作威福遜與太常潘濬同心憂之言至流涕後權

誅壹深以自責語在權傳時謝淵謝厷等各陳便宜欲興利改作會稽典錄曰謝淵字休德少脩德操躬秉耒耜既無慼容又不易慮由是知名舉孝廉稍遷至建武將軍雖在戎旅猶垂意人物駱統子名秀被門庭之謗衆論狐疑莫能證明淵聞之歎息曰公緒早夭同盟所哀聞其子志行明辯而被闇昧之謗望諸夫子烈然高斷而各懷遲疑非所望也秀卒見明無復瑕玷終爲顯士淵之力也吳歷稱厷謝厷才辯有計術以事下遜遜議曰國以民爲本彊由民力財由民出夫民殷國弱民瘠國彊者未之有也故爲國者得民則治失之則亂若不受利而令盡用立效亦爲難也是以詩歎宜民宜人受祿于天乞垂聖恩寧濟百姓數年之間國用小豐然後更圖赤烏七年代顧雍爲丞相詔曰朕以不德應期踐運王塗未一姦宄充路夙夜戰懼不遑鑒寐惟君天資聰叡明德顯融統任上將匡國弭難夫有超世之功者必膺光大之寵懷文武之才者必荷社稷之重昔伊尹隆湯呂尚翼周內外之任君實兼之今以君爲丞相使使持節守太常傅常授印綬君其茂昭明德脩乃懿績敬服王命綏靖四方於乎揔司三事以訓羣寮可不敬與君其勗之其州牧都護領武昌事如故先是二宮並闕中外職司多遣子弟給侍全琮報遜遜以爲子弟苟有

才不憂不用不宜私出以要榮利若其不佳終爲取禍且聞二宮勢敵必有彼此此古人之厚忌也琮子寄果阿附魯王輕爲交構遜書與琮曰卿不師日磾而宿留阿寄終爲足下門戶致禍矣琮既不納更以致隙及太子有不安之議遜上疏陳太子正統宜有盤石之固魯王藩臣當使寵秩有差彼此得所上下獲安謹叩頭流血以聞書三四上及求詣都欲口論適庶之分以匡得失既不聽許而遜外生顧譚顧承姚信並以親附太子枉見流徙太子太傅吾粲坐數

與遜交書下獄死權累遣中使責讓遜遜憤恚致卒時年六十三家無餘財初暨豔造營府之論遜諫戒之以爲必禍又謂諸葛恪曰在我前者吾必奉之同升在我下者則扶持之今觀君氣陵其上意蔑乎下非安德之基也又廣陵楊竺少獲聲名而遜謂之終敗勸竺兄穆令與別族其先覩如此長子延早夭次子抗襲爵孫休時追謚遜曰昭侯

抗字幼節孫策外孫也遜卒時年二十拜建武校尉領遜衆五千人送葬東還詣都謝恩孫權

以楊竺所白遜二十事問抗禁絕賓客中使臨詰抗無所顧問事事條荅權意漸解赤烏九年遷立節中郎將與諸葛恪換屯柴桑抗臨去皆更繕完城圍葺其墻屋居廬桑果不得妄敗恪入屯儼然若新而恪柴桑故屯頗有毀壞深以爲慙太元元年就都治病病差當還權涕泣與別謂曰吾前聽用讒言與汝父大義不篤以此負汝前後所問一焚滅之莫令人見也建興元年拜奮威將軍太平二年魏將諸葛誕舉壽春降拜抗爲柴桑督赴壽春破魏牙門將偏將軍

遷征北將軍永安二年拜鎮軍將軍都督西陵自關羽至白帝三年假節孫晧即位加鎮軍大將軍領益州牧建衡二年大司馬施績卒拜抗都督信陵西陵夷道樂鄉公安諸軍事治樂鄉抗聞都下政令多闕憂深慮遠乃上疏曰臣聞德均則衆者勝寡力侔則安者制危蓋六國所以兼并於彊秦西楚所以北面於漢高也今敵跨制九服非徒關右之地割據九州豈但鴻溝以西而已國家外無連國之援內非西楚之彊庶政陵遲黎民未乂而議者所恃徒以長川峻

山限帶封域此乃書傳之末事非智者之所先也臣每遠惟戰國存亡之符近覽劉氏傾覆之釁考之典籍驗之行事中夜撫枕臨餐忘食昔匈奴未滅去病辭館漢道未純賈生哀泣況臣王室之出世荷光寵身名否泰與國同慼死生契闊義無苟且夙夜憂怛念至情慘夫事君之義犯而勿欺人臣之節匪躬是殉謹陳時宜十七條如左十七條失本故不載時何定弄權閹官預政抗上疏曰臣聞開國承家小人勿用靖譖庸回唐書攸戒是以雅人所以怨刺仲尼所

以歎息也春秋已來爰及秦漢傾覆之釁未有不由斯者也小人不明理道所見既淺雖使竭情盡節猶不足任況其姦心素篤而憎愛移易哉苟患失之無所不至今委以聰明之任假以專制之威而冀雍熙之聲作肅清之化立不可得也方今見吏殊才雖少然或冠冕之胄少漸道教或清苦自立資能足用自可隨才授職抑黜羣小然後俗化可清庶政無穢也鳳皇元年西陵督步闡據城以叛遣使降晉抗聞之日部分諸軍令將軍左奕吾彥蔡貢等徑赴西陵敕

軍營更築嚴圍自赤谿至故市內以圍闡外以禦寇晝夜催切如敵以至眾甚苦之諸將咸諫曰今及三軍之銳亟以攻闡比晉救至闡必可拔何事於圍而以弊士民之力乎抗曰此城處勢既固糧穀又足且所繕脩備禦之具皆抗所宿規今反身攻之既非可卒克且北救必至至而無備表裏受難何以禦之諸將咸欲攻闡抗每不許宜都太守雷譚言至懇切抗欲服眾聽令一攻攻果無利圍備始合晉車騎將軍羊祜率師向江陵諸將咸以抗不宜上抗曰江陵城

固兵足無所憂患假令敵沒江陵必不能守所損者小如使西陵槃結則南山羣夷皆當擾動則所憂慮難可竟言也吾寧棄江陵而赴西陵況江陵牢固乎初江陵平衍道路通利抗敕江陵督張咸作大堰遏水漸漬平中以絕寇叛祜欲因所遏水浮船運糧揚聲將破堰以通步軍抗聞使咸亟破之諸將皆惑屢諫不聽祜至當陽聞堰敗乃改船以車運大費損功力晉巴東監軍徐胤率水軍詣建平荊州刺史楊肇至西陵抗令張咸固守其城公安督孫遵巡南岸禦

祜水軍督留慮鎮西將軍朱琬拒胤身率三軍憑圍對肇將軍朱喬營都督俞贊亡詣肇抗曰贊軍中舊吏知吾虛實者吾常慮夷兵素不簡練若敵攻圍必先此處即夜易夷民皆以舊將充之明日肇果攻故夷兵處抗命旋軍擊之矢石雨下肇衆傷死者相屬肇至經月計屈夜遁抗欲追之而慮闡畜力項領伺視間隙兵不足分於是但鳴鼓戒衆若將追者肇衆兇懼悉解甲挺走抗使輕兵躡之肇大破敗祜等皆引軍還抗遂陷西陵城誅夷闡族及其大將吏自此

以下所請赦者數萬口脩治城圍東還樂鄉貌無矜色謙沖如常故得將士歡心晉陽秋曰抗與羊祜推僑札之好抗嘗遺祜酒祜飲之不疑抗有疾祜饋之藥抗亦推心服之于時以爲華元子反復見於今　漢晉春秋曰羊祜既歸增脩德信以懷吳人陸抗每告其邊戍曰彼專爲德我專爲暴是不戰而自服也各保分界無求細益而已於是吳晉之間餘糧栖畝而不犯牛馬逸而入境可宣告而取也沔上獵吳獲晉人先傷者皆送而相還抗嘗疾求藥於祜祜以成合與之曰此上藥也近始自作未及服以君疾急故相致抗得而服之諸將或諫抗不答孫晧聞二境交和以詰於抗抗曰夫一邑一鄉不可以無信義之人而況大國乎臣不如是正足以彰其德耳於祜無傷也或以祜抗爲失臣節兩譏之　習鑿齒曰夫理勝者天下之所保信順者萬人之所宗雖大猷既喪義聲久淪但詐馳於當塗權略周乎急務負力從橫之人臧獲牧豎之智未有不憑此以創功捨茲而獨立者也是故晉文退舍而原城請命穆子圍鼓訓之以力冶夫獻策而費人斯歸樂毅緩攻而風烈長流觀其所以服物制勝者豈徒威力相詐而已哉自今三家鼎足四十有餘年矣吳人不能越

淮沔而進取中國中國不能陵長江以爭利者力均而智侔道不足以相傾也夫敵彼而利我未若利我而無殘振武以懼物未若德廣而民懷匹夫猶不可以力服而況一國乎力服猶不如以德來而況不制乎是以羊祜恢大同之略思五兵之則齊其民人均其施澤振義網以羅強吳明兼愛以革暴俗易生民之視聽馳不戰乎江表故能德音悅暢而襁負雲集殊鄰異域義讓交弘自吳之遇敵未有若此者也抗見國小主暴而晉德彌昌人積兼已之善而已無固本之規百姓懷嚴敵之德闔境有棄主之慮思所以鎮定民心緝寧外內奮其危弱抗權上國者莫若親行斯道以佇其勝使彼靡加吾而此善流聞歸重邦國弘明遠風折衝於枕席之上校勝於帷幄之內傾敵而不以甲兵之力保國而不浚溝池之固信義感於寇讎丹懷體於先日豈設狙詐以危賢徇己身之私名貪外物之重我闓服之而不備者哉由是論之苟守局而保疆一卒之所能協數以相危小凡之近事積詐防物臧獲之餘應威勝以求安明哲之所賤賢人君子所以極世垂範舍此而取彼若其道良弘故也加拜都護聞武昌左部督薛瑩

徵下獄抗上疏曰夫俊乂者國家之良寶社稷之貴資庶政所以倫敘四門所以穆清也故大司農樓玄散騎中常侍王蕃少府李勗皆當世秀頴一時顯器既蒙初寵從容列位而並旋受誅殛或圮族替祀或投棄荒裔蓋周禮有赦賢之辟春秋有宥善之義書曰與其殺不辜寧失不經而蕃等罪名未定大辟以加心經忠義身被極刑豈不痛哉且已死之刑固無所識至乃焚爍流漂棄之水濱懼非先王之正典或甫侯之所戒也是以百姓哀聳士民同慼蕃勗永已悔亦靡及誠望陛下赦召玄出而頃聞薛瑩卒

見逯録瑩父綜納言先帝傳弼文皇及瑩承基內厲名行今之所坐罪在可宥臣懼有司未詳其事如復誅戮益失民望乞垂天恩原赦瑩罪哀矜庶獄清澄刑網則天下幸甚時師旅仍動百姓疲弊抗上疏曰臣聞易貴隨時傳美觀釁故有夏多罪而殷湯用師紂作淫虐而周武授鉞苟無其時玉臺有憂傷之慮孟津有反旆之軍今不務富國彊兵力農畜穀使文武之才效展其用百揆之署無曠厥職明黜陟以厲庶尹審刑賞以示勸沮訓諸司以德而撫百姓以仁

然後順天乘運席卷宇內而聽諸將徇名窮兵黷武動費萬計士卒彫瘁寇不爲衰而我已大病矣今爭帝王之資而昧十百之利此人臣之姦便非國家之良策也昔齊魯三戰魯人再克而亡不旋踵何則大小之勢異也況今師所克獲不補所喪哉且阻兵無衆古之明鑒誠宜暫息進取小規以畜士民之力觀釁伺隙庶無悔吝二年春就拜大司馬荆州牧三年夏疾病上疏曰西陵建平國之蕃表既處下流受敵二境若敵泛舟順流舳艫千里星奔電邁俄然行至

非可恃援他部以救倒縣也此乃社稷安危之機非徒封疆侵陵小害也臣父遜昔在西垂陳言以爲西陵國之西門雖云易守亦復易失若有不守非但失一郡則荆州非吳有也如其有虞當傾國爭之臣往在西陵得涉遜迹前乞精兵三萬而至者循常未肯差赴自步闡以後益更損耗今臣所統千里受敵四處外禦彊對內懷百蠻而上下見兵財有數萬羸敝日久難以待變臣愚以爲諸王幼冲未統國事可且立傅相輔導賢姿無用兵馬以妨要務又黄門豎宦

開立占募兵民怨役逋逃入占乞特詔簡閲一切料出以補疆埸受敵常處使臣所部足滿八萬省息衆務信其賞罰雖韓白復生無所展巧若兵不增此制不改而欲克諧大事此臣之所深慼也若臣死之後乞以西方爲屬願陛下思覽臣言則臣死且不朽秋遂卒子晏嗣晏及弟景玄機雲分領抗兵晏爲裨將軍夷道監天紀四年晉軍伐吳龍驤將軍王濬順流東下所至輙克終如抗慮景字士仁以尚公主拜騎都尉封毗陵侯既領抗兵拜偏將軍中夏督澡身好

學著書數十篇也文士傳曰陸景母張承女諸葛恪外生恪誅景母坐見黜景少為祖母所育養及祖母亡景為之心喪三年二月壬戌晏為王濬別軍所殺癸亥景亦遇害時年三十一景妻孫晧適妹與景俱張承外孫也

景弟機字士衡雲字士龍機雲別傳曰晉太康末俱入洛造司空張華華一見而奇之曰伐吳之役利在獲二儁遂為之延譽薦之諸公太傅楊駿辟機為祭酒轉太子洗馬尚書著作郎雲為吳王郎中令出宰浚儀甚有惠政吏民懷之生為立祠後並歷顯位機天才綺練文藻之美獨冠於時雲亦善屬文清新不及機而口辯持論過之于時朝廷多故機雲並自結於成都王穎穎用機為平原相雲清河內史尋轉雲右司馬甚見委仗無幾而與長沙王搆隙遂舉兵攻洛以機行後將軍督王粹牽秀等諸軍二十萬士龍著南征賦以美其事機吳人羈旅單宦頓居羣士之右多不厭服機屢戰失利死散過半初宦人孟玖穎所嬖幸乘寵豫權雲數言其短穎不能納玖又從而毀之是役也玖弟超亦領眾配機不奉軍令機繩之以法超宣言曰陸機將反及牽秀等譖機於穎以為持兩端玖又搆之於內穎信之遣收機幷收雲及弟耽並伏法機兄弟既江南之秀亦著名諸夏並以無罪夷滅天下痛惜之機文章為世所重雲所著亦傳於世初抗之克步闡也誅及嬰孩識道者尤之曰後世必受其殃及機之誅三族無遺孫惠與朱誕書曰馬援擇君凡人所聞不意三陸相攜暴朝殺身傷名可為悼歎事亦並在晉書

評曰劉備天下稱雄一世所憚陸遜春秋方壯威名未著摧而克之圖不如志予既奇遜之謀略又歎權之識才所以濟大事也及遜忠誠懇至憂國亡身庶幾社稷之臣矣抗貞亮籌幹咸有父風弈世載美具體而微可謂克構者哉

陸遜傳第十三　吳書　國志五十八

孫登傳

孫登字子高權長子也魏黃初二年以權為吳王拜登東中郎將封萬戶侯登辭疾不受是歲立登為太子選置師傅銓簡秀士以為賓友於是諸葛恪張休顧譚陳表等以選入侍講詩書出從騎射權欲登讀漢書習知近代之事以張昭有師法重煩勞之乃令休從昭受讀還以授登登待接寮屬略用布衣之禮與恪休譚等或同輿而載或共帳而寐太傅張溫言於權曰夫中庶子官最親密切問近對宜用儁德於是乃用表等為中庶子後又以庶子禮拘復令整巾侍坐黃龍元年權稱尊號立登為皇太子以恪為左輔休右弼譚為輔正表為翼正都尉是為四友而謝景范慎刁玄羊衜等皆為賓客（衜音道）於是東宮號為多士（吳錄曰慎字孝敬廣陵人竭忠知己之君纏綿三益之友時人榮之著論二十篇名曰矯非後為侍中出補武昌左都督治軍整頓孫晧移都甚憚之詔曰慎勳德俱茂朕所敬憑宜登上公以副衆望以為太尉慎自恨久為將遂託老耄軍士戀之舉營為之隕涕鳳皇三年卒子耀嗣玄丹楊人衜南陽人　吳書曰衜初為中庶子年二十時廷尉監隱蕃交結豪傑自衛將軍全琮等皆傾心敬待惟衜及宣詔郎豫章楊迪拒絕不與通時人咸怪之而蕃後叛逆衆乃服之　江表傳曰登使侍中胡綜作賓友目曰英才卓越超踰倫匹則諸葛恪精識時機達幽究微則顧譚凝辨宏達言能釋結則謝景究學甄微游夏同科則范慎衜乃私駮綜曰元遜才而疏子嘿精而狠叔發辯而浮孝敬深而狹所言皆有指趣而衜卒以此言見咎不為恪等所親後四人皆敗吳人謂衜之言有徵位至桂陽太守卒）

權遷都建業徵上大將軍陸遜輔登鎮武昌領宮府留事登或射獵當由徑道常遠避良田不踐苗稼至所頓息又擇空閑之地其不欲煩民如此嘗乘馬出有彈丸過左右求之有一人操彈佩丸咸以為是辭對不服從者欲捶之登不聽使求過丸比之非類乃見釋又失盛水金馬盂覺得其主左右所為不忍致罰呼責數之長遣歸家勑親近勿言後弟慮卒權為之降損登晝夜兼行到賴鄉自聞即時召見見權悲泣因諫曰慮寢疾不起此乃命也方今朔土未一四海喁喁天戴陛下而以下流之念減損太官殽饌過於禮制臣竊憂惶權納其言為之加膳住十餘日欲遣西還深自陳乞以久離定省子道有闕又陳陸遜忠勤無所顧憂權遂留焉嘉禾三年權征新城使登居守總知留事時年穀不豐頗有盜賊乃表定科令所以防禦甚得止姦之要初登所生庶賤徐夫人少有母養之恩後徐氏以妬廢處吳而步夫人最寵步氏有賜登不敢辭拜受而已徐氏使至所賜衣服必沐浴服之登將拜太子辭曰本立而

道生欲立太子宜先立后權曰卿母安在對曰在吳權嘿然（吳書曰弟和有寵於權登親敬待之如兄常有欲讓之心）立凡二十一年年三十三卒臨終上疏曰臣以無狀嬰抱篤疾自省微劣懼卒隕斃臣不自惜念當委離供養埋骨后土長不復奉望宮省朝覲日月生無益於國死貽陛下重慼以此為哽結耳臣聞死生有命長短自天周晉顏回有上智之才而尚夭折況臣愚陋年過其壽生為國嗣沒享榮祚於臣已多亦何悲恨哉方今大事未定逋寇未討萬國喁喁係命陛下危者望安亂者仰治願陛下棄忘臣身割下流

之恩脩黃老之術篤養神光加羞珍膳廣開神明之慮以定無窮之業則率土幸賴臣死無恨也皇子和仁孝聰哲德行清茂宜早建置以繫民望諸葛恪才略博達器任佐時張休顧譚謝景皆通敏有識斷入宜委腹心出可為爪牙范慎華融矯矯壯節有國士之風羊衜辯捷有專對之材刁玄優弘志履道真裴欽博記翰采足用蔣脩虞繇志節分明凡此諸臣或宜廊廟或任將帥皆練時事明習法令守信固義有不可奪之志此皆陛下日月所照選置臣宮得與從事備知情素敢以陳聞臣重

惟當今方外多虞師旅未休當厲六軍以圖進取軍以人為眾眾以財為寶竊聞郡縣頗有荒殘民物凋弊姦亂萌生是以法令繁滋刑辟重切臣聞為政聽民律令與時推移誠宜與將相大臣詳擇時宜博采眾議寬刑輕賦均息力役以順民望陸遜忠勤於時出身憂國謇謇在公有匪躬之節諸葛瑾步騭朱然全琮朱據呂岱吾粲闞澤嚴畯張承孫怡忠於為國通達治體可令陳上便宜蠲除苛煩愛養士馬撫循百姓五年之外十年之內遠者歸復近者盡力兵不血刃而大事可定也臣聞

鳥之將死其鳴也哀人之將死其言也善故子囊臨終遺言戒時君子以為忠豈況臣登其能已乎願陛下留意聽采臣雖死之日猶生之年也既絕而後書聞權益以摧感言則隕涕是歲赤烏四年也謝景時為豫章太守不勝哀情棄官奔赴拜表自劾權曰君與太子從事異於他吏使中使慰勞聽復本職發遣還郡謚曰宣太子（吳書曰初葬句容置園邑奉守如法後三年改葬蔣陵）子璠希皆早卒次子英封吳侯五鳳元年英以大將軍孫峻擅權謀誅峻事覺自殺國除（吳歷曰孫和以無罪見殺眾庶皆懷憤歎前司馬桓慮因此招合將吏欲共殺峻立英事覺皆見殺英實不知）謝景

者字叔發南陽宛人在郡有治迹吏民稱之以爲
前有顧劭其次即景數年卒官

孫慮傳

孫慮字子智登弟也少敏惠有才藝權器愛之黄
武七年封建昌侯後二年丞相雍等奏慮性聰體
達所尚日新比方近漢宜進爵稱王權未許久之
尚書僕射存上疏曰帝王之興莫不褒崇至親以
光群后故魯衞於周寵冠諸侯高帝五王封列于
漢所以藩屏本朝爲國鎮衞建昌侯慮禀性聰敏
才兼文武於古典制宜正名號陛下謙光未肯如
舊群寮大小咸用於邑方今姦寇恣睢金鼓未弭
腹心爪牙惟親與賢輒與丞相雍等議咸以慮宜
爲鎮軍大將軍授任偏方以光大業權乃許之於
是假節開府治半州吳書載權詔曰期運擾亂凶邪肆虐威罰有序干戈不戢以慮氣志休懿武略夙昭必能爲國佐定大業故授以上將之位顯以殊特之榮寵以兵馬之勢委以偏方之任外欲威振敵虜厭難萬里內欲鎮撫遠近慰卹將士誠慮建功立事竭命之秋也慮其內脩文德外經武訓持盈若沖則滿而不溢敬慎乃心無忝所受慮以皇子之尊富於春秋遠近嫌其不能
留意及至臨事遵奉法度敬納師友過於衆望年
二十嘉禾元年卒無子國除

孫和傳

孫和字子孝慮弟也少以母王有寵見愛年十四
爲置宮衞使中書令闞澤教以書藝好學下士甚
見稱述赤烏五年立爲太子時年十九闞澤爲太
傅薛綜爲少傅而蔡穎張純封俌嚴維等皆從容
侍從吳書曰和少岐嶷有智意故權尤愛幸常在左右衣服禮秩雕玩珍異之賜諸子莫得比焉好文學善騎射承師涉學精識聰敏尊敬師傅愛好人物穎等每朝見進賀和常降意歡以待之講校經義綜察是非及訪諮朝臣考績行能以知優劣各有條貫後諸葛壹偽叛以誘魏將諸葛誕權潛軍待之和以權暴露外次又戰者凶事常憂勞憯怛不復會同飲食數上諫戒令持重務在全勝權還然後敢安張純字元基敦之子吳錄曰純少厲操行學博才秀切問捷對容止可觀拜郎中補廣德令治有異績擢爲太子輔義都尉是時有司頗以條書問
事和以爲姦妄之人將因事錯意以生禍心不可
長也表宜絕之又都督劉寶白庶子丁晏晏亦白
寶和謂晏曰文武在事當能幾人因隙構薄圖相
危害豈有福哉遂兩釋之使之從厚常言當世士
人宜講脩術學校習射御以周世務而但交游博
弈以妨事業非進取之謂後群寮侍宴言及博弈
以爲妨事費日而無益於用勞精損思而終無所
成非所以進德脩業積累功緒者也且志士愛日
惜力君子慕其大者高山景行恥非其次夫以天
地長久而人居其間有白駒過隙之喻年齒一暮
榮華不再凡所患者在於人情所不能絕誠能絕

無益之欲以奉德義之塗棄不急之務以脩功業之基其於名行豈不善哉夫人情猶不能無嬉娛嬉娛之好亦在於飲宴琴書射御之間何必博弈然後爲歡乃命侍坐者八人各著論以矯之於是中庶子韋曜退而論奏和以示賓客時蔡穎好弈直事在署者頗斆焉故以此諷之是後王夫人與全公主有隙權嘗寢疾和祠祭於廟和妃叔父張休居近廟邀和過所居全公主使人覘視因言太子不在廟中專就妃家計議又言王夫人見上寢疾有喜色權由是發怒夫人憂死而和寵稍損懼於廢黜魯王霸覬覦滋甚陸遜吾粲顧譚等數陳適庶之義理不可奪全寄楊竺爲魯王霸支黨譖愬日興粲遂下獄誅譚徙交州權沈吟者歷年 殷基通語曰初權旣立和爲太子而封霸爲魯王初拜猶同宮室禮秩未分羣公之議以爲太子國王上下有序禮秩宜異於是分宮別僚而隙端開矣自侍御賓客造爲二端仇黨疑貳滋延大臣丞相陸遜大將軍諸葛恪太常顧譚驃騎將軍朱據會稽太守滕胤大都督施績尚書丁密等奉禮而行宗事太子驃騎將軍步騭鎮南將軍呂岱大司馬全琮左將軍呂據中書令孫弘等附魯王中外官寮將軍大臣舉國中分權患之謂侍中孫峻曰子弟不睦臣下分部將有袁氏之敗爲天下笑一人立者安得不亂於是有改嗣之規矣 臣松之以爲袁紹劉表謂尚琮爲賢本有傳後之意異於孫權旣以立和而復寵霸坐生亂階自構家禍方之袁劉昏悖甚矣步騭以德度著稱爲吳良臣而阿附於霸事同楊竺何哉和旣正位適庶分定就使才德不殊猶將義不黨庶況霸實無聞而和爲令嗣乎夫邪僻之人豈其舉體無善但一爲不善衆美皆亡耳騭若果有此事則其餘不足觀矣呂岱全琮之徒蓋所不足論耳 後遂幽閉和於是驃騎將軍朱據尚書僕射屈晃率諸將吏泥頭自縛連日詣闕請和權登白爵觀見甚惡之敕據晃等無事怱怱權欲廢和立亮無難督陳正五營督陳象上書稱引晉獻公殺申生立奚齊晉國擾亂又據晃固諫不止權大怒族誅正象據晃牽入殿杖一百 吳歷曰晃入口諫曰太子仁明顯聞四海今三方鼎跱實不宜搖動太子以生衆心願陛下少垂聖慮老臣雖死猶生之年叩頭流血辭氣不撓權不納晃言斥還田里孫晧即位詔曰故僕射屈晃志匡社稷忠諫亡身封晃子緒爲東陽亭侯弟幹恭爲立義都尉緒後亦至尚書僕射晃汝南人見胡冲答問 吳書曰張純亦盡言極諫權幽之遂棄市 竟從和於故鄣羣司坐諫誅放者十數衆咸寃之 吳書曰權寢疾意頗感寤欲徵和還立之全公主及孫峻孫弘等固爭之乃止 太元二年正月封和爲南陽王遣之長沙 吳書曰和之長沙行過無湖有鵲巢于帆檣故官寮聞之皆憂慘以爲檣末傾危非久安之象或言鵲巢之詩有積行累功以致爵位之言今王至德茂行復受國土儻神靈此告寤人意乎 四月權薨諸葛恪秉政恪即和妃張之舅也妃使黃門陳遷之建業上疏中宮幷致問於恪臨去恪謂遷曰爲我達妃期當使勝他人此言頗泄又恪有徙都意使治武昌宮民間或言欲迎和及恪被誅孫峻因此奪和璽綬徙新都又遣使者賜死和與妃張辭別張曰吉凶當相隨終不獨生活也亦自殺舉邦傷焉孫休立封和子晧爲

烏程侯自新都之本國休薨晧即阼其年追謚父和曰文皇帝改葬明陵置園邑二百家令丞奉守後年正月又分吳郡丹楊九縣為吳興郡治烏程置太守四時奉祠有司奏言宜立廟京邑寶鼎二年七月使守大匠薛珝營立寢堂號曰清廟十二月遣守丞相孟仁太常姚信等備官寮中軍步騎二千人以靈輿法駕東迎神於明陵晧引見仁親拜送於庭（吳書曰比仁還中使手詔日夜相繼奉問神靈起居動止巫覡言見和被服顏色如平生日晧悲喜涕淚悉召公卿尚書詣闕門下受賜）靈輿當至使丞相陸凱奉三牲祭於近郊晧於金城外露宿明日望拜於東門之外其翌日拜廟薦祭歔欷悲感比七日三祭倡技晝夜娛樂有司奏言祭不欲數數則黷宜以禮斷情然後止（吳歷曰和四子晧德謙俊孫休即位封德錢唐侯謙永安侯俊拜騎都尉晧在武昌吳興施但因民之不堪命聚萬餘人劫謙將至秣陵欲立之未至三十里住擇吉日但遣使以謙命詔丁固諸葛靚靚即斬其使但遂前到九里固靚出擊大破之但兵裸身無鎧甲臨陣皆披散謙獨坐車中遂生獲之固不敢殺以狀告晧晧酖之母子皆死俊張承外孫聰明辯惠為遠近所稱晧又殺之）

孫霸傳

孫霸字子威和同母弟也和為太子霸為魯王寵愛崇特與和無殊頃之和霸不穆之聲聞於權耳權禁斷往來假以精學督軍使者羊衜上疏曰臣聞古之有天下者皆先顯別適庶封建子弟所以尊重祖宗為國藩表也二宮拜授海內稱宜斯乃大吳興隆之基頃聞二宮並絕賓客遠近悚然大小失望竊從下風聽採衆論咸謂二宮智達英茂自正名建號於今三年德行內著美稱外昭西北二隅久所服聞謂陛下當副順遐邇所以歸德勤命二宮賓延四遠使異國聞聲思為臣妾今既未垂意於此而發明詔省奪備衛抑絕賓客使四方禮敬不復得通雖實陛下敦尚古義欲令二宮專志於學不復顧慮觀聽小宜期於溫故博物而已然非臣下傾企喁喁之至願也或謂二宮不遵典式此臣所以寢息不寧就如所嫌猶宜補察密加斟酌不使遠近得容異言臣懼積疑成謗久將宣流而西北二隅去國不遠異同之語易以聞達聞達之日聲論當與將謂二宮有不順之愆不審陛下何以解之若無以解異國則亦無以釋境內境內守疑異國興謗非所以育巍巍鎮社稷也願陛下早發優詔使二宮周旋禮命如初則天清地晏萬國幸甚矣時全寄吳安孫奇楊竺等陰共附霸圖危太子譖毀既行太子以敗霸亦賜死流竺屍于江

兄穆以數諫戒竺得免大辟猶徙南州霸賜死後又誅寄安奇等咸以黨霸搆和故也霸二子基壹五鳳中封基為吳侯壹宛陵侯基侍孫亮在內太平二年盜乘御馬收付獄亮問侍中刁玄曰盜乘御馬罪云何玄對曰科應死然魯王早終惟陛下哀原之亮曰法者天下所共何得阿以親親故邪當思惟可以釋此者奈何以情相迫乎玄曰舊赦有大小或天下亦有千里五百里赦隨意所及亮曰解人不當爾邪乃赦宮中基以得免孫皓即位追和霸舊隙削基壹爵土與祖母謝姬俱徙會稽

烏傷縣

孫奮傳

孫奮字子揚霸弟也母曰仲姬太元二年立為齊王居武昌權薨太傅諸葛恪不欲諸王處江濱兵馬之地徙奮於豫章奮怒不從命又數越法度恪上牋諫曰帝王之尊與天同位是以家天下臣父兄四海之內皆為臣妾仇讎有善不得不舉親戚有惡不得不誅所以承天理物先國後身蓋聖人立制百代不易之道也昔漢初興多王子弟至於太彊輒為不軌上則幾危社稷下則骨肉相殘其

後懲戒以為大諱自光武以來諸王有制惟得自娛於宮內不得臨民干與政事其與交通皆有重禁遂以全安各保福祚此則前世得失之驗也近袁紹劉表各有國土土地非狹人眾非弱以適庶不分遂滅其宗祀此乃天下愚智所共嗟痛大行皇帝覽古戒今防芽遏萌慮於千載是以寢疾之日分遣諸王各早就國詔策殷勤科禁嚴峻其所戒勑無所不至誠欲上安宗廟下全諸王使百世相承無凶國害家之悔也大王宜上惟太伯順父之志中念河間獻王東海王彊恭敬之節下當存

抑驕恣荒亂以為警戒而聞頃至武昌以來多違詔勑不拘制度擅發諸將兵治護宮室又左右常從有罪過者當以表聞公付有司而擅私殺事不明白大司馬呂岱親受先帝詔勑輔導大王既不承用其言令懷憂怖華錡先帝近臣忠良正直其所陳道當納用之而聞怒錡有收縛之語又中書楊融親受詔勑所當恭肅云正自不聽禁當如我何聞此之日大小驚怪莫不寒心里語曰明鏡所以照形古事所以知今大王宜深以魯王為戒改易其行戰戰兢兢盡敬朝廷如此則無求不得若

棄忘先帝法教懷輕慢之心臣下寧負大王不敢負先帝遺詔寧爲大王所怨疾豈敢忘尊主之威而令詔勑不行於藩臣邪此古今正義大王所照知也夫福來有由禍來有漸漸生不憂將不可悔向使魯王早納忠直之言懷驚懼之慮享祚無窮豈有滅亡之禍哉夫良藥苦口唯疾者能甘之忠言逆耳惟達者能受之今者恪等慺慺欲爲大王除危殆於萌芽廣福慶之基原是以不自知言至願蒙三思奮得牋懼遂移南昌游獵彌甚官屬不堪命及恪誅奮下住蕪湖欲至建業觀變傅相謝

慈等諫奮奮殺之（慈字孝宗彭城人見禮論撰喪服圖及變除行於世）坐廢爲庶人徙章安縣太平三年封爲章安侯（江表傳載亮詔曰齊王奮前坐殺吏廢爲庶人連有赦令獨不見原縱未宜復王何以不侯又諸孫兄弟作將列在江渚孤有兄獨耳云何有司奏可就拜爲侯）建衡二年孫皓左夫人王氏卒皓哀念過甚朝夕哭臨數月不出由是民間或謂皓死訛言奮與上虞侯奉當有立者奮母仲姬墓在豫章豫章太守張俊疑其或然埽除墳塋皓聞之車裂俊夷三族誅奮及其五子國除（江表傳曰豫章吏十人乞代俊死皓不聽奮以此見疑本在章安徙還吳城禁錮使男女不得通婚或年三十四十不得嫁娶奮上表乞自比禽獸使男女自相配偶皓大怒遣察戰齎藥賜奮奮不受藥叩頭千下曰老臣自將兒子治生求活無豫國事乞匄餘年皓不聽父子皆飲藥死　臣松之案建衡二年至奮之死孫皓即位尚猶未久若奮未被疑之前兒女年二十左右至奮死時不得年三十四十也若先已長大自失時未婚娶則不由皓之禁錮矣此雖欲增皓之惡然非實理）

評曰孫登居心所存足爲茂美之德慮和並有好善之姿規自砥礪或短命早終或不得其死哀哉霸以庶干適奮不遵軌度固取危亡之道也然奮之誅夷橫遇飛禍矣

吳主五子傳第十四　吳書　國志五十九

賀全呂周鍾離傳第十五　吳書　國志六十

賀齊傳

賀齊字公苗會稽山陰人也 虞預晉書曰賀氏本姓慶氏齊伯父純儒學有重名漢安帝時爲侍中江夏太守去官與江夏黄瓊漢中楊厚俱公車徵避安帝父孝德皇帝諱改爲賀氏齊父輔永寧長
少爲郡吏守剡長縣吏斯從輕俠爲姦齊欲治
之主簿諫曰從縣大族山越所附今日治之明
日寇至齊聞大怒便立斬從從族黨遂相糾合
衆千餘人舉兵攻縣齊率吏民開城門突擊大
破之威震山越後太末豐浦民反轉守太末長
誅惡養善朞月盡平建安元年孫策臨郡察齊
孝廉時王朗奔東治候官長商升爲朗起兵策
遣永寧長韓晏領南部都尉將兵討升以齊爲
永寧長晏爲升所敗齊又代晏領都尉事升畏
齊威名遣使乞盟齊因告喻爲陳禍福升遂送
上印綬出舍求降賊帥張雅詹彊等不願升降
反共殺升雅稱無上將軍彊稱會稽太守賊盛
兵少未足以討齊住軍息兵雅與女壻何雄爭
勢兩乖齊令越人因事交構遂致疑隙阻兵相
圖齊乃進討一戰大破雅彊黨震懼率衆出降
候官既平而建安漢興南平復亂齊進兵建安

立都尉府是歲八年也郡發屬縣五千兵各使
本縣長將之皆受齊節度賊洪明洪進苑御吳
免華當等五人率各萬户連屯漢興吳五 姓吳名五
六千户別屯大潭鄒臨六千户別屯蓋竹大潭
同出餘汗 汗音干 軍討漢興經餘汗齊以爲賊衆兵
少深入無繼恐爲所斷令松陽長丁蕃留備餘
汗蕃本與齊鄰城恥見部伍辭不肯留齊乃斬
蕃於是軍中震慄無不用命遂分兵留備進討
明等連大破之臨陳斬明其免當進御皆降轉
擊蓋竹軍向大潭三將又降凡討治斬首六千
級名帥盡禽復立縣邑料出兵萬人拜爲平東
校尉十年轉討上饒分以爲建平縣十三年遷
威武中郎將討丹楊黟歙時武彊葉鄉東陽豐
浦四鄉先降齊表言以葉鄉爲始新縣而歙賊
帥金奇萬户屯安勒山毛甘萬户屯烏聊山黟
帥陳僕祖山等二萬户屯林歷山林歷山四面
壁立高數十丈徑路危狹不容刀楯賊臨高下
石不可得攻軍住經日將吏患之齊身出周行
觀視形便陰募輕捷士爲作鐵弋密於隱險賊
所不備處以弋拓斬山爲緣道夜令潛上乃多

縣布以援下人得上百數人四面流布俱鳴鼓角齊勒兵待之賊夜聞鼓聲四合謂大軍悉已得上驚懼惑亂不知所爲守路備險者皆走還依衆大軍因是得上大破僕等其餘皆降凡斬首七千抱朴子曰昔吳遣賀將軍討山賊賊中有善禁者每當交戰官軍刀劍不得拔弓弩射矢皆還向輒致不利賀將軍長情有思乃曰吾聞金有刃者可禁蟲有毒者可禁其無刃之物無毒之蟲則不可禁彼必是能禁吾兵者也必不能禁無刃物矣乃多作勁木白棓選有力精卒五千人爲先登盡捉棓彼山賊恃其有善禁者了不嚴備於是官軍以白棓擊之彼禁者果不復行所擊殺者萬計齊復表分歙爲新定黎陽休陽并黟歙凡六縣權遂割爲新都郡齊爲太守立府於始新加偏將軍十六年吳郡餘杭

民郎稚合宗起賊復數千人齊出討之即復破稚表言分餘杭爲臨水縣吳錄曰晉改爲臨安被命詣所在及當還郡權出祖道作樂舞象吳書曰權謂齊曰今定天下都中國使殊俗貢珍狡獸率舞非君誰與齊曰殿下以神武應期廓開王業臣幸遭際會得驅馳風塵之下佐助末行效鷹犬之用臣之願也若殊俗貢珍狡獸率舞宜在聖德非臣所能賜齊軿車駿馬罷坐住駕使齊就車齊辭不敢權使左右扶齊上車令導吏卒兵騎如在郡儀權望之笑曰人當努力非積行累勤此不可得去百餘步乃旋十八年豫章東部民彭材李玉王海等起爲賊亂衆萬餘人齊討平之誅其首惡餘皆降服揀其精健爲兵次爲縣戶遷

奮武將軍二十年從權征合肥時城中出戰徐盛被創失矛齊引兵拒擊得盛所失江表傳曰權征合肥還爲張遼所掩襲於津北幾至危殆齊時率三千兵在津南迎權權既入大船會諸將飲宴齊下席涕泣而言曰至尊人主常當持重今日之事幾至禍敗群下震怖若無天地願以此爲終身誡權自前收其淚曰大慙謹以刻心非但書諸紳也二十一年鄱陽民尤突受曹公印綬化民爲賊陵陽始安涇縣皆與突相應齊與陸遜討破突斬首數千餘黨震服丹楊三縣皆降料得精兵八千人拜安東將軍封山陰侯出鎮江上督扶州以上至皖黃武初魏使曹休來伐齊以道遠後至因住新市爲拒會洞口諸軍遭風流溺所亡中分將士失色

賴齊未濟偏軍獨全諸將倚以爲勢齊性奢綺尤好軍事兵甲器械極爲精好所乘船雕刻丹鏤青蓋絳襜干櫓戈矛葩爪文畫弓弩矢箭咸取上財蒙衝鬪艦之屬望之若山休等憚之遂引軍還遷後將軍假節領徐州牧初晉宗爲戲口將以衆叛如魏還爲蘄春太守圖襲安樂取其保質權以爲恥忿因軍初罷六月盛夏出其不意詔齊督麋芳鮮于丹等襲蘄春遂生虜宗後四年卒子達及弟景皆有令名爲佳將會稽典錄曰景爲滅賊校尉御衆嚴而有恩兵器精飾爲當時冠絕早卒達頗任氣多所犯迕故雖有征戰之勞而爵位不至然輕財貴義膽烈過人子質位至虎牙將軍景子邵別有傳

全琮傳

全琮字子璜吳郡錢唐人也父柔漢靈帝時舉孝廉補尚書郎右丞董卓之亂棄官歸州辟別駕從事詔書就拜會稽東部都尉孫策到吳柔舉兵先附策表柔爲丹楊都尉孫權爲車騎將軍以柔爲長史徙桂陽太守柔嘗使琮齎米數千斛到吳有所市易琮至皆散用空船而還柔大怒琮頓首曰愚以所市非急而士大夫方有倒縣之患故便振贍不及啓報柔更以奇之 徐衆評曰禮子事父無私財又不敢私施所以避尊上也棄命專財而以邀名未盡父子之禮 臣松之以爲子路問聞斯行諸子曰有父兄在琮輒散父財誠非子道然士類縣命憂在朝夕權其輕重以先人急斯亦馮煖市義汲黯振救之類全謂邀名或負其心 是時中州士人避亂而南依琮居者以百數琮傾家給濟與共有無遂顯名遠近後權以爲奮威校尉授兵數千人使討山越因開募召得精兵萬餘人出屯牛渚稍遷偏將軍建安二十四年劉備將關羽圍樊襄陽琮上疏陳羽可討之計權時已與呂蒙陰議襲之恐事泄故寢琮表不荅及禽羽權置酒公安顧謂琮曰君前陳此孤雖不相荅今日之捷抑亦君之功也於是封陽華亭侯黃武元年魏以舟軍大出洞

口權使呂範督諸將拒之軍營相望敵數以輕船鈔擊琮常帶甲仗兵伺候不休頃之敵數千人出江中琮擊破之梟其將軍尹盧遷琮綏南將軍進封錢唐侯四年假節領九江太守七年權到皖使琮與輔國將軍陸遜擊曹休破之於石亭是時丹楊吳會山民復爲寇賊攻沒屬縣權分三郡險地爲東安郡琮領太守吳錄曰琮時治富春至明賞罰招誘降附數年中得萬餘人權召琮還牛渚罷東安郡 江表傳曰琮還經過錢唐脩祭墳墓麾幢節蓋曜於舊里請會邑人平生知舊宗族六親施散惠與千有餘萬本土以爲榮 黃龍元年遷衞將軍左護軍徐州牧吳書曰初琮爲將甚勇決當敵臨難奮不顧身及作督帥養威持重每御軍常任計策不營小利 江表傳曰權使子登出征已出軍次于安樂群臣莫敢諫琮密表曰古來太子未嘗偏征也故從曰撫軍守曰監國今太子東出非古制也臣竊憂疑權即從之命登旋軍議者咸以爲當有大臣之節也 尚公主嘉禾二年督步騎五萬征六安六安民皆散走諸將欲分兵捕之琮曰夫乘危徼倖舉不百全者非國家大體也今分兵捕民得失相半豈可謂全哉縱有所獲猶不足以弱敵而副國望也如或邂逅虧損非小與其獲罪琮寧以身受之不敢徼功以負國也赤烏九年遷右大將軍師爲人恭順善於承顏納規言辭未嘗切迕初權將圍

珠崖及夷州皆先問琮琮曰以聖朝之威何向而不克然殊方異域隔絕障海水土氣毒自古有之兵入民出必生疾病轉相汚染往者懼不能反所獲何可多致猥虧江岸之兵以冀萬一之利愚臣猶所不安權不聽軍行經歲士衆疾疫死者十有八九權深悔之後言次及之琮對曰當是時群臣有不諫者臣以爲不忠琮既親重宗族子弟並蒙寵貴賜累千金然猶謙虛接士貌無驕色十二年卒子懌嗣後襲業領兵救諸葛誕於壽春出城先降魏以爲平東將軍封臨湘侯懌兄子禕儀靜等亦降魏皆歷郡守列侯（吳書琮長子緒幼知名奉朝請出授兵稍遷揚武將軍牛渚督孫亮即位遷鎮北將軍東關之役緒與丁奉建議引兵先出以破魏軍封一子亭侯年四十四卒次子寄坐阿黨魯王霸賜死小子吳孫權外孫封都鄉侯）

呂岱傳

呂岱字定公廣陵海陵人也爲郡縣吏避亂南渡孫權統事岱詣幕府出守吳丞權親斷諸縣倉庫及囚繫長丞皆見岱處法應問甚稱權意召署錄事出補餘姚長召募精健得千餘人會稽東冶五縣賊呂合秦狼等爲亂權以岱爲督軍校尉與將軍蔣欽等將兵討之遂禽合狼五

縣平定拜昭信中郎將（吳書曰建安十六年岱督郎將尹異等以兵二千人西誘漢中賊帥張魯到漢興寋城魯嫌疑斷道事計不立權遂召岱還）建安二十年督孫茂等十將從取長沙三郡又安成攸永新茶陵四縣吏共入陰山城合衆拒岱岱攻圍即降三郡克定權留岱鎮長沙安成長吳碭及中郎將袁龍等首尾關羽復爲反亂碭據攸縣龍在醴陵權遣橫江將軍魯肅攻攸碭得突走岱攻醴陵遂禽斬龍遷廬陵太守延康元年代步騭爲交州刺史到州高涼賊帥錢博乞降岱因承制以博爲高涼西部都尉又鬱林夷賊攻圍郡縣岱討破之是時桂陽湞陽賊王金合衆於南海界上首亂爲害權又詔岱討之生縛金傳送詣都斬首獲生凡萬餘人遷安南將軍假節封都鄉侯交阯太守士燮卒權以燮子徽爲安遠將軍領九眞太守以校尉陳時代燮岱表分海南三郡爲交州以將軍戴良爲刺史海東四郡爲廣州岱自爲刺史遣良與時南入而徽不承命舉兵戍海口以拒良等岱於是上疏請討徽罪督兵三千人晨夜浮海或謂岱曰徽藉累世之恩爲一州所附未易輕也岱曰今徽雖懷逆計

呂岱

未慶吾之卒至若我潛軍輕舉掩其無備破之
必也若稽留不速使得生心嬰城固守七郡百蠻
雲合響應雖有智者誰能圖之遂行過合浦與
良俱進徽聞岱至果大震怖不知所出即率兄
弟六人肉袒迎岱岱皆斬送其首徽大將甘醴
桓治等率吏民攻岱岱奮擊大破之進封番禺
侯於是除廣州復爲交州如故岱既定交州復
進討九眞斬獲以萬數又遣從事南宣國化暨
徼外扶南林邑堂明諸王各遣使奉貢權嘉其
功進拜鎭南將軍黃龍三年以南土清定召岱
還屯長沙漚口（王隱交廣記曰吳後復置廣州以南陽滕脩爲刺史或語脩蝦鬚長一丈脩不信其人後故至東海取蝦鬚長四丈四尺封以示脩脩用服之）會武陵蠻夷蠢動岱
與太常潘濬共討定之嘉禾三年權令岱領潘
璋士衆屯陸口後徙蒲圻四年廬陵賊李桓路
合會稽東冶賊隨春南海賊羅厲等一時並起
權復詔岱督劉纂唐咨等分部討擊春即時首
降岱拜春偏將軍使領其衆遂爲列將桓厲等
皆見斬獲傳首詣都權詔岱曰厲負險作亂自
致梟首桓凶狡反覆已降復叛前後討伐歷年
不禽非君規略誰能梟之忠武之節於是益著

呂岱

元惡既除大小震懾其餘細類埽地族矣自今
已去國家永無南顧之虞三郡晏然無怵惕之
驚又得惡民以供成役重自歎息賞不踰月國
之常典制度所宜君其裁之潘濬卒岱代濬領
荊州文書與陸遜並在武昌故督蒲圻頃之廖
式作亂攻圍城邑零陵蒼梧鬱林諸郡擾擾岱
自表輒行星夜兼路權遣使追拜岱交州牧及
遣諸將唐咨等駱驛相繼攻討一年破之斬式
及遣諸所僞署臨賀太守費楊等并其支黨郡
縣悉平復還武昌時年已八十然體素精勤躬
親王事奮威將軍張承與岱書曰昔旦奭翼周
二南作歌今則足下與陸子也忠勤相先勞謙
相讓功以權成化與道合君子歎其德小人悅
其美加以文書鞅掌賓客終日罷不舍事勞不
言倦又知上馬輒自超乘不由跨躡如此足下
過廉頗也何其事事快也周易有之禮言恭德
言盛足下何有盡此美耶及陸遜卒諸葛恪代
遜權乃分武昌爲兩部岱督右部自武昌上至
蒲圻遷上大將軍拜子凱副軍校尉監兵蒲圻
孫亮即位拜大司馬岱清身奉公所在可述初

在交州歷年不餉家妻子飢乏權聞之歎息以讓羣臣曰呂岱出身萬里爲國勤事家門內困而孤不早知股肱耳目其責安在於是加賜錢米布絹歲有常限始岱親近吳郡徐原慷慨有才志岱知其可成賜巾構與共言論後遂薦拔官至侍御史原性忠壯好直言岱時有得失原輒諫諍又公論之人或以告岱岱歎曰是我所以貴德淵者也及原死岱哭之甚哀曰德淵呂岱之益友今不幸岱復於何聞過談者美之太平元年年九十六卒子凱嗣遺令殯以素棺疏巾布構葬送之制務從儉約凱皆奉行之

周魴傳

周魴字子魚吳郡陽羨人也少好學舉孝廉爲寧國長轉在懷安錢唐大帥彭式等蟻聚爲寇以魴爲錢唐侯相旬月之間斬式首及其支黨遷丹楊西部都尉黃武中鄱陽大帥彭綺作亂攻沒屬城乃以魴爲鄱陽太守與胡綜勠力攻討遂生禽綺送詣武昌加昭義校尉被命密求山中舊族名帥爲北敵所聞知者令譎挑魏大司馬揚州牧曹休魴荅恐民帥小醜不足仗任事或漏泄不能休乞遣親人齎牋七條以誘休其一曰魴以千載徼幸得備州民遠隔江川敬恪未顯瞻望雲景天實爲之精誠微薄名位不昭雖懷焦渴曷緣見明狐死首丘人情戀本而逼所制奉覲禮違每獨矯首西顧未嘗不寤寐勞歎展轉反側也今因隙穴之際得陳宿昔之志非神啟之豈能致此不勝翹企萬里託命謹遣親人董岑邵南等託叛奉牋時事變故列於別紙惟明公君侯垂日月之光照遠民之趣永令歸命者有所戴賴其二曰魴遠在邊隅江汜

分絕恩澤教化未蒙撫及而於山谷之間遥陳所懷懼以大義未見信納夫物有感激計因變生古今同揆魴仕東典郡始願已獲銘心立報永矣無貳豈圖頑者中被橫讒禍在漏刻危於投卵進有離合去就之宜退有誣罔枉死之咎雖志行輕微存沒一節顧非其所能不悵然敢緣古人因知所歸拳拳輸情陳露肝膈乞降春天之潤哀拯其急不復猜疑絕其委命事之宣泄受罪不測一則傷慈損計二則杜絕向化者心惟明使君遠覽前世矜而愍之留神所質速

賜秘報魴當候望舉動俟須嚮應其三曰魴所
代故太守廣陵王靖往者亦以郡民爲變以見
譴責靖勤自陳釋而終不解因立密計欲北歸
命不幸事露誅及嬰孩魴旣目見靖事且觀東
主一所非薄嫌不復厚雖或暫舍終見翦除今
又令魴領郡者是欲責後效必殺魴之趣也雖
尚視息憂惕焦灼未知軀命竟在何時人居世
間猶白駒過隙而常抱危怖其可言乎惟當陳
愚重自披盡懼以卑賤未能采納願明使君少
垂詳察忖度其言今此郡民雖外名降首而故

在山草看伺空隙欲復爲亂爲亂之日魴命訖
矣東主頃者潛部分諸將圖欲北進呂範孫韶
等入淮全琮朱桓趨合肥諸葛瑾步騭朱然到
襄陽陸議潘璋等討梅敷東主中營自掩石陽
別遣從弟孫奐治安陸城脩立邸閣輦貲運糧
以爲軍儲又命諸葛亮進指關西江邊諸將無
復在者才留三千所兵守武昌耳若明使君以
萬兵從皖南首江渚魴便從此率厲吏民以爲
內應此方諸郡前後舉事垂成而敗者由無外
援使其然耳若北軍臨境傳檄屬城思詠之民

誰不企踵願明使君上觀天時下察人事中參
蓍龜則足昭往言之不虛也其四曰所遣董岑
邵南少長家門親之信之有如兒子是以特令
齎牋託叛爲辭目語心計不宣脣齒骨肉至親
無有知者又已敕之到州當言往降欲北叛來
者得傳之也魴建此計任之於天若其濟也則
有生全之福邂逅泄漏則受夷滅之禍常中夜
仰天告誓星辰精誠之微豈能上感然事急孤
窮惟天是訴耳遣使之日載生載死形存氣亡
魄爽恍惚私恐使君未深保明岑南二人可留

其一以爲後信一齎教還教還故當言悔叛還
首東主有常科悔叛還者皆自原罪如是彼此
俱塞永無端原縣命西望涕筆俱下其五曰鄱
陽之民實多愚勁帥之赴役未即應人倡之爲
變聞聲響抃今雖降首盤節未解山棲草藏亂
心猶存而今東主圖興大衆舉國悉出江邊空
曠屯塢虛損惟有諸刺姦耳若因是際而擾動
此民一旦可得便會然要恃外援表裏機牙不
爾以往無所成也今使君若從皖道進住江上
魴當從南對岸歷口爲應若未徑到江岸可住

百里上令此閒民知北軍在彼即自善也此閒民非苦飢寒而甘兵寇若於征討樂得北屬但窮困舉事不時見應尋受其禍耳如使石陽及青徐諸軍首尾相銜牽綴往兵使不得速退者則善之善也魴生在江淮長於時事見其便利百舉百捷時不再來敢布腹心其六曰東主致恨前者不拔石陽今此後舉大合新兵并使潘濬發夷民人數甚多聞豫設科條當以新羸兵置前好兵在後攻城之日云欲以羸兵填壍使即時破雖未能然是事大趣也私恐石陽城小不能久留往兵明使君速垂救濟誠宜疾密王靖之變其鑒不遠今魴歸命非復在天正在明使君耳若見救以往則功可必成如見救不時則與靖等同禍前彭綺時聞旌麾在逢龍此郡民大小歡喜並思立效若留一月日間事當大成恨去電速東得增衆專力討綺綺始敗耳顧使君深察此言其七曰今舉大事自非爵號無以勸之乞請將軍侯印各五十紐郎將印百紐校尉都尉印各二百紐得以假授諸魁帥獎厲其志并乞請幢麾數十以為表幟使山兵吏民

目瞻見知去就之分已決承引所救畫定又彼此降叛日月有人闊狹之間輒得聞知今之大事事宜神密若省魴牋乞加隱祕伏知智度有常防慮必深魴懷憂震灼啟事烝仍乞未罪怪魴因別為密表曰方北有逋寇固阻河洛久替王誅自擅朔土臣曾不能吐奇舉善上以光贊洪化下以輸展萬一憂心如擣假寐忘寢聖朝天覆含臣無效猥發優命勑臣以前誘致賊休恨不如計令於郡界求山谷魁帥為北賊所聞知者令與北通臣伏思惟喜怖交集竊恐此人不可卒得假使得之懼不可信不如令臣譎休於計為便此臣得已經年之冀願逢值千載之一會輒自督竭竭盡頑蔽撰立牋草以誑誘休者如別紙臣知無古人單複之術加卒奉大略伀蒙狼狽懼以輕愚忝負特施豫懷憂灼臣聞唐堯先天而天弗違博詢芻蕘以成盛勳朝廷神謨欲必致休於步度之中靈贊聖規休必自送使六軍囊括虜無孑遺威風電邁天下幸甚謹拜表以聞并呈牋草懼於淺局追用悚息被報施行休果信魴帥步騎十萬輜重滿道徑來

入皖動亦合衆隨陸遜橫截休幅裂尾解斬
獲萬計動初建密計時頻有郎官奉詔詰問諸
事動乃詣部郡門下因下髮謝故休聞之不復
疑慮事捷軍旋權大會諸將歡宴酒酣謂動曰
君下髮截義成孤大事君之功名當書之竹帛
加裨將軍賜爵關內侯徐衆評曰夫人臣立功効節雖非所塗然各有分也爲將
執桴鼓則有必死之義志守則有不假器之義死必得所義
在不苟動爲郡守職在治民非君所命自占誘敵髡剔髮膚
以徇功名雖事濟受爵非君子所美賊帥董嗣負阻劫鈔豫章臨川
並受其害臣松之案孫亮太平二年始立臨川郡是時未有臨川吾粲唐咨嘗
以三千兵攻守連月不能拔動表乞罷兵得以

便宜從事動遣間諜授以方策誘狙殺嗣嗣
弟怖懼詣武昌降於陸遜乞出平地自改爲善
由是數郡無復憂惕動在郡十二年卒賞善罰
惡威恩並行子勳亦有文武材幹天紀中爲東
觀令無難督虞預晉書曰勳入晉爲御史中丞多所彈糾不避彊禦齊萬年反以勳爲建威將軍
西征衆寡不敵勳臨陣慷慨奮不顧命遂死於戰場追贈平
西將軍勳子玘札玘有才力中興之初並見寵任其諸子姪
悉顯列位爲揚土豪右而札凶淫放恣爲百姓所苦泰寧中王敦誅之滅其族

鍾離牧傳

鍾離牧字子幹會稽山陰人漢魯相意七世孫
也會稽典錄曰牧父緒樓船都尉兄駰上計吏少與同郡謝贊吳郡顧譚齊名牧童齔時號爲遲訥駰常謂人曰

牧必勝我不可輕也時人皆以爲不然少爰居永興躬自墾田種稻二
十餘畝臨熟縣民有識認之牧曰本以田荒故
墾之耳遂以稻與縣人縣長聞之召民繫獄欲
繩以法牧爲之請長曰君慕承宮自行義事續漢
書曰宮字少子琅邪人嘗在蒙陰山中耕種禾黍臨熟人就認之宮便推與而去由是發名位至左中郎將侍中僕
爲民主當以法率下何得寢公憲而從君邪牧
曰此是郡界緣君意顧故來暫住今以少稻而
殺此民何心復留遂出裝還山陰長自往止之
爲釋繫民民慙懼率妻子舂所取稻得六十斛
米送還牧牧閉門不受民輸置道旁莫有取者

牧由此發名徐衆評曰牧蹈長者之規問者曰如牧所行犯而不校又從而救之直而不有又還
而不受可不爲之仁讓乎哉答曰異乎吾所聞原憲之問於
孔子曰克伐怨欲不行焉可以爲仁乎孔子曰可以爲難矣
仁則吾不知也惡不仁者其爲仁矣今小民不展四體而認
人之稻不仁甚矣而牧推而與之又救其罪斯爲讓非其義
所救非人非所謂惡不仁者苟不惡不仁安得爲仁哉蒼梧
澆娶妻而美讓於其兄尾生篤信水至不去而死直躬好直
證父攘羊申鳴奉法盡忠於君而執其父忠信直讓此四行
者聖賢之所貴也然不貴蒼梧之讓非讓道也不取尾生之
信非信所也不許直躬之直非直體也不嘉申鳴之忠非忠
意也今牧犯而不校還而不取可以爲難矣未得爲仁讓也
夫聖人以德報德以直報怨而牧欲以德報怨非也必不得已二者何從吾從孔子也赤烏五年
從郎中補太子輔義都尉遷南海太守會稽典錄曰高涼賊
率仍弩等破略百姓殘害吏民牧越界撲討旬日降服又揭
陽賊率曾夏等衆數千人歷十餘年以侯爵雜繒千匹下書
購募絕不可得牧遣使慰譬登皆首服自改爲良民始興太
守羊衜與太常滕胤書曰鍾離子幹吾昔知之不熟定見其

在南海威恩部伍智勇分明加操行清純有古人之風其見貴如此在郡四年以疾去職還爲丞相長史轉司直遷中書令會建安鄱陽新都三郡山民作亂出牧爲監軍使者討平之賊帥黃亂常俱等出其部伍以充兵役封秦亭侯拜越騎校尉永安六年蜀并于魏武陵五谿夷與蜀接界時論懼其叛亂乃以牧爲平魏將軍領武陵太守往之郡魏遣漢葭縣長郭純試守武陵太守率涪陵民入蜀遷陵界屯于赤沙誘致諸夷邑君或起應純又進攻酉陽縣郡中震懼牧問朝吏曰西蜀傾覆邊境見侵何以禦之皆對曰

今二縣山險諸夷阻兵不可以軍驚擾驚擾則諸夷盤結宜以漸安可遣恩信吏宣教慰勞牧曰不然外境內侵誑誘人民當及其根柢未深而撲取之此救火貴速之勢也敕外趣嚴掾史沮議者便行軍法撫夷將軍高尚說牧曰昔潘太常督兵五萬然後以討五谿夷耳又是時劉氏連和諸夷率化今既無往日之援而郭純已據遷陵而明府以三千兵深入尚未見其利也牧曰非常之事何得循舊即率所領晨夜進道緣山險行垂二千里從塞上斬惡民懷異心者

魁帥百餘人及其支黨凡千餘級純等散五谿平遷公安督揚武將軍封都鄉侯徙濡須督會稽典錄曰牧之在濡須深以進取可圖而不敢陳其策與侍中東觀令朱育宴慨然歎息育謂牧曰恨於策爵未副因謂牧曰朝廷諸君以際會坐取高官亭侯功無與比不肯在人下見顧者猶以於邑況於侯也牧笑而荅曰卿之所言未獲我心也馬援有言人當功多而賞薄吾功不足錄而見寵已過當以爲恨國家不深相知而見害朝人是以默默不敢有所陳若其不然當建進取之計以報所受之恩不徒自守而已憤歎以此也育復曰國家已自知侯以侯之才無爲不成愚謂自可陳所懷牧曰武安君謂秦王云非成業難得賢難非得賢難用之難非用之難任之難武安君欲爲秦王并兼六國恐授事而不見任故先陳此言秦王既許而不能卒其將成之業賜劍杜郵今國家知吾不如秦王之知武安而害吾者有過范睢太皇帝時陸丞相討鄱陽以二千人授吾潘太常討武陵吾又有三千人而朝廷下議棄吾於彼使江渚諸督不復發兵相繼蒙國威靈自濟今日何爲常向使吾不料時度宜苟有所陳至見委以事不足兵勢終有敗績之患

何無不成之有復以前將軍假節領武陵太守卒官家無餘財士民思之子禕嗣代領兵會稽典錄曰牧次子盛亦履恭讓爲尚書郎弟徇領兵爲將拜偏將軍戍西陵與監軍使者唐盛論地形勢謂宜城信陵爲建平援若不先城敵將先入盛以施績留建平智略名將屢經於彼無云當城之者不然徇計後半年晉果遣將脩信陵城晉軍平吳徇領水軍督臨陣戰死

評曰山越好爲叛亂難安易動是以孫權不遑外禦卑詞魏氏凡此諸臣皆克寧內難綏靜邦域者也呂岱清恪在公周魴譎略多奇鍾離牧蹈長者之規全琮有當世之才貴重於時然不檢姧子獲譏毀名云

賀全呂周鍾離傳第十五　吳書　國志六十

潘濬陸凱傳第十六　吳書　國志六十一

潘濬傳

潘濬字承明，武陵漢壽人也。弱冠從宋仲子受學。

吳書曰：濬爲人聰察，對問有機理，山陽王粲見而貴異之。由是知名，爲郡功曹。

年未三十，荆州牧劉表辟爲部江夏從事。時沙羡長贓穢不脩，濬按殺之，一郡震竦。後爲湘鄉令，治甚有名。劉備領荆州，以濬爲治中從事。備入蜀，留典州事。孫權殺關羽，并荆土，拜濬輔軍中郎將，授以兵。

江表傳曰：權克荆州，將吏悉皆歸附，而濬獨稱疾不見。權遣人以牀就家輿致之，濬伏面著牀席不起，涕泣交橫，哀哽不能自勝。權慰勞與語，呼其字曰：承明，昔觀丁父，鄀俘也，武王以爲軍帥；彭仲爽，申俘也，文王以爲令尹。此二人，卿荆國之先賢也，初雖見囚，後皆擢用，爲楚名臣。卿獨不然，未肯降意，將以孤異古人之量邪？使親近以手巾拭其面，濬起下地拜謝。即以爲治中，荆州諸軍事一以諮之。武陵部從事樊伷誘導諸夷，圖以武陵屬劉備，外白差督督萬人往討之。權不聽，特召問濬，濬答：以五千兵往，足可以擒伷。權曰：卿何以輕之？濬曰：伷是南陽舊姓，頗能弄脣吻，而實無辯論之才。臣所以知之者，伷昔嘗爲州人設饌，比至日中，食不可得，而十餘自起，此亦侏儒觀一節之驗也。權大笑而納其言，即遣濬將五千往，果斬平之。

遷奮威將軍，封常遷亭侯。

吳書曰：芮玄卒，濬并領玄兵，屯夏口。玄字文表，丹楊人。父祉，字宣嗣，從孫堅征伐有功，堅薦祉爲九江太守，後轉吳郡，所在有聲。玄兄良，字文鸞，隨孫策平定江東，策以爲會稽東部都尉。卒，玄領良兵，拜奮武中郎將，以功封溧陽侯。權爲子登揀擇淑媛，羣臣咸稱玄父祉兄良並以德義文武顯名三世，故遂娉玄女爲妃焉。黃武五年卒，權甚愍惜之。

權稱尊號，拜爲少府，進封劉陽侯。

江表傳曰：權數射雉，濬諫權，權曰：相與別後，時時蹔出耳，不復如往日之時也。濬曰：天下未定，萬機務多，射雉非急，弦絕括破，皆能爲害，乞特爲臣故息置之。濬出，見雉翳故在，乃手自撤壞之。權由是自絕，不復射雉。

遷太常。五谿蠻夷叛亂盤結，權假濬節，督諸軍討之。信賞必行，法不可干，斬首獲生，蓋以萬數，自是羣蠻衰弱，一方寧靜。

吳書曰：驃騎將軍步騭屯漚口，求召募諸郡以增兵。權以問濬，濬曰：豪將在民間，耗亂爲害，加騭有名勢，在所所媚，不可聽也。權從之。中郎將豫章徐宗，有名士也，嘗到京師，與孔融交結，然儒生誕節，部曲寬縱，不奉節度，爲衆作殿，濬遂斬之。其奉法不憚私議，皆此類也。歸義隱蕃以口辯爲豪傑所善，濬子翥亦與周旋，饋餉之。濬聞大怒，疏責翥曰：吾受國厚恩，志報以命，爾輩在都，當念恭順，親賢慕善，何故與降虜交，以糧餉之？在遠聞此，心震面熱，惆悵累旬。疏到急就往使受杖一百，促責所餉。當時人咸怪濬，而蕃果圖叛誅夷，衆乃歸服。○江表傳曰：時濬姨兄零陵蔣琬爲蜀大將軍，或有間濬於武陵太守衛旌者，云濬遣密使與琬相聞，欲有自託之計。旌以啓權，權曰：承明不爲此也。即封旌表以示於濬，而召旌還，免官。

先是，濬與陸遜俱駐武昌，共掌留事，還復故。時校事呂壹操弄威柄，奏按丞相顧雍、左將軍朱據等，皆見禁止。黃門侍郎謝厷語次問壹：顧公事何如？壹答：不能佳。厷又問：若此公免退，誰當代之？壹未答厷，厷曰：得無潘太常得之乎？壹良久曰：君語近之也。厷謂曰：潘太常常切齒於君，但道遠無因耳。今日代顧公，恐明日便擊君矣。壹大懼，遂解散雍事。濬求朝，詣建業，欲盡辭極諫。至，聞太子登已數言之而不見從，濬乃大請百寮，欲因會手刃殺壹，以身當之，爲國除患。壹密聞知，稱疾不行。濬乃進見，無不陳壹之姦險也。

由此壹寵漸衰後遂誅戮權引咎責躬因誚讓大臣語在權傳赤烏二年濬卒子翥嗣濬女配建昌侯孫慮吳書曰翥字文龍拜騎都尉後代領兵早卒翥弟秘權以姊陳氏女妻之調湘鄉令○襄陽記曰襄陽習溫為荊州大公平大公平今之州都秘過辭於溫問曰先君昔曰君侯當為州里議主今果如其言不審州里誰當復相代者溫曰無過於君也後秘為尚書僕射代溫為公平甚得州里之譽

陸凱傳

陸凱字敬風吳郡吳人丞相遜族子也黃武初為永興諸暨長在所有治迹拜建武都尉領兵雖統軍衆手不釋書好太玄論演其意以筮輒驗赤烏中除儋耳太守討朱崖斬獲有功遷為建

武校尉五鳳二年討山賊陳毖於零陵斬毖克捷拜巴丘督偏將軍封都鄉侯轉為武昌右部督與諸將共赴壽春還累遷盪魏綏遠將軍孫休即位拜征北將軍假節領豫州牧孫晧立遷鎮西大將軍都督巴丘領荊州牧進封嘉興侯孫晧與晉平使者丁忠自北還說晧弋陽可襲凱諫止語在晧傳寶鼎元年遷左丞相晧性不好人視己羣臣侍見精莫敢迕凱說晧曰夫君臣無不相識之道若卒有不虞不知所赴晧聽凱自視晧時徙都武昌揚土百姓泝流供給以

為患苦又政事多謬黎元窮匱凱上疏曰臣聞有道之君以樂樂民無道之君以樂樂身樂民者其樂弥長樂身者不久而亡夫民者國之根也誠宜重其食愛其命民安則君安民樂則君樂自頃年以來君威傷於桀紂君明闇於姦雄君惠閉於羣孽無災而民命盡無為而國財空辜無罪賞無功使君有謬誤之愆天為作妖而諸公卿媚上以求愛困民以求饒導君於不義敗政於淫俗臣竊為痛心今鄰國交好四邊無事當務息役養士實其廩庫以待天時而更傾動

天心搔擾萬姓使民不安大小呼嗟此非保國養民之術也臣聞吉凶在天猶影之在形響之在聲也形動則影動形止則影止此分數乃有所繫非在口之所進退也昔秦所以亡天下者但坐賞輕而罰重政刑錯亂民力盡於奢侈目眩於美色志濁於財寶邪臣在位賢哲隱藏百姓業業天下苦之是以遂有覆巢破卵之憂漢所以彊者躬行誠信聽諫納賢惠及負薪躬請巖穴廣采博察以成其謀此往事之明證也近者漢之衰末三家鼎立曹失綱紀晉有其政又

益州危險兵多精彊閉門固守可保萬世而劉氏與奪乖錯賞罰失所君恣意於奢侈民力竭於不急是以爲晉所伐君臣見虜此目前之明驗也臣闇於大理文不及義智慧淺劣無復冀望竊爲陛下惜天下耳臣謹奏耳目所聞見百姓所爲煩苛刑政所爲錯亂願陛下息大功損百役務寬盪忽苛政又武昌土地實危險而塉确非王都安國養民之處船泊則沈漂陵居則峻危且童謠言寧飲建業水不食武昌魚寧還建業死不止武昌居臣聞翼星爲變熒惑作妖

童謠之言生於天心乃以安居而比死足明天意知民所苦也臣聞國無三年之儲謂之非國而今無一年之畜此臣下之責也而諸公卿位處人上祿延子孫曾無致命之節匡救之術苟進小利於君以求容媚荼毒百姓不爲君計也自從孫弘造義兵以來耕種既廢所在無復輸入而分一家父子異役廩食日張畜積日耗民有離散之怨國有露根之漸而莫之恤也民力困窮鬻賣兒子調賦相仍日以疲極所在長吏不加隱括加有監官既不愛民務行威勢所在

搔擾更爲煩苛民苦二端財力再耗此爲無益而有損也願陛下一息此輩矜哀孤弱以鎮撫百姓之心此猶魚鼈得免毒螫之淵鳥獸得離羅網之綱四方之民繈負而至矣如此民可得保先王之國存焉臣聞五音令人耳不聰五色令人目不明此無益於政有損於事者也自昔先帝時後宮列女及諸織絡數不滿百米有畜積貨財有餘先帝崩後幼景在位更改奢侈不蹈先迹伏聞織絡及諸徒坐乃有千數計其所長不足爲國財然坐食官廩歲歲相承此爲無益願

陛下料出賦嫁給與無妻者如此上應天心下合地意天下幸甚臣聞殷湯取士於商賈齊桓取士於車轅周武取士於負薪大漢取士於奴僕明王聖主取士以賢不拘卑賤故其功德洋溢名流竹素非求顏色而取好服捷口容悅者也臣伏見當今內寵之臣位非其人任非其量不能輔國匡時羣黨相扶害忠隱賢願陛下簡文武之臣各勤其官州牧督將藩鎮方外公卿尚書務脩仁化上助陛下下拯黎民各盡其忠拾遺萬一則康哉之歌作刑錯之理清願陛下留

神思臣愚言時殿上列將何定佞巧便辟貴幸任事凱面責定曰卿見前後事主不忠傾亂國政寧有得以壽終者邪何以專爲佞邪穢塵天聽宜自改厲不然方見卿有不測之禍矣定大恨凱思中傷之凱終不以爲意乃心公家義形於色表疏皆指事不飾忠懇內發建衡元年疾病晧遣中書令董朝問所欲言凱陳何定不可任用宜授外任不宜委以國事奚熙小吏建起浦里田欲復嚴密故迹亦不可聽姚信樓玄賀邵張悌郭逴薛瑩滕脩及族弟喜抗或清白忠勤或姿才卓茂皆社稷之楨幹國家之良輔願陛下重留神思訪以時務各盡其忠拾遺萬一遂卒時年七十二子禕初爲黃門侍郎出領部曲拜偏將軍凱亡後入爲太子中庶子右國史華覈表薦禕曰禕體質方剛器幹彊固董率之才魯肅不過及被召當下徑還赴都道由武昌曾不迴顧器械軍資一無所取在戎果毅臨財有節夫夏口賊之衝要宜選名將以鎮戍之臣竊思惟莫善於禕初晧常銜凱數犯顏忤旨加何定譖構非一既以重臣難繩以法又陸抗時

爲大將在疆場故以計容忍抗卒後竟徙凱家於建安或曰寶鼎元年十二月凱與大司馬丁奉御史大夫丁固謀因晧謁廟欲廢晧立孫休子時左將軍留平領兵先驅故密語平平拒而不許誓以不泄是以所圖不果太史郎陳苗奏晧久陰不雨風氣迴逆將有陰謀晧深警懼云吳錄曰舊拜廟選兼大將軍領三千兵爲衛凱欲因此兵圖之令選曹白用丁奉晧偶不欲曰更選凱令執據雖蹔兼然宜得其人晧曰用留平凱令其子禕以謀語平平素與丁奉有隙禕未及得宣凱旨平語禕曰聞野豬入丁奉營此凶徵也有喜色禕乃不敢言還因具啓凱故輟止予連從荆揚來者得凱所諫晧二十事博問吳人多云不聞凱有此表又按其文殊甚切直恐非晧之所能容忍也或以爲凱藏之篋笥未敢宣行病困晧遣董朝省問欲言因以付之虛實難明故不著于篇然愛其指擿晧事足爲後戒故鈔列于凱傳左云晧遣親近趙欽口詔報凱前表曰孤動必遵先帝有何不平君所諫非也又建業宮不利故避之而西宮室宇摧朽須謀移都何以不可徙乎凱上疏曰臣竊見陛下執政以來陰陽不調五星失晷職司不忠姦黨相扶是陛下不遵先帝之所致江表傳載凱此表曰臣拜受明詔心與氣結陛下何心之難悟意不聰之甚也夫王者之興受之

於天脩之由德豈在宮乎而陛下不諮之公輔
便盛意驅馳六軍流離悲懼逆犯天地天地以
災童歌其謠縱令陛下一身得安百姓愁勞何
以用治此不遵先帝一也臣聞有國以賢為本
夏殺龍逄殷獲伊摯斯前世之明效今日之師
表也中常侍王蕃黃中通理處朝忠謇斯社稷之
重鎮大吳之龍逄也而陛下忿其苦辭惡其直
對梟之殿堂尸骸暴棄邦內傷心有識悲悼咸
以吳國夫差復存先帝親賢陛下反之是陛下
不遵先帝二也臣聞宰相國之柱也不可不彊

是故漢有蕭曹之佐先帝有顧步之相而萬彧
瑣才凡庸之質昔從家隸超步紫闥於彧已豐
於器已溢而陛下愛其細介不訪大趣榮以尊
輔越尚舊臣賢良憤惋智士赫咤是不遵先帝
三也先帝愛民過於嬰孩民無妻者以妾妻之
見單衣者以帛給之枯骨不收而取埋之而陛
下反之是不遵先帝四也昔桀紂滅由妖婦幽
厲亂在嬖妾先帝鑒之以為身戒故左右不置
淫邪之色後房無曠積之女今中宮萬數不備
嬪嬙外多鰥夫女吟於中風雨逆度正由此起

是不遵先帝五也先帝憂勞萬機猶懼有失陛
下臨阼以來游戲後宮眩惑婦女乃令庶事多
曠下吏容姦是不遵先帝六也先帝篤尚朴素
服不純麗宮無高臺物不彫飾故國富民充姦
盜不作而陛下徵調州郡竭民財土被玄黃宮
有朱紫是不遵先帝七也先帝外仗顧陸朱張
內近胡綜薛綜是以庶績雍熙邦內清肅今者
外非其任內非其人陳聲曹輔斗筲小吏先帝
之所棄而陛下幸之是陛下不遵先帝八也先
帝每宴見群臣抑損醇醲臣下終日無失慢之

尤百寮庶尹並展所陳而陛下拘以視瞻之敬
懼以不盡之酒夫酒以成禮過則敗德此無異
商辛長夜之飲也是不遵先帝九也昔漢之桓
靈親近宦豎大失民心今高通詹廉羊度黃門
小人而陛下賞以重爵權以戰兵若江渚有難
烽燧互起則度等之武不能御侮明也是不遵
先帝十也今宮女曠積而黃門復走州郡條牒
民女有錢則舍無錢則取怨呼道路母子死訣
是不遵先帝十一也先帝在時亦養諸王太子
若取乳母其夫復役賜與錢財給其資糧時遣

歸來視其弱息今則不然夫婦生離夫故作役
兒從後死家爲空戶是不遵先帝十二也先帝
歎曰國以民爲本民以食爲天衣其次也三者
孤存之於心今則不然農桑並廢是不遵先帝
十三也先帝簡士不拘卑賤任之鄉閭效之於
事舉者不虛受者不妄今則不然浮華者登朋
黨者進是不遵先帝十四也先帝戰士不給他
役使春惟知農秋惟收稻江渚有事責其死效今
之戰士供給衆役廩賜不贍是不遵先帝十五
也夫賞以勸功罰以禁邪賞罰不中則士民散

失今江邊將士死不見哀勞不見賞是不遵先
帝十六也今在所監司已爲煩猥兼有內使擾
亂其中一民十吏何以堪命昔景帝時交阯反
亂實由茲起是爲遵景帝之闕不遵先帝十七
也夫校事吏民之仇也先帝末年雖有呂壹錢
欽尋皆誅夷以謝百姓今復張立校曹縱吏言
事是不遵先帝十八也先帝時居官者咸久於
其位然後考績黜陟今州縣職司或莅政無幾
便徵召遷轉迎新送舊紛紜道路傷財害民於
是爲甚是不遵先帝十九也先帝每察竟解之

奏常留心推按是以獄無冤囚死者吞聲今則
違之是不遵先帝二十也若臣言可錄藏之盟
府如其虛妄治臣之罪願陛下留意江表傳曰晧所行彌暴凱
知其將亡上表曰臣聞惡不可積過不可長積惡長過喪亂
之源也是以古人懼不聞非故設進善之旌立敢諫之鼓武
公九十思聞警戒詩美其德士悅其行臣察陛下無思警戒
之義而有積惡之漸臣深憂之此禍兆見矣故略陳其要寫
盡愚懷陛下宜克己復禮述脩前德不可捐棄臣言而放奢
意奢情至吏日欺民民離則上不信下下當疑上骨肉相
克公子相奔臣雖愚闇於天命以心審之敗不過二十稔也
臣常忿亡國之人夏桀殷紂亦不可使後人復忿陛下也臣
受國恩奉朝三世復以餘年值遇陛下不能循俗與衆沈浮
若比干伍員以忠見戮以正見疑自謂畢足無所餘恨灰身
泉壤無負先帝顧陛下九思社稷存焉初晧始起宮凱上表
諫不聽凱重表曰臣聞宮功當起夙夜反側是以頻煩上事
往往留中不見省報於邑歎息企想應罷昨食時被詔曰君
所諫誠是大趣然未合鄙意如何此宮殿不利宜當避之乃

可以妨勞役長坐不利宮乎父之不安子亦何倚臣拜紙詔
伏讀一周不覺氣結於胷而涕泣雨集也臣年已六十九
榮祿已重於臣過望復何所冀所以勤勤數進苦言者臣伏
念大皇帝創基立業勞苦勤至白髮生於鬢膚黃耇被於甲
冑天下始靜晏駕早崩自含息之類能言之倫無不歔欷如
喪考妣幼主嗣統柄在臣下軍有連征之費民有彫殘之損
賊臣干政公家空竭今彊敵當塗西州傾覆孫罷之民宜當
畜養廣力肆業以備有虞且始徙都屬有軍征戰士流離州
郡搔擾而大功復起徵召四方斯非保國致治之漸也臣聞
爲人主者攘災以德除咎以義故湯遭大旱身禱桑林熒惑
守心宋景退殿是以旱魃銷亡妖星移舍今宮室之不利但
當克己復禮篤湯宋之至道愍黎庶之困苦何憂宮之不安
災之不銷乎陛下不務脩德而務築宮室若德之不脩行之
不貴雖殷辛之瑤臺秦皇之阿房何止而不喪身覆國宗廟
作墟乎夫興土功高臺榭既致水旱民又多疾其不疑也爲
父長安使子有倚此乃子離於父臣離於陛下之象也臣子
一離雖念克骨茨不翦復何益焉是以大皇帝居于南宮
自謂過於阿房故先朝大臣以爲宮室宜厚備衛非常大皇
帝曰逆虜游魂當愛育百姓何聊趣於不急然臣下懇惻不
獲已故裁調近郡苟副衆心比當就功猶豫三年當此之時

寇鈔攝威不犯我境師徒奔北且西阻岷漢南州無事尚猶沖讓未肯築宮況陛下危側之世又乏大皇帝之德可不慮哉願陛下留意臣不虛言

胤字敬宗凱弟也始為御史尚書選曹郎太子和聞其名待以殊禮會全寄楊笁等阿附魯王霸與和分爭陰相譖搆胤坐収下獄楚毒備至終無他辭吳錄曰太子自懼黜廢而魯王覬覦益甚權時見楊竺辟左右而論霸之才竺深述霸有文武英姿宜為嫡嗣於是權乃許立焉有給使伏于牀下具聞之以告太子胤當至武昌往辭太子太子不見而微服至其車上與共密議欲令陸遜表諫既而遜有表極諫權疑竺泄之竺辭不服權使竺出尋其由竺白頃惟胤西行必其所道又遣問遜何由知之遜言胤所述召胤考問胤為太子隱曰楊竺向臣道之遂共為獄竺不勝痛毒服是所道初權疑竺泄之及服以為果然乃斬竺後為衡陽督軍都尉赤烏十一年交阯九真夷賊攻沒城邑交部搔動以胤為交州刺史安南校尉胤入南界喻以恩信務崇招納高涼渠帥黃吳等支黨三千餘家皆出降引軍而南重宣至誠遺以財幣賊帥百餘人民五萬餘家深幽不羈莫不稽顙交域清泰就加安南將軍復討蒼梧建陵賊破之前後出兵八千餘人以充軍用永安元年徵為西陵督封都亭侯後轉左虎林中書丞華覈表薦胤曰胤天姿聰朗才通行絜昔歷選曹遺跡可紀還在交州奉宣朝恩流民歸附海隅肅清蒼梧南海歲有舊風障氣之害風則折木飛砂轉石氣則霧鬱飛鳥不經自胤至州風氣絕息商旅平行民無疾疫田稼豐稔州治臨海海流秋鹹胤又畜水民得甘食惠風橫被化感人神遂憑天威招合遺散至被詔書當出民感其恩以忘戀土負老攜幼甘心景從衆無攜貳不煩兵衛自諸將合衆皆脅之以威未有如胤結以恩信者也銜命在州十有餘年賓帶殊俗寶玩所生而內無粉黛附珠之妾家無文甲犀象之珍方之今臣實難多得宜在輦轂股肱王室以贊唐虞康哉之頌江邊任輕不盡其才虎林選督堪之者衆若召還都寵以上司則天工畢脩庶績咸熙矣胤卒子式嗣為柴桑督揚武將軍天策元年與從兄禕俱徙建安天紀二年召還建業復將軍侯

評曰潘濬公清割斷陸凱忠壯質直皆節槩梗梗有大丈夫格業胤身絜事濟著稱南土可謂良牧矣

潘濬陸凱傳第十六　吳書　國志六十一

是儀胡綜傳第十七　吳書　國志六十二

是儀傳

是儀字子羽北海營陵人也本姓氏初爲縣吏後仕郡郡相孔融嘲儀言氏字民無上可改爲是乃遂改焉徐衆評曰古之建姓或以所生或以官號或以祖名皆有義體以明氏族故曰胙之以土而命之氏此先王之典也所以明本重始彰示功德子孫不忘也今離文析字橫生忌諱使儀易姓忘本詠祖不亦謬哉教人易姓從人改族融既失之儀又不得也後依劉繇避亂江東繇軍敗儀從會稽孫權承攝大業優文徵儀到見親任專典機密拜騎都尉呂蒙圖襲關羽權以問儀儀善其計勸權聽之從討羽拜忠義校尉儀陳謝權令曰孤雖非趙簡子卿安得不自屈爲周舍邪既定荊州都武昌拜裨將軍後封都亭侯守侍中欲復授兵儀自以非材固辭不受黃武中遣儀之皖就將軍劉邵欲誘致曹休休到大破之遷偏將軍入闕省尚書事外總平諸官兼領辭訟又令教諸公子書學大駕東遷太子登留鎮武昌使儀輔太子太子敬之事先諮詢然後施行進封都鄉侯後從太子還建業復拜侍中中執法平諸官事領辭訟如舊典校郎呂壹誣白故江夏太守刁嘉謗訕國政權怒收嘉

繫獄悉驗問時同坐人皆怖畏壹並言聞之儀獨云無聞於是見窮詰累日詔旨轉厲羣臣爲之屏息儀對曰今刀鋸已在臣頸臣何敢爲嘉隱諱自取夷滅爲不忠之鬼顧以聞知當有本末據實答問辭不傾移權遂舍之嘉亦得免徐衆評曰是儀以羇旅異方客仕吳朝值讒邪殄行當嚴毅之威命縣漏刻禍急危機不雷同以害人不苟免以傷義可謂忠勇公正之士雖祁奚之免叔向慶忌之濟朱雲何以尚之忠不諂君勇不黷罪公不存私正不黨邪資此之德加之以文敏崇之以謙約履之以和順保傳二宮存身愛名不亦宜乎蜀相諸葛亮卒權垂心西州遣儀使蜀申固盟好奉使稱意後拜尚書僕射南魯二宮初立儀以本職領魯王傅儀嫌二宮相近切乃上疏曰臣竊以魯王天挺懿德兼資文武當今之宜宜鎮四方爲國藩輔宣揚德美廣耀威靈乃國家之良規海內所瞻望但臣言辭鄙野不能究盡其意愚以二宮宜有降殺正上下之序明教化之本書三四上爲傅盡忠動輒規諫事上勤與人恭不治產業不受施惠爲屋舍財足自容鄰家有起大宅者權出望見問起大室者誰左右對曰似是儀家也權曰儀儉必非也問果他家其見知信如此服不精細食不重膳拯贍貧困家無儲畜權聞之幸

儀舍求視蔬飯親嘗之對之歎息即增俸賜益田宅儀累辭讓以恩爲戚時時有所進達未嘗言人之短權常責儀以不言事無所是非儀對曰聖王在上臣下守職懼於不稱實不敢以愚管之言上干天聽事國數十年未嘗有過呂壹白將相大臣或一人以罪聞者數四獨無以白儀權歎曰使人盡如是儀當安用科法爲及寢疾遺令素棺斂以時服務從省約年八十一卒

胡綜傳

胡綜字偉則汝南固始人也少孤母將避難江

東孫策領會稽太守綜年十四爲門下循行留吳與孫權共讀書策薨權爲討虜將軍以綜爲金曹從事從討黃祖拜鄂長權爲車騎將軍都京召綜還爲書部與是儀徐詳俱典軍國密事劉備下白帝權以見兵少使綜料諸縣得六千人立解煩兩部詳領左部綜領右部督吳將晉宗叛歸魏魏以宗爲蘄春太守去江數百里數爲寇害權使綜與賀齊輕行掩襲生虜得宗加建武中郎將魏拜權爲吳王封綜儀詳皆爲亭侯黃武八年夏黃龍見夏口於是權稱尊號因

瑞改元又作黃龍大牙常在中軍諸軍進退視其所向命綜作賦曰乾坤肇立三才是生狼弧垂象實惟兵精聖人觀法是效是營始作器械爰求厥成黃農創代拓定皇基上順天心下息民災高辛誅共舜征有苗啓有甘師湯有鳴條周之牧野漢之垓下靡不由兵克定厥緒明明大吳實天生德神武是經惟皇之極乃自在昔黃虞是祖越歷五代繼世在下應期受命發迹南土將恢大繇革我區夏乃律天時制爲神軍取象太乙五將三門疾則如電遲則如雲進止

有度約而不煩四靈既布黃龍處中周制日月實曰太常桀然特立六軍所望仙人在上鑒觀四方神實使之爲國休祥軍欲轉向黃龍先移金鼓不鳴寂然變施闇謨若神可謂祕奇在昔周室赤烏銜書今也大吳黃龍吐符合契河洛動與道俱天贊人和僉曰惟休蜀闇權踐阼遣使重申前好綜爲盟文文義甚美語在權傳權下都建業詳綜並爲侍中進封鄉侯兼左右領軍時魏降人或云魏都督河北振威將軍吳質頗見猜疑綜乃僞爲質作降文三條其一曰天

綱弛絶四海分崩羣生憔悴士人播越兵寇所加邑無居民風塵煙火往往而處自三代以來大亂之極未有若今時者也臣質志薄處時無方繫於土壤不能翻飛遂爲曹氏執事戎役遠處河朔天衢隔絶雖望風慕義思託大命媿無因緣得展其志每往來者颣聽風化伏知陛下齊德乾坤同明日月神武之姿受之自然敷演皇極流化萬里自江以南戶受覆燾英雄俊傑上達之士莫不心歌腹詠樂在歸附者也今年六月末奉聞吉日龍興踐阼恢弘大繇整理天

綱將使遺民覩見定主昔武王伐殷殷民倒戈高祖誅項四面楚歌方之今日未足以喻臣質不勝昊天至願謹遣所親同郡黃定恭行奉表及託降叛間關求達其欲所陳載列于左其二曰昔伊尹去夏入商陳平委楚歸漢書功竹帛遺名後世世主不謂之背誕者以爲知天命也臣昔爲曹氏所見交接外託君臣內如骨肉恩義綢繆有合無離遂受偏方之任摠河北之軍當此之時志望高大永與曹氏同死俱生惟恐功之不建事之不成耳及曹氏之亡後嗣繼立

幼沖統政讒言彌興同濟者以勢相害異趣者得間其言而臣受性簡略素不下人視彼數子意實迫之此亦臣之過也遂爲邪議所見搆會招致猜疑誣臣欲叛雖識眞者保明其心世亂讒勝餘嫌猶在常懼一旦横受無辜憂心孔疚如履冰炭昔樂毅爲燕昭王立功於齊惠王即位疑奪其任遂去燕之趙休烈不虧彼豈欲二三其德蓋畏功名不建而懼禍之將及也昔遣魏郡周光以賈販爲名託叛南詣宣達密計時以倉卒未敢便有章表使光口傳而已以爲天

下大歸可見天意所在非吳復誰此方之民思爲臣妾延頸舉踵惟恐兵來之遲耳若使聖恩少加信納當以河北承望王師疑心赤實天日是鑒而光去經年不聞咳唾未審此意竟得達不瞻望長歎日月以幾魯望高子何足以喻又臣今日見待稍薄蒼蠅之聲緜緜不絶必受此禍遲速事耳臣私度陛下未垂明慰者必以臣質貫穿仁義之道不行若此之事謂光所傳多虛少實或謂此中有他消息不知臣質搆讒見疑恐受大害也且臣質若有罪之日自當奔赴

鼎鑊束身待罪此蓋人臣之宜也今日無罪橫見譖毀將有商鞅白起之禍尋惟事勢去亦宜也死而弗義不去何為樂毅之出吳起之走君子傷其不遇未有非之者也願陛下推古況今不疑怪於臣質也又念人臣獲罪當如伍員奉己自效不當徼幸因事為利然今與古厥勢不同南北悠遠江湖隔絕自不舉事何得濟免是以忘志士之節而思立功之義也且臣質又以曹氏之嗣非天命所在政弱刑亂柄奪於臣諸將專威於外各自為政莫或同心士卒衰耗帑

藏空虛綱紀毀廢上下並昏想前後數得降叛具聞此問兼弱攻昧宜應天時此實陛下進取之秋是以區區敢獻其計今若內兵淮泗據有下邳荊揚二州聞聲響應臣從河北席卷而南形勢一連根牙永固關西之兵繫於所衛青徐二州不敢徼守許洛餘兵眾不滿萬誰能來東與陛下爭者此誠千載一會之期可不深思而熟計乎及臣所在既自多馬加以羌胡常以三四月中美草時驅馬來出隱度今者可得三千餘匹陛下出軍當投此時多將騎士來就馬耳此

皆先定所一二知凡兩軍不能相究虛實今此間實羸易可克定陛下舉動應者必多上定洪業使普天一統下令臣質建非常之功此乃天也若不見納此亦天也願陛下思之不復多陳其三曰昔許子遠捨袁就曹規畫計較應見納受遂破袁軍以定曹業向使曹氏不信子遠懷疑猶豫不決於心則今天下袁氏有也願陛下思之間聞界上將閻浮趙楫欲歸大化唱和不速以取破亡今臣款款遠授其命若復懷疑不時舉動令臣孤絕受此厚禍即恐天下雄夫烈士

欲立功者不敢復託命陛下矣願陛下思之皇天后土實聞其言此文既流行而質已入為侍中矣二年青州人隱蕃歸吳上書曰臣聞紂為無道微子先出高祖寬明陳平先入臣年二十二委棄封域歸命有道賴蒙天靈得自全致臣至止有日而主者同之降人未見精別使臣微言妙旨不得上達於邑三歎曷惟其已謹詣闕拜章乞蒙引見權即召入蕃謝答問及陳時務甚有辭觀綜時侍坐權問何如綜對曰蕃上書大語有似東方朔巧捷詭辯有似禰衡而才皆

不及權又問可堪何官綜對曰未可以治民且試以都輦小職權以蕃盛論刑獄用爲廷尉監左將軍朱據廷尉郝普稱蕃有王佐之才普尤與之親善常怨歎其屈後蕃謀叛事覺伏誅吳錄曰蕃有口才魏明帝使詐叛如吳令求作廷尉職重按大臣以離間之既爲廷尉監衆人以據普與蕃親善常車馬雲集賓客盈堂及至事覺蕃亡走捕得考問黨與蕃無所言吳主使將入謂曰何乃以肌肉爲人受毒乎蕃曰孫君丈夫圖事豈有無伴烈士死不足相牽耳遂閉口而死吳歷曰權問普卿前盛稱蕃又爲之怨望朝廷使蕃反叛皆卿之由普見責自殺據禁止歷時乃解拜綜偏將軍兼左執法領辭訟遼東之事輔吳將軍張昭以諫權言辭切至權亦大怒其和協彼此使之無隙綜

有力焉性嗜酒酒後歡呼極意或推引杯觴搏擊左右權愛其才弗之責也凡自權統事諸文誥策命鄰國書符略皆綜之所造也初以內外多事特立科長吏遭喪皆不得去而數有犯者權患之使朝臣下議綜議以爲宜定科文示以大辟行之一人其後必絕遂用綜言由是奔喪乃斷赤烏六年卒子沖嗣沖平和有文幹天紀中爲中書令吳錄曰沖後仕晉尚書郎吳郡太守徐詳者字子明吳郡烏程人也先綜死

評曰是儀徐詳胡綜皆孫權之時幹興事業者也儀清恪貞素詳數通使命綜文采才用各見信任譬之廣夏其榱椽之佐乎

是儀胡綜傳第十七

吳書　國志六十二

吳範劉惇趙達傳第十八　吳書　三國志六十三

吳範字文則會稽上虞人也以治曆數知風氣聞於郡中舉有道詣京師世亂不行會孫權起於東南範委身服事每有災祥輒推數言狀其術多效遂以顯名初權在吳欲討黃祖範曰今茲少利不如明年明年戊子荊州劉表亦身死國亡權遂征祖卒不能克明年軍出行及尋陽範見風氣因詣船賀催兵急行至即破祖祖得夜亡權恐失之範曰未遠必生禽祖至五更中果得之劉表竟死荊州分割及壬辰歲範又白言歲在甲午劉備當得益州後呂岱從蜀還遇之白帝說備部衆離落死亡且半事必不克權以難範範曰臣所言者天道也而岱所見者人事耳備卒得蜀權與呂蒙謀襲關羽議之近臣多曰不可權以問範範曰得之後羽在麥城使使請降權問範曰竟當降否範曰彼有走氣言降詐耳權使潘璋邀其徑路覘候者還白羽已去範曰雖去不免問其期曰明日日中權立表下漏以待之及中不至權問其故範曰時尚未正中

也頃之有風動帷範拊手曰羽至矣須臾外稱萬歲傳言得羽後權與魏爲好範曰以風氣言之彼以貌來其實有謀宜爲之備劉備盛兵西陵範曰後當和親終皆如言其占驗明審如此權以範爲騎都尉領太史令數從訪問欲知其決範祕惜其術不以至要語權權由是恨之吳錄曰範獨心計所以見重者術術亡則身棄矣故終不言

初權爲將軍時範嘗白言江南有王氣亥子之間有大福慶權曰若終如言以君爲侯及立爲吳王範時侍宴曰昔在吳中嘗言此事大王識之邪權曰有之因呼左右以侯綬帶範範知權欲以厭當前言輒手推不受及後論功行封以範爲都亭侯詔臨當出權恚其愛道於己也削除其名範爲人剛直頗好自稱然與親故交接有終始素與魏滕同邑相善滕嘗有罪權責怒甚嚴敢有諫者死範謂滕曰與汝偕死滕曰死而無益何用死爲範曰安能慮此坐觀汝邪乃髡頭自縛詣門下使鈴下以聞鈴下不敢曰必死不敢白範曰汝有子邪曰有曰使汝爲吳範死子以屬我鈴下曰諾乃排閤入言未卒權大怒欲便投以戟逡巡走出

範因突入叩頭流血言與涕竝良久權意釋乃免滕滕見範謝曰父母能生長我不能免我於死丈夫相知如汝足矣何用多爲會稽典錄曰滕字周林祖父河內太守朗字少英列在八俊滕性剛直行不苟合雖遭困偪終不迴撓初亦迕策幾殆賴太妃救得免語見妃嬪傳歷歷山當陽山陰三縣令鄱陽太守黃武五年範病卒長子先死少子尚幼於是業絕權追思之募三州有能舉知術數如吳範趙達者封千戶侯卒無所得吳錄曰範先知其死日謂權曰陛下某日當喪軍師權曰吾無軍師焉得喪之範曰陛下出軍臨敵須臣言而後行臣乃陛下之軍師也至其日果卒　臣松之案範死時權未稱帝此云陛下非也

劉惇傳

劉惇字子仁平原人也遭亂避地客遊廬陵事孫輔以明天官達占數顯於南土每有水旱寇賊皆先時處期無不中者輔異焉以爲軍師軍中咸敬事之號曰神明建安中孫權在豫章時有星變以問惇惇曰災在丹楊權曰何如曰客勝主人到其日當得問是時邊鴻作亂卒如惇言惇於諸術皆善尤明太一皆能推演其事窮盡要妙著書百餘篇名儒刀玄稱以爲奇惇亦寶愛其術不以告人故世莫得而明也

趙達傳

趙達河南人也少從漢侍中單甫受學用思精密謂東南有王者氣可以避難故脫身渡江治九宮一筭之術究其微旨是以能應機立成對問若神至計飛蝗射隱伏無不中效或難達曰飛者固不可校誰知其然此殆妄耳達使其人取小豆數斗播之席上立處其數驗覆果信嘗過知故知故爲之具食食畢謂曰倉卒乏酒又無嘉肴無以敘意如何達因取盤中隻箸再三從橫之乃言卿東壁下有美酒一斛又有鹿肉三斤何以辭無時坐有他賓內得主人情主人慙曰以卿善射有無欲相試耳竟效如此遂出酒酣飲又有書簡上作千萬數著空倉中封之令達筭之達處如數云但有名無實其精微若是達寶惜其術自闞澤殷禮皆名儒善士親屈節就學達秘而不告太史丞公孫滕少師事達勤苦累年達許教之者有年數矣臨當喻語而輒復止滕他日齎酒具候顏色拜跪而請達曰吾先人得此術欲圖爲帝王師至仕來三世不過太史郎誠不欲復傳之且此術微妙頭乘尾除一筭之法父子不相語然以子篤好不倦今

眞以相授矣飲酒數行達起取素書兩卷大如手指達曰當寫讀此則自解也吾久廢不復省之今欲思論一過數日當以相與勝如期往至乃陽求索書驚言失之云女壻昨來必是渠所竊遂從此絕初孫權行師征伐每令達有所推步皆如其言權問其法達終不語由此見薄祿位不至吳書曰初權即尊號令達筭作天子之後當復幾年達曰高祖建元十二年陛下倍之權大喜左右稱萬歲果如達言達常笑謂諸星氣風術者曰當迴筭帷幕不出戶牖以知天道而反晝夜暴露以望氣祥不亦難乎閒居無為引筭自校乃歎曰吾筭訖盡某年月日其終矣達妻數見達效聞而哭泣達欲弭妻意乃更步筭言向者謬誤耳尚未也後如期死權聞達有書求之不得乃錄問其女及發棺無所得法術絕焉吳錄曰皇象字休明廣陵江都人幼工書時有張子並陳梁甫能書甫恨逋並恨峻象斟酌其閒甚得其妙中國善書者不能及也嚴武字子卿衛尉畯再從子也圍棊莫與為輩宋壽占夢十不失一曹不興善畫權使畫屛風誤落筆點素因就以作蠅既進御權以為生蠅舉手彈之孤城鄭嫗能相人及範悼達八人世皆稱妙謂之八絕云 晉陽秋曰吳有葛衡字思眞明達天官能為機巧作渾天使地居于中以機動之天轉而地止以上應晷度

評曰三子各於其術精矣其用思妙矣然君子等役心神宜於大者遠者是以有識之士舍彼而取此也孫盛曰夫玄覽未然逆鑒來事雖裨竈梓愼其猶病諸況術之下此者乎吳史書達知東南當有王氣故輕舉濟江魏承漢緒受命中畿達不能豫覩兆萌而流竄吳越又不知吝術之鄙見薄於時安在其能逆覩天道而審帝王之符瑞哉昔聖王觀天地之文以畫八卦之象故亹亹成於蓍策變化形乎六爻是以三易雖殊卦繇理一安有迴轉一籌可以鉤深測隱意對逆占而能遂知來物者乎流俗好異妄設神奇不幸之中仲尼所棄是以君子志其大者無所取諸 臣松之以為盛云君子志其大者無所取諸故評家之旨非新聲也其餘所譏則皆為非理自中原酷亂至于建安數十年閒生民殆盡比至小康皆百死之餘耳江左雖有兵革不能如中國之甚也焉知達不筭其安危知禍有多少利在東南以全其身乎而責不知魏氏將興流播吳越在京房之疇猶不能自免刑戮況達但以秘術見薄在悔吝之閒乎古之道術蓋非一方探賾之功豈惟六爻苟得其要則可以易而知之矣迴轉一籌胡足怪哉達之推筭窮其要妙以知幽測隱何愧於古而以裨梓限之謂達為妄非篤論也 抱朴子曰時有葛仙公者每飲酒醉常入人家門前陂水中臥竟日乃出曾從吳主別到洌洲還遇大風百官船多沒仙公船亦沒淪吳主甚悵恨明日使人鉤求公船而登高以望焉久之見公步從水上來衣履不沾而有酒色既見而言曰臣昨侍從而伍子胥見請暫過設酒匆匆不得即委之又有姚光者有火術吳主身臨試之積荻數千束使光坐其上又以數千束荻裹之因猛風而燔之荻了盡謂光當以化為燼而光端坐灰中振衣而起把一卷書吳主取其書視之不能解也 又曰吳景帝有疾求覡視者得一人景帝欲試之乃殺鵝而埋於苑中架小屋施牀几以婦人屐履服物著其上乃使覡視之告曰若能說此冢中鬼婦人形狀者當加賞而即信矣竟日盡夕無言帝推問之急乃曰實不見有鬼但見一頭白鵝立墓上所以不即白之疑是鬼神變化作此相當候其真形而定無復移易不知何故不敢不以實上聞景帝乃厚賜之然則鵝死亦有鬼也 葛洪神仙傳曰仙人介象字元則會稽人有諸方術吳主聞之徵象到武昌甚敬貴之稱為介君為起宅以御帳給之賜遺前後累千金從象學蔽形之術試還後宮及出殿門莫有見者又使象作變化種瓜菜百果皆立生可食吳主共論鱠魚何者最美象曰鯔魚為上吳主曰論近道魚耳此出海中安可得邪象曰可得耳乃令人於殿庭中作方埳汲水滿之并求鉤象起餌之垂綸於埳中須臾果得鯔魚吳主驚喜問象曰可食不象曰故為陛下取以作生鱠安敢取不可食之物乃使廚下切之

吳主曰聞蜀使來得蜀薑作齏甚好恨爾時無此象曰蜀薑
豈不易得願差所使者并付直吳主指左右一人以錢五十
付之象書一符以著青竹杖中使行人閉目騎杖杖止便買
薑訖復閉目此人承其言騎杖須臾止已至成都不知是何
處問人人言是蜀市中乃買薑于時吳使張溫先在蜀既於
市中相識甚驚便作書寄其家此人買薑畢捉書負薑騎杖
閉目須臾已還到吳廚下切膾適了臣松之以為葛洪所記
近為惑衆其書文頗行世故撮取數事載之篇末也神仙之
術詎可測量臣之臆斷以為
惑衆所謂夏蟲不知冷冰耳

吳範劉惇趙達傳第十八

吳書 國志六十三

諸葛滕二孫濮陽傳第十九　吳書　國志六十四

諸葛恪傳

諸葛恪字元遜瑾長子也少知名（江表傳曰恪少有才名發藻岐嶷辯論應機莫與爲對權見而奇之謂瑾曰藍田生玉真不虛也　吳録曰恪長七尺六寸少鬚眉折頞廣額大口高聲）弱冠拜騎都尉與顧譚張休等侍太子登講論道藝並爲賓友從中庶子轉爲左輔都尉恪父瑾面長似驢孫權大會羣臣使人牽一驢入長檢其面題曰諸葛子瑜恪跪曰乞請筆益兩字因聽與筆恪續其下曰之驢舉坐懽笑乃以驢賜恪他日復見權問恪曰卿父與叔父孰賢對曰臣父爲優權問其故對曰臣父知所事叔父不知以是爲優權又大嘲恪命恪行酒至張昭前昭先有酒色不肯飲曰此非養老之禮也權曰卿其能令張公辭屈乃當飲之耳恪難昭曰昔師尚父九十秉旄仗鉞猶未告老也今軍旅之事將軍在後酒食之事將軍在先何謂不養老也昭卒無辭遂爲盡爵後蜀使至羣臣並會權謂使曰此諸葛恪雅好騎乘還告丞相爲致好馬恪因下謝權曰馬未至而謝何也恪對曰夫蜀者陛下之外廄今有恩詔馬必至也安敢不謝恪之才捷皆

此類也（恪別傳曰權嘗饗蜀使費禕先逆勑羣臣使至伏食勿起禕至權爲輟食而羣下不起禕嘲之曰鳳皇來翔騏驎吐哺驢騾無知伏食如故恪荅曰爰植梧桐以待鳳皇有何燕雀自稱來翔何不彈射使還故鄉禕停食餅索筆作麥賦恪亦請筆作磨賦咸稱善焉權嘗問恪頃何以自娛而更肥澤恪對曰臣聞富潤屋德潤身臣非敢自娛脩己而已又問卿何如滕胤恪荅曰登階躡履臣不如胤迴籌轉策胤不如臣恪嘗獻權馬先鑴其耳范愼時在坐嘲恪曰馬雖大畜稟氣於天今殘其耳豈不傷仁恪荅曰母之於女恩愛至矣穿耳附珠何傷於仁太子嘗嘲恪諸葛元遜可食馬矢恪曰願太子食雞卵權曰人令卿食馬矢卿使人食雞卵何也恪曰所出同耳權大笑　江表傳曰曾有白頭鳥集殿前權曰此何鳥也恪曰白頭翁也張昭自以坐中最老疑恪以鳥戲之因曰恪欺陛下未嘗聞鳥名白頭翁者試使恪復求白頭母恪曰鳥名鸚母未必有對試使輔吳復求鸚父昭不能荅坐中皆歡笑）權甚異之欲試以事令守節度節度掌軍糧穀文書繁猥非其好也（江表傳曰權爲吳王初置節度官使典掌軍糧非漢制也初用侍中偏將軍徐詳詳死將用恪諸葛亮聞恪代詳書與陸遜曰家兄年老而恪性疏今使典主糧穀糧穀軍之要最僕雖在遠竊用不安足下特爲啓至尊轉之遜以白權即轉恪領兵）恪以丹楊山險民多果勁雖前發兵徒得外縣平民而已其餘深遠莫能禽盡屢自求乞爲官出之三年可得甲士四萬衆議咸以丹陽地勢險阻與吳郡會稽新都鄱陽四郡鄰接周旋數千里山谷萬重其幽邃民人未嘗入城邑對長吏皆仗兵野逸白首於林莽逋亡宿惡咸共逃竄山出銅鐵自鑄甲兵俗好武習戰高尚氣力其升山赴險抵突叢棘若魚之走淵猨狖之騰木也時觀閒隙出爲寇盜每致兵

征伐尋其窟藏其戰則蜂至敗則鳥竄自前世以來不能羈也皆以為難恪父瑾聞之亦以事終不逮歎曰恪不大興吾家將大赤吾族也恪盛陳其必捷權拜恪撫越將軍領丹楊太守授棨戟武騎三百拜畢命恪備威儀作鼓吹導引歸家時年三十二恪到府乃移書四部屬城長吏令各保其疆界明立部伍其從化平民悉令屯居乃分內諸將羅兵幽阻但繕藩籬不與交鋒候其穀稼將熟輒縱兵芟刈使無遺種舊穀既盡新田不收平民屯居略無所入於是山民

饑窮漸出降首恪乃復敕下曰山民去惡從化皆當撫慰徙出外縣不得嫌疑有所執拘臼陽長胡伉得降民周遺遺舊惡民困迫暫出內圖叛逆伉縛送言府恪以伉違教遂斬以徇以狀表上民聞伉坐執人被戮知官惟欲出之而已於是老幼相攜而出歲期人數皆如本規恪自領萬人餘分給諸將權嘉其功遣尚書僕射薛綜勞軍綜先移恪等曰山越恃阻不賓歷世緩則首鼠急則狼顧皇帝赫然命將西征神策內授武師外震兵不染鍔甲不沾汗元惡既梟種

黨歸義蕩滌山藪獻戎十萬野無遺寇邑罔殘姦既掃兇慝又充軍用藜蓧稂莠化為善草魑魅魍魎更成虎士雖實國家威靈之所加亦信元帥臨履之所致也雖詩美執訊易嘉折首周之方召漢之衛霍豈足以談功軼古人勳超前世主上歡然遙用歎息感四牡之遺典思飲至之舊章故遣中臺近官迎致犒賜以旌茂功以慰劬勞拜恪威北將軍封都鄉侯恪乞率衆佃廬江皖口因輕兵襲舒掩得其民而還復遠遣斥候觀相徑要欲圖壽春權以為不可赤烏中

魏司馬宣王謀欲攻恪權方發兵應之望氣者以為不利於是徙恪屯於柴桑與丞相陸遜書曰楊敬叔傳述清論以為方今人物彫盡守德業者不能復幾宜相左右更為輔車上熙國事下相珍惜又疾世俗好相謗毀使已成之器中有損累將進之徒意不歡笑聞此喟然誠獨擊節愚以為君子不求備於一人自孔氏門徒大數三千見其異者七十二人至于子張子路子貢等七十之徒亞聖之德然猶各有所短師辟由喭賜不受命豈況下此而無所闕且仲尼不

以數子之不備而引以爲友不以人所短棄其所長也加以當今取士宜寬於往古何者時務從橫而善人單少國家職司常苦不充苟令性不邪惡志在陳力便可獎就騁其所任若於小小宜適私行不足皆宜闊略不足縷責且士誠不可纖論苛克苛克則彼賢聖猶將不全況其出入者邪故曰以道望人則難以人望人則易賢愚可知自漢末以來中國士大夫如許子將輩所以更相謗訕或至爲禍原其本起非爲大讎惟坐克己不能盡如禮而責人專以正義夫己不如禮則人不服責人以正義則人不堪內不服其行外不堪其責則不得不相怨相怨一生則小人得容其間得容其間則三至之言浸潤之譖紛錯交至雖使至明至親者處之猶難以自定況己爲隙且未能明者乎是故張陳至於血刃蕭朱不終其好本由於此而已夫不捨小過纖微相責久久至於家戶爲怨一國無復全行之士也恪知遜以此嫌己故遂廣其理而贊其旨也會遜卒恪遷大將軍假節駐武昌代遜領荊州事久之權不豫而太子少乃徵恪以

大將軍領太子太傅中書令孫弘領少傅權疾困召恪弘及太常滕胤將軍呂據侍中孫峻屬以後事吳書曰權寢疾議所付託時朝臣咸皆注意於恪而孫峻表恪器任輔政可付大事權嫌恪剛很自用峻以當今朝臣皆莫及遂固保之乃徵恪後引恪等見臥內受詔牀下權詔曰吾病困矣恐不復相見諸事一以相委恪歔欷流涕曰臣等皆受厚恩當以死奉詔願陛下安精神損思慮無以外事爲念權詔有司諸事一統於恪惟殺生大事然後以聞爲治第館設陪衛羣官百司拜揖之儀各有品敘諸法令有不便者條列以聞權輒聽之中外翕然人懷歡欣翌日權薨弘素與恪不平懼爲恪所治祕權死問欲矯詔除恪峻以告恪恪請弘咨事於坐中誅之乃發喪制服與弟公安督融書曰今月十六日乙未大行皇帝委棄萬國羣下大小莫不傷悼至吾父子兄弟並受殊恩非徒凡庸之隸是以悲慟肝心圮裂皇太子以丁酉踐尊號哀喜交并不知所措吾身受顧命輔相幼主竊自揆度才非博陸而受姬公負圖之託懼忝丞相輔漢之效恐損先帝委付之明是以憂懼惶惶所慮萬端且民惡其上動見瞻觀何時易哉今以頑鈍之姿處保傅之位艱多智寡任重謀淺誰爲脣齒近漢之世燕蓋交遘有上官之變以身值此何敢怡豫邪又弟所在與賊犬牙相錯當於今時整頓軍具率厲將士警備過常念出

萬死無顧一生以報朝廷無忝爾先又諸將備
守各有境界猶恐賊虜聞諱忿睢寇竊邊邑諸
曹已別下約敕所部督將不得妄委所戍徑來
奔赴雖懷愴怛不忍之心公義奪私伯禽服戎
若苟違戾非徒小故以親正疏古今明戒也恪
更拜太傅於是罷視聽息校官原逋責除關稅
事崇恩澤衆莫不悅恪每出入百姓延頸思見
其狀初權黃龍元年遷都建業二年築東興隄
遏湖水後征淮南敗以內船由是廢不復脩恪
以建興元年十月會衆於東興更作大隄左右

結山俠築兩城各留千人使全端留略守之引
軍而還魏以吳軍入其疆土恥於受侮命大將
胡遵諸葛誕等率衆七萬欲攻圍兩塢圖壞隄
遏恪興軍四萬晨夜赴救遵等敕其諸軍作浮
橋度陣於隄上分兵攻兩城城在高峻不可卒
拔恪遣將軍留贊呂據唐咨丁奉為前部時天
寒雪魏諸將會飲見贊等兵少而解置鎧甲不
持矛戟但兜鍪刀楯倮身緣遏大笑之不即嚴
兵兵得上便鼓譟亂斫魏軍驚擾散走爭渡浮
橋橋壞絕自投於水更相蹈藉樂安太守桓嘉

等同時并沒死者數萬故叛將韓綜為魏前軍
督亦斬之獲車乘牛馬驢騾各數千資器山積
振旅而歸進封恪陽都侯加荊楊州牧督中外
諸軍事賜金一百斤馬二百匹繒布各萬匹恪
遂有輕敵之心以十二月戰克明年春復欲出
軍（漢晉春秋曰恪使司馬李衡往蜀說姜維令同舉曰古人有言聖人不能為時時至亦不可失也今敵政在私門外內猜隔兵挫於外而民怨於內自曹操以來彼之亡形未有如今者也若大舉伐之使吳攻其東漢入其西彼救西則東虛重東則西輕以練實之軍乘虛輕之敵破之必矣維從之）諸大臣以為數出
罷勞同辭諫恪恪不聽中散大夫蔣延或以固
爭扶出恪乃著論諭衆意曰夫天無二日土無

二王王者不務兼并天下而欲垂祚後世古今
未之有也昔戰國之時諸侯自恃兵彊地廣互
有救援謂此足以傳世人莫能危恣情從懷憚
於勞苦使秦漸得自大遂以并之此既然矣近
者劉景升在荊州有衆十萬財穀如山不及曹
操尚微與之力競坐觀其彊大吞滅諸袁北方
都定之後操率三十萬衆來向荊州當時雖有
智者不能復為畫計於是景升兒子交臂請降
遂為囚虜凡敵國欲相吞即仇讎欲相除也有
讎而長之禍不在己則在後人不可不謂遠慮

也昔伍子胥曰越十年生聚十年教訓二十年之外吳其爲沼乎夫差自恃彊大聞此邈然是以誅子胥而無備越之心至於臨敗悔之豈有及乎越小於吳尚爲吳禍況其彊大者邪昔秦但得關西耳尚以并吞六國今賊皆得秦趙韓魏燕齊九州之地地悉戎馬之鄉士林之藪今以魏比古之秦土地數倍以吳與蜀比古六國不能半之然今所以能敵之但以操時兵衆於今適盡而後生者未悉長大正是賊衰少未盛之時加司馬懿先誅王淩續自隕斃其子幼弱而專彼大任雖有智計之士未得施用當今伐之是其厄會聖人急於趨時誠謂今日若順衆人之情懷偷安之計以爲長江之險可以傳世不論魏之終始而以今日遂輕其後此吾所以長歎息者也自本以來務在產育今者賊民歲月繁滋但以尚小未可得用耳若復十數年後其衆必倍於今而國家勁兵之地皆已空盡唯有此見衆可以定事若不早用之端坐使老復十數年略當損半而見子弟數不足言若賊衆一倍而我兵損半雖復使伊管圖之未可如何今

不達遠慮者必以此言爲迂夫禍難未至而豫憂慮此固衆人之所迂也及於難至然後頓顙雖有智者又不能圖此乃古今所病非獨一時昔吳始以伍員爲迂故難至而不可救劉景升不能慮十年之後故無以詒其子孫今恪無具臣之才而受大吳蕭霍之任智與衆同思不經遠若不及今日爲國斥境俛仰年老而讎敵更彊欲刎頸謝責寧有補邪今聞衆人或以百姓尚貧欲務閑息此不知慮其大危而愛其小勤者也昔漢祖幸已自有三秦之地何不閉關守險以自娛樂空出攻楚身被創痍介冑生蟣蝨將士厭困苦豈甘鋒刃而忘安寧哉慮於長久不得兩存者耳每覽荊邯說公孫述以進取之圖近見家叔父表陳與賊爭競之計未嘗不喟然歎息也夙夜反側所慮如此故聊疏愚言以達二三君子之末若一朝隕歿志畫不立貴令來世知我所憂可思於後衆皆以恪此論欲必爲之辭然莫敢復難丹楊太守聶友素與恪善書諫恪曰大行皇帝本有遏東關之計計未施行今公輔贊大業成先帝之志寇遠自送將士憑賴威

德出身用命一旦有非常之功豈非宗廟神靈
社稷之福邪宜且案兵養銳觀釁而動今乘此
勢欲復大出天時未可而苟任盛意私心以爲
不安恪題論後爲書荅友曰足下雖有自然之
理然未見大數熟省此論可以開悟矣於是違
衆出軍大發州郡二十萬衆百姓騷動始失人
心恪意欲曜威淮南驅略民人而諸將或難之
曰今引軍深入疆埸之民必相率遠遁恐兵勞
而功少不如止圍新城新城困救必至至而圖
之乃可大獲恪從其計迴軍還圍新城攻守連

月城不拔士卒疲勞因暑飲水泄下流腫病者
太半死傷塗地諸營吏日白病者多恪以爲詐
欲斬之自是莫敢言恪內惟失計而恥城不下
忿形於色將軍朱異有所是非恪怒立奪其兵
都尉蔡林數陳軍計恪不能用策馬奔魏魏知
戰士罷病乃進救兵恪引軍而去士卒傷病流
曳道路或頓仆坑壑或見略獲存亡忿痛大小
呼嗟而恪晏然自若出住江渚一月圖起田於
潯陽詔召相銜徐乃旋師由此衆庶失望而怨
黷興矣秋八月軍還陳兵導從歸入府館即召

中書令孫嘿厲聲謂曰卿等何敢妄數作詔嘿
惶懼辭出因病還家恪征行之後曹所奏署令
長職司一罷更選愈治威嚴多所罪責當進見
者無不竦息又改易宿衛用其親近復勑兵嚴
欲向青徐孫峻因民之多怨衆之所嫌構恪欲
爲變與亮謀置酒請恪恪將見之夜精爽擾動
通夕不寐明將盥漱聞水腥臭侍者授衣衣服
亦臭恪怪其故易衣易水其臭如初意悵悵不
悅嚴畢趨出犬銜引其衣恪曰犬不欲我行乎
還坐頃刻乃復起犬又銜其衣恪令從者逐犬

遂升車初恪將征淮南有孝子著縗衣入其閤
中從者白之令外詰問孝子曰不自覺入時中
外守備亦悉不見衆皆異之出行之後所坐廳
事屋棟中折自新城出住東興有白虹見其船
還拜蔣陵白虹復繞其車及將見駐車宮門峻
已伏兵於帷中恐恪不時入事泄自出見恪曰
使君若尊體不安自可須後峻當具白主上欲
以嘗知恪恪荅曰當自力入散騎常侍張約朱
恩等密書與恪曰今日張設非常疑有他故恪
省書而去未出路門逢太常滕胤恪曰卒腹痛

不任入亂不知峻陰計謂恪曰君自行旋未見今上置酒請君君已至門宜當力進恪躊躇而還劍履上殿謝亮還坐設酒恪疑未飲峻因曰使君病未善平當有常服藥酒自可取之恪意乃安別飲所齎酒吳歷曰張約朱恩密疏告恪恪以示滕胤胤勸恪還恪曰峻小子何能為邪但恐因酒食中人耳乃以藥酒入 孫盛評曰恪與胤親厚約等疏非常大事勢應示胤共謀安危然恪性彊梁加素侮峻自不信故入豈胤勸便為之冒禍乎吳歷為長酒數行亮還內峻起如廁解長衣著短服出曰有詔收諸葛恪吳錄曰峻持刀稱詔收恪亮起立曰非我所為非我所為乳母引亮還內 吳歷云峻先引亮入然後出稱詔與本傳同 臣松之以為峻欲稱詔宜如本傳及吳歷不得如吳錄所言恪驚起拔劍未得而峻刀交下張約從旁斫峻裁傷左手峻應手斫約斷右臂武衛之士皆趨上殿峻曰所取者恪也今已死悉令復刃乃除地更飲搜神記曰恪入已被殺其妻在室使婢曰汝何故血臭婢曰不也有頃愈劇又問婢曰汝眼目視瞻何以不常婢蹷然起躍頭至于棟攘臂切齒而言曰諸葛公乃為孫峻所殺於是大小知恪死矣而吏兵尋至 志林曰初權病篤召恪輔政臨去大司馬呂岱戒之曰世方多難子每事必十思恪答曰昔季文子三思而後行夫子曰再思可矣今君令恪十思明恪之劣也岱無以答當時咸謂之失言虞喜曰夫託以天下至重也以人臣行主威至難也兼二至而管萬機能勝之者鮮矣自非採納羣謀詢于芻蕘虛己受人常若不足則功名不成勳績莫著況呂侯國之元耆智度經遠而甫以十思戒之而便以示劣見拒此元遜之疎乃機神不俱者也若因十思之義廣諮當世之務聞善速於雷動從諫急於風移豈得隕首殿堂死凶豎之刃世人奇其英辯造次可觀而哂呂侯無對為陋不思安危終始之慮是樂春藻之繁華而忘秋實之甘口也昔魏人伐蜀蜀人御之精嚴垂發六軍雲

擾士馬擐甲羽檄交馳費禕時為元帥荷國任重而與來敏圍棊意無厭倦敏臨別謂禕君必能辦賊者也言其明略內定貌無憂色況長寧以為君子臨事而懼好謀而成者且蜀為蕞爾之國而方向大敵所規所圖唯守與戰何可矜己有餘晏然無戚斯乃性之寬簡不防細微卒為降人郭脩所害豈非兆見於彼而禍成於此哉往聞長寧之甄文偉今覩元遜之逆呂侯二事體同故並而載之可以鏡識于後永為世鑒先是童謠曰諸葛恪蘆葦單衣篾鉤落於何相求成子閤成子閤者反語石子岡也建業南有長陵名曰石子岡葬者依焉鉤落者校飾革帶世謂之鉤絡帶恪果以葦席裹其身而篾束其要投之於此岡吳錄曰恪時年五十一恪長子綽騎都尉以交關魯王事權遣付恪令更教誨恪鴆殺之中子竦長水校尉少子建步兵校尉聞恪誅車載其母而走峻遣騎督劉承追斬竦於白都建得渡江欲北走魏行數十里為追兵所逮恪外甥都鄉侯張震及常侍朱恩等皆夷三族初竦數諫恪恪不從常憂懼禍及亡臨淮臧均表乞收葬恪曰臣聞震雷電激不崇一朝大風衝發希有極日然猶繼以雲雨因以潤物是則天地之威不可經日浹辰帝王之怒不宜訖情盡意臣以狂愚不知忌諱敢冒破滅之罪以邀風雨之會伏念故太傅諸葛恪得承祖考風流之烈伯叔諸父遭漢祚盡九

州鼎立分託三方並履忠勤熙隆世業爰及於恪生長王國陶育聖化致名英偉服事累紀禍心未萌先帝委以伊周之任屬以萬機之事恪素性剛愎矜己陵人不能敬守神器穆靜邦內興功暴師未期三出虛耗士民空竭府藏專擅國憲廢易由意假刑劫衆大小屏息侍中武衛將軍都鄉侯俱受先帝囑寄之詔見其姦虐日月滋甚將恐蕩搖宇宙傾危社稷奮其威怒精貫昊天計慮先於神明智勇百於荊聶躬持白刃梟恪殿堂勳超朱虛功越東牟國之元害一

朝大除馳首徇示六軍喜踴日月增光風塵不動斯實宗廟之神靈天人之同驗也今恪父子三首縣市積日觀者數萬詈聲成風國之大刑無所不震長老孩幼無不畢見人情之於品物樂極則哀生見恪貴盛世莫與貳身處台輔中間歷年今之誅夷無異禽獸觀訖情反能不憯然且已死之人與土壤同域鑿掘斫刺無所復加願聖朝稽則乾坤怒不極旬使其鄉邑若故吏民收以士伍之服惠以三寸之棺昔項籍受殯葬之施韓信獲收歛之恩斯則漢高發神明

之譽也惟陛下敦三皇之仁垂哀矜之心使國澤加於辜戮之骸復受不已之恩於以揚聲遐方沮勸天下豈不弘哉昔欒布矯命彭越臣竊恨之不先請主上而專名以肆情其得不誅實為幸耳今臣不敢章宣愚情以露天恩謹伏手書冒昧陳聞乞聖朝哀察於是亮峻聽恪故吏歛葬遂求之於石子岡江表傳曰朝臣有乞為恪立碑以銘其勳績者博士盛沖以為不應孫休曰盛夏出軍士卒傷損無尺寸之功不可謂能受託孤之任死於豎子之手不可謂智沖議為是遂寢

始恪退軍還聶友知其將敗書與滕胤曰當人彊盛河山可拔一朝羸縮人情萬端言之

悲歎恪誅後孫峻忌友欲以為鬱林太守友發病憂死友字文悌豫章人也吳錄曰友有脣吻少為縣吏虞翻從交州縣令使友送之翻與語而奇焉為書與豫章太守謝斐令以為功曹郡時見有功曹斐見之問曰縣吏聶友可堪何職對曰此人縣閒小吏耳猶可堪曹佐斐曰論者以為宜作功曹君其避之乃用為功曹使至都諸葛恪友之時論謂顧子嘿子直其間無所復容恪欲以友居其間由是知名後為將討儋耳還拜丹陽太守年三十三卒

滕胤傳

滕胤字承嗣北海劇人也伯父耽父冑與劉繇州里通家以世擾亂渡江依繇孫權為車騎將軍拜耽右司馬以寬厚稱早卒無嗣冑善屬文權待以賓禮軍國書疏常令損益潤色之亦不

幸短命權為吳王追錄舊恩封胤都亭侯少有節操美容儀吳書曰胤年十二而孤單煢立能治身厲行為人白晳威儀可觀每正朔朝賀脩勤在位大臣見者莫不歎賞弱冠尚公主年三十起家為丹楊太守徙吳郡會稽所在見稱吳書曰胤上表陳及時宜及民間優劣多所匡弼權以胤故增重公主之賜屢加存問胤每聽辭訟斷罪法察言觀色務盡情理人有窮冤悲苦之言對之流涕太元元年權寢疾詣都留為太常與諸葛恪等俱受遺詔輔政孫亮即位加衛將軍恪將悉衆伐魏胤諫恪曰君以喪代之際受伊霍之託入安本朝出摧彊敵名聲振於海內天下莫不震動萬姓之心冀得蒙君而息今猥以勞役之後興

師出征民疲力屈遠主有備若攻城不克野略無獲是喪前勞而招後責也不如案甲息師觀隙而動且兵者大事事以衆濟衆苟不悅君獨安之恪曰諸云不可者皆不見計算懷居苟安者也而子復以為然吾何望焉夫以曹芳闇劣而政在私門彼之臣民固有離心今吾因國家之資藉戰勝之威則何往而不克哉以胤為都下督掌統留事胤白日接賓客夜省文書或通曉不寐吳書曰胤寵任彌高接士愈下表奏書疏皆自經意不以委下

孫峻傳

孫峻字子遠孫堅弟靜之曾孫也靜生暠暠生恭為散騎侍郎恭生峻少便弓馬精果膽決孫權末徙武衛都尉為侍中權臨薨受遺輔政領武衛將軍故典宿衛封都鄉侯既誅諸葛恪遷丞相大將軍督中外諸軍事假節進封富春侯滕胤以恪子竦妻父辭位峻曰鯀禹罪不相及滕侯何為峻胤雖內不沾洽而外相苞容進胤爵高密侯共事如前吳錄曰羣臣上奏共推峻為太尉議胤為司徒時有媚峻者以為大統宜在公族若滕胤為亞公聲名素重衆心所附不可貳也乃表以峻為丞相又不置御史大夫士人皆失望矣峻素無重名驕矜險害多所刑殺百姓囂然又姦

亂宮人與公主魯班私通五鳳元年吳侯英謀殺峻英事泄死二年魏將毋丘儉文欽以衆叛與魏人戰于樂嘉峻帥驃騎將軍呂據左將軍留贊襲壽春會欽敗降軍還吳書曰留贊字正明會稽長山人少為郡吏與黃巾賊帥吳桓戰手斬得桓贊一足被創遂屈不伸然性烈好讀兵書及三史每覽古良將戰攻之勢輒對書獨歎因呼諸近親謂曰今天下擾亂英豪並起歷觀前世富貴非有常人而我屈躄在閭巷之間存亡無以異今欲割引吾足幸不死而足申幾復見用死則已矣親戚皆難之有閒贊乃以刀自割其筋血流滂沲氣絕良久家人驚怖亦以既爾遂引申其足足申創愈以得蹉步凌統聞之請與相見甚奇之乃表薦贊遂被試用累有戰功稍遷屯騎校尉時事得失每常規諫好直言不阿旨權以此憚之諸葛恪征東興贊為前部合戰先陷陣大敗魏師遷左將軍孫峻征淮南授贊節拜左護軍未至壽春道路病發峻令贊將車重先還魏將蔣班以步騎四千追贊贊病困不能整陣知必敗乃解曲蓋印綬

付弟子以歸曰吾自爲將破敵搴旗未嘗負敗今病困兵羸衆寡不敵汝速去矣俱死無益於國適所以快敵耳弟子不肯受授刀欲斫之乃去初贊爲將臨敵必先被髮叫天因抗音而歌左右應之畢乃進戰戰無不克及敗歎曰吾戰有常術今病困若此固命也遂被害時年七十二衆庶痛惜焉二子略平並爲大將是歲蜀使來聘將軍孫儀孫邵綝恂等欲因會殺峻事泄儀等自殺死者數十人并及公主魯育峻欲城廣陵朝臣知其不可城而畏之莫敢言唯滕胤諫止不從而功竟不就其明年文欽說峻征魏峻使欽與呂據車騎劉纂鎮南朱異前將軍唐咨自江都入淮泗以圖青徐峻與胤至石頭因餞之領從者百許人入據營據御軍齊整峻惡之稱

心痛去遂夢爲諸葛恪所擊恐懼發病死時年三十八以後事付綝

孫綝傳

孫綝字子通與峻同祖綝父綽爲安民都尉綝始爲偏將軍及峻死爲侍中武衛將軍領中外諸軍事代知朝政呂據聞之大恐與諸督將連名共表薦滕胤爲丞相綝更以胤爲大司馬代呂岱駐武昌據引兵還使人報胤欲共廢綝綝聞之遣從兄慮將兵逆據於江都使中使勑文欽劉纂唐咨等合衆擊據遣侍中左將軍華融

中書丞丁晏告胤取據并喻胤宜速去意胤自以禍及因留融晏勒兵自衛召典軍楊崇將軍孫咨告以綝爲亂迫融等使有書難綝綝不聽表言胤反許將軍劉丞以封爵使率兵騎急攻圍胤胤又劫融等使詐詔發兵融等不從胤皆殺之文士傳曰華融字德蕤廣陵江都人祖父避亂居山陰蕊山下時皇象亦寓居山陰吳郡張溫來就象學欲得所舍或告溫曰蕊山下有華德蕤者雖年少美有令志可舍也溫遂止融家朝夕談講俄而溫爲選部尚書乃擢融爲太子庶子遂知名顯達融子諝黃門郎與融并見害次子譚以才辯稱晉祕書監胤顏色不變談笑若常或勸胤引兵至蒼龍門將士見公出必皆委綝就公時夜已半胤恃與據期又難舉

兵向宮乃約令部曲說呂侯以在近道故皆爲胤盡死無離散者時大風比曉據不至綝兵大會遂殺胤及將士數十人夷胤三族臣松之以爲孫綝雖凶虐與滕胤宿無嫌隙胤若且順綝意出鎮武昌豈徒免當時之禍乃將永保元吉而犯機觸害自取夷滅悲夫綝遷大將軍假節封永寧侯負貴倨傲多行無禮初峻從弟慮與誅諸葛恪之謀峻厚之至右將軍無難督授節蓋平九官事綝遇慮薄於峻時慮與將軍王惇謀殺綝綝殺惇慮服藥死魏大將軍諸葛誕舉壽春叛保城請降吳遣文欽唐咨全端全懌等帥三萬人救之魏鎮南將軍王

基圍誕欽等突圍入城魏悉中外軍二十餘萬增誕之圍朱異帥三萬人屯安豐城爲文欽勢魏兖州刺史州泰拒異於陽淵異敗退爲泰所追死傷二千人綝於是大發卒出屯鑊里復遣異率將軍丁奉黎斐等五萬人攻魏留輜重於都陸異屯黎漿遣將軍任度張震等募勇敢六千人於屯西六里爲浮橋夜渡築偃月壘爲魏監軍石苞及州泰所破軍却退就高異復作車箱圍趣五木城苞泰攻異異敗歸而魏太山太守胡烈以奇兵五千詭道襲都陸盡焚異資糧綝授兵三萬人使異死戰異不從綝斬之於鑊里而遣弟恩救會誕敗引還綝既不能拔出誕而喪敗士衆自戮名將莫不怨之綝以孫亮始親政事多所難問甚懼還建業稱疾不朝築室于朱雀橋南使弟威遠將軍據入蒼龍宿衛弟武衛將軍恩偏將軍幹長水校尉闓分屯諸營欲以專朝自固亮內嫌綝乃推魯育見殺本末責怒虎林督朱熊熊弟外部督朱損不匡正孫峻乃令丁奉殺熊於虎林殺損於建業綝入諫不從亮遂與公主魯班太常全尚將軍劉承議誅

綝亮妃綝從姊女也以其謀告綝綝率衆夜襲全尚遣弟恩殺劉承於蒼龍門外遂圍宮江表傳曰亮召全尚息黃門侍郎紀密謀曰孫綝專勢輕小於孤孤見勑之使速上岸爲唐咨等作援而留湖中不上岸一步又委罪朱異擅殺功臣不先表聞築第橋南不復朝見此爲自在無復所畏不可久忍今規取之卿父作中軍都督使密嚴整士馬孤當自出臨橋帥宿衛虎騎左右無難一時圍之作版詔勑綝所領皆解散不得舉手正爾自得之無卿去但當使密耳卿宣詔語卿父勿令卿母知之女人既不曉大事且綝同堂姊邂逅泄漏誤孤非小也紀承詔以告尚尚無遠慮以語紀母母使人密語綝綝夜發嚴兵廢亮比明兵已圍宮亮大怒上馬帶鞬執弓欲出曰孤大皇帝之適子在位已五年誰敢不從者侍中近臣及乳母共牽攀止之乃不得出歎咤二日不食罵其妻曰尓父憒憒敗我大事又呼紀紀曰臣父奉詔不謹負上無面目復見因自殺　孫盛曰亮傳稱亮少聰惠勢當先與紀謀不先令妻知也江表傳說漏泄有由於事爲詳矣使光祿勳孟宗告廟廢亮召羣司議曰少帝荒病昏亂不可以處大位承宗廟廢之諸君若有不同者下異議皆震怖曰唯將軍令綝遣中書郎李崇奪亮璽綬以亮罪狀告遠近尚書桓彝不肯署名綝怒殺之漢晉春秋曰彝魏尚書令階之弟吳錄曰晉武帝問薛瑩吳之名臣瑩對稱彝有忠貞之節典軍施正勸綝徵立琅邪王休綝從之遣宗正楷奉書於休曰綝以薄才見授大任不能輔導陛下頃月以來多所造立親近劉承悅於美色發吏民婦女料其好者留於宮內取兵子弟十八已下三千餘人習之苑中連日續夜大小呼嗟敗壞藏中矛戟五千餘枚以

作戲具朱據先帝舊臣子男熊損皆承父之基以忠義自立昔殺小主自是大主所創帝不復精其本末便殺能損諫不見用諸下莫不側息帝於宮中作小船三百餘艘成以金銀師工晝夜不息太常全尚累世受恩不能督諸宗親而全端等委城就魏尚位過重曾無一言以諫陛下而與敵往來使傳國消息懼必傾危社稷推案舊典運集大王輒以今月二十七日擒尚斬承以帝爲會稽王遣楷奉迎百寮喁喁立住道側綝遣將軍孫耽送亮之國徙尚於零陵遷公

主於豫章綝意彌溢侮慢民神遂燒大橋頭伍子胥廟又壞浮屠祠斬道人休既即位稱草莽臣詣闕上書曰臣伏自省才非幹國因緣肺腑位極人臣傷錦敗駕罪負彰露尋愆惟闕夙夜憂懼臣聞天命棐諶必就有德是以幽厲失度周宣中興陛下聖德纂承大統宜得良輔以協雍熙雖堯之盛猶求稷契之佐以協明聖之德古人有言陳力就列不能者止臣雖自展竭無益庶政謹上印綬節鉞退還田里以避賢路休引見慰諭又下詔曰朕以不德守藩于外值茲

際會羣公卿士暨于朕躬以奉宗廟朕用憮然若涉淵水大將軍忠計內發扶危定傾安康社稷功勳赫然昔漢孝宣踐阼霍光尊顯褒德賞功古今之通義也其以大將軍爲丞相荊州牧食五縣恩爲御史大夫衛將軍據右將軍皆縣侯幹雜號將軍亭侯闓亦封亭侯綝一門五侯皆典禁兵權傾人主自吳國朝臣未嘗有也綝奉牛酒詣休休不受齎詣左將軍張布酒酣出怨言曰初廢少主時多勸吾自爲之者吾以陛下賢明故迎之帝非我不立今上禮見拒是與

凡臣無異當復改圖耳布以言聞休休銜之恐其有變數加賞賜又復加恩侍中與綝分省文書或有告綝懷怨侮上欲圖反者休執以付綝綝殺之由是愈懼因孟宗求出屯武昌休許焉盡勑所督中營精兵萬餘人皆令裝載所取武庫兵器咸令給與（吳歷曰綝求中書兩郎典知荊州諸軍事主者奏中書不應外出休特聽之其所請求一皆給與）將軍魏邈說休曰綝居外必有變武衛施朔又告綝欲反有徵休密問張布布與丁奉謀於會殺綝永安元年十二月丁卯建業中謠言明會有變綝聞之不悅夜大風發木揚沙

綝益恐戊辰臘會綝稱疾休彊起之使者十餘輩綝不得已將入衆止焉綝曰國家屢有命不可辭可豫整兵令府內起火因是可得速還遂入尋而火起綝求出休曰外兵自多不煩丞相也綝起離席奉布目左右縛之綝叩首曰願徙交州休曰卿何以不徙滕胤呂據綝復曰願沒爲官奴休曰何不以胤據爲奴乎遂斬之以綝首令其衆曰諸與綝同謀皆赦放仗者五千人闓乘船欲北降追殺之夷三族發孫峻棺取其印綬斲其木而埋之以殺魯育等故也綝死

時年二十八休耻與峻綝同族特除其屬籍稱之曰故峻故綝云休又下詔曰諸葛恪滕胤呂據蓋以無罪爲峻綝兄弟所見殘害可爲痛心促皆改葬各爲祭奠其罹恪等事見遠徙者一切召還

濮陽興傳

濮陽興字子元陳留人也父逸漢末避亂江東官至長沙太守（逸事見陸瑁傳）興少有士名孫權時除上虞令稍遷至尚書左曹以五官中郎將使蜀還爲會稽太守時琅邪王休居會稽興深與相

結及休即位徵興爲太常衛將軍平軍國事封外黃侯永安三年都尉嚴密建丹楊湖田作浦里塘詔百官會議咸以爲用功多而田不保成唯興以爲可成遂會諸兵民就作功傭之費不可勝數士卒死亡或自賊殺百姓大怨之興遷爲丞相與休寵臣左將軍張布共相表裏邦內失望七年七月休薨左典軍萬彧素與烏程侯孫皓善乃勸興布於是興布廢休適子而迎立皓皓既踐祚加興侍中領青州牧俄彧譖興布追悔前事十一月朔入朝皓因收興布徙廣州

道追殺之夷三族

評曰諸葛恪才氣幹略邦人所稱然驕且吝周公無觀況在於恪矜己陵人能無敗乎若躬行所與陸遜及弟融之書則悔吝不至何尤禍之有哉滕胤厲脩士操遵蹈規矩而孫峻之時猶保其貴必危之理也峻綝凶豎盈溢固無足論者濮陽興身居宰輔慮不經國協張布之邪納萬彧之說誅夷其宜矣

諸葛滕二孫濮陽傳第十九　吳書　國志六十四

王樓賀韋華傳第二十　吳書　國志六十五

王蕃傳

王蕃字永元廬江人也博覽多聞兼通術藝始爲尚書郎去官孫休即位與賀邵薛瑩虞汜俱爲散騎中常侍皆加駙馬都尉時論清之遣使至蜀蜀人稱焉還爲夏口監軍孫晧復入爲常侍與萬彧同官彧與晧有舊俗士挾侵謂蕃自輕又中書丞陳聲晧之嬖臣數譖毀蕃蕃體氣高亮不能承顏順指時或迕意積以見責甘露二年丁忠使晉還晧大會羣臣蕃沈醉頓伏晧疑而不悅轝蕃出外頃之請還酒亦不解蕃性有威嚴行止自若晧大怒呵左右於殿下斬之衞將軍滕牧征西將軍留平請不能得江表傳曰晧用巫史之言謂建業宮不利乃西巡武昌仍有遷都之意恐羣臣不從乃大請會賜將吏問蕃射不主皮爲力不同科其義云何蕃思惟未荅即於殿上斬蕃出登來山使親近將跳蕃首作虎跳狼爭咋齧之頭皆碎壞欲以示威使衆不敢犯也此與本傳不同　吳錄曰晧每於會因酒酣輒令侍臣嘲謔公卿以爲笑樂萬彧既爲左丞相蕃嘲彧曰魚潛於淵出水呴沫何則物有本性不可橫處非分也彧出自谿谷羊質虎皮虛受光赫之寵跨越三九之位犬馬猶能識養將何以報厚施乎彧曰唐虞之朝無謬舉之才造父之門無駑蹇之質蕃上誣明選下訕楨榦亦何傷於日月適多見其不知量耳　臣松之按本傳云丁忠使晉還晧爲大會於會中殺蕃檢忠從北還在此年之春彧時尚未爲丞相至秋乃爲相耳吳錄所言爲乖互不同丞相陸凱上疏曰常侍王蕃黃中通理知天知物處朝忠蹇斯社稷之重鎭大吳之龍逢也昔事景皇納言左右景皇欽嘉歎爲異倫而陛下忿其苦辭惡其直對梟之殿堂尸骸暴棄邦內傷心有識悲悼其痛蕃如此蕃死時年三十九晧徙蕃家屬廣州二弟著延皆作佳器郭馬起事不爲馬用見害

樓玄傳

樓玄字承先沛郡蘄人也孫休時爲監農御史孫晧即位與王蕃郭逴萬彧俱爲散騎中常侍出爲會稽太守入爲大司農舊禁中主者自用親近人作之彧陳親密近職宜用好人晧因勑有司求忠清之士以應其選遂用玄爲宮下鎭禁中候主殿中事玄從九卿持刀侍衞正身率衆奉法而行應對切直數迕晧意漸見責怒後人誣白玄與賀邵相逢駐共耳語大笑謗訕政事遂被詔詰責送付廣州東觀令華覈上疏曰臣竊以治國之體其猶治家主田野者皆宜良信又宜得一人總其條目爲作維綱衆事乃理論語曰無爲而治者其舜也與恭己正南面而已言所任得其人故優遊而自逸也今海內未定天

下多事事無大小皆當關聞動經御坐勞損聖慮陛下既垂意博古綜極藝文加勤心好道隨節致氣宜得閑靜以展神思呼翕清淳與天同極臣夙夜思惟諸吏之中任幹之事足委杖者無勝於樓玄玄清忠奉公冠冕當世衆服其操無與爭先夫清者則心平而意直忠者惟正道而履之如玄之性終始可保乞陛下赦玄前愆使得自新擢之宰司責其後效使爲官擇人隨才授任則舜之恭己近亦可得皓疾玄名聲復徙玄及子據付交阯將張弈使以戰自效陰別勑弈令殺之據到交阯病死玄一身隨弈討賊持刀步涉見弈輒拜弈未忍殺會弈暴卒玄殯斂弈於器中見勑書還便自殺江表傳曰皓遣將張弈追賜玄鴆弈以玄賢者不忍即宣詔致藥玄陰知之謂弈曰當早告玄玄何惜邪即服藥死　臣松之以玄之清高必不以安危易操無緣驟拜張弈以虧其節且禍機既發豈百拜所免江表傳所言於理爲長

賀邵傳

賀邵字興伯會稽山陰人也吳書曰邵賀齊之孫景之子孫休即位從中郎爲散騎中常侍出爲吳郡太守孫皓時入爲左典軍遷中書令領太子太傅皓凶暴驕矜政事日弊邵上疏諫曰古之聖王所以潛處重闈之內而知萬里之情垂拱衽席之上明照八極之際者任賢之功也陛下以至德淑姿統承皇業宜率身履道恭奉神器旌賢表善以康庶政自頃年以來朝列紛錯眞僞相貿上下空任文武曠位外無山嶽之鎭內無拾遺之臣佞諛之徒拊翼天飛干弄朝威盜竊榮利而忠良排墜信臣被害是以正士摧方而庸臣苟媚先意承指各希時趣人執反禮之評士吐詭道之論遂使清流變濁忠臣結舌陛下處九天之上隱百重之室言出風靡令行景從親洽寵媚之臣日聞順意之辭將謂此輩實賢而天下已平也臣心所不安敢不以聞臣聞興國之君樂聞其過荒亂之主樂聞其譽聞其過者過日消而福臻聞其譽者譽日損而禍至是以古之人君揖讓以進賢虛己以求過譬天位於乘奔以虎尾爲警戒至於陛下嚴刑法以禁直辭黜善士以逆諫臣眩燿毀譽之實沈淪近習之言昔高宗思佐夢寐得賢而陛下求之如忘忽之如遺故常侍王蕃忠恪在公才任輔弼以醉酒之間加之大戮近鴻臚葛奚先帝舊臣偶有逆

迕昏醉之言耳三爵之後禮所不諱陛下猥發雷霆謂之輕慢飲之醇酒中毒隕命自是之後海內悼心朝臣失圖仕者以退爲幸居者以出爲福誠非所以保光洪緒熙隆道化也又何定本趨走小人僕隸之下身無錙銖之行能無鷹犬之用而陛下愛其佞媚假其威柄使定恃寵放恣自擅威福口正國議手弄天機上虧日月之明下塞君子之路夫小人求入必進姦利定閒妄興事役發江邊戍兵以驅麋鹿結罝山陵芟夷林莽殫其九野之獸聚其重圍之內上無

益時之分下有損耗之費而兵士罷於運送人力竭於驅逐老弱饑凍大小怨歎臣竊觀天變自比年以來陰陽錯謬四時逆節日食地震中夏隕霜參之典籍皆陰氣陵陽小人弄勢之所致也臣嘗覽書傳驗諸行事災祥之應所爲寒慄昔高宗脩己以消鼎雉之異宋景崇德以退熒惑之變願陛下上懼皇天譴告之誚下追二君攘災之道遠覽前代任賢之功近寤今日謬授之失清澄朝位旌叙俊乂放退佞邪抑奪姦勢如是之輩一勿復用廣延淹滯容受直辭祗

承乾指敬奉先業則大化光敷天人望塞也傳曰國之興也視民如赤子其亡也以民爲草芥陛下昔韜神光潛德東夏以聖哲茂姿龍飛應天四海延頸八方拭目以成康之化必隆於旦夕也自登位以來法禁轉苛賦調益繁中宮內豎分布州郡橫興事役競造姦利百姓罹杼軸之困黎民罷無已之求老幼饑寒家戶菜色而所在長吏迫畏罪負嚴法峻刑苦民求辦是以人力不堪家戶離散呼嗟之聲感傷和氣又江邊戍兵遠當以拓土廣境近當以守界備難宜

特優育以待有事而徵發賦調煙至雲集衣不全短褐食不贍朝夕出當鋒鏑之難入抱無聊之慼是以父子相棄叛者成行願陛下寬賦除煩振恤窮乏省諸不急蕩禁約法則海內樂業大化普洽夫民者國之本食者民之命也今國無一年之儲家無經月之畜而後宮之中坐食者萬有餘人內有離曠之怨外有損耗之費使庫廩空於無用士民饑於糟糠又北敵注目伺國盛衰陛下不恃己之威德而怙敵之不來忽四海之困窮而輕虜之不爲難誠非長策廟勝

之要也昔大皇帝勤身苦體創基南夏割據江山拓土萬里雖承天贊實由人力也餘慶遺祚至於陛下陛下宜勉崇德器以光前烈愛民養士保全先軌何可忽顯祖之功勤輕難得之大業忘天下之不振替興衰之巨變哉臣聞否泰無常吉凶由人長江之限不可久恃苟我不守一葦可航也昔秦建皇帝之號據殽函之阻德化不脩法政苛酷毒流生民忠臣杜口是以一夫大呼社稷傾覆近劉氏據三關之險守重山之固可謂金城石室萬世之業任授失賢一朝喪沒君臣係頸共爲羈僕此當世之明鑒目前之炯戒也願陛下遠考前事近覽世變豐基彊本割情從道則成康之治興聖王之稱隆矣書奏皓深恨之邵奉公貞正親近所憚乃共譖邵與樓玄謗毀國事俱被詰責玄見送南州邵原復職後邵中惡風口不能言去職數月皓疑其託疾收付酒藏掠考千所邵卒無一語竟見殺害家屬徙臨海并下詔誅玄子孫是歲天冊元年也邵年四十九邵子循字彥先虞預晉書曰循丁家禍流放海濵吳平還鄉里節操高厲童齓不羣言行舉動必以禮讓好學博聞尤善三禮舉秀才除陽羡武康令顧榮陸機陸雲表薦循曰伏見吳興武康令賀循德量邃茂才鑒清遠服膺道素風操凝峻歷踐三城刑政肅穆守職下縣編名凡萃出自新邦朝無知己悋居遐外志不自營年時倏忽而邈無階緒實州黨愚智所爲悵然臣等並以凡才累授飾進被服恩澤忝豫朝末知良士後時而守局無言懼有蔽賢之咎是以不勝愚管謹冒死表聞久之召爲太子舍人石冰破揚州循亦合衆事平杜門不出陳敏作亂以循爲丹陽內史循稱疾固辭敏不敢逼于時江東豪右無不受敏爵位惟循與同郡朱誕不挂賊網後除吳國內史不就元皇帝爲鎮東將軍請循爲軍司馬帝爲晉王以循爲中書令固讓不受轉太常領太子太傅時朝廷初建動有疑議宗廟制度皆循所定朝野諮詢爲一時儒宗年六十太興二年卒追贈司空謚曰穆循諸所著論並傳於世子隰臨海太守

韋曜傳

韋曜字弘嗣吳郡雲陽人也曜本名昭史爲晉諱改之少好學能屬文從丞相掾除西安令還爲尚書郎遷太子中庶子時蔡穎亦在東宮性好博弈太子和以爲無益命曜論之其辭曰蓋聞君子恥當年而功不立疾沒世而名不稱故曰學如不及猶恐失之是以古之志士悼年齒之流邁而懼名稱之不立也故勉精厲操晨興夜寐不遑寧息經之以歲月累之以日力若甯越之勤董生之篤漸漬德義之淵棲遲道藝之域且以西伯之聖姬公之才猶有日昃待旦之勞故能隆興周道垂名億載況在臣庶而可以已乎歷觀古今立功名之士皆有積累殊異之迹勞身苦體契

闊勤思平居不墮其業窮困不易其素是以卜式立志於耕牧而黃霸受道於囹圄終有榮顯之福以成不朽之名故山甫勤於夙夜而吳漢不離公門豈有游惰哉今世之人多不務經術好翫博弈廢事棄業忘寢與食窮日盡明繼以脂燭當其臨局交爭雌雄未決專精銳意心勞體倦人事曠而不脩賓旅闕而不接雖有太牢之饌韶夏之樂不暇存也至或賭及衣物徙棊易行廉恥之意弛而忿戾之色發然其所志不出一枰之上所務不過方罫之間勝敵無封爵

之賞獲地無兼土之實技非六藝用非經國立身者不階其術徵選者不由其道求之於戰陣則非孫吳之倫也考之於道藝則非孔氏之門也以變詐爲務則非忠信之事也以劫殺爲名則非仁者之意也而空妨日廢業終無補益是何異設木而擊之置石而投之哉且君子之居室也勤身以致養其在朝也竭命以納忠臨事且猶旰食而何博弈之足耽夫然故孝友之行立貞純之名彰也方今大吳受命海內未平聖朝乾乾務在得人勇略之士則受熊虎之任儒

雅之徒則處龍鳳之署百行兼苞文武並騖博選良才旌簡髦俊設程試之科垂金爵之賞誠千載之嘉會百世之良遇也當世之士宜勉思至道愛功惜力以佐明時使名書史籍勳在盟府乃君子之上務當今之先急也夫一木之枰孰與方國之封枯棊三百孰與萬人之將袞龍之服金石之樂足以兼棊局而貿博弈矣假令世士移博弈之力而用之於詩書是有顏閔之志也用之於智計是有良平之思也用之於資貨是有猗頓之富也用之於射御是有將帥之

備也如此則功名立而鄙賤遠矣和廢後爲黃門侍郎孫亮即位諸葛恪輔政表曜爲太史令撰吳書華覈薛瑩等皆與參同孫休踐阼爲中書郎博士祭酒命曜依劉向故事校定衆書又欲延曜侍講而左將軍張布近習寵幸事行多玷懼曜侍講儒士又性精確懼以古今警戒休意固爭不可休深恨布語在休傳然曜竟止不入孫晧即位封高陵亭侯遷中書僕射職省爲侍中常領左國史時在所承指數言瑞應晧以問曜曜荅曰此人家筐篋中物耳又晧欲爲父

和作紀曜執以和不登帝位宜名為傳如是者
非一漸見責怒曜益憂懼自陳衰老求去侍史
二官乞欲成所造書以從業別有所付晧終不
聽時有疾病醫藥監護持之愈急晧每饗宴無
不竟日坐席無能否率以七升為限雖不悉入
口皆澆灌取盡曜素飲酒不過二升初見禮異
時常為裁減或密賜茶荈以當酒至於寵衰更
見偪彊輒以為罪又於酒後使侍臣難折公卿
以嘲弄侵克發摘私短以為歡時有愆過或誤
犯晧諱輒見收縛至於誅戮曜以為外相毀傷
內長尤恨使不濟濟非佳事也故但示難問經
義言論而已晧以為不承用詔命意不忠盡遂
積前後嫌忿收曜付獄是歲鳳皇二年也曜因
獄吏上辭曰囚荷恩見哀無與為比曾無芒氂
有以上報孤辱恩寵自陷極罪念當灰滅長棄
黃泉愚情慺慺竊有所懷貪令上聞囚昔見世
間有古歷注其所紀載既多虛無在書籍者亦
復錯謬囚尋按傳記考合異同采摭耳目所及
以作洞紀起自庖犧至於秦漢凡為三卷當起
黃武以來別作一卷事尚未成又見劉熙所作

釋名信多佳者然物類眾多難得詳究故時有
得失而爵位之事又有非是愚以官爵今之所
急不宜乖誤囚自忘至微又作官職訓及辯釋
名各一卷欲表上之新寫始畢會以無狀幽囚
待命泯沒之日恨不上聞謹以先死列狀乞上
言祕府於外料取呈內以聞追懼淺蔽不合天
聽抱怖雀息乞垂哀省曜冀以此求免而晧更怪
其書之垢故又以詰曜曜對曰囚撰此書實欲
表上懼有誤謬數數省讀不覺點污被問寒戰
形氣吶吃謹追辭叩頭五百下兩手自搏而華
覈連上疏救曜曰曜值千載特蒙表識以其儒
學得與史官貂蟬內侍承荅天問聖朝仁篤慎
終追遠迎神之際垂涕敕曜曜愚惑不達不能
敷宣陛下大舜之美而拘繫史官使聖趣不敘
至行不彰實曜愚蔽當死之罪然臣慺慺見曜
自少勤學雖老不倦探綜墳典溫故知新及意
所經識古今行事外吏之中少過曜者昔李陵
為漢將軍敗不還而降匈奴司馬遷不加疾惡
為陵遊說漢武帝以遷有良史之才欲使畢成
所撰忍不加誅書卒成立垂之無窮今曜在吳

亦漢之史遷也伏見前後符瑞彰著神指天應繼出累見一統之期庶不復久事平之後當觀時設制三王不相因禮五帝不相沿樂質文殊塗損益異體宜得曜輩依準古義有所改立漢氏承秦則有叔孫通定一代之儀曜之才學亦漢通之次也又吳書雖已有頭角敘贊未述昔班固作漢書文辭典雅後劉珍劉毅等作漢記遠不及固敘傳尤劣今吳書當垂千載編次諸史後之才士論次善惡非得良才如曜者實不可使闕不朽之書如臣頑蔽誠非其人曜年已

七十餘數無幾乞赦其一等之罪爲終身徒使成書業永足傳示垂之百世謹通進表叩首百下晧不許遂誅曜徙其家零陵子隆亦有文學也

華覈傳

華覈字永先吳郡武進人也始爲上虞尉典農都尉以文學入爲祕府郎遷中書丞蜀爲魏所幷覈詣宮門發表曰間聞賊衆蟻聚向西境西境艱險謂當無虞定聞陸抗表至成都不守臣主播越社稷傾覆昔衛爲翟所滅而桓公存之

今道里長遠不可救振失委附之土棄貢獻之國臣以草芥竊懷不寧陛下聖仁恩澤遠撫卒聞如此必垂哀悼臣不勝忡悵之情謹拜表以聞孫晧即位封徐陵亭侯寶鼎二年晧更營新宮制度弘廣飾以珠玉所費甚多是時盛夏興工農守並廢覈上疏諫曰臣聞漢文之世九州晏然秦民喜去慘毒之苛政歸劉氏之寬仁省役約法與之更始分王子弟以藩漢室當此之時皆以爲泰山之安無窮之基也至於賈誼獨以爲可痛哭及流涕者三可爲長歎息者六乃

曰當今之勢何異抱火於積薪之下而寢其上火未及然而謂之安其後變亂皆如其言臣雖下愚不識大倫竊以曩時之事揆今之勢誼云復數年間諸王方剛漢之傅相稱疾罷歸欲以此爲治雖堯舜不能安今大敵據九州之地有太半之衆習攻戰之餘術乘戎馬之舊勢欲與中國爭相吞之計其猶楚漢勢不兩立非徒漢之諸王淮南濟北而已誼之所欲痛哭比今爲緩抱火臥薪之喻於今而急大皇帝覽前代之如彼察今勢之如此故廣開農桑之業積不訾之儲

恤民重役務養戰士是以大小感恩各思竭命期運未至早棄萬國自是之後彊臣專政上詭天時下違衆議忘安存之本邀一時之利數興軍旅傾竭府藏兵勞民困無時獲安今之存者乃創夷之遺衆哀苦之餘民耳遂使軍資空匱倉廩不實布帛之賜寒暑不周重以失業家戶不贍而北積穀養民專心東向無復他警蜀爲西藩土地險固加承先主統御之術謂其守御足以長久不圖一朝奄至傾覆脣亡齒寒古人所懼交州諸郡國之南土交阯九眞二郡已沒

日南孤危存亡難保合浦以北民皆搖動因連避役多有離叛而備戍減少威鎮轉輕常恐呼吸復有變故昔海虜窺窬東縣多得離民地習海行狃於往年鈔盜無日今胸背有嫌首尾多難乃國朝之厄會也誠宜住建立之役先備豫之計勉墾殖之業爲饑乏之救惟恐農時將過東作向晚有事之日整嚴未辦若舍此急盡力功作卒有風塵不虞之變當委版築之役應烽燧之急驅怨苦之衆赴白刃之難此乃大敵所因爲資也如但固守曠日持久則軍糧必乏不

待接刃而戰士已困矣昔太戊之時桑穀生庭懼而脩德怪消殷興熒惑守心宋以爲災景公下從瞽史之言而熒惑退舍景公延年夫脩德於身而感異類言發於口而通神明臣以愚蔽誤忝近署不能翼宣仁澤以感靈祇仰慙俯愧無所投處退伏思惟熒惑桑穀之異天示二主至於他餘錙介之妖近是門庭小神所爲驗之天地無有他變而徵祥符瑞前後屢臻明珠既覿白雀繼見萬億之祚實靈所挺以九域爲宅天下爲家不與編戶之民轉徙同也又今之宮

室先帝所營卜土立基非爲不祥又楊市土地與宮相接若大功畢竟輿駕遷住門行之神皆當轉移猶恐長久未必勝舊屢遷不可留則有嫌此乃愚臣所以夙夜爲憂灼也臣省月令季夏之月不可以興土功不可以會諸侯不可以起兵動衆舉大事必有大殃今雖諸侯不會諸侯之軍與會無異六月戊己土行正王既不可犯加又農月時不可失昔魯隱公夏城中丘春秋書之垂爲後戒今築宮爲長世之洪基而犯天地之大禁襲春秋之所書廢敬授之上務臣

以愚管竊所未安又恐所召離民或有不至討之則廢役興事不討則日月滋慢若悉並到大衆聚會希無疾病且人心安則念善苦則怨叛江南精兵北土所難欲以十卒當東一人天下未定深可憂惜之如此宮成死叛五千則北軍之衆更增五萬若到萬人則倍益十萬病者有死亡之損叛者傳不善之語此乃大敵所以歡喜也今當角力中原以定彊弱正於際會彼益我損加以勞困此乃雄夫智士所以深憂臣聞先王治國無三年之儲曰國非其國安寧之世戒備如此況敵彊大而忽農忘畜今雖頗種殖間者大水沈沒其餘存者當須耘穫而長吏怖期上方諸郡身涉山林盡力伐材廢農棄務士民妻孥羸小墾殖又薄若有水旱則永無所獲州郡見米當待有事冗食之衆仰官供濟若上下空乏運漕不供而北敵犯彊使周召更生良平復出不能爲陛下計明矣臣聞君明者臣忠主聖者臣直是以慺慺昧犯天威乞垂哀省書奏晧不納後遷東觀令領右國史覈上疏辭讓晧荅曰得表以東觀儒林之府當講校文藝處定

疑難漢時皆名學碩儒乃任其職乞更選英賢聞之以卿研精墳典博覽多聞可謂悅禮樂敦詩書者也當飛翰騁藻光贊時事以越楊班張蔡之疇怪乃謙光厚自菲薄宜勉脩所職以邁先賢勿復紛紛時倉廩無儲世務滋侈覈上疏曰今寇虜充斥征伐未已居無積年之儲出無應敵之畜此乃有國者所宜深憂也夫財穀所生皆出於民趨時務農國之上急而都下諸官所掌別異各自下調不計民力輒與近期長吏畏罪晝夜催民委舍佃事遑赴會日定送到都或蘊積不用而徒使百姓消力失時到秋收月督其限入奪其播殖之時而責其今年之稅如有逋懸則籍沒財物故家戶貧困衣食不足宜暫息衆役專心農桑古人稱一夫不耕或受其饑一女不織或受其寒是以先王治國惟農是務軍興以來已向百載農人廢南畝之務女工停機杼之業推此揆之則蔬食而長饑薄衣而履冰者固不少矣臣聞主之所求於民者二民之所望於主者三二謂求其爲已勞也求其爲已死也三謂饑者能食之勞者能息之有功者

能賞之民以致其二事而主失其三望者則怨
心生而功不建今將藏不實民勞役猥主之二
求已備民之三望未報且饑者不待美饌而後
飽寒者不俟狐貉而後溫為味者口之奇文繡
者身之飾也今事多而役繁民貧而俗奢百工
作無用之器婦人為綺靡之飾不勤麻枲並繡
文黼黻轉相倣效恥獨無有兵民之家猶復逐
俗內無儋石之儲而出有綾綺之服至於富賈
商販之家重以金銀奢恣尤甚天下未平百姓
不贍宜一生民之原豐穀帛之業而棄功於浮

華之巧妨日於侈靡之事上無尊卑等級之差
下有耗財費力之損今吏士之家少無子女多
者三四少者一二通令戶有一女十萬家則十
萬人人織績一歲一束則十萬束矣使四疆之
內同心戮力數年之間布帛必積恣民五色惟
所服用但禁綺繡無益之飾且美貌者不待華
采以崇好豔姿者不待文綺以致愛五采之飾
足以麗矣若極粉黛窮盛服未必無醜婦廢華
采去文繡未必無美人也若實如論有之無益
廢之無損者何愛而不暫禁以充府藏之急乎

此救乏之上務富國之本業也使管晏復生無
以易此漢之文景承平繼統天下已定四方無
虞猶以彫文之妨農事錦繡之害女工開富國
之利杜饑寒之本況今六合分乖豺狼充路兵
不離疆甲不解帶而可以不廣生財之原充府
藏之積哉晧以覈年老敕令草表覈不敢又敕
作草文停立待之覈為文曰咨覈小臣草芥凡
庸遭春值聖受恩特隆越從朽壤蟬蛻朝中熙
光紫闥青璅是憑毖挹清露沐浴凱風效無絲
氂負闕山崇滋潤含垢恩貸累重穢質被榮局

命得融欲報罔極委之皇穹聖恩雨注哀棄其
尤猥命草對潤被下愚不敢違敕懼速罪誅冒
承詔命魂逝形留覈前後陳便宜及貢薦良能
解釋罪過書百餘上皆有補益文多不悉載天
冊元年以微譴免數歲卒曜覈所論事章疏咸
傳於世也

評曰薛瑩稱王蕃器量綽異弘博多通樓玄清
白節操才理條暢賀邵厲志高絜機理清要韋
曜篤學好古博見群籍有記述之才胡冲以為玄
邵蕃一時清妙略無優劣必不得已玄宜在先邵

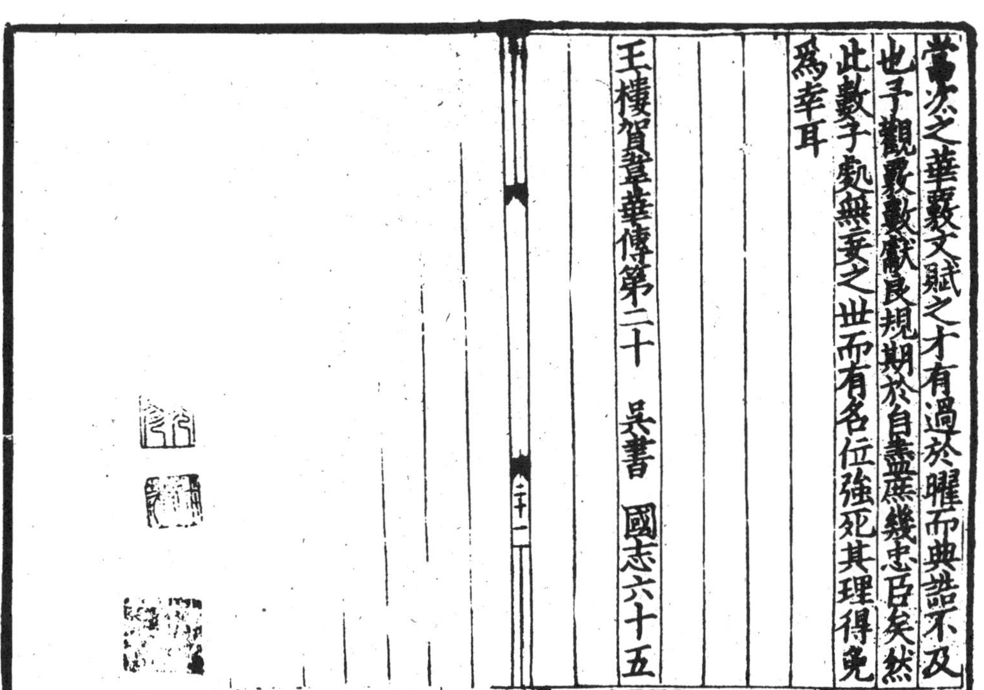

當然之華覈文賦之才有過於曜而典誥不及也予觀覈數獻良規期於自盡庶幾忠臣矣然此數子處無妄之世而有名位強死其理得免爲幸耳

王樓賀韋華傳第二十　吳書　國志六十五

二十一

跋

余欲輯印舊本正史謀之者有年涵芬樓舊藏宋衢州本魏志極精美然蜀吳二志全佚其他公私弆藏均非宋刻有之惟聊城楊氏松江韓氏韓氏書聞僅存數卷且祕不示人楊氏自鳳阿舍人逝世亦無緣通假故人張石銘以所儲元本借余已攝影矣以校衢本譌誤滋甚卷末配宋刻數册且極漫漶意殊歉然戊辰秋余爲中華學藝社赴日本訪書獲見帝室圖書寮舊藏宋本借影攜歸檢閱宋諱避至廓郭等字知爲寧宗時刊本又與楊紹和跋勘對所舉殿本考證疑字一一脗合乃知二本實同因復取殿本讎勘考證所疑如魏書第十四蔣濟傳弊攰

之民考證謂應作効此正作効第三十故但舉漢末魏初以來以備四夷之變云注悉禿頭以爲輕便考證謂一本作髡何焯引說文鬄字注以證髡字之合此正作髡蜀書第十一向朗傳歷射聲校尉尚書注鎮南將軍衞瓘考證引衞覬傳瓘爲鎮西將軍謂作鎮南字誤此正作西又楊洪傳能盡時人之器用也注初往郡後爲督軍從事考證謂往郡疑作仕郡此正作仕吳志第二孫權傳屈身於陛下是其略也注吳書考證疑脫曰字此正有曰字第四劉繇傳繇伯父寵爲漢太尉注山陰縣民去治數十里考證謂民各本俱訛作氏今改正此正作民又士燮傳壹亡歸鄉里注會卓入闕壹乃亡歸考證疑

闕作關此正作關第十五周魴傳推當陳愚重自拔盡考證推疑作惟此正作惟凡此皆楊氏所未及者又有改正明監本之誤字而此原不訛引據太平御覽册府元龜資治通鑑互異之字而此適相合楊氏疑館臣據校之南北宋本不及是本此更可證更以南北監本毛氏汲古閣本校之而知諸本之不逮尤甚一曰譌文魏書十六杜畿傳然亦怪陛下不治其本而憂其末也諸本治均誤知又十七張郃傳從討柳城與張遼俱爲軍鋒諸本均誤後又十八龐悳傳惟倭戎昭果毅諸本戎均誤式又二十七王昶傳若范匄對秦客而武子擊之諸本而均誤至蜀書二先主傳羣儒英俊並起河洛諸本起

均誤進又八秦宓傳宓稱疾臥在第舍諸本第均誤茅又十劉封傳先主因令達幷領其衆諸本其均誤兵又十五楊戲傳維外寬內忌意不能堪諸本意均誤竟吳書十二駱統傳其姊仁愛有行寡歸無子諸本歸均誤居此以文義覈之而知是本之較爲優長也一曰衍文魏書十四劉曄傳子寓嗣注曄之情必無所逃矣諸本所下均衍復字又蔣濟傳今其所急諸本急下均衍務字又十五張既傳斬首獲生以萬數注假使英本主人在實不來此也諸本來下均衍在字又二十鄧哀王沖傳世俗以爲鼠齧衣者其主不吉諸本主下均衍者字蜀書九馬良傳及先主入蜀諸葛亮亦從往諸本從下均衍後

字又十二郤正傳薛燭察寶以飛譽注乃取豪曹巨闕諸本取下均衍其字又十三黃權傳待之如初注其劉主之謂也諸本之下均衍所字吳書十六陸凱傳吳郡吳人諸本人下均衍也字此又以文義竄之而知是本之較爲簡當也一曰奪字魏書十五張既傳封妻向爲安城鄉君諸本均奪封字又十六蘇則傳帝大怒踞胡牀拔刀諸本踞下均奪胡字又杜畿傳若使善策必出於親貴親貴固不犯四難以求忠愛諸本均奪下親貴二字蜀書一劉璋傳無恩德以加百姓百姓攻戰三年肌膏草野者諸本均奪下百姓二字又五諸葛亮傳因結和親遂爲與國注據正道而臨有罪諸本均奪正字又七龐

統傳先主大笑宴樂如初注若惜其小失而廢其大益諸本均奪下其字又八秦宓傳鶴鳴于九皐諸本均奪于字吳書七步騭傳於是條于時事業在荊州界者諸本均奪業字此亦足見是書寫刻去古未遠而不至多所遺佚也一曰俗字魏書四齊王紀西域重譯獻火浣布詔大將軍太尉臨試以示百寮注斯調國有火州諸本州均作洲又十九陳思王植傳誠以天罔不可重離諸本罔均作網又二十一衞覬傳茵蓐不緣飾諸本蓐均作褥又二十七徐邈傳徐公志高行絜而不介諸本絜均作潔又胡質傳官至徐州刺史注家貧無車馬童僕諸本童均作僮又二十八鄧艾傳封子二人亭侯各食

邑千戶注百姓貧而倉稟虛諸本稟均作廩又二十九管輅傳末注生驚舉刀斫正斷要諸本要均作腰蜀書五諸葛亮傳卒于軍時年五十四注憂恚歐血歐血字凡四見諸本歐均作嘔又十三黃權傳瞻猶與未納諸本與均作豫此更足見是本刊刻較前多存古文不至如後出諸本之漸趨流俗也類此勝處不能盡舉楊氏謂宋槧著錄極尟此本較他本尤多所是正彌足珍貴洵非虛語因向中華學藝社借印以繼班范二書之後原缺魏書三卷以涵芬樓衢本補配衢本宋諱避至桓字鐫刻在前武帝紀建安十五年作銅爵臺注以及子桓兄弟桓不誤植十六年遂與韓遂楊秋李堪成宜等叛堪不

誤[illegible]文帝紀延康元年以肅承天命注代赤者魏公子赤下不衍眉字明帝紀太和二年分新城之上庸武陵巫縣爲上庸郡陵不誤靈又十二月諸葛亮圍陳倉曹眞遣將軍費曜等拒之注以土丸填塹丸不誤瓦其勝於衆本之處洵堪伯仲以冠簡端亦殊不弱然終有爿合之迹不能謂非一缺憾也海鹽張元濟

百衲本二十四史

三國志

撰　者◆陳壽
注　者◆裴松之
發行人◆施嘉明
總編輯◆方鵬程
編印者◆本館古籍重印小組
承製者◆辰皓國際出版製作有限公司

出版發行：臺灣商務印書館股份有限公司
編輯部：10046 台北市中正區重慶南路一段三十七號
電話：(02)2371-3712　傳真：(02)2375-2201
營業部：10660 台北市大安區新生南路三段十九巷三號
電話：(02)2368-3616　傳真：(02)2368-3626
讀者服務專線：0800056196
郵撥：0000165-1　E-mail：ecptw@cptw.com.tw
網路書店網址：www.cptw.com.tw
網路書店臉書：facebook.com.tw/ecptwdoing
臉書：facebook.com.tw/ecptw 部落格：blog.yam.com/ecptw

局版北市業字第 993 號
初版一刷：1937 年 1 月
臺一版一刷：1970 年 1 月
臺二版一刷：2010 年 11 月
臺二版三刷：2014 年 4 月
定價：新台幣 1600 元

ISBN 978-957-05-2535-6

三國志 ／ 陳壽撰. --臺二版. -- 臺北市 ： 臺灣
商務, 2010. 10
面 ； 公分. --（百衲本二十四史）

ISBN 978-957-05-2536-6（精裝）

1. 三國志

622.301 99017037